Zeiten und Menschen 1

Geschichte • Oberstufe

Herausgegeben von:

Hans-Jürgen Lendzian

Autoren:

Alexandra Augst
Lambert Austermann
Siegfried Bethlehem
Friedrich Wilhelm Bratvogel
Ulrich Bröhenhorst
Ulrike Denne
Wolfgang Emer
Andreas Gawatz
Ulrich Henselmeyer
Hans-Jürgen Lendzian
Christopf Andreas Marx
Jörg van Norden

Schöningh

www.schoeningh-schulbuch.de
Schöningh Verlag, Jühenplatz 1 – 3, 33098 Paderborn

Druck 11 10 9 / Jahr 2014 13 12
Die letzte Zahl bezeichnet das Jahr dieses Druckes.

Umschlaggestaltung: Peter Wypior
Druck und Bindung: westermann druck GmbH, Braunschweig

ISBN 978-3-14-024970-6

Inhaltsverzeichnis

Demokratie im antiken Athen – eine Erfindung von epochaler Bedeutung

Auf einen Blick **12**	
Info	Demokratie im antiken Athen **13**
Thema	Die Demokratie in Athen im Urteil der Zeitgenossen **31** ***Methode:*** *Interpretation einer politischen Rede* **32**
Thema	Griechische Kunst – Skulpturen als Spiegel der Leitbilder und des Zeitgeistes **36** ***Methode:*** *Skulpturen interpretieren* **37**
Forum	Demokratie in Athen – ein Erfolgsmodell für moderne Demokratien? **40**
Zusammenfassen, Üben und Darstellen/ Klausurtraining	Demokratie im antiken Athen – eine Erfindung von epochaler Bedeutung **44**

Herrschaft und Gesellschaft im Imperium Romanum

Auf einen Blick **48**	
Info	Herrschaft und Gesellschaft im Imperium Romanum **50**
Thema	Frauen und Männer im antiken Rom **70**
Thema	Was ist republikanisch? – Originalität und Modellhaftigkeit der römischen *res publica* **74**
Thema	*bellum iustum* – Das Problem der „Rechtfertigung" von Krieg **78**
Forum	Das Imperium Romanum im Spiegel von Historikermeinungen **82**
Zusammenfassen, Üben und Darstellen/ Klausurtraining	Herrschaft und Gesellschaft im Imperium Romanum **88**

Das Mittelalter – Einheit und Vielfalt einer Epoche

Auf einen Blick **92**	
Info	Herrschaft und Gesellschaft im Mittelalter **94**
Thema	„Der wahre Kaiser ist der Papst" – Das Verhältnis von weltlicher und geistlicher Gewalt **113** ***Methode:*** *Mittelalterliche Herrscherbilder interpretieren* **114**

Thema	Macht Stadtluft frei? 121
Thema	Untergebene des Mannes? – Frauen und Geschlechterbeziehungen im Mittelalter 129
Forum	Das Eigene und das Fremde – oder: Worin liegt die Aktualität des Mittelalters? 136
Zusammenfassen, Üben und Darstellen/ Klausurtraining	Das Mittelalter – Einheit und Vielfalt einer Epoche 139

Zwischen Koexistenz und Konflikt – Christen, Juden und Muslime im Mittelalter

Auf einen Blick 144	
Info	Christen, Juden und Muslime in der mittelalterlichen Welt 146
Thema	Ein Heiliger Krieg? – Die Entwicklung des Kreuzzugsgedankens im Mittelalter 161
Thema	Eine tolerante Herrschaft der Muslime? – Möglichkeiten und Grenzen einer friedlichen Koexistenz in „al-Andalus" 167
Thema	Kennzeichnungspflicht und Legendenbildung – Juden und christliche Umwelt im Mittelalter 173
Forum	Kampf der Kulturen oder tolerante Koexistenz? 179
Zusammenfassen, Üben und Darstellen/ Klausurtraining	Zwischen Koexistenz und Konflikt – Christen, Juden und Muslime im Mittelalter 183

Aufbrüche – Die Welt der Frühen Neuzeit

Auf einen Blick 188	
Info	Die Welt der Frühen Neuzeit 189
Thema	Ein neues Weltbild um 1500 im Spiegel von Gemälden 208 ***Methode:*** *Gemälde interpretieren* 208
Thema	Hexenverfolgung – kein Rückfall ins Mittelalter 213
Thema	Politisches Denken und moderner Staat im Ancien Régime 220
Forum	Renaissance und Frühe Neuzeit – eine Zeitenwende und Beginn der Moderne? 227
Zusammenfassen, Üben und Darstellen/ Klausurtraining	Aufbrüche – Die Welt der Frühen Neuzeit 232

Auf der Schwelle zur Moderne – Die großen Revolutionen um 1800: England, Amerika, Frankreich

Auf einen Blick 236	
Info	Die Revolutionen in England, Amerika und Frankreich **238**
Thema	Die Geburt der Menschenrechte – Menschenbild und politische Utopie in den zentralen Dokumenten der Amerikanischen und der Französischen Revolution **280** ***Methode:*** *Interpretation normativer Texte* **281**
Thema	Der moderne Staat und die Demokratie – Vom Gesellschaftsvertrag zur politischen Mitbestimmung **286**
Thema	Zwischen Tradition und Emanzipation – Frauen in der Französischen Revolution **292**
Thema	Der Despotismus der Freiheit – Revolutionäre Moral und Gewalt in der jakobinischen Phase der Revolution **299**
	Die Französische Revolution im Bild – Selbstbild, Inszenierung und Symbolsprache **304**
Forum	Die Französische und die Amerikanische Revolution im historischen Urteil – Standpunkte und Stellungnahmen **308**
Zusammenfassen, Üben und Darstellen/ Klausurtraining	Auf der Schwelle zur Moderne – Die großen Revolutionen um 1800: England, Amerika, Frankreich **315**

Liberalismus und Nationalismus in Deutschland und Europa (1806 – 1871)

Auf einen Blick 320	
Info	Nationalstaatsgedanke und Nationalismus in Europa **323**
Thema	Die preußischen Reformen – Motive einer „Revolution von oben" **358**
Thema	Freiheit, aber welche? – Forderungen und Ziele der Revolutionäre **362**
Thema	Politische Emanzipation und Partizipation auch für Frauen? **366**
Thema	Hohn und Spott im Kampf um die öffentliche Meinung – Zeitgenössische Karikaturen zur Revolution **370** ***Methode:*** *Karikaturen interpretieren* **371**
Thema	„Deutschland, einig Vaterland" – Was macht den Aufbruch zur deutschen Nation und einem eigenen Nationalstaat so schwierig? **377**
Forum	Die Revolution von 1848/49 – Expertenurteile heutiger Historiker **382**
Zusammenfassen, Üben und Darstellen/ Klausurtraining	Liberalismus und Nationalismus in Deutschland und Europa (1806 – 1871) **385**

Industrialisierung verändert Wirtschaft und Gesellschaft

Auf einen Blick 390	
Info	Industrialisierung und Soziale Frage **392**
Thema	Chancen und Risiken eines Nachzüglers – Industrialisierung Deutschlands in Zahlen **410** ***Methode:*** *Statistisches Material interpretieren* **411**
Thema	Eine neue Eigentumsform setzt sich durch – die Aktiengesellschaft **417**
Thema	Alles Fortschritt oder nicht? – Theoretische Denkansätze wirtschaftlicher Modernisierungsprozesse im Vergleich **423**
Thema	Arbeiter stellen die Soziale Frage **430**
Thema	Unternehmer – vom „Herrn im Haus" zum Manager **440**
Forum	Bilanz – Der Preis des Fortschritts **449**
Zusammenfassen, Üben und Darstellen/ Klausurtraining	Industrialisierung verändert Wirtschaft und Gesellschaft **454**

Das Deutsche Kaiserreich – Nationalstaat zwischen Tradition und Moderne

Auf einen Blick 458	
Info	Das Deutsche Kaiserreich **460**
Thema	Reichsgründung und Reichsverfassung – Einheit und Freiheit **480**
Thema	Bismarck und die Parteien – Kulturkampf und Sozialistengesetz **483**
Thema	Das Bild der Deutschen – Nationalismus **488** ***Methode:*** *Postkarten als historische Quelle* **489**
Thema	Juden in Deutschland – Antisemitismus im Kaiserreich **494**
Forum	Der Ort des Kaiserreichs in der deutschen Geschichte **501**
Zusammenfassen, Üben und Darstellen/ Klausurtraining	Das Deutsche Kaiserreich – Nationalstaat zwischen Tradition und Moderne **504**

Das Zeitalter des Imperialismus – Die Weltherrschaft Europas?

Auf einen Blick 508

Info	Das Zeitalter des Imperialismus **510**
Thema	„Ich behaupte, dass wir die erste Rasse der Welt sind" (C. Rhodes) – Zeitgenössische Rechtfertigungen des Imperialismus **525**
Thema	„Noch ist die Welt nicht ganz verteilt! … Auf! Freudige Germanen!" – Soll Deutschland Kolonien erwerben? Eine zeitgenössische Kontroverse **532**
Thema	Deutsch-Südwestafrika – Warum führte das Deutsche Reich einen Vernichtungskrieg? **538** ***Methode:*** *Fotos interpretieren* **544**
Forum	Der europäische Imperialismus – Gewinn für die Metropolen, Zeitzerstörung in der Peripherie? **549**
Zusammenfassen, Üben und Darstellen/ Klausurtraining	Das Zeitalter des Imperialismus – Die Weltherrschaft Europas? **557**

Methodenkompetenz für Geschichte **560**

Glossar **576**

Register **591**

Arbeiten und lernen mit „Zeiten und Menschen"

Auftaktseiten: Jedes Kapitel beginnt mit einer Auftaktdoppelseite. Abbildungen, die für die Kapitelthematik repräsentativ sind, führen in Verbindung mit kurzen begleitenden Texten, die zentrale Frage- und Problemstellungen sowie die Gegenwartsbedeutung aufzeigen, in die Themengebiete ein.

Auf einen Blick: Zu Beginn jedes Kapitels wird in übersichtlicher Form ein Überblick über Inhalte, thematische Schwerpunkte und Methodenlernen in diesem Kapitel gegeben, der zugleich Orientierung im Buch und erste Orientierung im geschichtlichen Gesamtkontext ermöglicht.

Info: Darstellungstexte informieren über ereignisgeschichtliche Zusammenhänge und historische Strukturen des Kapitelthemas. Sie entfalten argumentativ zentrale Struktur- und Problemzusammenhänge und ermöglichen den Aufbau eines geordneten Basis- und Orientierungswissens.

Thema: Thematisch konzipierte Einheiten dienen der vertiefenden Beschäftigung mit relevanten historischen Problemstellungen in Anknüpfung an die jeweiligen Leitthemen des Kapitels. Facettenreiche Materialien (zentrale sprachliche Quellen und Bildquellen, Karten, Statistiken, Schaubilder, Tabellen) stellen die Grundlage für eigenständiges fachliches Lernen dar.

Arbeitsanregungen, die vernetzt Bezug auch auf die Darstellungstexte nehmen, strukturieren und erleichtern die fachgerechte Erarbeitung und kritische Auseinandersetzung mit dem vielfältigen Materialangebot mit zielführendem Blick auf die ausgewiesenen thematischen Leitfragen der jeweiligen Einheit. So, wie die ausgewählten Materialien als Angebot zu verstehen sind, das jederzeit durch eigene Recherche veränder- und erweiterbar ist, stellen auch die Arbeitsaufträge Vorschläge für einen möglichen Arbeits- und Erkenntnisweg dar.

Methode: Methodenseiten (am Ende des Bandes wie auch im Kontext von Thema-Einheiten) führen in grundlegende Methoden historischen Arbeitens ein. Sie vermitteln und trainieren das systematische, fachgerechte Umgehen mit fachbezogenen Arbeitstechniken, die an den wissenschaftlichen Standards historischen Arbeitens orientiert sind. Neben Methoden, die speziell den Umgang mit Geschichte schulen, finden sich methodische Angebote, die sich die Einübung allgemeiner, fachübergreifender Schlüsselqualifikationen und Methodenkompetenz (z. B. Recherche, Präsentation) zum Ziel gesetzt haben.

Forum: Hier kommen vornehmlich Experten – Historikerinnen und Historiker, Publizisten – zu Wort. Die Analyse und kritische Auseinandersetzung mit unterschiedlichen Standpunkten der Wissenschaft und Publizistik schafft Voraussetzungen und Möglichkeiten, eigene historisch-politische Urteilsfähigkeit zu erproben, in Zustimmung und Abgrenzung eigene Standpunkte zu formulieren und eigene Perspektiven für gegenwärtiges und zukünftiges Handeln zu gewinnen. Arbeitsvorschläge helfen auch hier auf dem Weg der Erkenntnisgewinnung.

Zusammenfassen, Üben und Darstellen/ Klausurtraining Zu jedem Kapitel gibt es am Ende unterschiedliche Arbeitsanregungen, um erworbenes Sachwissen, gewonnene Erkenntnisse sowie Urteils- und Problemkompetenz in wiederholenden und neuen Arbeitszusammenhängen anzuwenden und erlernte fachmethodische Fähigkeiten wie auch fachübergreifende Methodenkompetenz zu trainieren.

Das Klausurtraining ermöglicht anhand von Schlüsselmaterialien die Einübung der unterschiedlichen Aufgabentypen im Abitur.

Demokratie im antiken Athen – eine Erfindung von epochaler Bedeutung

Wie setzt man Demokratie ins Bild? Der britische Historiker David Connolly hat eine originelle Antwort gefunden. Er rekonstruierte das städtische Zentrums Athens, wie es um 400 v. Chr. ausgesehen hat, und stellte damit die zentralen Schauplätze, Bauwerke und Institutionen der antiken Demokratie vor Augen. Schaut man genau hin, spiegelt die Zeichnung wider, wie die Menschen zusammen lebten und wie sie das Zusammenspiel von Herrschern und Beherrschten organisierten. Für die Staatsform der Monarchie, in der ein Alleinherrscher an der Spitze eines hierarchischen Systems steht, hätte Connolly eine deutlich andere Form der Rekonstruktion wählen müssen – für das Beispiel des Alten Ägypten etwa prunkvolle Königsgräber und einfache Lehmhütten. Recht häufig gab es in der Frühzeit der Menschen auch die Herrschaftsform der Aristokratie, bei der eine kleine Gruppe von Adeligen, aufgrund ihrer Herkunft bzw. ihres Besitzes, die Herrschaft über eine große Zahl anderer Menschen beanspruchte. Hier hätte es sich angeboten, Burgen und Paläste der wenigen Adelsfamilien zu betonen und deren Dominanz gegenüber den dörflichen Siedlungen, in denen die Nichtadeligen wohnten. Die Bürger im antiken Athen waren die ersten in der Weltgeschichte, die etwas ganz Neues wagten, für das es überhaupt kein Vorbild gab: Sie wollten sich selbst regieren. Das Volk (griechisch: *demos*) sollte die Macht (griechisch: *kratos*) besitzen und sozusagen über sich selbst herrschen. Im Laufe eines längeren Zeitraumes gewann die neue Staatsform der Volksherrschaft immer genauere Konturen, bis sie gegen Ende des 5. Jahrhunderts ihre Blütezeit erreichte. Folgerichtig prägten um 400 Bauten für viele, also Gemeinschaftsbauten, das Bild der Stadt.
Trotz aller Unterschiede, die heutige moderne Demokratien gegenüber dem antiken Modell aufweisen, wird immer wieder der Bezug zu ihren Erfindern und damit der ersten praktischen Ausformung hergestellt. Der Begriff Demokratie und die Fragen der praktischen Umsetzung beeinflussen bis heute unsere Diskussionen über die Struktur und den Sinn und Zweck einer guten, leistungsfähigen politischen Ordnung.

Rekonstruktion des antiken Athen – als Luftbild mit Schrägansicht auf Akropolis (1), Agora (2), Areopag (3), Pnyx (4) und Mauern (5)

5
1
3
2
4
5

Auf einen Blick

Demokratie im antiken Athen – eine Erfindung von epochaler Bedeutung

Info S. 13

Demokratie im antiken Athen

1. **Die Polisstruktur als Keimzelle der Demokratie** S. 13
- Vielfalt und Einheit im antiken Griechenland
- Die innere Struktur einer Polis

2. **Entstehung und Ausbildung der Demokratie in Athen** S. 18
- Die Vorherrschaft des Adels gerät in Gefahr
- Die Reformen Solons
- Die Zurückdrängung des Adels aus der Politik
- Die Reformen des Kleisthenes
- Die direkte Demokratie als alltägliche Praxis

3. **Warum setzte sich die Demokratie ausgerechnet in Athen durch?** S. 25

4. **Das demokratische Athen – ein Ort der kulturellen Blüte und ein Ort der Begrenzungen und Disharmonien** S. 28

5. **Das Ende der Demokratie in Athen und die Nachwirkungen bis heute** S. 30

Thema S. 31

Die Demokratie in Athen im Urteil der Zeitgenossen

Die Entwicklung von der Herrschaft der wenigen (Oligarchie) zur Herrschaft des Volkes (Demokratie) war ein langwieriger Prozess, der keineswegs geradlinig verlief und stets umstritten blieb. Die Zeitgenossen diskutierten äußerst kontrovers. Vor allem die „Vornehmen" und „Reichen" standen der zunehmenden Herrschaft des „gemeinen Volkes" sehr kritisch gegenüber und machten kein Hehl daraus, dass sie die Herrschaft einer (gebildeten) Elite für erheblich sinnvoller hielten. In diesem Thema sind Texte zusammengestellt, die auf Vorzüge und Schwächen der Demokratie im antiken Athen hinweisen und die zugleich deutlich werden lassen, welche Interessen die Autoren bei ihrer Urteilsbildung geleitet haben.

Methode S. 32

Interpretation einer politischen Rede

Thema S. 36

Griechische Kunst – Skulpturen als Spiegel der Leitbilder und des Zeitgeistes

Die Künstler des antiken Griechenland standen nicht außerhalb der Atmosphäre ihrer Zeit. Die Neuerungen, die sich im klassischen Griechenland des 6. und 5. Jahrhunderts in vielfältiger Weise zeigten und zu einem Wechsel des Menschenbildes sowie der gesellschaftlichen und politischen Struktur führten, schlugen sich auch in der Kunst nieder, etwa in der Architektur (Tempelbauten) und vor allem in den frei stehenden Skulpturen. Die Blütezeit der Demokratie in Athen war gleichzeitig eine äußerst produktive Phase für die Künstler und deren Streben nach Perfektion. Im Thema wird deutlich, in welchem Maße sich die Künstler bemühten, das Ideal zu gestalten, das dem Zeitgeist entsprach.

Methode S. 37

Skulpturen interpretieren

Forum S. 40

Die Demokratie in Athen – ein Erfolgsmodell für moderne Demokratien?

Wir benutzen den Begriff „Demokratie", um das politische System im antiken Athen zu beschreiben, und wie selbstverständlich benutzen wir den gleichen Begriff für heutige moderne Demokratien. Viele Jahrzehnte lang haben Wissenschafter diskutiert, ob das Ausmaß an Gemeinsamkeiten groß genug ist, um die gleiche Begrifflichkeit zu rechtfertigen, oder ob die Unterschiede nicht eine Differenzierung erfordern. In der jüngeren Vergangenheit hat sich die Perspektive der Diskussion etwas verschoben: Zunehmend wird bei dem Vergleich der unterschiedlichen Ausprägungen von Demokratie danach gefragt, ob heutige moderne Demokratien von dem antiken Modell lernen können. Die Antworten der Fachwissenschaft fallen sehr unterschiedlich aus.

Demokratie im antiken Athen

Die griechische Geschichte der Antike wird grob in vier Phasen unterteilt:

ca. 2000 – 800 v. Chr.	Griechische Frühgeschichte
ca. 800 – 510 v. Chr.	Archaische Zeit
510 – 336 v. Chr.	Klassische Zeit
336 – 30 v. Chr.	Zeit des Hellenismus

Für die Demokratie in Athen sind vor allem die Archaische und die Klassische Zeit von Bedeutung:

776	Beginn der olympischen Siegerliste
ab 750	Aufzeichnung der Werke Homers
um 621	Drakon lässt Gesetze schriftlich aufzeichnen.
um 590	Solons Reformen
561/60	Peisistratos erzwingt erstmals die Macht in Athen.
um 510	Sturz der Tyrannis in Athen
508 – 500	Reformen des Kleisthenes
490	Sieg Athens (und der Verbündeten) über die Perser
480/479	Siege der Griechen (unter Führung Athens) über die Perser
477	Gründung des ersten Attischen Seebundes
462/61	Reformen des Ephialtes und des Perikles in Athen
431 – 404	Peloponnesischer Krieg (militärische Niederlage Athens)
338	Sieg Makedoniens über viele griechische Städte
336 – 323	Regierungszeit Alexanders des Großen

1. Die Polisstruktur als Keimzelle der Demokratie

Die griechische Polis

Bei einer sehr großzügigen Betrachtung beginnt die Antike etwa um 2500 v. Chr., als in der südlichen Ägäis auf den Inseln Kreta und Thera die minoische Kultur entstand. Im engeren Sinne setzt die antike Kultur jedoch erst mit dem 8. Jahrhundert vor Christus ein, denn sie ist eng verknüpft mit der Ausbildung der griechischen *polis* (Plural: *poleis*), einer Einrichtung, die man am ehesten mit dem Begriff Stadtstaat (oder auch Dorfgemeinschaft) übersetzen kann. Von diesen Poleis gab es im antiken Griechenland mindestens 250, vielleicht aber auch 700 oder mehr. Mit Ausnahme der wenigen großen Poleis wie Athen, zu der große Teile der Halbinsel Attika gehörten, oder Sparta (große Teile der Peloponnes) waren sie recht klein und überschaubar. Im Durchschnitt war eine Polis kaum größer als 50 bis 100 qkm und besaß vermutlich nur 2 000 bis 3 000 Einwohner. Aber jede Polis war eine Welt für sich, und zweifellos empfand sich jeder Polisbürger als Einwohner eines eigenen Staates, für den bereits die Nachbarpolis Ausland war. Man pochte auf Autonomie (staatliche Unabhängigkeit) und strebte nach Autarkie (wirtschaftliche Unabhängigkeit): Feindschaften und Kriege der Poleis untereinander waren von daher an der Tagesordnung.

Vielfalt und Einheit im antiken Griechenland

Trotz dieser Vereinzelung und Aufsplitterung in kleine und kleinste Einheiten gab es Gemeinsamkeiten, die alle Griechen miteinander verbanden und die für eine kulturelle Einheit sorgten. In erster Linie ist hier die gemeinsame Sprache zu nennen. Auch wenn jede Polis einen eigenen Dialekt aufwies, konnten sich Spartaner, Athener und Kreter gegenseitig

Physische Karte des antiken Griechenland/der Ägäis mit Hauptorten: Die naturräumlichen Gegebenheiten begünstigten die Entstehung relativ autonomer Stadtstaaten. Das griechische Festland ist sehr gebirgig und zerklüftet; die wenigen Ebenen bedecken nur eine geringe Fläche und sind durch hohe Gebirgszüge voneinander abgrenzt. Der Olymp ist kaum 30 km von der Küste entfernt und so hoch wie die Zugspitze. Demnach waren nicht nur die zahlreichen Inseln in einer isolierten Lage, sondern auch die Poleis auf dem Festland – die übrigens von wenigen Ausnahmen abgesehen an der Küste lagen. Kein Ort war weiter als 80 km von der Küste entfernt. Man spricht von einer überwiegend maritimen Ausrichtung der allermeisten Poleis.

Sprache

verstehen. Als Hellenen grenzten sie sich gleichzeitig von allen anderen ab, die ihre Sprache nicht beherrschten, und nannten diese einfach Barbaren (= Plapperer). Während des 8. Jahrhunderts gelang den Griechen die Entwicklung des Alphabets – was sich im Laufe von ca. 200 Jahren flächendeckend verbreitete. Die Reduzierung der Schrift auf wenige Buchstaben war genial einfach, das Schreiben fiel den Griechen nun kinderleicht.

Religion, Kultur und Mythen

Ein zweites Bindeglied bildeten die gleichen bzw. sehr ähnlichen religiös-kultischen Vorstellungen. Einzelne Poleis erkannten zwar bestimmten Göttern oder Göttinnen eine Sonderrolle zu, z. B. Athen der Schutzgöttin Athene, aber den „wichtigen" Göttern wie Zeus oder Poseidon opferten alle Hellenen gleichermaßen. Mit größter Selbstverständlichkeit ging man davon aus, dass auf dem Olymp der Stammsitz der Götter lag, die nach allgemeiner Auffassung in einer menschenähnlichen, nahezu familiären Gemeinschaft lebten. Das Orakel in Delphi wurde von allen Griechen verehrt, denn hier erbat man sich den göttlichen Rat von Apoll. Von den religiösen Vorstellungen sind die Mythen kaum zu trennen, denn neben Menschen gehörten auch Halbgötter und Götter zum Personal dieser Geschichten. Jedes griechische Kind kannte die sagenhaften Erzählungen aus der Frühzeit, etwa den Raub der Europa oder den Skandal um Prometheus; die Erzählungen Homers (Ilias, Odyssee) waren in jeder Polis die klassische Schul- und Bildungslektüre.

Wettbewerbe und Feste

Dritte Gemeinsamkeit aller Hellenen waren die gesamtgriechischen Spiele und Wettkämpfe, die an verschiedenen Orten und zu periodisch wiederkehrenden Zeitpunkten abgehalten wurden. Der mit Abstand wichtigste Wettkampf waren die Olympischen Spiele zu Ehren des Zeus, die alle vier Jahre in Olympia stattfanden und somit auch zur Grundlage der griechischen Zeitrechnung wurden. Olympiasieger wurden hoch geehrt und waren der Stolz ihrer Polis. Zu vielen Gelegenheiten, auch in Olympia, kämpften nicht nur Sportler, sondern auch Künstler und Philosophen um die Anerkennung des Publikums – was auch zum Ausdruck bringt, dass die Griechen kaum eine Gelegenheit versäumten, in Konkurrenz zu anderen zu treten und sich im Wettbewerb hervorzutun. „Immer Bester zu sein und überlegen zu sein den anderen" (so Homer in der Ilias), war den Griechen oberstes Erziehungsziel und Richtschnur des Handelns.

Die innere Struktur einer Polis

Trotz regionaler Unterschiede lässt sich ein Idealtyp einer griechischen Polis rekonstruieren. Sieht man von besonderen Ausprägungen ab, besaß jede Polis einen städtischen Kern, der von landwirtschaftlichen Flächen umgeben wurde. Nur die größeren Poleis besaßen weitere dorfähnliche Siedlungen. Am Stadtrand lebten die Ackerbauern und Viehzüchter, in der Innenstadt die Händler und Handwerker sowie die Ärzte oder Lehrer. Fast immer besaß eine Polis auf einer Anhöhe oder einem Berg eine *akropolis* (Oberstadt). Hier wohnte niemand. Die Akropolis war vielmehr ein Treffpunkt, wo sich die Bürger versammelten, um den Göttern zu opfern, wo wichtige Gerichtsverfahren entschieden wurden oder bedeutende Feierlichkeiten stattfanden. Fast immer bildete ein prächtiger Tempel das architektonische Zentrum dieser Stätte, die der Polis eine Mitte gab, auf die sich alle Bürger ausrichteten. Unterhalb der Akropolis lag die *agora*, ein großer Platz, auf dem sich das wirtschaftliche und gesellschaftliche Alltagsleben abspielte. Hier wurde gekauft und verkauft, hier befanden sich weitere Tempel und Gerichte für alltägliche Kulthandlungen und Streitigkeiten. Hier besprachen die Bürger auch alle Angelegenheiten von allgemeinem Interesse, je nach Polis mit unterschiedlicher Chance, eigene Auffassungen durchsetzen zu können. Akropolis und Agora waren Gemeinschaftsleistungen aller Bürger, genau wie die Stadtmauer, zentrale Brunnenanlagen, das Theater, Schulgebäude oder Sportstätten (Gymnasien).

Infrastruktur

Die Poleis ähnelten sich nicht nur hinsichtlich der Infrastruktur, auch die Sozialstrukturen waren verblüffend ähnlich. In Athen, Korfu, Theben oder Ephesos – überall stieß man auf die grundlegende Unterscheidung zwischen Bürgern und Nichtbürgern. Ein Bürger war

Sozialstruktur

Die Halbinsel Attika mit der Polis Athen

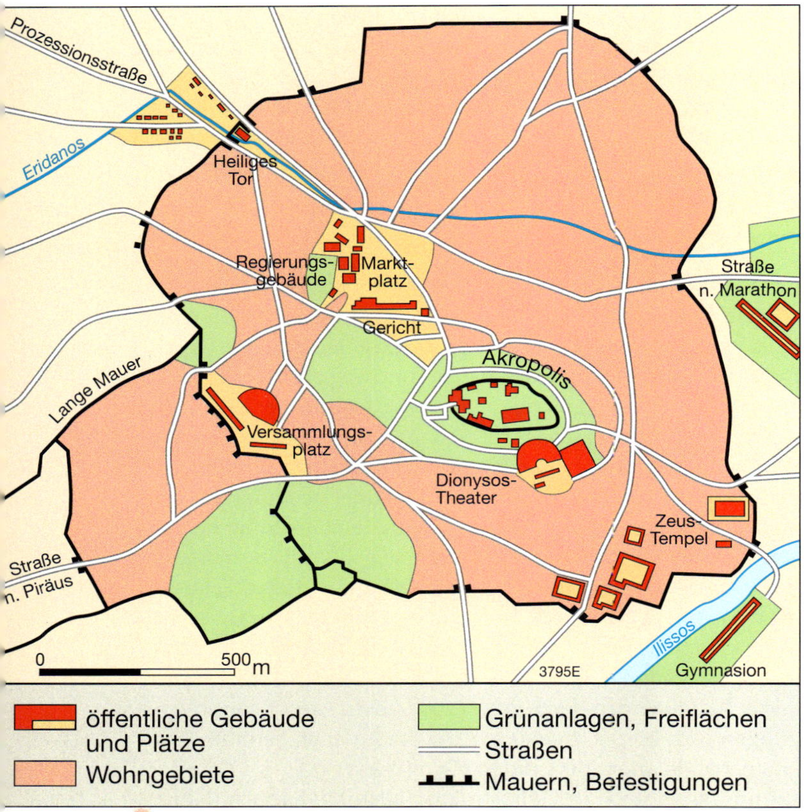

Athen in der klassischen Zeit (5.–4. Jh. v. Chr.)

man nur, wenn man ein Kind von einem Bürger dieser Polis war und mindestens ein Stück Land besaß. Wer aus einer anderen Polis stammte, konnte kein Bürger der neuen Polis werden. Im Laufe der Jahrhunderte lockerten einige Poleis diese restriktiven Bestimmungen etwas, aber im Grundsatz blieb jeder Neuankömmling ein Fremder, ein Ausländer ohne Bürgerrechte. In Athen bildete diese Gruppe, man nannte sie Metöken, mindestens ein Zehntel der Gesamteinwohner. Die dritte große Gruppe der Einwohner waren die Sklaven. Der Anteil der Sklaven an der Gesamtbevölkerung schwankte von Polis zu Polis; so waren etwa in Sparta fast vier Fünftel der Bevölkerung Sklaven, in Athen ca. ein Drittel. Nach Auffassung der Griechen konnten Sklaven allein schon wegen ihrer persönlichen Unfreiheit keine Bürger sein. Sie waren im Krieg oder bei der Unterwerfung ihres Volkes gefangen genommen und auf einem Sklavenmarkt von einem Bürger als persönliches Eigentum gekauft worden – was sie aus griechischer Sicht disqualifizierte, um unabhängig und sachverständig Entscheidungen zu treffen. Frauen und Kinder waren gleichfalls keine Bürger und besaßen keine politischen Rechte. Innerhalb der Gruppe der Polisbürger gab es deutliche soziale Differenzen, insbesondere zwischen den Bauern mit geringem Landbesitz und den sehr vermögenden Großgrundbesitzern, die vereinfachend als Adelige bezeichnet wurden und die sich selbst als Aristokraten (von *aristoi* = die Besten, die Vornehmen) verstanden.

Sozialstruktur in Athen, einschließlich Attika (um 450 v. Chr.)	
Vollberechtigte Bürger	etwa 30 000 – 50 000
Familienmitglieder (Frauen, Kinder)	etwa 70 000 – 100 000
Metöken (mit Frauen und Kindern)	etwa 25 000 – 35 000
Sklaven	etwa 80 000 – 120 000
Gesamtbevölkerung	etwa 200 000 – 300 000

(Zusammengestellt nach: Jochen Bleicken, Die athenische Demokratie, Paderborn 1995, S. 99f.; Bleicken betont die großen Unsicherheiten der Schätzwerte.)

Politik als Gemeinschaftsaufgabe

Schon um 750 v. Chr. lässt sich für die politischen Strukturen in den Poleis ein recht genaues Bild zeichnen. In jeder Polis dürfte es üblich gewesen sein, dass sich zu bestimmten Anlässen alle Bürger vermutlich auf der Agora getroffen haben, um Gemeinschaftsaufgaben zu besprechen. Die Frage von Krieg und Verteidigung gegen einen auswärtigen Feind, z. B. die Nachbarpolis, dürfte das beherrschende Dauerthema gewesen sein. Diejenigen, die im Kampfe erfolgreich waren und/oder finanziell wertvolle Beiträge leisten konnten, gewannen in der Versammlung an Bedeutung und erhielten Führungsaufgaben. Diese Männer nannten sich *basileis* (etwa: Könige) oder eben *aristoi* (Aristokraten). Im Kriege kämpften sie an exponierter Stellung: Wie Homer berichtet, standen die Bürger „Schild an Schild, Helm an Helm, Krieger an Krieger“, also „eng vereinigt“, während die Adeligen „nur eines verlangten: vorn an der Spitze der Truppen zu fechten“ (Ilias 16, 212ff.). Waren die adligen „Vorkämpfer" erfolgreich, gewannen sie an Ruhm, Ansehen und zweifellos auch an Beute. Von daher dürfte zumindest zwischen 800 und 500 v. Chr. die gemeinsame Herrschaft der Adelsfamilien (Oligarchie = wörtlich übersetzt: Herrschaft der wenigen) die vorherrschende Staatsform in den Poleis gewesen sein. Das Streben der Oligarchen nach dem eigenen Vorteil war aber begleitet von der Verantwortung gegenüber der Bürgerschaft, die immer danach fragte, welchen Nutzen das Handeln für die Polisgemeinschaft insgesamt gebracht hatte, und die Egoismus oder Versagen eines führenden Politikers schonungslos anprangerte. Gesellschaftlich blieb der Adel unter sich und begriff sich als überlegene Elite, im öffentlichen Raum der Polisgemeinschaft aber meldeten sich auch die Bauern zu Wort. Die Versammlung der freien Bauern konnte nicht einfach ignoriert werden. Mit der Ausbildung der Polisstruktur war eine Traditionslinie entstanden, die allen Griechen selbstverständlich erschien: Wenn die eigene Polis im Wettbewerb mit den Rivalen bestehen wollte, durfte man die „Politik" nicht allein den Königen oder den Vornehmen überlassen. Wohl und Wehe der eigenen Polis hingen von dem Engagement aller Bürger ab.

Oligarchie

Oikos

Von der Sphäre des Politischen ist die Sphäre des eigenen Haushaltes (*oikos*) zu unterscheiden. Der Begriff Oikos ist mit „Familie" nur unzureichend übersetzt, denn er bezeichnet zunächst eine Wirtschaftseinheit, etwa einen landwirtschaftlichen Betrieb oder ein Handwerksunternehmen. Wer Haus und Hof besaß, war verantwortlich für alle Personen, die für diese Hausgemeinschaft produzierten und in ihr lebten. Bei einem Bauern mit wenig Besitz

Die Rekonstruktionszeichnung setzt einen Festumzug zu Ehren der Stadtgöttin Athena ins Bild: Nach Phylen geordnet (s. S. 21) strömen tausende, vielleicht sogar zehntausende Athener zum Parthenon-Tempel, der Athena geweiht ist.

konnte sich der Oikos auf Frau und Kinder beschränken, im anderen Extrem auf mehrere hundert Personen (Frau, Kinder, Verwandte, Sklaven). Im Oikos dominierte nicht die Debatte, sondern der Befehl. Der Hausherr herrschte nicht selten wie ein Despot über Frau, Kinder und Sklaven, die im Hause ihre Pflichten zu erfüllen hatten und vom politischen Leben mehr oder weniger ferngehalten wurden. Von Gleichheit und Freiheit fand sich keine Spur. Man ist geneigt, von einem „Doppelleben" zu sprechen, das sich in der Trennung von Öffentlichem und Privatem niederschlug.

Wie zeigten die Griechen ihre Zugehörigkeit zu ihrer Polis?

Das Bewusstsein, einer Polis anzugehören und für diese Gemeinde auch etwas tun zu wollen, zeigte sich in vielfältiger Form. Neben der politischen Aktivität in den politischen Institutionen war auch der Kampf im Krieg von großer Bedeutung. Für jeden Bürger war es selbstverständlich, fast alljährlich in den Krieg zu ziehen und in Reih und Glied mit den gleichgesinnten Kameraden das Leben einzusetzen. Der griechische Mann war sehr auf das Ansehen unter seinen Mitbürgern fixiert – und dieses Ansehen wuchs deutlich, wenn man im Kampf für die Polis gestorben war. Das Kämpfen und Sterben für die Gemeinschaft verlieh dem Tod einen Sinn, es vermehrte den eigenen Ruhm und stärkte die Polis. Man erklärt diese Opferbereitschaft und das Denken in den Kategorien von Ehre und Ruhm auch damit, dass sich nach griechischer Vorstellung mit dem Tode keine Hoffnung auf eine Erlösung im Sinne der christlichen oder islamischen Religion verband.

Zur inneren Gründung einer Polis trugen vielfache Formen von Kulthandlungen und Festveranstaltungen bei. Die Griechen opferten im Kreis der Gemeinschaft. Es gab keine Privataltäre, sondern gemeinschaftlich errichtete Opferaltäre bei den Tempeln. Wenn sich ein Schiff der Südspitze Attikas und damit dem Polisgebiet Athen näherte, sahen die Seeleute schon von Weitem den prächtigen Poseidon-Tempel auf dem Kap Sunion: zweifellos ein Geschenk für den Meeresgott, aber gleichzeitig auch eine Botschaft über die Leistungsfähigkeit und den Opfersinn aller Athener. Die integrative Funktion der Kulte und Feste zeigte sich auch in den Prozessionen und Umzügen, an denen alle Bürger geschlossen teilnahmen. Diese Veranstaltungen boten übrigens auch den Frauen die Chance, teilzunehmen und ihre Zugehörigkeit zur Polis auszudrücken.

2. Entstehung und Ausbildung der Demokratie in der Polis Athen

Die Vorherrschaft des Adels gerät in Gefahr

Konflikte zwischen Adel und Bauern

In den Jahren zwischen 750 und 600 vor Christus prägte der Konflikt zwischen den Interessen der grundbesitzenden, vermögenden Adeligen und der großen Zahl freier Bauern die innere Entwicklung fast aller griechischen Poleis. Wenn der Konflikt drohte, sich zu einem Bürgerkrieg auszuwachsen, griffen die Polisgemeinschaften zu einem verblüffenden Mittel der Streitschlichtung. In einer Volksversammlung beauftragten die Bürger eine Persönlichkeit, der man Sachverstand und Augenmaß zutraute, einen Ausweg der Versöhnung zu finden. Einige dieser Krisenmanager sind namentlich bekannt, etwa der sagenhafte Lykurgos, der eine Verfassung für Sparta entwickelt haben soll, oder Drakon, der die Rechtsunsicherheit in Athen durch das Aufschreiben eines klaren Strafenkataloges für bestimmte Vergehen überwand. Der bekannteste dieser Krisenmanager ist zweifellos Solon.

Die Reformen Solons

Als Solon seine Überlegungen zu Anfang des 6. Jahrhunderts entwickelte, befand sich Athen in einer existenzgefährdenden Krise. Seit Jahrzehnten hatte sich die Lage vieler Bauern so verschlechtert, dass sie sich bei den Adeligen hatten verschulden müssen – jedoch ohne Hoffnung, diese Schulden zurückzahlen zu können. In der Folge verloren immer mehr von ihnen ihr Ackerland und ihre Höfe, die sie als Sicherheit verpfändet hatten, und gerieten in die Gefahr der Schuldknechtschaft oder sogar der Sklaverei. Die Gerichte, die fast immer von adeligen Richtern besetzt waren, taten aus Sicht der Bauern nichts, um diese verhängnisvolle Entwicklung aufzuhalten – was deren Verzweiflung erhöhte, die Empörung weiter anfachte und zu kriminellen Übergriffen führte. Als die Situation unhaltbar wurde, wandte man sich an Solon, der allgemein als kluge, weise Persönlichkeit galt, und bat ihn um Vorschläge zur Rettung der Polis. Bei seinen Reformvorschlägen griff Solon auf Überlegungen zurück, die er zuvor in einem literarischen Text unter dem Titel „Eunomie" veröffentlicht hatte, was sich in etwa mit „gute Ordnung" übersetzen lässt.

Solon

Plädoyer für ein politisches Engagement

In diesem Text betont Solon zum einen den alten Polisgedanken der gemeinschaftlichen Interessenlage aller Bürger, also von Adel und Bauern. Für ihn war klar, dass die zunehmende Verelendung der Bauern auch die Adeligen in ihrer Existenz bedrohte: „Das Unglück der Gemeinschaft kommt heim zu jedem", heißt es in der Eunomie. In der Konsequenz dieses Gedankens musste also auch der Adel zur Erkenntnis gebracht werden, dass er auf kurzfristige Gewinne verzichten müsse, um langfristig zu profitieren, denn nur ein gesunder Bauernstand war für die gesamte Polis von Vorteil. Solons zweiter Gedanke ist fast revolutionär zu nennen: Er war fest davon überzeugt, dass man nicht gezwungen war, eine verhängnisvolle Entwicklung fatalistisch hinzunehmen. Keineswegs dürfe man die aktuelle Lage als Ausdruck göttlichen Zorns erdulden. Der Bürger, so Solon, kann Entwicklungen beeinflussen, deshalb ist er auch verantwortlich und sogar verpflichtet, sich nicht im „letzten Zimmerwinkel" zu verkriechen, sondern in die Öffentlichkeit zu gehen und aktiv zu werden. Der Historiker Christian Meier sieht in dieser Einstellung die „Entstehung des Politischen": Das Bewusstsein, durch geeignete, selbst bestimmte Maßnahmen eine konsensfähige politische Praxis zu ermöglichen, unheilvolle Entwicklungen zu stoppen und damit diejenigen Kräfte zu disziplinieren, die die Gemeinschaft sprengen oder sprengen könnten, dies markiert für Meier einen „Neubeginn der Weltgeschichte".

Die Zurückdrängung des Adels aus der Politik

Stufe 1: Solons Reformprogramm

Ob Solons Zeitgenossen wussten, welche Vorschläge er machen würde, als sie ihn im Jahre 594 v. Chr. mit den Vollmachten zur Neugestaltung beauftragten, ist heute unbekannt. Seine Maßnahmen waren auf jeden Fall spektakulär. Sozialpolitisch setzte er einen weitgehenden Schuldenerlass durch und verbot die Schuldknechtschaft. Die Bauern wurden wieder frei, weil die Freiheit, so Solon, den Athener Bürger von einem Sklaven unterscheide. Durch diese Maßnahme entschärfte er zunächst einmal die aktuelle explosive Lage. Langfristig bedeutender war seine Verfassungsreform. Er teilte die Bevölkerung Athens in vier Klassen und zwar nach dem Einkommen gestaffelt. Je nach Klassenzugehörigkeit besaß der Bürger nun Rechte und Pflichten – das aristokratische Prinzip, wonach die Stellung in der Gesellschaft durch Abstammung und Geburt festgelegt wurde, war damit gebrochen. Eine einfache Form einer Zensusverfassung prägte das politische System: Wer reich war und viel für die Polis tun konnte, wer im Kriege Pferde oder gar Schiff stellte, hatte großes Gewicht und konnte alle Ämter bekleiden. Wer sich als freier Bauer eine metallene Rüstung leisten konnte, dem standen viele Ämter offen. Wer keine Rüstung bezahlen konnte und der niedrigsten Klasse angehörte, war von politischen Ämtern ausgeschlossen. Aber auch der ärmste Bauer besaß von nun an ein klar ausformuliertes Mitspracherecht, er konnte in der

Verfassung des Solon um 590 v. Chr. (vereinfachte Darstellung)

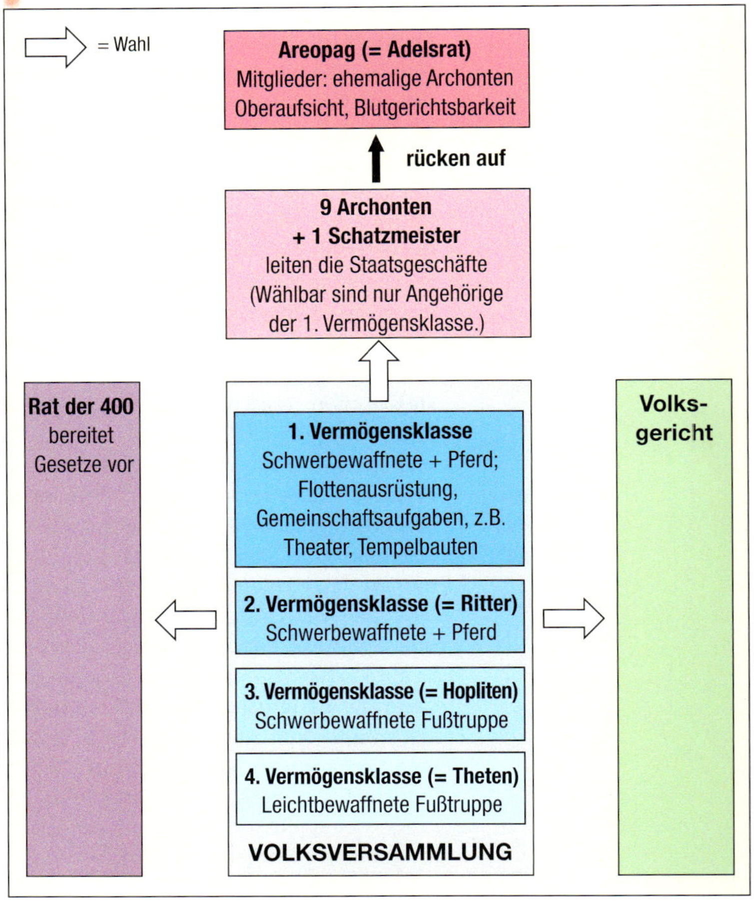

Volksversammlung, die vermutlich ein- oder zweimal pro Jahr stattfand, mitbestimmen und hatte Einfluss auf die Besetzung der Ämter. Auch der Zugang zu den sogenannten Volksgerichten stand jedermann nun offen. Solons Reformprogramm hatte eher eine Timokratie (= Herrschaft der Reichen) als eine Demokratie geschaffen, aber es zwang die Adeligen, ihre Macht mit den Bürgern zu teilen. Die Idee von der bürgerlichen Verantwortung in der Polis hatte einen institutionalisierten Niederschlag gefunden.

Timokratie

In den folgenden Jahren und Jahrzehnten wurde dieses System fortentwickelt. Dies ging nicht ohne Umwege und Rückschläge, vor allem war es kein Prozess, der zwangsläufig zu dem Demokratiemodell führen musste, das wir heute mit dem antiken Athen verknüpfen. Noch zu Lebzeiten Solons zeigte sich, dass die inneren Spannungen keineswegs gelöst waren. Vielen Bauern gingen die Reformen nicht weit genug, denn sie hatten sich eine Neuaufteilung des Bodens gewünscht. Viele Adelige hielten den Schuldenerlass für skandalös und kritisierten die Aufweichung ihres Machtmonopols durch „neureiche" Bürger, hinzu kamen interne Streitigkeiten unter den Adelsgeschlechtern.

Stufe 2:
Tyrannen füllen das Machtvakuum

In der Auseinandersetzung um einen Zuwachs an Adelsmacht oder Macht des Volkes gewann kurzzeitig eine dritte Variante die Oberhand: die Tyrannis. In der Mitte des 6. Jahrhunderts gelang es dem Adeligen Peisistratos, in Athen die Vorherrschaft zu erringen. Nach außen hin schien es so, als sei die Verfassung Solons weiterhin in Kraft, in der Wirklichkeit jedoch besaß er die militärische Macht, da er eine schlagkräftige Söldnertruppe aus seinem riesigen Privatvermögen bezahlte, und auch die politische Macht, da er viele Ämter an Gefolgsleute übertrug. Neben dem Geld und den Söldnern waren es vor allem Zuwendungen an die bäuerliche Bevölkerung, die seine Macht stützten und ihm die Sympathie großer Bevölkerungskreise sicherten. Peisistratos vergab u. a. billige Darlehen und verteilte Land der Adeligen an die bäuerliche Bevölkerung. Als Peisistratos starb, wurde die Tyrannis sogar an seine Söhne Hipparchos und Hippias vererbt. Um dem weiter drohenden Machtverlust entgegenzuwirken, entschlossen sich einige Adelsgeschlechter zum aktiven Widerstand. Zwei junge Adelige ermordeten Hipparchos (514 v. Chr.), woraufhin der überlebende Bruder zahlreiche Adelige enteignete und aus Athen verbannte. Es kam zu heftigen Unruhen und Aufständen, in deren Verlauf beide Attentäter getötet wurden und der Tyrann Hippias verbannt wurde.

Die Reformen des Kleisthenes

Stufe 3: Der Adel verliert seine Vormachtstellung

Im Machtvakuum setzte sich ein Adeliger, Kleisthenes, mit einem politischen Programm durch, dessen Inhalte ihn zum Architekten der Demokratie Athens machen sollten (508/507 v. Chr.). Erklärtes Ziel seiner Reform: die Willkür und Selbstbezogenheit des Adels zu bremsen, aber nicht durch eine Tyrannis, sondern durch eine Schwerpunktverlagerung auf die breiten Schichten der Bürgerschaft, insbesondere auf die Volksversammlung.

Kernstück seiner Reform war es, die sozialen Abhängigkeitsverhältnisse zwischen Adeligen und Bauern aufzuheben und durch Ausbildung von Gegenmachtstrukturen jede Neubildung einer Tyrannis zu verhindern. Zu diesem Zwecke dachte sich Kleisthenes eine hochkomplizierte Verfassung aus, die – zum allgemeinen Erstaunen – gut funktionierte. Als Erstes gliederte Kleisthenes die Gesamtpolis Athen in ca. 138 Bezirke (Demen), in denen Angelegenheiten von rein lokaler Bedeutung unter Leitung eines Bürgermeisters geklärt wurden. Dann fasste er städtische Demen, ländliche Demen sowie Demen aus der Küstenregion zusammen, sodass, bunt gewürfelt, 10 Phylen entstanden. Die Phylen waren reine Kunstprodukte – ihre Zusammensetzung wurde vermutlich durch das Los bestimmt –, aber die Einwohner entwickelten ein enges Gemeinschaftsgefühl, da die Phylenordnung auch die militärische Organisation festlegte. Jede Phyle stellte etwa 1 000 schwerbewaffnete Soldaten, die gemeinsam kämpften und auch die Kultveranstaltungen innerhalb der Phyle vollzogen. Die Händler und Handwerker aus der Stadt Athen kämpften und feierten mit den Fischern der Küste und den Bauern des Hinterlandes: Vielleicht war Kleisthenes selbst überrascht, dass diese Mischung viele Gegensätze überwand und das Gemeinschaftsgefühl stärkte.

Jede Phyle entsandte pro Jahr 50 Ratsherren, die in den Demen ausgelost wurden und die in ihrer Gesamtheit den „Rat der 500" bildeten. Jeder Bürger konnte, sofern er 30 Jahre alt war und Ratsherr sein wollte, dieses Amt bekleiden. Als Ratsherr bereitete er die Volksversammlungen vor und leitete die Alltagsgeschäfte. Von nun an war festgelegt, dass alle wichtigen Entscheidungen in der Volksversammlung getroffen werden sollten. Auch das Volksgericht erhielt nun deutlicheren und wohl auch stärkeren Einfluss. Die Reformen des

Verfassung des Kleisthenes um 500 v. Chr. (vereinfachte Darstellung)

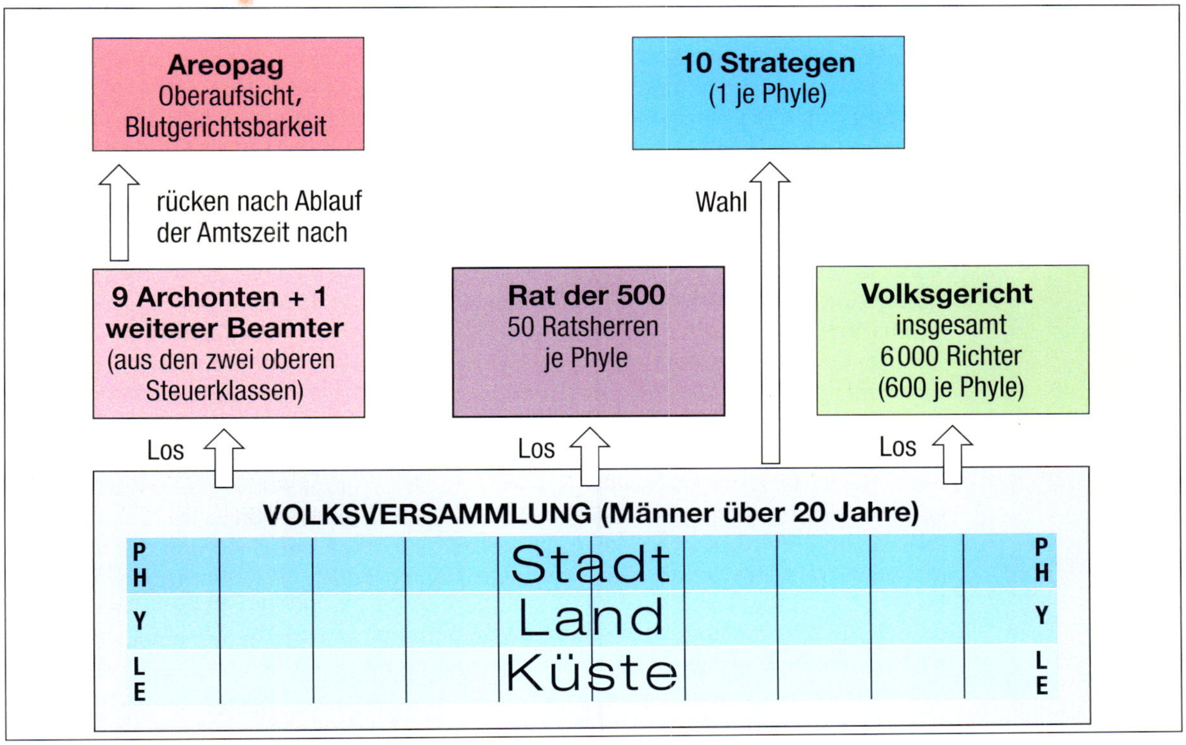

Kleisthenes bedeuteten faktisch die Aufhebung der Timokratie. Nur die Position der obersten Beamten (Archonten) reservierte Kleisthenes für den Adel sowie den obersten Gerichtshof (Areopag), der sich aus den ehemaligen Archonten zusammensetzte. In der Volksversammlung jedoch zählte die Stimme des vermögendsten Adeligen nicht mehr als die Stimme des einfachen Tagelöhners. Die Athener nannten diese Gleichheitsordnung Isonomie; bis heute ist diese Vorstellung der Gleichheit vor dem Gesetz grundlegend für jede demokratische Ordnung. Welche Brisanz dieser Grundsatz für die Polis Athen barg, bringt der Historiker Christian Meier auf den Punkt: „Erstmals wurde damit im Politischen eine Ordnung geschaffen, die nicht mehr der gesellschaftlichen entsprach." Die Adeligen Athens bildeten nach wie vor die wirtschaftliche und kulturelle Elite, aber in der Volksversammlung konnten sie vom einfachen Volke überstimmt werden. Die Phylenkonzeption hatte der politischen Vorherrschaft der Adelsgeschlechter und deren Seilschaften innerhalb kürzester Zeit die entscheidende Grundlage entzogen. Um eine neuerliche Tyrannis zu vermeiden, hatte der Adel einen hohen Preis zahlen müssen.

Isonomie

Stufe 4: Die Demokratie wird komplettiert

Der Einfluss des Volkes wuchs weiter, als im Jahre 487 die höchsten Ämter, die der Archonten, nicht mehr durch Wahl, sondern durch das Los bestimmt wurden. Seit 462/461 verlor der „Oberste Gerichtshof", der von den Adeligen gestellte Areopag, das Recht auf die Kontrolle der Behörden und war nur noch für die schweren Kriminalfälle zuständig. Als wenig später auf Betreiben von Ephialtes und Perikles Tagegelder (Diäten) für Ratsherren und Richter eingeführt wurden, war es auch den ärmeren Bürgern möglich, Politik zu betreiben, ohne materielle Nachteile befürchten zu müssen, denn für das Tagegeld konnte eine Ersatzarbeitskraft engagiert werden. Die Isonomie des Kleisthenes hatte das Recht auf Teilhabe an der politischen Entscheidung bedeutet, durch die Reformen des 5. Jahrhunderts war aus dem Recht eine konkrete Chance geworden. Die zunehmende Entmachtung des Adels, genauer gesagt: Die Integration des Adels und des gemeinen Mannes in einer Polis gleichberechtigter und freier Bürger hatte ein ganz neues politisches System entstehen lassen. Jetzt erst, in der Mitte des 5. Jahrhunderts, tauchte in Athen ein Wort für diese Staatsform auf: Demokratie.

Die direkte Demokratie als alltägliche Praxis

Instanz: Volksversammlung

In ihrem entwickelten Stadium war die Demokratie in Athen die unmittelbare, direkte Herrschaft der Bürger über sich selbst. Ihre Grundpfeiler waren die Ideen der Gleichheit, der Freiheit und der Machtausübung, ihre Voraussetzung die Entdeckung des Politischen und das Leitbild des Aktivbürgers. Die Volksversammlung tagte etwa 40-mal im Jahr und wurde im Durchschnitt von etwa 6 000 männlichen Bürgern besucht, bei wichtigen Entscheidungen (etwa Krieg, Friedensschluss) waren sicherlich weit mehr als 10 000 Männer anwesend. Die Versammlung begann immer frühmorgens, seit Mitte des 5. Jahrhunderts fast immer auf der Pnyx, einem Hügel unweit der Akropolis, und dauerte oft mehrere Stunden, die man zumeist im Stehen zubrachte. Feste Plätze gab es nicht. Wer redete, musste eine laute Stimme haben und rhetorisch geschickt vorgehen, um sich Gehör zu verschaffen. Im Grundsatz aber konnte jeder Anträge stellen, sich zu Wort melden und natürlich auch abstimmen. Es ist kaum möglich, das Klima während einer solchen Versammlung exakt zu rekonstruieren. Die Meinungsfreiheit war fest verankertes Prinzip, von einer einschüchternden Wirkung der Eloquenz mancher Redner ist nichts bekannt, Versuche der eitlen Selbstdarstellung führten jedoch, wie viele Quellen belegen, zu Häme und Spott. Nach allem, was man heute weiß, spricht vieles für die Annahme, dass tatsächlich jeder Anwesende die gleiche Möglichkeit besaß, sich zu äußern und „alles zu sagen". Die Volksversammlung herrschte direkt, die einfache Mehrheit entschied und der Beschluss erlangte Gesetzeskraft. Nur selten wurde geheim abgestimmt (mit Stimmsteinen), in der Regel hob man die Hand.

Den engen Zusammenhang von Demokratie und individueller Freiheit betont auch der Philosoph Platon, wenn er in seinem Werk „Politeia" ausführt, die Stadt Athen sei „erfüllt von Freiheit und Freimütigkeit und der Möglichkeit für jedermann, immer zu tun, was er will", weshalb „ein jeder sein Leben nach seinen Vorstellungen einrichtet, wie es ihm gefällt".

Wasseruhr zum Stoppen der Redezeit. Die Aufschrift Antiochos bedeutet: Eigentum der Phyle Antiochis. XX ist die Abkürzung für zwei Chus, das entspricht gut sechs Minuten.

Auslosungsgerät/Losmaschine zur Zufallsauswahl

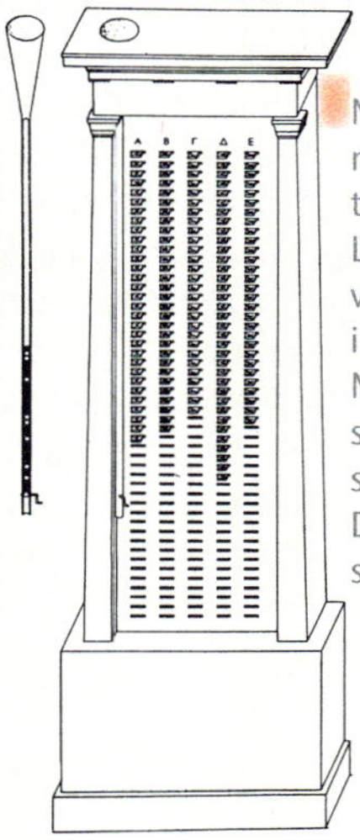

Moderne Rekonstruktion einer Losmaschine: Die Täfelchen der 6000 Richter steckten wie Kennmarken in den Schlitzen der Losmaschine. Nach dem Zufallsprinzip wurden Kugeln mit verschiedenen Farben in die Röhre auf der linken Seite gefüllt. Mithilfe einer Kurbel wurde nun eine dieser Kugeln entnommen. Die Farbe entschied, welche Reihe eingesetzt wurde. Die gelosten Richter bildeten für das anstehende Verfahren das Volksgericht.

Platon war keineswegs ein Anhänger der Demokratie und der individuellen Freiheit. Er beklagte häufig die negativen Auswirkungen, die dieses Denken seiner Meinung nach sowohl für den politischen Bereich als auch für den Alltag hatte. „Einfache Leute", so forderte Platon, sollten „einem vornehmen Herrn bescheiden Platz machen", wenn sie ihm auf der Straße begegneten, andernfalls „mit Schlägen zum nötigen Respekt" erzogen werden. In Athen jedoch sei es „üblich, ganz frei, geachtet und im Bewusstsein der eigenen Würde den Weg fortzusetzen und vor entgegenkommenden ‚höheren Wesen' nicht auszuweichen" (Politeia 563).

Instanz: Rat der 500

Die 500 Mitglieder im Rat sorgten für einen ordnungsgemäßen Ablauf der Veranstaltung. 50 von ihnen übernahmen für ein Zehntel des Jahres die Geschäftsführung. Sie sichteten die Anträge, setzten die Tagesordnung fest, erarbeiteten Entscheidungsvorschläge und veröffentlichten fünf Tage vor der Durchführung Zeit, Ort und Themen. Während ihrer Amtszeit zogen die Ratsherren (bei freier Kost und Unterkunft) in eigene Amtsgebäude, in denen gewohnt zu haben als eine große Ehre galt.

Instanz: Beamte

Auch zum Beamten und zum Richter war nach Auffassung der Athener prinzipiell jeder Bürger geeignet und konnte entsprechend gelost werden. In jedem Jahr wurden nicht nur wenige Spitzenbeamte, die Archonten, sondern ca. 700 Beamte neu ausgelost, die fast immer nur wenige Wochen im Amt waren. Deren Aufgaben waren durch die Vorgaben der Volksversammlung so eng umrissen, dass kaum Handlungsspielräume blieben. Nur bei den Beamten, die für die Staatskasse zuständig waren, sowie bei den militärischen Füh-

Stratege

rern, den Strategen, machten die Athener eine Ausnahme. Ein Losverfahren erschien ihnen zu riskant, hier wurde gewählt.

Instanz: Gerichte

Für die Volksgerichte wurden in jedem Jahr 6 000 Männer ausgelost, die nach allgemeiner Auffassung in idealer Form das Volk repräsentierten. Täglich gab es Prozesse, mindestens 201 Männer (bei schwereren Delikten oft auch über 1 000) nahmen an einem Gerichtsverfahren teil – und zwar als Richter, denn Berufsrichter gab es nicht.

Scherbengericht

Eine Sonderform der politischen Entscheidung bildete das Scherbengericht (*ostrakismos*). War ein Bürger aus Sicht der Volksversammlung so mächtig geworden, dass die Prinzipien der Isonomie verletzt waren und eine Tyrannis drohte, so genügten 6 000 Stimmen, um ihn für 10 Jahre aus der Stadt Athen zu verbannen. Wer zustimmte, ritzte den Namen des „Angeklagten" auf eine Tonscherbe. Das Scherbengericht wurde nicht häufig angewandt, aber es entwickelte sich zu einem Mittel, um missliebige Politiker und die von ihnen vertretene Politik für längere Zeit „auszuschalten".

Tonscherbe mit dem Namen des Themistokles

In der Blütezeit der Demokratie war Athen ein einziger Debattierclub. „Wenn man in Athen oder Piräus spazieren ging", so entwickelt der Historiker Alfred Heuss ein alltägliches Szenario, „dann war es schwierig, unter den vielen einfachen Bürgern jemanden ausfindig zu machen, der gerade nicht einem öffentlichen Geschäft nachging." In der Tat muss man sich vor Augen halten, dass bei einer Bürgerschaft von etwa 30 000 Männern jeder 5. Bürger als Richter urteilte, dass jeder 60. Bürger ein Ratsherr war (ein Bundestagsabgeordneter vertritt etwa 100 000 Wahlberechtigte) und dass darüber hinaus auch in den Phylen und Demen Ämter und Positionen zu besetzen waren. Alle acht bis zehn Tage gab es eine Volksversammlung, bei der in der Regel mindestens 6 000 Bürger anwesend waren. Die Tradition des Bürgerstaates, gemeinschaftssprengende Kräfte durch das Zusammenwirken von Herrschern und Ratgebern einzuhegen, hatte sich Ende des 5. Jahrhunderts zu einem ganz neuen Modell der politischen Selbstorganisation radikalisiert. Institutionen, Verhaltensweisen und Mentalitäten waren so beschaffen, dass nunmehr breite Schichten der Bevölkerung jederzeit und direkt diskutieren und entscheiden konnten.

Die Bedeutung der Persönlichkeit: das Beispiel Perikles

Paradoxerweise wird die Ausbildung der radikalen Demokratie in Athen oft mit dem Namen einer Einzelpersönlichkeit verknüpft: Perikles gilt als Vollender der Volksherrschaft. Gesichert ist, dass Perikles die Verfassungsreformen von 462/461 befürwortet und durch Redebeiträge in der Volksversammlung unterstützt hat. Nach Durchsetzung dieser Reformen bot das politische System allerdings kaum Profilierungschancen für Einzelpolitiker: Der Zufall des Loses spielte eine große Rolle, Ämter waren zeitlich befristet, Parteien oder Parteisprecher kannten die Athener nicht. Eine Machtposition konnte ein Einzelner nur erringen, wenn er sich in seiner Phyle zum Strategen wählen ließ oder wenn er in der Volksversammlung Mehrheiten für seine Position fand. Von Perikles ist bekannt, dass er etwa zehnmal in das Strategenamt gewählt wurde und dass er ein exzellenter Redner war. Seine Anhänger sprechen von den klugen Vorschlägen, die ihm Ansehen und Ehre eingetragen hätten, sie sprechen – positiv – von einem Charisma, mit dem er auf die Bürger eingewirkt habe. Seine Gegner warfen ihm vor, als Demagoge verführe er das Volk und instrumentalisiere es nach Gutdünken. Dass Perikles über mehrere Jahrzehnte hinweg großen Einfluss auf politische Entscheidungen der Volksversammlung hatte, ist unumstritten, aber auch er musste in jeder Volksversammlung neu um Zustimmung ringen und hat mehrfach Abstimmungsniederlagen erfahren. Die radikale Demokratie in Athen funktionierte auch ohne eine Persönlichkeit wie Perikles, der selbst die Grenzen des Systems erfahren musste. Zeit seines Lebens bedauerte er, nie als Ratsherr ausgelost worden zu sein und deshalb nie zusammen mit 49 anderen Bürgern im Prytaneion gespeist zu haben, während andere sogar mehrfach dieses Glück gehabt hätten. Aus heutiger Sicht ist diese Klage ein Indiz dafür, dass

Verfassungsschema der Demokratie in Athen zur Zeit des Perikles (vereinfachte Darstellung)

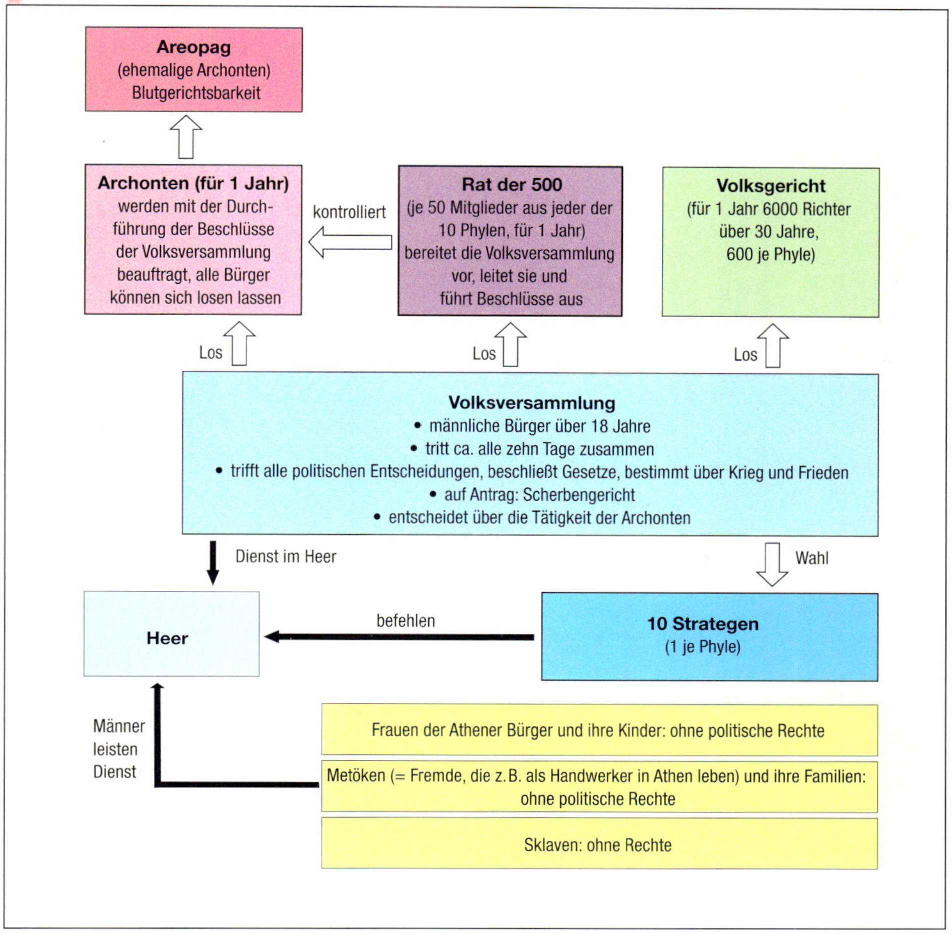

das Losverfahren akkurat und unbestechlich durchgeführt worden sein dürfte. Jeder Bürger wurde gleichermaßen als befähigt eingeschätzt, Ratsherr sein zu können. Weder die Höhe des Vermögens noch der Bildungsstand spielten irgendeine Rolle. Auch der ärmste Kleinbauer ohne Schulbildung wurde als politisches Wesen behandelt.

3. Warum setzte sich die Demokratie ausgerechnet in Athen durch?

Gegen Ende des 6. Jahrhunderts hätte niemand vorhersehen können, dass Athen wenige Jahrzehnte später zur bedeutendsten Polis in Hellas und zur Geburtsstätte der Demokratie werden würde. Die Vergangenheit Athens unterschied sich kaum von der zahlreicher anderer Poleis: Eine etablierte Adelsherrschaft war von einem System abgelöst worden, das Adelige und Reiche privilegierte; innere Spannungen hatten dann zu Regierungsintervallen einer Tyrannis oder einer etwas stärkeren Einbeziehung des Volkes geführt. Im Grundsatz aber gab der Adel auch um 500 noch den Ton an. Zwei Generationen später jedoch war in Athen etwas gänzlich Neues entstanden, etwas Einzigartiges: die unmittelbare, direkte Herrschaft der Bürger über sich selbst. Warum setzte sich ausgerechnet in Athen – und bei kritischer Betrachtung ist zu sagen: nur in Athen – das Modell der unmittelbaren Demokratie durch?

Kampf eines Griechen mit einem Perser (Vasenbild, um 480 v. Chr.)

Demokratie in Athen – kein geplantes Vorgehen

Zurückzuweisen ist die Vermutung, dass der Prozess der Demokratisierung geplant gewesen sein könnte, dass etwa eine interessierte Gruppe das spätere Ergebnis zielgerichtet angesteuert hätte. Um 500 kannten die Athener noch nicht einmal die Vokabel Demokratie, geschweige denn besaßen sie ein klar umrissenes Konzept.

Die Geschichtswissenschaft betont heute zwei Faktoren, die Athen zum Prototypen der Demokratie werden ließen: die Perserkriege und den attischen Imperialismus. Es handelt sich demnach um außenpolitische Faktoren, die zunächst die sehr komplizierte Verfassung des Kleisthenes stabilisierten und dann zur Ausformung der neuen Staatsform führten.

Die Perserkriege fördern die Demokratie

Seit Mitte des 6. Jahrhunderts hatten die Perser im Orient ein großes Reich aufgebaut, das sich von der kleinasiatischen Küste bis zum Indus erstreckte. Die persischen Könige gestatteten den abhängigen Völkern ein hohes Maß an Autonomie, beanspruchten aber die Abstellung von Soldaten und erhoben Steuern. Unterstützt von einigen griechischen Poleis, u. a. auch Athen, verweigerten im Jahre 499 mehrere griechische Städte an der Küste Kleinasiens die entsprechenden Leistungen und wurden daraufhin zerstört. Athen befand sich nun im Krieg – nicht mit einer vergleichbar kleinen oder großen Polis, sondern mit den Persern, deren Reich ein Weltreich war. Um eine Strafexpedition durchzuführen, zog der Perserkönig Darius mit ca. 20 000 Soldaten gegen Athen, wurde aber in der Ebene von Marathon von den ca. 7 000 Athener Soldaten besiegt (490 v. Chr.). Es war nicht nur ein militärischer Sieg, in der Wahrnehmung der Athener war es ein Sieg des überlegenen politischen Systems. Die freien Bürger hatten ihr Leben für ihre Heimatpolis eingesetzt und gegen das Unterdrückungssystem der übermächtig scheinenden Perser gesiegt. Die Demokratie hatte den Tyrannen bezwungen und damit ihre innere Festigkeit und Überlegenheit bewiesen.

Zehn Jahre später kam es zu dem zweiten Vergeltungsangriff der Perser, dessen König Xerxes eine riesige Armee anführte. Ungewöhnlich für das zersplitterte Hellas stellten sich alle Griechen gegen die fremde Macht aus dem Osten, ohne jedoch nennenswert Widerstand leisten zu können. Die Athener räumten sogar ihre Stadt, die von den Persern kampf-

Die Attische Triere war ein ca. 38 m langer und 5 m breiter Schiffstyp, der zwei große Segel besaß, die aber in der Regel nur bei Fahrten über größere Entfernungen zum Einsatz kamen. Ein ausgeklügeltes Rudersystem machte dieses Boot zu einer militärisch wirksamen Waffe. An beiden Längsseiten saßen 170 Ruderer in drei Reihen versetzt übereinander – wie auf einer Treppe. Hinzu kamen etwa 20 weitere Besatzungsmitglieder sowie maximal 40 schwerbewaffnete Soldaten. Die militärische Effizienz lag im Schiff selbst, das mit Höchstgeschwindigkeit von mehr als 10 Knoten auf die gegnerischen Schiffe zugesteuert wurde und mit dem am Bug angebrachten bronzenen Rammbock den Feind versenkte. Ein sehr hoher Ausbildungsstand der Mannschaft war Voraussetzung für den Erfolg. Die Zusammenarbeit an Bord musste streng geordnet verlaufen. Zu einer Trierenflotte gehörten 100 bis 150 Einheiten, also deutlich mehr als 20 000 Mann. Disziplin war elementare Voraussetzung für einen Erfolg.

Lenormant-Relief: Triere

Skizze des Bootes (Rekonstruktion)

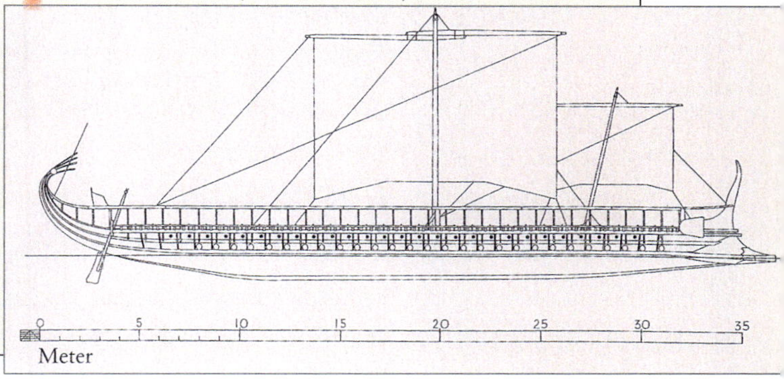

los eingenommen und zerstört wurde. Kriegsentscheidend wurde die Flotte Athens, die erst in den zurückliegenden Jahren aufgestellt und gedrillt worden war: Bei der Insel Salamis wurde die persische Flotte vernichtend geschlagen (480 v. Chr.). Dieser Sieg war entscheidend für die endgültige Niederlage der Perser im folgenden Jahre.

Von der Isonomie zur Demokratie

Die Bedeutung der Schlacht von Salamis ist für die Entwicklung von der Isonomie zur Demokratie nicht hoch genug einzuschätzen. Den Sieg bei Marathon hatten noch die Adeligen und die vermögenden Bürger/Bauern erfochten, die sich die schwere Kampfausrüstung leisten konnten. Die Boote bei Salamis jedoch wurden von Theten gerudert, jenen Händlern, Handwerkern oder Tagelöhnern, die zwar formal als Bürger galten, aber zu arm waren, um als Schwerbewaffnete für die Polis zu kämpfen. In der Konsequenz der Demokratisierung der Kriegführung lag auch die Aufwertung des einfachen Bürgers und damit die Demokratisierung der politischen Ordnung. Nach dem Sieg bei Salamis war die aktive Beteiligung der Theten an der Politik nur noch eine Frage der Zeit, und die Reformen von 462/461 waren durchaus naheliegend.

Der Imperialismus Athens stärkt die Demokratie

Die Perserkriege wurden noch aus einem weiteren Grund zum Geburtshelfer der Demokratie. Die Athener bauten nämlich in den folgenden Jahrzehnten ihre Flotte immer mehr aus und erwarben somit die maritime Vorherrschaft in der gesamten Ägäis. Um etwaige erneute Angriffe der Perser abwehren zu können, schloss Athen mit vielen Inseln und Küstenstädten Einzelverträge, in denen sich die Bündnispartner verpflichteten, Schiffe zu stellen oder Geldbeiträge (= Tribute) zu zahlen (seit 478/477 v. Chr.). Da die Tribute auf der Insel Delos aufbewahrt und durch eine Versammlung aller Partner verwaltet werden sollten, erhielt der Bund den Namen Attisch-Delischer Seebund – ein Etikettenschwindel, denn es handelte sich weniger um ein partnerschaftliches Defensivbündnis gegen die Perser als um eine Einrichtung, die Athens Macht und Reichtum förderte und ein regelrechtes Imperium entstehen ließ. Die militärische Stärke erlaubte es Athen, jede Kritik oder Verweigerungshaltung eines Bündners brutal zu unterdrücken, die Anführer der Aufständischen zu töten oder zu versklaven und die Tribute mit Gewalt einzutreiben. Die Konturen

des Herrschafts- und Ausbeutungssystems, das oft als Imperialismus bezeichnet wird, wurden spätestens klar, als im Jahre 454 die Bundeskasse nach Athen verlegt wurde. Immer häufiger und wie selbstverständlich griffen die Athener auf diese Bundeskasse zurück, um innerathenische Projekte zu finanzieren. Der Ausbau der Akropolis ist ein Paradebeispiel für diese Form der Fremdfinanzierung, denn die Eigeneinnahmen Athens aus den Bergwerken oder Spenden reicher Bürger hätten die Pracht der Anlagen niemals ermöglicht. Die Athener rechtfertigten den Einsatz der Bündnisgelder mit dem Hinweis auf ihren heldenhaften Kampf gegen die Perser und die Zerstörung der alten Akropolis im Jahre 480 – eine Argumentation, die die „Verbündeten" nicht akzeptierten, aber hinnehmen mussten.
Auch die Demokratie wäre ohne die Tribute der Bündner nicht vorstellbar. Als See- und Handelsmacht benötigte Athen eine starke militärische Flotte mit vielen Schiffen. Diese Schiffe wurden von einer großen Zahl an Soldaten gerudert, deren Sold von Athen allein nicht hätte aufgebracht werden können. Ein Ausbleiben der Tribute hätte zweifellos wirtschaftliche, soziale und politische Spannungen hervorgerufen. Zum Zweiten war die Demokratie schlicht teuer. Wenn man auch den ärmsten Bürgern ermöglichen wollte, ein Amt zu übernehmen oder Recht zu sprechen, verursachte dies hohe Kosten. Die attische Demokratie war auf den Erhalt und Ausbau der äußeren Macht angewiesen.

4. Das demokratische Athen – ein Ort der kulturellen Blüte und ein Ort der Begrenzungen und Disharmonien

Das klassische Athen beeindruckt nicht nur durch die Erfindung der direkten Demokratie, es wirkt bis in unsere Gegenwart hinein als Schauplatz von wissenschaftlicher Forschung und kulturellen Höchstleistungen.
Der Berliner Historiker Wolfgang Schuller sieht einen engen Zusammenhang von „freiem Land und freiem Geist". Nach seiner Auffassung sind die Griechen zu Prototypen der Moderne geworden, weil sie die ersten Individualisten der Weltgeschichte waren. Eine Schlüsselrolle kommt hierbei Athen zu, das in der Blütezeit der Demokratie zur Wirkungsstätte der berühmtesten Architekten und Bildhauer wurde, die Heimat der Historiker Herodot und Thukydides war und mit Sokrates, Platon und Aristoteles die wirkmächtigsten Philosophen der europäischen Geschichte hervorbrachte. Durch die Freiheit der Meinungsäußerung wurde Kritik möglich, die zu neuen Formen des Denkens führte. Die griechischen Philosophen befreiten sich von den hergebrachten mythischen Deutungsmustern, wenn sie Phänomene erklären wollten, und versuchten durch genaue Beobachtung und Erfahrung zu Erkenntnissen zu gelangen. Durch dieses Verhalten legten die Griechen den Grundstein für die experimentelle Wissenschaft. Wie die Athleten bei Olympia rivalisierten auch die Künstler und Denker um die bestmöglichen Leistungen und die Anerkennung ihrer Zeitgenossen. Der Wettstreit bedeutete zugleich Herausforderung und Ansporn, ein Sieg verhieß Ruhm und Ehre. Besondere Bedeutung besaßen die Dichter, deren Theaterstücke ein Großereignis waren und die Massen faszinierten, vor allem wenn es in Tragödien oder Komödien gelang, die mythische Welt der Götter und Heroen mit den Tagesproblemen zu kombinieren und dadurch Grundfragen des menschlichen Zusammenlebens „ergreifend" auf die Bühne zu bringen.

Rolle des Individuums

Wissenschaften

Die freie Atmosphäre förderte nicht zuletzt das tabulose Forschen der Naturwissenschaften. Thales von Milet gilt als das erste naturwissenschaftliche Genie (ca. 625 – 547 v. Chr.). Er arbeitete als Mathematiker und Astronom, ihm gelang es, eine Sonnenfinsternis exakt vorherzusagen. Zuvor hatte man Naturphänomene als Ausdruck des unerfindlichen Ratschlusses der Götter hingenommen, von nun an suchten Wissenschaftler nach natürlichen Ursachen für die Phänomene der Welt. „Wissen ist Kenntnis und Beweis" wurde zum Leitsatz der empirischen Wissenschaften. Ihre Vertreter waren selbstbewusst und stolz genug, um ihre Werke mit dem eigenen Namen zu signieren, damit die erbrachte Leistung für alle Zeit mit ihrem Namen in Verbindung gebracht werden sollte.

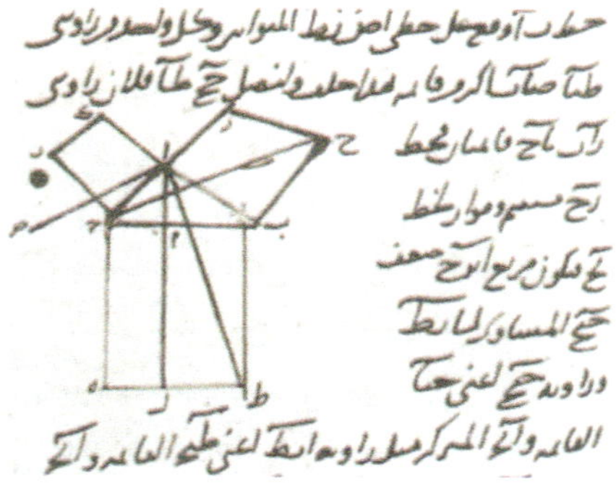

Auszug aus den Elementen von Euklid, dem Begründer geometrischer Flächenberechnung, mit einer Abbildung zum Satz des Pythagoras (aus einer arabischen Handschrift von 1284)

Schwachpunkte

Das Bild des klassischen Athen wäre unvollständig, wenn die Mängel unerwähnt blieben, die aus heutiger Sicht als strukturelle Schwachpunkte gelten können. Da ist zum einen die Ausgrenzung großer Bevölkerungskreise aus dem Politikbereich und dem gesellschaftlichen Leben. Aristoteles, der berühmte Philosoph und geniale Wissenschaftler, darf hier als der typische Vertreter der Athener Bürgerschaft gelten. Er sprach Frauen und Sklaven rigoros jede Fähigkeit zum Denken (und erst recht zum politischen Denken) ab – dass man eine gegenteilige Auffassung haben könnte, hätte ihn zweifellos verblüfft oder zum Lachen gereizt. Die Sklaven seien „von Natur aus" Sklaven, so schrieb er mehrfach, und über Frauen sprach er grundsätzlich nur in einer Weise, die wir heute als demütigend und herabwürdigend empfinden. „Das Männliche", so Aristoteles, ist „von Natur das Bessere, das Weibliche das Geringerwertige". Wie seine Mitbürger in Athen dachte auch Aristoteles nur an die Minderheit der besitzenden Bürger, wenn er das Menschenbild vom selbstbewussten Individuum pries, das sein Handeln nach den Maßstäben der bürgerlichen Verantwortung ausrichtet.
Problematisch ist auch die starke Kontrolle, die von der Polis Athen über ihre Bürger ausgeübt wurde. Die Polis griff vehement und in vielfacher Weise in das Leben der Bürger ein. Die Religion war alles andere als eine Privatsache, niemand konnte sich von den kultischen Handlungen ausschließen. Wer sich nicht für Politik interessierte, wurde verachtet. Die Athener bezeichneten diese Menschen als *idiotes* und stellten sie mit den Sklaven auf eine Stufe. Die Überlegung, den Kriegsdienst zu verweigern, hätte sofort zum Ausschluss aus der Gemeinschaft geführt, weil man dies als Kritik am „Willen, zusammenzuleben" aufgefasst hätte. Das Verhalten in der Ehe war streng reglementiert, nur die Kinder aus anerkannten Ehen erhielten das Bürgerrecht. In Gerichtsverfahren wurde oft das ganze Leben eines Bürgers durchleuchtet: Wie er sich kleidete, ob er trank oder spielte, wie intensiv er sich um seine alte Mutter kümmerte – all dies wurde öffentlich thematisiert und kritisch kommentiert. Die Athener Bürger waren frei – aber wer den geltenden Normen nicht entsprach und aus der Reihe tanzte, machte sich schnell verdächtig. Der Historiker Jochen Bleicken formuliert bewusst zugespitzt, wenn er die „demokratische Lebensphilosophie" im antiken Athen als tendenziell „kleinbürgerlich" bezeichnet.
Zu den Schattenseiten des demokratischen Athen gehört auch die Unfähigkeit zu einer konstruktiven Außenpolitik. Das überaus eng gefasste Verständnis vom Bürgerrecht ließ keine Integration fremder oder gar besiegter Personen zu. Im Attisch-Delischen Seebund war es für die Athener unmöglich, den Bündnispartnern etwa die Bürgerrechte Athens anzubieten, dies hätte die demokratische Struktur völlig ausgehebelt. Sogar „Fremde", deren Familien seit Generationen in Athen lebten, konnten nicht Bürger werden und blieben immer vom politischen Leben ausgeschlossen.

5. Das Ende der Demokratie in Athen und die Nachwirkungen bis heute

Der Historiker Thukydides, ein Zeitgenosse des Perikles und ein aufmerksamer Beobachter und Chronist des ausgehenden 5. Jahrhunderts, macht die „Größe Athens" für den Niedergang der Polis verantwortlich. Die Furcht vor einer Übermacht Athens bewegte Sparta im Jahre 431 zum Kriegseintritt, und das Hegemoniestreben Athens im Attisch-Delischen Seebund hatte der Polis viele Feinde gebracht. Der Peloponnesische Krieg (431 – 404) führte zu großen Verlusten auf beiden Seiten; Athen musste kapitulieren und Spartas militärischen Sieg anerkennen. Letztlich waren aber beide Großmächte so geschwächt, dass Hellas wieder in zahlreiche, unbedeutende Poleis zerfiel. Athen büßte die innere Stabilität ein, das Vertrauen in die integrierende Kraft des demokratischen Systems schwand. Athen verlor seine demokratische Struktur nicht abrupt, aber mittelfristig schwang das Pendel zurück: Die Adeligen gewannen an Macht, und die Volksversammlung verlor gegenüber dem Rat an Bedeutung. Mit dem Aufstieg der Makedonen im 4. Jahrhundert endete die klassische Zeit Griechenlands. Als die Römer im Jahre 146 v. Chr. Athen eroberten, erinnerte kaum noch etwas an die einstige Größe dieser Stadt.

Der Peloponnesische Krieg

Das Politikmodell der attischen Demokratie wird reaktiviert

Zeit der Aufklärung

Mit dem Niedergang der griechischen Stadtstaaten verschwand auch das Modell der Demokratie. Erst in der Zeit der europäischen Aufklärung knüpfte man wieder an die antiken Vorbilder an. Im 17. und mehr noch im 18. Jahrhundert griffen Vertreter der bürgerlichen politischen Philosophie auf die Vorstellung von der Demokratie als Identität von Herrschern und Beherrschten zurück (Rousseau). Die Idee von der freien Selbstbestimmung aller Menschen wurde in die politische Sphäre übertragen: Die freien Bürger sollten auch in der Politik frei und handlungsfähig sein und deshalb auf die Staatsgewalt Einfluss nehmen. Diese Überlegungen spiegeln sich in unserem heutigen, modernen Verständnis von Volksherrschaft wider, etwa in Artikel 20, Absatz 2, Satz 1 des Grundgesetzes: „Alle Staatsgewalt geht vom Volke aus." Hinzu tritt heute jedoch ein Gedanke, der sowohl den Aufklärern im 18. Jahrhundert als auch den Bürgern Athens völlig fremd gewesen wäre: der Gedanke nämlich, dass Interessen nicht unmittelbar durch das Volk, sondern durch Repräsentanten vertreten werden, die sich stellvertretend für das Volk in einem Parlament versammeln und dort intensiv debattieren, bevor sie Sachfragen entscheiden. Diese liberale Demokratieauffassung einer repräsentativen oder indirekten Demokratie ist eng mit dem Gedanken einer Konkurrenz der Ideen verknüpft, die in Wahlen von den Bürgern für gut befunden oder abgelehnt werden können – vergleichbar der Konkurrenz von Gütern auf dem Markt, die der Kunde erwirbt oder eben nicht kauft.

Demokratie in der Moderne

Umstritten ist heute, welchen Beitrag das antike Vorbild der Demokratie in Athen liefern kann, wenn die aktuellen Ausformungen der Demokratie in modernen Staaten diskutiert oder die Möglichkeiten etwaiger Verbesserungen untersucht werden.

Die Demokratie in Athen im Urteil der Zeitgenossen

Wenn man sich bemüht, das Urteil der Zeitgenossen zur Demokratie herauszufinden, kann man auf Fundstücke zurückgreifen (etwa auf Bauwerke, Skulpturen oder Alltagsgegenstände; vgl. z. B. die Abbildungen auf S. 10f., 23 und 27). Ergiebiger dürfte der Rückgriff auf zeitgenössische schriftliche Quellen sein, die sich unmittelbar auf die Demokratie in Athen beziehen. Deren Zahl ist jedoch vergleichsweise gering. Zeitungen im heutigen Sinne gab es nicht, „private" Äußerungen sind vermutlich nur selten schriftlich festgehalten worden (etwa in Briefform) und entsprechend spärlich überliefert. Inschriften sind recht zahlreich, aber nur in wenigen Fällen geben sie Auskunft über Abläufe und Inhalte der Politik. Letztlich sind vor allem die Reden, die vor der Volksversammlung gehalten wurden, nur in Ausnahmefällen erhalten – und zwar als Gedächtnisprotokolle der anwesenden Zuhörer. Wenn sich Schriftstücke erhalten haben, die um das politische Alltagsgeschäft kreisen, stammen sie oft von Schriftstellern, denen es in erster Linie um die gelungene literarische Darstellung ging und weniger um sachliche Berichterstattung.

Die wenigen Quellentexte dürfen also auf keinen Fall als einfache Abbilder der historischen Wirklichkeit gesehen werden, sondern sind besonders kritisch zu nutzen, wenn man historische Erkenntnisse gewinnen will. Dies gilt erst recht für die Zeugnisse zur demokratischen Struktur in Athen, denn die Zeitgenossen, von denen Schriftquellen überliefert sind, waren mehrheitlich Kritiker der Demokratie. Die Quellen zwingen von daher zu einem distanzierten, vorsichtigen Umgang.

Die Materialien sind so zusammengestellt, dass sie Antworten auf folgende Leitfragen ermöglichen:

- **Wie beurteilen Zeitgenossen das Modell der Demokratie in Athen? Welche Argumente führen sie an, um das Modell zu befürworten bzw. zu kritisieren?**
- **Welche (gesellschaftlichen) Interessen haben die Autoren bei ihrer Urteilsbildung geleitet?**

So können Sie in einem gemeinsamen Kursgespräch zu differenzierten Gesamturteilen mit Blick auf die Leitfragen gelangen:

1. Interpretieren Sie gemeinsam die Rede des Perikles (M 1) mithilfe der Arbeitsschritte, die für die Interpretation einer politischen Rede (s. Methode S. 32f.) vorgeschlagen werden.

2. Interpretieren Sie arbeitsteilig die Quellenauszüge M 2, M 3, M 4.
Nutzen Sie dabei die Hinweise zur Methode „Interpretation sprachlicher historischer Quellen" (s. S. 563ff.), um die Quellen sachgerecht zu erschließen.

➧ **Tipp:** Hierbei ist es wichtig, dass Sie für jede Quelle Ihre Analyseergebnisse und Ihre Interpretationsergebnisse in einem zusammenfassenden Resümee schriftlich formulieren und Ihren Mitschülerinnen und Mitschülern vorstellen.

Bronzeplättchen zur Abstimmung bei der Volksversammlung in Athen

Methode

Interpretation einer politischen Rede

A. Politische Reden als historische Quellen

Die politische Rede gilt als eine klassische Form der historischen Quelle. Der Redner oder die Rednerin äußert sich zu einem relevanten Sachverhalt, er (oder sie) tut dies in aller Regel engagiert und mit dem erklärten Ziel, die Zuhörerschaft von der eigenen Meinung zu überzeugen. Zu diesem Zwecke wird versucht, die Überlegenheit der eigenen Position argumentativ zu stützen. Pointierter als andere Quellen können politische Reden deshalb Auskunft geben über bestimmte zeitgenössische Perspektiven.

Will man eine politische Rede als eine historische Quelle ertragreich interpretieren, muss man systematisch vorgehen und die einzelnen Schritte der Quelleninterpretation klar voneinander absetzen. Zur Erleichterung der Arbeit finden sich kursiv gesetzt Hilfen, die sich konkret auf die folgende Rede des Perikles (M1) beziehen.

B. Schritte der Interpretation politischer Reden

1. Schritt – Leitfrage(n) festlegen:

Das eigene Erkenntnisinteresse bestimmen und eingrenzen und als Untersuchungsfrage(n) formulieren.
Wie wird die Demokratie in Athen in der Quelle beurteilt? Ist erkennbar, von welchem Interesse die Ausführungen geleitet werden?

2. Schritt – Analyse:

– Beschreibung und Klärung der formalen äußeren Merkmale

- Den Autor bzw. Redner vorstellen.
  Was ist über Thukydides bekannt, was über Perikles? Welchen sozialen Status/welche politische Position bekleidet Perikles?
- Die Textsorte „politische Rede" in ihren besonderen textspezifischen Merkmalen charakterisieren.
  Ist die Rede wörtlich überliefert? Hat sie eine öffentliche Dimension? Gibt es Besonderheiten hinsichtlich der Entstehung, der Gestaltung usw.?
- Welches Thema hat die Rede?
  Zu welchem Sachverhalt äußert sich Perikles?
- Den historischen Kontext der Rede darstellen.
  Wodurch ist die Gesamtsituation gekennzeichnet, gibt es einen Anlass für die Rede zu genau diesem Zeitpunkt?
- Den Adressatenkreis benennen.
  Wer hört diese Rede? Welche Bevölkerungsgruppe wird angesprochen?
- Die Intention der Rede knapp benennen.
  Welches Ziel verfolgt Perikles mit seiner Rede (zu diesem Zeitpunkt, vor diesem Publikum)?

– Strukturierte Textwiedergabe

- Den Redeinhalt in den zentralen Aspekten wiedergeben (dabei Thema, These sowie Aufbau des Textes/Sinnabschnitte beachten).
  Welche Position nimmt Perikles gegenüber der Demokratie ein? Mit welchen Argumenten stützt Perikles seine Argumentation?

3. Schritt – Interpretation im engeren Sinne:

– Kritische Erläuterung, Deutung und Beurteilung bzw. Bewertung

- Ausgehend von der knapp benannten Intention der Rede (s. 2. Schritt) die tieferliegenden Interessen und Motive im historischen Gesamtkontext herausarbeiten und kritisch hinterfragen.
  Wie entwickelte sich die Demokratie in Athen? Welche Rolle spielte Perikles?
- Die Textaussagen unter Einbringung von eigenem historischem Wissen im größeren historischen Problemzusammenhang, in dem die Quelle steht, erläutern und beurteilen.
  Sind alternative Sichtweisen denkbar? Ist die Argumentation überzeugend, gibt es Gegenargumente?

im historischen Kontext auf textinterner und textexterner Grundlage

- Die Redestrategie aufzeigen und beurteilen.
  Wie versucht Perikles, die Zuhörerschaft zu beeinflussen? Erscheint seine Strategie wirksam?
- Eine eigene Stellungnahme zum Thema und zur These entwickeln, die sich auf eigene Wertvorstellungen und Normen gründet.
  Ist Perikles in seiner Beschreibung und seinem Urteil zu folgen?

– Zusammenfassendes Resümee

- Ein abwägendes differenziertes Gesamturteil mit Blick auf die Leitfrage(n) formulieren.
  Gibt Perikles ein zutreffendes Bild von der Demokratie in Athen? Inwiefern wird seine Darstellung von der Situation, der Intention und der eigenen Interessenlage beeinflusst?

MATERIALIEN

M 1 Perikles: Rede vor der Volksversammlung auf die ersten Gefallenen (Winter 431/430 v. Chr.)

Im Peloponnesischen Krieg, der in den Jahren 431 – 404 zwischen den Machtblöcken Athen und Sparta ausgetragen wurde, hatte Athen eine empfindliche Niederlage erlitten. In dieser Situation trat Perikles vor die Volksversammlung, um eine Rede auf die Gefallenen zu halten – wie es die Strategen traditionell taten. Der Geschichtsschreiber Thukydides (ca. 460 – ca. 400 v. Chr.) war Athener Bürger und Teilnehmer der Vollversammlung. Er hat den Inhalt der Rede folgendermaßen wiedergegeben:

Büste des Perikles um 430. Der Helm weist auf das Amt des Strategen hin.

Wir leben in einer Staatsform, die die Einrichtungen anderer nicht nachahmt; eher sind wir für etliche ein Vorbild, als dass wir andere uns zum Muster nähmen. Mit Namen wird sie, weil wir uns nicht auf eine Minderheit, sondern auf die Mehrheit im Volke stützen, Volksherrschaft genannt. Und es genießen auch alle für ihre eigenen Angelegenheiten vor den Gesetzen gleiches Recht; in der öffentlichen Bewertung jedoch fragt man allein nach dem Ansehen, das sich jemand auf irgendeinem Felde erworben hat, und nicht die Zugehörigkeit zu einem bestimmten Volksteil, sondern allein die persönliche Tüchtigkeit verleiht im öffentlichen Leben einen Vorzug; auch wird bei Armut keiner, der doch dem Volke Gutes zu leisten vermöchte, um der Geringheit seines Standes willen ausgeschlossen. Ein freier Geist herrscht in unserem Staatsleben und wirkt auch im täglichen Leben und Treiben aller gegenseitigen Beargwöhnung entgegen. So nehmen wir es unserem Mitmenschen auch nicht übel, wenn er sich einiges zu seinem Vergnügen leistet, und legen uns keine engherzigen Beschränkungen auf, die zwar kein Schade, aber doch ein unerquicklicher Anblick sind. Und wie wir im persönlichen Umgang unbeschwert miteinander verkehren, so meiden wir im öffentlichen Leben schon aus Pflichtgefühl Verstöße gegen Recht und Sitte. […] Wir lieben das Schöne in Schlichtheit, lieben Wissen und Bildung, aber frei von Weichlichkeit. Reichtum ist bei uns zum Gebrauch in der rechten Weise, aber nicht zum Geprahle mit Worten da. Armut einzugestehen, bringt keinem Schande, sondern nicht tätig aus ihr fortzustreben, ist schlimme Schande. In derselben Männer Hand ruht die Sorge für ihre häuslichen wie auch für die öffentlichen Angelegenheiten, und selbst wer völlig in seiner Arbeit lebt, dem fehlt es doch nicht an Blick für die politischen Dinge. Bei uns allein nämlich heißt einer, der dem [politischen Leben] gänzlich fernsteht, nicht „ungeschäftig", sondern „unnütz", und selber hat unser Volk in den Fragen der Staatsführung mindestens ein Urteil, wo nicht gar fruchtbare eigene Gedanken.

Denn wir sehen nicht in einer bedächtigen Vorbesprechung eine Gefahr für die Tat, sondern vielmehr darin, sich nicht vorher in Beratungen zu belehren, ehe man das, was Not tut, mit der Tat in Angriff nimmt. […] Mit einem Wort sage ich: Unsere Stadt ist im Ganzen die hohe Schule Griechenlands; im Einzelnen aber will mir scheinen, dass jeder bei uns sich gleichzeitig auf den verschiedensten Gebieten anmutig und mit vollendeter Sicherheit als ganze, auf sich selbst gestellte Persönlichkeit erweist. […] Das ist die Art der Stadt, für welche diese Männer, entschlossen, sie sich nicht rauben zu lassen, tapfer kämpften und starben und für die auch von den Überlebenden gewiss jedermann gewillt ist, sich zu opfern.

(Thukydides, Geschichte des Peloponnesischen Krieges, 2, 37ff.; zit. nach: W. Lautemann/M. Schlenke (Hg.), Geschichte in Quellen, Altertum, München (bsv) [4]1989, S. 221ff., übers. v. W. Schadewaldt)

M 2 Pseudo-Xenophon: Über den Staat der Athener

Schrift eines unbekannten Verfassers, die irrtümlich lange Zeit dem Dichter Xenophon zugeschrieben wurde; verfasst wurde die Schrift vermutlich zwischen 430 und 424 v. Chr.

Was die Staatsform der Athener belangt, kann ich es freilich nicht billigen, dass sie gerade für diese Art der Staatsform [gemeint ist die Demokratie] sich entschieden haben. Denn hiermit haben sie sich zugleich dafür entschieden, dass es die gemeinen Leute besser haben als die Edlen. […] Einleitend muss ich zugeben, dass die Armen und das Volk mit einigem Recht beanspruchen können, den Vorzug vor den Reichen und den Adligen zu haben, und zwar deshalb, weil nur das Volk es ist, das die Schiffe treibt und dadurch der Stadt ihre Machtstellung verschafft […], wenigstens viel eher als das schwere Fußvolk und die Adligen und Vornehmen. Unter diesen Umständen sieht es bei vordergründiger Betrachtung so aus, als sei es nur gerecht, dass allen die Ämter offenstehen und dass es jedem von den Bürgern, wer da will, freisteht, öffentlich zu reden. Jedoch: Alle Ämter, die der Gesamtheit des Volkes Segen bringen, wenn sie in guten Händen sind, und Gefahr, wenn in schlechten, verlangt das Volk keineswegs für sich, etwa die Ämter der militärischen Führung. Alle Ämter hingegen, die dazu da sind, Sold einzutragen und Nutzen ins Haus zu bringen, um die bewirbt sich das Volk. […] Die Aufgaben, einen Festchor aufzustellen, ein Gymnasion oder ein Schiff zu unterhalten, weist das Volk den Reichen zu. Das Volk hält es für angemessen, Geld zu verdienen, mit Singen, Rennen, Tanzen und Schiffsdienst, damit es selber den Gewinn habe, während die Reichen zugleich verarmen. Und ebenso kümmert es sich in den Gerichtshöfen nicht so sehr um das Recht als vielmehr um den eigenen Vorteil. […] Es gilt aber auch wirklich für jedes Land, dass das bessere Element Gegner der Volksherrschaft ist; denn bei den Besseren ist Zuchtlosigkeit und Ungerechtigkeit am geringsten, gewissenhafter Eifer für das Gute und Edle am größten, beim Volke aber Mangel an Bildung und Selbstsucht am größten und Gemeinheit; denn sowohl die Armut verleitet sie viel eher zur Schlechtigkeit als auch der Mangel an Erziehung und Bildung. […] Das Volk ist darauf aus, frei zu sein und zu herrschen – die Missordnung kümmert es wenig. Wenn du aber nach einer guten gesetzlichen Ordnung ausschaust, so wirst du zum Ersten zu sehen bekommen, dass nur rechte Männer die Gesetze geben, ferner werden die Vornehmen das gemeine Volk in Zucht halten, und die Edlen werden über den Staat beraten und werden nicht wahnsinnige Leute zum Rate, zum Worte oder auch nur zu einer Versammlung zulassen.

(Die Pseudo-Xenophontische Schrift vom Staate der Athener, übers. v. Ernst Kalinka, Leipzig 1913; zit. nach: Geschichte in Quellen, a.a.O., S. 232ff.)

M 3 Aristoteles: Politik

Sammlung verschiedener Texte, die 348 bis 322 v. Chr. entstanden sind. Hier folgt ein Auszug aus dem Kapitel 5, 9, 1310 a 25 – 36:

Aristoteles

Wie die Dinge jedoch liegen, führen in den Oligarchien die Söhne der Regierenden ein Leben verwöhnten Genießens, während die der Armen wohl trainiert und an Anstrengungen gewöhnt sind; so kommt es, dass sie eher den Wunsch und die Fähigkeit haben, auf die Veränderung der politischen Verhältnisse hinzuarbeiten. Aber in den Demokratien, die im höchsten Maße als Demokratien gelten, hat sich das Gegenteil von dem, was nützlich ist, durchgesetzt; dafür muss man die Tatsache verantwortlich machen, dass sie Freiheit falsch bestimmen. Denn es sind zwei Prinzipien, durch die nach allgemeiner Auffassung die Demokratie bestimmt ist, einmal dadurch, dass die Mehrheit den Souverän bildet, dann durch Freiheit. Denn Recht besteht nach dieser Auffassung in Gleichheit, Gleichheit bedeute aber, dass die Beschlüsse der Menge die oberste Autorität bilden; und Freiheit und Gleichheit sei, dass jeder tut, was er will. Daher lebt in solchen Demokratien jeder, wie es ihm gefällt, und für das, worauf er Lust hat […].

(Zit. nach: H. J. Gehrke/E. Steinecke, Demokratie in Athen, Cornelsen, S. 75, übers. v. E. Schütrumpf)

M 4 Platon, Der Staat

Platon ist bis in unsere Gegenwart hinein einer der bekanntesten griechischen Philosophen und war auch schon zu Lebzeiten hoch angesehen. In seinem Werk „Der Staat" lässt er sein Vorbild Sokrates, der im Jahre 399 in Athen hingerichtet worden war, zu einem gewissen Adeimantos sprechen:

Platon

Ich denke mir, wenn eine demokratische Stadt nach Freiheit dürstet, aber böse Weinschenken an ihre Spitze bekommt und sich über den Durst am ungemischten Wein der Freiheit berauscht, dann wird sie ihre Regierenden bestrafen, wenn diese nicht ganz nachgiebig sind und ihr in reichem Maße Freiheit gewähren, indem sie sie als verbrecherisch und oligarchisch beschuldigt.
„Ja, das tun sie", erwiderte er.
Die aber, sagte ich, die den Regierenden untertan sind, tritt die Demokratie mit Füßen als knechtisch Gesinnte und Nichtswürdige. Die Regierenden aber, die sich den Untertanen, und die Untertanen, die sich den Regierenden gleichstellen, lobt und ehrt sie im privaten und im öffentlichen Leben. Ist es da nicht unvermeidlich, dass sich in einer solchen Stadt der Freiheitsdrang auf alles ausdehnt?
„Ohne Zweifel."
Und dass er, mein Lieber, auch in die Häuser der einzelnen Bürger eindringt, fuhr ich fort, und sich schließlich die Zügellosigkeit sogar auf die Tiere überträgt.
„Wie ist das gemeint?" fragte er.
Etwa so, erwiderte ich: Der Vater gewöhnt sich daran, dem Knaben gleich zu werden, und fürchtet sich vor seinen Söhnen. Der Sohn aber stellt sich dem Vater gleich und empfindet weder Achtung noch Furcht vor seinen Eltern; denn er will eben frei sein. […]
„Ja, so geschieht es", sagte er.
Und nicht nur das, sagte ich, sondern auch noch andere kleine Missstände dieser Art kommen vor. Der Lehrer fürchtet unter diesen Verhältnissen seine Schüler und schmeichelt ihnen; die Schüler aber haben keinen Respekt vor ihren Lehrern und ebenso wenig vor ihren Erziehern; überhaupt stellen sich die Jungen den Älteren gleich und suchen es ihnen in Worten und Taten gleichzutun. Die Alten aber lassen sich zu den Jungen herab und treiben lauter Scherze und Späße mit ihnen und gebärden sich wie Jünglinge, um ja nicht den Anschein zu erwecken, als seien sie griesgrämig oder herrisch.
"Ja, gewiss", sagte er.
[…]
Du erkennst nun aber, fuhr ich fort, was sich daraus im Ganzen ergibt, wenn man alles das zusammenfasst: Es macht die Seele der Bürger empfindlich, sodass sie, wenn ihnen jemand auch nur ein wenig Zwang antut, unwillig werden und das nicht ertragen können. Schließlich kümmern sie sich, wie du ja weißt, auch nicht mehr um die Gesetze, weder um die geschriebenen noch um die ungeschriebenen, um ja auf keine Weise mehr einen Herrn über sich zu haben.
„Ja, das weiß ich", sagte er.
Das also, mein Freund, fuhr ich fort, ist der schöne und jugendlich kecke Anfang, aus dem, wie ich glaube, die Tyrannis erwächst. […] Die übergroße Freiheit schlägt offenbar in nichts anderes um als in übergroße Knechtschaft, sowohl für den Einzelnen als auch für die Stadt.
„Ja, natürlich."
Es ist also wahrscheinlich, sagte ich, dass die Tyrannis aus keiner anderen Verfassung hervorgeht als aus der Demokratie, aus der höchsten Freiheit also, meine ich, die größte und härteste Knechtschaft.

(Platon, Der Staat, Zürich (Neuauflage) 1973, S. 427ff.)

Griechische Kunst – Skulpturen als Spiegel der Leitbilder und des Zeitgeistes

Gegen Ende des 7. Jahrhunderts, also zeitgleich zu der Diskussion um mehr Beteiligung der Bürger an politischen Entscheidungen, entstand in Athen ein neuer Trend: nämlich die Darstellung frei stehender Figuren aus den Materialien Stein oder Bronze. Derartige Skulpturen waren zunehmend Abbildungen nackter, junger Männer, die heute mit dem Sammelbegriff Kouroi bezeichnet werden (*kouros* = junger Mann). Heutige Historikerinnen und Historiker sind sich einig, dass dieser Trend keineswegs eine zufällige oder kurzfristige Modeerscheinung war. Immerhin sind etwa 500 solcher Kouroi erhalten geblieben, die ursprüngliche Zahl dürfte vielfach höher gewesen sein. In den Statuen, die oft an prominenten Plätzen aufgestellt wurden, spiegelte sich zumindest ein neues Menschenbild, vielleicht sogar ein politisches Programm. Die Bereitschaft der Griechen, die Individualität der Menschen zu akzeptieren und zu fordern, das Selbstbewusstsein und auch der Gedanke von der produktiven Kraft der Freiheit werden als Triebkräfte für diese Entwicklung angesehen. Die Hintergründe und Zusammenhänge kann man verstehen, wenn man bedeutende Skulpturen aus der Blütezeit der Demokratie in Athen untersucht und dabei die folgende Leitfrage zugrunde legt:

- **Welche Aufschlüsse über den Zeitgeist und das gesellschaftliche Leitbild erlauben Skulpturen aus dem antiken Athen?**

Die Grabstatue des Kroisos und die Skulptur ,,Tyrannenmörder" sind zwei typische Beispiele, die unter dieser Leitfrage interpretiert werden können.

1. Der Historiker Michael Stahl interpretiert die Grabstatue des Kroisos (M 1). Analysieren Sie die Ausführungen Stahls (M 2).

➡ **Tipp:** Unterscheiden Sie dabei zwischen Angaben zu den **äußeren Daten**, zur **Beschreibung**, zur **Auswertung** (einschließlich der künstlerischen **Intention**) und fassen Sie die zentralen Erkenntnisse seiner Interpretation mit Bezug auf die gestellte Leitfrage zusammen.

2. Interpretieren Sie die Skulptur „Tyrannenmörder" (M 3) anhand der Arbeitsschritte, die in der Methode „Skulpturen interpretieren" (s. S. 37) empfohlen werden.
Orientieren Sie sich bei der Anlage und Formulierung Ihres zusammenfassenden Resümees an dem Interpretationsbeispiel des Historikers Michael Stahl (M 2), das Sie kennengelernt haben.

Rekonstruktion der Agora von Athen. Hier standen zahlreiche Skulpturen.

Methode

Skulpturen interpretieren

A. Skulpturen als historische Quellen

Aus historischer Sicht sind Tempel, Vasenbilder oder Skulpturen keine zufällig entstandenen Kunstwerke. Jede Epoche hat ihre eigenen künstlerischen Ausdrucksformen und Darstellungsmöglichkeiten. Historiker sprechen auch von „visuellen Handschriften", die verschiedene Zeiten besitzen und wie Fingerabdrücke hinterlassen. So ist es nicht verwunderlich, dass vieles von dem, was etwa den Zeitgeist des Bürgerstaates Athen ausmachte, sich in der Kunst niedergeschlagen hat. Die weit überwiegende Zahl der Kunstwerke hatte zunächst mit der Religionsausübung und auch mit der griechischen Mythologie zu tun. Dies ist vor allem an der Architektur der klassischen Tempel abzulesen.

In der Frühphase der Demokratie in Athen kam es zu einer Neuerung. Es entstanden nicht nur Skulpturen von Göttinnen, Göttern oder mythologischen Helden: Es tauchten die ersten Skulpturen auf, die „einfache" Bürger der Polis darstellen. Spätestens seit dem 5. Jahrhundert ist zu beobachten, dass von nun an Skulpturen unterschiedslos für Götter und Menschen Verwendung fanden. Die folgenden methodischen Hinweise bieten ein Verfahren an, mit dessen Hilfe es gelingt, den Kunstwerken den spezifischen historischen Sinn zu entnehmen, sie also als Ausdruck einer zeittypischen Wahrnehmung und Perspektive zu interpretieren.

B. Schritte der Interpretation von Skulpturen

1. Schritt – Leitfrage(n) festlegen:

Die Erkenntnisinteressen bestimmen und als Untersuchungsfrage(n) formulieren, die für die Interpretation leitend ist/sind.
Welche Aufschlüsse über den Zeitgeist und das gesellschaftliche Leitbild erlauben Skulpturen aus dem antiken Athen?

2. Schritt – Analyse:

Eine Beschreibung anfertigen, in der die äußere Form des Kunstwerks, der Künstler, Entstehungszeit und -ort, der Adressat sowie die situativen Bezüge im historischen Kontext vorgestellt werden.

– Beschreibung und Klärung formaler äußerer Merkmale

- Größe, Material, Aufstellungsort der Skulptur vorstellen.
- Anlass, Auftraggeber und Zielgruppe der Skulptur angeben (falls bekannt).
- Thema bzw. Gegenstand festlegen: Was ist dargestellt?

– Beschreibung der Skulptur und historische Erläuterung

- Zweckmäßig angelegte Beschreibung der Skulptur. (Was ist zu sehen? Welche Auffälligkeiten sind zu sehen? Gibt es Zusammenhänge von Kunstwerk und evtl. vorliegenden Textelementen/Inschriften?)
- Situation, in der die Skulptur entstanden ist/aufgestellt wurde, skizzieren.
- Auf welche historischen Ereignisse/Vorfälle bezieht sich das Kunstwerk?

3. Schritt – Interpretation:

– Deuten und urteilen im historischen Kontext

Die zentrale(n) Aussage(n) in ihrem historischen Entstehungskontext und in ihrer Darstellungsabsicht unter Berücksichtigung des Zusammenspiels von Inhalt und gewählter Darstellungsform deuten.

- Ist erkennbar, mit welcher Absicht die Skulptur angefertigt wurde?
- Bezieht der Künstler Stellung in einer (politischen) Streitfrage?
- Erscheint die gewählte Form der Darstellung geeignet, um den Sachverhalt und die eigene Absicht sinnvoll/öffentlichkeitswirksam auszudrücken?

– Zusammenfassendes Resümee mit Blick auf die Leitfrage

Ein zusammenfassendes Gesamturteil mit Bezug auf die Leitfrage formulieren.

MATERIALIEN

M 1 Grabstatue des Kroisos, um 520 v. Chr.

Inschrift auf dem Sockel: „Bleib stehen und trauere am Grab des toten Kroisos. Als er in vorderster Front kämpfte, vernichtete ihn der schreckliche Kriegsgott Ares."

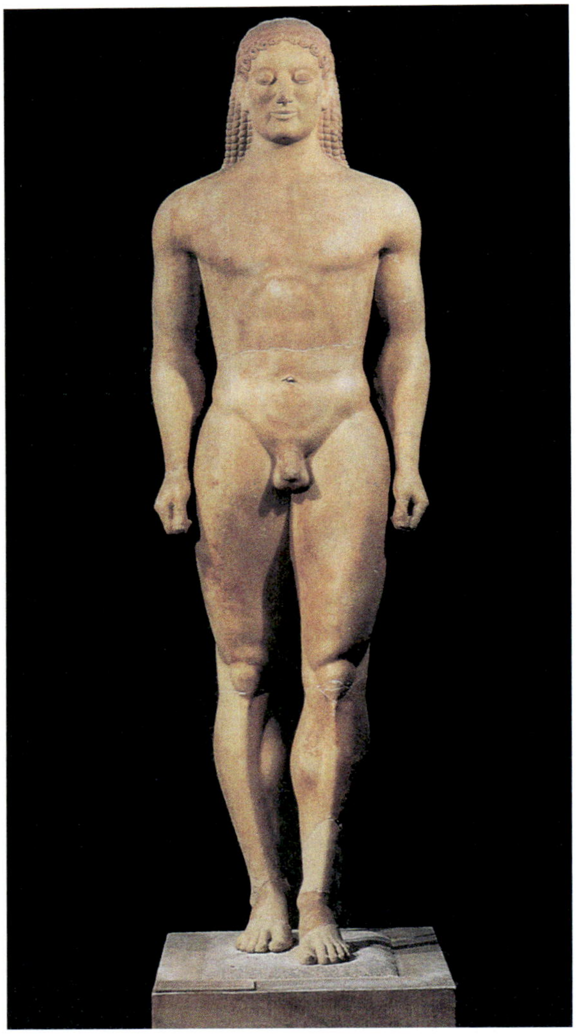

M 2 Der Historiker Michael Stahl interpretiert die Grabstatue des Kroisos aus Annavyssos (Attika, Polis Athen; Marmor, ca. 520 v. Chr.)

Der Kouros als gesellschaftliches Leitbild

Das Bild des demonstrativ zur Schau gestellten jungen und schönen männlichen Körpers setzt sich aus einer Reihe von Komponenten zusammen, die wir uns an dem ins spätere 6. Jh. v. Chr. gehörenden [...] Kouros aus dem attischen Demos Anavyssos noch einmal vor Augen führen können. Die Figur ist von stattlicher Lebensgröße (1,94 m). Die Muskelbildung ist feiner und differenzierter herausgearbeitet (als bei früheren Kouroi). Gleichwohl wirkt der Körper kraftvoll, ja bullig mit breiter Brust und Schultern, mit sehr muskulösen Beinen und hervorgehobenen Gelenken, mit kräftigem Gesäß und zu Fäusten geballten Händen. Hinzu kommen die Haartracht, deren üppige und aufwendige Präsentation die Möglichkeit luxuriöser Verausgabung von Zeit und Mitteln verrät, und die Gesichtszüge. Viel gerätselt worden ist über das berühmte archaische Lächeln. Erneut kann es kaum realistisch situationsbedingt als heiteres Lächeln gemeint sein. Dagegen spricht schon das Epigramm auf der Statuenbasis, das zu Klage am Grabmal des in vorderster Schlachtreihe gefallenen Kroisos aufruft. Eher könnte man das Lächeln als Belebung der Gesichtszüge, als Zuwendung des frontal dem Betrachter Gegenüberstehenden auffassen, in der die Bereitschaft und die Fähigkeit zur Kommunikation ausgedrückt wird.

In Sekundenbruchteilen ergibt sich aus diesen Elementen für den griechischen Betrachter das Bild der physischen Präsenz des Kouros. Sie enthält Werte wie Vorbildhaftigkeit, Kraft, Stärke, Beweglichkeit, Lebendigkeit, potenzielle Energie, Leistungsbereitschaft, Standhaftigkeit, sexuelle Attraktion. [...]

Die Kouroi, von denen der Kouros des Kroisos ein sehr gutes Beispiel ist, sind für uns Zeugnis vor allem für zwei soziale und politische Gegebenheiten der staatlichen Ordnung: Zum einen stehen sie für den individualistischen Charakter der griechischen Gesellschaft. Deren Struktur war bestimmt von der sozialen Isolation ihrer Grundeinheiten, der einzelnen Häuser (*oikoi*). Jeder Oikos stand nur für sich und war in seiner gesellschaftlichen Wertigkeit abhängig von der individuellen Tüchtigkeit des jeweiligen Haushaltsvorstandes, des Hausherrn. [...] Der Kouros, der ohne Rang und Titel auftritt und allein auf seine Körperlichkeit als Ausdruck und Inbegriff des Menschen konzentriert ist, reflektiert genau diesen Grundzug der griechischen Sozialstruktur.

Zweitens repräsentierten sie die Orientierung an gemeinsamen Idealen des Menschen als Bürger. Obgleich der Kouros den Einzelnen in seiner Personalität als der entscheidenden sozialen Bestimmungsgröße darstellte, verkörperte er keineswegs das Individuum losgelöst von der Gesellschaft, im

Gegenteil. Es waren die Wertorientierungen der ganzen Gesellschaft, die aus der Einzelperson des Kouros einen idealen Typ machten, [...] in dem alle Bürger sich ganz selbstverständlich wiedererkennen konnten. Neben anderem bezeugen somit auch die Kouroi, dass der Weg in die Bürgerstaatlichkeit von Beginn an für Aristokraten wie Nicht-Aristokraten ein gemeinsamer gewesen ist.

(Michael Stahl, „Schön und gewaltig" – Der griechische Bürgerstaat und sein Menschenbild; in: Geschichte lernen, Heft 75/2000, S. 62ff.)

M 3 Die Tyrannenmörder, Statuengruppe der Bildhauer Kritias und Nesiotes

Die Aristokraten Aristogeiton und Harmodios töten im Jahre 514 v. Chr. den Tyrannen Hipparchos.
Die Original-Skulptur (Material: Bronze, Höhe: 1,85 bzw. 1,82 Meter) entstand vermutlich 477/76 vor Christus und stand mitten auf dem Marktplatz (agora) von Athen. Auf dem Sockel des Denkmals befand sich eine Inschrift, die in rekonstruierter Form lautet: „Wahrlich ein großes Licht ging für die Athener auf, als Aristogeiton und Harmodios den Hipparchos töteten. Die väterliche Erde stand wieder unter dem Zeichen der Isonomie."

Die Abbildung zeigt eine Kopie aus Marmor, die vermutlich in der 1. Hälfte des 2. Jahrhunderts nach Christus entstanden ist. Über den Verbleib des Originals ist nichts bekannt.

Die Demokratie in Athen – ein Erfolgsmodell für moderne Demokratien?

Über die Demokratie in Athen ist nicht nur unter den Zeitgenossen heftig gestritten worden, auch in der heutigen Fachwissenschaft wird unterschiedlich geurteilt. In diesem Forum werden mehrere Auszüge aus den Büchern von Wissenschaftlern abgedruckt, die den Erfolgsgehalt der Demokratie in Athen sehr kontrovers einschätzen. Ihre Urteilsbildung resultiert aus dem Vergleich der athenischen Demokratie mit modernen Formen des politischen Denkens und heutigen Ausprägungen von demokratischen Strukturen.

- **Gibt es – bei allen Unterschieden in den Ausformungen – vorbildliche, nachahmenswerte Strukturen in der direkten Demokratie Athens oder hat die attische Demokratie uns heute nichts zu sagen?**

Zu dieser Leitfrage sollen Sie sich – ausgehend von der Analyse und kritischen Auseinandersetzung mit Auszügen aus wissenschaftlicher Sekundärliteratur – ein eigenes Urteil bilden.

Führen Sie eine Pro- und Contra-Diskussion innerhalb des Kurses, in der Sie Ihre Position vertreten.

So können Sie sich in die Thematik einarbeiten und eine eigene Position entwickeln:

1. Stellen Sie, z. B. in Form einer Mindmap, die wichtigsten Unterschiede zwischen der antiken Demokratie in Athen und den modernen Ausprägungen der Demokratie zusammen. Nutzen Sie hierzu das Material M 1, in dem der Historiker Horst Callies über charakteristische Merkmale der antiken Demokratie im Vergleich zur modernen Demokratie informiert.
2. Analysieren Sie – es bietet sich ein arbeitsteiliges Vorgehen an – die Materialien M 2 bis M 5. Wenden Sie die Schritte der fachgerechten Bearbeitung von Sekundärliteratur (s. Methode „Historische Sekundärliteratur analysieren und sich kritisch mit ihr auseinandersetzen", S. 566f.) an. Formulieren Sie bezogen auf den von Ihnen bearbeiteten Text Ihre Antwort auf die Leitfrage.
3. Stellen Sie Ihre Position, die Sie in der Pro-Contra-Diskussion vertreten möchten, und die Argumente, mit der Sie sie stützen wollen, auf Karteikarten zusammen.

In Glarus (5 645 Einwohner) in der Schweiz versammeln sich an jedem ersten Sonntag im Mai die Stimmbürgerinnen und Stimmbürger, um politische Probleme zu diskutieren und Beschlüsse zu fassen. Jeder Glaruser Bürger hat das Recht, auf der Bühne (Ringmitte) Anträge zu stellen, Kritik oder Zustimmung vorzubringen. Alle Stimmberechtigten stehen auf dem Podest. Abstimmungen erfolgen durch Handzeichen. Diese Form der direkten Demokratie gibt es nur noch in Glarus.

MATERIALIEN

M 1 Horst Callies, Hauptcharakteristika der attischen Demokratie

Die attische Demokratie war keine Demokratie in dem Sinne, dass die Mehrheit der Bevölkerung an der politischen Macht in irgendeiner Weise teilhatte. Das ergibt sich schon insofern aus der gesellschaftlichen Differenzierung, als dafür nur die Bürger im engeren Sinne in Frage kamen, nicht die durchaus nicht kleinen Gruppen der Sklaven und Metöken, der ortsansässigen Fremden. Dazu kommt, dass auch die Frauen ein aktives Bürgerrecht nicht besaßen. [...] Das Verhältnis der erwachsenen männlichen Bürgerbevölkerung zur Gesamtbevölkerung betrug 1: 6 bis 1:7, und das bedeutet, dass nicht mehr als 15% der Bevölkerung überhaupt politisch berechtigt waren. Geht man weiterhin davon aus, dass im Grunde nur Stadtathener und die Bewohner des näheren Umlandes auch aktiv am politischen Leben, z.B. durch Teilnahme an der Volksversammlung, mitwirken konnten, dann kam das wohl für nicht mehr als 15 000 Bürger in Frage; auch diese haben keineswegs alle von ihren Möglichkeiten Gebrauch gemacht, d.h. dass die attische Demokratie die Demokratie einer relativen Minorität war. Freilich kann bei alledem nicht übersehen werden, dass hier immer noch viel mehr Bewohner Attikas politische Berechtigung besaßen und sie auch ausübten als unter der Herrschaft des Adels. [...]
Ein wichtiger Unterschied zu den modernen, parlamentarischen Demokratien liegt darin, dass sich die attische als direkte Demokratie darstellt. Athen kannte, wie es auch sonst in der Antike die Regel war, keine repräsentative Verfassung; d. h. der Bürger war unmittelbar und damit verhältnismäßig intensiv am Staatsleben beteiligt. Er dürfte damit die Chance gehabt haben, politische Erfahrung in größerem Umfang zu erwerben. In der Tatsache der unmittelbaren Demokratie liegt es vermutlich mitbegründet, dass Parteien im modernen Sinne nicht existierten. Dazu kommt, dass das Los in den meisten Fällen den Zugang zu einem Amt eröffnete. Mit dem Fehlen der Parteien in unserem Sinne fiel nun auch die in demokratischen Parteien gegebene Vorklärungs- und Kontrolleinrichtung fort. Das zentrale Organ des Staates war damit stärker politischen Ad-hoc-Entscheidungen und dem Wirken Einzelner ausgeliefert, denen damit um so größere Verantwortlichkeit zukam. Es lag wohl auch an der Überschaubarkeit der Gemeinde, die es als normal erscheinen ließ, dass das politische Gewicht der Bürger – in einer Demokratie in relativer Breite – sich unmittelbar artikulierte und wirksam wurde. Die modernen Parteien mit ihrer Funktion der Vereinheitlichung der Interessen überregionaler Intentionen waren in einem Stadtstaat nicht in gleichem Maße nötig. Der Athener hatte deshalb die Freiheit, sich von Mal zu Mal zu entscheiden. [...]
Die hier behandelte Staatsform Athens war weiter charakterisiert durch einen relativen Mangel an obrigkeitsstaatlicher Macht (und Sacherfahrung von anerkannten Beamten). Das geht schon daraus hervor, dass es nur Jahresbeamte gab und die Volksversammlung sogar Regierungsfunktion wahrnehmen konnte. [...]
Ein weiteres wesentliches Kennzeichen der attischen Demokratie müssen wir in der ungeteilten Gewalt des Volkes erkennen. Das drückt sich, wie schon angedeutet, darin aus, dass von denselben Leuten in der Volksversammlung Regierungsfunktionen wahrgenommen und Gesetze gegeben wurden, sowie darin, dass eben diese auch in den Volksgerichten saßen und dort u. a. über die Rechtmäßigkeit ihrer eigenen Beschlüsse befanden. Das Prinzip der Gewaltenteilung war noch nicht erfunden. [...] Die attische Demokratie stellte an die Beteiligten eine besonders hohe Anforderung an Einsicht, Rationalität und Verantwortungsbewusstsein. [...]

(Horst Callies, Der Fall Athen – Modell einer Demokratie; in: TU Hannover 1976, Heft 1, S. 3ff.)

M 2 Hermann Bengtson, Demokratie in Athen als Herrschaft der Demagogen

Das Volk war jetzt [= nach den Reformen durch Ephialtes und Perikles 462/461] Herr der Gerichte und Herr des gesamten öffentlichen Lebens. Getragen waren die Reformen von einem auf die Spitze getriebenen Misstrauen gegen die freie, selbstständige Persönlichkeit, die nur noch als ausführendes Organ oder als Korrektiv der Verfassung geduldet wurde. Und doch wurde ihre Ausschaltung aus dem öffentlichen Leben keineswegs erreicht. Der Umsturz des Ephialtes ist die Geburtsstunde der attischen Demagogen, die sich nun, von den Wogen der wetterwendischen Volksgunst emporgetragen, in das Getriebe des öffentlichen Lebens einschalteten. Einen wirklichen Einblick in das kunstvolle Räderwerk der Außenpolitik, in das Funktionieren einer geordneten Finanzverwaltung vermochte aber nur der zu gewinnen, der sich die Politik zur Lebensaufgabe gemacht hatte. Voraussetzung hierfür war aber wirtschaftliche Unabhängigkeit, wie sie nur die reichen, adligen Geschlechter besaßen; es ist deshalb nicht verwunderlich, wenn diese Kreise auch in der nächsten Generation (bis zum Beginn des Peloponnesischen Krieges) führend hervorgetreten sind. Überhaupt ist die attische Demokratie, die breite Massen, insbesondere die zahlreichen Metoiken und die Sklaven, von den politischen Rechten ausschloss, in Wirklichkeit immer die Herrschaft einer aristokratischen Minderheit, der Vollbürgerschaft, gewesen. Ihrer politischen Einsicht und ihrer Opferbereitschaft für das gemeine Wohl, das sich in den Leiturgien (Trierarchie, Choregie) manifestierte, wird man die Anerkennung nicht versagen dürfen.

(Hermann Bengtson, Griechische Geschichte, München 1960 u. ö., S. 194)

M 3 Rosmarie Günther, Die heutige Demokratie aus der Sicht eines attischen Bürgers

Die Selbstregierung der attischen Bürger, für die auch die finanziellen Möglichkeiten geschaffen werden mussten, stärkte das Engagement und die Mitverantwortung jedes Einzelnen. Dass der mögliche unmittelbare Einsatz im Krieg und die damit größere Betroffenheit verstärkend hinzukam, steht außer Frage. Heute dagegen haben die Bürger ihre politische Verantwortung an die Berufspolitiker abgegeben und sich zum reinen Wahlvolk degradieren lassen. Demokrat zu sein, ist nicht einmal mehr für alle Politiker eine Lebensform, geschweige denn für die Bürger und Bürgerinnen. Wenn z. B. in der Euphorie des Wahlsieges ein deutscher Politiker statt von den Wählern vom „Publikum" spricht, so wirft die Verwendung eines solchen Begriffs ein Schlaglicht auf das herrschende Demokratieverständnis. Ein Athener könnte unser System in seinem Selbstverständnis nicht als Demokratie begreifen, sondern müsste in den durch die Parteien gestützten demokratischen Repräsentanten Oligarchen erkennen, denen von Zeit zu Zeit akklamiert wird. Die sogenannte Politikverdrossenheit resultiert aus der großen Distanz zwischen Politikern und Wählern und der geringen Möglichkeit, selbst mitzuentscheiden und selbst Verantwortung zu übernehmen.

(Rosmarie Günther, Einführung in das Studium der Alten Geschichte, Paderborn ²2004, S. 34f.)

M 4 Moses Finley, Die Demokratie in Athen als ein funktionierendes System

Durch dieses Regierungssystem [...] gelang es Athen, fast zweihundert Jahre lang der blühendste, mächtigste, stabilste, im Innern friedliche und kulturell bei Weitem der reichste Staat in der gesamten griechischen Welt zu sein. Soweit dergleichen überhaupt ein nützliches Urteil über irgendeine Regierungsform ist, muss man sagen, dass das System funktionierte. [...] Die weitreichende Teilhabe des Volkes an den Staatsgeschäften – und zum Volke zählten auch die persönlich Gescheiterten, die gesellschaftlich Isolierten, die wirtschaftlich Ungesicherten und die Ungebildeten – führte nicht zu „extremistischen Bewegungen". Die Quellen lassen erkennen, dass in Wirklichkeit nur wenige von ihrem Rederecht in der Volksversammlung, die politische Narren nicht duldete, tatsächlich Gebrauch machten. [...] Athen bietet somit eine wertvolle Fallstudie, wie die Aktivität von politischen Führern und die Teilnahme des Volkes an der Regierungstätigkeit über einen längeren Zeitraum hinweg erfolgreich neben- und miteinander bestehen konnten – und zwar ohne die politische Gleichgültigkeit und Unbedarftheit, wie sie heute von den Meinungsforschungsexperten aufgedeckt werden, und ebenso ohne die extremistischen Gespenster, die manchen Elitetheoretiker so sehr verfolgen. Die Athener haben einiges falsch gemacht. Welches Regierungssystem aber hat das nicht? [... Aber] Sie haben keine tödlichen Fehler begangen, und das ist immerhin recht ansprechend. [...] Unter solchen Bedingungen [gemeint sind die Bedingungen moderner Staaten mit Massenmedien, Berufspolitikern, Bürokratie und internationalen Verflechtungen] wäre es absurd, unmittelbare Vergleiche zu einer kleinen, homogenen Gesellschaft wie Athen zu ziehen, wo der tägliche Umgang die privaten und öffentlichen Beziehungen bestimmt, und absurd wäre es auch, vorzuschlagen oder auch nur zu träumen, wir könnten in einer modernen Stadt oder Nation eine Vollversammlung der Bürger als höchstes Entscheidungsorgan wiederaufleben lassen. [...] Das Problem ist, ob unter den gegenwärtigen, modernen Erfordernissen der Stand der Dinge notwendig und wünschenswert ist oder ob – in, wenn ich es einmal so umschreiben darf, athenischem Geist – [...] neue Formen einer Teilnahme des Volkes an den politischen Geschäften erfunden werden müssen.

(Moses Finley, Antike und moderne Demokratie, Stuttgart 1980 u. ö., S. 27ff.)

M 5 Jochen Bleicken, Politische Bildung – eine Selbstverständlichkeit in Athen

Die ohne jeden Zweifel größte Leistung der athenischen Demokratie liegt in der Verwirklichung einer Gesellschaft von politisch gleichberechtigten Bürgern. […] Es gab nicht nur die Idee, nicht lediglich die schöne Deklaration der Gleichheit, sondern sie wurde institutionell durch Hunderte von Regelungen in der öffentlichen Ordnung abgesichert. Jede Behörde der Athener, alle Normen des öffentlichen Zusammenlebens lassen den geradezu fanatischen Willen erkennen, den Gleichheitsgedanken in dem organisatorischen Aufbau der Bürgerschaft zu verankern. Da der Gedanke der politischen Gleichheit mit der Verwirklichung ebendieser Gleichheit in der politischen Praxis eine Einheit bildet, ist gleichzeitig auch die Verantwortlichkeit des Einzelnen für das Gemeinwohl in ihr enthalten. Politisches Engagement und Gemeinsinn gehören zu dieser Demokratie, und dies ist in einem Ausmaß mit ihr verbunden und in ihr verwirklicht worden, dass sie noch heute und angesichts der politischen Apathie in der Massendemokratie gerade heute Vorbild sein kann. Als ein Ausfluss der Gleichheitsidee ist auch die Öffentlichkeit der Politik anzusehen. Was manchen Kritikern der Antike und Moderne so abstoßend, unheimlich oder auch lächerlich erschien, die Betriebsamkeit der Athener, das Gedränge und Gerenne auf dem Markt und der Pnyx, die offenbar unerschöpfliche Energie der Massen, ist vielmehr das der athenischen Demokratie besonders Eigentümliche und eine ihrer herausragendsten Leistungen: die verantwortliche und offene Austragung des politischen Streits. […] Eine Demokratie, in der alle Beschlüsse und Urteile von allen gefällt und mit wenigen Ausnahmen alle Ämter von allen übernommen werden, kann für die Ausübung der politischen Tätigkeit kein Fachwissen voraussetzen. Für die Urteilsfähigkeit genügt daher in Athen der „gesunde Menschenverstand“: als die dem gemeinen Mann zukommende (oder ihm zugesprochene) Fähigkeit, unverbildet und „richtig“ zu entscheiden. […] Brachte der Athener für seine politische Tätigkeit keine speziellen Kenntnisse mit, hatte er doch durch die ständige Beschäftigung mit Politik eine klare Vorstellung von dem politischen Aufbau seiner Stadt und auch eine ungefähre Übersicht über die wichtigen Sachfragen. […] Die Beeinflussung durch Interessenvertreter oder durch Stimmungen des Tages, ferner bewusste Fehlinformationen und Selbsttäuschungen, die zu einer falschen Einschätzung der Lage führen konnten, waren kaum größer als in unserer von Informationen überfluteten Welt. Der Athener besaß also das, was wir politische Bildung nennen, ohne sie sich durch abstrakte Belehrung erst aneignen zu müssen. Er hatte sie als Konsequenz seiner besonderen, der athenischen Form der Demokratie.

(Jochen Bleicken, Die athenische Demokratie, Paderborn [4]1995, S. 481f., 399f.)

Zusammenfassen, Üben und Darstellen

Demokratie im antiken Athen – eine Erfindung von epochaler Bedeutung

Kernbegriffe:

- ★ Aristokratie (Adelsherrschaft)
- ★ Demokratie
- ★ Isonomie
- ★ Oligarchie
- ★ Polis
- ★ Timokratie
- ★ Tyrannis

Info, S. 13–18

1. Erläutern Sie, warum die Polisstruktur die historische Grundlage bildet für die Ausbildung der Demokratie in Athen.

Info, S. 18–28

2. Stellen Sie die wichtigen Etappen der Demokratieentwicklung Athens in einer Zeitleiste zusammen; erläutern Sie übergreifend die Aussage, dass die Demokratie in Athen keinem klaren Konzept entsprang, sondern letztendlich durch die Zufälle der Außenpolitik ihre radikale Ausgestaltung erfuhr.

Info, S. 22–25

3. Wie funktionierte die Athener Demokratie? Informieren Sie den Kurs unter dieser Leitfrage über die wichtigen Institutionen und Verfahrensweisen; ein foliengestützter Vortrag, der sich an der Chronologie orientiert, oder eine Power-Point-Präsentation scheinen besonders geeignet.

Info, S. 18–29

4. Die Historikerin Angela Pabst vertritt in ihrem Buch „Die athenische Demokratie" (München 2003 u. ö.) die Auffassung, dass neben der „Macht des Volkes" vor allem die Gleichheit und die Freiheit als zentrale Prinzipien der antiken Demokratie aufzufassen sind. Erläutern Sie diese Einschätzung.

Info, S. 25–28

5. „Demokratie und Flotte sind zusammengehörige Begriffe." (Jochen Bleicken, Die athenische Demokratie, Paderborn 1995, S. 390.) Erklären Sie die Aussage des Historikers.

Info, S. 28f.
Thema, S. 36ff.

6. Erläutern Sie am Beispiel eines Kunstwerkes aus der Zeit des antiken Griechenland, welches Menschenbild bzw. welcher Zeitgeist zum Ausdruck gebracht wird. Besonders geeignet erscheinen Skulpturen, Vasenmalereien und religiöse Bauwerke wie Tempel.

Info, S. 22–25, 30
Forum, S. 40ff.

7. In politikwissenschaftlichen Studien werden folgende Formen der politischen Mitwirkung in heutigen westlichen Demokratien unterschieden: Wahlen, Parteien, Bürgerinitiativen, Öffentlichkeitsarbeit (Demonstrationen, Leserbriefe usw.).

   a) Vergleichen Sie diese Mitwirkungsformen mit den Formen der Mitwirkung im demokratischen Athen der Antike.

   b) Wählen Sie nun die Sicht eines männlichen Bürgers in Athen und diskutieren Sie die Durchsetzungschance der eigenen Auffassung: War die Chance, die eigene politische Meinung durchzusetzen, in Athen größer als heute?

   c) Wechseln Sie die Perspektive und beurteilen Sie beide Politikmodelle aus weiblicher Sicht.

Klausurtraining

Analyse von Sekundärliteratur und kritische Auseinandersetzung mit ihr – mit gegliederter Aufgabenstellung

Aufgabenstellung

1. Arbeiten Sie heraus, wie Burckhardt die Demokratie in Athen beurteilt. Achten Sie auf das Bild, das er vom typischen Bürger Athens zeichnet.
2. Erläutern Sie, ausgehend vom Text, den Aufbau der Demokratie im antiken Athen und die Funktionsweise der zentralen Institutionen; konzentrieren Sie sich auf die zweite Hälfte des 5. Jahrhunderts.
3. Nehmen Sie, unter Einbeziehung alternativer Urteile über die Demokratie in Athen, zur Position Burckhardts kritisch Stellung.

Materialgrundlage

M **Jacob Burckhardt[1] : Der Terror der Masse gegen das Individuum (1898)**

[...] So gerät denn die ganze Macht, welche früher Könige, Aristokraten oder Tyrannen besessen, jetzt in die Hände des Demos und wird von diesem nun zu einem weit größeren Umfang, zu einem weit stärkeren Druck auf Leib und Seele des Individuums getrieben, denn der Demos ist unruhiger und eifersüchtiger im Herrschen, und hier sind nun vor allem die Maßregeln zu betrachten, wodurch er sich des Einflusses talentvoller Individuen erwehrte.[...] So wurde, dem Vorgeben nach zu ewiger Verhinderung der Tyrannis, der Ostrakismos eingeführt, indem jeden Winter der Rat das Volk anfragte, ob Grund zur Verbannung eines Bürgers vorhanden sei. [...] Alle ausgezeichneten Athener des V. Jahrhunderts haben einmal diesen Weg gehen müssen, oder es hat ihnen dies wenigstens gedroht. Hier äußert sich der ewige Hass [...] der impotenten Eitelkeiten gegen das Seltene und Einzige, der Ostrakismos ist eine Erfindung der Strebermasse.[...] [Ähnlich verhielt sich das demokratische] Athen in bestimmten Ansprüchen an bestimmte Bürger, nämlich an die Reichen oder für reich Geltenden.[...] Der Mensch unserer Rasse wenigstens, sobald er aus der Barbarei auftaucht, verlangt neben dem Staatswesen und der Öffentlichkeit noch ein besonderes Dasein, ein ungestörtes Heim und einen unabhängigen Kreis von Gedanken und Gefühlen. In Athen hatte die Polis, indem sie den Einzelnen vorwärtstrieb, zugleich die stärkste Entwicklung des Individuellen befördert und die Erwerbung von Privatbesitz und die davon bedingte Anschauung auf jede Weise begünstigt. Nun verlangte der Demos in hohem Grade den Mitgenuss dieses Reichtums in Gestalt von Leistungen der verschiedensten Art.[...] Auf Freiwilligkeit ließ man es hierbei durchaus nicht ankommen und diesmal auch nicht auf das Los, vielmehr wählten die zehn Phylen die betreffenden Mitbürger aus, und diese mussten in einer bestimmten Reihenfolge sowohl die alljährlich wiederkehrenden als die außerordentlichen Leistungen übernehmen. [...] In nicht geringem Maße zeigt sich dieser öffentliche Terrorismus auch in den Gerichtsverfahren. Drohende Klagen gegen irgendwelche Leute von Bedeutung galten beim Volke gar zu leicht für Kennzeichen des echten Patrioten und Staatsmanns, als dass man nicht immer wieder damit gekommen wäre . [...] Unter denjenigen, die ihn [= den Demos] führen, hat man es eben überall mit dem nämlichen Typus von Strebern zu tun, welche teils in wirklicher Wut sind (wie alles geringe Volk, wenn es zur Macht gelangt), teils fürchten, die wirkliche Besonnenheit möchte wieder einmal zu Macht und Recht gelangen; diese treiben absichtlich das öffentliche Pathos zur Verrücktheit. Innerhalb der Bürgerschaft aber hat sich längst ein eigentlicher Pöbel gebildet, der nur noch Nutzbarkeiten und Genüsse kennenlernen will. Die Folge ist die völlige Unsicherheit der Justiz. [...] Dieser Staat hat nicht nur in der Leidenschaft die für ihn selbst schädlichsten Torheiten und Gewaltsamkeiten beschlossen, sondern auch seine begabten Menschen rasch aufgebraucht oder von sich abgeschreckt.

(Jacob Burckhardt, Griechische Kulturgeschichte, Band 1, München (Neudruck) 1977, S. 77, S. 206ff., S. 216ff.)

[1] Jacob Burckhardt (1818-1897), Schweizer Historiker und Gelehrter, Professor in Zürich und Basel. Die Kulturgeschichte erschien erstmalig nach dem Tode Burckhardts.

Herrschaft und Gesellschaft im Imperium Romanum

Sollte man sich heute noch mit dem alten Rom beschäftigen? Ist das nicht alles so lange her, dass es uns nichts mehr angeht?
Die römische Antike erscheint uns manchmal so fremdartig, dass man oft meinen könnte, man begebe sich in eine andere, ferne Welt: Sie ist zu sperrig, als dass wir sie auf einfache Weise für uns vereinnahmen könnten. Und doch besteht eben in dieser großen zeitlichen Distanz eine besondere Chance, denn gerade aufgrund ihrer Fremdartigkeit kann eine Beschäftigung mit der römischen Welt unseren Blick für die Gegenwart schärfen.
Am Beispiel Roms lässt sich ein Wandel der Herrschaftsformen – vom Königtum zur Republik, von der Republik zum Kaisertum – studieren.
Der Begriff der Republik (*res publica*) ist urrömisch und doch auch im 21. Jahrhundert allgegenwärtig.
Der Begriff Kaiser (*Caesar*) ist römischen Ursprungs; zugleich begleitet er die europäische Geschichte seit dem frühen Mittelalter bis ins 20. Jahrhundert.
Am Beispiel Roms lässt sich erstmals das Phänomen einer lang anhaltenden Expansion und der Entstehung eines Weltreichs (*imperium*) beobachten. Und auch unter gesellschaftlichem Gesichtspunkt kann der Blick auf Rom fruchtbar sein, etwa wenn es um uns bekannte Begriffe wie *familia* oder *emancipatio* geht.
So legt dieses Kapitel den Fokus auf die Aspekte Herrschaft, Imperium und Gesellschaft und folgt dabei einem chronologischen Grundmuster, das in der Entwicklung Roms drei Phasen erkennt: die Zeit der Republik, die Prinzipatszeit und die Phase des Dominats. Auf diesem Wege kann es möglich werden, Altes zu verstehen und Gegenwärtiges mit neuen Augen zu sehen.

Auf einen Blick

Herrschaft und Gesellschaft im Imperium Romanum

Info S. 50

Herrschaft und Gesellschaft im Imperium Romanum

1. „Senat und Volk von Rom“ – Die Römische Republik S. 50
- Am Anfang war das Königtum
- *Res publica* – Eine neue Herrschaftsordnung entsteht
- Die Verfassung der römischen Republik
- Die römische Gesellschaft zur Zeit der Republik
- Roms Aufstieg zur Weltmacht
- Soziale und politische Folgen der Expansion
- Das Scheitern der Republik

2. Herrschaft und Gesellschaft in der frühen Kaiserzeit S. 62
- Die Herrschaftsformen des Prinzipats
- Die Gesellschaft der frühen Kaiserzeit
- Romanisierung und Provinzialisierung

3. Zeitenwende – die Spätphase des Römischen Reiches S. 67
- Die Herrschaftsform des Dominats – Reaktion auf die Krise des Reiches
- Ein Weltreich geht unter

Thema S. 70

Frauen und Männer im antiken Rom

In jeder Gesellschaft werden – meist unbewusst, aber ebenso eindeutig – die Geschlechterrollen von Mann und Frau klar definiert. So ist auch unser Alltag von einem bestimmten Männer- bzw. Frauenbild geprägt. Vergleichen wir jedoch unser heutiges Männer- bzw. Frauenbild mit dem unserer Eltern- oder Großelterngeneration, wird deutlich, dass Geschlechterrollen offenbar einem Wandel unterworfen sind und neu definiert werden können. Dies legt die Frage danach nahe, welche Faktoren für die Entstehung bestimmter Geschlechterrollen maßgeblich sind.
Eine Untersuchung dieser Frage ist beispielhaft in der römischen Antike möglich, weil uns für diese Zeit eine Vielzahl schriftlicher Quellen vorliegt, die wir im Hinblick auf die Frage der Ausprägung und Entstehung des römischen Männer- und Frauenbildes interpretieren können.

Thema S. 74

Was ist republikanisch? – Originalität und Modellhaftigkeit der römischen *res publica*

Bis auf den heutigen Tag bezeichnen sich viele Staaten als Republiken. Der Begriff selbst ist römischen Ursprungs. Hier entstand diese neue Verfassungsform und wandelte sich über Jahrhunderte, bis zeitgenössische Schriftsteller das Modell der *res publica* beschrieben. Für uns Heutige ist dieses Modell zunächst fremdartig. Unter der Perspektive „Was ist republikanisch?“ soll das Besondere, Neuartige der römischen Verfassung bestimmt werden. Ebenso wichtig ist es, zu untersuchen, ob dieses Modell über die Zeit des Römischen Reiches hinaus orientierend gewirkt hat und inwiefern es für unser gegenwärtiges Verständnis von Republik noch begriffsbildend ist.

Thema S. 78

bellum iustum – Das Problem der „Rechtfertigung" von Krieg

Täglich berichten Nachrichtensendungen von den aktuellen Krisengebieten dieser Welt und zeigen Bilder von unsagbarem Leid, das durch Krieg hervorgerufen wird. Seit der Antike hat sich nichts daran geändert, dass Menschen dieses Elend erleben und immer wieder von Neuem um Frieden ringen müssen.

Auch für die Römer war Krieg allgegenwärtig. Zur Zeit der Republik verging kaum ein Jahr, ohne dass römische Truppen einem Feind entgegenmarschierten. Damals wie heute war man geneigt, seine Sache als die richtige zu sehen, den Krieg als „gerecht" zu betrachten und das eigene Vorgehen zu legitimieren.

In Rom entwickelte man die Vorstellung vom *bellum iustum*, vom „gerechten Krieg". Mithilfe ausgewählter Quellen ist es möglich, diese Vorstellung zu rekonstruieren und sie zu einer Herausforderung an unser heutiges Selbstverständnis zu machen.

Forum S. 82

Das Imperium Romanum im Spiegel von Historikermeinungen

Immer wieder hat es die Faszination der Menschen hervorgerufen, dass aus der kleinen Siebenhügelstadt Rom ein riesiges Weltreich geworden ist. Dieser Prozess hat schon die antiken Zeitgenossen nach den Gründen forschen lassen: Wie ist es den Römern – trotz aller zeitweiligen Rückschläge – gelungen, ihr Weltreich zu errichten?

Auch die moderne historische Forschung hat sich intensiv mit diesem Problem befasst. Beeinflusst durch die Politik der großen Mächte im Zeitalter des Imperialismus, wurde und wird dabei die Frage nach den möglichen Ursachen und Triebkräften der römischen Expansion auf die Fragestellung zugespitzt, ob bereits die Römer mit imperialistischem Impetus gehandelt haben.

Imperium Romanum

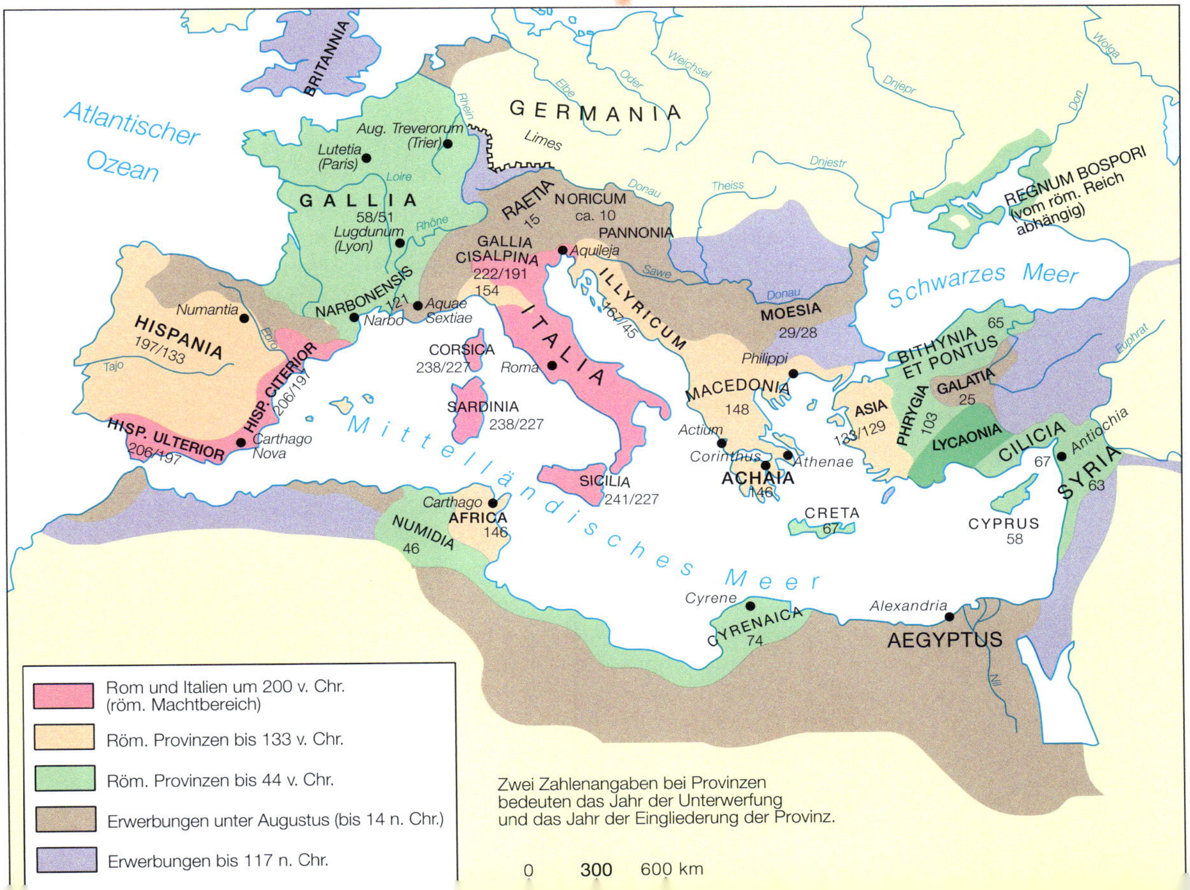

Herrschaft und Gesellschaft im Imperium Romanum

Altes verstehen …

Der Blick auf die römische Antike erlaubt uns, an die Wurzeln mancher Begriffe zurückzukehren, die uns heute selbstverständlich erscheinen: Da gibt es die römische Einrichtung der *res publica*, mit deren Hilfe wir unsere eigene Vorstellung einer Republik und die Bedeutung der drei klassischen Staatsformen Monarchie, Aristokratie und Demokratie auf neue Weise hinterfragen können. Da ist der Begriff des Kaisertums, der für die Geschichte Europas bis ins 20. Jahrhundert hinein bestimmend war. Da ist der Begriff der *familia*, der bis auf den heutigen Tag fortwirkt und die Diskussion um die Rolle von Mann und Frau neu anregen kann. Und wenn wir heute auf das antike Rom zurückblicken, dann, weil wir es hier erstmals in der europäischen Geschichte mit einem dauerhaften Weltreich zu tun haben, das in einer langen Phase der Expansion entstanden ist.

… und die Gegenwart mit anderen Augen sehen

Diese und andere Bezüge lassen sich vor allem auf der Ebene der Gesichtspunkte Herrschaft, Imperium und Gesellschaft auffinden. In der folgenden Darstellung werden diese drei Phänomene wechselseitig aufgegriffen und in drei Zeiträumen – der Phase der Republik, der Zeit des Prinzipats und der späten Kaiserzeit – untersucht.

1. „Senat und Volk von Rom" – Die Römische Republik

Fast 500 Jahre lang war Rom Republik: eine Zeit des permanenten Wandels. Ursprünglich wurde Rom von Königen regiert. Der Übergang zur Republik geschah nicht plötzlich und auch die republikanische Verfassung entwickelte sich kontinuierlich fort. Die zunehmende Expansion Roms blieb nicht ohne Wirkung auf traditionelle Werte und gesellschaftliche Strukturen. Und auch die Republik musste letztlich einer anderen Herrschaftsform weichen. So offenbart der Blick auf Herrschaft und Gesellschaft zur Zeit der Republik sowohl Kontinuität als auch Wandel.

Am Anfang war das Königtum

Roms Ursprünge:

Rom war nicht von Beginn an Republik, sondern wurde wie die meisten Stadtstaaten rund um das Mittelmeer von Königen beherrscht. Über die Gründung der Stadt, das Königtum und die Entstehung der Republik liefern Sage und Forschung unterschiedliche Aussagen.
Die Römer selbst haben erst Ende des 3. Jahrhunderts v. Chr. damit begonnen, sich mit ihrer eigenen Geschichte auseinanderzusetzen. Dabei konnten sie allenfalls auf dürftige Aufzeichnungen der Priesterkollegien zurückgreifen. Dies war zu wenig, um eine Geschichte der römischen Frühzeit zu schreiben, und so wurde von den ersten römischen Historikern vieles dazuerfunden und ausgeschmückt, vor allem wenn es darum ging, den eigenen Ruhm darzustellen.

Sage …

Die römischen Sagen wussten die frühe Zeit Roms auf wahrlich wundersame Weise darzustellen: Die Gründung Roms habe am 21. April 753 v. Chr. stattgefunden. Romulus, Sohn der Rea Silvia und des Gottes Mars, zugleich Enkel des trojanischen Helden Aeneas, sei mit seinem Zwillingsbruder Remus in Streit geraten, habe ihn getötet, habe dann auf dem Hügel Palatin die Stadt Rom erbaut und sei deren erster König gewesen. Der Sage nach hätten auch in den folgenden 244 Jahren Könige über die Stadt geherrscht, bis der letzte, Tarquinius Superbus, aus Rom vertrieben und die Republik gegründet worden sei.

… und Forschung

Auf der Basis weitgehend zuverlässiger schriftlicher Tradition, vorwiegend aber aufgrund archäologischer Funde, entwirft die moderne Geschichtsforschung ein anderes Bild: Die frühesten Ansiedlungen auf dem Boden des späteren Rom lassen sich auf das 10. Jahrhundert v. Chr. datieren. Das Volk der Latiner ließ sich auf den Hügeln Palatin und Quirinal nieder. Es entstanden Ansammlungen einfacher, runder Hütten aus lehmverputztem Weidengeflecht. Diese Siedlungen hatten dörflichen Charakter und waren wohl zu einem Kultverband vereint. Zu Beginn des 6. Jahrhunderts eroberten die aus Etrurien, der heutigen Toskana, stammenden Etrusker Latium und übernahmen auch in Rom die Herrschaft. In dieser Zeit wurden die sumpfigen Niederungen zwischen Palatin und Quirinal durch einen Kanal, die *cloaca maxima*, entwässert und auf dem trockengelegten Gebiet als Zentrum der Ansiedlungen das Forum errichtet. Etruskische Familien siedelten sich an und prägten Leben und Kultur der Stadt. Viele Bräuche, die das Leben der Römer über Jahrhunderte prägten, sind etruskischen Ursprungs. Sie brachten das Alphabet sowie die Kunst des Steinbaus nach Rom. Im kultischen Bereich übernahmen die Römer die etruskische Götterdreiheit in den Gestalten Jupiters, Junos und Minervas sowie die Praxis der Vogelflug- und Eingeweideschau.

Herrschaftsform Königtum

Beherrscht wurde dieser neue Stadtstaat von einem König, der in erster Linie Heerführer war, dem Ältestenrat vorstand und als oberster Priester fungierte. Kultische und politische Dinge waren in Rom von Beginn an eng miteinander verbunden. Herrscherinsignien des Königs waren Purpurtoga, Zepter, goldener Lorbeerkranz und die Beile mit den Rutenbündeln als Zeichen der Gerichtsbarkeit, die ihm bei öffentlichen Auftritten von zwölf Amtsdienern (Liktoren) vorangetragen wurden.

Gesellschaft:
– Patrizier

Der Senat, ein Rat der Ältesten, stand dem König bei allen Entscheidungen zur Seite. Seine Mitglieder, die Patrizier (von lat. *patres* = Väter), entstammten den alten, einflussreichen Familien, die Land und Vieh besaßen. Zweimal im Jahr wurde die Volksversammlung (*comitia curiata*), die Versammlung der zum Militärdienst verpflichteten Männer, einberufen, um sie über wichtige Gesetze und Kriegszüge entscheiden zu lassen.

– Plebejer

Diese Männer waren einfache Bauern und Handwerker, Plebejer (von lat. *plebs* = Volk, Masse) genannt, die ursprünglich wohl nur über ihr Abhängigkeits- und Schutzverhältnis (Klientel) zu den patrizischen Familien der Bürgerschaft Roms angehörten. Dieses Beziehungsgeflecht gab den patrizischen Familien große gesellschaftliche Bedeutung und somit auch Einfluss auf das politische Leben Roms. Politische und gesellschaftliche Strukturen waren in Rom von Beginn an eng miteinander verwoben. Dies sollte sich auch nach dem Ende des Königtums im Ringen der Römer um die neue Herrschaftsordnung der *res publica* zeigen.

Plan der Stadt Rom zur Zeit der früheren Republik

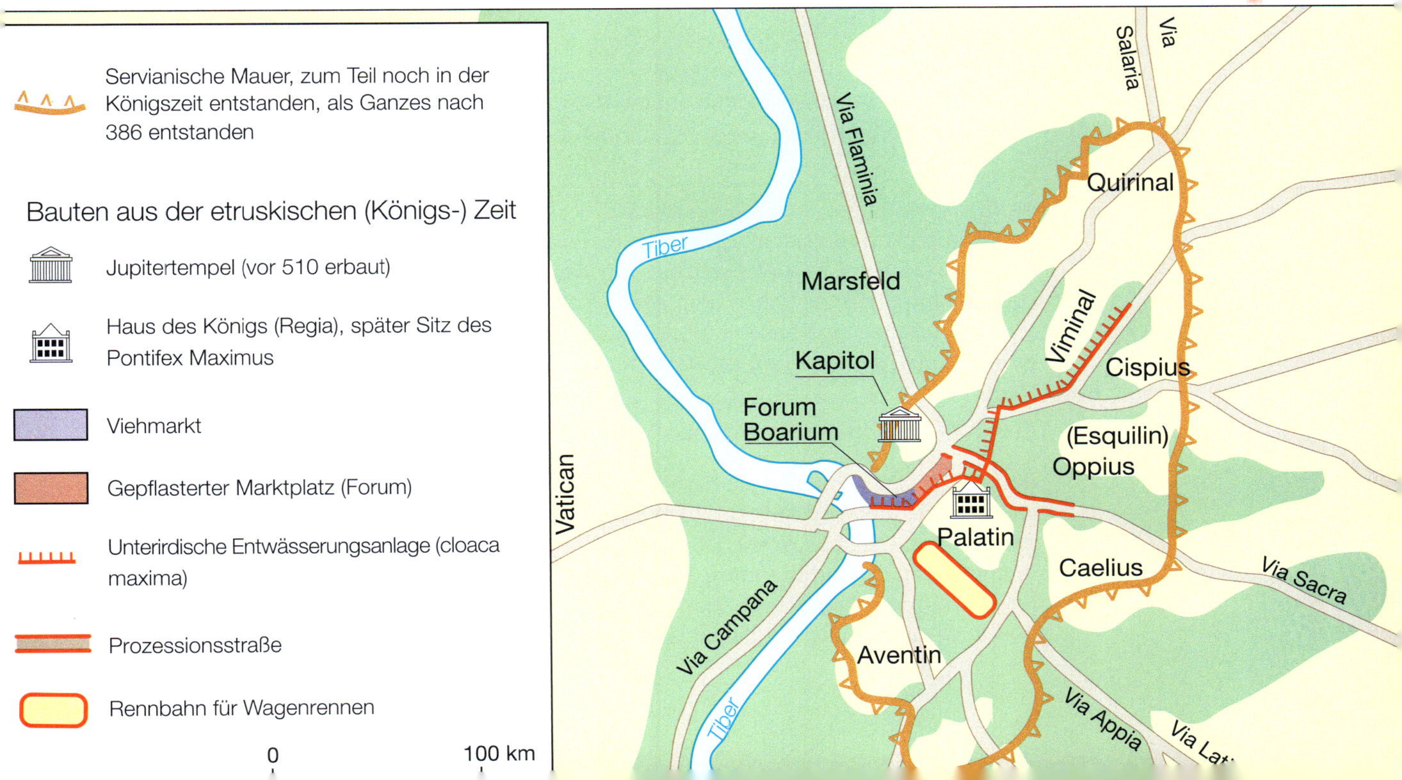

Res publica – Eine neue Herrschaftsordnung entsteht

Vom Königtum ...

Der Übergang vom Königtum zur Republik lässt sich vor dem Hintergrund der antiken Quellen im Gegensatz zur Darstellung der Sage eher als ein allmählicher Wandel rekonstruieren. Etwa um 500 v. Chr. wurden die Vollmachten für den sakralen und den politischen Bereich getrennt, was de facto eine Abschaffung der Monarchie bedeutete. Die neue militärische und zivile Führungsposition (Prätur) wurde zwar von einer einzelnen Person bekleidet, war aber wohl zeitlich begrenzt. Durch Aufgabendifferenzierung entstanden bald neue Ämter, die Magistraturen, die von Patriziern besetzt wurden. Die Herrschaft war in Rom zur *res publica*, zur „gemeinsamen Sache", geworden. Es war dies jedoch nicht die gemeinsame Sache aller Römer, sondern die der patrizischen Familien.

... zur Republik

Durch den Wegfall des vermutlich zwischen den Ständen vermittelnd wirkenden Königtums verschärften sich die sozialen Gegensätze. Die Plebejer hatten zunächst keine Möglichkeit der politischen Partizipation, und es gab auch kein Gesetz, das sie gegenüber der Willkür der Patrizier geschützt hätte. Wenn einfache Bauern bei den Patriziern Saatgut oder Vieh gegen Zinsen geliehen hatten und diese nicht aufbringen konnten, drohte ihnen die Schuldknechtschaft; sie wurden gezwungen, auf dem Hof für ihren neuen Herrn zu arbeiten. Zugleich waren es die Plebejer, die als schwerbewaffnete Fußsoldaten im Krieg die Hauptlast trugen. Den Umstand, dass ohne sie kein römisches Heer aufzustellen war, nutzten die Plebejer, um mehr Rechte einzufordern. Dabei ging es ihnen vor allem um Schutz vor der Willkür der Patrizier und um Partizipation an der politischen Willensbildung.

Ständekämpfe

Mehr als zwei Jahrhunderte dauerten diese Auseinandersetzungen, Ständekämpfe genannt.

Verlauf und Ergebnisse der Ständekämpfe	
494	Plebejer dürfen zwei Volkstribunen wählen, die gegen Magistratsbeschlüsse ihr *veto* einlegen können.
490	Plebejer erhalten das Recht auf eigene Volksversammlungen.
471	Zahl der Volkstribune wird auf vier erhöht.
457	Zahl der Volkstribune wird auf zehn erhöht.
450	„Zwölftafelgesetz" regelt Privat- und Strafrecht, beseitigt die Rechtswillkür gegen Plebejer durch patrizische Richter.
445	Ehen zwischen Plebejern und Patriziern werden erlaubt.
421	Plebejer erhalten Zugang zum Amt des Quästors.
367	Plebejer erhalten Zugang zum Amt des Konsuls.
300	Plebejer erhalten Zugang zu den Priesterämtern.
287	Plebejer dürfen in ihren Versammlungen Gesetze für das Gesamtvolk beschließen.

Am Ende der langen Entwicklung der Ständekämpfe stand eine annähernde Gleichstellung von Patriziern und Plebejern. Doch kann dies nicht darüber hinwegtäuschen, dass tatsächlich nur einer kleinen Zahl einflussreicher und wohlhabender Plebejer der Aufstieg in die politischen Ämter gelang. Neben dem alten Geburtsadel der Patrizier etablierte sich ein plebejischer Amtsadel. Eine neue Führungsschicht aus Geburtsadel und Amtsadel, die Nobilität (von lat.: *nobilis* = vornehm), stellte künftig fast ausschließlich die Mitglieder des Senats.

Die Verfassung der römischen Republik

In der Zeit der Ständekämpfe hatten sich die Kräfteverhältnisse in Rom kontinuierlich gewandelt, die Möglichkeiten der Teilnahme am politischen Willensbildungsprozess deutlich ausgeweitet. Die neue Herrschaftsform der Republik sah nach dem Ende der Ständekämpfe Anfang des 3. Jahrhunderts v. Chr. folgende Ämter und Einrichtungen vor:

Senat

Im Zentrum der politischen Ordnung stand der Senat, der Adelsrat der Patrizier, in dem nun auch plebejische Mitglieder zugelassen waren. Der Senat bestand aus 300 ehemaligen Beamten, die Erfahrung in Verwaltung und Politik besaßen. Obwohl der Senat eigentlich beratende Funktion besaß, hatte er doch ganz erheblichen Einfluss auf das politische Geschehen. Ein Senatsbeschluss war mehr als nur ein Rat. Kein Magistrat konnte es sich erlauben, den Willen des Senats zu ignorieren, denn hier war die römische Aristokratie mit all ihrer sozialen Macht versammelt. Wer sich als Magistratsbeamter gegen den Senat stellte, war nach Ablauf seiner einjährigen Amtszeit politisch in der Regel ein toter Mann, denn für die weitere Karriere hatte er die Unterstützung seines Standes verloren.

Magistrat

Die Staatsaufgaben wurden in Rom von den Magistraten ausgeführt. Weil sie für ihre Arbeit nicht bezahlt wurden, blieben diese Ämter reichen Römern vorbehalten. Seit dem Ende der Königsherrschaft wurden die meisten politischen Ämter nicht mehr einem Einzelnen, sondern zwei oder mehreren Gleichberechtigten übertragen (Kollegialität). Außerdem wurden Beamte jedes Jahr neu gewählt (Annuität, von lat. *annus* = Jahr). Kein Beamter sollte zu viel Macht erhalten oder unkontrolliert bleiben. Niemand sollte sich auf einer Machtposition festsetzen können.

Verfassung der römischen Republik nach Ende der Ständekämpfe

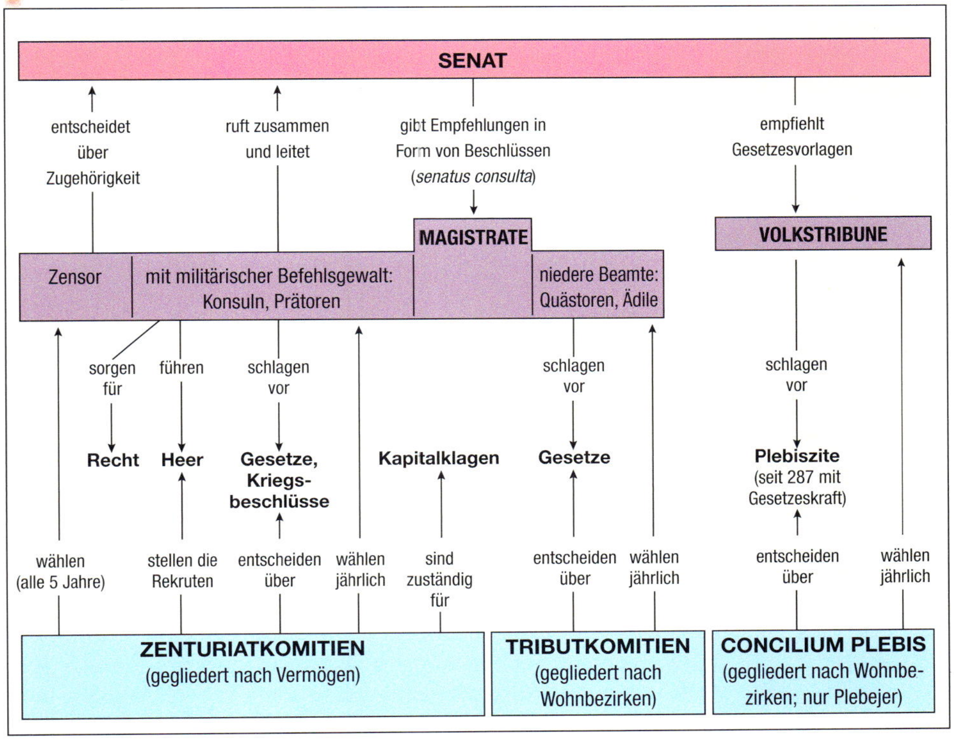

Magistratsämter

Oberste Beamte waren die zwei Konsuln. Sie leiteten alle Staatsgeschäfte und waren im Falle eines Krieges zugleich Feldherren. In außerordentlichen Notfällen konnte einer dieser Konsuln für höchstens ein halbes Jahr den Staat als Diktator allein regieren. Konsul konnte nur werden, wer zuvor alle wesentlichen Ämter durchlaufen hatte und somit Erfahrung vorweisen konnte. Wer Konsul war, hatte also die Spitze der Beamtenlaufbahn (*cursus honorum*) erreicht.

Wie sah eine solche Laufbahn aus? Zunächst wurde man Quästor und war zuständig für die Staatskasse, dann Ädil und überwachte Bauwesen, Straßen, Märkte und Lebensmittelversorgung, schließlich Prätor und somit verantwortlich für das Gerichtswesen. In all diesen Positionen blieb man ein Jahr und hatte mindestens einen Amtskollegen.

Eine besondere Position besaßen die Zensoren: Sie hatten die Aufgabe, über die öffentliche Ordnung zu wachen. Alle fünf Jahre ordneten die Zensoren die Bürger nach Vermögen in Steuergruppen und überprüften den Senat.

Volkstribunen

Senat und alle Magistratsämter wurden in der Regel von den Patriziern besetzt. Die Interessen der Plebejer vertraten zehn Volkstribunen. Sie konnten gegen willkürliche Amtshandlungen der Magistrate ihr Veto (von lat. *veto* = ich verbiete) einlegen. Die Plebejer wurden von den Volkstribunen zu eigenen Versammlungen (*concilium plebis*) zusammengerufen, in denen man Gesetze beschloss und die neuen Volkstribunen wählte.
Die Versammlung aller Römer (*comitia centuriata*) berief der Konsul ein. Hier wurde nicht nach einzelnen Personen, sondern nach Stimmgruppen (*Zenturien*) abgestimmt, die nach Besitz zusammengestellt waren, sodass die Reichen und Adligen die Stimmenmehrheit besaßen. Auch konnte hier nur über Anträge abgestimmt werden, die der leitende Magistrat vorgelegt hatte. Dabei war es nicht möglich, Anträge zu verändern oder neu zu formulieren. Entschieden wurde über Ämterbesetzungen und Gesetze, über Krieg und Frieden und manchmal sogar über Leben und Tod eines Bürgers.

Kontinuität und Wandel

Die römische Verfassung ist nie schriftlich festgehalten worden. Sie war eine ungeschriebene Übereinkunft und hat sich in den kommenden zwei Jahrhunderten weiter verändert. Die Zahl der Beamten musste bald vergrößert werden, da durch Eroberungen und die Ausweitung des römischen Machtbereichs auch mehr Verwaltungsaufgaben entstanden.

Zeitgenössische Meinungen

Einige zeitgenössische Schriftsteller lobten das römische Herrschaftsgefüge als Harmonie von Monarchie, Aristokratie und Demokratie, da durch die Ständekämpfe eine Verfassung entstanden war, die Plebejer ebenso wie Patrizier politisch beteiligte und die Interessen der verschiedenen Gruppen den Staatsinteressen unterwarf. Zudem bot eine feste Ämterlaufbahn den politisch Ehrgeizigen eine Fülle von Betätigungsfeldern. So entstand ein großes Potential erfahrener Militärs und Verwaltungsexperten, was schließlich der Handlungsfähigkeit und Effektivität des römischen Staates zugutekam.

Die römische Gesellschaft zur Zeit der Republik

War bislang vornehmlich von der Entwicklung der Republik als spezifisch römischer Herrschaftsform die Rede, sollen im Folgenden die Strukturen der Gesellschaft dieser Zeit im Vordergrund stehen. Schon zur Königszeit hatte es unterschiedliche gesellschaftliche Schichten gegeben. Seit den Ständekämpfen differenzierte sich die römische Gesellschaft weiter aus. Nahezu unverändert blieb die Bedeutung des Klientelswesens und der römischen *familia*.

Gesellschaftliche Schichten:

– Nobilität

Die führende gesellschaftliche Schicht war die Nobiliät. Identitätsstiftendes Element dieser Schicht war über die adlige Geburt hinaus der Konsens über aristokratische Verhaltensnormen. Dazu gehörte der Einsatz für das römische Volk im militärischen sowie politischen Bereich. Dabei stützte sich der einzelne Adlige (*nobilis*) in seiner Funktion als Schutzherr (*patronus*) auf seine Gefolgschaft (*clientela*): Der Patron gewährte als sozial und ökonomisch Stärkerer seinem Anhang von sozial und ökonomisch Schwächeren Schutz und Beistand und wurde dafür von seinen Klienten nach Maßgabe ihrer Möglichkeiten unterstützt, beispielsweise bei Wahlen. Kennzeichnend für das gesamte Handeln des *nobilis* war es dabei, seine Vorfahren, zu deren religiöser Verehrung er verpflichtet war, in ihren Erfolgen nachzuahmen und vor allem zu übertreffen.
Gerade dieses allgemeine Streben danach, adligen Idealen gerecht zu werden, führte dazu, dass sich die römische Nobilität differenzierte: Es gelang nämlich den Vertretern mancher adliger Geschlechter (*gentes*) erfolgreicher als anderen, Ruhm und Ehre im militärischen, politischen und sozialen Bereich unter Beweis zu stellen. So führte der Konkurrenzkampf der *gentes* dazu, dass sich schon in der zweiten Hälfte des 3. Jahrhunderts v. Chr. innerhalb der Nobilität eine exklusive Gruppe von etwa 25 Adelsgeschlechtern bildete, die auf der Basis einer besonders zahlreichen Anhängerschaft und eines großen Vermögens beständig die führenden Stellen im Militär und die höchsten senatorischen Ämter bekleidete. Der Aufstieg in diese fest gefügte Gruppe gelang nur wenigen, z. B. Cicero.

– Ritterstand

Mit dem 2. Punischen Krieg schritt die Differenzierung der römischen Oberschicht noch weiter voran: Es etablierte sich der Ritterstand (*ordo equester*) zwischen dem Senatorenstand (*ordo senatorius*) und dem einfachen Volk (*plebs*) als gesellschaftliche Schicht. Durch

Struktur der römischen Gesellschaft (2./1. Jh. v. Chr.)

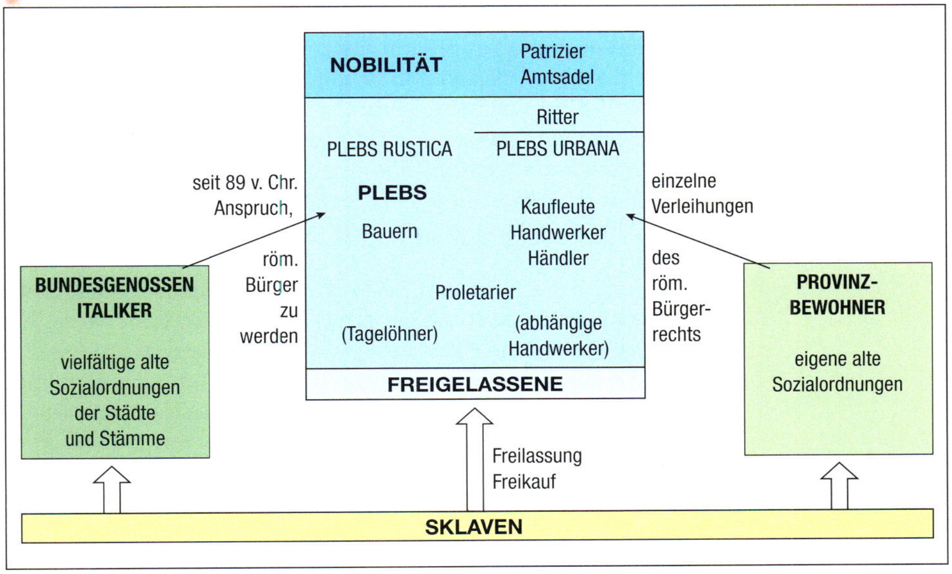

den Krieg waren Männer aus ursprünglich einfacheren Verhältnissen zu Geld gekommen und strebten nach politischer Mitwirkung im Staat. Der Senatorenstand sah sich dazu gezwungen, sich gegenüber diesen Rittern genannten Neureichen abzugrenzen. Die Formierung der Ritter als eigene soziale Gruppe fand in diesem Zusammenhang darin Ausdruck, dass sie auf der Basis des ritterlichen Mindestvermögens von 400 000 Sesterzen (Senatoren: 1 000 000 Sesterzen) bestimmte Statussymbole wie ein Staatspferd und den goldenen Ritterring zur Schau stellen durften sowie aufgrund ihres Vermögens in größerem Rahmen Geldgeschäfte tätigten, was den Senatoren, die nach altrömischer Tradition ihren Reichtum durch die Landwirtschaft erwerben mussten, verboten war. Das Gros der Ritter spezialisierte sich darauf, die staatlichen Einkünfte einzutreiben. Fanden die Ritter so ein lukratives Betätigungsfeld, blieben ihre Ambitionen auf politische Partizipation doch auf die niedrigeren Staatsämter beschränkt, um die sie sich allerdings häufig erfolgreich bewarben, sodass der Senat zumindest auf unterer Ebene personell ergänzt wurde.

plebs

Die Masse des einfachen Volkes lebte auf dem Land (*plebs rustica*): Dort bewirtschafteten die meisten Plebejer im Familienbetrieb ihre Bauernhöfe. Diese Tätigkeit genoss hohes Ansehen, weil die Römer sich ihrem Selbstverständnis nach stets als Bauernvolk betrachteten. Die Plebejer in der Stadt (*plebs urbana*) waren als Händler, Kaufleute oder Handwerker tätig. Der Verlust geregelter Arbeit bedeutete den sozialen Abstieg als Tagelöhner oder Proletarier. Der gesamten städtischen *plebs* gehörte die Aufmerksamkeit der *nobiles* und Ritter, die sie als Klienten für die Durchsetzung ihrer politischen Ambitionen brauchten.

familia

Das soziale Zentrum im Leben eines Römers war die *familia*. Mit diesem Wort verbinden wir heute die Kleinfamilie mit Eltern und Kindern sowie eventuell noch den Großeltern; eine römische *familia* war jedoch viel größer: Zu ihr gehörten neben der Ehefrau und den Kindern auch die verheirateten Söhne mit ihren Frauen und Kindern sowie die Sklaven und das Vermögen eines Familienoberhauptes (*pater familias*). In diesem Sinne übte er seine bis zur Todesstrafe reichende Verfügungsgewalt (*patria potestas*) als Vater, Ehemann und Hausherr aus. Die Aufgaben der Frau (*mater familias*) innerhalb dieser patriarchalischen Strukturen waren die Führung des Haushalts und die Erziehung der Kinder (der Mädchen bis zur ihrer Heirat, der Jungen bis etwa zum siebten Lebensjahr, in dem die schulische Ausbildung von Männern übernommen wurde). In dieser Funktion als Hausfrau und Mutter genoss sie hohes Ansehen, insbesondere wenn sie eine möglichst große Anzahl männlicher Nachkommen des Vaters hervorbrachte – dies war das Ziel der Eheschließung in römischer Zeit.

Rolle des Mannes

Rolle der Frau

Da mithin die Reproduktion der Vaterseite und nicht die eheliche Gemeinschaft von Mann und Frau eine römische Ehe ausmachte, setzte sich im Lauf der republikanischen Zeit immer mehr die *manus*-freie Form der Ehe durch, bei der die Frau ihr Vermögen behielt und nicht in die Hand (*manus*) und Verfügungsgewalt ihres Ehemannes eintrat, sondern unter der ihres Vaters blieb; diese Form der Ehe erlaubte nämlich eine sozial und finanziell unproblematische Scheidung, für die sich Männer meist dann entschieden, wenn männliche Nachkommenschaft ausblieb.

Ehe

Roms Aufstieg zur Weltmacht

Neben den politischen und gesellschaftlichen Besonderheiten ist es das Phänomen der Expansion, das die Beschäftigung mit dem antiken Rom interessant gestaltet. Erstmals in der Geschichte entsteht ein Jahrhunderte überdauerndes Weltreich. Bis heute stellt sich die Frage, wie aus einem kleinen Dorf in Italien das Zentrum eines Imperiums werden konnte und welche Motive die Römer dazu brachten, sich über Jahrhunderte im permanenten Kriegszustand zu befinden. Im Folgenden wird diese Expansion in zwei Etappen dargestellt, in Italien und rund um das Mittelmeer, und den Fragen nachgegangen, wie die Römer die Herrschaft in den einzelnen Gebieten organisierten und welche Motive sie bei der Expansion bewegten.

Nach dem Zusammenbruch der etruskischen Herrschaft im 5. Jahrhundert hatte sich ein Machtvakuum gebildet. Viele latinische Stadtstaaten waren ähnlich wie Rom selbstständig und zugleich schutzlos geworden. In der Folgezeit wurde Rom in eine Fülle von Kriegen verwickelt, die letztlich dazu führten, dass die Stadt seit 270 v. Chr. Mittel- und Süditalien beherrschte.

Expansion in Italien

Expansion Roms in Italien	
Seit 470	Rom wird Mitglied des latinischen Bundes, behauptet sich gegen die Nachbarstädte Caere und Veji.
387/386	Die Kelten erobern Rom.
340 – 338	Krieg mit den latinischen Städten: Der Bund wird aufgelöst, ein Teil seines Gebietes annektiert. Die latinischen Kolonien und einige Städte behalten ihre Selbstständigkeit. Die kampanischen Städte werden Munizipien.
338 – 329	Zum Schutz der italischen Küste werden Bürgerkolonien angelegt.
326 – 290	In mehreren Kriegen werden die Samniten unterworfen. Im Kernland der Unterworfenen werden Kolonien zur Sicherung der römischen Herrschaft angelegt. Die samnitischen Stämme werden den Römern als Bundesgenossen zur Bereitstellung von Soldaten verpflichtet.
282 – 270	Krieg mit süditalischen Stämmen und Tarent. Die Römer unterwerfen ganz Süditalien.

Herrschaftsorganisation in Italien

Für die Organisation der Herrschaft in Italien hatten die Römer kein einheitliches Konzept, sie verfuhren von Fall zu Fall unterschiedlich. Dennoch lassen sich einige Grundzüge erkennen:

Manche eroberten Gebiete wie etwa die Stadt Veji wurden zu Staatsgebiet Roms erklärt und an römische Siedler vergeben. Ähnlich verfuhr man mit den Städten der Latiner. Sie wurden Landstädte (Munizipien), die sich selbst verwalteten. Einige Gemeinden erhielten das römische Bürgerrecht, nahmen aber nicht an den Wahlen in Rom teil. Mit der Einrichtung von Munizipien war ein Grundmuster für die Eingliederung weiterer Städte in das römische Staatsgebiet gefunden.

Während der Samnitenkriege begannen die Römer, in unsicheren Gebieten Bürger anzusiedeln. Diese Siedlungen, Kolonien genannt, waren selbstständige Stadtstaaten, zugleich aber unlösbar mit der Mutterstadt Rom verbunden und konnten den Römern als strategische Außenposten dienen.

Darüber hinaus waren die meisten Städte und Stämme Italiens den Römern als Bundesgenossen verpflichtet, im Falle eines Krieges Soldaten zu stellen. Sie besaßen also keine eigene Außen- und Militärpolitik und waren somit von Rom abhängig.
In dieser Weise kontrollierten die Römer seit 270 v. Chr. ganz Mittel- und Süditalien und waren durch die von den Latinern und den Bundesgenossen bereitgestellten Soldaten zur stärksten Macht am Mittelmeer geworden.

Expansion im Mittelmeerraum:

Zugleich hatten sie durch die Eroberung Süditaliens den ehemals griechischen Seehandel übernommen. Dadurch gerieten sie in Konkurrenz zu den Karthagern, von den Römern Punier genannt, die seit dem 5. Jahrhundert den Handel im westlichen Mittelmeer beherrschten.
264 v. Chr. wurden Römer und Karthager in den Streit zweier sizilianischer Städte einbezogen. Diese im Grunde nicht sonderlich bedeutende Auseinandersetzung war der Ausgangspunkt für einen Krieg (1. Punischer Krieg), der zwanzig Jahre andauern sollte. Als

– 1. Punischer Krieg

Römische Krieger (Relief aus dem 2. Jahrhundert n. Chr.)

Die Ausbreitung Roms bis etwa 240 v. Chr.

schließlich Karthagos Versuch, die letzten Besitzungen auf Sizilien zu halten, mit dem Verlust der Flotte endete, war es bereit, Frieden zu schließen. Rom forderte von Karthago als Entschädigung achtzig Tonnen Silber und beherrschte von nun an auch Sizilien und Sardinien.

– 2. Punischer Krieg

Die Karthager verschafften sich bald Ersatz für die verloren gegangenen Gebiete; sie eroberten den Süden des heutigen Spaniens. Rom sah diese Expansion mit Besorgnis, denn es fürchtete eine weitere Ausdehnung des punischen Einflussgebietes. Als der karthagische Feldherr Hannibal begann, Sagunt zu belagern, erklärte Rom Karthago den Krieg (2. Punischer Krieg). Doch Hannibal überraschte die Römer, indem er mit 60 000 Soldaten und 40 Kriegselefanten über die Alpen nach Italien vordrang. 217 v. Chr. erlitten die Römer am Trasimenischen See und 216 v. Chr. bei Cannae zwei vernichtende Niederlagen. In dieser Situation sagten sich viele Verbündete von Rom los. Zusätzlich wuchs die Zahl der Gegner, als sich Makedonien 215 v. Chr. mit Karthago verbündete. Nur die Völker Mittelitaliens standen weiter zu den Römern, die nun in Italien, Spanien, Sizilien und Griechenland gleichzeitig kämpfen mussten. Trotz vieler verlustreicher Schlachten fand der Krieg kein Ende. Die Wende trat ein, als es dem römischen Feldherrn Publius Cornelius Scipio gelang, die Karthager in Spanien zu besiegen. Er setzte daraufhin nach Afrika über und zwang damit Hannibal, nach Karthago zurückzukehren. 202 v. Chr. siegte Scipio bei Zama über die punischen Truppen. Karthago musste Entschädigungszahlungen leisten, fast alle Schiffe ausliefern, auf seine spanischen Besitzungen verzichten und wurde verpflichtet, künftig keine Kriege mehr ohne die Erlaubnis der Römer zu führen.

Hannibal, Karthagos Staatsmann und Feldherr

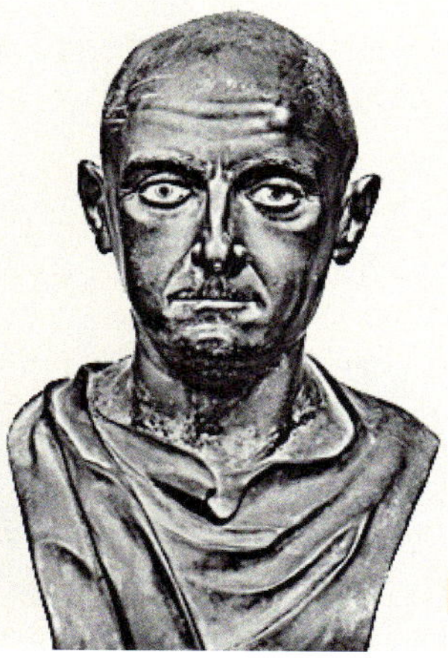

Der römische Feldherr Publius Cornelius Scipio

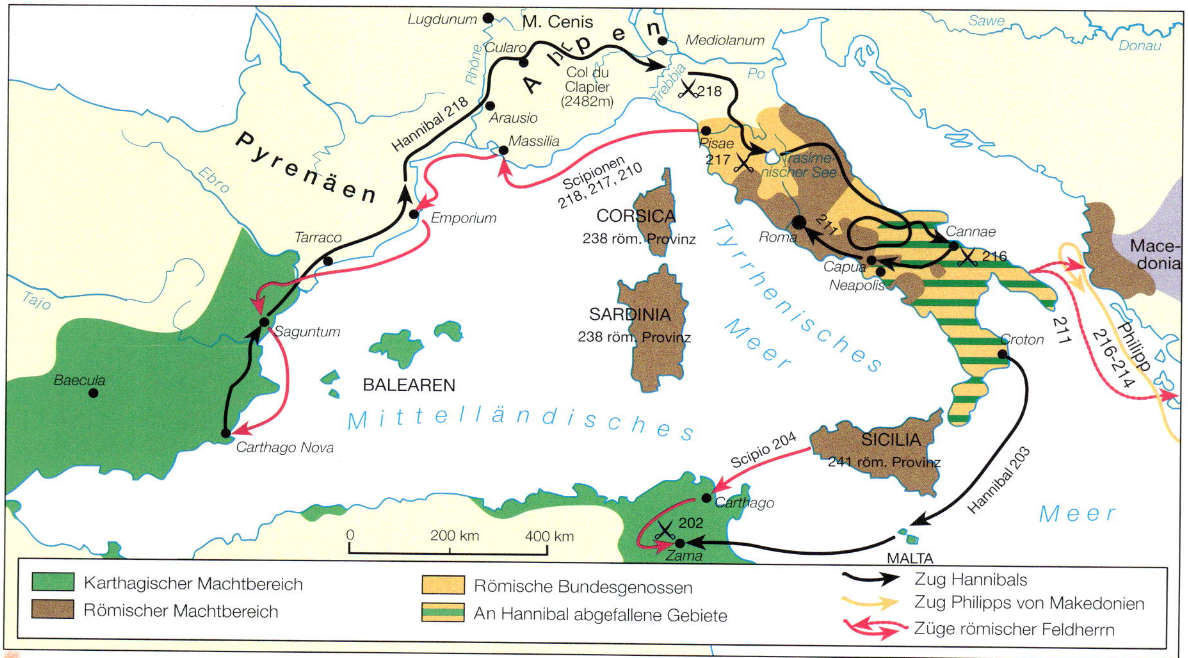

Rom und Karthago zur Zeit des 2. Punischen Krieges

– 3. Punischer Krieg

Als Karthago fünfzig Jahre später diese Verpflichtung brach und Krieg gegen die Numider begann, kam es zum 3. Punischen Krieg. Die Römer belagerten zwei Jahre lang die Stadt Karthago und machten die Stadt dem Erdboden gleich. Das ehemals punische Herrschaftsgebiet wurde zur römischen Provinz Africa.

Herrschaftsorganisation in den Provinzen

Seit den Punischen Kriegen beherrschte Rom nun auch Gebiete außerhalb Italiens. Im 2. Jahrhundert eroberten die Römer zudem Makedonien, Griechenland und Pergamon. Mit der Verwaltung eines solch großen Reiches standen die Römer vor neuen Aufgaben.
Anders als in den italischen Gebieten nahm Rom die Verwaltung nun verstärkt selbst in die Hand. Mit Sizilien wurde zum ersten Mal ein Land zur römischen Provinz erklärt. Römische Prätoren verwalteten die Provinzen im jährlichen Wechsel und übten so eine direkte Herrschaft aus. Weitere Beamte unterstützten sie bei dieser Arbeit. Die Provinzbewohner mussten regelmäßige Abgaben an die Römer entrichten bzw. den zehnten Teil ihrer Ernte abliefern. Römische Truppen stellten Ruhe und Ordnung in der Provinz sicher. Diese in Sizilien eingeführte Art der Herrschaftsorganisation übertrugen die Römer in der Folgezeit auf die eroberten Gebiete im östlichen Mittelmeerraum.
Für den Einzug der Steuern in den Provinzen wurden bald auch private Pächter eingesetzt. Sie führten einen für jedes Jahr festgelegten Betrag an die römische Staatskasse ab und erhielten dafür das Recht, in der jeweiligen Provinz Steuern zu erheben. Das taten sie häufig mit erheblichem Gewinn. Rom ersparte sich auf diese Weise den Einsatz von Verwaltungsbeamten und konnte mit regelmäßigen Einnahmen rechnen.

Soziale und politische Folgen der Expansion

Obwohl Rom militärisch äußerst erfolgreich gewesen war, brachte die Ausweitung des Machtbereichs letztlich auch interne Probleme mit sich. Von den großen Erfolgen profitierten nur wenige, viele aber mussten die Lasten der Kriege tragen. Wachsende Armut und Unzufriedenheit machte grundlegende Reformen notwendig.

Verarmung der Bauern

Römische Bauern waren aufgrund der Beteiligung an den Kriegszügen nicht mehr in der Lage, ihre Äcker zu bestellen. Großgrundbesitzer dagegen konnten ihre Ländereien durch den Einsatz von Sklaven bewirtschaften lassen. Die meisten römischen Bauern hatten ihren Lebensunterhalt durch den Anbau von Getreide verdient. Nun gelangten große Mengen Getreide aus den Provinzen nach Rom und drückten die Preise. Somit waren die einfachen Bauern doppelt benachteiligt: Ihre Äcker lagen während ihrer jahrelangen Abwesenheit brach, und das Getreide, das sie produzierten, reichte bald nicht mehr zur Existenzsicherung. Folge war eine tiefgreifende Verelendung der Bauern in Italien. Viele waren gezwungen, ihre Äcker an Großgrundbesitzer zu verkaufen und als Tagelöhner zu arbeiten. Andere zogen vom Land in die Stadt, in der Hoffnung, dort eine neue Existenz aufbauen zu können. Das gelang jedoch nur wenigen. Immer mehr Römer waren auf öffentliche Spenden angewiesen. Da sie oft außer ihren Kindern nichts besaßen, wurden sie Proletarier (von lat. *proles* = Kind) genannt.

Reichtum der Senatoren …

Viele der Senatorenfamilien profitierten dagegen von der Entwicklung. Ihnen war es nicht erlaubt, Handel zu treiben, und so konzentrierten sie sich auf die Ausweitung ihres Grundbesitzes. Große private Ländereien, die Latifundien, entstanden. Die Investoren konzentrierten sich zumeist auf Staatsland in Mittel- und Unteritalien, das mit stillschweigender Duldung des Staates von jedem genutzt werden konnte, der kapitalkräftig genug war.

… und Ritter

Der Handel und das Geschäft mit der Steuerpacht lag zunehmend in den Händen der Ritter. Ihr Stand war aus der Reiterschaft des römischen Heeres hervorgegangen. Sie besaßen das nötige Vermögen, in großem Stil Handel zu treiben oder das Steuerrecht für eine Provinz zu erwerben. Beides erwies sich mit der Ausdehnung der römischen Herrschaft als lukratives Geschäft. Zudem konnten auch die Ritter ihr Geld in Landbesitz anlegen. Die wachsende gesellschaftliche Ungleichheit prägte seit Mitte des 2. Jahrhunderts die römische Innenpolitik.

Reformversuche

133 Der **Volkstribun Tiberius Gracchus** bringt ein Gesetz ein, nach dem jeder Römer künftig nur noch eine festgelegte Menge Land besitzen sollte. Alle übrigen Ländereien müssten an die besitzlosen Bürger Roms verteilt werden. Der Vorschlag führt zu erheblichem Protest von Seiten der Großgrundbesitzer. Die Volksversammlung stimmt den Reformen des Gracchus zu, ein einmaliger Vorgang, da die Volksversammlung zu derartigen Entscheidungen keine Befugnis besaß. Zugleich tritt Gracchus für eine zweite Amtszeit als Volkstribun an, wohlwissend, dass dieses Vorgehen verboten ist. Viele Senatoren sehen nun die öffentliche Ordnung gefährdet. Als die Volksversammlung zur Wahl schreiten will, werden Gracchus und viele seiner Anhänger von den Senatoren erschlagen.

123 **Gaius Gracchus** setzt als **Volkstribun** die Reformpläne seines Bruders fort, fordert, römischen Bauern Land in den Provinzen zuzuteilen, den Bundesgenossen die römische Staatsbürgerschaft zu geben und feste Getreidepreise einzuführen, damit ärmere Römer in schlechten Erntejahren nicht Hunger leiden müssen. Durch Versprechungen an das Volk gelingt es den Senatoren, die Anhänger des Gracchus zu spalten. Wie sein Bruder wird Gaius Gracchus umgebracht.

Marius

104 Der Feldherr und mehrmalige **Konsul Marius** leitet eine **Heeresreform** ein. Da die Zahl der freien Bauern und damit die Zahl der Wehrpflichtigen zurückgegangen ist, wandelt Marius das römische Heer von einem Bürgerheer in ein Berufsheer um. Freiwillige Soldaten werden nun vom Staat besoldet und erhalten ihre Ausrüstung gestellt. Als Alterssicherung wird ihnen von Marius Land versprochen. Erstmals sind Soldaten damit stark an ihren Feldherrn gebunden.

91 Der **Volkstribun Marcus Livius Drusus** greift die Forderungen des Gracchus nach Landverteilung und Bürgerrecht für die Bundesgenossen wieder auf. Seine Ermordung führt zu einem Aufstand der Bundesgenossen gegen Rom. Nach erbitterten, verlustreichen Kämpfen können die Römer diesen **Bundesgenossenkrieg** nur beenden, indem sie den Italikern das volle Bürgerrecht verleihen.

Das Scheitern der Republik

Im ersten Jahrhundert v. Chr. zeigte sich, dass die inneren politischen und gesellschaftlichen Konflikte Rom dauerhaft in bürgerkriegsähnliche Zustände brachten. Der Kampf um Interessen und Einfluss untergrub die öffentliche Ordnung und damit die Republik. Zugleich stellte sich die Frage, wie eine Ordnung aussehen konnte, die den Frieden in Rom wiederherstellte. Unmittelbar nach dem Bundesgenossenkrieg war der Streit zwischen den politisch Einflussreichen wieder aufgeflammt. Sie hatten sich inzwischen in zwei Lager gespalten: Die einen wollten mithilfe der Volksversammlung und der Volkstribunen Reformen durchsetzen. Sie vertraten weitgehend die Interessen des einfachen Volkes und wurden *Popularen* genannt (von lat. *populus* = das Volk). Die *Optimaten* hingegen (von lat. *optimus* = der Beste) setzten sich für die Beibehaltung der alten Ordnung und die Machterhaltung des Senats ein.

Popularen/ Optimaten

Sulla

Der Führer der Optimaten, Lucius Cornelius Sulla, erhielt 88 v.Chr. als Konsul den Oberbefehl für einen Krieg im Osten. Als die Volksversammlung dem nicht zustimmte und stattdessen dem führenden Vertreter der Popularen Marius das Kommando übertrug, führte Sulla seine Soldaten gegen Rom, vertrieb Marius und tötete viele seiner Anhänger; in öffentlichen Listen wurden die Gegner Sullas bekannt gemacht und für vogelfrei erklärt. Ihr Vermögen wurde versteigert. Jeder Römer war unter Androhung von Strafe verpflichtet, die Gesuchten anzuzeigen. Sobald Sulla nach Osten aufgebrochen war, nahm Marius mit Truppen Rom ein und verfolgte nun seinerseits die Anhänger Sullas. Noch während der Abwesenheit Sullas starb Marius. Sulla kehrte nach Rom zurück, wurde vom Senat zum

Diktatur Sullas

Diktator auf unbestimmte Zeit ernannt und ließ die Anhänger der Popularen öffentlich verfolgen. Zugleich schränkte er die Rechte der Volksversammlung und der Volkstribunen erheblich ein und festigte so die Position des Senats. 79 v. Chr. legte Sulla sein Amt selbst nieder.

Pompeius

Schon bald konnten sich die Popularen erneut durchsetzen. Im Jahre 70 v. Chr. erhielten die Volkstribunen alle Rechte zurück, die ihnen Sulla zuvor genommen hatte. Zugleich gewannen erfolgreiche Feldherren immer mehr politischen Einfluss. Eine dieser herausragenden Gestalten war Gnaeus Pompeius, der 67 v. Chr. im Auftrag des Senats zunächst ein Sonderkommando gegen Seeräuber leitete, ohne – wie traditionell üblich – zuvor die Ämterlaufbahn durchschritten zu haben. In den folgenden Jahren führte Pompeius mehrere äußerst erfolgreiche Kriege, füllte dadurch die Staatskasse und konnte zugleich eine große Zahl von Soldaten an sich binden. Im Jahre 60 v. Chr. schloss er sich mit dem reichen Crassus und dem geschickten Politiker Caesar zu einem geheimen Drei-Männer-Bündnis, einem Triumvirat, zusammen. Zu dritt nahmen sie wesentlichen Einfluss auf die Geschicke Roms, schoben sich wichtige Ämter gegenseitig zu und ließen dem Senat nur noch wenig Spielraum. Formell war dieses Dreierbündnis kein Novum. Immer hatten führende Familien Roms zusammengearbeitet. Die Macht jedoch, die diese Männer nun in Händen hatten, machte dieses Bündnis zum Staatsstreich. Caesar nutzte seine Möglichkeiten, um nach und nach Gallien zu erobern und ein Heer ihm treuer Soldaten um sich zu sammeln. Nach dem Tode des Crassus bei einem Feldzug löste sich Pompeius von Caesar, versöhnte sich mit dem Senat und wurde zum *consul sine collega* ernannt, war also nahezu Alleinherrscher. Als der Senat von Caesar verlangte, seine Soldaten zu entlassen und nach Rom zurückzukehren, widersetzte sich dieser und zog mit seinen Truppen gegen Rom. Es folgte ein grausamer Bürgerkrieg. Pompeius und seine Anhänger wurden besiegt, Pompeius selbst in Ägypten ermordet.

1. Triumvirat

Bürgerkrieg

Caesar

Nach seiner Rückkehr wurde Caesar für zehn Jahre zum Diktator ernannt; später erhielt er dieses Amt auf Lebenszeit. Er hatte als Imperator von nun an den Oberbefehl über alle römischen Truppen; er allein konnte über Krieg und Frieden entscheiden, übernahm die Aufgaben von Konsul und Zensor und durfte die Hälfte aller Beamten einsetzen. Im Gegensatz zu Sulla hatte er nicht vor, die Diktatur niederzulegen, und er verfolgte seine Feinde nicht, sondern begnadigte sie.

Caesar sorgte in den folgenden Jahren dafür, dass viele Proletarier durch den Bau von Straßen, Brücken, Prachtbauten und die Erneuerung des Forums Arbeit hatten. Durch die Gründung zahlreicher Kolonien und das Verteilen von Land an römische Bürger entspannte er die soziale Krise Roms und schuf auf diesem Wege langfristig gesehen auch die Grundlage für die Romanisierung des Reiches. Die Verwaltung der Provinzen wurde strenger kontrolliert, um Ungerechtigkeiten gegenüber den Bewohnern zu verhindern. Caesars Reformen umfassten viele Bereiche. Sogar den römischen Kalender ließ er verbessern und ersetzte ihn durch den Julianischen Kalender, der weitgehend noch heute Gültigkeit besitzt. Darüber hinaus hatte Caesar große Pläne zur Eroberung Asiens und Germaniens.

Doch eine Gruppe von Senatoren wollte nicht, dass die Macht im Staate dauerhaft in der Hand eines Einzelnen lag, der Senat aber nur noch ein Schattendasein führte. Sie fürchteten, dass Caesar zum Tyrannen werden könnte. Am 15. März 44 v. Chr. wurde Julius Caesar von 23 Senatoren ermordet.

Sie hatten gehofft, dass mit dem Tode Caesars die alte Ordnung wiederhergestellt sei. Doch als bekannt wurde, dass Caesar dem Volke in seinem Testament ein großes Geldgeschenk hinterlassen hatte, kam es erneut zu Unruhen. Die Mörder Caesars mussten aus Rom fliehen. In Rom selbst erhielten Antonius und Lepidus, zwei Feldherren Caesars, und Caesars Adoptivsohn Oktavian für fünf Jahre diktatorische Vollmacht und den Auftrag, als Triumvirat die Republik zur Ordnung zu bringen. Von Neuem begann der Bürgerkrieg. Unter dem Vorwand, die Caesarmörder auszuschalten, wurden Tausende ermordet. Den römischen Herrschaftsbereich teilten die Triumvirn untereinander auf: Oktavian kontrollierte den Westen des Reiches, Antonius den Osten, Lepidus erhielt Afrika. Als Antonius im Jahre 34 v. Chr. die ägyptische Herrscherin Kleopatra und ihren Sohn zu „Königen der

2. Triumvirat

Könige" erklärte, setzte Oktavian durch, dass gegen Kleopatra und damit auch gegen Antonius Krieg geführt wurde. In der Seeschlacht bei Actium im Jahre 31 v. Chr. konnte Oktavian seinen Gegner ausschalten. Oktavian stand nun allein an der Spitze des römischen Staates. Im Jahre 27 v. Chr. gab er in einem feierlichen Akt alle Vollmachten an den Senat zurück.

Augustus: Beginn des Prinzipats

Der Senat verlieh ihm daraufhin den Beinamen „Augustus", der Erhabene, und bat ihn zugleich, die Verantwortung für die öffentliche Ordnung und den Frieden auch weiterhin zu tragen. Augustus hatte diese Reaktion wohl vorausgesehen. Nach all den Bürgerkriegen sehnte sich das Volk nach Frieden, und Augustus war der Einzige, der ihn durchsetzen konnte. Doch der Preis für den Frieden war hoch: Augustus gab Rom eine neue politische Ordnung.

2. Herrschaft und Gesellschaft in der frühen Kaiserzeit

Augustus-Statue von Primaporta

Augustus stand vor der Aufgabe, seine Herrschaft zu stabilisieren und Rom eine dauerhafte Ordnung zu geben. Dazu gehörte es auch, eine leistungsfähige Verwaltung aufzubauen und die Grenzen des Imperiums militärisch zu sichern.

Die Expansion Roms hatte nicht nur eine neue Herrschaftsform hervorgebracht, sondern auch die gesellschaftlichen Strukturen gewandelt. Neue Führungsschichten entstanden. Und römische Wertvorstellungen und Lebensweisen setzten sich bald auch in den Provinzen durch.

Die Herrschaftsform des Prinzipats

Ausgestattet mit der ihm vom Senat übertragenen Autorität besaß Augustus nun alle wichtigen politischen Rechte. Als Imperator hatte er den Oberbefehl über die römischen Truppen. Zugleich war er *pontifex maximus* (lat. = oberster Priester). Viele Provinzen unterstanden Augustus direkt und er konnte somit über regelmäßige Einkommen verfügen. Augustus besaß somit Befugnisse, die mit denen Caesars durchaus vergleichbar waren. Dennoch konnte er sich an der Macht halten, denn er hatte es von Beginn an vermieden, sich als König anreden zu lassen.

Prinzeps

Stattdessen knüpfte er an republikanische Tradition an, als er sich im Jahre 29 v. Chr. zum „Ersten des Senats" (*princeps senatus*) ernennen ließ, und dementsprechend bezeichnete er sich fortan als Prinzeps. Die von ihm geschaffene Regierungsform wird deshalb heute als Prinzipat bezeichnet.

Die Verfassung des Prinzipats

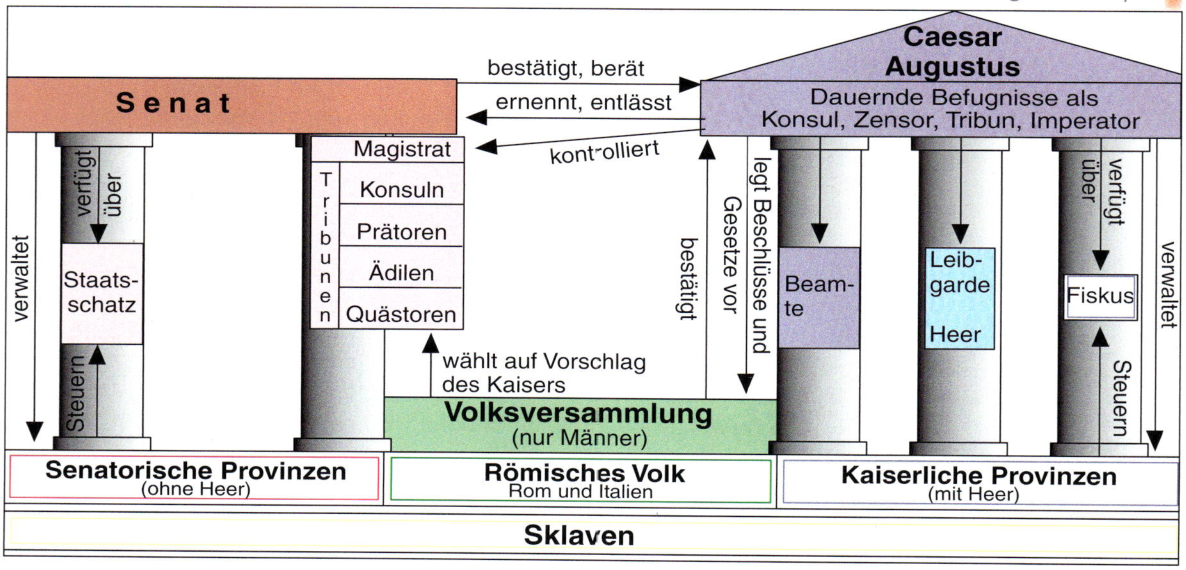

Herrschaftssicherung:

– Einbezug der alten Eliten

Der Senat war trotz der Wirren der Bürgerkriege ein Zentrum des politischen Geschehens geblieben. Augustus konnte die Senatoren nicht einfach übergehen, wenn er sich auf Dauer halten wollte. So ließ er den Senat ganz bewusst bestehen und übertrug ihm große Teile der Regierungsverantwortung. Die althergebrachte Ämterlaufbahn blieb erhalten. Es gab auch weiterhin die Möglichkeit, über Funktionen im Magistrat politische Karriere zu machen. Senatoren konnten wie bisher den Oberbefehl über Truppen ausüben und wurden als Statthalter in die Provinzen geschickt.

Auch weiterhin gab es Senatoren, die sich grundsätzlich das politische System der Republik zurückwünschten. Diese Kräfte konnten sich aber weder unter Augustus noch unter seinen Nachfolgern durchsetzen, denn viele Römer sahen in der Wiederherstellung des

– Pax Augusta

Friedens die besondere Leistung des Augustus. Die *pax augusta*, der Augustusfriede, wurde von vielen Menschen als Beginn eines neuen Zeitalters empfunden. Als äußerliches Symbol für die neue Friedenszeit ließ Augustus im Jahre 9 v. Chr. einen Friedensaltar, die *ara pacis*, errichten. Dieser Friede war nicht nur Programm. Tatsächlich sorgten die römischen Legionen für Sicherheit an den Grenzen, und die Kämpfe im Inneren des Reiches flammten nicht von Neuem auf.

– Kaiserliche Verwaltung

Als Prinzeps hatte Augustus so viele wichtige Aufgaben übernommen, dass er eine eigene Verwaltungzentrale benötigte. Er sammelte persönliche Vertraute um sich, zunächst eigene Sklaven und Freigelassene. Diese setzte er als Verwaltungspersonal ein, ließ sie den Schriftverkehr führen und Rechtsfragen bearbeiten. Für die Verwaltung von Steuern und Finanzen sowie die Verwaltung der Provinzen wählte Augustus hauptsächlich Angehörige

– Neue Eliten

des Ritterstandes. Hier handelte es sich ebenfalls um persönliche Vertraute des Kaisers. Auch die zum Schutz des Kaisers und der öffentlichen Ordnung in Rom stationierten Truppen, die Praetorianer, wurden von Angehörigen der Ritterschaft angeführt. Die Ritter waren nicht so eng an die Tradition der Republik gebunden wie die Senatoren und somit eher bereit, die Staatsform des Prinzipats zu akzeptieren und mitzutragen. Da der Kaiser Beamte aus dem Ritterstand jederzeit entlassen konnte, war die Loyalität eines Beamten geradezu die Voraussetzung für seine Karriere.

Von der kaiserlichen Verwaltungszentrale aus wurden auch Rechtsvorschriften erlassen bzw. bereits vorhandene Regelungen ausgelegt. Die kaiserliche Rechtsprechung war für alle Reichsgebiete und Bewohner gleichermaßen verbindlich. Der Kaiser fungierte als

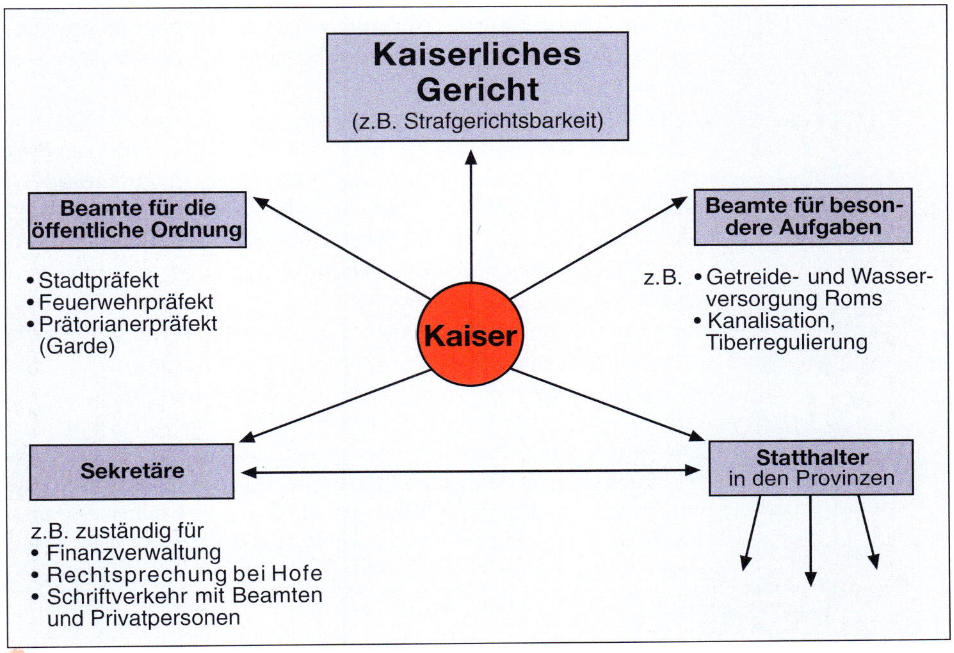

Aufbau der kaiserlichen Verwaltung unter Augustus

oberster Richter, wurde aber häufig von Praetorianerpräfekten vertreten. Trotz der Größe des Reiches (s. Karte S. 49) wurden also viele wesentliche Regierungs- und Verwaltungsaufgaben zentral in Rom bewältigt. Doch der Kaiser und seine Verwalter konnten nicht überall sein und von Rom aus nicht jedes Detail regeln.

Provinzialverwaltung

Die römischen Provinzen wurden teilweise im Auftrag des Senats, zum anderen Teil im Auftrag des Kaisers verwaltet. Während in den senatorischen Provinzen Prokonsuln diese Tätigkeit ausübten, waren es in den kaiserlichen Provinzen die *legati Augusti propraetore*, die diese Verwaltungsarbeit leisteten. Dennoch wäre Rom mit der Eintreibung von Steuern und der Rechtsprechung in den vielen tausend Städten des Reiches sicherlich überfordert gewesen. Die Städte nahmen diese Aufgaben selbst in die Hand. Sie wählten dafür in der Regel in jährlichen Abständen eigene Beamte. Obwohl die Provinzen und besonders die Städte in vielen Verwaltungsfragen selbstständig arbeiteten, war es aber dennoch möglich, sich bei Problemen und Streitigkeiten direkt an die kaiserliche Zentrale zu wenden. Sachbearbeiter antworteten im Auftrag des Kaisers. Abschriften der eigenen Reskripte (von lat. *rescribere* = zurückschreiben) wurden von der kaiserlichen Verwaltung gesammelt, um in ähnlichen Fällen entsprechend antworten zu können.
Die von Augustus entwickelte Herrschaftsform des Prinzipats konnte sich dauerhaft durchsetzen und bildete die Grundlage für die Herrschaft seiner Nachfolger.

Die Gesellschaft der frühen Kaiserzeit

Reichsbevölkerung

Durch die Expansion Roms war die Zahl der in den Grenzen des römischen Reiches lebenden Menschen angewachsen und die Struktur der Gesellschaft hatte sich gewandelt. Zur Regierungszeit des Augustus lebten etwa 70 Millionen Menschen unter römischer Herrschaft. Das römische Privatrecht unterschied in Freie und Sklaven. Bei den Freien wurde zwischen Freigeborenen und Freigelassenen, also ehemaligen Sklaven, unterschieden.

Römisches Bürgerrecht

Alle Freien waren entweder römische Bürger, oder sie wurden als Peregrinen (lat.: *peregrinus* = der Fremde) eingeordnet. Zur Zeit des Augustus besaßen alle freien Bewohner Italiens mit Ausnahme des Nordens das römische Bürgerrecht. Es garantierte ihnen einige Privilegien: So waren sie von vielen Steuern befreit und konnten in die politischen Führungsschichten des Reiches aufsteigen. In Notsituationen hatten sie die Möglichkeit, Getreide- und Geldzuteilungen des Kaisers zu erhalten. Und sie genossen besonderen Schutz bei Gerichtsverfahren: Kein römischer Bürger konnte durch einen Provinzstatthalter zum Tode verurteilt werden. Ging es um Leben und Tod, wurde der Fall dem kaiserlichen Gericht in Rom übertragen.

Peregrinen

Die Peregrinen stellten den größten Teil der Bevölkerung dar. Ägypter, Gallier, Griechen und viele andere waren durch die römischen Eroberungen zu Bewohnern des römischen Weltreiches geworden, doch sie genossen nicht die Vorteile eines römischen Bürgers.
In den folgenden Jahrhunderten erhielten allmählich immer mehr Reichsbewohner das römische Bürgerrecht, häufig durch Eintritt in den Militärdienst. Im Jahre 212 n. Chr. wurden alle freien Bewohner des Reiches durch ein Gesetz des Kaisers Caracalla zu römischen Bürgern erklärt.

Führungsschichten

Neben der Frage des Bürgerrechts gab es weitere Faktoren, die die Menschen im Reich unterschieden, etwa die Zugehörigkeit zu einer bestimmten Schicht: In der Zeit der Republik hatten die Senatoren das politische Geschehen Roms in besonderer Weise geprägt. Augustus vernachlässigte diese alte politische Elite nicht. Er reduzierte zwar die Zahl der Senatoren auf 600, machte dieses Amt aber zugleich erblich. Zusammen mit ihren Familien bildeten die Senatoren seitdem einen eigenen Stand, der großes öffentliches Ansehen genoss. Die Senatorenfamilien waren in der Regel sehr wohlhabend und hatten großen Landbesitz. Im weiteren Verlauf der Kaiserzeit änderte sich die regionale Zusammensetzung dieses Standes. Ende des 2. Jahrhunderts n. Chr. stammten noch 57 % der Senatoren aus Italien; von denen, die aus den Provinzen kamen, rekrutierten sich 23,9 % aus den westlichen Provinzen, 26,8 % aus den afrikanischen und 46,5 % aus den östlichen Provinzen. Wohlhabend waren auch die Mitglieder des zweiten Standes, die Ritter. Zur Zeit der

Republik wurde hierzu gezählt, wer ein gewisses Mindesteinkommen nachweisen konnte. Augustus selbst erhob einige Männer, die er für die eigene Verwaltung benötigte, in diesen Stand, indem er ihnen das nötige Geld zur Verfügung stellte. Wer Ritter sein wollte, musste mindestens 400 000 Sesterzen besitzen, unbestraft und frei geboren sein. Eine Vererbung des Standes gab es nicht. Jede Generation musste sich von Neuem für staatliche Ämter als Ritter bewerben.
Das politische und soziale Leben in den vielen tausend Städten des Reiches wurde weitgehend durch den Dekurionenstand bestimmt. Die soziale Herkunft dieser Gruppe konnte je nach regionalen Gegebenheiten variieren, aber in der Regel handelte es sich um Großgrundbesitzer, die vom städtischen Zentrum aus ihre Landgüter verwalteten und nicht selten auch im Rat der Städte führende Positionen einnahmen oder Beamte waren. Mancherorts waren diese Eliten unverzichtbar, da römische Beamte für die städtische Verwaltung nicht immer zur Verfügung standen.

Stadt-Land-Gefälle

Neben sozialen Unterschieden gab es Unterschiede zwischen den urbanen und ländlichen Lebensverhältnissen. Die Bevölkerung auf dem Land war Überfällen weitgehend schutzlos ausgeliefert. Die Verwaltungen in den Städten versuchten häufig, Steuerlasten auf das Land abzuwälzen. Hinzu kamen wirtschaftliche Veränderungen: Seit der Zeit des Augustus nahm die Zahl der in der Landwirtschaft beschäftigten Sklaven ab. Viele von ihnen wurden in der frühen Kaiserzeit freigelassen. So vollzog sich auch ein Wandel der agrarischen Produktion: Höfe wurden zunehmend an freie Bauern verpachtet, die unter großem wirtschaftlichen Druck durch die Grundbesitzer standen. Der Gegensatz zwischen Stadt- und Landleben war sehr groß: Der einfache Bauer auf dem Land hatte vor allem Lasten zu tragen. Von der Prachtentfaltung in den Städten profitierte er nicht.

Romanisierung und Provinzialisierung

Seit Augustus wurde es zur vorrangigen Aufgabe der römischen Kaiser, das Imperium Romanum zu sichern. Zu diesem Zweck wurden an den Grenzen des Reiches Soldaten angesiedelt, die sich zugleich als Vermittler römischer Wertvorstellungen und Lebensweise erwiesen.

Weitere Expansion

Unter Kaiser Trajan (98 – 117) erreichte das römische Weltreich seine größte Ausdehnung. Der Kaiser machte in mehreren Kämpfen gegen die Parther auch das Gebiet am Tigris zur römischen Provinz. Anders sein Nachfolger Hadrian (117 – 138): Er verzichtete auf diese neuen Eroberungen, schloss Frieden mit den Parthern, der einzigen Großmacht im Osten, und widmete sich stattdessen ganz den inneren Aufgaben. Er besuchte die Städte des Reiches, ließ Tempel, Theater, Thermen und Wasserleitungen anlegen und sorgte für Bildungseinrichtungen.

Sicherung des Reiches

Schon unter Trajan wurde die Sicherung des eigenen Territoriums zu einer Hauptaufgabe römischer Kaiser. Hadrian und sein Nachfolger Antoninus Pius (138 – 161) bauten die Grenzanlagen des Reiches weiter aus. Bereits unter Kaiser Mark Aurel (161 – 180) zeigten größere Auseinandersetzungen Roms mit den Parthern und germanischen Stämmen den Nutzen solcher Anlagen. Große Flüsse wie Rhein oder Donau bildeten natürliche Grenzen. So günstig waren die Bedingungen aber nicht überall. An verschiedenen besonders gefährdeten Orten des Reiches mussten künstliche Grenzanlagen geschaffen werden. Für die Provinzen Obergermanien und Rätien begann unter Domitian (81 – 96) der Bau eines 550 km langen Sicherheitsgürtels, des Limes (lat. = Grenze). Der rätische Limes bestand aus einer einfachen, ca. drei Meter hohen Mauer, der obergermanische Limes aus Wällen, Gräben und Palisadenzäunen. In Sichtweite wurden Wachtürme errichtet, erst aus Holz, später aus Stein. Soldaten hielten hier Ausschau und verhinderten unerlaubte Grenzübertritte. Durch Zurufe, Ton- oder Feuersignale konnten in kürzester Zeit von Turm zu Turm Nachrichten weitergeleitet werden. Entlang des Limes gab es in regelmäßigen Abständen Kastelle mit jeweils etwa 500 Mann Besatzung, die in Ernstfällen schnell eingreifen konnte. Bei schwierigeren Problemen wurden die Legionslager in Mogontiacum (Mainz) oder Castra Regina (Regensburg) informiert. Ähnliche Sicherungsanlagen gab es auch in Britannien, in Spanien, Afrika und im Osten an der Grenze zum Partherreich.

Die neu errichteten Kastelle und Legionslager waren nicht nur Militärkasernen. Hinter dem schützenden Doppelgraben und der Umfassungsmauer eines Legionslagers verbargen sich nicht nur Mannschaftsunterkünfte und Waffenlager, sondern Verwaltungsgebäude, Werkstätten, Krankenräume und Badehäuser. Die römischen Truppen hatten enormen Bedarf an Lebensmitteln und Dingen des täglichen Lebens. Handwerker und Händler siedelten sich an; es entstanden Lagervorstädte, die allmählich zu größeren Städten heranwuchsen. Hier tauschte man Waren aus Germanien mit römischen Erzeugnissen. Germanen wurden als Soldaten bei den römischen Hilfstruppen aufgenommen. Soldaten erhielten nach Ableistung ihres Dienstes nicht selten Land in den Provinzen zugewiesen und ließen sich dort nieder. Sie brachten römische Kultur in die äußersten Gebiete des Reiches, denn sie wollten auch hier nicht auf ihre Lebensgewohnheiten verzichten. An der Grenze zu Germanien entstanden Städte mit Tempeln, Säulenhallen, Wasserleitungen, Thermen und Theatern. Eine Stadt wie Trier war in vielen Dingen Abbild der Hauptstadt Rom.
Viele Ansiedlungen erhielten das Stadtrecht und besaßen eine eigene Verwaltung. Eingewanderte Römer bildeten hier zunächst die Oberschicht. Viele von ihnen waren als *decuriones* Mitglieder des Stadtrates und wählten aus ihren Reihen die städtischen Magistrate und die beiden Stadtvorsteher, die *duoviri*.
Römische Kultur prägte nicht nur die Städte, sondern zunehmend auch das Landleben. Häufig waren es Veteranen, die aufs Land zogen und Gebäude im römischen Stil anlegten. Neben einfachen Höfen entstanden Herrschaftshäuser im römischen Stil. Solch eine *villa rustica* konnte oft in Größe und Ausstattung mit den Villen in der Hauptstadt mithalten. Mosaikfußböden, Hausbäder und andere Annehmlichkeiten waren keine Seltenheit.
Die Provinzbewohner passten sich relativ schnell der römischen Kultur an; römische Lebensart wurde für viele Bewohner zum erstrebenswerten Vorbild, und es gab durchaus Möglichkeiten, am Wohlstand der Römer teilzuhaben. Provinziale, die nichtrömischen Bewohner der Provinz, konnten in die römische Armee eintreten und erhielten am Ende ihrer Dienstzeit

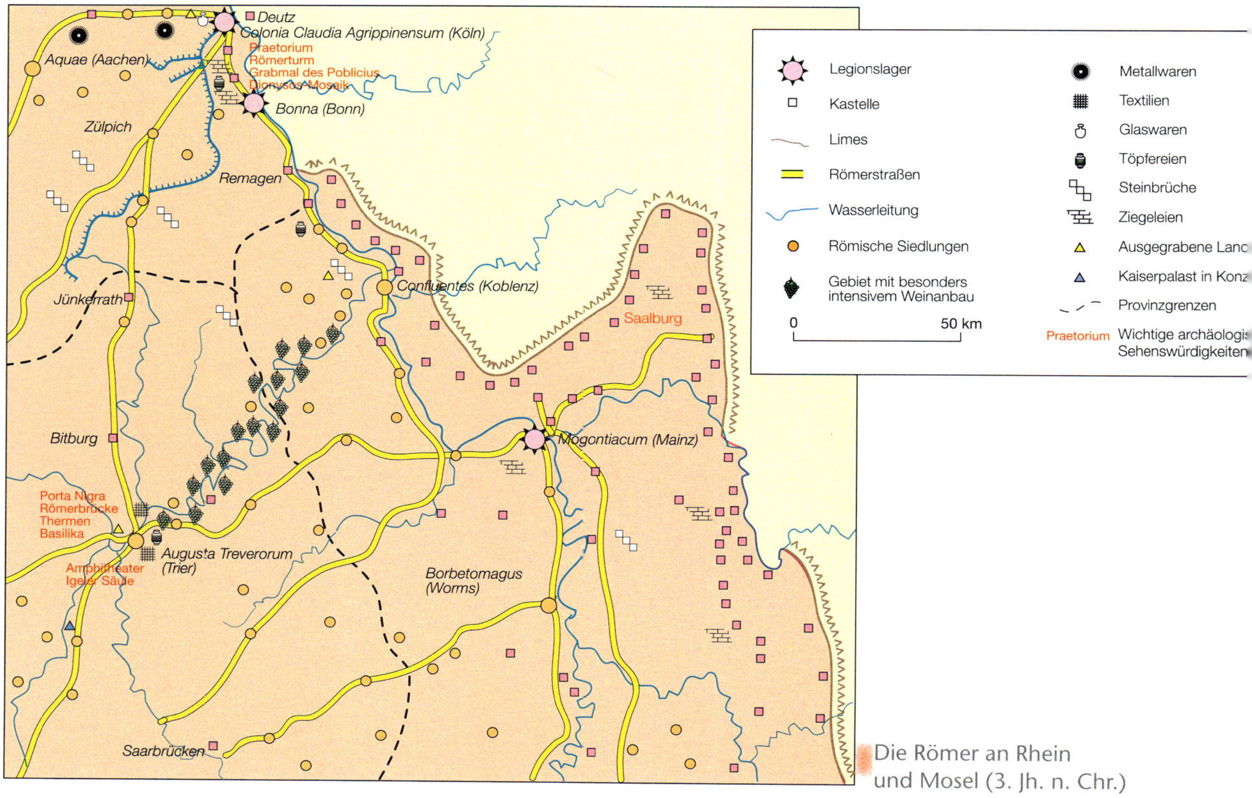

Die Römer an Rhein und Mosel (3. Jh. n. Chr.)

eine Abfindung. Wenn Provinziale besonders erfolgreich waren, über Vermögen verfügten und die römische Lebensweise übernahmen, hatten sie Aufstiegschancen in Verwaltung und Militär. Auch der Weg ins Zentrum der Macht war möglich. Ende des 2. Jahrhunderts n. Chr. kamen etwa zwei Drittel aller Senatoren Roms aus den Provinzen.
Solche Aufstiegschancen und die Vorteile römischer Kultur sorgten in den Provinzen für Ruhe und Stabilität. So gab es in der Kaiserzeit kaum Rivalitäten zwischen unterschiedlichen Völkern oder gesellschaftlichen Schichten.

3. Zeitenwende – die Spätphase des Römischen Reiches

Seit dem 3. Jahrhundert gerät das römische Imperium an seinen Grenzen zunehmend unter Druck. Die Herrscher sind gezwungen zu reagieren: Neue Verwaltungsstrukturen und eine Modifizierung der bisherigen Herrschaftsform sollen helfen. Religion erhält im Rahmen der Legitimation von Herrschaft einen hohen Stellenwert. Langfristig gelingt es Rom jedoch nicht, sein Imperium zu erhalten. So soll im Folgenden auch hinterfragt werden, wie es möglich ist, dass ein Weltreich untergehen kann.

Die Herrschaftsform des Dominats – Reaktion auf die Krise des Reiches

Trotz einiger Auseinandersetzungen an den Grenzen erlebte das römische Weltreich im 2. Jahrhundert n. Chr. eine weitgehend ruhige Zeit. Das änderte sich Anfang des 3. Jahrhunderts grundlegend. Das Reich geriet in eine tiefgreifende Krise und war zeitweise ernsthaft gefährdet. Völkerwanderungen aus dem Osten bereiteten den germanischen und asiatischen Nachbarvölkern Probleme, die nun ihrerseits die Reichsgrenzen bedrängten. Im 1. und 2. Jahrhundert waren die Limesanlagen ein sicherer Schutz gewesen. Nun wurde die Grenze überrannt.

Krise des Heeres

Gleichzeitig war die Schlagkraft des römischen Heeres nicht mehr die alte. Immer weniger römische Bürger erklärten sich bereit, ins Heer einzutreten. So war es nötig, Söldner aus Völkern heranzuziehen, die außerhalb der Reichsgrenzen lebten.

Währungskrise

Um die hohen Kosten für Heer und Verwaltung aufbringen zu können, begannen die Kaiser, minderwertige Silbermünzen herauszugeben. Der Silbergehalt dieser Zahlungsmittel wurde immer geringer, das Vertrauen in die römische Währung sank. So entstanden Probleme für den Handel, der nun teilweise wieder dazu überging, Waren zu tauschen.

Bürgerkriege

Doch auch an der Spitze des Reiches herrschte alles andere als Ordnung. Rivalisierende Heerführer stritten sich um den Kaiserthron. Allein in den Jahren von 235 bis 284 n. Chr. erhoben 40 Feldherren Anspruch auf die Reichsführung. Sie setzten ihre Heere nicht nur dazu ein, die Grenzen zu sichern, sondern führten gegeneinander Krieg. Zusätzlich zu den Gefahren von außen wurde das Reich nun also auch von innen erschüttert.

Reformen unter Diokletian

Erst Kaiser Diokletian gelang es, seine Herrschaft gegenüber Konkurrenten dauerhaft zu festigen. In den Jahren 284 bis 305 stellte er durch politische Reformen die Stabilität des Reiches wieder her. Diokletian teilte das Reich in zwei Bezirke und definierte damit Verantwortungsbereiche. Er selbst regierte den Osten, sein Feldherr und Kriegskamerad Maximianus den Westen. Beide führten von nun an den Titel „Caesar Augustus". Sie adoptierten jeweils einen Nachfolger, der unter dem Titel „Caesar" ebenfalls für die Reichssicherheit sorgte. Die vier Kaiser verstanden sich als unumschränkte Herrscher. Sie nannten sich selbst *deus et dominus* (Gott und Herr). Bislang hatten die Kaiser auf eine Bestätigung durch

Diokletian und seine drei Mitkaiser

Herrschaftsform Dominat

den Senat Wert gelegt und verstanden sich wie Augustus als Prinzeps. Das änderte sich nun: Aus dem Prinizipat wurde ein Dominat.

Diokletian schaffte neues Vertrauen in die Währung, indem er den Silbergehalt der Münzen erhöhte. Eine neue Steuergesetzgebung sah vor, dass die Einwohner des Reiches nun erblich an ihren Stand, Beruf und Wohnort gebunden waren. Für jede Gemeinde und jeden Grundbesitzer wurde die Steuersumme genau festgelegt. Inhaber politischer Ämter wurden weitaus stärker als zuvor für Pannen bei der Steuereintreibung persönlich verantwortlich gemacht.

Münze Konstantins

Der kaiserliche Druck auf die Provinzen wuchs also. Für die Stabilität des Reiches war das durchaus von Vorteil. Als Diokletian und Maximianus im Jahre 305 vom Amt des „Caesar Augustus" freiwillig zurücktraten, hinterließen sie ihren Nachfolgern weitgehend geordnete Verhältnisse. Dennoch kam es nach kurzer Zeit wieder zum Bürgerkrieg zwischen den von Diokletian ernannten Nachfolgern. Als Sieger ging Konstantin hervor, der seine Herrschaft (306 – 337) nicht nur auf militärische Macht stützte, sondern auch auf den christlichen Glauben.

1.–3. Jh.	Christenverfolgungen durch die Kaiser Nero, Domitian, Trajan, Mark Aurel, Devius, Valerian und Diokletian
311 n. Chr.	Toleranzedikt des Kaisers Galerius; Ende der Verfolgungen
313 n. Chr.	Christentum unter Kaiser Konstantin gleichberechtigte Religion
393 n. Chr.	Christentum unter Kaiser Theodosius Staatsreligion

Konstantinische Wende

Schon zur Regierungszeit von Konstantins Nachfolgern Konstantius (337–361) und Valentinian (364-375) wuchs die Bedeutung des Christentums im Reich. War es früher manchmal gefährlich gewesen, Christ zu sein, wurde dies nun nicht selten zu einer guten Voraussetzung für die berufliche Karriere. Schon Kaiser Konstantin regierte „von Gottes Gnaden", behielt aber die altrömische Würde des *pontifex maximus* bei.

Herrschaft und Religion

Unter der Regierung des Kaisers Theodosius (379 – 395) wurden Kirche und Staat eng verbunden. Theodosius legte den heidnischen Titel des *pontifex maximus* ab und erklärte das Christentum zur Staatsreligion. Nun wurden heidnische Religionen verboten und teilweise blutig verfolgt. Kaiser wie Konstantin und Theodosius erhofften von der Verbindung des Staates mit der Kirche auch eine innere Stärkung des Reiches. Doch die kommenden Auseinandersetzungen konnten so nicht gelöst werden.

Ein Weltreich geht unter

Roma aeterna – ewiges Rom: Dieses römische Selbstverständnis wurde im 5. Jahrhundert grundlegend erschüttert. Für viele Zeitgenossen wie für uns heute stellte sich die Frage, wie es möglich sein konnte, dass ein Weltreich, das länger als ein halbes Jahrtausend bestanden hatte, binnen weniger Jahrzehnte zerschlagen werden konnte.

Völkerwanderung

Ende des 4. Jahrhunderts drangen die Hunnen, ein mongolisches Nomadenvolk, über die Wolga in das Gebiet der germanischen Stämme ein. Dieser Hunneneinbruch war so gewaltig, dass vielen dieser Stämme nur ein Weg blieb: die Flucht auf das Gebiet des Römischen Reiches.

Anfangs versuchten die römischen Kaiser, die eindringenden Germanenstämme als Verbündete auf römischem Territorium anzusiedeln. Doch der Druck wurde größer und es kam zum Kampf, wenn Germanen ohne Billigung der Römer das Reichsgebiet betraten. Im Jahre 378 wurde das römische Heer von Goten besiegt, die sich südlich der Donau ansiedelten. Erstmals war der Kaiser gezwungen, fremde Völker im Reich zu dulden. Der Gotenkönig Alarich durchzog in den folgenden Jahren mit seinem Volk den Balkan und Italien. Mal kämpfte man gegen die Römer, mal als ihre Verbündeten. Der in dieser Zeit neu gebildete Stamm der Westgoten eroberte 410 die Stadt Rom und durchzog Gallien und Spanien. Der westgotische König regierte als Stellvertreter des Kaisers vom südgallischen Toulouse aus einen Teil des Römischen Reiches.

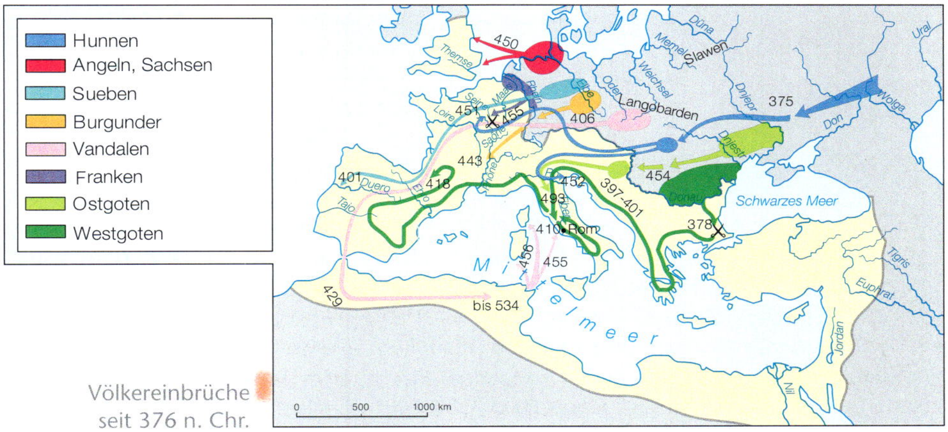

Völkereinbrüche seit 376 n. Chr.

Römisches Reich und germanische Reiche um 500

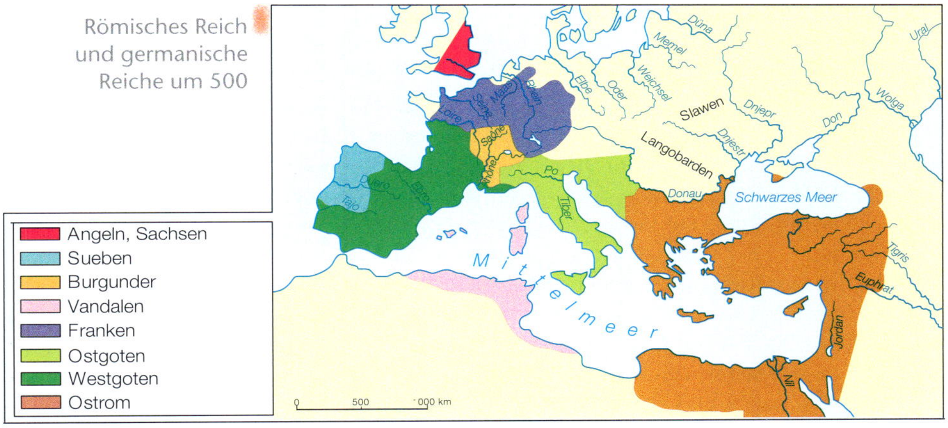

Aber auch andere germanische Völker bedrohten das Reich. Die Vandalen durchzogen Gallien, Spanien und siedelten sich in Nordafrika an. Die Sueben zogen ebenfalls nach Spanien und setzten sich dort im Westen fest. Um der Lage überhaupt noch halbwegs Herr zu sein, musste sich der weströmische Kaiser vor allem auf germanische Truppen stützen. Im Jahre 476 meuterten diese Truppen, bestimmten den Heerführer Odoaker zum König und setzten den weströmischen Kaiser ab. Die römischen Herrschaftszeichen wurden nach Konstantinopel, der neuen Hauptstadt des oströmischen Reiches, gesandt und der Senat aufgelöst.

Zerfall des Reiches im Westen

Auf dem Gebiet des ehemals weströmischen Reiches stritten nun Westgoten, Burgunder, Franken, Sueben, Alemannen und Vandalen um die Herrschaft und gründeten eigene Reiche.

Im 6. Jahrhundert versuchte der oströmische Kaiser Justinian im Laufe seiner Amtszeit (527 – 565), weströmisches Gebiet zurückzuerobern. Dies gelang ihm auf dem Balkan, in Italien und Nordafrika. Doch die Rückeroberungen hatten nicht dauerhaft Bestand.

Rom: Wurzel des europäischen Abendlandes

Das Römische Reich war in der alten Form nicht wiederherzustellen. Für die Entwicklung des europäischen Abendlandes sollte sich die römische Tradition jedoch als zukunftsprägend erweisen.

Frauen und Männer im antiken Rom

„Wann ist ein Mann ein Mann?" heißt ein zentraler Vers in dem Lied „Männer", einem Klassiker der deutschen Populärmusik von Herbert Grönemeyer. Dabei geht es ihm nicht um biologische Details, sondern um einen humorvoll-kritischen Blick auf das Verhalten vom ganz gewöhnlichen Mann am Ende des 20. Jahrhunderts: Die komplementäre Frage zu diesem Lied Grönemeyers müsste lauten: „Wann ist eine Frau eine Frau?" Würde man nach Texten und anderen Dokumenten forschen, um eine Antwort zu finden, würde man zweifellos im Material ersticken. Was ist der Grund dafür? Leben und Alltag der Menschen sind entscheidend davon bestimmt, wie Frauen- und Männerrollen definiert werden; betroffen davon ist insbesondere die heranwachsende Generation, die ihren Platz in Partnerschaft, Freundschaft, Familie etc. erst finden muss.

Geschlechtsspezifische Rollenerwartungen sind zu jeder Zeit formuliert worden. Bereits ein oberflächlicher Blick auf das 20. Jahrhundert genügt, um festzustellen, dass diese Rollen früher anders definiert wurden als heute: Sie waren und sind also keine historischen Konstanten, sondern historische Variablen.

Um daher beispielhaft diejenigen Faktoren herauszuarbeiten, die geschlechtsspezifische Rollenbilder in einer bestimmten Zeit determinierten und funktionalisierten, lohnt sich ein Rekurs auf die römische Geschichte, denn aus dieser Zeit liegen uns aussagekräftige Quellen vor, die – auch wenn sie aus verschiedenen Jahrhunderten stammen – ein äußerst homogenes Bild ergeben, das zur kritischen Würdigung herausfordert.

So kann der forschende Blick auf eine ferne Zeit Mechanismen in Rollenerwartungen zutage treten lassen, von denen auch unser heutiges Verhalten noch bestimmt ist: Hat – nach der Diktion der Frauenrechtlerin Alice Schwarzer – „der kleine Unterschied" also immer noch „große Folgen"?

- **Was ist nach römischer Auffassung typisch weiblich?**
- **Wie kann die damalige Ausprägung der geschlechtsspezifischen Charakteristika erklärt werden?**

1. Interpretieren Sie die Quellen M 1 bis M 4 arbeitsteilig unter der ersten Leitfrage. Nutzen Sie dazu die methodischen Hinweise zur Interpretation sprachlicher historischer Quellen (s. S. 563ff.). Präsentieren Sie Ihre Arbeitsergebnisse in Form eines zusammenfassenden schriftlichen Statements oder mündlichen Kurzvortrags.
2. Erläutern Sie unter Bezugnahme auf die zweite Leitfrage die Entstehung des römischen Männer- bzw. Frauenbildes unter besonderer Berücksichtigung der Gesellschafts- und Herrschaftsstruktur (vgl. Info) und verfassen Sie einen Essay zu den beiden Leitfragen.
3. **Projektvorschlag**: Vergleichen Sie die Rolle der Frau zu römischer Zeit und die Determinanten ihrer Rolle mit denjenigen in Mittelalter, Französischer und 1848er-Revolution. Präsentieren Sie die Ergebnisse in einer Wandzeitung oder einer anderen, selbst gewählten Form der Dokumentation.

Römisches Relief, 2. Jh. n. Chr.

MATERIALIEN

M 1 Männliche Tugenden

Plinius der Ältere (23/4 – 79 n. Chr.) berichtet in seinem Monumentalwerk „Naturalis historia", einer enzyklopädischen Naturgeschichte, u. a. über die Lobrede, die Q. Metellus anlässlich des Todes seines Vaters L. Metellus gehalten hat. Auch auf die Leistungen des Q. Metellus selbst geht er ein:

Q. Metellus hat in der Lobrede, die er bei der letzten Ehrung seines Vaters L. Metellus hielt, der Oberpriester, zweimal Konsul, Diktator, Befehlshaber der Reiterei und einer der zur Verteilung von Land erwählten Fünfzehnmänner war und der nach dem ersten Punischen Krieg erstmals Elefanten im Triumph aufführte, schriftlich überliefert, sein Vater habe die zehn höchsten und besten Vorzüge, deren Erlangung die Weisen ihr Leben widmeten, in sich vereinigt: Sein Wunsch sei gewesen, der erste Krieger, der beste Redner, der tapferste Feldherr zu sein, sein Trachten, dass unter seiner Leitung die wichtigsten Taten vollbracht würden, er habe die höchsten Ehrenstellen, die größte Weisheit, die höchste Senatorenwürde erstrebt, ein großes Vermögen auf rechte Weise sammeln, viele Kinder hinterlassen und der Angesehenste im Staat sein wollen; alles dies sei ihm und sonst niemandem seit der Gründung Roms gelungen. […]

Auch der Sohn dieses Q. Metellus, der jene Lobrede auf seinen Vater gehalten hat, wird unter die seltenen Beispiele menschlicher Glückseligkeit gezählt: Denn er bekleidete nicht nur die höchsten Ehrenstellen und erhielt den Beinamen ‚Macedonicus', sondern wurde auf den Scheiterhaufen von vier Söhnen getragen, von denen einer Prätor, drei ehemalige Konsuln waren – zwei hatten einen Triumph gehalten – und einer ehemaliger Zensor war, Auszeichnungen, die nur wenigen zuteil geworden sind.

(C. Plinius Secundus d. Ä., Naturkunde (Lat./Dt.), Buch VII/Anthropologie, 139f., hrsg. u. übers. v. Roderich König, München 1975, S. 101 – 103)

M 2 Ein idealer Ehemann

Plinius der Jüngere (61/2 – 113 n. Chr.), ein Neffe des älteren Plinius, war gebildeter und erfolgreicher Anwalt, Politiker und Redner. Sein literarisches Hauptwerk ist eine Sammlung von Briefen, die zwar formal an seine adligen Freunde gerichtet waren, aber tatsächlich von vornherein für die Veröffentlichung vorgesehen waren. Seine Briefe zeichnen sich dadurch aus, dass vielfältige Aspekte des Lebens seiner Zeit berührt werden.

C. Plinius grüßt seinen Mauricus.

Du bittest mich darum, dass ich mich nach einem Gatten für die Tochter deines Bruders umsehe; zu Recht vertraust du gerade mir diese Aufgabe an. Denn du weißt, wie sehr ich jenen hoch bedeutenden Mann verehrt und geschätzt habe, mit welchen Ermahnungen er mein Heranwachsen gefördert hat, mit welchen Lobpreisungen er mich lobenswert erscheinen ließ. Es gibt nichts Bedeutenderes oder Dankbareres, was mir von dir aufgetragen werden könnte, und nichts Ehrenvolleres, was ich übernehmen könnte, als dass ich einen jungen Mann aussuche, der würdig wäre, Arulenus Rusticus Enkel zu schenken.

Diesen hätte man freilich lange suchen müssen, wenn Minicius Acilianus nicht bereitstände und gleichsam wie dafür gemacht wäre, der mir zwar wie ein junger Mann einem anderen in innigster Freundschaft zugeneigt ist (er ist nämlich nur wenige Jahre jünger als ich), mich aber wie einen Greis verehrt; denn er möchte von mir so gebildet und unterwiesen werden, wie ich es von euch gewohnt war.

Seine Heimat ist Brixia, jene Gegend unseres Italiens, das bis jetzt viel von der alten Sittsamkeit, Genügsamkeit und ländlichen Einfachheit behält und bewahrt. Sein Vater Minicius Macrinus ist der erste Mann des Ritterstandes, weil er nicht höher hinaus wollte; denn obwohl der vergöttlichte Vespasian ihn in den Rang eines gewesenen Prätors erhoben hatte, zog er ein ehrenvolles ruhiges Leben dieser unserer Tätigkeit vor – soll ich sie Ehrgeiz oder Würde nennen? Mütterlicherseits hat er eine Großmutter, Serrena Procula, aus der Landstadt Patavium. Du kennst die Sitten dieses Ortes; aber Serrana gilt sogar den Patavinern als ein Vorbild von Sittenstrenge. In der Person von P. Acilius ist er auch mit einem Onkel von nahezu einzigartiger Würde, Klugheit und treuer Zuverlässigkeit beschenkt. Insgesamt kann man sagen: In dem ganzen Haus wird nichts sein, das dir nicht wie in deinem eigenen gefallen dürfte.

Acilianus selbst besitzt ein Höchstmaß an Tatkraft und Fleiß, verbindet dies aber mit äußerster Sittsamkeit. Die Quästur, das Tribunat und die Prätur durchlief er sehr ehrenvoll und erspart dir damit die Notwendigkeit, dich für ihn einzusetzen. Er besitzt ein edles Antlitz mit einer gesunden Farbe aufgrund der guten Durchblutung, in seiner ganzen Gestalt die natürliche Schönheit seines edlen Standes und eine gewisse senatorische Würde. Sie darf meiner Meinung nach nicht vernachlässigt werden; denn die Mädchen verdienen sie gleichsam als Belohnung für ihre Sittsamkeit.

Ich weiß nicht, ob ich noch hinzufügen soll, dass sein Vater ein großes Vermögen besitzt. Denn, wenn ich mir vorstelle, dass ihr diejenigen seid, für die wir einen Schwiegersohn suchen, meine ich, über finanzielle Fragen schweigen zu müssen; wenn ich die öffentlichen Sitten und auch die Gesetzes des Staates betrachte, die wohl besonders das Vermögen der Menschen berücksichtigen zu müssen glauben, scheint mir nicht einmal dies übergangen werden zu dürfen. Und fürwahr muss derjenige, der an Nachkommen denkt – und zwar an mehrere – bei der Auswahl des Ehepartners auch diesen Aspekt in Rechnung stellen.

Du magst vielleicht glauben, dass ich meiner Zuneigung nachgeben habe und ihn besser darstelle, als es die Sachlage duldet. Aber auf meine Treue gelobe ich, dass du alles bei Weitem großartiger vorfinden wirst, als es von mir gepriesen wird. Ich liebe den jungen Mann zwar glühendst, wie er es verdient; aber es ist gerade ein Zeichen meiner Liebe, dass ich ihn nicht mit Lobpreisungen überhäufe.

Leb wohl.

(C. Plini Caecili Secundi Epistularum libri decem, ed. R.A.B. Mynors, Oxford 1963, Brief 1, 14, übers. v. Alexandra Augst)

M 3 Weibliche Tugenden

Der Dichter Properz (ca. 50 – ca. 16 v. Chr.) gehörte einem Kreis von Dichtern an, deren Gedichte von der (meist hoffnungslosen) Hingabe an eine Frau erfüllt waren und damit eine Absage an das traditionelle Leben eines römischen Mannes bedeuteten. In späteren Gedichten wandte er sich jedoch bewusst klassisch-römischen Themen zu. So auch in diesen Ausschnitten der sog. Cornelia-Elegie. Die Situation des Gedichtes ist fiktiv: Properz lässt die verstorbene hochadlige Cornelia, Stieftochter des Kaisers Augustus und Ehefrau des L. Aemilius Paullus Lepidus, des Zensors des Jahres 22 v. Chr., in der Tradition römischer Grabinschriften aus dem Grab an ihre Angehörigen sprechen. Gerade die von der Realität losgelöste Fiktion erlaubt es Properz, weibliches Selbstverständnis in idealtypischer Form darzustellen:

[…] Wenn sich jemand mit dem Ruhm schmücken darf, der durch die Siegesbeute von Ahnen gewonnen wurde, so sprechen unsere Statuen von Vorfahren, die Numantia eroberten. Die andere Reihe ist den Libonen auf der Mutterseite ebenbürtig, und beide Häuser stützen sich auf Ehrentitel.

Als dann das Mädchenkleid den Hochzeitsfackeln wich[1] […] vermählte ich mich, Paullus, mit dir, und zwar durfte ich so dein Bett verlassen, dass man auf diesem Stein lesen kann, ich sei nur mit einem Mann verheiratet gewesen.

Bei der Asche meiner Ahnen, denen du Verehrung schuldest, Rom, unter deren ruhmvollen Taten du in Trümmern liegst, Afrika, und bei dem Mann, der Perseus[2], obwohl er den Heldenmut seine Ahnherrn Achilles vortäuschte, schlug, ihn und sein Haus, trotz des Ahnherrn Achilles, schwöre ich, dass ich nie den Anlass gab, die Sittengesetze zu lockern, und dass euer Hausaltar nie zu erröten brauchte, weil ich ihn befleckte[3]. Diesen gewichtigen Trophäen tat Cornelia keine Schande an; im Gegenteil: in einem großen Haus war sie selbst ein Vorbild.

Im Lauf meines Lebens habe ich mich nicht verändert: Völlig makellos steht es da: Zwischen Hochzeits- und Sterbefackel war mein Leben bemerkenswert. Die Natur verlieh mir Lebensregeln, die aus meinem Blut stammen[4]: Aus Furcht vor einem Richter könnte man nicht besser sein. […]

Auch dich, Scribonia, meine liebe Mutter, habe ich nie gekränkt. Was möchtest du anders an mir sehen als meinen (frühen) Tod? Die Tränen meiner Mutter und die Klagen der Stadt[5] verkünden mein Lob, und Caesars Seufzen verteidigt meinen Schatten. Schmerzlich ruft er aus, ich sei würdig gewesen, die Tochter seiner Schwester zu sein[6], und da sahen wir einen Gott weinen[7]! Wir erleben es auch, dass mein Bruder zweimal den curulischen Sessel einnahm[8]; als man ihn zum Konsul wählte, wurde ihm die Schwester entrissen.

Und dennoch habe ich die Ehrung des Mutterkleides verdient, und das Haus, dem ich genommen wurde, war nicht kinderlos. Du, Lepidus, und du, Paullus, mein Trost nach meinem Tod: In euren Armen schloss ich meine Augen. Tochter, als Beispiel der Zensorwürde deine Vaters geboren, folge meinem Vorbild und bleib einem einzigen Mann treu; das ist der höchste Lohn, der Triumph einer Frau, wenn die Stimme des Volkes freimütig die Ehe preist, die hinter ihr liegt. Stützt unser Geschlecht durch eine Reihe von Nachkommen; gern löse ich den Nachen vom Ufer[9], wenn so viele meine Taten vermehren. Und so ist es gut: nie musste die Mutter Trauerkleider tragen: die ganze Schar gab mir das letzte Geleit.

Jetzt befehle ich dir unsere Kinder an, die Bürgschaft der Liebe, die uns verband; die Sorge um sie ist noch in mein Gebein eingebrannt und atmet weiter. […]

(Properz-Tibull, Liebeselegien – Carmina (Lat./Dt.), neu hrsg. u. übers. v. Georg Luck, Zürich/Düsseldorf 1996, S. 272 – 275)

---

1 Fackeln waren bei den Römern ein unverzichtbares Utensil sowohl einer Hochzeits- als auch einer Begräbniszeremonie.

2 Perseus war der letzte König von Makedonien. Er führte sein Geschlecht auf den mythischen griechischen Helden Achill zurück. Er wurde von Aemilius Paullus, einem Vorfahren Cornelias, besiegt.

[3] In römischer Zeit war der Herd eines Hauses ein zentraler kultischer Ort; an ihm wurden die verstorbenen Vorfahren als Schutzgötter angebetet.
[4] Gemeint sind die moralischen Gesetze, die sich für Cornelia aus der Abstammung von Vorfahren ergaben, die durch ihre Taten das Ideal römischer Moral erfüllt hatten.
[5] Gemeint ist Rom.
[6] Scribonia, die Mutter Cornelias, war mit Augustus verheiratet gewesen, bevor sie Cornelias Vater heiratete. Iulia, die Tochter Scribonias und des Augustus, ist also eine Halbschwester Cornelias.
[7] Augustus genoss zum Teil göttliche Verehrung.
[8] Das heißt, der Bruder hatte die beiden höchsten Staatsämter, die Prätur und das Konsulat, bekleidet, deren Amtszeichen jeweils ein kurulischer Sessel war.
[9] Nach antiker Vorstellung wurden die Toten als Schatten mit einem Kahn über einen Fluss in die Unterwelt gebracht.

M 4 Eine ideale Ehefrau

Plinius der Jüngere richtete an Calpurnia Hispulla, die Tante seiner jungen Ehefrau, einen Brief, in dem er Hispulla für die seiner Meinung nach vorbildliche Erziehung der verwaisten Calpurnia dankte, durch die sie zu seiner perfekten Gattin wurde:

Plinius grüßt seine Calpurnia Hispulla.

Da du ein Musterbeispiel an Liebe bist und den besten und dir in Liebe äußerst verbundenen Bruder mit gleicher Zuneigung geliebt hast und seine Tochter wie deine eigene liebst und ihr nicht nur die wohlwollenden Gefühle einer Tante, sondern sogar des verlorenen Vaters entgegenbringst, zweifle ich nicht daran, dass es dich mit höchster Freude erfüllen wird, wenn du erfährst, dass sie sich würdig ihres Vaters, würdig deiner Person und würdig ihres Großvaters erweist. Sehr groß ist ihr Scharfsinn, sehr groß ihre Sparsamkeit; sie liebt mich, was ein Zeichen von Sittenreinheit ist.

Zu diesen Dingen tritt ihr Eifer für die Literatur hinzu, den sie aus Liebe zu mir entwickelte. Sie besitzt meine Büchlein, liest sie immer wieder, lernt sie sogar auswendig. Von welcher Aufregung jene ergriffen wird, wenn man sieht, dass ich vor Gericht auftreten werde, von welcher Freude, wenn ich aufgetreten bin! Sie verteilt Leute, die ihr melden sollen, welche Zustimmung, welches Geschrei ich erregt habe, welchen Erfolg des Prozesses ich davongetragen habe. Dieselbe sitzt, wenn ich einmal öffentlich vortrage, ganz in der Nähe – getrennt durch einen Vorhang – und nimmt die Komplimente, die mir zuteil werden, mit äußerst gierigen Ohren auf. Meine Verse singt sie sogar und begleitet sie auf der Kithara, wobei nicht irgendein Künstler sie lehrt, sondern die Liebe, die der beste Lehrer ist.

Aus diesen Gründen werde ich zu der sehr sicheren Hoffnung getrieben, dass die Eintracht für uns ewig und von Tag zu Tag größer werden wird. Nicht liebt sie nämlich mein Alter oder meinen Körper, welche allmählich verfallen und alt werden, sondern meinen Ruhm. Und nicht anders ziemt es sich für sie, die durch deine Hände erzogen, durch deine Anweisungen unterwiesen wurde, die im vertrauten Umgang mit dir nur Heiliges und Ehrenvolles sah, die sich schließlich daran gewöhnte, mich gemäß deiner Empfehlung zu lieben. Denn da du meine Mutter wie deine Mutter verehrst, pflegtest du mich von Kindheit an sofort zu formen und zu loben und vorauszusagen, dass ich so bin, wie ich meiner Frau jetzt erscheine.

Um die Wette danken wir dir also, ich, weil du jene mir, jene, weil du mich ihr gegeben hast, als wenn du uns füreinander ausgewählt hättest. Leb wohl.

(C. Plini Caecili Secundi Epistularum libri decem, ed. R.A.B. Mynors, Oxford 1963, Brief 4, 19, übers. v. Alexandra Augst)

Was ist republikanisch? – Originalität und Modellhaftigkeit der römischen *res publica*

Unter Republik versteht man heute eine Staatsform, in der das Volk oder ein Teil desselben die souveräne Macht besitzt und deren oberstes Staatsorgan nur auf Zeit bestellt bzw. gewählt wird. Der Begriff ist aus dem Lateinischen abgeleitet. *Res publica*, gemeinsame Sache, nannten die Römer ihr Gemeinwesen. Die Bezeichnung *senatus populusque Romanum*, Senat und Volk von Rom, macht deutlich, dass Rom keine Monarchie war und sich schon dadurch von den meisten damaligen Staatsgebilden deutlich unterschied. Zugleich hatte es aber auch wenig gemein mit dem für uns heute ebenfalls interessanten Modell der griechischen Demokratie.

Auch war diese Republik über Jahrhunderte hinweg niemals ein unveränderbares Verfassungsgebilde, sondern eine sich bedingt durch den Einfluss von Interessengruppen ständig wandelnde gemeinsame Sache.

Erst ab dem 2. Jahrhundert v. Chr. gingen Schriftsteller daran, die Merkmale der Römischen Republik zu beschreiben. Dabei zeigten sie Unterschiede zu anderen bekannten Verfassungsformen auf und machten zudem deutlich, dass die *res publica* etwas war, das es in dieser Form bislang nicht gegeben hatte.

Für die Qualität des römischen Modells spricht, dass es noch Orientierungspotenzial besaß, als das Römische Reich längst untergegangen war, und mit manchen staatstheoretischen Grundeinsichten bis in die Gegenwart wirkmächtig ist.

Für uns Heutige ist das römische Modell zunächst sehr fremdartig; es will gar nicht so recht in unsere gewohnten Vorstellungen und Erwartungen passen. Fragen kommen auf:

- **Was war das Besondere, das Neuartige dieser Verfassung?**
- **Inwiefern hatte sie über die Antike hinaus Modellcharakter?**
- **Und was bedeutet sie uns heute?**

Zur Bearbeitung dieser Fragen stehen Ihnen zeitgenössische Äußerungen von Cicero und Polybios, ein Auszug aus heutiger Fachliteratur sowie der Infotext und ein Verfassungsschaubild als Materialgrundlage zur Verfügung.

1. Interpretieren Sie M 1, M 2 und M 3 mithilfe der Methode zur Interpretation sprachlich historischer Quellen (s. S. 563ff.), um Antworten auf die erste Leitfrage zu erhalten. Beziehen Sie dabei den Infotext und das dortige Verfassungsschaubild (S. 52ff.) ein.
2. Analysieren Sie M 4 und stellen Sie die Ausführungen des Politikwissenschaftlers Hans Vorländer zur Frage des überzeitlichen „Modellcharakters" strukturiert vor.
3. Kursgespräch: Viele moderne Staaten bezeichnen sich heute als Republik. Diskutieren Sie gemeinsam an ausgewählten Beispielen, in welcher Weise das römische Vorbild nach wie vor begriffsbildend ist.
   ➧ **Tipps zur Materialbeschaffung für eine gemeinsame Diskussion mit Bezug auf die dritte Leitfrage:** Methoden „Recherchieren im Internet" und „Sich Informationen aus Büchern beschaffen" (s. S. 572ff.).

MATERIALIEN

M 1 Polybios beurteilt die römische Verfassung

Der Grieche Polybios (200-120 v. Chr.) war ursprünglich als Geisel nach Rom gekommen und wurde dort zum Freund des jüngeren Scipio und zugleich dessen militärischer Berater im 3. Punischen Krieg. Polybios verfasste die erste Universalgeschichte (40 Bände), in der er auch den Aufstieg Roms und die römische Verfassung beschreibt.

Die meisten, die uns eine Verfassungslehre haben geben wollen, unterscheiden drei Verfassungsformen, die sie Königtum, Aristokratie und Demokratie nennen. Man kann aber [...] mit Recht an sie die Frage richten, ob sie uns diese als die einzigen oder vielmehr als die besten vorstellen. In jenem Fall sind sie meines Erachtens gleichermaßen im Irrtum. Denn es ist klar, dass als die beste Verfassung die anzusehen ist, die alle drei genannten Einzelverfassungen in sich vereinigt. [...]

Auch die Römer sind mit der Staatsordnung an dasselbe Ziel gelangt, jedoch nicht durch theoretische Einsicht, sondern unter vielen Schwierigkeiten und Kämpfen. Aus jedem Fehlschlag zogen sie eine Lehre, wählten das Bessere und kamen so zu demselben Ziel wie Lykurgos: Sie besitzen die beste Verfassung, die es heute gibt. [...]

Es gab [...] drei Teile, die im Staat Gewalt hatten. So gerecht und angemessen aber war alles geordnet, waren die Rollen verteilt und wurden in ihrem Zusammenspiel die staatlichen Aufgaben gelöst, dass auch von den Einheimischen niemand mit Bestimmtheit hätte sagen können, ob die ganze Verfassung aristokratisch, demokratisch oder monarchisch war. Und so musste es jedem Betrachter ergehen. Denn wenn man seinen Blick auf die Machtvollkommenheit der Konsuln richtete, erschien die Staatsform vollkommen monarchisch und königlich, wenn auf die des Senats, wiederum aristokratisch, und wenn man auf die Befugnisse des Volkes sah, schien sie unzweifelhaft demokratisch. Die Bereiche des Staatslebens nun, in denen jedes dieser drei Elemente den bestimmenden Einfluss hatte, und auch jetzt noch mit geringen Ausnahmen, sind diese:

Solange die Konsuln in Rom anwesend sind, das heißt, ehe sie ins Feld ziehen, haben sie in der Stadt die Entscheidung über alle staatlichen Angelegenheiten. Denn alle anderen Beamten, mit Ausnahme der Volkstribunen, sind ihnen untergeordnet und zum Gehorsam verpflichtet. Sie führen die Gesandtschaften in den Senat ein; ferner berichten sie über alle wichtigen Sachen an den Senat und befragen ihn nach seiner Meinung; in ihrer Hand liegen die Ausführungen der Beschlüsse. In allen politischen Fragen, in denen die Entscheidung beim Volk liegt, haben sie das Notwendige zu veranlassen, die Volksversammlung einzuberufen, Vorschläge zu machen und Anträge einzubringen und für die Ausführung der Beschlüsse der Mehrheit zu sorgen. In der Vorbereitung und Rüstung für den Krieg und in der gesamten Führung der Operationen besitzen sie fast unumschränkte Gewalt. [...]

Der Senat sodann hat erstens die Finanzhoheit. Er verfügt über alle Einnahmen und ebenso über die Ausgaben. Denn unter keinem einzigen Titel können die Quästoren Zahlungen leisten, ohne dass ein Senatsbeschluss dafür vorliegt, mit Ausnahme der Zahlungen an die Konsuln. Ebenso hat der Senat die Entscheidung über die bei Weitem größten und wichtigsten Aufwendungen, die die Zensoren alle vier Jahre für die öffentlichen Arbeiten, Reparaturen und Neubauten, machen; er muss ihnen das Geld bewilligen. Alle Verbrechen in Italien ferner, die eine staatliche Untersuchung notwendig machen, z. B. Verrat, Verschwörung, Giftmord, Meuchelmord, unterliegen der Jurisdiktion des Senats. Wenn eine Privatperson oder eine Gemeinde in Italien der Schlichtung von Streitigkeiten, der Rüge, des Beistandes oder Schutzes bedarf, obliegt es dem Senat, dafür Sorge zu tragen. Wenn es ferner notwendig wird, an einen außeritalischen Staat eine Gesandtschaft zu schicken, entweder um Frieden zu vermitteln, Rat und Mahnung oder auch Befehle zu erteilen, die Unterwerfung anzunehmen oder Krieg zu erklären, dann ist der Senat dafür zuständig. Ebenso bestimmt er, wie die Gesandtschaften, die nach Rom kommen, empfangen werden und welchen Bescheid sie erhalten sollen. In allen diesen Dingen hat das Volk nicht das Geringste zu sagen. Infolge dessen erscheint die Verfassung, wenn man während der Abwesenheit der Konsuln nach Rom kommt, als rein aristokratisch.[...]

Und doch bleibt dem Volk immer noch ein Anteil, und ein äußerst wichtiger. Denn allein das Volk entscheidet über die Ehrung und Bestrafung. [...] Aber auch Ämter vergibt das Volk an die, welche ihm dessen würdig erscheinen: der schönste Preis für hervorragende Eigenschaften in einem Staat. Es entscheidet ferner über Annahme und Ablehnung von Gesetzen und, was das Wichtigste ist, es berät über Krieg und Frieden. Es bestätigt schließlich oder verwirft Bündnis- und Friedensverträge oder andere Abkommen und gibt ihnen Rechtskraft. Nach all dem könnte man daher mit gutem Grund erklären, dass der Anteil des Volkes der größte ist und dass eine demokratische Verfassung vorliegt.

Im Vorstehenden habe ich dargelegt, wie die staatlichen Kompetenzen auf die drei Faktoren der Verfassung verteilt sind. Nun will ich zeigen, in welcher Weise sie wiederum, wenn sie wollen, einander entgegenwirken oder sich gegenseitig unterstützen können. Wenn der Konsul im Besitz der geschilderten Machtvollkommenheit an der Spitze des Heeres ins Feld zieht, scheint er unumschränkte Gewalt zur Durchführung seiner Pläne zu haben, in Wirklichkeit aber bleibt er auf Senat und Volk angewiesen und ist ohne diese nicht in der Lage, seine Unternehmungen zu einem guten Ende zu bringen. [...] Und auch das hängt vom Senat ab, ob der Befehlshaber seine Pläne und Unternehmungen vollenden kann. Denn in der Macht des Senats liegt es, wenn das Amtsjahr abgelaufen ist, ihm einen Nachfolger zu schicken oder ihm das Kommando zu verlängern. [...] Vollends ist es für sie notwendig, die Gunst des Volkes zu gewinnen, auch wenn sie noch so weit von der Heimat entfernt sind. Denn das Volk hat, wie gesagt, alle Abkommen und

Friedensverträge zu bestätigen oder abzulehnen. Vor allem aber muss der Konsul bei der Niederlegung seines Amtes vor dem Volk Rechenschaft über seine Handlungen ablegen. [...]

Der Senat wiederum, der noch so große Macht hat, ist erstens in allen politischen Angelegenheiten gezwungen, auf die Stimmung des Volkes zu achten und seine Wünsche zu berücksichtigen. Er kann die Untersuchung und Ahndung der schwersten Verbrechen gegen den Staat, auf die Todesstrafe steht, nicht durchführen, wenn das Volk nicht die Vorentscheidung des Senats bestätigt. [...] Vor allem aber, wenn nur ein einziger Volkstribun sein Veto einlegt, kann der Senat weder eine Beratung zu Ende führen noch auch nur zusammenkommen und eine Sitzung abhalten; die Volkstribunen aber sind stets verpflichtet zu tun, was das Volk will, und seine Wünsche zu beachten.

Ebenso ist wiederum das Volk vom Senat abhängig und muss sich nach ihm richten, im staatlichen wie im privaten Leben. [...] Was aber die Hauptsache ist: Aus den Reihen der Senatoren werden die Richter gewählt für fast alle öffentlichen und privaten Prozesse, soweit es sich um schwerwiegendere Fälle handelt. Da also alle Bürger sich der richterlichen Entscheidung der Senatoren anvertrauen müssen und angesichts der Ungewissheit des Ausgangs in Furcht leben, hüten sie sich wohl, den Wünschen des Senats Widerstand zu leisten und entgegenzuwirken. Ebenso finden sie sich nicht bereit, den Plänen der Konsuln Hindernisse in den Weg zu legen, weil jeder Einzelne und alle insgesamt im Felde ihrer Befehlgewalt unterstehen.

Obwohl jeder der drei Teile solche Macht hat, einander zu schaden oder zu helfen, so wirken sie doch in allen kritischen Situationen so einträchtig zusammen, dass man unmöglich ein besseres Verfassungssystem finden kann.

(Polybios, Historien 6,1ff.; zit. nach: W. Lautemann/M. Schlenke (Hg.), Geschichte in Quellen, Altertum, München (bsv) [4]1989, S. 417ff., übers. v. H. Drexler)

M 2 Cicero über den Staat

In seinen Werken „de re publica" (Über den Staat, 54 – 51 v. Chr.) charakterisiert und deutet Marcus Tullius Cicero tradierte römische Wertvorstellungen. Er tut dies auch als Kommentator seiner Zeit, gerade mit Blick auf die Auflösungserscheinungen der Republik in den Wirren der Bürgerkriege. In diesem Zusammenhang beschäftigt sich Cicero mit der Genese und den Gründen für die Notwendigkeit eines Staates sowie mit der Frage nach der bestmöglichen Verfassung.

Das Gemeinwesen (*res publica*) ist also die Sache des Volkes (*res populi*), Volk aber ist nicht jede Vereinigung von Menschen, die auf jede nur erdenkliche Weise sich wie eine Herde zusammenschart, sondern ein Zusammenschluss einer größeren Menschenzahl, der auf der Grundlage von Rechtsvereinbarungen (*iuris consensu*) und einer Interessengemeinschaft (*utilitatis communione*) erfolgt ist. Der erste Anlass, einen solchen Zusammenschluss zu vollziehen, ist weniger das Gefühl der Schwäche als vielmehr eine Art naturbedingten Triebes, gleichsam ein Herdentrieb. Denn bei diesem Menschengeschlecht handelt es sich nicht um Einzelindividuen und Einzelgänger, sondern es ist von Haus aus so veranlagt, dass der Mensch, mag er in noch so reichem, allseitigem Überfluss leben, in seiner Vereinzelung nicht bestehen kann, sondern so geschaffen ist, dass nicht einmal bei einem Überfluss an allen Dingen er die Mithilfe und Anteilnahme seiner Umwelt entbehren könne. [...]

Jedes Volk also, das, wie dargelegt, der Zusammenschluss einer größeren Menschenzahl ist, jede Bürgergemeinde, die das organisierte Volk darstellt, jedes Gemeinwesen, das, wie gesagt, eine Sache des Volkes ist, muss, um Bestand zu haben, einer bestimmten planvollen Leitung unterstellt sein. [...]

Wenn daher die gesamte oberste Staatsführung in der Hand eines einzigen Menschen liegt, nennen wir diesen einen König und die Verfassung eines solchen Gemeinwesens Königtum. Liegt sie aber in der Hand eines Kreises von Auserwählten, dann, sagt man, wird diese Bürgergemeinde aufgrund der ungebundenen Entscheidung der Optimaten regiert. Ein Volksstaat – so nennt man ihn ja – liegt vor, wenn in ihm alle Gewalt von dem Volke ausgeht. Jede beliebige dieser drei Verfassungsarten ist unter der Voraussetzung, dass jenes feste Band vorhanden ist, das zuerst die Menschen zu einer staatlichen Gemeinschaft sich zusammenschließen ließ, zwar nicht als eine vollkommene und auch nicht nach meiner Meinung als die ethisch beste, aber doch als eine erträgliche anzusprechen. [...]

Aber vor die monarchische selbst wird noch die zu stellen sein, die eine gleichmäßige Mischung aus den drei besten Staatsformen darstellt. Drei Voraussetzungen sind dabei zu erfüllen: Erstens, es muss in dem Staatswesen eine gewisse monarchische Spitze vorhanden sein, ferner, eine zweite Kraft muss der Einfluss darstellen, der der politischen Führungsschicht zugemessen und zugewiesen ist, drittens, gewisse Aufgabengebiete müssen dem Urteil und der Willensäußerung der großen Masse des Volkes vorbehalten bleiben. Eine solche Verfassung gewährleistet einmal ein hohes Maß von Ausgeglichenheit, auf das freie Menschen auf die Dauer kaum verzichten können, zum Zweiten eine Sicherheit, weil jene drei Grundformen leicht in die gegenteiligen Missformen umschlagen können, sodass aus dem König ein Gewaltherrscher, aus den Optimaten ein Parteiklüngel, aus der geordneten Demokratie ein durcheinandergewürfelter Haufen entsteht, und sodann, weil selbst diese Formen oft wieder mit neuen Formen wechseln. Dies kommt in einer verbundenen und maßvoll gemischten Verfassung nur dann vor, wenn die leitenden Männer schwere Charakterfehler aufweisen.

(Marcus Tullius Cicero, De re publica 1,39, 41f., 69; zit. nach: Geschichte in Quellen, a.a.O., S. 519ff., übers. v. W. Sontheimer)

M 3 Cicero über die griechische Demokratie

In seiner „Rede an Flaccus" beurteilt Cicero die Demokratie griechischen Vorbilds im Kontrast zur römischen Verfassung.

Wie vortrefflich sind doch Sitte und Zucht, die wir von den Alten überkommen haben […]. Sie wollten nämlich in ihrer Weisheit und Lauterkeit, dass die Urversammlung des Volkes überhaupt keine Initiativgewalt (*vis*) haben sollte; Beschlüsse der Plebs oder Anordnungen des Gesamtvolkes (*populus*) sollten erst nach Auflösung der Volksversammlung, nach geschehener Trennung in kleinere Körperschaften […] und nachdem der Gegenstand viele Tage hindurch verkündet und bekannt geworden war, beschlossen oder verworfen werden. Bei den Griechen aber werden die ganzen öffentlichen Angelegenheiten im blinden Ungefähr einer einzigen Sitzung des Gesamtvolkes erledigt. Und deshalb ist Altgriechenland, das ehedem durch Wohlstand, Herrschaft und Ruhm blühte, gerade an diesem Übel zusammengebrochen.

(Marcus Tullius Cicero, Pro Flacco 15f.; zit. nach: Geschichte in Quellen, a. a.O., S. 524, übers. v. A. Wucher)

M 4 Der Politikwissenschaftler Hans Vorländer über das Fortwirken des Modells der *res publica*

Nach republikanischer Denkart musste eine politische Ordnung, wollte sie gut und gerecht sein, auf Recht, Gesetz und dem Gemeinwohl beruhen. […] Damit war zugleich ausgesprochen, dass eine Republik, als „Sache des Volkes", ihre Bürger an der Formulierung der Gesetze und des Gemeinwohls zu beteiligen hatte, worunter indes keineswegs eine direkte und unmittelbare Partizipation aller freien und gleichen Bürger wie in der athenischen Polisdemokratie zu verstehen war.

So verhielt es sich in Mittelalter und früher Neuzeit auch in den Stadtrepubliken Italiens, die an die römische Tradition anknüpften. In Oberitalien hatte sich bis zum Ende des 12. Jahrhunderts eine Reihe von Städten, darunter Arezzo, Florenz, Genua, Mailand, Padua, Pisa und Siena, eine Eigenständigkeit im Heiligen Römischen Reich Deutscher Nation und gegenüber den Machtansprüchen des Papstes gesichert.

Während diese Städte nach außen Autonomie besaßen und diese auch gegen Übergriffe zu sichern suchten, beruhten sie im Innern auf Selbstregulierung. Selbstregulierung hieß nun nicht, dass, wie in Athen, alle Bürger die Gesetze gaben, sie ausführten und über ihre Einhaltung wachten. Es etablierte sich ein politisches System, in dem Räte, bestehend aus den angesehensten Bürgern und Amtsträgern, die vollziehende und rechtsprechende Gewalt ausübten, wohingegen die einfachen Bürger lediglich Wahl- und Zustimmungsrechte besaßen.

In gleicher Weise wurden auch die freien Land- und Reichsstädte Deutschlands, die Niederlande, Brabant und Flandern sowie die Schweizer Eidgenossenschaft und ihre Kantone regiert. Innerhalb der Stadt galt die Freiheit der Person, Bürger waren gegen willkürliche Verhaftung geschützt. Stadtbürger konnten über ihren Besitz verfügen. Die Stadtregierung aus nur wenigen Bürgern war darauf verpflichtet, das Gemeinwohl zu fördern und im Konsens mit allen Bürgern zu regieren, „der Stadt ewigen Frieden und reine Gerechtigkeit zu bewahren", wie es beispielsweise die Verfassung von Siena 1309 formulierte.

Das republikanische Denken überdauerte die Konflikte und den Niedergang der italienischen Stadtrepubliken, der im fünfzehnten Jahrhundert einsetzte. Es erhielt sich die Überzeugung, dass eine gerechte und gute politische Ordnung der Tugend der Regierenden, des Konsenses der Bürger und der Achtung des Gemeinwohls bedarf, um auf Dauer friedlich und stabil zu bleiben.

Diese Tradition des sogenannten bürgerschaftlichen Republikanismus, die sich auch in der englischen und schottischen Tradition seit dem 17. Jahrhundert findet, blieb für das demokratische Denken der nachfolgenden Jahrhunderte und für die Begründung der modernen Demokratie nachhaltig wirksam und stellt auch heute noch für die Renaissance des Gedankens von der Bürgergesellschaft einen bedeutenden historischen Bezugspunkt dar.

(Hans Vorländer, Prinzipien republikanischen Denkens; in: Bundeszentrale für politische Bildung (Hg.), Informationen zur politischen Bildung, Heft 284, Bonn 2004, S. 15)

bellum iustum – das Problem der „Rechtfertigung" von Krieg

Kein Tag vergeht, an dem nicht in den Medien von kriegerischen Auseinandersetzungen irgendwo in der Welt berichtet wird. Seit Jahrtausenden gibt es Kriege. Immer wieder in der langen Geschichte der Menschheit entschlossen sich politisch Verantwortliche dazu, Konflikte mit Waffengewalt auszutragen, wohlwissend, welche grauenhaften Konsequenzen für die betroffenen Menschen damit verbunden sind. Es liegt nahe, im Krieg ein Ur-Faktum der Menschheit zu erkennen.

Auch für die Römer war der Krieg eine beständige Realität, denn in der Zeit der Republik verging kaum ein Jahr, ohne dass römische Truppen einem Feind entgegenmarschierten.

Wohl auch aufgrund dieser permanenten Erfahrung hat man in Rom darüber nachgedacht, welche Bedingungen erfüllt sein mussten, bevor die eigenen Soldaten, römische Bürger, in Marsch gesetzt wurden. Es entstand die Vorstellung des *bellum iustum*, des „gerechten Krieges".

Die umfassendste Darstellung der Lehre vom gerechten Krieg liegt in den Schriften des römischen Politikers, Philosophen und Schriftstellers Marcus Tullius Cicero (106 – 43 v. Chr.) vor.

- **Wie stellten sich die Römer einen „gerechten Krieg" vor?**
- **Ist diese Vorstellung „antik", oder hat sie heute noch Gültigkeit?**

1. Charakterisieren Sie die römische Vorstellung vom *bellum iustum*. Interpretieren Sie zu diesem Zweck die Quellen M 1 a–d und analysieren Sie die ergänzende Sekundärliteratur (M 2/M 3).

2. Diskutieren Sie die Problematik des „gerechten Krieges" in einem Streitgespräch, das Positionen aufgreift, die zu verschiedenen Epochen mit Blick auf die Frage der Rechtfertigung des Krieges entwickelt wurden.

a) **Vorbereitung:**
Bilden Sie drei Gruppen, die sich jeweils darauf vorbereiten, eine bestimmte Position zu vertreten:
- Gruppe 1: Cicero (M 1)
- Gruppe 2: Thomas Hobbes (S. 287f.)
- Gruppe 3: Javier Solana (M 4)

b) **Durchführung:**
Jede Gruppe wählt einen Vertreter, der ihre Position in einem Kurzvortrag darstellt. In einer Podiumsdiskussion tauschen die Teilnehmer ihre Argumente aus. Die Zuhörer dürfen sich beteiligen. Ein Gesprächsleiter sorgt für geordnete Diskussion. Während des Gesprächs machen sich alle Zuhörer Notizen.

c) **Auswertung:**
Erörtern Sie gemeinsam, welche Ergebnisse Ihr Streitgespräch gebracht hat.

Das römische Relief aus dem 3. Jh. v. Chr. zeigt eine Kampfszene.

MATERIALIEN

M 1 Marcus Tullius Cicero zum *bellum iustum*

Cicero

In seinen Werken „de re publika" (Über den Staat, 54 – 51 v. Chr.) und „de officiis" (Über die Pflichen, 44/43 v. Chr.) charakterisiert und deutet Marcus Tullius Cicero tradierte römische Wertvorstellungen. Er tut dies auch als Kommentator seiner Zeit, gerade mit Blick auf die Auflösungserscheinungen der Republik in den Wirren der Bürgerkriege. In diesem Zusammenhang beschäftigt sich Cicero auch mit der alten römischen Vorstellung vom „bellum iustum."

a) Aus „de re publica"

Jene Kriege sind ungerecht, die ohne Grund unternommen werden: Denn ohne den Grund, sich zu rächen oder die Feinde zurückzuschlagen, kann kein gerechter Krieg geführt werden.
Kein Krieg gilt als gerecht, außer dem angesagten, erklärten, außer nach Stellung der Forderung auf Rückgabe des Eigentums.

(rep 3,35; zit. nach: Marcus Tullius Cicero, De re publica – Über das Gemeinwesen (Lat./Dt.), übers. u. hrsg. v. Karl Büchner, Stuttgart (Reclam) 1979, S. 283)

b) Aus „de officiis"

Die erste Aufgabe der Gerechtigkeit aber ist es, dass keiner dem anderen schadet, es sei denn, herausgefordert durch Unrecht, sodann, dass er Gemeingut als Gemeingut, Privates als das seine behandelt. Es gibt aber von Natur keinerlei Privateigentum, sondern entweder aufgrund weit zurückliegender Inbesitznahme – so bei denen, die einstmals in herrenloses Gut gekommen sind – oder aufgrund eines Sieges – wie bei Leuten, die im Krieg Macht erlangt haben über etwas – oder durch Gesetz, Vertrag, Übereinkunft oder Los.

(off 1, 20f.; zit. nach: Marcus Tullius Cicero, De officiis – Vom pflichtgemäßen Handeln (Lat./Dt.), übers. u. hrsg. v. Heinz Gunermann, Stuttgart (Reclam) 1976, S. 21f.)

c) Aus „de officiis"

[...] aber solange die Herrschaft des römischen Volkes durch Wohltaten behauptet wurde, nicht durch Ungerechtigkeiten, Kriege entweder für die Bundesgenossen oder um die Herrschaft geführt wurden, waren die Kriege entweder erträglich oder unausweichlich, der Senat war Hafen und Zuflucht für Könige, Völker und Stämme, unsere Beamten und Feldherrn aber suchten allein dadurch größten Ruhm zu erwerben, wenn sie Provinzen, wenn sie Bundesgenossen mit Gerechtigkeitssinn und Verlässlichkeit verteidigten. Deshalb konnte man jene Tätigkeit mehr der Wahrheit gemäß als eine Schirmherrschaft über den Erdkreis denn eine Herrschaft bezeichnen.

(off 2, 26f.; zit. nach: Gunermann, a.a.O., S. 165)

d) Aus „de officiis"

Es sind aber einige Verpflichtungen auch gegen diejenigen zu beachten, von denen du Unrecht erlitten hast. Denn es gibt ein Maß im Rächen und Bestrafen. Und es genügt vielleicht, dass derjenige, der herausfordernd gehandelt hat, sein Unrecht bereut, sodass einer selbst nichts Derartiges künftighin verübt und die Übrigen weniger rasch mit Unrecht bei der Hand sind. In der Politik ist besonders das Kriegsrecht zu beachten. Denn da es zwei Arten der Entscheidung gibt, die eine durch Rechtsabsprache, die andere durch Gewaltanwendung, und da jene dem Menschen, diese den Tieren eigen ist, so ist zu letzterer Zuflucht zu nehmen, wenn erstere anzuwenden nicht möglich ist. Daher darf man Kriege zwar auf sich nehmen zu dem Zweck, dass man ohne Unrecht im Frieden lebt, nach der Erringung des Sieges aber sind diejenigen zu begnadigen, die im Krieg nicht grausam und nicht unmenschlich waren. [...]
Nach meiner Ansicht jedenfalls ist immer für einen Frieden, der keinerlei Tücken hat, zu sorgen. Hätte man in diesem Punkte auf mich gehört, dann hätten wir, wo nicht das beste, so doch ein leidliches Gemeinwesen, das jetzt überhaupt nicht existiert. Und man muss für die, die man mit Gewalt besiegt hat, sorgen, besonders aber diejenigen aufnehmen, die nach Niederlegung der Waffen beim Schutzversprechen des Feldherrn Zuflucht gesucht hatten, mag auch der Sturmbock die Mauern erschüttert haben. In diesem Punkt wurde bei unseren Landsleuten die Gerechtigkeit so sehr in Ehren gehalten, dass diejenigen, die im Krieg besiegte Bürgerschaften oder Völker in ihren Schutz aufgenommen hatten, deren Schutzherren waren nach dem Brauch der Vorfahren. Der Rechtsgrundsatz im Krieg jedenfalls ist aufs Unverletzlichste im Fetialrecht des römischen Volkes schriftlich festgelegt. Daraus kann man ersehen, dass nur der Krieg gerecht ist, der für Schadenersatz geführt wird oder nach Androhung und Erklärung. [...]

Wenn gar über die Herrschaft entschieden und im Krieg Ruhm gesucht wird, so müssen doch unbedingt dieselben Anlässe zugrunde liegen, die, wie kurz vorher gesagt, gerechte Kriegsanlässe sind. Die Kriege aber, bei dem der Ruhm des Reiches zum Ziele gesetzt ist, sind weniger erbittert zu führen.

(off 1, 34ff.; zit. nach: Gunermann, a.a.O., S. 23ff.)

M 2 Der Althistoriker Werner Dahlheim zur römischen Vorstellung vom *bellum iustum* (1994)

Rom verstand und praktizierte den Krieg als Rechtsexekution, die die Gültigkeit von Rechtsprinzipien auch im Krieg forderte. [...]
Wer den Krieg wollte, musste ihn nicht nur materiell, d.h. mit einem ausreichenden Grund, sondern auch formal korrekt begründen. Die Wahrung der anzuwendenden Rechtsformen oblag ursprünglich dem Priesterkollegium der Fetialen, die in Person Genugtuung für das erlittene Unrecht forderten (*res repetere*) und den Krieg ankündigten (*indicere*), wenn Senat und Volk ihn befohlen hatten. Der Kriegsgrund war damit juristisch als Rechtsverletzung in einem festen Ritual statuiert. Nur ein in dieser Form erklärter Krieg galt als gerecht und konnte in der sicheren Gewissheit geführt werden, dass die Götter auf der Seite Roms standen. [...]
Dieses Festhalten an einem strengen juristischen Ritual, an das sich noch Caesar in Gallien gebunden fühlte, heißt nicht, dass die Römer die ethische Überzeugung besessen hätten, die Gerechtigkeit sei die höchste Form des Völkerrechts. Die angestrebte Rechtmäßigkeit des Krieges beinhaltete keinen klar umrissenen moralischen Verhaltenskodex. Die Bindung an das *ius fetiale* ist vielmehr eine kultische und juristische, die jedes moralische Moment unbeachtet lässt. Anders: Die Überzeugung des Römers von der Gerechtigkeit seiner Sache resultierte anfangs nur aus der Einhaltung der formalen Vorschriften, und diese allein garantierten die Hilfe der Götter. [...]
Als Krieg und Eroberung in die Jahre kamen, wussten auch die Römer, dass die Rechtmäßigkeit eines Krieges nicht nur an der Elle der eingehaltenen Formalien zu messen war. Cicero entschied sehr genau zwischen Kriegen, die um Hegemonie und Ruhm (*de imperio, de gloria*) oder um die nackte Existenz (*uter esset*) geführt wurden, und er konnte vergangene Kriege nach diesen Kriterien genau klassifizieren: Demnach focht Rom gegen Karthago und Pyrrhos um die Herrschaft, mit den Kelten und Kimbern dagegen um Sein oder Nichtsein. Kataloge dieser Art zeigen, dass sich die materielle Begründung eines Krieges in den Vordergrund schob, ohne allerdings das Gewicht der Formalien beschädigen zu können, da Form und Inhalt des Rechts in den Augen eines Römers nur zwei verschiedene Seiten einer Medaille waren. Die von Cicero geprägte Formel, Rom habe Krieg entweder für die Bundesgenossen oder um die Herrschaft (*aut pro sociis aut de imperio*) geführt und so den Erdkreis gewonnen, versucht denn auch beide Elemente zu verbinden (de officiis 2,26).

(Werner Dahlheim, Die Antike – Griechenland und Rom von den Anfängen bis zur Expansion des Islam, Paderborn (Ferdinand Schöningh) [2]1994, S. 379ff.)

M 3 Der Althistoriker Jochen Bleicken zur römischen Vorstellung vom „bellum iustum" (1992)

Diese von Cicero insbesondere in seinen philosophischen Schriften „de re publica" und „de officiis" entwickelten, von der stoischen Philosophie, vor allem von Panaitios und Poseidonios abhängigen Gedanken sind als moralische Aufwertung eines seit jeher in Rom geltenden Prinzips zu verstehen, nach dem der Krieg in rechtlichen, und d.h. bei der ursprünglich sehr engen Verbindung von Recht und Religion auch sakralrechtlichen Formen, also regelgerecht (das heißt ursprünglich *iustum*) erklärt sein müsse. Für die Einhaltung des Prinzips hatte eine besondere Priesterschaft, die Fetialen, zu sorgen, und danach hießen die mit der Kriegserklärung zusammenhängenden Formalien *ius fetiale*. Wenn daher auch in älterer Zeit der Bruch von Verträgen oder die Verletzung des Gesandtenrechts zur Rechtfertigung von Kriegserklärungen benutzt worden sind, weist doch das *ius* des Fetialrechts zunächst nur auf die Form (und auf die in der formalen Ankündigung des Krieges enthaltene Forderung nach Wiedergutmachung; *rerum repetitio*), nicht, wie nach Cicero, auf die Gerechtigkeit der politischen Handlung hin, und vor allem: Es geht hier nur um die Kriegserklärung; das Ergebnis des Krieges, nämlich die Suprematie über den Besiegten, ist in das Problem der Kriegserklärung oder der Kriegsschuldfrage, die ja die Frage der Gerechtigkeit des Friedensabschlusses gar nicht enthält, nicht hineingenommen. So ist die ciceronische Lehre der deutliche Versuch, durch eine Umdeutung des Fetialrechts das Phänomen der Weltherrschaft, die hier als ein positives Phänomen vorausgesetzt wird, nachträglich mit den Anforderungen eines Staatsethos zu bringen.

(Jochen Bleicken, Geschichte der römischen Republik, München (Oldenbourg) [4]1992, S. 155f.)

M 4 Erklärung des NATO-Generalsekretärs Solana (1999)

Das Kosovo war 1999 noch Teil Restjugoslawiens. Nach gescheiterten Verhandlungen mit Serbien wollte die Nato durch einen militärischen Eingriff im Kosovo und in Serbien die Menschenrechte der Kosovo-Albaner schützen, die von den Serben vertrieben und misshandelt wurden. Dieser Eingriff sollte die sogenannten ethnischen Säuberungen durch die Serben und die Gräueltaten des Militärs auf beiden Seiten an der Zivilbevölkerung beenden.

Ich habe soeben SACEUR [NATO-Oberbefehlshaber in Europa], General Clark, angewiesen, mit Luftangriffen in der Bundesrepublik Jugoslawien zu beginnen. Ich habe diese Entscheidung getroffen nach intensiven Konsultationen in den vergangenen Tagen mit den Alliierten und nachdem klar geworden ist, dass die letzten diplomatischen Anstrengungen von Botschafter Holbrooke in Belgrad ohne Erfolg waren. Es gibt keine Alternative mehr zu einem Militäreinsatz.
Diese Militäraktion beabsichtigt, die politischen Ziele der internationalen Gemeinschaft zu unterstützen. Sie wird sich darauf richten, die gewaltsamen Angriffe der serbischen Armee und der Sonderpolizei zu unterbinden und deren Fähigkeit zu schwächen, eine weitere humanitäre Katastrophe zu verursachen.
Es steht der jugoslawischen Regierung offen, jederzeit zu zeigen, dass sie bereit ist, die Forderungen der internationalen Gemeinschaft zu erfüllen. Ich hoffe, sie wird so vernünftig sein, das zu tun. Gleichzeitig appellieren wir an die Kosovo-Albaner, den Friedensweg, den sie in Paris gewählt haben, entschlossen weiterzugehen. Wir fordern ganz besonders die bewaffneten Kräfte der Kosovaren dringend auf, von provokativen Militäraktionen Abstand zu nehmen.
Lassen Sie mich klar sagen: Die NATO führt keinen Krieg gegen Jugoslawien. Wir sind nicht im Streit mit dem jugoslawischen Volk, das wegen der Politik seiner Regierung zu lange in Europa isoliert gewesen ist. Unser Ziel ist es, weiteres menschliches Leid und weitere Unterdrückung und Gewalt gegen die Zivilbevölkerung im Kosovo zu verhindern. Wir müssen auch handeln, damit sich die Instabilität nicht weiter in der Region ausbreitet. Wir kennen die Risiken des Handelns, aber wir stimmen alle darin überein, dass Nicht-Handeln noch größere Gefahren birgt. Wir müssen ein autoritäres Regime davon abhalten, sein Volk in Europa am Ende des 20. Jahrhunderts zu unterdrücken. Dazu haben wir eine moralische Verpflichtung.

(Zit. nach: Märkische Oderzeitung, 24/25.3.1999, S. 2)

1999: Kosovo-Albaner auf der Flucht vor der Verfolgung durch die Serben

1999: Bundeswehrtornados beim Luftangriff im Kosovo

Das Imperium Romanum im Spiegel von Historikermeinungen

Die Frage nach der Existenz eines römischen Imperialismus scheint zunächst anachronistisch zu sein und zum Erkenntnisgewinn daher nichts beitragen zu können, wird doch damit ein Phänomen des ausgehenden 19. und beginnenden 20. Jahrhunderts an die fast 2000 Jahre ältere Zeit der Antike herangetragen. Auffällig ist allerdings, dass diese auch heute noch diskutierte Frage in der Geschichtswissenschaft gerade von denjenigen Forschern aufgeworfen wurde, die selbst Zeitzeugen des Imperialismus waren. Was hat sie dazu veranlasst?

Sie erlebten, dass ihre Zeit davon geprägt war, dass etliche europäische Länder, die USA und Japan in Konkurrenz untereinander zur Steigerung des jeweiligen nationalen Prestiges versuchten, durch den Erwerb von Kolonien die Welt umspannende und sie bestimmende Reiche, also Weltreiche, Imperien zu errichten; entscheidend dabei war, dass alle imperialistischen Staaten den Willen zur Expansion, zur Errichtung eines Weltreiches hatten – so unterschiedliche Akzentuierungen die historische Forschung bei den expansiven Triebkräften der einzelnen Länder in der wissenschaftlichen Analyse der Imperialismustheorien später auch feststellen mochte. Dieses Erleben der großen Politik der eigenen Zeit veranlasste die zeitgenössischen Historiker dazu, die Frage nach der Existenz einer zielstrebigen expansiven Triebkraft zur Errichtung eines Weltreiches auch auf die Entstehung des Imperium Romanum anzuwenden und in die Frage zu kleiden: Gibt es einen römischen Imperialismus?

Diese Verknüpfung mit der römischen Antike lag zum einen deshalb nahe, weil der moderne Begriff „Imperialismus" lateinischen Ursprungs ist, und zum anderen, weil in der Wahrnehmung des westlichen Kulturkreises das Imperium Romanum als das Weltreich schlechthin gilt – ungeachtet der Tatsache, dass es in der Geschichte etliche vergleichbare Imperien gegeben hat, beispielsweise das der Hethiter oder das der Mongolen.

So fordert nun die Frage nach einem römischen Imperialismus dazu auf, die Thesen von Historikern zur Entstehung des Imperium Romanum und zu den Triebkräften, die ihrer Ansicht nach dabei möglicherweise wirksam waren, genauer in den Blick zu nehmen.

- **Wie erklären Historiker die Entstehung des römischen Weltreichs?**
- **Ist es berechtigt, von einem römischen Imperialismus zu sprechen?**

Analysieren Sie die Historikertexte M 1, M 2, M 3, M 4, M 5, M 6 und setzen Sie sich mit den vertretenen Positionen auseinander.
Sie sollten in einem ersten Schritt die vorliegenden sechs Auszüge aus wissenschaftlicher Sekundärliteratur einzeln, jeden für sich, bearbeiten.
Empfehlenswert ist, dabei mit Mitschülerinnen und Mitschülern in kleinen Arbeitsgruppen zusammenzuarbeiten.

1. So könnten Sie vorgehen, um den jeweiligen Gedankengang der Autorinnen und Autoren zu erfassen:
   Analysieren Sie die Materialien M 1 – M 6, indem Sie
   a) für jeden Textauszug die Kernaussagen der Autorin bzw. des Autors herausarbeiten und wie sie jeweils argumentativ begründet und gestützt werden;
   b) Ihre strukturierten Textzusammenfassungen (vgl. Basismethode „Historische Sekundärliteratur analysieren ...", S. 566f.) auf einer Plakatwand präsentieren und den Mitschülerinnen und Mitschülern vorstellen.
2. Auf dieser Grundlage können Sie gemeinsam erörtern, welche der vorgestellten Positionen Ihnen sachlich einleuchtend und historisch tragfähig erscheinen.
   Nutzen Sie dazu Ihr Sachwissen, das Sie im Unterricht über die Lektüre des Infotextes und die bearbeiteten Themen zur römischen Geschichte erworben haben.

MATERIALIEN

M 1 Theodor Mommsen

Werfen wir zum Schluss einen Blick zurück auf den von Rom seit der Einigung Italiens bis auf Makedoniens Zertrümmerung durchmessenen Lauf, so erscheint die römische Weltherrschaft keineswegs als ein von unersättlicher Ländergier entworfener und durchgeführter Riesenplan, sondern als ein Ergebnis, das der römischen Regierung sich ohne, ja wider ihren Willen aufgedrungen hat. Freilich liegt jene Auffassung nahe genug – mit Recht lässt Sallustius den Mithridates sagen, dass die Kriege Roms mit Stämmen, Bürgerschaften und Königen aus einer und derselben uralten Ursache, aus der nie zu stillenden Begierde nach Herrschaft und Reichtum hervorgegangen seien; aber mit Unrecht hat man dieses durch die Leidenschaft und den Erfolg bestimmte Urteil als eine geschichtliche Tatsache in Umlauf gesetzt. Es ist offenbar für jede nicht oberflächliche Betrachtung, dass die römische Regierung während dieses ganzen Zeitraums nichts wollte und begehrte als die Herrschaft über Italien, dass sie bloß wünschte, nicht übermächtige Nachbarn neben sich zu haben, und dass sie, nicht aus Humanität gegen die Besiegten, sondern in dem sehr richtigen Gefühl, den Kern des Reiches nicht von der Umlage erdrücken zu lassen, sich ernstlich dagegen stemmte, erst Afrika, dann Griechenland, endlich Asien in den Kreis der römischen Klientel hineinzuziehen, bis die Umstände jedes Mal die Erweiterung des Kreises erzwangen oder wenigstens mit unwiderstehlicher Gewalt nahelegten. Die Römer haben stets behauptet, dass sie nicht Eroberungspolitik trieben und stets die Angegriffenen gewesen seien; es ist dies doch etwas mehr als eine Redensart. Zu allen großen Kriegen mit Ausnahme des Krieges um Sizilien, zu dem Hannibalischen und dem Antiochischen nicht minder als zu denen mit Philippos und Perseus, sind sie in der Tat entweder durch einen unmittelbaren Angriff oder durch eine unerhörte Störung der bestehenden politischen Verhältnisse genötigt und daher auch in der Regel von ihrem Ausbruch überrascht worden. [...]

Eroberungslust haben die Römer in dieser Epoche so wenig bewiesen, dass sie vielmehr eine eher verständige Eroberungsfurcht zeigen. Überall ist die römische Politik nicht entworfen von einem einzigen gewaltigen Kopfe und traditionell auf die folgenden Geschlechter vererbt, sondern die Politik einer sehr tüchtigen, aber etwas beschränkten Ratsherrenversammlung, die, um Pläne in Caesars oder Napoleons Sinn zu entwerfen, der großartigen Kombination viel zu wenig und des richtigen Instinkts für die Erhaltung des eigenen Gemeinwesens viel zu viel gehabt hat.

(Theodor Mommsen, Römische Geschichte, Erster Band – Bis zur Schlacht von Pydna, Berlin [23]1923, S. 781f.)

M 2 Alfred Heuss

Wenn hier ausdrücklich von einem rein defensiven *Charakter der römischen Außenpolitik* gesprochen wird, so heißt das keineswegs den römischen Imperialismus leugnen und den Römern als realen Antrieb die Verwirklichung sittlich-rechtlicher Normen zuschreiben. Diese Bemerkung wäre überflüssig, wenn in der neueren Forschung nicht die Neigung bestände, die römische Verhaltensweise in einem absoluten Sinn zu ethisieren und damit einer bestimmten Neigung der (späteren) Römer selbst zu folgen, ihr eigenes Tun dahin auszulegen. Selbstverständlich gehorchten die Römer seit eh und je sehr massiven Machtinstinkten, und niemandem sollte vernünftigerweise beifallen, diese auch in der Ostpolitik zu leugnen. Aber Machtentwicklung und dynamische Machtpolitik sind keine bis zuletzt präzisierten Begriffe. Sie erfordern keineswegs, dass das aktuelle Bewusstsein von Herrschaftsvorstellungen und Herrschaftsplänen erfüllt ist. Es genügt durchaus, dass die Bestimmung des eigenen Interesses sich in der Überzeugung widerspiegelt, für seinen Schutz zu sorgen, und dass dann unter diesem Vorzeichen auf der einen Seite dieses Ziel erreicht wird, auf der andern sich jedoch Machtgewinn und Herrschaftserweiterung als notwendige Konsequenzen einstellen. „Defensiv" ist hier der psychologische Aspekt einer im Effekt dynamischen Politik und, so gefasst, mit ihr gut verträglich. Die Polemik gegen den „defensiven" Charakter des römischen Imperialismus verwechselt meistens jenen mit einer faktischen Defensive, welche sich auf die Fixierung des Status quo konsequent beschränkt, und hat es dann natürlich leicht, offene Türen einzurennen. In der subjektiven außenpolitischen Einstellung der Römer, d. h. in dem, was ihnen wirklich bewusst wurde, spielten Rechtsvorstellungen von jeher eine große Rolle, und sie haben denn auch zu dem modernen Kurzschluss Anlass gegeben, dass es bei ihnen in der Außenpolitik immer recht anständig zugegangen sei. Dabei handelt es sich aber auch nur wieder um die naive Identifikation von einem (partikulären) Bewusstseinsvorgang mit einem komplexen historischen Faktum. Und doch ist natürlich die *Justifizierung der*

Außenpolitik durch Rom kein Zufall. Sie hängt mit dem konservativen Zug der Römer zusammen, vom Bestehenden aus zu denken und auch im Verkehr mit dem außenpolitischen Partner von dem, was ist, auszugehen. Auf diese Weise wird der Kriegsgrund juristisch als Rechtsverletzung statuiert und dieses Recht immer in der bestehenden, gegenwärtigen Ordnung gesehen. Zugleich geschieht diese Statuierung in einem festen Ritual (sog. *ius fetiale*) und bezieht ebenfalls von da die Überzeugung, dass es um das Recht geht, denn das Wesen des Rechts steckt in der Frühzeit (ihr entstammt natürlich das Ritual) vor allem in seiner Form. Dieser Begriff des *iustum bellum* verbürgt natürlich keinerlei objektive Rechtmäßigkeit, aber er unterstützte die spezifisch römische Optik und trug dazu bei, den Römern ihren Glauben zu erhalten, sie verteidigten nur ihren Status und alle Bewegung ginge von dem fremden Störenfried aus.

(Alfred Heuss, Römische Geschichte, Braunschweig 1960, S. 553f.)

M 3 Volkmar Wittmütz

Ich würde nun gern den Begriff „Imperialismus" auf Roms gesamte Expansion anwenden, um den Erkenntniswert der Geschichte für eine moderne Theorie und für das Verständnis der Gegenwart zu demonstrieren. Die römische Expansion und der Kolonialismus europäischer Staaten, den wir als Imperialismus bezeichnen, ähneln sich in manchem, aber gerade in ihrer Verschiedenartigkeit erhellen sie sich gegenseitig. [...]

Mit dem Wort Imperialismus wird ein aus der römischen Antike gewonnener moderner Begriff also wieder auf die römische Antike übertragen in dem Bemühen, durch die Anwendung entsprechender moderner Denkmodelle auf eine antike Erscheinung diese unter heute verständlichen Fragestellungen schärfer zu sehen und leichter zugänglich zu machen, natürlich mit den gebotenen Einschränkungen hinsichtlich einer direkten Vergleichbarkeit von Antike und Gegenwart. Indem nun aber verschiedene Imperialismustheorien „ausprobiert" werden, ob sie der römischen Expansion gerecht zu werden vermögen, wird gleichzeitig unser Bild des modernen Imperialismus entworfen; in der Auseinandersetzung mit der antiken Erscheinung kann auch die moderne besser begriffen werden.

Eine soziologische Imperialismustheorie [...] begreift den Imperialismus der europäischen Großmächte als außenpolitische Ableitung innenpolitischer Schwierigkeiten und sozialer Spannungen, als Ventil für die schweren gesellschaftlichen Konflikte und wirtschaftlichen Krisen, die durch die rasche Industrialisierung und das ungleichgewichtige Wachstum verschiedener Produktionsbereiche wie überhaupt von Produktions- und Konsummöglichkeiten entstanden. [...] Dieser Gedanke könnte auch auf die römische Expansion Anwendung finden, die den Kampf zwischen den römischen Ständen entschärfte, seine Energien nach außen abwendete, äußeren Gegnern zuleitete und folglich in Rom selbst herrschaftsstabilisierend im Sinne des traditionellen Status quo wirkte. [...]

Die Dominanz wirtschaftlicher Motive im europäischen Imperialismus, zumindest im Bewusstsein der Zeitgenossen, über die Politik [...] kontrastiert mit den römischen Verhältnissen, bei denen sich eine entwickelte Tauschwirtschaft, Handel und Gewerbe und die weitergehende Arbeitsteilung erst nach der politischen Eroberung einstellen. Dadurch, dass ökonomische Motive der Erwerbung von Kolonien, wie die Suche nach neuen Absatzmärkten im Sinne einer antizyklischen Wirtschaftspolitik oder der Wunsch nach einer gesicherten Rohstoffversorgung, im römischen Imperialismus ausscheiden, erscheint erst das Fundament des europäischen Imperialismus, eine Industriewirtschaft [...], in seinem ganzen Umfang. Das heißt nun nicht, dass wirtschaftliche Motive für den römischen Imperialismus völlig fehlen: Nach der Einrichtung von Provinzen [...] ruhen die kapitalistischen Interessen von Steuerpächtern, Staatsgläubigern, Staatslieferanten, also ökonomisch definierter Gruppen, auf der direkten Ausbeutung politischer Zwangsgewalt oder der Monopolisierung bestimmter Handelszweige mit den Provinzen, aber nur deshalb, weil aufgrund der Rechtlosigkeit der Provinzbewohner Ausbeutung und Gewinnchancen dort am größten und leichtesten waren, nicht, weil Italien etwa von ökonomischen Überproduktions- oder anderen Krisen geschüttelt worden wäre.

Vereinfacht könnte man sagen: Die europäischen Imperialisten sind durch die Industrialisierung in ihren Ländern reich geworden und suchen draußen eine Anlagemöglichkeit für ihr Kapital bzw. einen Markt für ihre Waren, wobei ihnen eine gleiche Profitrate garantiert werden soll – während die römischen Imperialisten draußen reich werden wollen, weil ihnen dort Ausbeutung und Versklavung besonders leicht gemacht werden.

(Volkmar Wittmütz, Die Expansion Roms – Zur Relevanz eines historischen Phänomens; in: GWU 28/1977, S. 452-455)

M 4 Sigrid Albert

Zur Charakterisierung von Roms Verhalten gegenüber anderen Staaten wird [...] oft der Begriff „Imperialismus" gebraucht. Hierbei stößt man zwangsläufig auf einige Schwierigkeiten: Einerseits muss man bedenken – was in der Literatur oft nicht geschehen ist –, dass der Begriff „Imperialismus" erst im 19. Jahrhundert geprägt wurde und es insofern schwierig ist, ihn ohne Weiteres auf die Antike anzuwenden. Die Erklärungen des sogenannten „römischen Imperialismus" kranken deshalb meist daran, dass die Gegebenheiten und Voraussetzungen der eigenen Zeit auf Rom projiziert werden. Andererseits existiert nicht einmal eine von allen akzeptierte Definition dieses etwas verschwommenen und unklaren Begriffes. Auf einen ganz allgemeinen Nenner gebracht könnte man allerdings sagen, dass in der modernen Literatur unter „Imperialismus" wohl hauptsächlich – natürlich mit Abstufungen und Nuancen – ein Herrschafts- und Ausdehnungsstreben verstanden wird, das zum Ziel hat, andere Völker aus politischen oder wirtschaftlichen Motiven – oder beiden – gewaltsam in den eigenen Staat einzugliedern oder unter Anwendung von Gewalt zumindest unter den direkten Einfluss des eigenen Machtbereiches zu bringen. „Imperialismus" setzt deshalb auch irgendwie das Bewusstsein und den Willen zur Machtausdehnung voraus. Zur Verdeutlichung und zur Abgrenzung des „Imperialismus" soll hier zusätzlich der Begriff der „Hegemonie" in die Erörterung eingebracht werden. Als „Hegemonie" betrachtet man die auf den tatsächlichen Machtverhältnissen beruhende politische Führungsstellung eines Staates innerhalb einer mehr oder weniger eng mit ihm verbundenen Gruppe von anderen Staaten. Im Gegensatz zu der Voraussetzung, die man beim „Imperialismus" macht, verzichtet der die „Hegemonie" ausübende Staat darauf, andere Völker in sein Staatsgebiet gewaltsam einzugliedern. Auch besteht hier der Unterschied zum „Imperialismus" noch darin, dass bei der „Hegemonie" nicht unbedingt der absolute Wille zur Expansion vorhanden ist. Eine Vormachtstellung kann aus politischen Konstellationen entstanden sein, auf die der spätere hegemoniale Staat keinen oder doch wenig Einfluss hatte. „Hegemonie" kann statisch aufgefasst werden, indem sich in ihr die politische Führungsstellung eines Staates manifestiert. Sie kann auch dynamisch verstanden werden, indem ein Staat zur Sicherung seiner politischen Vormachtstellung dazu gebracht wird, seinen Machtbereich auszudehnen.

Betrachtet man das theoretische Selbstverständnis der Römer von diesen Begriffsbestimmungen aus, so kann man feststellen, dass sie die Erwerbung ihres Reiches keineswegs als „Imperialismus" unter der oben genannten Definition betrachtet hätten, wie die Ausführungen Ciceros in *de re publica* und *de officiis* zeigen, sondern ihre Vormachtstellung durch die Verteidigung der Bundesgenossen erreicht wissen wollten. Diese Auffassung weist aber schon darauf hin, dass die Römer ihre eigene Stellung eher als „Hegemonie" angesehen haben. [...]

Dies wird auch an der Realität des römischen Verhaltens gegenüber auswärtigen Staaten deutlich. An den Ursachen der einzelnen Kriege der republikanischen Zeit lässt sich erkennen, dass sie, wenn auch an den Kriterien des *bellum iustum* gemessen nur wenige als völlig gerecht bezeichnet werden können, doch zur Erhaltung einer schon etablierten Vorherrschaft dienen. In ihrem Verlauf musste es jedoch zur Sicherung der erworbenen Position zu Auseinandersetzungen kommen, die zwangsläufig zur Erweiterung des römischen Herrschaftsgebietes führten. Das römische Verhalten lässt sich also unter der oben genannten Definition der dynamischen Hegemonie einordnen. [...]

Unter „Imperialismus" im oben genannten Sinn ist dieses Verhalten aber nicht einzuordnen. Das heißt jedoch nicht, dass die Römer ihr Reich sozusagen ungewollt und zufällig errichteten. Hinter der römischen Politik stand natürlich jeweils ein bestimmtes Interesse, das darauf hinauslief, nicht zuzulassen, dass die machtpolitischen Gegebenheiten, aus denen die Römer auch einen wirtschaftlichen Nutzen zogen, zu ihren Ungunsten verändert wurden. Im Großen und Ganzen kann man also das römische Verhalten gegenüber auswärtigen Staaten in republikanischer Zeit als Streben nach Wahrung seiner hegemonialen Stellung ansehen.

(Sigrid Albert, Bellum iustum – Die Theorie des „gerechten Krieges" und ihre praktische Bedeutung für die auswärtigen Auseinandersetzungen Roms in republikanischer Zeit, Kallmünz 1980, S. 129–131)

M 5 Karl Christ

Noch jüngst wurde das „Gefühl ständiger Bedrohung" als „Grunderlebnis" der Römer der frühen Republik bezeichnet (W. Hoffmann) und auf die Konstante dieses psychischen Moments hingewiesen. Gewiss lassen sich viele ernste Bedrohungen der Stadt durch benachbarte Stämme, wie Etrusker, Kelten, Samniten, oder später durch Pyrrhus und Hannibal nachweisen. Doch ist es ein sehr einseitiges Verständnis von „Sicherheit", wenn die gesamte außenpolitische und militärische Aktivität der römischen Republik einzig mit dieser Zielvorstellung begründet wird. Selbst diese Sicht aber besagt, dass Rom das eigene Sicherheitsbedürfnis absolut setzte, gleichrangige Mächte, deren Interessen, Einflusszonen und Sicherheitsbedürftnisse prinzipiell nicht anerkannte und dass die Stadt im Zuge eines immer weiter gespannten, präventiven Ausschaltens aller, oft nur vermeintlichen oder potenziellen Gegner schließlich ein „Weltreich wider Willen" errichtet hätte.

Diese Konzeption eines „defensiven Imperialismus" kann sich zwar auf Th. Mommsens Wertungen berufen, sie ist gleichwohl schon im Ansatz verfehlt. Richtig ist allerdings, dass die Römer in vielen Fällen primär an der Zerschlagung von Machtkernen interessiert waren (Karthago, Makedonien, Syrien). Sie wurden zuerst zu Meistern der Destruktion. Auf die volle Integration der beherrschten Räume aber waren sie überhaupt nicht vorbereitet, und sie verfügten zunächst auch gar nicht über die Mittel, um die ihnen zugewachsenen administrativen und politischen Pflichten zu erfüllen.

Ebensowenig kann das bei Cicero so häufig wiederkehrende Argument verfangen, dass die Römer ihre großen Kriege insbesondere zur Verteidigung der Bundesgenossen geführt und darüber ihr Weltreich gewonnen hätten. Die so oft beschworene *fides* wurde keineswegs altruistisch eingesetzt. Vor allem sind es erstaunliche Disproportionen und maßlose Überspannungen, wenn die Beachtung der *fides* gegenüber den Mamertinern zur Annexion Siziliens, jene gegenüber Sagunt zur Annexion Spaniens führte.

Demgegenüber verstand bereits Polybios die römische Expansion als einen konsequenten Machtbildungsprozess. Auch wenn man wie Th. Mommsen feststellt, dass „die römische Politik nicht entworfen von einem einzigen gewaltigen Kopfe und traditionell auf die folgenden Geschlechter vererbt, sondern die Politik einer sehr tüchtigen, aber etwas beschränkten Ratsherrenversammlung (ist), die, um Pläne in Caesars oder Napoleons Sinn zu entwerfen, der großartigen Kombination viel zu wenig und des richtigen Instinkts für die Erhaltung des eignen Gemeinwesens viel zu viel gehabt hat", muss man die aktivistische Grundhaltung und den Machtwillen der Römer in Rechnung stellen. Die Existenz ihrer Führungsschicht bestand nun einmal in der fortgesetzten Bewährung der *virtus*, im Streben nach *gloria* und *honos*, im ständigen Rivalisieren mit den Angehörigen der eignen sozialen Gruppe um Ansehen, Autorität und Einfluss. Dazu traten in einer späteren Phase ganz gewiß auch materielle Motive, die das Nutzen aller Chancen zu Interventionen und zu Erweiterung des eigenen Herrschaftsbereiches verständlich machen.

Seit der Eröffnung des ersten Punischen Krieges ist immer wieder die Bereitschaft festzustellen, auch die größten Risiken einzugehen, um römische Interessen zu vertreten und zu verteidigen. Die Konsequenzen der Interventionen in den verschiedenen geographischen Räumen waren vielleicht nicht in jedem Falle von vornherein abzusehen, doch die römische Republik ist auf dem einmal eingeschlagenen Weg mit einzigartiger Folgerichtigkeit immer weiter gegangen. Wo einmal besetze Gebiete wieder geräumt wurden, wie in Griechenland unter T. Quinctius Flamininus und in Kleinasien unter den Scipionen, stellte sich rasch heraus, dass sich dieser scheinbare Rückzug und die auf ihn folgende indirekte Beherrschung für die betreffenden Gebiete nicht weniger verhängnisvoll gestalten als eine unmittelbare Einbeziehung in das *Imperium Romanum*, die sich dann zuletzt doch immer als unvermeidbar erwies.

Die Anwendung des modernen Begriffes „Imperialismus" auf den römischen Expansionsprozess empfiehlt sich nicht. Dieser Begriff hat zu viele Implikationen, die den konkreten Verhältnissen nicht gerecht werden. Aufgeladen durch Phänomene und Erfahrung der Politik des 19. und 20. Jahrhunderts, verknüpft mit den Erscheinungen des modernen Kapitalismus und Kolonialismus, imprägniert häufig durch Elemente der marxistischen Theorie, weckt er anachronistische Assoziationen und verführt zu ahistorischen Vorstellungen. Denn für den Prozess der römischen Expansion spielten anfangs Rohstoffsuche oder Sklavenjagd ebenso wenig eine Rolle wie das Streben nach neuen Märkten oder Investitionsmöglichkeiten.

(Karl Christ, Die Römer – Eine Einführung in ihre Geschichte und Zivilisation, München [2]1984, S. 43 ff.)

M 6 Willam V. Harris

Da die Römer ihr Reich weitgehend durch Kampf erwarben, müssen wir untersuchen, wie ihre Einstellung gegenüber dem Krieg beschaffen war. Mussten sie beispielsweise, wenn sie zum Krieg schritten, starke Gefühle des Widerstrebens oder des Zögerns in einigen oder sämtlichen Gruppierungen der Gesellschaft überwinden? Missfiel ihnen der Krieg und empfanden sie ihn als lästige Unterbrechung ihres üblichen Lebens?

Oder betrachteten sie ihn etwa, alle oder viele von ihnen, als eine normale und ordentliche Tätigkeit? Betrachteten sie ihn möglicherweise nicht nur als notwendig, sondern als wünschenswert, als eine Gelegenheit, um individuelle und kollektive Vorteile zu erringen und höchst wichtige moralische Aufgaben zu erfüllen? […]

Militärischer Erfolg war nicht nur in hohem Maße vorteilhaft für den römischen Staat, sondern er war auch von vitaler Wichtigkeit für die persönlichen Ziele und Interessen von vielen, wahrscheinlich den meisten, Mitgliedern der römischen Aristokratie. Er erfüllte klar definierte Funktionen für sie innerhalb der römischen Gesellschaft. Da die Aristokraten eine indirekte Steuerung durch Wahlen und Volksversammlungen praktizierten, war für sie Ansehen unentbehrlich. Militärischer Erfolg erlaubte ihnen, Anspruch zu erheben auf und – in einem beträchtlichen Ausmaß – auch zu gewinnen die hohe Wertschätzung ihrer Mitbürger – auf einer Ebene als Anerkennung (*laus*), auf einer höheren Ebene als Ruhm (*gloria*). [...]

Die Ideologie von Anerkennung und Ruhm diente mehreren bestimmten Zwecken. Es lag, offenkundig genug, im Interesse des Staates, dass energischen militärischen Taten ein hoher moralischer Wert beigemessen werden sollte.

Aber diesen Auszeichnungen kamen gleichfalls wesentliche Funktionen innerhalb der römischen Gesellschaft zu, am deutlichsten die Funktion, die Aristokraten von dem Rest der Bürgerschaft abzuheben. Der einfache Soldat konnte eine offizielle Belobigung für seine Tapferkeit im Kampf erlangen, aber Anerkennung und Ruhm waren, soweit wir sehen können, in erster Linie die Vorrechte der Aristokraten. [...]

Für den einzelnen Aristokraten konnte der Ertrag an Ansehen, den ihm der Krieg verschaffte, praktische politische Vorteile besitzen, indem er ihm half, Ämter zu erringen. Eng verbunden mit dem Ansehen war das Geld, das zudem helfen konnte, das Ansehen zu steigern und zu bewahren, wenn beispielsweise aus der Beute öffentliche Gebäude errichtet wurden. [...] Wirtschaftlicher Gewinn war für die Römer (und allgemein in der antiken Welt) ein integraler Bestandteil erfolgreicher Kriegführung und machtmäßiger Ausdehnung. Land, Beute, Sklaven und Einkünfte waren die gewöhnlichen und natürlichen Ergebnisse des Erfolgs; sie waren die erwarteten Konsequenzen von Sieg und Macht. Dies bedeutet freilich nicht, dass dies die einzigen Dinge waren, die Rom zu Krieg und Expansion veranlassten – da gab es andere, weniger materielle, Vorteile gleichermaßen. [...] Der Punkt ist, dass es kaum möglich war für einen Römer, die Erwartung auf Gewinn von der Erwartung einer erfolgreichen Kriegführung und Expansion zu trennen. Kein römischer Senator musste andere Senatoren davon überzeugen, dass ein militärischer Sieg in der Regel den Wohlstand mehrte.

(William V. Harris, War and imperialism in Republican Rome 327 – 70 B.C., Oxford 1986, S. 9, 17, 30f., 56; zit. nach: Werner Ripper (Hg.), Die römische Republik, Frankfurt/M. ^{2}1992, S. 95f.)

Triumphzug römischer Soldaten mit Beutestücken (Relief am Titusbogen auf dem Forum in Rom)

Zusammenfassen, Üben und Darstellen

Herrschaft und Gesellschaft im Imperium Romanum

Kernbegriffe:

★ Imperium
★ Königtum
★ Republik
★ Gesellschaft
★ *familia*
★ Expansion
★ Prinzipat
★ Kaisertum
★ Dominat
★ Christentum
★ Romanisierung
★ Provinzialisierung

Info, S. 50ff.
Thema, S. 74ff.

1. Entwickeln Sie ein Schaubild zur Herrschaftsform des Königtums und stellen Sie dieses dem Verfassungsschaubild zur Republik (S. 53) gegenüber. Vergleichen Sie beide Verfassungen unter dem Gesichtspunkt der Qualität politischer Partizipation.

Info, S. 51f.

2. Charakterisieren Sie die Grundmotive und Vorgehensweisen von Patriziern und Plebejern während der Ständekämpfe. Legen Sie dazu eine Tabelle an, in der Sie beide Seiten gegenüberstellen.

Info, S. 55f.
Thema, S. 70ff.

3. Charakterisieren Sie die Rolle von Mann und Frau in der römischen Gesellschaft. Entwickeln Sie dazu Steckbriefe eines typischen römischen Mannes und einer typischen römischen Frau.

Info, S. 56ff., 65ff.
Forum, S. 82ff.

4. Erläutern Sie zentrale Merkmale der römischen Expansion und Herrschaftsorganisation. Formulieren Sie in wenigen Sätzen Grundprinzipien römischer Herrschaft.

Thema, S. 78ff.

5. Skizzieren Sie die römische Vorstellung vom *bellum iustum*. Wählen Sie einen aktuellen militärischen Konflikt und prüfen Sie, inwiefern dabei von den Verantwortlichen mit ähnlichen Legitimationsmustern verfahren wird.

Info, S. 60f.

6. Prüfen Sie mithilfe des Verfassungsschaubilds auf S. 53, ob die Maßnahmen Sullas und Caesars noch mit der Verfassung der Republik vereinbar sind.

Info, S. 52ff., 62ff.

7. Vergleichen Sie die Verfassung der Republik mit dem Aufbau des augusteischen Prinzipats (Schaubild S. 62). Verfassen Sie ein historisches Urteil: Prinzipat – Was bleibt übrig von der römischen Republik?

Info, S. 64f.

8. Entwickeln Sie ein Schaubild der Gesellschaft der frühen Kaiserzeit. Vergleichen Sie dies mit dem Schaubild zur Gesellschaft des republikanischen Rom (S. 55). Was hat sich geändert? Warum?

Info, S. 67ff.

9. Verfassen Sie eine historische Erörterung zum Thema: „Warum das Imperium Romanum unterging".

Info, S. 69

10. Diskutieren Sie die Bedeutung Roms für das europäische Abendland.

Klausurtraining

Analyse von Sekundärliteratur und kritische Auseinandersetzung mit ihr – mit gegliederter Aufgabenstellung

Aufgabenstellung

1. Analysieren Sie den vorliegenden Textauszug.
2. Erläutern Sie die historischen Sachverhalte und Zusammenhänge, die für die Argumentation des Autors von tragender Bedeutung sind.
3. Setzen Sie sich, unter Hinzuziehung anderer Ihnen bekannter Positionen, kritisch mit den Ausführungen des Verfassers auseinander.

Materialgrundlage

M **Der Historiker Jochen Bleicken zum Problem des römischen Imperialismus**

[...] [B]eschränkt [man] sich auf eine Analyse der tieferen ‚objektiven' Ursachen der Expansion, so ist man für deren Erklärung weniger auf die Gedanken Einzelner oder Gruppen als auf die Struktur der ganzen Gesellschaft, auf deren Mentalität und auf die im außenpolitischen Verkehr üblichen Denkkategorien verwiesen. Überlegungen dieser Art dürften wohl in die Nähe der Gedanken MOMMSENS führen, ohne von ihnen wirklich befriedigt zu werden. Denn es bedarf sowohl die defensive Verhaltensweise selbst als auch das trotz dieser Haltung doch unübersehbare, immer bereite militärische Engagement der Römer einer Erklärung. Die römische Stärke in der Defensive mag man u. a. auf die besonderen Verhältnisse der römischen Familie und Clientel zurückführen, die dem römischen Soldaten an Gehorsam und Disziplin zumuten konnten, was kein anderes Land der damaligen Welt von seinen Bürgern verlangen durfte. Die stets bereite kriegerische Energie ferner hat gewiss auch darin eine ihrer Ursachen, dass die Zugehörigkeit zur regierenden Gesellschaft auf dem Nachweis von öffentlicher Tätigkeit und hier in erster Linie von militärischer Leistung beruhte und also die besondere, auch in der Antike einmalige Beschaffenheit dieser Gesellschaft eine Bedingung der Expansion war. Es ist vor allem HARRIS, der [...] die Bedeutung des aristokratischen Standesethos für die Expansion herausgearbeitet hat [...]. Das muss nicht heißen, dass die Wertvorstellung der Gesellschaft auch für die bisweilen erkennbare Aggressivität in der Planung und Durchführung von Kriegen verantwortlich zu machen sei; sie stehen lediglich jederzeit bereit, eine selbst ersonnene oder durch äußere Verwicklungen zur Diskussion stehende auswärtige Aktion mit einem positiven Vorzeichen zu versehen. Es ist darum weiterhin nicht darauf zu verzichten, für jeden Kriegsausbruch sorgfältig die Motive der Römer zu untersuchen, und HARRIS hat selbst mit Recht darauf hingewiesen, dass die Expansion von verschiedenen Ursachen, die in ihrer jeweiligen Intensität wechseln und sich zudem gegenseitig bedingen, getragen wurde: Soziales Verhalten wurde in aller Regel erst bei äußeren oder auch innenpolitischen Anlässen für eine expansive Politik wirksam, ebenso das ökonomische Interesse, das übrigens eher auf Beutemachen und Ausplünderung gerichtet war als auf die Investition dauernder und fester Wirtschaftsverbindungen [...], aber darum nicht weniger einen ökonomischen Faktor in der Expansion darstellte. Besonders in der italischen Phase der Expansion, aber nicht nur in ihr, hatten zudem nicht nur die Aristokraten, sondern auch die breite Masse ein Interesse an Expansion, weil sie durch sie ständig mit Land versorgt wurde, und wie diese Ansiedlungen nicht in erster Linie Versorgungspolitik, sondern (durch den mit der Kolonisation verbundenen Bau von Festungen) Sicherungspolitik darstellten, bilden hier, wie stets, mehrere Faktoren ein Syndrom von sich wechselseitig bedingenden inneren und äußeren Ursachen für die Ausbreitung Roms. Die defensive Einstellung der Römer ist daher immer nur eine von mehreren möglichen Denk- und Verhaltensweisen; vielleicht ist sie die tragende, auf jeden Fall die immer wiederkehrende und angesichts der wachsenden Dissonanz zwischen den eigenen Kräften und dem Umfang der Macht eine eher zunehmende als abnehmende Haltung.

(Jochen Bleicken, Geschichte der römischen Republik, München [6]2004, S. 171f.)

Das Mittelalter – Einheit und Vielfalt einer Epoche

Kaum eine Epoche erfreut sich in der Öffentlichkeit so großer Beliebtheit wie das Mittelalter. Mittelalterliche Feste, Kinofilme und historische Romane befriedigen die Sehnsucht nach einer fernen Zeit, die im modernen Betrachter Faszination und Schrecken gleichermaßen hervorruft.
Dabei bestehen die Vorstellungen vom Mittelalter in den Köpfen wohl überwiegend aus stereotypen Bildern: das Mittelalter mit Rittern und geschundenen Bauern, mit Königen, Bischöfen und Päpsten, mit unverständlich großen Kathedralen, engen Städten und zahlreichen Klöstern. Mittelalter – das ist die Nichtmoderne: keine Elektrizität, kein Auto, keine Heizung, keine Kernkraft oder Kunstdünger. Wann diese Zeit stattfand, bleibt recht vage. Mittelalter ist eben keine Epoche, sondern eine Lebensform. So ist der „Rückfall ins Mittelalter" denn auch gleichzusetzen mit Primitivität und Rückständigkeit. Allenfalls eignet sich das fremdartige Mittelalter aufgrund mangelnder Sachkenntnisse zur Mythenbildung, die – wie die Germanenideologie des „Dritten Reiches" – mitunter auch eine Gefahr darstellen kann.
Die ernsthafte Beschäftigung mit der Geschichte des Mittelalters soll daher den falschen Mittelalterbildern entgegenwirken: den Bildern eines „finsteren" wie denen eines „hellen" Mittelalters. Sie ist geradezu unverzichtbar. Nur ein fundiertes Wissen über das Mittelalter kann verhindern, dass am Mittelalter nur das Exotische reizt und der Weg ins Mittelalter, wie Hartmut Boockmann sagt, „in eine Gegenwelt führt statt in die eigene Geschichte".

Altartafel aus dem späten Mittelalter: Dargestellt sind die Handwaschung des Pilatus und das „Ecce Homo" – im Rahmen einer mittelalterlichen Stadt.

Ecce homo
tolle tolle

Auf einen Blick

Das Mittelalter – Einheit und Vielfalt einer Epoche

Info S. 94

Herrschaft und Gesellschaft im Mittelalter

1. Das Frankenreich als Wurzel Europas im Frühmittelalter (500 – 850) S. 94

- Grundherrschaft und Lehnswesen: Die Fundamente der mittelalterlichen Gesellschaft
- Das Bündnis zwischen Franken und Papsttum
- Die Ausbreitung des Christentums und die Rolle der Klöster

2. Der „Aufbruch Europas" im Hochmittelalter (850 – 1250) S. 99

- Agrartechnischer Fortschritt und demographisches Wachstum
- Die Ausdifferenzierung der adeligen Gesellschaft
- Die Entstehung der mittelalterlichen Stadt
- Die Sozialstruktur der städtischen Gesellschaft

3. Herbst des Mittelalters oder Frühling neuer Zeiten? – Das Spätmittelalter (1250 – 1500) S. 108

- Königtum oder Fürstenherrschaft? – Der Weg zum Territorialstaat
- Der Schwarze Tod und die Krise des Spätmittelalters

Petrus verleiht Papst Leo die geistliche und Karl dem Großen die weltliche Gewalt (Wandmosaik im Papstpalast in Rom).

Thema S. 113

„Der wahre Kaiser ist der Papst" – Das Verhältnis von weltlicher und geistlicher Gewalt

Kaum ein Konflikt hat das Mittelalter so nachhaltig geprägt wie die Auseinandersetzung zwischen Imperium und Sacerdotium. Seit dem 11. Jahrhundert führte der Ruf nach der „Freiheit der Kirche" geradezu zum Umsturz der hergebrachten Ordnung. Mit der Befreiung der römischen Kirche vom Leitungsanspruch der deutschen Könige und Kaiser schwang sich das Papsttum zu einer Institution auf, die die Geschichte bis in die Moderne wohl wie keine andere beeinflusst hat.

Derartige Herrschaftsansprüche bedurften der Legitimation: Wenn der christliche Kosmos von einem einzigen Gott regiert wurde, wie konnte man da begründen, dass in dem irdischen Abbild des himmlischen Kosmos zwei Gewalten nebeneinander herrschen wollten? Welche Kriterien gaben den Ausschlag für die Unterordnung bzw. den Vorrang von weltlicher oder geistlicher Gewalt? Anhand der Materialien kann untersucht werden, wie die jeweiligen Herrschaftsansprüche legitimiert wurden und sich die Unterscheidung von „weltlicher" und „geistlicher" Herrschaft und ihrer Zuständigkeitsbereiche entwickelte.

Methode S. 114

Mittelalterliche Herrscherbilder interpretieren

Thema S. 121

Macht Stadtluft frei?

Geburt und Stand bestimmten das Leben des mittelalterlichen Menschen und beschränkten seine Lebensplanung. Mit der Einteilung der mittelalterlichen Gesellschaft in drei Gruppen, die sogenannten Stände der Beter (*oratores*), der Ritter (*bellatores*) und der Bauern (*laboratores*), beschrieben und stabilisierten geistliche Autoren die gesellschaftliche Ordnung und legitimierten die Ungleichheit der Menschen als gottgewollt.

Insbesondere mit der fortschreitenden sozialen Differenzierung der städtischen Gesellschaft stieß das hergebrachte Ordnungsmodell jedoch an seine Grenzen. Zwar gab es Städte in allen Hochkulturen, aber nur im europäischen Westen banden sich die Bürger zu Gemeinden zusammen, die sie aus der Abhängigkeit von weltlichen und geistlichen Gewalten befreien und die Autonomie und Selbstverwaltung ermöglichen sollten. Was bedeutete „stadtbürgerliche Freiheit"? Wie konstituierte sich die Gemeinschaft von Stadtbürgern und wer hatte Zugang zu ihr?

Darstellung eines Stadtrates (Augsburg, 1368)

Thema S. 129

Untergebene des Mannes? – Frauen und Geschlechterbeziehungen im Mittelalter

Glaubt man den normativen Ordnungen und Ansichten mittelalterlicher Theologen, so wurden Frauen nur eingeschränkte Handlungsspielräume zugestanden. Maßgeblich waren die Moralvorstellungen der christlichen Kirche, die ein Frauenbild entwarf, das der gesellschaftlichen Wertschätzung der Frau deutliche Grenzen setzte.

Die gesellschaftliche Realität sah jedoch vielfach anders aus. Ein häufig angeführtes Beispiel stellen die Herrschergattinnen dar, die bis in das Hochmittelalter hinein Einfluss auf die politischen Entscheidungen ihrer Männer ausübten und sogar öffentliche Funktionen übernahmen. Das Thema wirft dagegen einen Blick auf die Handlungsspielräume von Frauen der Mittel- und Unterschichten. Hier sind die Zugehörigkeit zu Randgruppen sowie zu religiösen Gemeinschaften zwei Seiten einer Medaille, die den Alltag zahlreicher Frauen im Mittelalter prägten.

Forum S. 136

Das Eigene und das Fremde – oder: Worin liegt die Aktualität des Mittelalters?

Sich über das Mittelalter zu informieren, entspricht einem weit verbreiteten Interesse in der modernen Gesellschaft. Der Öffentlichkeitsarbeit von Historikerinnen und Historikern kommt daher eine erhebliche Bedeutung zu. In der Schule zeigt sich allerdings eine umgekehrte Tendenz: Der Umfang der mittelalterlichen Themen, die im Unterricht behandelt werden, nimmt kontinuierlich ab. In beiden Fällen muss jedoch eine Auswahl der zu behandelnden Themen getroffen werden. Damit stellt sich die Frage nach der Relevanz der mittelalterlichen Geschichte für unsere moderne Wissensgesellschaft.

Herrschaft und Gesellschaft im Mittelalter

1. Das Frankenreich als Wurzel Europas im Frühmittelalter (500 – 850)

Grundherrschaft und Lehnswesen: Die Fundamente der mittelalterlichen Gesellschaft

Von epochaler Bedeutung für die Geschichte des Abendlandes war die Bekehrung der Franken durch ihren König Chlodwig zwischen 497 und 507. Mit ihr begann das europäische Mittelalter. Chlodwig, der sich vermutlich 498 in Reims taufen ließ, und seine Nachfolger begründeten ein Gesamtreich, das nach der Vertreibung der Westgoten und der Einverleibung des Burgunderreichs ganz Gallien umfasste.

Die drei Wurzeln des Mittelalters

In ihm gingen Römertum, Germanentum und Christentum eine unverwechselbare Verbindung ein. Lateinische Sprache und Literatur wurden überwiegend durch die Kirche vermittelt und zu wesentlichen Grundlagen der abendländischen Einheit. Kirchliche Organisationsformen waren römisch geprägt: So wurde die Diözese eines Bischofs in der Regel durch die spätantike *civitas* gebildet, die eine Stadt und das ihr zugeordnete Umland umfasste. Die Grundlagen des mittelalterlichen Gesellschaftssystems bildeten die Grundherrschaft und das Lehnswesen, die sich aus einer Mischung von spätantiken und germanischen Elementen entwickelt hatten.

Grundherrschaft

Die Grundherrschaft bereitete das ökonomische Fundament für die weltlichen und geistlichen Führungsschichten, für Herrschaft, Verwaltung, Kirche und Kultur. In wirtschaft-

Ein Grundherr empfängt abhängige Bauern, die für ihren Dienst auf dem Herrenhof das Arbeitsgerät mitgebracht haben.

licher Hinsicht war die Grundherrschaft dadurch gekennzeichnet, dass der Grundherr sein Land zum überwiegenden Teil an Bauern verlieh, die es selbstständig nutzen konnten. Dafür hatten die Bauern dem Grundherrn Abgaben und Dienste, die sogenannten Frondienste, zu leisten. Einen Teil seines Landes bebaute der Grundherr in eigener Regie. Dafür bediente er sich der Arbeitskraft von unfreiem Hofgesinde, von fronpflichtigen Bauern und von Lohnarbeitern. Grundherrschaft bedeutete allerdings mehr als ein reines Pachtverhältnis. Die Verleihung des Bodens war überwiegend auf Lebenszeit angelegt, und wenn der Bauer seinen Verpflichtungen nachkam, konnte er vom Grundherrn praktisch nicht vertrieben werden. Mit Zustimmung des Grundherrn konnte der Bauer sein Land vererben, sogar der Verkauf wurde mitunter erlaubt. Der Grundherr hatte das „Herreneigentum", der Bauer das ,,Nutzungseigentum" an dem gleichen Boden. Der Grundherr übte zudem die Gerichtsbarkeit über die Bauern seiner Grundherrschaft aus. Der Schutz vor Krieg oder der Erlass von Abgaben in Krisenzeiten durch den Grundherrn darf allerdings nicht darüber hinwegtäuschen: Grundherren und Bauern waren keine gleichberechtigten Vertragspartner. Den Grundherren mit ihrer Verfügungsgewalt über den Boden standen abhängige Bauern gegenüber, die das Land unter erzwungenen Bedingungen bewirtschafteten. Daher bezeichnet man die Bauern auch als Hörige bzw. hörige Bauern.

Die am weitesten verbreitete Form der Grundherrschaft im Frühmittelalter war die Villikation. Bei der Villikation handelte es sich um eine zweigeteilte Form der Grundherrschaft mit einem herrschaftlichem Herrenhof (lat. *villa*) und Land, das von hörigen Bauern selbstständig bewirtschaftet wurde. Nach der Bezeichnung für den Herrenhof als Fronhof bezeichnet man diese Form der Grundherrschaft auch als Fronhofsverfassung. Die Höhe der Abgaben und der Umfang der Dienste, die Hörige zu leisten hatten, hing unter anderem vom Umfang der übernommenen Bauernstellen, den Hufen, ab. Diese Hufen umfassten eine Größe von 10–15 Hektar. Zu ihnen gehörten Haus, Ackerland und Rechte an der von allen Bauern gemeinschaftlich genutzten Allmende. Neben den auf ihren Hufen ansässigen Hörigen gab es zahlreiche unfreie Mägde und Knechte, die in persönlicher Abhängigkeit als Leibeigene auf dem Herrenhof arbeiteten und das dazu gehörige Land, das sogenannte Salland, bewirtschafteten. Diese am schlechtesten gestellten Unfreien mussten dem Grundherrn ihre volle Arbeitskraft zur Verfügung stellen. Zwischen den Unfreien und den Hörigen gab es noch eine Gruppe von leibeigenen Fronhofsarbeitern, die etwas selbstständiger lebten und sogar ein wenig Gartenland besaßen. Frondienstpflichtige Hufenbauern und unfreies Hofgesinde arbeiteten zusammen auf den Ländereien des Fronhofes. Ansätze zur Arbeitsteilung führten dazu, dass der Fronhof wirtschaftlich autark war.

Fronhofsverfassung

Im Hochmittelalter begannen die weltlichen und geistlichen Grundherren mit der Auflösung der Villikationen und es zeichnete sich ein grundlegender Wandel der Grundherrschaft ab, der die Lage der hörigen Bauern entscheidend verändern sollte. Seit dem 11. Jahrhundert begannen die Grundherren mit einer beträchtlichen Reduzierung ihrer herrschaftlichen Eigenwirtschaft auf den Fronhöfen. Durch den zunehmenden Waren- und Geldverkehr und das rasche Wachstum der Städte konnten die Grundherren ihren Bedarf wesentlich einfacher auf den neu entstandenen Märkten der Städten beziehen. Dafür benötigten sie in erster Linie Geldmittel. Das zum Fronhof gehörige Land wurde daher in der Regel aufgeteilt und an die Bauern verpachtet. Somit verloren die bäuerlichen Frondienste ihre Bedeutung. Sie wurden durch Geldzahlungen, die Geldrenten, ersetzt. Durch die Auflösung der Dienstverpflichtungen wurde die wirtschaftliche Selbstständigkeit der bäuerlichen Betriebe bedeutend gestärkt. Dieser Wandel der Grundherrschaft hatte bis zum Ende des 13. Jahrhunderts zu einer Lockerung der Bindungen zwischen Grundherren und Bauern geführt. Auch die Mobilität der Bauern hatte angesichts der Wanderungsbewegungen im Zuge der Ostkolonisation zugenommen.

Wandel der Grundherrschaft

Lehnswesen

Den zweiten Grundpfeiler der mittelalterlichen Gesellschaft bildete das Lehnswesen, das durch die Bindung zwischen Personen gekennzeichnet war. In diesem durch einen Treueid bekräftigten Verhältnis verpflichteten sich die Vasallen einem mächtigeren Herren gegenüber zu Dienst und Gehorsam. Im Gegenzug erlangten sie vom Lehnsherren dafür Schutz und materielle Versorgung. Der Lehnsherr stattete seinen Vasallen mit einem Lehen, das in

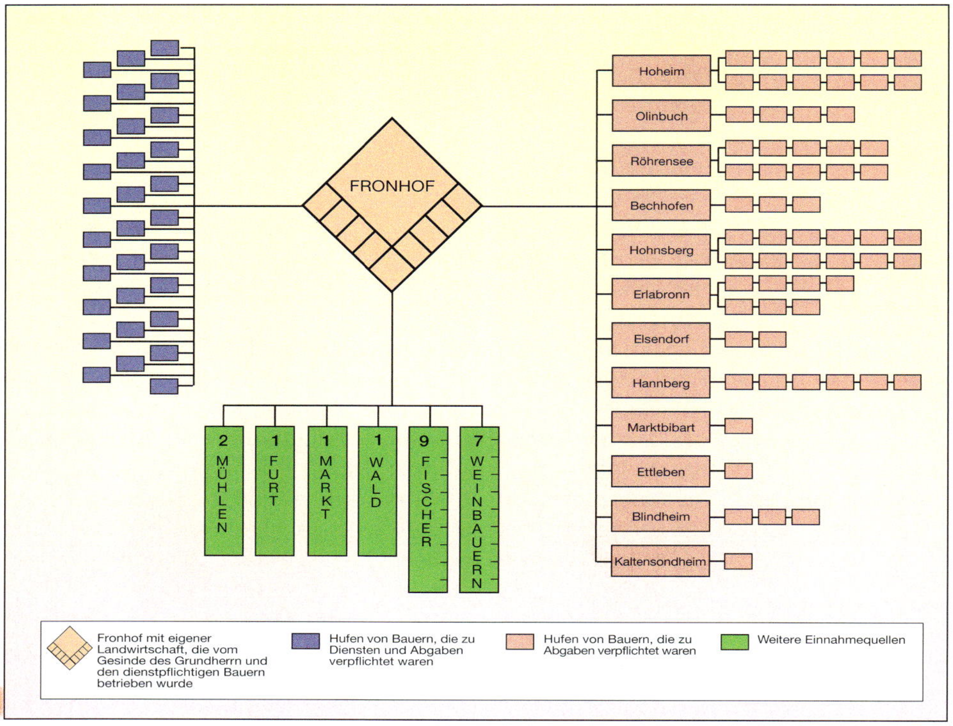

Benediktinerkloster Kitzingen – Beispiel einer Grundherrschaft.

Zur Grundherrschaft des Klosters gehören: 14 Fronhöfe, 254 Hufen (kleine ausgeliehene Höfe), 120 Joch² Weinberge, 6 Pfarren, 12 Mühlen, 3 Fähren und 12 Fischer mit ihren Lehen. Einer der Fronhöfe ist der Fronhof Kitzingen.

der Regel aus Grundbesitz bestand, aus. Dieser Grundbesitz sowie die ihn bearbeitenden Menschen bildeten die Existenzgrundlage des Vasallen und die Voraussetzung für die Erledigung seiner Dienstverpflichtungen. Für die Durchsetzung und Sicherung von Herrschaft waren diese persönlichen Bindungen zwischen den fränkischen Königen und ihren Vasallen von entscheidender Bedeutung. Zu unzusammenhängend waren die besiedelten Gebiete, zu uneinheitlich die herrschaftlich durchdrungenen Räume. Bäuerliche Siedlungen, Adelshöfe und Königspfalzen stellten isolierte Oasen in einer Umwelt dar, die überwiegend aus unzugänglichem Wald und Sumpfland bestand. In Mittel- und Westeuropa wurden Siedlung und Ackerbau lediglich entlang der Flusstäler mit ihren fruchtbaren Böden betrieben, zu den am dichtesten besiedelten Gebieten gehörten nach wie vor die antiken Stadtlandschaften Galliens und Italiens. Für die fränkischen Könige war das Lehnswesen daher eine Klammer, mit der sie ihre Gefolgsleute und Amtsträger an sich banden. Eine Schwächung der zentralen Herrschaftsausübung zeichnete sich allerdings seit dem 8. Jahrhundert ab: Von nun an begann sich bei den Lehen das Prinzip der Erblichkeit durchzusetzen, sodass sich die fränkischen Amtsträger, die Grafen, zunehmend dem Einfluss der königlichen Zentralgewalt entzogen. Im Verbund mit der Grundherrschaft bildete das Lehnswesen die Grundlage der Wirtschafts- und Gesellschaftsordnung des Mittelalters. Abgeleitet vom lateinischen Wort *feudum* für Lehen wird daher für das Mittelalter auch die Bezeichnung Feudalismus als Epochenbegriff verwendet.

Das Bündnis zwischen Franken und Papsttum

Seit dem Ende des 7. Jahrhunderts verfiel das fränkische Königtum, das sich in den Händen der Familie der Merowinger befand, zunehmend. Eine immer gewichtigere Rolle im Machtgefüge des fränkischen Reiches fiel seitdem den Hausmeiern zu, die an der Spitze der Verwaltung des Reiches standen. Die herausragende Persönlichkeit aus der Hausmeierfamilie der Karolinger war vermutlich Karl Martell („der Hammer"), dessen Name mit dem 732 zwischen Tour und Poitiers errungenen Sieg über die von der Iberischen Halbinsel vordringenden Muslime verknüpft ist. Unter seinem Sohn Pippin vollzog sich der Aufstieg der Karolinger zu fränkischen Königen. Allerdings bedurfte es einer besonderen Legitimation, um die Ablösung der herrschenden Merowinger durchzusetzen: Im Jahre 750 ließ Pippin dem Papst die Frage unterbreiten, ob es gut sei oder nicht, dass es Könige ohne königliche Gewalt im Frankenreich gebe. Papst Zacharias gab daraufhin die berühmte Antwort, dass es besser sei, der wirkliche Inhaber der Gewalt heiße König, als einer, der ohne Königsgewalt geblieben sei. Durch diese positive Antwort ermöglichte der von allen Christen als moralische Autorität anerkannte Papst den Wechsel des fränkischen Königshauses. Entscheidend für Pippins Königtum war jedoch vielmehr seine Wahl und die Huldigung durch die Franken, die 751 in Soissons vollzogen wurden. Mit der kirchlichen Weihe durch die Salbung des Königs nach alttestamentlichem Vorbild schloss sich zudem ein Rechtsakt an, der den König als von Gottes Gnaden eingesetzten Herrscher auszeichnete. Mit diesem traditionsbildenden Weiheakt setzte die sakrale Überhöhung des fränkischen Königtums ein, zugleich wurde die Bindung der Karolinger an das Papsttum verstärkt.

Das Königtum der Karolinger

Einen Höhepunkt erreichte die Verbindung von Königtum und Papsttum, als Pippins Sohn Karl an Weihnachten 800 von Papst Leo III. zum Kaiser gekrönt wurde. Mit dieser Kaiserkrönung vollendete das Papsttum seine Emanzipation von Byzanz. Neuer Schutzherr der Kirche wurde der fränkische König. Erst 12 Jahre später konnten die daraus erwachsenen Spannungen mit dem byzantinischen Kaiser beigelegt werden, Karl wurde von Ostrom als Imperator anerkannt. Bis zu seinem Tod am 28. Januar 814 hatte Karl, dem man den Beinamen „der Große" gab, das fränkische Reich erweitert und die Herrschaft der Karolinger gefestigt. Im Norden wurden die heidnischen Sachsen unterworfen und missioniert, im Süden unterwarf Karl die aufständischen Langobarden und wurde zu ihrem König gekrönt, nach Südosten expandierte das Reich durch die Unterwerfung der Awaren und die Einbindung der Bayern in das Reich.

Das Kaisertum Karls des Großen

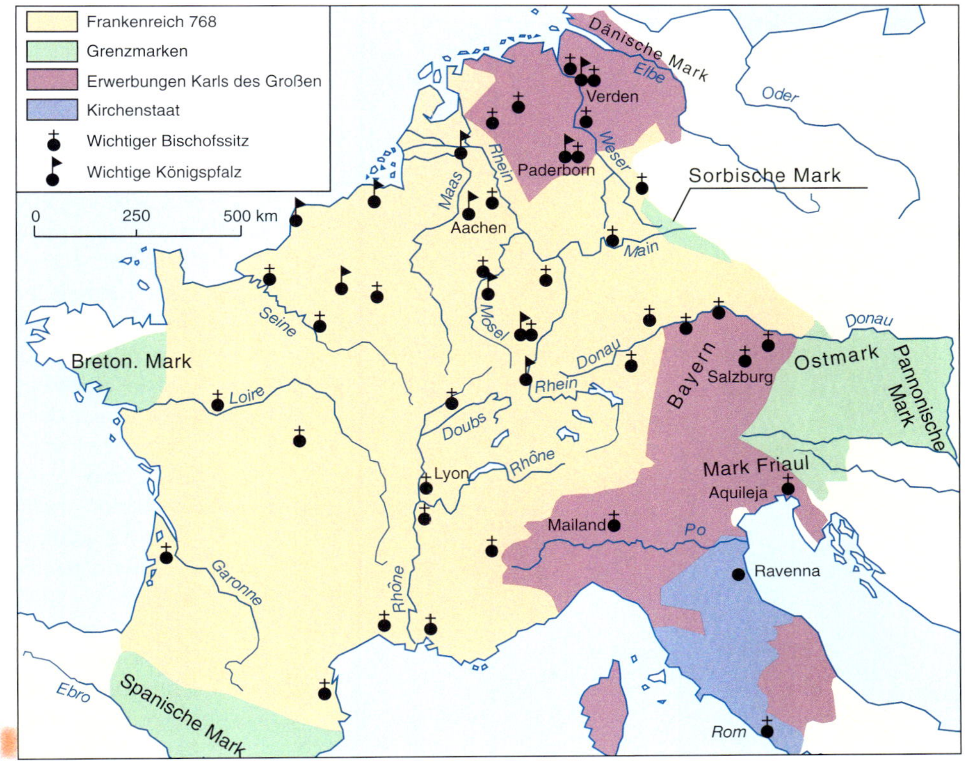

Das Reich Karls des Großen

Karolingische Renaissance

Die sakrale Dimension des fränkischen Königtums hatte auch kulturelle Konsequenzen, denn dem König und später dem Kaiser kam eine weitreichende Verantwortung für die gesamte Christenheit zu. Diese Erkenntnis erzeugte einen Erneuerungswillen, der schließlich alle kulturellen Bereiche erfasste und gemeinhin als karolingische Renaissance bezeichnet wird. Ausgangspunkt der Erneuerung war eine Schul- und Bildungsreform. Durch die Rückgewinnung des reinen Lateins, die Vereinheitlichung und Vereinfachung der Schrift sowie die vermehrte, systematische Abschrift antiker und christlicher Handschriften an Bischofskirchen und in Klöstern gelang die Anhebung des Bildungsniveaus und schließlich die Wiederbelebung der Wissenschaft. Auch der karolingische Hof trug zur Verwirklichung von Karls Bildungsprogramm bei. Von hier aus wurden Königsboten entsandt, die vom König erlassene Gesetze, die Kapitularien, an die regionalen Gewaltenträger weiterleiteten. Hofbibliothek und Hofschule verstärkten die Bildungsanstrengungen des Kaisers. Die hegemoniale Geltung des fränkischen Großreiches blieb allerdings nur von mittlerer Dauer. Bereits hundert Jahre nach dem Tod Karls des Großen blieben nach mehrfachen Teilungen nur das Ost- und Westfrankenreich als selbstständige politische Gebilde übrig.

Die Ausbreitung des Christentums und die Rolle der Klöster

Christentum und Durchsetzung der fränkischen Herrschaft

Der Übertritt Chlodwigs zum Christentum war nicht nur in religiöser Hinsicht entscheidend, sondern brachte dem Frankenreich auch politische Stabilität. So konnte sich Chlodwig in erster Linie die Unterstützung der Bischöfe sichern, die überwiegend aus der adeligen fränkischen Oberschicht stammten und bereit waren, ihre Fähigkeiten in den Dienst des fränkischen Königs zu stellen. Nach dem Herrschaftsantritt Karls des Großen verband sich die Expansion des fränkischen Reiches mit der Christianisierung der unterworfenen Völker. Zahlreiche Kriegszüge Karls wurden im Zeichen der Mission als Religionskriege geführt. Die integrative Kraft des Christentums war für den fränkischen König das Mittel, das die verschiedenen Völker zusammenhalten sollte. Für die Unterworfenen ging die Übernahme der Religion der Franken mit dem Verlust der politischen Selbstständigkeit einher. Der Widerstand war deshalb mitunter sehr heftig. Insbesondere die Christianisierung der Sachsen dauerte viele Jahre. Trotz zahlreicher Kriegszüge und Hoftage in Paderborn, mit denen Karl der Große die Integration Sachsens in das fränkische Großreich demonstrieren wollte, misslang die Unterwerfung der Sachsen. Erst als sich der sächsische Adelige Widukind im Jahr 785 taufen ließ, akzeptierten auch seine Gefolgsleute die politische Neuorganisation.

Zur dauerhaft erfolgreichen Durchsetzung der königlichen und kirchlichen Herrschaft bedurfte es bedeutsamer Zentren des neuen Glaubens, die zum Mittelpunkt der Mission wurden: die Klöster. Die Mönche, die in diesen Klöstern lebten, waren bereit, sich aktiv an der Mission und dem Aufbau einer kirchlichen Verwaltung zu beteiligen. Neue Bistümer und Klöster wurden u. a. in Sachsen als Stütze des Königtums gegründet, so etwa 805 Münster mit Liudger als erstem Bischof und 822 das bedeutende Kloster Corvey. Die Klöster vergrößerten ihren Besitz durch Käufe oder kleinere und größere Stiftungen.

Das christliche Frankenreich gestaltet Sachsen um.

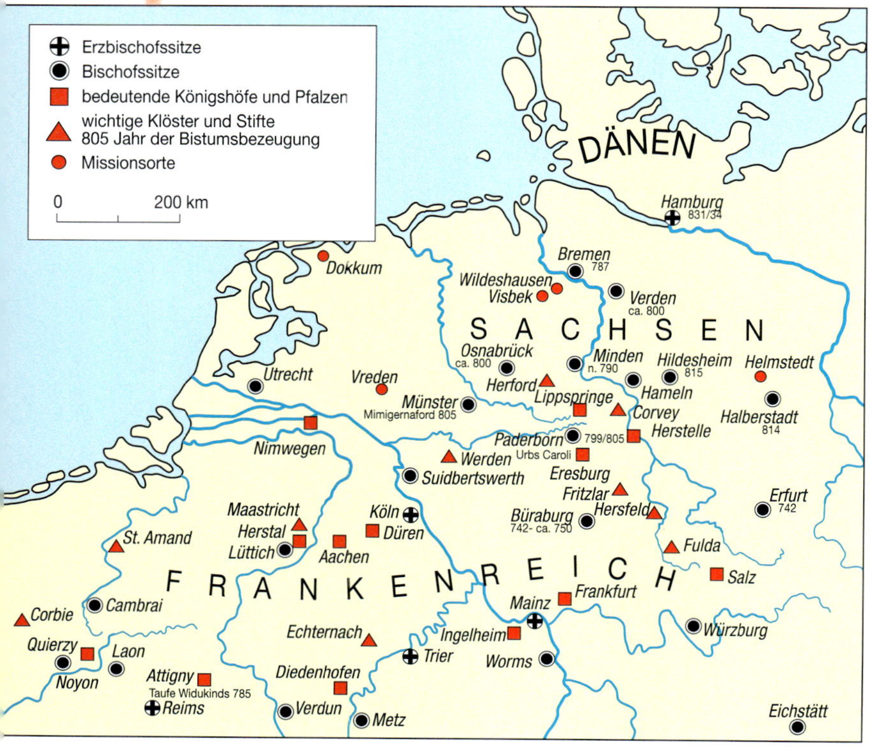

Rolle der Klöster

Von besonderer Bedeutung waren Besitzübertragungen durch adelige Familien, da diese ein engeres Band zwischen den Herrschenden und ihrem Umfeld knüpften. Zunehmend setzten Adelsfamilien Verwandte als Bischöfe, Äbte und Äbtissinnen in ihren Herrschaftsbereichen ein. Durch das Eigenkirchenrecht blieben Kirchen und Klöster, die Adelige innerhalb ihrer Grundherrschaft gestiftet hatten, in ihrer Verfügungsgewalt, sodass den Eigenherren alle Einkünfte sowie das Recht zur Einsetzung der Geistlichen zukam.

Attraktivität der Klöster

Für die Umgebung war ein christliches Kloster in mehrfacher Hinsicht attraktiv: Außer der Möglichkeit, einer neuen Lebensform in Askese und Kontemplation nachzugehen, schuf die reiche Ausstattung der Klöster eine materielle Lebensgrundlage für Männer und Frauen gleichermaßen. Zwar fand der überwiegende Teil des Klosterlebens im abgegrenzten Rahmen des Konvents statt, zu herausragenden liturgischen Feierlichkeiten öffnete sich das Kloster jedoch auch für Gäste und Pilger, die an Messen und Prozessionen teilnehmen konnten. Als autonome Wirtschaftszentren verfügten sie über praktisches Wissen, das auch für die ländliche Gesellschaft der Umgegend nutzbringend eingesetzt werden konnte. Insbesondere die Zisterzienser mit ihrer ordenstypischen Betonung der Handarbeit entwickelten ein umfangreiches Fachwissen in Bauwesen und Wasserwirtschaft, sodass die Klöster der Zisterzienser überwiegend in unwirtlichen Gegenden errichtet wurden, um so deren Kultivierung voranzutreiben. Mit ihren Bibliotheken und Schreibstuben, in denen die Werke antiker und christlicher Autoren kopiert wurden, waren Klöster Institutionen der Gelehrsamkeit. Bedeutende Reliquien machten sie für Pilger zu Wallfahrtszentren, Kranken bot das klostereigene Spital die Aussicht auf fachkundige Hilfe. Die Vielfalt der monastischen Orden zeigt die Wandelbarkeit der Institution: Wie kaum eine andere Lebensform waren die mittelalterlichen Orden in der Lage, den sich verändernden Anforderungen der Gesellschaft Rechnung zu tragen.

Die europäischen Universitäten bis 1500

Durch die karolingische Bildungsreform und die Unterrichtung der „Sieben Freien Künste" an den Klosterschulen war Bildung zum gesellschaftlichen Wert geworden, der als Mittel zum sozialen Aufstieg genutzt werden konnte. Gelehrte wirkten zunehmend über die Klostermauem hinaus und die offenen Schulen der Bischofskirchen wurden zu Anziehungspunkten wandernder Lehrer und Schüler. Große Kathedralschulen wie Reims, Chartres, Laon und besonders Paris überflügelten die älteren Klosterschulen. In Paris standen mehrere Schulen in starker Konkurrenz zueinander, Gelehrte wie Abelaerd scharten Massen von Schülern um sich. Um 1200 lebten hier 5 000 Studenten. Auch wenn die Mehrzahl der formellen Gründungen noch bis zum Beginn des 13. Jahrhunderts auf sich warten lassen sollten: Erste Konturen der sich

Entwicklung der Universitäten

entwickelnden Universitäten zeichneten sich bereits gegen Ende des 12. Jahrhunderts mit der Gründung der Universitäten von Paris und Bologna ab.

2. Der „Aufbruch Europas" im Hochmittelalter (850 – 1250)

Agrartechnischer Fortschritt und demographisches Wachstum

Ab dem 11. Jahrhundert erzwangen sich ändernde Rahmenbedingungen eine tiefgreifende Veränderung der mittelalterlichen Gesellschaft. Die Fortschritte, die die Landwirtschaft seit dieser Zeit machte, waren eine wesentliche Voraussetzung dafür, dass der zunehmende Bedarf an Nahrungsmitteln einer ständig wachsenden Bevölkerung gedeckt werden konnte. Unter den technischen Neuerungen muss an erster Stelle der Beetpflug mit

Technische Entwicklungen des 11. Jahrhunderts

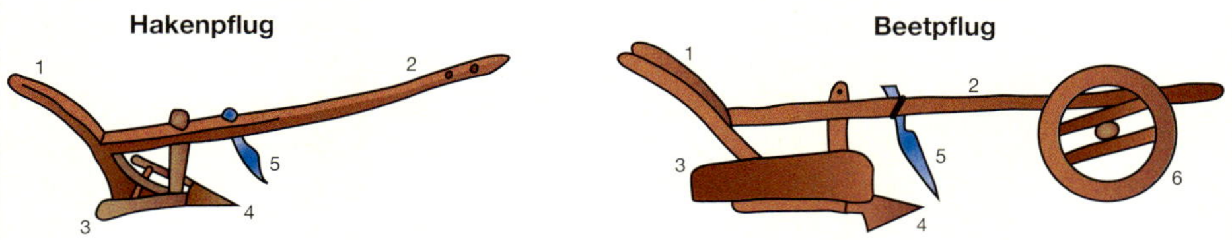

1 Pflugsterz
2 Pflugbaum (Grindel)
3 Streichbrett
4 Pflugschar
5 Pflugmesser (Sech)
6 Radvorgestell

Fortschritte in der Pflugtechnik

eiserner Pflugschar genannt werden, der sich seit dem 11. Jahrhundert zunehmend durchsetzen konnte und den herkömmlichen Hakenpflug verdrängte. Der Hakenpflug wühlt den Boden zwar auf, bereitete ihn jedoch nur unzulänglich auf die Einsaat vor. Im Gegensatz dazu wendete der Beetpflug den Boden vollständig, was eine größere Lockerung des Bodens, eine bessere Humusbildung und eine effektivere Bekämpfung des Unkrautwuchses zur Folge hatte. Zudem war beim Einsatz des Hakenpfluges ein Querpflügen des Ackers nötig, das beim Schollen wendenden Beetpflug entfiel. Der Einsatz des Beetpfluges brachte für den mittelalterlichen Bauern somit nicht nur eine Steigerung der landwirtschaftlichen Erträge, sondern auch eine deutliche Zeitersparnis.
Mit der Ausbreitung des Beetpfluges, der aufgrund seiner eisernen Pflugschar ein deutlich höheres Gewicht als der Hakenpflug aufwies, wurde eine Verbesserung der Zugkraft erforderlich. Diese erreichte man durch den Einsatz einer größeren Zahl von Pflugochsen oder die Verwendung von Pferden, die ausdauernder und schneller waren als Ochsen. Auch der Einsatz von Pferden, der sich insbesondere im norddeutschen Flachland durchsetzte, war erst durch effektivere Zuggeschirre wie das Kummet möglich geworden. Insgesamt stellten Rinder jedoch weiterhin den Großteil des Zugviehs, da sie genügsamer und weniger krankheitsanfällig als Pferde waren. Wie beim Beetpflug spielt auch bei der Entwicklung der anderen Arbeitsgeräte die Verbreitung des Schmiedehandwerks offensichtlich eine entscheidende Rolle.

Dreifelderwirtschaft

Einen entscheidenden Faktor für den Fortschritt in der hochmittelalterlichen Landwirtschaft stellte die Ausbreitung der Dreifelderwirtschaft dar, die im Spätmittelalter die anderen Bodennutzungssysteme weitgehend verdrängt hatte. Bei der Dreifelderwirtschaft wurde die Gewannflur des Dorfes in drei Felder eingeteilt und ein Wechsel von Wintergetreide, Sommergetreide und Brache festgelegt. Dieser Wechsel war für alle Bauern des Dorfes verbindlich. Er wird als Flurzwang bezeichnet. Die Dreifelderwirtschaft besaß entscheidende Vorteile. Während sich bei älteren Bodennutzungssystemen Brache und Anbau abwechselten und damit immer die Hälfte der Ackerflächen ungenutzt blieb, wurden nunmehr jeweils zwei Drittel der Äcker bewirtschaftet. Damit vermehrten sich die Getreideerträge um bis zu 50 Prozent. Des Weiteren verteilte sie die Arbeiten des Pflügens, Säens und Erntens gleichmäßiger über das Jahr und steigerte die Effektivität der bäuerlichen Arbeitskraft. Die Brache, auf der die Wintereinsaat vorgenommen werden sollte, wurde im Wechsel der Dreifelderwirtschaft intensiver gedüngt. Dies beugte einer Erschöpfung der Nährstoffe im Boden vor. Durch die Verteilung der Wachstumsphasen im Jahresablauf verringerte sich schließlich die Gefahr von Hungersnöten, da vereinzelte Missernten leichter ausgeglichen werden konnten.
Zwar ist bereits seit dem 7. Jahrhundert eine beständige Zunahme der Kulturflächen festzustellen, doch erst die gewaltige Bevölkerungsexpansion ab dem 11. Jahrhundert hatte einschneidende Auswirkungen, denn mit der Verdreifachung der Bevölkerungszahlen bis zum beginnenden 14. Jahrhundert wuchs auch der Bedarf an Nahrungsmitteln erheblich. Es kam daher zu einer starken Ausweitung der landwirtschaftlichen Nutzflächen, indem bis dahin ungenutzte Flächen urbar gemacht wurden. Im Binnenland wurden Sümpfe ent-

Landesausbau

wässert und Moore trockengelegt. Dieser Landesausbau zeichnete sich vor allem durch die Erschließung großer Waldregionen aus. Bis zum 13. Jahrhundert nahmen Rodungen in vielen Gebieten Europas große Ausmaße an und schafften eine Ausdehnung der landwirtschaftlich genutzten Flächen. Zum Ausbau der bereits vorhandenen Flächen in der unmittelbaren Umgebung kamen Rodungen in größeren Entfernungen hinzu. Dies führte zur planmäßigen Anlage neuer Siedlungen. Zu den bereits vorhandenen Siedlungstypen wie Einzelgehöften, Weilern und Haufendörfern kamen neue Siedlungen wie Straßendörfer, Hufendörfer und Rundlinge hinzu. Insbesondere an bestehenden Verkehrswegen wurden neue Dörfer angelegt. Auch heute noch zeugen z. B. Ortsnamen, die auf -rode, -reuth, -rade oder -rath enden, von einer Gründung der Siedlung während der Phase des hochmittelalterlichen Landesausbaus. Neben der durch geistliche und weltliche Herren gelenkten Rodung in den Gebieten bis etwa zur Elbe-Saale-Linie gab es auch weiterhin die unorganisierte Ausdehnung des Siedlungsraumes durch die Anlage von Einzelgehöften und lockeren Höfegruppen in Weilern. Sie übertraf die planmäßig angelegten Siedlungsgründungen sogar an Umfang und Bedeutung. Die Dynamik des hochmittelalterlichen Landesausbaus hatte zur Folge, dass es in Deutschland zu Beginn des 14. Jahrhunderts eine so hohe Zahl an Orten gab, wie nie zuvor – und nie danach!

Ostsiedlung

In den Gebieten östlich der Elbe-Saale-Linie kam es im Rahmen der sogenannten Ostsiedlung zu einer Entwicklung, die für den betreffenden Raum einschneidende Veränderungen nach sich zog. Die Ostsiedlung war ein Prozess, der sich vom 12. bis zum 14. Jahrhundert erstreckte und parallel zum Landesausbau in den altdeutschen Siedlungsgebieten verlief. Ein breiter Streifen zwischen Elbe und Oder, der bereits seit dem 10. Jahrhundert erobert und missioniert worden war, wurde von Neueinwanderern überwiegend friedlich besiedelt. Im 12. Jahrhundert erfasste die Ostsiedlung dann auch zunehmend Gebiete in Polen, Schlesien, Böhmen, Mähren und Ungarn. Hier stieß die Siedlungsbewegung jedoch nicht in ein politisches, wirtschaftliches oder soziales Niemandsland vor, sondern traf auf eine bereits ansässige slawische Bevölkerung. Zwar kam es mitunter auch zu gewaltsamen Auseinandersetzungen, von einer Verdrängung der slawischen Bevölkerung kann allerdings nicht gesprochen werden. Vielmehr vermischten sich die Neusiedler in einer Jahrhunderte langen Entwicklung mit den einheimischen Slawen. In Preußen und Livland dagegen entstand das Herrschaftsgebiet des Deutschen Ordens überwiegend durch die gewaltsame Unterdrückung der angestammten Bevölkerung.

Im Regelfall erfolgte die Ansiedlung von rodungswilligen Bauern durch die Vermittlung sowohl slawischer als auch deutscher Fürsten, die sich eine ihre Herrschaft stabilisierende Wirkung und wirtschaftliche Vorteile von

Die Entwicklung des deutsches Siedlungsgebiets in Osteuropa

der Besiedlung versprachen. So entstand in den ostelbischen Gebieten ein breiter Stand ritterlicher Grundherren, die über ausgedehnte Ländereien verfügten. Damit waren Strukturen der Agrarverfassung ausgebildet, die sich bis ins 20. Jahrhundert hinein erhalten sollten. Die Ansiedlung geschah in der Regel unter der Leitung von Lokatoren, die Besiedlungen im Auftrag der Grundherren organisierten und mit weitgehenden Befugnissen ausgestattet waren. Sie warben Siedler an, teilten das Neusiedelland zu, planten die Anlage von Dörfern und beaufsichtigten Rodungen sowie den Bau von Entwässerungsgräben. Im Gegenzug erhielten sie zahlreiche Vergünstigungen wie die Übertragung attraktiver Ämter oder Höfe, die mit mehr Land als üblich ausgestattet waren. Der überwiegende Teil der Neubauern stammte aus den dichter bevölkerten Landschaften des Nordwestens, so aus den Niederlanden und Westfalen. Insgesamt führte die Ostsiedlung zur Gründung von mehreren tausend Dörfern und mehr als tausend Städten.

Organisation der Ostsiedlung

Am Ende der hochmittelalterlichen Rodungsepoche war der Umfang des kultivierten Landes in ganz Europa so stark angestiegen, dass das Bodenreservoir insbesondere in extremen Lagen nahezu vollkommen erschöpft war. Die Entwaldung weiter Landstriche bewirkte eine erhebliche Senkung des Grundwasserspiegels. So führten die Schädigung der Wachstumskräfte des Bodens und die Trockenheit dazu, dass bäuerliches Wirtschaften insbesondere in jüngeren, neu besiedelten Dörfer auf Dauer nicht mehr möglich war. In den Altsiedelgebieten hatte der Bedarf an Getreide zu einer Ausweitung der Ackerflächen auf Kosten von Wald- und Weideflächen geführt. Gerade der Wald hatte für die ländliche Bevölkerung jedoch die wichtige Funktion einer Nahrungsquelle: Hier wuchsen Obst, Beeren, Pilze und Kräuter, zudem war er Lieferant von Brenn- und Bauholz. Mit der Abnahme der Wald- und Weideflächen ging auch eine Verminderung der Futterbasis für Rinder und Schweine einher, die eine Reduzierung der Fleischproduktion zur Folge hatte. Gleichzeitig stand durch die Verringerung des Viehbestandes weniger des dringend benötigten Düngers für die Felder zur Verfügung.

Folgen des Landesausbaus

Die Ausdifferenzierung der adeligen Gesellschaft

Auch die Lebenswelt des Adels war seit der Mitte des 11. Jahrhunderts einem verstärkten Wandel unterworfen. Mit den Rittern war eine hoch spezialisierte Gruppe von Berufskriegern entstanden, die zunehmend auf gesellschaftliche Anerkennung drängte. Daher drängte diese neue Herrenschicht an den Hof der Fürsten und Könige und stellte sich als Vasallen in deren Dienste. Erst durch das Lehen wurde der Krieger zum Ritter. Während das deutsche Wort „Ritter" noch die Eigenschaft als Reiterkrieger betont, drückt sich im englischen *knight* (Knecht) noch immer die Bedeutung des eigentlich unfreien Dienstmannes aus. Auch der alteingesessene Adel war daran interessiert, diese kampferprobten Aufsteiger fester an sich zu binden. Landesherren zogen unfreie Dienstleute zur Verwaltung ihrer Herrschaftsgebiete heran. Im deutschen Reich besetzten die salischen und staufischen Könige herrschaftliche Positionen mit unfreien Dienstleuten. Von diesen sogenannten Ministerialen, die ohne das Lehen nicht über eine eigene Herrschaftsgrundlage verfügten, konnte eine größere Loyalität erwartet werden als von den edelfreien Vasallen. Sie wurden zu einer wichtigen Stütze des Königtums.

Ausbildung des Rittertums

Die Nähe zu Hof und Hochadel verschaffte den Rittern die angestrebte gesellschaftliche Anerkennung. Rittertum und ritterliches Leben galten als vorbildhaft und erstrebenswert. Gezielte Ausbildung, ständiges Training und das Ethos des Dienens, das im Verlauf der Kreuzzüge u. a. durch Bernhard von Clairvaux auch theologisch begründet wurde, machten den Ritter zur Leitfigur der höfischen Gesellschaft. Die ritterlichen Tugenden verpflichteten ihn zur Wahrung von Frieden und Recht, zum Schutz der Armen und Schwachen, zum Dienst für Gott und Kirche sowie zur Schonung des Gegners in Turnier und Schlacht. Im Auftreten zeichneten den Ritter bestimmte Umgangsformen aus. Dazu gehörten festliche Kleidung, gesittetes Speisen und Trinken, geistreiches Gespräch sowie die respektvolle Haltung zur Frau, die mit dem verehrenden Werben um ihre Gunst, der Minne, ein-

Der Ritter als Leitbild

herging. Durch Waffendienst und Minnesang konnte der Ritter sein vorbildhaftes Verhalten demonstrieren. Literarische Formen wie Heldenepen und höfische Romane hielten den Ruhm der tapferen Ritter für die Nachwelt fest.

Die gesellschaftliche Realität sah wie so häufig anders aus. Gewalt blieb bis zur Achtung der Fehde am Ende des 15. Jahrhunderts allzeit gegenwärtiger Bestandteil des Alltags, und auch die Konflikte mit dem alten Adel verstärkten sich. Viele Ritter wurden zu Herren einer eigenen Burg. Sie führten Wappen wie die edelfreien Geschlechter und vielfach gelang ihnen die Einheirat in adelige Familien. Zwar gelang nicht allen Rittern der Schulterschluss mit dem fürstlichen Adel. Insgesamt führten diese Tendenzen der Angleichung von altem Adel und Ministerialität, die zu einer Erweiterung des Adels führte und daher mitunter auch als „Adelsinflation" bezeichnet wird, jedoch zu einer verstärkten Abschottung des alten Adels. Letzterer formierte sich neu, indem größerer Wert auf die Abstammung gelegt wurde. Edelfreie Familien unterschieden sich von Familien ministerialisch-ritterlicher Abkunft; dem Hochadel aus Königen, Fürsten und Grafen stand von nun an der niedere Adel aus Rittern und Freien gegenüber. Ein Teil des niederen Adels reagierte auf die zunehmend schwieriger werdenden ökonomischen Bedingungen durch die Ansiedlung in neu entstehenden Wirtschaftszentren: den Städten.

Adelsinflation

Die Entstehung der mittelalterlichen Stadt

Die Stadt des Mittelalters gab es im Grunde nicht. Zu sehr unterschieden sich die städtischen Gemeinwesen nach Größe, Verfassung, Wirtschaftsstruktur und historischer Entwicklung. Einige Städte wie Köln, Trier, Mainz, Worms und Regensburg waren bereits Gründungen aus römischer Zeit. Ein verstärktes Bevölkerungswachstum seit dem 7. Jahrhundert sowie technische Innovationen in der Landwirtschaft hatten einen zunehmenden Landesausbau zur Folge. Aufgrund der durch die Erwirtschaftung von Agrarüberschüssen gesicherten Ernährungsgrundlage kam es zunehmend seit dem 10. Jahrhundert zu einer gesellschaftlichen Arbeitsteilung, die es ermöglichte, dass sich viele Menschen der Herstellung gewerblicher Erzeugnisse und dem Handel zuwandten. Ergebnis dieser Entwicklung war die Konzentration der nicht mehr vorrangig agrarisch tätigen Handwerker und Kaufleute in Siedlungen. Ihren Ausgang nahm diese Siedlungsverdichtung von befestigten Kirchen und Klöstern sowie Burgen und königlichen Pfalzen. Seit dem 11. Jahrhundert erlebte die mittelalterliche Stadt eine enorme Ausbreitung und Verdichtung. Damit unterschied sich die städtische Siedlungs- und Wirtschaftsform so deutlich von der der Dörfer,

Voraussetzungen für die Entwicklung der mittelalterlichen Stadt

Stadtentwicklung

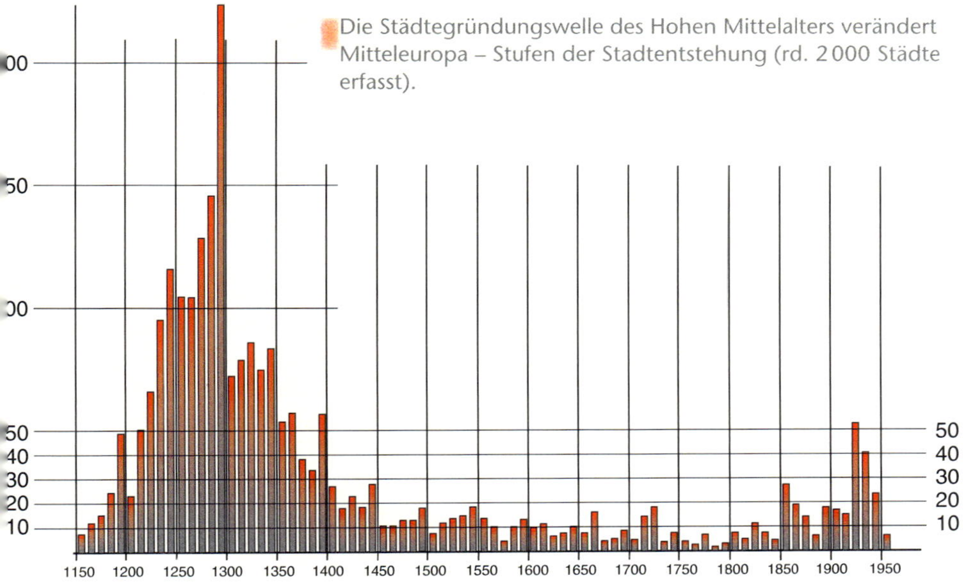

Die Städtegründungswelle des Hohen Mittelalters verändert Mitteleuropa – Stufen der Stadtentstehung (rd. 2000 Städte erfasst).

Entwicklung der Bevölkerungszahl Westdeutschlands von 600 bis 1800.
Die Einschnitte nach 1350 und in der Mitte des 17. Jahrhunderts sind durch die Pest bzw. durch den Dreißigjährigen Krieg verursacht. Es handelt sich um Schätzwerte.

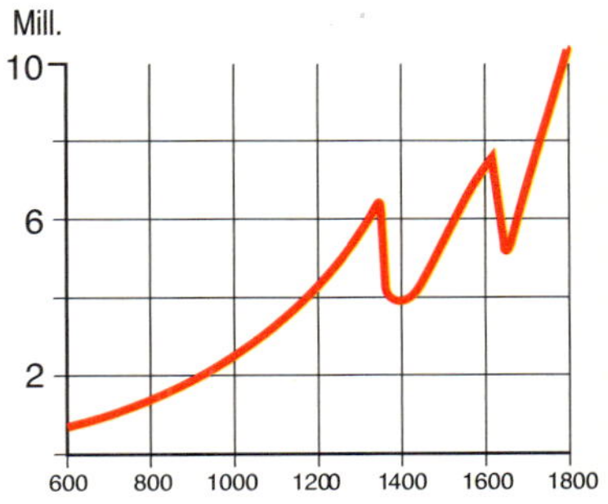

dass man des besonderen Wortes für sie bedurfte. Als solches kam das deutsche Wort „Stadt" in Gebrauch, während sich für ihren Bewohner das von Burg abgeleitete Wort „Bürger" durchsetzte. Um 1125 gab es in Deutschland ca. 30 Städte mit 1 000 bis 5 000 Einwohnern. Im 12. Jahrhundert erlebte die mittelalterliche deutsche Stadt ihre Blütezeit. So existierten um 1320 schließlich ca. 4 000 Städte, darunter etwa 50 Großstädte mit mehr als 50 ha Fläche und über 5 000 Einwohnern sowie etwa 200 Mittelstädte mit 20 – 50 ha Fläche und 2 000 bis 5 000 Einwohnern. Den Rest bildeten Kleinstädte. Im 14. Jahrhundert, insbesondere durch die seit 1350 von der Pest verursachten Bevölkerungsverluste, trat ein Bruch in der Entwicklung ein. Das Wachstum der bestehenden und die Gründung neuer Städte kamen überwiegend zum Erliegen. Im 15. Jahrhundert lebten 20 bis 25 Prozent der Gesamtbevölkerung in Städten. Über 90 Prozent der Städter wohnten in Kleinst- und Kleinstädten. Zu den wenigen Großstädten mit mehr als 10 000 Einwohnern gehörten Würzburg, Ulm, Straßburg, Augsburg, Lübeck, Braunschweig, Erfurt, Hamburg, Rostock, Goslar und Danzig. An der Spitze standen mit 25 000 und 40 000 Einwohnern Nürnberg und Köln. Für die europäische Geschichte des Mittelalters gehört die Entstehung der mittelalterlichen Stadt zweifelsohne zu den wirkmächtigsten Entwicklungen. Dennoch sollte man nicht vergessen: Auch in der Hochphase der Stadtentwicklung lebten über 90 Prozent der Bevölkerung auf dem Land!

Größe mittelalterlicher Städte

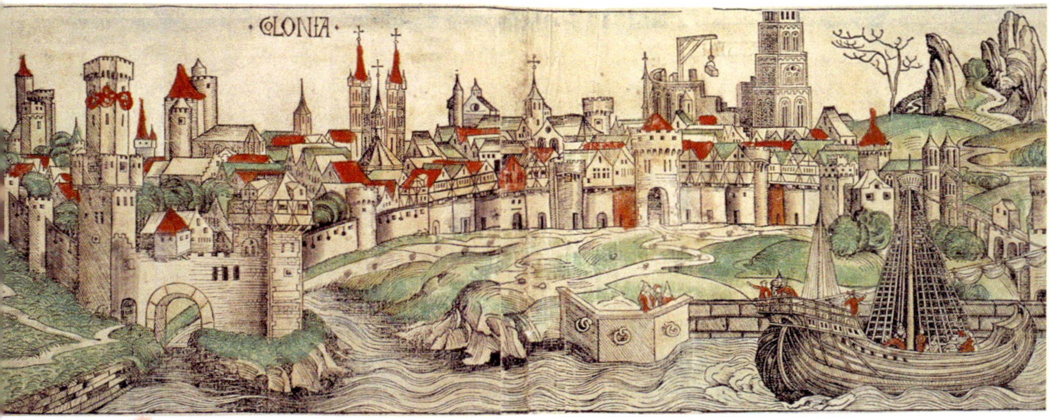

Ansicht von Köln in der Schedelschen Weltchronik von 1493

Stadtgründungen

Die gegründeten Städte waren eng mit den Interessen des jeweiligen Stadtgründers verknüpft. Könige sowie weltliche und geistliche Herrschaftsträger setzten die Gründung als Instrument zum Ausbau ihres Herrschaftsraumes ein. In ihrer Markt-, Festungs- und Grenzsicherungsfunktion gingen fiskalische und administrative Aspekte Hand in Hand. Der Gründungsakt, dem der siedlungstechnische Vorgang in der Regel voranging, wurde durch die Ausstellung einer Gründungsurkunde rechtskräftig. Vielfach war die Gründungsurkunde ein Vertrag zwischen dem Stadtgründer und einer Gruppe von Kaufleuten, durch die Ersterer sich die Rechte an Marktabgaben, Zöllen und Gerichtsbußen sicherte. Die Stadtbewohner erhielten im Gegenzug umfassende Kaufmannsrechte, das Recht eines Marktortes mit freiem Handel und Gewerbe, Zollbefreiung, die persönliche Freiheit, das Recht, Grund und Boden uneingeschränkt vererben, belasten und verkaufen zu können, sowie Rechte der kommunalen Selbstverwaltung und der Gerichtsbarkeit (vgl. Thema S. 121ff.).

Bereits im ausgehenden 12. Jahrhundert setzte im westlichen Reichsgebiet eine Entwicklung ein, die in Frankreich ihren Ausgang genommen hatte. Innerhalb dieser sogenannten kommunalen Bewegung versuchten die sozial, wirtschaftlich und politisch stark differenzierten Stadtbewohner ihre Rechte und Freiheiten gegenüber der Herrschaft eines weltlichen oder geistlichen Stadtherrn zu erweitern. In einigen Regionen kam es daher sogar zum gewaltsamen Konflikt zwischen den durch Eid verbundenen Stadtbewohnern und ihrem Stadtherrn. Im Verlauf der kommunalen Bewegung wuchsen die Bürger zu einer *universitas civium*, einer Gesamtheit der Bürger, zusammen, die nach Stadtrecht lebte, ein Stadtsiegel führte und im Rathaus ihren politischen Mittelpunkt hatte. Auch wenn Stadtherren zumeist eine formale Oberhoheit und einzelne Rechte behielten und wenn nur eine Minderheit aus der Oberschicht die Herrschaft im Stadtrat übernahm, war das Hauptergebnis der Gemeindebildung die weitgehend freie Stadtgemeinde, die sich durch Gerichts- und Verwaltungsorgane selbst verwaltete.

Konflikte zwischen Stadtbürgern und Stadtherren

Ratsherrschaft

Seit dem 13. Jahrhundert hatte eine Entwicklung eingesetzt, die die Einrichtung des städtischen Rates als oberste Gerichts- und Verwaltungsinstanz der Stadtgemeinde nach sich zog. So gab es bis zur Mitte des 13. Jahrhunderts in über 100 Städten einen Rat, bis ca. 1300 kamen rund 250 weitere Städte hinzu. Die Zahl der Ratsherren war örtlich verschieden und ihre Amtsdauer schwankte zwischen der Besetzung des Amtes auf Lebenszeit und einer einjährigen Amtszeit. Dann schied meist ein Teil der Ratsherren aus, während der andere im Rat verblieb und neue hinzukamen. In den Rat gelangten diese auf dem Weg der Kooptation, bei dem der abtretende Rat oder ein Wahlmännergremium den neuen Rat wählte. In Städten, in denen die Zünfte eine Beteiligung am Rat erlangt hatten, entsandten diese in der Regel direkt gewählte Zunftmeister in den Rat. Seine Beschlüsse fasste der Rat nach dem Mehrheitsprinzip, an dessen Anerkennung alle Ratsherren durch ihren Amtseid gebunden waren. Die Aufgaben des Stadtregiments waren breit gefächert. Im Zentrum standen der Schutz und die Aufrechterhaltung des städtischen Gemeinnutzes. Die rechtliche Grundlage dafür bildete das Stadtrecht, das sich aus zwei Elementen zusammensetzte: den vom Stadtherrn verliehenen Privilegien sowie dem vom Rat gesetzten Recht, dem sogenannten Willkürrecht, dem sich der Einzelne durch den Bürgereid unterwarf. In den Bereich des Willkürrechts fielen nahezu alle Regelungen, die das Zusammenleben der Stadtbewohner innerhalb der Stadtmauern betrafen: Friedensschutz, Wirtschaftsverwaltung sowie die öffentliche Ordnung. Verschriftlicht wurden die Rechtssatzungen in den städtischen Statuten, die ein- bis dreimal im Jahr auf dem Markt vorgelesen wurden. Mit der Durchsetzung des umfangreichen Regelwerkes waren verschiedene Ratsgremien beauftragt, die mit Ratsherren besetzt waren. Da das Ratsherrenamt ein Ehrenamt und damit unentgeltlich war, waren nur wenige Bürger in der Lage, Ratsämter zu übernehmen. In vielen Städten wurde das Amt des Ratsherrn daher quasi erblich, denn seine Voraussetzungen – wirtschaftliche Sicherheit und Abkömmlichkeit – waren fast ausschließlich in den Familien gegeben, die der städtischen Oberschicht entstammten.

Innerstädtische Konflikte

Damit barg die Entwicklung der Ratsverfassung ein Konfliktpotential, das sich immer wieder in innerstädtischen Unruhen entlud. So sind für die Zeit zwischen 1301 und 1550 über 200 Bürgerkämpfe gezählt worden, deren tatsächliche Zahl aber aufgrund der unsicheren Überlieferung noch weit höher liegen dürfte. Ihre Ursachen sind geprägt von der jeweiligen Stadtindividualität. Eine entscheidende Ursache oder zumindest ein auslösender Faktor war die finanzielle Misswirtschaft des amtierenden Rates, die die Forderung nach mehr Durchsichtigkeit und Kontrolle der Ratspolitik aufkommen ließ. Zünfte kritisierten die Einschränkung ihrer Autonomie und Bürger prangerten Vetternwirtschaft des Rates und Amtsmissbrauch durch Richter und Rat an. Im Zentrum der bürgerlichen Opposition stand die politische Vorherrschaft des sogenannten Patriziats, also der Ratsgeschlechter, die das Stadtregiment dominierten. Nichtpatrizische Kaufleute und Zunftbürger forderten dementsprechend die Erweiterung des aktiven und passiven Wahlrechts und damit eine Teilhabe an der politischen Macht. Vielerorts entwickelte sich eine spezifische Dynamik der Konflikte. Am Anfang stand häufig eine heimliche Versammlung einiger weniger Personen, die dann zu einem Bündnis gegen den Rat führte. Spontane Aufläufe wurden vielfach durch das Läuten einer Signal-

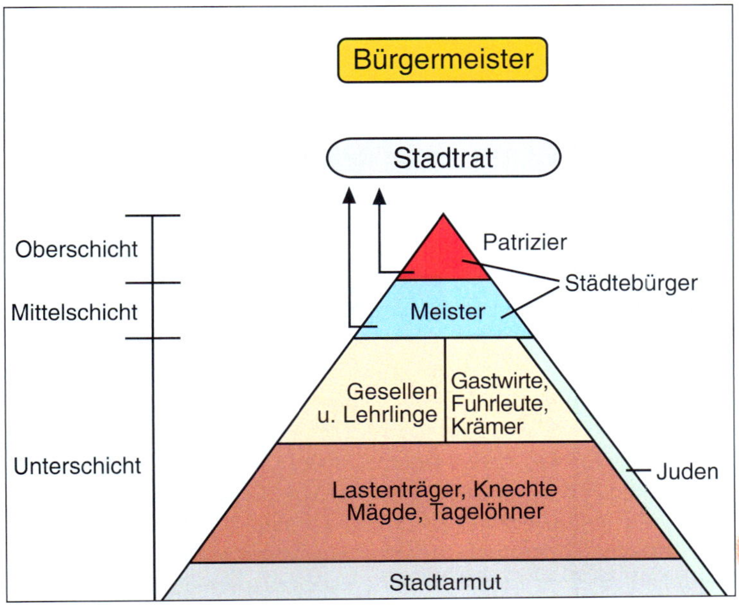

Herrschaft und Gesellschaft der Stadt (14./15. Jh.)

glocke oder durch einen Bannerlauf, bei dem sich die Aufständischen unter einem gemeinsamen Symbol zusammenfanden, angekündigt. Es folgten mehr oder weniger gewaltsame Auseinandersetzungen, man brachte Beschwerden vor, erstürmte das Rathaus und brachte Archiv, Statuten, Siegel, Stadtkasse, Torschlüssel und Stadtbanner in seine Gewalt. Übergangsregierungen wurden gebildet, die alten Ratsmitglieder flohen aus der Stadt oder wurden vertrieben. In zahlreichen Städten wurde die politische Alleinherrschaft des alten Patriziats gebrochen und der Rat um die wirtschaftlich stärksten Vertreter der nichtpatrizischen Stadtbürger erweitert. Gerade in Städten, die durch eine gewerbliche Wirtschaftsstruktur geprägt waren, erhielten Kaufleute und Handwerker auf Dauer Anteil am Rat und seinen Gremien. Grundsätzlich leer gingen die Vertreter der Unterschichten aus. Sie erhielten weder politische Mitbestimmung, noch verbesserte sich ihre soziale Lage.

Städtebündnisse

Die Sicherung des bestehenden Ratsregiments umfasste auch eine außenpolitische Dimension. Seit dem 13. Jahrhundert schlossen Städte untereinander Bündnisse ab, die unter anderem die Aufrechterhaltung der Ratsherrschaft bei innerstädtischem Aufruhr und gegen Umsturzversuche garantieren sollten. Selten kam einer dieser Städtebünde durch einen Gründungsakt zustande. Häufig gingen sie aus zweiseitigen Vereinbarungen hervor, die eher den Charakter von Verträgen über Rechts- und Wirtschaftsbeziehungen aufwiesen. Erst im weiteren Verlauf ihrer Entwicklung wurden sie zu politischen Bündnissen, deren Zusammensetzung jedoch wechselte. Die Ausdehnung von Städtebünden orientierte sich an historischen Regionen, Wirtschaftsräumen und landesherrlichen Territorien, in denen sich Städte oder Städtegruppen vereinigten. Neben der inneren Funktion zur Sicherung der Ratsherrschaft dominieren unter den inhaltlichen Kriterien überwiegend äußere Funktionen. So entstanden Städtebünde oft in krisenhaften Zeiten von Thronvakanz oder Thronwechsel, in Regierungsjahren minderjähriger Könige oder bei offener Empörung gegen die Zentralgewalt. Das zeigt, dass die Städte in politischen Krisensituationen, die mit Gewalt, Fehden und Unrecht verbunden waren, gegenseitigen Schutz suchten. Damit übernahmen sie Aufgaben des Friedens- und Rechtsschutzes, die ursprünglich zu den Pflichten des Königs gehörten.

Hanse

Als bedeutendster Städtebund des späten Mittelalters gilt die Hanse. Auch die Hanse entstand nicht durch einen Gründungsakt. Ihr gingen zwei- und mehrseitige Verträge zwischen Lübeck, Hamburg und weiteren Städten voraus, die Rechtsfragen im Handel zwischen Städten und Bürgern, den Schutz von Handel und Schifffahrt sowie den Beistand in den Auseinandersetzungen mit den Landesherren betrafen. Regionale Bünde von Städten, die gleichzeitig der Hanse angehörten, erweiterten ihr Einflussgebiet. Seit dem Beginn des 13. Jahrhunderts trieben Lübecker und andere Kaufleute aus dem Osten – die Osterlinge – Handel im Nordseeraum. Sie beherrschten schließlich den Handel im Nord- und Ostseegebiet von London über Brügge bis Tallinn und Novgorod, vom norwegischen Bergen bis zu den binnenländischen Hansestädten auf der Linie Köln – Erfurt – Krakau. Handelsgüter waren Pelze und Wachs aus dem Osten und Tuche und Salz aus dem Westen. Dazu kamen Eisen, Kupfer und Butter aus Schweden, Heringe aus dem dänischen Schonen, getrockneter Dorsch und Kabeljau aus Norwegen, Wolle und Tuche aus Schottland und England, Getreide und Holz aus Preußen und Polen, Erze aus Ungarn, Wein und Metallwaren aus Süddeutschland. Exportgüter der hansischen Seestädte waren Schiffe, gehopfte, d.h. lager- und transportfähige Biere, konservierter Fisch und Fässer als Transportbehälter. Hansische Binnenstädte aus Westfalen lieferten Leinwand, Lüneburg Getreide und Salz über Lübeck für den Fernhandel. Dazu kamen Kupfer und Silber aus dem Harz und Böhmen sowie Eisen und Stahl aus Siegerland, Westerwald und rheinischem Schiefergebirge. Die Hauptniederlassungen der Hansekaufleute waren die Kontore in Novgorod (St. Petershof), Bergen (Deutsche Brücke), London (Stahlhof) und Brügge. Die Kontore hatten von den lokalen Gewalten Privilegien erworben, deren Einhaltung sie streng überwachten. Die durchreisenden Kaufleute lebten in den Kontoren unter strengen Reglementierungen und zum Teil getrennt von der örtlichen Bevölkerung in einem ummauerten Bezirk, der Wohn- und Wirtschaftsgebäude und eine Kirche umfasste. Eine Ausnahme bildete das Kontor in Brügge, wo sich die Hansekaufleute von örtlichen Wirten beherbergen ließen. Insgesamt

Handelsgüter der Hanse

Hansekontore

blieb die Hanse ein relativ locker verfasstes Gebilde, ihr fehlte eine institutionelle Verfestigung. Außer den Hansetagen, auf denen die Beschlüsse der teilnehmenden Städte schriftlich niedergelegt wurden, gab es kein gemeinsames Organ. Diese innere Struktur erwies sich als überaus flexibel zwischen den entgegengesetzten Polen von Bündnisverpflichtung und städtischer Unabhängigkeit. Zwischen 1350 und 1400 konnte sich die Hanse als nordeuropäische Großmacht durchsetzen. Im 15. Jahrhundert umfasste die Hanse etwa 70 bis 80 aktive Hansestädte sowie rund 200 weitere Städte, deren Kaufleute die hansischen Privilegien in Anspruch nahmen. Zu dieser Zeit mehrten sich allerdings die politischen und wirtschaftlichen Schwierigkeiten. Vor allem wuchsen die Auseinandersetzungen zwischen den Städten und ihren zu Landesherren aufsteigenden Stadtherren. Zwar blieb die städtische Autonomie weitgehend erhalten, doch die finanziellen Verluste führten zu wirtschaftlichem Niedergang, der letztlich entscheidend zur Auflösung der Hanse beitrug.

Die Sozialstruktur der städtischen Gesellschaft

Soziale Schichtung

Bemühungen der Stadtgeschichtsforschung, eine Zuordnung einzelner Personen aus der Einwohnerschaft mittelalterlicher Städte zu sozialen Schichten vorzunehmen und die städtische Gesellschaft zu differenzieren, bedeuteten nur einen Versuch, einen Orientierungsrahmen für ihren Aufbau festzulegen. Zu fließend sind die Übergänge zwischen den einzelnen Schichtgrenzen, zu unterschiedlich die Situation in den einzelnen Städten. Zudem zeigte sich, dass neben der Differenzierung nach Vermögen weitere Kriterien für die Bildung von sozialen Schichten in der Stadt hinzugezogen werden müssen. Hier wären etwa der Besitz des Bürgerrechts, die Ausübung politischer Macht, Beruf und Bildung, das in Statussymbolen wie Kleidung und Aufwand bei Familienfeiern ausgedrückte Sozialprestige, Wohnverhältnisse, Verhaltensweisen und die Selbsteinschätzung zu nennen. Das erst einmal recht grobe Ordnungsschema von Ober-, Mittel- und Unterschicht darf selbst nach stärkerer Differenzierung nicht darüber hinwegtäuschen, dass Auf- und Abstieg zwischen den Schichten der städtischen Bevölkerung die Regel war, die vertikale Mobilität hoch. Gegen Ende des Mittelalters nahm die Polarisierung zu: Ober- und Unterschicht wuchsen auf Kosten der Mittelschicht.

Auch die Chancen für eine Teilhabe an der politischen Macht innerhalb des Stadtregiments orientierte sich weitgehend am ökonomischen Potential des Einzelnen, denn die Übernahme eines Ratsherrenamtes setzte die Abkömmlichkeit des Kandidaten voraus.

Überregionale verwandtschaftliche Beziehungen

Kennzeichnend für die überregionale Vernetzung der städtischen Oberschicht war die Tendenz zu überlokaler Verschwägerung seit dem 14. Jahrhundert. Die Verwandtschaftsbeziehungen zwischen den führenden Geschlechtern waren eng und schufen familiäre Bande zwischen den einzelnen Städten, die wirtschaftliche Vorteile einbrachten, denn den genealogischen Verflechtungen folgte eine Intensivierung der Handelsbeziehungen. Handwerkern blieb diese Nutzung wirtschaftlicher Vorteile verwehrt, sie waren auf den innerstädtischen Heiratsmarkt angewiesen. Die Folge dieser starken Versippung war das deutliche Bestreben nach einer standesbewussten Abgrenzung, die die politische

Ritterturnier in einer flandrischen Stadt. Durch die burgundische Hofkultur erfuhr diese Sportart im Spätmittelalter ein letztes Aufleben (15. Jh.).

Vorherrschaft der Ratsgeschlechter sicherstellen sollte. Unmittelbaren Ausdruck fanden diese Abschließungstendenzen auf normativer Ebene in verfassungsrechtlichen Regelungen, die den Kreis der ratsfähigen Geschlechter definierten, sowie auf gesellschaftlicher Ebene in der Gründung von Gesellschaften, den sogenannten Trinkstuben. Sie dienten neben geselligen Zwecken auch der Wahrung herkömmlicher politischer Vorrechte. Innerhalb der städtischen Oberschicht zeigte sich das Bestreben nach Abgrenzung zudem in einem spezifischen Standesdenken, das sich an der Kultur des Adels orientierte und adelige Lebensformen nachzuahmen suchte. Vornehme Lebenshaltung, Grundbesitz vor der Stadt und sogar ehrender Ritterschlag waren Kriterien des adeligen Standes, denen reiche Patrizier nacheiferten. Auch in der Wohnkultur spiegelte sich die Adaption adeliger Vorbilder. So zeigten Wohntürme, also feste steinerne Turmhäuser in einer Zeit, in der Steinhäuser noch selten waren, den adeligen Herrschaftsstil.

Adaption adeliger Lebensformen

Handwerker und Zünfte

Während die Oberschicht in der Innenstadt wohnte, waren die verschiedenen Handwerke über die ganze Stadt verteilt. Dabei waren bestimmte Konzentrationen in einer Straße oder an einer Ecke der Stadt nicht ausgeschlossen. Dies betraf insbesondere Färber und Gerber, die zur Ausübung ihrer Tätigkeit auf fließendes Wasser angewiesen waren und deshalb nicht über die ganze Stadt verstreut ansässig sein konnten. Der städtische Handwerker arbeitete in seiner Werkstatt zumeist nur mit Familienangehörigen. Die Anzahl der bei einem Meister angestellten Gesellen und Lehrlinge schwankte erheblich. Die Produktionsinstrumente gehörten dem Meister als Eigentum, der Besitz von Werkstatt und Wohnhaus dagegen war nicht selbstverständlich. Vielfach wohnten Handwerker zur Miete. Mietverhältnisse waren in mittelalterlichen Städten weit verbreitet. Produktionsstätten wie Backhäuser und Schmieden waren häufig im Gemeinbesitz von Zünften oder Privateigentum, das den Zünften zur Nutzung vermietet wurde. Die meisten Handwerker arbeiteten in einer mit dem Wohnhaus verbundenen Werkstatt. Kunden waren Stadtbewohner sowie die Bewohner der umliegenden Dörfer. Der Verkauf der Produkte erfolgte direkt aus Haus und Werkstatt oder von speziellen Verkaufständen aus, die durch Ratsbeschlüsse oder Zunftstatuten vorgeschrieben waren. Üblicherweise erlernte der Sohn das Gewerbe des Vaters. Das Handwerk blieb damit in der Familie verankert, ein Ziel, dem auch die Zunftordnungen Rechnung trugen, indem sie Gesellen, die Söhne von Meistern waren, die Aufnahme in die Zunft erleichterten. Insbesondere das städtische Handwerk im Textil-, Bekleidungs- und Lebensmittelsektor wies eine ausgeprägte familienbetriebliche Struktur auf. Beide Ehepartner produzierten oder teilten sich die Arbeit nach Produktion und Verkauf. Bevorzugt wurden zudem Gesellen, die eine Meistertochter oder -witwe heirateten. Frauen von Handwerkern wurden häufig zusammen mit ihrem Mann in die Zunft aufgenommen. Starb der Meister, war es seiner Witwe vielfach möglich, das Zunftrecht zu erben, wenn sie bald darauf einen Gesellen aus dem Handwerk heiratete oder es bis zur Volljährigkeit jüngerer Söhne allein betrieb. Eigene Frauenzünfte wie in Köln waren dagegen die Ausnahme.

3. Herbst des Mittelalters oder Frühling neuer Zeiten? – Das Spätmittelalter (1250 – 1500)

Königtum oder Fürstenherrschaft? – Der Weg zum Territorialstaat

Veränderungen der politischen Strukturen

Unter den Ottonen, die seit 919 die deutschen Könige und Kaiser stellten, war es zu einer deutlichen politischen Festigung des Reichsverbandes gekommen. Seit dem 12. Jahrhundert kehrte sich diese Entwicklung um. Nunmehr begannen auch die Fürsten mit dem Ausbau ihrer Territorien. Einen ersten Höhepunkt fand diese Entwicklung in der Auseinandersetzung des staufischen Kaisers Friedrich I. Barbarossa mit dem Welfen Heinrich dem Löwen. Im Norden und Nordosten des Reiches hatte sich der Löwe einen Herrschaftsbereich geschaffen, der ihm als Landesherrn und Herzog von Bayern und Sachsen eine Stellung verschaffte, die derjenigen eines Königs entsprach. Friedrich I. reagierte, indem er

Die deutschen Stammesherzogtümer

	Pippin (714/15 - 768)	KAROLINGER
800	Karl I., d. Gr. (742/43 - 814)	
	Ludwig I., der Fromme (778 - 840)	
	Ludwig der Deutsche (804/05 - 876)	
	Karl III., der Dicke (839 - 888)	
	Arnulf von Kärnten (um 850 - 899)	
900	Ludwig VI., das Kind (893 - 911)	
	Konrad I. von Franken (†918)	
	Heinrich I. (um 876 - 936)	SACHSEN
	Otto I., d. Gr. (912 - 973)	
	Otto II. (955 - 983)	
	Otto III. (980 - 1002)	
1000	Heinrich II., der Heilige (973 - 1024)	
	Konrad II. (um 990 - 1039)	SALIER
	Heinrich III. (1017 - 1056)	
	Heinrich IV. (1050 - 1106)	
1100	Heinrich V. (1081 - 1125)	
	Lothar III., von Sachsen (1075 - 1137)	
	Konrad III. (1093 - 1152)	STAUFER
	Friedrich I., Barbarossa (1122 - 1190)	
1200	Heinrich VI. (1165 - 1197)	
	Otto IV., v. Braunschweig (1175/82 - 1218)	WELFE
	Friedrich II. (1194 - 1250)	
	Rudolf I. von Habsburg (1218 - 1291)	
1300	Adolf von Nassau (um 1250 - 1298)	
	Albrecht I. von Habsburg (1255 - 1308)	
	Heinrich VII., v. Luxemburg (1274/76 - 1313)	
	Ludwig IV., der Bayer (1282 - 1347)	
	Karl IV., von Luxemburg (1316 - 1378)	
1400	Wenzel I., von Luxemburg (1361-1419)	
	Ruprecht von der Pfalz (1352 - 1410)	
	Sigismund von Luxemburg (1368-1437)	
	Albrecht II. (1397 - 1439)	HABSBURGER
	Friedrich III. (1415 - 1493)	
1500	Maximilian I. (1459 - 1519)	
	Karl V. (1500 - 1558)	

Die deutschen Könige von Pippin bis Karl V.

Heinrich im Jahr 1178 die Herzogtümer Sachsen und Bayern vom Hofgericht aberkennen ließ. Bayern vergab der Kaiser als Lehen an die Wittelsbacher, Sachsen wurde geteilt.

Stärkung der Landesfürsten durch Friedrich II.

Mit der Zerschlagung des sächsischen Stammesherzogtums und dessen Auflösung setzte eine grundlegende Veränderung der politischen Strukturen ein: Der mittelalterliche Personenverbandsstaat entwickelte sich zum Territorialstaat. Diese Entwicklung verstärkte sich im 13. Jahrhundert unter der Regierung von Friedrich II., dem Enkel Barbarossas. Da Friedrich das Herrschaftszentrum seiner kaiserlichen Macht in Sizilien verortete, wurde Deutschland zu einem Nebenland. Zur Sicherung seiner Herrschaft war Friedrich daher auf das Wohlwollen der Landesfürsten angewiesen, denen er durch die Vergabe königlicher Rechte (Regalien) wie dem Markt-, Münz- und Zollrecht entgegenkam. Damit hatte Friedrich die zunehmende Territorialisierung des Reiches faktisch anerkannt.

Mit der Wahl des Habsburgers Rudolf I. im Jahr 1273 kam es zum Bruch mit staufischen Traditionen. Nachdem es Rudolf gelungen war, Österreich und die Steiermark in seine Hand zu bringen, legte er den Grundstein für den Aufstieg des Hauses Habsburg in Europa. Von nun an wurde die Ausrichtung des deutschen Königtums nicht mehr von der Vorstellung eines universalen Kaisertums beeinflusst, sondern durch die Zweckmäßigkeit der

Der Ausbau der Landesherrschaft am Beispiel der Luxemburger, Habsburger und Wittelsbacher

Habsburgische Hausmachtpolitik

habsburgischen Hausmachtpolitik bestimmt: König konnte nur sein, wer sich gegen die Landesfürsten durchsetzen konnte. Der Machtzuwachs der Landesfürsten spiegelt sich auch in verfassungsrechtlichen Veränderungen wider: Ebenfalls im 13. Jahrhundert setzte sich die Wahl des Königs durch die sieben Kurfürsten durch: drei geistliche und vier weltliche, die Erzbischöfe von Köln, Mainz und Trier, der König von Böhmen, der Pfalzgraf bei Rhein, der Herzog von Sachsen und der Markgraf von Brandenburg. Endgültig festgeschrieben wurde dieses Wahlrecht in der „Goldenen Bulle“ von 1356, die in der Frühen Neuzeit als Grundgesetz des Reiches gerühmt wurde.

Durchsetzungsgrad der Territorialisierung

Der Begriff „Territorialisierung“ täuscht: Bis zur Ausbildung des neuzeitlichen Territorialstaates war es noch ein weiter Weg. Ein Fürst herrschte auch im späten Mittelalter noch nicht über einen flächenhaft abgrenzbaren Untertanenverband. Unterschiedliche an die Person gebundene Rechtsbeziehungen bestimmten das Verhältnis eines Landesherrn zu den Menschen. Der Fürst herrschte dort, wo er über die Menschen gebieten konnte, d. h. eine Vielzahl von personalen Beziehungen in seiner Hand vereinigte. Zudem verhinderten fehlende Schriftlichkeit und der mangelnde Ausbau der Verwaltungsstrukturen die Durchsetzung der landesherrlichen Autorität. Erst gegen Ende des 15. Jahrhunderts verfestigten sich die administrativen Strukturen der deutschen Fürstentümer: Der Fürstenstaat der Frühen Neuzeit warf seine Schatten voraus.

Der Schwarze Tod und die Krise des Spätmittelalters

Eingeengter Nahrungsspielraum zu Beginn des 13. Jh.

In der ersten Hälfte des 14. Jahrhunderts war in Deutschland ein zunehmendes Ungleichgewicht zwischen der Anzahl der Bevölkerung und den zur Verfügung stehenden landwirtschaftlichen Nutzflächen feststellbar. Aufgrund der starken Bevölkerungszunahme der vorangehenden Jahrhunderte – seit dem 11. Jahrhundert hatte sich die Zahl der Bevölkerung nahezu verdreifacht – wurden die Ackerflächen bereits bis an die Grenze ihrer Ertragsfähigkeit genutzt. Auch Böden minderer Qualität oder in schwierig zu beackernden Berglagen wurden nunmehr bebaut. Großräumige Waldflächen wurden gerodet und zum Getreideanbau verwendet, auch wenn die Erträge auf ihnen deutlich geringer ausfielen. Zudem nahmen die Bauern auch Weideflächen unter den Pflug, der Anteil des Viehbestandes sank erheblich. Dies hatte zur Folge, dass die Bodenreserven weitgehend erschöpft waren. Das bislang weitgehend ausgewogene Verhältnis zwischen der Nahrungsmittelproduktion und dem Versorgungsbedarf der Bevölkerung hatte damit ein sehr instabiles Gleichgewicht erreicht. Der Nahrungsmittelspielraum erreichte eine kritische Grenze, und die Bedrohung einer allgemeinen Hungerkatastrophe wuchs. Zugleich kann die moderne Wissenschaft für die erste Hälfte des 14. Jahrhunderts eine Klimaverschlechterung mit kälteren Wintern und überaus feuchten Sommern nachweisen, die die landwirtschaftlichen Erträge sinken ließ.

Missernten und Hungerkatastrophen

Unter diesen Vorzeichen kam es bereits in den Jahren 1315/17 zu Missernten, die Bevölkerungsverluste von bisher ungekanntem Ausmaß nach sich zogen. In dicht besiedelten Gebieten starb nahezu ein Zehntel der Bevölkerung am Hunger. Doch diese Krisenanzeichen waren erst der Anfang für den größten Bevölkerungsrückgang in der europäischen Geschichte. Seit der Jahrhundertmitte verbreitete sich die Pest, der sogenannte Schwarze Tod, in Europa.

Schwarzer Tod

Schon beim ersten Durchzug des Schwarzen Todes in den Jahren 1347/51 fiel ihm ungefähr ein Viertel der Menschen zum Opfer. In der zweiten Hälfte des 14. Jahrhunderts folgten dann noch weitere Pestwellen, die die Gesamtbevölkerung Europas bis 1460 um etwa ein Drittel dezimierten. Erst in der Mitte des 16. Jahrhunderts erreichte die Bevölkerungsgröße wieder den Stand, den sie vor Ausbruch des Schwarzen Todes gehabt hatte. Einen genaueren Eindruck vom Ausmaß der Katastrophe, die die Menschen mit dem Schwarzen Tod ereilte, gewinnt man, wenn man sie mit den Auswirkungen des Zweiten Weltkrieges im 20. Jahrhundert vergleicht: Hier betrugen die Bevölkerungsverluste in Deutschland ca. 5 Prozent!

Auswirkungen der Pest

Ab der zweiten Hälfte des 14. Jahrhunderts kam es aufgrund der Dezimierung der Bevölkerung zu einer Abnahme der Nachfrage nach Getreide. Da das Angebot im Gegensatz zur Nachfrage weitgehend konstant geblieben war, entstand ein Überangebot an Getreide. Ein starker Preisverfall und damit verbundene Einkommenseinbußen für die Bauern waren die Folge. Dieses Sinken

Die Pest als Strafe Gottes: Christus entsendet aus den Höhen des Himmels die Pestpfeile, die die Körper genau dort treffen, wo die Pestbeulen entstehen (Detail des Göttinger Barfüßeraltars, um 1424).

der Getreidepreise war ein bislang völlig unbekanntes Phänomen, da die vorangegangenen Jahrhunderte des Hochmittelalters von einem kontinuierlichen Aufschwung der Agrarpreise geprägt gewesen waren. Zudem sanken die Getreidepreise nicht nur vorübergehend. Bis zur Mitte des 15. Jahrhunderts verfielen sie um mehr als 60 Prozent, und erst zu Beginn des 16. Jahrhunderts erreichten sie wieder ihr ursprüngliches Niveau.

Auch auf Seiten der Grundherrschaft zeichneten sich bereits seit 1300 deutliche Anzeichen für eine Krise ab. Die Einkünfte vieler Grundherren stagnierten oder nahmen sogar ab. Ihr Land war aufgrund der starken Bevölkerungszunahme bereits bis an die Grenzen kultiviert, eine Steigerung der grundherrlichen Einnahmen somit nicht mehr möglich. Die enormen

Krise der Grundherrschaft

Bevölkerungsverluste in der Mitte des 14. Jahrhunderts führten dann endgültig zur Krise der Grundherrschaft. Zahlreiche Bauernstellen waren durch die Auswirkungen des Schwarzen Todes unbesetzt. Sie brachten den Grundherren keine Geldrenten und Naturalabgaben mehr ein. Empfindliche Einnahmeverluste waren die Folge. Diese verstärkten sich infolge des Preisverfalls bei Getreide. Besonders stark waren Grundherren betroffen, die überwiegend Naturalabgaben in Form von Getreide erhielten. Dieses und das auf den Eigenbetrieben erwirtschaftete Getreide mussten die Grundherren zu immer schlechteren Konditionen auf dem Markt verkaufen. Hinzu kam, dass die Grundherren für die Bewirtschaftung ihrer Eigenbetriebe auf die Arbeitskraft von Lohnarbeitern angewiesen waren, deren Löhne im Spätmittelalter stark angestiegen waren. Insbesondere die Masse der kleinen und mittleren Adelsfamilien geriet durch die sinkenden Einnahmen in immer größere finanzielle Schwierigkeiten.

Die tiefgreifenden Veränderungen der sozialen Strukturen hatten bei zahlreichen Gläubigen auch eine neue Einstellung zu den bestehenden kirchlichen Institutionen bewirkt. Sie schwankte zwischen bejahender Nachahmung und ablehnender Kritik. So fanden die seit dem Beginn des 13. Jahrhunderts bestehenden Bettelorden der Franziskaner und Dominikaner mit ihrer tätigen Hinwendung zu den Randgruppen der Gesellschaft großen

Ketzerbewegungen

Zulauf. Auf heftigen Widerstand stießen die hierarchischen Strukturen und das Gnadenmonopol der Kirche bei den Waldensern, deren Tun im Übrigen durchaus mit dem Handeln der Bettelorden vergleichbar war. Die Katharer, d. h. Ketzer, lehnten die Kirche und die bestehende Gesellschaftsordnung ab. Beide Gemeinschaften wurden von der Kirche durch die Inquisition und Kreuzzüge erbittert bekämpft.

Neue Formen der Frömmigkeit

Doch die Veränderungen boten auch neue Chancen: Neue Formen der Frömmigkeit wie die Devotio moderna suchten das bisherige mönchisch-klösterliche Frömmigkeitsideal durch praktisches Weltchristentum, das Krankenpflege und Armenfürsorge zum Inhalt hatte, und innerliche Frömmigkeit zu ersetzen. Monastische Reformklöster wie Melk oder Bursfelde übernahmen eine Vorbildfunktion, um monastisches Leben zu geistlicher Korrektheit zurückzuführen. Durch den allgemeinen Bevölkerungsrückgang boten sich insbesondere in den besonders betroffenen Städten neue Erwerbsmöglichkeiten für die ländliche Bevölkerung. Dort hatte sich das Angebot an Arbeitskräften stark verringert, die Löhne stiegen dementsprechend deutlich an. Die Städte überwanden die Jahrzehnte der Krise daher schneller als das Land. Neben die wirtschaftlich immer noch erfolgreichen Zünfte traten Handelsfirmen frühkapitalistischer Prägung wie die der Fugger oder Welser. So entwickelten sich die Städte zu Zentren des technischen Fortschritts, der in der Mitte des 15. Jahrhunderts in der Erfindung des Buchdrucks durch den Mainzer Johannes Gutenberg seinen Höhepunkt fand. Mit dieser Revolutionierung der Kommunikation legte das Spätmittelalter den Grundstein für die Reformation und den Beginn der Neuzeit.

Die heilige Elisabeth von Thüringen versorgt Arme und Bettler (1530).

„Der wahre Kaiser ist der Papst" – Das Verhältnis von geistlicher und weltlicher Gewalt

Die heute geläufige Vorstellung von der Kirche als länderübergreifender Institution mit einem Papst an ihrer Spitze war bis zur Mitte des 11. Jahrhunderts fremd. Der Papst war in erster Linie Bischof von Rom, als solcher wurde er vom stadtrömischen Adel gewählt. Irgendeine Form der weltlichen Gewalt beanspruchte er nicht. Die besondere Qualität seiner Macht lag in der Fürsorge für das Seelenheil begründet. Er war Sachwalter der Sakraments- und Gnadenmittel. Erst im Laufe des Mittelalters bildete die katholische Kirche zentrale Teile ihrer Verfassung und ihres Selbstverständnisses, die bis heute nachwirken, aus. Ein wichtiges Moment, das diese Entwicklung vorantrieb, war die Auseinandersetzung mit dem weltlichen Herrscher. Bei der Wahl von Erzbischöfen, Bischöfen und Äbten der Reichsklöster bestimmte der König mit und besaß damit entscheidenden Einfluss auf die Besetzung dieser geistlichen Ämter, die eine wichtige Stütze der Königsherrschaft darstellten. Im Zuge der kirchlichen Reformbewegung seit Beginn des 11. Jahrhunderts setzten zunehmend Versuche ein, die kirchliche Sphäre von den Einflüssen der weltlichen Gewalten frei zu machen. Insbesondere die Amtseinführung von Erzbischöfen und Bischöfen durch den König stand in der Kritik. Bei dieser sogenannten Investitur überreichte der König dem gewählten Kandidaten Bischofsring und -stab. Als König Heinrich IV. 1075 in Mailand und sogar innerhalb des Kirchenstaates Bischöfe erhob, kam es zum Bruch zwischen Kaiser und Papst. Gregor VII. verlangte die Rücknahme der Ernennungen, die Heinrich verweigerte. Daraufhin wurde er vom Papst für abgesetzt erklärt und exkommuniziert. Erst durch einen Bußgang nach Canossa, dem Aufenthaltsort des Papstes, erreichte der König die Rücknahme der Exkommunikation. Zwar wurde dieser sogenannte Investiturstreit durch das Wormser Konkordat 1122 beigelegt, der Vorstellung von der Kirche als einer eigenständigen Institution hatte er allerdings den Weg bereitet. So blieb die Frage nach dem Verhältnis der weltlichen und geistlichen Gewalt für das Mittelalter von zentraler Bedeutung. Mithilfe der folgenden Materialien können Sie die Auseinandersetzung nachvollziehen.

- **Wie waren weltliche und geistliche Gewalt einander zugeordnet?**
- **Wie wurden die jeweiligen Ansprüche begründet?**

Um zusammenfassende Antworten zu dieser Thematik im Sinne der Leitfragen zu geben, können Sie die Ergebnisse der Interpretation der Quellenmaterialien M1 – M7 nach der **Methode einer historischen Konfliktanalyse** zusammentragen. Die dabei gewonnenen Erkenntnisse könnten z. B. so systematisiert werden:

- **Konfliktparteien**: Wer steht sich bei dem Konflikt gegenüber?
- **Konfliktgegenstand**: Um welchen Gegenstand oder Inhalt dreht sich der Konflikt? Lässt sich ein ganzer Komplex von strittigen Fragen auf eine zentrale Streitfrage reduzieren?
- **Konfliktverlauf**: Wie verlief der Konflikt? Lassen sich einzelne Phasen unterscheiden?
- **Interessen und Ziele**: Welche Interessen haben Einfluss auf das Handeln der Konfliktparteien? Welche Ziele streben sie an? Was davon haben sie durchgesetzt, was nicht? Gibt es Gewinner und Verlierer?

Vorschlag zum Arbeitsprozess, um die Materialien in arbeitsgleichen Gruppen gezielt fragebezogen zu erschließen:

1. Interpretieren Sie die Quellen M1 – M7 jede für sich nach der Basismethode S. 563ff.

➧ **Tipp:** Inhaltliche Leitperspektiven, die für die Interpretation hilfreich sind:

a) Kompetenzbereiche der beiden Gewalten: Wo lassen sich Unterschiede feststellen, welche Gemeinsamkeiten gibt es?
b) Selbstverständnis der Beteiligten, das in den Quellen zum Ausdruck kommt, und die sich daraus ergebenden Konsequenzen.
c) Historische Entwicklung, die Amtsverständnis und Ansprüche von Kaiser und Papst kennzeichnet.

2. Formulieren Sie für jede Quelle in knapp gefasster Form Ihre Analyseergebnisse und Ihre Interpretationsergebnisse (z. B. auf einem Plakat).

3. Auf dieser Grundlage können Sie dann Ihre systematisierte Konfliktanalyse formulieren und anderen Kursteilnehmern in einer selbstgewählten Präsentationsform vorstellen und Ihre Lösungen vergleichen.

Diskussionsvorschlag: Der Investiturstreit – ein Familienkrach im christlichen Abendland oder mehr?
Alternative: Verfassen Sie eine historische Erörterung zu diesem Thema.

Methode

Mittelalterliche Herrscherbilder interpretieren

A. Herrscherbilder als historische Quellen

Fragt man nach dem Selbstverständnis des hochmittelalterlichen Königtums, so zählen Herrscherbilder zu den aussagekräftigsten Quellen. Auch das vorliegende Krönungsbild gehört zur Gattung der Herrscherbilder, in denen Könige und Kaiser des Mittelalters ihre Auffassung von der Würde, Bedeutung und Funktion ihres Amtes in bildlicher Form festhalten ließen. Schon beim ersten Blick fällt dem Betrachter auf, dass die Personen unterschiedlich groß abgebildet sind. Dieses bereits in der Antike angewendete Mittel, das die Größe der dargestellten Menschen von ihrem sozialen oder politischen Rang abhängig macht, bezeichnet man als Bedeutungsmaßstab. Die Darstellung des Einzelnen ist in der Regel nicht individualisiert. Man kann also nicht davon ausgehen, dass die Personen wirklichkeitsgetreu dargestellt sind. Wichtig ist nicht das Individuum, sondern eine idealtypische Figur, die den Herrscher verkörpert. Die Identifikation einzelner Personen ist allenfalls durch die Zuordnung von Beigaben, den sogenannten Attributen, möglich.

Das Krönungsbild Heinrichs II. stammt aus dem Regensburger Sakramentar, einem liturgischen Buch, das wahrscheinlich schon bald nach der Erhebung Heinrichs zum König, also 1002 oder 1003 im Kloster St. Emmeram in Regensburg angefertigt wurde. Mit dem Abt von St. Emmeram pflegte der künftige König intensive Beziehungen, sodass eine direkte Einflussnahme des Herrschers auf die Bildgestaltung angenommen werden kann.

B. Schritte der Interpretation von Herrscherbildern

1. Schritt – Leitfrage festlegen:
Die Erkenntnisinteressen bestimmen und als Untersuchungsfrage formulieren, die dann für die Interpretation leitend ist.

2. Schritt – Analyse:

– Beschreibung und Klärung formaler äußerer Merkmale

- Die Bildart einschließlich ihrer gattungsspezifischen Merkmale kurz charakterisieren.
- Das Bildthema und die Situation, in der das Bild entstanden ist (d. h. Zeitpunkt der Entstehung, Entstehungsort), benennen.

– Bildbeschreibung und Erläuterung

- Systematisch und genau beschreiben, was auf dem Bild zu sehen ist. Dazu gilt es, a) Gestaltungselemente und b) Personen zu erfassen.

Aspekte, auf die der Blick gerichtet werden sollte:

a) – Wie ist der Hintergrund gestaltet?
– Welche Farben bzw. welches Material, welche Formen werden verwendet?

b) – Wer ist dargestellt?
– Wie sind die Personen dargestellt bzw. welche Merkmale machen eine Identifikation möglich? Schlagen Sie dazu in einem Lexikon die Begriffe Reichsinsignien bzw. Reichskleinodien und Nimbus nach. Die Kleidung der beiden Personen in der unteren Bildhälfte gehört zu den sogenannten Pontifikalien. Einen zusätzlichen Hinweis gibt eine der lateinischen Inschriften des Bildes. Sie lautet übersetzt: „*Siehe, von Gott wird gekrönt und gesegnet der fromme, durch den Stamm seiner Ahnen hoch gerühmte König Heinrich. Ulrich möge das Herz und die Taten des Königs segnen, Emmeran möge ihn mit süßem Trost beglücken. Ein Engel bringt die Lanze und wehrt dadurch ängstliche Sorge von ihm ab; der andere übergibt ihm das Schwert, mit dem er Furcht verbreiten wird!*“
– Welche Tätigkeiten üben die Personen aus?
– In welcher Beziehung stehen sie zueinander?

3. Schritt – Interpretation:

- Die Bildaussage in ihrem historischen Entstehungskontext und in ihrer Darstellungsabsicht unter Berücksichtigung des Zusammenspiels von Inhalt und gewählter Darstellungsform deuten.

– Ebene 1
Interpretation im engeren Sinne

- Welche Absicht verfolgt Heinrich II. mit dieser Darstellung der Königskrönung? Welche Auffassung vom Königtum wird deutlich?
- Welche Funktion kommt der Institution Kirche zu? Zur Beantwortung dieser Frage ist es wichtig, die Bezüge zum Alten Testament zu kennen: Von Moses wissen wir, dass die Hohen Priester Aaron und Hur ihm die Arme so lange gestützt haben, bis die Feinde Gottes besiegt waren.
- Wie überzeugend und wirkungsvoll sind die gewählten Darstellungsmittel, um die gewollte Wirkung beim Betrachter zu erreichen?

– Ebene 2
Zusammenfassendes Resümee mit Blick auf die Leitfrage

- Auf der Grundlage der Ergebnisse der Interpretation im engeren Sinne belegbare Schlussfolgerungen mit Blick auf die gestellte Leitfrage ziehen und tragfähige Antworten formulieren.

M

Krönungsbild Heinrichs II.

MATERIALIEN

M 1 Die Ordnung der Religion

Im Jahr 494 stellte Papst Gelasius I. (492–496) in einem Brief an Kaiser Anastasius seine Lehre von der Gewaltenteilung dar, die während des gesamten Mittelalters die theoretische Grundlage für den Konflikt zwischen weltlicher und geistlicher Gewalt blieb:

Deine Frömmigkeit flehe ich an: Halte meine Amtspflicht, die göttlichen Rechtes ist, nicht für Anmaßung. Einem römischen Kaiser, darum bitte ich, sei es fremd, die Wahrheit für Unrecht zu halten, wenn sie sich seinen Sinnen aufdrängt. Denn durch zwei oberste Instanzen, erhabener Kaiser, wird diese Welt regiert: durch die geheiligte Autorität der Bischöfe und durch die königliche Gewalt. Von diesen beiden wiegt das Gewicht der Priester um so schwerer, als sie im göttlichen Gericht auch für die Könige der Menschen werden Rechenschaft geben müssen. Denn du weißt, allermildester Sohn, dass du zwar dem Menschengeschlechte an Würde vorausgehst, dass du aber vor den Vorstehern der göttlichen Dinge fromm den Nacken beugst und von ihnen die Ursachen deines Heiles erbittest, und so erkennst du, dass du, damit die himmlischen Sakramente empfangen und so, wie es sich gebührt, ausgeteilt werden, dich nach der Ordnung der Religion eher unterordnen als an die Spitze stellen musst, und dass daher du in diesen Dingen von ihrem (der Vorsteher) Urteil abhängst, nicht aber sie nach deinem Willen gelenkt werden wollen. Denn wenn sie in allem, was zur staatlichen Gehorsamsordnung gehört, die Befehlsgewalt anerkennen, die dir durch göttliche Anordnung übertagen ist, und deinen Gesetzen auch als Vorsteher der Religion gehorchen, damit sie nicht etwa in weltlichen Dingen [deiner] Meinung zuwiderzuhandeln scheinen: Mit welchem Empfindungen, so frage ich dich, ist es dann schicklich und geziehmend, denen zu gehorchen, die eingesetzt worden sind, um die ehrwürdigen Mysterien auszuteilen? Wie nun ferner auf den Bischöfen eine schwere Verantwortung liegt, wenn sie verschweigen, was zur Verehrung der Gottheit angemessen ist, so droht, was ferne sei, denen keine geringe Gefahr, die sich abwenden, wenn sie gehorchen müssen. Und wenn es überhaupt schicklich ist, dass sich die Herzen der Gläubiger jedem Priester unterwerfen, der den Gottesdienst recht verwaltet, um wie viel mehr müssen sie dann dem Bischof jenes Stuhles Zustimmung gewähren, der nach dem Willen der höchsten Gottheit vor allen Priestern hervorragt und den nachfolgend die Frömmigkeit der allgemeinen Kirche beständig gepriesen hat? Hier bemerkt deine Frömmigkeit als offenkundig, dass sich niemals irgendjemand nach irgendeiner rein menschlichen Berechnung über das Privileg oder Bekenntnis dessen erheben kann, den Christi Wort über alle gestellt hat, den die ehrwürdige Kirche stets als ihren Primas bekannt und verehrt hat.

(Zit. nach: Wolfgang Lautemann/Manfred Schlenke (Hg.), Geschichte in Quellen, Bd. 1/Altertum, München 1975, S. 820)

M 2 Die Konstantinische Schenkung

Die wohl zwischen 750 und 850 entstandene Urkunde gehört zu den berühmtesten Fälschungen des Mittelalters. Ausgestellt wurde sie angeblich von Kaiser Konstantin I. (gest. 337) für Papst Sylvester (314-335). Auf ihrer Grundlage wurden zentrale Ansprüche des Papsttums legitimiert:

Und wie uns denn die kaiserliche Gewalt auf Erden übereignet ist, so haben wir beschlossen, seine hochheilige römische Kirche zu achten und zu ehren; und mehr als unser Reich und unser irdischer Thron soll der hochheilige Stuhl des seligen Petrus glorreich erhöht werden, indem wir ihm die Macht, ruhmvolle Würde, Gewalt und Ehre verleihen, wie sie dem Kaiser gebührt. […]
Wir beschließen und verordnen ferner, dass er die Oberherrschaft haben soll sowohl über die vier Hauptsitze Antiochien, Alexandrien, Konstantinopel und Jerusalem als auch über alle Kirchen Gottes auf dem gesamten Erdkreis; und der Papst, der jeweils der hochheiligen römischen Kirche vorsteht, soll erhabener sein und den Vorrang besitzen unter allen Priestern auf der ganzen Welt. Nach seinem Gutdünken soll alles geregelt werden, was für den Gottesdienst oder die Festigkeit des christlichen Glaubens vorzusehen ist.
[…]
Um unserer Taufe und der leiblichen Heilung willen überlassen wir den heiligen Aposteln selbst, meinen Herren, den seligsten Petrus und Paulus, und durch sie auch unserem seligen Vater Silvester, dem obersten Bischof und allgemeinen Papst der Stadt Rom und allen ihm nachfolgenden Päpsten, die bis ans Ende der Welt auf dem Stuhle des seligen Petrus sitzen werden, und übertragen ihnen von heute an unseren kaiserlichen Lateranpalast, der alle Paläste des ganzen Erdkreises übertrifft und überragt, sodann das Diadem, d.h. die Krone unseres Hauptes, und zugleich die Mitra, aber auch den Schulterumhang, d.h. das Pallium, welches den kaiserlichen Hals umhüllt, ferner auch den

Purpurmantel und die rote Tunika und alle kaiserlichen Gewänder sowie die Würde von Rittern im kaiserlichen Hofdienst; schließlich verleihen wir auch das Recht zur Benutzung kaiserlicher Szepter, Lanzen, Siegel, Banner und der mannigfachen kaiserlichen Abzeichen sowie zu Aufzügen und zu jeglicher Prachtentfaltung, wie sie unserer kaiserlichen Hoheit und Macht gebührt, [...] die Zügel seines Pferdes haltend, haben wir ihm aus Ehrfurcht vor dem seligen Petrus den Stratordienst [gemeint ist das Halten des Steigbügels, das zur Pflicht eines Vasallen gegenüber seinem Lehnsherren gehörte] geleistet. [...]

Damit nun die päpstliche Würde nicht geringgeschätzt, sondern noch mehr als die Erhabenheit irdischer Herrschaft mit Ruhm und Macht geziert werde, haben wir sowohl unsern vorgenannten Palast als auch das Gebiet der Stadt Rom und alle Provinzen, Orte und Städte Italiens und des Abendlandes dem vorgenannten allerseligsten Pontifex, unserem Vater Silvester, dem allgemeinen Papst, übergeben und sowohl seiner Gewalt und Botmäßigkeit als auch der seiner Nachfolger im Papsttum überlassen. [...]

Deshalb hielten wir es auch für richtig, unsere Reichsregierung und Reichsgewalt in den Osten zu verlegen und zu überführen und in der Provinz Byzanz am geeignetsten Ort unserem Namen eine Hauptstadt zu bauen und dort unsere Regierung einzurichten; denn wo die priesterliche Obergewalt und das Haupt der christlichen Religion vom himmlischen Kaiser eingesetzt worden ist, da darf billigerweise der irdische Kaiser keine Gewalt haben.

(Zit. nach: Heiko A. Oberman u.a. (Hg.), Kirchen- und Theologiegeschichte in Quellen, Bd. 2/Mittelalter, Neukirchen-Vluyn [5]2001, S. 45–47)

M 3 Die Liturgie der Herrscherweihe

Die Ordnung zur Weihe eines Königs ist um 960 wahrscheinlich für die Krönung Ottos II. zum König abgefasst worden:

(1) Einholung des Königs

Zuerst, während der Herrscher sein Gemach verlässt, spricht einer der Bischöfe folgendes Gebet: „Allmächtiger, ewiger Gott, der du deinen Diener N. für würdig hältst der Erhebung auf den Gipfel des Reiches, gewähre ihm, so bitten wir, dass er in dieser Welt Lauf zum gemeinen Heil aller so handele, dass er von dem Pfad deiner Wahrheit nicht abweiche."

(2) Prozession

Danach stützen ihn zwei Bischöfe zur Rechten und zur Linken, ehrenvoll bereitet, mit Heiligenreliquien am Halse; die übrigen Geistlichen aber sind mit Kaseln geschmückt. Voran das heilige Evangelium, zwei Kreuze und Weihrauch, führen sie ihn unter Gesang zur Kirche.

(3) Halt an der Kirchentür, Episkopalgebet

(4) Antiphon (Ps. 19,10) beim Betreten der Kirche

(5) Gebet des Erzbischofs

(6) Geleit zum Altar – Proskynese [= Kniefall] vor dem Altar – Litanei

Dort aber vor dem Chor legt der designierte Herrscher den Mantel und die Waffen ab und schreitet, von den Bischöfen an der Hand geführt, in den Chor bis zu den Stufen des Altars. Dort, wo das ganze Pflaster mit Teppichen und Tüchern bedeckt ist, liegt er demütig in Kreuzesform ganz ausgestreckt zusammen mit den ebenfalls ausgestreckt liegenden Bischöfen und Priestern, während die übrigen im Chor die Litanei – d.h. die zwölf Apostel und ebenso viele Märtyrer, Bekenner und Jungfrauen –, kurz psalmodieren.

(7) Befragung des Herrschers – Professio

Nach Beendigung der Litanei erheben sie sich. Der aufgerichtete Herrscher aber wird vom Metropolitan gefragt, ob er die heiligen Kirchen Gottes und ihre Leiter wie auch das ganze ihm unterstehende Volk in königlicher Vorsehung nach seiner Väter Sitte gerecht und fromm verteidigen und regieren wolle. Er aber verspricht es [...].

(8) Befragung des Volkes – Fiat

Danach wiederum redet der Bischof das Volk an, ob es sich solchem Herrscher und Lenker unterwerfen, seine Königsherrschaft in standhafter Treue befestigen und seinen Befehlen gehorchen wolle. Darauf nun wird vom umstehenden Klerus und Volk einmütig gerufen: „So sei es! So sei es! Amen."

(9–11) Episkopalgebete für Herrscher- und Herrschaft

(12) Salbung

Dann endlich werden ihm von dem Bischof jener Diözese mit geheiligtem Öl Haupt, Brust und Schultern nebst beiden Achseln gesalbt und wird folgendes Gebet gesprochen [...].

(13) Gebet

(14) Übergabe des Schwertes

Danach empfängt er von den Bischöfen das Schwert – und mit dem Schwert ist ihm, wie man wisse, das ganze Königreich [...] zur getreuen Herrschaft übergeben – unter den Worten des Metropolitans: „Empfange das Schwert, das dir durch die wenngleich unwürdigen, so doch an Stelle und durch Autorität der hl. Apostel geweihten Hände der Bischöfe königlich angetan und kraft unserer Weihe und von Gott zur Verteidigung von Gottes heiliger Kirche zugeordnet ist; und gedenke [...], dass du es mit der Kraft der Gerechtigkeit führest, die Gewalt der Ungerechtigkeit mächtig zerstörest und Gottes heilige Kirche und ihre Getreuen als Vorkämpfer schirmest und schützest, Falschgläubige wie Feinde christlichen Namens verfluchest und vernichtest, Witwen und Waisen milde beschützest und verteidigest, [...] auf dass du mit dem Heiland der Welt, den du in Namen und Amt verkörperst, ohne Ende zu herrschen verdienest [...].

(15) Übergabe von Spangen, Mantel und Ring

Mit dem Schwert empfängt er gleichermaßen von ihnen Armspangen, Mantel und Ring unter den Worten des Metropolitans: ,,Empfange den Ring der königlichen Würde und erkenne in ihm das Zeichen des rechten Glaubens, auf dass du, wie du heute als Haupt und Herrscher des Königreiches und Volkes eingesetzt wirst, Bürge und Bewahrer der Christenheit und des christlichen Glaubens bleibest, dass du glücklich im Werk, reich im Glauben mit dem König der Könige dich rühmen kannst [...]."

(16) Übergabe von Szepter und Stab

Danach empfängt er Szepter und Stab unter den Worten des Ordinators: „Empfange die Rute der Zucht und Gerechtigkeit, durch die du lernest, die Frommen zu liebkosen und die Frechen zu erschrecken, den Irrenden den Weg zu bahnen, den Wankenden die Hand zu reichen, dass du verderbest die Hochfahrenden und die Demütigen erhebest [...]."

(17) Krönung

Danach setzt der Metropolitan ehrerbietig die Krone auf das Haupt des Königs und spricht: „Empfange die Krone des Königreiches [...] und erkenne sie als Zeichen der heiligen Glorie und der rechtmäßigen Ehre und des Werkes der Kraft und wisse dich durch sie als Teilhaber unseres Dienstes, sodass du dich immerdar – wie wir uns als Hirten und Lenker der Seelen im Inneren verstehen – auch im Äußeren als ein wahrer Pfleger Gottes und ein Verteidiger gegen alle Widersacher der Kirche Christi und für das dir von Gott gegebene und durch das Amt unserer Weihe an Stelle der Apostel und aller Heiligen deiner Herrschaft übertragene Reich als ein Nutzen bringender Vollstrecker und erfolgreicher Lenker erzeigest [...]."

(18) Fünf Benediktionsformeln

(19 Gang zum Thron und Thronsetzung

Dann wird der ehrenvoll Gekrönte von den Bischöfen durch den Chor vom Altar bis zum Thron geführt, indem der Metropolitan zu ihm spricht: „Stehe fest und behaupte nunmehr den Platz, den du bislang aus väterlicher Erbfolge innehattest und der dir in erblichem Recht durch die Machtvollkommenheit des allermächtigen Gottes und unserer, nämlich aller Bischöfe und übrigen Knechte Gottes, gegenwärtigen Übergabe übertragen ist, [...] auf dass der Mittler zwischen Gott und den Menschen dich als Mittler zwischen Klerus und Volk auf diesem Thron des Königreiches bestärke und im ewigen Reich mit sich herrschen lasse [...]."

(20) Friedenskuss – Tedeum – Messe

Dann gibt der König ihnen den Friedenskuss. Die ganze Versammlung der Kleriker aber wünscht dem Herrscher Heil und stimmt unter Glockenläuten das Tedeum an. Danach feiert der Metropolitan die Messe in voller Prozession.

(Zit. nach: Wilfried Hartmann (Hg.), Deutsche Geschichte in Quellen und Darstellung, Bd. 1/Frühes und hohes Mittelalter 750-1250, Stuttgart 1995, Nr. 34.1)

M 4 Die Sonderstellung des Papstes

Die theoretischen Forderungen Gregors VII. sind zusammengestellt im „Dictatus papae", 27 Sätzen, die hinter einem Brief vom 3. März 1075 in das Briefregister des Papstes eingetragen sind, jedoch nicht verbreitet wurden:

Diktat des Papstes

I. Dass die römische Kirche vom Herrn allein gegründet worden sei.

II. Dass allein der römische Bischof zu Recht als universal bezeichnet werde.

III. Dass ausschließlich jener Bischöfe absetzen oder in den Schoß der Kirche wieder aufnehmen könne.

IV. Dass sein Legat allen Bischöfen auf einem Konzil übergeordnet sei, auch wenn er einen niedrigeren Weihegrad besitzt, und dass er gegen diese ein Absetzungsurteil fallen könne.

V. Dass der Papst Abwesende ihres Amtes entheben könne.

VI. Dass wir mit von jenem Exkommunizierten unter anderem nicht in demselben Haus bleiben dürfen.

VII. Dass es jenem allein gestattet ist, entsprechend dem Erfordernis der Zeit neue Gesetze zu schaffen, neue Gemeinden zu bilden, aus einer Kanonie eine Abtei zu machen und umgekehrt sowie ein reiches Bistum zu teilen und arme zu vereinigen.

VIII. Dass er allein kaiserliche Insignien benutzen könne.

IX. Dass alle Fürsten allein des Papstes Füße küssen sollen.

X. Dass allein sein Name in den Kirchen verlesen werde.

XI. Dass dieser Name einzigartig ist in der Welt.

XII. Dass es jenem erlaubt sei, Kaiser abzusetzen.

XIII. Dass es jenem gestattet sei, bei zwingender Notwendigkeit Bischöfe von einem Sitz auf einen anderen zu versetzen.

XIV. Dass er jeden beliebigen Kleriker aus der ganzen Kirche weihen könne.

XV. Dass ein von jenem Geweihter einer anderen Kirche zwar vorstehen, aber nicht dienen kann, und dass er von keinem anderen Bischof einen höheren Weihegrad empfangen darf.

XVI. Dass keine Synode ohne seine Anweisung als allgemein bezeichnet werden darf.

XVII. Dass kein Rechtssatz und kein Buch ohne seine Autorität als kirchenrechtlich verbindlich gelten solle.

XVIII. Dass sein Urteil von niemandem widerrufen werden dürfe und er selbst die Urteile aller widerrufen könne.

XIX. Dass er selbst von niemandem gerichtet werden dürfe.

XX. Dass es niemand wage, jemanden zu verdammen, der an den apostolischen Stuhl appelliert.

XXI. Dass die größeren Rechtsfälle einer jeden Kirche an ihn übertragen werden müssen.

XXII. Dass die römische Kirche niemals geirrt hat und nach dem Zeugnis der Schrift auch fürderhin niemals irren wird.

XXIII. Dass der römische Bischof, falls er auf kanonische Weise in sein Amt eingesetzt wurde, durch die Verdienste des seligen Petrus unzweifelhaft heilig wird, nach dem Zeugnis des heiligen Bischofs Ennodius von Pavia, dem viele heilige Väter zustimmen, wie es in den Dekreten des seligen Papstes Symmachus überliefert ist.

XXIV. Dass es auf seinen Befehl und mit seiner Erlaubnis Untergebenen gestattet sei, Anklage zu erheben.

XXV. Dass er ohne eine synodale Zusammenkunft Bischöfe absetzen oder in den Schoß der Kirche wieder aufnehmen könne.

XXVI. Dass derjenige nicht für katholisch gehalten werde, der nicht mit der römischen Kirche übereinstimmt.

XX VII. Dass er Untergebene vom Treueid gegenüber Sündern lösen kann.

(Zit. nach: Johannes Laudage (Hg.), Der Investiturstreit. Quellen – Dokumente – Materialien, Köln 1990, Nr. 14)

M 5 Das Wormser Konkordat

Nach jahrelangen Verhandlungen kam es im September 1122 in der Nähe von Worms zum Austausch von zwei Urkunden, die den Investiturstreit zwischen Kaiser und Papst beilegten. Die kaiserliche Urkunde (Heinricianum) ist im Original im Vatikanischen Archiv erhalten, die päpstliche Urkunde (Calixtinum) in zahlreichen Abschriften:

Kaiserliche Urkunde (Heinricianum)

In Namen der heiligen und unteilbaren Dreieinigkeit. Ich, Heinrich, Kaiser und Augustus der Römer, überlasse aus Liebe zu Gott der heiligen römischen Kirche und dem Herrn Papst Calixtus sowie zum Heile meiner Seele Gott, den heiligen Aposteln Gottes Petrus und Paulus und der heiligen katholischen Kirche jede Investitur mit Ring und Stab und gewähre allen Kirchen in meinem König- und Kaiserreiche kanonische Wahl und freie Weihe. Die Besitzungen und Regalien des heiligen Petrus, die seit Ausbruch dieses Streites bis zum heutigen Tage zur Zeit meines Vaters und unter mir genommen wurden und die ich besitze, gebe ich dieser heiligen römischen Kirche zurück, soweit sie aber nicht in meinem Besitze sind, werde ich für ihre Rückgabe gewissenhaft sorgen. Die Besitzungen aller anderen Kirchen, Fürsten sowie anderer Personen, Kleriker wie Laien, werde ich, soweit sie in meinem Besitze sind, zurückgeben und, soweit sie nicht in meinen Händen sind, für ihre Rückgabe gewissenhaft sorgen. Und ich gebe dem Herrn Papst Calixtus und der heiligen römischen Kirche sowie allen seinen gegenwärtigen wie früheren Anhängern wahren Frieden. Und ich werde der heiligen römischen Kirche in allem getreulich beistehen, worin sie meine Hilfe fordert; worin sie Klage erhebt, werde ich ihr wie schuldig Recht erweisen. All dies wurde mit der Zustimmung und dem Rate der Fürsten, deren Namen folgen, beschlossen: Adalbert, Erzbischof von Mainz; Friedrich, Erzbischof von Köln; Bruno, Erzbischof von Trier.

Päpstliche Urkunde (Calixtinum)

Ich, Bischof Catixtus, Knecht der Knechte Gottes, bewillige dir, meinem geliebten Sohne Heinrich, von Gottes Gnaden Kaiser und Augustus der Römer, dass die Wahl der Bischöfe und Abte des deutschen Reiches, die zu deinem Königreiche (Deutschland) gehören, in deiner Gegenwart ohne Simonie und irgendwelche Vergewaltigung vollzogen werde und dass du im Falle eines Streites unter den Parteien nach gütlicher Vereinbarung oder durch Richterspruch des Metropoliten und der Bischöfe dieser Provinz dem besseren Teile deine Zustimmung und Hilfe gewährest. Der Erwählte soll dann von dir ohne jegliche Bezahlung die Regalien durch Verleihung des Stabes erhalten und dir leisten, wozu er demgemäß von Rechts wegen verpflichtet ist. Wer in anderen Teilen deines Kaiserreiches (Italien und Burgund) geweiht wurde, soll innerhalb von sechs Monaten ohne jegliche Bezahlung die Regalien durch Verleihung des Stabes von dir erhalten und dir leisten, wozu er demgemäß von Rechts wegen verpflichtet ist. Sämtliche Belange der römischen Kirche sind (jedoch hierbei von diesen Leistungen) ausgenommen. Worüber du mir gegenüber Klage erheben und worin du meine Hilfe verlangen wirst, in allem werde ich dir nach der Verpflichtung meines Amtes Hilfe leisten. Ich gewähre dir wahren Frieden sowie allen, welche auf deiner Seite stehen oder während der Zeit dieses Kampfes auf deiner Seite gestanden sind.

(Zit. nach: Wilfried Hartmann (Hg.), Deutsche Geschichte in Quellen und Darstellung, Bd. 1/Frühes und hohes Mittelalter 750-1250, Stuttgart 1995, Nr. 1/F)

M 6 Sonne und Mond

Das Papsttum Innozenz III. fiel in die Zeit einer Schwächeperiode des deutschen Königtums. Mit Innozenz, der als einer der bedeutendsten Päpste des Mittelalters gilt, vergrößerte das Papsttum seine Macht erheblich. Zum Verhältnis zwischen geistlicher und weltlicher Gewalt äußerte sich der Papst in dem Brief „Sicut universitatis" vom 30. Okt. 1198:

So wie Gott, der Schöpfer des Alls, am Himmelsfirmament zwei große Lichter befestigte (Gen 1, 16), ein größeres, das den Tag regiere, und ein kleineres, das über die Nacht herrsche, so hat er an das Firmament der allgemeinen Kirche, die mit dem Namen „Himmel" benannt wird, zwei große Würden eingerichtet. Die größere, die – gleichsam als den Tagen – den Seelen vorstehe, und die kleinere, die – gleichsam als den Nächten – den Leibern vorstehe: das sind die bischöfliche Autorität und die königliche Gewalt. Wie nun der Mond sein Licht von der Sonne erhält und zugleich kleiner ist als jene sowohl der Größe wie der Beschaffenheit, der Lage wie der Wirksamkeit nach, so erhält die königliche Gewalt von der päpstlichen Autorität den Glanz ihrer Würde: Je mehr sie sich ihrem Anblick hingibt, von umso hellerem Licht wird sie geziert, und je mehr sie sich von ihrem Anblick abwendet, umso mehr verliert sie an Glanz.

(Zit. nach: Heiko A. Oberman u. a. (Hg.), Kirchen- und Theologiegeschichte in Quellen, Bd. 2/Mittelalter, Neukirchen/Vluyn [5]2001, S. 133)

M 7 Die zwei Schwerter

Mit Bonifaz VIII. (1294-1303) sind Höhepunkt und Fall des Papsttums verbunden. Als Grundsatzerklärung ist seine Bulle „Unam sanctam" vom 18. November 1302 aufzufassen. Es gelang Bonifaz jedoch nicht, seine Ansprüche durchzusetzen:

In Christi Gewalt seien zwei Schwerter, ein geistliches und ein weltliches, so lernen wir es nach den Worten des Evangeliums. Die Apostel sprachen: „Siehe, hier sind zwei Schwerter", nämlich in der Kirche, und als die Apostel so redeten, antwortete der Herr nicht, das ist zuviel, sondern: „es ist genug". Wer freilich leugnet, dass das weltliche Schwert sich in der Gewalt des Petrus befindet, achtet das Wort des Herrn schlecht: „Stecke dein Schwert zurück in die Scheide." Beide sind also in der Gewalt der Kirche, das geistliche Schwert wie das irdische. Dieses aber ist für die Kirche, jenes von der Kirche zu führen. Jenes liegt in der Hand des Priesters, dieses in der der Könige und Ritter, aber zur Verfügung und mit Erlaubnis des Priesters. Es ziemt sich, dass das eine Schwert unter dem anderen stehe und dass die weltliche Macht der geistlichen Gewalt unterworfen sei. Denn da der Apostel sagt: „Es gibt keine Gewalt außer von Gott; die es aber gibt, sind von Gott eingesetzt", wären sie nicht eingesetzt, wenn nicht ein Schwert unter dem anderen stünde und gleichsam das geringere über das andere Schwert von der höchsten Gewalt abgeleitet wäre. Denn gemäß dem heiligen Dionysius ist es göttliches Gesetz, die geringsten Dinge über die mittleren auf die höchsten zurückzuführen. Also stehen die Dinge nach der Ordnung des Universums nicht gleichmäßig und ohne Abstufungen nebeneinander, sondern die Geringsten werden durch die Mittleren und die Geringeren durch die Höheren aufeinander zugeordnet. Wie sehr aber die geistliche Gewalt an Würde und vornehmem Rang jede irdische Gewalt übertrifft, bekennen wir, wie es sich gebührt, umso nachdrücklicher, je deutlicher die geistlichen vor den weltlichen Dingen stehen. Wir haben dies auch in der Leistung des Zehnten, in Segenspendung und Heiligsprechung, im Empfang dieser Gewalt und in der Lenkung der Dinge selbst klar vor Augen. Denn wie die Wahrheit selbst bezeugt, hat die geistliche Gewalt die irdische Gewalt einzusetzen und zu richten, falls sie nicht gut sein sollte. So erfüllt sich für die Kirche und die kirchliche Gewalt die Prophezeiung des Jeremias: „Siehe, ich setze dich heute über Völker und Reiche etc."

Folglich wird die irdische Gewalt, wenn sie irrt, von der geistlichen Gewalt gerichtet werden; wenn aber eine geringere geistliche Instanz irrt, wird sie von der ihr übergeordneten gerichtet, und wenn die höchste irrt, kann sie nur von Gott allein, von keinem Menschen gerichtet werden, wie der Apostel bezeugt: „Der Geistliche richtet über alles, er selbst aber wird von niemandem gerichtet." Diese Macht – obwohl sie einem Menschen gegeben ist und durch einen Menschen ausgeübt wird, ist sie nicht menschlich, sondern eher göttlich – ist aber durch Gottes Wort Petrus gegeben, und zwar ihm selbst und seinen Nachfolgern in Christus selbst, den er – als der feste Fels – bekannte, da ja der Herr zu Petrus selbst sprach: „Was du binden wirst auf Erden, das wird im Himmel gebunden sein, und was du lösen wirst auf Erden, das wird im Himmel gelöst sein." Wer sich also dieser von Gott so eingerichteten Gewalt widersetzt, der widersetzt sich Gottes Ordnung […].

(Zit. nach: Jürgen Miethke/Arnold Bühler, Kaiser und Papst im Konflikt – Zum Verhältnis von Staat und Kirche im späten Mittelalter, Düsseldorf 1988, S. 122–124)

Macht Stadtluft frei?

Seit dem 11./12. Jahrhundert kam es in Europa zu Veränderungen, die die hergebrachte Gesellschaftsordnung des Mittelalters nachhaltig verändern sollten. Herrschaft und politische Entscheidungsgewalt, die bislang sowohl im weltlichen als auch im geistlichen Bereich vorrangig dem Adel vorbehalten waren, wurden nunmehr auch vom neu entstandenen Bürgertum beansprucht: Mit der Konstituierung der Stadt als unabhängigem Herrschafts- und Rechtsbereich schlug die Stunde des Bürgers. In diesem Prozess gelangte ein Gedanke zum Durchbruch, der auf der Gemeinde aufbaute und mit einem neuen Verständnis von persönlicher Freiheit und politischer Autonomie verknüpft war. Die Anfänge dieser Bewegung zu kommunaler Selbständigkeit fassen wir nahezu gleichzeitig in verschiedenen Regionen Europas, so z. B. in Oberitalien, Flandern sowie den oberrheinischen Bischofsstädten. Besonders in den großen abendländischen Städten vollzog sich dieser Vorgang in zum Teil sehr heftigen Formen und gewaltsamen Auseinandersetzungen.

Als politisches Leitungsgremium der städtischen Gemeinden entwickelte sich der Rat, der in den Städten nördlich der Alpen in aller Regel von einer abgeschlossenen Schicht „ratsfähiger" Familien besetzt wurde. Dieser Rat entwickelte sich bis zum Spätmittelalter zu einer städtischen Obrigkeit, die in viele Bereiche des städtischen Lebens regulierend eingriff. So ist es kein Wunder, dass auch die Durchsetzung der Ratsherrschaft alles andere als konfliktfrei verlief. Hatten sich die werdenden Stadtgemeinden in der frühen Phase der Kontrolle ihrer Stadtherren entzogen, so stritten im 14. Jahrhundert Handwerker und Kaufleute um eine angemessene Beteiligung an der Ratsherrschaft.

Politische Freiheit („Stadtluft macht frei") war für die Mehrzahl der Stadtbewohner jedoch nur eine Seite der Medaille. Auf der anderen standen vielfach soziale Not oder sogar Armut, und die städtische Obrigkeit ging mit Angehörigen der Unterschichten oder Randgruppen nicht gerade zimperlich um.

Die Materialien ermöglichen es Ihnen, grundlegende Einblicke in die stadtbürgerliche Gesellschaft des Mittelalters zu gewinnen. Folgende Leitfragen sollen dazu beantwortet werden:

- **Welche Freiheiten zeichneten die stadtbürgerliche Gesellschaft im Mittelalter aus?**
- **Wie weit gingen die Freiheiten für den Einzelnen? Wo gab es Grenzen der Freiheit?**

Obwohl die ausgewählten Quellen aus unterschiedlichen mitteleuropäischen Städten stammen, lässt sich mit ihrer Hilfe ein „idealtypisches" Bild von der mittelalterlichen Stadtgesellschaft nachzeichnen.

Entwerfen Sie zwei Lernplakate zu den beiden Leitfragen.

Werten Sie dazu die Materialien M 1 – M 8 mithilfe der nachfolgenden Arbeitsaufgaben aus.

1. Erarbeiten Sie die zentralen Aspekte der Schilderung des Galbert von Brügge (M 1). Orientieren Sie sich dabei an den Kriterien „Öffentlichkeit", „Schwurgemeinschaft", „politische Mitsprache" und „städtische Freiheitsrechte". Ziehen Sie dazu auch M 4 heran.
2. Zeigen Sie auf, welche Rechte und welche Pflichten den Bürgern im Freiburger Marktprivileg (M 2) zugesprochen werden. Stellen Sie die Vor- und Nachteile, die der Vertragsabschluss für beide Vertragsparteien nach sich zog, gegenüber.
3. Erstellen Sie ein Schaubild zur Gliederung der städtischen Gesellschaft bei Bertold von Regensburg (M6). Vergleichen Sie seine Ausführungen mit der Darstellung der mittelalterlichen Stände auf S. 107f.
4. Arbeiten Sie die im Bürgereid (M 3) aufgeführten Rechte und Pflichten heraus und erörtern Sie mögliche Beweggründe der Neubürger für den Zuzug in die Stadt.
5. Arbeiten Sie heraus, welche Rechte und Pflichten dem einzelnen Handwerker, welche der Zunft zugeschrieben werden (M 6). Auf welche Bereiche erstreckt sich der Einfluss der Zunft? Erläutern Sie die Vor- und Nachteile der Zugehörigkeit zu einer Zunft.
6. Die Braunschweiger Schreiben zeigen die unterschiedliche Sicht der beteiligten Parteien auf dasselbe Ereignis (M 7). Analysieren Sie die Gründe,

die für den Ausbruch des Aufstands angegeben werden. Wo liegen inhaltliche Unterschiede in der Darstellung durch die Konfliktgegner?

7. Die Bettelordnung (M 8) definiert die legitime Form des Bettelns. Arbeiten Sie heraus, unter welchen Umständen Betteln aus der Sicht des Nürnberger Rates zulässig ist. Welche Kontrollmechanismen zur Durchsetzung sieht die Bettelordnung vor?

MATERIALIEN

M 1 Die Entstehung der Gemeinde

Am 2. März 1127 wurde Karl der Gute, seit 1119 Graf von Flandern, in der Kirche St. Donatian in Brügge sozusagen in seiner eigenen Residenz ermordet. In die sich anschließenden Auseinandersetzungen um seine Nachfolge griffen die Bewohner flandrischer Städte ein, um zentrale Entscheidungen in ihrem Sinne zu beeinflussen. Zum ersten Mal trat eine ganze Städteregion mit dem Anspruch auf, wichtige Fragen der Politik mitzugestalten. Der Kleriker Galbert berichtet über die Ereignisse in seiner Heimatstadt Brügge:

Nachdem sie die Flamen aus dem Umland zusammengerufen hatten, versammelten sich unsere Bürger an Palmsonntag, dem 27. März, auf einem Platz innerhalb der Befestigungsanlagen. Dort schworen sie bei den Reliquien der Heiligen den folgenden Eid: „Ich schwöre, einen edlen Herren zum Grafen dieses Landes zu wählen, der verständig und nutzbringend das Reich seiner Vorgänger regieren wird, die Rechte kraftvoll gegen die Feinde des Vaterlandes zu wahren vermag, der sich eifrig und mit frommem Sinne der Armen und Schwachen annimmt, gottergeben ist und den Weg der Rechtmäßigkeit beschreitet, kurzum einen, der den Nutzen des Landes in gemeinschaftlichem Sinn fordern will und kann.“ […]
Am 5. April ritt der König mit dem neu gewählten Grafen Wilhelm in unsere Stadt Brügge ein. Die Kanoniker von St. Donatian gingen ihnen mit den Reliquien der Heiligen entgegen und begrüßten den König und den neuen Grafen mit einer feierlichen Prozession, die der Würde des Königs angemessen war.
Am 6. April versammelten sich der König und der neue Graf mit den Rittern, den Bürgern sowie zahlreichen Flamen auf dem vorgenannten Platz, auf dem die Reliquare und die Reliquien der Heiligen zusammengetragen worden waren. Nachdem Ruhe eingekehrt war, wurden die Privilegien und Freiheitsbriefe von St. Donatian in Anwesenheit von König und Graf laut und deutlich verlesen, damit niemand gegen die schriftlich festgelegten Privilegien verstoßen würde. […]
Dann wurde ebenfalls die Vertragsurkunde mit den Übereinkünften zwischen dem Grafen und unseren Bürgern verlesen, die den Erlass von Zoll und Grundzins betraf. Für den Preis der Wahl und Anerkennung des neuen Grafen erhielten die Bürger von Brügge von diesem die Freiheit zugestanden, keinen Zoll und Grundzins in der Stadt mehr an den Grafen oder einen seiner Nachfolger entrichten zu müssen. Dieses auf ewig verliehene Recht, das in der Vertragsurkunde festgeschrieben war, bekräftigten König und Graf durch einen Eid […] auf die Reliquien. Daraufhin leisteten die Bürger dem Grafen den üblichen Treueid und huldigten ihm, wie sie es gegenüber seinen gerechten und edlen Vorgängern getan hatten. Um sich das Wohlwollen unserer Bürger zu sichern, verlieh der Graf ihnen zusätzlich das Recht, ihre Rechtsordnungen jederzeit nach Bedarf und eigenem Ermessen zu korrigieren und zu verbessern.

(Zit. nach: James Bruce Ross, The Murder of Charles the Good – Count of Flanders, by Galbert of Bruges, New York 1967, S. 193 u. 201-204, frei übersetzt von U. Henselmeyer)

M 2 Marktprivileg für die neu gegründete Stadt Freiburg

Das Marktprivileg umfasst die vom Stadtherrn bei der Gründung oder Erhebung einer Stadt verliehenen Freiheiten und Rechte. Das Marktrecht von Freiburg ist das älteste Privileg für eine Stadtgründung:

Kund sei allen, Zukünftigen wie Gegenwärtigen, dass ich, Konrad, in meinem Ort Freiburg einen Markt errichtet habe im Jahre 1120 nach der Geburt des Herrn. Mit den von überall her zusammengerufenen angesehenen Kaufleuten habe ich in einer beschworenen Vereinbarung beschlossen, dass sie die Marktsiedlung beginnen und ausbauen sollen.
Daher habe ich jedem Kaufmann in der geplanten Marktsiedlung eine Hausstätte zugewiesen, auf der er ein eigenes Haus erbauen kann, und habe verfügt, dass mir und meinen Nachfolgern von jeder Hausstätte ein Schilling öffentlicher Münze jährlich am Martinstage zu zahlen sei. Es sei daher jedermann kund, dass ich auf ihre (der Kaufleute) Bitten und Wünsche hin folgende Rechte bewilligt habe, die – so schien es mir ratsam – in einer Urkunde zusammengeschrieben werden sollten, damit man sie auf lange Zeit im Gedächtnis be-

wahre, so dass meine Kaufleute und ihre Nachkommen mir und meinen Nachfahren gegenüber dieses Privileg für alle Zeiten behaupten können.

1. Ich verspreche Frieden und sichere Reise in meinem Machtbereich und Herrschaftsgebiet allen, die meinen Markt aufsuchen. Wenn einer von ihnen auf dieser Strecke beraubt wird, werde ich, wenn er den Räuber namhaft macht, entweder dafür sorgen, dass die Beute zurückgegeben wird, oder ich werde selbst zahlen.

2. Wenn einer meiner Bürger stirbt, soll seine Frau mit den Kindern alles besitzen und frei von allen Ansprüchen behalten, was ihr Mann hinterlassen hat.

3. Allen Marktsiedlern verleihe ich, dass sie an den Rechten meines Volkes und der Landsleute teilhaben sollen, soweit ich es vermag, damit sie insbesondere frei von aller Banngewalt die Weiden, Wasserläufe, Gehölze und Wälder nutzen können.

4. Allen Kaufleuten erlasse ich den Zoll.

5. Niemals werde ich meinen Bürgern einen neuen Vogt oder einen neuen Priester ohne ihre Wahl setzen, sondern wen sie dazu wählen, den sollen sie unter meiner Bestätigung haben.

6. Wenn sich zwischen meinen Bürgern ein Zwist oder Streit erhebt, soll er nicht nach meinem oder ihres Vorstehers Belieben entschieden werden, sondern soll gerichtlich verhandelt werden, wie es Gewohnheit und Recht aller Kaufleute, besonders aber derer von Köln, ist.

7. Wenn jemand durch Mangel am Lebensnotwendigen dazu gezwungen ist, darf er seinen Besitz verkaufen, wem er will. Der Käufer aber soll von der Hausstätte den festgesetzten Zins entrichten.

Damit meine Bürger diesen Zusagen nicht etwa nur geringen Glauben schenken, habe ich mit zwölf meiner namhaftesten Ministerialen durch Eid auf die Reliquien der Heiligen dafür Sicherheit geleistet, dass ich und meine Nachfahren alles Vorstehende stets erfüllen werden. Damit ich aber diesen Eid nicht um irgendeiner Not willen breche, habe ich mit meiner Rechten dem freien Manne und den Vereidigten des Marktes wegen dieser Sache ein unverbrüchliches Treugelöbnis gegeben. Amen.

(Zit. nach: Wilfried Hartmann (Hg.), Deutsche Geschichte in Quellen und Darstellung, Bd. 1/Frühes und hohes Mittelalter 750–1250, Stuttgart 1995, Nr. 76)

M 3 Ein Frankfurter Bürgereid

Voraussetzungen für den Erwerb des Bürgerrechts sowie Rechte und Pflichten des Bürgers verdeutlicht dieser Bürgereid aus Frankfurt am Main von 1398:

Ein jeglicher, der Bürger werden will zu Frankfurt, soll in gutem treuen Glauben und zu den Heiligen schwören, unserem gnädigen Herrn, dem Römischen Kaiser oder König N. als seines Herrn von Reiches wegen treu zu sein sowie Bürgermeistern, Schöffen und Rat von Frankfurt gehorsam und treu zu sein und vor Gefahren, die ihnen und der Stadt Frankfurt drohen, zu warnen, ihr Bestes zu wollen und nichts zu unternehmen, was zu ihrem Schaden sein könnte. […] Für den Fall, dass er gerichtliche Auseinandersetzungen mit dem Rat und der Stadt Frankfurt oder mit den Bürgern und ihren Angehörigen auszutragen hätte, so soll er sich an das Reichsgericht von Frankfurt und nirgendwo anders hin wenden. Für den Fall, dass er in der Vergangenheit in irgendeine kriegerische Auseinandersetzung verwickelt gewesen ist, soll man ihn nicht in seiner Rechtsstellung als Bürger zur Verantwortung ziehen. Was er aber in Zukunft zu verantworten habe, das soll er als Bürger tun. […]

[Nachtrag:] Auch soll man niemand als Bürger aufnehmen, der Fastnachtshühner oder Geld von seinem Leibe entrichten muss. Doch falls jemand einen Hof oder andere Güter besitzt, von denen er Hühner geben muss, den soll man nicht hindern, das Bürgerrecht zu empfangen, da er Hühner oder Geld nicht von seinem Leibe gibt. […]

Auch soll einer, der Bürger wird, der Stadt 10 Pfund Heller und 4 Schillinge zahlen und dem Schreiber seinen Lohn. Kann er der Stadt diesen Betrag nicht auszahlen, weil er aufgrund von Schulden nicht die Summe von 100 Mark besitzt, so soll er mindestens 3 Pfund Heller und 4 Schillinge geben und schwören, den Rest zu begleichen, wenn er wieder im Besitz von 100 Mark ist. Heiratet jemand eine Bürgerin oder die Tochter eines Bürgers oder einer Bürgerin, so soll er nicht mehr als 4 Schillinge an die Stadt zahlen, dem Schultheiß ein Achtel des besten Schankweines und dem Schreiber seinen Lohn geben und dann schwören, wie oben beschrieben. Will aber ein Bürgerssohn in das Bürgerbuch eingeschrieben werden, der soll auch schwören wie oben geschrieben steht und nicht mehr geben als dem Schreiber den Lohn.

(Zit. nach: Dietrich Andernacht/Erna Berger (Hg.), Die Bürgerbücher der Reichsstadt Frankfurt 1401–1470, Frankfurt/Main 1978, S. 1)

M 4 Der Lüneburger Bürgereidkristall

Dieses Eidesreliquiar aus dem 15. Jahrhundert mussten alle Neubürger Lüneburgs, die den Bürgereid ablegten, bei der Eidesleistung berühren. Im zylindrischen Behälter aus Bergkristall befanden sich Reliquien.

M 5 Von zehn Chören der Engel und der Christenheit

Im Spätmittelalter hatte die Entstehung zahlreicher Städte und die damit einhergehende Differenzierung der Gesellschafl zu Veränderungen geführt, denen auch das herkömmliche Modell der gesellschaftlichen Ordnung Rechnung tragen musste. So formulierte Berthold von Regensburg (um 1210–1272), der zu den einflussreichsten Predigern seiner Zeit gehörte:

Das Himmelreich ist mit zehn Chören der heiligen Engel geschmückt und ausgezeichnet. Von denen ist einer immer noch herrlicher und erhabener als der vorhergehende. Die niederen Chöre nun hat unser Herr dazu bestimmt, den oberen in allerlei Dingen zu Diensten zu sein. Ebenso aber auch die oberen Chöre: Sie wiederum haben für den Dienst, den ihnen die niederen Chöre leisten, diesen gegenüber allerlei Verpflichtungen übernommen. Dementsprechend hat Gott der Allmächtige die heilige Christenheit dem Himmelreich gleichgemacht: Auch auf Erden hat er in der heiligen Christenheit die Menschen in zehn verschiedene Stände unterteilt! Bei ihnen stehen ebenfalls die einen über den anderen, und die niederen müssen den oberen Ständen zu Diensten sein. Umgekehrt aber haben die oberen gegenüber den niederen Ständen [...] auch allerlei Verpflichtungen. [...]

Die ersten drei Stände der Menschen sind die erhabensten und vornehmsten; Gott der Allmächtige selbst hat sie dazu auserwählt und bestimmt, dass ihnen alle anderen sieben untertan sein und ihnen dienen sollen. Zuerst kommen die Geistlichen, welche die Christenheit unterweisen sollen; sodann kommen die Mitglieder der Orden und schließlich drittens die weltlichen Richter, Herren und Ritter, welche die Witwen und Waisen schützen sollen. Die dritten und die ersten sollen die Christenheit an Leib und Seele bewahren. [...]
Ich will euch nun von den anderen Chören der heiligen Christenheit erzählen. Sieben sollten es von Rechts wegen noch sein. Allerdings sind es nur noch sechs: Die ersten drei und sechs, das sind zusammen neun. Der zehnte Chor ist von uns Christenmenschen abgefallen. Ebenso wie der zehnte Chor der Engel vom oberen Himmelreich abgefallen ist und sie alle zu Teufeln wurden, ist der zehnte Chor von der heiligen Christenheit vollständig abgefallen und hat sich zu den Teufeln gesellt, wo es für diese Leute keinerlei Rettung mehr gibt. [...]
Die ersten sind alle diejenigen, die Kleidungsstücke herstellen, welcher Art Kleidung die Menschen auch immer brauchen. Sie gehören alle zusammen zu einer Berufsgruppe, ob sie nun Seidenkleidung, Wollkleidung, Leinenkleidung oder Pelzkleidung herstellen, Schuhe, Handschuhe oder Gürtel oder was man sonst noch zur Bekleidung rechnen mag. Sie alle sind zu einem Chor zusammengefasst, und man kann sie unter keinen Umständen entbehren. [...]
Zum zweiten Chor gehören all jene, die ihrer Arbeit mit Werkzeugen aus Eisen nachgehen. Sie gehören alle zusammen zu einem Chor und zu einer Berufsgruppe: Es sind die Goldschmiede, Münzschläger und anderen Schmiede, die Zimmerleute ebenso wie die Eisenschmiede und alle möglichen Schmiede, dazu auch Steinmetze, Drechsler und alle möglichen Leute, die mit eisernem Werkzeug arbeiten – sie alle gehören zusammen in einen Chor, und auch auf sie kann man keinesfalls verzichten. Sie alle sollen ihren Beruf ohne Falsch und Betrug ausüben. [...]
Den dritten Stand bilden all jene, die Handel treiben; auch sie kann man keinesfalls entbehren. Was in einem anderen Königreich billig zu haben ist, bringen sie hierher, und was jenseits des Meeres billig zu haben ist, das schaffen sie herüber; umgekehrt schaffen sie das, was hier billig zuhaben ist, hinüber. So bringen die einen Waren aus Ungarn heran, die anderen aus Frankreich, die einen auf Schiffen, die anderen auf Wagen, die einen, indem sie ihre Lasttiere antreiben, die anderen, indem sie ihre Ware selbst tragen. Was sie nun auch immer im Einzelnen tun mögen: Ihnen allen ist ihr Platz in einem Chor zugewiesen und sie sind einem Beruf verpflichtet. Auch diesen Beruf benötigen die obersten Chöre dringend. Dient ihnen dadurch, dass ihr euren Handel ohne Falsch tätigt! [...]
Der vierte Chor, der im unteren Himmelreich, also in der heiligen Christenheit, die vierte Berufsgruppe bildet, umfasst all jene die Essen und Trinken zum Kauf anbieten; auch sie kann man keinesfalls entbehren. Sie müssen uns nämlich das Brot backen, Fleisch verkaufen, Bier brauen, Met kochen und die Fische fangen; schließlich Käse, Eier, Heringe und anderes zum Verkauf herbeischaffen.
Zum fünften Chor nun gehören all jene Menschen, deren Beruf darin besteht, den Boden – sei es mit Wein, sei es mit Korn – zu bebauen; dazu auch jene Bauern, die eine Öl- oder Obstbaumpflanzung betreiben oder womit man sonst noch den Boden bebauen mag. Sie gehören alle zusammen zu einer Berufsgruppe; auch sie könnte wohl niemand entbehren. Redlich und rechtschaffen sollen sie sich gegenüber ihren Herren verhalten, aber auch gegenüber ihresgleichen: sie selbst also mit- und untereinander. [...]
Schließlich den sechsten Chor in der heiligen Christenheit hat Gott der Allmächtige all jenen zugewiesen, die mit der Heilkunst zu tun haben. Auch auf sie kann man keinesfalls verzichten. [...]
Das also sind die neun Chöre, in welche Gott der Allmächtige die Christenheit unterteilt hat: die drei obersten Chöre und die sechs unteren, die den oberen auf solche Weise mit ihrem Beruf dienen sollen. Allerdings seid ihr nicht dazu verpflichtet, ihnen ohne Entgelt zu Diensten zu sein; vielmehr sollen sie euch euren Dienst hinreichend entgelten. [...] Verderbt und schändet euren Beruf nicht mit Betrug wie Luzifer. [...] Ebenso werden aus den neun Chören der heiligen Christenheit so manche und besonders all jene verstoßen, die sich ihren Standespflichten entziehen und von Redlichkeit und Aufrichtigkeit abgefallen sind. Gott der Allmächtige schenke mir die Gnade, dass diese neun Chöre gerettet werden! Denn der zehnte Chor ist ganz und gar von uns abgefallen und abtrünnig geworden. Dazu gehören die Possenreißer, Geiger und Trommler und wie sie alle heißen mögen, die sich dafür bezahlen lassen, dass sie den Lobpreis anderer verkünden.

(Zit. nach: Werner Röcke (Hg.), Berthold von Regensburg – Vier Predigten, Stuttgart 1983, S. 59 – 97)

M 6 Autonomie und Zwang der Zünfte

Die Gärtner, Obster und Lebensmittelhändler in Basel erhielten von dem Basler Bischof Heinrich III. ihren Zunftbrief (1264/69):

Wir Heinrich von Gottes Gnaden Bischof zu Basel tun kund allen denen, die diesen Brief sehen, dass Wir mit dem Rat Unseres Kapitels, der Dienstmannen Unseres Gotteshauses, Unseres Rats und der Gesamtheit Unserer Einwohnerschaft den Gärtnern, den Obstern und den ‚Menkellern' (Zwischenhändlern) eine Zunft erlauben und bestätigen, und zwar mit gutem Glauben so, wie es im Folgenden beschrieben ist.

1. Man soll das wissen, dass Wir ihnen und sie Uns und Unserem Gotteshaus geschworen haben, dass sie Uns in Unseren Nöten beistehen und Wir ihnen in ihren Notlagen, und zwar gegen jedermann.

2. Wir erlauben ihnen, sich einen (Zunft-)Meister zu wählen mit der Mehrheit der Stimmen. Das sollen sie immer unter sich ausmachen. Zu dem (Meister) sollen sie mit dem Rat der Meister ihrer Zunft sechs Männer wählen. Und sie sollen ihr Almosen verrichten (es wird ihnen erlaubt, eine religiöse Vereinigung in Form einer Bruderschaft zu bilden).

3. Wir gestatten ihnen auch, dass sie den, der ihr Handwerk treibt, mit seinem Handwerk in ihre Zunft zwingen können.

4. Wer neu in die Zunft aufgenommen wird, der soll einen Schilling und ein Pfund Wachs entrichten, einer ihrer Söhne nur ein Pfund Wachs. Handelt es sich dabei um einen Bürger, der dieses Handwerk nicht treibt und in die Zunft eintreten möchte, der gibt ein Pfund Wachs.

5. Wer rechter Genosse des Handwerks ist und in die Zunft eingetreten ist, der soll ihre Ordnungen streng einhalten und zu ihrem Banner treten (im Kriegsfall soll er unter dem Zunftbanner am städtischen Aufgebot teilnehmen). Falls er Mitglied noch einer anderer Zunft ist, kann er diese Mitgliedschaft beibehalten, wenn ihn die betreffende Zunft nicht daran hindert. [...]

7. Wer unter ihnen ein unrechtes oder verbotenes Kaufgeschäft feilhält, es seien Kraut, Obst oder Hühner, oder mit anderen Dingen fehlt, die strafbar sind, der soll (als Strafe) drei Schilling entrichten, uns einen, dem Rat einen und der Zunft einen. Und die verbotene Ware, die er feilhält, muss im Spital abgeliefert werden. Wer von den Obstern, Gärtnern oder ‚Menkellern' das (den verbotenen Kauf) sieht, der muss dies rügen (anzeigen). Tut er es nicht, der soll ebenso viel (als Strafe) zahlen. Und wenn (der verbotene Kauf) gerügt worden ist und der Zunftgenosse, der ihn feilbot, tut dies weiter, dann soll dem die Zunft aufgesagt werden und er muss sie wieder mit 10 1/2 Schilling kaufen. Und das soll auch gelten für die, die in dieser Zunft sind und Salz feilbieten, falls sie falsches Maß anwenden oder schwäbisches Salz bzw. Steinsalz unter kölnisches Salz mischten oder eine Salzsorte fälschlicherweise für eine andere verkaufen. Und dieses Delikt soll dem Urteil Unseres Gerichts und Unseres Richters wegen Fälschung unterworfen sein, damit Uns davon kein Schade entstehe.

8. Wer der offenkundigen und nachweisbaren Bosheit schuldig befunden und ihm deshalb seine Zunft genommen worden ist, den sollen sie – das gebieten Wir ihnen auf ihren Eid – nicht mehr zu dieser Gesellschaft kommen lassen.

9. Auch geloben Wir ihnen auf Treu und Glauben, dass Wir sie niemals mehr um die Bede (direkte Steuer) angehen werden.

10. Wenn auch einer von ihnen oder seine Ehefrau hier oder anderswo stirbt, dann nehmen sie an dem Leichenbegängnis mit ihrem Opfer und mit ihren Prozessionskerzen teil.

11. Stirbt hier oder anderswo auch einer oder seine Ehefrau, die so arm sind, dass man sie aufgrund fehlenden Vermögens nicht (ehrenvoll) bestatten kann, die soll man (die Zunft/Bruderschaft) begraben unter Zuhilfenahme der Almosenkasse (Bruderschaftskasse).

12. Man soll darüber hinaus wissen, dass sie aus der Almosenkasse deren (der armen Zunftmitglieder) Jahrgedächtnisse in Unserem Münster zu Basel ausrichten sollen wie die anderen Zünfte auch.

13. Wer auch immer diese guten Verordnungen für Zunft und Almosen (Bruderschaft) bricht oder sie abschafft, dem verkünden Wir die Ungnade des allmächtigen Gottes, Unserer Frau, der Heiligen Maria, und aller Heiligen und versprechen, ihn zu bannen mit der Herrschaft, die Wir von Gott und dem geistlichen Gericht haben. (...)

(Zit. nach: Gerhard Fouquet (Hg.), Lebenswelten – Quellen zur Geschichte der Menschen in ihrer Zeit, Bd. 2/Alteuropa 800 bis 1800, Stuttgart 2001, S. 100ff.)

M 7 Ursachen eines innerstädtischen Aufstands

Die beiden Schreiben dienen der Rechtfertigung gegenüber Auswärtigen nach einem innerstädtischen Aufstand in Braunschweig von 1374, der sogenannten Braunschweiger Schicht. Die durch einen Aufruhr aus der Stadt vertriebenen Mitglieder des Stadtrates wenden sich an die Stadträte anderer Städte; die in der Stadt verbliebenen, am Aufruhr beteiligten Zunftmeister, hier die Meister der Bäckerzunft, wenden sich an Zunftmeister anderer Städte:

a) Schreiben der aus Braunschweig vertriebenen Mitglieder des Stadtrates an die Stadträte anderer Städte

Dem Rat von Braunschweig war Geld nötig wegen Krieges und Fehde […]. Deswegen hatte der gesamte Rat einen klugen Gedanken und wollte eine Bestimmung festsetzen mit der Zustimmung der Gemeinde und der Ämter um des allgemeinen Nutzens willen auf die folgende Weise: Der Rat lud vor sich die Meister aller Ämter und Gilden, und der Bürgermeister sprach: […] Wer Getreide in die Stadt führen wolle, der soll für den braunschweigischen Scheffel einen braunschweigischen Pfennig geben. Das haben sie [nämlich der Rat] über sich selbst gesetzt und über diejenigen, die Höfe und Zehnten und Getreiderenten haben, und so müssen auch die Abgabe entrichten Ritter und Knappen, Geistliche, Gäste und Bauern, und das belastet nicht die Gemeinde […]. [Die Amtsmeister] schieden freundlich von dem Rat. Und sofort, als sie hinweggingen, da entstand sogleich der Aufruhr der Gemeinde und der Ämter. […] Darum nahmen sie den gesamten Rat in allen fünf Weichbilden [=Stadtteilen] gefangen und schlugen aus dem Rat vorsätzlich Brun von Ghustede und Hans von Ghotinghe mit Äxten und mit Schwertern tot und plünderten da ihre Häuser […].

b) Schreiben der Meister der Braunschweiger Bäckerzunft an Zunftmeister in anderen Städten

Darum wisset, liebe Freunde, dass unsere [Gilde] und alle Gilden und die Gemeinde zu Braunschweig über die Maßen sehr beschwert und bedrückt waren von dem Rat daselbst, sodass sie uns und anderen Gilden und der Gemeinde große Gewalttat oft und häufig erwiesen und uns in vielen unserer Angelegenheiten nicht Recht gewährten. Auch fanden wir und die Gemeinde schlechte Verwaltung bei dem Rat; denn sie hatten manches Jahr viel Gut empfangen durch Steuern und aus den Renten der Stadt und hatten dennoch die Stadt in große Schulden gebracht. […] Über all diese Punkte hinaus hatte der Rat nun zuletzt auf alle Gilden und die Gemeinde beschlossen und gesetzt neue Abgaben und neue Leistungen, die man geben sollte von Tuchen, von Getreide, von Häusern, von Wein, von Bier, von Kühen und anderem Vieh, von mancherlei Kaufmannsware und von anderen Dingen, was vorher nicht gewesen war. Dies war gegen die Freiheit der Stadt, der Gilden und der ganzen Gemeinde und hätte dem Land, dem Kaufmann, den Gästen und Bürgern zu großem Schaden gereichen können […].

(Zit. nach: Gerhard Theuerkauf, Einführung in die Interpretation historischer Quellen – Schwerpunkt Mittelalter, Paderborn 1997, S. 135)

M 8 Bedingungen der Bedürftigkeit

In der zweiten Hälfte des 15. Jahrhunderts ging die Armenfürsorge zunehmend in die Zuständigkeit der städtischen Obrigkeit über. Eine der frühesten Bettelordnungen wurde 1478 in Nürnberg erlassen:

Zum Ersten ordnen unsere Ratsherren an, setzen fest und gebieten, dass weder Bürger noch Bürgerin, weder männlicher Gast noch weiblicher Gast in dieser Stadt Nürnberg weder Tag noch Nacht betteln darf, wenn es ihm nicht von jemandem, der durch den ehrbaren Rat damit betraut und eingesetzt ist, zugestanden oder erlaubt wird.

Und welche so die Erlaubnis erhalten haben, sollen doch nicht betteln, es sei denn sie tragen offen an sich das Zeichen, das man ihnen aushändigen wird. Wer jedoch ohne Erlaubnis und das Zeichen bettelt, der soll ein Jahr und eine Meile von dieser Stadt fernbleiben.

Den Bettlern und Bettlerinnen, die sich schämen bei Tag zu betteln und nur des Nachts betteln wollen, wird man ein besonderes Zeichen dafür geben, im Sommer in der Nacht nicht länger als zwei Stunden und im Winter in der Nacht nicht langer als drei Stunden zu betteln, jedoch nicht ohne Licht nach dem Gebot der Stadtordnung.

Sodann soll jeder Bettler und jede Bettlerin, bevor man ihnen Erlaubnis und das Zeichen gibt, den vorher erwähnten Herren der Wahrheit gemäß offenbaren, in was für einem Stand, Wesen und welcher körperlicher Verfassung man sei, ob verheiratet oder ledig und wieviel Kinder man habe, um daraus zu ersehen, ob sie auf die Bettelei angewiesen sind oder nicht. […]

Dann wird den Bettlern hier zu betteln nicht erlaubt, die Kinder bei sich haben, von denen eines über acht Jahre alt und ohne Gebrechen ist, da die ihr Brot sehr wohl selbst verdienen können. Doch hätte ein Bettler oder eine Bettlerin vier oder fünf Kinder, und alle unter sieben Jahre alt, und dazu ein Kind über acht Jahre, das die anderen beaufsichtigen soll, dann soll der erwähnte Herr berechtigt sein, dieses zu berücksichtigen. […]

Die Bettler und Bettlerinnen, denen hier zu betteln erlaubt ist und die nicht Krüppel, lahm oder blind sind, sollen an keinem Werktag vor den Kirchen müßig an dem Bettelort sitzen, sondern spinnen oder andere Arbeit, die zu verrichten sie in der Lage sind, ausführen. Wer bei Überprüfung anders angetroffen wird, soll einen Monat lang eine Meile außerhalb der Stadt bleiben. […]

Es soll auch jeder Bettler, sei er Bürger, sei er Gast, dem zu betteln erlaubt wird, und der eine offene, schlimme Verletzung an seinem Leibe oder seinen Gliedern hat, wovon die schwangeren Frauen durch Hinsehen Schaden erleiden könnten, diese Verletzung verdecken und nicht offen sichtbar zeigen oder zur Schau stellen, bei Strafe von einem Jahr Stadtverbannung.

Auch soll weder ein hiesiger noch auswärtiger Bettler, dem zu betteln erlaubt ist, an einer Kirche oder an irgendeiner Stelle in der Stadt an der offenen Straße aber auch überhaupt etwas singen, erzählen oder zur Schau stellen, seien es Gemälde, Standbilder, wundersame Tiere oder anderes, sondern er möge dastehen oder dasitzen und um das Almosen betteln und bitten wie andere arme Leute. Eine Ausnahme ist es, wenn jemand mit Bettelsang die Gassen entlangzieht, dem soll dieses erlaubt sein. Demjenigen, der dagegen verstößt und dabei ergriffen wird, dem sollen die Stadtknechte oder Büttel das abnehmen, das er zur Schau stellt, aber auch das Geld, das er durch Singen verdient oder durch die Zurschaustellung verdient hat, und obendrein soll dieser Übertreter ein Jahr lang nicht in die Stadt kommen. […]

Auch die Aussätzigen, sowohl die hier vor der Stadt als auch fremde, sollen sich nicht hier in der Stadt bettelnd herumtreiben, besonders die bei der Stadt sollen sich auf die ihnen zugewiesenen Stätten beschränken, und die Fremden, denen das mitgeteilt wird, sollen sich ebenso verhalten, bei Androhung der Stadtverbannung auf ein Jahr. Nur in den Passionswochen, wenn die Aussätzigen hereinkommen, mögen sie es halten, wie es zur Zeit Gewohnheit ist.

Will ein Student sich hier um das Almosen bewerben, dann soll er nicht zugelassen werden, wenn er nicht pünktlich zur Schule geht und sich als ein gehorsamer Schüler ausweist. Die Schulmeister sollen den Schüler, der sich anders verhält, gebührend bestrafen. Wenn die Notwendigkeit besteht, wird der ehrbare Rat ihnen dazu Hilfe leisten.

Unsere Herren vom Rate bestimmen und gebieten auch aus erheblichen Beweggründen, dass niemand von ihren Bürgern oder Bürgerinnen, weder ein Vermieter noch öffentlicher Gastwirt noch jemand sonst nicht länger als drei Tage einen Schüler bei sich behalten noch beherbergen soll, der hier nicht selbst Bürger oder Bürgerskind ist, regelmäßig zur Schule geht und sich gebührlich aufführt. Wer dagegen verstößt, soll zur Buße jeden Tag zwanzig Pfund auf das Rathaus bringen.

Es soll hier auch keine Wöchnerin betteln, noch vor den Kirchen liegen oder sich dort zum Betteln aufhalten, es sei denn, sie wäre zugelassen von den ehrbaren Frauen, die zur Betreuung der Wöchnerinnen bestellt sind, und sie hätten ein Zeichen von ihnen, das dafür geschaffen wurde; wenn die Kindbettzeit vorüber ist, ist das Zeichen zurückzugeben. Wer dies Gebot übertritt, soll ein Jahr aus der Stadt verbannt sein. […]

Der ehrbare Rat wird hier die Bettler auch besonders beaufsichtigen lassen und sie, wenn sie eines ungebührlichen Verhaltens beschuldigt werden, so bestrafen, wie es der Rat entsprechend der Art ihrer Zuwiderhandlung beschließt.

Es soll auch kein Pilger, Einwohner noch öffentlicher Gastwirt irgendeinen Bettler länger als drei Tage beherbergen oder bei sich behalten, wenn es ihm nicht von den dazu bestimmten Herren erlaubt wurde. Sonst ist jeden Tag für jede Person ein Pfund neuer Heller fällig.

Die Bettelrichter oder Bettelmeister sind angewiesen, den genau zu unterrichten, der von dem ehrbaren Rat mit den vorher beschriebenen Angelegenheiten betraut und dafür eingesetzt worden ist. Wenn außer den Stadtknechten und Bütteln einer jemanden anzeigt oder anklagt und beweist, dass der eines oder mehr der vorher dargestellten Vergehen begangen habe, der soll für jeden angezeigten Fall und jede Person mit 9 Pfennig belohnt werden.

Diese Gesetzesordnung ist am Sonntag Laetare anno 1478 in Kraft getreten.

(Zit. nach: Christoph Sachße/Florian Tennstedt, Geschichte der Armenfürsorge in Deutschland, Bd. 1/Vom Spätmittelalter bis zum Ersten Weltkrieg, Stuttgart [2]1998, S. 64 – 66)

Untergebene des Mannes? – Frauen und Geschlechterbeziehungen im Mittelalter

Folgt man den von Geistlichen, Adeligen und Medizinern entworfenen Modellen, so gab es für Frauen im Mittelalter drei anzustrebende Ideale: die keusche und reine Jungfrau, die treue und gehorsame Ehefrau sowie die trauernde und bescheidene Witwe. In diesen von Männern verfassten Definitionen von weiblichem Rollenverhalten spielte die Familie eine zentrale Rolle. Die Familie wurde als Keimzelle aller sozialen Ordnungen aufgefasst, der andere nacheiferten: Auch das Kloster verstand sich als Familie der Mönche, der Hörigenverband als Familie des Grundherrn. Die Unterordnung der Frau war allen Autoren selbstverständlich. „Jede Frau" – so formulierte Isidor von Sevilla – „die sich nicht ihrem Mann, das heißt ihrem Haupt, unterstellt, macht sich desselben Vergehens schuldig, wie der Mann, der sich nicht Christus als seinem Haupt unterstellt".
In der Ehe herrschte demnach eine Hierarchie, die sich auch auf rechtlicher Ebene abzeichnete. Auch wenn nach dem Wortlaut der Quellen durchaus ein Schutz der Frauen intendiert war: Das Recht stand eindeutig auf der Seite des Mannes. Trotz rechtlicher Unterordnung waren Frauen dennoch nicht rechtlos. Vielfach ist ihr Einfluss im Rechtswesen nachweisbar. Bittsteller wählten den Weg über die Königin, die bei ihrem Gatten intervenieren sollte, Witwen waren für ihre minderjährigen Söhne politisch aktiv, und zahlreiche Urkunden zeugen davon, dass Frauen über ihre Besitztümer ausgiebig verfügten.
Die alltäglichen Lebensbedingungen von Frauen wurden allerdings in hohem Maße von ihrer Standeszugehörigkeit bestimmt. Für die Lebensumstände mit ihren Freiheiten und Grenzen sowie das Denken und Fühlen war es entscheidend, ob die Einzelne dem Adel, dem Klerus oder dem Bauernstand zugehörig war. Ein gewisses Maß an Selbstbestimmung und die Chance auf Bildung bot sich für Frauen der höheren Stände unter Umständen im klösterlichen Leben.
Eine stärkere Veränderung der Geschlechterbeziehungen ging mit der Entwicklung des Städtewesens einher: Obwohl Frauen auch weiterhin rechtliche Nachteile erfuhren und sie im Stadtregiment keine Rolle spielten, erschlossen sich innerhalb der sich ausdifferenzierenden städtischen Gesellschaft nunmehr Betätigungsfelder für Frauen z. B. in den Zünften. An der Entstehung von Frömmigkeitsbewegungen im Spätmittelalter hatten Frauen – nun auch der unteren Schichten – maßgeblichen Anteil.

Die Materialien sollen Ihnen einen Einblick in die Handlungsräume und -spielräume von Frauen im Mittelalter geben. Bedenken Sie bei Ihrer Arbeit an den Quellen auch deren spezifische Subjektivität: Sie wurden überwiegend von Männern verfasst!

- **Welche Handlungsspielräume gab es für Frauen in der mittelalterlichen Gesellschaft?**

Diskutieren Sie die Fragestellung in einem gemeinsamen Kursgespräch.

Die nachfolgenden Materialien M 1 – M 9 bilden die inhaltliche Grundlage, um die Frage der Handlungsspielräume sachlich tragfähig und ausgewogen diskutieren zu können. Da die ausgewählten Quellen sehr unterschiedliche Lebensbereiche von Frauen betreffen, empfiehlt sich eine arbeitsteilige Vorgehensweise.

So könnten Sie Ihre Arbeit aufteilen und inhaltlich organisieren:

Untersuchen Sie drei Themenfelder und präsentieren Sie anschließend die Arbeitsergebnisse in einem foliengestützten Kurzvortrag:

1. Charakterisieren Sie die Aufgaben und Rechte der Frau und erläutern Sie sie vor dem von Geiler von Kaysersberg skizzierten Frauenbild.
   Bewerten Sie die Auswirkungen, die diese Regelungen für Frauen im Mittelalter hatten, und setzen Sie sich kritisch mit ihnen auseinander (M 1 – M 4).
2. Analysieren Sie die Frauenhausordnung hinsichtlich der obrigkeitlichen Einstellung zur Prostitution und benennen Sie die in der Quelle geregelten Aspekte des Lebens im Frauenhaus.
   Untersuchen Sie die im Verhör dargestellten Lebensbedingungen der Anna von Ulm.
   Vergleichen Sie Ihre Aussagen mit der Quelle und diskutieren Sie die Gründe für die feststellbaren Unterschiede (M 5 – M 6).
3. Skizzieren Sie die Lebensform der Beginen und beurteilen Sie die Gründe für die Attraktivität dieser Lebensform. Erläutern Sie die in den Quellen nachzuweisenden Vorbehalte gegen die Beginen (M 7 – M 9).

MATERIALIEN

M 1 Die Aufgaben der Frau

Johannes Chrysostomos (344/54 – 407), Bischof und Patriarch von Konstantinopel, schrieb über die Aufgaben von Frauen und Männern (2. Hälfte 4. Jh.):

Die Frau ist geschaffen, dem Manne zu helfen. Ich höre aber viele, die sagen, jener ist nach der Heirat reicher gemacht worden, obwohl er vorher arm gewesen ist; nun ist er von einer reichen Frau geheiratet worden und er selbst lebt in Freuden. Was sagst du, guter Mann? Du willst dich an der Frau bereichern und errötest nicht? Und du vergräbst dich nicht aus Scham unter der Erde, einen so großen Reichtum anzustreben? Sind das Worte eines Mannes?
Es ist eine Pflicht der Frau, dass sie den Teil bewachen möge, das Übergebene bewahrt und für die häuslichen Angelegenheiten sorgt, denn deshalb hat Gott diese [die Frau] gegeben, damit sie uns in dieser und übrigen Sachen eine Hilfe sei. Da ja unser Leben aus zwei Sachen besteht, aus der privaten und öffentlichen, hat der Herr jedem von beiden einen Teil zugewiesen, dem weiblichen Geschlecht die Sorge um die häuslichen Angelegenheiten, dem männlichen aber die öffentlichen Aufgaben, Redneraufgaben, richterliche und senatorische, militärische und endlich die übrigen. Die Frau ist nicht in der Lage, die Lanze zu schwingen, die Speere zu werfen; aber sie kann das Seihsieb nehmen, Stoffe weben und die übrigen häuslichen Aufgaben ausgezeichnet übernehmen. Sie ist nicht in der Lage, im Senat ihre Meinung zu sagen; aber sie ist fähig, über Familienangelegenheiten ihre Meinung hervorzubringen und oft besser als der Mann in Hausangelegenheiten Vorsorge zu treffen. Sie ist nicht in der Lage, Öffentliches zu verwalten, aber sie kann schön Kinder erziehen; das ist nämlich ihr hervorragender Besitz: Sie kann das Faulenzen der Mägde verhindern und in Pflicht die Familie erhalten, dem Gatten andere Sicherheiten erweisen und ihn von Sorgen befreien, darauf sorgt sie für den Speisevorrat des Hauses, die Verarbeitung von Wolle, für die Küche, den Schmuck der Kleider und die übrigen Sachen, nicht aber jedoch für das, was den Männern zukommt, wie auch nicht Leichtfertiges, wenn sie jenes für sich in Gebrauch nehmen wollen. Es ist dies auch von göttlicher Vorsehung, dass derjenige, der für größere Aufgaben von Nutzen ist, in den kleineren schlichter wiedergefunden wird, sodass dies notwendigerweise Aufgaben der Frauen sind. Wenn auch in beiden Sachen der Mann sich auszeichnet, wird leicht das Geschlecht der Frauen verachtet; dagegen, wenn der Gebrauch von Frauen bei den Vortrefflicheren größer wäre, wären sie voll von Unmäßigkeit. Deswegen vertraut sich jeder dem Einzigen an, damit nicht die Erschaffung des anderen Geschlechtes schlechter wird, wie die des einen Geschlechtes überflüssig. [...] So teilte er jedem seinem Rang entsprechend geschlechtsspezifische Aufgaben zu, sodass der nützlichere und notwendigere Teil dem Mann zufiel, der geringere und schlechtere aber der Frau. Deshalb wurde jener wegen seines außerordentlichen Nutzens ehrenvoll, diese aber erhebt sich wegen der niedrigeren Dienste nicht gegen den Gatten.

(Zit. nach: Annette Kuhn (Hg.), Frauen im Mittelalter, Bd. 2, Düsseldorf 1984, S. 47f.)

M 2 Es hat keine Frau Gewalt

Über die Rechts- und Handlungsfähigkeit der Frau schreibt das Augsburger Stadtrecht von 1276:

Eine jegliche Frau, die vor Gericht gehen will oder muss, sowie unmündige Kinder und Unzurechnungsfähige, diese sollen vor Gericht jeweils einen Vormund haben und derselbe Vormund soll sie bei der Anklageerhebung vertreten und für sie die Anklage vorbringen, er soll sie beraten und belehren und ihnen überall dazu verhelfen, dass sie ihr Recht bekommen, so viel er kann. Wollt ihr nun wissen, wer Vormund sein darf? Das soll der Ehemann der Frau sein, wenn sie einen hat. Hat sie keinen, so soll dies ihr Mag (Verwandter) sein. Bei den Kindern ist dies der nächste Vatermag, wenn sie ihn haben wollen. Wollen sie ihn nicht haben, so ist es ihr Muttermag oder ein rechtschaffener freier Gemeindegenosse, den sie dazu wählen. [...]
Es hat keine Frau Gewalt, etwas von ihres Mannes Gut an jemanden zu geben, weder mit Bürgschaft noch auf eine andere Art, ohne Zustimmung ihres Ehemannes, es sei denn, sie betreibt eigene Geschäfte zu offener Krame oder zu offenem Keller oder wenn sie sonst beständig zu verkaufen pflegt ohne ihren Ehemann. Was sie dann tut, das ist rechtskräftig. Es darf auch keine Frau ohne Erlaubnis ihres Ehemannes um irgendeine Sache vor Gericht streiten [...], es sei denn eine Frau, die zu Markte steht und kauft und verkauft.

(Zit. nach: Christian Meyer (Hg.), Das Stadtbuch von Augsburg, Augsburg 1872, S. 129 u. 228f.)

M 3 Die bösen Weiber

Geiler von Kaisersberg war Doktor der Theologie und berühmter Prediger am Straßburger Münster. Er lebte im 15. Jahrhundert und beschrieb sieben Laster der „bösen Weiber“:

Die erste Schell [=Laster] der bösen Weiber ist die begirigkeit und der Geitz: Es ist der bösen Weiber art und natur, das sie gantz begierig sein auff den gewinn: dann ein böses Weib ist ein gifftig und fressig Thier, das ist, sie ist dem Geitz gantz und gar ergeben. [...]

Die ander [zweite] Schell der bösen weiber ist die unersettigkeit der wollust. Dann es sein etliche dermassen auff die Geilheit und unkeuschheit geneigt, das wenn sie drey oder vir Männer hett, möchten sie ir begirde und unersettigkeit nicht erfüllen. [...]

Die dritte Schell der bösen weiber ist neid und hassz. Es sein die Weiber von natur geneigt auff neid unnd hassz, diweil sie kurtz und unvolkommen sein, daher kompt das sprichwort, er ist klein und kurtz, darumb ligt ihm der dreck nach bey dem hertzen. [...]

Die vierdt Schell der bösen weiber ist die nichtigkeit und unnutzbarkeit. Wie hefftig solches laster under den weibern umgeht, fürnemllich in der nichtigkeit der kleider, ist nicht von nöten, das wir hie vil davon sagen. Dann sie suchen ein solche nichtigkeit und vergeblichkeit inn den kleidern, das nicht gnug darvon zu sagen ist, und trachten der Hoffart also hefftig nach, das sie dadurch Gott höchlich erzürnn, ihr fromme und ehrliche Männer mit hofart der kleider verderben, und den kindern oder jungen böse exempel geben. [...]

Die fünfft Schell der bösen Weiber ist die widerspennigkeit und halßstarrigkeit. Es dunck mich, das solche widerspennigkeit allein auß ihrer unvolkommenheit entspringt, welche sie mit der widerspennigkeit wollen verdecken. Aber solches ist zwar kein wunder an den weibern: dann gleich wie sie auß einem krummen ripp gemacht sein, also sein sie in allen dingen krummens sinns und widerspennigs gemüts.

Die sechst Schell der bösen weiber ist liegen, trigen und klapperen. Es können die weiber von natur so liegen. Die Männer können nicht also artlich und künstlich liegen, gleich wie die weiber. [...] Vier Ding sein auff der Erden, die man nit erkennen mag, der weg des Adlers im lufft, und der schlangen, die auff ein felsen kreucht, eines schiffs fahrt durch dz tieffe Meer, und der weg einer frawen oder jungfrawen, so auff die bulschaft geht, die wüschet dz maul und sagt: sie sey nie da gewesen. Solches können die Weiber so artlich und künstlich verbergen, dz einer tausent eid schwöre, er hette ein fromme Fraw, so sie von art ein arge Brecken und Vettel ist. Denn man findt der exempel von geschwindigkeit und listigkeit der weiber also vil, das nicht genugsam davon zu schreiben ist. Darnach ist kein treu und glauben in inen, sie betriegen und beliegen allezeit, welches daher kompt, das sie vereinen, man betriege sie. [...]

Die siebend Schell der bösen Weiber ist, die unversünlichkeit und zornmütigkeit der Weiber. Was soll ich hie vil sagen? Es weiß jederman, das kein grausamer und erschröcklicher thier auff der Welt ist, weder ein bös und zornig Weib. [...] Es ist nichts uber der Schlangen Kopff, und ist kein boßheit uber eines bösen unnd zornigen Weibs boßheit. Auch sagt die schrift, daß ein böß Weib sein des Teuffels aller spitzigster und scherffster pfeil, dadurch er die menschen fellet.

(Zit. nach: J. Scheible, Das Kloster weltlich und geistlich, Bd. 1, Stuttgart 1845. S. 572ff.)

M 4 Die Ebenbürtigkeit der Intelligenz

In Christine de Pizans (1364/65 – ca. 1430) „Buch von der Stadt der Frauen" werden edle und vornehme Frauen zu Bewohnerinnen einer literarischen Wunschstadt, in der für Männer kein Platz ist. Diese Versammlung hervorragender weiblicher Gestalten soll verzagten, sich selbst geringschätzenden Geschlechtsgenossinnen Mut machen und ihnen helfen, sich in der von Männern beherrschten zeitgenössischen Gegenwart zu behaupten:

Christine fragt Frau Vernunft, ob es Gott jemals gefallen habe, den weiblichen Verstand durch die Erhabenheit der Wissenschaften zu adeln; ferner die Antwort, die Frau Vernunft daraufhin gibt.

XXVII. Nachdem ich mir dies alles angehört hatte, erwiderte ich der edlen Frau, deren Worte ohne Falsch waren: „Herrin, Gott hat wahrhaftig Erstaunliches über die Kraft jener Frauen, von denen Ihr erzählt, offenbart. Aber ich bitte Euch, klärt mich auch in einer anderen Hinsicht auf: Hat es eigentlich jenem Gott, der den Frauen so zahlreiche Begünstigungen gewährte, auch gefallen, einige von ihnen mit überlegener Intelligenz und großer Gelehrsamkeit auszuzeichnen? Außerdem: Sind sie überhaupt genügend intelligent für solche Dinge? Dies interessiert mich ganz besonders, behaupten doch die Männer mit großer Beharrlichkeit, der weibliche Verstand sei von nur geringem Auffassungsvermögen."

Antwort: „Tochter, du kannst schon anhand dessen, was ich zuvor dargelegt habe, erkennen, dass das genaue Gegenteil dieser ihrer Meinung zutrifft. Dies will ich dir ausführlicher darlegen und durch Beispiele beweisen. Noch einmal sage ich dir mit allem Nachdruck: Wenn es üblich wäre, die kleinen Mädchen eine Schule besuchen und sie im Anschluss daran, genau wie die Söhne, die Wissenschaften erlernen zu lassen, dann würden sie genauso gut lernen und die letzten Feinheiten aller Künste und Wissenschaften ebenso mühelos begreifen wie jene. Zudem gibt es ja solche Frauen. Wie ich dir weiter oben erläutert habe, verhält es sich folgendermaßen: Je stärker die Frauen den Männern an Körperkraft unterlegen, je schwächer und je weniger geschickt sie zu gewissen Dingen sind, desto größere Klugheit und desto mehr Scharfsinn entfalten sie überall dort, wo sie sich wirklich ins Zeug legen."

„Was sagt Ihr da, hohe Frau? Ich bitte Euch, verweilt doch noch einen Augenblick bei diesem Punkt, wenn es Euch genehm ist. Dieser strittige Punkt wird für die Männer niemals entschieden sein, es sei denn, es läge überzeugendes Material vor; denn sie würden mit dem Argument kommen, man beobachte doch allenthalben, wie unendlich überlegen die Männer den Frauen hinsichtlich ihres Wissens seien." Antwort: „Weißt du denn, weshalb Frauen weniger wissen?" „Nein, edle Frau sagt es mir bitte." „Ganz offensichtlich ist dies darauf zurückzuführen, dass Frauen sich nicht mit so vielen verschiedenen Dingen beschäftigen können, sondern sich in ihren Häusern aufhalten und sich damit begnügen, ihren Haushalt zu versehen. Nichts aber schult vernunftbegabte Wesen so sehr wie die Praxis, die konkrete Erfahrung auf zahlreichen und verschiedenartigen Gebieten." „Edle Herrin, wenn sie also über einen aufnahme- und lernfähigen Verstand verfügen: Weshalb lernen sie dann nicht mehr?" Antwort: „Tochter, das hängt mit der Struktur der Gesellschaft zusammen, die es nicht erfordert, dass Frauen sich um das kümmern, was, wie ich dir zuvor erklärt habe, den Männern aufgetragen wurde. Es reicht, wenn sie den gewöhnlichen Pflichten, zu denen sie erschaffen wurden, nachkommen. Und so schließt man vom bloßen Augenschein, von der Beobachtung darauf, Frauen wüssten generell weniger als Männer und verfügten über eine geringere Intelligenz. Nun schau dir aber einmal die bäuerlichen Bewohner des Flachlandes oder die Bergbewohner an. In verschiedenen anderen Gegenden wirst du ebenfalls Wesen antreffen, die in ihrer Einfalt Tieren gleichen. Und dennoch kann es nicht den geringsten Zweifel geben: Die Natur hat sie mit ebenso vielen körperlichen und geistigen Gaben ausgestattet wie die weisesten und erfahrensten Männer, die in den Städten und Kommunen leben. Dies alles ist jedoch mit mangelnder Bildung zu erklären, auch wenn ich dir gesagt habe, unter den Männern und den Frauen seien manche eben klüger als andere. Dass es sehr gelehrte und über die Maßen kluge Frauen gegeben hat, werde ich dir im Folgenden darlegen, und zwar im Zusammenhang meiner These von der Ebenbürtigkeit weiblicher und männlicher Intelligenz."

(Zit. nach: Gerhard Fouquet (Hg.), Lebenswelten – Quellen zur Geschichte der Menschen in ihrer Zeit, Bd. 2/Alteuropa 800 bis 1800, Stuttgart 2001, S. 253f.)

M 5 Städtische Rechtsordnungen zur Regelung der Prostitution

Parallel zur Entwicklung der mittelalterlichen Stadt erfolgte die Herausbildung der charakteristischen Institution der Prostitution des Mittelalters, der Frauenhäuser. Der Frauenwirt war als Pächter des Hauses Ansprechpartner des städtischen Rates. Ihm oblag die Aufsicht über das Frauenhaus. Diese Frauenhausordnung des Nürnberger Rates stammt von ca. 1480. Ähnliche Ordnungen gab es auch in vielen anderen mittelalterlichen Städten:

Wiewohl der ehrbare Rat dieser Stadt nach löblichem Herkommen mehr geneigt ist und geneigt sein sollte, Ehrbarkeit und gute Sitten zu mehren und zu fördern, als Sünde und sträfliches Wesen zu dulden – jedoch nachdem zur Vermeidung größeren Übels gemeine Weiber zu halten in der Christenheit durch die heilige Kirche gelitten und gestattet wird und doch einem jeden Wesen Maß und Ordnung gebührt und an den ehrbaren Rat gelangt ist, dass durch die Frauenwirte um ihres Gewinnes und Vorteils willen mit Kaufen, Verkaufen, Verpfänden und Versetzen der freien Weiber Unordnung und Ungebühr entsteht, geübt und gepflogen wird, was nicht allein wider Gott, sondern auch wider das natürliche Gesetz und alle Ordnung angesehen werden muss, da Gott den Menschen frei und ledig geschaffen hat, so wollen wir solch ungebührlichem Benehmen zuvorkommen und in diese Sache Ordnung bringen, vor allem auch deshalb, damit sich die gemeinen Weiber desto leichter und ohne weitere Irrung solchem sündigen Wesen entledigen und daraus entkommen können.

So setzt der Rat fest und bestimmt ernstlich, dass hinfort kein Frauenwirt, Wirtin noch jemand an ihrer Stelle ein Weibsbild, das zuvor nicht in dem gemeinen Leben oder offenen Häusern gewesen ist, verkaufen, verpfänden oder versetzen noch darauf etwas leihen darf. [...]

Wenn aber bei einem Frauenwirt, Wirtin oder ihrem Stellvertreter, etwa Weibsbilder, die in seinem Haus wohnen und die freiwillig, unverkauft und unverschuldet zu ihm gekommen sind, in Schulden geraten, gegen die mag er mit gebührlichem Recht vorgehen, sie aber darum nicht pfänden, verkaufen noch in Arrest behalten, in keiner Weise.

Auch soll der Wirt oder sein Stellvertreter die gemeinen Weiber, die in seinem Haus wohnen, nicht drängen noch nötigen, Essen oder Trinken von ihm zu nehmen. Sondern sie sollen frei und ungenötigt sein, ihre Speisen und Getränke für ihr Geld zu nehmen, wo sie mögen. Wenn sie aber Wein von ihrem Wirt nehmen, so soll er ihnen das rechte Maß geben. [...]

Es soll auch der Frauenwirt oder sein Stellvertreter die Weibsbilder, die in seinem Haus wohnen, nicht nötigen, daheim zu bleiben, noch sie in ihr Gemach sperren, sondern sie zur Kirche und auf die Straße gehen und wandeln lassen, da sie ja freie Weiber genannt werden.

Es sollen auch der Frauenwirt und sein Stellvertreter hinfort die gemeinen Frauen seines Hauses mit Schlafgeld, mit Wochengeld und allen anderen Sachen billig halten und gegen alte Gewohnheit nicht übervorteilen noch übermäßig belasten. Auch soll hinfort der Frauenwirt oder sein Stellvertreter keine Frau, die einen Ehemann hat, wissentlich annehmen noch behalten.

Insbesondere sollen auch der Frauenwirt und sein Stellvertreter fernerhin keinen Priester oder andere geweihte Personen oder Ehemänner zu sündlichen Werken aufnehmen, beherbergen noch behalten.

Es soll auch fernerhin der Frauenwirt oder sein Stellvertreter keine Frau, die in seinem Haus wohnt, wenn sie schwanger ist oder mit ihren weiblichen Tagen beladen ist, noch sonst unpäßlich ist oder sich von den Sünden enthalten will, zu keinem Mann noch sündigen Werken nötigen, drängen oder dazu anhalten, in keiner Weise.

Damit auch die gemeinen Weiber von dem sündigen Wesen, in dem sie stehen, desto leichter Abstand nehmen können und wenn es dann etwa geschieht, dass sich ein gemeines Weibsbild zu ehelichem Stand entschließt oder sonst von den Sünden lassen wollte, so soll dieselben der Frauenwirt noch sein Stellvertreter an solchem Vorhaben weder wegen Verschuldung noch um anderer Sachen willen beirren noch hindern, sie auch darum nicht strafen, schlagen noch misshandeln, sondern sie frei und unbehindert ziehen und von sich gehen lassen. Wenn sie ihm etwa Geld schuldig ist, so mag er das mit gebührlichem Recht fordern. [...]

(Zit. nach: Peter Ketsch, Frauen im Mittelalter, Bd. 1/Frauenarbeit im Mittelalter, Düsseldorf 1983, S. 324f.)

M 6 „So seyen sie arme diernen"

Im Rathaus der schwäbischen Reichsstadt Nördlingen verhörten 1472 die Strafherren Hans Hofmann und Hans von Reutlingen sowie der stellvertretende Bürgermeister Peter Spengler neun Frauen, die in dem stadteigenen Bordell, dem sogenannten Frauenhaus, als Prostituierte arbeiteten. Anna von Ulm wurde als Erste verhört. Ihre Aussage ist die ausführlichste Beschreibung des Lebens in den mittelalterlichen Frauenhäusern, die wir kennen:

Anna von Ulm sagt aus, sie sei hierher verkauft worden und sei dem Bordellpächter 23 Gulden schuldig. Als Erstes sagt sie, dass der Wirt und die Wirtin mit ihr und den anderen Frauen sehr hart umgehen würden. Sie drängten und zwängen sie, Geld zu unüblichen Zeiten anzuschaffen. In den Nächten nämlich der gebannten Vorabende von Hochfesten, in der sie die Marter der ehrwürdigen Mutter Gottes ehren und solche Arbeit vermeiden sollten, bedränge und zwänge sie der Wirt, auch die Wirtin dazu, dass sie die Männer zu sich lassen müssten, auch wenn sie das nicht tun wollten. Andernfalls würden sie übel behandelt. Desgleichen würden sie, wenn sie ihre Menstruation hätten, von ihm und ihr bedrängt und gezwungen, dass sie ihnen Geld erwerben müssten und die Männer zu sich ließen, was in anderen Häusern aber nicht üblich sei. An diesen Tagen würden sie auch mit Essen und Trinken nicht so gehalten, wie es ihnen zustehe, sondern man gebe ihnen wie gewöhnlich zu essen. Das Essen, das man ihnen reiche, sei elend und übel. Man gebe ihnen, wie man es eigentlich tun sollte, weder Gebratenes noch Gebackenes während der Woche. Sie sagt weiterhin aus, wenn ihnen der Wirt etwas zu kaufen anbiete, sei es ein Gewand oder etwas anderes, was einen halben oder einen Gulden wert sei, so gebe er ihnen das nur für zwei, drei oder vier Gulden. Sie sagt auch, dass sie für die Wirtin spinnen müssten, nämlich jede von ihnen am Tag zwei große Spindeln. Wer das nicht tue, der müsste ihr vier Pfennig dafür geben. Auch habe ihnen der Wirt den Kirchgang verboten, sodass sie seit Pfingsten keine Kirche mehr betreten hätten. Er wollte sie nicht ausgehen lassen, damit sie nicht ihre [eigene] Nahrung gewinnen [einem Nebenverdienst nachgehen] könnten. Auch schlage er sie mit einem Ochsenziemer.

Sie sagt auch aus, wenn er ihnen an Pfingsten das Mahl zubereite, müsste ihm jede Frau von Pfingsten bis Weihnachten 13 Groschen schenken, und wenn er ihnen das Essen an Weihnachten gebe, müsste ihm wiederum jede für die Zeit von Weihnachten bis Pfingsten 14 böhmische Gulden schenken. Weiter sagt sie, wenn ein guter Geselle einer von ihnen mehr als zwei Pfennige gebe, es seien drei, vier, fünf, sechs, acht, zehn oder zwölf, so müssten sie das ganze Geld abliefern, wenn die Summe gerade sei. Wenn die Zahl aber ungerade ausfiele, so könne eine auch den ungeraden Pfennig nehmen. Und von diesem ungeraden Pfennig müsste jede ihren Lebensunterhalt bestreiten, auch Bade- und Wäschegeld und anderes ausrichten. Deshalb seien sie arme Dirnen und könnten nichts erübrigen. Es häufe sich vielmehr die Schuldenlast auf jeder, dass sie selbst nicht wüssten: wie, und sie könnten nichts abbezahlen. Sie sagt aus, dass sie der Wirtin etliche Hemden geliehen hätte. Die habe die Wirtin an die Juden versetzt. Sie dürfte sie nun nie mehr wiederbekommen. So ginge sie jetzt elend und fast nackt, denn sie habe nur noch ein Röcklein. Sie hätte auch kein Unterhemd an, denn die Wirtin wollte ihr keins geben, weder für Gut noch für Gold. Deshalb könnte sie kaum [ihre Blöße] bedecken und wollte deshalb auch nicht unter ehrbare Leute gehen.

(Zit. nach: Gerhard Fouquet (Hg.), Lebenswelten – Quellen zur Geschichte der Menschen in ihrer Zeit, Bd. 2/Alteuropa 800 bis 1800, Stuttgart 2001, S. 122f.)

M 7 Das Leben im Beginenhaus

Zu Beginn des 13. Jahrhunderts bildete sich die religiöse Lebensform der Beginen heraus, in der Frauen aller Stände allein oder in Gemeinschaft ein gottgefälliges Leben führen wollten, ohne aber wie Nonnen in Klausur leben zu müssen. Das Beginentum erfuhr großen Zuspruch und weite Verbreitung. Man rechnet mit einem Anteil von ungefähr 3 % der Gesamtbevölkerung. In Städten wie Straßburg zählten bis zu 10 % der Bevölkerung zu den Beginen. Die Statuten des Beginenkonvents „Auf dem Sande" in Wesel (um 1309) regeln das Zusammenleben der Frauen:

1. Es sollen nur brave und ehrsame Personen mit Genehmigung ihrer Eltern aufgenommen werden, keine natürlichen (unehelich geboren) Schwestern außer zweien, keine persönlich Unfreien.
2. Jede aufgenommene Schwester soll zum Lebensunterhalt Renten oder Vermögen besitzen oder eine Kunst (Handwerk) verstehen, um sich die Existenzmittel zu erwerben.
3. Entsteht Zwistigkeit unter Schwestern des Hauses, so muss diese vor dem Schlafengehen von der Vorsteherin in Frieden und Liebe beigelegt werden.
4. Keine Schwester des Hauses soll ohne Erlaubnis der Vorsteherin ausgehen und nie allein, sondern stets zu zweien, nicht vor Sonnenaufgang und nicht nach Sonnenuntergang, es sei denn, dass einer redlichen Ursache willen die Vorsteherin dieses gestattet hat.
5. Vor Sonnenaufgang und nach Sonnenuntergang soll das Haus allen männlichen Personen verschlossen sein.
6. Alle Schwestern sollen ein gemeinsames Schlafzimmer und ein gemeinsames Wohnzimmer haben, ausgenommen die Kranken und die alten Glatzköpfe.
7. Täglich sollen sie für ihre Wohltäter Vigilien lesen, und zwar neun Lektionen.
8. Diejenige Schwester, die sich unmanierlich und ungeistlich beträgt und deswegen zweimal zur Rede gestellt sich nicht bessert, soll aus dem Hause entfernt werden und alle Ansprüche an dieses verlieren.
9. Geld und Gut, das der Gesamtheit gehört, soll nicht unter die Einzelnen verteilt werden, sondern dem gemeinsamen Nutzen des Hauses verbleiben.
10. Schwestern, die freiwillig oder gezwungen das Haus verlassen, verlieren ihre Ansprüche und müssen von ihrem Vermögen dem Hause eine Brabanter Mark zedieren; ebenso hat jede Schwester bei ihrem Tode dem Hause wenigstens zwei Brabanter Mark zu hinterlassen, sofern sie viel besitzt.

(Zit. nach: H. Krimm (Hg.), Quellen zur Geschichte der Diakonie, Bd. 1/Altertum und Mittelalter, Stuttgart 1960, S. 128f.)

M 8 Spitzfindigkeiten und Neuerungen

Bald nach der Entstehung des Beginentums befassten sich kirchliche Autoritäten mit dieser neuen Lebensform, die nicht in die kirchliche Ordnung eingebunden war. Nach zunehmenden Verfolgungswellen wurden die Gemeinschaften im 15. Jahrhundert schließlich aufgelöst. 1273 urteilte der Franziskaner Simon von Tournai in einem Gutachten über die Beginen:

Aber am Ende fügen wir noch eine Besonderheit hinzu, die sich zu einer größeren Gefahr ausweiten kann. Es gibt bei uns Frauen, die sich Beginen nennen, und einige von ihnen beherrschen Spitzfindigkeiten und freuen sich über Neuerungen.
Sie haben die Geheimnisse der Schriften in der französischen Volkssprache interpretiert, die selbst für Leute, die in der heiligen Schrift bewandert sind, kaum zu ergründen sind. Sie lesen sie gemeinsam unehrerbietig, kühn, in Zusammenkünften, in verborgenen Winkeln und öffentlichen Plätzen. Ich habe gesehen, dass sie eine Bibel in französischer Sprache besitzen und lesen, von der Exemplare bei Buchhändlern in Paris zum Abschreiben öffentlich ausgelegt sind. Ketzereien und Irrtümer, Zweifel und unzutreffende Interpretationen, die in solchen enthalten sind, können durch den geringen Umfang dieses Schreibens nicht erfasst werden.
Wenn sich die Krankheit erst ausbreitet, entstehen so viele Skandale wie Hörer, so viele Gotteslästerungen wie öffentliche Plätze. Damit diese Quellen verstopft werden, und um diese Erfindung der Ei-

telkeit leichter zum Schweigen zu bringen, sollen die Exemplare vernichtet, die Interpreten an ihrem Tun gehindert werden; was als Falsch erkannt wurde, soll verbrannt werden, damit die göttliche Sprache nicht durch vulgäres Gerede wertlos wird, damit in den Winkeln nicht gesagt wird: Siehe hier ist Christus, siehe dort, damit das Allerheiligste nicht den Hunden preisgegeben wird, damit die kostbaren Perlen nicht den Schweinen vor die Füße vorgeworfen und niedergetrampelt werden.

(Zit. nach: Herbert Grundmann, Religiöse Bewegungen im Mittelalter – Untersuchungen über den geschichtlichen Zusammenhang zwischen Ketzerei, dem Bettelorden und der religiösen Frauenbewegung im 12./13. Jahrhundert und über die Grundlagen der deutschen Mystik, Darmstadt 1970, S. 338)

M 9 Handarbeit als Lebensunterhalt

Die Gemeinschaften sicherten ihre Lebensgrundlage auch durch handwerkliche Tätigkeiten. Der Kölner Ratsspruch vom 9.12.1482 berichtet über Auseinandersetzungen zwischen den Wappenstickern und den Beginen:

Weil Mutter und Schwestern aus Herrn Schelens Konvent auf der St. Gereons Straße unseren Herren vom Rat mit Klagen vorgetragen haben, wie kürzlich etliche aus dem Wappenstickeramt vor ihren Konvent gekommen seien und sich mit Gewalt angemaßt hätten einzudringen und ihre Türen aufgebrochen hätten etc.; deshalb haben unsere Ratsherren die Absicht und die Beweggründe derselben Wappensticker angehört und einträchtig beschlossen, wie dies bereits zuvor beschlossen worden ist, der Mutter und den Schwestern des vorgenannten Konvents auszurichten, dass sie fortan das Wappenstickeramt nicht mehr betreiben, es in ihrem Konvent weder ausüben sollen etc., und auch den Angehörigen des Wappenstickeramtes zu sagen, dass sie von nun an weder in dem vorgenannten noch in anderen Konventen eine Hausdurchsuchung mit irgendeiner Unanständigkeit oder mit Gewalt durchführen sollen. Denn wenn sie von ihres Amtes wegen in einem Kloster oder Konvent handeln wollen, so sollen sie die Herren zu sich rufen, die zur Zeit ins Seidamt gewählt sind und in ihrem Beisein Haussuchungen machen.

(Zit. nach: H. Loesch (Hg.), Die Kölner Zunfturkunden nebst anderen Kölner Gewerbeurkunden bis zum Jahre 1500, Bd. 2, Bonn 1907, S. 469f.)

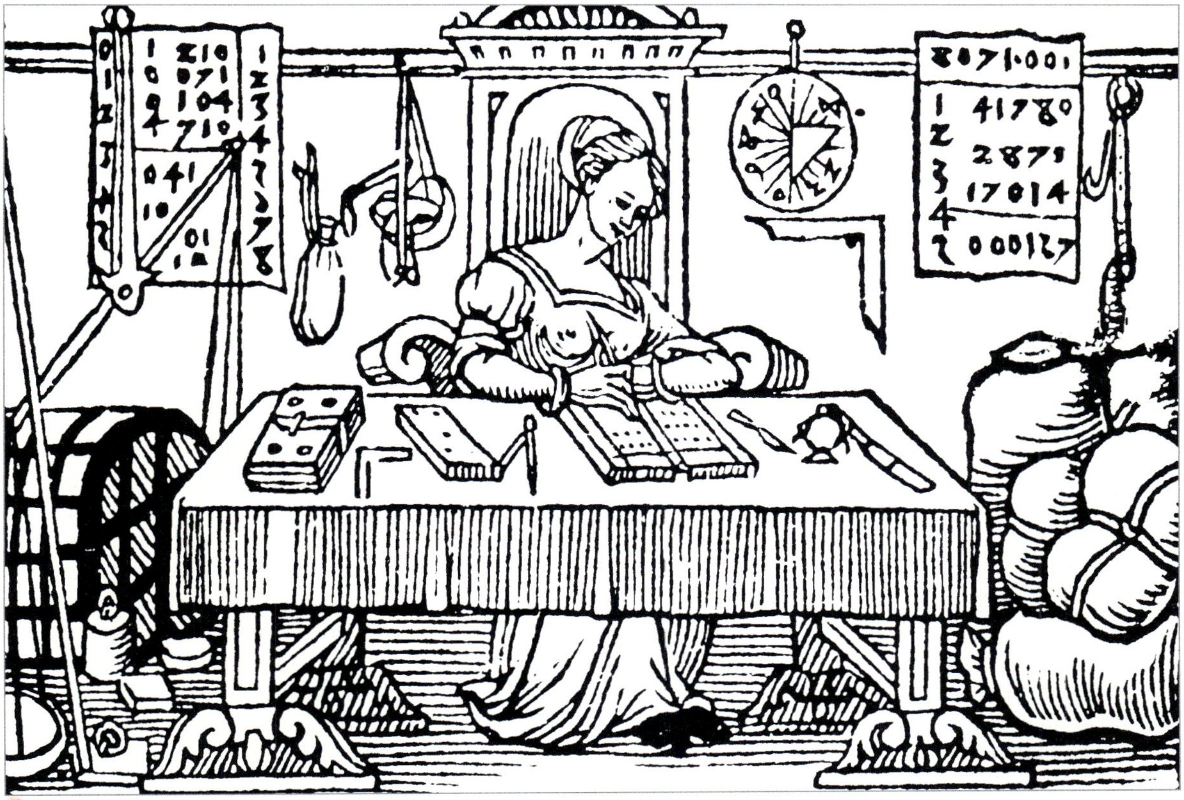

Kauffrau in ihrer Schreibstube

Das Eigene und das Fremde – oder: Worin liegt die Aktualität des Mittelalters?

Analysiert man die aktuellen Lehrpläne für das Fach Geschichte in der Sekundarstufe I, dann findet mittelalterliche Geschichte nur noch ein halbes bis zu maximal einem Jahr Berücksichtigung in den ministeriellen Vorgaben und der Trend geht insgesamt eher zu einer weiteren Verkürzung der Unterrichtsinhalte, die das Mittelalter betreffen. Noch schlimmer sieht es im Curriculum der Sekundarstufe II aus, in der auf einen erneuten chronologischen Durchgang durch die Geschichte verzichtet wird: Hier erlauben die Lehrpläne einiger Bundesländer die Behandlung mittelalterlicher Themen entweder gar nicht mehr oder gestatten sie nur mehr als Alternative zur Alten Geschichte.

Dies erstaunt umso mehr, als die Beschäftigung mit dem Mittelalter gemeinhin überaus populär ist. Ausstellungen zur Geschichte des Mittelalters erleben einen nie gekannten Zulauf, das Interesse der Menschen an Bau- und Kunstwerken dieser fernen Epoche steigt weiter an.

In diesem Spannungsfeld von bildungspolitischen Beschränkungen und gesellschaftlichen Anforderungen stellt sich Historikerinnen und Historikern daher zunehmend die Frage, welche Chancen die Beschäftigung mit dem Mittelalter in Zukunft bietet, oder anders formuliert:

- **Worin liegt die Aktualität des Mittelalters?**

1. Analysieren Sie die Expertenurteile M 1 und M 2 und nehmen Sie zu den vertretenen Standpunkten Stellung.

Vorschlag zum Vorgehen:

a) Analysieren Sie beide Materialien, indem Sie für jeden der beiden Texte die zentralen Aussagen des Autors in Thesenform wiedergeben.

b) Vergleichen Sie die Positionen der beiden Historiker.

c) Formulieren Sie in Zustimmung oder Abgrenzung zu den Historikerpositionen Ihre persönliche(n) Antwort(en) auf die Leitfrage nach der Aktualität.

➧ **Tipp:** Halten Sie Ihre Positionen und Argumente auf Karteikarten fest.

2. Führen Sie auf dieser Arbeitsgrundlage ein Kursgespräch: So wie ich es sehe – Worin liegt die Aktualität des Mittelalters?

MATERIALIEN

M 1 Der Historiker Johannes Fried

Fried lehrt mittelalterliche Geschichte an der Universität Frankfurt/Main.

Haben wir Mediävisten der Welt also nicht mehr zu bieten als einen abgestandenen Bildungsstoff, ihr nichts Dringlicheres zu präsentieren als eine Kollektion von unwirtschaftlichen Streitfragen, ob dieses oder jenes so geschehen, wie dieser oder jener Kollege, diese oder jene Kollegin es behaupteten; ob beispielsweise das Kloster Memleben im Jahr 942, 975 oder erst 979 (vielleicht auch ein paar Tage zuvor) gegründet wurde? [...]

Wir leben in einer Gesellschaft, die sich stolz eine Wissensgesellschaft dünkt und damit die sich überschlagenden Umbrüche im Wissen, symbolisiert im atemberaubenden Erneuerungsbedarf elektronischer oder virtueller Wissensbereiche, meint, im Cyberspace, für den selbst ein Karl der Große nichts bedeutet. Hat der „floating gap", das mit dem Leben fortschreitende Vergessen, endlich unser Mittelalter erreicht? Macht das rasante Veralten eines gestern noch aktuellen Wissens die Welt vor tausend Jahren zu kennen entbehrlich? [...]

Wie alle Werte geschichtlicher Relativität unterliegen, so auch das Wissen. Gesellschaftlicher Wandel wertet Wissen fortgesetzt um (ohne es damit aufzuheben oder zu beseitigen), lässt es veralten; das gilt nicht erst für heute. Neue Bedürfnisse entstehen, Revolutionen des Wissens lösen einander ab. Zunächst wurden Verdauerungstechniken bedeutsam, dann Bewertungstechniken, die verschiedene Wissensbereiche miteinander verglichen. Die Geschichte bietet eine Unsumme, einen Schatz an Erfahrungen, wie Menschen zu allen Zeiten mit diesem relativem Wissen sich in der Welt eingerichtet haben, wie sie ihr Wissen mehrten, wie und warum dasselbe regionale Differenzierungs- und kulturelle Beschleunigungsprozesse einleitete, wie sie auf Umbrüche der Wissenskultur reagierten, in der sie aufgewachsen waren, unter welchen Umständen und wie sie sich fremdes Wissen aneigneten, an fremde Zivilisationen akkulturierten ver-

deutlicht auch, dass Wissen ein systemischer, sich selbst organisierender Prozess ist, in dem jeder Faktor sich mit der Zeit in unvorhersehbarer Weise entfaltet und nur im Nachhinein eine Richtung erkannt werden kann. Hier lässt sich nichts willkürlich handhaben.
Das europäische Mittelalter gestattet, diesen Prozess in hervorragender Weise zu untersuchen und damit die Bedingungen von Wissenskultur zu erfassen. In jener Zeit, in diesen angeblich so gläubig-unmündigen, wissenschaftlich verwirrten Jahrhunderten, begann der Triumphzug beweisender Vernunft im Abendland, der unaufhaltsame Siegeszug aufklärerischer Verwissenschaftlichung, die uns heute mit Genetik und Neurophysik beglückt. Es präsentiert sich als technisch, wissenschaftlich, organisatorisch höchst innovativ, als eine ungemein dynamische Phase westlicher Wissenskultur, vergleichsweise gut dokumentiert und nah genug, um uns noch etwas zu sagen. Es zimmerte die soziale und intellektuelle Basis unserer eigenen Welt – die Nationen, das Stadtbürgertum, das Bankwesen, die Universität, das Individuum, die Säkularisation des Denkens, den Denkstil –, ist somit verantwortlich für die umfassende rationalistische, auch ethische und humanistische Prägung dieser Kultur und ist zugleich – im Hinblick auf gesellschaftliche Wirkungen – recht überschaubar. Das Was, das Woher und Wohin des Wissens und damit die Jahrhunderte langen gesellschaftlichen Folgen vergangenen Geschehens lassen sich hier mit einiger Zuverlässigkeit erfassen, seine Entfaltungsdynamik analysieren. [...]
Wenn eine Epoche als Wissensgesellschaft zu gelten hat, dann dieses westliche Mittelalter, das sich anschickte, die Fülle seiner Erfahrungen systematisch nach den Prinzipien beweisender Vernunft zu ordnen, das in jedem abendländischen Kloster, an den Schulen und Universitäten, an den Fürsten-, Königs- und Papsthöfen – keineswegs bloß wie in der Antike und auch in der arabischen Welt in einzelnen Philosophenschulen – im kollektiven Zusammenspiel der Individuen und Institutionen nach gesicherter Wahrheit und Gewissheit seines Wissens dürstete und nur das noch als „Wissenschaft" gelten ließ, was sich den Regeln derartiger Vernunft beugte. [...]
Gegenwärtige Globalisierungsprobleme begannen damals, an den mittelalterlichen Universitäten mit ihren Absolventen, im Zusammenwirken von Missionaren, Fernhändlern und Unternehmern, von Königen, Päpsten, Fürsten und Städten. Eine Wirkung des Westens, reichen sie weit in dessen Vergangenheit hinab, tief eingewurzelt in der abendländischen Glaubens- und Wissenskultur. [...]
So gesehen eröffnet der Blick ins Mittelalter Ausblick auf Ausblick über den Zusammenprall von Zivilisationen, wie er auch in unserer Gegenwart entscheidend zu werden verspricht. Ein solcher Zusammenstoß ist in jenen mittleren Jahrhunderten mehrfach erfolgt: Die rohe Welt der Germanen und Slawen traf auf die Hochzivilisation des Mittelmeeres; das lateinische Abendland auf das orthodoxe Byzanz, die christliche Welt auf den Islam, der europäische Westen auf Vorder-, Mittel- und Ostasien. Die Beispiele weisen mancherlei Unterschiede auf, seien sie sozialer, religiöser, kultureller Natur. Gleichwohl wiederholten sich manche Erfahrungen und sind heute noch relevant. Dauer und Wirkungen derartiger Konfrontations- und Aneignungsprozesse lassen sich erfassen, kulturelle Inkubationszeiten bemessen, die Geschwindigkeit von Assimilationsprozessen abschätzen, die Ergebnisse des Ausgleichs, das entstehende Neue und das Fortwirken des Alten, die Begründung des Erfolgs, die Wirkung von Handel und Religion, die umfassenden Folgen – für alles verfügt die Menschheit über einen ausgedehnten Erfahrungsschatz, den sie jederzeit zu heben vermöchte und von dem sie – ohne Geschichte – dumpf ergeben zehrt. Seine Analyse schult den Blick für die gleichartigen Prozesse in der Gegenwart.

(Johannes Fried, Die Aktualität des Mittelalters – Gegen die Überheblichkeit unserer Wissensgesellschaft, Stuttgart 2002, S. 19–53)

M 2 Der Historiker Hans-Werner Goetz

Goetz lehrt mittelalterliche Geschichte an der Universität Hamburg.

Das uns vielfach fremd erscheinende Mittelalter hat tatsächlich viel mehr an Andersartigem als an Gleichartigem zu bieten, ja es gibt wohl kein Zeitalter abendländischer Geschichte, an dem Modernes im Vergleich besser als in all seiner Modernität befangen entlarvt werden könnte.
Gerade in dieser Andersartigkeit aber liegt ein wichtiger Grund, sich mit dem Mittelalter zu beschäftigen, denn erst durch den Vergleich mit dem in vielem so fernen Mittelalter wird die Gegenwart in ihrer Eigenständigkeit erkennbar und was wir zu vergessen neigen – in ihrer Geschichtlichkeit erfahrbar. Es ist also gerade das Fremde, Andersartige, das „Mittelalterliche am Mittelalter", das durch seine Denkalternativen bewusstseinsbildend wirkt: Der Wert der mittelalterlichen Geschichte liegt aus solcher Perspektive nicht mehr in der entwicklungsgeschichtlichen Tradition, in der wir stehen,

sondern in einem Strukturvergleich mit dem „anderen“ Mittelalter, wie er sich prinzipiell zu jedem heute relevanten Thema anstellen lässt, besonders aber bei anthropologischen, um den Menschen und sein Verhalten kreisenden Fragestellungen, wie sie heute mehr und mehr ins Bewusstsein rücken. Das schafft eine neue Art von „Verbundenheit“ mit dem Mittelalter. Der Blick auf die mittelalterliche Geschichte bietet keine Lösungen aktueller Probleme, wohl aber Einsichten, die zu einer differenzierteren Lösung beitragen. Dadurch öffnen sich unserem (zeitverhaftet beschränkten) Geist Perspektiven, die verdeutlichen, dass der gegenwärtige Mensch nicht der einzige Maßstab ist, an dem alles andere zu messen wäre.

Wer die Gegenwart mit fremden Zeiten wie dem Mittelalter zu vergleichen vermag, dem fällt es leichter, sich selbst und seine Zeit zu relativieren, Entwicklungen in ihrer Veränderlichkeit und die eigenen Anschauungen als zeitgemäß zu erkennen. Wer hingegen nichts anderes als den eigenen Lebenskreis kennt, wird befangen und unfähig, sich selbst und die eigene Zeit noch angemessen und kritisch zu beurteilen. Die Beschäftigung mit fremden Zeiten ist ein Mittel notwendiger Gegenwarts- und Selbstkritik.

Eine wissenschaftliche Betrachtung des Andersartigen setzt allerdings voraus, dass man die aus den gegenwärtigen Bedürfnissen erwachsenen Fragen in den Kontext der spezifisch mittelalterlichen Gesellschafts- und Lebensordnung einzuordnen weiß. Man kann aus der Geschichte bekanntlich alles „beweisen“, wenn man es aus seinem zeitgemäßen Kontext löst. Die Mediävistik darf sich deshalb nicht auf Modisches beschränken; sie muss, wenn sie nicht der Gefahr einer Entzeitlichung und Enthistorisierung erliegen will, vielmehr immer auch „das typisch Mittelalterliche“ herausarbeiten, ein Ansatz, der im Übrigen die Notwendigkeit einer quantitativen Komponente impliziert, denn als „typisch“ kann nur gelten, was oft genug und nicht in einem noch so interessanten Einzelfall bezeugt ist. Tatsächlich verlangt der wissenschaftliche Vergleich mit dem „anderen“, uns fremden Mittelalter in besonderem Maße nach einer Betrachtungsweise, die durchaus anthropologischen Interessen folgt, dabei aber das historisch Zeitgemäße in den Mittelpunkt stellt und sich nicht mit der vordergründigen Feststellung anthropologischer Konstanten begnügt: Vergleich von Sachverhalten in verschiedenen Epochen bei gleichzeitigem Herausarbeiten der zeitspezifischen und zeitbedingten Unterschiede muss die Aufgabe heutiger Mediävistik sein. Das Mittelalter ist „fremd“ und muss gerade deshalb in seiner Eigenart erforscht werden; es ist allerdings nicht nur fremd, nicht nur „mittelalterlich“, sondern muss (wiederum: von seinen Eigenheiten her) in seinen Bezügen zu heutigen Vorstellungen und Interessen erforscht werden. Es ist nicht einfach das andere oder ferne Zeitalter, sondern – mit dem Titel des ansonsten eher populärwissenschaftlichen Buches von Barbara Tuchman – „der ferne Spiegel“ der Gegenwart. So kann (und sollte) die Andersartigkeit (die „Alterität“) des Mittelalters in der heutigen Forschung erstens nicht nur Ersatz der (früher vorherrschenden) „genetischen“ Betrachtungsweise (das „Werden“ der Gegenwart aus dem Mittelalter) und zweitens auch nicht ausschließlich Ausgangspunkt für eine kontrastierende Gegenüberstellung sein. Sie bietet vielmehr die Möglichkeit, damals und heute zum Nutzen der Gegenwart gedanklich zu vergleichen.

(Hans-Werner Goetz, Moderne Mediävistik – Stand und Perspektiven der Mittelalterforschung, Darmstadt 1999, S. 29–31)

Zusammenfassen, Üben und Darstellen

Das Mittelalter – Einheit und Vielfalt einer Epoche

Kernbegriffe:

- ★ Grundherrschaft
- ★ Lehnswesen
- ★ Feudalismus
- ★ Gottesgnadentum
- ★ karolingische Renaissance
- ★ Christianisierung
- ★ Investiturstreit
- ★ Dreifelderwirtschaft
- ★ Ostsiedlung
- ★ Stände
- ★ Stadtherr
- ★ Ratsherrschaft
- ★ stadtbürgerliche Freiheit
- ★ Zünfte
- ★ Beginen
- ★ Territorialisierung
- ★ Krise des Spätmittelalters

Info, S. 94f.

1. Stellen Sie die Grundlagen des mittelalterlichen Gesellschaftssystems in einer Mindmap dar und erläutern Sie ihre Traditionen einerseits und ihre Funktion im Mittelalter andererseits.

Info, S. 95f.

2. Beschreiben Sie die Entwicklung der Grundherrschaft und erläutern Sie die Veränderungen vor ihrem historischen Kontext.

Info, S. 97ff.

3. Erläutern Sie die Funktion des Christentums in der Expansionspolitik Karls des Großen und diskutieren Sie die Rolle der Klöster in diesem Zusammenhang.

Info, S. 99ff.

4. Fassen Sie die Umbrüche des 11. Jahrhunderts und ihre Auswirkungen in einem Kurzvortrag zusammen und beurteilen Sie die langfristigen Auswirkungen dieser Wandlungsprozesse.

Info, S. 104f.
Thema, S. 121ff.

5. Erläutern Sie die Struktur der mittelalterlichen Stadtgesellschaft, indem Sie vom Begriff des „Bürgers" ausgehen.

Info, S. 105
Thema, S. 121ff.

6. Stellen Sie die Merkmale des städtischen Ratsregiments in einem Schaubild dar und erläutern Sie die konfliktträchtigen Aspekte.

Info, S. 107
Thema, S. 121ff.

7. Diskutieren Sie die Anwendung des Begriffes „soziale Schichtung" in Bezug auf die mittelalterliche Stadt und erläutern Sie die Merkmale, die den sozialen Status eines Stadtbürgers verdeutlichen.

Info, S. 108

8. Erläutern Sie die Bedeutung, die der Familie in der mittelalterlichen Gesellschaft zukam.

Info, S. 108ff.

9. Beschreiben Sie die Entwicklung des Kaisertums zwischen den Polen „Universalität" und „Hausmacht" und diskutieren Sie die Anwendung des Begriffs „Territorialstaat" für die Epoche des Mittelalters.

Info, S. 111f.

10. Stellen Sie die Kriterien, die für die Bezeichnung „Krise des Spätmittelalters" angeführt werden, in einer Mindmap dar und erörtern Sie, welche Kriterien gegen die Verwendung dieses Begriffes sprechen.

Klausurtraining

Interpretation einer sprachlichen historischen Quelle mit gegliederter Aufgabenstellung

Aufgabenstellung

Interpretieren Sie die Quelle, indem Sie

1. das Kapitular analysieren;
2. die Bestimmungen des Kapitulars systematisieren und die sich daraus ergebenden Veränderungen für die Sachsen erläutern;
3. erörtern, welche Auswirkungen das Kapitular im Kontext der Christianisierung Sachsens durch Karl den Großen hatte.

Materialgrundlage

M Das „Capitulare de partibus Saxoniae"

Die Christianisierung Sachsens wurde anfangs (781/785) durch das „Capitulare de partibus Saxoniae" gesichert. 797 wurde das Kapitular durch ein mildes Gesetz abgelöst.

1. Alle stimmten zu, dass den Kirchen, die in Sachsen gebaut werden und Gott geweiht sind, nicht nur keine geringere, sondern größere und vorzüglichere Ehre erwiesen werde als den Heiligtümern der Götzen.

2. Sucht einer Zuflucht in der Kirche, so nehme sich keiner heraus, ihn mit Gewalt daraus zu vertreiben, sondern jener habe Frieden, bis er vor Gericht gestellt wird; zum Preise Gottes und der Heiligen und aus Ehrfurcht vor seiner Kirche werde ihm die Unverletzlichkeit seines Lebens und seiner Glieder zugesichert. Dem Urteil gemäß soll er aber, soweit er kann, die Sache wieder gutmachen, und so werde er vor den Herrn König geführt, und jener mag ihn schicken, wohin es seiner Milde gefällt.

3. Wenn einer mit Gewalt in eine Kirche eindringt und dort raubt oder stiehlt oder die Kirche in Brand steckt, soll er des Todes sterben.

4. Wenn einer die heiligen vierzigtägigen Fasten aus Missachtung des Christentums nicht hält und Fleisch isst, soll er des Todes sterben; doch soll der Priester entscheiden, ob nicht für jenen vielleicht eine Notlage bestand, die ihn zwang, das Fleisch zu essen.

5. Tötet einer einen Bischof, Priester oder Diakon, soll er gleichfalls an Haupt und Leben gestraft werden.

6. Glaubt einer vom Teufel verführt nach Art der Heiden, ein Mann oder eine Frau seien Zauberer oder Hexe und äßen Menschen, und er verbrennt sie deswegen und gibt ihr Fleisch jemandem zu essen oder isst es selber, so soll er an Haupt und Leben bestraft werden.

7. Verbrennt jemand den Körper eines Toten nach heidnischem Brauch und lässt dessen Gebeine zu Asche werden, so soll er an Haupt und Leben gestraft werden.

8. Wer sich fortan vom Stamme der Sachsen ungetauft unter seinen Stammesgenossen verbirgt, zur Taufe zu kommen verachtet und freiwillig Heide bleibt, der soll des Todes sterben.

9. Opfert einer dem Teufel einen Menschen und bringt ihn den Dämonen zum Opfer nach Art der Heiden dar, so soll er des Todes sterben.

10. Lässt sich einer im Bunde mit Heiden auf Beschlüsse gegen Christen ein, oder verharrt er mit ihnen zusammen in Feindschaft gegen die Christen, so soll er des Todes sterben. Und wer zu irgendeinem hinterlistigen Anschlag auf den König oder das Volk der Christen seine Zustimmung gibt, der soll des Todes sterben.

11. Wer sich gegen den Herrn König untreu erweist, soll an Haupt und Leben gestraft werden.

12. Wer die Tochter seines Herrn raubt, soll des Todes sterben.

13. Tötet einer seinen Herrn oder seine Herrin, so treffe ihn die gleiche Strafe.

14. Begeht einer heimlich eines dieser Verbrechen, auf die die Todesstrafe steht, und nimmt er freiwil-

lig seine Zuflucht zum Priester, legt diesem ein Bekenntnis ab und verspricht Buße zu tun, so werde ihm nach dem Zeugnis des Priesters die Todesstrafe erlassen. […]

16. Auch dies wurde mit der Gnade Christi beschlossen, dass von jeder Fiskalabgabe, sei es Friedens- oder Banngeld oder sonst eine an den König gehende Abgabe, der zehnte Teil den Kirchen und Priestern gegeben werde.

17. In gleicher Weise setzen wir dem Gebot Gottes folgend fest, dass alle, Edle, Freie wie Liten (= Halbfreie), den zehnten Teil ihres Besitzes und ihres Erwerbs den Kirchen und den Priestern geben, so wie Gott jedem Christen gab, sollen sie Gott ihren Teil geben.

18. An Sonntagen darf keine Versammlung noch ein öffentliches Gericht stattfinden, außer in großer Not oder Feindesgefahr, sondern alle sollen zur Kirche kommen, um Gottes Wort zu hören, zu beten und gute Werke zu tun. In gleicher Weise sollen sie auch an den hochheiligen Festtagen Gott und der Kirche dienen und weltliche Versammlungen unterlassen.

19. Ebenso beschloss man auch unter diese Verordnungen einzureihen, dass alle Kinder innerhalb eines Jahres getauft werden müssten, und wir bestimmen, dass, wenn einer dies ohne Rat und Erlaubnis des Priesters unterlässt, er als Edler 120, als Freier 60 und als Lite 30 Schilling an den Fiskus zu zahlen hat. […]

21. Legt einer an Quellen, Bäumen oder in Hainen Gelübde ab, bringt irgendetwas nach heidnischer Art dar und hält ein Mahl ab zu Ehren der Dämonen, so soll er als Edler 60, als Freier 30 und als Lite 15 Schilling zahlen. Haben sie wirklich nichts, womit sie sofort zahlen können, so werden sie der Kirche zum Dienst überwiesen (als Hörige), bis sie die Schillinge abgezahlt haben. [...]

34. Wir untersagen allen Sachsen, öffentliche Versammlungen abzuhalten, außer wenn unsere Boten sie auf unseren Befehl hin einberufen. Jeder Graf aber soll in seinem Amtssprengel Gerichtstage abhalten, und die Priester sollen darauf achten, dass er nicht anders handele.

(Zit. nach: Wilfried Hartmann (Hg.), Deutsche Geschichte in Quellen und Darstellung, Bd. 1/Frühes und hohes Mittelalter 750 – 1250, Stuttgart 1995, Nr. 6)

Zwischen Koexistenz und Konflikt – Christen, Juden und Muslime im Mittelalter

Christliche Kreuzfahrer und moslemische Krieger kämpfen gegeneinander (Buchillustration, um 1200)

Die Aktualität der Kreuzzüge ist auch heute noch ungebrochen. Als Sinnbild für Grausamkeit und Gewalt, für Aufopferung und Idealismus sowie für europäische Überheblichkeit und Expansion dient der Mythos der Kreuzzüge den unterschiedlichsten Zwecken. Über Kontinente und Religionsgrenzen hinaus wirkt er im kollektiven Bewusstsein und im allgemeinen Sprachgebrauch des modernen Menschen.

In der jüdischen Welt werden die Pogrome der Kreuzfahrer während des ersten Kreuzzuges in der Geschichte einer Religion, aber auch in der langen Leidensgeschichte des jüdischen Volkes, die in den Massenmorden an den europäischen Juden während der Zeit des Nationalsozialismus gipfelte, verortet. Im Islam hat die zweihundertjährige Besetzung Palästinas durch die Christen tiefe Spuren hinterlassen, die die aktuellen Auseinandersetzungen im Nahen Osten zum Abwehrkampf der Muslime gegen die „neuen Kreuzzüge" des Westens werden lassen.

Neben diesem „Negativmythos" gibt es aber auch Stimmen, die die Kreuzzüge für einen verstärkten Kulturtransfer zwischen den Religionen verantwortlich machen. Die Vermittlung und Übernahme fremden Wissens und der Austausch von Handelswaren fanden über konfessionelle Grenzen hinweg statt und führten zu vielfältigen Formen interkulturellen Austauschs. Um das Nachleben der mittelalterlichen Kreuzzüge beurteilen zu können, fragt das folgende Kapitel nach der Durchlässigkeit der konfessionellen Grenzen im Spannungsfeld von friedlicher Begegnung und gewaltsamer Auseinandersetzung.

Ein Jude und ein Araber beim Schachspiel (Buchillustration, 1283)

Auf einen Blick

Zwischen Koexistenz und Konflikt – Christen, Juden und Muslime im Mittelalter

Info S. 146

Christen, Juden und Muslime in der mittelalterlichen Welt

1. Orient und Okzident: Die Begegnung des mittelalterlichen Menschen mit dem Fremden S. 146

2. Konfrontationen und Begegnungen mit dem Islam S. 148
- Die islamische Expansion
- Die Kreuzzüge: Muslime und Christen im Kampf um die Vorherrschaft

3. Der Umgang mit den anderen: Das Beispiel der Juden S. 155
- Juden und christliche Umwelt im Mittelalter
- Die Reaktionen der Juden

Jerusalem – heilige Stadt für Juden, Christen und Muslime

Thema S. 161

Ein Heiliger Krieg? – Die Entwicklung des Kreuzzugsgedankens im Mittelalter

„Gott will es." Mit diesen Worten rief Papst Urban II. im Jahr 1095 auf der Synode von Clermont-Ferrand zum ersten Kreuzzug auf. Kriege im Namen Gottes verstanden sich jedoch auch in der Welt des Mittelalters nicht von selbst. So galt bis zur Jahrtausendwende nach kirchlichen Anschauungen der Grundsatz, dass ein offensiver Krieg mit dem christlichen Gebot der Gewaltlosigkeit nicht in Einklang zu bringen sei. Erst im 11. Jahrhundert setzte sich die Überzeugung durch, dass der offensive Kampf ein berechtigter Krieg sei.
Auch der Islam ist eine Friedensreligion. Der Begriff Dschihad bedeutet „Mühe" und „Anstrengung" und meint den Einsatz um der Sache Gottes willen. Er kann auch die Anstrengung im Kampf für den rechten Glauben sein, die den Einsatz des eigenen Lebens umfasst. Im Zeitalter der Kreuzzüge wurde der Dschihad-Begriff zunehmend instrumentalisiert, um Kriege mit dem Koran zu legitimieren.

Thema S. 167

Eine tolerante Herrschaft der Muslime? – Möglichkeiten und Grenzen einer friedlichen Koexistenz in „al-Andalus"

Die Konflikte zwischen Christen und Muslimen im maurischen Spanien haben die moderne Sicht auf das Zusammenleben der beiden großen Religionen im Mittelalter nachhaltig geprägt. Zwar gilt insgesamt, dass ein ungezwungenes Nebeneinander der Religionen eher die Ausnahme war. Dennoch war eine friedvolle Koexistenz im Alltag möglich. In großen Zentren der islamischen Wissenschaft wie Cordoba, wo auch jüdische und christliche Gelehrte einbezogen waren, entstand eine geistige Kultur, die es bis dahin im Abendland noch nicht gegeben hatte.

Thema S. 173

Kennzeichnungspflicht und Legendenbildung – Juden und christliche Umwelt im Mittelalter

Seit dem späten 13. Jahrhundert verstärkte sich der Marginalisierungsdruck durch die christliche Mehrheit der Gesellschaft auf die Juden. Seitdem wurden von städtischen Obrigkeiten Kleiderordnungen für Juden erlassen, die die Stigmatisierung durch besondere Abzeichen wie den „gelben Fleck" oder den „Judenhut" vorschrieben. Daneben konzentrierte man die von Juden bewohnten Häuser in einzelnen Stadtteilen oder Gassen, die ganz oder teilweise von Mauern umgeben sein konnten. Von der christlichen Bevölkerung wurden gegen die Juden Vorwürfe wie Brunnenvergiftung, Hostienschändung oder Ritualmord erhoben, die häufig die Ausschreitungen gegen sie nachträglich rechtfertigen sollten und zugleich zum Auslöser für weitere Verfolgungen wurden.

Forum S. 179

Kampf der Kulturen oder tolerante Koexistenz?

Insbesondere nach dem Anschlag auf das World Trade Center am 11. September 2001 rückte der Konflikt zwischen „dem Westen" und „der islamischen Welt" verstärkt in den Blick. Seit dem Ende des Kalten Krieges mehren sich die Stimmen, die die Ursachen für die Konflikte des Westens mit der islamischen Welt in den kulturellen Unterschieden und hier besonders in der Religion sehen. Hinzu kommt, dass das Verhältnis der beiden großen Religionen mit Blick auf die Kreuzzüge historisch vorbelastet ist. Welche Rolle spielen Kultur und Religion in den internationalen Beziehungen? Sind sie Ursache von Konflikten oder Anknüpfungspunkte für einen friedlichen Dialog?

Christen, Juden und Muslime in der mittelalterlichen Welt

1. Orient und Okzident: Die Begegnung des mittelalterlichen Menschen mit dem Fremden

Zentrale Elemente des mittelalterlichen Weltbildes in Europa wurden durch die Bibel vorgegeben. Zu ihnen zählten das Paradies, von dem man glaubte, dass es an einem unzugänglichen Ort im Osten existiere. Darüber hinaus war die mittelalterliche Sicht des Kosmos von der griechischen Antike bestimmt. Platons Modell von der Erde als Kugel, die von mehreren Planetensphären umgeben war, konnte der christlichen Weltanschauung vom Erdglobus als Zentrum leicht angepasst werden.

Geographische Kenntnisse

Genauere geographische Kenntnisse besaß man allein über den Mittelmeerraum und Nordwesteuropa. Eine Ausweitung des „geographischen Blicks“ erfolgte zunehmend durch die Auseinandersetzung mit fremden Eindringlingen.

Raubzüge der Ungarn

Nach den Fuldaer Annalen töteten die Ungarn im Jahr 894 bei einem Raubzug nach Sachsen Männer und alte Frauen, um dann die jungen Frauen wie Tiere wegzuschleppen. Wie Liutprand von Cremona berichtet, „zerstören sie Schlösser, brennen Kirchen nieder, schlachten die Leute ab und trinken ihr Blut, damit man sie noch mehr fürchtet.“ In seiner Darstellung der fremden Ungarn, die seit der ersten Hälfte des 10. Jahrhunderts ganz Europa in Schrecken versetzten, mischt sich das Wissen um die verheerende Kriegführung der ungarischen Krieger mit phantastischen Elementen, die die Furcht der Zeitgenossen vor dem unbekannten Volk widerspiegeln. Erst als es Otto I. am 10. August 955 auf dem Lechfeld in der Nähe von Augsburg gelang, den entscheidenden Sieg über die ungarischen Heere zu erringen, war die Gefahr ihrer Einfälle geschwunden. Dabei waren die Ungarn nicht das einzige Volk, das den Westen mit Raubzügen angriff.

Wanderungen der Nordmänner

Bereits seit dem Ende des 8. Jahrhunderts fielen die Wikinger aus Dänemark und Norwegen über die Küstengebiete des Frankenreiches her. In der zweiten Hälfte des 9. Jahrhunderts eroberten sie große Teile Ost- und Nordenglands und schufen das Wikinger- Reich von York, das bis 954 bestand. Um das Jahr 1000 kolonisierten die Wikinger Island und Grönland und unternahmen die erste Fahrt von Europäern nach Amerika. In Nordfrankreich ließen sie sich in der Gegend nieder, die von ihnen den Namen Normandie erhielt. Schwedische und norwegische Völker, die sogenannten Waräger, drangen vom Baltikum bis zum Schwarzen Meer vor. Der byzantinische Kaiser rekrutierte aus ihren Kriegern seine Leibgarde. Eine Vielzahl byzantinischer, arabischer und chi-

Zeichnung nach der Ebstorfer Weltkarte aus dem 13. Jh.

nesischer Münzfunde in skandinavischen Wikingergräbern aus dem 8. bis 10. Jahrhundert zeugen von den weitreichenden Fahrten der „Nordmänner".

Die Begegnung der mittelalterlichen europäischen Christen mit fremden Völkern erschöpfte sich jedoch nicht in der kriegerischen Auseinandersetzung. Bereits im 4. und 5. Jahrhundert bestanden Handelskontakte zwischen Gallien und Ägypten. Im Mittelmeerraum herrschte ein reger Warenaustausch und Pilger und Reliquiensammler zogen zu den Heiligen Stätten im Nahen Osten. Das Bild der Zeitgenossen von der unbekannten Welt hingegen speiste sich in erster Linie aus antiken Reiseberichten und Wundererzählungen, in denen zwischen Realität und Fiktion selten geschieden wurde. Fabelhafte Monsterwesen, versunkene Kontinente und exotische Menschen gehörten zu den Standardelementen in der Kartographie. Die mittelalterlichen Weltkarten boten weniger physikalische oder gar politische Informationen, sie erläuterten vielmehr das göttliche Heilsgeschehen. Das Exotische und Fremde war in diesem Zusammenhang Symbol für die Störung der göttlichen Ordnung. Auf der Ebstorfer Weltkarte von 1235 belebt eine Fülle von exotischen Tieren und Fabelwesen die entlegenen Gebiete der Erde: Bären, Leoparden, Löwen und Tiger im Iran, Kamele im Heiligen Land, Elefanten in Marokko und ein Papagei in Indien.

Handelskontakte und Pilgerzüge

Kartographie des Mittelalters

Fabelwesen wie die Riesenhunde in Albanien, Seeschlangen im indischen Ozean, hundsköpfige Inder, gesichts- und zungenlose Bewohner Afrikas und Menschen mit Pferdehufen entstammten der antiken Wunderliteratur. In Asien lebten die bei Ezechiel als Gog und Magog bezeichneten Völker, deren Erscheinen nach der Apokalypse des Johannes dem Ende der Welt unmittelbar voranging. Zu Beginn des 12. Jahrhunderts entstand die Legende um den sagenhaften christlichen Priesterkönig Johannes, der angeblich über ein mächtiges Reich im Osten, in dem Milch und Honig fließen, herrschte. Der Geschichtsschreiber Otto von Freising traf 1145 in Viterbo einen syrischen Bischof, der ihm erzählte, der Priesterkönig aus einem Land jenseits Persien sei zur Unterstützung Jerusalems auf dem Marsch, habe aber den Tigris mit seinem Heer nicht überschreiten können. Seine Macht sei unbegrenzt, sein Reichtum unermesslich und die Bewohner seines Reiches seien frei von allem Übel und sprächen nur die Wahrheit. Inmitten dieses reichen Landes befinde sich ein Jungbrunnen, der ewiges Leben verheiße. Zwischen 1165 und 1170 tauchten Briefe vom Priester Johannes an den Papst, den römischen und den byzantinischen Kaiser auf und noch gegen Ende des 13. Jahrhunderts richtete sich die Hoffnung vieler Kreuzfahrer auf diesen christlichen König, der als Verbündeter den Arabern in den Rücken fallen würde.

Priesterkönig Johannes

Entscheidende geographische und kartographische Neuerkenntnisse brachte erst der Einbruch der Mongolen unter Dschingis Khan und seinen Nachfolgern zu Beginn des 13. Jahrhunderts, die mit erstaunlicher Geschwindigkeit ihr Weltreich errichteten und zunächst mit dem Priesterkönig Johannes identifiziert wurden. Erst als den Eindringlingen Schauerberichte über ihre Unmenschlichkeit vorauseilten, platzten die Bündnisträume des christlichen Westens. Anders als die Wikinger und Ungarn waren die Mongolen nicht aufgrund akuter Mangelsituationen zum Verlassen ihres Wohnsitzes gezwungen, sondern unternahmen geplante Eroberungszüge, ohne ihre Stammsitze aufzugeben. 1211 hatte Dschingis Khan mit der Eroberung Chinas begonnen. Ab 1237 überfielen die Mongolen Russland, Polen und Schlesien und stießen bis nach Ungarn und auf den Balkan vor. 1258 eroberten sie Bagdad. Doch obwohl man erkannt hatte, dass die Mongolen keine Christen waren, erhielt der päpstliche

Eroberungszüge der Mongolen

Die Bewohner der Adamanen-Insel
(Abbildung aus dem 15. Jahrhundert, die auf der Grundlage von Marco Polos Reisebericht erstellt wurde)

Beauftragte an den Großkhan auch den Auftrag, nach dem Priester Johannes zu forschen. Dieser Gesandte, der Franziskaner Johannes von Plano Carpini, erreichte 1246 den Sitz des Großkhans Küjük in Karakorum und übergab ein Schreiben des Papstes, in dem der Khan aufgefordert wurde, zum christlichen Glauben überzutreten und Frieden zu halten. Auf seiner Reise entdeckte Carpini eine Vielzahl von Dingen, die im herkömmlichen Weltbild nicht existiert hatten.

Die Mongolen als Menschenfresser.
Von den angeblichen Greueltaten zeugt diese Abbildung aus einer zwischen 1236 und 1259 entstandenen Handschrift.

Europäische Reisende in Asien

Auch Kaufleute nutzten die Öffnung Ostasiens, und die Seidenstraße, der große transkontinentale Handelsweg, wurde wieder von Europäern bereist. Der bekannteste unter ihnen war Marco Polo (1254 – ca. 1324), Sohn eines venezianischen Kaufmanns, der mit seinem Vater Nicolo und seinem Onkel Matteo 1271 nach Asien aufbrach. Ihre Reise führte sie schließlich 1275 an den Hof des Kublai Khan. Für drei Jahre trat Marco Polo in den Dienst des Großkhans und bereiste in dessen Auftrag fast alle chinesischen Provinzen. Erst 1292 verließen die drei Venezianer China und kehrten drei Jahre später mit einem Schatz wertvoller Edelsteine in ihre Heimatstadt zurück.

2. Konfrontationen und Begegnungen mit dem Islam

um 570		Geburt Mohammeds.
ab 610		Mohammed empfängt göttliche Offenbarungen.
622	**1**	Mohammed flieht mit seinen Anhängern nach Medina (Hedschra): Beginn der islamischen Zeitrechnung.
630	**9**	Mohammeds Rückkehr nach Mekka.
632	**11**	Mohammed stirbt. Sein Schwiegervater Abu Bekr folgt ihm als erster Kalif nach.
638	**17**	Jerusalem wird erobert.
711	**90**	Islamische Armeen beginnen mit der Eroberung Spaniens.
732	**111**	Bei Tours und Poitiers halten fränkische Heere unter Karl Martell den Vormarsch der arabischen Armeen auf.
786–809	**165–188**	Harun al-Raschid regiert als Kalif in Bagdad.
1021	**400**	Beginn der Reconquista in Spanien.
1055	**434**	Die Seldschuken nehmen Bagdad ein.
1071	**450**	Die Seldschuken besiegen die Streitkräfte des christlichen Byzanz in der Schlacht bei Manzikert und erobern in der Folge Jerusalem.
1270	**649**	Granada bleibt als letzter islamischer Staat auf der iberischen Halbinsel bestehen.
1453	**832**	Konstantinopel wird von den Osmanen erobert und Hauptstadt des Osmanischen Reiches.
1492	**871**	Granada fällt.

Mohammed als Stifter des Islam

Mit der Geburt des Islam zu Beginn des 7. Jahrhunderts war der Grundstein für ein machtvolles islamisches Weltreich gelegt, dessen Einflüsse das Verhältnis zwischen der arabischen Welt und dem Westen bis heute prägen. Gestiftet wurde die neue Religion von dem mekkanischen Kaufmann Mohammed (um 570–632), der auf seinen Handelsreisen durch die orientalischen Länder die monotheistischen Religionen von Juden und Christen kennengelernt hatte. Von etwa 610 an erlebte Mohammed eine ganze Reihe von Offenbarungsvisionen, die er von Gott erhielt. Inspiriert durch diese Verkündigungen begann Mohammed unter der Bevölkerung Mekkas zu predigen, um sie zur Abkehr von der Vielzahl der verehrten Göttinnen und Göttern zu bewegen und sich dem einzigen und unteilbaren Gott zu unterwerfen. Den von ihm verkündeten wahren Glauben bezeichnete Mohammed als Islam, was „Hingebung" an Gott bedeutet. Die Botschaft des Propheten erweckte jedoch die Feindschaft der konservativen arabischen Führungsschicht Mekkas, die ihren Lokalkult gefährdet sah. Um sich dem Widerstand und Verfolgungen zu entziehen, wichen Mohammed und seine Anhänger im Jahr 622 in die Oasenstadt Medina, 340 Kilometer nördlich von Mekka, aus. Mit dieser Emigration nach Medina, der Hedschra, beginnt die islamische Zeitrechnung. Zwischen Medina und Mekka entbrannte ein jahrelanger Krieg. Mit dem Sieg bei Badr (624) gewann Mohammed jedoch die Oberhand über seine Widersacher, und 630 kehrte er im Triumph nach Mekka zurück. Die alten Götterbilder wurden zerstört und um die Kaaba, die nach islamischem Glauben von Abraham, dem Stammvater aller drei Religionen erbaut worden war, errichteten die Anhänger des Propheten eine Moschee. Als Mohammed am 8. Juni 632 starb, hatte er sich zu einer Herrscherpersönlichkeit entwickelt, die politische, militärische und religiöse Autorität in sich vereinte.

Verhältnis des Islam zu Christen- und Judentum

Nach islamischer Überzeugung hatte Gott im Verlauf der Geschichte mehrfach seine Botschaften an die Menschen durch die Propheten gerichtet, von denen der Prophet Mohammed das Werk seiner jüdischen Vorgänger Abraham, Moses und Christus fortsetzte und den Weg zu einem wirklichen Monotheismus ebnete. Juden und Christen hatten zwar ebenfalls die Botschaften Gottes empfangen, diese Botschaften waren jedoch nicht richtig verstanden und somit falsch befolgt worden. Als „Schriftbesitzer" durften sie nach Weisung des Korans nicht verfolgt und zum Übertritt zum Islam gezwungen werden. Die Anhänger des Islam, die Muslime, bildeten als Träger des wahren göttlichen Willens dagegen ein Gemeinwesen, in dem Gott die oberste Gewalt besaß und es keine Trennung zwischen religiösen und säkularen Belangen gab. Bis heute unveränderte Grundlage islamischen Glaubens und Lebens ist der Koran, dessen verschiedene Teile sich sowohl mit Fragen religiöser Doktrin und Ethik als auch mit politischen und rechtlichen Problemen befassen, die mit der Ausbildung eines islamischen Gemeinwesens verbunden sind. Er enthält zudem die religiösen Grundpflichten des Muslims, die sogenannten „Säulen des Islam". Führer des islamischen Gemeinwesens nach Mohammeds Tod wurden die Kalifen (= Nachfolger). Die Frage nach der Legitimation des Kalifen barg jedoch bereits den Keim des Konfliktes in sich, und die Auseinandersetzungen um die rechte Nachfolge des Propheten führten kaum ein Jahrhundert nach dem Tode Mohammeds zur Spaltung des Islam in seine zwei Hauptgruppen, die größere der Sunniten (von *Sunna*, „Brauch, Sitte") und die kleinere der Schiiten (von *Schiat Ali*, die „Partei Alis").

Die islamische Expansion

Bereits Mohammed hatte in seinen letzten beiden Lebensjahren den Islam mit Diplomatie und Gewalt unter den arabischen Stämmen verbreitet. Die nun folgende rasche Ausbreitung des Islam halbierte den Bereich, den die Christen bisher beherrscht hatten.

Eroberungen der islamische Heere

Abu Bakr, der erste Kalif (632–634) vollendete die Eroberung Arabiens und drang nach Palästina vor. Acht Jahre später waren Persien, Ägypten und das Gebiet um Euphrat und Tigris unterworfen. Im Jahr 656 waren islamische Armeen im Westen in die Cyrenaika, im Norden in den Kaukasus und im Osten bis an Oxus und Hindukusch vorgestoßen. Zu Beginn des 8. Jahrhunderts begannen die Muslime mit der Besitznahme Zentralasiens. Unter dem Feldherrn Tank setzten sie 711 nach Gibraltar in Spanien über (Gibraltar, arab.: *Dschebel al-Tarik* = Felsen des Tarik) und besiegten das Heer der Westgoten. 715 war das islamische Kalifat vom Indus und Zentralasien bis zu den Pyrenäen das größte Reich, das die Welt jemals gesehen hatte. Die Eroberung des gesamten Byzantinischen Reiches und des Abendlandes scheiterte jedoch. Konstantinopel wurde 677 und 715–718 vergeblich belagert. Nachdem die arabischen Heere die Ebene von Toulouse und das Rhonetal erreicht hatten, wurden sie 732 von den Franken unter der Führung Karl Martells endgültig über die Pyrenäen zurückgedrängt. Der nicht mehr genau zu lokalisierende Platz des Treffens zwischen Tours und Poitiers wird in der islamischen Geschichtsüberlieferung als „Straße der Märtyrer" bezeichnet. Die Ursachen der explosionsartigen Expansion waren unterschiedlich: Zum einen schreibt der Koran die Verbreitung des Islam durch den Dschihad vor und verheißt dafür höchste Belohnung im Jenseits, und die durch Mohammed unter dem Banner des Korans vereinten islamischen Heere hatten eine weitaus höhere Schlagkraft als die zersplitterten Verbände der arabischen Stämme, die sich in zahllosen Fehden untereinander bekämpft hatten. Die gegnerischen Großreiche, die vielfach mit politischen und militärischen Problemen kämpften, standen der islamischen Eroberung weitgehend unvorbereitet gegenüber, so erlag das spanische Westgoten-Reich dem Ansturm wegen innerer Uneinigkeit. Hinzu kam, dass sich die jahrelang verfolgten Christen in Syrien, Palästina und Ägypten nicht gegen die muslimischen Eroberer wehrten, sondern die arabische Herrschaft vielmehr als Befreiung empfanden, da die Ausübung ihrer Religion oftmals gestattet blieb.

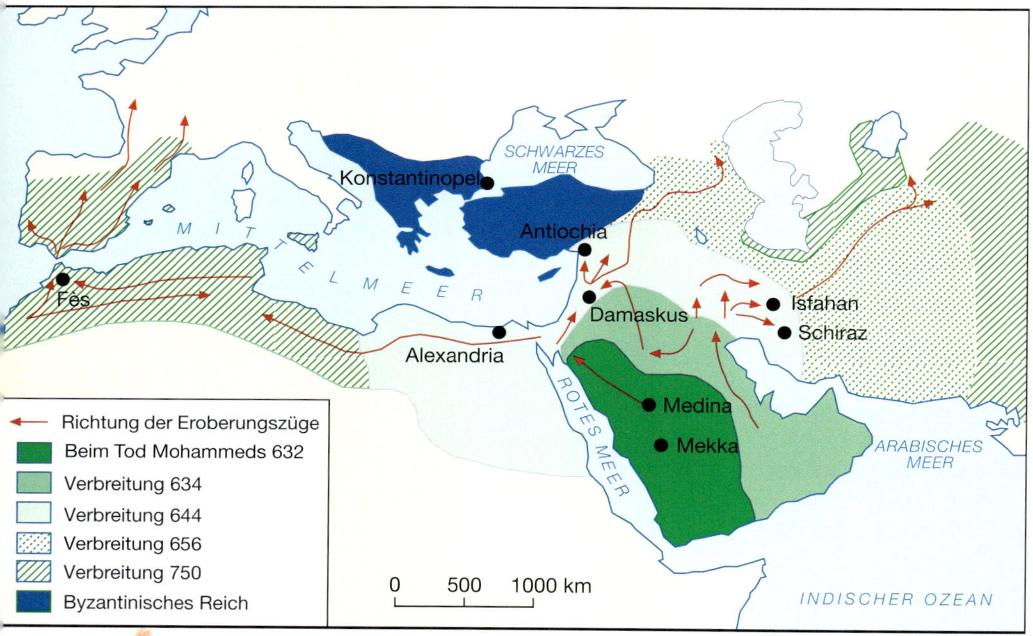

Die Ausbreitung des Islam

Seit dem 9. Jahrhundert zerfiel das islamische Weltreich in Teilreiche, die von verschiedenen Machthabern oder sogar von Kalifen regiert wurden. Zeitweilig herrschten Kalifen gleichzeitig in Bagdad, Kairo und Cordoba. Seit der Mitte des 11. Jahrhunderts sahen sich die islamischen Kernländer zunehmend den Einfällen türkischer Nomadenstämme, den Seldschuken, ausgesetzt. Diese hatten bereits ein Jahrhundert zuvor den islamischen Glauben angenommen und brachten um 1100 das Kalifat in ihre Abhängigkeit. Im Westen eroberten die Seldschuken weite Teile Kleinasiens, das zum neuen Kerngebiet der Türken und zum Ausgangspunkt für die spätere Expansion des osmanischen Reiches wurde. Die größte Bedrohung stellte sich der islamischen Welt jedoch mit dem Vorrücken der Mongolen in der Mitte des 13. Jahrhunderts entgegen. 1258 war Bagdad erobert worden und um das Jahr 1260 befand sich der größte Teil der islamischen Welt mit Ausnahme Ägyptens, Syriens und der westlichen Gebiete unter mongolischer Herrschaft. Zwar hatten die Folgen des Mongolensturms verheerend gewirkt, doch bereits zu Beginn des 14. Jahrhunderts waren die Mongolen zum islamischen Glauben übergetreten, wodurch die Gebiete bis zum Altai dem Glauben erhalten blieben. Die ohnehin nur sehr dünne mongolische Oberschicht wurde zudem zunehmend turkisiert. Sie übernahm die Kultur der angestammten seldschukischen Bevölkerung. Um 1500 war die islamische Welt in zwei Machtzentren gespalten: Ägypten, das unter dem Einfluss der arabischen Kultur verblieb, und das Osmanische Reich, dem es 1453 gelang, Konstantinopel zu erobern und das sich fortan als Nachfolger des Byzantinischen Reiches verstand.

Die Bedrohung durch die Mongolen

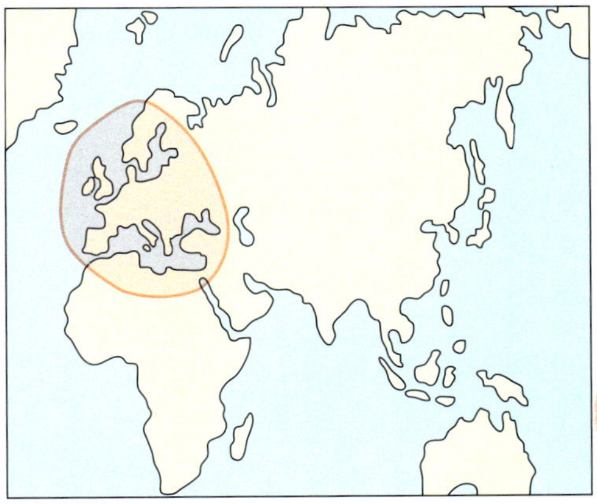

Weltbild eines Westeuropäers um 1095

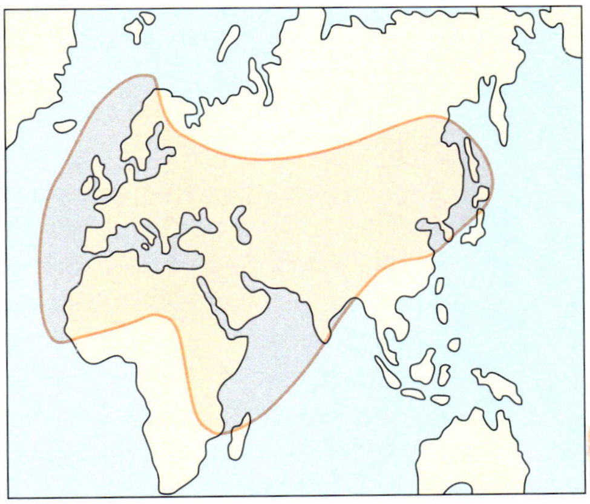

Weltbild eines Arabers um 1095

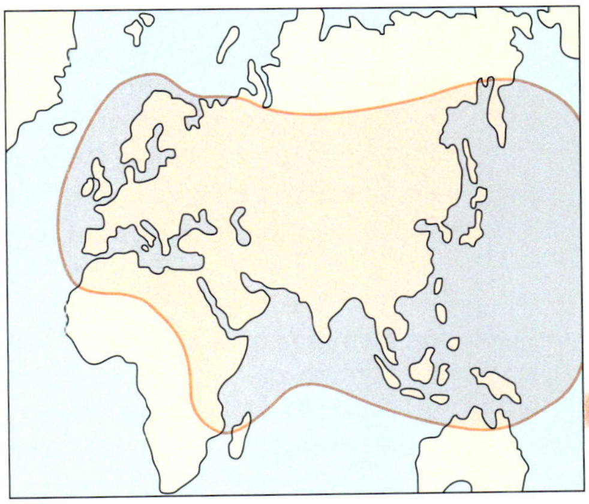

Weltbild eines Chinesen um 1230

Diplomatische Beziehungen zwischen Arabern und Franken

Trotzdem war das Verhältnis zwischen Christentum und dem Islam nicht immer feindlich. Schon zwischen 765 und 768 hatten der Kalif Abu Dschafar al-Mansur und Pippin Gesandtschaften ausgetauscht. Auch dessen Sohn Karl der Große nahm diplomatische Beziehungen zum Kalifen Harun al-Raschid auf, um den christlichen Pilgern zu den heiligen Stätten Jerusalems einen ungehinderten Zugang zu sichern. Im Juli 802 übergaben Gesandte des Kalifen dem fränkischen Kaiser ein vielbewundertes Geschenk: Den gezähmten Elefanten Abu Abbas, der unter dem Einfluss des rauen Klimas allerdings bereits im Juni 810 unter großer Anteilnahme der Bevölkerung starb.

Arabische Kultur und Wissenschaft

Parallel zur kriegerischen islamischen Expansion entwickelte sich zudem auch eine intellektuelle Bewegung. Innerhalb von nur 40 Jahren entwickelte sich die Hauptstadt Bagdad zu einer der größten Städte der Erde und ihrem kulturellen Zentrum. Ende des 9. Jahrhunderts gab es dort mehr als einhundert öffentliche Bü-

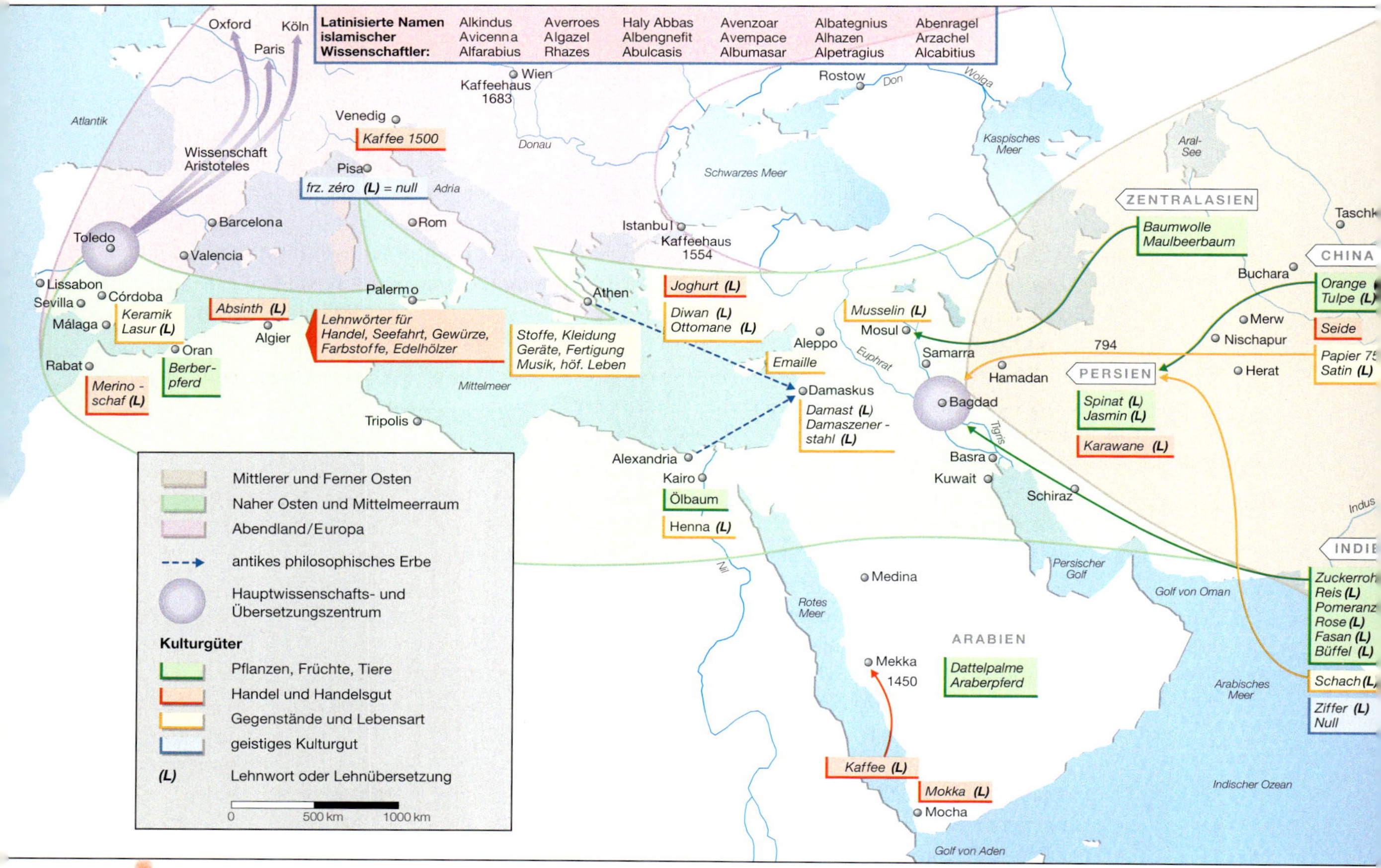

Der Islam als Kulturvermittler

chereien. Die Bibliothek in Kairo umfasste mehr als eine Million Bücher, und auch kleinere arabische Städte und sogar Privatpersonen hielten sich eigene Bibliotheken. Der Reichtum des Kalifats ermöglichte die großzügige Förderung von Kunst und Wissenschaft. Eine systematische Übersetzertätigkeit, für die der kostspielige Erwerb der Originalhandschriften notwendig war, rettete bedeutende medizinische, mathematische, astronomische und geographische Werke der antiken griechischen Kultur vor dem Verfall. Darüber hinaus führten wissenschaftliche Forschungen an den arabischen Hochschulen zu einzigartigen Ergebnissen. Insbesondere die arabische Medizin war der abendländischen auf allen Gebieten weit überlegen. Arabische Chemiker entdeckten Schwefel- und Salpetersäure und einer der größten arabischen Mathematiker Muhammad al-Khowarzimi gab der Algebra (arabisch: *al-Djabr*) ihre heutige Bedeutung. Arabische Gelehrte entdeckten die Kompassnadel, muslimische Astronomen bestimmten die Dauer der Jahreszeiten und führten den Nachweis, dass die Erde eine Kugel ist. In zahlreichen arabischen Städten gab es Sternwarten, die die fünf täglichen Gebetszeiten nach dem Sonnenstand und Beginn und Ende des Fastenmonats Ramadan nach dem Mondumlauf bestimmten. Eine der bedeutendsten Leistungen der islamischen Kultur war die Einrichtung öffentlicher Krankenhäuser, von denen allein in Cordoba in der Mitte des 10. Jahrhunderts mehr als fünfzig existierten. In Bagdad praktizierten um 930 mehr als 800 Ärzte.

Christliche Gelehrte an arabischen Hochschulen

Im islamischen Spanien entwickelten sich die Hochschulen in Cordoba, Sevilla und Toledo zu Zentren der arabischen Wissenschaft, die viele Schüler aus den christlichen Ländern anzogen. 1130 wurde in Toledo eine Übersetzerschule gegründet, die die Arbeiten der berühmtesten muslimischen Autoren vom Arabischen ins Lateinische übertrugen. Allein Gerhart von Cremona übersetzte in Toledo 71 wissenschaftliche Werke aus dem Arabischen. An diesen Universitäten schulten sich zahlreiche westliche Geistesgrößen wie z. B. Gerbert von Aurillac, Albertus Magnus, Roger Bacon, Thomas von Aquin und Wilhelm von Occam, und so waren die ersten Wissenschaftler an den neuen christlichen Universitäten vielfach Schüler von arabischen Gelehrten.

Die Kreuzzüge: Muslime und Christen im Kampf um die Vorherrschaft

Gegen Ende des ersten Jahrtausends nach Christi Geburt setzte eine zunehmende Beeinträchtigung der toleranten Koexistenz im islamischen Spanien ein. Mit dem Vordringen nordafrikanischer Berber kam es auf der iberischen Halbinsel zu bürgerkriegsähnlichen Auseinandersetzungen zwischen den muslimischen Parteien, durch die das islamische al-Andalus mit der Hauptstadt Cordoba in zahlreiche lokale Kleinstaaten zerfiel. Die innere Schwäche der islamischen Herrschaft ermöglichte schon bald die Rückeroberung maurischer (= spanisch-islamischer) Gebiete durch die Christen: Die Reconquista begann. 1085 wurde Toledo von den Truppen des „El Cid" erobert und zwischen 1230 und 1248 gingen Valencia, Cordoba und Sevilla für die Mauren verloren. 997 war die berühmte Jakobuskirche in Santiago de Compostela, neben Jerusalem und Rom das wichtigste mittelalterliche Pilgerziel, von islamischen Truppen zerstört worden. Die Christen stilisierten den Apostel Jakobus daraufhin zum „Maurentöter" und machten ihn zum Schutzheiligen der Reconquista. Friedliche Formen des Zusammenlebens waren damit kaum mehr möglich und unter der Dynastie der Almohaden setzten seit der zweiten Hälfte des 12. Jahrhunderts massive Verfolgungen von Christen und Juden ein. Ab 1270 blieb allein das Königreich Granada als islamisches Gebiet in al-Andalus bestehen. Unter der Dynastie der Nasriden erlebte das Königreich eine kulturelle Blüte, die sich u. a. architektonisch im Bau der Alhambra, der Residenz des maurischen Herrschers, niederschlug. 1492 fiel Granada als letztes maurisches Gebiet in die Hände der katholischen Könige Spaniens. Mit dem Ende der Reconquista endete auch das Zusammenleben der Religionen: Muslime und Juden wurden aus Spanien vertrieben oder zur Taufe und der Annahme des christlichen Glaubens gezwungen.

Reconquista in Spanien

Aber auch im Orient hatte sich die Situation durch das Vordringen der türkisch-islamischen Seldschuken verschärft. Im Verlauf von Auseinandersetzungen mit den fatimidischen Kalifen von Kairo hatten seldschukische Armeen 1071 Jerusalem besetzt. Damit war der ungestörte Zugang zur Stadt für christliche Pilger gefährdet. Zudem drangen Stoßtrupps der Seldschuken bis zum Bosporus vor. Als der byzantinische Kaiser 1095 durch eine Gesandtschaft um militärische Hilfe bei der Befreiung Jerusalems aus den Händen der Ungläubigen bat, traf er auf die bereitwillige Unterstützung des Papstes, der sich zudem Vorteile bei der Durchsetzung seiner politischen Interessen in der Auseinandersetzung mit dem deutschen Kaiser Heinrich IV. und der Überwindung des Kirchenschismas von 1054 versprach. Auf dem Konzil von Clermont-Ferrand im Jahr 1095 rief Urban II. die lateinische Christenheit daher zum Heiligen Krieg, dem Kreuzzug nach Jerusalem auf. Geistliche Prediger verbreiteten den päpstlichen Appell und versprachen als Lohn den Erlass aller Sündenstrafen. Zahlreiche Ritter, insbesondere aus Frankreich und Italien, nahmen das Kreuz und traten die bewaffnete Pilgerfahrt nach Jerusalem an. Katalanische Adlige wurden von Urban II. allerdings bedrängt, gegen die Mauren in al-Andalus zu kämpfen. Unter Führung der Fürsten Gottfried von Bouillon, Raimund von Toulouse und Bohemund von Tarent erreichten die Kreuzritter nach entbehrungsreichen Märschen und verlustreichen Kämpfen mit den Seldschuken Jerusalem. Nach einer Belagerung über mehrere Wochen gelang die Eroberung der heiligen Stadt, bei der alle muslimischen Einwohner in einem Blutbad ermordet wurden.

Kreuzzugsaufruf Urbans II.

Heiliger Krieg der Christen

Die Ausrufung eines „heiligen Krieges" verstand sich innerhalb einer mittelalterlichen Gesellschaft, deren christliches Selbstverständnis sich vom Liebes- und Erlösungsgedanken des Neuen Testamentes herleitete, nicht von selbst. Augustinus Lehre vom „gerechten Krieg" (*bellum iustum*) erlaubte lediglich den Verteidigungskrieg gegen ungerechte An-

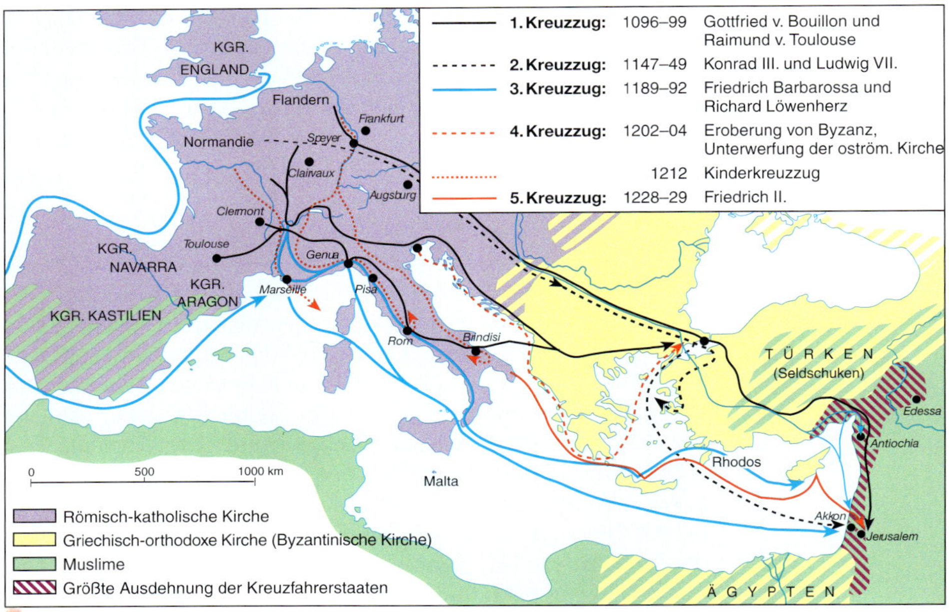

Die Kreuzzüge

greifer. Erst unter den veränderten Bedingungen des 11. Jahrhunderts war die Legitimation eines „heiligen Krieges" als Eroberungskrieg möglich: Der Kreuzzugsgedanke machte die Befreiung Jerusalems aus den Händen der Muslime zum dringlichsten Ziel der abendländischen Christenheit. In ihm verschmolzen „geistlicher Kriegsdienst (*militia spiritualis*) und „weltliches Waffenhandwerk" (*militia saecularis*) zu einem einheitlichen Lebensideal des Rittertums. Ritterlicher Dienst verwirklichte sich im Kreuzzug gegen die Gesamtheit der Ungläubigen, gegen die Muslime in Spanien, gegen christliche Häretiker wie die Katharer, gegen die Türken auf dem Balkan und schließlich auch gegen Heiden wie die Stedinger. Erstmals erhob Papst Eugen III. im Jahr 1147 einen Krieg gegen die Wenden, der nicht ins heilige Land führte, in den Rang eines Kreuzzuges. Mit dem Vordringen nach Osten wurden auch innerhalb des Baltikums Kreuzzüge erklärt. Die Heiligkeit des Krieges zeigte sich insbesondere in den religiösen Formen seiner Durchführung. Die Kreuzritter legten ein Kreuzzugsgelübde ab, ihre Fahnen und Gewänder trugen das Symbol des Kreuzes und die Kirche entwickelte Messformulare, die den Sieg über die heidnischen Gegner verhießen. So waren heilige Kriege in Form von Kreuzzügen stets heilige Wallfahrt und kriegerische Expansion zugleich, in denen sich geistliche und weltliche Interessen miteinander verbanden.

Kreuzzüge gegen die Ungläubigen

Verlauf der Kreuzzüge in den Orient

Aus christlicher Sicht blieb der erste Kreuzzug ins Heilige Land im Vergleich zu den weiteren am erfolgreichsten. Er traf die muslimischen Einwohner nahezu unvorbereitet. Die siegreichen christlichen Ritter gründeten in Syrien und Palästina vier Kreuzfahrerstaaten: das Königreich Jerusalem, die Grafschaft Tripolis, das Fürstentum Antiochia und die Grafschaft Edessa, die jedoch bis zum Ende des 13. Jahrhunderts wieder verloren gingen. Der Verlust von Edessa im Jahre löste den erfolglosen 2. Kreuzzug von 1147–49 aus. Nach der Schlacht bei Hattin im Jahr 1187 eroberten die Heere des ägyptischen Sultans Saladin Jerusalem. Dem 3. Kreuzzug unter der Führung Richards I. von England und Philipps II. August von Frankreich misslang jedoch die Rückeroberung der heiligen Stadt und der 4. Kreuzzug unter Führung Venedigs erreichte sein ursprüngliches Ziel Ägypten erst gar nicht. Um den Transport auf den venezianischen Schiffen bezahlen zu können, mussten die Kreuzfahrer zunächst die Stadt Zara in Dalmatien für Venedig erobern. Der Kreuzzug endete 1204 im christlichen Konstantinopel, das von den Kreuzrittern eingenommen und ausgeplündert wurde. Venedig wurde damit zur bedeutendsten Handelsmacht des Mittelmeeres. Auch alle weiteren Kreuzzüge endeten mit Niederlagen der europäischen Ritterheere. Im Verlauf des 5. Kreuzzuges (1228–29) gewann Kaiser Friedrich II. Jerusalem zwar noch einmal auf dem Verhandlungsweg zurück, 1244 ging die Stadt jedoch endgültig verloren. 1291 fiel mit der Hafenstadt Akkon auch der letzte christliche Stützpunkt im Heiligen Land.

Knieender Kreuzfahrer

Geistliche Ritterorden

Der Untergang der Kreuzfahrerstaaten gefährdete jedoch nicht die Existenz der geistlichen Ritterorden. Diese Gemeinschaften verbanden karitative Aufgaben und die Beherbergung von Pilgern mit dem bewaffneten Kampf gegen Ungläubige. Ihre Mitglieder legten die Gelübde von Armut, Keuschheit und unbedingtem Gehorsam ab und verpflichteten sich zu ständiger Kampfbereitschaft gegen die Muslime. Die streng und hierarchisch organisierten Ritterorden bauten gewaltige Burgen zu ihren Stützpunkten aus und bildeten schon bald den Kern der Armeen nicht nur der Kreuzfahrerstaaten, sondern auch der christlichen Reiche auf der Iberischen Halbinsel. Äußere Erkennungszeichen waren verschiedenfarbige Kreuze und Mäntel. Die Privilegierung der zahlreichen Ritterorden führte zu weitgehender Autonomie und umfangreichen Besitzungen, die bereits im 12. Jahrhundert kritische Stimmen laut werden ließen. Nach einem spektakulären Prozess wurde der Templerorden, der sich nach seinem Quartier im jüdischen Tempel benannt hatte, im Jahr 1312 aufgehoben. Der älteste der geistlichen Ritterorden, der Hospitaliter- oder Johanniterorden verlegte seinen Sitz 1310 nach Rhodos und gelangte schließlich 1530 auf Malta (als Malteserorden) zu eigener Staatlichkeit. Der Deutsche Orden war bereits 1225 mit der Missionierung der heidnischen Pruzzen an der Ostsee beauftragt worden. Nach dem Fall von Akkon wurde der Sitz seines Hochmeisters zunächst nach Venedig und 1309 in die Marienburg verlegt. Auf dem Höhepunkt seiner Macht gegen Ende des 14. Jahrhunderts gehörten große Gebiete an der Ostsee zwischen Pommerellen mit Danzig und der Narwa-Mündung zum Herrschaftsbereich des Ordensstaates, der erst 1525 in ein preußisches Herzogtum umgewandelt wurde. Heute gehört der Deutsche Orden zu den klerikalen Bettelorden, während der Johanniterorden eine Reihe von Spitälern in Deutschland und Italien unterhält. In der islamischen Welt belebten die Kreuzzüge die Vorstellung des Dschihad für kurze Zeit wieder. In den Augen der zeitgenössischen islamischen Chronisten ging die ungleich größere Gefahr jedoch vom Eindringen der Mongolen aus.

3. Der Umgang mit den anderen: Das Beispiel der Juden

Jüdische Diaspora

Seit dem Abschluss der Landnahme in Kanaan um 1200 vor Christus siedelte das orientalische Volk der Juden in einem Gebiet, das immer wieder zur Konfliktzone von verschiedenen antiken Großreichen geworden war. Unter der Herrschaft Ägyptens, Babyloniens, Persiens, der Griechen und Römer und letztlich der muslimischen Eroberer waren die Israeliten dem Einfluss und der Herrschaft fremder Kulturen ausgesetzt. So hatte die jüdische Diaspora (griechisch: Zerstreuung) bereits seit dem 6. vorchristlichen Jahrhundert eingesetzt. Nach der Eroberung Jerusalems durch die Babylonier 597 vor Christus ließ König Nebukadnezar einen Teil der jüdischen Oberschicht nach Babylon deportieren. Elf Jahre später wurde Jerusalem erneut von babylonischen Truppen eingenommen. Weite Teile der Bevölkerung wurden verschleppt, der Tempel zerstört. Den einschneidenden Wendepunkt in der jüdischen Religionsgeschichte stellte jedoch die zweite Zerstörung des Tempels durch die Römer im Jahr 70 nach Christus dar. Mit der Zerstörung des zentralen jüdischen Heiligtums traten nun das Studium, die Auslegung und die Anwendung der Tora in den Mittelpunkt des jüdischen Kultes. Bis zum 6. Jahrhundert schuf das rabbinische oder talmudische Judentum die Grundlagen für eine jüdische Kultur, die nicht mehr an den Tempeldienst in Jerusalem gebunden war. Seit der Eingliederung Palästinas in das römische Weltreich hatte die Zahl der jüdischen Diasporagemeinden im Römischen Reich beständig zugenommen. Die Privilegierung durch die römischen Herrscher ermöglichte den jüdischen Gemeinden eine weitgehende Eingliederung in die römische Gesellschaft. Einschneidende Veränderungen zeichneten sich allerdings mit der Taufe Kaiser Konstantins des Großen im Jahr 337 und der Erklärung des Christentums zur Staatsreligion (391) ab. Zwar kam es nicht zu einem unmittelbaren Bruch zwischen Juden und Christen, die Konkurrenzsituation zwischen beiden Religionen als „dem wahren Volk Israel" bestimmte jedoch in der Folgezeit das Verhältnis zwischen Judentum und Christentum. Aus christlicher Sicht hatte sich das Judentum mit dem Wirken des Messias überlebt. Aurelius Augustinus (354–430) lieferte die theologische Grundlage für die Koexistenz beider Religionen, die den Umgang der christlichen Kirche mit den Juden bis zum Ende des Mittelalters prägen sollte: Einstmals Träger der göttlichen Offenbarung in Gestalt des Alten Testaments hätten die Juden diesen Anspruch durch die Ablehnung Christi verwirkt. Die Zerstörung des Tempels und das Leben in der Diaspora seien die Strafe für ihre Blindheit und Verstocktheit. Innerhalb der christlichen Gemeinschaft liefere ihre Existenz somit letztlich den lebendigen Beweis für die Wahrheit des christlichen Glaubens und diene der Möglichkeit für ihre spätere Bekehrung.

Augustinus und das Verhältnis zwischen Juden und Christen

Anbetung der Könige.
Joseph trägt eine im Spätmittelalter häufige Form des Judenhutes (1. Hälfte 14. Jh.).

Juden und christliche Umwelt im Mittelalter

Erste Belege für die Einwanderung jüdischer Familien nach Nordwest- und Mitteleuropa finden sich seit karolingischer Zeit. Im Dienst der karolingischen Herrscher standen Juden als Gesandte und Diplomaten, Ludwig der Fromme (814–840) gewährte einzelnen jüdischen Kaufleuten aufgrund ihrer bedeutenden Beziehungen nach Afrika und Asien Schutzbriefe zur ungehinderten Ausübung ihrer Handelsgeschäfte.

Juden im fränkischen Reich

Der überwiegende Teil der jüdischen Gemeinschaft im fränkischen Reich blieb allerdings einer diskriminierenden Ge-

Die Verteufelung des Juden: In der populären Geschichte des Theophilus übernimmt ein Jude die Vermittlung zwischen dem Teufel und dem Priester Theophilus, der seine Seele verkaufen möchte (Ende 14. Jh.).

setzgebung (*Capitula de Iudaeis*) unterworfen. Bis ins 11. Jahrhundert hatten sich in Köln, Mainz, Worms und Speyer blühende jüdische Gemeinden entwickelt. Einen eindeutigen Rechtsstatus besaßen die frühen Judengemeinden nicht. Vereinzelte Privilegien der geistlichen und weltlichen Autoritäten versprachen Handelsfreiheit, Rechtssicherheit, freie Religionsausübung, eine eigene Gerichtsbarkeit sowie den Schutz vor Angriffen. Das erste Privileg des Bischofs von Speyer (1084) sprach von der Ansiedlung von Juden „zur Mehrung" der Stadt. Je nach lokalen Umständen waren es unterschiedliche Gewalten, die aus eigener Machtbefugnis oder kraft Verleihung den Schutz der Juden ausübten und zu einer ersten Blüte der jüdischen Gemeinden beitrugen. In Mainz war gegen Ende des 10. Jahrhunderts eine bedeutende jüdische Hochschule (*Jeschiwa*) gegründet worden, die zusammen mit den späteren Gründungen in Worms und Speyer zu Zentren jüdischen Geisteslebens wurden.

Entwicklung der jüdischen Gemeinden

Das ruhige Wachstum der jüdischen Gemeinden ließ die Gesamtzahl der Juden im mittelalterlichen Reich auf ca. 20–25 000 anwachsen. In manchen Städten machte ihr Anteil an der Bevölkerung 10–20 % aus. Trotz der insgesamt günstigen Situation waren antijüdische Kräfte immer noch stark. 937 scheiterte eine gewaltsame Judenmission des Mainzer Erzbischofs am Widerstand König Heinrichs I. Im Jahr 1012 ließ Kaiser Heinrich II. eine Zwangstaufe von Juden vornehmen, 1066 erzählt ein Bericht von einer missglückten Zwangstaufe in Trier. Die Katastrophe brach jedoch mit dem Beginn des 1. Kreuzzuges über die jüdischen Gemeinden herein. Als Papst Urban II. im Jahr 1095 auf dem Konzil von Clermont zum Kreuzzug aufrief, kam es zum endgültigen Ausbruch der latenten Spannungen zwischen Christen und Juden. Der Appell des Papstes, zuerst die Feinde Christi im eigenen Land zu bekämpfen, wurde auf die Juden bezogen und so richtete das sich versammelnde Kreuzfahrerheer ein Blutbad unter den Juden an. Von Rouen aus plünderten die Kreuzfahrer auf ihrem Zug nach Osten die rheinischen und lothringischen Judengemeinden und überfielen schließlich die jüdischen Gemeinden in Regensburg und Prag. In Mainz, Köln und Worms verloren fast alle Juden das Leben. In Speyer, Trier, Regensburg und Prag gab es ebenfalls Opfer unter der jüdischen Bevölkerung. Die meisten Juden wurden jedoch zwangsgetauft. Die auch während der folgenden Kreuzzüge auftretenden Bedrohungen konnten zum Teil nur durch das Eingreifen geistlicher und weltlicher Autoritäten abgeschwächt werden. So wandten sich Bernhard von Clairvaux während des zweiten und Kaiser Friedrich I. während des dritten Kreuzzuges persönlich gegen die antijüdischen Hetzpredigten. Dennoch gab es 1196 vereinzelte Morde von Kreuzfahrern gegen Juden in Boppard, Worms und Wien.

Massaker des ersten Kreuzzuges

Schutz durch geistliche und weltliche Gewalten

Unter dem Eindruck der Pogrome während der Kreuzzüge wurden die Schutzbeziehungen der Päpste zu den Juden ausgebaut. Die seit Papst Calixtus II. (1119–1124) erlassenen und später regelmäßig wiederholten *Sicut-Iudaeis-Bullen* gewährten den Juden einerseits päpstlichen Schutz und Religionsfreiheit. Auf der anderen Seite ordnete das IV. Laterankonzil von 1215 die Kennzeichnungspflicht der Juden an, die zwar nur zögerlich umgesetzt wurde, aber zweifellos Vorbildfunktion für weltliche Gesetzgeber hatte. Konsequenter Judenschutz und rechtliche Schlechterstellung der Juden waren zwei Seiten einer Medaille, die die augustinische Lehre vom erhaltenswerten Status der Juden in konkretes Kirchenrecht umsetzte. Die Schutzbestimmungen der weltlichen Gewalten mündeten 1236 in einem Privileg Kaiser Friedrichs II., das die Juden als kaiserliche Kammerknechte bezeichnete. Neben den augustinischen theologischen Wurzeln fußte der Gedanke der Kammerknechtschaft auf Ansprüchen, die den deutschen Kaiser als Rechtsnachfolger der römischen Kaiser erhoben und denen zufolge der römische Kaiser Titus die Juden bei der Eroberung Jerusalems zu Sklaven gemacht habe. Seit dem 13. Jahrhundert ging dieses sogenannte „Judenregal" vermehrt an andere weltliche Herrscher über. Die ursprüngliche Schutzverpflichtung verkümmerte durch ihre Verpfändung zu einem Mittel der Bündnispolitik und einer bloßen Einnahmequelle. In der Goldenen Bulle Kaiser Karls IV. von 1356 wurde das Recht der Kurfürsten, Juden zu halten, in einem Atem mit dem Bergwerks- und Zollregal genannt. Der Schutz der Juden war somit auf ihre Funktion als Einnahmequelle reduziert.

Juden unter städtischem Schutz

Mit den zunehmend erfolgreichen Autonomiebestrebungen der Städte gelangten die Juden zudem unter den Einfluss städtischer Ratsherrschaften, von denen sie ebenfalls mit regelmäßigen Steuerzahlungen und außerordentlichen Sonderabgaben belegt wurden. Das Abhängigkeitsverhältnis gegenüber einer Obrigkeit, die den Schutz der Juden von deren regelmäßigen Steuerzahlungen abhängig machte, hatte verschiedene Auswirkungen auf das jüdische Gemeindeleben. Die Vertretung der Gesamtheit übernahmen bis zu zwölf gewählte Repräsentanten, die „Guten der Stadt" (von den Christen „Judenrat" genannt), die auch Verantwortung für die Einrichtungen der Gemeinde trugen. Zu diesen zählten die Synagoge für das öffentliche Gebet, ein Friedhof und das rituelle Bad. In größeren Gemeinden gab es öffentliche Brunnen, Örtlichkeiten für das koschere Schlachten, Armenspitäler und öffentliche Gebäude für Feiern und Gemeindeversammlungen. In größeren Gemeinden fand sich eine Vielzahl von Berufen wie Lehrer, Schreiber, Ärzte, Hebammen, Totengräber, Fuhrleute u. Ä. Mit der Verschärfung des kirchlichen Zinsverbotes verstärkte sich seit dem 12. Jahrhundert das Engagement der Juden im Kreditwesen. Ihnen war das Zinsnehmen von Nichtjuden durch das mosaische Gesetz erlaubt, Christen blieb die Leihe auf Gewinn nach Luk. 6, 34 f. jedoch verboten. Die Regelung interner Konflikte unterstand einer eigenen jüdischen Schiedsgerichtsbarkeit. Bei schwereren Vergehen oder Auseinandersetzungen mit Christen blieben die Juden allerdings der stadt- oder ratsherrlichen Gerichtsbarkeit unterstellt. Neben einzelnen von Juden bewohnten Häusern blieb der Wohnraum der Juden überwiegend auf zusammenhängende Straßenzüge oder Stadtteile beschränkt, die ganz oder teilweise von Mauern umgeben und mit Toren versehen sein konnten. In der Frühzeit noch auf Wunsch und zum Schutz der Juden errichtet, wurden solche Maßnahmen im Verlauf des Spätmittelalters zu Etappen auf dem Weg zu einer Gettoisierung der Juden. Zwar lassen sich auch konfliktfreie Beziehungen zwischen Juden und Christen nachweisen: so etwa Wohngemeinschaften im gleichen Haus, die gemeinsame Teilnahme an Festlichkeiten oder gegenseitige Hilfeleistungen bei Notfällen wie Brand und Raub. Insgesamt fand das alltägliche Zusammenleben jedoch unter den Rahmenbedingungen eines christlich definierten Gemeinwesens statt, in dem die Juden zu keinem Zeitpunkt den Status gleichberechtigter Mitglieder innehatten. Der Marginalisierungsdruck durch die christliche Mehrheit der Gesellschaft verstärkte sich vielmehr zusehends: Seit dem späten 13. Jahrhundert wurden Kleiderordnungen für Juden erlassen, die die Stigmatisierung durch besondere Abzeichen wie den „gelben Fleck" oder den „Judenhut" vorschrieben. Bei der Ableistung des sogenannten „Judeneides", der den Juden einen verminderten Rechtsstatus als städtische Bürger zumaß, musste der Eidleistende auf einer Schweinehaut stehen. Als entehrende Strafe wurden jüdische Diebe seit dem 14. Jahrhundert vielfach an den Füßen zwischen Hunden aufgehängt. Die Hunde erhöhten die Schimpflichkeit der Strafe und vermehrten die Qual des Sterbens.

Organisation der jüdischen Gemeinden

Jude mit „Judenhut" (13. Jh.)

Stigmatisierung

Ritualmord und Hostienfrevelbeschuldigungen

Neben obrigkeitlichen Maßnahmen erschienen bald neue Vorwürfe gegen die Juden, die die Ausschreitungen gegen sie nachträglich rechtfertigen sollten und zugleich zum Auslöser für weitere Verfolgungen wurden. Nach der Ritualmordlegende benötigten die Juden zur Durchführung kultischer Handlungen das Blut eines christlichen Knaben. Als die Juden 1287 in Oberwesel eines Ritualmordes an einem Knaben, dem sogenannten „Guten Werner", beschuldigt wurden, forderte die dadurch ausgelöste Verfolgung mindestens 321 Opfer unter den Juden. Nach dem kurz darauf verbreiteten Motiv der Hostienschändung wurden die Juden beschuldigt, einmal im Jahr durch Martern einer geweihten Hostie den Mord an Christus erneut zu inszenieren. Dabei beginne die Hostie zu bluten und nach Sühne zu rufen. Kurz nach Ostern 1298 wurde dieser Vorwurf im fränkischen Röttingen erhoben und verbreitete sich rasch in Franken, der Oberpfalz, Schwaben, Hessen und

Thüringen. Die dadurch ausgelösten Verfolgungswellen, die nach ihrem Anführer „Rindfleisch“ benannt wurden, übertrafen die Massaker von 1096 in der Zahl der Opfer und ihrer Brutalität. 4–5 000 Opfer waren unter der jüdischen Bevölkerung zu beklagen, die Alternative „Taufe oder Tod“ wurde ihnen – anders als 1096 – kaum noch eingeräumt. In der ersten Hälfte des 14. Jahrhunderts blieben derartige, örtlich begrenzte Verfolgungen an der Tagesordnung. Bestärkt wurden die antijüdischen Vorurteile zudem durch die christliche religiöse Praxis: Passionsspiele mit antijüdischer Polemik, die Verehrung von angeblichen Ritualmordopfern als Heiligen und liturgische Bräuche, wie der, bei der Fürbitte für die „verstockten Juden“ im Rahmen der zehn Fürbitten an Karfreitag nicht aufzustehen, bestärkten den Eindruck der jüdischen Schuld. Die folgenschwerste Verfolgungswelle fand in den Pestjahren 1348 bis 1351 statt und umfasste annähernd das gesamte Reich. Legitimiert durch das Gerücht, die Juden hätten die Brunnen vergiftet und so zur Übertragung der Pest beigetragen, verbreiteten sich die Verfolgungen von Süden nach Norden, oftmals noch vor dem ersten Auftreten der Pest. Sie waren damit keinesfalls ausschließlich spontane Reaktionen einer von der Pestepidemie verschreckten Bevölkerung. Vielmehr verbarg sich hinter den einzelnen Beschuldigungen gegen die Juden ein ganzes Bündel von Motiven, die die Übergriffe auslösten. Zum Muster der Judenverfolgung als „Blitzableiter“ für gesellschaftliche Konflikte gesellten sich wirtschaftlich-kommerzielle und politische Momente. Christliche Schuldner entledigten sich ihrer jüdischen Gläubiger und der oberste Schutzherr der Juden, König Karl IV., versicherte sich seiner Anhängerschaft im Thronstreit, indem er zahlreiche Verfolgungen nachträglich legitimierte und so zugleich ein deutliches Zeichen für weitere Massaker setzte. Im Spätmittelalter gingen die Verfolgungen weitgehend in Vertreibungen der Juden über, die mit den herkömmlichen Beschuldigungen begründet wurden. Aus England wurden die Juden 1290, aus Frankreich 1306 vertrieben. Im Reich verteilten sich neben den überörtlichen Vertreibungen aus einzelnen Territorien insgesamt mehr als 300 Vertreibungen aus den Städten auf das gesamte Spätmittelalter.

Verfolgungen in der Zeit des „Schwarzen Todes“

Vertreibungen im Spätmittelalter

Die Ritualmordbeschuldigung.
Der Holzschnitt von 1493 polemisiert gegen den angeblichen Mord an dem christlichen Knaben Simon von Trient. Hut und Ringe lassen beim Betrachter keine Zweifel hinsichtlich der Identität der Täter.

Die Reaktionen der Juden

Die traumatisierenden Erfahrungen der Pogrome des ersten Kreuzzuges prägten die jüdischen Gemeinden in organisatorischer und religiöser Hinsicht. So entwickelten sich seit dem 12. Jahrhundert Ansätze zu einer überregionalen Organisation der jüdischen Gemeinden. Die bedeutsamsten überörtlichen Regelungen jüdischer Angelegenheiten (*Takkanot*) wurden zwischen 1196 und ca. 1250 auf vier sogenannten „Rabbinersynoden“ ausgearbeitet, die in den bedeutenden rheinischen Judengemeinden Speyer, Worms und Mainz – nach den hebräischen Anfangsbuchstaben als SCHUM-Gemeinden bezeichnet – stattfanden. Mit den verheerenden Verfolgungen im Gefolge des Schwarzen Todes waren allerdings auch die Grundlagen für eine jüdische Selbstverwaltung weitgehend zerstört. In religiöser Hinsicht wurde das Jahr 1096 zum Ausgangspunkt für die Vorstellung des *Kiddusch ha-schem*, das weitgehend zur religiösen Norm wurde. Unter dem Eindruck der lebensbedrohlichen Situationen, in denen den Juden häufig nur die Wahl zwischen Tod oder

Kiddusch ha-schem

Taufe gelassen wurde, bot der *Kiddusch ha-schem* die Möglichkeit der Selbstaufopferung zur Ehre Gottes, um dem Tod oder der Zwangstufe durch die christlichen Verfolger zu entgehen. Gerade der Umgang mit den zum Teil unter Androhung des Todes getauften Juden wurde zu einem Problem, welches das Verhältnis zwischen Juden und Christen zusätzlich belastete. Häufig wurden bei einer Verfolgung nur die Kinder verschont und daraufhin zwangsgetauft. Konvertiten (getaufte Juden) betrachteten die jüdischen Gemeinden insgesamt als Zwangsgetaufte. Die Rückkehr zur jüdischen Gemeinschaft blieb ihnen offen. Erst wenn sie sich weigerten, zum Judentum zurückzukehren, wurden sie als vom Glauben abgefallene Personen betrachtet und mit Restriktionen belegt. Die christliche Kirche lehnte Zwangstaufen zwar ab, betrachtete das einmal gespendete Sakrament jedoch als wirksam. Zum Judentum zurückgekehrte Konvertiten wurden somit zu Ketzern, die von der Inquisition konsequent verfolgt und zu schweren Strafen verurteilt wurden.

Umgang mit Konvertiten

Die Angst der jüdischen Gemeinden vor dem tatsächlichen Ausbruch einer Verfolgung äußerte sich mitunter in Aktivitäten, die das drohende Unheil noch einmal abwenden sollten. Auf örtlicher, regionaler und Reichsebene setzen seitens der Gemeinden diplomatische Verhandlungen ein, die den Schutz der Juden gewährleisten sollten. Einzelne Gemeinden wandten sich an den städtischen Rat und die einflussreicheren unter ihnen intervenierten vielfach beim Hof- und Reichskammergericht. Schutzzusicherungen waren allerdings häufig mit der Zahlung von erheblichen Geldbeträgen verbunden, die wiederum überörtliche Koordination erforderten. So traten mehrfach Rabbinersynoden zusammen, um neben diplomatischen Verhandlungen auch Geldsammlungen zu organisieren. Zugleich schärften sie zur Einhaltung der religiösen Vorschriften wie Fasten und Gebete ein, um die Bedrohung von der jüdischen Gemeinschaft abzuwenden.

Maßnahmen zur Vorbeugung vor Verfolgungen

Religionsdisputationen

Eine unmittelbare Lebensgefahr drohte in Form der den Juden aufgezwungenen öffentlichen Religionsdisputationen, einem ungleichen Kampf mit vorbestimmtem Ausgang, in dem jüdische Gelehrte zu religiösen Fragen Stellung nehmen mussten. Häufig wurden die Disputationen von judenfeindlichen Ausschreitungen begleitet. In der Disputation von Paris im Jahr 1240, die unter dem Vorsitz des französischen Königs Ludwig dem Heiligen abgehalten wurde, waren vier Rabbiner vorgeladen, die auf einen Fragenkatalog antworten mussten, der ihnen von einem getauften Juden vorgelegt wurde. Neben den weltlichen Herrschern waren die Erzbischöfe von Paris, Sens und Senlis und weitere hohe Geistliche anwesend. Die Hauptanklagepunkte betrafen unter anderem die Autorität des Talmuds bei den Juden sowie blasphemische Äußerungen gegen Christus, Maria und die Christen. Den jüdischen Disputanten gelang es jedoch nicht, die Vorwürfe zu entkräften: 1242 wurden aufgrund einer päpstlichen Anordnung Tausende von Exemplaren des Talmuds verbrannt. Weitere bedeutende Religionsdisputationen fanden 1263 in Barcelona und 1413/14 in Tortosa statt. Im Zentrum der von der Kirche inszenierten Auseinandersetzungen stand immer wieder die Diskussion um die Messianität Jesu, deren Anerkennung durch die jüdischen Gelehrten – so die Hoffnung auf Seiten der Christen – eine Bekehrung der jüdischen Gemeinden zum christlichen Glauben bewirken musste. Die jüdischen Teilnehmer einer Disputation waren stets einer lebensbedrohlichen Situation ausgesetzt: In der Disputation von Barcelona wurde der Vertreter der jüdischen Glaubensgemeinschaft Moses ben Nachman, genannt Nachmanides, nach seiner wortgewandten und beeindruckenden Verteidigung des jüdischen Glaubens von den Dominikanern der Blasphemie beschuldigt und seine Bestrafung gefordert. Trotz kirchlichen Druckes begnügte sich der vorsitzende König Jakob I. von Aragon mit einer zweijährigen Verbannung aus Spanien. Nachmanides zog es allerdings vor, seine Heimat zu verlassen und sich in Palästina anzusiedeln.

Ein Heiliger Krieg? – Die Entwicklung des Kreuzzugsgedankens im Mittelalter

Den Anlass für den Beginn der Kreuzzüge in das Heilige Land lieferte der Hilfsappell des byzantinischen Kaisers Alexios I. Komnenos an den Westen. Im Jahr 1071 hatten muslimische Seldschuken auf ihren Eroberungszügen das byzantinische Heer bei Manzikert in Anatolien vernichtend geschlagen. 1077 eroberten sie Jerusalem, das in den drei großen monotheistischen Religionen – Judentum, Christentum und Islam – eine zentrale Rolle spielt.

Für die Juden ist Jerusalem religiöser Mittelpunkt und zugleich Symbol einstiger Größe. Hier residierten David und Salomo, hier stand der Tempel als größtes Heiligtum der Juden. Nach seiner Zerstörung durch Titus im Jahr 70 nach Christus und der Zerstreuung der Juden (Diaspora) wurde Jerusalem zum Symbol der Sehnsucht der Juden nach politischer Einheit. Schon für das 4. Jahrhundert finden sich Belege über jährliche Besuche jüdischer Pilger.

Für die Christen sind die Via Dolorosa und die Grabeskirche Schauplätze des Leidensweges ihres Erlösers Jesus Christus. Die Stadt selbst gilt als irdischer Prototyp des himmlischen Jerusalem. Ziel christlicher Pilger war insbesondere die Grabeskirche, die als Zentrum der Welt galt. Hier hatte Helena, die Mutter des Kaisers Konstantin, das Kreuz gefunden, an dem Christus hingerichtet worden war.

Den Muslimen gilt Jerusalem neben Mekka und Medina als drittheiligste Stadt. Im 7. Jahrhundert errichteten die muslimischen Eroberer den Felsendom, von wo der Prophet Mohammed seine Himmelsreise unternahm. Anfang des 8. Jahrhunderts wurde die Südseite des Tempelplatzes mit der al-Aqsa-Moschee überbaut.

Trotz der zentralen Rolle Jerusalems für die Christenheit verstand sich der bewaffnete Kampf zur Eroberung der heiligen Stadt nicht von selbst. Angesichts des christlichen Gebots der Nächstenliebe bedurfte ein fernab vom christlichen Mitteleuropa geführter Krieg der theologischen Rechtfertigung. Wohl um 1089 fasste Papst Urban II. den Plan, Freiwillige zur Hilfe für Byzanz zu gewinnen. So rief er 1095 zu einem Krieg auf, der Jerusalem vom Joch der Muslime befreien sollte. Sein Aufruf fand große Beachtung: So folgten wohl ca. 120 000 Männer seinen Worten und begaben sich auf das ungewisse und gefahrvolle Unternehmen.

- **Wie wird der Kreuzzugsgedanke legitimiert?**
- **Welche historische Entwicklung lässt sich bei der Ausbildung des Kreuzzugsgedankens feststellen?**

Die Materialien bieten die Möglichkeit, die Legitimation dieses mittelalterlichen Kreuzzugsgedankens anhand zentraler zeitgenössischer Dokumente sowie auf der Grundlage von Auszügen aus historischer Fachliteratur zu charakterisieren und sich damit auseinanderzusetzen sowie Entwicklungsprozesse des Kreuzzugsgedankens zu untersuchen.

1. Erstellen Sie – zur Klärung des historischen Kontextes – eine Zeitleiste zu den Kreuzzügen auf der Grundlage des Infotextes S. 153ff.
2. Interpretieren Sie mit Blick auf die beiden Leitfragen die abgedruckten Quellen unter Anwendung der Basismethode „Sprachliche historische Quellen interpretieren" (s. S. 563ff.).
3. Analysieren Sie die Auszüge aus der Fachliteratur und setzen Sie sich mit den Ausführungen der Autoren auseinander (s. Basismethode „Historische Sekundärliteratur …", S. 566f.).

➡ **Empfehlung:** Mögliche Fragen, die zielführend den Interpretationsprozess der Quellen und die Auseinandersetzung mit den Positionen der Autoren leiten könnten:

a) Welche Motive der Kreuzfahrer werden deutlich?
b) Welche Legitimations- und Argumentationsmuster werden benutzt?
c) Welche zugrundeliegenden Werthaltungen lassen sich erkennen und wie sind sie auf der Grundlage eines heutigen Wertehorizontes zu beurteilen?
d) Lassen sich Zusammenhänge zwischen den Kreuzzügen und der islamischen Vorstellung vom Dschihad herstellen?

➡ **Arbeits- und Präsentationstipp:**

- Organisieren Sie den Arbeitsprozess arbeitsteilig.
- Eine Conceptmap wäre als Präsentationsmedium gut geeignet, um die Arbeitsergebnisse zu bündeln und vorzustellen.

MATERIALIEN

M 1 Die Strafen der Hölle

Die Darstellung der Hölle stammt aus dem 12. Jahrhundert und zeigt u.a. Ritter mit Waffen (milites armati).

M 2 Tötung im Kriege bedarf der Buße

Der Theologe Fulcher von Chartres äußert sich um 1027 über bußwürdige Vergehen:

Wenn jemand einen Menschen absichtlich tötet, dauere seine Buße sieben Jahre. Tut er es ohne Grund, dann soll er zehn Jahre büßen. Handelt es sich um einen Diakon, dann soll er vierzehn Jahre büßen. Wenn der Ermordete ein Priester ist, soll die Buße einundzwanzig Jahre dauern.
Tötet jemand einen Menschen unabsichtlich, dann soll die Buße drei Jahre dauern. Tötet jemand in offenem Kriege einen Menschen, dann soll er ein Jahr lang büßen.

(Zit. nach: Wolfgang Lautemann/Manfred Schlenke (Hg.), Geschichte in Quellen, Bd. 2/Mittelalter, München 1970, S. 360)

M 3 Gott will es

Im Jahr 1095 rief Papst Urban II. auf der Synode von Clermont-Ferrand zum ersten Kreuzzug auf. Der Benediktiner Robert von Reims beschreibt den Ablauf der Ansprache:

Nachdem die kirchlichen Angelegenheiten erledigt waren, ging der Herr Papst (am 27.11.) auf einen weiträumigen Platz hinaus, denn kein geschlossener Platz konnte die ganze Menge fassen. Hier setzte der Papst zu folgender Rede an, die sich voll Überzeugungskraft und Redekunst an alle und jeden wandte:
„Ihr Volk der Franken, ihr Volk nördlich der Alpen, ihr seid, wie eure vielen Taten erhellen, Gottes geliebtes und auserwähltes Volk, herausgehoben aus allen Völkern durch die Lage des Landes, die Katholizität des Glaubens und die Hochschätzung für die heilige Kirche. An euch richtet sich unsere Rede, an euch ergeht unsere Mahnung; wir wollen euch wissen lassen, welcher traurige Anlass uns in euer Gebiet geführt, welche Not uns hierher gezogen hat; sie betrifft euch und alle Gläubigen. Aus dem Land Jerusalem und der Stadt Konstantinopel kam schlimme Nachricht und drang schon oft an unser Ohr: Das Volk im Perserreich, ein fremdes Volk, ein ganz gottfernes Volk, eine Brut von ziellosem Gemüt und ohne Vertrauen auf Gott (Psalm 77,8), hat die Länder der dortigen Christen besetzt, durch Mord, Raub und Brand entvölkert und die Gefangenen teils in sein Land abgeführt, teils elend umgebracht; es hat die Kirchen Gottes gründlich zerstört oder für seinen Kult beschlagnahmt. Sie beflecken die Altäre mit ihren Abscheulichkeiten und stürzen

sie um; sie beschneiden die Christen und gießen das Blut der Beschneidung auf die Altäre oder in die Taufbecken. Denen, die sie schändlich misshandeln und töten wollen, schlitzen sie den Bauch auf, ziehen den Anfang der Gedärme heraus, binden ihn an einen Pfahl und treiben sie mit Geißelhieben so lange rundherum, bis die Eingeweide ganz herausgezogen sind und sie am Boden zusammenbrechen. […]

Wem anders obliegt nun die Aufgabe, diese Schmach zu rächen, dieses Land zu befreien, als euch? Euch verlieh Gott mehr als den übrigen Völkern ausgezeichneten Waffenruhm, hohen Mut, körperliche Gewandtheit und die Kraft, den Scheitel eurer Widersacher zu beugen. Bewegen und zu mannhaftem Entschluss aufstacheln mögen euch die Taten eurer Vorgänger, die Heldengröße König Karls des Großen, seines Sohnes Ludwig und eurer anderen Könige. Sie haben die Heidenreiche zerstört und dort das Gebiet der heiligen Kirche weit ausgedehnt. Besonders bewegen mögen euch das Heilige Grab unseres Herrn und Erlösers, das von unreinen Völkern besetzt ist, und die heiligen Stätten, die jetzt ohne Ehrfurcht behandelt und mit dem Unrat dieser Leute frech beschmutzt werden. Ihr überaus tapferen Ritter, ihr Sprösslinge unbesiegter Ahnen, entartet nicht, sondern denkt an die Tatkraft eurer Vorfahren! […]

Kein Besitz, keine Haussorge soll euch fesseln. Denn dieses Land, in dem ihr wohnt, ist allenthalben von Meeren und Gebirgszügen umschlossen und von euch beängstigend dicht bevölkert. Es fließt nicht vor Fülle und Wohlstand über und liefert seinen Bauern kaum die bloße Nahrung. Daher kommt es, dass ihr euch gegenseitig beißt und bekämpft, gegeneinander Krieg führt und euch meist gegenseitig verletzt und tötet. Aufhören soll unter euch der Hass, schweigen soll der Zank, ruhen soll der Krieg, einschlafen soll aller Meinungs- und Rechtsstreit! Tretet den Weg zum Heiligen Grab an, nehmt das Land dort dem gottlosen Volk, macht es euch untertan! Gott gab dieses Land in den Besitz der Söhne Israels; die Bibel sagt, dass dort Milch und Honig fließen (2. Buch Moses 3, 8). Jerusalem ist der Mittelpunkt der Erde, das fruchtbarste aller Länder, als wäre es ein zweites Paradies der Wonne. Der Erlöser der Menschheit hat es durch seine Ankunft verherrlicht, durch seinen Lebenswandel geschmückt, durch sein Leiden geweiht, durch sein Sterben erlöst, durch sein Grab ausgezeichnet. Diese Königsstadt also, in der Erdmitte gelegen, wird jetzt von ihren Feinden gefangen gehalten und von denen, die Gott nicht kennen, dem Heidentum, versklavt. Sie erbittet und ersehnt Befreiung, sie erfleht unablässig eure Hilfe. Vornehmlich von euch fordert sie Unterstützung, denn euch verlieh Gott, wie wir schon sagten, vor allen Völkern ausgezeichneten Waffenruhm. Schlagt also diesen Weg ein zur Vergebung eurer Sünden; nie verwelkender Ruhm ist euch im Himmelreich gewiss.“

Als Papst Urban dies und derartiges mehr in geistreicher Rede vorgetragen hatte, führte er die Leidenschaft aller Anwesenden so sehr zu einem Willen zusammen, dass sie riefen: „Gott will es, Gott will es!“ Wie der ehrwürdige Papst von Rom dies hörte, hob er die Augen zum Himmel, dankte Gott, gebot mit der Hand Schweigen und sprach:

„Meine geliebten Brüder, heute hat sich an uns erwiesen, was der Herr im Evangelium sagt:

‚Wo zwei oder drei in meinem Namen versammelt sind, da bin ich mitten unter ihnen' (Matthäus 18, 20). Wenn nicht der Herrgott in euren Herzen gewesen wäre, wäre euer aller Ruf nicht eins gewesen. Denn auch wenn euer Ruf vielstimmig ertönte, sein Ursprung war eins. Deshalb sage ich euch, dass Gott, der ihn euch in die Brust senkte, ihn aus euch herauszog. Dieser Ruf soll euch nun im Kampf das Losungswort sein, denn dieses Wort hat Gott gesprochen. Wenn ihr den Feind angreift und bekämpft, werden alle vom Heere Gottes dies eine rufen: Gott will es, Gott will es!“

(Zit. nach: Arno Borst, Lebensformen im Mittelalter, Frankfurt am Main 1979, S. 318 – 320)

M 4 Kreuzzugspropaganda

Die um 1325 entstandene Darstellung zeigt Muslime, die ein christliches Gotteshaus entweihen, indem sie auf das sch…, was den Christen heilig ist.

M 5 Über das Lob der neuen Ritterschaft

Bernhard von Clairvaux antwortet in seiner 1128/29 verfassten Schrift „De laude novae militiae" auf die Frage, ob Krieg gegen Heiden gerechtfertigt sei:

Die Ritter Christi aber kämpfen mit gutem Gewissen die Kämpfe des Herrn und fürchten niemals weder eine Sünde, weil sie Feinde erschlagen, noch die eigene Todesgefahr. Denn der Tod, den man für Christus erleidet oder verursacht, trägt keine Schuld an sich und verdient größten Ruhm. Hier nämlich wird für Christus, dort Christus (selbst) erworben. Er nimmt wahrlich den Tod des Feindes als Sühne gern an und bietet sich noch lieber seinem Streiter als Tröster dar. Ein Ritter Christi, sage ich, tötet mit gutem Gewissen, noch ruhiger stirbt er. Wenn er stirbt, nützt er sich selber; wenn er tötet, nützt er Christus. Denn nicht ohne Grund trägt er das Schwert; er steht im Dienst Gottes und vollstreckt das Urteil an dem „der Böses tut, zum Ruhm aber für die Guten!" (Röm 13,4; 1 Petr 2,14). Ja, wenn er einen Übeltäter umbringt, ist er nicht ein Menschenmörder, sondern sozusagen ein Mörder der Bosheit, und mit Recht wird er als Christi Rächer gegen die Missetäter und als Verteidiger der Christenheit angesehen. Wenn er aber selbst umgebracht wird, ist es klar, dass er nicht untergegangen, sondern ans Ziel gelangt ist. Der Tod, den er verursacht, ist Christi Gewinn; wenn er ihn erleidet, sein eigener. Der Christ rühmt sich, wenn er einen Ungläubigen tötet, weil Christus zu Ehren kommt. Wenn ein Christ stirbt, offenbart sich die Hochherzigkeit des Königs, da der Ritter zur Belohnung geführt wird. Ja, über ihn wird der Gerechte frohlocken, wenn er die Vergeltung sieht. Über ihn sagen die Menschen: „Gibt es denn für den Gerechten einen Lohn? Gewiss, es gibt einen Gott, der auf Erden Gericht hält." (Ps 57, 11f.). Allerdings dürfte man die Heiden nicht töten, wenn man sie auf einem anderen Weg von den maßlosen Feindseligkeiten und von der Unterdrückung der Gläubigen abhalten könnte. Nun aber ist es besser, dass sie beseitigt werden, als dass das Zepter des Frevels auf dem Erbland der Gerechten lasten soll, damit die Gerechten nicht etwa ihre Hände nach Unrecht ausstrecken.

(Zit. nach: Bernhard von Clairvaux, Sämtliche Werke, hg. von Gerhard B. Winkler, Bd. 1, Innsbruck 1990, S. 277)

M 6 Ein Rat der Vernunft

Der Cluniazenserabt Petrus Venerabilis (gestorben 1156) beschreibt in seinem Buch gegen die Sarazenen das biblisch gebotene Verhältnis der Christen zu heidnischen Nichtchristen (der Begriff „Sarazene" war im Mittelalter eine Sammelbezeichnung für Araber und Synonym für alle Muslime):

Es erscheint wunderlich – und ist es vielleicht auch –, dass ich als ein Mensch, der räumlich so weit von euch entfernt lebt, eine andere Sprache spricht, durch sein Glaubensbekenntnis von euch getrennt ist, der ganz andere Lebensgewohnheiten hat, vom äußersten Westen der Welt an die Menschen in Ost und Süd schreibe und Menschen, die ich niemals gesehen habe und die ich wahrscheinlich niemals sehen werde, mit meinen Worten angreife. Ich greife euch an, sage ich, nicht wie die Unsern das so oft tun mit Waffen, sondern mit Worten, nicht mit Gewalt, sondern mit Vernunft, nicht mit Hass, sondern mit Liebe. Mit einer solchen Liebe, wie sie zwischen Christen und Nichtchristen herrschen muss und wie sie zwischen den Aposteln und den Heiden ihrer Zeit, welche sie zum Gesetz Christi einluden, bestand. Zu dieser christlichen Verpflichtung tritt ein einleuchtender, vernünftiger Grund, kraft dessen, wie jemand sagt, ein jedes Lebewesen seinesgleichen liebt. Das wird dadurch bewiesen, dass unter der Gattung „Lebewesen", wozu die Vierfüßler, die Vögel und andere Arten gehören, sich ein jedes Lebewesen gegenüber seinen Artgenossen „familiärer" (*familiarus*) verhält als gegenüber der ganzen Gattung. Das wird deutlich bei den Haustieren und ist auch bei den wilden Tieren klar zu erkennen, die immer oder doch häufig vor denen Scheu haben, die die Natur anders als sie gestaltet hat. Denen, die ihnen gleich oder doch ähnlich sind, folgen sie. Wenn sie, was zu geschehen pflegt, aus irgendeinem Grund von Zorn bewegt gegen ihresgleichen kämpfen, kehren sie dennoch schnell zum Frieden zurück.
Zu den zahllosen Arten, die es unter den Lebewesen gibt, gehört auch der Mensch, und da es keine andere Art von Lebewesen gibt, die gleichfalls mit Vernunft ausgestattet ist, ist der Mensch weit mehr genötigt, seinesgleichen zu lieben. Dazu rät die Vernunft, und die Natur treibt dazu.
Dies sind die Gründe, aus denen ein Christ euch lieben und Heil wünschen muss. Der eine Grund ist ein göttlicher, der andere ein menschlicher [...]. – Ich liebe euch und schreibe aus Liebe. Durch mein Schreiben lade ich euch zum Heil ein. Nicht zum Heil der Menschenkinder lade ich euch ein, unter denen nach dem Wort Davids „kein Heil ist" (Ps 146,3), sondern zu dem Heil, von dem der Psalmist sagt: „Das Heil der Gerechten ist vom Herrn [...]" (Ps 37,39). Ich lade euch ein zum Heil, das nicht vergeht, sondern das bleibt.

(Zit. nach: Klaus Schreiner, „Sakrale Herrschaft" und „Heiliger Krieg" – Kaisertum, Kirche und Kreuzzug im Spiegel der spätmittelalterlichen Heinrichstafel, Münster 1985, S. 86)

M 7 Das Selbstverständnis der Kreuzfahrer

Die Miniatur stammt aus dem 13. Jahrhundert.

M 8 Das Martyrium als Ruhmeskrone

Im Jahre 1213 suchte Papst Innozenz III. die Christenheit für einen Kreuzzug ins Heilige Land zu gewinnen und veröffentlichte zu diesem Zweck folgenden Aufruf:

Wenn der allmächtige Gott wollte, könnte er jenes Land (das Heilige Land) so umfassend verteidigen, dass es nicht in die Hände der Feinde fallen würde. Er könnte es auch, sofern er wollte, leicht aus den Händen der Feinde befreien, da nichts seinem Willen zu widerstehen vermag. Aber nachdem die Ruchlosigkeit schon so angewachsen, die Liebe der vielen erkaltet ist, gab er, um seine Getreuen vom Todesschlaf zum Eifer für das Leben aufzuwecken, jenen diesen Kampf als Chance des Heils, damit ihr Glaube wie Gold im Feuer geprüft wird, ja als Ursache der Erlösung, dass diejenigen, die treu für ihn gekämpft haben, von ihm selbst glückselig gekrönt werden, und diejenigen, die es ablehnen, in einer solchen Notsituation den geschuldeten Knechtsdienst zu erfüllen, im Endgericht am Jüngsten Tag der ewigen Verdammnis verfallen. O welcher Nutzen kommt aus dieser Sache! Wie viele, die sich zur Buße für die Befreiung des Heiligen Landes bekehrten, haben sich dem Gehorsam des Gekreuzigten geweiht und gleichsam durch den Kampf des Martyriums die Ruhmeskrone erlangt. Ohne diese wären sie vermutlich in ihren Sünden zugrunde gegangen, ausgeliefert ihren fleischlichen Lastern und weltlichen Verlockungen. Alt ist dieses Werk Christi, das er zum Heil seiner Getreuen in diesen Tagen zu erneuern gewürdigt hat. Wenn nämlich ein weltlicher König von seinen Feinden aus seinem Reich vertrieben wurde und seine Vasallen es ablehnen, für ihn weder ihr Gut noch ihr Leben einzusetzen, sollte er dann nicht, wenn er das verlorene Reich zurückerobert hat, diese Vasallen wie Untreue verurteilen und gegen sie ungewohnte Strafen ausdenken, um auf diese Weise Übeltäter übel zu verderben? So wird Euch der König der Könige, der Herr Jesus Christus, der seinen Leib, seine Seele und alles übrige Gute für Euch hingegeben hat, wegen des Lasters Eurer Undankbarkeit und des Vergehens der Untreue verdammen, wenn Ihr Euch weigert, ihm zu helfen, nachdem er gleichsam aus jenem Reich vertrieben worden ist, das er um den Preis seines Blutes erworben hat. Jeder mag es wissen, dass er sich in schuldhafte Verstockung und verstockte Schuldhaftigkeit verstrickt, wenn er es ablehnt, in dieser Notlage dem Erlöser gehorsam zu sein. Mag er auch nach göttlichem Gebot seinen Nächsten lieben wie sich selbst, weiß er, dass seine christlichen Glaubensbrüder bei den gottlosen Sarazenen unter harten Bedingungen im Gefängnis schmachten und durch das Joch einer äußerst schweren Knechtschaft niedergedrückt werden, zu ihrer Befreiung aber keine wirksamen Schritte unternimmt, so vergeht er sich gegen ein Gebot des natürlichen Sittengesetzes, welches der Herr im Evangelium verkündet hat: ‚Von dem Ihr wollt, dass es Euch die Menschen tun, das tut auch jenen' (Matth 7, 12). Oder wisst ihr vielleicht nicht, dass bei jenen (Sarazenen) viele tausend Christen in Knechtschaft und im Kerker gehalten werden, die durch zahllose Folterqualen gemartert werden?

(Zit. nach: Geschichte in Quellen, Bd. 2, a.a.O., S. 619)

M 9 Der muslimische Dschihad

Zur Entwicklung des Dschihad schreibt der Historiker Nikolas Jaspert:

Nicht nur die eigentliche Herkunft der Kreuzfahrer wurde auf muslimischer Seite häufig verkannt: Auch der spezifische Charakter ihres Zuges, das religiöse Fundament des Unternehmens also, war den Beobachtern in Kairo, Damaskus oder Bagdad anfangs vielfach nicht bewusst. Es gab jedoch auch Ausnahmen: Der Dameszener Rechtsgelehrte und Prediger Ali ihn Tahir al Sulami (gest. 1106) z. B. rief in seinem Werk „Kitab al-gihad" schon zu Beginn des 12. Jahrhunderts zum Widerstand gegen die Eindringlinge auf, deren Vorgehen er in Zusammenhang mit den christlichen Erfolgen auf Sizilien und der Iberischen Halbinsel sah. Der Autor erkannte mithin die Kreuzzugsbewegung in all ihren Dimensionen und nicht nur als ein auf Palästina beschränktes Phänomen. Gezielte Profanierungen islamischer Kult- und Kulturstätten wie die wiederholte Umwandlung von Moscheen in Kirchen oder die Zerstörung von Bibliotheken wie diejenige von Tripolis ließen auch andere Muslime bald den religiösen Kern der Kreuzzugsbewegung erkennen. Sie reagierten mit der Wiederbelebung eines älteren islamischen Konzepts, dem des Dschihad. […]
Von alters her und ähnlich der zeitgenössischen Vorstellung von der *militia Christi* im Christentum galt im Islam der innere, gegen eigene Schwächen geführte Kampf als der wichtigste (oder „große") Dschihad. Daneben schrieben schon der Koran (etwa in Sure 2,216, Sure 9,14 und Sure 9,36) und die überlieferten Aussprüche des Propheten das „Streben", Dschihad (arab. *gihad*) zur Ausbreitung des Islam vor. Dieser „kleine Dschihad", die kollektive Auseinandersetzung zwischen der islamischen Welt, dem *dar al-islam*, und allen anderen Gebieten dem Haus des Krieges (arab. *dar al-harb*), war seit seinen Anfängen ein Fundament der islamischen Bewegung. Beide Formen des „Strebens" waren miteinander verknüpft, daher darf man den Dschihad keineswegs vereinfachend als „heiliger Krieg" übersetzen. Unter dem Eindruck der neuen Bedrohung wurde im 12. Jahrhundert der Gedanke genauer gefasst und ausgelegt. Dabei unterschied man verschiedene Formen des Dschihad: Unter anderem trennte man zwischen einer offensiven Ausrichtung, die alle unterstützen, aber nur Freiwillige aktiv betreiben sollten, und einer defensiven. Dieser Kampf zur Vertreibung eines Aggressors, der islamisches Territorium erobert hatte, war die erste Pflicht jedes einzelnen gesunden Muslims, wodurch die Verpflichtung des Individuums betont wurde. Allerdings galt dieser Kampf eben nicht alleine den Christen, sondern auch und gerade den Glaubensfeinden im Inneren gegenüber. Freiwillige, arabisch *gazi* genannte Glaubenskämpfer gab es schon lange vor den Kreuzzügen. Es handelte sich bei ihnen um Individuen, die aus vorwiegend oder ausschließlich religiösen Gründen am Kampf teilnahmen. Sie konnten Freiwilligenkorps bilden, die geschlossen an Zügen teilnahmen oder auch in Gemeinschaften nach strengen religiös-militärischen Regeln lebten. Diese von Freiwilligen verteidigten Konvente wurden *ribat* genannt.

(Zit. nach: Nikolas Jaspert, Die Kreuzzüge, Darmstadt 2004, S. 71)

Eine tolerante Herrschaft der Muslime? – Möglichkeiten und Grenzen einer friedlichen Koexistenz in „al-Andalus“

Bereits wenige Jahrzehnte nach der Gründung eines islamischen Staatswesens durch den Propheten Mohammed überquerten muslimische Heere die Straße von Gibraltar, um ihre Eroberungszüge auf der Iberischen Halbinsel fortzusetzen. Am 23. Juli 711 schlugen sie die Westgoten vernichtend. Damit gelang es den islamischen Eroberern, fast die gesamte Iberische Halbinsel unter ihre Kontrolle zu bringen. Als Hauptstadt für das von ihnen kontrollierte Gebiet, das sie als „al-Andalus“ bezeichneten, wählten sie den alten Bischofssitz Cordoba.
Nur wenige Gebiete im Norden der Halbinsel verblieben unter christlicher Herrschaft. Von hier aus begann die Wiedereroberung der ehemals christlichen Gebiete, die sogenannte Reconquista. Die Reconquista war eine Abfolge von kurzen Kriegszeiten und längeren Friedensperioden. Spätestens seit dem 13. Jahrhundert war der Siegeszug der Reconquista nicht mehr aufzuhalten. In einer Reihe von Feldzügen eroberten die christlichen Heere die wichtigsten Städte in al-Andalus wie Cordoba und Sevilla, 1238 fiel das muslimische Reich von Valencia. So reduzierte sich der muslimische Einflussbereich bis zum 15. Jahrhundert auf das Königreich Granada im Süden der Halbinsel.
Seit dem 11. Jahrhundert verband sich die Reconquista zunehmend mit dem Kreuzzugsgedanken. In steigender Zahl wurden auswärtige Kreuzfahrer zu Hilfe gerufen, denen ausdrücklich Ablässe in Aussicht gestellt wurden. Ab 1121 wurden den Kämpfern in Spanien sogar die gleichen Ablässe wie den Kreuzfahrern ins Heilige Land zugesprochen. Unter diesen Vorzeichen wurde auch das letzte muslimische Reich auf iberischem Boden erobert: Nach der Vereinigung der Königreiche Kastilien und Aragón (1469) unter den katholischen Königen Ferdinand II. und Isabella fiel auch das muslimische Königreich Granada im Jahr 1492 nach zehnjährigem Krieg.
Damit endete die muslimische Herrschaft über ein Gebiet, das insbesondere konfessionell sehr heterogen war. Neben den muslimischen Eroberern stellten die unterworfenen Christen nach wie vor die Mehrheit der Bevölkerung. Daneben lebten in al-Andalus auch viele Juden, deren Zahl im 15. Jahrhundert auf 200 000, das waren ca. 5 % der Gesamtbevölkerung, geschätzt wird. Zahlreiche jüdische Intellektuelle wirkten an den Hochschulen in al-Andalus. Vor allem durch die Übersetzerschule von Toledo gelangte der von den Arabern gesammelte Schatz antiken Wissens mit Hilfe jüdischer und muslimischer Übersetzer in das christliche Europa.

- **Wie gestaltete sich das Zusammenleben der Kulturen in al-Andalus?**
- **Welche Freiheiten und Einschränkungen prägten den Alltag der religiösen Gemeinschaften?**

Bereiten Sie sich längerfristig auf eine Diskussion zur Koexistenzproblematik „al-Andalus“ vor.
So können Sie sich Sachwissen und Argumente zu dieser Thematik erarbeiten:

1. Analysieren Sie die Text- und Bildquellen M 1, M 2, M 4, M 8 sowie die Materialien M 3, M 5, M 6, M 7 unter Anwendung der erlernten Arbeitsschritte zum fachgerechten Umgang mit sprachlichen Quellen und Bildern (s. Methodenanhang, S. 563ff. und S. 568f.) sowie zur Erschließung von Sekundärliteratur (S. 566f.).
2. Beziehen Sie die Informationen im Infotext zum Thema ein.
3. Notieren Sie die Ergebnisse Ihrer Analysen in Thesenform zu folgenden inhaltlichen Bereichen auf Karteikarten:

a) Rechtliche Bestimmungen, die in Bezug auf die unterworfenen Ungläubigen getroffen werden.
b) Bereiche des täglichen Lebens, die betroffen sind bzw. unberührt bleiben.
c) Motive der muslimischen Eroberer beim Umgang mit unterworfenen Völkern.
d) Bereiche des Zusammenlebens, in denen eine Übernahme fremder Kenntnisse und Gewohnheiten stattfindet;
   - Grenzen für Übernahmen
   - Gründe für Angleichungen.

Wichtig! Sie sollten stichwortartig auch Ihre eigenen Einschätzungen, die Sie zu den verschiedenen Aspekten in der Diskussion einbringen möchten, notieren.

MATERIALIEN

M 1 Vom Nutzen der Unterworfenen

Den Umgang der muslimischen Eroberer mit den unterworfenen Ungläubigen verdeutlicht ein Schreiben des Kalifen Umar an Abu Ubayda aus der Mitte des 7. Jahrhunderts:

Lass das Land, welches Gott dir als Beute gewährt hat, in den Händen seiner Bewohner, und auferlege ihnen, nach Maßgabe ihrer Möglichkeit, die Kopfsteuer und verteile sie unter die Muslime. Sie sollen das Land bebauen, denn sie verstehen mehr davon und sind uns darin überlegen. Keiner, weder du noch die Muslime bei dir, darf sie als Beute betrachten und sie verteilen, weil zwischen dir und ihnen Friede geschlossen wurde und du von ihnen, nach Maßgabe ihrer Möglichkeit, Kopfsteuer erhebst. Gott hat das für uns und für euch in seinem Buch klar dargelegt: „Kämpft gegen diejenigen, die nicht an Gott und den Jüngsten Tag glauben und nicht verbieten, was Gott und sein Gesandter verboten haben, und nicht der wahren Religion angehören – von denen, die die Schrift erhalten haben – (kämpft gegen sie), bis sie kleinlaut aus der Hand Tribut entrichten“ [Koran IX, 29]. Wenn du ihnen also die Kopfsteuer auferlegst, so hast du keine Ansprüche gegen sie und keine Rechte über sie. Hast du dir überlegt, was den Muslimen nach uns bliebe, wenn wir sie [als Sklaven] nähmen und sie verteilten? Bei Gott, die Muslime fänden niemanden, mit dem sie reden oder aus dessen Hände Arbeit sie Nutzen ziehen könnten. Die Muslime werden [von der Arbeit] jene[r] Menschen zehren, solange sie leben; doch wenn wir und sie dahingegangen sind, werden unsere Söhne für immer von ihren Söhnen zehren, solange sie leben, denn sie sind die Diener der Muslime, solange der Islam siegreich ist. Auferlege ihnen also die Kopfsteuer, aber mache sie nicht zu Sklaven und verbiete den Muslimen, sie zu unterdrücken, ihnen Schaden zuzufügen oder ihren Besitz zu verzehren, es sei denn im erlaubten Ausmaß. Halte dich auch genauestens an die Bedingungen, die du ihnen bei allem, was du ihnen gewährtest, auferlegt hast.

(Zit. nach: Bernard Lewis (Hg.), Der Islam von den Anfängen bis zur Eroberung von Konstantinopel, Bd. 2/Religion und Gesellschaft, München 1982, S. 279, übers. v. Hartmut Fähndrich)

M 2 Der Rechtsstatus der anderen

Die islamischen Eroberer betrachteten jede christliche Gemeinschaft auf muslimischem Boden als „dhimmi“ (geschützt). Den Rechtsstatus der Bevölkerung in den eroberten Gebieten legt dieser Vertrag mit den nichtmuslimischen Untertanen (8./9. Jahrhundert) fest:

Im Namen Gottes, des Barmherzigen, des Erbarmers. […]
Wenn einer von euch sich ungebührlich über Muhammad – Gott segne und beschütze ihn – äußert oder über das Buch Gottes, des Allmächtigen, oder seine Religion, so hat er damit den Schutz [*dhimma*] Gottes, außerdem den des Herrschers der Gläubigen und aller Muslime verwirkt, hat die Bedingungen verletzt, aufgrund deren ihm das Sicherheitsversprechen gegeben wurde, und sein Gut und sein Leben fallen dem Herrscher der Gläubigen zu, wie die Güter und das Leben der Bewohner des Hauses des Krieges.
Wenn einer von ihnen mit einer Muslimin Unzucht begeht oder irgendeine Art Ehe mit ihr eingeht oder als Wegelagerer einem Muslim auflauert oder einen Muslim seiner Religion abtrünnig macht oder diejenigen unterstützt, welche gegen die Muslime Krieg führen, sei es durch Teilnahme am Kampf, sei es durch Hinweise auf die Schwächen der Muslime, sei es durch Aufnahme ihrer Spione, so hat er damit den Vertrag gebrochen, und sein Leben und sein Gut sind nicht länger geschützt.
Wenn er sich ein geringeres Vergehen gegen den Besitz oder gegen die Ehre eines Muslims oder eines durch Vertrag oder Sicherheitsversprechen unter muslimischem Schutz stehenden Ungläubigen zuschulden kommen lässt, wird man ihn bestrafen.
Wir werden eure Geschäfte mit den Muslimen überwachen, und wenn darin irgendetwas den Muslimen verboten ist, werden wir es zurückweisen und euch dafür bestrafen. Wenn ihr beispielsweise einem Muslim etwas bei uns Verbotenes verkauft, wie Wein, Schweinefleisch, Blut, Aas oder dergleichen, werden wir den Verkauf für ungültig erklären, euch den Kaufpreis abnehmen, falls er schon bezahlt wurde, euch die Ware jedoch nicht zurückerstatten, auch wenn sie noch existiert. Vielmehr werden wir, so es sich um Wein oder Blut handelt, diese ausschütten, so es sich um Aas handelt, dieses verbrennen. Falls der Käufer es schon aufgebraucht hat, werden wir ihn nicht zwingen, dafür zu bezahlen, sondern werden euch dafür bestrafen.
Ihr dürft keinem Muslim etwas für ihn Verbotenes zu trinken oder zu essen geben; auch dürft ihr ihn nicht verheiraten in Anwesenheit von Zeugen aus euren Reihen oder nach einem Hochzeitsritual, das wir missbilligen.
Die Geschäfte, welche ihr mit einem von euch oder einem anderen Ungläubigen betreibt, werden wir

nicht überwachen und keine Frage danach stellen, solange ihr euch untereinander verständigt. Doch wenn ein Verkäufer oder ein Käufer einen Verkauf für ungültig erklären lassen will und mit dieser Bitte zu uns kommt, werden wir den Verkauf, entsprechend unserem Gesetz, für ungültig oder gültig erklären. Wenn indessen die Ware übernommen und der Verkauf abgeschlossen ist, werden wir keine Rückerstattung anordnen; denn das gilt als abgeschlossener Verkauf unter Polytheisten.

Wenn einer von euch oder ein anderer Ungläubiger sich mit der Bitte um ein Urteil an uns wendet, werden wir ein solches nach islamischem Recht abgeben. Doch wenn keiner zu uns kommt, werden wir uns nicht in eure Angelegenheiten einmischen.

Wenn ihr einen Muslim tötet oder eine Person, die unter eurem oder dem Schutz anderer steht, so ist eure Sippe für das Blutgeld verantwortlich, wie es auch bei den Muslimen der Fall ist, wobei eure Sippe aus den Verwandten väterlicherseits besteht. Besitzt der Mörder aber keine Verwandtschaft, so muss er selbst mit seinem Vermögen für das Blutgeld aufkommen. Hat er vorsätzlich getötet, so trifft ihn die Vergeltung, es sei denn, die Erben erklärten sich mit dem Blutgeld einverstanden, das sie dann sofort erhalten.

Wenn einer von euch stiehlt und der Bestohlene ihn vor den Richter bringt, wird ihm die Hand abgehauen, wenn auf sein Verbrechen diese Strafe steht, und er hat Ersatz zu leisten.

Wenn jemand sich einer Verleumdung schuldig macht und darauf eine gesetzlich festgelegte Strafe steht, so soll sie ihm auferlegt werden. Wenn nicht, so soll er angemessen bestraft werden, sodass die gesetzlichen Bestimmungen des Islams bei euch in diesen Angelegenheiten zur Anwendung kommen, seien sie nun festgesetzt oder nicht.

Ihr dürft in den Städten der Muslime weder Kreuze zur Schau stellen, noch den Polytheismus verkünden, noch Kirchen oder Versammlungsplätze für euer Gebet bauen, noch Glocken läuten, noch eure polytheistische Lehre über Jesus, den Sohn der Mirjam, oder einen anderen einem Muslim gegenüber äußern.

Ihr sollt den Gurt über allen euren Kleidungsstücken, euren Mänteln und allem anderen, tragen, sodass die Gurte nicht verborgen sind. Ihr sollt euch durch Sattel und Reittier unterscheiden; eure Kopfbedeckungen [...] sollen durch ein Zeichen differieren, das ihr an euren Kopfbedeckungen anzubringen habt. Ihr sollt nicht, zum Nachteil der Muslime, die Mitte der Straße und die Plätze auf den Märkten besetzen. [...]

Ihr unterliegt keinen anderen steuerlichen Verpflichtungen für euren Besitz als der Kopfsteuer, solange ihr euch in eurem Land aufhaltet oder in den islamischen Ländern reist, jedoch nicht als Kaufleute. Unter keinen Umständen dürft ihr Mekka betreten. Wenn ihr als Kaufleute reist, müsst ihr von allen euren Waren den Muslimen den Zehnten abgeben. Dann dürft ihr alle islamischen Orte, außer Mekka, betreten. [...]

Wer Haare unter der Kleidung hat, wer mannbar ist oder wer davor fünfzehn Jahre alt geworden ist, untersteht diesen Bedingungen, wenn er sie gutheißt. Wenn er sie nicht gutheißt, so besitzt er keinen Vertrag.

Die Kopfsteuer obliegt nicht euren kleinen Kindern, euren unmündigen Söhnen, geistig Behinderten oder Sklaven. Wenn jedoch ein geistig Behinderter gesund wird, ein Knabe mündig wird oder ein Sklave von euch freigelassen wird und sich eurer Religion anschließt, so obliegt ihnen eure Kopfsteuer.

Diese Bedingung ist für euch und alle, die sie gutheißen, bindend; wer sie jedoch ablehnt, den stoßen wir aus. [...]

Dies ist der Vertrag und der Pakt Gottes und die größte Verpflichtung, ihn einzuhalten, die Gott je einem seiner Geschöpfe auferlegt hat. Ihr besitzt den Vertrag und den Pakt Gottes und den Schutz [*dimmal*] des soundso, des Herrschers der Gläubigen, und den Schutz der Muslime zur Erfüllung ihrer Verpflichtungen euch gegenüber.

(Zit. nach: Bernard Lewis (Hg.), a.a.O., S. 274–278)

M 3 Ähnlichkeiten und Nachahmungen

In der „A'mal al-a'lam“ beschreibt der Autor Ibn al-Hatib die Ereignisse von der Eroberung der Iberischen Halbinsel durch die Muslime bis zu den Fortschritten der Reconquista in der Mitte des 13. Jahrhunderts:

Bezüglich der Kleidermode ist hervorzuheben, dass man namentlich in Ost-Andalus keine Turbane trägt, wohingegen in West-Andalus kein Richter oder Theologe, der etwas auf sich hält, ohne Turban erscheint. In Ost-Andalus nehmen sie es nicht so genau. Ich selbst sah einst Aziz b Hattab, den größten Gelehrten Murcias und berühmten, anerkannten Landesfürsten daselbst, barhaupt mit mehr weißem als schwarzem Haar. In beiden Landesteilen sieht man Soldaten – Reguläre wie Söldner – selten mit Turban. Ich selbst beobachtete Ibn Hud als derzeitigen Herrscher des Andalus – und ebenso Ibn al-Ahmar – zu den verschiedensten Anlässen ohne Turban.

Häufig nehmen maurische Fürsten und Angehörige ihrer Miliz die Tracht benachbarter Christenvölker an; dann erscheinen die maurischen Scharlachmäntel den christlichen gleich. Dasselbe trifft für Feldzeichen und Sattelzeug zu und gilt auch von der Kampfesweise mit Rundschilden und langen Stoßlanzen; oder wenn die Infanteristen keine Streitkolben oder arabische Bögen, sondern fränkische Bögen bei der Beschießung von Städten verwenden; und zwar gerade die Infanteristen, weil Pferde nicht genügend stillhalten, um den Schützen Zeit zum Spannen ihrer Bögen zu lassen.
Ihn Haldun, der berühmte Geschichtsphilosoph, sagt: Wenn ein Volk in der Nachbarschaft eines anderen, übermächtigen Volkes lebt, so lassen sich viele derartige Ähnlichkeiten und Nachahmungen bei den Unterlegenen feststellen, wie das augenblicklich (im christlichen 14. Jahrhundert) in al-Andalus der Fall ist. So beobachtet man eine Angleichung der Mauren an die Bewohner des christlichen Nordens, was Kleidung, Schmuck und zahlreiche Gewohnheiten und Lebensumstände betrifft – sogar Bilder malt man schon an Wänden und in Häusern oder Residenzen – und kann daraus, genau gesehen, auf die Vorherrschaft (der Christen) schließen.
In der oberen – und vielfach auch unteren – Bevölkerungsschicht zeigt man sich selten ohne Schulterumhang, wenn auch nur ein großer Saih diesen Umhang über den Kopf zu ziehen pflegt. Zahlreiche rote, grüne oder gelbe Wollmützen sind besonders bei den Juden im Gebrauch; einen Turban dürfen Letztere unter keinen Umständen tragen. Einen Zipfel kann nur ein Gelehrter herabhängen lassen, und auch dann nicht zwischen den Schultern, sondern hinter dem linken Ohr; orientalische Turbanmoden sind in al-Andalus unbekannt, dasselbe lässt sich vom Schnitt der Kleider behaupten.

(Zit. nach: Wilhelm Hoenerbach, Islamische Geschichte Spaniens, Übersetzung der A'mal al-A'lam und ergänzender Texte, Zürich 1970, S. 89–91)

M 4 Christ und Moslem beim Schachspiel

Miniatur aus dem im Auftrag von Alfons dem Weisen im Jahr 1283 geschaffenen Schachbuch.

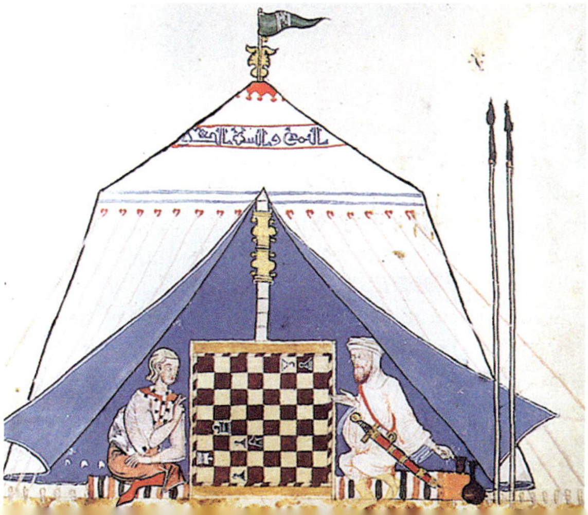

M 5 Herrschaftsanspruch und politische Strategie

Über das Verhältnis des Islam zu den anderen Religionen schreibt der Historiker Tilman Nagel:

Die Frage des Verhältnisses zu Andersgläubigen hat in der islamischen Geschichte ungleich größeres Gewicht als in derjenigen des europäischen Christentums, dem seit dem hohen Mittelalter keine fremde Religion mehr den überlegenen Rang streitig machen konnte – einmal abgesehen vom Islam auf der Iberischen Halbinsel. Andersgläubige waren im christlichen Europa die an Zahl unbedeutende jüdische Minderheit und ansonsten die Angehörigen abweichender Richtungen oder Konfessionen des Christentums. Der Islam hingegen drängte sich seit dem 7. Jahrhundert in eine Welt hinein, in der ältere Hochreligionen mit einer eigenen Geschichte und gelehrten Tradition blühten. Bereits Muhammad, der gegen Ende seines Lebens energisch die Einbeziehung ganz Arabiens in die Kampfgemeinschaft der Gläubigen betrieb, musste gegenüber den Christen, die ihn, wie viele arabische Stämme, mit einer Abordnung aufsuchten, Abstriche von seinem religiös begründeten Herrschaftsanspruch machen: Wer Christ war, sollte diesen Glauben behalten und in gewohnter Form seinen kultischen Pflichten nachkommen dürfen; jedoch machten die Auflagen, etwa das Verbot, neue Kirchen zu errichten, deutlich, dass das Christentum als eine zum langsamen Aussterben verurteilte Religion angesehen wurde. […]
In der Geschichte der nichtmuslimischen Minderheiten lösten Zeiten der Freiheit und Zeiten der Verfolgung einander ab; für den Muslim war freilich immer klar, dass jene Minderheiten letzten Endes weit unter ihm standen, eben weil sie in seinen Augen die Überreste religiöser Gemeinschaften darstellten, die mit dem Zeitpunkt der Berufung des letzten Propheten der Menschheitsgeschichte

ihre Daseinsberechtigung verloren hatten. Es ging daher von der Mehrheit ein ständiger, Anpassung erheischender Druck aus, der zu einer weitgehenden kulturellen Einschmelzung von Juden und Christen in ihre muslimisch geprägte Umwelt führte. […]

Das Christentum hat Mission betrieben und sich auf diese Weise in den bestehenden Reichen eingerichtet, sie also erfolgreich unterwandert; der Islam hat sich hingegen zuerst ein Reich erkämpft und dann die Gleichschaltung der Untertanen, die Islamisierung, ins Werk gesetzt. Diese Gegenüberstellung ist in manchen Einzelheiten anfechtbar, sie enthält dennoch einen wahren Kern, der uns das Verständnis wesentlicher Merkmale der islamischen Geschichte erschließt, darunter die Art der islamischen Wahrnehmung nichtmuslimischer Länder. Es wurde schon angesprochen, dass die politische Landkarte des mittelalterlichen Muslims nur zwei Territorien kennt, das „Gebiet des Krieges" und das „Gebiet des Islams", das sich ständig auf Kosten des Ersteren ausdehnen soll, bis es den gesamten bewohnten Erdkreis umfasst. Dieser Auffassung entspricht die Überzeugung, dass der „heilige Krieg" gegen die Andersgläubigen stets ein *bellum iustum* sei, zudem auch eine fromme Anstrengung „auf dem Pfade Gottes". […] Die vielfältigen Verbindungen, die mit dem Beginn der Kreuzzüge zwischen „Franken" und Muslimen entstanden waren, schlugen sich in zahlreichen Abkommen nieder, in denen der Grundsatz der Inferiorität der Andersgläubigen nicht durchzuhalten war. Sowohl auf fränkischer als auch auf muslimischer Seite lag es nahe, zur Beschneidung des Machtstrebens von Nebenbuhlern der eigenen Religion Bündnisse mit den Fremden einzugehen. Strategische Interessen machten die Missachtung scheinbar unantastbarer Prinzipien möglich.

(Tilman Nagel, Die islamische Welt bis 1500, München 1998, S. 218–222)

M 6 Einzigartige Toleranz

Die Historikerin Brigitte Hintzen-Bohlen schreibt:

Nachdem der Berberführer Tarik im Jahr 711 zum ersten Mal nach Gibraltar übergesetzt hatte, sollte es nur drei Jahre dauern, bis der größte Teil Spaniens unter islamischer Herrschaft stand. Die Lage im Westgotenreich, das von Intrigen geschüttelt und innerlich gespalten war, hatte den unglaublich raschen Erfolg der nomadischen Eroberer begünstigt. Sie hätten nie so schnell Fuß fassen können, wären sie nicht von der Bevölkerung massiv unterstützt worden. Kaum einer war bereit, für die westgotischen Herrscher zu kämpfen, vielmehr schien man die muslimischen Invasoren willkommen zu heißen. Das wird vor dem Hintergrund verständlich, dass die zahlenmäßig große Schicht der eingeborenen Bevölkerung von einer Minorität, den westgotischen Adeligen, unterdrückt wurde. Die Juden hingegen litten unter dem Druck der Kirche, durch welche die Westgoten ihre Macht ausübte! Beide Gruppen halfen den Berbern bei der Eroberung der Halbinsel. Und anders als die Westgoten suchten diese den Ausgleich mit den verschiedenen Bevölkerungsgruppen und übten weithin Toleranz. Christen wie Juden durften, wenn sie sich der islamischen Herrschaft unterstellt hatten, ihre Religion ausüben, Kirchen und Synagogen behalten. Neben der für alle obligatorischen Grundsteuer hatten sie eine persönliche Steuer zu entrichten, durch die sie vom Kriegsdienst befreit waren. Die Gemeinden besaßen ihre eigene Gerichtsbarkeit und wurden durch ihre Vorsteher bei der muslimischen Regierung vertreten. Durch diese im christlichen Abendland damals einzigartige Toleranz entstand eine Gesellschaft, in der Muslime, zum Islam übergetretene Christen, Mozaraber – Christen, die ihren Glauben beibehalten, aber die islamischen Sitten und Gebräuche angenommen hatten – und Juden friedlich zusammenlebten. Muslime, die ohne Frauen ins Land gekommen waren, durften Christinnen heiraten und mit den Töchtern der Besiegten Familien gründen, Juden und Christen wurden an der Regierung beteiligt. Schon die Eroberer selbst waren eine ethnisch gemischte Gruppe aus Arabern, Syrern, Ägyptern und Nordafrikanern, und sie haben das unvergleichliche Kunststück vollbracht, in Andalusien eine neue Form des menschlichen Zusammenlebens zu kultivieren.

(Brigitte Hintzen-Bohlen, Andalusien – Kunst und Architektur, Köln 1999, S. 230)

M 7 Einzigartige Ignoranz

Der Historiker Richard Fletcher schreibt:

„Endlich gefiel es der göttlichen Gnade, diese Geißel von den Christen zu nehmen, und Almanzor wurde in Medinaceli vom Teufel gepackt, der schon zu seinen Lebzeiten von ihm Besitz ergriffen hatte; und er wurde in der Hölle begraben." So ein Chronist aus León um 1120. Um diese Zeit verbreiteten sich in Spanien allmählich Vorstellungen von einer Rückeroberung in Kreuzzugmanier. Die Menschen gelangten zu der Ansicht, Beziehungen zwischen Christen und Muslimen seien zwangsläufig und zu Recht feindlich, und sie glaubten, dass christliche Kriegszüge gegen den Islam den Teilnehmern frag-

los geistliche Verdienste verliehen und dass die Muslime aus Spanien vertrieben werden sollten.
Waren derartige Ideen ein Jahrhundert davor oder noch früher weit verbreitet? Es ist schwierig, darüber etwas Sicheres zu sagen, aber alles in allem sieht es unwahrscheinlich aus. Eine derartige Behauptung stellt einen geheiligten nationalen Mythos in Frage, der in Spanien immer noch leidenschaftliche Verfechter findet, und daher ist es wichtig, dass man absolut deutlich macht, was für Behauptungen aufgestellt werden. Es wird nicht behauptet, dass Christen und Muslime Seite an Seite in Harmonie miteinander lebten: Das taten sie natürlich nicht. Die Kriegszüge des 10. Jahrhunderts, für die der Pamplona-Feldzug von 924 ein gutes Beispiel darstellt, hinterließen in ihrem Gefolge eine Spur von Leid und Ressentiment. Es wird auch nicht behauptet, dass es den Gedanken an eine Rückeroberung Spaniens noch nicht gab. Am Hofe Alfons' III., wo die Erinnerung an das Westgotenreich lebendig erhalten wurde, erwartete um 880 ein anonymer Autor, dessen Werk uns erhalten geblieben ist, ungeduldig das bevorstehende Ende der islamischen Präsenz in Spanien, mit dem er zuversichtlich rechnete. Was behauptet *wird*, ist vielmehr, dass im 10. und 11. Jahrhundert Vorstellungen von einer christlichen Rückeroberung weder klar formuliert noch weit verbreitet waren. Wie betrachteten dann die Erben der Westgoten ihre islamischen Nachbarn?
Das auffälligste Merkmal der Reaktion des Christentums auf den Islam war Verständnislosigkeit. [...] Der bedeutendste Faktor der frühmittelalterlichen Verständnislosigkeit dem Islam gegenüber war Desinteresse. In Spanien wie auch anderswo gab es nur sehr wenige Schriften über den Islam und absolut keine Diskussion mit ihm. Von Spaniern wurden keine Versuche unternommen, Muslime zum Christentum zu bekehren. Ein Interesse an den heiligen Schriften des Islam hatte man nicht. Erst nach 1140 wurde der Koran ins Lateinische übersetzt, und das geschah zwar in Spanien, aber der Anstoß zu diesem Werk kam von einem französischen Mönch, von Petrus Venerabilis, dem Abt von Cluny. [...]
Es gab in der islamischen Gesellschaft jedoch Dinge, auf die sich durchaus das Interesse der Christen richtete: Zu ihnen gehörten vor allem der Reichtum und daneben auch das Wissen ihrer muslimischen Nachbarn.

(Richard Fletcher, El Cid – Leben und Legende des spanischen Nationalhelden, übers. v. Martin Pfeiffer, Weinheim (Beltz Quadriga) 1999, S. 81ff.)

M 8 Bekehrung oder Vernichtung

Zwangstaufe moslemischer Frauen nach der Einnahme Granadas im Jahr 1492 (Detail eines Altarretabels, um 1521).

Kennzeichnungspflicht und Legendenbildung – Juden und christliche Umwelt im Mittelalter

Mit dem ersten Kreuzzug brach über die im mittelalterlichen Reich ansässigen Juden die Katastrophe herein: Die irregulären Heerhaufen, die noch vor dem eigentlichen Ritterheer aufbrachen, bezogen die Devise der Vernichtung aller Feinde Christi bereits auf die unterwegs angetroffenen Juden. So kam es u. a. in Worms, Mainz und Köln zu furchtbaren Massakern unter der jüdischen Bevölkerung. Auch während der folgenden Kreuzzüge richtete sich der Hass der Christen in weiten Teilen Europas gegen die jüdische Minderheit. Legenden, die durch volkstümliche Predigten und bildliche Darstellungen verbreitet wurden, schürten den Judenhass immer wieder aufs Neue. Zahlreiche Gemeinden wurden vernichtet, Ausweisungen setzten die Mitglieder der jüdischen Gemeinden unter hohen Anpassungsdruck. Der Ausweisung konnten nur die entgehen, die den jüdischen Glauben leugneten und sich zwangstaufen ließen. Die Neuchristen, die unter Zwang, nicht aber aus Überzeugung zum christlichen Glauben übergetreten waren, blieben dem alten Glauben in der Regel noch enger verbunden, als dies zuvor der Fall war. Dieser Umstand weckte in den Altchristen ein zunehmendes Misstrauen, das wiederum Anlass für erneute Verfolgungen und Ausweisungen wurde. Auch wenn Juden in den meisten Städten vorübergehend wieder zugelassen wurden, blieben sie Objekte finanzieller Ausbeutung und sporadischer Verfolgungen, die insbesondere in Zeiten innerstädtischer Konflikte und ökonomischer Zwangslagen ausbrachen.

Dennoch berichten die mittelalterlichen Quellen auch von normalen nachbarschaftlichen Beziehungen zwischen Christen und Juden: Wohngemeinschaften im gleichen Haus, gemeinsames Glücks- und Kartenspiel, Hilfeleistungen bei Notfällen und sogar Teilnahmen an Familienfesten sind Beleg für ein konfliktfreies Zusammenleben im Alltag. Insgesamt waren diese Beispiele jedoch eher die Ausnahme. Zunehmend wurde die jüdische Mitbevölkerung auch räumlich ausgegrenzt und in eigenen Vierteln oder Gassen (Gettos) zusammengefasst. So muss man für das Mittelalter von einer Zeit der zunehmenden Judenfeindschaft sprechen, die das Verhältnis der beiden Religionen bis in die Neuzeit geprägt hat.

- **Welche Formen der Ausgrenzung der Juden aus der mittelalterlichen Gesellschaft lassen sich feststellen? Wo gibt es gegenläufige Tendenzen?**
- **Mit welchen Verhaltensmustern reagieren die Juden auf die Bedrohungen durch die christliche Umwelt?**

So können Sie vorgehen, um tragfähige Antworten auf die beiden gestellten Leitfragen zu erhalten:

1. Analysieren Sie arbeitsteilig die Quellen M 1, M 3, M 4, M 5, M 7 nach der Basismethode „Interpretation sprachlicher historischer Quellen" (s. S. 563ff.).

2. Interpretieren Sie die Bildquellen M 2 und M 6, indem Sie herausarbeiten,

a) wie die Personifizierungen der christlichen Kirche und der jüdischen Synagoge dargestellt sind und

b) worin die Diffamierung der Juden durch die Darstellung der „Judensau" besteht.

➡ **Tipp**: Auf Seite 568f. finden Sie eine methodische Anleitung, wie Sie fachgerecht Bilder auswerten können.

3. Verschriftlichen Sie Ihre Analyseergebnisse bzw. die Ergebnisse Ihrer Bildauswertungen auf Plakaten, die Sie allen Kursmitgliedern vorstellen.

4. Erörtern Sie ausgehend von diesen Grundlagen und unter Einbeziehung des Infotextes S. 155ff. im gemeinsamen Kreisgespräch,

a) wie weitgehend der Schutz für die Juden Ihrer Ansicht nach war;

b) welche Rolle geistliche und weltliche Obrigkeit bei der Ausgrenzung und Verfolgung der Juden im Mittelalter einnahmen;

c) die Mechanismen, mit denen die Juden ausgegrenzt wurden;

d) die zugrundeliegenden Motive und die Stichhaltigkeit der Argumente in diesem Zusamenhang;

e) Verhalten und Reaktionen der jüdischen Bevölkerung.

MATERIALIEN

M 1 Der Rechtsstatus der Juden

Am 6. April 1157 erteilt Kaiser Friedrich I. Barbarossa auf Ersuchen der jüdischen Gemeinde von Worms das folgende Privileg:

Weil Wir also wollen, dass sie wegen jeglicher Rechtssache nur Uns berücksichtigen müssen, bestimmen Wir kraft Unserer königlichen Würde, dass weder Bischof, Kämmerer, Graf, Schultheiß noch überhaupt sonst jemand, es sei denn sie selbst hätten ihn aus ihrer Mitte erwählt, sich herausnehmen soll, wegen irgendeiner Streitsache oder Abgabe infolge eines Rechtsfalles mit ihnen oder gegen sie zu verhandeln, es sei denn allein derjenige, den der Kaiser aufgrund ihrer Wahl, wie zuvor gesagt, über sie setzt – besonders da sie Unserer Kammer zugehören –, wie es uns gut dünkt.

Von den Sachen, die sie nach Erbrecht besitzen in Form von Grundstücken, Gärten, Weinbergen, Äckern, Knechten oder sonstigem beweglichem oder unbeweglichem Hab und Gut, soll sich keiner vermessen, irgendetwas wegzunehmen. In dem Freiraum, den sie an Baulichkeiten an der Stadtmauer innerhalb und außerhalb besitzen, soll sie keiner behindern. Wenn aber einer versucht, sie gegen diesen Unseren Erlass irgendwie zu belästigen, so ist er schuldig wider Unsere Huld, er muss ihnen aber die Sachen, die er gestohlen hat, in doppelter Höhe zurückerstatten.

Sie sollen auch die freie Befugnis haben, in der ganzen Stadt mit jedermann Silber zu wechseln, ausgenommen lediglich vor dem Münzhaus oder wo sich andere Münzleute zum Wechseln niedergelassen haben.

Innerhalb des Gebietes Unseres Reiches dürfen sie frei und friedlich umherziehen, um ihre Geschäfte und ihren Handel auszuüben, um zu kaufen und zu verkaufen; und keiner soll von ihnen Zoll fordern noch irgendeine öffentliche und private Abgabe erheben.

In ihren Häusern sollen ihnen ohne ihre Einwilligung keine fremden Gäste aufgeladen werden; keiner soll von ihnen ein Pferd für einen Zug des Königs oder Bischofs oder Frondienste für einen königlichen Heereszug fordern.

Wenn aber Diebsgut bei ihnen gefunden wird und wenn der Jude sagt, er habe es gekauft, soll er durch einen Schwur nach seinem Gesetz beweisen, wie teuer er es gekauft hat, und soviel soll er dafür erhalten und die Habe demjenigen, dem sie zu eigen war, zurückerstatten.

Niemand soll sich herausnehmen, deren Söhne oder Töchter gegen ihren Willen zu taufen, doch falls er gewaltsam Gefangengenommene, heimlich Geraubte oder Gezwungene tauft, soll er zwölf Pfund Gold an das Schatzamt des Königs zahlen. Wenn aber einer von ihnen freiwillig getauft werden will, so soll dies drei Tage aufgeschoben werden, damit man eindeutig erkennen kann, ob er wirklich wegen des christlichen Glaubens oder wegen eines ihm zugefügten Unrechts sein Gesetz verlassen will, und wie sie das Gesetz ihrer Väter verlassen haben, so sollen sie auch ihren Erbbesitz verlassen.

Auch soll keiner ihre heidnischen Knechte unter dem Vorwand christlichen Glaubens taufen und dadurch ihrem Dienst entziehen; wenn er das aber tut, soll er die Bannbuße, das sind drei Pfund Silber, zahlen und den Knecht seinem Herrn zurückgeben; der Knecht aber soll in allem den Anweisungen seines Herrn gehorchen, unbeschadet jedoch der Beobachtung des christlichen Glaubens.

Es soll ihnen erlaubt sein, christliche Mägde und Ammen zu halten und Christen zum Ausführen von Arbeiten zu mieten, ausgenommen an Festtagen und an Sonntagen; dagegen darf auch kein Bischof oder Geistlicher Einspruch erheben. […]

Wenn die Juden einen Streit oder eine Rechtssache untereinander zu entscheiden haben, sollen sie von ihresgleichen und nicht von anderen Leuten gerichtet werden. […]

(Zit. nach: Lorenz Weinrich (Hg.), Quellen zur deutschen Verfassungs-, Wirtschafts- und Sozialgeschichte bis 1250, Darmstadt 1977, S. 241–247)

M 2 Ecclesia und Synagoga

Die Darstellung aus dem 13. Jahrhundert zeigt die Personifizierungen der christlichen Kirche und der jüdischen Synagoge.

M 3 Die päpstliche Judenschutzpolitik

Am 15. September 1199 stellte Papst Innozenz III. diese sogenannte Sicut-Iudaeis-Bulle aus, von denen im Verlauf des Spätmittelalters noch zahlreiche weitere Exemplare von den Päpsten erlassen wurden:

Wenn auch den Juden nicht erlaubt ist, in ihren Synagogen sich mehr herauszunehmen, als das Gesetz es gestattet, so dürfen sie doch in dem, was ihnen zugestanden ist, keine Beeinträchtigung erfahren. Obwohl sie eher auf ihrer Hartnäckigkeit bestehen wollen, als die Worte der Propheten und die Geheimnisse ihrer Schrift erkennen und zur Kenntnis des christlichen Glaubens und ihres Heils gelangen, so wollen wir doch, weil sie unsere Verteidigung und Hilfe wegen der Milde christlicher Frömmigkeit begehren, den Spuren unserer Vorgänger seligen Angedenkens, der römischen Bischöfe (es folgen die Namen der Päpste), folgen und ihre Bitten anhören und ihnen den Schild unseres Schutzes gewähren. Wir bestimmen aber, dass kein Christ sie wider ihren Willen oder, wenn sie nicht wollen, mit Gewalt zwingt, zur Taufe zu kommen; aber wenn jemand von ihnen freiwillig zu den Christen um des Glaubens willen seine Zuflucht nehmen sollte, so soll er, nachdem sein Wille offenkundig geworden ist, ohne jeden Trug Christ werden. Dass jemand den wahren christlichen Glauben habe, soll man nicht meinen, wenn man erkennt, dass er nicht freiwillig zur Taufe der Christen kommt, sondern dass er wider seinen Willen kommt. Kein Christ wage es ohne das Urteil der Obrigkeit seines Landes, sie zu verletzten oder zu töten und ihnen ihr Geld zu nehmen oder gutes Gewohnheitsrecht zu ändern, das sie in dem Gebiet, in dem sie bis jetzt wohnen, besitzen. Außerdem soll kein Christ sie bei der Feier ihrer Feste mit Knütteln oder Steinen stören, und es soll niemand sie zu Knechtsdiensten nötigen außer denen, welche sie in früheren Zeiten zu tun pflegten. Indem wir der Schlechtigkeit böser Menschen und der Habsucht entgegentreten, bestimmen wir: Es soll niemand wagen, der Juden Friedhöfe zu verletzen oder zu verkleinern oder, um Geld zu bekommen, die begrabenen Leichname wieder ausgraben. Wenn aber jemand, dem der Inhalt des Dekretes bekannt ist, dennoch so verwegen ist – was ferne sein möge – zu versuchen dagegen anzugehen, so soll er Gefahr laufen, Ehre und Amt zu verlieren und von der Strafe der Exkommunikation betroffen zu werden, wenn er nicht wegen seiner Vermessenheit in gebührender Weise Genugtuung leistet. Wir wollen aber unter den Schutz dieses Dekretes allein diejenigen nehmen, die sich nicht herausnehmen, etwas zur Untergrabung des christlichen Glaubens zu unternehmen.

(Zit. nach: Karl Heinrich Rengstorf/Siegfried von Kortzfleisch (Hg.), Kirche und Synagoge – Handbuch zur Geschichte von Christen und Juden, Bd. 1, Stuttgart 1968, S. 216f.)

M 4 Die Vertreibung der Juden aus Köln

Am 28. August 1431 rechtfertigte der Rat der Stadt Köln in einem Schreiben an König Sigmund die Ausweisung der Juden, die zu diesem Zeitpunkt annähernd sieben Jahre zurück lag:

An den allerdurchlauchtigsten, höchstgeborenen Fürsten und Herrn, Herrn Sigismund, Römischer König, zu allen Zeiten Mehrer des Reiches, König zu Ungarn, zu Böhmen, Dalmatien, Kroatien etc., unserm allerliebsten, gnädigsten Herrn, Euer königlicher Gnaden demütige und untertänigste Bürgermeister und Rat der Stadt Köln.

Zunächst unseren untertänigsten, demütigen und schuldigen Dienst und was wir Eurer königlichen Gnaden Ehre und Würde zu tun vermögen.

Allerdurchlauchtigster, höchstgeborener Fürst, allerliebster, gnädiger Herr!

Da Eure königliche Hoheit uns nun einmal und abermals wegen der Juden geschrieben hat, um Euer Gnaden zu verstehen geben zu wollen, warum wir sie von uns haben scheiden lassen und sie nicht wieder aufnehmen wollen etc.: Darauf begehren wir demütigst, Eure königliche Fürstlichkeit zuerst wissen zu lassen, dass wir unsere Antwort auf die erste Schrift nicht gegeben haben, dieses ist nicht aus Respektlosigkeit oder mit bösem Vorsatz geschehen, sondern zu der Zeit, als uns der erste Brief erreichte, war uns sehr großer Schaden zugefügt worden von Leuten, die einerseits unsere Freunde waren und auch andererseits nicht, die unsere Bürger vor unserer Stadt und anderswo auf dem Rhein, dem Strom des Heiligen [Römischen] Reichs, unversehens, wo sie gleich Kaufleuten gefahren kamen und doch im Geheimen bewaffnet waren, abgefangen haben und dieselben unsere Feinde und täglich mehr unserer Feinde zu ihren Helfern machten, sodass unsere Bürger und Kaufleute schwer und in großen Ängsten um Leib und Gut die Messe zu Frankfurt und andere Märkte besucht haben. [...]

Aber um Euer Gnaden nunmehr die Ursache zu verkünden und zu erläutern, warum wir uns der Juden entledigt haben: Möge Eure königliche Hoheit zu verstehen geruhen, dass zu den Zeiten, da die letzten Jahre des Aufenthalts der Juden in unserer Stadt anbrechen, etliche Räte und Freunde des

Ehrwürdigen Fürsten, unseres lieben Herrn, Herrn Dietrich Erzbischof von Köln, von ihm geschickt zu uns auf das Rathaus kamen, mit dem Ansinnen, nachdem wir von Zeit zu Zeit um der Bitte eines Erzbischofs von Köln willen die Juden dabehalten hätten, dass wir nun auch einen Teil unserer Freunde schicken wollten zu den seinen, um eine neue Sicherheit oder Aufenthaltserlaubnis für die Juden, die in unserer Stadt gesessen haben, weiterhin zu erlangen, da ihre Zeit bald um sei. Darauf besprachen wir uns mit unseren Freunden, die zum Rat gehörten, und sind mit ihnen insoweit übereingekommen, dass wir etliche von den Unseren, in unserer Meinung unterrichtet, dazu schickten, den Freunden unseres Herrn, des vorgenannten Erzbischofs von Köln, darzulegen, wie sie taten in der Weise, dass wir ausweislich unseres Eides, den wir unserem Rat geschworen haben, überall die Ehre Gottes vorzukehren, demselben gerne nachfolgen sollten, so wir zu tun schuldig seien.

So bedachten wir auch, nachdem wir alle Christenmenschen sind und die Juden etliche einfältige Christenleute in ihrem Gesetz zu lehren und zu unterweisen wussten, dass ihr jüdischer Glaube besser sein solle als unser Christenglaube, dass damit große Verwirrung unter uns Christenleuten entstanden sein möchte.

Als also zu derselben Zeit der Unglaube in Böhmen entstanden war und die Leute, die als Erste dorthin auf die Reise ziehen sollten, die Juden in unserer Stadt gerne erschlagen hätten, das konnten wir schwer und voller Sorge abwenden. Und um deswegen nicht mehr in Sorge zu sein, meinen wir, dass es nicht zu Gottes Ehre wäre, die Juden noch länger unter uns leben zu lassen und ihnen weiterhin die Erlaubnis zu geben, das zu treiben, was sie zuvor getan haben. Besonders, weil sie ihr Geld auf einen genannten Pfennig zu Wucher und Zins verleihen möchten, was wir nach den Geboten Gottes, den Gesetzen der heiligen Kirche und allem geschriebenen Recht nach nicht erlauben, bestätigen noch besiegeln wollen, so wie wir von den Gelehrten unterwiesen wurden.

Angesichts dessen, dass desgleichen etliche unserer Herren Kurfürsten auf dem Rhein zur selben Zeit die Juden aus ihren Ländern verwiesen hatten.

Zum anderen, weil unsere Stadt von Köln eine der heiligsten Städte der Christenheit genannt wird und sie an manchen Stellen mit großem, köstlichem Heiligtum der lieben Heiligen, die dort ruhen und ihr Blut um des Christenglaubens willen vergossen haben, löblich verziert ist, dass die Juden mit ihren unchristlichen Füßen die heilige Erde darinnen billigerweise nicht mehr betreten sollen. Besonders auch darum, weil eine Kunde und Gerücht ausgebrochen waren, dass die Juden die Wasserstellen und Brunnen in unserer Stadt vergiftet haben sollen, wie sie auch teilweise im um uns gelegenen Land getan haben, die darum gerichtet und entleibt wurden.

Und weil wir sehr besorgt waren, eine Flucht aus unserer Gemeinde könnte entstehen, da nur kurz davor und danach die Leute in unserer Stadt doch schnell starben. […]

Wenn nun, lieber, gnädiger Herr, wir und unsere Stadt von Römischen Kaisern und Päpsten befreit und privilegiert worden sind, dass wir in unserer Stadt einlassen und auslassen, wie es uns für unsere Stadt nützlich zu sein dünkt, was uns Eure königliche Gnaden auch bestätigt und bekräftigt haben, und wir und unsere gesamte Gemeinde wohl zufrieden sind, dass wir den Unglauben in unserer Stadt los sind; so bitten wir Eure königliche Majestät so demütig und flehentlich, wie wir können, uns die Beschwerden wegen der Juden gnädig zu erlassen und nicht weiter deswegen zu schreiben, in der Hoffnung nach rechtem christlichem Glauben und den vorgetragenen Sachen, dass Eure königliche Sinnesweise und Milde in diesem unserem Begehr keine Weigerung sehen will. Wir sind ganz Hoffnung und Vertrauen in Eure königliche Gnaden, die unser Herrgott lange Zeit gesund erhalten möge. Gegeben am Vortag des Festes der Enthauptung Johannes' des Täufers im Jahre 1431.

(Zit. nach: Jean-Marie Moeglin/Rainer A. Müller (Hg.), Deutsche Geschichte in Quellen und Darstellung, Bd. 2/Spätmittelalter 1250–1495, Stuttgart 2000, Nr. 40)

M 5 Das Leben der jüdischen Gemeinden

Die um 1220 zwischen den rheinischen Gemeinden Speyer, Worms und Mainz vereinbarten Takkanot („Ordnungen") sind ein seltener Beleg für überörtliche Initiativen zur gemeinsamen Rechtssatzung:

Als die Vorsteher des Volkes zusammenkamen, wurde unter Eid mit der Tora in der Hand Folgendes beschlossen – und alle sind dem Bund beigetreten: […]

Wenn jemand seinen Nächsten vor Gericht lädt, darf der Beklagte den Termin nicht mehr als drei Tage hinausschieben.

Wenn jemand seinen Nächsten in Anwesenheit von Zeugen bedroht und sagt: „Ich werde dafür sorgen, dass du dein Eigentum verlierst", und wenn dieser Jude danach einen Verlust erleidet, so soll derjenige, der die Drohung ausgesprochen hat, angehalten werden, den Betrag, den der Geschädigte unter Eid verloren zu haben angibt, zu ersetzen;

und wenn es Zeugen gibt, die eine Aussage bezüglich der Höhe des Verlustes machen können, soll der Verleumder zahlen, [ohne dass zuvor ein Eid geleistet wurde]. Der Verleumder soll keine Zeugenaussage machen und keinen Eid ablegen dürfen; er soll in allen Gemeinden für exkommuniziert erklärt werden, bis er seinem Nächsten die Zahlung geleistet und in Mainz, Worms und Speyer Buße getan hat. *Jemand, der in seiner eigenen Stadt exkommuniziert wurde, soll auch in allen anderen Städten als exkommuniziert betrachtet werden.* [...]

Wenn ein Mitglied der Gemeinde unter Eid erklärt, er besitze nur diesen oder jenen Betrag an Geld, und dann festgestellt wird, dass er doch mehr besitzt und dass er einen Meineid geleistet hat, soll er nicht mehr als Zeuge auftreten oder einen Eid ablegen dürfen. Bei Rechtsstreitigkeiten, bei denen ein Eid erforderlich ist, soll sein Gegner den Eid ablegen und die Zahlung erhalten.

Wenn der König oder der Bischof zu einem Juden sagt: „Gib mir diesen oder jenen Betrag!" oder „Leihe mir Geld!" oder wenn er sein Eigentum beschlagnahmt, soll die gesamte Gemeinde den Verlust tragen, jedoch nur unter der Voraussetzung, dass der Verlust nicht indirekt durch die betreffende Person selbst verursacht worden ist. [...]

Wer es zulässt, dass ein Chasan oder einer, „der die Tora aufrollt", oder irgendein anderer Inhaber eines öffentlichen Amtes durch die Einflussnahme eines Nichtjuden eingesetzt wird, ist ebenso exkommuniziert wie der Chasan und der, „der die Tora aufrollt". Auch derjenige, der versucht dafür zu sorgen, dass ein Nichtjude über einen Juden Recht spricht, ist exkommuniziert, denn man soll seine Rechtsstreitigkeiten nur vor jüdischen Richtern austragen.

Es ist nicht erlaubt, mit einem Nichtjuden oder einem Juden um Geld oder um Essen und Trinken zu spielen oder anstelle des Essens Geld zu geben. [...]

Kein Jude soll sich von seinen Verpflichtungen gegenüber der Gemeinde befreien, indem er bei Nichtjuden Hilfe sucht.

Niemand soll irgendwelche Geheimnisse an Nichtjuden verraten. [...]

Niemandem soll es gestattet sein, seiner Ehefrau ohne Zustimmung von drei Gemeinden einen Scheidebrief zuzustellen. Wenn er sich ohne eine solche Zustimmung von ihr trennt, sollen der Ehemann und die Zeugen exkommuniziert werden.

Niemand soll seinen Nächsten Bastard nennen oder ihn mit einem anderen Makel der Geburt verunglimpfen. All dies haben wir unter Androhung des Bannes angeordnet.

Wir sind auch übereingekommen und haben angeordnet, dass jeder seine Zehnten und andere Gaben für die Wohltätigkeit gemäß den Bestimmungen der Gemeinde abliefern soll. [...]

Wer diesen Takkanot zuwiderhandelt, soll in allen Gemeinden unter dem Bann stehen, und wenn er einen Monat lang in seiner Halsstarrigkeit verharrt, kann sein Besitz dem König angezeigt werden. Wer unsere Takkanot hält, soll gesegnet sein durch den König der Herrlichkeit.

(Zit. nach: Julius H. Schoeps/Hiltrud Wallenborn (Hg.), Juden in Europa. – Ihre Geschichte in Quellen, Bd. 1/Von den Anfängen bis zum späten Mittelalter, Darmstadt 2001, S. 154–157)

M 6 Eine „Judensau"

Die Darstellung in der Marienkirche von Lemgo, die einen Juden mit einem Schwein im Arm zeigt, stammt aus dem 13. Jahrhundert.

M 7 Das richtige Verhalten in Zeiten der Verfolgung

1159/60 verfasst der bedeutende und einflussreiche jüdische Gelehrte Moses ben Maimon, genannt Maimonides (1135–1204), das Sendschreiben „Kiddusch haschem":

Über die Stufen derer, die für die Heiligung des Namens erschlagen werden und die unter dem Zwang der Verfolgung leiden:
Wisse: Wird jemand erschlagen in einem Falle, da unsre Weisen, ihr Andenken zum Segen, sagen: *Er lasse sich erschlagen und sündige nicht*, so hat er damit den göttlichen Namen geheiligt; geschah es in Gegenwart von zehn Männern aus Israel, so hat er den Namen öffentlich geheiligt, wie Hananja, Mischael und Asarja, wie Daniel, wie die Zehn von der römischen Regierung Erschlagenen, wie die sieben Söhne der Hanna und wie sonst Juden, die für die Heiligung des Namens erschlagen wurden – Gott möge bald Rache für ihr Blut üben. [...] Ging aber einer nicht in den Tod, sondern sündigte aus Zwang, um nicht zu sterben, der hat nicht gut daran getan: Er hat, wenn auch gezwungen, den Namen Gottes entweiht. Doch nicht hat er damit eine der sieben Strafen auf sich geladen, denn wir finden bei keinem, leichten oder schweren, Gebot der Tora, dass Gott für eine Handlung aus Zwang eine Strafe bestimmt hätte; diese gilt nur für Menschen, die das Verbotene willentlich tun. [...]
Mein Rat aber und die Meinung, die ich für mich, für meine Freunde und für jeden vertrete, der mich um Rat befragt, geht dahin, dass man jene Gegenden verlasse und dahin ziehe, wo man ohne Glaubenszwang das Gesetz erfüllen und die Tora einhalten kann. Man soll ohne Furcht sein Haus, seine Kinder und seinen Besitz verlassen, denn das Glaubensgesetz, das Gott uns zu eigen gab, ist groß, und seine Verpflichtung geht allen Zufällen vor, die in den Augen der Weisen gering erscheinen müssen, denn sie haben keinen Bestand, während die Gottesfurcht Bestand hat. Und nicht dies allein, sondern wenn von zwei jüdischen Städten die eine in ihren Taten und ihrer Führung besser und gewissenhafter und den Geboten ergebener ist als die andere, dann ist der Gottesfürchtige verpflichtet, jene Stadt, deren Taten nicht ganz recht sind, zu verlassen und in die bessere Stadt zu ziehen. [...] Dies gilt von zwei jüdischen Städten; um wie viel mehr ist ein Jude, der in einer nichtjüdischen Stadt wohnt, verpflichtet, sie zu verlassen, um in eine wohlwollende Stadt zu ziehen; er sei darum besorgt, dies zu tun, selbst wenn er sich damit in Gefahr begibt, um aus einer Stadt, in der er sein Gesetz nicht gehörig erfüllen kann, auszuwandern, bis er eine wohlwollende erreicht hat. [...] Wir finden ja, dass Abraham, unser Vater, Friede über ihn, seine Familie und seine Heimat verwarf und auswanderte, um dem Geist der Gottesleugner zu entgehen. Auch wenn die Gottesleugner keinen nötigen, ihren Taten nachzutun, soll man aus ihrer Mitte auswandern. Doch wenn sie einen Menschen nötigen, eines der Gebote zu übertreten, dann ist es verboten, an diesem Orte zu verbleiben, sondern man muss ausziehen, all das Seine verlassen, bei Tag und bei Nacht wandern, bis man einen Ort gefunden hat, wo man sein Gesetz erfüllen kann – die Welt ist groß und weit. Der Hinweis auf Haus und Familie ist in Wahrheit keine Entschuldigung: *Den Bruder würde keiner loskaufen, nicht Gott geben ein Lösegeld für ihn* (Ps 49,8). Wer solchen Hinweis vorbringt, um sein Gewissen zu beruhigen, gilt mir nichts. Er muss vielmehr nach einem für recht befundenen Ort auswandern und auf keinen Fall an einem Ort der Glaubensverfolgung verbleiben. Wer dort verbleibt, gilt als Sünder; er entweiht den Namen Gottes und gleicht fast dem, der vorsätzlich handelt. [...]
Von dem Tage an, da wir aus unsrem Lande verbannt wurden, hat die Glaubensverfolgung bei uns nicht aufgehört. Gott möge sie aufheben und an unsren Tagen das Wort erfüllen: *In jenen Tagen, in jener Zeit/– Sein Erlauten –/wird man die Verfehlung Jisraels suchen,/und da ist keine mehr,/die Sünden Jehudas,/und sie werden nicht gefunden,/denn ich verzeihe denen,/die ich übriglasse als Rest* (Jer 50, 26). Möge dies sein Willen sein. Amen.

(Zit. nach: Julius H. Schoeps/Hiltrud Wallenborn (Hg.), Juden in Europa – Ihre Geschichte in Quellen, Bd. 1/ Von den Anfängen bis zum späten Mittelalter, Darmstadt 2001, S. 267–269)

Kampf der Kulturen oder tolerante Koexistenz?

Die Vehemenz der kriegerischen Auseinandersetzungen von Teilen „des Westens" mit Teilen der islamischen Welt, der mörderische und selbstmörderische Terror, der erbitterte und immer gewalttätigere Streit in Palästina – viele sehen darin einen Kampf, dessen Schärfe auf kulturelle Unterschiede zurückgeführt werden kann. Gerade die Religionen mit ihrem realen oder vermeintlichen Anspruch auf absolute und andere Glaubensrichtungen ausschließende Wahrheit gelten als Triebfeder für diese Konflikte.
Darüber hinaus wird die Wahrnehmung der jeweils anderen Religion durch historische Entwicklungen geprägt, die bis ins Mittelalter zurückreichen.

- **Welche Rolle spielen Religion und Kultur in den internationalen Beziehungen?**
- **Inwieweit werden die gewaltsamen Konflikte der Gegenwart durch die Auseinandersetzungen von Christen und Muslimen im Mittelalter geprägt?**
- **Sind kulturelle und religiöse Wertbestände eine Basis für ein friedliches Zusammenleben in der Zukunft?**

Vorschlag für die Vorgehensweise:

Analysieren Sie die Urteile der vier Autoren und setzen Sie sich kritisch mit ihnen auseinander. Vergleichen Sie die Texte dazu hinsichtlich der Leitfragen und nehmen Sie abschließend selbst Stellung.

MATERIALIEN

M 1 Die blutigen Grenzen des Islam

Der renommierte amerikanische Politikwissenschaftler Samuel P. Huntington stellte 1993 in seinem Buch „Clash of Civilizations" die viel beachtete und viel diskutierte These von einem drohenden Kampf der Kulturen auf. In einem Gespräch mit der ZEIT erläuterte er seine Ansicht:

ZEIT: Vor fast zehn Jahren schrieben Sie „The Clash of Civilizations", einen Artikel in Foreign Affairs, der weltberühmt und 1996 zum gleichnamigen Buch wurde, das in 32 Sprachen übersetzt worden ist. Hat der 11. September Sie bestätigt?

SAMUEL HUNTINGTON: In gewisser Hinsicht schon.

ZEIT: Nine-eleven war doch die perfekte Illustration Ihrer These. Es war nicht ein Krieg zwischen Staaten wie im 19. Jahrhundert oder Ideologien wie im 20., sondern der Angriff einer privat operierenden islamistischen Gruppe gegen ein Sinnbild der westlichen Zivilisation, Amerika.

HUNTINGTON: Richtig, das waren Leute, die sich dezidiert mit einem Zweig islamischer Zivilisation identifizierten. Osama bin Laden hat auch von einem „Kampf der Kulturen" gesprochen.

ZEIT: Für ihn war das ein „Krieg gegen Christen und Juden".

HUNTINGTON: Genau. Obwohl es ein begrenzter clash war. Gleich nach 9/11 habe ich gesagt: Dies darf nicht in einen Kampf zwischen dem Westen und dem gesamten Islam ausarten. Ein wirklich weltweiter Zusammenstoß würde es nur werden, wenn islamische Regierungen und Gesellschaften sich hinter bin Laden stellten.

ZEIT: Im Golfkrieg haben noch Araber auf Seiten Amerikas gegen den Irak gekämpft. Jetzt aber, da ein zweiter Irak-Krieg heraufzieht, steht fast die gesamte muslimische Welt gegen Amerika und gegen Israel sowieso – beides prototypische Repräsentanten des Westens. Der clash of civilizations zeigt sich also in seiner ganzen Schärfe.

HUNTINGTON: Das Potenzial für einen echten clash besteht. Im Kampf der Kulturen ist gar noch zweierlei hinzugekommen: die Eskalation zwischen Indien und Pakistan und die zweite Intifada. Muslime rings um die Welt identifizieren sich mit den Palästinensern …

ZEIT: … und der clash weitet sich aus. Ihre These hat seinerzeit viel Kritik erfahren. Jetzt klingt sie überzeugender denn je. Die Liste der Zivilisationskonflikte wird immer länger: Muslime gegen Hindus in Indien, gegen Christen in Nigeria, gegen Juden in Nahost …

HUNTINGTON: Die erste Hälfte des 20. Jahrhunderts war die Ära der Weltkriege, die zweite die Ära

des Kalten Krieges. Im 21. hat die Ära der Muslim-Kriege begonnen.
ZEIT: Was heißt das: „Muslim-Kriege“?
HUNTINGTON: Einmal jene, die Sie schon erwähnt haben. Dazu kommen Tschetschenien, Aserbaidschan, Afghanistan und Zentralasien, Kaschmir, Philippinen, Sudan und natürlich Nahost. Es sind all die Kriege, wo Muslime gegen Nichtmuslime wie auch untereinander kämpfen.
ZEIT: Dann ist es wohl kein „Kampf der Kulturen“, sondern einer zwischen einer Kultur, dem Islam, und allen anderen. Ein berühmter Satz in Ihrem Artikel lautet: „Der Islam hat blutige Grenzen.“
HUNTINGTON: So ist es.
ZEIT: Warum?
HUNTINGTON: Nicht weil der Islam grundsätzlich blutrünstig wäre. Viele Faktoren spielen mit. Einer ist das historische Gefühl unter Muslimen, vor allem unter Arabern, dass sie vom Westen unterjocht und ausgebeutet worden seien. Ein anderer ist Groll über konkrete westliche Politik, insbesondere der amerikanischen Unterstützung Israels. […] Es ist in der Tat eine historische Rivalität, die seit dem 7. Jahrhundert besteht, seit der Geburt des Islams und der arabischen Eroberung Nordafrikas, des Nahen Ostens und weiter Teile Europas. Im 19. Jahrhundert wendete sich das Blatt – als der Westen den Nahen Osten zu kolonisieren begann und das im 20. Jahrhundert komplettierte.
ZEIT: Sie selbst haben von der islamischen Feindseligkeit gegenüber spezifisch westlichen Ideen geschrieben: Individualismus, Liberalismus, Konstitutionalismus, Menschenrechte, Gleichheit von Gruppen und Geschlechtern, Demokratie.
HUNTINGTON: Wir müssen unterscheiden zwischen verschiedenen Strömungen und Gruppierungen. Natürlich gibt es Muslime, die all diese westlichen Werte teilen. Nur scheinen sie überall in der Minderheit mit wenig Einfluss und Macht zu sein. […]
ZEIT: Wir wussten, wie wir in der Vergangenheit mit den großen ideologischen und machtpolitischen Konflikten umzugehen hatten. Der Westen hat Nazideutschland niedergekämpft, die Sowjetunion diplomatisch eingedämmt und militärisch abgeschreckt. Wie aber kämpft man in einem Krieg der Kulturen? Und gegen wen?
HUNTINGTON: Das hängt vom Szenario ab. Al-Qaida ist etwas ganz Neues. Bush redet von einem Krieg gegen den Terrorismus. Politisch ist das ein nützlicher Begriff, weil alle Welt gegen den Terrorismus ist. Analytisch ist er problematisch, weil verschiedene Kriege unter dieses Rubrum fallen. Russen, Chinesen, Inder, Israelis – alle nennen sie ihre Feinde Terroristen. Das ist die eine Art, im Kern sind es Territorialkonflikte. Al-Qaidas Krieg gegen die USA und die westliche Zivilisation steht auf einem anderen Blatt, weil es hier nicht um einen Territorialkrieg …
ZEIT: … sondern um einen Zivilisationskrieg geht?
HUNTINGTON: Natürlich ist er das. […]
(DIE ZEIT, Nr. 37 vom 15.9.2002)

M 2 Das Nachwirken der Kreuzzüge aus arabischer Sicht

In seinem Buch, das die Kreuzzüge aus arabischer Sicht behandelt, schreibt der arabische Journalist Amin Maalouf:

Dem Anschein nach hatte die arabische Welt einen epochalen Sieg errungen. Wenn das Abendland versucht hatte, den Vorstoß des Islam durch seine aufeinanderfolgenden Invasionen zu bremsen, so war das Umgekehrte eingetreten. Nicht nur, dass die Frankenstaaten im Orient nach zwei Jahrhunderten Kolonisierung entwurzelt waren, sondern die Muslims hatten sich derart erholt, dass sie unter der Fahne der Ottomanen zur Eroberung Europas ansetzten. 1453 fiel ihnen Konstantinopel in die Hände, und 1529 lagerten ihre Reiter vor Wien.
Es hat aber, wie gesagt, nur den Anschein. Denn, mit geschichtlichem Abstand gesehen, drängt sich eine Feststellung auf: Zur Zeit der Kreuzzüge ist die arabische Welt, von Spanien bis zum Irak, noch der Hüter der materiell und intellektuell am weitesten fortgeschrittenen Kultur der Erde. Danach verlagert sich der Mittelpunkt der Welt deutlich nach Westen. […]
Die Araber haben es während der ganzen Zeit der Kreuzzüge abgelehnt, sich dem abendländischen Gedankengut zu öffnen. Und dies ist vielleicht die schlimmste Auswirkung der Angriffe, deren Opfer sie waren. Für den Angreifer ist Erlernen der Sprache des besiegten Volkes nur eine Sache der Begabung, für den Besiegten ist es ein Zugeständnis, ja, ein Verrat. Tatsächlich haben viele Franken Arabisch gelernt, während den Bewohnern des Landes, bis auf einige Christen, die Sprachen des Abendlandes fremd geblieben sind.
Dafür gibt es viele Beispiele, denn auf allen Gebieten sind Franken in die Schule der Araber gegangen, in Syrien wie in Spanien und Sizilien, und was sie gelernt haben, war eine notwendige Grundlage für ihre spätere Ausbreitung. Das griechische Kulturerbe ist über die Araber nach dem westlichen Europa gekommen; sie haben es übersetzt und auch ausgebaut. Sei es Medizin, Astronomie, Chemie,

Geographie, Mathematik, Architektur – auf allen Gebieten haben die Franken ihr Wissen aus arabischen Büchern bezogen, sie haben es assimiliert, imitiert und schließlich weiterentwickelt. [...]
Während für Westeuropa die Zeit der Kreuzzüge der Beginn einer echten Revolution war, sowohl auf wirtschaftlichem wie auch auf kulturellem Gebiet, folgten diesen Glaubenskriegen im Orient Jahrhunderte der Dekadenz und des Obskurantismus. Die von allen Seiten bedrängte muslimische Welt zieht sich in sich selbst zurück. Sie ist empfindlich, intolerant und steril geworden, und diese Eigenschaften verstärken sich mit der zunehmenden Weiterentwicklung der übrigen Welt, von der sie sich an den Rand gedrängt fühlt. Fortschritt, das sind jetzt die anderen. Modernität, das sind die anderen. Musste man, um seine kulturelle und religiöse Identität zu bestätigen, diese Modernität, die das Symbol des Westens war, ablehnen? Oder musste man, im Gegenteil, entschlossen den Weg der Modernität beschreiten, auf die Gefahr hin, seine Identität zu verlieren? Weder dem Iran noch der Türkei noch der übrigen arabischen Welt ist es gelungen, aus diesem Dilemma herauszukommen. [...]
Die arabische Welt ist von den Franken fasziniert und fürchtet sie zugleich. Sie hat sie als Barbaren erlebt und besiegt, aber sie beherrschen heute die Welt, und die Araber bringen es nicht fertig, die Kreuzzüge einfach als ein längst abgeschlossenes Kapitel der Geschichte zu betrachten. Man ist oft erstaunt festzustellen, in welchem Maße die Haltung der Araber und der Muslims insgesamt dem Westen gegenüber noch heute von Vorkommnissen beeinflusst wird, die allgemein als vor sieben Jahrhunderten abgeschlossen gelten. So beziehen sich, an der Schwelle zum dritten Jahrtausend, die politischen und religiösen Führungskräfte der arabischen Welt ständig auf Saladin, auf den Fall Jerusalems und seine Wiedereroberung. In der Volksmeinung und auch in gewissen offiziellen Reden wird Israel einem neuen Kreuzfahrerstaat gleichgestellt. Und zweifellos rührt der Bruch zwischen den beiden Welten von den Kreuzzügen her, die heute noch wie eine Schändung, eine Schmach empfunden werden.

(Amin Maalouf, Der Heilige Krieger der Barbaren, München (dtv) 2003, S. 279–284; übers v. Sigrid Kester)

M 3 Das Nachwirken der Kreuzzüge aus westlicher Sicht

Der Historiker Nikolaus Jaspert hat sich in mehreren Veröffentlichungen mit der Problematik der Kreuzzüge auseinandergesetzt:

Die eigentliche Bedeutung der Kreuzfahrerherrschaften des Vorderen Orients für den interkulturellen Austausch und Transfer dürfte allerdings weniger im Export von Gegenständen und technischen Neuerungen gelegen haben als im Bereich der Wahrnehmungen und Vorstellungen. Auf muslimischer Seite dürfte als wichtige Folge der Kreuzzüge die Stärkung des Dschihad-Gedankens im Zuge der Auseinandersetzung mit den Kreuzfahrern anzusehen sein. Auf christlicher Seite trug die Expansion des ausgehenden 11. und beginnenden 12. Jahrhunderts wesentlich dazu bei, den Orient in das Bewusstsein der lateinischen Christenheit zu rücken. Er nahm nun seinen Platz in der Vorstellungswelt, in der Kunst und in der Literatur des lateinischen Westens ein – und zwar durchaus nicht allein als Negativ- oder Gegenfolie. Die heiligen Stätten wiederum erlangten eine neue, konkrete Bedeutung über ihren biblischen Sinngehalt hinaus. Nun trat neben das himmlische Jerusalem der Apokalypse und das biblische Jerusalem des Alten und Neuen Testaments das reale Jerusalem, die Hauptstadt des gleichnamigen Königreichs. Ihre Eroberung im Jahre 1099, die *liberatio* der Heiligen Stadt, wurde im Mittelalter in ganz Europa liturgisch gefeiert und erhielt damit Einzug in den Festkalender, ihr Verlust im Jahre 1187 bildete einen Markstein im kollektiven Gedächtnis des Westens. Jerusalem und die Kreuzzüge wurden somit zu Bestandteilen der mittelalterlichen Zeitrechnung.
Die bedeutendste Folge der Kreuzzüge für alle betroffenen Kulturen dürfte aber weder im Bereich der Rezeption, des Transfers oder der Fremdwahrnehmung liegen. Die Begegnung mit dem Islam führte dem lateinischen Westen seine Gemeinsamkeiten vor Augen, denn Fremd- und Selbstwahrnehmung gehen stets Hand in Hand. Ebenso, wie eine bislang unbekannte Bündelung von Kräften über bisherige politische Grenzen hinweg den militärischen Erfolg des Ersten Kreuzzugs überhaupt erst ermöglichte, wurde die Besiedlung und Verteidigung des Eroberten über fast zwei Jahrhunderte hinweg nur durch immer wieder erneuerte kollektive Anstrengungen gewährleistet. So lässt sich wohl konstatieren, dass die Begegnung mit andersartigen Kulturen weniger zu einem größeren Verständnis für das Fremde als vielmehr zu einer genaueren Kenntnis des Eigenen führte – mit allen positiven wie negativen Folgen. Die Kreuzzüge trugen wesentlich zur Selbstfindung sowohl des Christentums als auch des Islam bei.

(Nikolaus Jaspert, Die Kreuzzüge, Darmstadt 2004, S. 160)

M 4 Weltpolitik und Weltethos

Der Theologe Hans Küng ist Präsident der „Stiftung Weltethos". Die Stiftung bemüht sich seit Mitte der 1990er-Jahre um interkulturelle und interreligiöse Forschung, Bildung und Begegnung.

Seit dem Huntington-Artikel von 1993 wurde immer mehr Politikern und Politologen bewusst, dass zur Multipolarität globaler Politik auch Multikulturalität und Multireligiosität gehören. Für eine Einschätzung künftiger Konfliktpotentiale muss man zweifellos ernst nehmen, dass Konflikte der Weltpolitik sich gerade zwischen Gruppen und Nationen verschiedener Kulturen abspielen können. Es gibt doch zu denken: Die von den Realpolitikern der Moderne künstlich gezogenen Staatsgrenzen in Osteuropa und auch in Afrika vermögen nicht, die uralten Grenzen, die von den Völkerschaften, Religionen und Konfessionen natürlich gebildet wurden, zu ersetzen. […] Deshalb: Huntington hat also nicht einfach Unrecht mit seiner Prognose, dass man realistisch auch in Zukunft mit kulturell bedingten Konflikten zu rechnen hat. Trotzdem meine ich, ihm letztlich in seiner Grundthese nicht Recht geben zu können. Dreierlei möchte ich einwenden:

Ein erster Einwand: Huntingtons Clash-Theorie täuscht simplifizierend ein schlichtes Koordinatensystem vor: Er übersieht, dass die Gegensätze etwa innerhalb des Islam oft größer sind als die des Islam zum Westen. Die allerneuesten Kriege fanden sehr oft zwischen Rivalen derselben Zivilisation statt: zwischen Iran und Irak, Irak und Kuwait, in Algerien, Somalia, Sudan, Ruanda, Afghanistan – überhaupt sind Kulturen oder Zivilisationen als solche keine weltpolitischen Akteure und einzelne Staaten als ihre Hauptakteure nicht zu erkennen. Es gibt sogar Allianzen zwischen Angehörigen unterschiedlicher Kulturen, etwa der USA mit Japan, Südkorea, Taiwan, ebenso im Golfkrieg von 1991.

Ein zweiter Einwand: Huntingtons Clash-Theorie fördert ein simples Blockdenken: der Westen gegen den Islam, der Westen gegen die chinesisch-konfuzianische Zivilisation oder gar: der Westen gegen den Rest der Welt. Die sieben oder acht „Zivilisationen" grenzt sie als monolithische Größen voneinander ab. Als ob diese sich in der Realität nicht überlappten […].

Ein dritter Einwand: Huntingtons Clash-Theorie ignoriert die Gemeinsamkeiten: Innerhalb der einen Christenheit grenzt er die östlich-orthodoxe von der westlichen oder auch die westlich-nordamerikanische von der lateinamerikanischen Zivilisation ab und arbeitet allüberall das Gegeneinander der Kulturen heraus, ohne grundlegende Gemeinsamkeiten auch nur zu erwägen – von den Gemeinsamkeiten des Christentums mit dem Islam und dem Judentum ganz zu schweigen.

Alle drei Einwände gebündelt, heißt dies: Ein Kampf der Kulturen und Religionen ist nicht unvermeidlich! Mir erscheint es grundsätzlich fraglich, ob es in der neuen multipolaren Welt von heute überhaupt nur ein einziges einheitliches globales Erklärungsmodell geben kann. Eine nüchterne Beurteilung der globalen Situation wird die kulturell-religiöse Dimension der Weltpolitik zwar ernst nehmen, sie aber nicht allen anderen Dimensionen überstülpen. Hier ließe sich in der Diskussion vielleicht ein Konsens finden, den ich so formulieren möchte:

– Auch in den außenpolitischen Konflikten der nach-modernen Epoche geht es zuallermeist um Territorien, Rohstoffe, Handel und Geld, also um wirtschaftliche, politische und militärische Machtinteressen.

– Für territoriale Auseinandersetzungen, wirtschaftliche Konkurrenz und Machtinteressen aller Art bilden die ethnisch-religiösen Differenzen und Rivalitäten zwar nicht das alles erklärende Paradigma oder Koordinatensystem, wohl aber liefern sie als untergründige Strukturen jederzeit aktivierbare Bezugspunkte, von denen her politisch-wirtschaftlich-militärische Konflikte gerechtfertigt, inspiriert und dramatisiert, aber auch entschärft und befriedet werden können.

– Die Kulturen oder die Religionen bilden also nicht die leicht zu kartographierende Oberflächendimension aller Konflikte, vielmehr bilden sie mit ihren höchst verschiedenen Paradigmen die auf keinen Fall zu vernachlässigende Tiefendimension, die als Resonanzboden für viele Antagonismen und Konflikte zwischen den Nationen dienen kann, innerhalb der Nationen, in den einzelnen Städten, Schulen, ja Familien.

– Mein Fazit: Der von Huntington prognostizierte, angeblich unausweichliche globale Zusammenprall der Kulturen kann bestenfalls als von Militärstrategen, Politikern und Propagandisten instrumentalisiertes neues Angstmodell für eine aggressive Außenpolitik und für „Präventivkriege" dienen. Nein, die zukunftsweisende Vision für die Menschheit ist nicht der Zusammenprall, sondern der Dialog der Kulturen: ist der mit allen Kräften anzustrebende globale Frieden zwischen Kulturen und Religionen, der einzig Voraussetzung und Motor eines globalen Friedens zwischen den Nationen bildet.

(Hans Küng/Dieter Senghaas (Hg.), Friedenspolitik – Ethische Grundlagen internationaler Beziehungen, München 2003, S. 27–30)

Zusammenfassen, Üben und Darstellen

Zwischen Koexistenz und Konflikt – Christen, Juden und Muslime im Mittelalter

Kernbegriffe:

- ★ Mittelalterliches Weltbild
- ★ Islamische Expansion
- ★ Kreuzzüge
- ★ Kreuzzugsgedanke
- ★ Kulturtransfer
- ★ Reconquista
- ★ Ritterorden
- ★ Diaspora
- ★ Zwangstaufe
- ★ Kammerknechtschaft
- ★ Religionsdisputation

Info, S. 146f.
1. Erläutern Sie das christliche Weltbild des Mittelalters, indem Sie ein Schaubild seiner zentralen Elemente entwerfen.

Info, S. 149ff.
Thema, S. 161ff.
2. Arbeiten Sie die Unterschiede und Gemeinsamkeiten der drei großen Weltreligionen heraus.

Info, S. 150f.
3. Skizzieren Sie die islamische Expansion mithilfe einer Zeitleiste.

Info, S. 152f.
Thema, S. 167ff.
4. Erörtern Sie die Bedeutung der arabischen Kultur für die christliche Gesellschaft Europas.

Info, S. 154
Thema, S. 161ff.
5. Arbeiten Sie die Ursachen, die zur Ausbildung des Kreuzzugsgedankens führten, heraus und beschreiben Sie seine Auswirkungen.

Info, S. 155f.
Thema, S. 173ff.
6. Skizzieren Sie die Entwicklung, die zur jüdischen Diaspora führte. Welche Funktion kam der Juden aus christlicher Sicht zu?

Info, S. 157
Thema, S. 173ff.
7. Stellen Sie die Entwicklung der jüdischen Gemeinden im mittelalterlichen Reich in ihren Grundzügen dar und diskutieren Sie die Folgen des ersten Kreuzzuges für die Juden.

Info, S. 157f.
Thema, S. 173ff.
8. Erörtern Sie, inwieweit das Verhältnis zwischen den mittelalterlichen Juden sowie den weltlichen und geistlichen Gewalten als „Schutzverhältnis" bezeichnet werden kann.

Info, S. 158f.
Thema, S. 173ff.
9. Arbeiten Sie die unterschiedlichen Formen der Marginalisierung und Stigmatisierung heraus und beurteilen Sie deren Auswirkungen.

Info, S. 159
10. Diskutieren Sie die Funktion der Judenverfolgungen für die christliche Gesellschaft.

Info, S. 159f.
Thema, S. 178
11. Untersuchen Sie, welche Auswirkungen der Marginalisierungsdruck durch die christliche Umwelt auf die jüdischen Gemeinden hatte.

Klausurtraining

Analyse von historischer Sekundärliteratur und kritische Auseinandersetzung mit ihr – mit gegliederter Aufgabenstellung

Aufgabenstellung

1. Analysieren Sie den vorliegenden Textauszug.
2. Erarbeiten Sie die zentralen Merkmale und Erscheinungsformen der von Graus unterschiedenen Begriffe „Verfolgung" und „Pogrom" und erläutern Sie die gesellschaftliche Funktion der Verfolgungen.
3. Beurteilen Sie die Aussage: „Dem Morden wurde ein Sinn nicht nur von den Tätern, sondern auch von ihren Opfern zugemessen".

Materialgrundlage

M Der Mediävist František Graus zu den spätmittelalterlichen Judenverfolgungen

Offensichtlich, und dies hat sich in jedem untersuchten Einzelfall erwiesen, verbanden sich jeweils mehrere Kausalstränge, die zum Judenmord führten, Kausalstränge, die eine oft überraschende Konformität aufweisen. Zunächst ist gemeinsam, dass sich das Geschehen in einem ständig latenten Spannungsfeld abspielt, das im Konkretfall gesteigert, „angeheizt" wurde. Die Juden waren in der mittelalterlichen Gesellschaft eine Fremdgruppe, und sie wollten es sein. Sie unterschieden sich von ihrer Umgebung durch ihren Glauben: Das Anderssein in einem Zentralbereich des Lebens musste Reaktionen hervorrufen, umso mehr, als beide Glaubensvorstellungen einen Ausschließlichkeitsanspruch beinhalteten, der von der anderen Seite als Herausforderung empfunden wurde. Auf dieser Grundlage entwickelte sich in relativ früher Zeit in der Kirche ein betont negativ gefärbter Judenstereotyp, der weiterentwickelt und im Spätmittelalter dämonisiert wurde. […]

Antijüdische Maßnahmen sind von der Kirche seit einer frühen Zeit gefordert und auf ihrem Gebiet auch durchgeführt worden. Sie verlangte besondere Maßregeln von der „weltlichen Macht", ja von allen Christen in ihrem Umgang mit den Juden; d. h. man schränkte die Rechte der Juden auf ökonomischem, rechtlichem und gesellschaftlichem Gebiet mehr oder minder drastisch ein; die Summe der Maßnahmen sollte auf eine ständige „Bedrohung der Christenheit" durch die Juden reagieren und sie zugleich für ihren Unglauben strafen. Schon diese Vorschriften können als „Verfolgung" charakterisiert werden; sie waren Dauererscheinungen, die in unterschiedlichem Ausmaß die Geschicke der Juden jahrhundertelang bestimmten und die ihre Parallele in den vielfältigen Einschränkungen (Minderberechtigung) anderer Gruppen der Bevölkerung haben.

Von ihnen unterscheiden sich konkrete Verfolgungsmaßnahmen durch ihre Intensität, oft durch die blutige Durchführung. Dabei dürfte es sinnvoll sein, um Vergleiche mit anderen Phänomenen dieser Zeit zu erleichtern, zwischen „Verfolgungen" und „Pogromen" zu unterscheiden. Als Verfolgungen im engeren Sinn des Wortes sollen Maßnahmen von Obrigkeiten gegenüber Juden als Gemeinschaft bezeichnet werden, die von kollektiven Vorstellungen geprägt wurden und die das übliche Maß der theoretisch geforderten antijüdischen Bestimmungen übertrafen. […] Pogrome dagegen waren Verfolgungsmaßnahmen außerhalb des „legalen Rahmens", bei denen das „Volk" Ordnung schaffen wollte, die Obrigkeit verdächtigte, aus Laxheit oder gegen Bestechung nicht schnell oder nicht effektiv genug gegen die Juden, diese Feinde Gottes und der Christen, vorzugehen. Die Art der Durchführung war oft aufstandsartig, die Gegner wurden dabei nicht nach ihrer Funktion, sondern nach ihrer Zugehörigkeit zu einer Gruppe bestimmt. Das Ziel war nicht die Entmachtung von „Gegnern", sondern ihre Ausrottung. […]

Zum Vorspiel gehörte die „Anheizung" der Judenstereotype durch Verbreitung von Erzählungen von angeblichen Verbrechen besonderer Art, die den

Juden insgesamt, ihrer Gemeinschaft angelastet wurden. Diese Anschuldigungen waren meist klerikaler Art, etwa der Rückgriff auf die alte Beschuldigung von Ritualmorden (die mit der Passion Christi in Zusammenhang gebracht wurden), zunehmend sog. Hostienfrevel, wobei die Martern und Schmähungen der geweihten Hostien als Erneuerung der Verbrechen der Juden an Christus selbst gedeutet wurden. Die Juden fügten einer alten Untat, dem „Mord Christi", ein neues Unrecht hinzu, ihre „Verbrechen" erlangten sakrale Dimensionen. Sie wurden ins Dämonische überhöht, die Untaten erhielten einen transzendentalen und „übergesellschaftlichen" Charakter: Sie mussten gesühnt werden. Nicht nur das gesellschaftliche Gleichgewicht war gestört wie bei einem gewöhnlichen Mord; die göttliche Ordnung selbst war gefährdet, und wenn nicht schleunigst durch Sondermaßnahmen, durch eine besondere Sühne das göttliche Gleichgewicht hergestellt wurde, konnte unvorstellbarer Schaden entstehen. Die „Gegner" mussten daher nicht nur bestraft, sie sollten ausgerottet werden. […]

Von den Pogromwellen des 19. und 20. Jahrhunderts unterscheiden sich die Verfolgungswellen des Mittelalters dadurch, dass die Juden im Mittelalter allgemein als eine „Sondergruppe der Menschheit" angesehen wurden, deren Sondercharakter religiös (im mittelalterlichen Sinn) bestimmt war, dass es für Einzelne die Möglichkeit der Rettung durch die Taufe gab, weiter durch die unvergleichlich größeren administrativ-technischen Möglichkeiten des modernen Staates im Vergleich zu den Obrigkeiten des Spätmittelalters. Dem Morden wurde ein Sinn nicht nur von den Tätern, sondern auch von ihren Opfern zugemessen; die Begründungen des Mordens wurden weitgehend sakralisiert, die Opfer dämonisiert – aber gerade in diesem Punkt scheint die Pogrom-Propaganda der Mitte des 14. Jahrhunderts eine Art von unmittelbarem „Vorläufer" späterer Formen der Hetze zu sein: Die Dominanz einer weltlichen Verschwörung bei den Anschuldigungen ist in dieser Zeit erstmals historisch fassbar.

Gemeinsam ist schließlich den alten und neuen Formen aktiver Judenfeindschaft, dass sie als Schule der Grausamkeiten dienten, ebenso wie sie sich nie bloß auf die Verfolgung von Juden beschränkten; immer waren (und sind) die Reihen der Opfer viel umfangreicher und reichen weiter, nie begrenzen sich größere Verfolgungsmaßnahmen nur auf Juden. Bei ihrer Verfolgung tauchen nicht nur „Begründungen" auf, die ohne Weiteres auch auf andere Gruppen anwendbar sind: Es erscheinen gleichfalls feste Beziehungsbündel, die sich bis zu einer Ritualisierung der Verfolgungsjagd steigern können, die regelmäßig nicht nur bei Judenverfolgungen festzustellen sind.

(František Graus, Pest – Geißler – Judenmorde. Das 14. Jahrhundert als Krisenzeit, Göttingen [3]1994, S. 377–389)

Aufbrüche –
Die Welt der Frühen Neuzeit

In der Zeit der Zeitenwende um 1500 und in der folgenden Frühen Neuzeit entstehen auf vielen Ebenen Aufbrüche und Schlüsselprozesse, die den Weg in die Moderne weisen.
Durch die Renaissance entsteht eine neue Weltsicht, die das Individuum, die Weite und das Diesseits entdeckt. In der Wirtschaft vollzieht sich mit dem Frühkapitalismus ein entscheidender Wandel, der sich auch in der überseeischen Expansion Europas, im neuen Staatsdenken des Absolutismus und in der religiösen Erneuerung bemerkbar macht. Am Ende der Epoche setzt die Aufklärung die Bewegung des Rationalismus und der Säkularisierung fort und weist in eine neue Epoche.
Trotz dieser Aufbrüche gibt es aber auch beharrende Tendenzen in wirtschaftlichen und sozialen Strukturen sowie gegenläufige Strömungen zum Humanismus, z. B. die Hexenverfolgung.

Ein holländischer Kaufmann (vermutlich Jakob Mathieusen und Frau) der Ostindischen Handelskompanie vor dem Hafen von Batavia (Djarkarta). Gemälde von Aelbert Cuyp (1620–1691)

Auf einen Blick

Aufbrüche – Die Welt der Frühen Neuzeit

Info S. 189

Die Welt der Frühen Neuzeit

1. **Zeitenwende – Die Frühe Neuzeit: Beginn der Moderne?** S. 189

2. **Wirtschaftlicher Aufbruch – Der Frühkapitalismus** S. 189

3. **Die Renaissance – eine neue Weltsicht** S. 191
- Die Renaissance in Italien
- Die Ausbreitung der Renaissance in Europa

4. **Der Aufbruch in die Weite – Europäische Expansion und außereuropäische Kulturen** S. 193
- Der Beginn der Expansion
- Die Eroberung indianischer Reiche

5. **Das Auseinanderbrechen der kirchlichen Einheit – Die Erneuerung der Religion** S. 196
- Die reformatorischen Bewegungen
- Politische Folgen im 16. Jahrhundert
- Die Konfessionalisierung und ihre Folgen im 17. Jahrhundert

6. **Eine neue Staatsform – der Absolutismus** S. 202
- Kennzeichen der Epoche
- Das Modell Frankreich
- Verbreitung von Merkantilismus und Absolutismus in Europa
- Dualismus im Reich: Preußen – Österreich

7. **Beharrung und Wandel in der Frühen Neuzeit** S. 206
- Elemente der Beharrung
- Ein neues Denken: die Aufklärung

Thema S. 208

Ein neues Weltbild um 1500 im Spiegel von Gemälden

Die Renaissance als Zeit des Umbruchs hat eine neue optische Perspektive ebenso wie eine neue Weitsicht hervorgebracht und sie in der Kunst in einer Fülle fruchtbarer Produktionen umgesetzt. Hier soll an Gemälden von Raffael, Pinturicchio, Botticelli und Hans Holbein dem Jüngeren ermöglicht werden, die Methode anzuwenden, Gemälde als historische Quellen zu nutzen und die Perspektive und Bilderwelt der Zeitgenossen zu erschließen.

Methode S. 208

Gemälde interpretieren

Thema S. 213

Hexenverfolgung – kein Rückfall ins Mittelalter

Hexenverfolgung gehört nicht wie oft angenommen ins Mittelalter. Das Thema soll den dunklen Aspekt der Frühen Neuzeit beleuchten und den Widerspruch zwischen Humanismus der Renaissance und der „Rationalität" der Verfolgung Unschuldiger verdeutlichen, d.h. Begründungen und Legitimationen und ihre Kritik darlegen. Schließlich soll der Frage nachgegangen werden, warum Menschen zu solcher Irrationalität fähig sind.

Thema S. 220

Politisches Denken und moderner Staat im Ancien Régime

Mit der Renaissance verändert sich auch das politische Denken und Konzepte neuer Staatlichkeit entstehen, die die Grundlagen des modernen Staates legen. Wie das Wort, so entsteht das neue, aufs Diesseits bezogene Denken in Italien und dann in Frankreich, wo es sich zur absolutistischen Theorie ausweitet und zum Modell für Europa wird. Die Aufklärung trägt zur Modifizierung z.B. unter Friedrich II. in Preußen bei. Gegenmodelle wie die Niederlande bleiben eher die Ausnahme.

Forum S. 227

Renaissance und Frühe Neuzeit – eine Zeitenwende und Beginn der Moderne?

Seit Jacob Burckhardt (1860) wird über die Modernität der Renaissance und im weiteren Kontext der Frühen Neuzeit gestritten. Was man unter Moderne verstehen kann, zeigen uns Philosophen und Literaturwissenschaftler wie Bloch, Helferich und Buck. Die Sicht von Historikern lenkt dagegen den Blick auf vernachlässigte bzw. auf gesamtgesellschaftliche Perspektiven, die eine differenzierte Auseinandersetzung um den Beitrag der Epoche zur Entwicklung der Moderne ermöglichen.

Die Welt der Frühen Neuzeit

1. Zeitenwende – Die Frühe Neuzeit: Beginn der Moderne?

Impulse für die Neuzeit

Was hat unsere moderne Welt mit dieser fernen Epoche der sogenannten Frühen Neuzeit zu tun, die die Historiker als eine Zeitenwende bezeichnen? Entscheidende Impulse sind von dieser Schwelle zur Neuzeit ausgegangen. Grundlagen unserer modernen Welt wurden gelegt: Die Entwicklung einer neuen Wirtschaftsform, des Handelskapitalismus, neuer Religionskonzepte, neuer Staatsideen und -formen, eine Medienrevolution durch die Erfindung des Buchdrucks. Außerdem prägten die Entdeckung von Individuum und Weite durch Wiederentdeckung der Antike als Orientierung für Kultur, Wissenschaft und Politik sowie die Erschließung der überseeischen Welt und die folgende europäische Expansion, trotz aller Beharrung und Statik in vielen Bereichen, besonders die Zeit vom Ende des Mittelalters bis um 1800 und dies reicht bis in unsere Zeit.

Epoche Frühe Neuzeit

Diese Epochen nennen die Historiker die Frühe Neuzeit in Abgrenzung zu der durch Industrialisierung und Revolution beginnenden Neuzeit.
Diese Übergangszeit vom Mittelalter zur Neuzeit war eine Zeit der Krisen, der Gegensätze und Bewegungen, aus der sich neue Denk- und Handlungsweisen entwickelten. Sie ermöglichten neue und vernunftgeleitete Forschung, Entdeckungen und rationales Handeln in vielerlei Bereichen.

2. Wirtschaftlicher Aufbruch – Der Frühkapitalismus

Die mittelalterliche Form des Wirtschaftens in Handel und Gewerbe erfuhr entscheidende Veränderungen. Ausgehend von den oberitalienischen Stadtstaaten und den flandrischen Städten (z. B. Florenz, Venedig, Brügge, Antwerpen) breiteten sich seit dem 15. Jahrhundert rasch neue Wirtschaftsformen aus, die man als Frühkapitalismus bezeichnet.

Entwicklung des Handelskapitalismus

Die Träger dieser Entwicklung waren Kaufleute, die durch die Veränderungen des Zahlungsverkehrs ohne Bargeld durch Kreditbriefe und die Gründung von Banken und Börsen (erste Börse Antwerpen 1531) den Handel intensivieren konnten. So konnten ganzjährig und nicht nur auf Messen Währungen, Wertpapiere und Waren auf Kredit zuverlässig gehandelt werden.
Auch die Unternehmensstruktur des Handels wurde verändert. An die Stelle des gildenartigen Zusammenschlusses von Kaufleuten (wie z. B. die Ravensberger Handelsgesellschaft) traten Einzelunternehmer und ihre Familien. Sie konnten höhere Gewinne durch weniger Teilhaber und eine zügigere Abwicklung der Geschäfte erzielen und diese Gewinne in andere Bereiche investieren, wie z. B. den Bergbau oder das Kreditgeschäft.

Der „Verlag“ als neue Produktionsform

Dieser neue Handelskapitalismus griff auch in die gewerbliche Produktion ein, die bis dahin eine Domäne der Zünfte gewesen war. Diese wurden umgangen, indem nicht zünftisch organisierte und Landhandwerker in einen sogenannten „Verlag“ einbezogen wurden, der erstmals auch Massenproduktion ermöglichte. Der Kaufmann als Verleger beschaffte günstig Rohstoffe in großen Mengen, verkaufte oder verteilte sie teurer an Handwerker, deren Fertigprodukte er dann wiederum mit Gewinn vermarktete. Die Handwerker wurden dadurch abhängig.
Besonders in dem wachsenden Gewerbe der Textil- und Metallbranche breitete sich diese Form in Oberitalien, Flandern, Frankreich und Süddeutschland aus.

Das Beispiel der Fugger

Die Familien der Medici in Florenz oder der Fugger in Augsburg sind dafür berühmte Beispiele. Seit dem 15. Jahrhundert erlangten sie durch den Fernhandel mit Gewürzen und Textilien, durch den Aufbau von Handelsniederlassungen (Faktoreien) in vielen Ländern Europas sowie durch Verlagsproduktion großen Reichtum. Damit konnten sie in das Bankgeschäft einsteigen, mit zu verzinsenden Kapitalien von Adligen, Kirchenoberen und reichen Bürgern arbeiten und durch Kreditvergabe an Fürsten, vor allem an den Kaiser, Nutzungsrechte zum Abbau von Edelmetallen (Silber, Kupfer) erwerben.

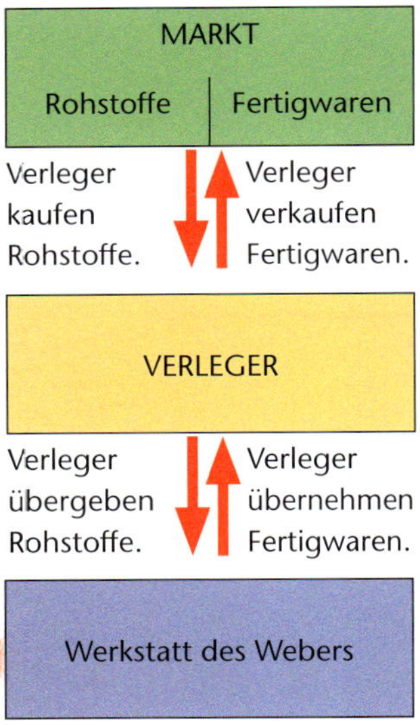

Funktion des Verlagswesens

Handelstätigkeit der Fugger zu Beginn des 16. Jahrhunderts

Jakob Fugger (1459–1525)

Jakob Fugger, „der Reiche“, hatte als Devise: „Gewinn will ich machen, solange ich lebe“. Auf diese Weise schaffte er es, das Monopol auf dem europäischen Kupfermarkt zu erringen und durch Kredite Einfluss auf die Politik zu nehmen. So finanzierte er die Bestechungsgelder der Kurfürsten bei der Kaiserwahl Karls V. oder steuerte Geld für die Niederschlagung des Bauernkrieges bei.

Niedergang

Der Niedergang dieses Handelshauses, wie auch anderer, wurde durch Zahlungsschwierigkeiten einzelner Fürsten und Staatsbankrotte und durch die Verschiebung des Handelszentrums an die Atlantikküste durch den Transatlantikhandel im 17. Jahrhundert gefördert. Außerdem trug die spätere Tendenz, wie die Adligen Landbesitz zu erwerben, statt zu reinvestieren, zum ökonomischen Bedeutungsverlust bei.

3. Die Renaissance – eine neue Weltsicht

Die Renaissance in Italien

Italien 14./15. Jh.: Entstehung der Renaissance

Von den oberitalienischen Städten mit ihrer neuen frühkapitalistischen Wirtschaftsweise ging die neue Weltsicht aus, die den Menschen und das Diesseits in den Mittelpunkt rückte. Dies bedeutete eine Abkehr vom mittelalterlichen Denken, das von der Kirche und ihrer scholastischen Lehre geprägt wurde und eine starre Ständeordnung, ein auf das Jenseits orientiertes Menschenbild und eine dogmatische Naturerkenntnis, z. B. dass die Erde eine Scheibe sei, festschrieb.

Die in Städten wie Florenz, Mailand, Venedig, Pisa, Genua unabhängig gewordenen, selbstbewussten reichen Bürger suchten neue Leitbilder und fanden sie bei den Gelehrten und Künstlern, die sie als Mäzene förderten. Diese orientierten sich im Austausch mit Byzanz als Träger des antiken Erbes neu an den nur zum Teil bekannten klassischen Autoren und Überresten. Diese Renaissance der Antike (= Wiedergeburt) wollte nicht mehr bestehenden Verhältnissen dienen, sondern die Welt, ihre naturwissenschaftlichen Gesetze und den Menschen entdecken und dessen Erfahrung und Forscherdrang zur Erkenntnis der Welt fördern. Die Träger dieser neuen Kultur nannte man deshalb Humanisten (von lat. *humanus* = menschlich).

Mensch im Mittelpunkt

Sie entfalteten eine rege Tätigkeit auf den Gebieten der Geschichte, Philosophie, Literatur, Künste und Naturwissenschaften, pflegten den Austausch in Gesprächen und Briefen. Sie suchten und editierten Texte antiker Autoren aus Klosterbibliotheken, übersetzten griechische Autoren ins Latein, verbreiteten sie mit dem neuen Medium des Buchdrucks (Drucker waren auch oft Humanisten), orientierten sich an antiken Bauwerken, Plastiken und Literatur, um neue Werke in Malerei, bildender Kunst, Philosophie und Politik zu schaffen, in denen Mensch und Welt ins Zentrum rückten.

Leonardo da Vinci (1452–1519)

Die Erfahrung wurde zur „Mutter der Gewissheit“, wie es Leonardo da Vinci formulierte. Seine Wissbegierde erstreckte sich auf viele Gebiete, in denen er nicht auf Buchwissen, sondern auf eigene Beobachtung vertraute. Dieser *uomo universale*, wie die Italiener damals einen vielseitigen außergewöhnlichen Menschen nannten, war Maler, Bildhauer, Architekt, Ingenieur und Naturwissenschaftler. So untersuchte er z. B. genau den Körperbau des Menschen, um ihn möglichst realitätsgetreu in seinen Kunstwerken darstellen zu können. Er entwarf Kriegs- und Flugmaschinen, Kanalbauten und anatomische Studien. Dieses neue Selbstbewusstsein fand bei vielen Künstlern seinen Ausdruck, wie z. B. auch in der überlebensgroßen Plastik des David von Michelangelo (1475–1554), mit der der Künstler und die Stadt Florenz ihren Bürgern ein auf dem Platz vor dem Rathaus sichtbares Symbol für vernünftiges, kluges und selbstbewusstes Handeln geben wollten.

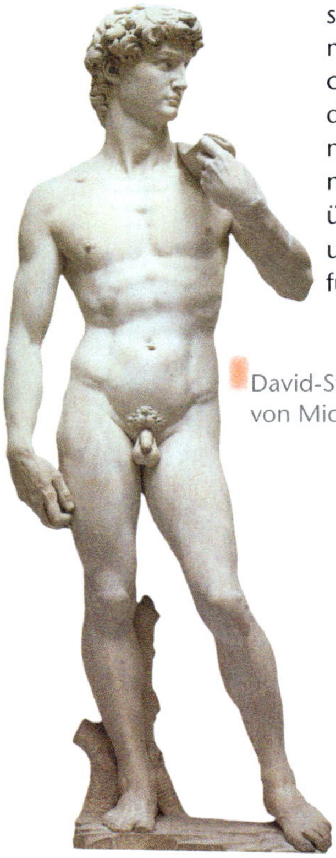

David-Statue von Michelangelo

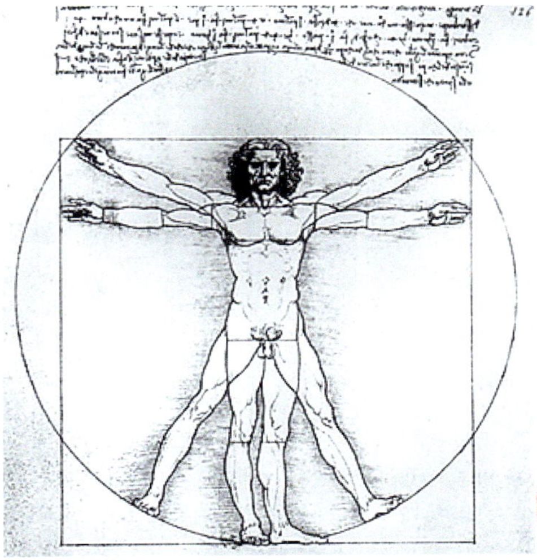

Körper-Studie von Leonardo da Vinci

Niccolò Machiavelli (1469–1528)

Auch die Politik wurde von Machiavelli durch Erfahrung, Geschichtsbetrachtung und Orientierung an antiken Autoren nüchtern analysiert und in seinem berühmtesten Buch „Der Fürst" (1513) zu einer nicht mehr an kirchlichen Vorgaben geleiteten, weltlichen Politiktheorie von den Staatsinteressen („Staatsräson") entwickelt, die schon Grundlagen einer modernen Staatstheorie legte (s. Thema S. 220 ff.).

Neue klare Architektur

Die Künstler wurden von dem neuen Weltbild inspiriert. In Anlehnung an die Bauwerke der Antike imitierten sie deren klare geometrische und harmonische Formen, um sich von der gotischen Architektur mit ihren Spitzbogen, Pfeilern und Verästelungen abzugrenzen. Dies kam dem Repräsentationsbedürfnis des reichen Bürgertums entgegen, das viele neue Bauwerke in Auftrag gab, so zum Beispiel viele Palazzi oder die kühne Domkuppel in Florenz von Brunelleschi (1418–1436).

Der Dom von Florenz

Raffael (1483–1520): „Die Vermählung der Maria"

Bei der Nachahmung der Malerei gab es das Problem, dass keine antiken Gemälde überliefert waren. Die Maler konnten sich zwar an dem Schönheitsideal antiker Plastiken orientieren, aber die bisherige mittelalterliche Malerei mit ihrer unrealistischen, zweidimensionalen und eher typisierten Menschendarstellung konnte ihr Bedürfnis, das Individuum und die Weite des Raumes darzustellen, nicht zufrieden stellen. Die Florentiner Brunelleschi und Alberti erfanden durch mathematische Berechnungen die Zentralperspektive, die die

Neue Perspektive in der Malerei

Illusion eines dreidimensionalen Raumes schuf. Masaccio und viele andere Maler nach ihm setzten dies in Gemälden um, die als zentrale Themen die individuelle Person, die vielfältige Natur, die irdische Schönheit in einem geweiteten Raum hatten (s. Thema S. 208 ff.).

Die Ausbreitung der Renaissance in Europa

Von Italien breitete sich die Renaissance über Handelsbeziehungen, Korrespondenz von Humanisten und durch Reisen nach Italien von Gelehrten und Künstlern rasch nach ganz Europa aus.

Erasmus von Rotterdam (1466–1536)

Der sich selbst als „Bürger der Welt" bezeichnende Erasmus von Rotterdam war ein wichtiges Bindeglied der europäischen Humanisten. Er wollte das geistige Gut der Antike mit einem durch eine kritische Bibelausgabe erneuerten, ursprünglichen Christentum verbinden und dies auch für eine Politik des Friedens nutzen, bei der Christen keine Kriege gegen Christen führen.

Humanisten im Deutschen Reich

Auch in einigen deutschen Städten (z.B. Augsburg, Nürnberg) entstanden humanistische Zirkel. Sie entdeckten die „Germania" des römischen Schriftstellers Tacitus und nutzten sie für eine eigene nationale Geschichte und den Kampf gegen die römische Kirche. Dadurch ebneten sie der Reformation den Weg (s. S. 196 ff.). Der Humanist Nikolaus Kopernikus (1473–1543), unter anderem in Italien in Mathematik, Astronomie, Medizin und Jura ausgebildet, wagte es, nach langem Zögern am Ende seines Lebens seine astronomischen Berechnungen zu veröffentlichen („Über die Umläufe der Himmelskörper"), wohl wissend, dass er das von der Kirche vertretene geozentrische Weltbild mit seiner Erkenntnis erschüttern würde: Nicht die Erde steht fest, sondern sie dreht sich um die Sonne. Das heliozentrische Universum wurde zum erweiterten Weltbild.

Renaissancekunst

Kunst und Bauweise der Renaissance fanden auch in Deutschland bei einigen Fürsten und Städten Anklang, was sich in zahlreichen Aufträgen an Künstler niederschlug. Davon profitierte z.B. ein Künstler wie Dürer. Er hatte sich durch seine Reisen nach Italien inspiriert und schuf in Nürnberg ein umfangreiches Werk. So porträtierte er neben bedeutenden Persönlichkeiten aus Politik und Wirtschaft selbstbewusst auch sich selbst.

4. Der Aufbruch in die Weite – Europäische Expansion und außereuropäische Kulturen

Der Beginn der Expansion

Erste Globalisierung und Kolonialreiche

Der erste Schritt zur Globalisierung erfolgte durch die großen Entdeckungen. Sie gingen von Westeuropa aus und eröffneten ein Zeitalter der europäischen Expansion und Kolonialreiche. Nach den Portugiesen und Spaniern seit dem 15. und 16. Jahrhundert folgten im 17. Jahrhundert Holland, England und Frankreich. Wie konnte es dazu kommen?

Ursachen der Expansion

Der Handelskapitalismus eröffnete vielerlei Möglichkeiten und förderte die Nachfrage nach Luxuswaren und Edelmetallen. Dem stand ein begrenztes, sich verteuerndes Angebot gegenüber, seit die Osmanen den Fernhandel mit Luxuswaren (z.B. Seide, Gewürze) aus dem Orient kontrollierten. Auch der Bedarf an Edelmetallen für Geldhersteller und Kunstobjekte konnte mit den europäischen Vorkommen kaum mehr gedeckt werden. Deshalb suchte man nach einem neuen direkten Zugang zu den Gold- und Gewürzländern Indien und China. Weitere Faktoren wie die wissenschaftliche Aufbruchstimmung der Renaissance, die die Welt, ihre Weite und wahre Gestalt erkunden wollte und die Weiterentwicklung der Navigations- (Kompass) und Schiffsbautechnik durch hochseetaugliche Schiffstypen wie Karavelle und Karacke kamen dem Expansionsdrang entgegen.

So suchten die Portugiesen seit dem 15. Jahrhundert als Erste, über das bekannte Mittelmeer hinaus die Küste Afrikas und den Seeweg nach Indien im Atlantik zu erkunden. Erst das Zusammenwirken von individuellem Wagemut und Initiative sowie staatlicher oder

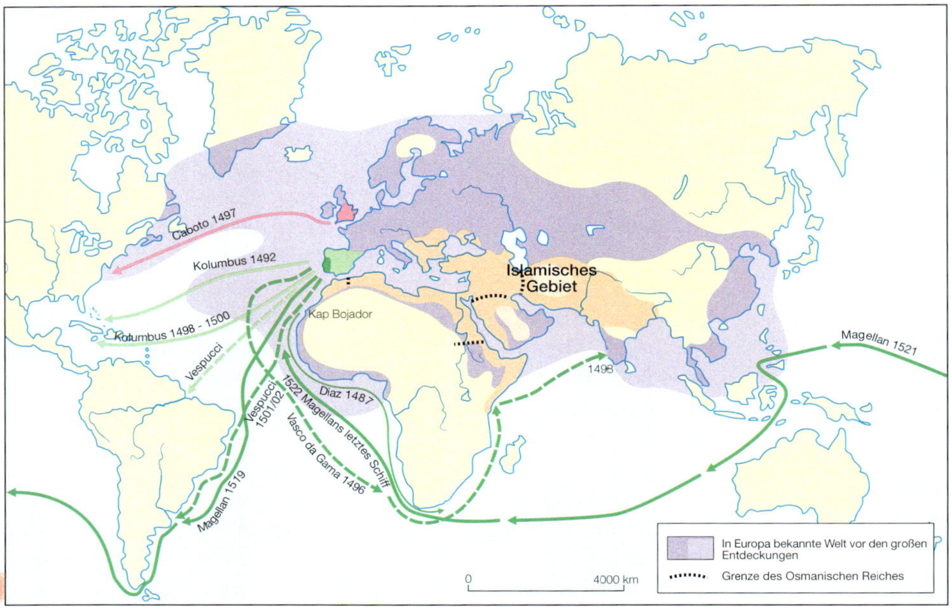

Europäische Entdeckungsfahrten zwischen 1487 und 1521

privater Unterstützung von Großkaufleuten ermöglichte die kostspieligen Entdeckungsfahrten, die den Zugang zur fernen Welt in Übersee eröffneten und die Kugelgestalt der Erde bestätigten. Zu diesem Zeitpunkt gab es sieben große Reiche außerhalb Europas. Die meisten waren unbekannt.

Vier Pioniere

Vier Pioniere machten dabei den Anfang dieser „Entdeckung" des Globus: Kolumbus, Diaz, da Gama und Magellan. 1492, nach der Eroberung des letzten Maurenreiches in Spanien und dem Ende der Reconquista, ermöglichte die spanische Königin, entgegen dem Rat der Gelehrten, Christoph Kolumbus, den Seeweg nach Indien westwärts zu erkunden, auch um den portugiesischen Vorsprung aufzuholen. Der Sohn einer Weberfamilie aus Genua hatte sich intensiv mit der Schifffahrts- und Kartentechnik beschäftigt und war aufgrund der Erkenntnis der Kugelgestalt der Erde fest überzeugt, Indien quer über den Atlantischen Ozean westwärts zu erreichen. Mit drei Karavellen erreichte er am 12.10.1492 nach 39 Tagen Seereise die Bahamas und glaubte sich auf vorgelagerten Inseln Indiens, weshalb er ihre Bewohner Indianer nannte.

Kolumbus (1451–1506)

Dass es sich um den neu entdeckten Kontinent Amerika handelte, wurde erst durch Amerigo Vespucci im 16. Jahrhundert bestätigt. Nach ihm benannte der deutsche Kartograf Martin Waldseemüller 1507 diesen Erdteil Amerika. Besiedelt war er schon seit 40 000 Jahren, und lange vor Kolumbus waren die Wikinger um das Jahr 1000 in Nordamerika gelandet.

Die erste Landung des Kolumbus (Holzstich von Theodor de Bry aus dem Jahre 1594)

Portugiesen in Indien

Die Portugiesen waren vorsichtiger und gelangten nach der Entdeckung der Südspitze Afrikas 1487 durch Bartolomeu Diaz durch die Reise Vasco da Gamas 1498 auf diesem Weg nach Indien und drangen dort seit 1500 mit Stützpunkten in den fernöstlichen Handelsraum ein.

Magellan (ca. 1480–1521)

Da der Ertrag an Gold und Gewürzen bei den vier Reisen des Kolumbus gering blieb, beauftragte die spanische Königin Fernando Magellan (Magalhães), Amerika südlich zu umfahren, um die Gewürzländer doch noch westwärts zu finden. Einem der fünf Schiffe gelang dabei die erste Umsegelung der Erde. Es kehrte allerdings ohne den von Eingeborenen erschlagenen Magellan 1522 zurück, aber mit einer Ladung Gewürze, die die gesamten Reisekosten und den Verlust der Schiffe deckte.

Vertrag von Tordesillas 1494

Um die neu entdeckten Länder gab es Streit zwischen Spanien und Portugal, der 1494 durch Papst Alexander VI. geschlichtet wurde. Die Weltkarte wurde durch eine senkrechte Linie 360 Meilen westlich der Azoren in eine Westhälfte für Spanien und eine Osthälfte für Portugal geteilt.

Die Eroberung indianischer Reiche

Den Entdeckern folgten bald die Eroberer (Konquistadoren) auf der Suche nach den sagenhaften Goldschätzen der indianischen Großreiche im heutigen Mexiko und Peru.

Cortez (1485–1547)

Hernando Cortez, ein verarmter spanischer Landadliger und Abenteurer, eroberte 1519–1521 mit einer kleinen Armee von etwa 500 Soldaten, aber mit Unterstützung gegnerischer indianischer Stämme das mächtige Aztekenreich.

Die Azteken

Diese Hochkultur hatte sich seit dem 14. Jahrhundert über weite Teile Mittelamerikas ausgebreitet und andere Indianerstämme unterjocht und tributpflichtig gemacht. Unter Montezuma II. hatte es seine größte Ausdehnung erreicht und Tenochtitlan zu einer ca. 200 000 Einwohner großen Hauptstadt ausgebaut. Etwa ein Zehntel der Bevölkerung waren Adlige, die über die Bevölkerung aus Lastenträgern, Bauern, Handwerkern und Kaufleuten herrschten. Sie trugen alle zu einer hochentwickelten Gesellschaft bei, die Tempelpyramiden, komplexe Stadtanlagen und Bildhandschriften hervorbrachte.

Vor allem adlige Azteken lernten die ausgefeilte Bilderschrift, stellten astronomische und mathematische Berechnungen an, erstellten daraus ein kompliziertes Kalendersystem mit

Europäische Kolonien bis zur Mitte des 18. Jahrhunderts

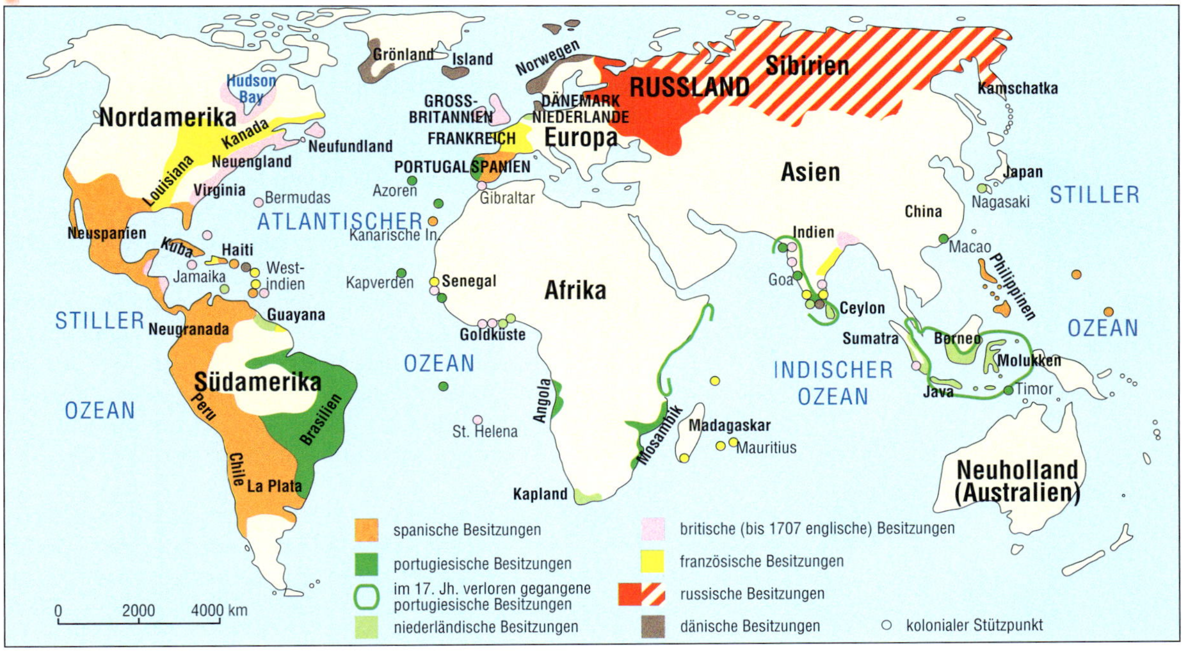

18 Monaten zu je 20 Tagen und 5 Schalttagen. Es war von religiösen Vorstellungen bestimmt, die in steter Angst vor dem Weltuntergang zum Ausdruck kamen und zur Besänftigung der Götter auch Menschenopfer verlangten.

Trotz ihrer zahlenmäßigen Überlegenheit gegenüber den spanischen Eroberern unterlagen die Azteken, weil ihre Kommunikation von Vorzeichen bestimmt der direkten Informationsverarbeitung von Cortez unterlegen war, ebenso den modernen Waffen und der rationalen Kriegsführung im Bündnis mit gegnerischen Indianerstämmen.

Eroberung des Inka-Reichs (1531–1533)

In ähnlicher Weise wurde das große Inkareich von Franzisco Pizarro erobert. Die hochstehenden Kulturen wurden innerhalb kürzester Zeit zerstört, die Einwohner mit Brutalität getötet, versklavt oder zur Arbeit in Bergwerken und Plantagen gezwungen, um möglichst viel an Edelmetallen und Agrarprodukten zu erhalten. In Peru wurde die Bevölkerung innerhalb der ersten 45 Jahre nach der Entdeckung von etwa 12 auf anderthalb Millionen reduziert. Die Anklagen und Proteste des Bischofs Las Casas konnten trotz der daraufhin erlassenen Schutzgesetze Karls V. (1542) nur wenig daran ändern. Statt der Indios wurden Afrikaner als Sklaven in Amerika eingesetzt. Im 16. Jahrhundert waren es bereits etwa eine Million. Konnten die Eroberten Nutzen aus der Einführung europäischer Haustiere (Schaf, Rind, Pferd) von Zuckerrohr und Weizen ziehen, so profitierten die Europäer ungleich mehr von den Edelmetallen und den neuen Pflanzen wie z.B. Kartoffel, Mais, Tomaten. Missionare brachten das Christentum nach Amerika; in Asien konnte es sich gegen die bestehenden Religionen kaum durchsetzen.

Bartolomé de Las Casas (1482–1560)

Weitere Kolonialreiche

Nach den beiden Kolonialmächten Portugal und Spanien traten im 17. Jahrhundert weitere auf den Plan (England, Frankreich und die Niederlande) und errichteten in allen Kontinenten ihre Kolonien.

5. Das Auseinanderbrechen der kirchlichen Einheit – Die Erneuerung der Religion

Die reformatorischen Bewegungen

Ursachen

Die Wirtschaftskrise des Spätmittelalters verschärfte vorhandene Konflikte und verunsicherte Menschen im Denken und Glauben. Die Kirche vermochte ihnen keine Lösungen zu bieten, da sie verweltlicht war und Missstände aufwies: Geistliche betrieben Geschäfte, hatten trotz Eheverbot Frauen und Kinder, Bischöfe vernachlässigten ihr geistliches Amt, agierten als weltliche Herrscher.

Martin Luther (1483–1546)

Die Päpste in Rom interessierten sich hauptsächlich für Bauwerke (z.B. Neubau des Petersdomes), Prunk und Kriegsführung. Der Geldbedarf der Kirche wurde jetzt zunehmend durch den Ämterverkauf und den Ablasshandel finanziert. Konnte man früher durch Gebete, Fasten und andere Bußtaten Nachlass von Strafen im Jenseits für vergebbare Sünden erhalten, so bot die Kirche jetzt Buße durch den Kauf von Ablassbriefen an. Dagegen richteten sich seit dem 15. Jahrhundert neue Orden und Laienbruderschaften.

Aber erst mit Luther und den folgenden Reformatoren wurde eine fundamentale, die Einheit der Kirche spaltende Erneuerung der Religion ausgelöst. Der Sohn eines Kleinunternehmers brach sein Jurastudium ab, um Augustinermönch und Theologieprofessor zu werden. Wie viele Zeitgenossen bewegte ihn die Frage: Wie erhalte ich die Gnade Gottes und das Seelenheil? Die kirchliche Praxis der Ablassbriefe und der priesterlichen Vermittlung lehnte er ab.

Demgegenüber konnte für ihn allein die Bibel (*sola scriptura*) verlässliche Antworten geben, deren Mittelpunkt die Botschaft von der Gnade Gottes (*sola gratia/solus Christus*) sei, an der allein der Glaube (*sola fide*) sich zu

Porträt Luthers um 1522 (Lucas Cranach d. Ältere)

Edikt von Worms (1521)

orientieren habe. Deshalb beschwerte er sich über den Ablasshandel beim Erzbischof von Mainz mit 95 Thesen. Das verschärfte die Auseinandersetzung, innerhalb derer Luther zum Ketzer erklärt wurde. Er vertrat nun die Idee des allgemeinen Priestertums: Der Christ sei frei und brauche keinen Vermittler zwischen sich und Gott. Er lehnte Heiligenverehrung, Mönchtum und Papstkirche ab. 1520 verbrannte er die Bannandrohung des Papstes und wurde ebenso wie seine Anhänger durch das Edikt von Worms von Kaiser Karl V. geächtet. Dieser wollte einer Verbreitung der Lehre entgegenwirken. Das Gegenteil geschah vielerorts, es bildeten sich evangelische Gemeinden, die ihre Pfarrer wählten, die Beichte abschafften und ihre Gottesdienste nicht mehr in lateinischer, sondern in deutscher Sprache hielten. Dabei halfen Luthers Bibelübersetzung und Schriften, die durch den Buchdruck schnelle Verbreitung fanden. Luther suchte die Landesfürsten als Verbündete zu diesem teilweise mit Unruhen verbundenen Prozess zu gewinnen, um die kirchlichen Angelegenheiten zu regulieren. Viele Landesfürsten griffen diese Initiative auf, weil sie mit der neuen Lehre sympathisierten und auf diesem Weg mehr Macht in ihrem Territorium erlangen konnten. So entstanden die protestantischen Landeskirchen.

LANDESHERR
und gleichzeitig
OBERSTER KIRCHENHERR

KONSISTORIUM
Oberste Kirchenbehörde

- zusammengesetzt durch den Landesherrn
- besteht aus Theologen und Juristen
- ist zuständig für die Ausbildung der Geistlichen und kirchenaufsichtliche Aufgaben (z. B. Vermögensverwaltung, Ehefragen usw.)

GEMEINDEN

Pastoren als Seelsorger und Verkünder des Evangeliums in deutscher Sprache

Allgemeines Priestertum der Gläubigen

Der Aufbau der lutherischen Landeskirche

Johannes Calvin (1509–1564)

Luthers reformatorischer Aufbruch fand auch Nachfolger in anderen Ländern, so Ulrich Zwingli in Südwestdeutschland und Johannes Calvin in der Schweiz, deren Anhänger sich 1549 vereinigten und als „Reformierte" bezeichneten. Sie gewannen Einfluss besonders in Schottland, Frankreich, den Niederlanden und England, während sich Luthers Lehre vor allem im Deutschen Reich und in Skandinavien verbreitete.

Calvins Lehre sah das menschliche Leben stark von Gott vorherbestimmt, er wollte Religion und Politik stärker verbinden als Luther. Er forderte u.a.:

- Eine reformierte Gemeinde muss streng nach biblischem Vorbild geordnet sein.
- Auch das politische Gemeinwesen muss sich an biblischen Maßstäben orientieren.
- Lehrer und Prediger werden von der Gemeinde gewählt, allerdings streng von einem Konsistorium (oberste Kirchenbehörde) überwacht.
- Vergnügen wie Tanz, Kartenspiel oder Theaterbesuche sind sündhaft und daher zu vermeiden.
- Arbeit ist Gottesdienst.

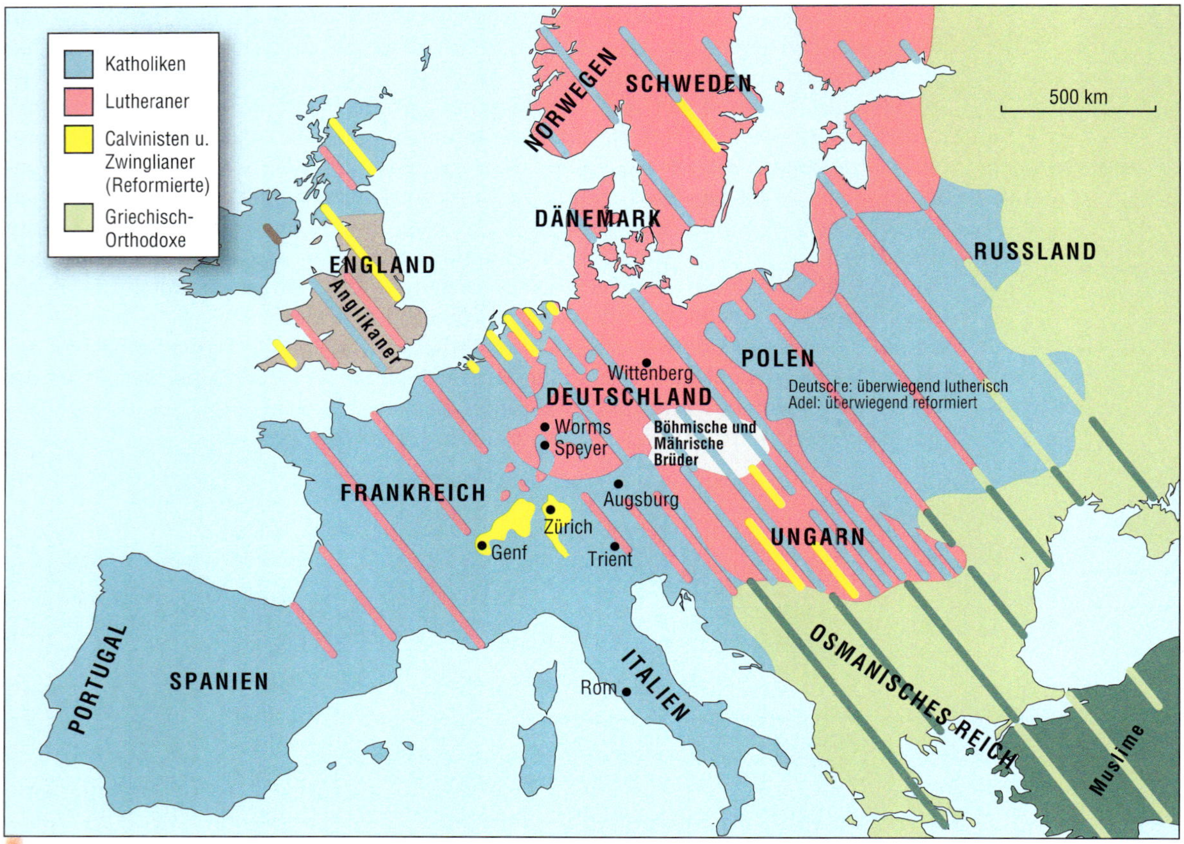

Verbreitung der Glaubensbekenntnisse 1546 in Europa

Politische Folgen im 16. Jahrhundert

Die sozialen und politischen Probleme und Spannungen verbanden sich mit der Reformation und führten zu verschärften Auseinandersetzungen und Kriegen.

Bauernkrieg (1524/25)

Im Bauernkrieg in Süd- und Mitteldeutschland und im Alpenraum beriefen sich die aufständischen Bauern und Städter auf das Evangelium und Luthers Lehre, um ihre Rechte gegenüber dem zunehmenden Druck und der Willkür der Feudalherren zu verteidigen.

- **Februar 1525:** „Zwölf Artikel der Bauernschaft in Schwaben" (gegen Abschaffung alter Rechte, für freie Pfarrerwahl etc.).
- **1524/25:** Thüringen – Radikalisierung unter Thomas Münzer (um 1490–1525).
- **15.5.1525:** Frankenhausen – 8000 Aufständische unterliegen unter Führung Münzers den Fürsten von Hessen und Sachsen.
- **Mai 1525:** Schrift Luthers „Wider die mörderischen Rotten" befürwortet die Niederschlagung des Aufstands durch die Territorialherren.
- **Fazit:** 70–75 000 Aufständische verlieren ihr Leben, teilweises Eingehen auf Forderungen der Bauern.

Glaubenskrieg im Deutschen Reich und Frankreich

Im Reich versuchte Kaiser Karl V. als Vertreter des katholischen Glaubens, die Grundlage für eine politische Einheit zu schaffen. Bei der zunehmenden Zahl protestantischer Fürsten gelang aber die Ausführung des Wormser Edikts nicht, da diese eine Machtausweitung des

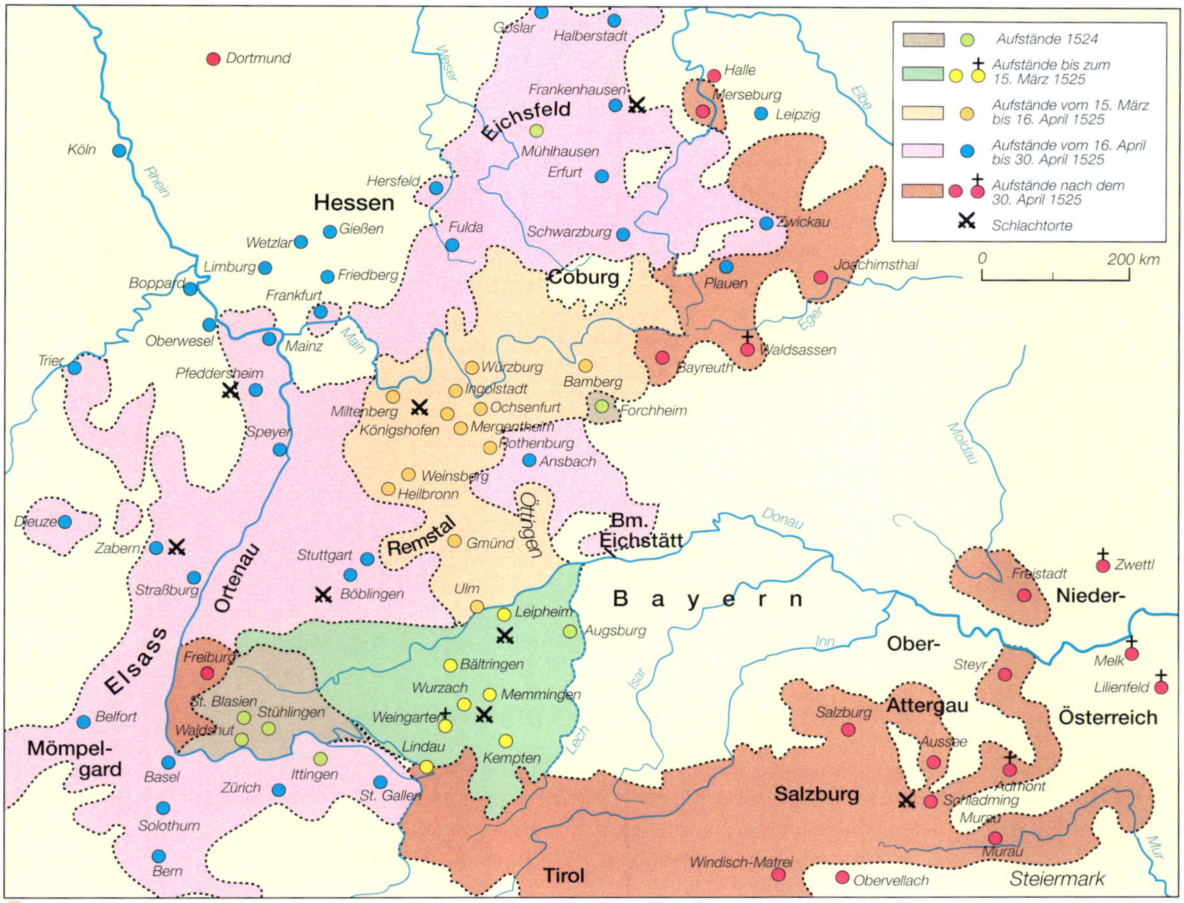

Der Bauernkrieg

Kaisers und die Rückgabe enteigneten Kirchenbesitzes fürchteten. Karl V. war durch den Kampf mit Frankreich um die europäische Vorherrschaft zu sehr gebunden, als dass er die Glaubenseinheit gewaltsam wiederherstellen konnte. Die protestantischen Fürsten sahen darin eine Chance, ihre Territorialstaaten zu stärken und schlossen sich zur Verteidigung der Reformation 1531 im „Schmalkaldischen Bund" zusammen. Dies führte zur politisch-konfessionellen Spaltung des Deutschen Reiches und ab 1547 zu kriegerischen Auseinandersetzungen. Sie konnten schließlich im Augsburger Religionsfrieden beigelegt werden. Die Reichsstände konnten zwischen dem lutherischen und dem katholischen Bekenntnis wählen, der Fürst bestimmte die Religion seiner Untertanen (*cuius regio, eius religio*).

Augsburger Religionsfrieden (1555)

Frankreich

In Frankreich führte die Verfolgung der Calvinisten, die Hugenotten genannt wurden, zu Religionskriegen (1562–1598). Diese wurden mit dem Edikt von Nantes (1598) beendet. Es gewährte den Hugenotten Religionsfreiheit, machte sie aber vom König abhängig. Frankreich löste sich dadurch nicht wie das Deutsche Reich in politisch-konfessionelle Gruppierungen auf.

Niederländischer Freiheitskampf (1568–1648)

In den Niederlanden verband sich die calvinistische Lehre, die ein Widerstandsrecht gegen die Religion unterdrückende Obrigkeiten bot, mit dem politischen Freiheitskampf gegen die katholische Herrschaft Spaniens. Ein erster Höhepunkt war die Unabhängigkeitserklärung der nördlichen Provinzen (1581). Das spanische Landheer unter Herzog Alba konnte gegen die Guerilla-Taktik der Holländer wenig ausrichten, ebenso wenig wie die spanische Armada, die 1588 dem holländischen Bündnispartner England unterlag und danach die Vorherrschaft auf den Weltmeeren abtreten musste.

Die katholische Erneuerung

Ignatius von Loyola

Gegenreformation durch Päpste und Jesuiten

Die schnelle Ausbreitung des Protestantismus förderte in der katholischen Kirche einen Erneuerungsprozess, der auch als Gegenreformation bezeichnet wird. Träger dieser Bewegung waren Reformpäpste (Pius V., Gregor XIII., Sixtus V.) und vor allem der Jesuitenorden, gegründet von Ignatius von Loyola. Im Unterschied zu den alten Orden war dieser militärisch organisiert, seinem Ordensgeneral und dem Papst bedingungslos gehorsam. Die Jesuiten nannten sich Soldaten Christi, lebten nicht in Abgeschiedenheit, sondern betrieben Mission durch Seelsorge und bauten ein katholisches Erziehungswesen bis hin zur Prinzenerziehung auf.

Konzil von Trient (1545–1563)

Zur Erneuerung trug auch das Konzil von Trient bei. Es grenzte die katholische von der protestantischen Lehre ab, verdammte jene als Ketzerei und setzte ihr die Gleichwertigkeit von kirchlicher Bibeltradition, Unfehlbarkeit der Kirche und Erlösung durch gute Werke entgegen. Zugleich wurden Missstände behoben, sodass für eine bessere Ausbildung und Disziplin der Priester sowie für eine Kontrolle der Bischöfe gesorgt war.

Ausbreitung

Die Gegenreformation breitete sich im Reich besonders in den geistlichen Territorien, in Bayern, den Ländern Habsburgs, in Italien und in Spanien aus, das seit Philipp II. (1556–1598) als Vorkämpfer des Katholizismus in Europa auftrat.

Die Konfessionalisierung und ihre Folgen im 17. Jahrhundert

Konfessionalisierung

Die konfessionelle Spaltung in Europa führte auch zur Konfessionalisierung, einem Prozess der Vereinheitlichung religiöser Formen in den einzelnen Territorialstaaten, die dadurch ihren Untertanenverband stärken konnten. Das Zusammenleben zweier Konfessionen in einem Staat wie in Frankreich ab 1598 blieb die Ausnahme.

Protestantische Union (1608)/Katholische Liga (1609)

Die konfessionellen Unterschiede heizten jedoch auch die politischen Konflikte an, die sich zu Anfang des 17. Jahrhunderts in der Konfrontation der Großmächte Habsburg und Frankreich und in dem Zusammenschluss protestantischer und katholischer Staaten im Deutschen Reich zugespitzt hatten.

Der Dreißigjährige Krieg (1618–1648)

Im Dreißigjährigen Krieg entlud sich das Konfliktpotenzial zwischen Konfessionen und Staaten nach fast 60 Jahren Religionsfrieden durch den Streit zwischen dem protestantischen Adel Böhmens und dem katholischen Kaiser, der seine Absetzung und die Wahl

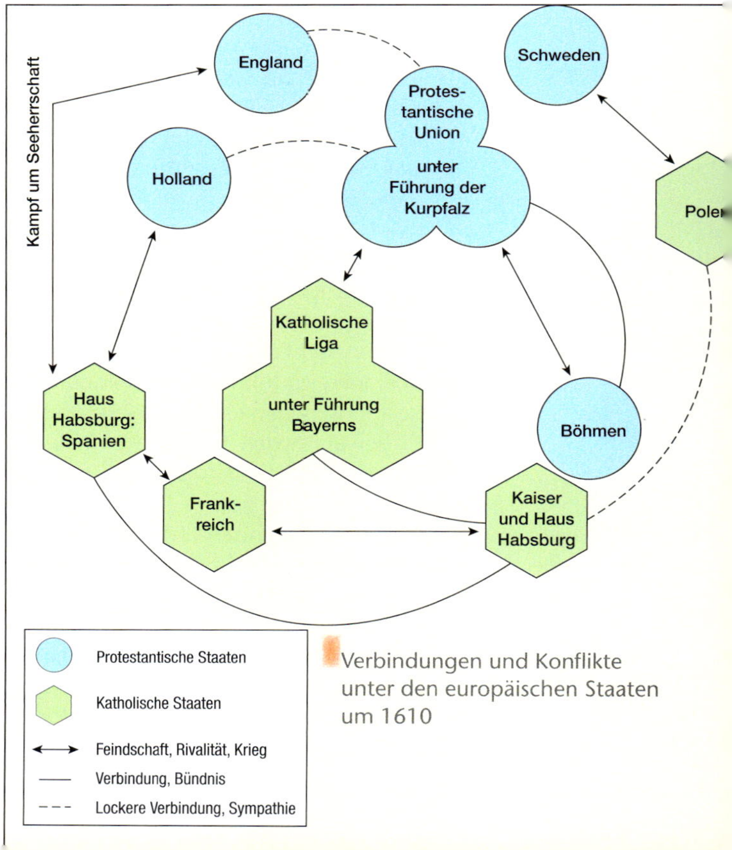

Verbindungen und Konflikte unter den europäischen Staaten um 1610

des protestantischen Kurfürsten von der Pfalz als böhmischen König nicht akzeptierte. Der beginnende Krieg weitete sich rasch zu einem Krieg in Mitteleuropa aus, in den sich die Großmächte Spanien auf katholischer, Frankreich und Schweden auf protestantischer Seite einmischten.

Der Dreißigjährige Krieg: vier Phasen, benannt nach Gegnern des Kaisers	
1618	Prager Fenstersturz: Zwei kaiserliche Statthalter werden von Protestanten aus einem Fenster der Prager Burg geworfen.
1618–1623	Böhmisch-Pfälzischer Krieg: Niederlage der Protestanten, die sich daraufhin mit Dänemark und den Niederlanden verbünden.
1623–1629	Niedersächsisch-Dänischer Krieg: Der kaiserliche Feldherr Wallenstein besiegt erneut die Protestanten.
1629	Restitutionsedikt: Rückgabe des von Protestanten besetzten katholischen Besitzes.
1630–1635	Schwedischer Krieg: Die Protestanten rufen Schweden zur Hilfe, das sich die Erweiterung seiner Herrschaft über die Ostsee verspricht.
1635	Prager Frieden: Kompromiss zwischen Kaiser und protestantischen Reichsfürsten. Für Friedensbereitschaft Restitutionsedikt zurückgenommen.
1635–1648	Schwedisch-Französischer Krieg: Militärisches Eingreifen Frankreichs und beginnende Friedensverhandlungen ab 1644.
1648	Westfälischer Friede von Münster und Osnabrück.

Westfälischer Frieden (1648)

Nach zerstörerischen Kriegsjahren mit bis zu 50% Bevölkerungsverlusten in manchen Gebieten (z.B. Pfalz, Hessen) bestätigte der Westfälische Frieden den Augsburger Religionsfrieden und dehnte ihn auf die Calvinisten aus. Innenpolitisch erhielten die Reichsstände die volle Landeshoheit in einem lockeren Staatenbund mit einem schwachen Kaiser. Die Siegermächte sicherten sich Gebiete im Reich – Frankreich im Elsass, Schweden an der Ostsee – und dadurch Mitsprache. Außenpolitisch formte der Friede das künftige europäische Staatensystem, indem sich die Großmächte als gleichberechtigt anerkannten.

Das Reich nach dem 30-jährigen Krieg

6. Eine neue Staatsform – der Absolutismus

Kennzeichen der Epoche

Die Epoche vom Dreißigjährigen Krieg bis zur Französischen Revolution von 1789 wird meist als Zeitalter des Absolutismus bezeichnet, weil hier eine neue Herrschaftsform entstand, die sich in den meisten europäischen Ländern durchsetzte. Zugleich bildete sich das europäische Staatensystem heraus. Europa bemächtigte sich mit seiner technisch-wissenschaftlichen Überlegenheit großer Teile der übrigen Welt und entfaltete zum ersten Mal in der Geschichte eine Weltwirtschaft. Ausdruck dieser Zeit war auch ein neuer Kunststil: der Barock.

Das Modell Frankreich

Entstehungsbedingungen

Wie kam es zu diesem neuen Herrschaftsmodell? Welche Bedingungen und Überlegungen stehen am Beginn?
Die Religionskriege im 16. Jahrhundert in Frankreich zwischen protestantischen und katholischen Partikularkräften schwächten die königliche Zentralmacht. Aus dieser Situation entstand das Bedürfnis und das Konzept nach einer konfliktlösenden, starken Staatsgewalt, die souverän über den gesellschaftlichen Gruppen stehen sollte. Diese Vorstellung wurde von einer politisch, nicht konfessionell denkenden Gruppe von Adligen und Bürgerlichen entwickelt, die man als „Politiker" beschimpfte, weil sie die Politik über die Religion stellten. Sie unterstützten das Königtum als Garant des Friedens. Einer von ihnen, Jean Bodin (1530–1596), entwickelte die Idee, dass der König von den Gesetzen losgelöst (*legibus absolutus*) herrschen müsse, um souverän zu sein (s. Thema S. 220ff.). In der politischen Praxis wurde diese Theorie der Staatsräson, nämlich dass das Interesse des Staates die Politik zu bestimmen habe, von zwei Ministern, Richelieu (1624–1642) und Mazarin (1643–1661), weiterentwickelt. Sie schränkten die Sonderrechte der Protestanten, der Ständeversammlungen und des Adels ein, der sich in einem Aufstand (Fronde) vergeblich wehrte.

Ludwig XIV., „absoluter Herrscher" (1661–1715)

Unter Ludwig XIV. wurden die absolutistischen Ansätze der französischen Monarchie seit dem 16. Jh. zu einem neuartigen Staatsmodell ausgeprägt. Der König, der sich selbst als „Gottes Statthalter auf Erden" verstand, stand über allen Gesetzen und gesellschaftlichen

Fundament, Säulen und Spitze des absolutistischen Staates

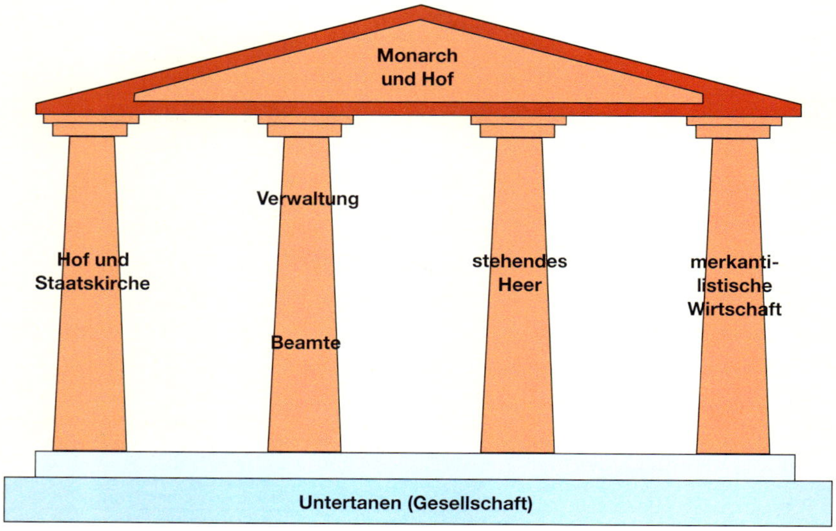

Ludwig XIV. (Gemälde von H. Rigaud, 1701)

Mächten wie Ständeversammlung, Kirche und Adel. Er griff regulierend in viele Lebensbereiche wie Politik, Wirtschaft, Wissenschaft und Kultur ein.

Als Zentrum und neue Residenz ließ er Versailles bauen und umgab sich dort mit einem Hofstaat von ca. 20000 Personen. Die Adligen, die die Herrschaft des Königs früher öfter bedrohten, wurden als Territorialherren entmachtet und in die neue Hofhaltung eingebunden. Die Macht des Königs beruhte auf dem ständig einsatzbereiten, stehenden Heer – hier hatten die Herrscher aus den schlechten Erfahrungen mit Söldnerheeren aus dem Dreißigjährigen Krieg gelernt – und auf einem zentralistisch ausgebauten Beamtenapparat, der in der Provinz durch „Intendanten" die Königsbefehle ausführte. Mit seiner Hilfe versuchte Ludwig XIV., Gesellschaft und Wirtschaft zu reglementieren, um für die enorm gestiegenen Staatsausgaben, besonders durch die zahlreichen Kriege (das Heer verschlang 66 % aller Einnahmen), das Steuereinkommen zu steigern.

Religionspolitik

Als oberster Kirchenherr machte der König zur Vereinheitlichung seines Untertanenverbandes die katholische Konfession verbindlich, hob das Toleranzedikt von Nantes auf und verbot damit 1685 den Protestantismus. Viele „Hugenotten" verließen ihr Land, um ihre Religion in protestantischen Staaten ausüben zu können.

Gesellschaftliche Basis

Die mittelalterliche Gliederung der Gesellschaft in die drei Stände Klerus, Adel und dritter Stand entwickelte sich weiter. Adel und hoher Klerus genossen das größte gesellschaftliche Ansehen und die meisten Vorrechte (Jagden, Steuerbefreiung, Abgaben der Bauern). Diesen zwei Prozent der Gesellschaft stand der dritte Stand gegenüber, von dem die Mehrheit (ca. 90 %) als Bauern lebte. Aus dem besonders durch Handel reich gewordenen Stadtbürgertum war seit dem 16. Jh. eine neue Führungsschicht entstanden. Sie lieh dem Staat hohe Geldsummen und kaufte Adelstitel und Ämter in der königlichen Verwaltung. Zusammen mit der Aristokratie war sie die Stütze der Monarchie. Dagegen erhöhte sich für die Masse der Bevölkerung, besonders für die Bauern, die Steuer- und Abgabenbelastung.

Grenzen des Absolutismus

Der König beanspruchte zwar die absolute Macht, musste aber Einschränkungen hinnehmen. Finanziell war er von Steuern und Krediten abhängig, um Staat, Hof und Armee zu unterhalten. Bürger und Adlige verliehen ihr Geld nur gegen Zinsen und Gegenleistungen (z. B. Ämter und Steuerpachten). Politisch war der königliche Machtapparat (ca. 1000 direkte Beamte), verglichen mit heutigen Staatsverwaltungen, für ein so großes Gebiet und die damaligen Kommunikationsmöglichkeiten eher begrenzt. Er musste zudem unterschiedliche gesellschaftliche Sonderrechte berücksichtigen, die des Adels auf seinen Ländereien, die der Städte, der Kirche und der Provinzialständeversammlungen.

Neue Wirtschaftspolitik

Mit einer staatlichen Politik der Wirtschaftslenkung sollte größerer wirtschaftlicher Reichtum für eine expandierende Gesellschaft und einen finanzbedürftigen Staat und dessen militärische Stärkung erreicht werden.

Die ausgeprägteste Form dieses staatlich gelenkten Merkantilismus (von lat. *mercator* = Händler) entwickelte Colbert (1619–1683) als Minister Ludwigs XIV. Nach dem Grundsatz mehr aus- als einzuführen, um die Quelle des Reichtums, die Geldmenge im eigenen Land zu erhöhen, wurde die ausländische Konkurrenz mit Zöllen belastet und damit die einheimischen Produkte geschützt. Um vom Import teurer Luxuswaren, Rüstungsgüter usw. unabhängig zu werden, förderte der Staat das Heimgewerbe und die Errichtung von Manufakturen, z. B. für Textilien, Schiffe und Waffen, er vergab Monopole, stellte die Zünfte unter staatliche Kontrolle, warb ausländische Arbeitskräfte an, beschaffte (auch illegal) Herstellungsverfahren. Um den Warenaustausch in Frankreich zu fördern, wurden Binnenzölle abgebaut und Verkehrswege durch Straßen- und Kanalbau (z. B. Canal du Midi, 1666–1681) verbessert. Die Ausdehnung des Handels nach außen wurde durch den Bau einer Handelsflotte und die Gründung von Überseehandelsgesellschaften und Kolonien zur Rohstoffbeschaffung angeregt.

Manufaktur als neue Produktionsform

Vom Staat unterstützt oder unter seiner Leitung entstanden Manufakturen (lat. *manu factum* = von Hand hergestellt). Diese fabrikähnlichen Anlagen fassten mehrere Produktionsschritte in einem Betrieb zusammen.

Manufaktur

Manufakturenbesitzer
besorgt Rohstoffe und staatliche Zuschüsse; stellt Werkzeug; organisiert technische Verbesserung, Arbeitsteilung, Warenabsatz

↓

zerlegt Produktion in Arbeitsschritte:

↓

abhängige Arbeiter Tätigkeit 1	Arbeiter Tätigkeit 2	Arbeiter Tätigkeit 3

↓

Waren in großen Mengen

Für die Nadelherstellung errechnete Adam Smith 1776, dass ein Arbeiter durch die in 18 Schritte zerlegte Arbeit täglich ca. 4800 Nadeln produzieren konnte, ein Einzelner, der alle Arbeitsschritte selbst ausführte, nur ca. 20 Nadeln. So konnte diese neue Produktionsform Manufaktur kostengünstiger, mehr und schneller produzieren als Verlag und Zunfthandwerk.

Verbreitung von Merkantilismus und Absolutismus in Europa

Merkantilismus und Weltwirtschaft

Der Merkantilismus mit seiner zentral gelenkten Wirtschaftsförderung sowie der neuen Produktionsform der Manufaktur verbreitete sich rasch in Europa und hatte Auswirkungen auf die Europäisierung der Weltwirtschaft.

Staaten mit einer merkantilistischen Wirtschaftspolitik wie Frankreich, England, die Niederlande nutzten ihren sich erweiternden Kolonialbesitz nicht nur als Rohstoffquelle, sondern auch als Absatzmarkt. Dazu bauten sie mit Handelsgesellschaften wie z. B. der englischen oder holländischen Ostindienkompanie Handelsimperien auf, die die alten Kolonialmächte Spanien und Portugal zurückdrängten. Besonders der Handel Ende des 17. Jahrhunderts mit Baumwollstoffen und besonders im 18. Jahrhundert mit „Kolonialwaren" wie z. B. Tee, Kakao, Tabak, Kaffee, Zucker wurde zur Quelle des überseeischen Reichtums in Europa. Am erfolgreichsten war dabei England, das nach dem Siebenjährigen Krieg (1756–1763) größte Handels- und Kolonialmacht wurde.

Ostindienkompanien (1600/1602)

Nachahmung des absolutistischen Modells

Das politische Modell Frankreichs fand bei vielen Fürsten in Europa Anklang. Sie imitierten Elemente der politischen Theorie, des Staatsaufbaus, der Wirtschaftspolitik bis zum Zeremoniell und dem Bau von Residenzen nach dem Vorbild von Versailles und schufen absolutistische Staatswesen.

Peter I. (Zar 1689–1725)

Russland öffnete sich unter Zar Peter I. zum Westen und reformierte seinen Staat nach westeuropäischem Vorbild mit Förderung der Wirtschaft und Zentralisierung der Regierung, um ihn zu einer europäischen Großmacht zu machen. Seine neugebaute Residenz St. Petersburg ist Ausdruck dieser absolutistischen Herrschaftsweise.

Deutsche Kleinstaaten

Selbst kleinere Staaten im Deutschen Reich orientierten sich am französischen Vorbild. So zentralisierte zum Beispiel der Landgraf von Hessen-Kassel mit einem nur 160 000 Einwohner umfassenden Territorium 1681 seine Verwaltung, baute eine prachtvolle Residenz und stellte ein stehendes Heer auf, das etwa 6 Prozent der Bevölkerung umfasste und um 1700 die Hälfte des Haushalts verschlang. Deshalb vermietete der Herrscher Heeresteile und konnte dadurch großen Reichtum erwerben.

Nur wenige Staaten wie England und die Niederlande schufen andere Staatsformen (s. S. 226 u. 243ff.).

Dualismus im Reich: Preußen-Österreich

Schwache Zentralgewalt

Das nach 1648 im Westfälischen Frieden neu gefestigte Deutsche Reich mit seinen über 300 Einzelherrschaften schwächte weiterhin die Zentralgewalt, obwohl Österreich als vorherrschende Macht im Reich den Kaiser stellte.

Aufstieg Brandenburg-Preußens

Seit dem 17. Jahrhundert erwuchs ihm in Brandenburg-Preußen ein mächtiger Rivale, der sich an der absolutistischen Staatsform orientierte und sie auf seine Möglichkeiten hin adaptierte.

Der Große Kurfürst (1640–1688)

Noch um 1600 war das Kurfürstentum Brandenburg ein armes Territorium. Friedrich Wilhelm von Brandenburg konnte sein Gebiet durch Erbschaften (Herzogtum Preußen 1618) und geschickte Politik verdoppeln und zu einem starken Staat ausbauen. Dazu entmachtete er mit einer Zentralverwaltung die Stände (besonders in der Steuerbewilligung) und förderte die Wirtschaft u.a. durch Ansiedlung (Hugenotten) und Manufakturen. Außerdem baute er ein stehendes Heer auf, das sein Enkel Friedrich Wilhelm I. auf über 80 000 Mann (bei 2,5 Mio. Einwohnern) verdoppelte. Ihm war der Prunk des französischen Absolutismus kein Vorbild. Mit einem eher despotischen und auf Sparsamkeit bedachten Absolutismus baute er eine disziplinierte Beamtenschaft auf, die eine verstärkte Steuerpolitik zur Heeresfinanzierung durchführte.

Friedrich Wilhelm I., König in Preußen (1713–1740)

Friedrich II. (1740–1786)

Sein Sohn Friedrich II. fühlte sich als „erster Diener seines Staates" aufklärerischen Gedanken verpflichtet und führte Reformen im Rechtswesen und religiöse Toleranz ein (s. Thema S. 220 ff.). Aber sonst wurde der strenge Militär- und Beamtenstaat fortgeführt, um nach außen stark zu sein.

Friedrich der Große

Maria Theresia

Im Inneren behielten die Adligen die Gerichts- und Polizeibefugnisse über die fast leibeigenen Bauern, wodurch eine gesellschaftliche Weiterentwicklung gehemmt wurde. Im Heer besetzten sie führende Positionen. Es wurde auf 188 000 Mann (1786) erhöht und zum wesentlichen Faktor in Staat und Gesellschaft.

Modernisierung Österreichs

Auch Österreich orientierte sich an der Modernität Frankreichs und Preußens, um nicht die Vormacht im Reich an den Aufsteiger Preußen zu verlieren.

Maria Theresia (1740–1780)

Kaiser Joseph II. (1765–1790)

Maria Theresia begann deshalb einen modernen Beamtenstaat aufzubauen, der verlässlicher Steuern erheben, Soldaten rekrutieren und die Wirtschaft (z.B. durch Manufakturen, Straßenbau) fördern konnte. Ihr Sohn Joseph II. ging, beeinflusst durch die Aufklärung, in seiner Reformpolitik noch weiter. Er ließ z.B. Leibeigenschaft und Zunftzwang aufheben, die Schulpflicht einführen. Österreich war dabei, der modernste Staat Europas zu werden. Da der Staat die Reformen jedoch überstürzt, z.T. gewaltsam durchsetzte und Traditionen überging, gab es erhebliche Widerstände und Probleme, die u.a. auch durch den Vielvölkerstaat bedingt waren.

Konfrontation: Der Siebenjährige Krieg (1756–1763)

Die Machtkonkurrenz der beiden Staaten führte allmählich zur offenen Rivalität um die Vorherrschaft im Deutschen Reich. Den Höhepunkt dieses Machtkampfes bildete der Siebenjährige Krieg, den Preußen mit einer Besetzung Schlesiens provozierte. In ihm verbündeten sich die beiden Parteien mit europäischen Staaten. England unterstützte Preußen, weil es in Europa an einer Gleichgewichtspolitik gegen eine französische Vorherrschaft interessiert war. Dadurch erhoffte die Handelsmacht, in Übersee mit seiner Kolonialpolitik freie Hand zu bekommen. Erstmals trugen die europäischen Staaten ihre Konflikte jetzt auch in ihren überseeischen Besitzungen aus. England, das Preußen in Europa kämpfen ließ, besiegte das mit Österreich verbündete Frankreich in Nordamerika und Indien. Preußen konnte sich gegenüber Österreich behaupten, behielt Schlesien und wurde als europäische Großmacht anerkannt.

7. Beharrung und Wandel in der Frühen Neuzeit

Elemente der Beharrung

Den vielen Aufbrüchen und Neuerungen der Frühen Neuzeit, wie sie in den vorangegangenen Abschnitten dargestellt wurden, stehen gleichwohl eine Reihe beharrender, nur langsam sich ändernder, manchmal gar rückläufiger Strukturen in Gesellschaft und Kultur der Neuzeit entgegen.

Der Alltag der Menschen blieb in vielen Bereichen unverändert. Sie arbeiteten weiterhin überwiegend in der Landwirtschaft mit ihren althergebrachten Methoden wie der Dreifelderwirtschaft. Sie lebten in Familien, in denen der Hausherr die dominierende Stellung besaß. Die Frau blieb untergeordnet, eher verlor sie noch Arbeitsmöglichkeiten, die sie z. B. im städtischen Handwerk im Mittelalter teilweise besaß. Die bessergestellte soziale Position der Frauen in den Niederlanden bildete eine Ausnahme in Europa.

Landwirtschaft · *Rolle der Frau*

Gesellschaftsstruktur

Die Gesellschaft blieb weiterhin nach dem ständischen Prinzip gegliedert in Klerus, Adel und dritten Stand. Nicht Reichtum, so wichtig er für den sozialen Aufstieg sein konnte, war entscheidend, sondern Herkunft, Stand und die damit verbundene Ehre. Die gegenseitige Abgrenzung von Bauern, Bürgern und Adligen verstärkte sich eher noch.

Auch in der Technik änderte sich in vielen Bereichen kaum etwas: Menschliche Arbeitskraft, Wasserkraft und Holz(kohle) blieben die wichtigsten Energieformen, menschliche Handarbeit im Handwerk die zentrale Produktionsform.

Volkskultur · *Hexenverfolgung*

Für die große Mehrheit der Menschen blieb die Volkskultur mit ihrer schriftlosen Tradition bestimmend, da sie kaum Berührung mit der Kultur der Eliten hatte. Deshalb konnten sich im Denken auch magische Vorstellungen halten, die z. B. in Krisenzeiten zu großen Hexenverfolgungen (in Deutschland besonders 1560–1640) führten, wenngleich diese auch komplexe Ursachen wie Sozialneid, Sündenbocksuche für erfahrene materielle und körperliche Not und Frauenfeindlichkeit hatten (s. Thema S. 213 ff.). Die Verfolgungen wurden allerdings auch von Teilen lokaler Eliten betrieben und legitimiert, bis sich ein neues aufgeklärtes Denken im 18. Jahrhundert endgültig dagegen durchsetzte.

Ein neues Denken: die Aufklärung

Entstehung

In den zum großen Teil absolutistisch geprägten Staaten Westeuropas entsteht am Ende der Frühen Neuzeit ein über die Epoche hinausweisendes und sie sprengendes Denken, die Aufklärung.

Sie begann im letzten Viertel des 17. Jahrhunderts ausgehend von der Philosophie und den neuen Naturwissenschaften als eine emanzipierte Bewegung des Bürgertums, das sich von seiner politischen Unmündigkeit und den ständischen Schranken im absolutistischen Staat ebenso wie von religiösen Einschränkungen lösen wollte.

Ausgehend von Holland ging die Bewegung auf England über, wo sie in der *Glorious Revolution* (s. S. 243ff.) einen politischen Ausdruck fand, um sich dann in Frankreich um 1750 auszubreiten. Deutschland und andere europäische Länder wurden von dort beeinflusst.

Gemeinsam war den verschiedenen Strömungen in den westeuropäischen Ländern in Weiterführung des Humanismus der Renaissance die Idee, die kritische Vernunft zum Maßstab allen Handelns (Rationalismus) und die Erfahrung zum Maßstab des Erkennens (Empirismus) zu machen, um den Menschen eine selbstbestimmte Lebensweise zu ermöglichen. Die Idee des Naturrechts führte zur Vorstellung rechtlicher Gleichheit aller Menschen und zu einem neuen Freiheitsbegriff. Der deutsche Philosoph Kant definierte Aufklärung deshalb als „Ausgang des Menschen aus seiner selbst verschuldeten Unmündigkeit". Der aufgeklärte Mensch sollte so mutig sein, „sich seines Verstandes ohne Leitung eines anderen zu bedienen".

Immanuel Kant (1784): „Was ist Aufklärung?"

John Locke hatte in seiner Zurückweisung spekulativen Denkens zugunsten der Erfahrung und Sinneswahrnehmung eine Grundlage aller Philosophie gelegt, die von Newton naturwissenschaftlich fundiert wurde.

John Locke (1690): „An Essay Concerning Human Understanding"

Isaac Newton (1687): „Mathematische Prinzipien der Naturlehre"

Die Forderung nach naturrechtlicher Legitimierung von Politik und Justiz führte zu unterschiedlichen Konzepten.

Während Voltaire besonders den Einfluss der Kirche und dogmatischer Religion kritisierte, blieb er politisch auf der Ebene eines aufgeklärten, reformierten Absolutismus im Gegensatz zu Rousseau, der im „Gesellschaftsvertrag" (1762) für Volkssouveränität und Demokratie eintrat, in der dem „Gesamtwillen" das Einzelinteresse untergeordnet wird. Dem bestehenden absolutistischen System wurde von Montesquieu die Lehre der Gewaltenteilung entgegengestellt, die er aus der englischen Verfassung abgeleitet hatte. Eine Breitenwirkung erreichten die Ideen der Aufklärer in Frankreich durch die von Diderot und d'Alembert herausgegebene und von 160 Gelehrten verfasste „Enzyklopädie der Wissenschaften, der Künste und des Handwerks".

Voltaire (1694–1778)

Rousseau (1712–1778)

Baron de Montesquieu (1689–1755): „Vom Geist der Gesetze"

Enzyklopädie (1751–1780)

Aufklärung (Kupferstich von Chodowiecki, 1792)

Die sich verbreitende Aufklärungsbewegung wurde so zu einem Wegbereiter der Französischen Revolution und trug zum Ende des Absolutismus und der Epoche der Frühen Neuzeit bei.

Bände der Enzyklopädie

Ein neues Weltbild um 1500 im Spiegel von Gemälden

Künstler und Wissenschaftler beginnen um 1500, in Auseinandersetzung mit den wirtschaftlichen, sozialen und politischen Krisen und Umbrüchen ihrer Zeit nach neuen Wegen, Erkenntnissen, historischen Vorlagen und Sichtweisen zu suchen.
Sie lösen sich von der Dominanz der Kirche und stellen den Menschen, seine Vernunft und Erfahrung, die Schönheit der Welt sowie die Erkundung und Entdeckung des Diesseits in ihrer Gegenwart und in der Welt antiker Werke in den Vordergrund ihrer Arbeit.
In ganz Westeuropa entsteht ausgehend von Italien eine Fülle von Kunstwerken und wissenschaftlichen Darstellungen, die sich dem neuen Zeitgeist verpflichtet wissen und ihn zum Ausdruck bringen.
Die Gemälde sollten vor dem Hintergrund folgender Leitfrage betrachtet werden:

- **Welche Elemente des neuen Zeitgeistes werden in den Gemälden sichtbar?**

Dieser Frage können Sie anhand der ausgewählten Gemälde nachgehen, indem Sie sie mithilfe der methodischen Anleitung interpretieren.

Power-Point-Präsentation:
Neuer Zeitgeist der Renaissance im Bild

Entwerfen Sie eine Power-Point-Präsentation zu diesem Thema.

Hinweise zum Vorgehen:
Empfehlenswert ist, die Arbeit unter sich aufzuteilen.

1. Wählen Sie jeweils ein Gemälde aus und interpretieren Sie es mithilfe der Arbeitsschritte, wie sie am Beispiel des Gemäldes M 1 „Die Schule von Athen" von Raffael Santi (s. Methode, S. 209f.) exemplarisch vorgestellt werden.
2. Gestalten Sie eine Power-Point-Folie, auf der Sie zu dem Bildelement auf der Grundlage Ihrer Interpretationsergebnisse einen Begleittext verfassen, der dem Betrachter das Bild erklärt.
3. Eine kleine Arbeitsgruppe fügt die Einzelfolien zu einer animierten Power-Point-Präsentation zusammen, die dann als Bildschirmpräsentation oder beamergestützt im Kursplenum vorgeführt wird. Sie ist Grundlage einer gemeinsamen inhaltlichen Diskussion und kritischen Würdigung der visuellen Qualität.

Methode

Gemälde interpretieren

A. Gemälde als historische Quellen

Neben dreidimensionalen Kunstwerken und in der Regel farbloser und linearer Grafik sind Gemälde eine eigene Form von Kunstwerken, bei denen Flächen farbig gestaltet werden.
Die Kunstgeschichte unterscheidet Wand-, Tafel- und Buchmalerei. Gemälde können mit verschiedenen Techniken und Farbarten hergestellt werden. Aquarell (Wasserfarben durchscheinend aufgetragen), Gouache (Malerei mit deckenden Wasserfarben), Ölfarbe (mit Leinöl vermischte Farbpigmente; beständiger als Tempera, wasserfest, Technik von van Eyck im 16. Jh. weiterentwickelt), Tempera (von der Ölmalerei bevorzugte Technik von Farben mit Bindemitteln, z.B. Ei).

Gemälde sind nicht als Sachinformationen entstanden, sondern oft als Auftragsarbeiten an Künstler zu Selbstdarstellungs- und Dekorationszwecken ihrer Geldgeber. Sie können aber wie schriftliche Zeugnisse auch historische Quellen sein. Sie eignen sich in besonderer Weise, zu folgenden Aspekten Erkenntnisse über die Vergangenheit zu vermitteln:
1. **Sachkultur:** Ein gotisches Tafelbild mit der Darstellung der Anbetung der drei Könige erhält nicht nur dieses Motiv, sondern vermittelt zugleich Kenntnisse über die materielle Kultur, also über zeitgenössische Kleidung, Architektur, Technik, Arbeitsweise, Wohnen etc.

2. **Wertvorstellungen und Gefühle** spiegeln sich ebenfalls in einem solchen Bild, da verschiedene gesellschaftliche Gruppen, ihre soziale Stellung (Hierarchie) und ihre Verhaltensweisen ebenso dargestellt werden wie Emotionen (Freude, Trauer) in Bezug auf bestimmte Ereignisse.

3. Bilder sind nie schlichte Abbilder der Vergangenheit, sie enthalten immer auch **Botschaften und Deutungen** eines Geschehens – so wie es der Maler oder der Auftraggeber sehen und verstanden haben möchte. Bilder sind deshalb meist auch mit einer bestimmten Wirkungsabsicht entstanden, um z. B. eine bestimmte politische oder religiöse „Weltsicht" zu verbreiten, Machtverhältnisse zu unterstreichen bzw. zu rechtfertigen. Der Künstler erweist sich dabei als besonderer Interpret seiner Zeit.

B. Schritte der Interpretation von Gemälden (am Beispiel M1)

1. Schritt – Leitfrage(n) festlegen:

Das eigene Erkenntnisinteresse bestimmen und eingrenzen und als Untersuchungsfrage formulieren, die dann für die Interpretation leitend ist.
Wie und mit welcher Thematik stellt der Maler Raffael die neue Weltsicht dar?

2. Schritt – Analyse:

– Beschreibung und Klärung der formalen äußeren Merkmale

- Eine Bildbeschreibung anfertigen, in der der Maler, die Bildgattung, das Bildthema, Entstehungszeit, -ort, -anlass, Auftraggeber, Adressat sowie der situative historische Kontext, in dem das Gemälde steht, vorgestellt werden.
  Was ist das Spezifische der Quellengattung, wo ist das Bild entstanden und zu finden, von wem wurde es gemalt (s. Lexikon) und in Auftrag gegeben, in welcher historischen Situation, wen sollte es ansprechen? (S. Kommentar zum Bild M1.)

– Bildbeschreibung und -erläuterung

- Die Einzelelemente der Darstellung und die Bildinhalte strukturiert beschreiben und die sachlichen historischen Zusammenhänge, auf die sich das Gemälde bezieht, erläutern.
  Dabei muss das Bild genau betrachtet werden, um folgende Elemente zu bestimmen:
  – das Thema und den Inhalt
  – die Örtlichkeit/Umgebung
  – die einzelnen Personen bzw. Personengruppen
  – die Sachgegenstände
  – den Handlungszusammenhang
  (S. Kommentar zum Bild M 1.)
  Es empfiehlt sich, dabei in einer zweckmäßigen Reihenfolge und Anordnung zu beschreiben, was auf dem Gemälde zu sehen ist.
  Hier sollte vom umgebenden Raum auf den Mittelpunkt des Gemäldes und von da zu dem Vordergrund und den Bildrändern in der Beschreibung der Personen und ihrer Bedeutung vorgegangen werden.
  In einem zweiten Schritt könnten Sie auf den historischen Sachverhalt, den das Bild thematisiert, erläuternd eingehen.
- Wesentliche Gestaltungsmittel des Gemäldes darstellen und bildbezogen erläutern.
  Hier geht es um die Frage, wie der Maler sein Thema präsentiert. Dabei sollten Sie die verwendete Perspektive des Malers, Bildgröße, Raum- und Farbgestaltung, die Lichtführung, die Proportionen der Figuren zur Umgebung, ihre Körpersprache sowie die Darstellungstechnik und den Ort der Präsentation erläutern.

3. Schritt – Bildinterpretation:

– Kritische Erläuterung, Deutung und Beurteilung bzw. Bewertung im historischen Kontext

- Die zentrale(n) Bildaussage(n) in ihrem historischen Kontext und ihrer Darstellungsabsicht im Zusammenspiel von Inhalt und Form deuten. Auf das vorliegende Gemälde bezogen können folgende Fragen die Deutung und Bewertung formulieren helfen:
  – Was will der Maler mit seiner Gestaltungsweise betonen und zum Ausdruck bringen?
  – Welche Absicht verfolgt der Maler im Hinblick auf seine Adressaten?
  Was bedeutet in diesem Kontext die Gleichsetzung von antiken und zeitgenössischen Figuren?

Welche Einstellung hat der Maler zur Antike?
– *Wie ist die Darstellung Raffaels vor dem Hintergrund der neuen Geistesbewegung der Renaissance zu beurteilen?*
Welche zeittypischen Deutungsmuster und Konzepte werden erkennbar?
***Tipp:** Nutzen Sie dazu auch den Infotext S. 191 ff.*
– *Wie bewerten Sie als heutiger Betrachter diese Art, eine Weltsicht darzustellen, und wie wirkt das Bild auf Sie?*

– Zusammenfassendes Resümee mit Blick auf die Leitfrage

- Ein zusammenfassendes Gesamturteil mit Bezug auf die Leitfrage formulieren.
  Wie verarbeitet der Maler Raffael den Aufbruch in eine neue Zeit und wie stellt er seine Weltsicht dar?

MATERIALIEN

M 1 Raffael Santi (1483–1520): Die Schule von Athen

Das Bild Raffaels ist Teil der Freskenbemalung (Wandmalerei) des „Unterzeichnungssaales" (Stanza della Segnatura) des Vatikanpalastes (Breite 7,72 m). Das Bild aus dem Jahre 1510, von Papst Julius II. in Auftrag gegeben, sollte im Gegensatz zu einem gegenüberliegenden theologischen Wandgemälde der Verherrlichung der göttlichen Offenbarung (1509) die weltlichen Wissenschaften im antiken Griechenland darstellen.

Erläuterungen zum Bild M 1: Die Halle der „Schule von Athen“ soll einen Eindruck davon vermitteln, wie der Neubau der Peterskirche aussehen soll. In den Wandnischen sind Apollo und Athene, Götter der Weisheit und gedanklichen Klarheit dargestellt. Im Zentrum des Bildes links Platon, der mit dem Finger zum Himmel, dem Ort der ewigen Ideen zeigt, rechts Aristoteles weist zur Erde, dem Boden der Tatsachen, links im gelb-braunen Gewand steht Sokrates, der an seinen Fingern Argumente aufzählt und Alkibiades seine Weisheitslehre erklärt, vorn links an der Treppe sitzt grübelnd Heraklit, der Naturphilosoph, auf der Treppe liegend ist Diogenes zu sehen, der die Selbstgenügsamkeit lehrte; links sind Mathematiker, rechts Geometer und Astronomen dargestellt: Pythagoras unten vorne links entwickelt seine Zahlenlehre in einem Buch, rechts vorn erklärt Archimedes (oder Euklid?) die Geometrie (siehe Zirkel), Ptolemäus rechts daneben trägt einen Erdglobus und erklärt seine Vorstellung der Welt. Insgesamt entsteht so ein Bild der Stufenleiter des Wissens durch die sieben freien Künste, die zur Weisheit führen. Einzelne Figuren tragen zeitgenössische Züge, so Platon die von Leonardo da Vinci, Archimedes die von Bramante, einem berühmten Architekten, Raffael selbst ist am Pfeiler ganz rechts zu sehen und blickt den Betrachter an.

M 2 Bernadino Pinturicchio (1454–1513): Die Krönung des Dichters Enea Silvio Piccolomini

Piccolomini, der spätere Papst Pius II., wird durch Kaiser Friedrich III. zum „poeta laureatus“ (lorbeergeschmückter Dichter) gekrönt. 1507 im Auftrag des Kardinals Francesco Todeschini-Piccolomini für die Dombibliothek in Siena geschaffenes Fresko als Erinnerung an dessen Onkel.

M 3 Sandro Botticelli (1445–1510): Die Geburt der Venus um 1486

Darstellung der Geburt der Liebesgöttin Venus und ihrer Landung auf der Insel Cythera. Vorbild war die antike römische Statue der Mediceischen Venus, die im Gemälde dem zeitgenössischen Florentiner Geschmack angepasst wurde. Um 1486 wahrscheinlich für die Medici-Familie gemalt (Tempera auf Leinwand, 175 x 275 cm).

M 4 Hans Holbein der Jüngere (1497/98–1543): Bildnis des Kaufmanns Georg Gisze

Der in Augsburg geborene Holbein porträtierte in London neben der königlichen Familie viele deutsche Kaufleute, so auch Georg Gisze aus Danzig, dem daran lag, mit den für seinen Beruf charakteristischen Geräten dargestellt zu werden (Siegelringe und -stempel, Tischuhr, Schreibutensilien, Geschäftsbuch, Feinwaage, Wechselbriefe hinter den Leisten, Fadenspender in der Kugel rechts oben). Vorn steht eine venezianische Glasvase. Venezianisches Glas galt als besonders kostbar. Auf dem Brief steht: „Dem Erszamen Jorgen gisze to lunden in engelant mynem broder to handen.“ 1532 gemalt mit Ölfarben auf Eichenholz (93,3 x 85,7 cm).

Hexenverfolgung – kein Rückfall ins Mittelalter

Im Gegensatz zu einer verbreiteten Einschätzung, die Hexenverfolgung sei ein mittelalterliches Phänomen, gehört sie zu einem der dunkelsten Kapitel der Geschichte der Frühen Neuzeit in Mitteleuropa. Sie begann seit dem 15. Jahrhundert, verstärkte sich aber nach einem Rückgang nach 1520 von 1560 bis ins 18. Jahrhundert in verschiedenen Regionen Mitteleuropas. Von weltlichen Gerichten wurde sie aus unterschiedlichen Motiven (s. Info S. 206), aber mit ähnlicher „juristischer Rationalität" durchgeführt und führte zum Tod von insgesamt etwa 40 000 – 50 000 Menschen in Europa.
In einzelnen Gebieten im Deutschen Reich war die Verfolgung stärker als in anderen.
In einer Zeit des Aufbruchs der Vernunft in Wissenschaften, Künsten und der Politik erstaunt diese antirationalistische Haltung von Verfolgern und Bevölkerung.

- **Wie wurden die Hexenverfolgung und das dabei praktizierte brutale Vorgehen in einer Epoche des Aufbruchs der Vernunft und Wissenschaft begründet und legitimiert?**
- **Wo und wie setzte die Kritik an der Hexenverfolgung an?**
- **Warum sind rational denkende Menschen in einer Zeit zunehmender Rationalität zu einem derart irrationalen Verhalten fähig?**

Drei Fragestellungen, die Sie auf der Grundlage von zeitgenössischen Quellen, einer Zahlenstatistik sowie moderner Historikertexte untersuchen können.

Selbstmord einer als Hexe beschuldigten Frau (Holzschnitt, 16. Jh.)

1. Beschreiben Sie anhand des Infotextes (S. 206) und der Zahlenstatistik M 1, wo, wann und von welcher Konfession die Hexenverfolgung betrieben wurde.
2. Arbeiten Sie ausgehend von einer Beschreibung und Klärung der formalen äußeren Merkmale (vgl. Basismethode S. 563ff.) aus den historischen Materialien M 2 – M 7 heraus,
   a) wie die typische Form eines Hexenprozesses aussieht; erstellen Sie dazu ein Ablaufschema der juristischen Schritte und eine Auflistung der typischen Anklagepunkte (M 2 – M 5);
   b) welche Begründungen und Legimitationen seitens der Richter vorgetragen werden (besonders in M 2 und M 5);
   c) welche Aspekte die Kritiker solcher Prozesse ansprechen (vor allem M 6 und M 7, auch M 4).
3. Analysieren Sie die Historikerurteile (M 8 und M 9) und erörtern Sie auf dieser Grundlage die dritte Leitfrage.
4. **Präsentationsvorschlag**: Gestalten Sie eine Plakatwand, auf der Sie Ihre Arbeits- und Diskussionsergebnisse zu den drei Fragestellungen dokumentieren.

➧ **Tipp:** Wenn Sie möchten, können Sie Ihre Materialgrundlage durch eigene Recherche erweitern.

Nützliche Internet-Adressen zur Hexenverfolgung:
- www.hexenforschung.historicum.net (sehr umfangreich und kompetent)
- www.uni-trier.de/hexen/projekt/proiekt.html
- www.uni-muenster.de/FNZ-online/recht/hexen/gliederung.htm
- www.dhm.de/ausstellungen/hexenwahn/mup/htm

5. Vielleicht regt Sie das Thema zu eigener lokalgeschichtlicher Spurensuche an. Sie könnten eine Recherche im Stadtarchiv (s. Basismethode S. 574f.) und im Internet (s. Basismethode S. 572f. / nützliche Adressen s. o.) durchführen und Ihre Ergebnisse zu einer kleinen Ausstellung oder Broschüre verarbeiten.

MATERIALIEN

M 1 Statistik zur Hexenverfolgung in Europa

Hexenverfolgungen in Europa				
Stadt	**Opfer**	**Konfession**	**Zeitraum**	**Lage heute**
Lothringen	2000	katholisch	1580–1620	F
Span. Niederlande	2000	katholisch	1580–1620	B
Kurköln	2000	katholisch	1626–1635	D
Mecklenburg	2000	lutherisch	1570–1630	D
Herzogtum Mailand	2000	(vorreformatorisch)	1480–1520	I
Kurmainz	1800	katholisch	1590–1630	D
Schottland	1350	calvinistisch	1570–1670	GB
Würzburg	1200	katholisch	1616–1630	D
Waadtland	1200	calvinistisch	1580–1620	CH
Dänemark	1000	lutherisch	1540–1680	DK
Portugal	10	katholisch	1550–1700	P
Irland	4	katholisch	1550–1700	IRL
Türkei	0	muslimisch		T

(Nach: W. Behringer, Witches and Witch-Hunts, Cambridge 2004, S. 50 u. 150)

M 2 Flugblatt zum Prozess der Anna Eberle

Beschreibung der im Jahre 1669 am 23. März in der Römischen Reichsstadt Augsburg verurteilten Weibsperson, welche ob grausamer und erschreckender Hexerei […] wie auch anderer verübter Übeltaten durch ein erteiltes gnädiges Urteil von einem ganzen ehrbaren Rat zuvor mit glühenden Zangen gerissen, danach mit dem Schwert gerichtet und der Leib zu Asche verbrannt worden ist.

Erstens hat Anna mit dem Namen Eberle gewesene Hebamme aus Augsburg gebürtig […] ausgesagt und bekannt, dass sie vor ungefähr 13 oder 14 Jahren sich mit dem bösen Geist, als er damals bei einer Hochzeit in Mannsgestalt zu ihr auf den Tanz und danach in ihr Haus gekommen, habe auf einen heimlichen Pakt […] eingelassen, […] auch der Allerheiligsten Dreifaltigkeit abgesagt, […] auch sogar mit ihrem Blut unterschrieben und bekräftigt. Von dieser Zeit an hat sie mit dem leibhaftigen Satan auch manchmal Unzucht getrieben […]. Durch ein von ihm empfangenes weißes Pülverchen hat sie wenigstens 5 Personen, darunter 4 unschuldige unmündige Kinder elend hingerichtet, […] nicht weniger hat sie ihren leiblichen Bruder durch ein Pulver in einem Trank verstümmelt […], dem Vieh durch Hexerei und zauberische Mittel geschadet, auch zwei Pferde zu Grunde gerichtet. Ferner hat sie mit Fluchen und Schwören mit Hilfe des bösen Feindes etliche Wetter gemacht, darunter eines zu Günzburg eingeschlagen und großen Schaden getan.

Durch nächtliches Ausfahren […] hat sie sich zu den Hexentänzen und -versammlungen begeben und dabei dem bösen Geist […] Ehre bewiesen […]. So hat sie darüber hinaus noch ausgesagt und bekannt, dass sie in dieser Zeit […] ungebeichtet das hochwürdige heilige Sakrament des Altars empfangen […], durch ihr vergiftetes teuflisches Pulver zwei Frauen unfruchtbar gemacht […], auch ein Mädchen und einen jungen Knaben zu den Hexentänzen mitgenommen und verführt habe.

Aufgrund dieser und anderer verübter Verbrechen […] der ehrsame Rat mit Urteil zu Recht beschloss, dass die Eberle, obwohl sie lebendig verbrannt zu werden verdient hätte, dennoch aus Gnade mit glühenden Zangen dreimal gefoltert und sie an der Richtstätte mit dem Schwert […] hingerichtet, der Körper zu Asche verbrannt werden sollte.

A) Die Abführung aus dem Tanz
B) Die nächtliche Ausfahrt zum bösen Feind
C) Die Teilnahme an Hexentänzen
D) Hexentreffen und Mahlzeit mit dem Teufel
E) Verhör und Aussage
F) Verführung zweier Kinder
G) Fahrt zur Gerichtsstätte und Zangenfolter
H) Hinrichtung und Verbrennung

(Flugblatt aus dem Stadtarchiv Augsburg; zit. nach: Geschichte lernen, Heft 107/2005, nach S. 35 (Faksimile); Sprache modernisiert)

M 3 Zur Biografie der „Hexe" Anna Eberle

Die Daten sind vom Frauengeschichtskreis Augsburg recherchiert.

Anna Eberle, 67 Jahre alt und verwitwet, von Beruf „Kindbettkellnerin", eine Wartefrau für Wöchnerinnen, wurde beschuldigt, die Frau des Fuggerschen „Schnidtarztes" Benedikt Wiedemann im Kindbett durch eine mit Pulver vergiftete Suppe ermordet zu haben. Dies, so sagte der Ehemann vor Gericht aus, habe ihm seine Frau auf dem Sterbebett geklagt. Anna Eberle sei eine Hexe. [...] So musste Anna Eberle ihre Unschuld beweisen. Zeuginnen, bei denen sie Jahre zuvor als Kindbettkellnerin tätig war, wurden befragt. Einige bezichtigten sie des Mordes an ihren Neugeborenen. Außerdem habe sie mithilfe des Teufels die Muttermilch verhext, junge Kinder verführt und zum Hexentanz mitgenommen. Sie habe vor dem Satan die Knie gebeugt und ihm Ehre erwiesen, die Gott allein gebührt. [...]
[Anna Eberle] berichtete [bei den Verhören] von einem Ehestreit zwischen Benedikt Wiedemann und seiner Frau, dessen sie zufällig Zeugin geworden war. Die Wiedemännin hatte ihrem Mann vorgeworfen, ihr sei zu Ohren gekommen, dass er sich ihres beträchtlichen Vermögens bemächtigen und dann auf und davon gehen wolle. Die Richter schenkten ihr keinen Glauben. [...]
Monatelange Kerkerhaft und unmenschliche Folter brachen ihre Widerstandskraft. Schließlich „gestand" sie alles, was man von ihr hören wollte. Als Motiv für ihren Mord an der Wiedemännin gab sie Neid an. [...]
Anna Eberle bat am Ende der Verhöre unter Tränen [...] sogar noch ihre Richter um Verzeihung und dankte ernsthaft für die angenehme Gefängnishaft. [...]

(Ingrid Stör, Augsburger Frauenkalender, März 2004; zit. nach: Geschichte lernen, Heft 107/ 2005, S. 28)

M 4 Brief des Johannes Junius an seine Tochter (1628)

Junius war Bürgermeister von Bamberg und wurde als Zauberer angeklagt.

Unschuldig bin ich in das Gefängnis gekommen, unschuldig bin ich gemartert worden, unschuldig muss ich sterben. [...] Da fragte mich Doktor Braun [= der Ankläger]: Wie kommt ihr hierher? Ich antwortete: durch die Falschheit [= Verleumdung], Unglück. Danach [kam] die Hopfen-Else [= eine bereits dem Verhör unterworfene Beschuldigte]. Sie hätte mich im Hauptsmoor tanzen gesehen. [...] Und dann kam leider der Henker und hat mir den Daumenstock angelegt, beide Hände zusammengebunden, sodass das Blut zu den Nageln herausgekommen [ist].
Danach hat [man] mich erst aufgezogen, die Hände auf den Rücken gebunden und [mich] auf die Höhe in der Folter gezogen. Da dachte ich, Himmel und Erde gingen unter, haben mich achtmal aufgezogen und wieder fallen lassen, dass ich unselige Schmerzen empfand. [...] Als nun der Henker mich wieder hinwegführte in das Gefängnis, sagte er zu mir: Herr, ich bitte euch um Gottes Willen, bekennt etwas, es sei gleich wahr oder nicht. Erdenket etwas, denn ihr könnt die Marter nicht ausstehen, die man euch antut, und wenn ihr sie gleich alle aussteht, so kommt ihr doch nicht hinaus, wenn ihr gleich ein Graf wäret, sondern es fängt eine Marter wieder auf die andere an, bis ihr sagt, ihr seid ein Trudener [= Zauberer], dann lässt man euch zufrieden, wie denn aus allen ihren Urteilen zu sehen, dass eins wie das andere geht. [...]
Und dann ist dieses meine Aussage wie folgt, aber alles erlogen. [...] Nach diesem sei ich auf mein Feld bei dem Friedrichsbrunnen gegangen [...], da sei ein grässlich Mädchen zu mir gekommen [...], ist zu einem Geißbock geworden und hat zu mir gesagt: siehe, jetzt siehst du, mit wem du zu tun hast; hat mir an die Gurgel gegriffen und gesagt, du musst mein sein oder ich will dich umbringen. [...] Ich solle Gott verleugnen, so hätte ich es getan. [...] Ich besann mich, dass die Hopfen-Else [...] Hauptsmoor genannt hatte [= als Ort des Hexentanzes], und was ich sonst bei derartigen Vorlesen gehört habe, nannte ich solch einen Ort auch. Danach sollte ich sagen, was ich für Leute da gesehen hatte. [...] Da habe ich etliche Personen nennen müssen. [...] Danach sollte ich sagen, was ich für ein Übel gestiftet habe . [...] So habe ich gesagt, ich hätte ein Pferd umgebracht. Es hat nicht helfen wollen. Ich hätte auch eine Hostie genommen und sie eingegraben. Wie ich dieses geredet, so haben sie mich zufrieden gelassen. [...] Sie lassen nicht mit den Martern nach, bis man etwas sagt, er sei so fromm als er wolle, so muss er ein Trudener sein. Gute Nacht denn, dein Vater Johannes Junius sieht dich nimmermehr.

(Zit. nach: W. Behringer, Hexen und Hexenprozesse in Deutschland, München [5]2001, Dokument Nr. 186; Sprache modernisiert)

M 5 Auszüge aus dem „Hexenhammer" (1487)

Der bis ins 17. Jahrhundert in ca. 30 Auflagen erschienene „Hexenhammer", der von dem Dominikaner Heinrich Kramer, genannt Institoris, verfasst wurde, beeinflusste maßgeblich die Vorstellungen der Bevölkerung und der Richter.

Wir lesen und erleben, oh Schmerz, allenthalben die Katastrophen des seinem Ende entgegeneilenden Zeitalters. Es ist vor allem der alte aufgehende Stern [= Lucifer, d.h. der Teufel], der, durch die unabänderliche Verdammnis seines Sturzes entfesselt, nicht aufhört, seit den Anfängen der Kirche, welche der neue aufgehende Stern, der Mensch Christus Jesus, durch Besprengung mit seinem Blut fruchtbar machte, durch mannigfaltige Ansteckung mit Irrlehren zu verpesten. Doch versucht er dies vor allem in einer Zeit, da der Abend der Welt sich zum Ende neigt und die Übel der Menschen überhand nehmen, und er sich voller Wut bewusst ist, dass der Teufel [...] nur noch wenig Zeit hat. Deshalb hat er auch eine ungewohnte ketzerische Verworfenheit im Acker des Herrn emporwachsen lassen: die Ketzerei [...] der Hexen, bezeichnet durch das Geschlecht der Frauen, wo man die Ketzerei vorzugsweise grassieren sieht. Zahllos sind die geplanten Anschläge, [...] es ist ein unsäglicher Gräuel in den Augen Gottes, es ist Gegenstand des Abscheus für alle Christenmenschen. [...]

Die Art aber des Bündnisses mit dem Teufel ist eine doppelte: einmal feierlich, mit ebenso feierlichem Gelübde, dann privatim, was zu jeder Zeit und Stunde mit dem Dämon geschehen kann. Ihre erste, feierliche Art geschieht, wenn die Hexen an einem festgesetzten Tage nach einem bestimmten Sammelplatze kommen, wo sie den Teufel in angenommener Menschengestalt sehen; und während er sie zur Treue gegen sich ermahnt, gegen zeitliches Glück und langes Leben, empfehlen ihm die Anwesenden die aufzunehmende Novize. Findet der Dämon, dass die Novize oder der Schüler geneigt ist, den Glauben und den allerchristlichsten Kult zu verleugnen und die dicke Frau (so nennen sie die allerheiligste Jungfrau Maria) und die Sakramente nie mehr zu verehren, dann streckt der Dämon die Hand aus; und ebenso die Novize oder der Schüler; und diese versprechen mit Handschlag, dies zu halten. Nachdem der Dämon diese Versprechungen empfangen hat, fügt er sofort hinzu: „Das genügt noch nicht"; und wenn der Schüler fragt, was denn noch weiter zu tun sei, fordert der Dämon noch die Huldigung, die darin besteht, dass [die Novize oder der Schüler] mit Leib und Seele, für alle Zeiten ihm angehöre und nach Kräften auch andere, beiderlei Geschlechts, zu gewinnen suchen wolle. Die Art aber des Ausfahrens ist diese: Wie sich nämlich aus dem Vorhergehenden ergeben hat, haben sie sich eine Salbe aus den gekochten Gliedern von Kindern, besonders solcher, die vor der Taufe von ihnen getötet worden sind, zubereitet, um nach der Anleitung des Dämons damit irgendeinen Sitz oder ein Stück Holz zu bestreichen, worauf sie sich sofort in die Luft erheben, und zwar am Tage und in der Nacht, sichtbar wie auch unsichtbar, wenn sie es wollen, nach dem, dass der Dämon und zwar durch das Hindernis eines Körpers einen anderen Körper verbergen kann, wie im ersten Teile dieses Werkes, über die gauklerischen Vorspiegelungen der Dämonenwerke gezeigt worden ist. [...]

Endlich übertreffen ihre Verbrechen alle Sünden anderer. [...] Ketzer nämlich werden mit einer vierfachen Strafe bestraft, nämlich durch Exkommunikation, Absetzung, Wegnahme des Besitzes und körperlichen Tod. Die Hexen auf diese Arten zu strafen, scheint aber nicht auszureichen, da sie nicht einfach Ketzerinnen sind, sondern auch Abgefallene. [...]

Aus diesen Dingen scheint es hinlänglich vertretbar, dass sie, wie sehr sie auch bereuen mögen und zum Glauben zurückgebracht werden, nicht wie andere Ketzer dem ewigen Gefängnis zu übergeben, sondern mit der letzten, der Todesstrafe, zu bestrafen sind, und dies auch wegen der weltlichen Schäden, die den Menschen und dem Vieh unterschiedlich zugefügt werden.

(Der Hexenhammer – Malleus Maleficarum, neu aus dem Lateinischen übertragen von W. Behringer/G. Jerouschek/W. Tschacher, München 2000, S. 117 u. 314–316)

M 6 Kritik an den Prozessen

Der Jesuit Friedrich Spee von Langenfeld hat sich kritisch mit den Hexenprozessen auseinandergesetzt in seiner anonym und ohne kirchliche Erlaubnis erschienenen „Cautio Criminalis" (= strafrechtliche Behutsamkeit) von 1631.

In 51 Fragen und Antworten versucht der Jesuit, sich rational und scharfsinnig mit der Prozesspraxis auseinanderzusetzen (Auszug):

Frage: Wie man sich bei Hexenprozessen hüten kann, dass Unschuldige in Gefahr geraten?

1. Vorsichtsmaßregel: Die Fürsten mögen vor allem dafür sorgen, dass die Beamten, deren sie sich zur Leitung und Entscheidung der Hexenprozesse bedienen, auch wirklich für ein so verantwortungsvolles Amt geeignet sind. Dazu müssen sie in erster Linie gelehrt, besonnen, rechtschaffen, barmherzig und milde sein, damit sie nichts Törichtes, Unbedachtes, Niederträchtiges, Grausames oder Übereiltes tun. [...]

2. Vorsichtsmaßregel: Auf nichts muss man so sehr achten als darauf, dass nur solche Männer Richter und Inquisitoren werden, die [...] in zweifelhaften Fällen dem Angeklagten eher günstig als ungünstig gesonnen sind. Denn es sind doch schon die meisten Menschen derart gegen die gefangenen Hexen eingestellt, dass alles beweiskräftig ist, was nur irgendwie belastend für sie ist, und jeder recht hat, der sie in irgendeiner Weise angreift. Sowie aber etwas zu ihrer Entlastung dienen könnte, jemand etwa Beweise für ihre Unschuld erbringen wollte, und vor allem sie für sich selbst etwas sagen wollte, so ist das alles eitles, nichtiges Zeug und wird in Bausch und Bogen abgetan. [...]

3. Vorsichtsmaßregel: Es muss alles beseitigt werden, was die Inquisitoren und Richter verführen könnte [...]. So muss ihnen ein festes Gehalt ausgesetzt werden, nicht aber ein Entgelt nach der Kopfzahl der Verurteilten. Denn auch das kann Anlass zu Ungerechtigkeiten geben, da die Beamten dann von dem Wunsche beseelt sind, es wären eher mehr als weniger Schuldige. [...] Ich würde auch den Fürsten nicht raten, das Vermögen der Verurteilten einzuziehen. Auch hier gibt es ungeahnte Gefahren und Stoff für Gerüchte, denn schon jetzt heißt es überall im Volke, das schnellste und bequemste Mittel reich zu werden, seien die Hexenverbrennungen. [...]

4. Vorsichtsmaßregel: [...] Es treten weiter täglich bei dem Verbrechen der Hexerei schwierige neue Fragen auf, die bisher noch nicht in dieser Weise hervorgetreten sind, so dass die Peinliche Gerichtsordnung Kaiser Karls V. nicht mehr ausreicht. Aus diesen Gründen wäre zu wünschen, dass Seine Majestät eine neue für das ganze Reich bindende Peinliche Halsgerichtsordnung erließe, in der alles mit diesem Verbrechen Zusammenhängende so umfassend geregelt wäre, dass dem Ermessen und der persönlichen Auffassung der Richter so wenig als möglich überlassen bliebe.

5. Vorsichtsmaßregel: Nun ist aber Seine Majestät durch andere hochwichtige Geschäfte und Kriege des Reiches daran verhindert; darum wird es gut, ja dringend notwendig und eine ernste Gewissenspflicht der Fürsten und derer sein, die ihre Ratgeber sind oder sein sollten, dass einstweilen die Fürsten, die eine allgemeine Hexeninquisition anordnen wollen, eine besondere, genaue Verfahrensvorschrift in Strafsachen ausarbeiten lassen, ehe sie an eine so schwierige Aufgabe herangehen. Sie müssen es dann ferner allen ihren Richtern wie auch den Beichtvätern, denen die Seelsorge der Hexen anvertraut ist, zur Pflicht machen, sie sorgfältig durchzulesen und genau zu beachten. [...]

6. Vorsichtsmaßregel: Bei der Ausarbeitung einer derartigen Verordnung oder Verfahrensvorschrift in Kriminalsachen müssen weiter nicht nur Juristen, sondern auch Theologen und Mediziner mit ihrem Urteil und ihrer Kritik gehört werden. [...] Sowie dann die Verordnung fertiggestellt ist, muss sie zunächst einigen Akademien zur Beurteilung und Beratung vorgelegt werden. Hernach muss sie den Richtern zur Anwendung übergeben werden mit der Aufforderung, stets darüber zu berichten, falls innerhalb eines Jahres eine gänzlich neue oder jedenfalls noch nicht erschöpfend behandelte Schwierigkeit auftreten sollte oder sich zeige, dass etwas hinzugefügt, gestrichen oder abgeändert werden müsse. [...]

7. Vorsichtsmaßregel: Vielfach wird die Meinung vertreten, die Tatsache, dass sie sich vor Strafe sicher fühlten, sei nicht zuletzt die Ursache für die Gewissenlosigkeit der meisten Richter. Der Fürst muss deshalb dafür sorgen, dass er von ihren Verstößen unterrichtet wird, und, wenn sie sich etwas zuschulden kommen lassen, strenger gegen sie vorgehen. [...]

(F. Spee, Cautio Criminalis, übers. v. H.-F. Ritter, unveränderter Nachdruck, München 1985, S. 50–58)

M 7 Petition des Stadtrats von Bamberg an Kaiser Ferdinand II. (1631)

Es sei weltbekannt [...], wie blutgierig, unchristlich und unbarmherzig die fürstlich Bambergischen Hexen-Commissäre in so kurzer Zeit eine so große Menge von sechshundert Personen, vornehme und geringe, junge und alte, mit Schwert und Feuer, unter Einziehung ihres Vermögens, ohne ordentliche Rechtsprechung, in Folge eines verwirrten Processes hätten hinrichten lassen. Die hochbedrängten, armen Leute, welche gegenwärtig den kaiserlichen Schutz anriefen, seien theilweise ein, zwei und drei Jahre an den genannten Orten, mit harten, schweren Banden und Ketten, unschuldig eingeschlossen, des Sonnenlichtes beraubt und, abgesehen von Hunger und Durst, harrten sie, nach Erduldung verschiedenartiger Folterqualen, im größten Elend geduldig und standhaft aus, um ihre Unschuld zu beweisen, bis zur Stund müssten sie – Gott möge sich darüber erbarmen – ohne allen menschlichen Trost oder Hoffnung auf Erlösung armselig leben. Deshalb seien sie genöthigt, dem Kaiser, als dem Vater aller Armen und dem Oberhaupt der Christenheit, ihre höchste Beschwerde, Angst und Nothlage vorzutragen, welcher in seiner Gerechtigkeit sie nicht trostlos lassen werde. Um der Bande Jesu Christi willen flehten sie die kaiserliche Majestät an, dass von derselben den bezeichneten Hexen-Commissären bei strenger Strafe befohlen werde, die wegen angeblicher Hexerei Gefangenen, die meistentheils wohlvermögend, unter Bürgerschaftsleistung mit Hab und Gut, aus solchem ungeheuerlichem, abscheulichem Gefängnis und solcher durch Würmer und Ungeziefer drohenden Todesgefahr zu entlassen und ihnen zu gestatten, dass ein Rechtsanwalt vor einer unpartheiischen Commission ihre Unschuld ans Licht bringe. […]

(Zit. nach: W. Behringer, a.a.O., Dokument Nr. 234)

M 8 Die Irrationalität der Hexenprozesse

Die Historiker Sönke Lorenz und H. C. Erik Midelfort analysieren neben den verschiedenen strukturellen Ursachen (wie z.B. wirtschaftliche, religiöse, politische, juristische) auch die irrationalen Wurzeln der Hexenprozesse:

Es bleibt noch auf einen Aspekt hinzuweisen, der geeignet erscheint, zur Erklärung der Hexenprozesse beizutragen. Wir sollten nie die ungeheure Angst, die schaudernde Furcht unterschätzen, die nicht nur die Hexen, sondern auch ihre Verfolger durchlebten. In welch tiefe und zitternde Ängste waren die herrschenden Klassen, die Dorf- und Stadtobrigkeiten geraten, wenn sie ihren Gerechtigkeitssinn und ihr menschliches Mitleid aufgaben und sich wie Unmenschen benahmen?
Die Erklärung des Hexenwahns als religiöse, politische, wirtschaftliche, medizinische oder gelehrte Unterdrückungsmaßnahme scheint insofern erweiterungsbedürftig, als wir nicht nur die Mentalität des gemeinen Mannes verstehen müssen, sondern auch diejenige der Mächtigen. Daher sind solche Untersuchungen wichtig, die versuchen, die Angst, die Besorgnis, die Beklemmung zu beschreiben, die z.B. als Begleiterscheinung der hochgetriebenen Erwartungen des Weltendes entstanden sind. Man wusste zwar, dass Gott versprochen hatte, die Guten zu retten und das Reich Christi zu errichten, doch manche frommen Christen haben sich trotzdem nicht darauf gefreut.
Manche haben ihre Kämpfe mit den Hexen gerade als einen wichtigen Teil der Heilsgeschichte der Endzeit verstanden. Wenn man sich sein eigenes Benehmen und Agieren auf dieser großen Bühne vor Augen gerufen hat, mag es vielleicht dazu geführt haben, dass man gezittert und Angst bekommen hat – Angst, dass das ausgelassene Teufelsheer des Weltunterganges auch den Verlust von allem Gewohnten und Vertrauten bedeuten würde.
Die Parallele zu den Schwierigkeiten der Abrüstungspolitik unserer Tage scheint in gewissem Sinne aufschlussreich. Wenn man glaubt, dass die Welt vom endgültigen Untergang bedroht ist, liegt es nahe, Feinde als Erzfeinde und Untermenschen zu betrachten und vor lauter Angst- und Rachegefühlen sogar sämtliche menschlichen Grundwerte außer Acht zu lassen. Die Geschichte des Hexenwahns vermag vielleicht auch zur Beleuchtung unserer Ängste und Sorgen beizutragen.

(Sönke Lorenz/H. C. Erik Midelfort, Hexen und Hexenprozesse – Ein historischer Überblick; in: Praxis Geschichte Heft 4/1991, S. 12)

M 9 Irrationale Mechanismen und Gegentendenzen der Hexenverfolgung

Die Historikerin Franziska Conrad beschäftigt sich in einem Überblick u. a. auch mit den irrationalen Mechanismen und rationalen humanitären Gegentendenzen, die dieses Thema enthält.
Sie geht aus von einem Zitat Wolfgang Behringers (Neun Millionen Hexen – Entstehung, Tradition und Kritik eines populären Mythos; in: GWU 49/1998, S. 684f.):

„Indem wir uns mit dem Hexenthema beschäftigen, erfahren wir viel über kollektive und individuelle Sorgen und Hoffnungen, Deutungsmuster und Verhaltensformen der Menschen in einer vergangenen Zeit. Mehr als in normativen Quellen und selbst in Autobiografien oder Briefwechseln treten uns hier Menschen plastisch vor Augen und führen uns ein in die konkreten Probleme ihrer Zeit. Wir gewinnen Einblicke in das Alltagsleben, den zeitgenössischen Umgang mit der Natur oder das Verhältnis zwischen den Geschlechtern, über Probleme der Wahrheitsfindung vor Gericht, über kulturelle Barrieren zwischen einfacher Bevölkerung und gelehrter Oberschicht, die Fragilität naturwissenschaftlicher Hypothesen, auch über die Gefährlichkeit von Fanatikern in Politik, Wissenschaft, Justiz, oder auch nur in der Nachbarschaft, die sich im Besitz der Wahrheit wähnen."
(Conrad entwickelt daraus ihre weiteren Überlegungen:)
Hexenverfolgung in einem Gebiet erregte Verfolgungswünsche im Nachbargebiet. Die Universitäten bildeten Theologen und Juristen aus, die als Spezialisten bei Hexenprozessen überregional tätig waren und die Lehre verbreiteten. So entstand ein enges Netz von Wegen, auf denen die dämonologisch-theologischen und juristischen Grundlagen für die Hexenverfolgung in Europa verbreitet wurden. Auch Künstler wie Hans Baldung Grien, Hieronymus Bosch und Albrecht Dürer regten mit ihren Hexendarstellungen die Fantasien der Bevölkerung an. […]
In der Regel beantragte die durch Krisen geängstigte Bevölkerung die Durchführung der Hexereiverfahren. Die Untertanen denunzierten Verdächtige

und bezeugten deren angeblichen Schadenszauber. In manchen Gebieten übernahmen sog. Hexenausschüsse oder Hexenkommissare die Aufgabe […], Indizien und Beweismaterial gegen verdächtige Personen zu sammeln. Die Bevölkerung setzte die Obrigkeit zuweilen unter Druck, indem sie mit Verweigerung von Steuern, Abgaben und Frondiensten drohte. Die Personen, die zum Opfer von Denunziation wurden, waren in der Regel in der Dorfgemeinschaft schon länger heimlich oder offen verdächtigt worden. Wenn sich die Lage zuspitzte, nahmen Aggressivität, Neid, Missgunst zu; die Scheu, Mitbürger vor den Richter zu bringen, wurde immer geringer. Die aggressive Stimmung wurde angeheizt durch Berichte über Geständnisse von angeblichen Hexen, was zu regelrechter Massenpsychose führen konnte. […]

Verweisen die Hexenverfolgungen auf irrationale und grausame Anteile im Menschen, so verdeutlicht die Haltung der Gegner der Verfolgungen, dass Menschen auch die Möglichkeit haben, ihrem Gefühl für Humanität und ihrer Vernunft zu folgen. Seit Auftreten der Hexenverfolgung hatte sie immer auch Gegner. Die Menschen sind keineswegs nur Opfer ihrer Triebe und sozialen Umstände, sondern verfügen im Gebrauch ihrer Vernunft über einen Weg zu kritischer Distanz gegenüber dominierenden Meinungen. Eine genauere Untersuchung der Argumentation der Kritiker zeigt allerdings auch, dass zuweilen kluge Diplomatie nötig ist, wenn man in bestimmten Machtkonstellationen Gehör finden will.

Untersucht man Denkfiguren und Rhetorik von Befürwortern und Gegnern, wird deutlich, wie unterschiedlich, aber auch wie langlebig diese sind. Die Verfolgungsbefürworter sprechen von der „Vernichtung des Ungeziefers“, der „Ausrottung des Unkrauts mit Stumpf und Stiel“ zur Beseitigung des „Feindes“. Diese Topoi finden sich auch nach den Hexenverfolgungen in Geschichte und Gegenwart, wenn es um die Schaffung von Feindbildern und den Aufruf zur Bekämpfung der Gegner geht.

(Franziska Conrad, Hexenverfolgung; in: Geschichte lernen, Heft 107/2005, S. 16 u. 18)

Eine Frau wird als Hexe gefoltert und verbrannt (Illustration aus einer Handschrift von 1574).

Politisches Denken und moderner Staat im Ancien Régime

Das politische Denken der Frühen Neuzeit scheint unserer von Demokratie als Staatsform bestimmten Gegenwart zunächst fremd, dennoch enthält es für die politische Entwicklung Europas bis in unsere Epoche entscheidende Impulse und Gegenpole. An ihnen knüpfen sowohl Revolutionen als auch politische Kontinuitäten an.
In den Bedrohungssituationen, die durch religiös und politisch motivierte Bürgerkriege oder durch Adelsrevolten hervorgerufen wurden, entwickelte sich besonders in Italien und Frankreich ein neues politisches Denken. Im Zentrum dieser Überlegungen stand, eine über den gesellschaftlichen Konflikten stehende regulierende Institution zu errichten: den Staat.
Das Wort taucht zuerst in Italien im 15., in Frankreich im 16. Jahrhundert auf. Mit dem italienischen Staatsmann Machiavelli sowie dem französischen Philosophen und Staatsrechtler Bodin erfährt dieses neue Denken um den Staat erste Grundlinien, die auf die Begründung einer souveränen Monarchie hinauslaufen. Im 17. Jahrhundert werden diese Ansätze zu einer Theorie des Absolutismus weiterentwickelt und legitimiert. Auf sie stützen die zahlreichen absoluten Monarchien dieser Zeit ihre Herrschaftsansprüche. Vorbild und berühmtes Beispiel ist das Ancien Régime Ludwig XIV. in Frankreich.
Unter dem Einfluss der Aufklärung modifiziert sich das Staatsdenken einiger Monarchien zu einem „aufgeklärten Absolutismus". Andere Staatskonzepte, in denen das Königtum keine absolute Macht für sich beanspruchen kann, finden sich z. B. in England und den Niederlanden.

- **Wie und mit welchen Begründungen wird politische Macht und Herrschaft neu entworfen und legitimiert?**
- **Welche Elemente der damaligen Staatstheorie weisen in das politische Denken der Moderne?**

Auf diese beiden Fragen geben die ausgewählten Quellen, die auf den nachfolgenden Seiten abgedruckt sind, Antworten, wenn sie fachgerecht interpretiert werden.

1. Analysieren Sie die Quellen M1 – M7 arbeitsteilig anhand der Arbeitsschritte für eine systematische Quellenanalyse (s. Basismethoden „Sprachliche historische Quellen interpretieren", S. 563ff. und „Bildquellen interpretieren", S. 568f.).
   Visualisieren Sie Ihre Analyseergebnisse zu den unterschiedlichen Definitionen von Staat und Herrschaft sowie deren Legimitation und Begründung mithilfe von fünf Conceptmaps, die Sie als Wandplakate anlegen und den Mitgliedern der anderen Arbeitsgruppen vorstellen und erläutern sollen.
   - **Map 1:** Frühe Theorie des 16. Jahrhunderts (M1 / M2).
   - **Map 2:** Theorie des Absolutismus (M4 / M5).
   - **Map 3:** Selbstdarstellung des absoluten Herrschers (M3 / M4).
   - **Map 4:** Theorie des aufgeklärten Absolutismus (M6).
   - **Map 5:** Gegentheorie der Epoche (M7).
2. Diskutieren Sie auf der Grundlage der Conceptmaps, welche Elemente der damaligen politischen Theorie von dem politischen Denken der Moderne als Kontinuitätslinie, Denkanstoß oder als Abgrenzung aufgenommen wurden.

MATERIALIEN

M 1 Machiavelli denkt über die Bedingungen von Herrschaft nach

Der Florentiner Politiker hat im „Il Principe" (1513) nach seiner Verbannung durch die Medici in der Krise der gegeneinander Krieg führenden und teilweise zerfallenden italienischen Stadtstaaten nachgedacht über eine starke, Italien einigende Macht, z.B. durch einen modernen Fürsten, der aus Staatsnotwendigkeit, der „necessità", handelt. Er wird damit zum ersten Theoretiker der „Staatsräson".

Jeder sieht ein, wie lobenswert es für einen Herrscher ist, wenn er sein Wort hält und ehrlich, ohne Verschlagenheit seinen Weg geht. Trotzdem sagt uns die Erfahrung unserer Tage, dass gerade jene Herrscher Bedeutendes geleistet haben, die nur wenig von der Treue gehalten und es verstanden haben, mit Verschlagenheit die Köpfe der Menschen zu verdrehen; und schließlich haben sie über die die Oberhand gewonnen, die ihr Verhalten auf Ehrlichkeit gegründet haben.
[…] Es [gibt] zweierlei Arten der Auseinandersetzung […]: die mithilfe des Rechts und die mit Gewalt. Die erstere entspricht dem Menschen, die letztere den Tieren. Da die erstere oft nicht zum Ziele führt, ist es nötig, zur zweiten zu greifen. Deshalb muss ein Herrscher gut verstehen, die Natur des Tieres und des Menschen anzunehmen. […]
Wenn sich also ein Herrscher gut darauf verstehen muss, die Natur des Tieres anzunehmen, soll er sich den Fuchs und den Löwen wählen; denn der Löwe ist wehrlos gegen Schlingen, der Fuchs ist wehrlos gegen Wölfe. Man muss also ein Fuchs sein, um die Schlingen zu wittern, und Löwe, um die Wölfe zu schrecken. Wer nur Löwe sein will, versteht seine Sache schlecht. Ein kluger Machthaber kann und darf daher sein Wort nicht halten, wenn ihm dies zum Schaden gereichen würde und wenn die Gründe weggefallen sind, die ihn zu seinem Versprechen veranlasst haben. Wären die Menschen alle gut, so wäre dieser Vorschlag nicht gut; da sie aber schlecht sind und das gegebene Wort auch nicht halten würden, hast auch du keinen Anlass, es ihnen gegenüber zu halten. Auch hat es einem Herrscher noch nie an rechtmäßigen Gründen gefehlt, seinen Wortbruch zu bemänteln. Man könnte hier zahllose Beispiele aus unserer Zeit anführen, wie viele Friedensschlüsse, wie viele Versprechungen infolge der Treulosigkeit der Herrscher nichtig und vergeblich geworden sind. Wer am besten Fuchs zu sein verstanden hat, ist am besten gefahren! Doch muss man sich darauf verstehen, die Fuchsnatur gut zu verbergen und Meister der Heuchelei und Verstellung zu sein. […]
Ein Herrscher braucht […] die […] guten Eigenschaften nicht in Wirklichkeit zu besitzen; doch muss er sich den Anschein geben, als ob er sie besäße. Ja, ich wage zu behaupten, dass sie schädlich sind, wenn man sie besitzt und stets von ihnen Gebrauch macht, und dass sie nützlich sind, wenn man sich nur den Anschein gibt, sie zu besitzen. So muss ein Herrscher milde, treu, menschlich, aufrichtig und fromm scheinen und er soll es gleichzeitig auch sein; aber er muss auch die Seelenstärke besitzen, im Fall der Not alles ins Gegenteil wenden zu können. Man muss Verständnis dafür haben, dass ein Herrscher, und vor allem ein solcher in einer neu gegründeten Herrschaft, nicht alles beachten kann, wodurch die Menschen in einen guten Ruf kommen, sondern oft gezwungen ist, gegen Treue, Barmherzigkeit, Menschlichkeit und Religion zu verstoßen, eben um die Herrschaft zu behaupten. Darum muss er die Seelenstärke haben, sich nach den Winden des Glücks und dem Wechsel der Verhältnisse zu richten und, wie ich oben sagte, vom Guten so lange nicht abzugeben, als es möglich ist, aber im Notfall auch verstehen, Böses zu tun.

(Niccolò Machiavelli, Der Fürst, übers. und hg. v. Rudolf Zorn, Stuttgart 1978, S. 71 ff.)

M 2 Der französische Philosoph und Staatsrechtler Jean Bodin (1529–1596) entwirft ein Staatskonzept

Geprägt durch die Religionskriege in Frankreich sucht er den zerrütteten Staat theoretisch auf die Grundlage eines absoluten Souveränitätskonzeptes zu stellen.

Der Begriff der Souveränität beinhaltet die absolute und dauernde Gewalt eines Staates. […] Souveränität bedeutet höchste Befehlsgewalt. […]
Da es auf Erden nach Gott nichts Größeres gibt als die souveränen Fürsten, die Gott als seine Statthalter eingesetzt hat, damit sie der übrigen Menschheit befehlen, ist es notwendig, auf ihre Stellung achtzuhaben, um in Unterwürfigkeit ihre Majestät achten und verehren und über sie in Ehrerbietung denken und sprechen zu können. Wer sich gegen den König wendet, versündigt sich an Gott, dessen Abbild auf Erden der Fürst ist. […]
Die wahren Attribute der Souveränität sind nur dem souveränen Fürsten eigen. […]
Das hervorragendste Merkmal der fürstlichen Souveränität besteht in der Machtvollkommenheit,

Gesetze für alle und für jeden Einzelnen zu erlassen, und zwar, wie ergänzend hinzufügen ist, ohne dass irgendjemand – sei er nun höhergestellt, ebenbürtig oder von niederem Rang – zustimmen müsste. Wenn nämlich der Fürst nur mit Zustimmung eines über ihm Stehenden Gesetze erlassen kann, so ist er selbst Untertan; wenn es nur in Übereinstimmung mit einem ihm Ebenbürtigen geschehen kann, so teilt der Fürst seine Befugnisse mit jemandem; wenn die Gesetzgebung an die Zustimmung der Untertanen (des Senats oder des Volkes) gebunden ist, so ist der Fürst nicht souverän. Die Namen der Großen eines Landes, die man bei Gesetzestexten angefügt findet, bewirken nicht die Gesetzeskraft. Vielmehr bezeugen sie den Vorgang und verleihen ihm Nachdruck, sodass das Gesetz eher akzeptiert wird. [...]
Der souveräne Fürst ist an die mit seinem Untertan oder mit dem Ausland eingegangenen Verträge gebunden. Gerade weil er seinen Untertanen die Verträge und wechselseitigen Verpflichtungen garantiert, die sie untereinander eingegangen sind, muss er in seinen eigenen Taten umso mehr der Gerechtigkeit verpflichtet sein. [...]
Denn wenn die Gerechtigkeit das Ziel des Gesetzes ist, das Gesetz aber das Werk des Fürsten ist und der Fürst das Ebenbild Gottes, so folgt mit Notwendigkeit, dass das Gesetz des Fürsten nach dem Bild des göttlichen Gesetzes gebildet sein soll. [...]
Man denke sich den Fürsten hoch erhaben über seine Untertanen. Seine Majestät gestattet keine Teilung, sie ist die Einheit schlechthin, ohne ihn haben alle anderen keine Macht, keine Gewalt, keine Einheit. Unter ihm stehen die drei Stände in der Reihenfolge, wie sie schon immer in allen wohlgeordneten Königreichen und Republiken üblich war. Zuerst kommt der Stand der Geistlichkeit wegen der Würde und des Vorrechts, das ihm durch seinen Dienst an Gott zuteil wird. Er setzt sich sowohl aus Adligen wie aus Bürgern zusammen. Dann der Stand des Militärs, der ebenfalls aus Bürgern und Adligen besteht. Dann die kleinen Leute, die Gelehrten, Kaufleute, Handwerker und Bauern. Jeder dieser drei Stände sollte jeweils nach Verdienst und Qualität der Personen Anteil an Ämtern, Benefizien, Rechtsprechung und ehrgemäßen Pflichten haben. Auf diese Weise wird sich eine angenehme Harmonie der Untertanen miteinander und dieser aller zusammen in ihrem Verhältnis zum Fürsten einstellen.

(Jean Bodin, Über den Staat, hg. v. G. Niedhart, Stuttgart 1976, S. 19, 39, 41 ff.)

M 3 Der Triumph Ludwig XIV.

Gemälde von Joseph Werner (1637–1710) im Schloss von Versailles. Das Bild des Schweizer Barockmalers, den Ludwig XIV. 1662 an seinen Hof berief (bis 1667), ist beeinflusst vom römischen Barock (1652 oder 1654 Romreise) und entstand 1664 zu Beginn seiner Regierung, wenige Jahre nach Ludwigs XIV. Krönung (1654) und dem Beginn seiner Alleinregierung ohne Mazarin (1661).

Der König ist als Gott Apollo – der Gott des Lichts, der Weisheit und der Künste – mit Siegeskranz und Strahlenkranz dargestellt, der über dunkle Mächte und Gegner (wie z.B. den Adelsaufstand der Fronde) triumphiert.
Die Anspielung auf den Sonnenwagen des Helios ist in die allegorische Darstellung eingearbeitet, um die Imagebildung und Herrschaftsinszenierung zu unterstützen.

M 4 Ludwig XIV. definiert seine Herrschaft

Der französische König Ludwig XIV. schrieb für seinen Nachfolger eine Denkschrift („Memoires"), die Erfahrungsregeln seiner Herrschaft zusammenfasst. Sie beginnen 1661 mit seiner Alleinregierung nach dem Tod des Mitregenten Kardinal Mazarin.

(1661: Beginn der Alleinregierung)
Ich befahl den vier Staatssekretären überhaupt nichts mehr zu unterzeichnen, ohne mit mir gesprochen zu haben. Ebenso stand es mit dem Finanzintendanten, und es wurde in den Finanzen nichts vorgenommen, was nicht in einem Buch verzeichnet wurde, das mir zugleich mit einem kurzen Auszug zuging, aus dem ich in jedem Moment und mit einem Blick den Stand der Staatsgelder und der geleisteten oder noch zu leistenden Staatsausgaben gewinnen konnte. Ein gleicher Befehl ging an den Kanzler [Leiter der Kanzlei], das heißt, nichts ohne meinen Befehl mit einem Siegel zu versehen. [...]
Im zehnten Jahr verfolge ich jetzt, wie mir scheint, ziemlich standhaft den gleichen Weg, und mein Fleiß ist immer noch der gleiche geblieben. Ich bin über alles unterrichtet, ich leihe dem geringsten meiner Untertanen Gehör, ich kenne zu jeder Stunde die Zahl und den Wert meiner Truppen, den Zustand meiner befestigten Plätze. Ich treffe dauernd meine Anordnungen für alle ihre Bedürfnisse, ich verhandele direkt mit den fremden Gesandten, ich empfange und lese die Depeschen [Berichte der frz. Gesandten], ich verfasse selbst einen Teil der Antworten und erkläre bei den übrigen meinen Sekretären kurz das Wesentliche des Antwortschreibens. Ich regele selbst Einnahmen und Ausgaben meines Staates, ich lasse mir von den Männern, denen ich wichtige Posten anvertraut habe, direkt Rechenschaft ablegen. Ich halte meine Angelegenheiten so geheim, wie es nur irgendjemand vor mir getan hat, ich verteile Gnadenbezeigungen nach meiner eigenen freien Wahl, und doch halte ich, wenn ich mich nicht täusche, meine Diener, mögen sie auch für sich und die Ihrigen mit Wohltaten überhäuft sein, in einer bescheidenen Stellung, die weit von den herausgehobenen Machtbefugnissen eines Premierministers entfernt ist. [...]
Die zu große Machtstellung der Parlamente [Obergerichte] war während meiner Minderjährigkeit dem ganzen Königreiche gefährlich geworden. [...]
Es darf nicht wieder so werden wie im vergangenen Jahrhundert, als es zum Begriff der richterlichen Unbestechlichkeit zu gehören schien, dem Louvre [Königspalast in Paris] fernzubleiben, und dies etwa nicht aus Böswilligkeit, sondern aus einer falsch verstandenen Vorstellung heraus, die das Interesse des Volkes im Gegensatz zum Fürsten sieht. Sie machten sich zu Verteidigern dieser angeblichen Volksrechte, ohne zu bedenken, dass die beiden Interessen nur eines sind, dass die Ruhe der Untertanen nur durch den Gehorsam [dem Fürsten gegenüber] gewährt werden kann, dass es stets ein geringeres Übel für das Volk bedeutet, wenn es eine schlechte Regierung erträgt, als wenn es sie unter seine Kontrolle nimmt. Denn über die Könige ist Gott allein Richter, und wenn sie gegen das allgemeine Gesetz zu verstoßen scheinen, so beruht ihr Handeln zumeist auf der Staatsraison, die, wie allgemein zugegeben wird, das höchste aller Gesetze ist; aber sie ist zugleich für alle diejenigen, die nicht regieren, das am wenigsten bekannte und dunkelste Gesetz. [...]
(zu 1662)
Das Ringelstechen [...] war zunächst nur als angenehme Belustigung geplant worden. Mehr und mehr ereiferte man sich und es wurde zu einem großartigen und bedeutenden Schauspiel, sei es durch die Anzahl der Spiele, durch die neuartigen Kostüme oder durch die Mannigfaltigkeit der Sinnbilder. Damals wählte ich zum ersten Mal die Devise, die ich seitdem immer beibehalten habe und die du an so vielen Orten erblickst. Ich war der Meinung, dass sie sich nicht bei irgendetwas Untergeordnetem und Gewöhnlichem aufhalten, sondern gewissermaßen die Pflichten eines Herrschers darstellen und mich selber ständig an ihre Erfüllung ermahnen sollte. Man wählte daher als Figur die Sonne, die in den Spielregeln dieser Kunst die Vornehmste von allen ist und durch ihre Einzigartigkeit, durch den Glanz, der sie umgibt, durch das Licht, das sie den anderen, sie wie ein Hofstaat umgebenden Sternen mitteilt, durch die gleichmäßige Gerechtigkeit, mit der sie dieses Licht allen Zonen der Erde zuteilt, durch das Gute, das sie allerorten bewirkt, indem sie unaufhörlich von allen Seiten Leben, Freude und Tätigkeit hervorbringt, durch ihre unermüdliche Bewegung, die gleichwohl als ständige Ruhe erscheint, durch ihren gleichbleibenden und unveränderlichen Lauf, von dem sie sich nie entfernt und niemals abweicht, sicher das lebendigste und schönste Sinnbild eines großen Herrschers darstellt.

(Mémoires pour l'instruction du Dauphin, hg. v. P. Goubert, Paris 1992, S. 52, 58, 66f., 136; übers. v. W. Emer)

M 5 Bossuet legitimiert den Absolutismus

Jacques-Bénigne Bossuet, Bischof von Meaux und berühmter Kanzelredner, war von Ludwig XIV. beauftragt worden, die Erziehung des Thronfolgers zu leiten. Dafür verfasste er 1682 eine Schrift mit dem Titel „Politique tirée des propres paroles de L'Ecriture Sainte" (Politik abgeleitet aus den eigenen Worten der Heiligen Schrift). Darin heißt es in Buch II u. a.:

Alle Welt beginnt mit der monarchischen Staatsform, und fast die ganze Welt hat sie als die natürlichste Form behalten. Auch hat sie [...] ihren Grund und ihr Vorbild in der väterlichen Gewalt, d.h. in der Natur selber. Die Menschen werden allesamt als Untertanen geboren, und die väterliche Autorität, die sie an den Gehorsam gewöhnt, gewöhnt sie zugleich daran, nur ein Oberhaupt zu kennen.

Wenn die monarchische Staatsform die natürlichste ist, so ist sie, wie sich von selbst ergibt, die dauerhafteste und damit auch die stärkste. [...] Wenn man Staaten gründet, will man sich vereinigen, niemals aber ist die Einheit besser gewahrt als unter einem einzigen Oberhaupt. Niemals ist man auch stärker als in diesem Falle, weil alles zu einem Ziel zusammenwirkt. [...]

Wir haben also mit der Schrift begründet, dass die königliche Gewalt ihren Ursprung in der Gottheit selber hat, dass Gott sie seit der Erschaffung der Welt sichtbar über die Menschen ausgeübt hat, dass er diese übernatürliche und wundersame Herrschaft über das Volk Israel fortdauernd ausgeübt hat bis zu der Zeit der Einsetzung der Könige, dass er darauf die Staatsform der erblichen Monarchie als die natürlichste und dauerhafteste unter allen ausgewählt hat. [...]

Wir haben schon gesehen, dass jede Gewalt von Gott kommt. [...] Die Fürsten handeln also als Gottes Diener und Statthalter auf Erden. [...] Deshalb ist [...] der königliche Thron nicht der Thron eines Menschen, sondern Gottes selber [...]; aus alldem ergibt sich, dass die Person der Könige geheiligt ist, wer sich an ihnen vergeht, begeht ein Sakrileg [ein Vergehen gegen Heiliges].

Kommt ihre Gewalt von oben, so dürfen sie doch nicht glauben, sie seien Herren über sie, um nach Belieben davon Gebrauch zu machen. Vielmehr sollen sie sich ihrer mit Scheu und Zurückhaltung bedienen, als einer ihnen von Gott anvertrauten Sache, über die Gott von ihnen Rechenschaft fordern wird.

Der Fürst muss seine Macht gebrauchen, um in seinem Staat die falschen Religionen zu unterdrücken. [...] Er ist der Schützer der öffentlichen Sicherheit, und diese beruht auf der Religion. Er soll seinen Thron stützen, dessen Fundament die Religion ist. Diejenigen, die nicht dulden wollen, dass der Fürst in Dingen der Religion mit Strenge vorgeht, weil die Religion frei sein müsse, befinden sich in einem gottlosen Irrtum. Dann müsste man ja bei allen Untertanen und im ganzen Staat die Abgötterei, den Mohammedanismus [Islam], das Judentum, jede falsche Religion, die Gotteslästerung, ja sogar den Atheismus dulden! Dann blieben ja gerade die größten Verbrechen von Strafe frei. [...]

Die königliche Autorität ist absolut [...].

1. Der Fürst hat niemandem Rechenschaft abzulegen über das, was er befiehlt. [...] Seine Macht muss so groß sein, dass niemand hoffen kann, sich ihr zu entziehen.

2. Wenn der Fürst geurteilt hat, gibt es kein anderes Urteil mehr. Die Urteile der Herrscher gehen auf Gott zurück. [...] Deshalb muss man den Fürsten gehorchen wie der Gerechtigkeit selber. Sie sind von Gott eingesetzt und haben gleichsam Teil an der göttlichen Unabhängigkeit. Gott allein kann ihre Urteile und ihre Handlungen richten. [...]

3. Es gibt keinerlei Zwangsgewalt gegen den Fürsten. [...] Rechtmäßige Befehle kann allein der Fürst geben, [...] dem Fürsten allein gebührt die allgemeine Fürsorge für das Volk. [...] Es ist zum Wohl des Staates, wenn man die ganze Macht auf einen konzentriert. [...] Der König ist durch sein Amt Vater des Volkes. [...]

4. Deshalb sind die Könige aber nicht von den Gesetzen befreit. Sie sind wie alle anderen der Rechtlichkeit des Gesetzes unterworfen, sowohl weil sie selbst gerecht sein sollen, als auch weil sie dem Volk Beispiel als Hüter des Gesetzes sein sollen, aber sie sind nicht den Strafen des Gesetzes unterworfen.

(Jacques-Bénigne Bossuet, Politique tirée des propres paroles de l'Ecriture sainte (Politik nach den eigenen Worten der Heiligen Schrift), 1682, veröff. 1709; Kritische Ausgabe von Jacques Le Brun, Genf 1967, S. 64–67, 92–97; übers. v. W. Emer)

M 6 Friedrich II. und der aufgeklärte Absolutismus

In seinen politischen Testamenten reflektiert der preußische König Prinzipien seiner Herrschaft.

Die erste Bürgerpflicht ist, seinem Vaterlande zu dienen. Ich habe sie in allen verschiedenen Lagen meines Lebens zu erfüllen gesucht. Als Träger der höchsten Staatsgewalt hatte ich die Gelegenheit und die Mittel, mich meinen Mitbürgern nützlich zu erweisen. Meine Liebe zu ihnen gibt mir den Wunsch ein, ihnen auch nach meinem Tode noch einige Dienste zu leisten. [...]

Mit der Abfassung dieses politischen Testaments verfolge ich daher keine andere Absicht, als einem Piloten gleich, der die stürmischen Zonen des politischen Meeres kennt, meine Erfahrungen der Nachwelt mitzuteilen. [...]

In eigener Person Recht zu sprechen, ist eine Aufgabe, die kein Herrscher übernehmen kann, ein König von Preußen noch weniger als ein anderer. Die unendlichen Einzelheiten eines einzigen Rechtshandels würden die Zeit verschlingen, die er vorzugsweise anderen Zweigen der Regierung widmen muss. Spricht der Fürst aber auch nicht selber Recht, so folgt daraus nicht, dass er die Rechtspflege vernachlässigen darf. [Es folgen Hinweise auf die von ihm durchgeführte Justizreform.] [...]

Ich habe mich entschlossen, niemals in den Lauf des gerichtlichen Verfahrens einzugreifen; denn in den Gerichtshöfen sollen die Gesetze sprechen und der Herrscher soll schweigen. [...] Sache des Fürsten ist es, die Beamten zu ihrer Pflicht anzuhalten und streng gegen die vorzugehen, die seine Autorität missbrauchen und das öffentliche Vertrauen unter dem Vorwand von Recht und Gerechtigkeit täuschen. Gerade gegen derartige Fälle von Pflichtvergessenheit muss ich die äußerste Strenge anraten; denn der Herrscher macht sich gewissermaßen zum Mitschuldigen an den Verbrechen, die er unbestraft lässt.

Soll das Land glücklich sein, will der Fürst geachtet werden, so muss er unbedingt Ordnung in seinen Finanzen halten. Noch nie hat eine arme Regierung sich Ansehen verschafft. [...] Wenn schon Holland, Sachsen und Frankreich sich infolge ihrer schlechten Wirtschaft zugrunde richten, so wäre es um Preußen für immer geschehen, wollte es ihrem Vorgang folgen; denn seine Macht beruht nicht auf innerer Kraft, sondern allein auf seinem Gewerbefleiß. Es ist eine alte Wahrheit: Preußen hat keine anderen Hilfsquellen als seine festen Einnahmen. [...]

Ein Gegenstand der Politik des Königs von Preußen ist die Erhaltung seines Adels. Denn welcher Wandel auch eintreten mag, er wird vielleicht einen reicheren, aber niemals einen tapfereren noch treueren Adel bekommen. Damit der Adel sich in seinem Besitz behauptet, ist zu verhindern, dass die Bürgerlichen adlige Güter erwerben, und zu veranlassen, dass sie ihre Kapitalien im Handel anlegen, sodass, wenn ein Edelmann seine Landgüter verkaufen muss, nur Edelleute sie erwerben.

Ebenso ist zu verhindern, dass der Adel in fremde Dienste geht. Vielmehr muss ihm patriotischer Sinn und Standesbewusstsein eingeflößt werden. Daran habe ich gearbeitet und während des Ersten Schlesischen Krieges mir alle mögliche Mühe gegeben, den gemeinschaftlichen Namen Preußen in Aufnahme zu bringen, damit die Offiziere lernen, dass sie alle, aus welcher Provinz sie auch stammen, als Preußen zu gelten haben und dass aus dem gleichen Grunde alle Provinzen, obwohl voneinander getrennt, doch nur ein einziges Staatsgebilde ausmachen.

Es gehört sich, dass der Adel seine Dienste lieber seinem Vaterlande als irgendeiner anderen Macht widmet. Aus diesem Grunde sind gegen die Edelleute, die ohne Erlaubnis in fremde Dienste gehen, strenge Verordnungen erlassen. Da aber viele Edelleute Müßiggang und erbärmliches Leben dem Waffenruhm vorziehen, so sind denen, die dem Staate dienen, Auszeichnungen und Vorrechte zu verleihen; denen aber, die nicht dienen, sind sie vorzuenthalten. Von Zeit zu Zeit sind die jungen Edelleute [...] zu versammeln, um sie unter die Kadetten zu stecken und darauf in die Armee einzustellen.

Ich habe den Städten in den alten Provinzen die Freiheit gelassen, ihren Magistrat zu wählen, und mich in diese Wahlen nur dann eingemischt, wenn sie Missbrauch damit trieben und einzelne Familien zum Nachteil der anderen alle Gewalt an sich rissen. [...]

Der Herrscher soll das Gleichgewicht zwischen Bauer und Edelmann erhalten, sodass sie einander nicht zugrunde richten. [...] Den Bauern ist zu verwehren, dass sie Ländereien von Adligen kaufen, und die Adligen sind am Bauernlegen zu verhindern.

Katholiken, Lutheraner, Reformierte, Juden und zahlreiche andere christliche Sekten wohnen in

Friedrich II. (Porträt von 1769)

Preußen und leben friedlich miteinander. Wenn der Herrscher aus falschem Eifer auf den Einfall käme, eine dieser Religionen zu bevorzugen, so würden sich sofort Parteien bilden und heftige Streitereien ausbrechen. Allmählich würden Verfolgungen beginnen, und schließlich würden die Anhänger der verfolgten Religionen ihr Vaterland verlassen, und Tausende von Untertanen würden unsere Nachbarn mit ihrem Gewerbefleiß bereichern und deren Volkszahl vermehren.

Für die Politik ist es völlig belanglos, ob ein Herrscher religiös ist oder nicht. Geht man allen Religionen auf den Grund, so beruhen sie auf einem mehr oder minder widersinnigen System von Fabeln.

In einem Staate wie Preußen ist es durchaus notwendig, dass der Herrscher seine Geschäfte selbst führt. Denn ist er klug, wird er nur dem Staatsinteresse folgen, das auch das seine ist. Ein Minister dagegen hat, sobald seine eigenen Interessen in Frage kommen, stets Nebenabsichten. Er besetzt alle Stellen mit seinen Kreaturen, statt verdienstvolle Leute zu befördern. [...]

Der Herrscher dagegen wird den Adel stützen, die Geistlichkeit in die gebührenden Schranken weisen, nicht dulden, dass die Prinzen von Geblüt Ränke spinnen, und das Verdienst ohne jene eigennützigen Hintergedanken belohnen, die die Minister bei allen ihren Handlungen hegen.

Ist es aber schon notwendig, dass der Herrscher die inneren Angelegenheiten seines Staates selber lenkt, um wie viel mehr muss er dann seine äußere Politik selbst leiten, die Allianzen schließen, die ihm zum Vorteil gereichen, seine Pläne selber entwerfen und in bedenklichen und schwierigen Zeitläufen seine Entschlüsse fassen. [...]

Eine gut geleitete Staatsregierung muss ein ebenso fest gefügtes System haben wie ein philosophisches Lehrgebäude. Alle Maßnahmen müssen gut durchdacht sein, Finanzen, Politik und Heerwesen auf ein gemeinsames Ziel steuern: nämlich die Stärkung des Staates und das Wachstum seiner Macht. Ein System kann aber nur aus einem Kopfe entspringen; also muss es aus dem des Herrschers hervorgehen. Trägheit, Vergnügungssucht und Dummheit: diese drei Ursachen hindern die Fürsten an ihrem edlen Berufe, für das Glück ihrer Völker zu wirken. Solche Herrscher machen sich verächtlich, werden zum Spott und Gelächter ihrer Zeitgenossen, und ihre Namen geben in der Geschichte höchstens Anhaltspunkte für die Chronologie ab. Sie vegetieren auf dem Throne, dessen sie unwürdig sind, und denken nur an das liebe Ich. Ihre Pflichtvergessenheit gegen ihre Völker wird geradezu strafbar. Der Herrscher ist nicht zu seinem hohen Rang erhoben, man hat ihm nicht die höchste Macht anvertraut, damit er in Verweichlichung dahinlebe, sich vom Mark des Volkes mäste und glücklich sei, während alles darbt. Der Herrscher ist der erste Diener des Staates. Er wird gut besoldet, damit er die Würde seiner Stellung aufrechterhalte. Man fordert aber von ihm, dass er werktätig für das Wohl des Staates arbeite und wenigstens die Hauptgeschäfte mit Sorgfalt leite.

(Friedrich der Große, Die politischen Testamente, übers. v. Friedrich von Oppeln-Bronikowski, Berlin 1922; zit. nach: F. Dickmann (Hg.), Geschichte in Quellen, Bd. III, München ²1976, S. 605–608)

M 7 Ein anderes Herrschaftsmodell

Aus der Unabhängigkeitserklärung der Niederlande, Juli 1581:

Ein Volk ist nicht wegen des Fürsten, sondern ein Fürst um des Volks willen geschaffen, denn ohne das Volk wäre ja kein Fürst. Er ist dazu vorhanden, dass er seine Untertanen nach Recht und Billigkeit regiere und sie liebe, wie ein Vater seine Kinder, dass er treu walte, wie ein Hirt über seine Herde. Behandelt er sie aber nicht so, sondern bloß wie Sklaven, dann hört er auf, ein Fürst zu sein, und ist ein Tyrann. Die Untertanen aber haben das Recht, nach gesetzlichem Beschluss ihrer Vertreter, der Stände, wenn kein anderes Mittel mehr übrig ist, wenn sie durch keine Vorstellung ihrer Not irgendeine Versicherung der Freiheit für Leib und Gut, für Weib und Kind von dem Tyrannen erwerben können, diesen zu verlassen. Dies ist der Fall in den Niederlanden. Seit uralten Zeiten wurden sie nach beschworenen Bedingungen regiert, deren Bruch den Fürsten der Herrschaft verlustig machte. Unter dem Vorwand der Religion hat der König von Spanien hier eine Tyrannei einzurichten versucht und, ohne auf irgendeine Vorstellung des Landes zu achten, dessen Privilegien verletzt, den Eid gebrochen, den er auf deren Erhaltung geschworen. Und so erklären denn die Gemeinstände jetzt den König von Spanien verlustig jeden Anspruchs auf die Herrschaft in den Niederlanden, sie erkennen ihn von nun an nicht mehr als Landesherrn an, sie entbinden hiermit alle Amtleute, Obrigkeiten, Herren, Vasallen und Einwohner von dem einst Philipp dem Zweiten von Spanien geleisteten Eid des Gehorsams und der Treue.

(Zit. nach: Georg Weber, Allgemeine Weltgeschichte, Bd. XI, Leipzig ²1886, S. 630; Rechtschreibung modernisiert)

Renaissance und Frühe Neuzeit – eine Zeitenwende und Beginn der Moderne?

Viele Zeitgenossen des 16. Jahrhunderts haben ihre Epoche, die Renaissance, als einen Aufbruch und Bruch mit den vergangenen Jahrhunderten, die ihnen als dunkel und unattraktiv erschienen, wahrgenommen und dargestellt.
Die Nachahmung der Antike verlieh den Gelehrten und Künstlern Italiens neues Selbstbewusstsein. So schrieb der Zeitgenosse Vasari: „Hochschätzung der Antike und Geringschätzung der vergangenen Jahrhunderte gingen Hand in Hand."
Der Humanist Ulrich von Hutten beschrieb die Neuheit der Epoche euphorisch mit den Worten: „Die Studien blühen, die Geister platzen aufeinander, es ist eine Lust zu leben."

Ulrich von Hutten (zeitgenössisches Porträt)

Das Italien der Renaissance besaß eine große Anziehungskraft für die Gelehrten und Künstler jenseits der Alpen. So reiste z.B. der Maler Albrecht Dürer mehrere Male dorthin und fühlte sich dort als „Herr, daheim ein Schmarotzer" (1506) oder der französische Historiker Jacques Auguste de Thou (16. Jahrhundert) beschreibt in seiner Autobiographie, wie leidenschaftlich er seinem Italienbesuch entgegenfieberte.
Sein Landsmann, der Philosoph Montaigne, folgte seinem Beispiel und bereiste ebenfalls Italien, wo er antike und zeitgenössische Werke begeistert bewunderte.
Im 19. Jahrhundert griff Jacob Burckhardt in seinem Werk „Die Kultur der Renaissance in Italien" (1860) diese Wahrnehmung wieder auf und akzentuierte sie zu einer Art Mythos. Für ihn war die Renaissance eine Zeitenwende, die den Individualismus und den Anbruch der „Moderne" begründete. Im Mittelalter sei der Mensch wie unter „einem gemeinsamen Schleier" gewesen. Im Italien der Renaissance „verweht dieser Schleier, [...] der Mensch wird geistiges Individuum und erkennt sich als solches."
Wissenschaftler heute sehen diese Zeit differenzierter und mit unterschiedlichen Perspektiven. Daraus ergeben sich als Leitfragen:

- **Welche Elemente und Faktoren der Moderne sehen Wissenschaftler des 20. Jahrhunderts in der Renaissance und der Folgezeit begründet?**
- **Inwiefern kann die Frühe Neuzeit seit der Renaissance als Beginn der Moderne und Zeitenwende gesehen werden?**

Verfassen Sie auf der Grundlage der Materialien M1 – M5 und unter Einbeziehung des Infotextes eine schriftliche Erörterung unter den beiden Leitfragen.
Vorschlag, um zu einer kritischen Auseinandersetzung mit Positionen zur Problemstellung Moderne zu gelangen und auf dieser Grundlage eine eigenständige begründete Stellungsnahme zu entwickeln:

1. Stellen Sie anhand des Infotextes (S. 191ff.) die Errungenschaften der Renaissance in einer Tabelle – gegliedert nach vier zentralen Dimensionen historischer Erfahrung – stichwortartig zusammen.

Politik	Wirtschaft	Gesellschaft	Kultur

2. Erstellen Sie Thesenpapiere zu M1 – M5, in denen Sie die in den vorgelegten Darstellungen enthaltenen Thesen und Argumente erfassen.

3. Vergleichen Sie die Positionen miteinander, um auffallende prinzipielle Unterschiede, Gegensätze, Gemeinsamkeiten und Ähnlichkeiten aufzuzeigen und soweit möglich zu erklären.

4. Prüfen Sie die verschiedenen Standpunkte auf Stichhaltigkeit und Aussagekraft und entwickeln Sie auf dieser Basis eine Argumentation, die zu einer eigenen bejahenden, relativierenden oder auch ablehnenden Stellungnahme führt.

MATERIALIEN

M 1 Der Philosoph Ernst Bloch über die Renaissance

Bloch war marxistischer Philosophie-Professor in Tübingen.

Zeitwende

Unser Stoff ist ein Morgen, wie die Weltgeschichte ihn noch selten gesehen hat, mit Frische, einer aufsteigenden Klasse, kurz: Renaissance. Das war nicht einfach Wiedergeburt in dem Sinn, dass ein Altes wieder erschienen wäre, etwa die Antike, wie das gewöhnlich gedeutet wird, sondern es war eine Neugeburt von etwas, was noch nie in des Menschen Sinn gekommen war, ein Durchbruch von Gestalten, wie sie noch nie auf der Erde gesehen worden waren. Die tauchten nun auf und vollbrachten ihr Werk, Zeit des Frühlings, Zeit der Wende: Eine Gesellschaft wendet sich, und eine neue kommt herauf. Friedrich Engels nannte die Renaissance die größte progressive Umwälzung, die die Menschheit bis dahin erlebt hatte, und mit wie viel Recht hat er sie so genannt. Der Baumeister Alberti drückt das Gefühl seiner Zeit nüchtern vielsagend aus: „Für die Tätigkeit ist der Mensch geschaffen, und der Nutzen ist seine Bestimmung." Und Hutten drückte erst recht ein Bewusstsein der Jugendlichkeit dieser Epoche in dem Ruf aus: „Die Studien blühen, die Geister platzen aufeinander, es ist eine Lust zu leben."

Frühkapitalistische Blüte: Homo Faber, Drang, Bewusstsein ungemessener Weite

Und Tätigkeit ist nun das Signal. Es entsteht der arbeitende Mensch, der sich seiner Arbeit nicht mehr schämt. Die Adelssperre vor der Arbeit, als ob sie den Menschen schändete und entwürdigte, fällt; der homo faber, der in die Welt erzeugend-eingreifende, entsteht, auch wenn dies erzeugende Eingreifen selber als ein neuer Zustand noch nicht grundhaft reflektiert war. Die frühkapitalistische Wirtschaftsweise bricht entschieden durch, es ist ökonomisch die Epoche, worin das städtische Bürgertum im Bund mit dem absolut werdenden König den ritterlichen Feudalismus brach. Platz wurde geschaffen für das, was sich in Italien schon seit dem dreizehnten, spätestens seit dem vierzehnten Jahrhundert anbahnte in Handwerkeraufständen. Vor allen Dingen nahm das Handelskapital eine neue unternehmende Form an, die erste Bank wurde von den Medici in Florenz gegründet. Der manufakturelle Betrieb setzte sich gegen und neben dem Handwerksbetrieb durch, es beginnt Kalkulation, die nötig wird, weil nicht mehr ein geschlossener Stadtmarkt zu beschicken ist, sondern ein beginnend offener Weltmarkt. Die frühkapitalistische Warenwirtschaft bricht also durch, und Italien ist der Ort, wo die wirtschaftlichen Fesseln aus der Feudalzeit zuerst gesprengt wurden; darum ist Italien der Geburtsort der Renaissance. Derart entsteht nun zweierlei als Novum: Einmal das Bewusstsein des Individuums auf der Basis der individuellen kapitalistischen Wirtschaftsweise gegenüber der ständischen mit geschlossenem Markt. Zum anderen der Drang und das Bewusstsein ungemessener Weite gegenüber dem gebauten und geschlossenen Weltbild der feudal-theologischen Gesellschaft.

Zuerst zum Individuum, zum homo faber. Der persönliche Beiname taucht auch für den Urheber von Kunstwerken auf. Im einzelnen Menschen werden Kräfte geahnt und Kräfte entdeckt, die bisher nicht gesehen worden waren, Kräfte, die nicht geringer erschienen als jene, die die neue Technik im gleichen sozialen Auftrag zu entbinden hatte; die Renaissance ist das Zeitalter der Erfindung von neuen Produktionsmitteln, noch eines Leonardos Muse war reich mit dieser Technik beschäftigt. Aber der Erfindende, der Wagende ist selbst ein Novum unter Produktivkräften. [...]

Auf dem Theater kommt das Individuum ebenfalls zum Zug, über die höfisch festen Typen, die sich lange gehalten haben, siegt das Charakterdrama. Der Gipfel ist Shakespeare, wo die interessante, unverwechselbare Person, das Multiversum von Menschen erscheint gegenüber der gleichmäßigen, geformten, geadelten, strengen Höfischkeit der Menschen der Oberschicht und den festen Typen des Bauern, des Bürgers in mittelalterlichen Darstellungen. Das zweite nach dem homo faber ist nun die Weite. Wir haben mit dem sozialen Auftrag des Profits dahinter das Zeitalter der Entdeckungen, das Zeitalter des Columbus, des Magalhães, seiner ersten Erdumsegelung und so fort. In engem Zusammenhang mit dem sozialen Auftrag wird der geozentrische Standpunkt verlassen und der heliozentrische eingenommen, es siegt Kopernikus.

(Ernst Bloch, Vorlesungen zur Philosophie der Renaissance, Frankfurt 1972, S. 7–9)

M 2 Die Renaissance in der Geschichte der Philosophie

Christoph Helferich ist Lektor für deutsche Sprache und Literatur in Florenz.

[Der holländische Kulturhistoriker] Huizinga schlägt eine andere Sichtweise [als Burckhardt] vor, der ich mich anschließen möchte. Er geht von den zwei Polen der mittelalterlichen und der modernen Kultur (also etwa mit dem 19. Jahrhundert) aus und sieht daher die Renaissance nicht unmittelbar als Beginn der Neuzeit, sondern als „Umschlagplatz", den es in seiner Gegensätzlichkeit zu verstehen gilt. Diese bei Huizinga primär kultur- und geistesgeschichtliche Sichtweise lässt sich auch vertiefen durch die Grundbegriffe der Wirtschafts- und Gesellschaftstheorie, die ja auch Naturalwirtschaft und entfalteten industriellen Kapitalismus gegenüberstellt und die dazwischenliegenden Wirtschaftsformen als Zwischen- und Übergangsformen begreift (Handelskapital, Manufakturperiode). Das Italien des 14. bis 16. Jahrhunderts ist zweifellos gekennzeichnet durch das Kaufmannskapital, das eine enorme Bewegung in die Gesellschaft hineinbringt. Als Kapitalform selbst bleibt es aber auf den Handel beschränkt und setzt von seinem Begriff her nichtkapitalistische Wirtschaftsformen voraus, zwischen denen es als Handelskapital vermittelt. So ist auch von ihren wirtschaftlichen Grundlagen her die Renaissance als Umschlagplatz zwischen Altem und Neuem zu verstehen.

Die Deutung der Renaissance als Anbruch der Neuzeit liegt von der Sache her nahe, insofern man diese Epoche zu Recht als „Zeitalter der Entdeckungen" bezeichnet hat. Das bezieht sich gleichermaßen auf die Geografie, die Stellung der Erde im Weltraum, auf Naturwissenschaft und Technik wie in der Kunst etwa die Entdeckung der Perspektive. Als symbolische Daten sei hier nur erinnert an Gutenberg (um 1445 Buchdruck mit beweglichen Lettern), Vasco da Gama (1498 Entdeckung des Seeweges nach Indien) und Kopernikus, dessen Hauptwerk 1543 erschien. Der Künstler emanzipiert sich vom Handwerker, der Name des Malers taucht auf dem Bild auf. Alles scheint plötzlich in Fluss zu geraten, und der deutsche Humanist Ulrich von Hutten (1488–1523) konnte schreiben: „Die Studien blühen, die Geister platzen aufeinander, es ist eine Lust zu leben." Zentrum der Studien in Italien ist Florenz, wo sich im Umkreis des Hauses Medici die bedeutendsten Künstler und Philosophen (diese Worte dürfen nicht allzu fachspezifisch verstanden werden) der Zeit versammelten. „Studium" heißt eigentlich „Bemühung" und in den „Bemühungen um das Menschsein" (*studia humanitatis*), verstanden als Wiedererweckung der Alten, liegt der Fluchtpunkt der geistigen Bemühungen der Zeit. In welchem Sinne? Als Nachahmung eines unerreichbar hohen Vorbilds und Musters? Anlässlich seiner Neuausgabe der aristotelischen Politik gibt Leonardo Bruni (1369–1444), Humanist und wie sein Lehrer Coluccio Salutati Staatskanzler von Florenz, eine Antwort: *et recipienda et in usum nostrum vertenda est* – der antike Text ist sowohl aufzunehmen, zu rezipieren, als auch zum Nutzen der Gegenwart umzuwenden. „Rückgriff als Innovation" hat man dieses Verhältnis zu den Alten treffend bezeichnet, ein Verhältnis also nicht der *Wiederholung*, sondern der produktiven *Einholung* der Antike ins Bewusstsein der Gegenwart.

(Christoph Helferich, Geschichte der Philosophie – Von den Anfängen bis zur Gegenwart und Östliches Denken, München [2]1999, S. 118)

M 3 Eine Verteidiung Burckhardts

Der Literaturwissenschaftler August Buck verteidigt die Position Burckhardts gegenüber Peter Burke, einem englischen Historiker, der sich stärker auf die Forschungen der Mittelalterhistoriker bezieht:

Den folgenden Betrachtungen über die säkularisierenden Grundtendenzen der italienischen Renaissance sei eine kurze Erläuterung des Begriffs der Säkularisierung vorausgeschickt, wie er hier verstanden wird: Als wertneutraler wissenschaftlicher Begriff bezeichnet Säkularisierung den historischen Prozess der Emanzipation der europäischen Kultur von religiösen Bindungen und transzendenten Einstellungen, unbeschadet des Fortbestehens der christlichen Religion, eine allmählich alle Lebensbereiche erfassende Verweltlichung, die in der Selbstentschließung des Menschen zum Diesseits wurzelt und wohl den wichtigsten epochemachenden Faktor für die Neuzeit darstellt. Mit dem Nachweis, dass dieser Prozess im Italien des 14. Jahrhunderts einsetzt, wird auf der Grundlage des gegenwärtigen Forschungsstandes Jacob Burckhardts These von der italienischen Renaissance als der Wiege der Moderne erneut bestätigt.

Anlass für diese implizite Verteidigung Burckhardts ist die an ihm durch den englischen Historiker Peter Burke wiederholt geübte Kritik [...]. [Er] zieht es vor, die Geschichte vom Jahre 1000 bis zum Jahre 1800 als „eine Sequenz miteinander verknüpfter Veränderungen" zu verstehen. Eine solche grundsätzliche Infragestellung der Renaissanceforschung dürfte der stärkste Angriff sein, der gegen sie seit Jahrzehnten gerichtet worden ist.

Burkes Beweisführung mittels der in der Renaissance fortlebenden mittelalterlichen Elemente ist nicht neu [...].

Das neue Menschen- und Weltbild der Renaissance entstand zuerst in Italien, als dort der Mensch sich als geistiges Individuum erkennt und ein bis dahin unbekanntes Selbstbewusstsein entwickelt. Dieses offenbart sich, allgemein gesprochen, in einer Wendung zum Diesseits, im Besonderen in einem Streben nach Selbstbehauptung, in einem auf Ruhm bedachten Geltungsbedürfnis und in einer ungezügelten Wissbegier, seinerzeit durch Augustin in den Lasterkatalog versetzt, nunmehr in erster Linie auf den Menschen in seinem irdischen Dasein gerichtet, auf seine Charaktereigenschaften, seine Verhaltensweisen und seine Lebensformen unter Vernachlässigung transzendenter Bindungen. Die Frage, woher der Mensch kommt und wohin er geht, tritt zurück gegenüber der Reflexion über das, was der Mensch ist und was er erlebt: seine subjektiven Erfahrungen, seine persönlichen Empfindungen und Beobachtungen. Zu den elementaren menschlichen Erfahrungen gehört der Tod. Mit dem Bewusstwerden der individuellen Eigenart gewinnt deren Auslöschung ein stärkeres Gewicht als zuvor. Der Tod wurde sozusagen individualisiert. So entstand ein der christlichen Tradition unbekanntes neues Todesbewusstsein, „die bezeichnendste Note“ für den Individualismus der Renaissance. Als existenzielles Ereignis wird der Tod aus den dogmatischen Bindungen gelöst und in das subjektive Erleben einbezogen, womit er seinen Strafcharakter verliert und als weder gut noch böse, vielmehr als ein ethisch neutrales Naturereignis erscheint. Indem der christliche, durch Paulus erhärtete Glaubenssatz vom Tod als der Sünde Lohn seine Gültigkeit verliert, wird der Begriff des Todes entchristianisiert, ein wichtiger Schritt im Prozess der Säkularisierung.

Wie den Menschen sah man auch die Welt, d.h. die Natur unter einer neuen Perspektive. Während im Mittelalter die Natur als die Schöpfung Gottes stets im Hinblick auf ihren Schöpfer gedeutet wurde, also ihren Sinn aufgrund einer sie transzendierenden Werteordnung erhielt, entdeckte man nunmehr wie die Wirklichkeit des menschlichen Lebens auch die der Natur und beurteilte sie nach ihr immanenten Maßstäben. Wiederum wie bei der Ausformung des Menschenbildes ist die Erfahrung auch die Grundlage für die Wissenschaft, die kraft ihrer praktischen Umsetzung in die Technik dem Menschen die Möglichkeit zur Beherrschung der Welt eröffnet und damit auf das neue Lebensgefühl zurückwirkt.

Kennzeichnend für die neue Denkweise ist der Bedeutungswandel des von der Antike über das Mittelalter tradierten Begriffs der „dignitas hominis“, der Wesenswürde des Menschen. Man sah zwar weiter in ihr eine Gabe Gottes, aber nicht mehr eine Eigenschaft, sondern eine Potenz, die zu verwirklichen Aufgabe des Menschen ist, d.h. der Begriff erhielt einen dynamischen Charakter. Seine Würde erwirbt der Mensch in seiner moralisch-geistig autonomen Tätigkeit, deren eigenständigen Wertes er sich bewusst wird. In Konkurrenz mit der Natur schafft er das „regnum hominis“. „Menschenwerk“ – so verkündet Giannozzo Manetti in seinem Traktat „De dignitate et excellentia hominis“ – sind „alle Häuser, alle großen und kleinen Städte […]. Unser sind die Bilder, unser sind die Skulpturen, unser sind die Künste, unser die Wissenschaft […], unser sind schließlich sämtliche Erfindungen“. […]

(August Buck, Säkularisierende Grundtendenzen der italienischen Renaissance; in: Johannes Helmrath u.a. (Hg.), Studien zum 15. Jahrhundert – Festschrift für Erich Meuthen, Bd. 2, München 1994, S. 609 ff.)

M 4 Eine andere Sicht der Renaissance

Die amerikanische Historikerin Margaret L. King beleuchtet die Renaissance aus der Frauenperspektive:

Der Mann der Renaissance hat viele, klar umrissene Gesichter […]. Die Frau hingegen bleibt konturenlos. Männer konnten Fürsten oder Soldaten, Künstler oder Humanisten, Kaufleute oder Geistliche, Gelehrte oder Abenteurer sein. Frauen waren nur selten in solchen Rollen zu finden – und wenn, dann waren diese nicht bestimmend für ihre Identität. Die Frau konnte nur Mutter, Tochter oder Witwe, Jungfrau oder Dirne, Hexe oder Heilige, Maria, Eva oder Amazone sein. All diese Identitäten, die ausschließlich durch ihre Geschlechtszugehörigkeit definiert waren, absorbieren sie völlig und ersticken jegliches andere Selbst, auf das sie hätten Anspruch erheben können. Über die gesamte Zeit der Renaissance hinweg sollte die Frau kämpfen, um eine Identität zu finden und sie zum Ausdruck zu bringen – doch ohne Erfolg. Denn am Ende der Epoche ist ihre gesellschaftliche und kulturelle Rolle mehr denn je durch ihr Geschlecht bestimmt und ihre Situation hat sich keinesfalls verbessert, sondern im Gegenteil sogar verschlechtert. […]

Trotz der großen künstlerischen und intellektuellen Leistungen, die die Renaissance hervorgebracht hat, grassierte in dieser Epoche die Furcht vor allem Unbekannten, wurde den orthodoxen kirchlichen Lehren weiterhin mit Gewalt Geltung verschafft. […] Die hysterischen Ängste gipfelten schließlich im Hexenwahn, dessen Opfer zumeist Frauen wurden. Selbst wenn man alle anderen Indikatoren außer Acht ließe, so wären allein schon die von der kirchlichen Inquisition gegen Frauen begangenen Grausamkeiten Beweis genug dafür, dass das Zeitalter der Renaissance im Hinblick auf das weibliche Geschlecht keinesfalls diesen Namen verdient.

(Margaret L. King, Die Frau; in: Der Mensch der Renaissance, hg. v. Eugenio Garin, Frankfurt a. M. 1996, S. 282 u. 315)

M 5 Die gesamtgesellschaftliche Sicht eines Historikers

Der Autor des Textes, Heinz Schilling, ist Professor für die Geschichte der Frühen Neuzeit an der Humboldt-Universität in Berlin.

Beginn der Neuzeit? – Schlüsselprozesse in Europa

Die neue Zeit Europas, das haben die Forschungen zum späten Mittelalter und zum 16./17. Jahrhundert in den letzten Jahrzehnten überzeugend herausgearbeitet, brach sich nicht erst mit *Kolumbus* oder *Luther* Bahn. Vielmehr lassen sich viele der Veränderungen, die das hervorbrachten, was wir traditionell die „europäische Neuzeit" nennen, bereits seit dem 13. Jahrhundert ausmachen, zunächst allerdings erst in den fortgeschrittenen Regionen des Kontinents, voran in Italien, aber auch in Flandern-Braband oder Burgund, bis sie schließlich auch – häufig allerdings erst mit einer Verzögerung von Generationen oder gar Jahrhunderten – die Peripherie im Norden und Osten erreichten. [...] Erstens bildete sich ein nach rationalen Erfolgskriterien operierendes und auf Veränderungen in den Rahmenbedingungen rasch und flexibel reagierendes Wirtschaftssystem heraus. [...]

Zweitens bahnte sich eine politische Ordnung an, die einerseits bestimmt wurde durch die im Zuge der frühmodernen Staatsbildung entstandenen Partikularstaaten mit frühmoderner Administration, Souveränitätsanspruch und Identität auf nationaler, territorialer oder dynastischer Grundlage. [...]

Drittens wandelte sich in enger Verzahnung mit der politischen Neuorganisation Europas, speziell der frühmodernen Staatsbildung, die Gestalt des Christentums grundlegend. Der spätmittelalterliche Aufbruch in Spiritualität, Frömmigkeitsformen und Sozialkonfigurationen der Christenheit verdichtete sich zur Reformation und zur anschließenden Konfessionalisierung. [...]

Viertens entstanden das frühneuzeitliche Wissen und die frühneuzeitliche Kunst, die sich zwischen der neuen Autonomie des schöpferischen Individuums und der noch nicht gesprengten Bindung an allgemein verpflichtende Normen bewegten. Kunst und Wissenschaft, die eine bereits seit der italienischen Renaissance des 14. und 15. Jahrhunderts, die andere beschleunigt seit dem 17. Jahrhundert, schlugen den Weg zu eigenen, autonomen Systemen ein [...].

Fünftens entstand ein Typus von Gesellschaft, der einerseits Möglichkeiten der Offenheit und Veränderung gewährte, andererseits aber im Zentrum von den Kräften des Beharrens bestimmt blieb. Bereits die mittelalterliche Gesellschaft war alles andere als statisch. Sie zeichnete sich durch ein erhebliches Maß an geographischer, aber auch durch eine gewisse soziale Mobilität aus.

Geographisch mobil war vor allem die Spitze der Gesellschaft: Könige und Fürsten zogen von Residenz zu Residenz oder gar von Land zu Land und Adel oder Prälaten taten es ihnen gleich. In der Mittelschicht reisten die jüngeren Handwerker, aber auch Studenten, Gelehrte und Künstler weit durch Europa. Vor allem aber waren Unterschichten und Randgruppen unterwegs als Vaganten und fahrendes Volk.

In den neueren Jahrhunderten kamen dann große transregionale, häufig sogar transkontinentale Migrationswellen hinzu, ausgelöst von Wirtschafts- oder Versorgungskrisen, vor allem aber von der Konfessionalisierung seit Mitte des 16. Jahrhunderts, die Zigtausende von religiösen Dissenters aus ihrer Heimat vertrieb. [...] Die alteuropäische Gesellschaft blieb trotz der heftigen Formierungstendenzen in Staat, Kirche und Wirtschaft an der Basis weitgehend unberührt und daher vormodern fragmentiert. Mit Familien- und Klientelnetzen, Nachbarschaften und gemeindlichen oder genossenschaftlichen Korporationen besaß sie kleine, in sich geschlossene Lebenswelten, die eigenen Gesetzen gehorchten.

(Heinz Schilling, Den Wandel begreifen – Die frühe Neuzeit (1250 –1750) in makrohistorischer Sicht; in: Praxis Geschichte, Heft 1/2000, S. 9–12)

Zusammenfassen, Üben und Darstellen

Aufbrüche – Die Welt der Frühen Neuzeit

Kernbegriffe:
- ★ Handelskapitalismus
- ★ Verlag
- ★ Renaissance
- ★ Reformation
- ★ Augsburger Religionsfrieden
- ★ Konfessionalisierung
- ★ Bauernkrieg
- ★ Gegenreformation
- ★ Dreißigjähriger Krieg
- ★ Westfälischer Frieden
- ★ Absolutismus
- ★ Merkantilismus
- ★ Manufaktur
- ★ Aufklärung

Auf einen Blick, S. 188
Info, S. 189
1. Skizzieren und kennzeichen Sie die Epoche der Frühen Neuzeit mithilfe einer Mindmap. Berücksichtigen Sie dabei auch die Kernbegriffe.

Info, S. 189ff., 203f.
2. Stellen Sie die Entwicklung der neuen Wirtschaftsform des Handelskapitalismus dar.

Info, S. 189f., 203f.
3. Erklären und vergleichen Sie die neuen Produktionsformen von Verlag und Manufaktur, in dem Sie ihre Vor- und Nachteile erörtern. Erstellen Sie dazu eine Tabelle.

Info, S. 191ff.
Thema, S. 208ff.
Forum, S. 227ff.
4. Schreiben Sie einen Brief eines Humanisten an seinen Freund, in dem dieser den neuen Zeitgeist und seine Interessen beschreibt.

Info, S. 193ff.
5. Benennen Sie Ursachen und Ziele der europäischen Expansion.

Info, S. 195f.
6. Beschreiben Sie die aztekische Hochkultur und erklären Sie die Ursachen ihres Untergangs.

Info, S. 196f.
7. Entwerfen Sie ein Flugblatt aus der Sicht Luthers, in dem dieser seine Kirchenkritik äußert.

Info, S. 196ff.
8. Vergleichen Sie die verschiedenen Reformationsansätze von Luther und Calvin. Erstellen Sie ein Schaubild.

Info, S. 198ff.
9. Erstellen Sie eine Zeitleiste zu den politischen Folgen der Reformation.

Info, S. 200ff.
10. Erläutern Sie den Begriff Konfessionalisierung und seine Folgen.

Info, S. 202ff.
Thema, S. 220ff.
11. Erstellen Sie eine Mindmap zu den zentralen Theorieelementen des Absolutismus.

Info, S. 203f.
12. Entwickeln Sie ein Schema des Merkantilismus.

Info, S. 202ff., 205
Thema, S. 220ff.
13. Vergleichen Sie in einer Tabelle den französischen und preußischen Absolutismus.

Info, S. 206
Thema, S. 213ff.
14. Charakterisieren Sie die Hexenverfolgung vor dem Hintergrund des sich entwickelnden Rationalismus.

Klausurtraining

Interpretation einer nichtsprachlichen historischen Quelle mit gegliederter Aufgabenstellung

Aufgabenstellung

1. Analysieren Sie das Gemälde unter Anwendung des ersten Schrittes der Methode „Gemälde interpretieren" (208ff.).

2. Deuten Sie die Bildaussagen im historischen Entstehungskontext der Renaissance und die Darstellungsformen und die Deutungsabsicht des Künstlers.

3. Beurteilen Sie, inwieweit das Gemälde den neuen Zeitgeist des Aufbruchs zum Ausdruck bringt.

Materialgrundlage

M Hans Holbein d. J.: Die Gesandten

Gemälde von 1533 (Öl auf Holz, 207 x 210 cm).

Das Gemälde kann als Kompendium von Renaissance-Ideen angesehen werden.
Vordergründig handelt es sich um das Doppelporträt zweier junger Männer, links ein Diplomat, rechts ein Gelehrter und Kleriker. Dazu hat Holbein eine ganze Reihe von Gegenständen mit symbolhafter Bedeutung ins Bild gesetzt. Die Instrumente auf der oberen Platte des Tisches sind ein Himmelsglobus, eine Sonnenuhr, ein Quadrant. Unten liegen ein Globus und ein Zirkel, eine Rechenlehre für Kaufleute, eine Laute, verschiedene Flöten und ein Gesangbuch. Aber zugleich warnt Holbein vor der Selbstüberschätzung des Menschen: Oben links, kaum sichtbar, hängt ein Kruzifix als Zeichen für die geistliche Dimension und den Erlösungsgedanken. Vorne ist als Memento mori ein Totenschädel abgebildet – so verzerrt, dass man ihn nur aus spitzem Winkel von links unten richtig erkennen kann.

Auf der Schwelle zur Moderne – Die großen Revolutionen um 1800: England, Amerika, Frankreich

Die Revolutionen in England, Amerika und Frankreich waren ein tiefgreifender Einschnitt in der Geschichte. Die Zeitgenossen spalteten sich in zwei Lager. Die einen interpretierten die Ereignisse als teuflische Vorboten des Jüngsten Gerichts, weil – so ihre Sicht der Dinge – die Revolutionäre die traditionelle göttliche Ordnung von Staat und Gesellschaft zerstören wollten. Die anderen glaubten, im Kampf für Freiheit, Gleichheit und Brüderlichkeit und gegen die alten Mächte des Absolutismus, der ständischen Gesellschaft und des Feudalismus eine Zeitwende mitzuerleben und mitzugestalten. Ambivalente Symbole der Revolutionen waren das Feuer, das die Throne der Könige, ihre Wappen und Fahnen vernichtete, sowie die Göttin der Freiheit und die Friedenstaube, die für eine neue, bessere Zeit standen. Waren die Revolutionen der „Sattelzeit" um 1800 die Geburtsstunde unserer modernen Welt?

Das Fest der Einheit und Unteilbarkeit der Republik am 10. August 1793. Gemälde von Pierre-Antoine Demachy in Verbindung mit Maximilien Robespierre und Jacques-Louis David (Öl auf Leinwand, um 1793)

Auf einen Blick

Auf der Schwelle zur Moderne – Die großen Revolutionen um 1800: England, Amerika, Frankreich

Info S. 238

Die Revolutionen in England, Amerika und Frankreich

Die Herausbildung der Moderne um 1800 S. 238

1. **Die „Sattelzeit"** S. 238
2. **Die Modernisierungsrevolutionen** S. 239
- Die Bedeutung der Revolutionen
- Unterschiedliche Interpretationen
- Dynamik der Revolution

Die „Glorreiche Revolution" (1688/89) und die Entwicklung des Parlamentarismus in England S. 243

1. **Die Bedeutung der englischen Parlamentsgeschichte** S. 243
2. **Frühe Formen der englischen Parlamentsgeschichte** S. 243
3. **Bürgerkriege und „Glorreiche Revolution" im 17. Jahrhundert** S. 245
- Die Dynastie der Stuarts
- Puritanische Revolution und Bürgerkriege (1642–1688)
- Die „Glorreiche Revolution" (1688/1689)
4. **Die Wahlrechtsreformen im 19. Jahrhundert** S. 249
- Der Weg der Reformen
- Das Wahlrecht im 18. und zu Beginn des 19. Jahrhunderts
- Die Wahlrechtsreform von 1832
- Die Wahlrechtsreform von 1867
- Die Herausbildung der Massendemokratie um die Jahrhundertwende

Die Amerikanische Revolution S. 252

1. **Die Bedeutung der Amerikanischen Revolution** S. 252
2. **Die Vorgeschichte: Besiedlung und Kolonisation des nordamerikanischen Kontinents** S. 252
3. **Die Amerikanische Revolution** S. 254
- Der Steuerstreit
- Der Unabhängigkeitskrieg
- Die Verfassungsrevolution
- Das Erbe der Revolution: Die *Civil Religion*
- Verfassung und Verfassungswirklichkeit
4. **Der Bürgerkrieg** S. 260
- Nationale Entfaltung und Expansion im 19. Jahrhundert
- Der Bürgerkrieg (1861–1865)

Die Französische Revolution S. 262

1. **Die Bedeutung der Französischen Revolution** S. 262
2. **Voraussetzungen und Ursachen der Revolution** S. 263
- Die Autoritätskrise des Ancien Régime
- Die Krise der Ständegesellschaft
- Die Träger der Revolution
- Das Programm der Revolution
3. **Der Verlauf der Revolution** S. 265
- Die Phasen der Revolution im Überblick
- Die vorrevolutionäre Phase (1770–1788)
- Die liberale Revolution (1789–1791)
- Die Destabilisierung und Radikalisierung der Revolution (1791–1792)
- Die Konventsherrschaft (1792–1794)
- Exkurs: Gewalt in der Revolution – Erklärungsansätze und Urteile
- Die Herrschaft der Thermidorianer und des Direktoriums (1794–1799)
- Die nachrevolutionäre Phase: Die Herrschaft Napoleons (1799–1815)

Ein Sansculotte mit der Trikolore

Thema S. 280

Die Geburt der Menschenrechte – Menschenbild und politische Utopie in den zentralen Dokumenten der Amerikanischen und der Französischen Revolution

Ihre revolutionäre Energie bezogen die Umwälzungen in Amerika und Frankreich aus einem Menschenbild, das allen Bürgern grundlegende und unverrückbare Rechte zusprach. In den zentralen Dokumenten beider Revolutionen wurden diese Rechte zum ersten Mal feierlich erklärt und dokumentiert.

Methode S. 281

Interpretation normativer Texte

Thema S. 286

Der moderne Staat und die Demokratie – Vom Gesellschaftsvertrag zur politischen Mitbestimmung

Der Bruch mit dem Staat von Gottes Gnaden war der erste Schritt zum heutigen Verfassungsstaat. Er fand zunächst auf dem Papier statt. Die neuen Ideen wurden von Philosophen in England und Frankreich entwickelt und zur Grundlage der Forderung nach mehr Partizipation in Staat und Gesellschaft. Thomas Hobbes, John Locke, Charles de Montesquieu und Jean-Jacques Rousseau sind die geistigen Väter der Moderne.

Thema S. 292

Zwischen Tradition und Emanzipation – Frauen in der Französischen Revolution

Mit der Revolution forderten auch die französischen Frauen mehr Freiheit und Gleichberechtigung. Sie wehrten sich gegen die Jahrhunderte alte Herrschaft des männlichen Geschlechts und kämpften gleichzeitig gegen Feudalismus und Absolutismus. Ihre Gegner waren nicht nur Männer, sondern auch Frauen, an herausragender Stelle Königin Marie Antoinette. Und vielen Revolutionären ging der Elan ihrer Mitstreiterinnen zu weit, weil er mit dem Ancien Régime auch die Vorherrschaft der Männer in Frage stellte.

Thema S. 299

Der Despotismus der Freiheit – Revolutionäre Moral und Gewalt in der jakobinischen Phase der Revolution

Während der jakobinischen Phase der französischen Revolution arbeitete die Guillotine fast ununterbrochen. 16 000 Menschen – unter ihnen der ehemalige König Ludwig XVI. – fielen dem Terror der Jakobiner zum Opfer. Heute gilt ihre Schreckensherrschaft als das Beispiel, wie aus dem Kampf um die Freiheit ein verbrecherisches Regime werden kann, dem jedes Mittel recht ist, um das Paradies auf Erden zu errichten.

Thema S. 304

Die Französische Revolution im Bild – Selbstbild, Inszenierung und Symbolsprache

Neben Flug- und Druckschriften waren großformatige Gemälde vor der Erfindung moderner Massenmedien das wichtigste Medium propagandistischer Selbstdarstellung. Die absolutistischen Herrscher hatten ihren unumschränkten Machtanspruch in aufwändigen Portraits (Herrscherbildern) darstellen lassen. Während der Französischen Revolution erhielten Künstler ein neues Betätigungsfeld: die Darstellung der Revolution und ihrer Feinde.

Forum S. 308

Die Französische und die Amerikanische Revolution im historischen Urteil – Standpunkte und Stellungnahmen

Nur wenige Ereignisse sind von den Historikern so kontrovers diskutiert worden wie die Französische und die Amerikanische Revolution. Sie sind Schlüsselereignisse der Moderne, aber welche von beiden hat den Gang der Geschichte stärker beeinflusst? Frankreich und die USA feiern ihre Revolution als die glorreiche Geburtsstunde ihrer Nation, es gibt aber auch Kritiker, die auf den Terror in Frankreich verweisen und die Wirkung der beiden Revolutionen hinterfragen.

Die Revolutionen in England, Amerika und Frankreich

Die Herausbildung der Moderne um 1800

1. Die „Sattelzeit"

„Moderne"

„Moderne" – unter diesem Begriff verstehen Wissenschaftler die fundamentalen Strukturen und Denkweisen der Epoche, in der wir leben. Das wesentliche Kennzeichen der „Moderne" ist die im Gefolge der Aufklärung verbreitete Vorstellung, dass der Mensch mithilfe seiner Vernunft die Zukunft im Sinne einer Verbesserung seines Lebens und seiner Lebensumstände gestalten könne. Diese grundlegende Denkfigur eines dem Menschen möglichen „Fortschritts" in der Geschichte umfasst vor allem die Möglichkeit der Verbesserung der materiellen Lebensumstände durch Wissenschaft und Technik, durch industrielle Produktion und Medizin, aber – nicht minder – die Verbesserung des menschlichen Zusammenlebens durch die Demokratisierung von Staat und Gesellschaft.

Die „Moderne" ist noch gar nicht so alt. Sie entstand in den Jahrzehnten von etwa 1750 bis 1850 – ein Zeitraum, der von Historikern als „Sattelzeit" oder „Schwellenzeit" bezeichnet wird. Diese Begriffe sollen zum Ausdruck bringen, dass in dieser Zeit in einem mächtigen, langsam kumulierenden Umwälzungsprozess gewissermaßen eine Schwelle übertreten wurde, die die traditionelle Welterfahrung des frühen Mittelalters hinter sich ließ und die „moderne" Sicht der Welt begründete.

„Sattelzeit"

In diesen Jahren verdichteten sich die – mit einem „modernen" Begriff gesprochen – „fortschrittlichen" Elemente der Frü-

Die „Moderne"

Als typische Kennzeichen der „Moderne" gelten:

- Übergang von der Agrar- zur Industriegesellschaft
- Sinkende Mortalität, Bevölkerungswachstum, Verstädterung
- Industrialisierung, Kommerzialisierung, wirtschaftliches Wachstum
- Verwissenschaftlichung, Alphabetisierung, Säkularisierung
- Bürgerliche, in Schichten oder Klassen gegliederte Gesellschaft (anstelle der Ständegesellschaft)
- Soziale Mobilität auf der Grundlage von Leistung und Besitz (anstelle der Erblichkeit)
- Zunahme der politischen Partizipation, Demokratie
- Politische Öffentlichkeit, Legitimation von Herrschaft durch Bezug auf breite Bevölkerungsschichten (Massendemokratie)
- Ausbau des (National-)Staates und der staatlichen Verwaltung

„Sattelzeit" – dieser Begriff wurde von dem Historiker Reinhart Kosellek (1923–2006) für die Jahre um 1800 geprägt. Kosellek erkannte die epochale Bedeutung dieser Zeit, indem er Begriffs- und Wortbedeutungen untersuchte, die wiederum Aussagen über die Wirklichkeitserfahrung und das Denken der Menschen erlauben. Er wies nach, dass in den Jahrzehnten um 1800 sich der Bedeutungsgehalt „alter" Begriffe der frühen Neuzeit (wie z. B. „Staat") grundlegend wandelte und neue Begriffe (z. B. die sogenannten Kollektivsingulare wie „die Geschichte", „der Fortschritt", „der Imperialismus") erfunden wurden, die wir bis heute problemlos verstehen können, während die zentralen Begriffe früherer Zeiten heute gewissermaßen einer Übersetzung bedürfen, weil uns das ihnen zugrunde liegende Denken und Fühlen ganz fremd geworden ist. Das bedeutet: Die Kennzeichen und grundlegenden gesellschaftlichen, sozialen sowie politischen Strukturen unserer „modernen" Welt haben noch gar keine so lange historische Tradition, sondern entwickelten sich im Kern erst vor etwa 200 Jahren.

Doppelrevolution

hen Neuzeit, wie die Entdeckungen, die technischen Erfindungen oder das Denken der Aufklärung, zu einer „Doppelrevolution“: zur politisch-demokratischen Revolution und zur industriellen Revolution. Beide etwa zeitgleich sich entwickelnde Revolutionen basierten auf dem festen Glauben und dem Willen zum vernunftgesteuerten Fortschritt. Sie transformierten zunächst Nordamerika und Westeuropa, später das übrige Europa und schließlich die ganze Welt.

Modernisierung in Deutschland

Der Prozess der Ausbreitung der Moderne verlief nicht linear, sondern in Brüchen und Phasenverschiebungen. In Deutschland etwa setzte die Industrialisierung später, in der Folge aber kräftiger ein als in England, während die Demokratisierung der politischen Systeme noch länger auf sich warten ließ. Insgesamt blieben die konservativ-monarchischen Kräfte in Deutschland im 19. Jahrhundert noch tonangebend: Ansätze einer Demokratisierung der politischen Systeme entstanden in Folge der Französischen Revolution in einigen süddeutschen Staaten („Frühkonstitutionalismus“), während die preußische Staatsführung zu Beginn des 19. Jahrhunderts solche Bestrebungen mit „Reformen von oben“ zu verhindern versuchte („konservative Modernisierung“). Die „Märzrevolution“ des Jahres 1848 scheiterte zwar am Widerstand monarchischer Kräfte und an vielfältigen internen Problemen, zeigte aber zugleich, dass die „moderne“ Idee der Demokratie auch aus Deutschland nicht mehr wegzudenken war. Auch die Verfassung des 1871 gegründeten Deutschen Reiches blieb ambivalent: Sie enthielt noch starke monarchische Elemente, nahm aber immerhin ein fortschrittliches Wahlrecht auf. Erst 1918/19 – nach dem Ersten Weltkrieg – gelang mit der Weimarer Verfassung die Errichtung eines modernen Verfassungsstaates.

Die „Moderne“ – ein umstrittenes Konzept

Von Beginn an war die „Moderne“ nicht unumstritten: Schon im 18. Jahrhundert sahen konservative Zeitgenossen in ihr eine Art menschlicher Hybris, den Abfall von gottgewollten Traditionen, den Sieg eines ungezügelten Materialismus über Sitte und Anstand. Heute – im 21. Jahrhundert – hat die Fortschrittsgläubigkeit des 19. und 20. Jahrhunderts wieder deutliche Risse bekommen. Die Erfahrung ökologischer Probleme, der Kehrseiten technologischer Entwicklung und vor allem die Erfahrung von Krieg und Gewalt zeigen, dass die Vorstellung einer „Machbarkeit von Welt“ zwar Fortschritt erzeugt, das Leben aber zugleich neuen Risiken ausgesetzt und es nicht unbedingt glücklicher gemacht hat. Heute gilt die Moderne deshalb als ambivalenter Prozess; manche sehen bereits ihr Ende und den Beginn eines neuen „postmodernen“ Zeitalters gekommen. Außerdem wird das Konzept der Moderne in Wissenschaft und Politik heute deshalb kritisiert, weil es das europäische Modell historischer Entwicklung als universellen Maßstab setzt und damit andere, vornehmlich außereuropäische Konzepte möglicherweise vorschnell als „un-“ oder „vormodern“ abwertet.

2. Die Modernisierungsrevolutionen

Die Bedeutung der Revolutionen

Revolutionen in Frankreich, England und Amerika

Als Scheitelpunkt der Umwälzung zur Moderne kann das Jahr 1789 gelten – das Jahr, in dem die Französische Revolution das „Ancien Régime“ besiegte und durch eine konstitutionelle Monarchie ersetzte. Aber die politisch-demokratische Revolution beschränkte sich nicht auf Frankreich: In England wandelte sich zu dieser Zeit die Jahrhunderte alte Idee des Parlamentarismus durch Wahlrechtsreformen hin zu einem modernen Verständnis von Demokratie; in Amerika war wenige Jahre zuvor im Unabhängigkeitskrieg die erste moderne Republik entstanden.

Bedeutung der Revolutionen für das nationale Selbstbild

Diese drei Revolutionen nehmen im Selbstbild „ihrer“ Nationen einen herausragenden Stellenwert ein. Die unter Opfern erkämpfte und durch die revolutionäre Aktion erst konstituierte Nation bildet in allen drei Fällen den Kern des historischen Selbstverständnisses Englands, der USA und Frankreichs. Dabei gibt es durchaus Unterschiede: In England symbolisiert die Revolution die Selbstbehauptung des Parlamentes gegen monarchische Übergriffe in einer auf beiden Seiten noch stark religiös geprägten Auseinandersetzung. Das Bild der Französischen Revolution ist wesentlich durch ihren konfrontativen, in ihrer radikalen

Phase zudem sehr gewalttätigen, antifeudalen und antiklerikalen Charakter geprägt, während die Amerikanische Revolution eher Züge eines antikolonialen Befreiungsaktes trägt. Alle drei Nationen beziehen bis heute im Kern ihre nationale Identität aus dem revolutionären Akt bürgerlicher Selbstbefreiung in diesen „großen" Revolutionen. Zugleich haben diese Revolutionen eine umfassende Wirkung von welthistorischer Bedeutung entfaltet.

Welthistorische Bedeutung

Sie verhalfen der bereits zuvor in vielen gesellschaftlichen Bereichen angelegten Moderne zum Durchbruch und gelten seitdem als verallgemeinerbares Modell moderner Nationalstaatsbildung. Ihre zentralen Errungenschaften, wie die Menschenrechte, die Konstituierung der Nation auf dem Prinzip der Volkssouveränität, der Aufbau eines effektiven Verwaltungs- und Rechtsstaates oder die Prinzipien einer demokratischen Verfassungsordnung, sind heute weithin als Grundpfeiler demokratischer Nationalstaaten anerkannt.

Unterschiedliche Interpretationen

„Modernisierungsrevolutionen"

Wegen ihres engen Zusammenhangs mit der Durchsetzung der Moderne hat sich heute weithin – und so auch in dieser Darstellung – die zusammenfassende Bezeichnung „Modernisierungsrevolutionen" durchgesetzt. Allerdings hat diese begriffliche Interpretation auch Unzulänglichkeiten: Neben den Schwächen des Begriffs „Moderne" (s. S. 238f.), muss nämlich fraglich bleiben, ob die Modernisierungsprozesse nicht schon viel früher und nachhaltiger auf anderen Gebieten, etwa der Philosophie, der Kultur, der Gesellschaft und der Wirtschaft, einsetzten und ob sie sich nicht auch ohne die Revolutionen durchgesetzt hätten. Nachdenklich stimmt auch, dass manche revolutionäre Triebkräfte eher aus einer Abneigung gegen die Moderne gespeist wurden und regelrecht antimoderne Züge trugen. Dies gilt zum Beispiel für die Sehnsucht der nach Amerika ausgewanderten Puritaner nach einem unverfälscht-ursprünglichen Leben auf dem Lande oder für die gegen die kapitalistische Ökonomisierung der Gesellschaft gerichtete egalitäre Moral der „Levellers" in England und der „Sansculotten" in Frankreich.

„Bürgerliche Revolutionen"

Wissenschaftshistorisch älter ist die zusammenfassende Bezeichnung „bürgerliche Revolutionen" – eine allerdings schillernde Begrifflichkeit, die in der französischen Unterscheidung zwischen *citoyen* (politisch aktiver Staatsbürger) und *bourgeois* (Angehöriger des Bürgertums als sozialer Schicht) besonders augenfällig zum Ausdruck kommt.

Erweiterung der politischen Partizipation

Einerseits hebt also die Bezeichnung „bürgerliche Revolutionen" auf die Erschütterung des monarchischen Prinzips und die Durchsetzung politischer Partizipationsrechte für die Staatsbürger (*citoyen*) ab, die sicherlich zu den herausragenden Ergebnissen aller drei Revolutionen gehören. In England hatte dieser Prozess den Charakter einer über einen langen historischen Zeitraum sich hinziehenden Erweiterung des Wahlrechts zum Parlament auf immer breitere Bevölkerungsschichten. In Frankreich führte dieser Prozess schnell vom Zensus- zum allgemeinen Wahlrecht, das allerdings schon unter dem Direktorium wieder zurückgenommen und von Napoleon dann ganz suspendiert wurde, bis das Land 1815 vorläufig zur konstitutionellen Monarchie zurückkehrte. In Amerika war das Wahlrecht von vorneherein eher im Sinne einer ursprünglichen, direkten Demokratie egalitär geprägt. Dennoch waren auch hier zur Durchsetzung des allgemeinen Wahlrechts weitere Wahlrechtsreformen bis in das 20. Jahrhundert hinein nötig. In allen drei Revolutionen blieb es zudem bei einem reinen Männerwahlrecht; Frauen blieben von politischer Partizipation zumindest in formaler Hinsicht ausgeschlossen.

Das Bürgertum als soziale Trägerschicht

Andererseits zielt die Bezeichnung „bürgerliche Revolutionen" aber auch auf die Rolle des Bürgertums als soziale Trägerschicht der Revolutionen. Besonders die marxistische Geschichtswissenschaft hat diesen Begriff in Abgrenzung zu späteren „proletarischen Revolutionen", wie der russischen Oktoberrevolution (1917), genutzt. Danach soll der Begriff „bürgerliche Revolution" den Übergang von der Epoche des „Feudalismus" zum „Kapitalismus" und – damit verbunden – den Sturz des Adels durch das Bürgertum bezeichnen. Diese Interpretation – auch in ihrer nichtmarxistischen Variante – hebt mit Recht die Bedeutung des aufgeklärten Bürgertums in allen drei Revolutionen hervor, übersieht jedoch dessen innere Differenzierung ebenso wie die Rolle anderer sozialer Gruppen. So haben etwa in der Französischen Revolution das liberal-kapitalistische Großbürgertum und das städtische Kleinbürgertum höchst unterschiedliche Interessen verfolgt, die Bauern und aufgeklärte Adelige sowie Kleriker besonders in der ersten Phase eine wichtige Rolle gespielt. Der amerikanische Unabhängigkeitskrieg war getragen von der breiten Schicht der selbstständigen Siedler und Bauern – die kaum als Bürgertum im europäischen Sinne bezeichnet werden kann.

Dynamik der Revolution

Modell für den Begriff „Revolution"

In besonderer Weise stand und steht die Französische Revolution als Modell für eine Form des beschleunigten und umwälzenden historischen Wandels. Der Begriff „Revolution" wurde an ihrem Beispiel entwickelt und – in Übereinstimmung oder Abgrenzung – auf andere „Revolutionen", wie z.B. die russische Oktoberrevolution 1917, die Novemberrevolution in Deutschland 1918/19 oder die sogenannten friedlichen Revolutionen 1989/90 in Osteuropa übertragen.

So bildet die Französische Revolution gewissermaßen den Prototyp aller Zuschreibungen historischen Wandels als „Revolution". Erst im Nachhinein wurden auch die Englische und die Amerikanische Revolution nach französischem Vorbild überhaupt als „Revolution" klassifiziert.

Dafür spricht trotz aller Unterschiede zwischen den drei Revolutionen, dass sie doch eine gewisse Übereinstimmung im Ablauf und in der Abfolge bestimmter Phasen der Revolution aufweisen. In allen drei Revolutionen spielte die Eigendynamik der Ereignisse eine oft unterschätzte Rolle. Manche Maßnahmen und Entwicklungen, die den rationalen Interessen der Beteiligten zu widersprechen scheinen, sind nur vor ihrem Hintergrund nachvollziehbar.

Rolle der Eigendynamik

Auffällig ist zunächst, dass allen drei Revolutionen eine Art Latenzphase, eine „revolutionäre Situation" vorausging. Diese Phase war jeweils gekennzeichnet durch einen grundlegenden Legitimitätsverlust des herrschenden Regimes. Der Legitimitätsverlust trug macht- und finanzpolitische sowie auch ethisch-moralische Züge: Alle drei Revolutionen sind durch die Vorstellung der eigenen moralischen Überlegenheit über die als korrupt, degeneriert oder verbrecherisch qualifizierten Regime gekennzeichnet. Dazu hatten vor allem kulturelle und gesellschaft-

Latenzphase

„Revolution"

(lat. *revolutio* = Umwälzung). Im vormodernen Sprachgebrauch verstand man unter „Revolution" die ständige, kreisförmige Umdrehung der Planeten um die Sonne. Im modernen Sprachgebrauch bezeichnet „Revolution" nach dem Modell der Französischen Revolution den Prozess einer beschleunigten Umwälzung bestehender Herrschaftsverhältnisse. In der Geschichtswissenschaft gibt es keine allgemeingültige Definition. Diskutiert werden – in unterschiedlicher Gewichtung – folgende Elemente:

Vorrevolutionäre Bedingungen:

- Autoritätsverlust der alten Führungsschichten und -gruppen
- Existenz einer gesellschaftlich bedeutenden, aber bis dahin politisch unterdrückten Bevölkerungsschicht als Trägerin der Revolution

Verlauf der Revolution:

- Bewusstes und zielgerichtetes Handeln der revolutionären Gruppen
- Entmachtung der alten Führungsgruppen gegen deren Widerstand und ggf. mit Gewalt
- Beschleunigte Abfolge von Ereignissen

Ergebnis der Revolution:

- Umwälzung der Gesellschaftsordnung (bisher unterdrückte werden zu herrschenden Schichten, Klassen oder Gruppen)
- Fundamental neue politische und staatliche Strukturen
- Verändertes Normensystem

In Abgrenzung zur „Revolution" sind folgende Begriffe zu sehen: Reform (schrittweise Modernisierung in Teilbereichen des Staates oder der Gesellschaft), Revolte (Umsturz durch eine Minderheit).

liche Veränderungsprozesse beigetragen, die lange vor den Revolutionen eingesetzt hatten. Im Falle der Amerikanischen und der Französischen Revolution hatte die Aufklärung die Fraglosigkeit des „Gottesgnadentums" unterhöhlt und gleichzeitig ein alternativ-utopisches Menschenbild geschaffen. So war es ein weiteres Kennzeichen der „revolutionären Situation", dass dem verhassten Regime eine konkrete Utopie gegenüberstand, die als ethischer Bezugspunkt die Revolution legitimieren konnte und zugleich eine machtpolitische Alternative darstellte.

Im Ablauf der eigentlichen Revolutionen zeigt sich weiter ein gemeinsames Muster typischer Phasen, das sich mit den Begriffen Befreiung – Radikalisierung – Reaktion beschreiben lässt. Zu Anfang standen Aktivitäten der – teils realen, teils auch primär symbolischen – Befreiung von Herrschaftsstrukturen im Vordergrund der revolutionären Erhebung. In diese Phase fielen die zentralen, dauerhaften Errungenschaften der Amerikanischen und der Französischen Revolution, die sich in den „großen", weltgeschichtlich bedeutenden Dokumenten (Unabhängigkeitserklärung, Erklärung der Menschenrechte) niederschlugen. Im Falle der Englischen Revolution verhinderte der andauernde Bürgerkrieg solche zentralen Entscheidungen, sie wurden in der „Glorious Revolution" gewissermaßen nachgeholt. Es ist auffällig und im historischen Rückblick erstaunlich, wie sehr der Versuch eines Arrangements mit dem Monarchen diese Anfangsphase noch prägte: Die revolutionäre Erhebung richtete sich gegen Missstände, die man eher korrupten Beamten oder Ministern anlastete und zunächst gemeinsam mit dem Monarchen zu beheben suchte. Im Bild des „guten Königs" lebte die jahrhundertealte kulturelle Prägung der europäischen Monarchien zu Beginn der Revolution noch fort.

Befreiungsphase

Radikalisierungsphase

Wie sehr die Revolution sich dann in einer zweiten Phase radikalisierte, scheint neben der Reichweite der von den Trägergruppen der Revolution verfolgten Ziele vor allem von der Intensität des Widerstands abhängig gewesen zu sein, den das Regime der Revolution entgegenstellte.

In der Amerikanischen Revolution fiel die Radikalisierungsphase am schwächsten aus, weil der – räumlich weit entfernte – englische König nach dem einmal errungenen Sieg über die Kolonialtruppen keine Gefahr mehr darstellte und die Revolution ihr Programm ungefährdet umsetzen konnte. In Frankreich hingegen geriet die Revolution einerseits durch die Obstruktionspolitik Ludwigs VXI., die die von der Revolution zunächst geschaffene liberal-konstitutionelle Verfassungsordnung zum Einsturz brachte, und andererseits durch den Koalitionskrieg gegen die europäischen Monarchien massiv unter Druck. Anders als im gesellschaftlich und sozial eher homogenen Amerika führte die hoch stratifizierte Sozialstruktur in Frankreich – zusammen mit dem Gegensatz zwischen der Hauptstadt Paris und den Provinzen – zu sehr gegensätzlichen Interessen innerhalb der revolutionären Bewegung. Auf die Umwälzungen des Jahres 1789, die man noch gemeinsam tragen konnte, folgte deshalb die Auseinandersetzung um unterschiedliche soziale und gesellschaftspolitische Ziele. Beides – Bedrohung der Revolution von außen und der Kampf um soziale Interessen – stellte die Revolution vor eine gewaltige Herausforderung und führte sie schließlich in eine besonders ausgeprägte Radikalisierungsphase.

Reaktions- und Restaurationsphase

Die relativ hohe Homogenität der sozialen und politischen Interessen in der Amerikanischen Revolution verhalf ihr – im Vergleich zu den beiden anderen Revolutionen – nicht nur zu einem gemäßigten Verlauf, sondern auch zu einer hohen Stabilität ihrer Ergebnisse. Dagegen schloss sich im Verlauf der Englischen und der Französischen Revolution an die radikale Phase eine Zeit autoritärer Herrschaft und dann schließlich die Restauration der Monarchie an. Dies mag damit erklärbar sein, dass diese Revolutionen im Zuge ihrer Radikalisierung – in England der Zweite Bürgerkrieg, in Frankreich die Terrorherrschaft der Bergpartei – die sozialen und politischen Gegensätze verschärft sowie die zuvor erreichten Errungenschaften wieder zerstört hatten, sodass möglicherweise nur ein autoritäres Regime in der Lage war, ein Mindestmaß an staatlicher Ordnung zu erzwingen. Sowohl in der Englischen wie in der Französischen Revolution gründeten diese autoritären Regime auf militärischer Macht und darauf beruhendem persönlichem Prestige der Diktatoren; im Falle Cromwells brachen sie nach seinem Tode, im Falle Napoleons nach seinen Niederlagen gegen die Koalitionsarmee zusammen. In beiden Fällen folgte die Restauration der Monarchie – allerdings nicht auf Dauer: Die Ergebnisse der Revolutionen erwiesen sich als unumkehrbar.

Die „Glorreiche Revolution" (1688/89) und die Entwicklung des Parlamentarismus in England

1. Die Bedeutung der englischen Parlamentsgeschichte

Parlamentarisierung und Demokratisierung

Vielen Menschen gilt England als das „Mutterland der Demokratie". Diese Zuschreibung ist etwas irreführend. Tatsächlich entstand in England im Laufe von Jahrhunderten die zentrale Institution aller modernen Demokratien: das Parlament. Im 17. und 18. Jahrhundert war das Parlament die zentrale Institution im politischen System Englands geworden. Während auf dem europäischen Festland die Könige teils uneingeschränkt herrschten (absolutistische Monarchien), teils an ständische Strukturen gebunden waren, konnten die englischen Könige nur mit Zustimmung des Parlaments regieren. Die englische „parlamentarische Monarchie" galt deshalb vielen Liberalen als vorbildlich; das politische System Großbritanniens war seiner Zeit weit voraus.
Dennoch war Großbritannien zu Beginn des 19. Jahrhunderts noch keine Demokratie im modernen Sinne, denn das Parlament repräsentierte keineswegs das gesamte Volk. Standesschranken, Schicht- und Geschlechtzugehörigkeit schlossen weite Teile der Bevölkerung von der politischen Partizipation durch das Parlament aus. Erst im 20. Jahrhundert – nach dem Ersten Weltkrieg – fielen diese Schranken vollständig.
England ist also das „Mutterland des Parlaments", nicht der Demokratie. Die historischen Prozesse der „Parlamentarisierung" und der „Demokratisierung" verliefen nicht gleichförmig, sondern standen in einem spannungsreichen Verhältnis zueinander: Auf die frühe Ausformung des Parlaments als zentrale politische Institution folgte erst sukzessive die Erweiterung politischer Partizipationsrechte, die Demokratisierung.

2. Frühe Formen der englischen Parlamentsgeschichte

Beraterkreis der normannischen Könige

Das englische Parlament (*parlamentum* = Besprechung, Versammlung) entwickelte sich aus dem Beraterkreis der normannischen Könige, dem *witan*. In diesem Beraterkreis waren Vertreter hochadeliger Familien und hohe geistliche Würdenträger vertreten, die aufgrund ihrer Macht nicht nur verpflichtet waren, sondern es als ihr Recht empfanden, den König zu beraten und seine Politik zu kontrollieren. Im 11. und 12. Jahrhundert wurden die Parlamente nur nach Bedarf einberufen, wenn wichtige Fragen zu beraten waren.

Der englische König im Kreise seiner Berater (mittelalterliche Buchmalerei)

Der Inhalt der Magna Charta

- Verbot willkürlicher Rechtsprechung durch den König
- Einschränkung des Königsforstes
- Ausweisung ausländischer Berater
- Ausweisung ausländischer Söldner nach Ende des Krieges
- Vereinheitlichung von Maßen und Gewichten
- Wahl eines Kontrollgremiums (Parlament): 25 Vertreter aus dem Kreis der Barone
- Im Falle eines Machtmissbrauchs durch den König sollen ihn vier dieser 25 Vertreter darauf hinweisen. Wird der Missbrauch nicht abgestellt, sollen die Barone den König zwingen (Gehorsamsentzug, Besetzung von Burgen etc.); danach sollen sie dem König wieder gehorchen.
- Wird unter den 25 Baronen keine Einigkeit erzielt, gilt der Mehrheitsbeschluss.
- König und Barone leisten einen Eid auf die Magna Charta. Sie bindet auch die Nachfolger des Königs.

Magna Charta (1215)

Im 13. Jahrhundert erfuhr diese Frühform des Parlaments mit der „Magna Charta" (1215) eine dramatische Ausprägung: König Johann (1167–1216), dessen tyrannische Herrschaft zum Streit mit den normannischen Baronen und mit dem römischen Papst geführt hatte, drohte sein Reich durch eine Invasion aus Frankreich zu verlieren. In dieser Bedrängnis unterwarf er sich nicht nur wieder der römischen Kirche, sondern suchte auch die Verständigung mit den Baronen. Das Ergebnis zäher Verhandlungen war die „Magna Charta", eine Urkunde des Königs, die von ihm selbst und den Baronen auf einer Wiese bei Runnymede in der Nähe von Windsor am 15.6.1215 beeidigt wurde.

Die historische Bedeutung der „Magna Charta" liegt weniger in der konkreten Beschneidung der königlichen Macht als in der Institutionalisierung der Kontrolle königlichen Handelns. Der Kreis der Vertreter der Barone wurde ausdrücklich als Kontrollorgan verstanden; seine Mitglieder wurden nicht vom König, sondern vom Hochadel ernannt. Es war allein ihre Entscheidung, ob die versprochenen Reformen im Einzelfall auch richtig umgesetzt wurden. Damit wurde die königliche Machtvollkommenheit („Gottesgnadentum") deutlich eingeschränkt.

Unterhaus und Oberhaus

In den folgenden Jahren entwickelte sich das Parlament weiter. König Heinrich III. lud 1254 in sein Parlament auch Ritter als Vertreter der Grafschaften ein, wenig später wurden auch Bürger als Vertreter der Städte zugelassen. Diese Maßnahmen, zunächst als Ausnahmen gedacht, wurden allmählich zur Regel. So entstand das *House of Commons* (Unterhaus), in dem die Gemeinden (*communities*) (Grafschaften, Städte) vertreten waren.

Rechte und wachsende Bedeutung des Unterhauses

Petitionsrecht

Im Laufe des Mittelalters nahm die Bedeutung des Unterhauses langsam und stetig zu. Es beanspruchte die Funktion des Obersten Gerichtshofes und das Recht, Steuern zu bewilligen. Das Recht, dem König Vorschläge vorzulegen (Petitionsrecht), entwickelte sich im 15. Jahrhundert zum Recht der Gesetzesinitiative, indem die Mitglieder des Unterhauses dem König bereits fertige Gesetzesvorschläge (*bills*) vorlegten. Das aktive Wahlrecht zur Wahl der Vertreter der Gemeinden im Unterhaus besaßen alle „freien" Ritter und Bauern (*freeholders*), wenn sie – wie ein Gesetz von 1430 bestimmte – schuldenfrei waren und über ein Mindesteinkommen von 40 Schilling jährlich – damals eine beträchtliche Summe – verfügten.

Im Verlauf des 16. Jahrhunderts nahm die Bedeutung des Parlamentes weiter zu, als König Heinrich VIII. (1509–1547) die Reformation in England mithilfe von Parlamentsgesetzen durchführte. Trotz seines wachsenden Einflusses blieb das Parlament aber bis in das 17. Jahrhundert hinein von der Zusammenarbeit mit dem König, der es in der Regel auch einberief, abhängig.

3. Bürgerkriege und „Glorreiche Revolution“ im 17. Jahrhundert

Die Dynastie der Stuarts

Geldknappheit und religiöse Auseinandersetzungen

Die Zeit der Dynastie der Stuarts (seit 1603) war durch zwei Grundprobleme gekennzeichnet: Erstens durch eine chronische Geldknappheit, die durch Staatsschulden aus der Zeit der Kriege unter Elisabeth I. (1558–1603) und durch eine allgemeine Geldentwertung verursacht wurde. Zweitens durch religiöse Auseinandersetzungen zwischen Katholizismus, Puritanismus und anglikanischer Staatskirche. Die Aufdeckung einer katholischen Verschwörung hatte am 8.2.1587 die Hinrichtung Maria Stuarts zu Folge; die Verfolgung der Puritaner durch die anglikanische Staatsführung führte zu Beginn des 17. Jahrhunderts zu Auswanderungswellen nach Nordamerika, 1620 verließ die „Mayflower“ mit 120 Puritanern („Pilgerväter“) Plymouth in Richtung Nordamerika. Die Könige versuchten, beide Probleme teils durch Zugeständnisse an das Parlament, teils durch dessen Umgehung und Bekämpfung zu lösen, verloren aber letztlich die Auseinandersetzung um die Souveränität im Staat.
Um trotz der Finanzknappheit Mittel im Dreißigjährigen Krieg zu erhalten, hatte schon der erste König der Stuartdynastie und Sohn Maria Stuarts, Jakob I. (1603–1625), dem Parlament weitreichende Zugeständnisse (Mitsprache bei Ämterbesetzungen und in der Außenpolitik) gemacht. Aus dem selben Grund war sein Nachfolger, Karl I. (1625–1649), gezwungen, einer Petition des Unterhauses durch seine Zustimmung Gesetzeskraft zu geben: In der so genannten *Petition of Right* vom 7. Juni 1628 wurden Gelderhebungen jeglicher Art ohne Zustimmung des Parlamentes sowie Verhaftungen ohne Angabe eines Grundes verboten. Danach ver-

Chronologie der Bürgerkriege und der „Glorreichen Revolution“ (1642–1688/89)

1642–1646	**Erster Bürgerkrieg**
1644	Umstrukturierung des Parlamentsheeres durch Oliver Cromwell; erste militärische Erfolge
1645	Sieg Cromwells über die royalistischen Truppen
1646	Flucht Karls I. nach Schottland
1647	Auslieferung Karls I. an das Parlament (23.1.) Der radikale Flügel der Parlamentsopposition („Levellers“) fordert die Aufhebung sozialer Schranken, politische Demokratie und religiöse Toleranz.
1648	**Zweiter Bürgerkrieg** Cromwells Heer besetzt Edinburgh (Schottland) und siegt endgültig über die königstreuen Truppen (Januar – August). Cromwells Armee führt eine Säuberung des Parlaments durch, Vertreibung der Königsanhänger (Dezember).
1649	Prozess des Rumpfparlamentes gegen Karl I. und seine Hinrichtung (30.1.); Proklamation einer englischen Republik „ohne König und Oberhaus“ (19.5.)
1649–1653	Kriege Cromwells gegen Erhebungen in Irland und Schottland
1653	Auflösung des Rumpfparlamentes und Einberufung eines von der Armee abhängigen „Parlamentes der Heiligen“
1653–1658	Eine neue Verfassung macht Oliver Cromwell als „Lord Protector“ zum Alleinherrscher (Militärdiktatur) (16.12.); Attentatsversuche.
1658	Tod Cromwells (3.9.)
1658–1659	Nachfolger Cromwells wird sein – politisch sehr schwacher – Sohn Richard Cromwell. Gegensätze zwischen Armee und Parlament. Richard Cromwell legt sein Amt nieder (24.5.1659).
1660	Wiedereinberufung des „Langen Parlaments“ (von 1648), das damit zum Träger der Kontinuität wird; Selbstauflösung und Einberufung eines neuen Parlamentes (Konventionsparlament)

suchte Karl I. eine Zeitlang ohne Parlament zu regieren. Um Geldmittel für einen Krieg gegen Schottland zu erhalten, rief er am 13. April 1640 dann doch wieder ein Parlament ein, löst es jedoch schon nach 22 Tagen wieder auf, weil es Geldbewilligungen von vorherigen Zugeständnissen abhängig machte („Kurzes Parlament"). Auf Druck der puritanischen Opposition trat am 3. November 1640 erneut ein Parlament zusammen, das formal bis 1660 bestehen blieb („Langes Parlament"). Der Abgeordnete John Pym (1584–1643) formulierte die Ziele der Opposition: Gleichstellung von Puritanern und Anglikanern, Gleichstellung von König und Parlament, Finanzkontrolle durch das Parlament, Abschaffung der königlichen Sondergerichte. Als ein Versuch Karls I. fehlschlug, radikale Führer der Opposition im Parlament verhaften zu lassen, flüchtete er am 10. Januar 1642 aus London. Die Zeit der Bürgerkriege begann.

„Kurzes Parlament" (1640)

„Langes Parlament" (1640–1660)

1660–1685	Karl II., Sohn Karls I., wird vom Parlament als König eingesetzt. Restauration der Herrschaft der Stuarts. Neue Auswanderungswelle der Puritaner nach Amerika.
1673	Parlament beschließt „Testakte": Wer ein Staatsamt einnehmen will, muss den König als Oberhaupt der anglikanischen Kirche anerkennen und der katholischen Lehre abschwören.
1679	Parlament setzt die Habeas-Corpus-Akte durch: Ein Verhafteter hat Anspruch darauf, sofort einem Richter vorgeführt zu werden.
1685	Tod Karls II. (6.2.); Thronfolger wird dessen katholischer Bruder Jakob II.
1685–1688	Jakob II.: Katholisierungsversuche des Königs widersprechen der „Testakte" von 1673 und führen zum Widerstand des Parlamentes.
1688/89	**„Glorreiche Revolution"**
1688	Wilhelm von Oranien, verheiratet mit Maria, der ältesten Tochter Jakobs II., wird vom Parlament ins Land gerufen und landet am 15.11. in England. Jakob II. flüchtet nach Frankreich (22.12.).
1689	Ein neu gewähltes Parlament setzt im Januar Jakob II. ab und proklamiert in der „Declaration of Rights" konstitutionelle Beschränkungen des Königtums. Wilhelm von Oranien wird durch eine Parlamentsakte als König eingesetzt (15.2.).
1689	**„Bill of Rights"** (23.10.1689)

Puritanische Revolution und Bürgerkriege (1642–1688)

Konfliktlinien in der puritanischen Revolution

Die englischen Bürgerkriege zeigen ein sehr unübersichtliches Bild, weil sich in ihnen mehrere Konfliktlinien überlagern: Es handelt sich zugleich um einen verfassungsrechtlichen Konflikt zwischen Parlament und Krone, um einen religiösen Konflikt zwischen Anglikanismus und Puritanismus und um einen gesellschaftlich-ökonomischen Konflikt zwischen dem traditionellen, auf Landbesitz basierenden Hochadel und den an Überseehandel und moderner Wirtschaft interessierten Schichten.

In diesem Konflikt spaltete sich das Parlament: Zwei Drittel des Oberhauses und ein Drittel des Unterhauses standen auf der Seite des Königs. Diese Partei der „Kavaliere", aus denen später die „Tories" hervorgingen, vertrat die Interessen der Agrararistokratie und suchte die anglikanische Staatskirche zu verteidigen. Die Gegenpartei, die sogenannten „Rundköpfe", aus denen später die „Whigs" hervorgingen, vertrat die puritanischen Interessen. Während die anglikanische Staatskirche unter der Führung Karls I. zwar ihre Eigenständigkeit betonte, zugleich aber eine Verständigung mit der katholischen Papstkirche anstrebte, zielte die radikalreformatorische Glaubensrichtung der Puritaner im Gegenteil auf eine Fortführung der Reformation, eine streng religiöse Umgestaltung der Gesellschaft, eine aktiv protestantische Außenpolitik im Dreißigjährigen Krieg (1618–1648) und eine Säuberung der anglikanischen Staatskirche von katholischen Elementen. Im Mittelpunkt der von der calvinistischen Prädestinationslehre geprägten religiösen Vorstellungswelt der Pu-

Puritaner

ritaner stand der unbedingte Wille, ein „gottesfürchtiges Leben" zu führen. Weil der Wille Gottes in ihren Augen höher stand als die königliche Macht Karls I., verfügte die puritanische Revolution über einen die Monarchie transzendierenden Bezugspunkt.

Rolle des Parlamentsheeres

Im Verlaufe des Bürgerkrieges verselbstständigten sich die politischen und religiösen Motive der Bürgerkriegsparteien, sodass eine klare Zuordnung kaum möglich ist. Die Rolle des Parlamentsheeres wurde immer bedeutender und verselbstständigte sich zunehmend. Die puritanische Armee wurde neben dem Parlament zu einem zweiten Machtfaktor in der Revolution. Angesichts ihrer persönlichen Opfer im Krieg wuchs innerhalb der Armee der Einfluss der „kleinen Leute". Als die Soldaten ihre Interessen nach dem Ende des Ersten Bürgerkrieges nur unzureichend berücksichtigt sahen, fühlten sie sich von der Parlamentsmehrheit hintergangen und es setzte eine von der Armee getragene Radikalisierung der Revolution ein. Die materiellen Interessen der Soldaten verknüpften sich mit der von der

Bewegung der „Levellers"

Handwerkerschicht Londons getragenen Bewegung der „Levellers", die soziale Rechte und demokratische Mitbestimmung forderten. Diese Radikalisierung bildete den Ausgangspunkt des zweiten Bürgerkrieges (1648/49). In seinem Verlauf wurde das Parlament von gemäßigten Kräften gesäubert und vor einem neu geschaffenen „High Court of Justice" Anklage gegen Karl I. wegen Hochverrats erhoben. Die Hinrichtung des Königs am 30. Januar 1649 hatte eine weltliche und eine religiöse Bedeutung zugleich: Die weltliche bestand in der vom Unterhaus proklamierten Vorstellung, das Volk sei der Ursprung aller staatlichen Gewalt und deshalb legitimiert, auch den König zu richten (Prinzip der Volkssouveränität). Die religiöse Bedeutung bestand in der Verstärkung und Steigerung der Vorstellung göttlicher Erwähltheit und eines bevorstehenden Reiches Gottes auf Erden (Chiliasmus) in der puritanischen Bewegung. Beide Elemente verknüpften sich in der Gründung der Republik, die von einem „Parlament der Heiligen", das die Ankunft Gottes auf Erden vorbereiten sollte, geleitet wurde. Machtpolitisch gründete diese Staatsordnung auf dem Parlamentsheer und

Die Hinrichtung Karls I., 1649 (zeitgenössischer Kupferstich)

Diktatur Oliver Cromwells

seinem Führer Oliver Cromwell, der als „Lord Protector" für einige Jahre de facto eine Art Militärdiktatur errichtete, die jedoch nur aufgrund seiner militärischen Erfolge und seiner persönlichen Ausstrahlung überdauerte und nach seinem Tode zusammenbrach.

Restauration der Stuart-Dynastie

1660 wurde das „Lange Parlament" wieder einberufen und mit der Einsetzung Karls II., des ältesten Sohnes Karls I., die Herrschaft der Stuarts wieder restauriert. Damit war der traditionelle englische Dualismus von monarchischer und parlamentarischer Macht wiederhergestellt – bis es 28 Jahre später in der „Glorreichen Revolution" erneut zu einer konfrontativen Zuspitzung kam.

Thomas Hobbes (1588–1679)

Diese unübersichtlichen Bürgerkriegswirren bildeten den Ausgangspunkt der Staatsphilosophie von Thomas Hobbes (1588–1679): Die Tatsache, dass alle Bürgerkriegsparteien sich auf einen göttlichen Willen zur Unterstützung ihres Programms beriefen, desavouierte die traditionelle europäische Herrschaftslegitimation („Gottesgnadentum") in seinen Augen grundsätzlich. Die Berufung auf einen göttlichen Willen half einfach nicht weiter, sondern heizte den Bürgerkrieg im Gegenteil immer weiter an. Deshalb suchte Hobbes eine neue Legitimationsgrundlage für staatliche Herrschaft unter der Bedingung unterschiedlicher Weltanschauungen im Volk und führte sie in seinem Werk „Leviathan" (1651) aus. Es gilt heute als Grundlegung moderner Staatstheorie (vgl. S. 287f.).

Die „Glorreiche Revolution" (1688/1689)

Konservativer Inhalt – Revolutionäres Verfahren

Die Bezeichnung „Revolution" für die Ereignisse der Jahre 1688/89 ist insofern missverständlich, als es sich nicht etwa um eine Revolution des Volkes gegen eine Königsherrschaft handelte, sondern um die Absetzung Jakobs II. und die Einsetzung Wilhelms III. von Oranien durch das Parlament. Inhaltlich gesehen handelte es sich bei diesem Akt des Parlaments in gewisser Weise um eine die Kontinuität der englischen Königsherrschaft bewahrende Aktion, denn Jakob II. hatte mit seinen Rekatholisierungsversuchen die anglikanische Tradition zu durchbrechen versucht, die das Parlament durch die Einsetzung Wilhelms III. wiederherstellte. Der Form nach aber handelte es sich tatsächlich um eine Revolution der Staatsordnung: In einem souveränen Akt hatte das ohne königliche Einberufung zu Stande gekommene Konventionsparlament einen König abgesetzt und einen neuen König eingesetzt. Damit war das englische Königtum eindeutig auf vertraglichen Konsens gegründet; das Parlament regelte die Nachfolge und vergab das Königsamt wie ein gewöhnliches Staatsamt. Das göttliche Recht der Könige war der Parlamentssouveränität gewichen.

Bill of Rights

Das zentrale Dokument der „Glorreichen Revolution" war die am 23.10.1689 verkündete „Bill of Rights", mit der zentrale Regelungen des englischen Verfassungssystems Gesetzeskraft erhielten: keine Aufhebung von Gesetzen und keine Gelderhebungen ohne Zustimmung des Parlaments, Bekräftigung der Freiheiten des Parlaments (z.B. Versammlungs- und Redefreiheit), Verbot eines stehenden Heeres, Ausschluss von Katholiken von der Thronfolge.

Wilhelm und Maria von Oranien nehmen die englische Königskrone entgegen (Kupferstich von 1790).

Langfristige Folgen

Durch die „Glorreiche Revolution" hatte das Parlament seine für England typische zentrale Stellung im politischen System gewonnen. Im Unterschied zu den kontinentaleuropäischen Staaten hatte England – wie ein geflügeltes Wort sagt – kein „stehendes Heer", sondern ein „stehendes Parlament". Die Grundlage des Staates bildete weder der Fürst (Fürstensouveränität, Gottesgnadentum) noch das Volk (Volkssouveränität), sondern das Parlament (Parlamentssouveränität).
Allerdings darf dieses parlamentarische System nicht mit einem modernen demokratischen Parlamentarismus verwechselt werden: Erstens repräsentierte das noch ständisch gebundene Parlament nur einen Bruchteil der Bevölkerung. Zweitens führte die Parlamentssouveränität nicht zu einer Republik, England blieb eine Monarchie – eine Verfassungskonstruktion, die prägnant in die Formel *„King in Parliament"* gefasst wurde.

Königin Elisabeth II. im englischen Parlament (20. Jh.)

4. Die Wahlrechtsreformen im 19. Jahrhundert

Der Weg der Reformen

Nach der Bürgerkriegszeit und der „Glorreichen Revolution" im 17. Jahrhundert erfuhr die englische Parlamentsgeschichte durch verschiedene Wahlrechtsreformen im 19. Jahrhundert einen zweiten Entwicklungsschub. Die Besonderheit der englischen Entwicklung liegt darin, dass die Anpassung des politischen Systems an die gesellschaftlichen und wirtschaftlichen Entwicklungen (v. a. an die Industrialisierung) weder durch eine revolutionäre Umwälzung von unten (wie 1789 in Frankreich) noch durch obrigkeitsstaatliche Reformen von oben (wie etwa 1806 in Preußen) bewirkt wurde, sondern durch eine vorsichtige, schrittweise Anpassung an die gesellschaftliche Modernisierung. Bis zum Ersten Weltkrieg war die Geschichte des englischen Parlaments zugleich von Modernisierung und konservativer Kontinuität geprägt. Zwar blieb das politische System auf diese Weise hinter der gesellschaftlichen Entwicklung zurück, aber es gelang, soziale Spannungen auszugleichen und revolutionäre Brüche zu vermeiden.

Gleichzeitigkeit von Kontinuität und Reform

Das Wahlrecht im 18. und zu Beginn des 19. Jahrhunderts

Im 18. Jahrhundert war das Parlament mit seinen beiden Häusern, dem Oberhaus (*House of Lords*) und dem Unterhaus (*House of Commons*), eine feste Institution im politischen System Englands geworden. Im Oberhaus waren die Familien der Hocharistokratie vertreten, im Unterhaus herrschte der Landadel, die so genannte *gentry* vor.

Das Wahlrecht als Privileg des Adels

Zu Beginn des 19. Jahrhunderts war das englische Wahlrecht also weiter ein Privileg der besitzenden Schichten. Die Abgeordneten des Unterhauses wurden nach zwei unterschiedlichen Prinzipien gewählt: Die 82 Grafschaften (*counties*) wählten je zwei Abgeordnete. Wahlberechtigt war, wer über freien Grundbesitz mit einem Mindesteinkommen von 40 Schilling jährlich verfügte; faktisch blieb das aktive Wahlrecht damit dem Landadel vorbehalten. Die städtischen Wahlkreise (*boroughs*) entsandten ihre Abgeordneten nach unterschiedlichen Regelungen. Meist war das aktive Wahlrecht an Haus- und Grundbesitz oder an eine Steuermindestleistung geknüpft. Insgesamt übten an der Wende zum 19. Jahrhundert nur etwa fünf Prozent der Bevölkerung das aktive Wahlrecht aus.

Gesellschaftliche Umbrüche

Seit etwa 1760 setzte in England als erstem Land der Welt die Industrielle Revolution ein; eine Phase des wirtschaftlichen Aufschwungs und der Festigung der außenpolitischen Stellung Großbritanniens als Weltmacht begann. Bereits zu dieser Zeit wurde Kritik am überkommenen Wahlrecht laut. Insbesondere die Bewegung der sogenannten *radicals* forderte „wirkliche Repräsentation" und ein Ende der „aristokratischen Tyrannei".

Die Wahlrechtsreform von 1832

Zu einer ersten einschneidenden Veränderung kam es nach dem Wahlsieg der reformorientierten Whigs zu den Unterhauswahlen 1830. Die neue Regierung unter Lord Grey setzte eine Wahlrechtsreform durch, die im Wesentlichen den Ideen des bekannten Publizisten und Whig-Abgeordneten Edmund Burke (1729–1797) folgte. Aus der Beobachtung der Französischen Revolution folgerte Burke, dass nur organische Reformen des Staatswesens innenpolitischen Fortschritt und langfristige Stabilität sichern konnten. Er wandte sich damit sowohl gegen ein starres Festhalten am Überkommenen (wie im Falle des französischen Ancién Regime) wie auch gegen revolutionäre Bestrebungen. Das Recht auf politische Partizipation sollte seiner Meinung nach weiterhin an Besitz gebunden bleiben; ein allgemeines Wahlrecht und rein zahlenmäßige Mehrheitsentscheidungen lehnte er ab.

Edmund Burke (1729–1797)

Erste Wahlrechtsreform (1832)

Diesen Grundüberlegungen folgend setzte die Wahlrechtsreform von 1832 die Schranken zum aktiven Wahlrecht herab und erweiterte den Kreis der Wahlberechtigten, blieb jedoch von einem allgemeinen Wahlrecht noch weit entfernt. Um wählen zu können, mussten Bürger sich nun in Wählerlisten registrieren lassen, Eigentümer oder Mieter eines Hauses mit einem Jahresertrag von 10 Pfund sein sowie die Armensteuer zahlen. Von der Wahlrechtsreform profitierten vor allem die bürgerlich-städtischen Ober- und Mittelschichten, während die große Masse der Bauern-, Handwerker- und Arbeiterschichten ausgeschlossen blieben.

„Whigs" und „Tories"

Die Bezeichnungen für die beiden Hauptströmungen im englischen Parlament waren schon in der Zeit des Bürgerkrieges und der „Glorreichen Revolution" entstanden. Beide Strömungen hatten ihre gesellschaftliche Basis im Land besitzenden Adel. Beide bildeten noch keine Parteien im modernen Sinne, sie besaßen keine formale Organisation und ihre Programmatik beschränkte sich auf wenige Inhalte: Die „Tories" plädierten für eine starke Stellung des Königs und der Anglikanischen Kirche, während die „Whigs" die Interessen des Handels und der aufkommenden Industrie vertraten sowie für Reformen eintraten. Nach der Wahlrechtsreform von 1832 entwickelten sich aus den Tories die „Konservativen" und aus den Whigs die „Liberalen". Von Letzteren spaltete sich gegen Ende des 19. Jahrhunderts die Arbeiterpartei („Labour") ab.

Die Wahlrechtsreform von 1867

Die fortschreitende Industrialisierung veränderte die gesellschaftlichen Verhältnisse im Verlaufe des 19. Jahrhunderts weiter, insbesondere durch die wachsende Bedeutung von Industrie und Fernhandel, durch die Entstehung von industriellen Ballungszentren und die beschleunigte Zunahme der Industriearbeiterschaft. Diese Entwicklungen führte zu neuen Forderungen nach einer Wahlrechtsreform, die von Vertretern der Arbeiterbewegung (den sogenannten Chartisten), aber auch von Vertretern des bürgerlichen Lagers, wie dem radikalliberalen Abgeordneten John Stuart Mill (1804–1873), vertreten wurden. Ganz der für die englische Politik typischen Mischung aus konservativer Bewahrung und vorsichtiger Modernisierung folgend führte eine konservative Regierung 1867 eine weitere Wahlrechtsreform durch, die nun die oberen Facharbeiterschichten mit in den Kreis der Wahlberechtigten einbezog. Auch wenn die Zahl der Wahlberechtigten durch die Reform beträchtlich stieg, blieb das Wahlrecht prinzipiell immer noch an den Besitz als entscheidendes Kriterium gebunden.

Zweite Wahlrechtsreform (1867)

Die Herausbildung der Massendemokratie um die Jahrhundertwende

Einfluss der Parteien und der politischen Öffentlichkeit

Um die Jahrhundertwende zum 20. Jahrhundert entwickelte sich England immer mehr zu einer Massendemokratie im modernen Sinne. Der Einfluss des Adels und der besitzenden Schichten ging stetig zurück; die politische Öffentlichkeit und die Parteien gewann immer mehr an Bedeutung. Mit der Gründung der „Independent Labour Party“ (1893) entstand auch in England – wesentlich später als etwa im Deutschen Reich – eine sozialistisch orientierte Arbeiterpartei.

Frauenwahlrecht

Seit 1897 wurden auch Forderungen nach dem Frauenwahlrecht offensiver vertreten. Vertreterinnen der sogenannten Suffragettenbewegung, wie Emmeline Pankhurst, veranstalteten Demonstrationen, Sitzstreiks und andere öffentlichkeitswirksame Aktionen.

Erster Weltkrieg

Die Tendenz zum allgemeinen Wahlrecht wurde durch den Ersten Weltkrieg unterbrochen. Wie in anderen kriegführenden Staaten auch herrschte während des Krieges ein innenpolitischer „Burgfrieden“. Zugleich wirkte der Erste Weltkrieg – wie ebenfalls in vielen anderen Staaten – als Beschleunigungsfaktor der Modernisierung: 1918 wurde in einer letzten großen Wahlrechtsreform das allgemeine Wahlrecht eingeführt. Alle Männer ab 21 und alle Frauen ab 30 Jahren erhielten das Wahlrecht. Erst ab 1928 wurden allerdings Frauen und Männer im Wahlrecht endgültig gleichgestellt.

Die Amerikanische Revolution

1. Die Bedeutung der Amerikanischen Revolution

In den Jahren 1775 bis 1783 lösten sich im Unabhängigkeitskrieg die englischen Kolonien in Amerika vom englischen Mutterland. In Amerika entstand ein neuer Staat: die Vereinigten Staaten von Amerika (USA).

Unabhängigkeitskrieg oder Revolution?

Für die Vorgänge im amerikanischen Unabhängigkeitskrieg hat sich – obwohl umstritten – die Bezeichnung „Amerikanische Revolution" durchgesetzt. Zwar fehlten typische Merkmale einer Revolution: ein Wechsel der politischen Eliten, der Sturz einer veralteten Gesellschaftsordnung. Für diesen Begriff spricht jedoch, dass die amerikanischen Siedler nicht nur einen Krieg für ihre Unabhängigkeit und gegen eine ihnen fremde Macht führten, sondern zugleich auch die aus England überkommene politische Verfassung mit einem gezielten Programm stürzten und durch völlig neue Machtstrukturen ersetzten. Genau genommen bestand also die „Amerikanische Revolution" aus zwei miteinander verwobenen Elementen: einer „Unabhängigkeitsrevolution", in deren Verlauf sich die amerikanischen Siedler im Unabhängigkeitskrieg vom englischen Mutterland lösten, und einer „Verfassungsrevolution", in deren Verlauf sie den ersten – im modernen Sinne – demokratischen Staat der Weltgeschichte errichteten. Die Grundideen dieser beiden Revolutionen prägen als historisches Erbe das amerikanische Selbstverständnis bis heute tief. Sie sind in der amerikanischen Unabhängigkeitserklärung vom 4. Juli 1776, die als das eigentliche Gründungsdokument der USA gilt, prägnant formuliert.

Wechselwirkung Europa – Amerika

Die Amerikanische Revolution war inspiriert durch die Ideen der europäischen Aufklärung und sie wirkte nach Europa zurück. Sie erbrachte den Beweis, dass eine Republik möglich war, erschütterte damit die monarchischen Ordnungen auf dem europäischen Kontinent und beschleunigte die Entwicklung zur Französischen Revolution.

2. Die Vorgeschichte: Besiedelung und Kolonisation des nordamerikanischen Kontinents

	Nordamerika bis 1763
1497–1498	John Cabot (1450–1499) unternimmt im Auftrag der englischen Krone Entdeckungsreisen nach Nordamerika.
1577–1580	Francis Drake (1540–1596) erkundet auf der Suche nach der Nordwestpassage die Westküste Nordamerikas.
1606	König Jakob stellt englischen Kaufleuten einen Freibrief zur Gründung von Kolonien in Nordamerika („Virginia") aus.
1607	Gründung der Siedlung Jamestown, Keimzelle der späteren Kolonie Virginia.
1620	Die puritanischen „Pilgerväter" landen mit der „Mayflower" am 25.12. in der Nähe von Cape Cod und gründen Plymouth Plantation. Weitere puritanische Koloniegründungen folgen. Die Zahl der Siedler steigt von etwa 2000 (1620) auf etwa 2,5 Mio. (1776).
1754–1763	„French and Indian War": Der Krieg zwischen den englischen und französischen Kolonien endet mit einer Niederlage Frankreichs. Im Frieden von Paris (1763) verliert Frankreich alle seine nordamerikanischen Besitzungen an England bzw. Spanien (Louisiana westl. des Mississippi). Nur New Orleans bleibt französisch.

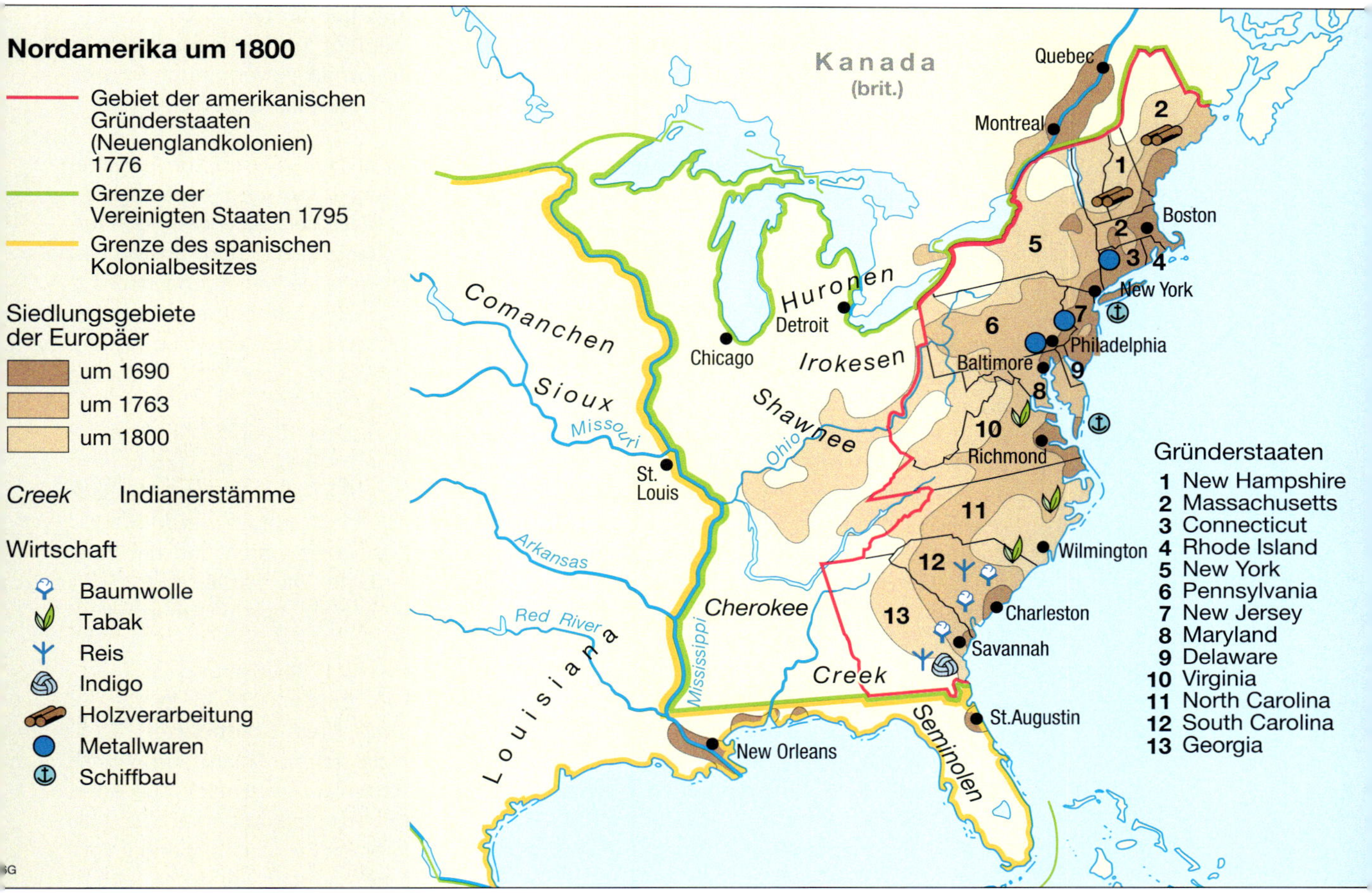

Erste Siedlungen

Amerika wurde durch die Einwanderung aus Europa geprägt. Seit dem Beginn des 16. Jahrhunderts richtete sich das Interesse der seefahrenden europäischen Großmächte auf die kolonialpolitische Nutzung Nordamerikas. Während Spanien und Frankreich Handelsstützpunkte errichteten, betrieb England den Bau fester Siedlungen. Seit dem frühen 17. Jahrhundert begann die zunehmende Besiedlung Nordamerikas durch englische Auswanderer. Als erste dauerhafte Niederlassung gilt das 1607 gegründete, nach dem englischen König James benannte Jamestown, die Keimzelle der späteren Kolonie Virginia.

Motive der Einwanderer

Die Motive der europäischen Auswanderer waren vielfältig. Neben materieller Not und der Hoffnung auf bessere Lebensverhältnisse spielte vor allem religiöse Verfolgung eine wichtige Rolle. Sie bildete auch das entscheidende Motiv der „Pilgerväter", einer Gruppe von Puritanern, die mit ihrem Schiff, der „Mayflower", am 25. Dezember 1620 an der amerikanischen Küste landeten und die Kolonie „Plymouth Plantation" gründeten. Bereits 1630 erweiterte sich diese Gründung zur puritanischen Kolonie Massachusetts. Sie wollte einen religiösen Musterstaat auf biblischer Grundlage errichten.
In England waren die Pilgerväter immer wieder in Konflikte mit der anglikanischen Kirche geraten, deren Hierarchie sie ablehnten. An der Spitze ihrer Gemeinden sollten gewählte Vertreter stehen, die Kirchenältesten oder Presbyter. Bereits 1619 trat in Virginia die erste parlamentarische Siedlervertretung zusammen. Diesem Parlament gehörten 22 gewählte Vertreter an, die vor allem das Recht beanspruchten, Steuern zu erheben und festzulegen. In der Folgezeit entstanden aus weiteren Siedlungen die ersten 13 englischen Kolonien in Nordamerika.

Das Verhältnis der europäischen Einwanderer zu den indianischen Völkern Nordamerikas war zunächst von Kooperation und Freundschaftlichkeit geprägt, schlug dann aber mit der Ausbreitung der europäischen Siedlungen in erbitterte Konflikte, Verfolgungen und Vertreibungen um. Neben Toleranz und Vielfalt stand somit von Anfang an die Ausgrenzung von Minderheiten.

Wirtschaft

Nach anfänglichen wirtschaftlichen Schwierigkeiten, die in der Frühzeit oft zur Aufgabe der Siedlungen zwangen, entstanden ertragreiche Produktionsgrundlagen: In den nördlichen Kolonien herrschte die Farmwirtschaft (Getreide und Mais) vor, die vorwiegend für den Eigenbedarf produzierte. Daneben gab es vor allem in der größten Stadt Boston ein bedeutendes Gewerbe. In den südlichen Kolonien etablierte sich die Plantagenwirtschaft (Tabak, Baumwolle), die zunehmend mit Sklaven afrikanischer Herkunft betrieben wurde. Handel und Gewerbe entwickelten sich vor allem in den mittleren Kolonien, wo günstige Küstenverhältnisse die Entstehung von Häfen förderten (Boston, New York, Philadelphia).

Sozialstruktur

Abgesehen von den Sklaven bildete sich in den nordamerikanischen Kolonien eine Gesellschaft ohne Mangel und materielle Not heraus, es gab keine Privilegien der Stände und der Herkunft. Der Lebensstandard war besser als in den europäischen Ländern. Es gab reichlich Grund und Boden. Die Löhne waren hoch. Soziale Ungleichheit wurde hingenommen, da die wirtschaftlichen Verhältnisse insgesamt gesichert waren und die freie männliche Bevölkerung über gleiche politische Rechte verfügte. Die Sozialstruktur war insgesamt sehr homogen. Es dominierte eine breite Mittelschicht von unabhängigen, kleinen Agrarproduzenten.

Bevölkerung

Durch Vermehrung und Einwanderung stieg die Zahl der weißen Bevölkerung rasch an. Sie wuchs von 2000 Personen im Jahr 1620 auf etwa 2,5 Mio. im Jahr 1776. In der Gesellschaft und im politischen Leben führend waren die *freemen* (freie Landbesitzer). Den starken Bedarf an Arbeitskräften deckten viele Einwanderer, die sich zur Finanzierung ihrer Überfahrtskosten zu mehrjährigen Diensten verpflichtet hatten und erst nach drei oder fünf Jahren den Status von Freien erhielten. Sklaven afrikanischer Herkunft arbeiteten vor allem in den Plantagen des Südens, sie erreichten bis 1776 einen Bevölkerungsanteil von etwa 20 %. Die einheimischen indianischen Völker, die in nomadischen Kulturen lebten und ein Eigentum an Grund und Boden nicht kannten, wurden unterworfen, getötet oder nach Westen abgedrängt.

3. Die Amerikanische Revolution

Der Steuerstreit

French and Indian Wars (1763)

Bis 1763 hatte sich die britische Regierung nur wenig in die inneren Angelegenheiten ihrer 13 nordamerikanischen Kolonien eingemischt. Sie betrieb eine Politik des wohlwollenden Gewährenlassens. Nach dem Sieg über Frankreich in den „French and Indian Wars" um die Vorherrschaft auf dem nordamerikanischen Kontinent – Frankreich verlor im Frieden von Paris (1763) alle seine Besitzungen an England beziehungsweise an Spanien (Louisiana westl. des Mississippi) – folgte rasch eine Entfremdung zwischen den amerikanischen Kolonien und dem englischen Mutterland. Den Hintergrund bildeten entgegengesetzte

Interessengegensatz

Schlussfolgerungen aus dem Sieg gegen Frankreich: Die amerikanischen Siedler hofften, sich nun ungehindert auf dem amerikanischen Kontinent entfalten zu können, während das englische Mutterland darauf bedacht war, die enormen Kosten des Krieges aus den Kolonien zu erwirtschaften. Daraus resultierte der Anspruch des englischen Mutterlandes, die Kolonien davon abzuhalten, Industrien zu errichten, mit denen sie mit England in Konkurrenz treten würden. Die Kolonien sollten vor allem als Rohstoffquellen und Absatzmärkte für englische Produkte dienen.

Dieser schwelende Konflikt entlud sich an der Frage von Steuern und Abgaben. Englische Forderungen, wie die vom britischen Parlament 1763 beschlossenen Einfuhrzölle auf Zu-

Die Boston Tea Party (Lithografie von 1846)

Stempelsteuergesetz (1765)

cker, Textilien, Kaffee und Wein oder die im sogenannten „Stempelsteuergesetz" verlangten Abgaben auf Zeitungen, Druckschriften und Spielkarten riefen den Widerstand der amerikanischen Siedler hervor. Sie lehnten die Abgaben mit dem Argument ab, dass die Amerikaner selbst nicht im britischen Parlament vertreten wären („*no taxation without representation*").

Damit beriefen sich die Kolonisten auf alte englische Freiheitsrechte in der Tradition der englischen Parlamentsgeschichte und der „Glorious Revolution". Andererseits hatten sie so etwas wie eine eigene Identität entwickelt, die sie gemeinsame wirtschaftliche und politische Interessen vertreten ließ. Sie widersetzten sich dem Eingriff des Mutterlandes in ihre innenpolitische Autonomie und ihre Selbstverwaltung. Dieser Konflikt um Expansion, Mitsprache und Wahrung alter Freiheitsrechte bildete die wesentliche Ursache der Revolution.

Radikale Siedler, wie Samuel Adams (1722–1803), verfassten Protestschriften und riefen zum Boykott englischer Waren auf. Repräsentanten der Kolonien schlossen sich in Komitees zusammen, um ihren Forderungen Nachdruck zu verleihen. Die britische Regierung gab zunächst nach und hob das Stempelsteuergesetz wieder auf. Als wenig später aber wieder neue Einfuhrzölle auf Glas, Blei, Papier und Tee erhoben wurden, eskalierte der Konflikt zwischen den Bürgern und englischen Truppen im Bostoner Hafen im sogenannten „Boston Massaker" (1770).

Boston Massaker (1770)

Boston Tea Party (1773)

Als dann radikale Siedler im Bostoner Hafen eine Teeladung von einem englischen Schiff ins Wasser warfen (Boston Tea Party, 1773), reagierte das britische Parlament mit harten Strafmaßnahmen und entsandte zusätzliche Truppen. Die amerikanischen Siedler leisteten einen zunehmend geschlossenen Widerstand.

Auf dem „Ersten Kontinentalkongress" in Philadelphia (5. Sept. bis 26. Okt. 1774) trafen 56 Delegierte aus allen Kolonien (außer Georgia) zusammen, erklärten die englischen Steuergesetze für ungültig und beschlossen die Unterbindung des Handels mit England. Obwohl auch in England selbst manche Politiker, wie z. B. Edmund Burke, zur Mäßigung aufriefen, setzten das britische Parlament und der englische König Georg III. ihren harten

Konfrontationskurs fort. Daraufhin beschlossen die amerikanischen Kolonien auf dem „Zweiten Kontinentalkongress" am 10. Mai 1775 den Verteidigungszustand und beriefen George Washington (1732–1799) zum Oberbefehlshaber der amerikanischen Streitkräfte. Damit begann der amerikanische Unabhängigkeitskrieg (1775–1783).

Der Unabhängigkeitskrieg

Während des zunehmend eskalierenden Steuerstreits und noch zu Beginn des Unabhängigkeitskrieges hatten die Kolonisten zunächst auf ein Entgegenkommen des englischen Parlaments gehofft und auf eine Zusammenarbeit mit Oppositionellen im Mutterland gesetzt. Als diese Perspektive aber immer unrealistischer erschien, wandelte sich die öffentliche Meinung und Forderungen nach einer endgültigen Loslösung vom Mutterland nahmen zu. Mit der am 10.1.1776 erschienenen und massenhaft verbreiteten Flugschrift „Common Sense" von Thomas Paine wurde die Forderung nach Unabhängigkeit zur zentralen Perspektive des Krieges.

„Common Sense" (Th. Paine, 10.1.1776)

Auch der Kontinentalkongress in Philadelphia übernahm diese Position und verabschiedete am 4.7.1776 die im Wesentlichen von Thomas Jefferson (1743–1826) vorbereitete und formulierte Unabhängigkeitserklärung, die als das eigentliche Gründungsdokument der Vereinigten Staaten von Amerika gilt. Menschenrechtsideen, Freiheits- und Gleichheitsansprüche der Bürger sowie das Prinzip der Volkssouveränität wurden zur Basis des neuen politischen Systems.

Unabhängigkeitserklärung (4.7.1776)

Das Fehlen einer starken Zentralgewalt erwies sich im Unabhängigkeitskrieg als Nachteil. Eine Reihe von Einzelstaaten kam ihren Verpflichtungen, etwa zur Versorgung mit Soldaten, Waffen und Geld, nur unzureichend nach. Nach anfänglichen Rückschlägen der amerikanischen Truppen ge-

Der Unabhängigkeitskrieg	
1764	Zuckergesetz: Das britische Parlament beschließt die Erhebung von Einfuhrzöllen auf Zucker, Textilien, Kaffee, Wein. Protest in Neuengland.
1765	Stempelsteuergesetz: Das britische Parlament beschließt Gebühren auf die Ausstellung von Urkunden und Abgaben auf Zeitungen, Druckschriften, Spielkarten und Würfel. Auf einem Kongress in New York erklären Vertreter von neun Kolonien, das britische Parlament sei für solche Maßnahmen nicht zuständig. Boykott britischer Importe.
1766	Aufhebung des Stempelsteuergesetzes
1768	Neue Einfuhrzölle auf Glas, Farbe, Papier und Tee
1770	„Boston Massaker": Fünf Tote bei Zusammenstößen zwischen Siedlern und britischen Truppen; Aufhebung aller Zölle, außer auf Tee
1773	„Boston Tea Party": Als Indianer verkleidete Siedler werfen die Teeladung eines englischen Schiffes ins Wasser.
1774	Strafmaßnahmen des britischen Parlaments, u.a. Schließung des Bostoner Hafens
1774	5.9.–26.10.: Erster Kontinentalkongress in Philadelphia; 56 Delegierte aus allen Kolonien (außer Georgia) beschließen Widerstandsmaßnahmen.
1775	Beginn des Unabhängigkeitskrieges: Britische Regimenter kämpfen gegen amerikanische Truppen.
1775	10.5.: Zweiter Kontinentalkongress in Philadelphia erklärt den Verteidigungszustand und ernennt George Washington (1732–1799) zum Oberbefehlshaber der amerikanischen Truppen.
1776	9.1.: Thomas Paine fordert in der Flugschrift „Common Sense" die Unabhängigkeit von England. 4.7.: Der Zweite Kontinentalkongress verabschiedet die im Wesentlichen von Thomas Jefferson (1743–1826) formulierte Unabhängigkeitserklärung.
1781	19.10.: Kapitulation der britischen Truppen nach der Schlacht von Yorktown (Virginia)
1783	Frieden von Paris: Anerkennung der Souveränität der Vereinigten Staaten

Die feierliche Unterzeichnung der amerikanischen Unabhängigkeitserklärung, Philadelphia 1776 (Gemälde von John Trumbull)

Schlacht von Yorktown (19.10.1781)

langen den Kolonien – mit Unterstützung durch französische Truppen (Allianzvertrag 1778) – jedoch militärische Erfolge. In der Schlacht von Yorktown (Virginia) am 19. Okt. 1781 besiegten amerikanische und französische Truppen die englische Armee endgültig. Im Frieden von Paris (3. Sept. 1783) musste der englische König die Unabhängigkeit der amerikanischen Kolonien anerkennen. Das Land reichte jetzt bis zum Mississippi, seine Fläche hatte sich damit verdoppelt.

Die Verfassungsrevolution

Nach dem Sieg über die englische Kolonialmacht entstanden aus den ehemaligen Kolonien selbstständige Einzelstaaten mit republikanischen Verfassungen, die miteinander nur durch eine lockere Konföderation verbunden waren. Die Gegensätze waren so groß, dass dieser lockere Staatenbund – die United States of America – wieder zu zerfallen drohte. 55 Delegierte aus den 13 Staaten traten von Mai bis September 1787 unter dem Vorsitz von George Washington in Philadelphia zu einem Verfassungskonvent zusammen, um die Verfassung ihres neuen gemeinsamen Staatsgebildes zu beraten. Nach mehrmonatigen zähen Verhandlungen wurde ein Verfassungs-

Verfassungskonvent

Die „Verfassungsrevolution"	
1776	12.6.: Virginia Bill of Rights. Die Grundrechtserklärung des Staates Virginia betont, dass alle staatliche Gewalt vom Volk ausgehe (Prinzip der Volkssouveränität). 2.7.: Unabhängigkeitserklärung. In der naturrechtlich argumentierenden Präambel werden unveräußerliche Menschenrechte proklamiert (Streben nach Glück, Freiheit, Gleichheit, Einsetzung und Kontrolle der Regierung durch die Regierten).
1787	Mai – September: Verfassungskonvent in Philadelphia mit 55 Delegierten aus allen Staaten. In den „Federalist Papers" werden Verfassungsprobleme diskutiert. Verabschiedung einer neuen Verfassung.
1788	Ratifizierung der Verfassung durch die meisten Einzelstaaten. Inkraftsetzung der Verfassung durch den Kongress zum 4.3.1789.
1789	Bill of Rights: Zehn Ergänzungsartikel zur Verfassung garantieren Grundrechte (Presse-, Glaubens- und Versammlungsfreiheit; Unverletzlichkeit der Person, des Eigentums und der Wohnung). George Washington wird zum ersten Präsidenten der Vereinigten Staaten, John Adams zum Vizepräsidenten gewählt.

entwurf vorgelegt. Die Verfassung trat nach der Ratifizierung durch alle Einzelstaaten am 4. März 1789 in Kraft. Sie gilt – versehen mit 22 Zusätzen – bis heute.

Verfassungsprinzipien

Die amerikanische Verfassung beruht auf den Prinzipien der Freiheit und Gleichheit der Bürger, der Volkssouveränität und der Gewaltenteilung. Sie griff damit die Entwicklung der Staats- und Gesellschaftslehren des 17. und 18. Jahrhunderts auf. Sie schrieb allen Menschen einen „natürlichen", aus ihrem Menschsein abgeleiteten Anspruch auf Recht und Gerechtigkeit, Selbstbestimmung und persönliche Freiheit zu. Daraus ergaben sich Konsequenzen für die Funktion des Staates: Er entstand durch eine freiwillige Vereinbarung mit seinen Mitgliedern, garantierte die Existenz des Einzelnen, die Aufrechterhaltung von Recht und Ordnung, schützte das Eigentum. Der englische Staatstheoretiker John Locke (1632–1704) ging von einer Herrschaftsübertragung auf Zeit aus; das Mandat wurde widerrufen, wenn der Regent Rechte und Freiheiten der Regierten missachtete. Politische Macht sollte kontrolliert werden. Der Locke'sche Staatsbegriff kam der amerikanischen Piniergesellschaft entgegen: Der Staat sollte das selbstständige Streben nach Wohlfahrt und Glück unterstützen und sich ansonsten auf ein Minimum beschränken (Nachtwächterstaat). Der Ansatz Lockes wurde weiterentwickelt vom französischen Aufklärer Charles de Montesquieu, der die Idee, staatliche Gewalt in gesetzgebende (Legislative), ausübende (Exekutive) und richterliche Gewalt (Judikative) zu teilen, konsequent umsetzte.

Die Verfassung der USA unter Berücksichtigung späterer Zusätze.
Das Wahlrecht wurde im Laufe der Jahre mehrfach erweitert.

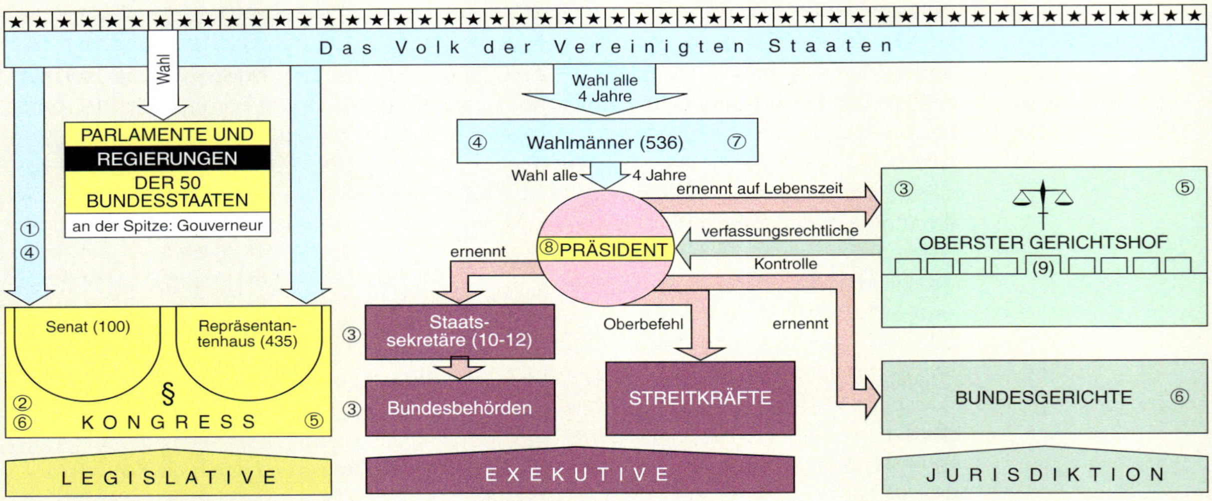

① 2 Senatoren aus jedem Bundesstaat für 6 Jahre gewählt. Alle 2 Jahre wird ein Drittel neu gewählt.
② Der Präsident hat das suspensive (aufschiebende) Vetorecht.
③ Der Senat bestätigt die Ernennungen.
④ Mehrheitswahlrecht.
⑤ Die Gesetzgebung wird vom Obersten Gerichtshof überwacht.
⑥ Die Bundesgerichte werden vom Kongress eingerichtet und aufgehoben.
⑦ Jeder Staat hat so viele Wahlmänner, wie er Abgeordnete und Senatoren im Kongress hat.
⑧ Der Präsident darf nur einmal wiedergewählt werden.

[1] **Wahlberechtigte:**
1789: Weiße, männliche Bürger ab 25 mit Mindesteinkommen (ca. 10 % der Bev.)
1830: Alle weißen, männlichen Bürger ab 25 (Wahlrecht für Besitzlose)
1870: Alle männlichen Bürger ab 21
1920: Alle Bürgerinnen und Bürger ab 21 (Einführung des allgemeinen Frauenwahlrechts in die Verfassung)
1924: Bürgerrecht für Indianer
1964: Im Namen der Bürgerrechtsgesetzgebung generelles Verbot von Wahlrechtsbehinderungen
1971: Alle Bürgerinnen und Bürger ab 18

Bundesstaat

In der amerikanischen Verfassung erwies sich das Problem der Machtverhältnisse zwischen den einzelnen (unterschiedlich bevölkerungsreichen) Staaten untereinander und zum Zentralstaat als besonders schwierig zu lösen. Der Verfassungskonvent löste dieses Problem durch die historisch völlig neue Konstruktion eines Bundesstaates, der die zunächst traditionelle Form eines lockeren Staatenbundes ablöste. In dem neuen Bundesstaat waren die Kompetenzen der einzelnen Bundesstaaten und des Zentralstaates genau definiert, aufeinander abgestimmt und voneinander abgegrenzt. Zu dieser Konstruktion gehört auch die Teilung des Kongresses in zwei Häuser, den Senat (in dem jeder Bundesstaat unabhängig von der Bevölkerungszahl mit gleichem Gewicht repräsentiert ist) und das Repräsentantenhaus (in dem die Anzahl der Abgeordneten sich nach der Bevölkerungszahl eines Bundesstaates richtet), sowie ein ausgeklügeltes System gegenseitiger Machtkontrollen (*checks and balances*).

Bill of Rights

In zehn Ergänzungsartikeln zur Verfassung, der „Bill of Rights", wurden individuelle Grundrechte, wie Glaubens-, Presse- und Versammlungsfreiheit, garantiert. Insgesamt wurden durch die amerikanische Unabhängigkeit die philosophischen Menschenrechtsvorstellungen und die Idee, dass Herrschaft nur dann legitim ist, wenn sie Menschenrechte wahrt und auf der Zustimmung des Volkes basiert, in die politische Praxis überführt.

Das Präsidentenamt

1789 wurde George Washington zum ersten Präsidenten gewählt. Unabhängig von der Person wurde die „Präsidentschaft" zur zentralen Institution und bestimmte das Bewusstsein der Menschen. Dennoch waren die Präsidenten nie allmächtig, sie sind auf Zeit gewählt und werden durch Gewaltenteilung und Gewalteneinschränkung kontrolliert. Es waren die Präsidenten der Frühgeschichte, die sich im kollektiven Bewusstsein Amerikas am stärksten festgesetzt haben: George Washington (1789–1797) markiert den Beginn der amerikanischen Nationalgeschichte. Die Bundeshauptstadt – als Nachfolgerin von Philadelphia – trägt seinen Namen. Thomas Jefferson (1801–1809), der Republikaner des Südens, steht für die Prinzipien der Unabhängigkeitserklärung, für die Werte der Demokratie. Abraham Lincoln (1861–1866) verkörpert die Einheit der Nation, die unter großen Opfern – Lincoln selbst wurde ermordet – im amerikanischen Bürgerkrieg erkämpft wurde. An sie reichen Woodrow Wilson (1913–1921) und Franklin D. Roosevelt (1933–1945) heran, die die USA in den beiden Weltkriegen zum Sieg führten.

Das Erbe der Revolution: Die *Civil Religion*

Freiheitsstatue von New York – ein Geschenk der französischen Republik an die Vereinigten Staaten von Amerika zur Hundertjahrfeier der Unabhängigkeitserklärung.

„*What does it mean to be an American?*" Was bedeutet es, ein „Amerikaner" zu sein? Nach Auffassung des Historikers Michael Walzer verbindet die Amerikaner, unabhängig davon, welcher Nationalität, Sprachgruppe oder Religion sie angehören, das Bewusstsein, Bürger, *American citizens* zu sein. Amerika wird durch eine gemeinsame Überzeugung, eine Art weltlicher Religion (*civil religion*) zusammengehalten, die sich in Ritualen und Symbolen (die Freiheitsstatue, die Hauptstadt Washington D.C., benannt nach dem ersten Präsidenten, die amerikanische Nationalflagge und die Hymne) ausdrückt und deren Grundprinzipien sich in der Amerikanischen Revolution herausgebildet haben. Diese sind:

Grundprinzipien der *Civil Religion*

- Demokratie, als repräsentative Mitwirkung im Einzelstaat und auf Bundesebene, als direkte Mitwirkung auf lokaler Ebene
- Freiheit, als staatliche Unabhängigkeit und als Freiheit des Einzelnen gegenüber dem Staat
- Gleichheit aller Bürger – unabhängig von Religion, Herkunft und sozialem Stand
- Anti-Staatlichkeit, als Misstrauen gegenüber staatlicher Macht
- Individualismus, als freie Entfaltung des Einzelnen, geknüpft an die Verfügung über Eigentum
- Fortschrittsglaube, als optimistischer Umgang mit Herausforderungen, im öffentlichen und privaten Leben.

Verfassung und Verfassungswirklichkeit

Anspruch und Wirklichkeit

Mit der Staatsgründung war die Revolutionszeit beendet, aber dem jungen Staat stand seine Feuertaufe noch bevor. Der Hintergrund: Es waren Widersprüche zwischen Verfassung und Verfassungswirklichkeit geblieben, denn nicht alle Ansprüche der Unabhängigkeitserklärung und der Verfassung wurden vollständig eingelöst. Zunächst galten sie im Prinzip nur für die weiße Rasse und das männliche Geschlecht. Frauen, Sklaven und Indianer waren ausgeschlossen. Allerdings boten die Verfassungsprinzipien diesen Gruppen einen Anknüpfungspunkt für ihre Emanzipations- und Freiheitsbestrebungen.
Die Auseinandersetzung um einen dieser Widersprüche – die Sklaverei – bildete den Kern des amerikanischen Bürgerkrieges, der – etwa sieben Jahrzehnte nach dem Unabhängigkeitskrieg – den jungen Staat in eine existenzielle Krise stürzte.

4. Der Bürgerkrieg

Nationale Entfaltung und Expansion im 19. Jahrhundert

frontier

Im Verlauf des 19. Jahrhunderts dehnte sich das Siedlungsgebiet der weißen Bevölkerung immer weiter nach Westen aus. Die Bevölkerung wuchs von 7 (1810) auf 76 Millionen (1900). Expansion wurde zur Zentralerfahrung des neuen Staates. Der Kampf der Pioniere im Grenzland zwischen Zivilisation und Wildnis, der *frontier*, prägte das Selbstverständnis der Amerikaner grundlegend. Unter ständiger Lebensbedrohung schufen sich die Pioniere ihre Lebensgrundlagen selbst und verteidigten sich ohne Rücksicht auf Standesunterschiede. Diese Erfahrung förderte das Freiheits- und Gleichheitsdenken sowie das Streben nach Gewinn und Erfolg. Dieses Denken hatte politische Folgen. Unter Präsident Jackson wurde in fast allen Staaten das Zensuswahlrecht durch ein allgemeines Wahlrecht für Männer ersetzt. Frauen verlangten das Recht der freien Rede und forderten das Wahlrecht.

Die territoriale Entwicklung der USA im 19. Jh.

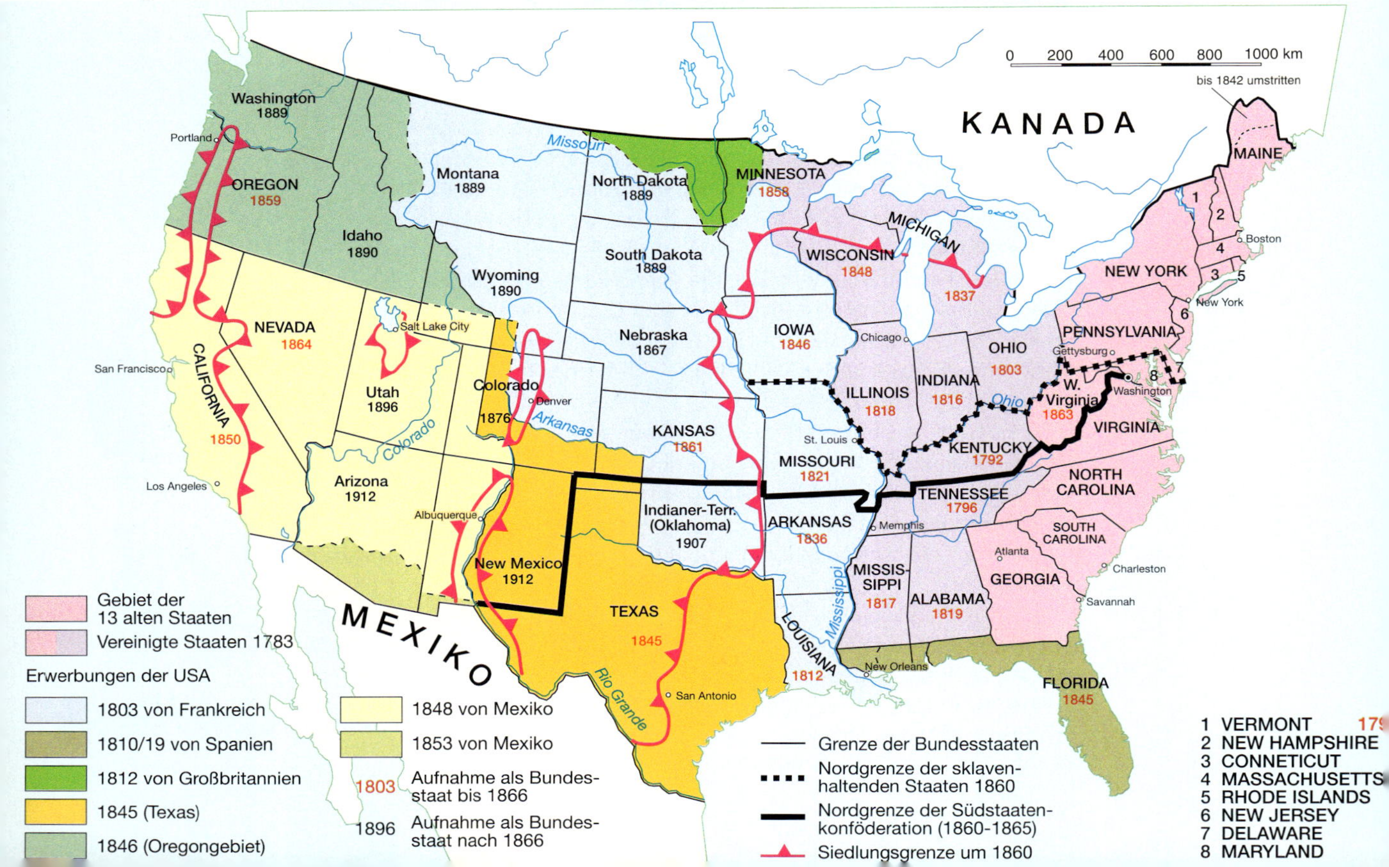

Indianer

Opfer der Erschließung des Landes wurden die Indianer. Wo die indianische Urbevölkerung dem Besitzstreben der Siedler im Wege stand, die ihrer Natur- und Lebensphilosophie mit Unverständnis begegneten, wurden sie vertrieben oder getötet. Die Indianer unterlagen nicht nur militärisch, sondern durch die massenhafte Tötung der Bisons wurde ihnen auch die Nahrungsgrundlage entzogen. Erst das Massaker am Wounded Knee Creek (1890), bei dem 350 Sioux-Indianer getötet wurden, beendete die 300-jährige Geschichte der Indianerkriege. Nur 250 000 Indianer hatten überlebt.

Der Bürgerkrieg (1861–1865)

Gegensätzliche Gesellschaftsmodelle

Im amerikanischen Bürgerkrieg von 1861–1865 trat der Widerspruch zwischen Idealen und Wirklichkeit mit aller Macht hervor. Der Auseinandersetzung über die Sklaverei lag ein tief greifender Nord-Süd-Gegensatz zugrunde. Im Süden wurden Tabak, Baumwolle, aber auch Zuckerrohr und Reis in großen Plantagen für den Export angebaut. Sklaven dienten als billige Arbeitskräfte. Die gemischte Landwirtschaft des Nordens war weniger exportabhängig. Daneben hatte sich in dem Gebiet zwischen Appalachen und den Großen Seen frühzeitig Industrie, die nicht auf Sklaverei, sondern auf freier Lohnarbeit basierte, entwickelt. So bildeten sich im Süden und im Norden zwei unterschiedliche Gesellschaftsordnungen heraus: im Süden eine neofeudale Gesellschaftsstruktur aus reichen Großgrundbesitzern und unfreien Arbeitskräften, im Norden eine modern-kapitalistische Gesellschaftsstruktur aus Unternehmern und Lohnarbeitern sowie einer breiten ländlichen Mittelschicht aus freien Produzenten. In der ersten Hälfte des 19. Jahrhunderts war unklar, welches dieser beiden Gesellschaftsmodelle sich in den USA insgesamt durchsetzen würde.

Die alten Gegensätze zwischen Nord- und Südstaaten entzündeten sich im Streit um die Kontrolle der neuen Westgebiete. Immer wieder stellte sich die Frage, ob die neu hinzukommenden Territorien die Sklaverei zulassen sollten oder nicht. Verschärft wurde der Gegensatz durch das Problem, ob der Kongress der Union in den neuen Gebieten über die Zulassung der Sklaverei entscheiden könne oder ob diese Entscheidung in der Kompetenz der Einzelstaaten liege. In dieser Situation glaubten die Südstaaten, die Wahl Abraham Lincolns zum 16. Präsidenten der USA nicht hinnehmen zu können, da seine Partei – die 1854 gegründete *Republican Party* – jedes weitere Vordringen der Sklaverei verhindern wollte. Die Südstaaten erklärten den Austritt aus der Union (Sezession) und bildeten einen eigenen Bund, die *Confederate States of America*. Mit der Emanzipationserklärung vom 22. September 1862 kündigte Lincoln die Befreiung der Sklaven an. Der Sezessionskrieg um den Erhalt der Union wurde zum amerikanischen Bürgerkrieg, der über 600 000 Tote forderte. Der Krieg wurde unversöhnlich als erster moderner Massenkrieg geführt. Nach vier Jahren unterlagen die Südstaaten. Die Nordstaaten mit ihrer größeren Bevölkerungszahl (22,2 Mio. – 9,2 Mio. in den Südstaaten), der größeren Zahl von wehrfähigen Weißen (4,6 Mio. – 1,1 Mio.), der überlegenen Infrastruktur (30 000 km Eisenbahnlinien – ca. 9 000 km im Süden), dem industriellen Vorsprung (mehr als 10-facher Wert der Industrieproduktion) erwiesen sich als weit überlegen.

Verlauf des Bürgerkrieges

Ergebnis

Mit dem militärischen Sieg der Nord- über die Südstaaten wurde die Sezession der Südstaaten verhindert, die nationale Einheit blieb erhalten und wurde fortan von dem Gesellschaftsmodell der Nordstaaten geprägt. Zwischen 1865 und 1870 setzten drei Verfassungszusätze Lincolns Emanzipationserklärung in geltendes Recht um: Die Sklaverei wurde verboten, die in den USA geborenen Personen mit Ausnahme der Indianer erhielten das Bürgerrecht, Wahlrechtsbeschränkungen aus rassischen Gründen waren nicht zulässig. Allerdings blieben Frauen und Indianer weiter vom Wahlrecht ausgeschlossen. Und: Trotz der formal rechtlichen Gleichstellung blieb die reale soziale Neugestaltung zunächst aus; sie blieb ein zentrales innenpolitisches Thema bis in das 21. Jahrhundert hinein.

Bedeutung

Im historischen Rückblick lässt sich der Bürgerkrieg als eine Fortsetzung der Amerikanischen Revolution, als eine Art nachgeholte Radikalisierungsphase interpretieren, in der ihre sozialen Gegensätze und Interessen ausgefochten wurden. Ohne die im Bürgerkrieg getroffene Entscheidung gegen das neofeudale Modell des Südens und für das modern-kapitalistische Modell des Nordens hätten sich die USA in den folgenden Jahrzehnten nicht zur führenden Industriemacht der Welt entwickeln können.

Die Französische Revolution

„Das Erwachen des Dritten Standes" (zeitgenössische Karikatur aus Frankreich)

1. Die Bedeutung der Französischen Revolution

Modell moderner Staats- und Gesellschaftsordnung

Die Französische Revolution (1789–1799) steht im Zentrum des Übergangs vom „alten Europa" zur Moderne. In ihrem Verlauf wandelte sich Frankreich, der damals mächtigste Staat Europas, von einer absolutistischen Monarchie in eine Republik. Der 14. Juli ist heute – in Erinnerung an den Sturm auf die Bastille am 14. Juli 1789 – französischer Nationalfeiertag und Ausdruck der republikanischen Grundlagen der französischen Gesellschaft. Die Bedeutung der Revolution geht aber weit über Frankreich hinaus: Sie bündelte und verdichtete die Erfahrungen der Englischen und der Amerikanischen Revolution und schuf das Modell moderner Staats- und Gesellschaftsordnung, das seitdem und bis heute das Fundament des Selbstverständnisses demokratischer Staaten bildet.

Der Sieg der Revolution in Frankreich beendete die Epoche des alten monarchischen Europas. Zwar konnte in Frankreich die Republik erst später – 1871 – dauerhaft gesichert werden und in vielen europäischen Staaten – unter anderem dem Deutschen Reich – wurde das monarchische Element der Staatsordnung erst mit dem Ersten Weltkrieg überwunden. Aber das Gegenmodell war da, der universalistische Anspruch der Aufklärung zum ersten Mal in die Realität umgesetzt.

Kontroverse Bewertung der Revolution:

Von Anfang an wurde die Revolution höchst unterschiedlich und kontrovers aufgenommen. Auf der einen Seite entfalteten die Errungenschaften insbesondere der ersten, liberalen Phase der Revolution, wie die persönliche Freiheit, die Meinungs- und Pressefreiheit, die Berufs- und Gewerbefreiheit, die Gleichheit der Bürger vor dem Gesetz, die Volkssouveränität und das allgemeine Wahlrecht, eine ungeheure Faszination in ganz Europa. Die napoleonischen Truppen trugen diese Ideen nach ganz Europa und riefen – paradoxerweise gerade im antifranzösischen Befreiungskampf – die Forderung nach nationaler Selbstbestimmung hervor.

Faszination und …

Auf der anderen Seite erzeugte die Revolution aber auch Gegenkräfte: Sie mahnte nicht nur die noch herrschenden monarchischen Eliten in Europa zur Vorsicht und zu gegenrevolutionären Maßnahmen. Insbesondere die Zeit des Terrors, der Schreckensherrschaft des Wohlfahrtsausschusses, erzeugte Revolutionsfurcht im europäischen Bürgertum bis weit in kleinbürgerliche Schichten hinein. Ohne diese Furcht vor einer unkontrollierbaren revolutionären Entwicklung wäre die Kompromissbereitschaft des liberalen Bürgertums mit den monarchischen Eliten in vielen europäischen Gesellschaften des 19. Jahrhunderts nicht erklärbar.

... Revolutionsfurcht

Auf dem Weg in die Moderne hat die Französische Revolution so einerseits mobilisierende und andererseits retardierende Wirkungen erzeugt. Bis heute scheiden sich an ihr die Geister: Die extrem verdichteten und beschleunigten Erfahrungen der Revolution bildeten für Zeitgenossen und nachfolgende Generationen eine Art Laboratorium der Moderne. Wie in einem Brennglas wurden und werden fundamentale Errungenschaften und Fortschritte, aber auch Gefahren und Schattenseiten sicht- und studierbar.

2. Voraussetzungen und Ursachen der Revolution

Die Autoritätskrise des Ancien Régime

Finanzkrise

Die wesentliche Ursache der Französischen Revolution war ein im Verlauf des 18. Jahrhunderts fortschreitender innerer und äußerer Verfall der Autorität des absolutistischen Regimes. Zum inneren Verfall trugen vor allem die enormen Staatsschulden bei, die der Staat aufgrund einer Reihe kostspieliger Kriege angehäuft hatte. Schon 1715, zum Zeitpunkt des Todes Ludwigs XIV., des „Sonnenkönigs", war der Staatshaushalt um 18 Jahresbudgets überzogen. Vor diesem Hintergrund fand die aufwändige Repräsentation am absolutistischen Königshof immer weniger Akzeptanz. Der ausschweifend-frivole Lebensstil Ludwigs XV. und seine Vernachlässigung der Regierungsgeschäfte desavouierte die Autorität des Hofes zusätzlich. Kurz vor Beginn der Revolution, im August 1788, musste die Staatskasse den Staatsbankrott verkünden.

Missstände im Verwaltungs- und Steuersystem

Die Finanzkrise ließ zusätzlich gravierende Missstände im Verwaltungs- und Steuersystem des Landes deutlich hervortreten. In den verschiedenen Teilen des Landes herrschte ein Wirrwarr unterschiedlicher Regelungen, Kompetenzen, Privilegien und Rechtsvorschriften. Unter den Nachfolgern Ludwigs XIV. erstarkten die ständischen Parlamente wieder im Kampf gegen die Zentralgewalt und nahmen den Kampf um Macht und ständische Privilegien wieder auf. Adel und Klerus waren von der wichtigsten Steuer des Landes, der *Taille* (Einkommens- und Grundsteuer) befreit. Die wichtigste indirekte Steuer, die *Gabelle* (Salzsteuer), wurde von Steuerpächtern mit hohem Gewinn eingetrieben und in verschiedenen Regionen ganz unterschiedlich gehandhabt. Dies alles führte dazu, dass die Staatskasse während des gesamten 18. Jahrhunderts nicht in der Lage war, einen verlässlichen Überblick über ihre Einnahmen und Ausgaben zu erhalten.

Aufklärung

Von außen wurde die Autorität der absolutistischen Herrschaft durch die Philosophie der Aufklärung untergraben. Sie entzog ihrem auf dem Gedanken des Gottesgnadentums basierenden Herrschaftsanspruch sowie der religiösen Legitimation der Ständegesellschaft die Grundlage.

Die Krise der Ständegesellschaft

Auseinanderentwicklung der Einkommen im Dritten Stand

Das starre Ständesystem geriet zusätzlich aus wirtschaftlichen Gründen unter Druck, denn die Ungerechtigkeiten des ständischen Steuersystems wurden durch eine Auseinanderentwicklung der Einkommen der Bevölkerung verschärft. Von einem seit 1715 einsetzenden wirtschaftlichen Aufschwung profitierten großbürgerliche Schichten, wie Großhändler und -kaufleute oder Inhaber großer landwirtschaftlicher Betriebe. Diese nutzten ihr zunehmendes wirtschaftliches Gewicht um gegen ihre Benachteiligung gegenüber dem Adel zu protestieren und die Aufhebung der ständischen Privilegien, vor allem die Steuerbefreiung, zu fordern.

Die Mittel- und Unterschichten profitierten hingegen kaum vom wirtschaftlichen Aufschwung. Kleinbauern und Kleinpächter auf dem Land sowie Handwerker, Kleinkaufleute und Tagelöhner in der Stadt lebten oftmals am Rande des Existenzminimums und empfanden die Einkommensunterschiede zur großbürgerlichen und adeligen Schicht zunehmend als bedrückend und empörend. Diese Einkommensunterschiede spitzten sich durch ein bedeutendes Bevölkerungswachstum (von 18 Mio. im Jahr 1715 auf 26 Mio. im Jahr 1789) weiter zu, denn es erhöhte die Arbeitskräftekonkurrenz und führte zu Lohnsenkungen.

Verschärfung der sozialen Gegensätze

So verschärften sich die sozialen Gegensätze und Interessensunterschiede innerhalb des Dritten Standes, der 98,3 % der Bevölkerung ausmachte. Gemeinsam war allen Gruppen des Dritten Standes der Kampf gegen die Privilegien der ersten beiden Stände und gegen den Versuch des Hofes, die Finanzkrise des Staates durch eine weitere Verschärfung der Steuerlast für den Dritten Stand zu lösen. Dieses über Jahrzehnte aufgebaute Protestpotenzial wurde kurz vor der Revolution durch eine Industrie- und Agrarkrise in den 1780er-Jahren, durch eine Missernte 1788 und durch den folgenden strengen Winter noch einmal erheblich verschärft: Sinkende Einkommen und steigende Brotpreise gefährdeten die Existenzgrundlage breiter Mittel- und Unterschichten.

Die Träger der Revolution

Drei Revolutionen

Träger des seit 1788 einsetzenden Umsturzes waren drei unterscheidbare Gruppen: erstens das liberale Großbürgertum, das von liberal gesinnten Eliten des Klerus und des Adels unterstützt wurde; zweitens die Masse der bäuerlichen Kleinpächter auf dem Land und drittens die klein- und unterbürgerlichen Schichten der Städte, insbesondere in Paris. Programm und Interessen dieser drei Gruppen waren so unterschiedlich, dass man von drei miteinander verknüpften und wechselseitig aufeinander einwirkenden Revolutionen sprechen kann.

Liberale Reformer

Die Bewegung der liberalen Reformer stützte sich zwar sozial vor allem auf das Großbürgertum, wurde aber gebildet von aufgeklärten Eliten aller drei Stände. Sie zielte – im Wesentlichen nach englischem Vorbild – auf eine umfassende Modernisierung des Landes, vor allem seiner Verwaltung, des Steuersystems und der Wirtschaftspolitik. Ständische Privilegien sollten abgeschafft und die Gesellschaftsordnung sowie der Zugang zu politischer Macht an individueller Leistungsfähigkeit orientiert sein. Diese Gruppe hoffte zunächst, ihre Ziele in Zusammenarbeit mit der Krone zu erreichen, und entschied sich erst spät, als der König sich offensichtlich als Reformgegner erwies, für eine republikanische Lösung.

Bauernbewegung

Die Bauernbewegung war – in der Tradition früherer Bauernrevolten – bestimmt von dem Ziel einer Befreiung von drückenden Feudallasten und der Sicherung einer tragfähigen selbstständigen Kleinbauernexistenz. Die Bauernbewegung erreichte ihren Höhepunkt im Juli 1789, als Bauern adelige Schlösser stürmten und Feudalurkunden verbrannten. Mit der Aufhebung aller Feudallasten durch die Nationalversammlung in der Nacht vom 4. auf den 5. August 1789 war das Ziel der Bauernbewegung erreicht.

Bewegung der städtischen Mittel- und Unterschichten

Die Bewegung der städtischen, klein- und unterbürgerlichen Schichten war zunächst vor allem durch die akute Versorgungskrise und die hohen Lebensmittelpreise angetrieben. Mit vielfältigen, teils gewalttätigen Aktionen unterstützte sie die radikalen Kräfte der Revolution, die eine von Einkommen oder Vermögen unabhängige politische Partizipation und eine egalitäre Gesellschaftsordnung anstrebten. Sie richtete sich nicht nur gegen den Feudalstaat, sondern auch gegen den aufkommenden Industriekapitalismus, von dem sich viele Kleinhandwerker und Gewerbetreibende bedroht fühlten.

Das Programm der Revolution

Bündelung und Konzentration von Erfahrungen

„Liberté, Egalité, Fraternité" (Freiheit, Gleichheit, Brüderlichkeit) – das war der Schlachtruf der Französischen Revolution. Er fasste ihr politisches Programm prägnant zusammen. Es wäre ohne die gedankliche Vorarbeit der Aufklärung sowie die Erfahrungen der Englischen und der Amerikanischen Revolution nicht denkbar gewesen. Sie lieferten nicht nur die Kritik am Ancien Régime, sondern stellten auch alle notwendigen Elemente zum Aufbau einer modernen Gesellschaft und eines modernen Staates zur Verfügung. Allerdings waren diese Elemente keineswegs widerspruchsfrei: Für welches moderne Menschenbild, für welche Verfassung, für welches Wertesystem sich die Revolution entscheiden würde, hing schließlich wesentlich von der Dynamik der revolutionären Ereignisse ab.

Revolutionsplakat mit Parolen der Republik und Symbolen der Revolution

3. Der Verlauf der Revolution

Die Phasen der Revolution im Überblick

Die vorrevolutionäre Phase: Krise der absolutistischen Herrschaft (1770–1788)	Zahlreiche Kriege der europäischen Großmacht Frankreich sowie die kostspielige repräsentative Hofführung führen zu massiven Staatsschulden und zu einem Autoritätsverlust des Hofes. Ludwig XVI. ist 1788 zur Lösung der Finanzkrise zur Einberufung der „Generalstände" gezwungen.
Die liberale Revolution (1789–1791)	Gegen den Widerstand des Königs erklärt sich der Dritte Stand der Generalstände zur „Nationalversammlung". Begleitet von Erhebungen der Pariser Bevölkerung (Sturm auf die Bastille) hebt die Nationalversammlung alle ständischen Privilegien auf, verabschiedet eine Erklärung der Menschen- und Bürgerrechte sowie eine Verfassung, enteignet kirchlichen Grundbesitz.
Die Destabilisierung und Radikalisierung der Revolution (1791–1792)	Nach einem gescheiterten Fluchtversuch des Königs spaltet sich die revolutionäre Bewegung in einen gemäßigten (liberalen) und einen radikalen Flügel. Der Krieg des revolutionären Frankreich gegen eine Koalition der europäischen Großmächte spitzt den Konflikt weiter zu; städtische Massen nehmen aus Furcht vor einer konterrevolutionären Verschwörung den König gefangen und ermorden im September 1792 vermeindliche Verschwörer.
Die Konventsherrschaft (1792–1794)	Im neugewählten „Konvent" dominieren radikale, von der städtischen Volksbewegung unterstützte Kräfte. Der Konvent schafft das Königtum ab und verurteilt Ludwig XVI. wegen Hochverrats zum Tode. Der vom Konvent eingerichtete „Wohlfahrtsausschuss" errichtet ein systematisches Terrorregime zur Durchsetzung seines egalitären innenpolitischen Programms und zur Sicherung der Kriegsführung im Koalitionskrieg. Die Zuspitzung des Terrors führt zur Diktatur ihres Vorsitzenden Maximilian Robespierre. Aus Furcht vor der eigenen Verhaftung führen Mitglieder des Wohlfahrtsausschusses einen Komplott gegen Robespierre durch, der am 28.7.1794 guillotiniert wird.

Die Herrschaft der Thermidorianer und des Direktoriums (1794–1799)	Nach dem Ende der Terrorherrschaft übernehmen bürgerlich-gemäßigte Kräfte im Konvent die Macht, die vor allem auf die Armee gestützt ist. Eine neue „Direktorialverfassung" entspricht liberaldemokratischen Vorstellungen. Radikalrevolutionäre sowie royalistische Aufstände werden niedergeschlagen. Am 9.11.1799 stürzt der erfolgreiche republikanische General Napoleon Bonaparte das Direktorium, erklärt die Revolution für beendet und regiert mit einer „Konsulatsverfassung" (24.12.1799).
Die nachrevolutionäre Phase: Die Herrschaft Napoleons (1799–1815)	Am 2.12.1804 krönt sich Napoleon selbst zum Kaiser. Damit ist die Republik abgeschafft; die gesellschaftlichen Errungenschaften der Revolution bleiben jedoch erhalten. Unter der Führung Napoleons erobert die französische Armee fast ganz Europa, scheitert jedoch 1812 im Feldzug gegen Russland. In den folgenden Koalitionskriegen wird Napoleon besiegt und verbannt. Die territoriale Neuordnung Europas wird auf dem „Wiener Kongress" (1814/15) festgelegt. In Frankreich wird auf der Grundlage einer konstitutionellen Verfassung, die der Verfassung von 1791 ähnelt, Ludwig XVIII., ein Bruder Ludwig XVI., als König eingesetzt.

Die vorrevolutionäre Phase (1770–1788)

Die beiden Jahrzehnte vor Beginn der Revolution waren von verzweifelten Versuchen der königlichen Finanzminister Turgot (1774–1776), Necker (1777–1781), de Calonne (1783–87) und de Loménie de Brienne (1787–1788) geprägt, die Schuldenkrise in den Griff zu bekommen. Sie scheiterten allesamt einerseits an der Größe dieser Aufgabe, andererseits aber vor allem an der wechselseitigen Blockade zwischen königlicher Zentralgewalt und adeliger Parlamentsopposition. Letztere blockierte alle Versuche einer an individueller Leistungsfähigkeit orientierten Reform des Steuersystems, die ihre Privilegien angetastet hätte. 1788 ging der Streit so weit, dass die adeligen Parlamente zu einem Steuerboykott aufriefen, dem sich Kleriker, Städte und Behörden anschlossen. Im August 1788 blieb Ludwig XVI. nichts anderes übrig, als dem Drängen der Adelsopposition nachzugeben und die Generalstände, die seit 175 Jahren nicht mehr getagt hatten, zum Mai 1789 einzuberufen. Von der Einbeziehung des in den Generalständen vertretenen Dritten Standes erhofften sich alle Seiten eine Entscheidung im Steuerstreit zu ihren Gunsten.

Einberufung der Generalstände

Politische Öffentlichkeit

In Erwartung der Sitzung der Generalstände wurden aus dem ganzen Land – der Tradition entsprechend – sogenannte *Cahiers de Doléances* (Beschwerdebriefe) nach Paris geschickt. In ihnen artikulieren Stände und Gruppen ihre Lebenssituation und ihre Ziele; heute bilden sie eine einzigartige Quellensammlung zu den Lebensverhältnissen im vorrevolutionären Frankreich. In der durch die Missernte im Sommer 1788 zusätzlich angeheizten allgemeinen Proteststimmung erschien eine Fülle von öffentlich verbreiteten Flugschriften, unter anderem die Broschüre „Was ist der Dritte Stand" von Abbé Emmanuel Joseph de Sieyès.

Die liberale Revolution (1789–1791)

Am 5. Mai 1789 traten die Generalstände in Versailles zu ihrer Eröffnungssitzung zusammen. Der wieder einberufene Finanz- und nun auch Premierminister des Königs, Jacques Necker, hatte die Verdopplung der Sitze des Dritten Standes verfügt; die Krone hatte aber offengelassen, ob – wie üblich – korporativ (nach Ständen) oder nach Köpfen abgestimmt werden sollte. Ersterer Abstimmungsmodus hätte den ersten beiden Ständen, letzterer

Streit um den Abstimmungsmodus

Eröffnung der Generalstände am 5.5.1789 (Stich von J. Helman, 1790)

dem Dritten Stand die Mehrheit in den Generalständen gesichert. Als auch nach sechs Wochen noch keine Einigung im Streit um den Abstimmungsmodus erzielt werden konnte, fassten die Vertreter des Dritten Standes den ersten umwälzenden Beschluss der Revolution: Sie erklärten sich am 17. Juni zur „Nationalversammlung", die allein berechtigt sei, die Nation zu repräsentieren, und riefen die Abgeordneten der anderen beiden Stände auf, sich ihnen anzuschließen. Als der König die Umsetzung dieses Beschlusses mit Gewalt verhindern wollte, verpflichteten sich die Abgeordneten der Nationalversammlung am 20. Juni feierlich, nicht auseinanderzugehen, bis eine Verfassung verabschiedet sei („Ballhausschwur"). Mit diesem Übergang von einer ständisch gegliederten Vertretung hin zu einer modernen, nationalen Repräsentation war die Grundlage der Verfassungsrevolution gelegt.

Gründung der Nationalversammlung (17.6.1789)

Die liberale Revolution (1789–1791)	
5.5.1789	Erste Sitzung der Generalstände
17.6.1789	Der Dritte Stand erklärt sich zur Nationalversammlung.
20.6.1789	Ballhausschwur
14.7.1789	Sturm auf die Bastille
4./5.8.1789	Aufhebung der ständischen Privilegien durch die Nationalversammlung
26.8.1789	Erklärung der Menschen- und Bürgerrechte
5./6.10.1789	Zug nach Versailles
3.9.1791	Verfassung tritt in Kraft.

Aufhebung der ständischen Privilegien (4./5.8.1789)

Die zweite wichtige Entscheidung der Nationalversammlung war die Aufhebung ständischer Privilegien und damit einer der wesentlichen Grundlagen des Feudalsystems in einer dramatischen Sitzung in der Nacht vom 4. auf den 5. August 1789. Das in dieser Nacht beschlossene Maßnahmenbündel bedeutete eine grundlegende Umwälzung der gesamten Gesellschaftsordnung. Dabei stand die Nationalversammlung unter dem Einfluss einer Zuspitzung der Ereignisse im Land. In Paris hatten die steigenden Lebensmittelpreise und Gerüchte über eine bevorstehende Auflösung der Nationalversammlung durch den König zu einem Aufruhr geführt. Die Wahlmänner der Stadtbezirke übernahmen als „Kommune" die Verwaltung der Stadt und bildeten eine aus Freiwilligen bestehende „Nationalgarde" zur Verteidigung der Revolution. Um Waffen zu erbeuten, stürmte am 14. Juli 1789 eine Volksmenge das alte Stadtgefängnis und Symbol der königlichen Macht, die „Bastille". Ähnliche Aufstände schlossen sich in den Städten und Ortschaften im ganzen Land an. Als der König, der sich zunächst auf die Seite der alten Ordnung gestellt hatte, nun die Nationalversammlung – zumindest nach außen hin – zu akzeptieren schien, begann eine Emigrationswelle unter den Adeligen des Landes. Diese wiederum löste panikartige Reaktionen aus Furcht vor einem Adelskomplott in der Landbevölkerung aus: Überall im Land wurden Adelssitze angegriffen oder zerstört, Urkundenarchive niedergebrannt. Aus Furcht vor einem Verlust der Kontrolle über die Ereignisse im Land, beschlossen deshalb die Abgeordneten der Nationalversammlung, über die ursprünglich beabsichtigte Steuergleichheit hinaus nun auch die mit dem adeligen Großgrundbesitz verknüpften Feudallasten abzuschaffen. Dieser Beschluss vom 3./4. August 1789 sah zunächst noch – für die betroffenen Bauern sehr ungünstige – Entschädigungszahlungen für solche Feudallasten vor, die vertraglich vereinbart worden waren. Erst im Juli 1793 – auf dem Höhepunkt der jakobinischen Diktatur – beschloss der Konvent die vollständige und entschädigungslose Aufhebung aller Feudallasten.

Erklärung der Menschen- und Bürgerrechte (26.8.1789)

Kurze Zeit später, am 26. August 1789, fasste die Nationalversammlung ihren dritten wichtigen Beschluss: Sie verabschiedete die „Erklärung der Menschen- und Bürgerrechte", ein Dokument von welthistorischer Bedeutung, in dem die Philosophie der Aufklärung und das moderne Menschenbild zum Ausdruck kommen und das bis heute Vorbildcharakter hat.

Verfassung (3.9.1791)

Die vierte wichtige Leistung der Nationalversammlung bestand in der Ausarbeitung einer Verfassung, die zum 3. September 1791 in Kraft trat und den Staat als konstitutionelle Monarchie konzipierte. Wie die Erklärung der Menschenrechte spiegelt die Verfassung von 1791 deutlich die liberale Phase der Revolution: Sie ging von den Prinzipien der Volkssouveränität und der Gewaltenteilung aus, das Wahlrecht blieb jedoch noch an Besitz und Bildung gebunden.

Die Beschlüsse der Nationalversammlung vom 4./5. August 1789 waren bereits auf Druck der Bauernbewegung und der Bewegung der städtischen Mittel- und Unterschichten zustande gekommen. Als der König sich weigerte, diese Beschlüsse zu unterzeichnen, griff Letztere wiederum entscheidend in den Gang der Ereignisse ein. Vor dem Hintergrund

Die französische Verfassung vom 3.9.1791

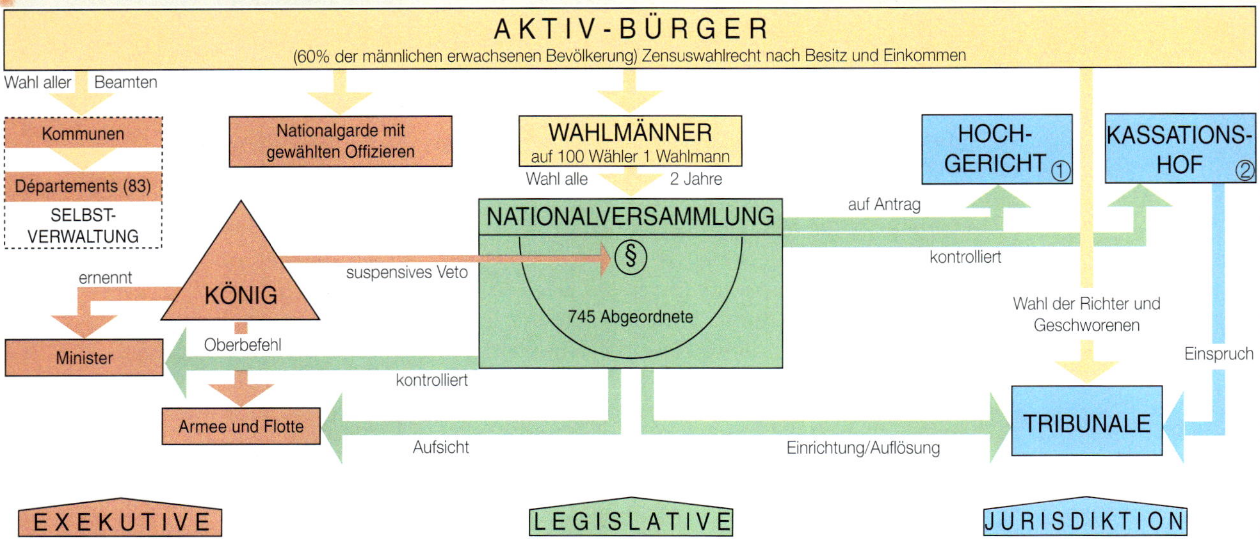

① Gericht für schwere Verbrechen, 2 Gerichtshof zur Aufhebung rechtswidriger Urteile

andauernder Brotknappheit und hoher Arbeitslosigkeit sowie des hohen Politisierungsgrades in den Pariser Sektionen zog ein Zug von Demonstranten zum königlichen Schloss von Versailles und zwang Ludwig XVI. zum Umzug nach Paris, in die Tuilerien, wo der König faktisch zum Gefangenen der Revolution wurde. Das Ereignis kündigte bereits früh die zunehmende Bedeutung der städtischen Massen und ihrer radikalen politischen Führer, wie Georges Danton, Camille Desmoulins oder Jean Paul Marat, an.

Zug nach Versailles (5./6.10.1789)

Die Destabilisierung und Radikalisierung der Revolution (1791–1792)

In den Monaten zwischen Juni 1791 und September 1792 radikalisierte sich die Revolution. Den liberalen Reformern gelang es nicht, den Umwälzungsprozess auf dem im Sommer 1791 erreichten Niveau zu stabilisieren. Dazu trugen vor allem drei Faktoren bei: der Konflikt mit der katholischen Tradition, die unentschlossene Haltung des Königs und der Krieg des revolutionären Frankreich gegen die europäischen Monarchien.

Faktoren der Destabilisierung

Die Destabilisierung und Radikalisierung der Revolution (1789–1791)

20.–25.6.1791	Fluchtversuch des Königs
17.7.1791	Kundgebung auf dem Marsfeld
20.4.1792	Kriegserklärung an Österreich, Beginn des 1. Koalitionskrieges (1792–1797)
25.7.1792	Sturm auf die Tuilerien
10.8.1792	Suspendierung des Königtums durch die Nationalversammlung
2.–5.9.1792	Septembermorde

Im Zuge ihrer auf die Abschaffung der Ständegesellschaft zielenden Politik hatte sich die Nationalversammlung teils motiviert durch die Philosophie der Aufklärung, teils auch aus ökonomischen Gründen (Enteignung kirchlichen Grundbesitzes) in einer Reihe von Dekreten gegen die katholische Kirche gewandt. Besonders bedeutsam wurde das Dekret vom 21.11.1790, das alle Geistlichen zum Eid auf die neue revolutionäre Kirchenverfassung verpflichtete. Da Papst Pius VI. diese Verfassung für ungültig erklärte, befand sich der gesamte Klerus in einer Zwangslage. Etwa die Hälfte aller Geistlichen verweigerte den Eid, und die Revolution entfremdete sich sowohl von einem Teil derjenigen Angehörigen des Klerus, die ihr anfangs sympathisierend gegenübergestanden hatten, wie auch von einem Großteil der katholisch geprägten Bevölkerung auf dem Lande. Damit war der Grundstein für gegenrevolutionäre, konservativ-religiös motivierte Aufstände gelegt.

Politische Maßnahmen gegen die katholische Kirche

Die in der liberalen Phase der Revolution geschaffene konstitutionell-monarchische Ordnung litt von Anfang an darunter, dass der König sich unter dem Druck der Machtverhältnisse zwar nach außen hin auf den Boden der neuen Ordnung stellte, sie aber innerlich ablehnte und wo immer möglich eine heimliche Obstruktionspolitik betrieb. Das Verwirrspiel endete, als im Juni 1791 ein heimlicher Fluchtversuch Ludwigs XVI. entdeckt und sein Versuch vereitelt

Obstruktionspolitik des Königs

Gruppierungen und Clubs in der Revolution

Sansculotten (wörtl. „Ohnehosen"): zusammenfassende Bezeichnung für die politisch aktiven kleinbürgerlichen Gruppen der Pariser Kommune.
Girondisten: gemäßigte Republikaner; benannt nach dem Departement „Gironde", aus dem die Mehrzahl ihrer politischen Führer stammte.
Jakobiner: Jakobinerclub, benannt nach seinem Tagungsort im Dominikanerkloster in der Rue St. Jacques; zunächst allgemeiner Versammlungsort revolutionärer Abgeordneter und Politiker, später Radikalisierung und Austritt gemäßigter Kräfte.
Cordeliers: typischer Club der Sansculotten, später Zusammenarbeit mit den Jakobinern.
Feuillants: Club der Feuillants, benannt nach dem Versammlungsort im gleichnamigen Kloster; gemäßigte Abspaltung vom Jakobinerclub nach dem 17.7.1791.

wurde, vom Ausland aus die Restauration der alten Ordnung zu betreiben. In dem Ort Varennes wurde der König erkannt und nach Paris zurückgebracht. In den Augen der städtischen Massen hatte er sich nun endgültig als Feind der Revolution erwiesen. Als eine Massenkundgebung auf dem Pariser Marsfeld am 17. Juli 1791, die die Bestrafung des Königs forderte, von Truppen der Nationalgarde unter Führung des Generals Lafayette mit Waffengewalt angegriffen und zerstreut wurde, trat die Spaltung der Revolution deutlich zutage: Auf der einen Seite versuchte die liberal-bürgerliche Mehrheit in der Nationalversammlung die neu geschaffene Ordnung und die Verfassung, die am 3.9.1791 in Kraft trat, zu verteidigen, während auf der anderen Seite eine kleine Gruppe radikaldemokratischer Politiker mit zunehmendem Einfluss auf die städtischen Massen, wie Maximilian de Robespierre, Jean-Paul Marat und George Danton, diese Ordnung zu bekämpfen begann. Das bis dahin gemeinsame Forum der revolutionären Abgeordneten und Politiker, der Jakobinerclub, spaltete sich in die gemäßigten „Feuillants" und die im Jakobinerclub verbleibenden, radikalen „Girondisten".

Spaltung der Revolution

Am 20. April 1792 beschloss die Nationalversammlung auf Vorschlag des Königs eine Kriegserklärung an Österreich. Mit dem Krieg waren höchst unterschiedliche Interessen verbunden: In weiten Teilen der Bevölkerung traf er auf Zustimmung, weil man einem befürchteten Komplott der europäischen Monarchien gegen die Revolution zuvorkommen wollte. Die Feuillants erhofften sich von ihm eine Stabilisierung der inneren Ordnung, die Girondisten strebten nach einer Ausbreitung der Revolution nach ganz Europa. Ludwig XVI. erwartete insgeheim eine Niederlage der französischen Truppen und eine Restauration der alten Ordnung mithilfe des monarchischen Auslands. Tatsächlich führte der Krieg innerhalb weniger Monate zu einer Radikalisierung der Re-

Erster Koalitionskrieg (1792–1797)

Danton (1759–1794)

Marat (1743–1793)

Der Sturm auf die Tuilerien (zeitgenössisches Gemälde von Jean Duplessi Bertaux)

Sturm auf die Tuilerien (25.7.1792)

volution: Als nach dem Kriegseintritt Preußens der Oberbefehlshaber der Koalitionstruppen, der Herzog von Braunschweig, in einem Manifest von der französischen Bevölkerung die bedingungslose Unterwerfung unter die Autorität des Königs forderte, stürmten Pariser Massen die Tuilerien, nahmen die königliche Familie gefangen und forderten die Aufhebung des Königtums. Die Nationalversammlung kam dieser Forderung durch einen formalen Beschluss am 10.8.1792 nach. Damit wandelte sich das revolutionäre Frankreich von einer konstitutionellen Monarchie in eine Republik.

Faktisch hatte damit die Pariser Kommune neben der Nationalversammlung die Führung der Revolution übernommen. Unter dem Druck der Ereignisse suspendierte die Nationalversammlung das Zensuswahlrecht und schrieb Neuwahlen nach allgemeinem Wahlrecht zu einem neu geschaffenen „Nationalkonvent" aus.

Bedrohung der Revolution

Im Sommer 1792 sah sich die Revolution von drei Seiten bedroht: Gegenrevolutionäre Aufstände bedrohten sie von innen, die Koalitionstruppen von außen. Dem König wurde vorgeworfen, an der Spitze einer royalistischen Verschwörung zu stehen und mit den feindlichen Truppen zu kollaborieren. Es war vor allem die Angst vor Verrat, die schließlich

Septembermorde (2.–5.9.1792)

zu den sogenannten „Septembermorden" (2.–5. September 1792) führte: Aus Furcht, die Insassen der überfüllten Pariser Gefängnisse könnten nach dem bevorstehenden Auszug revolutionärer Truppen gegen den Feind einen Aufstand gegen die Revolution unternehmen, stürmten erregte Massen die Gefängnisse und ermordeten ca. 1000 bis 1500 Gefängnisinsassen, unter ihnen viele nichtpolitische, gewöhnliche Gefangene. Dieser Akt präventiver Volksjustiz bildete den vorläufigen Höhepunkt des Terrors der Pariser Kommune, der in der folgenden Konventsherrschaft systematisch ausgebaut und auf das ganze Land ausgeweitet werden sollte.

Die Konventsherrschaft (1792–1794)

Kräfteverhältnisse im Konvent (21.9.1792)

Im neu gewählten Konvent hatten sich die politischen Kräfteverhältnisse teils aufgrund des neuen allgemeinen Wahlrechts, teils infolge des vorangegangenen Terrors der Pariser Kommune entscheidend verändert: Die gemäßigten Kräfte fehlten; die Girondisten (nach ihren unteren Rängen im Konvent „Ebene" oder „Sumpf" genannt) dominierten, gerieten aber zunehmend unter den Einfluss der mit der Pariser Kommune kooperierenden radikalen Jakobiner (nach ihren erhöhten Sitzpositionen: „Berg").

Politische Gruppierungen in den Nationalversammlungen und im Konvent

Verfassungsgebende Nationalversammlung 17.6.1789 ca. 800 Mitglieder der Ständeversammlung	**Demokraten** (Jakobiner) vertreten stärker die Interessen des mittleren und des Kleinbürgertums	**Konstitutionelle** vertreten die Interessen der Großbürger, für liberale Reformen	**Monarchisten** für eine starke Stellung des Königs in der Verfassung	**Aristokraten** für eine Beibehaltung ständischer Privilegien
Gesetzgebende Nationalversammlung 1.10.1791 gewählt nach der Verfassung vom 3.9.1791 745 Abgeordnete	**Jakobiner (136)** radikale Jakobiner vertreten die Interessen des Kleinbürgerturns („Sansculotten")	Girondisten vertreten das mittlere Bürgertum	**Unabhängige (345)** ohne feste politische Position	**Konstitutionelle (264)** für die Stabilisierung der konstitutionellen Monarchie
Nationalkonvent 21.9.1792 gewählt nach allgemeinem und gleichem Männerwahlrecht 749 Abgeordnete	**Der „Berg" (140)** radikale Jakobiner, egalitäres gesellschafts- und wirtschaftspolitisches Programm, für eine zentralistische Herrschaft der *„volonté générale"*		**Die „Ebene", der „Sumpf" (609)** aus dem Jakobinerclub ausgetretene Girondisten, treten für eine föderalistische Republik ein; rücken teils an den rechten Rand des politischen Spektrums (für eine gemäßigte, liberale Republik), zum größeren Teil Annäherung an die Bergpartei	

Kriegsdiktatur

„Tugend und Terror"

In der Zeit der Konventsherrschaft von September 1792 bis Juli 1794 errichtete die Bergpartei eine Art Kriegsdiktatur, die sich durch die von ihrem führenden Politiker, Maximilian de Robespierre, geprägte Formel „Tugend und Terror" charakterisieren lässt. „Tugend" – darunter verstand Robespierre eine puritanisch-asketische, antiklerikale und antifeudale, unkorrumpierbare revolutionäre Haltung, einen durch die Revolution geschaffenen neuen Menschentyp. „Terror" (*terreur*) – darunter verstand Robespierre die systematische und unbarmherzige Verfolgung aller „Feinde" der Revolution. Die Tugend sollte den Terror legitimieren und der Terror sollte der Tugend machtpolitisch zum Durchbruch verhelfen. Das machtpolitische Zentrum des diktatorischen Kriegsregimes der Bergpartei bildete der vom Konvent am 6. April 1793 als Exekutivorgan eingerichtete „Wohlfahrtsausschuss". Er übernahm – zunächst unter dem Vorsitz von George Danton, dann von Maximilian de Robespierre – nach und nach die Rolle einer provisorischen Revolutionsregierung.

Robespierre (1758–1794)

Die Politik des Konvents	
20.09.1792	Zusammentritt des Nationalkonvents, Abschaffung des Königtums
21.09.1792	Anklage gegen Ludwig XVI.
17.01.1793	Ludwig XVI. wird vom Konvent zum Tode verurteilt und hingerichtet (21.1.).
10.03.1793	Errichtung eines Revolutionstribunals; Festlegung von Höchstpreisen für Getreide; Festlegung eines Kurses für die unter Wertverlust (Inflation) leidenden Assignaten (Papiergeld der Revolution)
06.04.1793	Einrichtung des Wohlfahrtsausschusses (*Comité du Salut Public*)
02.06.1793	Ein bewaffneter Aufstand der *enragés* zwingt den Konvent zur Verhaftung von führenden Girondisten, denen eine Politik zugunsten der Provinzen und zu Lasten der Hauptstadt vorgeworfen wird.
17.07.1793	Vollständige, entschädigungslose Abschaffung der Feudalrechte
26.07.1793	Todesstrafe für das Horten von Waren
23.08.1793	Einführung der allgemeinen Wehrpflicht (*Levée en-masse*)
17.09.1793	Nach Demonstrationen der Pariser Volksbewegung stimmt der Konvent mit dem „Gesetz über die Verdächtigen" systematischen Terrormaßnahmen zu; Beginn des „Terreur" (Schreckensherrschaft).
27.09.1793	„Maximum-Gesetz": allgemeiner Lohn- und Preisstopp; entschädigungslose Abschaffung verbliebener Feudalrechte
05.10.1793	Einführung des Revolutionskalenders
10.11.1793	„Fest der Freiheit und der Vernunft" in der Kathedrale Notre-Dame
13.03.1794	Robespierre erreicht mithilfe Dantons die Verhaftung und Hinrichtung (24.3.) von Jaques-René Hébert und seiner Anhänger (Hébertisten), einer radikal antiklerikalen Gruppe am linken Rand der Jakobiner.
30.03.1794	Verhaftung und Hinrichtung (5.4.) von George Danton, der einen Friedensschluss mit den Koalitionstruppen anstrebte, und seiner Anhänger (der „Nachsichtigen") am rechten Rand der Jakobiner
08.06.1794	Erste Feier des Kultes des „Höchsten Wesens"
10.06.1794	Ein neues Terrorgesetz liefert auch Konventsmitglieder ohne Zustimmung der Konventsmehrheit dem Revolutionstribunal aus.
28.07.1794	Sturz Robespierres, Hinrichtung am folgenden Tag

Bedingungsfaktoren

Die Terrorherrschaft des Konvents beruhte auf wesentlichen, miteinander verwobenen Bedingungsfaktoren: (1) der Bedrohung durch den äußeren Feind im Koalitionskrieg, (2) der Bedrohung durch gegenrevolutionäre Aufstände in der Vendée, (3) einer durch den Krieg verstärkten Wirtschaftskrise, (4) dem Einfluss der politisierten und durch die drei vorgenannten Faktoren sich existenziell bedroht fühlenden Massen der Pariser Kommune auf den Konvent sowie (5) einer von einer kleinen Gruppe radikaler Jakobiner verfochtenen revolutionären Ideologie.

Die erste Entscheidung des neu zusammentretenden Konvents (20. September 1792) bestand in der Aufhebung des Königtums und der Anklage gegen Ludwig XVI. wegen Landesverrats. Die Hinrichtung des Königs am 21. Januar 1793 war ein provozierendes Signal an ganz Europa und hatte Folgen für den Krieg: Es bewegte weitere Staaten, vor allem England, Spanien, Holland und Portugal, dazu, den Koalitionstruppen beizutreten. Dies führte zu erneuten Rückschlägen im Kriegsverlauf. Folgenreich war vor allem die englische Seeblockade, die die wirtschaftliche Lage in Frankreich erneut verschlechterte. Sie verschärfte die Lebensmittelkrise und beschwor eine Hungersnot herauf. Das Papiergeld der Revolution, die Assignaten, verlor dramatisch an Wert, die Arbeitslosigkeit stieg, die Reallöhne sanken.

Hinrichtung des Königs, Erweiterung der Koalition

Wirtschaftskrise

Neben der Verschärfung der Wirtschaftskrise hatte der Krieg eine weitere negative innenpolitische Konsequenz: Der Versuch des Konvents, neue Soldaten für die Revolutionsarmee zu rekrutieren, verschärfte die durch die antiklerikale Politik der vorangegangenen Monate verbreitete gegenrevolutionäre Stimmung in einigen Landesteilen und löste gegenrevolutionäre Aufstände, vor allem in der Vendée, aus.

Gegenrevolutionärer Aufstand in der Vendée

All diese Entwicklungen bedrohten die Revolution im Frühjahr 1793 massiv und führten zu einer neuen Krisenstimmung in der Hauptstadt. Unter dem Eindruck der Wirtschafts- und Hungerkrise verbreiteten sich Wut, Verdächtigungen und Vorwürfe gegen „Feinde der Revolution". Weit verbreitet war zum Beispiel der Vorwurf, Waren zu horten und auf Kosten des Volkes hohe Gewinne zu erzielen. Vor diesem Hintergrund gelang es den hochpolitisierten Massen der Hauptstadt, organisiert von den Vertretern der Stadtbezirke (den *enragés* = „Aufgebrachten"), immer mehr Einfluss auf den Revolutionsverlauf zu erzielen.

Die *enragés*

Rolle der Bergpartei

Im Konvent selbst erreichte die Bergpartei immer mehr Einfluss, weil ihr eine Art Mittlerrolle zwischen den Pariser Massen und der Konventsmehrheit zufiel. Sie nutzte diese Situation, um einerseits in der Stunde der höchsten Not die Revolution verteidigen und andererseits ihr auf materielle Gleichheit zielendes und auf der Forderung nach politischer Tugend basierendes Programm in die Realität umsetzen zu können.

Wirtschaftspolitik

Dieser Einfluss der Sansculotten zeigte sich vor allem in der Wirtschaftspolitik des Konvents. Gegen die wirtschaftsliberalen Prinzipien der Jakobiner, auch der Bergpartei, erzwangen die Sansculotten eine egalitäre, staatsdirigistische, gegen die „Reichen" gerichtete Politik zugunsten der kleinbürgerlichen Schichten. Dazu gehörten Requirierungen, Produktionskontrollen, Warenrationierungen sowie die entschädigungslose Aufhebung derjenigen grundherrlichen Rechte, die die Nationalversammlung in ihrem Beschluss vom 4./5. August 1789 noch als rechtmäßig angesehen hatte. Ein „Maximum-Gesetz" vom 27. September 1793 verfügte einen allgemeinen Preis- und Lohnstopp.

Krieg und Gegenrevolution

Im Zentrum der Politik des Konvents stand jedoch die Bekämpfung der inneren und äußeren Feinde der Revolution. Im Sommer 1793 war Frankreich von feindlichen Staaten umgeben; preußische Truppen hatten das Elsass, England Toulon besetzt. Im Südwesten der Republik wurden manche Städte, z.B. Lyon, von Royalisten beherrscht, während sich in der Vendée gegenrevolutionäre Aufständische durchgesetzt hatten. Der Konvent organisierte die Revolutionsarmee neu, vor allem durch die Einführung einer allgemeinen Wehrpflicht (*Levée en masse*) am 23. August 1793. Die anschließenden militärischen Erfolge der Revolutionsarmee festigten die Konventsherrschaft und förderten das revolutionäre Nationalbewusstsein. Zur Jahreswende 1793/94 waren die gegenrevolutionären Aufstände niedergeschlagen und die Front stabilisiert; seit dem Frühjahr begannen die Siegeszüge der Armee.

Der Terror

Zur Durchsetzung seiner Ziele verfolgte der Wohlfahrtsausschuss zwei miteinander verknüpfte Strategien: die Durchsetzung einer revolutionären Ideologie in einer Art Kulturrevolution und der systematische Terror zur Einschüchterung möglicher Gegenkräfte. Zur

Durchführung des Terrors wurden „Revolutionsausschüsse" gebildet, die aufgrund vager Indizien Verhaftungen vornehmen und Todesurteile aussprechen konnten. Bis zum Ende der Terrorherrschaft im Juli 1794 wurden etwa 17000 Todesurteile ausgesprochen und vollstreckt. Nur eine verschwindend geringe Zahl unter den Opfern waren im engeren Sinne Feinde der Revolution, wie etwa Royalisten oder Aristokraten; viele waren Anhänger einer revolutionären Strömung, die gerade der Politik des Wohlfahrtsauschusses im Wege stand, oder zufälliges Opfer von Gerüchten und Neidkampagnen.

Verhör vor einem Revolutionsausschuss (zeitgenössische Darstellung)

Kultureller Umbruch

Propagandistisch flankiert wurde der Terror durch einen offensiv betriebenen, kulturellen Umbruch, der wesentlich antiklerikale Züge trug, einer revolutionären „Tugend" zum Durchbruch verhelfen und letztlich einen neuen republikanischen Menschen schaffen sollte. So wurde im Oktober 1793 der christliche Kalender (mit der Geburt Jesu als Jahr 0) abgeschafft und durch einen neuen republikanischen Kalender ersetzt, dessen Jahr 1 mit dem 22. September 1792, dem ersten Tag der Republik, begann. Die 12 neuen Monatsnamen sollten die Bedeutung der Natur als zentralem Bezugspunkt (anstelle der Religion) zum Ausdruck bringen: Germinal (Monat des Keimens), Floréal (Blütenmonat), Prairial (Wiesenmonat) etc. Die christliche Siebentage-Woche wurde durch Dekaden ersetzt, um die Bedeutung des christlichen Sonntags zu schmälern. Kirchen wurden geschlossen und an die Stelle christlicher Feiertage und Riten traten so genannte Vernunft-Kulte, revolutionäre Feiern, antiklerikale Maskenumzüge, neue Namen und Symbole.

Die Diktatur Robespierres

Mit der Hinrichtung der jakobinischen Konkurrenten Jaques-René Hébert (13.3.1794) und Georges Danton (5.4.1794) errichtete Robespierre seine eigentliche Diktatur, und das Terrorregime erreichte seinen Höhepunkt. Tatsächlich hatte es aber zu diesem Zeitpunkt durch die Erfolge der Revolutionsarmee seine realen Grundlagen bereits verloren. Die Volksbewegung der Pariser Sansculotten ließ nach und Robespierre war zunehmend auf die Unterstützung des Konvents angewiesen. Zur Rettung seiner Macht führte er den Kult des „Höchsten Wesens" ein und ließ ein neues, verschärftes Terrorgesetz beschließen. Aus Furcht vor der eigenen Verhaftung schmiedeten jedoch Mitglieder des Wohlfahrts- und des Sicherheitsausschusses ein Komplott gegen Robespierre, nahmen ihn am 27. Juli 1794 fest und guillotinierten ihn mit 21 seiner Anhänger am folgenden Tag.

Exkurs: Gewalt in der Revolution – Erklärungsansätze und Urteile

„In Meeren von Blut hat man das Idol der despotischen Gewalt ertränkt" – mit diesen Worten beschrieb der französische Philosoph Voltaire 1734 in seinen „Lettres philosophiques sur les Anglais" die Englische Revolution. Die Englische, die Amerikanische und die Französische

Revolution waren von Gewalt begleitet, sodass Gewalt wie ein notwendiges Mittel der Revolution scheint. Dennoch prägte die Anwendung von Gewalt – und das konnte Voltaire 1734 noch nicht wissen – vor allem die Französische Revolution. Für die exzessive Gewaltanwendung in der Zeit des *terreur* sind verschiedene Erklärungsansätze entwickelt worden. Einer dieser Ansätze scheint bereits in dem Zitat Voltaires auf: Es ist die – aus antiken Vorbildern übernommene – ideologische Vorstellung einer reinigenden und erneuernden Kraft der Gewalt, die unter den französischen Revolutionären, insbesondere in der jakobinischen Strömung, weit verbreitet war. In Verbindung mit einer Haltung der revolutionären Entschlossenheit und Unerbittlichkeit auch sich selbst und seiner engen Umgebung gegenüber (Robespierre wurde der „Unbestechliche" genannt), die als bewusstes Gegenmodell zur aristokratischen „Dekadenz" entwickelt war, erschien die revolutionäre Gewalt nicht nur legitim, sondern notwendiger Bestandteil des Kampfes gegen innere und äußere Gegner der Revolution.

Erklärungsansätze

Gewalt als „reinigende Kraft"

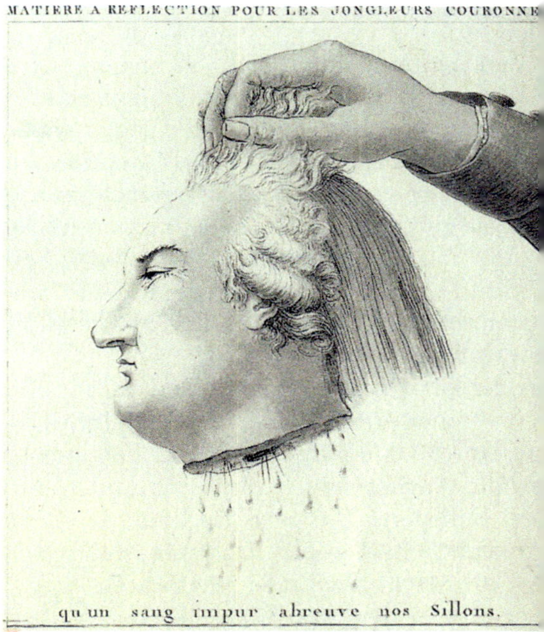

Das Haupt Ludwig XVI. nach seiner Hinrichtung
(Radierung von Villeneuve, 1793).
Oben steht: „Gegenstand zum Nachdenken für gekrönte Jongleure", unten: „Das unreine Blut tränke unsere Äcker".

Gewalt als historisch-kulturelle Prägung

Ein zweiter Erklärungsansatz stellt die historisch-kulturellen Erfahrungen einer Gesellschaft mit dem Phänomen der Gewalt in den Mittelpunkt. Danach ist entscheidend, welche Rolle politische Gewalt zur Zeit des alten Regimes gespielt hatte und wie weitgehend es in der politischen Kultur einer Gesellschaft verankert war. Die lange Parlamentstradition hatte in England zu einer schon recht weitgehenden Zivilisierung und Verrechtlichung der politischen Auseinandersetzung geführt, die auch im Verlauf der Englischen wie auch der in dieser Hinsicht englisch geprägten Amerikanischen Revolution handlungsleitend blieb. So konnten zum Beispiel während des Unabhängigkeitskrieges kritische Abgeordnete im englischen Parlament ohne jede Gefährdung für die Sache der amerikanischen Siedler plädieren. Selbst die Hinrichtung Karls I. beruhte auf einem Gerichtsurteil, während das Todesurteil gegen Ludwig XVI. auf ausdrücklichen Wunsch Robespierres nicht von einem Gericht, sondern vom Konvent beschlossen wurde.

Im Unterschied zum angelsächsischen Raum war die politische Kultur Frankreichs durch geradezu traumatische Gewalterfahrungen, besonders in den sogenannten „Hugenotten-Kriegen" im 16. Jahrhundert, geprägt. Die grausame Ermordung und gewaltsame Vertreibung der protestantischen Hugenotten durch die katholische Monarchie („Bartholomäus-Nacht", 1572) wirkte – immer wieder aktualisiert durch grausame Strafen, mit denen die monarchische Herrschaft ihren Machtanspruch bekräftigen wollte – über Jahrhunderte fort. Wie alltagsgeschichtliche Forschungen zeigen, prägte sie noch die – für unsere heutigen Begriffe – oftmals sehr grausame Gewaltkultur breiter Bevölkerungsschichten in der Revolution.

Gewalt als rationales Mittel der Politik

Ein dritter Erklärungsansatz führt den *terreur* in der Französischen Revolution eher auf „objektive" politische Notwendigkeiten – die existenzielle Bedrohung der Revolution im Sommer 1793 – zurück und sieht in ihr eher ein rational-zielgerichtet eingesetztes Mittel der Politik.

Urteilsansätze

Die Frage nach der Legitimität revolutionärer Gewalt prägt ganz wesentlich die Urteile über die Französische Revolution und insbesondere ihre radikale Phase. Wie das Urteil ausfiel und ausfällt, hängt zu einem nicht unerheblichen Teil auch von dem Maß der Sympathie für die über die liberalen Ziele der Revolution hinausgehenden sozialen und politischen Forderungen des radikalen Flügels der Revolution ab. Wer aus der Perspektive des egalitären Gesellschaftsmodells und der radikaldemokratischen Forderungen der Sanscu-

lotten argumentierte, dem schien die Anwendung der Gewalt oft als notwendiges Übel. Dies gilt im Grundsatz auch für die marxistische Geschichtsschreibung, die in der Bewegung der Sansculotten (oder auch der „Levellers" in England) eine Art Vorboten der späteren proletarischen Bewegungen sieht. Im Sinne des oben angeführten, dritten Erklärungsansatzes stehen für viele Historiker die auf der Revolutionsführung lastenden Bedrohungen im Mittelpunkt des Urteils. In dieser Perspektive ist der Terror zwar nicht zu rechtfertigen, aber doch eher von außen aufgezwungen worden. Nur mithilfe der Kriegsdiktatur des Wohlfahrtsausschusses und der äußersten Konzentration aller Kräfte sei es gelungen, sowohl die gegenrevolutionär-royalistischen Aufstände niederzuschlagen wie die Truppen der Koalition zu besiegen.
Insbesondere neuere Historikerurteile – etwa des führenden französischen Revolutionshistorikers François Furet – lehnen eine solche Relativierung ab und heben eher die Zerstörung der Errungenschaften der liberalen Phase – vor allem der Menschen- und Bürgerrechte – durch die Konventsherrschaft hervor. In dieser Perspektive scheint der Terror eher wie ein Vorbote der Rücksichtslosigkeit des „modernen" Herrschafts- und Machbarkeitswahns, wie er sich in den menschenverachtenden Diktaturen des 20. Jahrhunderts zeigte.

Die Herrschaft der Thermidorianer und des Direktoriums (1794–1799)

Die Thermidorianer

Nach dem Sturz Robespierres übernahm die bürgerliche Mehrheit des Konvents, die Thermidorianer (benannt nach dem 9. Thermidor des Jahres II des Revolutionskalenders, dem 27. Juli 1794), die Macht. Teils handelte es sich dabei um ehemalige Mitläufer des Terrorregimes, teils um Girondisten, die im Juni 1793 aus dem Konvent ausgeschlossen worden waren. Sie entfalteten als neue revolutionäre Elite des Landes einen großbürgerlichen, mondänen, durchaus an aristokratischen Vorbildern orientierten Lebensstil, der sich bewusst von der asketischen Ideologie der Terrorzeit abgrenzte.
Das Regime blieb instabil, weil es einerseits gegen radikaldemokratische und andererseits gegen royalistische Kräfte zu kämpfen hatte. Sowohl die hauptstädtischen Sansculotten wie auch großbürgerlich-aristokratische Royalisten lehnten es ab; seine eher schmale sozi-

Bürger in der Zeit des Direktoriums beim Kartenspiel (anonyme zeitgenössische Radierung)

Machtbasis: die Armee

ale Basis lag vor allem in jenen Gruppen und Schichten, die von der Revolution profitiert hatten, wie Beamte und Militärs. Das Regime stützte sich im Wesentlichen auf die Revolutionsarmee und ihre Erfolge. Die äußere Expansion wurde zur Bedingung der inneren Stabilität.

Direktorialverfassung

Nach dem Scheitern der jakobinischen Republik kehrten die Thermidorianer mit der am 22. August 1795 eingeführten Direktorialverfassung zum Verfassungsmodell des Jahres 1791 zurück (Gewaltenteilung, Zensuswahlrecht); sie wurden deshalb von den liberalen Reformern, die in der ersten Phase der Revolution tonangebend gewesen waren, toleriert. An die Stelle des Königs als zentraler Exekutive trat nun formal ein „Direktorium" aus fünf gewählten Direktoren. Zunächst wurde diese Position de facto von der republikanischen Generalität, dann später auch offen von dem erfolgreichsten General der Republik, Napoleon Bonaparte, eingenommen.

Während Aufstände der Sansculotten mit Erfolg niedergeschlagen wurden, gelang es dem Direktorium nicht, den Zuwachs royalistischer Kräfte zu begrenzen. Es suchte schließlich Zuflucht in der Armee, seiner eigentlichen Machtbasis: In einem von republikanischen Generälen, unter anderem Napoleon, unterstützten Staatsstreich entmachteten die Direktoren Barras, Reubell und Larevellière-Lépaux eine royalistische Mehrheit des im Frühjahr 1797 neu gewählten Parlaments und regierten in der Folge mit neuen Terrormaßnahmen, die das Direktorium vom Bürgertum entfremdeten. Als es dem Direktorium dennoch nicht dauerhaft gelang, die royalistische Opposition einzudämmen, organisierte eine Gruppe um den erfolgreichen Revolutionsgeneral Napoleon Bonaparte am 9. November 1799 einen erneuten Staatsstreich, löste die Direktorialverfassung auf und führte eine neue „Konsulatsverfassung" ein. Napoleon selbst trat als „Erster Konsul" an die Spitze der neuen Regierung und erklärte, die Revolution habe nun ihre Ziele erreicht und sei beendet.

Staatsstreich (4.9.1797)

Staatsstreich (9.11.1799)

Die Herrschaft des Direktoriums

1.4. und 20.–23.5.1795	Zwei Aufstände der Sansculotten werden mit Waffengewalt niedergeschlagen, die Pariser Sektionen entwaffnet.
22.8.1795	Direktorialverfassung
5.10.1795	Royalistischer Aufstand in Paris
10.5.1796	Ein radikaljakobinischer Aufstand unter der Führung von François Babeuf wird niedergeschlagen.
4.9.1797	Staatsstreich vom 18. Fructidor
17.10.1797	Nach der Eroberung Mittel- und Norditaliens zwingt Napoleon Österreich zum Frieden von Campo Formio; in der Folge Errichtung von „jakobinischen" Satellitenstaaten (Niederlande, Genua, Neapel, Schweiz).
9.11.1799	Staatsstreich vom 18. Brumaire, Beginn der Herrschaft Napoleons

„Der 18. Brumaire": zeitgenössisches Gemälde zum Staatsstreich Napoleons am 9.11.1799

Die nachrevolutionäre Phase: Die Herrschaft Napoleons (1799–1815)

Konsulatsverfassung (24.12.1799)

Die neue Konsulatsverfassung trat am 24. Dezember 1799 in Kraft. Sie sah ein allgemeines Wahlrecht vor, minderte aber die Bedeutung des Parlamentes, das aus zwei Kammern – dem Senat und dem Tribunat – bestand, deutlich ab: Das Tribunat durfte nur beraten, der Senat nur ohne Debatte abstimmen. Das Schwergewicht der Verfassung lag auf der Exekutive, dem Konsul, der für 10 Jahre gewählt wurde, die Regierung ernannte und das Recht hatte, Gesetze zu erlassen. Insgesamt nahm die Konsulatsverfassung so zwar das republikanische Erbe der Revolution auf, bildete aber tatsächlich nur den formalen Rahmen für die Herrschaft Napoleons, der sich schließlich am 2. August 1802 durch ein Plebiszit zum Konsul auf Lebenszeit wählen ließ.

Kaiserkrönung (2.12.1804)

Die demokratische Fassade fiel endgültig, als sich Napoleon am 2. Dezember 1804 selbst zum Kaiser von Frankreich krönte. Während Napoleon auf diese Weise im Hinblick auf die politische Partizipation das Erbe der Revolution aufhob, blieben deren Errungenschaften im gesellschaftlichen Bereich erhalten. Zwischen 1804 und 1810 erschien eine Reihe von Gesetzbüchern, die eine Sphäre rechtlicher Gleichheit und Sicherheit schufen.

Napoleonische Hegemonie über Europa

Unter Führung Napoleons gelang es der französischen Armee, weite Teile Europas zu erobern und eine Hegemonie auf dem gesamten Kontinent zu errichten. In den eroberten Gebieten wurden Satellitenstaaten nach französischem Muster errichtet: ohne politische Partizipationsrechte, aber mit einem modernen Gesellschafts-, Staats- und Rechtssystem. Nach den Erschütterungen durch die liberale Revolution und dann die Terrorherrschaft überflutete nun die Revolution in dieser gebrochenen, machtpolitischen Form den Kontinent ein drittes Mal – mit

Die Herrschaft Napoleons	
24.12.1799	Konsulatsverfassung
14.6.1800	Siege der napoleonischen Armee über Österreich festigen die Stellung Napoleons.
3.12.1800	Auflösung der lokalen Selbstverwaltungsorgane der Revolution und Einführung eines zentralen Präfektensystems
2.8.1802	Plebiszit: Ernennung Napoleons zum Konsul auf Lebenszeit
2.12.1804	Napoleon krönt sich selbst in Anwesenheit des Papstes Pius VII. zum Kaiser der Franzosen (Napoleon I.).
1806	Gründung des Rheinbundes deutscher Fürsten unter französischem Protektorat, Errichtung einer Kontinentalsperre gegen englische Industriegüter
1807	Niederlage Preußens, Gründung des Königreiches Westfalen unter Napoleons Bruder Jerôme
1812	Napoleons Feldzug gegen Russland scheitert.
1813	Preußen und Osterreich schließen sich wieder der antinapoleonischen Koalition an.
16.–19.10.1813	„Völkerschlacht" bei Leipzig: Sieg der Koalitionstruppen über die französische Armee
31.3.1814	Einmarsch der Koalitionstruppen in Paris
2.4.1814	Der Senat erklärt Napoleon für abgesetzt, Napoleon wird auf die Insel Elba ins Exil geschickt (6.4.).
6.4.1814	Konstitutionelle Verfassung, Ludwig XVIII. wird – aus dem englischen Exil kommend – auf den Thron gesetzt.
1.3. – 7.7.1815	Herrschaft der Hundert Tage: Napoleon kehrt – gestützt durch eine breite Unzufriedenheit in der Bevölkerung – an die Macht zurück, wird von Koalitionstruppen in der Schlacht von Waterloo (18.6.1815) erneut besiegt und nach St. Helena verbannt; Ludwig XVIII. kehrt auf den Thron zurück.

beträchtlichen Wirkungen: In einer Mischung aus Nachahmung und abwehrender Prävention entfaltete die napoleonische Herrschaft vielfältige Modernisierungsprozesse in den europäischen Staaten. Dazu zählten u.a. die „preußischen Reformen" – eine Reihe von Reformgesetzen, mit deren Hilfe der preußische, durch die napoleonischen Eroberungen auf seine ostelbischen Territorien reduzierte Rumpfstaat sich modernisieren und ökonomisch erstarken konnte.

Befreiungskriege

Paradoxerweise entfaltete dann gerade der von der französischen Revolution übernommene Gedanke der nationalen Einheit und Selbstbestimmung seine Kraft in den „Befreiungskriegen" gegen die napoleonische „Fremdherrschaft". Die Befreiungskriege beendeten die Herrschaft Napoleons in Europa und sein Kaisertum in Frankreich. Trotz der Restauration der monarchischen Ordnung in Europa auf dem Wiener Kongress (1814/15) entfaltete der Gedanke des bürgerlichen Nationalstaates eine langanhaltende Wirkungskraft (vgl. S. 318ff.). Mit der „Charte constitutionelle" und der Inthronisation Ludwigs XVIII. kehrte Frankreich vorläufig zu den Anfängen der Revolution, der konstitutionellen Monarchie, zurück. Erst mit der Februarrevolution des Jahres 1848 und der Errichtung der „Zweiten Republik" wurde die republikanische Staatsordnung dauerhaft etabliert.

Wiener Kongress (1814/15)

Kaiserkrönung Napoleons in der Pariser Kathedrale Notre Dame am 2. Dezember 1804 (Ausschnitt aus einem Gemälde von Jacques-Louis David)

Die Geburt der Menschenrechte – Menschenbild und politische Utopie in den zentralen Dokumenten der Amerikanischen und der Französischen Revolution

Die Menschenrechtserklärungen der Amerikanischen und der Französischen Revolution sind historische Dokumente ersten Ranges. Heute sind Menschen- und Grundrechte (vgl. hierzu Glossar, S. 584: Gruppen von Menschenrechten!) wesentlicher Bestandteil aller demokratischen Verfassungen – damals waren sie revolutionäres Neuland. Inspiriert von den Ideen der Aufklärung und beflügelt von ihren Erfolgen verkündeten die Revolutionäre in Amerika und Frankreich in feierlicher Form ihre Grundüberzeugungen und ihr Menschenbild – natürlich auch in bewusster Abgrenzung von den bis dahin herrschenden Zuständen.
Diese Erklärungen hatten den Charakter politischer Grundsatzprogramme, deshalb entstanden sie zeitlich früher als die Verfassungen in Amerika und Frankreich und wurden diesen Verfassungen vorangestellt. Diesem Charakter entsprechend handelt es sich nicht um deskriptive, sondern um normative Texte. Sie beschrieben also nicht eine bereits existierende Realität, sondern die Grundideen und Grundwerte, an denen sich die (politische) Realität ab sofort orientieren sollte.
Heute sind diese Texte aus verschiedenen Gründen besonders interessant: Erstens lässt sich mithilfe ihrer Interpretation herausfinden, welches Menschenbild und welche Grundwerte die Amerikanische und die Französische Revolution bestimmten. Zweitens kann man sie mit heutigen Menschen- oder Grundrechtserklärungen (z. B. im Grundgesetz der Bundesrepublik Deutschland oder die Menschenrechtserklärung der Vereinten Nationen) vergleichen und erkennen, welcher Wandel im Menschenrechtsverständnis seither stattgefunden hat. Drittens werfen diese Texte Fragen auf, die bis heute nicht abschließend geklärt und für die Zukunft der Menschheit von großer Bedeutung sind: Können die Menschenrechte universale Gültigkeit besitzen? Wie müssen sie definiert sein, um allen Menschen einleuchtend zu sein? Wie lassen sie sich durchsetzen?
Das hier vorliegende Thema setzt den Schwerpunkt auf den ersten der drei genannten Bereiche. Es erfordert aber nur wenig (Recherche-)Aufwand, um auch die anderen beiden Aspekte zu bearbeiten.

- **Von welchem Menschenbild sind die Menschenrechtserklärungen der Amerikanischen und der Französischen Revolution geprägt?**
- **Welche Rechte, welche Pflichten formulieren sie, welchen Schutz boten sie den Bürgerinnen und Bürgern?**
- **Inwiefern sind die im 18. Jahrhundert formulierten Menschenrechte Ausdruck ihrer Zeit, inwiefern haben sie universalen Charakter und bis heute Bestand?**

1. Interpretieren Sie die Quellen M 1 – M 3 arbeitsteilig unter den ersten beiden Leitfragen. Folgen Sie dabei den auf S. 281 f. dargestellten methodischen Schritten.
2. Präsentieren Sie Ihre Ergebnisse foliengestützt und vergleichen Sie sie im Klassenverband.

➧ **Tipp:** Um sich einen Überblick über die Inhalte der drei Menschenrechtserklärungen zu verschaffen, kann diese Tabelle helfen.

	M 1	M 2	M 3
Freiheitsrechte des Individuums (und ggf. ihre Einschränkung)			
Politische Teilhaberechte (und ggf. ihre Einschränkung)			
Soziale Teilhaberechte (und ggf. ihre Einschränkung)			
Bürgerpflichten (und ggf. ihre Einschränkung)			

3. Diskutieren Sie auf der Grundlage Ihrer Interpretationsergebnisse mögliche Antworten auf die dritte Leitfrage. Stellen Sie zur Vorbereitung in Kleingruppen Thesen auf, die Sie dem Kurs zur Diskussion stellen wollen.
Sie können diese Diskussion vertiefen, indem Sie aktuelle Menschen- oder Grundrechtserklärungen sowie die aktuelle Menschenrechtsdiskussion recherchieren. Ein Kontakt zu amnesty international kann Ihnen dabei helfen.

Methode

Interpretation normativer Texte

Normative Texte, d.h. Gesetze, Verfassungstexte, Menschenrechtskataloge und Verträge, sind wichtige historische Quellen. Sie definieren Rechte und Pflichten sowie gegebenenfalls Sanktionen für Verstöße gegen die jeweilige Norm. Normative Texte sind nicht argumentativ, sondern beziehen ihre Geltungskraft aus der Autorität des Gesetzgebers, die einerseits von seiner Macht abhängt, Regelverstöße zu ahnden. Andererseits steht und fällt seine Autorität mit dem Grad der Anerkennung, die er bzw. das jeweilige Gesetz bei denen genießt, für die es gilt. So kann z.B. ein Diktator seinen Willen mit Terror durchsetzen oder im Krieg der Sieger dem Unterlegenen seine Friedensbedingungen aufzwingen. Der Verfassungsentwurf einer konstituierenden Nationalversammlung, der demokratisch beschlossen wird, wird auf mehr Akzeptanz stoßen als eine von einem Monarchen oktroyierte Verfassung. Normative Texte erheben den Anspruch allgemeiner Gültigkeit, der jedoch in der Regel nicht einzulösen ist. Theorie und Praxis sind nicht deckungsgleich. Unser Bürgerliches Gesetzbuch z.B. gilt in seinen wesentlichen Bestimmungen seit 1900 bis heute und ist, den wechselnden politischen Verhältnissen – Kaiserreich, Weimarer Republik, Nationalsozialismus, Bundesrepublik – entsprechend, jeweils unterschiedlich angewendet worden. Darum ist eine historische Auslegung von Normen u.a. auch Handwerkszeug der Juristen, die hier in methodischer Hinsicht von den Historikern, wie auch umgekehrt die Historiker von den Juristen lernen können.

1. Schritt – Leitfrage(n) festlegen:

Das eigene Erkenntnisinteresse bestimmen und eingrenzen und als Untersuchungsfrage formulieren, die dann für die Interpretation leitend ist.
Z.B.: Welche Rechte, welche Pflichten formuliert die Erklärung der Menschen- und Bürgerrechte vom 26.8.1789 und welchen Schutz bot sie den Bürgern und Bürgerinnen?

2. Schritt – Analyse:

– Beschreibung und Klärung der formalen äußeren Merkmale

- Die Art der normativen Quelle (Menschenrechtskatalog, Vertrag, Gesetz u. Ä.) benennen und seine spezifischen Merkmale kurz beschreiben.
  Welchen Umfang hat die Erklärung, aus welchen unterschiedlichen Abschnitten besteht sie?
- Den Gesetzgeber bzw. die Vertragspartner vorstellen (Einzelperson, Institution, Autorität u. Ä.).
  Welches Gremium hat die Erklärung von 1789 ausgearbeitet und verabschiedet? Wie war es zusammengesetzt?
- Das Thema oder den Sachverhalt, der geregelt wird, kurz und präzise benennen.
- Den Geltungsbereich der Norm definieren.
  Welcher Personenkreis ist betroffen?
- Den engeren situativen Kontext der Norm darstellen.
  In welchem Stadium der Französischen Revolution wurde die Erklärung beschlossen?
- Die Intention des Gesetzgebers oder Vertragspartners bzw. die aus der normativen Quelle selbst zu erschließende Intention skizzieren.
  Welches Ziel wird mit der Erklärung von 1789 verfolgt?

– Strukturierte Textwiedergabe

- Diejenigen Aspekte, die vom Erkenntnisinteresse her wichtig sind, herausarbeiten (z. B. Rechte/Pflichten Einzelner, der Gesellschaft, des Staates; Muss-/Soll-/Kann-Normen; Nutznießer, „Leidtragende" der Norm, Gebote, Verbote u. Ä.).
  Welche Rechte, welche Pflichten formuliert die Erklärung der Menschen- und Bürgerrechte vom 26.8.1789 und welchen Schutz bot sie den Bürgern und Bürgerinnen?

3. Schritt – Interpretation:

– im engeren Sinne:

- Die innere Logik einer normativen Quelle abschnittweise überprüfen (juristisch: grammatische Auslegung).
  Ist die Aussage z.B. des Artikels 1 der Erklärung – „Die Menschen sind und bleiben von Geburt an frei und gleich an Rechten. Soziale Unterschiede dürfen nur im Allgemeinnutzen begründet sein" – in sich schlüssig und präzise in der Aussage? Was ist mit dem Allgemeinwohl gemeint? Inwiefern schränkt der zweite Satz „Soziale Unterschiede …" die Freiheit und Gleichheit ein?

- Die Schlüssigkeit einer Norm im dem betreffenden Regelwerk (z. B. eines Artikels in einer Menschenrechtserklärung) prüfen (juristisch: systematische Auslegung).
  Ist die Erklärung in sich widerspruchsfrei oder stehen einzelne Artikel in einem Spannungsverhältnis zueinander? Achten Sie z. B. auf Artikel I und XVII!

– im weiteren Sinne:

- Die normative Quelle mit früheren, vergleichbaren Normen vergleichen (juristisch: dogmengeschichtliche Auslegung).
  In welchem Verhältnis steht die französische Erklärung von 1789 zu der „Virginia Bill of Rights" von 1776 bzw. zu den Naturrechtsideen der Aufklärer (s. Thema S. 286ff.)?
- Die normative Quelle mit dem Willen des Gesetzgebers bzw. der Vertragspartner, soweit er zu rekonstruieren ist, vergleichen (juristisch: teleologische Auslegung).
  Stimmt die in der Präambel der Erklärung formulierte Absicht mit der Aussage der Artikel überein?
- Die Rechtstheorie der Rechtswirklichkeit gegenüberstellen.
  Inwiefern sind die Menschen- und Bürgerrechte nach 1789 in der Französischen Revolution praktisch umgesetzt worden?
- Die normative Quelle vor dem Hintergrund des eigenen Rechtsempfindens bewerten.
  Teilen Sie die Bestimmungen der Erklärung von 1789? Ist sie ergänzungsbedürftig? Müssen einzelne Aussagen präzisiert werden? Geht die Erklärung in einigen Punkten zu weit?
- Ein abwägendes differenziertes Gesamturteil mit Bezug auf die Leitfrage(n) formulieren.
  Welche Stärken, welche Schwächen zeigt die Erklärung von 1789? Stehen Rechte und Pflichten im Gleichgewicht zueinander? Werden einzelne soziale Gruppen benachteiligt? Ist die Erklärung realistisch und realisierbar?

MATERIALIEN

M 1 Die „Virginia Bill of Rights", 12. Juni 1776

Unter den Erklärungen der Menschenrechte in den Verfassungen der Vereinigten Staaten wurde die virginische Erklärung der Rechte die bedeutendste und diente vielen Staaten als Muster. Sie übte auch einen starken Einfluss auf Europa aus, wie die entsprechende Erklärung der französischen Nationalversammlung von 1789 beweist. Die virginische Rechtserklärung enthält eine Grundsatzerklärung, eine Erklärung des Amtswechsels, der Wahlfreiheit, der Gewaltenteilung und die Aufzählung grundlegender Freiheiten.

Eine Erklärung der Rechte, gegeben von den Vertretern des guten Volkes von Virginia, zusammengekommen in vollzähliger und freier Versammlung darüber, welche Rechte ihnen und ihrer Nachkommenschaft als Grundlage und Fundament der Regierung zustehen.

I. Dass alle Menschen von Natur aus gleich frei und unabhängig sind und bestimmte angeborene Rechte besitzen, die sie ihrer Nachkommenschaft durch keinen Vertrag rauben oder entziehen können, wenn sie eine staatliche Verbindung eingehen, nämlich das Recht auf den Genuss des Lebens und der Freiheit, auf die Mittel zum Erwerb und Besitz von Eigentum, das Streben nach Glück und Sicherheit und das Erlangen beider.

II. Dass alle Gewalt im Volke ruht und folglich von ihm abgeleitet ist, dass die Behörden seine Bevollmächtigten und Diener sind und ihm zu aller Zeit verantwortlich.

III. Dass eine Regierung eingesetzt ist oder eingesetzt sein sollte zum allgemeinen Wohle, zum Schutz und zur Sicherheit des Volkes, der Nation oder der Gemeinde; dass von all den verschiedenen Regierungsformen diejenige die beste ist, die fähig ist, den höchsten Grad von Glück und Sicherheit hervorzurufen und die am wirksamsten gegen die Gefahr schlechter Verwaltung gesichert ist; und dass die Mehrheit einer Staatsgemeinde ein unzweifelhaftes, unveräußerliches und unverletzliches Recht hat, eine Regierung zu reformieren, zu verändern oder abzuschaffen, wenn sie diesen Zwecken unangemessen oder entgegengesetzt befunden wird, und zwar in einer Weise, die für das Allgemeinwohl am dienlichsten scheint.

IV. Dass kein Mensch oder keine Gruppe von Menschen zu ausschließlichen und besonderen Vorteilen und Vorrechten in der Gemeinde berechtigt ist, außer in Anbetracht öffentlicher Dienstleistungen, und da diese nicht vererbt werden können, sollten auch die Ämter der Obrigkeit, des Gesetzgebers oder Richters nicht erblich sein.

(Zit. nach: W. Lautemann/M. Schlenke (Hg.), Geschichte in Quellen, Amerikanische und Französische Revolution, München (bsv) 1981, S. 107ff., übers. v. B. Dennewitz)

Schmuckdarstellung der französischen „Erklärung der Menschen- und Bürgerrechte" von 1789

M 2 Die Erklärung der Menschen- und Bürgerrechte, 26. August 1789

Die hier niedergelegten 17 Artikel über die Menschen- und Bürgerrechte wurden der Verfassung von 1791 vorangestellt:

Die als Nationalversammlung eingesetzten Vertreter des französischen Volkes haben in der Erwägung, dass die Unkenntnis, das Vergessen oder Verachten der Menschenrechte die alleinigen Ursachen des öffentlichen Unglücks und der Korruptheit der Regierungen sind, beschlossen, in einer feierlichen Erklärung die natürlichen, unveräußerlichen und heiligen Rechte des Menschen darzulegen, damit diese Erklärung allen Mitgliedern der Gesellschaft stetig vor Augen steht und sie unablässig an ihre Rechte und Pflichten erinnert; damit die Handlungen der legislativen und der exekutiven Gewalt zu jeder Zeit mit dem Zweck jeder politischen Einrichtung verglichen werden können und dadurch entsprechend geachtet werden; damit die Ansprüche der Bürger von heute an auf einfachen und unbestreitbaren Grundsätzen beruhen und immer auf die Erhaltung der Verfassung und das Glück aller hinzielen. Demzufolge anerkennt und erklärt die Nationalversammlung in Gegenwart und unter dem Schutz des Höchsten Wesens nachstehende Menschen- und Bürgerrechte:

Art. I: Die Menschen sind und bleiben von Geburt an frei und gleich an Rechten. Soziale Unterschiede dürfen nur im Allgemeinnutzen begründet sein.

Art. II: Das Ziel einer jeden politischen Vereinigung besteht in der Erhaltung der natürlichen und unantastbaren Menschenrechte. Diese Rechte sind Freiheit, Sicherheit und Widerstand gegen Unterdrückung.

Art. III: Die Nation bildet den hauptsächlichen Ursprung jeder Souveränität. Keine Körperschaft und kein Individuum können eine Gewalt ausüben, die nicht ausdrücklich von der Nation ausgeht.

Art. IV: Die Freiheit besteht darin, alles tun zu können, was dem anderen nicht schadet. Somit hat die Ausübung der natürlichen Rechte jedes Menschen nur die Grenzen, die anderen Mitgliedern der Gesellschaft den Genuss derselben Rechte garantiert. Diese Grenzen können nur gesetzlich festgelegt werden.

Art. V: Dem Gesetz allein obliegt es, die der Gesellschaft schädlichen Handlungen zu verbieten. Alles, was nicht gesetzlich verboten ist, kann nicht verhindert werden. Niemand kann zu etwas gezwungen werden, was nicht gesetzlich befohlen ist.

Art. VI: Das Gesetz ist der Ausdruck des allgemeinen Willens. Alle Bürger sind berechtigt, persönlich oder durch ihre Vertreter an seiner Gestaltung mitzuwirken. Ob es schützt oder straft: Es muss für alle gleich sein. Da alle Bürger in seinen Augen gleich sind, haben sie auch gleichermaßen Zugang zu allen Würden, Stellungen oder öffentlichen Ämtern, je nach ihren Fähigkeiten, ohne einen anderen Unterschied als den ihrer Tugenden und Talente.

Art. VII: Kein Mensch kann anders als in den gesetzlich verfügten Fällen und den vorgeschriebenen Formen angeklagt, verhaftet und gefangen genommen werden. Wer willkürliche Befehle verlangt, ausfertigt, ausführt oder ausführen lässt, muss bestraft werden. Jeder Bürger aber, der auf Grund des Gesetzes vorgeladen oder ergriffen wird, muss augenblicklich gehorchen. Durch Widerstand macht er sich strafbar.

Art. VIII: Das Gesetz soll nur unbedingte und offensichtlich notwendige Strafen festlegen. Niemand kann wegen eines Gesetzes bestraft werden, das nicht vor dem Tatmoment erlassen, verkündet und angewendet worden ist.

Art. IX: Da jeder Mensch so lange für unschuldig gilt, wie er nicht für schuldig befunden ist, soll, wenn eine Verhaftung unumgänglich ist, jede unnötige Härte zur Versicherung seiner Person gesetzlich streng verboten sein.

Art. X: Niemand darf wegen seiner Meinung, selbst religiöser Art, belangt werden, solange die Äußerungen nicht die gesetzlich festgelegte Ordnung stören.

Art. XI: Freie Gedanken- und Meinungsfreiheit ist eines der kostbarsten Menschenrechte; jeder Bürger kann daher frei schreiben, reden und drucken, unter Vorbehalt des Missbrauchs dieser Freiheit in den gesetzlich festgelegten Fällen.

Art. XII: Die Sicherung der Menschen- und Bürgerrechte erfordert eine Streitmacht, die zum Vorteil aller eingesetzt wird, und nicht zum besonderen Nutzen derer, denen sie anvertraut ist.

Art. XIII: Für den Unterhalt der Streitmacht und für die Verwaltungskosten ist eine allgemeine Abgabe unumgänglich. Diese muss auf alle Bürger gleichermaßen unter Berücksichtigung ihrer Möglichkeiten verteilt werden.

Art. XIV: Die Bürger haben das Recht, selbst oder durch ihre Vertreter die Notwendigkeit der öffentlichen Abgaben festzustellen, diesen frei zuzustimmen, ihre Verwendung zu überprüfen und ihre Höhe, Veranlagung, Eintreibung und Erhebungszeitraum zu bestimmen.

Art. XV: Die Gesellschaft hat das Recht, von jedem öffentlichen Beamten Rechenschaft über seine Verwaltung zu fordern.

Art. XVI: Jede Gesellschaft, in der die Garantie dieser Rechte nicht erfolgt und die Gewaltenteilung nicht festgeschrieben ist, hat keine Verfassung.

Art. XVII: Da das Eigentum ein unverletzliches und heiliges Recht ist, kann es niemandem genommen werden, außer im Falle öffentlicher Notwendigkeit unter der Bedingung einer gerechten und vorherigen Entschädigung.

(Zit. nach: Geschichte in Quellen, a.a.O., S. 199ff., übers. v. W. Lautemann/J. Cornelissen)

M 3 Olympe des Gouges: Erklärung der Rechte der Frau und Bürgerin

Olympe des Gouges (1748 – 1793) engagierte sich während der Französischen Revolution in den sogenannten „Frauenclubs" und verfasste die folgende Menschenrechtserklärung, die aber von der Nationalversammlung abgelehnt wurde. De Gouges wurde 1793 verhaftet und nach monatelangen Verhören hingerichtet.

Mann, bist du fähig, gerecht zu sein? Eine Frau stellt dir diese Frage. Dieses Recht wirst du ihr zumindest nicht nehmen können. Sag mir, wer hat dir die selbstherrliche Macht verliehen, mein Geschlecht zu unterdrücken? Deine Kraft? Deine Talente? Betrachte den Schöpfer in seiner Weisheit. Durchlaufe die Natur in all ihrer Majestät, die Natur, der du dich nähern zu wollen scheinst, und leite daraus, wenn du es wagst, ein Beispiel für diese tyrannische Herrschaft ab. Geh zu den Tieren, befrage die Elemente, studiere die Pflanzen, ja wirf einen Blick auf den Kreislauf der Natur und füge dich dem Beweis, wenn ich dir die Mittel dazu in die Hand gebe. Suche, untersuche und unterscheide, wenn du es kannst, die Geschlechter in der Ordnung der Natur. Überall findest du sie ohne Unterschied zusammen, überall arbeiten sie in einer harmonischen Gemeinschaft an diesem unsterblichen Meisterwerk. Nur der Mann hat sich aus der Ausnahme ein Prinzip zurechtgeschneidert. Extravagant, blind, von den Wissenschaften aufgeblasen und degeneriert, will er in diesem Jahrhundert der Aufklärung und des Scharfsinns, doch in krassester Unwissenheit, despotisch über ein Geschlecht befehlen, das alle intellektuellen Fähigkeiten besitzt. Er behauptet, von der Revolution zu profitieren, er verlangt sein Anrecht auf Gleichheit, um nicht noch mehr zu sagen.

Von der Nationalversammlung am Ende dieser oder bei der nächsten Legislaturperiode zu verabschieden.

Präambel: Wir, Mütter, Töchter, Schwestern, Vertreterinnen der Nation, verlangen, in die Nationalversammlung aufgenommen zu werden. In Anbetracht dessen, dass Unkenntnis, Vergessen oder Missachtung der Rechte der Frauen die alleinigen Ursachen öffentlichen Elends und der Korruptheit der Regierungen sind, haben wir uns entschlossen, in einer feierlichen Erklärung die natürlichen, unveräußerlichen und heiligen Rechte der Frau darzulegen, damit diese Erklärung allen Mitgliedern der Gesellschaft ständig vor Augen ist und sie unablässig an ihre Rechte und Pflichten erinnert: damit die Machtausübung von Frauen ebenso wie jene von Männern jederzeit am Zweck der politischen Einrichtung gemessen und somit auch mehr geachtet werden kann; damit die Beschwerden von Bürgerinnen, nunmehr gestützt auf einfache und unangreifbare Grundsätze, sich immer zur Erhaltung der Verfassung, der guten Sitten und zum Wohl aller auswirken mögen.

Das an Schönheit wie Mut im Ertragen der Mutterschaft überlegene Geschlecht anerkennt und erklärt somit, in Gegenwart und mit dem Beistand des Allmächtigen, die folgenden Rechte der Frau und Bürgerin.

Art. I: Die Frau ist frei geboren und bleibt dem Manne gleich in allen Rechten. Die sozialen Unterschiede können nur im allgemeinen Nutzen begründet sein.

Art. II: Ziel und Zweck jedes politischen Zusammenschlusses ist der Schutz der natürlichen und unveräußerlichen Rechte sowohl der Frau als auch des Mannes. Diese Rechte sind: Freiheit, Sicherheit, das Recht auf Eigentum und besonders das Recht auf Widerstand gegen Unterdrückung.

Art. III: Das Prinzip jeder Herrschaft ruht wesentlich in der Nation, die nichts anderes darstellt als eine Vereinigung von Frauen und Männern. Keine Körperschaft und keine einzelne Person kann Macht ausüben, die nicht ausdrücklich daraus hervorgeht.

Art. IV: Freiheit und Gerechtigkeit besteht darin, den anderen zurückzugeben, was ihnen zusteht. So wird die Frau in der Ausübung ihrer natürlichen Rechte nur durch die fortdauernde Tyrannei, die der Mann ihr entgegensetzt, gehindert. Diese Schranken müssen durch Gesetze der Natur und Vernunft revidiert werden.

Art. V: Die Gesetze der Natur und Vernunft wehren alle Handlungen von der Gesellschaft ab, die ihr schaden könnten. Alles, was durch diese weisen und göttlichen Gesetze nicht verboten ist, darf nicht behindert werden, und niemand darf gezwungen werden, etwas zu tun, was diese Gesetze nicht ausdrücklich vorschreiben.

Art. VI: Das Gesetz sollte Ausdruck des allgemeinen Willens sein. Alle Bürgerinnen und Bürger sollen persönlich oder durch ihre Vertreter in seiner Gestaltung einwirken. Es muss für alle das gleiche sein. Alle Bürgerinnen und Bürger, die gleich sind vor den Augen des Gesetzes, müssen gleichermaßen nach ihren Fähigkeiten, ohne andere Unterschiede als die ihrer Tugenden und Talente, zu allen Würden, Ämtern und Stellungen im öffentlichen Leben zugelassen werden.

Art. VII: Für Frauen gibt es keine Sonderrechte, sie werden verklagt, in Haft genommen und gefangen gehalten, in den durch das Gesetz bestimmten Fällen. Frauen unterstehen wie Männer den gleichen Strafgesetzen.

Art. VIII: Das Gesetz soll nur Strafen verhängen, die unumgänglich und offensichtlich notwendig sind, und niemand darf bestraft werden, es sei denn kraft eines rechtsgültigen Gesetzes, das bereits vor der Tat in Kraft war und das legal auf Frauen angewandt wird.

Art. IX: Gegenüber jeder Frau, die für schuldig befunden wurde, muss das Gesetz mit großer Strenge angewendet werden.

Art. X: Niemand darf wegen seiner Meinung, auch wenn sie grundsätzlicher Art ist, verfolgt werden. Die Frau hat das Recht, das Schafott zu besteigen. Sie muss gleichermaßen das Recht haben, die Tribüne zu besteigen, vorausgesetzt, dass ihre Handlungen und Äußerungen die vom Gesetz gewahrte öffentliche Ordnung nicht stören.

Art. XI: Die freie Gedanken- und Meinungsäußerung ist eines der kostbarsten Rechte der Frau, denn diese Freiheit garantiert die Vaterschaft der Väter an ihren Kindern. Jede Bürgerin kann folglich in aller Freiheit sagen: „Ich bin die Mutter eines Kindes, das du gezeugt hast", ohne dass ein barbarisches Vorurteil sie zwingt, die Wahrheit zu verschleiern. Dadurch soll ihr nicht die Verantwortung für den Missbrauch dieser Freiheit in den durch Gesetz bestimmten Fällen abgenommen werden.

Art. XII: Ein höherer Nutzen erfordert die Garantie der Rechte der Frau und Bürgerin. Diese Garantie soll zum Vorteil aller und nicht zum persönlichen Vorteil derjenigen dienen, denen diese Rechte anvertraut sind.

Art. XIII: Für den Unterhalt der Polizei und für die Verwaltungskosten werden von der Frau wie vom Manne gleiche Beträge gefordert. Hat die Frau teil an allen Pflichten und Lasten, dann muss sie ebenso teilhaben an der Verteilung der Posten und Arbeiten, in niederen und hohen Ämtern, und im Gewerbe.

Art. XIV: Die Bürgerinnen und Bürger haben das Recht, selbst oder durch ihre Repräsentanten über die jeweilige Notwendigkeit der öffentlichen Beiträge zu befinden. Die Bürgerinnen können dem Prinzip, Steuern in gleicher Höhe aus ihrem Vermögen zu zahlen, nur dann beipflichten, wenn sie an der öffentlichen Verwaltung teilhaben und die Steuern, ihre Verwendung, Einbeziehung und Zeitdauer mit festsetzen.

Art. XV: Die weibliche Bevölkerung, die gleich der männlichen Beiträge leistet, hat das Recht, von jeder öffentlichen Instanz einen Rechenschaftsbericht zu verlangen.

Art. XVI: Eine Gesellschaft, in der die Garantie der Rechte nicht versichert und die Trennung der Gewalten nicht festgelegt ist, hat keine Verfassung. Die Verfassung ist null und nichtig, wenn die Mehrheit der Individuen, die die Nation darstellen, an ihrem Zustandekommen nicht mitgewirkt hat.

Art. XVII: Das Eigentum gehört beiden Geschlechtern vereint oder einzeln. Jede Person hat darauf ein unverletzliches und heiliges Anrecht. Niemandem darf es als wahres Erbteil der Nation vorenthalten werden, es sei denn, eine öffentliche Notwendigkeit, die gesetzlich festgelegt ist, machte es augenscheinlich erforderlich, jedoch unter der Voraussetzung einer gerechten und vorher festgesetzten Entschädigung.

(Olympe de Gouges, Schriften, Frankfurt 1980, S. 41 ff.)

Der moderne Staat und die Demokratie – Vom Gesellschaftsvertrag zur politischen Mitbestimmung

Hobbes

Locke

Montesquieu

Rousseau

Die beiden Engländer Thomas Hobbes (1588–1679) und John Locke (1632–1704) sowie die beiden Franzosen Charles de Montesquieu (1689–1755) und Jean-Jacques Rousseau (1717–1778) waren gewissermaßen die geistigen Väter des modernen Staates. Ihre revolutionär neuen Vorstellungen von Staat und Gesellschaft, von der Rolle des Staatsbürgers auf der einen und der Regierung auf der anderen Seite, brachen mit den christlich geprägten Traditionen des Mittelalters und legten die Grundlage für den westeuropäischen Verfassungsstaat. Obwohl Hobbes und Locke, Montesquieu und Rousseau auf jeweils unterschiedliche politische Herausforderungen reagierten, gingen sie von ähnlichen Denkansätzen aus, die sie im Blick auf das Mitspracherecht der Bürger mehr oder weniger weit entwickelten. Ihre Staatsphilosophie ist einerseits das Kind ihrer Zeit, hat aber andererseits ihren Wert bis heute nicht verloren. Das Thema lässt sich unter den folgenden Problemfragen bearbeiten:

- **Wie stellten sich die Staatsphilosophen des 17. und 18. Jahrhunderts den modernen Staat vor?**
- **Wie sind ihre Vorstellungen und Ideen heute zu bewerten?**

1. Interpretieren Sie arbeitsteilig die Quellen M 1 bis M 5 unter den beiden Leitfragen. Folgen Sie den in der Basismethode „Sprachliche historische Quellen interpretieren" (S. 563ff.) dargestellten Schritten.

➧ **Analyse- und Interpretationstipps:**
Schon das im Rahmen der Analyse notwendige Verständnis der komplexen staatstheoretischen Texte ist nicht einfach. Achten Sie jeweils auf zentrale Begriffe und versuchen Sie, Zusammenhänge jeweils in einem Schema zu visualisieren. Außerdem können die folgenden Hilfsfragen Ihnen das Verständnis der Texte erleichtern:

a) Welche Rahmenbedingungen oder Akteure sind für die „Erschaffung" eines Staates vorgesehen?
b) Von welchem Menschenbild und/oder von welchem Geschichtsverständnis gehen die Autoren aus?
c) Wie soll die Staatsgewalt ausgestaltet werden?
d) Wie sollen politische Entscheidungen getroffen werden?
e) In welchem Verhältnis sollen Bürger und Staat zueinander stehen?

2. Präsentieren Sie Ihre Ergebnisse im Kursverband. Formulieren Sie für Ihre Präsentationen auch ein kurzes Statement in Thesenform zur zweiten Leitfrage.

MATERIALIEN

M 1 Der englische Staatsphilosoph Thomas Hobbes, 1651

a) Die Natur hat die Menschen hinsichtlich ihrer körperlichen und geistigen Fähigkeiten so gleich geschaffen, dass trotz der Tatsache, dass bisweilen der eine einen offensichtlich stärkeren Körper oder gewandteren Geist als der andere besitzt, der Unterschied zwischen den Menschen alles in allem doch nicht so beträchtlich ist, als dass der eine aufgrund dessen einen Vorteil beanspruchen könnte, den ein anderer nicht ebenso gut für sich verlangen dürfte. [...]

Aus dieser Gleichheit der Fähigkeiten entsteht eine Gleichheit der Hoffnung, unsere Absichten erreichen zu können. Und wenn daher zwei Menschen nach demselben Gegenstand streben, den sie jedoch nicht zusammen genießen können, so werden sie Feinde und sind in Verfolgung ihrer Absicht, die grundsätzlich Selbsterhaltung und bisweilen nur Genuss ist, bestrebt, sich gegenseitig zu vernichten oder zu unterwerfen. Daher kommt es auch, dass, wenn jemand ein geeignetes Stück Land anpflanzt, einsät, bebaut oder besitzt und ein Angreifer nur die Macht eines Einzelnen zu fürchten hat, mit Wahrscheinlichkeit zu erwarten ist, dass andere mit vereinten Kräften anrücken, um ihn von seinem Besitz zu vertreiben und ihn nicht nur der Früchte seiner Arbeit, sondern auch seines Lebens und seiner Freiheit zu berauben. Und dem Angreifer wiederum droht die gleiche Gefahr von einem anderen.

Und wegen dieses gegenseitigen Misstrauens gibt es für niemand einen anderen Weg, sich selbst zu sichern, der so vernünftig wäre wie Vorbeugung, das heißt, mit Gewalt oder List nach Kräften jedermann zu unterwerfen, und zwar so lange, bis er keine andere Macht mehr sieht, die groß genug wäre, ihn zu gefährden. Und dies ist nicht mehr, als seine Selbsterhaltung erfordert und ist allgemein erlaubt.

So liegen also in der menschlichen Natur drei hauptsächliche Konfliktursachen: erstens Konkurrenz, zweitens Misstrauen, drittens Ruhmsucht.

Die erste führt zu Übergriffen der Menschen des Gewinnes, die zweite der Sicherheit und die dritte des Ansehens wegen. Die Ersten wenden Gewalt an, um sich zum Herren über andere Männer und deren Frauen, Kinder und Vieh zu machen, die Zweiten, um dies zu verteidigen, und die Dritten wegen Kleinigkeiten wie ein Wort, ein Lächeln, eine verschiedene Meinung oder jedes andere Zeichen von Geringschätzung, das entweder direkt gegen sie selbst gerichtet ist oder in einem Tadel ihrer Verwandtschaft, ihrer Freunde, ihres Volks, ihres Berufs oder ihres Namens besteht. Daraus ergibt sich klar, dass die Menschen während der Zeit, in der sie ohne eine allgemeine, sie alle im Zaum haltende Macht leben, sich in einem Zustand befinden, der Krieg genannt wird, und zwar in einem Krieg eines jeden gegen jeden. Denn Krieg besteht nicht nur in Schlachten oder Kampfhandlungen, sondern in einem Zeitraum, in dem der Wille zum Kampf genügend bekannt ist. Die Begierden und anderen menschlichen Leidenschaften sind an sich keine Sünde. Die aus diesen Leidenschaften entspringenden Handlungen sind es ebenfalls so lange nicht, bis die Menschen ein Gesetz kennen, das sie verbietet: Solange keine Gesetze erlassen werden, können sie dieses Gesetz nicht kennen, und es kann kein Gesetz erlassen werden, solange sie sich nicht auf die Person geeinigt haben, die es erlassen soll. [...]

Und weil sich die Menschen, wie im vorhergehenden Kapitel dargelegt, im Zustand des Krieges eines jeden gegen jeden befinden, was bedeutet, dass jedermann von seiner eigenen Vernunft angeleitet wird, und weil es nichts gibt, das er nicht möglicherweise zum Schutze seines Lebens gegen seine Feinde verwenden könnte, so folgt daraus, dass in einem solchen Zustand jedermann ein Recht auf alles hat, selbst auf den Körper eines anderen. Und deshalb kann niemand sicher sein, solange dieses Recht eines jeden auf alles besteht, die Zeit über zu leben, die die Natur dem Menschen gewöhnlich einräumt, wie stark und klug er auch sein mag. Folglich ist dies eine Vorschrift oder allgemeine Regel der Vernunft: Jedermann hat sich um Frieden zu bemühen, solange dazu Hoffnung besteht. Kann er ihn nicht herstellen, so darf er sich alle Hilfsmittel und Vorteile des Kriegs verschaffen und sie benützen.

b) Die letzte Ursache und der Hauptzweck des Zusammenlebens der Menschen in einem Staat und somit auch der damit verbundenen Selbstverpflichtung (die in offenem Gegensatz zu seiner natürlichen Freiheitsliebe und seinem Machttrieb steht) ist sein Selbsterhaltungstrieb und sein Wunsch nach einem gesicherten Leben. Damit ist gemeint: der Wunsch, jenem elenden Zustand des Krieges aller gegen alle zu entrinnen, der [...] unweigerlich eintritt, wenn der Mensch allein seinen Trieben folgt, d.h. wenn keine sichtbare Gewalt da ist, die ihn in Zucht hält, die ihn durch die Furcht vor Strafen bindet und ihn zu der Einhaltung jener Naturgesetze zwingt [...].

Denn jene Naturgesetze – Gerechtigkeit, Gleichheit, Bescheidenheit, Barmherzigkeit, kurz alles, was in dem Satz zusammengefasst werden könnte: Handle deinem Mitmenschen gegenüber so, wie du wünschest, dass auch an dir gehandelt werde – laufen unseren natürlichen Trieben zuwider; denn diese führen uns, ohne den Zwang einer höheren Gewalt, zu Missgunst, Stolz und Rachsucht. Und Verträge sind ohne das Schwert leere Worte und vermögen in keiner Weise dem Menschen Sicherheit zu geben. Wenn es keine übergeordnete Gewalt gibt oder wenn sie nicht stark genug ist, vor dem Krieg aller gegen alle zu schützen, so muss sich deshalb jeder, ungeachtet aller Naturgesetze, die im Übrigen auch immer nur dann beachtet worden sind, wenn man gerade Lust dazu hatte und wenn kein persönlicher Schaden damit verbunden war, zum Schutz vor seinem Nächsten auf seine eignen Kräfte verlassen und hat auch das volle Recht dazu.

Die einzige Möglichkeit, eine Gewalt zu schaffen, die in der Lage ist, die Menschen ohne Furcht vor feindlichen Einfällen oder den Übergriffen ihrer Mitmenschen ihres Fleißes und des Bodens Früchte genießen und friedlich für ihren Unterhalt sorgen zu lassen, liegt darin, dass alle Macht einem Einzigen übertragen wird oder aber einer Versammlung, in der durch Abstimmung der Wille aller zu einem gemeinsamen Willen vereinigt wird. So wird praktisch ein Einziger oder eine Versammlung zum Vertreter aller ernannt, und jeder Einzelne gewinnt auf diese Weise das Gefühl, dass er selbst Teil hat an jeder nur erdenklichen Handlung oder Vorschrift desjenigen, der an seiner Stelle steht. Er wird also für alle Handlungen mitverantwortlich, weil er ja diesem Herrscher oder dieser Versammlung seinen Willen und seine Entscheidungsfreiheit freiwillig übertragen hat. Und dies ist mehr als nur ein Übereinkommen oder ein Friedensversprechen; es ist eine durch Vertrag eines jeden mit jedem gegründete Vereinigung aller zu ein und derselben Person. Jeder Einzelne sagt gleichsam:

Ich gebe mein Recht, über mich selbst zu bestimmen, auf und übertrage es diesem anderen Menschen oder dieser Versammlung – unter der alleinigen Bedingung, dass auch du ihm deine Rechte überantwortest und ihn ebenfalls zu seinen Handlungen ermächtigst.

Wenn sich Menschen so zu einer Person vereinigen, bilden sie einen Staat, der Lateiner sagt *civitas*. Dies ist die Geburt des Großen L e v i a t h a n, oder vielmehr (um ehrerbietiger zu sprechen) des sterblichen Gottes, dem allein wir unter dem ewigen Gott Schutz und Frieden verdanken. Durch die (ihm von jedem Einzelnen im Staate zuerkannte) Autorität und die ihm übertragene Macht ist er nämlich in der Lage, alle Bürger zum Frieden und zu gegenseitiger Hilfe gegen auswärtige Feinde zu zwingen. Er macht das Wesen des Staates aus, den man definieren kann als eine Person, deren Handlungen eine große Menge durch Vertrag eines jeden mit einem jeden als die ihren anerkennt, auf dass sie diese einheitliche Gewalt nach ihrem Gutdünken zum Frieden und zur Verteidigung aller gebrauche.

Und er, der diese Person trägt, wird Souverän genannt. Man sagt, er habe souveräne Gewalt. Und alle übrigen nennt man Untertanen.

(Thomas Hobbes, Leviathan, Dt. von D. Tidow, (Rowohlts Klassiker) Reinbek 1965)

M 2 Kupferstich des Titelblattes der Erstausgabe des Leviathan, 1651

Der lateinische Text oben auf dem Stich stammt aus dem Buch Hiob des Alten Testamentes und lautet auf deutsch: „Es gibt keine Macht auf Erden, die ihm gleichkommt".

M 3 Der englische Philosoph John Locke, 1690

Jeder Mensch ist gleich. Da aber der größte Teil kein getreuer Beobachter der Gerechtigkeit und des Rechts ist, ist die Freude an dem Eigentum, das er in diesem Land besitzt, überaus unsicher. Das macht ihn willens, diese Situation aufzugeben, die, wie frei auch immer, voll Furcht und beständiger Gefahren ist. Es ist daher nicht grundlos, wenn er einen Ausweg sucht und bereit ist, sich mit anderen zusammenzutun, die schon miteinander verbunden oder sich zu vereinigen geneigt sind, um sich ihr Leben, ihre Freiheit und ihre materiellen Güter [...] gegenseitig zu bewahren. Das große hauptsächliche Ziel der Menschen, sich zu Gesellschaften zu vereinigen und sich einer Regierung zu unterstellen, ist die Bewahrung ihres Eigentums. Im Naturzustand (d.h. in der Vereinzelung) fehlen ihnen viele Möglichkeiten dazu.

Das erste und grundlegende Gesetz aller Staaten ist die Einrichtung der legislativen Gewalt. Die legislative Gewalt ist nicht nur die höchste Gewalt des Staates, sie ist auch heilig und unabänderlich in den Händen, in welche die Gemeinschaft sie einmal gelegt hat. Da aber die Gesetze, die dort auf einmal und innerhalb kurzer Zeit gegeben werden, eine immerwährende Kraft haben und stetiger Aufsicht bedürfen, muss überdies eine ständige Gewalt vorhanden sein, die auf die Vollziehung der erlassenen Gesetze achtet. Und so kommt es oft vor, dass die legislative und exekutive Gewalt getrennt werden [...].

Obwohl es in einem geordneten Staate nur eine höchste Gewalt geben kann, welches die Legislative ist und der alle übrigen untergeordnet sind und sein müssen, so verbleibt dennoch dem Volke die höchste Gewalt, die Legislative zu entfernen oder zu ändern, wenn es findet, dass die Legislative dem in sie gesetzten Vertrauen zuwiderhandelt. So oft die Legislative das Grundgesetz der Gesellschaft überschreitet und aus Ehrgeiz, Furcht, Torheit oder Verderbtheit versucht, eine absolute Gewalt über Leben, Freiheit und Vermögen des Volkes entweder selbst an sich zu reißen oder in die Hände eines anderen zu legen, verwirkt sie durch diesen Vertrauensbruch die Gewalt, die das Volk ihr zu ganz entgegengesetzten Zwecken verliehen hatte, und die Gewalt fällt an das Volk zurück, das ein Recht hat, seine ursprüngliche Freiheit wieder an sich zu nehmen und durch Einrichtung einer neuen Legislative für seine eigene Wohlfahrt und Sicherheit zu sorgen.

(John Locke, Two Treatises of Government, hg. v. Peter Laslett, New York und Toronto (Mentor Bock) 1963)

M 4 Der französische Staatsdenker Charles de Montesquieu, 1748

Demokratie und Aristokratie sind nicht freie Staaten aufgrund ihrer Natur. Die politische Freiheit ist nur unter maßvollen Regierungen anzutreffen. Indes besteht sie selbst in maßvollen Staaten nicht immer, sondern nur dann, wenn man die Macht nicht missbraucht. Eine ewige Erfahrung lehrt jedoch, dass jeder Mensch, der Macht hat, dazu getrieben wird, sie zu missbrauchen. Er geht immer weiter, bis er an Grenzen stößt. Wer hätte das gedacht: Sogar die Tugend hat Grenzen nötig.

Damit die Macht nicht missbraucht werden kann, ist es nötig, durch die Anordnung der Dinge zu bewirken, dass die Macht die Macht bremse. Ein Staat kann so aufgebaut werden, dass niemand gezwungen ist, etwas zu tun, wozu er nach dem Gesetz nicht verpflichtet ist, und niemand gezwungen ist, etwas zu unterlassen, was das Gesetz ihm gestattet. [...]

Es gibt in jedem Staat drei Arten von Vollmacht: die legislative Befugnis, die exekutive Befugnis in Sachen, die vom Völkerrecht abhängen, und die exekutive Befugnis in Sachen, die vom Zivilrecht abhängen.

Aufgrund der ersteren schafft der Herrscher oder Magistrat Gesetze auf Zeit oder für die Dauer, ändert geltende Gesetze oder schafft sie ab. Aufgrund der zweiten stiftet er Frieden oder Krieg, sendet oder empfängt Botschaften, stellt die Sicherheit her, sorgt gegen Einfälle vor. Aufgrund der dritten bestraft er Verbrechen oder sitzt zu Gericht über die Streitfälle der Einzelpersonen. Diese letztere soll richterliche Befugnis heißen, und die andere schlechtweg exekutive Befugnis des Staates.

Politische Freiheit für jeden Bürger ist eine geistige Beruhigung, die aus der Überzeugung hervorgeht, die jedermann von seiner Sicherheit hat. Damit man diese Freiheit genieße, muss die Regierung so beschaffen sein, dass kein Bürger einen anderen zu fürchten braucht.

Sobald in ein und derselben Person oder derselben Beamtenschaft die legislative Befugnis mit der exekutiven verbunden ist, gibt es keine Freiheit. Es wäre nämlich zu befürchten, dass derselbe Monarch oder derselbe Senat tyrannische Gesetze erließe und dann tyrannisch durchführte. Freiheit gibt es auch nicht, wenn die richterliche Befugnis nicht von der legislativen und von der exekutiven Befugnis geschieden wird. Die Macht über Leben und Freiheit der Bürger würde unumschränkt sein, wenn jene mit der legislativen Befugnis gekoppelt wäre, denn der Richter wäre Gesetzgeber. Der Rich-

ter hätte die Zwangsgewalt eines Unterdrückers, wenn jene mit der exekutiven Gewalt gekoppelt wäre. […]
Alles wäre verloren, wenn ein und derselbe Mann beziehungsweise die gleiche Körperschaft entweder der Mächtigsten oder der Adligen oder des Volkes folgende drei Machtvollkommenheiten ausübte: Gesetze erlassen, öffentliche Beschlüsse in die Tat umsetzen, Verbrechen und private Streitfälle aburteilen.

(Charles de Montesquieu, Vom Geist der Gesetze, 11. Buch/Kapitel 4 und 6, hg. v. Kurt Weigand, Stuttgart (Reclam) 1965, S. 211 ff.)

M 5 Der französische Philosoph Jean-Jacques Rousseau, 1762

Der Mensch wird frei geboren, und dennoch liegt er in Ketten. […] Betrachte ich nur die Gewalt und die von ihr ausgehenden Wirkungen, so würde ich sagen: Solange ein Volk gezwungen ist zu gehorchen und wirklich gehorcht, tut es gut daran. Sobald es sich befreien kann und sich wirklich befreit, tut es noch besser daran. Denn wenn es seine Freiheit mit demselben Recht wiedererobert, mit dem man sie ihm geraubt hat, war es entweder befugt, sie zurückzunehmen, oder man war nicht befugt, sie ihm zu nehmen. […].
Auf seine Freiheit verzichten, heißt auf seine Eigenschaft als Mensch, auf die Menschenrechte, sogar auf seine Pflichten zu verzichten. Es gibt keine mögliche Entschädigung für jemanden, der auf alles verzichtet. Ein solcher Verzicht ist unverträglich mit der Natur des Menschen; und würde man seinem Willen jede Freiheit nehmen, so hätten seine Handlungen keinen sittlichen Wert. […]
Ich setze den Fall, dass die Menschen in ihrer Entwicklung einen Punkt erreicht haben, wo die Widerstände, die sich ihrer Erhaltung im Naturzustande entgegensetzen, diejenigen Kräfte überwiegen, die der Einzelne aufbringen muss, um sich in diesem Zustand erhalten zu können. Dann kann dieser ursprüngliche Zustand nicht mehr fortbestehen, und das menschliche Geschlecht würde zugrunde gehen, wenn es nicht die Art seines Daseins änderte.
Da nun die Menschen unfähig sind, neue Kräfte hervorzubringen, sondern lediglich die einmal vorhandenen zu vereinigen und zu lenken vermögen, verbleibt ihnen zu ihrer Erhaltung nur das Mittel, durch Vereinigung eine Summe von Kräften zu bilden, die den Widerstand überwinden kann, und alle diese Kräfte durch eine einzige Triebkraft in Bewegung zu setzen und sie in Gemeinschaft wirken zu lassen. […]
Es ist eine Gesellschaftsform zu finden, die mit der ganzen gemeinsamen Kraft die Person und das Eigentum eines jeden Mitgliedes schützt und verteidigt und in der jeder, obwohl er sich mit allen zusammenschließt, dennoch nur sich selbst gehorcht und ebenso frei bleibt wie vorher. Das ist die Grundaufgabe, deren Lösung den Vertrag der Gesellschaft ergibt.
Die Bedingungen dieses Vertrages sind durch die Natur seines Zustandekommens so genau bestimmt, dass die geringste Änderung ihn nichtig und wirkungslos machen würde. Sie sind, obgleich vielleicht niemals formell verkündet, überall dieselben, überall stillschweigend angenommen und anerkannt, bis nach Verletzung dieses Vertrages jeder in seine ursprünglichen Rechte zurücktritt und seine natürliche Freiheit wiedererlangt, wobei er zugleich die durch den Vertrag erlangte Freiheit, die ihn zum Verzicht auf jene erste bewog, verliert.
Diese Bedingungen, richtig verstanden, lassen sich auf eine einzige zurückführen, nämlich auf die vollständige Hingabe jedes Mitgliedes mit allen seinen Rechten an die ganze Gemeinschaft. Denn da sich jeder ganz hingibt, ist die Bedingung erstens für alle gleich, und niemand kann ein Interesse daran haben, sie für die anderen drückend zu machen.
[…] Befreit man also den Gesellschaftsvertrag von allem Unwesentlichen, so wird man finden, dass er sich auf folgende Formel zurückführen lässt: Jeder von uns stellt seine Person und seine ganze Kraft gemeinschaftlich unter die oberste Leitung des allgemeinen Willens (volonté générale); wir nehmen jedes Mitglied in einem Körper als untrennbaren Teil des Ganzen auf.
Anstelle der einzelnen Person jedes Vertragsschließenden entsteht jetzt durch diesen Akt der Vergesellschaftung ein sittlicher und gemeinschaftlicher Körper, der sich aus so viel Mitgliedern zusammensetzt, wie die Versammlung Stimmen hat, und der durch ebendiesen Akt seine Einheit, sein gemeinschaftliches Ich, sein Leben und seinen Willen empfängt. Diese Staatspersonalität, die sich durch die Vereinigung aller Einzelpersonen bildet, erhielt ehemals den Namen Stadt (cité) und heißt jetzt Republik oder Staatskörper, der von seinen Mitgliedern Staat genannt wird, wenn er passiv bleibt, Staatsoberhaupt, wenn er aktiv ist, Macht, wenn er sich in Vergleich zu andern setzt. Die Mitglieder der Gesellschaft erhalten als Gemeinschaft den Namen Volk und nennen sich als einzelne Staatsbürger in ihrer Eigenschaft als Teilhaber der höchsten Staatsgewalt und Untertanen, soweit sie den Gesetzen des Staates unterworfen sind. […]

Da nun das Staatsoberhaupt nur aus den Einzelnen besteht, aus denen es zusammengesetzt ist, hat es und kann es kein ihnen selbst entgegengesetztes Interesse haben; demzufolge bedarf die oberste Gewalt gegenüber den Untertanen keiner Bürgschaft, weil der Körper seine Glieder unmöglich schädigen will, und wie wir später sehen werden, kann er keinen, auch nicht einen Einzelnen schädigen. Das Staatsoberhaupt ist allein dadurch, dass es ist, auch immer schon das, was es sein soll.

Anders verhält es sich mit den Untertanen in Bezug auf das Staatsoberhaupt, denn dieses würde trotz des gemeinsamen Interesses keine Sicherheit für deren Verpflichtungen haben, wenn es keine Mittel fände, sich ihrer Treue zu versichern.

In der Tat kann jedes Einzelwesen als Mensch einen besonderen Willen haben, der mit dem allgemeinen Willen, den es als Staatsbürger hat, nicht übereinstimmt oder ihm entgegengesetzt ist. Sein Privatinteresse kann ihn ganz anders ansprechen als das gemeinsame Interesse; sein selbstständiges und von Natur aus unabhängiges Dasein kann ihm das, was er der Gemeinschaft schuldet, als einen freiwilligen Beitrag erscheinen lassen, dessen Entziehung für die anderen nicht so schädlich, wie die Leistung für ihn beschwerlich sei; und da er die den Staat darstellende sittliche Person, weil sie kein Mensch ist, nur als eine Idee auffassen könnte, würde er die Rechte des Staatsbürgers genießen, ohne die Pflichten des Untertanen erfüllen zu wollen; eine Ungerechtigkeit, die fortschreitend den Untergang des Staatskörpers herbeiführen würde.

Damit so der Vertrag der Gesellschaft keine leere Form sei, enthält er stillschweigend die Verpflichtung, dass, wer sich weigert, dem allgemeinen Willen zu gehorchen, durch die Gesamtheit gezwungen werden kann. Das bedeutet nichts anderes, als dass er gezwungen wird, frei zu sein.

(J. J. Rousseau, Der Gesellschaftsvertrag, hg. von W. Tietze, München 1948)

Zwischen Tradition und Emanzipation – Frauen in der Französischen Revolution

Die Französische Revolution erschütterte die traditionellen Machtverhältnisse in Staat und Gesellschaft. Wirkte sie sich auch auf die Rolle der Frau aus? Die Frau im Ancién Regime, ganz egal welchem sozialen Stand sie angehörte, war dem Mann untertan. Sie war kein eigenständiges Rechtssubjekt, d.h. sie konnte keine Verträge schließen, nicht vor Gericht auftreten und keine öffentlichen Ämter ausüben. Die Herrschaft der Männer, das Patriarchat, wurde auch in den Kirchen von der Kanzel gepredigt und erschien als unumstößliche, im menschlichen Wesen und in der göttlichen Schöpfung verankerte Ordnung. Selbstverständlich gab es immer Ausnahmen von dieser Regel. Ein sehr ambivalentes Beispiel aus der französischen Geschichte ist Jeanne d'Arc (1412–1431), die sich von Gott berufen sah, das französische Heer im Kampf gegen England anzuführen, trotz ihrer militärischen Erfolge schließlich als Ketzerin verbrannt und Ende des 19. Jahrhunderts heiliggesprochen wurde.
Die folgenden Materialien stammen von Männern und Frauen, Gegnern und Befürwortern der Revolution, Zeitgenossen und Menschen von heute. Die Historikerin Birgit Schönberger erläutert das Frauenbild in der Kunst der Französischen Revolution. Drei Männer, der Offizier Thiébault, der Genfer Dumont und der Abgeordnete de Ferrieres, berichten aus unterschiedlichen Blickwinkeln von dem Marsch auf Versailles im Oktober 1789, bei dem Revolutionärinnen, aber auch Königin Marie Antoinette eine Schlüsselrolle spielten. Die Girondistin Charlotte Corday schildert, warum sie den radikalen Jakobiner Marat umbrachte.

- **Welche Frauenbilder werden in der Literatur zur Französischen Revolution und in zeitgenössischen Quellen deutlich?**
- **Lässt sich eine typisch männliche und eine typisch weibliche Sicht der Frau in der Französischen Revolution feststellen?**
- **Befreite die Französische Revolution die Frau aus ihrer traditionellen Rolle als das „schwache Geschlecht"?**

1. Interpretieren Sie arbeitsteilig die Materialien M1 – M10 sowie die „Erklärung der Rechte der Frau und Bürgerin" (S. 284f.) unter der ersten Leitfrage. Beachten Sie dabei die unterschiedlichen Quellen- bzw. Materialgattungen.
Halten Sie Ihre Ergebnisse in knapper schriftlicher Form fest. Sie können die Frauenbilder zum Beispiel in „Steckbriefen" charakterisieren, auf denen Sie vermerken, ob hier jeweils ein Mann oder eine Frau spricht.

2. Vergleichen Sie Ihre Ergebnisse und formulieren Sie Ihre Antwort auf die zweite Leitfrage.

3. Verfassen Sie – unter Einbeziehung des Infotextes – eine schriftliche Erörterung zur dritten Leitfrage.

MATERIALIEN

M 1 Die Journalistin Birgit Schönberger, 1989

Birgit Schönberger über eine Ausstellung in Berlin, die Werke zeitgenössischer Künstlerinnen aus der Französischen Revolution zeigt:

Sofern Frauen in der Französischen Revolution überhaupt Eingang in die Geschichtsschreibung fanden, so taten sie es als streitbare Ladenstürmerinnen, zeternde Fischweiber und als todesmutige Amazonen im Reitkostüm, mit Pistole und Säbel bewaffnet, bereit, für die Revolution zu sterben. Und mit diesem neuen Frauentypus der unerschrockenen Revolutionsheldin beschäftigen sich auch einige Darstellungen von Künstlerinnen aus der Französischen Revolution [...].
Zum Beispiel ein Kupferstich vor Fanny Ferry, den sie als einzige Frau neben Marguerite Gerard bei einem Wettbewerb der Akademie einreichte. Das Thema: die legendäre Anekdote der Krämerin von St. Milhier, die mit einer Pistole auf ein Pulverfass zielte und so einige säbelbewaffnete Konterrevolutionäre, die vor Schreck den Mund weit aufrissen, aus ihrem Laden vertrieb. Oder der Kupferstich einer unbekannten Künstlerin, der die heroische Tat der Marie Royer festhält: Marie Royer war ihrem Mann in die Armee gefolgt und rettete todesmutig einen Soldaten vor dem Ertrinken. „Wenn ich schon für mein Vaterland nicht kämpfen darf, so habe ich

doch die Genugtuung, einen seiner Verteidiger gerettet zu haben", soll sie gerufen haben. [...]
Szenenwechsel [d. A.: Das männliche Frauenbild der Revolutionsjahre]: Eine Frau zertritt mit ihren Füßen die Hydra des Despotismus und hält in der linken Hand die Keule des Herkules, Symbol des bewaffneten Volkes. Daneben: Eine Frau steht auf der Erdkugel, um die sich die zersprengte Kette der Sklaverei schlingt. Die Strahlen der aufgehenden Sonne kündigen ein neues Zeitalter an. Die Zukunft ist weiblich. Die Frau erscheint entweder als gütige Natur, die allen Kindern der Revolution ihre übergroßen Brüste anbietet, oder sie wird zum göttlichen Wesen emporgehoben, das die Prinzipien der Revolution Freiheit, Gleichheit, Brüderlichkeit (!) und die Hoffnung auf ein neues Zeitalter der Liebe und Gerechtigkeit verkörpert.
Emporgehoben im wahrsten Sinne des Wortes, denn zum Kult der Revolution und des Vernunftprinzips wurden Frauenfiguren auf eigens dafür aufgeschütteten Sandbergen aufgestellt, die von hoch oben die Tugenden der Revolution verkündeten. Während der Feste des höchsten Wesens, der Vernunft, bestieg die Freiheit den Berg, um die Huldigungen der Republik entgegenzunehmen. Oder die „Göttin der Vernunft" fuhr im Triumphwagen durch die Straßen. Die Vernunft trägt den Körper einer Frau. Jedoch nur in der Kunst, in der männlichen Phantasie, versteht sich. Dass die Vernunft in zahlreichen Darstellungen als Frauengestalt in Erscheinung tritt, ist ein blanker Hohn, denn just zu dem Zeitpunkt, als eben diese Allegorien entstanden, wurde die Frau im Konvent zum reinen Gefühlswesen erklärt, das zu ernsthaftem Nachdenken von Natur aus unfähig sei. „Im Allgemeinen sind Frauen kaum zu hohen Vorstellungen und ernsthaftem Nachdenken fähig."
Nach der göttlichen Erhebung kam, wie es kommen musste, der Fall der Frau vom Berge der Vernunft. Am 30. April 1793 wurde Frauen das Tragen von Männerkleidung und Waffen verboten. Am 30. Oktober 1793 wurden sämtliche Frauenclubs geschlossen. Frauen wurden auf ihre „Natur" zurückverwiesen: „Den Geist und das Herz der Kinder auf die öffentlichen Tugenden vorzubereiten, sie von früh an zum Guten hin zu lenken, ihr Gemüt zu entfalten und sie im Freiheitskult zu unterweisen, darin bestehen ihre Aufgaben." So flößt die Frau als gute Mutter und echte Bewahrerin der Natur in zahlreichen Darstellungen ihren Kindern die neuen Tugenden mit der Muttermilch ein und liest ihnen zudem aus der Menschenrechtserklärung vor. „Das Vaterland unterrichtet seine Kinder, es bietet allen Kindern seine Brust, und die Vernunft erleuchtet sie", ist darunter zu lesen.

(Birgit Schönberger, in: taz, 7.7.1989)

M 2 Der Zug der Marktfrauen von Paris nach Versailles am 5.10.1789

Anonymer Kupferstich.

M 3 Der Offizier der Palastwachen, Thiébault, über den Marsch der Marktfrauen nach Versailles am 5.10.1789

Eine Sansculottin (anonyme zeitgenössische Wasserfarbmalerei)

Es kam der Befehl, das Volk daran zu hindern, nach Versailles zu ziehen, und kurz darauf erschienen etwa sechzig schreckliche Weiber, die mit lautem Geschrei verkündeten, sie wollten den König aufsuchen, und jeden aufforderten, sich ihnen anzuschließen. Beim Anblick dieser Furien, die aus der Richtung des Palais Royal kamen und deren Zahl und Betrunkenheit von Schenke zu Schenke wuchs und von denen einige Stöcke und große Küchenmesser schwangen, hatte ich, was mir an Leuten noch übrig geblieben war, unter die Waffen treten lassen; ich hatte mich kampfbereit vor dem Portal der Feuillants [d. A.: des Clubs der politisch Gemäßigten] aufgestellt und fünf Mann, darunter einen Korporal, mit dem Befehl ausgeschickt, das Gesindel zurückzutreiben. Da dieser Befehl die Weiber nur aufbrachte, wurde mein Vortrupp ausgepfiffen und zurückgeworfen; ich ließ ihm aber sogleich durch den Rest meiner Truppe, welche die Rue Saint-Honore sperrte, Hilfe zukommen und ging gegen die Weiber vor. Mit kräftigen Kolbenstößen oder Fußtritten, mit den Bajonetten, die wir ihnen in die Seite oder den Leib drückten, warfen wir sie über den Haufen und drängten sie unter Schlägen bis zum Schießstand von Saint-Roch zurück; Flüche und entsetzliche Drohungen ausstoßend, drängten sie sich dort zusammen. […]

Erst gegen sechs Uhr abends langte ein Adjutant des Monsieur de Lafayette bei den Feuillants an. Augenblicklich ergriffen wir die Waffen, und unser rechtes Halbbataillon wurde nach Versailles in Marsch gesetzt […]. Der Marsch, der immer mühseliger wurde, dauerte mehr als sechs Stunden.

(Mémoires du Général Thiébault, Paris 1898; zit. nach: Georges Pernoud/Sabine Flaissier (Hg.), Die Französische Revolution in Augenzeugenberichten, Berlin/Darmstadt/Wien, S. 61–64)

M 4 Bericht aus der Nationalversammlung

Der Genfer Etienne Dumont, eng befreundet mit Mirabeau, berichtet aus der Nationalversammlung in Versailles am 5.10.1789:

Wir aßen bei Monsieur de Servan zu Mittag, in dem Palais, das die Petites-Ecuries heißt und wo er als Hofmeister der Pagen eine Wohnung hat. Von den Fenstern, die den ganzen großen Platz beherrschen, sahen wir die Menge aus Paris ankommen, die Fischweiber, die Lastträger der Markthalle; und alle verlangten Brot. Das Regiment Flandern und die Bürgerwehr von Versailles waren außerhalb der äußeren Einfriedung des Schlosses aufgestellt; die Königliche Garde zu Fuß und zu Pferde stand innerhalb der Einzäunung des großen und kleinen Hofes. Es gab einige tumultuarische Auftritte, die wir aber nicht genau erkennen konnten. Mirabeau blieb nicht lange bei uns; ich glaube sogar, mich zu erinnern, dass er nicht bei Servan dinierte. Obgleich die Menge groß war und niemand wusste, was noch geschehen konnte, spazierten wir überall umher, sahen in abgelegenen Straßen königliche Wagen fahren und meinten, es handele sich darum, die königliche Familie fortzubringen. Müde vom Umherstreifen kam ich gegen acht Uhr abends in die Nationalversammlung. Sie bot ein merkwürdiges Schauspiel. Das Pariser Volk war dort eingedrungen, sogar die Umgänge waren besetzt. Die Galerien waren besetzt mit Weibern und Männern, die mit Hellebarden, Stöcken und Piken bewaffnet waren. […] Ich stand auf einer Galerie, wo ein Fischweib sich mit einer überlegenen Autorität betätigte und ungefähr hundert Weiber, vor allem junge Personen, dirigierte, die ihre Befehle erwarteten, um zu schreien oder zu schweigen. Sie rief ungeniert die Deputierten an und fragte: „Wer redet denn da hinten? Lasst den Schwätzer den Mund halten! Darum handelt es sich gar nicht, es handelt sich darum, Brot zu bekommen. Man soll unser Mütterchen Mirabeau sprechen lassen, wir wollen ihn hören […]“. Ihre ganze Gesellschaft schrie: „Unser Mütterchen Mirabeau!“ (Das war damals bei den Leuten jener Klasse ein Kosewort für Mirabeau.)

(Etienne Dumont, Souvenirs sur Mirabeau et sur les deux premières Assemblées législatives, Paris 1832; zit. nach: Die Französische Revolution in Augenzeugenberichten, a.a.O., S. 65f.)

M 5a Marie Antoinette mit ihren Kindern

Zeitgenössisches Gemälde.

M 5b Marie Antoinette auf dem Henkerkarren

Die Zeichnung von J. L. David zeigt sie kurz vor ihrer Hinrichtung am 16.10.1793.

M 6 Der gemäßigte Deputierte Marquis de Ferrieres über den 5.10.1789

Während die Verschwörer Herren des Schlosses sind und alle Gemächer überfluten, verbreiten Männer, als Weiber verkleidet, die Nachricht unter dem Volk, Lafayette sei ein Verräter, und man müsse sich seiner entledigen. Einer der Hauptverschwörer, der die Kleidung eines Offiziers der Nationalgarde und am Knopfloch ein Malteserkreuz trägt, rät einer Gruppe von Männern und Weibern, die sich um ihn drängen und denen er Geld zusteckt, nur den Dauphin und den Herzog von Orleans zu schonen. „Wir fordern den Kopf der Königin und den von Lafayette; er ist nur widerwillig und erst sehr spät von Paris aufgebrochen." Nach dieser Rede zeigt ein als Weib verkleideter Mann mit einem scheußlichen Gesicht eine Art Sichel und schwört, dieser Hure selbst den Kopf abzuschneiden. Die Weiber klatschen Beifall und versichern, er habe recht, sie wollten den Herzog von Orleans auf dem Thron sehen und Lafayette umbringen; man solle ihnen dafür Geld geben. Der Paradeplatz und die Höfe des Schlosses bieten ein noch grauenvolleres Bild der Volkswut. Trupps von Weibern und Männern, mit Piken und Gewehren bewaffnet, verfolgen die Leibgardisten überall. [...] Mehr als dreißig Gardisten, an verschiedenen Orten gefangen, werden auf den Paradeplatz geführt; man schickt sich an, sie abzuschlachten [...]. Im Schloss bot sich ein Bild tiefster Bestürzung. Die Königin und die königliche Familie hatten sich in die inneren Gemächer zurückgezogen. Die Königin saß in einer Fensternische und hatte zu ihrer Rechten Madame Elisabeth [d. A.: die jüngere Schwester des Königs], zur Linken Madame Royale [d. A.: ihre Tochter] und vor sich auf einem Stuhl den Dauphin, der mit dem Haar seiner Schwester spielte und sagte: „Mama, ich habe Hunger." Mit Tränen in den Augen wiederholte ihm die Königin, er müsse Geduld haben und das Ende des Tumults abwarten. Plötzlich bemerkte sie den Herzog von Orleans [...] [d. A.: ein Konkurrent um den Königsthron]. Voller Schrecken ruft die Königin: „Sie wollen meinen Sohn töten!" Sie nimmt den Dauphin in die Arme und springt auf, jemand kommt und sagt der Königin, das Volk verlange nach ihr; sie zögert einen Augenblick. Aber Lafayette gibt ihr zu bedenken, dieser Schritt sei notwendig, um das Volk zu beruhigen. „Dann", antwortet die Königin, „zögere ich nicht mehr und sollte ich auch zum Schafott gehen; ich komme." Ihre beiden Kinder an der Hand, begibt sich die Königin auf den Balkon. „Keine Kinder!" schreit ein Mann aus dem Volk. Die Königin über-

gibt Madame de Tourzel den Dauphin und die kleine Prinzessin und tritt allein vor. Einer der Verschwörer legt auf sie an; aber selber erschreckt über die Ungeheuerlichkeit seines Verbrechens, wagt er nicht, auf die Königin zu schießen.
[...] Am Mittag brach der König auf. [...] Eine buntgemischte Menge von Männern mit Piken, einer Hundertschaft der Schweizer, von Soldaten des Regiments Flandern, von Weibern mit dreifarbenen Kokarden, die Pappelzweige trugen, und von anderen Weibern, die auf Kanonen ritten, umgab die Karosse des Königs. Die Gewehre zum Zeichen des Sieges mit Eichenlaub geschmückt, ununterbrochenes Musketenfeuer, Schreie: „Wir bringen den Bäcker, die Bäckerin und den kleinen Bäckerjungen!", grobe Beleidigungen gegen die Königin, Drohungen gegen die Priester und Adeligen: Das war der schimpfliche und barbarische Zug, der den König, die Königin und die königliche Familie auf einem Marsch von mehr als sechs Stunden zum Pariser Rathaus begleitete.

(Mémoires du Marquis de Ferrieres, Paris 1822; zit. nach: Die Französische Revolution in Augenzeugenberichten, a.a.O., S. 66–72)

M 7 Adresse der Girondistin[1] Charlotte Corday an die Franzosen, 12. Juli 1793

Charlotte Corday (1768 – 1793) war zunächst eine Unterstützerin der Revolution, empörte sich dann als Girondistin über ihre Radikalisierung in der jakobinischen Phase. Den Jakobinern warf sie vor, die Ideale der Revolution zu verraten. Am 13. Juli 1793 ermordete sie den führenden Jakobiner Jean Paul Marat in dessen Wohnung. Einen Tag nach dem feierlich begangenen Begräbnis Marats wurde sie hingerichtet.

O Frankreich, deine Ruhe hängt davon ab, dass das Gesetz befolgt wird, ich taste es durchaus nicht an, wenn ich Marat töte, der vom Universum verurteilt ist, er steht außerhalb des Gesetzes. [...] Welches Tribunal wird mich verurteilen? Wenn ich schuldig bin, war es denn also auch Alcides[2], als er die Ungeheuer umbrachte; stieß er aber auf so abscheuliche? O Freunde der Menschheit, ihr werdet eine wilde Bestie nicht bedauern, die sich an eurem Blut gemästet hat, und ihr traurigen Aristokraten, die die Revolution nicht gar geschont hat, werdet ihn auch nicht bedauern, ihr habt nichts mit ihm gemein.
O mein Vaterland! Dein Unglück zerreißt mir das Herz, ich kann dir nichts bieten als mein Leben, und ich danke dem Himmel, dass ich die Freiheit habe, darüber zu verfügen; niemand wird durch meinen Tod verlieren, ich werde mich auch nicht töten, ich will, dass mein letzter Hauch meinen Mitbürgern nützlich sei, dass mein Haupt, wenn es in Paris herumgetragen wird, ein Signal für alle Gesetzesfreunde sein und dass der wankende Berg seinen Untergang in der Schrift meines Blutes lese, dass ich ihr letztes Opfer sei und dass das gerächte Universum erkläre, ich habe mich um die Menschheit verdient gemacht. Im Übrigen, wenn man mein Verhalten mit andern Augen betrachten sollte – ich kümmere mich nicht viel darum.

Lass diese große Tat der schreckensstarren Welt
ein Grauen sein, dem sich Bewunderung gesellt,
Mein Geist, der nicht erwägt, ob Nachruhm ihm
gebührt,
bleibt gegenüber Preis wie Vorwurf ungerührt.
Zufrieden, Bürger stets und immer frei zu sein,
kenn' ich nur meine Pflicht, das Übrige ist Schein.
Geht, denkt nur noch, wie ihr der Sklaverei ent-
flieht![3]

Meine Verwandten und Freunde soll man nicht belästigen, niemand hat meine Pläne gekannt. Ich füge dieser Adresse meinen Taufschein bei, um zu zeigen, was die schwächste Hand vermag, wenn sie von ganzer Hingebung gelenkt wird. Wenn mir mein Unternehmen nicht gelingt, Franzosen, so habe ich euch den Weg gezeigt, ihr kennt eure Feinde, erhebt euch, vorwärts marsch und schlagt den Feind.

(Zit. nach: Briefe aus der französischen Revolution, ausgewählt von Gustav Landauer, 2. Band, Potsdam (Bütten und Löning) 1948, S. 143–145)

---

[1] Gemäßigter Flügel im Konvent
[2] Herkules
[3] Aus Voltaires Drama „Tod Cäsars"

M 8 Der Tod des Marat

Gemälde von Jacques-Louis David, 1793 (162 x 128 cm), Ausschnitt.

Am 13. Juli 1793 erstach Charlotte Corday den führenden jakobinischen Politiker Jean-Paul Marat in dessen Haus in der Rue de Cordeliers mit einem Küchenmesser. Zum Zeitpunkt des Mordes saß Marat in einer Badewanne und beantwortete Briefe.
Marat (1743–1793) war Mitglied des Konvents und Präsident des Jakobinerclubs. Er war maßgeblich an der Verfolgung der Girondisten und an den Septembermorden beteiligt.
Corday (1768–1793) war republikanisch gesinnt, verabscheute jedoch den jakobinischen Terror. Sie wurde wenige Tage nach dem Attentat, am 17. Juli 1793, unter der Guillotine hingerichtet.
In seinem Auftragsgemälde für den Konvent bezog der Maler David eindeutig Position. Vor allem indem er eine Vielzahl gestalterischer Traditionen und Symbole der christlichen Malerei (Kreuzab-

nahme Christi) nutzte, setzte er Corday mit den Christusmördern gleich und charakterisierte Marat als Heilsbringer und Märtyrer. In schroffem Gegensatz dazu verehren heute manche Wissenschaftler – so der französische Philosoph André Glucksmann – die Corday als Kämpferin für die Freiheit und mutige Tyrannenmörderin.

M 9 Die Adelige Madame de La Rochejaquelein über den Bürgerkrieg in der Vendée, März 1793

Nach diesem Kampf fanden die Republikaner unter den Toten den Leichnam einer Frau. Die Zeitungen machten großes Aufsehen um dieses Ereignis; in manchen wurde gesagt, das sei ich, in anderen, es sei Jeanne de Lescure, die Schwester des Vendéeführers. Man vermutete auch, die Tote habe unter den Vendéern als Wundermädchen gegolten wie Jeanne d'Arc; diese Annahme war aber ebenso falsch wie die anderen. Alle Generale hatten streng verboten, dass eine Frau den Heeren folge; sie hatten sogar gedroht, die erste, die man finde, schimpflich davonzujagen; und die Aufenthalte der Truppen wurden so kurz bemessen, dass man nicht einmal eine Marketenderin zuließ. Einige Zeit vor dem Gefecht bei Thouars war ein Soldat in Boulaye an mich herangetreten und hatte gesagt, er wolle mir ein Geheimnis anvertrauen; er sei ein Mädchen. Es wollte seine wollene Weste gegen eine aus Baumwolle vertauschen, die man an die ärmsten Soldaten verteilte; da es fürchtete, erkannt zu werden, wandte es sich an mich und bat mich, Monsieur de Lescure nichts zu sagen. Ich erfuhr, dass das Mädchen Jeanne Robin hieß und aus Courlay stammte. Ich schrieb an den Vikar des Kirchspiels; er antwortete, Jeanne sei ein sehr ordentliches Mädchen, aber niemand habe sie davon abbringen können, in den Kampf zu ziehen; bevor sie fortging, habe sie kommuniziert. Am Tag vor dem Gefecht bei Thouars suchte Jeanne Monsieur de Lescure auf und sagte: „General, ich bin ein Mädchen; Madame de Lescure weiß es. Sie weiß auch, dass man mir nichts Schlechtes nachsagen kann. Morgen ist die Schlacht; lassen Sie mir ein Paar Schuhe geben. Wenn Sie gesehen haben, wie ich kämpfe, werden Sie mich sicherlich nicht fortschicken." Sie kämpfte in der Tat immer unter den Augen von Monsieur de Lescure; sie rief ihm zu:
„General, Sie werden mich nicht überholen; ich werde den Blauen immer näher sein als Sie!" Sie wurde an der Hand verwundet, doch das spornte sie nur noch mehr an; sie zeigte ihm die Hand und sagte: „Das ist gar nichts". Schließlich wurde sie in

einem Kampfgewühl, in das sie sich gestürzt hatte, getötet.
In den anderen Divisionen gab es ebenfalls einige verkleidete Frauen. Ich sah ein kleines dreizehnjähriges Mädchen, das in der Armee d'Elbée Trommler war und als sehr tapfer galt; ein Verwandter kämpfte mit ihm in dem Gefecht von Lucon, wo beide fielen. In der Armee von Monsieur de Bonchamps war ein Mädchen Reiter geworden, um den Tod seines Vaters zu rächen; unter dem Namen l'Angevin hat es in allen Kämpfen der Vendée Wunder an Tapferkeit vollbracht.

(Mémoires de Madame la Marquise de La Rochejaquelein, Paris 1817; zit. nach: Die Französische Revolution in Augenzeugenberichten, a. a. O., S. 351ff.)

M 10 In einem politischen Frauenklub bei der Lektüre der revolutionären Zeitung „Moniteur"

Wasserfarbmalerei von Lesueur, 1791. Der Text lautet: „Patriotische Frauen hatten einen Club gegründet […]. Man traf sich zweimal pro Woche. Die Präsidentin verlas die Sitzungsprotokolle des Nationalkonvents, dessen Beschlüsse man billigte oder kritisierte. Aus Wohltätigkeitseifer veranstalteten die Damen untereinander eine Sammlung, deren Erlös sie an hilfsbedürftige Familien guter Patrioten verteilten."

M 11 Der Pariser Sicherheitsausschuss in seiner Begründung des Verbots der Frauenklubs, Oktober 1793

Die häuslichen Aufgaben, zu denen Frauen von Natur aus bestimmt sind, gehören selbst zur allgemeinen Ordnung der Gesellschaft. Diese soziale Ordnung resultiert aus dem Unterschied, der zwischen Mann und Frau besteht. Jedes Geschlecht ruft nach der ihm eigenen Art von Beschäftigung, bewegt sich in diesem Kreis, den es nicht überwinden kann. Denn die Natur, die dem Menschen diese Grenzen gesetzt hat, befiehlt gebieterisch und hält sich an kein Gesetz. Der Mann ist stark, robust, mit einer großen Energie, mit Kühnheit und Mut geboren. Er meistert die Gefahren, die Rauheit der Jahreszeiten durch seine Konstitution. Er widersteht allen Elementen. Er ist für die Künste wie für die schweren Arbeiten geeignet. Und da er fast ausschließlich für die Landwirtschaft, den Handel, die Schifffahrt, die Reisen, den Krieg bestimmt ist, zu all jenem also, was nach Kraft, Intelligenz und Kompetenz verlangt, so scheint auch er allein zu jenen tiefgehenden und ernsthaften Meditationen geeignet, die eine große Anstrengung des Geistes und lange Studien voraussetzen, denen Frauen nicht nachgehen können.
Welches ist der der Frau eigentümliche Charakter? Die Sitten und die Natur selbst haben ihr Aufgaben zugesprochen: die Erziehung der Menschen zu beginnen, den Geist und das Herz der Kinder auf die öffentlichen Tugenden vorzubereiten, sie von früh an zum Guten hinzulenken, ihr Gemüt zu entfalten, […] neben den Sorgen um den Haushalt. […] Wenn die Frauen all diese Aufgaben erfüllen, haben sie sich um das Vaterland verdient gemacht. […] Erlaubt es die Sittsamkeit einer Frau, sich in der Öffentlichkeit zu zeigen und gemeinsam mit den Männern zu kämpfen, im Angesicht des Volkes über Fragen zu diskutieren, von denen das Wohl der Republik abhängt? Im Allgemeinen sind Frauen kaum zu hohen Vorstellungen und ernsthaftem Nachdenken fähig.

(Zit. nach: Susanne Petersen, Brot und Kokarden – Frauenalltag in der Revolution, in: Viktoria Schmidt-Linsenhoff (Hg.), Sklavin oder Bürgerin? Französische Revolution und Neue Weiblichkeit 1760–1830, Marburg 1989, S. 35f.)

Der Despotismus der Freiheit – Revolutionäre Moral und Gewalt in der jakobinischen Phase der Revolution

Die Hinrichtung Ludwigs XVI. war gewissermaßen der Auftakt zu dem verzweifelten Versuch, die Revolution gegen ihre inneren Feinde zu verteidigen. Die Aufstände in der Vendée und der Krieg gegen die europäischen Monarchien 1793 verschärften die Lage. Die Revolution griff zu Terrormaßnahmen: Bürger wurden bespitzelt, Verdächtige in Schnellgerichten ohne juristischen Beistand zum Tode verurteilt und guillotiniert, bewaffnete Sansculotten übten Selbstjustiz an vermeintlichen Verrätern der Revolution und in der Vendée gingen die Revolutionsarmeen gnadenlos gegen die Aufständischen vor. Historiker schätzen, dass dabei insgesamt etwa 500 000 Menschen ermordet worden sind. Von den unter der Guillotine hingerichteten Opfer gehörten ungefähr 8 % dem Adel, aber 84 % dem Dritten Stand an.

- **War die „Schreckensherrschaft" der Bergpartei ein notwendiges und legitimes Mittel zur Rettung der Revolution oder eine verbrecherische Gewaltherrschaft?**

1. Interpretieren Sie die Quellen M 1 – M 9 unter der Leitfrage.
2. Nehmen Sie aus Ihrer Sicht Stellung zur Leitfrage. Beziehen Sie in ihr Urteil auch den Infotext (S. 271 – 276) mit ein.
3. Präsentieren und diskutieren Sie Ihre (verschiedenen) Urteile in einer Podiumsdiskussion.

MATERIALIEN

M 1 Hinrichtung Ludwigs XVI. am 21.1.1793

Darstellung auf einem Zierteller.

M 2 Der Jakobiner Louis de Saint-Just am 13.11.1792 vor dem Konvent

Ich will beweisen, dass der König gerichtet werden kann; dass die Meinung Morissons [d. A.: ein Abgeordneter, der sich dagegen ausgesprochen hatte, weil es keine Gesetze gebe, nach denen er zum Tode verurteilt werden könne], der an der Unverletzlichkeit festhält, so falsch ist wie die des Ausschusses, der ihn als Bürger richten will, und dass er gerichtet werden muss nach Grundsätzen, die weder mit der einen Meinung noch mit der anderen etwas zu schaffen haben. Ich sage, der König muss als Feind gerichtet werden; wir haben ihn weniger zu richten als zu bekämpfen. […]

Eines Tages wird die Menschheit, wenn sie von unseren Vorurteilen so weit entfernt ist wie wir von denen der Vandalen, erstaunen über die Barbarei eines Jahrhunderts, in dem man sich ein Gewissen daraus machte, einen Tyrannen zu richten, in dem das Volk, das einen Tyrannen zu richten hatte, ihn erst zum Rang eines Bürgers erhob, ehe es seine Verbrechen prüfte. Man wird erstaunen darüber, dass man im 18. Jahrhundert weniger fortgeschritten war als zur Zeit

Cäsars: Der Tyrann wurde geschlachtet mitten im versammelten Senat, ohne andere Förmlichkeiten als 22 Dolchstiche, ohne andere Gesetze als die Freiheit Roms. Und heute scheut man sich, einem Mann den Prozess zu machen, der der Mörder eines Volkes, der ergriffen worden ist auf frischer Tat, die Hand im Blut, die Hand im Verbrechen! […]

In einer anderen Zeit würde manche edle Seele sagen, einem König muss der Prozess gemacht werden, nicht wegen der Verbrechen seiner Verwaltung, sondern wegen des Frevels, dass er überhaupt König war; denn diese Anmaßung kann nichts auf der Welt rechtfertigen; und mit welchen Selbsttäuschungen, mit welchen Gewohnheitslügen sich das Königtum verkleiden mag, es bleibt ein ewiges Verbrechen, gegen das jeder Mensch das Recht hat, sich zu erheben und zu bewaffnen, es ist eines jener Attentate, die selbst die Verblendung eines ganzen Volkes nicht rechtfertigen kann. Solch ein Volk begeht durch das Beispiel, das es gegeben hat, ein Verbrechen gegen die Natur […]. Man kann nicht herrschen und dabei schuldfrei sein, der Aberwitz ist offenbar. Jeder König ist Rebell und Usurpator. – So eilt denn, den König zu richten; denn jeder Bürger hat dasselbe Recht auf ihn wie Brutus auf Cäsar.

(Zit. nach: Paul Hartig, Die Französische Revolution, Stuttgart 1960, S. 43 f.)

M 3 Romain de Sèze, Rechtsanwalt aus Bordeaux am 26.12.1792 vor dem Konvent

Ohne Zweifel kann die Nation heute erklären, dass sie kein monarchisches Regiment mehr will, weil dieses ohne Unverletzlichkeit seines Hauptes nicht bestehen kann; sie kann eben wegen dieser Unverletzlichkeit auf diese Verfassungsart verzichten; aber sie kann sie nicht auslöschen für die ganze Zeit, in der Ludwig den verfassungsmäßigen Thron eingenommen hat. Ludwig war unverletzlich, solange er König war; die Abschaffung des Königtums kann an seiner Rechtslage nichts ändern. […]

So kommen wir zu dem Schluss, dass, wo es kein anwendbares Gesetz gibt, auch kein Richten stattfinden kann und dass, wo kein Richten stattfindet, auch keine Verurteilung möglich ist. Ich spreche von Verurteilung! Aber nehmt euch in Acht; nehmt ihr Ludwig die Unverletzlichkeit des Königs, so seid ihr ihm wenigstens die Rechte des Bürgers schuldig; denn ihr könnt nicht bewirken, dass Ludwig aufhört, König zu sein, wenn ihr erklärt, ihn richten zu wollen, und dass er wieder König wird in dem Augenblick, da ihr das Urteil sprecht. Wollt ihr nun aber Ludwig als König richten, dann frage ich euch: Wo sind die schützenden Formen, die jeder Bürger kraft unveräußerlichen Rechtes verlangen kann? Ich frage euch: Wo ist jene Teilung der Gewalten, ohne die weder Verfassung noch Freiheit möglich ist? Ich frage euch: Wo sind die Geschworenen für Anklage und Urteil, die den Bürgern durch das Gesetz als Geiseln zum Schutz ihrer Sicherheit und Unschuld gegeben sind? […] Mit einem Wort, ich frage euch: Wo sind alle jene strengen Vorkehrungen, die das Gesetz bestimmt hat, damit der Bürger, selbst wenn er schuldig ist, nur durch das Gesetz getroffen wird? Bürger, ich spreche mit der Offenheit eines freien Mannes: Ich spähe unter euch nach Richtern und bekomme nur Ankläger zu Gesicht. Ihr wollt richten über Ludwig und seid selbst seine Ankläger! Ihr wollt richten über Ludwig und habt euer Urteil schon ausgesprochen! […]

Ludwig soll weder die Rechte des Bürgers noch die Vorrechte des Königs haben! Er soll weder in der alten noch in der neuen Rechtsstellung geachtet werden! Welch absonderliches und unbegreifliches Geschick!

(Zit. nach: ebd., S. 46 f.)

M 4 Karikatur James Gillrays auf die Hinrichtung Ludwigs XVI. vom 17.2.1793

Text: links unten: „The Zenith of French Glory: The Pinnacle of Liberty. Religion, Justice, Loyalty + all the Bugbears of Unenlighted Minds". Oben rechts über dem Kreuz: „Bonjours Messieur", davor auf der Mütze: „Liberté", auf der Mütze des Geige spielenden Sansculotten: „Ca ira".

M 5 Der Jakobiner Maximilien Robespierre am 5.2.1794 vor dem Konvent

Was ist das Ziel, dem wir zustreben? Der friedliche Genuss der Freiheit und der Gleichheit, das Reich jener ewigen Gerechtigkeit, deren Gesetze eingegraben sind nicht in Marmor und Stein, sondern in den Herzen aller Menschen, selbst in dem Herzen des Sklaven, der sie vergisst, und des Tyrannen, der sie verleugnet. Wir wollen eine Ordnung der Dinge, in der alle niedrigen und grausamen Leidenschaften in Ketten liegen, in der alle wohltätigen und großmütigen Leidenschaften durch die Gesetze erweckt werden, wo der Ehrgeiz besteht in dem Verlangen, den Ruhm zu verdienen und dem Vaterland zu dienen, wo sich die Unterscheidungen nur ergeben aus der Gleichheit selber, wo der Bürger der Behörde, die Behörde dem Volk und das Volk der Gerechtigkeit unterworfen ist, wo das Vaterland das Wohlergehen jedes Individuums sichert und wo jedes Individuum mit Begeisterung sich des Wohlergehens und des Ruhmes des Vaterlandes erfreut, wo jede Seele sich weitet durch die ständige Gemeinschaft der republikanischen Gefühle und durch das Bedürfnis, sich die Achtung eines großen Volkes zu verdienen, wo die Künstler die Zierde der Freiheit sind, die sie adelt, die Wirtschaft die Quelle des öffentlichen Reichtums und nicht die groteske Protzerei einiger Häuser. Wir wollen in unserem Land an Stelle des Egoismus die Moral setzen, an Stelle der Ehre die Rechtschaffenheit, an Stelle der Gewohnheiten die Grundsätze, an Stelle der Willkür die Pflichten, an Stelle der Tyrannei der Mode das Reich der Vernunft, an Stelle der Verachtung des Unglücks die Verachtung des Lasters, an Stelle des Hochmuts den Stolz, an Stelle der Eitelkeit die Seelengröße, an Stelle der Geldgier die Liebe zum Ruhm, an Stelle der „guten Freunde" die guten Menschen, an Stelle der Intrige das Verdienst, an Stelle der Geistreichigkeit den wahren Geist, an Stelle des Aufsehens die Wahrheit, an Stelle der Langeweile der Lüste die Heiterkeit des Glückes, an Stelle der Kleinheit der Großen die Größe des Menschen, ein großmütiges, mächtiges, glückliches Volk an Stelle eines liebenswürdigen, frivolen und erbärmlichen, d.h. alle Tugenden und alle Wunder der Republik an die Stelle der Laster und Lächerlichkeiten der Monarchie.

Wir wollen mit einem Wort die Wünsche der Natur erfüllen, das Schicksal der Menschheit vollenden, die Versprechungen der Philosophie halten, die Vorsehung freisprechen von der langen Herrschaft des Verbrechens und der Tyrannei. Frankreich, so lange berüchtigt unter den Sklavenkindern, verdunkelnd den Ruhm aller freien Völker, die existiert haben, soll das Modell für die Nation werden, der Schrecken der Unterdrücker, der Trost des Unterdrückten, der Schmuck des Universums. Wenn wir unser Werk mit unserem Blut besiegeln, dann können wir wenigstens die Morgenröte der allgemeinen Glückseligkeit aufleuchten sehen. Das ist unser Ehrgeiz, das ist unser Ziel.

Welche Art von Regierung kann diese Wunder vollführen? Allein die demokratische oder die republikanische Regierung: Die beiden Worte sind Synonyme trotz des Missbrauchs in der gewöhnlichen Sprache, denn die Aristokratie ist ebenso wenig republikanisch wie die Monarchie. Die Demokratie ist nicht ein Staat, wo das Volk, ständig versammelt, unmittelbar alle Geschäfte regelt, erst recht nicht eins, wo 100 Millionen Bruchstücke des Volkes mit vereinzelten vorschnellen und widersprüchlichen Maßnahmen über das Schicksal der ganzen Gesellschaft beschließen. Solch ein Regime hat niemals existiert, und es könnte nur existieren, um das Volk wieder dem Despotismus auszuliefern. Die Demokratie ist ein Staat, wo das souveräne Volk, gelenkt durch Gesetze, die sein eigenes Werk sind, selbst alles ausführt, was es gut ausführen kann, und durch Delegierte das, was es nicht ausführen kann. Aber um unter uns die Demokratie zu begründen und zu festigen, um zur friedlichen Herrschaft der verfassungsmäßigen Gesetze zu gelangen, müssen wir den Krieg der Freiheit gegen die Tyrannei beenden und glücklich die Stürme der Revolution überstehen; das ist das Ziel des revolutionären Systems, das ihr organisiert habt. Ihr müsst euer Verhalten noch nach den stürmischen Umständen einrichten, in denen sich die Republik befindet, und der Plan eurer Verwaltung muss das Ergebnis des Geistes der revolutionären Regierung in Verbindung mit den allgemeinen Grundsätzen der Demokratie sein. Welches ist nun der entscheidende Grundsatz der demokratischen Volksregierung, d.h. die Haupttriebfeder, die sie hält und in Bewegung setzt? Das ist die Tugend, und zwar die öffentliche Tugend, die in Griechenland und Rom Wunder erzeugte und die im republikanischen Frankreich noch viel erstaunlichere vollbringen wird; jene Tugend, die nichts anderes ist als die Liebe zum Vaterland und zu seinen Gesetzen. Da aber das Wesen der Republik oder Demokratie die Gleichheit ist, so folgt daraus, dass die Liebe zum Vaterland logischerweise die Liebe zur Gleichheit in sich schließt. [...] Es folgt ferner, dass die erste Regel eurer politischen Haltung die sein muss, eure sämtlichen Handlungen auf die Erhaltung der Gleichheit und die Förderung der Tugend zu richten: Denn die erste Sorge des Gesetzgebers muss auf die Stärkung des Regierungsprinzips gerichtet sein. So müsst ihr alles, was die Liebe zum Vaterland wecken, die Sitten reinigen, die Seelen erheben, die Leidenschaften des menschlichen Herzens erziehen will, ergreifen oder dementsprechende Maßregeln treffen. [...] Hier könnten wir die Entwicklung unserer Theorie beenden, wenn wir das Schiff der Republik nur bei Windstille zu steuern hätten; aber der Sturm braust, und der revolutionäre Zustand, in dem wir uns befinden, erlegt uns eine andere Aufgabe auf. [...] Wenn die Triebkraft der Volksregierung im Frieden die Tugend ist, so ist in revolutionärer Zeit die Triebkraft zugleich die Tugend und der Schrecken; die Tugend, ohne die der Schrecken unheilvoll wäre, der Schrecken, ohne den die Tugend ohnmächtig bliebe. Der Schrecken ist nichts anderes als die rasche, strenge, unbeugsame Gerechtigkeit; er ist also ein Ausfluss der Tugend; er ist weniger ein besonderes Prinzip als eine Folge des allgemeinen Prinzips der Demokratie in seiner Anwendung auf die dringendsten Bedürfnisse des Vaterlandes. Die Regierung der Revolution ist der Despotismus der Freiheit im Kampf gegen die Tyrannei.

(Zit. nach: Paul Hartig, Die Französische Revolution, Stuttgart 1960, S. 54 ff.)

M 6 Anonymer Kupferstich, Flugblatt Ende 1794

Auf dem Obelisken steht: „Hier ruht ganz Frankreich." Achten Sie auf die umgekehrte phrygische Mütze auf seiner Spitze! Vor dem Obelisken steht Robespierre und guillotiniert den Henker.

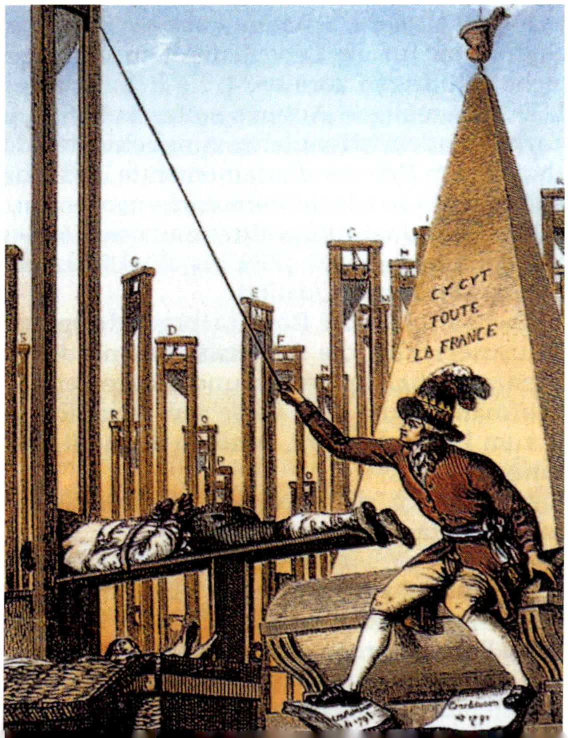

M 7 Der Redakteur Camille Desmoulins am 15.12.1793 in seiner Zeitung „Le Vieux Cordelier"

Mithilfe eines Tacitusplagiats charakterisiert er die Regierung Robespierres:

[...] Insgesamt gesehen war unter diesen Kaisern der natürliche Tod eines berühmten oder gut gestellten Mannes so selten, dass dies in den Zeitungen vermerkt und von Seiten des Historikers der Geschichtsschreibung anvertraut wurde. Unser Analist bemerkt, dass es „unter den damaligen Umständen einen Priester namens Piso gab, der in seinem Bette starb, was ans Wunderbare grenzte".
Der Tod so vieler unschuldiger und ehrenwerter Bürger schien ein geringeres Ärgernis darzustellen als die Unverschämtheit und das skandalöse Glück ihrer Mörder und Denunzianten [...].
Alle diese Denunzianten rühmten sich der besten Namen und ließen sich Cotta, Scipio, Regulus, Cassius oder Severus nennen. [...]
Wie die Ankläger, so die Richter. Die Tribunale, Schützer von Leben und Besitz, waren zu Fleischereien entartet, wo das, was den Namen Hinrichtung und Beschlagnahme trug, nur noch Diebstahl und Mord war.
Und wenn man gar keinen Weg fand, einen Mann vor Gericht zu bringen, dann griff man zu Mord oder Gift [...]. Genügten auch solche halben Maßnahmen nicht, dann griff der Tyrann zur allgemeinen Ächtung. So erklärte Caracalla, nachdem er seinen Bruder Geta eigenhändig getötet hatte, dessen sämtliche 20 000 Freunde und Parteigänger zu Staatsfeinden. [...]
Wenn ein Löwe als Kaiser einen Hof und eine Prätorianergarde aus Tigern und Panthern besessen hätte, so hätten diese nicht mehr Menschen zerreißen können als die Denunzianten, die Freigelassenen, die Giftmischer und die Strauchdiebe der Cäsaren, denn die aus Gründen des Hungers begangene Grausamkeit endet mit dem Ende des Hungers, doch die Grausamkeit aus Gründen der Angst, der Gier und des Verdachts ist grenzenlos. Bis zu welchem Punkt der Erniedrigung und der Niedrigkeit kann das Menschengeschlecht herabsinken, wenn man bedenkt, dass Rom die Herrschaft eines Ungeheuers hat aushalten müssen, das sich beklagte, unter seiner Herrschaft kein Unheil, keine Pest, keine Hungersnot und kein Erdbeben verzeichnen zu können! [...]

(Zit. nach: W. Lautemann/M. Schlenke (Hg.), Geschichte in Quellen – Amerikanische und Französische Revolution, München (bsv) 1981, S. 428)

M 8 Manon Roland kurz vor ihrer Hinrichtung am 8.11.1793

Oh Brutus! dessen kühne Hand vergeblich die korrumpierten Römer befreite, wir haben uns geirrt wie du. Diese lauteren Männer, deren glühendes Streben der Freiheit galt, die ihr dienten, indem sie sich in strenger Zurückgezogenheit philosophischen Studien widmeten, diese Männer haben sich wie du vorgegaukelt, der Sturz der Tyrannei werde die Herrschaft der Gerechtigkeit und des Friedens einleiten; doch er war nichts als das Signal für den Ausbruch hasserfüllter Leidenschaften und für Auswüchse der scheußlichsten Sittenlosigkeit. [...] Wird die Geschichte jemals die Schrecken dieser entsetzlichen Zeiten und die abscheulichen Menschen, die sie mit ihren Freveltaten erfüllten, schildern? [...] Womit lässt sich die Herrschaft der Heuchler vergleichen, die, immer mit der Maske der Gerechtigkeit vor dem Gesicht, immer die Sprache des Gesetzes im Munde führend, ein Tribunal geschaffen haben, das ihrer Rache dient, und die, in rechtlich unhaltbaren Verfahren, alle aufs Schafott schicken, deren Tugend sie beleidigt, deren Begabung sie in den Schatten stellt oder deren Wohlhabenheit ihre Begehrlichkeit weckt? [...] Welches Volk hat je seine Sittlichkeit und seinen Instinkt so weit verkommen lassen, dass es das Bedürfnis verspürt, Hinrichtungen beizuwohnen, dass es bebt vor Zorn, wenn sie aufgeschoben werden, und dass es jederzeit bereit ist, seine Grausamkeit an dem auszulassen, der versucht, sie zu mildern oder zu besänftigen? [...] Oh Freiheit, was für Verbrechen werden in deinem Namen begangen!

(Madame Roland, Memoiren aus dem Kerker, Zürich/München 1987, S. 91 f.; zit. nach: Ernst Schulin, Die Französische Revolution, München [2]1989, S. 213 f.)

M 9 Die Hinrichtung Robespierres am 28.7.1794

Zeitgenössischer Kupferstich.

Die Französische Revolution im Bild – Selbstbild, Inszenierung und Symbolsprache

Die Französische Revolution ist von ihren Anhängern wie von ihren Kritikern in einer Vielzahl bildlicher Darstellungen festgehalten worden: Karikaturen, Gemälde, Flugblätter, Gedenkmünzen usw. Die Flugblätter wurden in relativ hohen Auflagen gedruckt, waren also Massenmedien, die Gemälde sind Unikate. Die Art der Darstellung lässt z.T. auf den Adressaten schließen, an den sie sich richtet. Die zeitgenössischen Betrachter waren je nach Adressatenkreis weitgehend Analphabeten, konnten aber die Bildsprache besser lesen als wir heute, weil sie die Symbole und die abgebildeten Personen kannten. Die Kleidung steht für den sozialen Stand, weil es feste Kleiderordnungen gab. So musste der Dritte Stand schwarze oder in gedeckten Farben gehaltene Stoffe tragen. Auch wenn eine Darstellung fotografisch genau zu sein scheint, ist sie in der Regel künstlerisch gestaltet, d.h. sie bildet nicht das Geschehene ab, sondern das, was der Künstler oder seine Auftraggeber sehen wollten bzw. was die eventuellen Käufer für attraktiv hielten. Die Darstellungen zur Französischen Revolution haben weitgehend propagandistischen Charakter, d.h. man muss wie bei einer schriftlichen Quelle nach ihrer Intention fragen.
Die folgenden Darstellungen erzählen Befreiungsgeschichten, sie bilden Schlüsselereignisse ab und sie machen abstrakte Ideen der Revolution, z.B. Freiheit, Gleichheit und Brüderlichkeit, oder die Republik mithilfe von Symbolen begreifbar. Solche Symbole waren die Jakobinermütze – die der befreiten Sklaven der Antike –, das ebenfalls der Antike entlehnte Rutenbündel, das für die Einheit der Nation stand, der Berg für die Jakobiner, die Bergpartei, der Mai- oder Freiheitsbaum der Eröffnung der Generalstände im Mai wegen und die blau-rot-weiße Trikolore. Der Löwe symbolisierte das absolutistische Königtum.
In einigen Fällen sind mehrere Darstellungen desselben Ereignisses aufgeführt, weil sich die spezifische Aussage im Vergleich besser erschließen lässt. Die folgenden Bildquellen stammen zeitlich aus unterschiedlichen Phasen der Revolution.

- **Welche Bilder entwarf die Revolution in ihren verschiedenen Phasen von sich selbst (bzw. von den sie prägenden Ereignissen) und wie sah sie ihre Feinde?**

1. Interpretieren Sie die Bildquellen M1 – M5 sowie weitere im Infotext abgedruckte Bildquellen aus der Französischen Revolution unter der Leitfrage. Folgen Sie den in den Methoden „Bildquellen interpretieren" (S. 568f.) und „Gemälde interpretieren" (S. 208ff.) dargestellten Schritten?
2. Wenn Sie die Bildquellen aus dem Buch kopieren, können Sie mit ihnen und Ihren Interpretationsergebnissen eine Ausstellung gestalten.
Befestigen Sie die Bilder auf größeren Plakatwänden, beschreiben Sie die äußeren Daten (Maler, Auftraggeber, Entstehungsdatum etc.), erläutern Sie wesentliche Bildelemente bzw. Symbolgehalte und schreiben Sie einen Kommentar, in dem Sie die mit dem Bild verbundenen zeitgenössischen Intentionen aus heutiger Sicht beurteilen.
Ordnen Sie die Bildquellen nach den Revolutionsphasen, in denen sie entstanden sind, und stellen Sie diese Phasen Ihren Besuchern kurz vor.
Selbstverständlich können Sie Ihre Ausstellung um weitere Bilder aus der Französischen Revolution ergänzen.

MATERIALIEN

M 1 Der Ballhausschwur am 20.6.1789

Gemälde nach einer Federzeichnung von Jacques Louis David für den Sitzungssaal des Parlaments 1791. Die Personen sollten Lebensgröße erreichen. Rechts im Vordergrund, ganz in schwarz: Mirabeau; links neben ihm, in beiger „culotte", Weste und Anzugjacke, die Hände auf der Brust: Robespierre; links neben ihm, weiß gekleidet und am Tisch sitzend: Sieyès; auf dem Tisch: der Bürgermeister von Paris, Bailly; direkt links hinter dem Kleriker in weißer Kutte: der Arzt Guillotin.

M 2 **„Bilder von Denkwürdigkeiten, die sich in der Revolution zugetragen haben, welche Frankreich in den Jahren 1789, 90 und 91 erlebt hat“**

Kolorierter Holzschnitt (548 x 742 mm) von L. E. Letourmi, 1790. Textteil:
Bild 1: *„Einkommensteuer, Kopfsteuer, Frondienst – In vergangener Zeit wurden die, die am meisten zum gemeinsamen Nutzen beitragen, mit Füßen getreten, der Dritte Stand trug die ganze Last.“ Der Hase, der die Ernte auffrisst, steht für das Jagd-, der Holzstumpf rechts für das Holzprivileg des Adels.*
Bild 2: *„Das Erwachen des Dritten Standes – Schon seit langer Zeit lebe ich von meinen Feinden unterdrückt, ich will endlich meine Ketten zerbrechen.“ Im Hintergrund rechts die Bastille, die mit der Spitzhacke abgebrochen wird.*
Bild 3: *„Aufhebung der Wappen – Der Adel ist für immer abgeschafft, die Titel eines Prinzen, Contes, Marquis, Barons, Chevaliers, des Herrn sind aufgehoben.“*
Bild 4: *„Die Schulden der Nation – Die Gegenwart fordert, dass jeder die große Last der Steuern Frankreichs mit auf sich nimmt.“*

M 3 Der Sturm auf die Bastille am 14.7.1789

Anonymer, zeitgenössischer Stich

Abbruch der Bastille (Gemälde von Hubert Robert, 1789)

„Adieu Bastille" (zeitgenössische Karikatur)

M 4 **„Der Triumph der einen, unteilbaren und demokratischen französischen Republik, dem Vaterland gewidmet"**

Anonyme Radierung der Jahreswende 1793/94, die sich auf die Unterwerfung der gegenrevolutionären Stadt Lyon bezieht.

M 5 **Das „Fest des Höchsten Wesens"**

Gemälde von De Machy von 1794.

Die Französische und die Amerikanische Revolution im historischen Urteil – Standpunkte und Stellungnahmen

Schon während der Französischen Revolution war das Urteil über die Geschehnisse in und außerhalb Frankreichs deutlich polarisiert. Während die einen in ihr die Befreiung vom Joch absolutistischer Tyrannei sahen, warnten andere vor dem Untergang der christlichen Zivilisation. Heute ist die Revolution in Frankreich Teil der nationalen Identität, der Sturm auf die Bastille Nationalfeiertag und 1989 wurde der hundertste Jahrestag der Revolution umfangreich gefeiert. Auch die Amerikanische Revolution ist heute Teil des Gründungsmythos der USA.

Die Historiker legen in ihren Bewertungen jeweils unterschiedliche Maßstäbe an und kommen dementsprechend zu abweichenden Urteilen. Die Ereignisse in Frankreich und in Amerika werden z. T. als „Modernisierungsrevolutionen“ interpretiert, die die Entstehung des heutigen freiheitlichen Rechtsstaates in der ganzen westlichen Welt vorangetrieben haben. Vor dem Hintergrund des Scheiterns der deutschen Demokratie 1933 wird z. B. auf das Revolutionsdefizit Deutschlands gegenüber Frankreich hingewiesen. Andere Stimmen verweisen auf die Blutopfer und den Terror Robespierres und kontrastieren sie mit dem vergleichsweise friedlichen Weg Deutschlands zur Demokratie. Gerade was die Frage revolutionärer Gewalt angeht, lohnt der Vergleich zwischen Frankreich und Amerika. Einige Historiker sehen in der Amerikanischen Revolution das eigentliche Vorbild unseres modernen Verfassungsstaates, hinter dem die Französische Revolution zurücktreten müsse.

Der Vergleich der beiden Revolutionen erweitert den Bewertungshorizont. Er orientiert sich in der Regel an dem Ablauf der Ereignisse: Die erste Phase bildet die unmittelbare Vorgeschichte, in der die jeweiligen Ursachen deutlich werden, die zweite der Ausbruch der Revolution, die dritte ihre Radikalisierung und die vierte ihre Stabilisierung oder die Umkehrung der Ereignisse durch gegenrevolutionäre Kräfte. Auf der Ebene des Sachurteils geht es vor allem um das Verhältnis von Ursache und Wirkung, um die jeweiligen sozialen Schichten, die die Revolution getragen oder bekämpft haben und um die Veränderungen gegenüber dem vorrevolutionären Status quo. Das Werturteil konzentriert sich u. a. auf die Frage, ob die revolutionäre Gewalt gerechtfertigt war oder nicht.

- **Wie sind die Leistungen und der historische Stellenwert der Amerikanischen und der Französischen Revolution aus heutiger Sicht zu beurteilen und zu bewerten?**

1. Bearbeiten Sie die Untersuchungsfrage, indem Sie zunächst arbeitsteilig die Historikerurteile bzw. -bewertungen (M 1 – M 6) analysieren und sich jeweils kritisch mit ihnen auseinandersetzen.
   Folgen Sie dabei den in der Basismethode auf Seite 566f. dargestellten Schritten.
2. Präsentieren Sie Ihre Ergebnisse dem Kursverband. Unterstützen Sie Ihre Präsentation durch eine dem jeweiligen Text angemessene schriftliche Zusammenfassung (z. B. Thesenpapier) oder Visualisierung (z. B. Schaubild der Argumentationsstruktur).
3. Vergleichen und erörtern Sie die Historikerurteile bzw. -bewertungen im Kursverband.
4. Entwickeln Sie jeweils für sich ein eigenes Urteil bzw. eine eigene Bewertung über die Amerikanische und Französische Revolution.
   Halten Sie dazu zunächst in einer Skizze die Aspekte fest, die für Sie und Ihr Urteil bzw. Ihre Bewertung von Bedeutung sind.
   Versuchen Sie anschließend, diese Aspekte zu einem abwägenden Gesamturteil bzw. einer Gesamtbewertung zusammenzufassen.
   Vergleichbar den hier vorliegenden Historikertexten können Sie eher auf der Ebene eines Sachurteils („beurteilen“) oder eines Werturteils („bewerten“) argumentieren (vgl. dazu die Operatorenliste auf Seite 571).

MATERIALIEN

M 1 Die Philosophin und Soziologin Hannah Arendt zur Frage nach dem Modellcharakter der Revolution in Frankreich und Nordamerika

Schließlich war es die Französische und nicht die Amerikanische Revolution, die die Welt in Brand setzte, und so hat denn auch das Wort „Revolution" von den Ereignissen in Frankreich ohne jede Beziehung zu dem, was die „gründenden Väter" in Amerika taten und erreichten, seine Assoziationen und Bedeutungsqualitäten bezogen. [...] Auch in Amerika, das doch seine eigene Revolution gehabt hat, orientiert sich das historische und politische Revolutionsverständnis zumeist ausschließlich an dem französischen Modell. Dafür mag es gute Gründe geben, vor allem aber den, dass Amerika und die Vereinigten Staaten – also die Kolonisation des neuen Kontinents und die Errichtung einer republikanischen Staatsform, die zusammen vielleicht das größte, sicher das kühnste Unternehmen der europäischen Menschheit in der Neuzeit darstellen – kaum mehr als hundert Jahre ihrer Geschichte in Isolierung von den Mutterländern der Alten Welt verbracht haben. [...]

Dass gerade in Amerika, mehr noch als in Europa, die gelehrte Welt die Neigung hat, die Amerikanische Revolution im Sinne der Französischen zu interpretieren bzw. das an ihr zu kritisieren, was so offensichtlich mit keiner der Lektionen übereinstimmt, die man aus der Französischen Revolution gelernt hat, mutet in der Tat oft seltsam an. Aber schließlich ist auch dies nur ein verhältnismäßig harmloser Teilaspekt der traurigen Wahrheit, dass die Französische Revolution, die in der Katastrophe endete, Weltgeschichte gemacht hat, während die Amerikanische Revolution, trotz ihrer wahrhaft triumphalen Erfolge, über eine gleichsam lokale Bedeutung kaum hinausgekommen ist. Für das Letztere ist vor allem unser eigenes Jahrhundert mit seinen zahlreichen Revolutionen und Bürgerkriegen das sprechendste Beispiel. Sie alle sind in Bildern gesehen worden, die im Lauf der Französischen Revolution zuerst auftauchten, in Begriffen verstanden, die von den Zuschauern dieser Revolution geprägt worden waren und infolgedessen im Sinne der hegelschen historischen Notwendigkeit interpretiert wurden. Was nun die Revolutionäre des 20. Jahrhunderts selbst betrifft, so darf man wohl sagen, dass nichts ihnen ferner lag als das leidenschaftliche Interesse an Staatsformen, das für die Amerikanische Revolution so charakteristisch und auch in den Anfangsstadien der Französischen Revolution noch so sehr lebendig ist. Erst als die Männer der Französischen Revolution mit dem ihnen unerwarteten Anblick der Massen, die in der Amerikanischen Revolution ja eigentlich überhaupt keine Rolle gespielt haben, weil sie dort einfach noch nicht existierten, konfrontiert wurden, riefen sie mit Robespierre: „Republik? Monarchie? Ich kenne nur die soziale Frage." Aber das war auch genau der Moment, in dem sie zusammen mit den Institutionen und Verfassungen [...] die Revolution selbst verloren.

(Hannah Arendt, Über die Revolution, München (Piper) ²1974, S. 68f.)

M 2 Der deutsche Historiker Hans-Ulrich Wehler

Interview mit dem Bielefelder „StadtBlatt" anlässlich des 200. Revolutionsjubiläums in Frankreich:

StadtBlatt: Die Deutschen haben sich immer etwas schwer getan mit der Französischen Revolution. Sehen Sie bei aller Unterschiedlichkeit der Reaktionen, die es gab, einen gewissen roten Faden, eine Kontinuität bis heute hin?

Hans-Ulrich Wehler: Ich kann nicht finden, dass sie sich durchgehend schwer getan haben. Erst mal gibt es eine enthusiastische Zustimmung rund vier Jahre lang bis zur Jakobiner-Herrschaft; und die erfasst eigentlich alle aufgeklärten Intellektuellen und auch Berufspolitiker, die damals weithin Beamte waren. Dann kippt das natürlich um in der Zeit des Terreur, aber selbst dann kann man nicht sagen, dass die großen Köpfe anfingen, in der Revolution nur noch das Blutbad zu sehen. Kant und Hegel z.B. haben bis zuletzt betont, dass die Revolution ein Höhepunkt der Menschheitsgeschichte gewesen sei. Vor allem aber kann man die gesamte Reformpolitik in den deutschen Staaten, ob im Rheinbund oder in Preußen, nicht verstehen ohne die halb bewundernde, halb neidische Nachahmung von Errungenschaften der Französischen Revolution.

Sicher ist es dann richtig, dass sich im 19. Jahrhundert in der öffentlichen Meinung, bei den nationalkonservativen Historikern das Bild durchsetzt, dass die Revolution im Grunde nur aus der Schreckensherrschaft, der Herrschaft der Guillotine bestanden habe. Das ist, wenn man das quantifizieren wollte, das vorherrschende Bild geworden, später, im 1. Weltkrieg und durch die Nazis, ungeheuer verschärft. Für die letzten 25 Jahre würde ich da aber nicht mehr von Kontinuität dieser verbohrten Ablehnung der Revolution sprechen. Die historische Forschung und die politische Meinung und Publizistik haben ein sehr viel differenzierteres, positiveres Bild entwickelt.

StadtBlatt: Es ist ja häufig der Versuch unternommen worden, die Französische Revolution in eine gute und eine schlechte Phase aufzuteilen. Macht es überhaupt Sinn, eine Art Kosten-Nutzen-Analyse zu erstellen?

Hans-Ulrich Wehler: Ja, macht es, muss man immer als Historiker. Ich bin kein absoluter Verehrer der Französischen Revolution. Ich sehe die großen positiven Folgen, was die Durchsetzung von Grund- und Menschenrechten in Europa, überhaupt was das Vorbild betrifft, das sie für alle Staaten danach gebildet hat: nämlich wie man mit dem Spätfeudalismus fertig werden konnte, wie man eine neue Gesellschaft, ein neues Recht konstituieren konnte usw. Trotzdem, wenn Sie das mit der Amerikanischen oder Englischen Revolution vergleichen, ist die Französische an ihren Hausaufgaben gescheitert. Denn 10 Jahre später war der Diktator wieder da. Da kann man nur von Glück sprechen, dass Napoleon in bestimmten Bereichen – etwa in dem großen, z.T. bis heute gültigen Gesetzeswerk, dem Code Napoleon – die Errungenschaften der Revolution nicht rückgängig gemacht hat.

Insgesamt gesehen ist aber Frankreich durch die Revolution nicht in eine stabile gesellschaftliche und politische Verfassung überführt worden. Zweitens ist sie ökonomisch ungeheuer zerstörerisch gewesen, hat Frankreich, das in der Hinsicht vor der Revolution etwa gleich auf lag mit England, um mindestens 50 Jahre zurückgeworfen – was erst in den 1850er-Jahren wieder aufgeholt wurde. Insofern kann man sehr wohl Nutzen und Kosten sehen, Vorzüge und Schattenseiten.

StadtBlatt: Wie stehen Sie dem aktuellen Revolutionsgedenken, den 200-Jahr-Feierlichkeiten v. a. in Frankreich selbst gegenüber?

Hans-Ulrich Wehler: Ich bin ein Feind der Anhäufung von Gedenktagen [...]. Dahinter steckt im Grunde der alte Anspruch, dass die Französische Revolution die Revolution par excellence ist – was sie in meinen Augen nicht ist. [...] Das Positive nun ist, dass heute die erdrückende Mehrheit der Franzosen sich mit den Folgen der Revolution identifiziert. Die Feierlichkeiten heute sind also ein Zeichen für einen breiten inneren Konsens und für die gewachsene Stabilität der Republik. Auch wenn dies natürlich auf einem sehr verklärten Bild der Revolution damals beruht. [...]

StadtBlatt: Was für Deutschland natürlich nicht so gelten kann. [...]

Hans-Ulrich Wehler: Weil es in Deutschland an einer erfolgreichen Revolution im 19. Jahrhundert fehlt. Max Weber hat mal gesagt, es täte jedem Volk gut, wenn es sich einmal von seiner alten Obrigkeit durch die Köpfung des Königs befreite, weil man sich dann als freie Nation konstituieren kann. Doch das hier nie ganz abgeschnittene Band zum deutschen Obrigkeitsstaat hat eben seine Blockaden im deutschen politischen Bewusstsein hervorgebracht. Deswegen kann man sich hier, weil es kein eigenes Vorbild gibt, nicht mit derselben Emphase und Unbefangenheit auf die Revolution berufen, wie das Franzosen selbstverständlich können und tun.

StadtBlatt: Hat das auch etwas Faszinierendes für Sie?

Hans-Ulrich Wehler: Hats auch. Wenn Sie das politisch sehen und mal überlegen, ob es möglich wäre, in der Bundesrepublik 130 Jahre nach der 48er-Revolution ein Jahr lang Revolutionsfeiern abzuhalten. [...] Sie merken an Ihrer eigenen Reaktion, was für ein Kontrast das ist. Das würde heute noch die Bevölkerung hier spalten, obwohl im Vergleich zur Französischen Revolution die noch bieder war. Und man würde hier auch keine Million Menschen zu einer Revolutionsparade zusammenkriegen wie auf den Champs-Élysée. Der DGB würde in Frankfurt einen Marsch zur Paulskirche machen, die SPD irgendwo eine Tagung, fraglich, ob die Adenauer-Stiftung was machen würden, selbst die Liberalen.

(Interview von Niko Ewers mit dem Historiker Hans-Ulrich Wehler, in: StadtBlatt, 13.7.1989)

M 3 Der deutsche Historiker Walter Grab

Einleitung zu seinem Quellenband zur Französischen Revolution:

Sie [d. A.: die Französische Revolution] war die erste, die auf die gänzliche Aufhebung der alten Zustände abzielte, also der Zukunft zugewandt war, und eine auf Vernunftprinzipien beruhende, noch niemals da gewesene Staats- und Rechtsordnung errichten wollte. Ihre konsequenten und radikalen Protagonisten brachen bewusst mit Tradition und Vergangenheit, um ein auf Freiheit und sozialer Gerechtigkeit gegründetes Gemeinwesen herzustellen. Da das gesamte 18. Jahrhundert, das Siècle des Lumières, vom geistesgeschichtlichen Standpunkt nichts anderes als die ideenmäßige Vorbereitung der Übernahme der politischen Macht durch das Bürgertum war, wussten die Franzosen dank der rationalistischen Philosophie um das Phänomen der Revolution. Die weltbürgerlichen Patrioten, die das Ideengut der Aufklärung in gesellschaftliche und politische Praxis übertrugen, schüttelten die Bevormundung der adeligen und kirchlichen Gewalten ab, säkularisierten alle Lebensbereiche und vollzogen das historische Bündnis universaler Ideale mit dem nationalen Gedanken. Ihre allgemeingültigen Befreiungslosungen appellierten nicht nur an das eigene Volk, sondern an die gesamte Menschheit. Die in der Menschenrechtserklärung von 1789 niedergelegten Ideen der individuellen Freiheit, der rechtlichen und politischen Gleichheit, der Sicherheit des Lebens und des Eigentums, des legitimen Widerstands gegen staatliche Willkür, der Souveränität des mündigen und seine Geschicke selbst bestimmenden Volkes beflügelten nicht nur die französische Nation, sondern begeisterten die Gedemütigten und Entrechteten aller Länder.

Das Verdienst der französischen Revolutionäre wird nicht dadurch geschmälert, dass sie in der Illusion befangen waren, jede Unterdrückung und Beherrschung des Menschen durch den Menschen aufheben und somit die allgemeine Emanzipation von den sozialen und politischen Zwängen bewirken zu können. Sie glaubten, dass die Abschaffung des „unvernünftigen" Feudalwesens genüge, um eine „tugendhafte" Gesellschaftsordnung hervorzubringen, die nicht den Eigennutz, sondern die Leistung um die allgemeine Wohlfahrt zu ihrer Richtschnur machen werde. Es bestand daher ein eklatanter Widerspruch zwischen Motiv und Ergebnis der Revolution: Ihre idealistischen Wortführer traten mit dem Anspruch auf, den uralten Menschheitstraum der Vereinigung der Moral mit der Politik zu verwirklichen, während die tatsächliche Folge – und der entscheidende Erfolg – der Revolution vor allem darin bestand, die Besitzbourgeoisie von allen feudalabsolutistischen und merkantilistischen Fesseln zu befreien und dem kapitalistischen Sozialsystem den Weg zu ebnen. Das französische Bürgertum, das alle geistigen, politischen und wirtschaftlichen Beschränkungen und Hindernisse des Ancien Régime hinwegräumte, die sich der aufstrebenden Wettbewerbsordnung in den Weg stellten, musste in seinem lebensnotwendigen Interesse vor einem einzigen Privileg haltmachen: dem Eigentum; es musste das Vorrecht des Besitzes zum Palladium des sittlichen Staats erheben. Diese Feststellung gilt für alle Fraktionen und Gruppierungen der Bourgeoisie, die während der Revolution politische Macht errangen, für alle ihre Phasen einschließlich der Jakobinerdiktatur; dies macht ja den Klassencharakter der bürgerlichen Revolution aus. Eine der Hauptursachen ihrer Stoßkraft und Siege lag darin begründet, dass die industriell-dynamischen Produktivkräfte Frankreichs bereits genügend entwickelt waren, um die agrarische Produktionsweise und die auf ihr beruhende statische Ständeordnung abzulösen, andererseits jedoch der Antagonismus der entstehenden kapitalistischen Klassengesellschaft erst im Keim vorhanden und unausgereift war: Der dritte Stand, der Besitzende und Besitzlose einschloss, vermochte es daher, die Feudalität gemeinsam zu beseitigen und trotz aller latenten Widersprüche und sozialen Interessengegensätze bis zum Sturz des Königtums einheitlich zu handeln. Unter den gesellschaftlichen Bedingungen des späten 18. Jahrhunderts vermochten die Unterklassen nicht, die politische Macht an sich zu reißen; nur die Bourgeoisie war imstande, die Revolution anzuführen, zu vollenden und dadurch die Weiterentwicklung der gesamten Gesellschaft zu ermöglichen. Die Volksmassen, die alle Schlachten der Revolution schlugen und ohne deren aktives Eingreifen keine Überwindung der alten Mächte möglich gewesen wäre, wurden von der Bourgeoisie nach erkämpftem Sieg zurückgewiesen und um ihren Anteil gebracht.

(Walter Grab (Hg.), Die Französische Revolution – Eine Dokumentation, München 1973, S. 11 f.)

M 4 Der deutsche Historiker Ernst Schulin zur Französischen Revolution

Die Französische Revolution hat das, was schon der fortschrittliche Absolutismus wollte, aber nicht erreichte, geschaffen: nämlich den festen, einheitlichen zentralen Regierungsapparat, der alle Umstürze des 19. Jahrhunderts überlebte und der das eigentliche stabile, „konservative" Element des Staates war. Mit diesen beiden, nämlich mit der politischen Demokratie und der Zentralregierung, hängt zusammen der moderne Nationalismus, die allgemeine Schulpflicht, die allgemeine Wehrpflicht und dergleichen.

Für die Landwirtschaft – lange, in ziemlich auffallendem Grade auch noch heute das Rückgrat Frankreichs – bedeutete die Französische Revolution das Ende der feudalen Strukturen. Frankreich wurde, was sich in langer Entwicklung angebahnt hatte, ein Land von selbstständigen bäuerlichen Kleinbesitzern oder freien Pächtern. Diese Stärkung des bäuerlichen Mittelstandes (denn es kam kaum zu großen Gütern, der Landerwerb durch das Bürgertum führte keineswegs zu kapitalistisch ausgenutztem Großgrundbesitz) ist kaum zu überschätzen in ihrer stabilisierenden, beruhigenden, konservativen Wirkung.

Die politisch bestimmende Gesellschaftsschicht war seither das Bürgertum in seinem schwer abzugrenzenden Umfang. Wenn man sagt, das „reiche Bürgertum" oder das „kapitalistische", ist das schon zu abgegrenzt. Sein bestimmtes Interesse, nämlich die Sicherung des Eigentums, die Freiheit für die wirtschaftliche Unternehmung und für den sozialen Aufstieg, ist aber seit 1789 zu erkennen. Es ist zu erkennen in der Abschaffung der Stände einerseits, in der Begrenzung des Weges zur radikalen Demokratisierung andererseits. Es würde zu weit gehen, in der Beendigung des Terrors, in der Unterstützung des Direktoriums und dann, als das Direktorium terroristisch zu werden drohte, des Konsulats von Bonaparte allein ein Klasseninteresse zu sehen. Eine weit über die Klasse hinausgehende allgemeinmenschliche Furcht hat solche radikalen Entwicklungen verhindert. Aber zugute gekommen ist diese Furcht dem Bürgertum sicherlich, dem Bürgertum als der größten Macht des 19. Jahrhunderts. In allen französischen Revolutionen dieses Jahrhunderts hat es sich deutlich durchgesetzt.

So viel zu Frankreich. [...] Ich kann nur noch einmal betonen: Die französische Entwicklung des 19. Jahrhunderts wäre vielleicht nicht so sehr viel anders verlaufen, wenn die Revolution mit der ersten Phase beendet oder gegen die Koalition 1793 gescheitert wäre. Wohl aber die europäische. Das „Ancien Régime" wurde in den Niederlanden, in der Schweiz, in italienischen und deutschen Staaten, in Spanien und weniger stark oder mittelbar auch in allen übrigen Ländern durch die Heere der Französischen Revolution und dann Napoleons zerstört oder wenigstens in einer Weise geschwächt, wie das sonst nicht geschehen wäre. Allerdings, wie schon Robespierre wusste: Bewaffnete Missionare liebt man nicht. Die Revolutionsideen wurden dadurch beeinträchtigt und degradiert. Der Aufruf von Gegenkräften war gegen das Militärkaisertum einfacher – jedenfalls moralisch, nicht militärisch – als gegen die Revolution.

Das europäische Bürgertum wollte liberal sein wie das französische, es wollte die Errungenschaften der ersten Phase der Französischen Revolution haben, also Verfassung, konstitutionelle Monarchie. Aber der Liberalismus war diskreditiert als gewaltsamer französischer Import. Der Nationalismus – auch er in Frankreich in der Gefahrenzeit in seinem modernen Sinne entstanden – war, als Gegenkraft gegen Napoleons Universalreich, weit stärker. Er wurde, ob für oder dann auch gegen die alten Gewalten (etwa in Österreich), zur wirkungsvollsten Ideologie des 19. Jahrhunderts. Er konnte sich verbinden mit dem Interesse an einer starken zentralen Regierung eines Großstaates, denn das Industriebürgertum hatte dieses Interesse schon aus wirtschaftlichen Gründen. Glücklich, wenn diese nationale Einheitsbildung gegen das Ancien Régime der bisher herrschenden Fürsten durchgesetzt werden konnte; wie es zum guten Teil in Italien geschah, wo man sie als Fremde verjagen konnte. Weniger glücklich, weniger im Sinne des Liberalismus und seiner Verfassungsidee, wenn es wie in Deutschland mit den alten Mächten geschah.

(Ernst Schulin, Die Französische Revolution, München [2]1989, S. 252f.)

M 5 Der deutsche Historiker Willi Paul Adams zur amerikanischen Revolution

Die Gründung des amerikanischen Nationalstaates war neben der Französischen Revolution das folgenträchtigste Ereignis der politischen Entwicklung des europäisch-amerikanischen Raumes im 18. Jahrhundert. Die staatliche Verselbstständigung der Amerikaner beruhte auf wirtschaftlichen, sozialen und im engeren Sinn des Wortes politischen Vorgängen in Europa. Von den ersten Siedlungen der Europäer bis hin zur Unabhängigkeit und darüber hinaus ist die Gesellschaft der Weißen in Nordamerika in Louis Horts' treffendem Ausdruck zunächst einmal ein „Fragment Europas" gewesen. Investitionen aus Europa, die Bereitschaft von Europäern, auf dem neuen Kontinent zu siedeln, und die erfolgreiche Selbstbehauptung der Kolonisten innerhalb des britischen Welthandelsreiches hatten die Europäer in Amerika im Laufe von anderthalb Jahrhunderten eine Gesellschaft entwickeln lassen, die für die Zeitgenossen überraschend früh einen dauerhaften Nationalstaat gründete. Grundlage ihrer wachsenden Prosperität war der unverminderte Bedarf an amerikanischen Erzeugnissen in ganz Europa. Und schließlich hat allein die Rivalität der europäischen Großmächte – vor allem die Konkurrenz Frankreichs und Englands um die Vorherrschaft auf dem nordamerikanischen Kontinent – die militärische und diplomatische Behauptung der Unabhängigkeit ermöglicht. Mit der vertraglichen Beendigung des Siebenjährigen Krieges hätte Frankreich 1763 Nordamerika bis zum Mississippi Großbritannien überlassen müssen. [...]

In Amerika kämpften übergesiedelte Europäer mit militärischer Unterstützung mehrerer europäischer Mächte um ihre Selbstbestimmung. Ihr Widerstandswille war zudem Teil der Entschlossenheit einer bereits prosperierenden einheimischen Mittelklasse, die ungehinderte weitere Entwicklung ihres Wohlstandes zu verteidigen. Das Besondere an der zur Revolution führenden „relativen Deprivation" der breiten Mittelklasse nach 1763 war, dass sie noch nicht erlitten, sondern als Folge der nun einsetzenden strikteren britischen Kolonialpolitik lediglich befürchtet wurde. Der Widerstand gegen das Zucker- und Steuermarkengesetz von 1764/65, der einem steuerzahlenden Engländer unverhältnismäßig heftig erscheinen musste, zeigte an, dass ein großer Teil der Kaufmannsschicht, der Politiker und der breiten Bevölkerung nicht länger bereit war, wirtschaftliche Interessen der Kolonien denen des Mutterlandes unterzuordnen. Eine echte Adelsklasse, die ihr Geschick etwa mit dem der englischen identifizierte, gab es in den Kolonien nicht. Die Amerikanische Revolution war voll und ganz eine bürgerliche: Große Teile der Ober- und Mittelklasse bürgerlicher Kolonialeuropäer beteiligten sich an der gewaltsamen Übernahme der Macht. Zu einem Zusammenbruch der Gesellschaftsordnung und einer sozialen Umwälzung führte der Kampf um die Unabhängigkeit deshalb nicht.

Ist es daher heute sinnvoll, von einer amerikanischen „Revolution" zu sprechen? Die Frage wird außerhalb des englischen Sprachbereichs des Öfteren aufgeworfen. Eine Sprachregelung, die etwa auf der Bezeichnung „Unabhängigkeitskrieg" bestünde, wäre jedoch nur sinnvoll, wenn der Begriff „Revolution" in der Zwischenzeit zu einem sozialwissenschaftlich analytischen präzisiert worden wäre und seine Verwendung falsch sein könnte, weil sie vorauszusehende Missverständnisse auslöste. Eine derartige Präzisierung des Begriffs hat sich aber bis heute nicht durchgesetzt. Es gibt deshalb keinen zwingenden Grund, Unabhängigkeitsbewegung und Staatsgründung der Amerikaner nicht zu den beiden Revolutionen höchst unterschiedlicher Art zu zählen, die in der zweiten Hälfte des 18. Jahrhunderts das Zeitalter der Kämpfe um die Institutionalisierung der Souveränität des Volkes im modernen Verfassungsstaat eingeleitet haben. [...]

(Willi Paul Adams, Revolution und Nationalstaatsgründung 1763–1815; in: Ders. (Hg.), Die Vereinigten Staaten von Amerika, Fischer Weltgeschichte, Bd. 30, Frankfurt a. M. (FTB) 1977, S. 22ff.)

M 6 Der Historiker Hans-Christoph Schröder zur Bedeutung der Amerikanischen Revolution

[...] das umfassende Verständnis für den revolutionären Charakter der Ereignisse in Amerika und für ihre weltgeschichtliche Bedeutung ergibt sich erst dann, wenn man sie als Verfassungsrevolution begreift. Ihre in den Schemata und Kriterienkatalogen der Sozialwissenschaftler nur unzureichend berücksichtigte Eigentümlichkeit bestand darin, ohne grundlegende Veränderung der Eigentums- und Gesellschaftsordnung, ohne vollständigen Austausch der herrschenden Klasse und selbst unter Beibehaltung der meisten schon bestehenden Verfassungselemente eine radikale Neubegründung von „government" vorzunehmen. Die Entscheidung des Zweiten Kontinentalkongresses, dass sich „government" auf die „Autorität des Volkes" zu gründen habe, bedeutete für sich genommen eine revolutionäre Neuerung; wurde doch hier, obgleich im politischen System der amerikanischen Kolonien das demokratische Element bereits relativ stark gewesen war, zum ersten Mal die Volkssouveränität zum Fundament staatlicher Ordnung gemacht. In seinen Gesprächen mit König Maximilian II. von Bayern im Jahre 1854 konstatierte Leopold von Ranke: „Dies war eine größere Revolution, als früher je eine in der Welt gewesen war, es war eine völlige Umkehrung des Prinzipes. Früher war es der König von Gottes Gnaden, um den sich alles gruppierte, jetzt tauchte die Idee auf, dass die Gewalt von unten aufsteigen müsse. [...] Diese beiden Prinzipien stehen einander gegenüber wie zwei Welten, und die moderne Welt bewegt sich in nichts anderem als in dem Konflikt zwischen diesen beiden."

Die Amerikanische Revolution erhob den Gedanken, „dass die öffentliche Gewalt von denen ausgehen muss, über die sie ausgeübt wird", zum konstitutiven Prinzip. Sie zerstörte nicht nur die bestehende Verfassungsordnung, sondern schuf eine völlig neue Legitimationsgrundlage politischer

Herrschaft. Das Revolutionäre lag aber nicht allein in der Proklamierung und Begründung, sondern, wie besonders Palmer betont hat, in der praktischen Verwirklichung des Prinzips der Volkssouveränität. Es bestand darin, dass das Konzept vom „Volk als der konstituierenden Gewalt“ im Zusammenhang mit einer prinzipiellen Auseinandersetzung über die Grundlagen von Staat und Gesellschaft allmählich realisiert und unter dem Einfluss der gegen England gerichteten Lösungen von unten her durchgesetzt wurde. [...]

Die innovatorischen und beispielgebenden Hervorbringungen der Amerikanischen Revolution lagen denn auch ganz überwiegend auf dem konstitutionellen Gebiet. Ihre Hauptleistung bestand in der Durchsetzung des modernen Verfassungsstaats, in der Einführung des Verfassungskonvents als der Form, in der das Volk als der dem Gesetzgeber überlegene Verfassungsgeber und Souverän tätig wird. Sie führte zu einer klaren Trennung von Gesetz und Verfassung, gesetzgebender und verfassungsgebender Versammlung. Sie verwirklichte mit den „Bills of Rights“ die Idee unveräußerlicher Grundrechte, die auch dem Zugriff des demokratischen Gesetzgebers entzogen sind. Mit dem Gedanken der Machbarkeit von Verfassungen und ihrer Revidierbarkeit im Lichte von Erfahrungen oder aufgrund eingetretener Veränderungen offenbarte sie ein modernes Weltverständnis und stellte sie sich in direkten Gegensatz zu den englischen Verfassungsvorstellungen, wo gerade von radikaler Seite der Gedanke einer unveränderlichen Verfassungsordnung vertreten wurde. Mit den Revisionsklauseln in den meisten Verfassungen gab es eine Art von ‚eingebautem Wandel‘, der sich etwa bei Jefferson und Paine auch aus der Vorstellung herleitete, dass jede Generation über sich selber neu zu entscheiden habe und nicht mit dem Ballast vorangegangener Generationen belastet werden dürfe.

(Hans-Christoph Schröder, Die amerikanische Revolution, München (Beck) 1982, S. 199ff.)

Thomas Jefferson (1743 – 1826), Verfasser der amerikanischen Unabhängigkeitserklärung und 3. Präsident der USA

Zusammenfassen, Üben und Darstellen

Auf der Schwelle zur Moderne – Die großen Revolutionen um 1800: England, Amerika, Frankreich

Kernbegriffe:
- ★ Sattelzeit
- ★ Moderne
- ★ Demokratie
- ★ Wahlrecht
- ★ Parlamentarisierung
- ★ Bill of Rights
- ★ Revolution
- ★ Unabhängigkeitskrieg
- ★ Nationalversammlung
- ★ Erklärung der Menschenrechte
- ★ Konventsherrschaft
- ★ Konstitutionelle Monarchie

Info, S. 238f.
1. Erläutern Sie die Begriffe „Sattelzeit" und „Moderne". Stellen Sie dar, inwiefern es sich bei der „Moderne" sowohl im 18. Jahrhundert wie auch heute um ein umstrittenes Konzept handelt. Versuchen Sie, eine Bewertung aus Ihrer persönlichen Sicht zu formulieren.

Info, S. 243–251
2. Erarbeiten Sie den chronologischen Ablauf der englischen Parlamentsgeschichte arbeitsteilig und stellen Sie Ihre Ergebnisse dem Kurs in Kurzvorträgen vor. Unterstützen Sie Ihre Kurzvorträge durch geeignete Visualisierungen, wie z. B. Zeitleisten.

Info, S. 243–251
3. Erläutern Sie die Formulierung im Infotext: „England ist also das Mutterland des Parlaments, nicht der Demokratie" (S. 243), indem Sie die Prozesse der „Parlamentarisierung" und der „Demokratisierung" in der englischen Geschichte systematisch zueinander in Beziehung setzen.

Info, S. 252–261
4. Stellen Sie die Ursachen und den Verlauf der Amerikanischen Revolution in einer Powerpoint-Präsentation dar.

Info, S. 257–259
5. Übertragen Sie die grafische Darstellung der amerikanischen Verfassung von 1789 (S. 258) auf ein Plakat oder eine Folie. Erläutern Sie in einem Vortrag die wesentlichen Elemente der Verfassung sowie die Überlegungen, auf denen sie beruhen.

Info, S. 254–261
6. Erörtern Sie, welche der beiden Bezeichnungen für die Ereignisse von 1764 bis 1789 in Amerika angemessener ist: „Unabhängigkeitskrieg" oder „Revolution"?

Info, S. 263f.
7. Stellen Sie die Ursachen der Französischen Revolution in einer Mindmap dar.

Info, S. 262–279
8. Erarbeiten Sie in Kleingruppen den Verlauf der verschiedenen Phasen der Französischen Revolution (Übersicht im Infotext, S. 265f.). Arbeiten Sie heraus, welche Entwicklungen und Ereignisse diese Phasen jeweils charakterisieren können und auf welche sozialen Gruppen oder politischen Kräfte sich die revolutionäre Politik jeweils stützte. Präsentieren Sie Ihre Ergebnisse dem Kursverband.

Info, S. 269–271
9. Stellen Sie die Faktoren, die zu einer Radikalisierung der Revolution in den Jahren 1791/92 führten, in einer Mindmap dar.

Info, S. 271–274
Thema, S. 299ff.
10. Benennen Sie die wesentlichen Elemente der jakobinischen Politik zur Zeit der Konventsherrschaft (1792–1794) und erläutern Sie, in welchem Zusammenhang sie zueinander standen.

Info, S. 274ff.
Thema, S. 299ff.
11. Kann der „Terror" der Bergpartei in den Jahren 1792–1794 gerechtfertigt werden? Stellen Sie verschiedene Erklärungs- und Urteilsansätze zur Frage der Gewalt in der Französischen Revolution dar. Erarbeiten Sie anschließend arbeitsteilig verschiedene Positionen zu dieser Frage und diskutieren Sie sie zum Beispiel in Form einer Podiumsdiskussion mit verteilten Rollen.

Thema, S. 280ff.
12. Nennen Sie die wesentlichen Grundsätze der Menschen- und Bürgerrechte.

Thema, S. 286ff.
13. Erläutern Sie die Begriffe „Gewaltenteilung" und „Souverän".

Thema, S. 292ff.
14. Beschreiben Sie die Rolle der Frau in der Französischen Revolution.

Info, S. 240ff.
15. Vergleichen Sie systematisch den Ablauf und die innere Dynamik der Revolutionen miteinander: Lassen sich gemeinsame Verlaufsmuster erkennen? Gibt es jeweils typische Besonderheiten oder Akzentuierungen?

Info, S. 238–279
Forum, S. 308ff.
16. Arbeiten Sie die jeweils besondere Leistung und historische Bedeutung der Englischen, Amerikanischen und Französischen Revolutionen heraus. Gewichten und bewerten Sie diese Leistungen im Vergleich.

Klausurtraining

Interpretation einer sprachlichen Quelle mit gegliederter Aufgabenstellung

Aufgabenstellung

Interpretieren Sie die Quelle, indem Sie

1. den Text analysieren;
2. die Grundhaltung, die darin zum Ausdruck kommt, und die verwendeten Denkmuster im historischen Kontext erläutern;
3. begründet zu den Ausführungen des Autors J. Roux Stellung nehmen.

Materialgrundlage

M Jacques Roux: Das „Manifest der Enragés", 25. Juni 1793 vor dem Nationalkonvent

Zum Autor: Jacques Roux (1752–1794), ehemaliger Priester und ein Jakobiner, beteiligte sich in der Anfangsphase der Revolution an der Zerstörung einiger Adelsschlösser. Er war der Sprecher der Sektion der „Gravilliers", eines Pariser Stadtviertels, und führte Ludwig XVI. zur Guillotine. 1792 gründete er die „enragés", eine Splittergruppe innerhalb der Jakobiner. Auf Betreiben Robespierres, der Roux' Radikalismus ablehnte, verurteilte man ihn im Januar 1794 zum Tode. Er beging im Kerker Selbstmord.

Abgeordnete des französischen Volkes!
Hundertmal hat dieser geheiligte Saal von den Verbrechen der Egoisten und Schurken widergehallt; immer wieder habt ihr uns versprochen, die Blutsauger des Volkes zu vernichten. Jetzt soll die Konstitutionsakte dem Volkssouverän zur Billigung vorgelegt werden; habt ihr darin die Börsenspekulation geächtet? Nein! Habt ihr die Todesstrafe gegen die Hamsterer ausgesprochen? Nein! Habt ihr festgelegt, worin die Handelsfreiheit besteht? Nein!
[...] Nun denn, so erklären wir euch, dass ihr nicht alles für das Glück des Volkes getan habt.
Die Freiheit ist nur ein leerer Wahn, solange eine Klasse die andere ungestraft verhungern lassen kann. Die Gleichheit ist nur ein leerer Wahn, solange der Reiche kraft seines Monopols über Leben und Tod seiner Mitmenschen entscheidet. Die Republik ist nur ein leerer Wahn, solange die Gegenrevolution tagtäglich am Werk ist, indem sie alle Lebensmittelpreise hinaufschraubt, die von Dreivierteln der Bürger nur unter Tränen aufgebracht werden können.
Und doch, nur wenn man die Erpressermethoden der Geschäftemacherei ausschaltet, hat Handel Anspruch auf Achtung; nur wenn ihr die Lebensmittel für die Sansculotten erschwinglich macht, werdet ihr diese an die Sache der Revolution binden, sie um die Verfassungsgesetze scharen.
Wie? Weil die Politiker, ihrem Auftrag untreu, in unser unglückliches Vaterland die Geißel des auswärtigen Krieges gerufen haben, soll der Reiche uns einen noch schrecklicheren im Inneren erklären dürfen? Weil dreihunderttausend Franzosen, verräterisch hingeopfert, durch das mörderische Schwert der Monarchenknechte umgekommen sind, sollen die, die an ihrem Herd geblieben sind, sich damit begnügen, Steine zu essen? Sollen die Witwen der für die Sache der Freiheit Gefallenen mit barem Gold bezahlen, bis ihnen nicht mehr das Tüchlein bleibt, um ihre Tränen zu trocknen, sollen sie mit barem Gold die Milch und den Honig für die Ernährung ihrer Kinder bezahlen? [...]
Nein, Abgeordnete des Berges, ihr werdet euer Werk nicht unvollendet lassen; ihr werdet den Grund für den öffentlichen Wohlstand legen, die allgemeinen Strafbestimmungen gegen die Spekulation und Hamsterei bestätigen; ihr werdet euren Nachfolgern nicht das schreckliche Beispiel der barbarischen Unterdrückung des Schwachen durch den Starken, des Armen durch den Reichen geben; ihr werdet, schließlich, eure Laufbahn nicht mit Schande beenden.
Als Zeichen dieser unserer festen Überzeugung nehmt hier von uns den erneuerten Schwur entgegen, dass wir bis ins Grab für die Freiheit und

Gleichheit, für die Einheit und Unteilbarkeit der Republik und für die unterdrückten Sansculotten der Departements kämpfen werden.
Mögen sie schnell, mögen sie ohne Säumen nach Paris kommen, die Bande der Brüderlichkeit fest zu knüpfen! Dann werden wir ihnen jene unsterblichen Piken zeigen, die die Bastille in Trümmer gelegt haben, jene Piken, bei deren Anblick der Zwölferausschuss und die Partei der Politiker sich in Fäulnis aufgelöst haben, jene Piken, die kurzen Prozess machen werden mit den Intriganten und Verrätern, unter welcher Maske sie sich auch verstecken, in welchem Lande sie auch leben mögen. Wir werden sie zum Fuß jener jungen Eiche führen, unter der die Marseiller und die Sansculotten der Departements [...] den Eid leisteten, den Thron umzustürzen. Wir werden sie schließlich in den Gesetzestempel geleiten, wo wir ihnen mit republikanischer Hand die Seite zeigen werden, die den Tyrannen retten wollte, und den Berg, der für seinen Tod stimmte.
Es lebe die Wahrheit, es lebe der Nationalkonvent, es lebe die Französische Republik!

(Zit. nach: Walter Grab (Hg.), Die Französische Revolution – Eine Dokumentation, München 1973, S. 163f., 170f.)

Liberalismus und Nationalismus in Deutschland und Europa (1806–1871)

Sie wurde in der Aufklärung entwickelt, in der Französischen Revolution verwirklicht und von der napoleonischen Armee in Europa verbreitet: die Idee der „Nation".
„Nation" – darunter verstand man die Gemeinschaft freier Bürger. Die Nation als politischer Ausdruck eines freien Volkes – das war für viele Menschen im Europa des beginnenden 19. Jahrhunderts noch eine weit entfernt liegende Utopie. Weithin beherrschten noch die Fürsten auf der Grundlage des monarchisch-dynastischen Prinzips die Völker und die politische Ordnung. Auf dem Wiener Kongress (1815) wurden diese Machtverhältnisse sogar noch einmal ausdrücklich bekräftigt.
Dennoch entstanden in ganz Europa Nationalbewegungen, so auch in den deutschen Staaten. Ihr – letztlich erfolgreicher – Kampf gegen die Fürstenherrschaft prägte die wechselvolle Geschichte des 19. Jahrhunderts. Heute sind die auf dem Gedanken der Nation beruhenden „Nationalstaaten" das fundamentale Prinzip der staatlichen und gesellschaftlichen Ordnung in Europa.

Berlin 18./19. März 1848:
Barrikadenkämpfe gegen die preußische Armee
(zeitgenössische Lithografie)

Auf einen Blick

Liberalismus und Nationalismus in Deutschland und Europa (1806–1871)

Info S. 323

Nationalstaatsgedanke und Nationalismus in Europa

1. Idee und Problematik des Nationsbegriffs im „langen" 19. Jahrhundert S. 323
- „Nation" und „Nationalismus": Ambivalente Assoziationen
- „Nation" und „Nationalismus": Historische Ursprünge
- Der liberale Nationalismus – ein gesamteuropäisches Phänomen
- Realisierungsprobleme
- Der „Januskopf" des Nationsgedankens
- Das „lange" 19. Jahrhundert: Ein Epochenbegriff … und ein chronologischer Überblick

2. Die Entwicklung des Nationalstaatsgedankens im Europa des frühen 19. Jahrhunderts S. 327
- Die Bedeutung der napoleonischen Kriege
- Der Wiener Kongress und die Politik der Restauration

3. Das Beispiel Polen: Vom Teilungstrauma zur Nation S. 333
- Teilungstrauma und polnische Nationalbewegung
- Die polnischen Teilungen
- Die polnische Nationalbewegung

4. Das Beispiel Italien: Die Wiedergeburt der Nation S. 336
- Risorgimento
- Wiener Kongress und Restauration
- Die Revolutionszeit
- Konservative oder revolutionäre Einigung?
- Ungelöste Fragen

5. Das Beispiel Deutschland: Die Politisierung der Kulturnation S. 340
- Frühe Formen des Nationalismus in Deutschland
- Der Protest gegen die napoleonische Hegemonie und die nationale Ideologie
- Die Wirkung der Befreiungskriege
- Die Restaurationszeit
- Der Vormärz

6. „Einheit und Freiheit": Die Märzrevolution 1848 S. 344
- Die Revolutionen des Jahres 1848 als europäisches Phänomen
- Der Stellenwert der „Märzrevolution" von 1848/49 in der deutschen Geschichte
- Wirtschaftliche und soziale Ursachen der Revolution
- Träger und Ziele der Revolution in den deutschen Staaten
- Die Anfangserfolge der Revolution: Das „tolle Jahr"
- Die Wahl der Frankfurter Nationalversammlung: Die Institutionalisierung der Revolution
- Die Aufgaben und Streitfragen der Nationalversammlung
- Revolution und Reaktion: Das Erstarken der gegenrevolutionären Kräfte
- Das Scheitern der Nationalversammlung und der Sieg der gegenrevolutionären Kräfte
- Warum scheiterte die Revolution?
- Die Bilanz der Revolution

7. Vom liberalen zum integralen Nationalismus S. 357
- Die Zeit der Reaktion
- Einheit und Freiheit – zwei Ideen trennen sich

Germania (Gemälde für die Nationalversammlung in der Frankfurter Paulskirche, 1848)

Thema S. 358

Die preußischen Reformen – Motive einer „Revolution von oben"

Mit den „preußischen Reformen" in den Jahren 1807 bis 1814 wurden die staatlichen und gesellschaftlichen Verhältnisse in Preußen grundlegend umgewälzt. Diese revolutionären Veränderungen geschahen aber nicht auf Druck der Bevölkerung, sondern wurden vom König Friedrich Wilhelm III. selbst initiiert. Welche Motive bewegten den preußischen König zu dieser „Revolution von oben"?

Thema S. 362

Freiheit, aber welche? – Forderungen und Ziele der Revolutionäre

Wie schwierig es ist, politische, gesellschaftliche und auch wirtschaftliche Weichen für die Zukunft des eigenen Staates, der als Staat noch nicht einmal existiert, zu stellen, wenn verschiedene gesellschaftliche Gruppen mit ganz unterschiedlichen Problemen und Forderungen aufeinandertreffen, zeigt sich am Beispiel der 48er-Revolution in Deutschland. Natürlich hatte der Arbeiter ganz andere Vorstellungen als der Journalist, einig waren sie sich vor allem nur darin, dass die absolute Fürstenherrschaft gebrochen werden müsste und dem Volk mehr Mitsprache gegeben werden sollte. Die Forderungen verschiedener revolutionärer Akteure zeigen sehr deutlich die unterschiedlichen Zielsetzungen, an denen sich aber auch die von der Nationalversammlung letztendlich ausgearbeitete Verfassung mit ihrem Grundrechtekatalog messen lassen muss.

Thema S. 366

Politische Emanzipation und Partizipation auch für Frauen?

1848 begehrten überall im Deutschen Bund Männer auf und forderten gesellschaftliche und politische Partizipation im Staat – als mündige Bürger. Die Begeisterung für liberale Ideale und die demokratische Bewegung ergriff auch etliche Frauen – dies umso mehr, als für sie gleichsam ein doppelter Emanzipationsbedarf bestand: nicht nur von der Autorität der Monarchen, sondern auch von der ihrer Ehemänner. Sie mussten jedoch schon bald erkennen, dass die neuen Bürgerrechte als Männerrechte von Männern für Männer eingefordert wurden. Gegenstand des Themas ist die Frage, wie Frauen im Gefolge der demokratisch-liberalen Ideale der 1848er-Zeit ihre Rolle definierten und welche Grenzen diese Neudefinition hatte.

Thema S. 370

Hohn und Spott im Kampf um die öffentliche Meinung – Zeitgenössische Karikaturen zur Revolution

Nach der Aufhebung der Karlsbader Beschlüsse entstand in allen deutschen Staaten eine politische Öffentlichkeit. Eine Vielzahl von Druckschriften aller Art, in denen die verschiedenen Kräfte der Revolution und Gegenrevolution politische Meinungsbildung betrieben, schossen aus dem Boden. Ein einflussreiches neues Medium der tagespolitischen Auseinandersetzung stellte dabei die Karikatur dar, die über Flugschriften und Zeitungen weite Verbreitung fand. Mit ihrer Hilfe konnten ohne Lesekenntnis – immerhin waren zur Zeit der Revolution 1848/49 etwa 60 Prozent der Menschen Analphabeten – politische Entwicklungen mit aller Schärfe kommentiert und kritisiert werden.

Methode S. 371

Karikaturen interpretieren

Thema S. 377

„Deutschland, einig Vaterland" – Was macht den Aufbruch zur deutschen Nation und einem eigenen Nationalstaat so schwierig?

Aus „34 Fürsten" „eine Republik" zu schaffen – so lautet die plakative und ansprechende Schlagzeile der Offenburger Flugschrift, die anlässlich der großen Versammlung von nahezu 20 000 Menschen gedruckt worden war. Doch so einfach, wie diese Worte es suggerieren, konnte das Unterfangen, die territorialen Grenzen eines deutschen Nationalstaates zu bestimmen, nicht sein. Da war zum einen die große Frage, was mit der deutschsprachigen, jedoch von vielen anderen Völkern wie Ungarn, Tschechen oder Slowenen bewohnten Habsburger-Monarchie Österreich-Ungarn geschehen sollte. Da waren zum anderen die Grenzgebiete im Norden, Osten und Süden des noch bestehenden Deutschen Bundes, wo Deutsche lebten, deren Einverleibung aber zwangsläufig zu Konflikten mit anderen europäischen Staaten und vor allem auch Russland führen musste. Die Sprengkraft dieser Problematik lässt sich am Beispiel der Debatte um das Großherzogtum Posen exemplarisch verdeutlichen.

Forum S. 382

Die Revolution von 1848/49 – Expertenurteile heutiger Historiker

Der „Spiegel" erinnerte anlässlich des 150-jährigen Jubiläums an die deutsche Revolution von 1848 mit einem äußerst umstrittenen Cover. Über den Revolutionären, von denen Hunderte im März 1848 ihr Leben für eine gute Sache verloren, thronen Otto von Bismarck, Kaiser Wilhelm II. und ganz in der Mitte Adolf Hitler. Jedem Betrachter wird damit nahegelegt, dass die Deutschen auf ihre erste Revolution nicht stolz sein können, so wie etwa die Franzosen auf die Französische oder die Amerikaner auf die Amerikanische Revolution, die den Weg in die Unabhängigkeit vom englischen Mutterland und in eine Demokratie ebnete, deren Verfassung vielen Staaten als Modell im 20. Jahrhundert diente und noch heute nichtdemokratischen Staaten dienen soll.
Bis 1989 litt man unter dem Scheitern der Revolution von 1848, in der das liberale Bürgertum „versagt" hatte. Ganz anders erscheint das in der neueren Forschung, die eine neue Stufe der deutschen Demokratie in ihre historische Bilanz einbeziehen kann: nämlich die Stufe nach der Wiedervereinigung der BRD und der DDR im Jahr 1990, auf den Weg gebracht durch „die" deutsche – und friedliche – Revolution von 1989.
Gerade die Auseinandersetzung mit Forschungstexten der jüngsten Zeit zur 1848er-Revolution ist interessant. Zum einen schärft sie den Blick auf eine äußerst differenzierte Beurteilung und Bewertung dieser Revolution, zum anderen gibt sie Anstoß, sich über die Standort- und Zeitgebundenheit der Aussagen über die Geschichte Gedanken zu machen.

Nationalstaatsgedanke und Nationalismus in Europa

1. Idee und Problematik des Nationsbegriffs im „langen" 19. Jahrhundert

„Nation" und „Nationalismus": Ambivalente Assoziationen

„Nation" und „Nationalismus" – das sind heute geläufige Begriffe. Aber sie sind mit sehr unterschiedlichen, ja gegenläufigen Assoziationen und Gefühlen verbunden. Manche verbinden mit ihnen Patriotismus, Vaterlandsliebe oder Heimatverbundenheit; in internationalen Wettkämpfen fiebern viele mit den Kandidaten, Sportlern oder Mannschaften der eigenen Nation. Für andere haben diese Begriffe den Geschmack der Überheblichkeit, der Abgrenzung gegenüber den Anderen und Fremden. Besonders nach den Erfahrungen mit übersteigerten Nationalismen in der Geschichte, wie dem antisemitischen Nationalsozialismus in Deutschland oder den Bürgerkriegen im ehemaligen Jugoslawien, denken viele an Rassismus, Vertreibung und Völkermord. Tatsache ist, dass die europäische Staatenordnung seit den vergangenen beiden Jahrhunderten wesentlich auf dem Prinzip der Nation beruht und in „Nationalstaaten" gegliedert ist. Fundamentale, heute weltweit gültige Prinzipien des Völkerrechts, wie das „Selbstbestimmungsrecht der Völker" oder die „nationale Souveränität", basieren auf der Idee der Nation.

Nation

(von lat. *natio* = das Geborenwerden) ist ein nicht eindeutig definierter Begriff. Im Mittelalter verstand man darunter Bevölkerungsgruppen mit gemeinsamer Abstammung oder Herkunft. In der Neuzeit werden solche Gemeinschaften als „Nationen" bezeichnet, die (a) über gemeinsame Merkmale, wie Herkunft, Sprache, Geschichte oder Kultur, verfügen („Volk", „objektiver Nationbegriff") und die sich (b) dieser Gemeinsamkeiten (im positiven Sinne) bewusst sind („subjektiver Nationbegriff"). Seit der Französischen Revolution gehört der Wille, gemeinsam politisch zu handeln und einen eigenen Staat als politischen Ausdruck der Nation („Nationalstaat") zu gründen, zum Bedeutungsgehalt des Begriffes.

Erst die Zukunft wird zeigen, ob die weltumspannenden Tendenzen der „Globalisierung" die Nationalstaaten als fundamentale Einheiten politischen Handelns und damit auch die „Nation" als Idee unterhöhlen und letztlich vielleicht sogar auflösen werden oder ob im Gegenteil der Nationalismus eine neue Renaissance erleben wird.

„Nation" und „Nationalismus": Historische Ursprünge

Die Idee der „Nation" in ihrem modernen Bedeutungsgehalt wurde in der Zeit der Aufklärung entwickelt. Die Vielzahl der Denkansätze lässt sich – etwas verkürzt und pointiert – so zusammenfassen:
Im Kern verstanden die Aufklärer unter „Nation" die historisch gewachsene, politisch aktive Gemeinschaft eines Volkes. Der prinzipiell gleichberechtigte Zusammenschluss aller (von Natur aus freien und vernunftbegabten) Individuen zur „Nation" schien den Philosophen der Aufklärung eine „vernünftige" Form des gesellschaftlich-politischen Zusammenschlusses zu sein.
Die Idee der Nation entstand deshalb bewusst als Gegenmodell zu den damals gültigen – nach Ansicht der Aufklärer – „unvernünftigen" Strukturen der ständischen Gesellschaftsordnung und des monarchisch-dynastischen Herrschaftssystems. Während Letztere – wie-

der nach Ansicht der Aufklärung – die Individuen bevormundeten und in Unmündigkeit hielten, versprach die Idee der Nation im Gegenteil zur Emanzipation und Entfaltung der Individuen beizutragen.

Politische Sprengkraft entwickelte die Idee der Nation in einer zentralen Machtfrage: Wer sollte das Recht zur Gründung und Leitung eines Staates haben? Die sich auf das metaphysische Argument des „Gottesgnadentums“ berufenden Fürsten (Fürstensouveränität) oder das sich auf die Idee der „Nation“ berufende Volk (Volkssouveränität)? Nicht ein angeblich von Gottes Gnaden bestimmter Herrscher, sondern die Gemeinschaft aller Bürger sollte die Grundlage des Gemeinwesens sein. Nur diese Gemeinschaft, die Nation, sollte die legitime Grundlage staatlicher Gewalt, der staatliche Souverän, sein. Damit war der Gedanke der Nation von vorneherein mit dem Gedanken des „Nationalstaates“ verbunden.

Liberalismus

Und er hatte von vorneherein eine Zwillingsschwester: den Liberalismus. Wie der Nationalismus hatte der Liberalismus seine geistigen Wurzeln in der Aufklärung. Als politische Grundströmung stellte er die Freiheit des Individuums gegen alle gesellschaftliche und politische Bevormundung als zentralen Wert in den Mittelpunkt seiner Weltanschauung. Als wirtschaftlicher Liberalismus wandte er sich gegen staatliche Reglementierungen der Wirtschaftstätigkeit, als politischer Liberalismus gegen politische Entmündigung und für politische Mitbestimmungsrechte.

Gemeinsame Frontstellung von Liberalismus und Nationalismus

Nationalismus und Liberalismus trafen sich also in der Ablehnung des seit Jahrhunderten in Europa gültigen monarchisch-dynastischen Herrschaftsprinzips und in dem gemeinsamen Ziel einer auf der Gemeinschaft der „Nation“ gründenden staatlichen Gewalt. Allerdings darf man diese Zielvorstellung zu Beginn des 19. Jahrhunderts nicht mit unserem heutigen Verständnis eines demokratischen Nationalstaats verwechseln: Wie weitreichend die politischen Mitbestimmungsrechte sein sollten, war damals umstritten. Die Mehrheit der Liberalen befürwortete ein eingeschränktes, auf bestimmte Bevölkerungsgruppen (besitzende und/oder gebildete Schichten, Männer) beschränktes Wahlrecht. Auch billigte die Mehrheit der liberalnationalistischen Denkansätze den Fürsten noch eine bedeutende Rolle als zentrale Exekutive zu. Ihre ersten spektakulären Erfolge erreichte die Zusammenarbeit von Nationalismus und Liberalismus im amerikanischen Unabhängigkeitskrieg und dann vor allem in der liberalen Phase der Französischen Revolution mit dem Sturz der absolutistischen Monarchie, der Verkündung der Erklärung der Menschenrechte und der Verabschiedung einer wesentlich auf dem Gedanken der Nation beruhenden Verfassung.

Der liberale Nationalismus – ein gesamteuropäisches Phänomen

Europäische Nationalbewegungen

Dieser Erfolg strahlte für lange Zeit und weithin aus: Der Aufstieg des Nationalismus wurde in der ersten Hälfte des 19. Jahrhunderts zu einem gesamteuropäischen Phänomen. Durch die

Nationalstaat

Bezeichnung für solche Staaten, die sich als Ausdruck einer politisch handelnden Nation verstehen. Im 19. Jahrhundert entstanden einige Nationalstaaten (z. B. Frankreich) in den Grenzen und auf dem Territorium der frühneuzeitlichen „Territorialstaaten“, die das mittelalterliche, Gemeinschaft stiftende Prinzip der dynastischen Herrschaft durch ein zusammenhängendes Herrschaftsgebiet ergänzt hatten. In diesen Fällen bildeten sich Nationalstaaten durch gemeinsames Handeln von „Staatsbürgernationen“ auf einem vorhandenen Staatsgebiet. In anderen Fällen (z. B. Deutschland vor 1871) verfügten sogenannte „Kulturnationen“ zwar über ein gemeinsames Nationalbewusstsein, aber nicht über einen gemeinsamen Nationalstaat. In wieder anderen Fällen (z. B. Österreich-Ungarn) lebten mehrere Nationen in einem gemeinsamen Staat („Vielvölkerstaat“). Heute scheint die Zukunft der Nationalstaaten widersprüchlich: Einerseits wird ihre Bedeutung und Handlungsfähigkeit durch die Prozesse der Globalisierung ausgehöhlt, sodass manche Wissenschaftler bereits vom „Ende des Nationalstaats“ sprechen. Andererseits scheint die Popularität des Konzepts, wie z. B. die vielen neuen Nationalstaatsgründungen in Osteuropa zeigen, ungebrochen.

napoleonischen Eroberungen verbreitete sich der liberal-nationale Gedanke – teils durch, teils gegen die französische Armee – in ganz Europa. Der 1820 ausbrechende Kampf liberaler Bewegungen in Spanien und Italien, der griechische Aufstand gegen die türkische Besatzungsmacht seit 1821, der polnische Adelsaufstand gegen die russische Fremdherrschaft seit 1830, die Julirevolution in Frankreich sowie dann vor allem die Revolutionen des Jahres 1848 in Frankreich, in den Staaten des Deutschen Bundes, in Österreich-Ungarn, Polen und Italien hielten die Ideen der Freiheit im liberalen und der Einheit im nationalen Sinne in der politischen Öffentlichkeit Europas wach.

Ursachen des Erfolges

So beruhte die Erfolgsgeschichte des liberalen Nationalismus einerseits auch auf der Eigendynamik politischer Ereignisse. Andererseits hatte sie tiefere Ursachen: Modernisierung und Industrialisierung hatten zu einem Zerfall der alten Ordnungen, zu einer Erosion traditioneller Gewissheiten und Identitäten geführt. Dies betraf die „großen" Ordnungssysteme, wie Religion und Kirche, ständische Sozialordnung oder monarchische Regierung, aber auch die „kleinen", lebensnahen Strukturen, wie die ländliche Großfamilie oder die gewachsene Dorfgemeinschaft. Wo überkommene Orientierungsmöglichkeiten sich auflösten oder ins Wanken gerieten, da bot der Nationalismus eine neue Chance, Gemeinschaft zu empfinden, sich zu identifizieren und sich zu orientieren. Es war die starke Identifikationskraft der nationalen Ideen, die ihre Attraktivität für die Menschen im Europa des beginnenden 19. Jahrhunderts ausmachte.

Diese Attraktivität erhöhte sich noch durch ein starkes utopisches Moment. Die Idee einer Gemeinschaft der Nation war historisch neu und unverbraucht. Mit ihrem Konzept des „Nationalstaates" war sie gegen die traditionellen Herrschaftsstrukturen und die vielfältigen von ihnen – angeblich oder tatsächlich – verursachten Probleme gerichtet. Sie verhieß eine „bessere" Zukunft – nicht nur für die Nation insgesamt, sondern auch – durch sie – für die einzelnen Menschen.

Realisierungsprobleme

Fehlende territoriale Einheit

Aber was in Frankreich – jedenfalls zunächst – so erfolgreich funktioniert hatte, erwies sich in anderen Regionen Europas aufgrund anderer historischer Voraussetzungen als komplexeres Problem. In Deutschland etwa hatte der Absolutismus – anders als in Frankreich – keinen geschlossenen Territorialstaat geschaffen. Deshalb bestand zu Beginn des 19. Jahrhunderts keine Übereinstimmung zwischen den sprachlichen und kulturellen Grenzen der „Nation" einerseits und den staatlichen Grenzen andererseits. So konnte die deutsche Nationalbewegung zwar auf gemeinsamen historischen Wurzeln und auf gemeinsamen kulturellen Eigenheiten (vor allem die deutsche Sprache, Literatur und Wissenschaft) aufbauen; eine politische Einheit der – streng genommen vielen verschiedenen – Nationalbewegungen in den durch Grenzen und unterschiedliche Gegebenheiten voneinander getrennten Staaten musste sie jedoch zunächst selbst herstellen.

„Vielvölkerstaat" Österreich-Ungarn

Ein – in gewisser Hinsicht gegenläufiges – Problem bestand in den sogenannten „Vielvölkerstaaten", allen voran Österreich-Ungarn. In den vergangenen Jahrhunderten war hier durch Heiratsdiplomatie, Eroberungen, Zukäufe etc. ein Staatsgebilde entstanden, das eine Vielzahl von Völkern (in der Sicht der Nationalbewegungen: Nationen) umfasste. Die verschiedenen Nationalbewegungen in Österreich-Ungarn drohten das Reich zu sprengen und tatsächlich führten sie zu zunehmenden Spannungen zwischen den verschiedenen Bevölkerungsgruppen. Die berühmten Sätze des österreichischen Kaisers Franz I. „Die Völker – was ist das? Ich kenne nur Untertanen" brachten dieses Problem prägnant auf den Punkt. Mit ihnen wollte Franz I. wohl auch seinen Willen zur Gleichbehandlung aller Untertanen ungeachtet ihrer nationalen Zugehörigkeit betonen. Doch was heute in unserer Zeit angesichts der Globalisierung wieder modern und zeitgemäß klingt, das war damals vor allem als Abwehr der von Nationalismus und Liberalismus geforderten Volkssouveränität und als Bekräftigung des dynastischen Machtanspruchs gegenüber den Nationalbewegungen gemeint.

Der „Januskopf" des Nationsgedankens

Ambivalenz des Nationsbegriffs

Die europäischen Nationalbewegungen hatten jedoch nicht nur mit vielen konkreten Schwierigkeiten zu kämpfen. Der Begriff „Nation" enthielt von Anfang an auch eine Ambivalenz, die wir heute – in der historischen Rückschau und nach der Erfahrung der beiden Weltkriege – besonders deutlich erkennen können und die viele von uns heute vor allem mit dem Begriff „Nationalismus" assoziieren. Wie ein „Januskopf" vermag der Nationalismus einerseits im positiven Sinne die Identifikation mit der Gemeinschaft einer „Nation" herzustellen sowie einen Staat auf dem Prinzip der nationalen Souveränität zu begründen. Andererseits kann eben diese Identifikation auch auf der Abwehr anderer Nationalitäten, auf einer Abgrenzung gegenüber dem „Anderen" und auf der Definition eines gemeinsamen Feindes beruhen oder zu diesen Phänomenen hinführen. Vor allem die Erfahrungen der nationalen Spannungen vor und während des Ersten Weltkrieges, von Völkermord und Vertreibung im Nationalsozialismus sowie der „neonationalistischen" Bürgerkriege an der Wende zum 21. Jahrhundert (wie etwa auf dem Territorium des ehemaligen Jugoslawien) zeigen die hässliche Kehrseite des Nationalismus. Unweigerlich scheinen im Nationalismus die Mechanismen der inneren Identifikation (Inklusion) und der Abgrenzung nach außen (Exklusion) miteinander verknüpft.

Vom liberalen zum integralen Nationalismus

Dieser Charakter des Nationalismus als „Januskopf" trat seit der Mitte des 19. Jahrhunderts immer deutlicher zutage. Denker und Politiker verschiedener, besonders aber konservativer Couleur entdeckten die im Nationalismus liegende gesellschaftlich-politische Integrationskraft und begannen, sie für ihre Zwecke zu instrumentalisieren. Neben dem „liberalen Nationalismus" bildeten sich verschieden Formen eines „integralen Nationalismus" heraus. In dieser Spielart des Nationalismus bedeutete „Nation" nicht mehr die Gemeinschaft freier Bürger, die sich gegen die Bevormundung durch (monarchische) Herrschaft durchsetzt, sondern – oft genau im Gegenteil – der Versuch europäischer Regierungen, „ihr" Volk hinter sich zu vereinen, innere politische Spannungen zu übertünchen und für die Abwehr von „Gegnern" oder „Feinden" zu gewinnen. Die ursprünglich liberale Utopie der „nationalen Einheit" wandelte sich zu einer Drohgebärde gegen innen- und außenpolitische Gegner. Der integrale Nationalismus war zu einer konservativen Herrschaftsideologie geworden. Er wurde schließlich zu einer der wesentlichen Ursachen der sich verschärfenden Spannungen zwischen den europäischen Staaten und des Ersten Weltkrieges.

Das „lange" 19. Jahrhundert: Ein Epochenbegriff ...

Rein kalendarisch betrachtet begann das 19. Jahrhundert im Jahr 1800 und endete im Jahr 1899. In der Geschichtswissenschaft hat sich jedoch eine Epochendefinition durchgesetzt, die den inneren historischen Abläufen des Jahrhunderts eher gerecht wird: Demnach begann es 1789 mit der Französischen Revolution und endete 1914/18 mit dem Ersten Weltkrieg. Nach dieser Epochendefinition dauert das „lange" 19. Jahrhundert also insgesamt 125 Jahre.

Mit der französischen Revolution war der von der Aufklärung theoretisch vorbereiteten „Moderne" der politische Durchbruch gelungen. Deren verschiedene Facetten prägten die Grundthemen des folgenden „langen" 19. Jahrhunderts. Dazu zählen vor allem:

- Im geistigen Bereich: Säkularisierung, Rationalisierung und Verwissenschaftlichung
- Im ökonomischen und gesellschaftlichen Bereich: Industrialisierung
- Im politischen Bereich: Nationalismus und Liberalismus
- Im konstitutionellen Bereich: Durchsetzung des nationalstaatlichen Prinzips

Das widersprüchliche, vielfach gebrochene Spannungsverhältnis zwischen diesen Themen der „Moderne" einerseits und konservativen Beharrungskräften andererseits machte die Eigentümlichkeit des 19. Jahrhunderts aus. Die auf dieser Grundlage im Laufe von fünf Generationen gewachsenen Strukturen und Ordnungen zerbrachen schließlich im Ersten Weltkrieg, der „Urkatastrophe" des 20. Jahrhunderts.

… und ein chronologischer Überblick

Französische Revolution	**1789**	„Napoleonische Zeit“
„Reichsdeputations-Hauptschluss“	1803	
Rheinbund	1806	
Preußische Reformen	1807–22	
Niederlage der napoleonischen Armee in Russland	1812	
Befreiungskriege	1813/14	
Wiener Kongress	**1814/15**	„Restauration“
Deutscher Bund	1815 (–1866)	
Wartburgfest	1817	
Karlsbader Beschlüsse	1819	
„Juli-Revolution“ in Frankreich	**1830**	„Vormärz“
Hambacher Fest	1832	
Nationale Erhebungen in Polen	1846	
Februar-Revolution (in Frankreich) **März-Revolution** (im Deutschen Bund, Österreich-Ungarn, Polen, Italien)	**1848/49**	Revolutionsjahr
Niederschlagung der Revolution in Deutschland und Österreich-Ungarn	1849	„Reaktion“
Nationale Einigung Italiens	1859–70	
Preußischer „Verfassungskonflikt“	**1862**	„Dualismus“
Polnischer Aufstand gegen russische Herrschaft	1863	
Deutsch-dänischer Krieg	1864	
Preußisch-österreichischer Krieg	**1866/67**	
Norddeutscher Bund	1867	
Deutsch-französischer Krieg Gründung des Deutschen Reiches	**1870/71**	Zeitalter des Imperialismus
Erster Weltkrieg	**1914–18**	

2. Die Entwicklung des Nationalstaatsgedankens im Europa des frühen 19. Jahrhunderts

Die Bedeutung der napoleonischen Kriege

Veränderung des europäischen Machtgefüges

Die Kriege und Eroberungen Napoleons veränderten das Machtgefüge in ganz Europa – und dies nicht nur in machtpolitisch-territorialer, sondern auch in ideologischer Hinsicht. Der französischen Revolutionsarmee gelang es, in vier „Koalitionskriegen“ mit revolutionärem Sendungsbewusstsein und nationalem Selbstbewusstsein bis 1812 sämtlichen Gegnern zu trotzen und weite Teile Europas zu kontrollieren.

Die Bedeutung der napoleonischen Ära für die Ausbreitung und Entwicklung des Nationalismus in Europa kann kaum unterschätzt werden. Wenn die Französische Revolution die moderne Idee der Nation „erfand“, so war es Napoleon, der sie – direkt oder indirekt – in ganz Europa verbreitete. Dieser Prozess fand auf verschiedenen Wegen statt.

Der Charakter der „Volksarmee“

Zunächst war das Image der französischen Volksarmee von großer Bedeutung. In den Armeen der Koalition dienten – wie bis dahin weithin üblich – bezahlte Söldner, die durch keine gemeinsamen Wertvorstellungen oder Ideologien motiviert oder miteinander verbunden waren. Dagegen war das Selbstbewusstsein der französischen Revolutionsarmee von revolutionär-nationalem Stolz geprägt. Schon die Zeitgenossen erkannten, dass die militärischen Erfolge Napoleons nicht nur auf dessen strategischem Geschick, sondern eben auch auf dem revolutionären Elan der Volksarmee beruhten. Die Menschen in Europa begegneten deshalb der napoleonischen Armee mit gemischten Gefühlen: Man fürchtete sie, zugleich aber stellte sie allein aufgrund ihrer Schlagkräftigkeit die Überlegenheit einer modernen Nationalarmee unter Beweis.

Zweitens veränderten die Eroberungen Napoleons die europäische Landkarte und führten zu territorialen Um- und Neugestaltungen, die vor allem für die deutschen Staaten von großer Bedeutung waren.

Ende des „Heiligen Römischen Reiches Deutscher Nation"

Das Ende des „Heiligen Römischen Reiches Deutscher Nation" (1806) schloss ein neun Jahrhunderte altes Kapitel deutscher Herrschaftsgeschichte endgültig ab und machte damit grundsätzlich den Weg für politische Neue-

Das Bild von Jacques Louis David (1748–1825) zeigt Napoleon, der die Alpen überquert.

Die napoleonischen Kriege

1792–1797: Erster Koalitionskrieg

1799–1802: Zweiter Koalitionskrieg

1803: Reichsdeputationshauptschluss
Die deutschen Fürsten werden auf Betreiben Napoleons für ihre Verluste westlich des Rheins nach zwei Prinzipien entschädigt:
(a) Säkularisierung: Geistliche Herrschaften werden in die Territorialstaaten eingegliedert.
(b) Mediatisierung: Aufhebung der Reichsunmittelbarkeit freier Reichsstädte.

1805: Dritter Koalitionskrieg
England bildet mit Russland, Österreich, Schweden und Neapel ein Bündnis gegen Frankreich, um das europäische Gleichgewicht wiederherzustellen. Preußen bleibt neutral. Niederlage der Koalition in der „Dreikaiserschlacht" von Austerlitz.

1806/07: Vierter Koalitionskrieg
Preußen und Russland gegen Frankreich. Niederlage der Preußen bei Jena und Auerstedt (1806).

1806: Gründung des Rheinbundes
Zusammenschluss süddeutscher Staaten unter dem Protektorat Napoleons, dem bis 1811 zwanzig weitere deutsche Territorien beitreten.

1806: Ende des „Heiligen Römischen Reiches Deutscher Nation"
durch die Niederlegung der Kaiserkrone durch Kaiser Franz II. (6.8.1806).

1807: Friede von Tilsit
Preußen verliert die Hälfte seines Staatsgebietes. Gründung des Königreiches Westfalen unter Napoleons Bruder Jerôme.

1809: Fünfter Koalitionskrieg
Krieg Österreichs gegen Frankreich endet mit der Niederlage Österreichs.

1812: Napoleons Angriff auf Russland
scheitert aufgrund schwieriger Truppenversorgung und des kalten Winters. Schwere Verluste in der napoleonischen Armee. Rückzug.

1813–1815: Befreiungskriege
Kriege Russlands, Englands, Preußens, Österreichs, Schwedens, später auch Bayerns gegen Frankreich. Sieg der Koalition gegen Napoleon in der „Völkerschlacht" bei Leipzig (16.–19.10.1813).

1814/15: Wiener Kongress
Machtpolitische und territoriale Neuordnung Europas. Gründung des „Deutschen Bundes".

Reichsdeputationshauptschluss
Rheinbund

rungen frei – auch wenn dieses Konstrukt schon lange kaum noch von tagespolitischer Bedeutung war und sein Ende aus diesem Grunde die Zeitgenossen nur wenig bekümmerte. Der Reichsdeputationshauptschluss (1803) und die Gründung des Rheinbundes (1806) beendeten die von vielen beklagte „Kleinstaaterei" und führten zu neuen geschlossenen Flächenstaaten – eine der wesentlichen Voraussetzungen zur Herausbildung moderner Nationalstaatlichkeit.

Innenpolitische Reformen

Drittens wurden in vielen europäischen Staaten innenpolitische Reformen durchgeführt, die insgesamt eine nachhaltige Modernisierung zur Folge hatten und auch in der seit 1815 einsetzenden Phase der Restauration nie vollständig zurückgenommen werden konnten. Allerdings erfolgten diese Reformen mit unterschiedlicher Intensität und aus unterschiedlichen Motiven – je nachdem welcher der vielen, etwas unübersichtlichen Kategorien diese Staaten in der Ära Napoleons zuzuordnen waren. Zunächst sind hier die Regionen zu nennen, die Napoleon dem französischen Reich zuschlug, wie z. B. die linksrheinischen Gebiete oder weite Teile der deutschen Nordseeküste. Die Bevölkerung dieser Gebiete kam – wie die Franzosen selbst – in den Genuss der in der französischen Revolution erreichten Fortschritte, so wie sie sich unter Napoleons Herrschaft darstellten: Die demokratischen Partizipationsmöglichkeiten waren zwar weitgehend beschnitten, aber es gab ein modernes und effektives Verwaltungssystem, rechtsstaatliche Strukturen (Code Napoléon) sowie ein die Leistungsfähigkeit des Einzelnen berücksichtigendes Steuersystem. Die zweite Staatengruppe bildeten die von Napoleon auf eroberten Territorien neu geschaffenen Satellitenstaaten („Napoleoniden"), wie das von dem Bruder Napoleons, Jerôme, regierte Königreich Westfalen oder die Großherzogtümer Berg, Frankfurt und Würzburg. In diesen Staaten ließ Napoleon eine fortschrittliche Rechts-, Verwaltungs- und Verfassungsordnung nach dem Vorbild Frankreichs einführen. Damit verfolgte er vor allem das Ziel, der ansässigen Bevölkerung die Identifikation mit den neuen Staaten zu erleichtern und sie im gesamteuropäischen Konflikt auf die Seite Frankreichs zu ziehen. Die dritte Gruppe bildeten die formal unabhängigen, aber unter französischem Einfluss stehenden Staaten, wie vor allem die Staaten des Rheinbundes. Während in den kleineren Staaten des Nordens und Osten die Veränderungen gering waren und die alten ständischen Strukturen im Wesentlichen erhalten blieben, waren die Reformen in den süddeutschen Flächenstaaten Bayern, Württemberg und Baden weitreichend („Deutscher Frühkonstitutionalismus"), Bayern erhielt 1808 eine Verfassung, in Baden wurde der Code Napoléon in leicht modifizierter Form übernommen. Die drei Staaten verkündeten in Edikten das Prinzip der religiösen Toleranz, führten Verwaltungsreformen durch und beseitigten ständische Privilegien. Diese Reformen waren vor allem auf drei Motive zurückzuführen: auf den mehr oder weniger mittelbaren Druck des französischen Protektorats, auf die Notwendigkeit der Eingliederung der säkularisierten oder mediatisierten Herrschaften und vor allem auf die Einsicht der Herrschaftshäuser und der Regierungen, dass die überkommenen Sozial-, Rechts- und Verwaltungsstrukturen angesichts des moderneren französischen Vorbilds ohnehin nicht zu halten waren. Die vierte Staatengruppe bildeten solche Staaten, die von Napoleon (noch) nicht erobert waren, sich

Satellitenstaaten

Rheinbundstaaten

aber politisch und vor allem militärisch bedroht fühlen mussten. Dazu zählten vor allem Österreich-Ungarn sowie das nach dem Frieden von Tilsit (1807) auf einen östlichen Rumpfstaat reduzierte Preußen. Während in Österreich-Ungarn in dieser Situation eher konservative Kräfte Auftrieb erhielten, gewannen in Preußen Reformer, wie die Freiherren von Stein und von Hardenberg, politischen Einfluss. Mit den „preußischen Reformen" setzten sie ihr Programm zur Modernisierung des Staates um, das Bürger und Bauern an den eigenen Staat binden und von Napoleon entfremden sollte. Nicht zuletzt verfolgte es das Ziel, die wirtschaftlichen und finanziellen Voraussetzungen für die kommenden militärischen Auseinandersetzungen mit den französischen Truppen zu schaffen.

Preußen und Österreich-Ungarn

Die Bedeutung der Befreiungskriege

Zusammenfassend lässt sich sagen, dass die napoleonische Hegemonialpolitik bis 1811 die alten europäischen Ordnungssysteme nachhaltig erschüttert und zu einer Vielzahl von Modernisierungsprozessen in der Staatlichkeit der europäischen Territorien geführt hatte. Dennoch ergab sich der entscheidende Schub für die Ausbreitung des nationalen Gedankens in Europa erst in den „Befreiungskriegen" gegen Napoleon. Der von Frankreich ausgehende Nationalstaatsgedanke wurde von den europäischen Völkern adaptiert und gegen Frankreich gerichtet. Antifranzösische Ressentiments hatten während der gesamten napoleonischen Ära bestanden; am geringsten waren sie noch in den am Rhein gelegenen Gebieten und den norddeutschen Städten. Aber auch in diesen Territorien nahm die Abneigung gegen die französische Hegemonie zu. Dazu trugen auch die negativen wirtschaftlichen Folgen der Kontinentalsperre bei. Mit diesem Embargo wollte Napoleon seinen Hauptgegner England wirtschaftlich in die Knie zwingen, schädigte damit aber auch die kontinentaleuropäische Wirtschaft.

Unter dem Druck der militärischen und politischen Expansionspolitik Napoleons entstanden zunehmend Solidarisierungs- und Zusammengehörigkeitsgefühle in den beherrschten Völkern, verbanden sich antifranzösische mit nationalistischen Gefühlen. Der zeitgenössische Schriftsteller Ernst Moritz Arndt schrieb: „Ich hasse alle Franzosen ohne Ausnahme im Namen Gottes und meines Volkes". Diese Stimmungen wurden von den gegen Napoleon kämpfenden Regenten, wie etwa dem preußischen König Friedrich Wilhelm III., bewusst gefördert und zur Mobilisierung der Bevölkerung im „Befreiungskampf" gegen die verhasste „Franzosenherrschaft" genutzt. Nach dem Sieg über Napoleon hätten viele Monarchen diese Ideen gerne wieder in der Versenkung verschwinden lassen. Aber die Appelle an die patriotischen Leidenschaften hatten nicht nur die Kriegsbereitschaft gegen Napoleon, sondern in weiten Teilen der Bevölkerung auch die Hoffnung auf einen eigenen Nationalstaat gefördert. Auf Umwegen tauchte der in der Französischen Revolution entwickelte Gedanke der „Nation" in den europäischen Völkern wieder auf: Den enthusiastischen Kampf gegen Frankreich hatte man nicht für seine Monarchen, sondern für sein Vaterland aufgenommen. Dieser Gedanke ließ sich nicht mehr vertreiben.

Der Wiener Kongress und die Politik der Restauration

Die Attraktivität des liberalen Nationalismus war so groß, dass er letztlich auch von der seit 1815 einsetzenden, rückwärts gerichteten Politik der „Restauration" nicht unterdrückt werden konnte. Diese Politik der Restauration (wörtlich: „Wiederherstellung früherer Zustände") begann mit dem Wiener Kongress (1814/15), auf dem die europäischen Großmächte nach dem Sieg über Napoleon die europäische Landkarte neu ordneten und eine Art politisches Grundsatzprogramm für die europäische Politik ausarbeiteten.

Restauration und Wiener Kongress

Prinzipien des Wiener Kongresses

Dieses politische Grundsatzprogramm lässt sich in folgenden Stichworten zusammenfassen:

- **Restauration**: Damit war die Wiederherstellung der politischen und gesellschaftlichen Zustände vor der Französischen Revolution und der napoleonischen Expansion gemeint. Dies bedeutete vor allem die Bekräftigung bzw. Wiedereinsetzung der alten Dynastien, die Betonung der Rolle der Religion bzw. des Klerus in Staat und Gesellschaft sowie die Wiederherstellung der Adelsprivilegien.

„Die Wiederkehr des allgemeinen Weltfriedens": Diese allegorische Darstellung von 1815 zeigt im Vordergrund eine Frauengestalt (das von Napoleon befreite Frankreich), die den „Befreiern" (v. l. n. r.: König Friedrich Wilhelm III. von Preußen, Kaiser Franz I. von Österreich, Zar Alexander von Russland) als Symbole des Sieges Lorbeerkränze überreicht.

- **Legitimität:** Der Kongress bekräftigte den Grundsatz der Legitimation von Herrschaft durch Tradition und göttlichen Herrschaftsauftrag (Gottesgnadentum). Durch diese Rechtsauffassung wurden die alten, ererbten Herrschaftsansprüche der europäischen Herrscherhäuser als rechtmäßig anerkannt (legitimiert) und zugleich jeder Anspruch des Volkes auf politische Mitbestimmung abgelehnt.
- **Solidarität**: Die Fürsten verabredeten, ihre Politik in Europa untereinander abzustimmen und gemeinsam zu gestalten. Gemeinsam wollte man revolutionäre Bestrebungen abwehren, aber auch den Frieden in Europa und die soeben beschlossene europäische Staatenordnung sichern.
- **Gleichgewicht**: Die territoriale Neuordnung verfolgte das Ziel, in Europa ein Gleichgewicht der Großmächte zu erzielen.

„Heilige Allianz"

Zur Bekräftigung dieser Prinzipien schlossen der russische Zar, der österreichische Kaiser und der preußische König die „Heilige Allianz" – ein Bündnis, das zu gegenseitigem Beistand gegen revolutionäre Bestrebungen verpflichtete und dem in der Folge alle christlichen Staaten in Europa, außer England und dem Vatikan, beitraten.

Ein besonderes Problem stellte die politische Neuordnung Deutschlands dar. Zwar war durch die Befreiungskriege in den Bevölkerungen der deutschen Staaten ein starkes Gemeinschaftsgefühl entstanden, aber die Gründung eines neuen Deutschen Reiches kam für den Kongress nicht in Frage: Zum einen wurde ein solches Reich von den anderen Großmächten abgelehnt, weil es das europäische Gleichgewicht gefährdet hätte. Zum anderen stellten auch der innerdeutsche Machtgegensatz zwischen Preußen und Österreich sowie partikularistische Tendenzen in vielen deutschen Regierungen unüberwindliche Hindernisse dar.

Die Gründung des „Deutschen Bundes"

Die Verhandlungen auf dem Wiener Kongress mündeten deshalb nur in die Konstruktion eines lockeren Staatenbundes ohne zentrale Exekutive, den „Deutschen Bund", dessen

Organisation in einer „Bundesakte“ festgelegt wurde. Danach gehörten dem Bund insgesamt 39 Staaten an, Preußen und Österreich allerdings nicht mit ihrem gesamten Staatsgebiet, sondern nur mit den deutschsprachigen Gebieten, die schon zuvor Teile des „Heiligen Reiches Deutscher Nation“ gewesen waren. Die zentrale Institution des Deutschen Bundes war der „Bundestag“ in Frankfurt, zu dem die Regierungen der Einzelstaaten Vertreter entsandten. Die Bundesakte garantierte die Souveränität der Einzelstaaten (und damit der Fürsten); die Ausführung der Beschlüsse des Bundestages, die nur einstimmig gefasst werden konnten, blieb den Einzelstaaten überlassen. Die zweite ständige Institution neben dem Bundestag war das „Bundesheer“, das aus Einheiten der Einzelstaaten gebildet wurde.

Mitteleuropa 1789

Mitteleuropa 1812

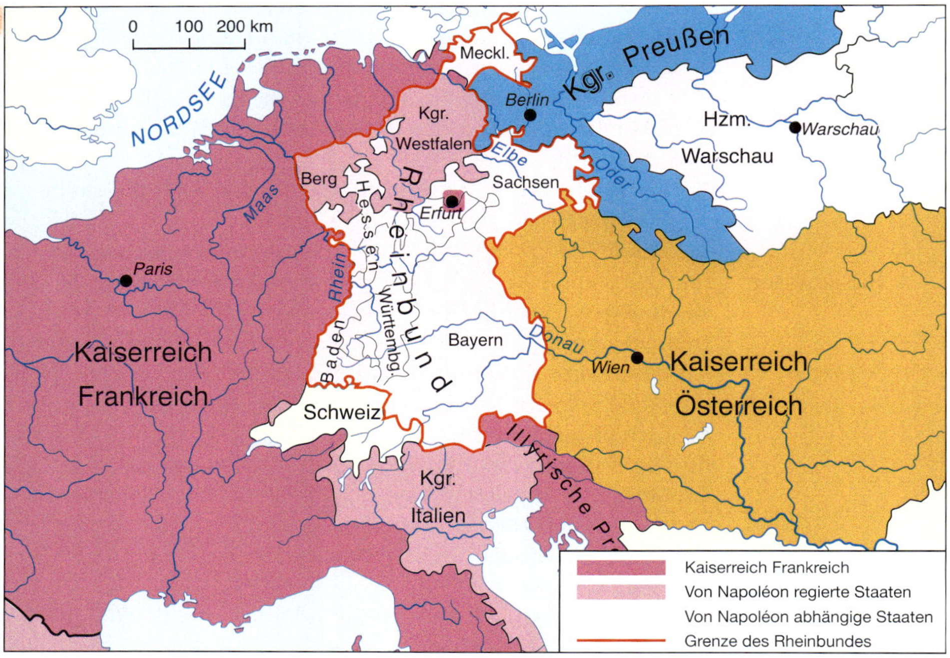

Mitteleuropa 1815

Insgesamt war der „Deutsche Bund" im Kern ein Defensivbündnis der deutschen Fürsten zur Erhaltung der inneren und äußeren Sicherheit. Mit seinen Bestimmungen enttäuschte er die in weiten Teilen der deutschen Bevölkerung verbreitete Hoffnung auf eine Entwicklung hin zu nationaler Einheit.

3. Das Beispiel Polen: Vom Teilungstrauma zur Nation

Teilungstrauma und polnische Nationalbewegung

Sympathien in ganz Europa

Unter den europäischen Liberalen und Nationalisten erregte die polnische Nationalbewegung besondere Sympathie, ja Bewunderung. Denn die Polen kämpften einen einerseits offensichtlich berechtigten und andererseits schier chancenlosen Kampf für ihre nationale Unabhängigkeit. Offensichtlich berechtigt war die polnische Unabhängigkeitsbewegung, weil das polnische Volk mit seiner jahrhundertealten Geschichte und Tradition, seiner Sprache und Kultur das Recht auf nationale Unabhängigkeit und Selbstverwirklichung besaß. Eben dieses Recht war den Polen durch die drei polnischen Teilungen am Ende des 18. Jahrhunderts von den drei benachbarten Großmächten Russland, Österreich-Ungarn und Preußen auf denkbar rücksichtslose und offensichtlich rein machtpolitisch motivierte Weise genommen worden. In den Augen der Polen, aber auch der mit ihnen sympathisierenden europäischen Nationalisten war das polnische Volk und sein Recht auf nationale Selbstbestimmung das hilflose Opfer dynastischer Großmachtpolitik geworden. In ganz Europa galt deshalb Polen als besonders schlagendes Beispiel für den Gegensatz zwischen dem alten monarchisch-dynastischen Herrschaftsprinzip auf der einen und dem modernen Prinzip der nationalen Volkssouveränität auf der anderen Seite.

Nationale Selbstbestimmung und dynastische Großmachtpolitik

Langfristige Wirkungen des Teilungstraumas

Das Teilungstrauma prägte die polnische Nationalgeschichte und -kultur für lange Zeit; es spielt bis heute eine wichtige Rolle. Die Gegner der polnischen Nation waren derart mächtig, dass eine Nationalstaatsgründung erst mit Beginn des 20. Jahrhunderts, am 11. November 1918, mit Unterstützung der Westalliierten gelang. Schon wenige Jahrzehnte später wurde aber das alte Trauma wieder wachgerufen, als das nationalsozialistische Deutschland und die stalinistische Sowjetunion – ihrer Vereinbarung im Hitler-Stalin-Pakt entsprechend – im Zweiten Weltkrieg Polen besetzten und unter sich aufteilten. Es sind diese Traumata, die bis heute in der polnischen Nationalkultur die Sorge vor allzu übermächtigen Nachbarn wachhalten.

Die polnischen Teilungen

Das eigentliche Motiv der polnischen Teilungen lag in dem – untereinander koordinierten – Expansions- und Machtstreben des russischen Zaren, des preußischen Königs und des österreichisch-ungarischen Kaisers. Den Anlass zur Einmischung gaben innere Kämpfe und Instabilitäten in der polnischen Adelsherrschaft, die den polnischen Staat schwächten und angeblich ein ordnendes Eingreifen von außen erforderlich machten.

Polnische Teilungen 1772, 1793, 1795

In der ersten Teilung von 1772 verlor Polen fast 30 Prozent seines Gebietes an seine russischen, preußischen und österreichischen Nachbarn. In einer zweiten Teilung von 1793 verringerten Preußen und Russland im preußisch-russischen Vertrag Polen auf einen kaum mehr lebensfähigen Reststaat, indem Preußen eine östliche, Russland eine westliche Herrschaftserweiterung durchführten. Auch hier war das Eingreifen der Teilungsmächte mit innerem Druck auf die polnische Adelsherrschaft begründet worden. Nach einem polnischen Aufstand im Jahr 1794 gegen die polnische Teilung verlor auch der Reststaat Polen seine staatliche Eigenständigkeit, die drei Teilungsmächte Russland, Preußen und Österreich teilten sich Polen auf und tilgten es für lange Zeit von der politischen Landkarte Europas.

Napoleonische Ära

In der napoleonischen Ära tat sich ein Hoffnungsschimmer für die polnische Nation auf: Auf Drängen des französischen Kaisers entstand 1807 im Frieden von Tilsit aus den preußischen Besitzungen aus der zweiten und dritten Teilung das „Herzogtum Warschau" als einer der typischen napoleonischen Vasallenstaaten. Mit französischer Hilfe gelang es diesem Herzogtum, von Österreich die – dort sogenannte – Provinz Westgalizien zurückzuerobern. Aber mit Napoleon, auf dessen Seite auch polnische Soldaten gekämpft hatten, ging nach dem verlorenen Russlandfeldzug und der Völkerschlacht bei Leipzig auch dieser polnische Staat unter.

Kongresspolen

Auf dem Wiener Kongress wurde aus dem napoleonischen Herzogtum Warschau ein um Posen und Krakau verkleinertes „Königreich Warschau" geschaffen (vierte polnische Teilung). Dieses auch „Kongresspolen" genannte Königreich bekam zwar Autonomierechte (eine eigene Volksvertretung, ein kleines, aber eigenes Heer und eine Verwaltung unter einem polnischen Statthalter) zugestanden, war aber über eine Personalunion verfassungsrechtlich mit Russland verbunden. Weil der russische Zar somit König von Polen war, bildete Kongresspolen faktisch einen Teil des Zarenreiches.

Polen 1815–1918 („Kongresspolen")

Die polnische Nationalbewegung

Nach dem tiefen Eindruck, den die Aufklärung, die Französische Revolution und die napoleonische Zeit in Polen hinterlassen hatten, wollte sich die polnische Nationalbewegung nicht mit dieser Situation abfinden. Auch in Polen regte sich Widerstand gegen die russische Fremd- und Willkürherrschaft. Man wollte die vierte Teilung rückgängig machen und die nationale Unabhängigkeit wiedererlangen.

Widerstand gegen die russische Fremdherrschaft

Träger des nationalen Widerstands waren vor allem Angehörige des polnischen Adels und Großbürgertums. Es erwies sich als folgenschweres Versäumnis, dass diese Gruppe nicht versucht hatte, die erbuntertänige bäuerliche Bevölkerung zum Beispiel durch wirtschaftlich-soziale Erleichterungen hinter sich zu bringen. So blieb die soziale Basis der Widerstandsbewegung zu schmal und ein im November 1830 ausgelöster Aufstand unter Fürst Czartoryski gegen die russische Herrschaft in Warschau endete mit einer Niederlage. Gleichwohl löste der Aufstand in Gesamteuropa ähnlich wie der griechische Angriff auf die türkische Herrschaft eine Welle der Polenbegeisterung aus.

Russland reagierte auf den Warschauer Aufstand hart und rigoros. Die Aufständischen verloren ihren sämtlichen Besitz, wurden, sofern ihnen die Flucht ins Ausland nicht gelang, inhaftiert oder in die sibirische Verbannung geschickt. Der Zar schaffte die 1815 gewährten Autonomierechte ab und begann im Königreich Polen eine Russifizierungspolitik, die die Sonderstellung des Königreichs bis ins letzte Drittel des 19. Jahrhunderts nahezu gänzlich aufhob, Kongresspolen war ein Teil des Zarenreiches geworden. Dies konnte auch der letzte und blutig niedergeschlagene Januaraufstand des Jahres 1863, der aus eigener Kraft die polnische Selbstständigkeit wiederzugewinnen versuchte, nicht verhindern. Im Gegenteil nahmen die antipolnischen Repressionen noch zu. Die Bezeichnung „Polen“ wurde verboten und das Land in „Weichselland“ umbenannt. Nur im österreichischen Teil (Galizien) ergaben sich durch Reformen in der Donaumonarchie seit 1867 gewisse geistige Freiräume, in denen der Gedanke von der polnischen Nation sich weiter entwickeln konnte.

Russifizierung

Bis zum Ersten Weltkrieg setzte man auf die Abkehr von Aufständen und betrieb eine „Dreiloyalität“: Die Besatzungsmächte wurden akzeptiert, der weiterhin führende polnische Adel sowie das Bürgertum setzten auf die eigene wirtschaftliche Stärkung der Polen in den besetzten Gebieten.

Polen seit dem Ersten Weltkrieg

Gründung des polnischen Nationalstaates (1918)

Nach der Niederlage der Mittelmächte im Ersten Weltkrieg erlangte Polen auf Betreiben der Siegermächte seine Souveränität zurück (1918). Der amerikanische Präsident Wilson hatte die Durchsetzung des Prinzips des „Selbstbestimmungsrechts der Völker" als eines der wesentlichen Kriegsziele der USA erklärt. Im Vertrag von Versailles (1919) wurde der polnische Nationalstaat auch international bestätigt. Die Teilungsverträge der Jahre 1772, 1793 und 1795 wurden für illegal erklärt und annulliert. Die Grenzen des neuen Polens wurden – wie die aller osteuropäischer Staaten – nach dem Prinzip der Bevölkerungsmehrheiten gezogen. Nach einem Vorschlag des britischen Außenministers Lord Curzon wurde nach diesem Prinzip das Nachkriegsdeutschland – die Weimarer Republik – gezwungen, die ehemaligen preußischen Provinzen Westpreußen und Posen an Polen abzugeben – Gebiete, die im Rahmen der polnischen Teilungen an Preußen gefallen waren. Etwa 200 000 Deutsche verließen daraufhin ihre nun in Polen liegende Heimat, bis 1926 waren es insgesamt etwa 700 000 Menschen.

4. Das Beispiel Italien: Die Wiedergeburt der Nation

Risorgimento

Risorgimento (ital. Wiedergeburt, Wiederauferstehung) so lautet die italienische Bezeichnung für die Epoche der italienischen Geschichte zwischen 1789 und 1870 und zugleich für eine in sich ziemlich heterogene politische Bewegung, die auf die (Wieder-) Herstellung der nationalen Einheit Italiens zielte. Die Ziele dieser Bewegung reichten von der Errichtung einer konstitutionellen italienischen Monarchie (getragen von gemäßigten Liberalen, den sogenannten *moderati*) bis hin zur Schaffung einer demokratischen Republik (getragen von radikalen Liberalen und Demokraten, den sogenannten *democratici*).

moderati und *democratici*

Das *Risorgimento* war – wie die anderen europäischen Nationalbewegungen – inspiriert von der Aufklärung und der Französischen Revolution sowie angespornt durch erste Republikgründungen in der napoleonischen Zeit. Nach dem Wiener Kongress richteten sich mehrere Aufstände gegen die Vorherrschaft Spaniens im „Königreich beider Sizilien" und gegen die Habsburger Monarchie in Nord- und Mittelitalien. Diese Aufstände entwickelten sich zu regelrechten Revolutionskriegen. Letztlich wurde das Ziel des *Risorgimento* – die Einheit Italiens – 1861 unter Führung Sardinien-Piemonts „von oben" durchgesetzt. Im Jahr 1870 wurde die Bildung des italienischen Nationalstaats durch die Eroberung Roms bzw. des Kirchenstaates vorläufig abgeschlossen.

Die napoleonische Ära

Nach dem Ende der Renaissance und dem Niedergang der mächtigen italienischen Stadtstaaten im 16. Jahrhundert war die Apenninen-Halbinsel ein Spielball der europäischen Großmachtpolitik geworden. Dies war auch zu Beginn des „langen" 19. Jahrhunderts nicht anders: Im Verlauf der Koalitionskriege eroberte Napoleon in seinen Italienfeldzügen, die vornehmlich gegen Österreich-Ungarn gerichtet waren, die Halbinsel, deren gesamte alte Staatenwelt damit zusammenbrach. An deren Stelle trat eine ganze Reihe französischer Vasallenstaaten, Tochterrepubliken der ersten französischen Republik, wie die Cisalpinische Republik mit Mailand als Hauptstadt, die Ligurische Republik um Genua und die Piemontesische Republik um Turin. Nach seiner Kaiserkrönung gründete Napoleon – teils durch Umwandlung der vorherigen Kleinstrepubliken – ein Königreich Italien und ein Königreich Neapel, restliche Gebiete der Halbinsel wurden von Frankreich annektiert.
Ähnlich wie in den deutschen Staaten löste diese Entwicklung in der italienischen Bevölkerung ambivalente Gefühle aus: Einerseits lehnte man die französische Besatzung ab, andererseits profitierten insbesondere die bürgerlichen Schichten von der modernen französischen Rechtsstaatlichkeit (Code Napoléon) und der Abschaffung der feudalen Ordnung. Die alle Regionen umfassende französische Hegemonie rückte zudem die Idee einer nationalen Einigung in einem freien Italien in den Denkhorizont des liberal gesinnten Bürgertums.

Wiener Kongress und Restauration

Aufstände gegen die Restauration

carbonari

Giuseppe Mazzini

Diese Hoffnungen wurden durch die seit dem Wiener Kongress (1815) einsetzende Politik der Restauration massiv enttäuscht. Das liberale Bürgertum, aber auch aufgeklärte Teile des italienischen Adels protestierten gegen die Rücknahme der Reformen der napoleonischen Ära. Aufstände in den Jahren 1820 (im Anschluss an die spanische Revolution, die in den gesamten Mittelmeerraum bis nach Griechenland ausstrahlte) im Königreich beider Sizilien und in Piemont sowie 1830 (im Anschluss an die französische Julirevolution) in Mittelitalien wurden im Wesentlichen von österreichischen Truppen niedergeschlagen.
Träger des Widerstandes waren die sogenannten *carbonari* (ital. = Köhler), ein in kleinen Zirkeln organisierter, revolutionärer Geheimbund. Besonderen Einfluss erlangte der radikale Demokrat und Revolutionär Giuseppe Mazzini (1805–1872). Mazzini verband die liberal-nationalistische Utopie einer Einigung Italiens als demokratische Republik „von unten" mit kosmopolitischen Ideen. Er gründete 1831 den Geheimbund „Junges Italien" und gewann in den folgenden Jahren in vielen Staaten Europas Mitstreiter für seine Idee eines „Europas der Völker". Unter seinem Einfluss gründeten polnische und deutsche Revolutionäre im schweizerischen Exil nach dem Vorbild des „Jungen Italien" die Geheimbünde „Junges Deutschland" und „Junges Polen" im schweizerischen Bern und schlossen sie zugleich unter dem Namen „Junges Europa" zusammen. Mazzini gilt heute als bedeutendster Vertreter jenes kosmopolitischen oder internationalistischen Nationalismus, der die europäischen Nationalbewegungen in der Restaurationszeit und während des Revolutionsjahres 1848 prägte. So war es kein Zufall, dass auf dem Hambacher Fest der deutschen Nationalbewegung neben der schwarz-rot-goldenen Fahne auch die Farben der polnischen und der italienischen Nationalbewegung zu sehen waren.

Konservativ-liberale Einflüsse

Neben diesem radikal-demokratischen Flügel hatte die italienische Nationalbewegung auch konservativ-liberale Einflüsse: Papst Pius IX. begann 1846 mit Beginn seines Pontifikats mit gemäßigten liberalen Reformen im Kirchenstaat und setzte damit die anderen italienischen Staaten unter Zugzwang. Die 1847 in Turin gegründete Zeitschrift „Il Risorgimento" – die der gesamten Bewegung ihren Namen gab – trat für eine Einigung Italiens unter Führung des Königs von Piemont-Sardinien, Karl Albert (Haus Savoyen), ein.

Die Revolutionszeit

Königreich Sardinien-Piemont

Angesichts des Anwachsens der italienischen Nationalbewegung sowie der Februarrevolution in Frankreich und ihrem Übergreifen in die Staaten des Deutschen Bundes begannen die Fürsten der italienischen Staaten Zugeständnisse zu machen. Am weitesten ging König Karl Albert, der sein Königreich Sardinien-Piemont in eine konstitutionelle Monarchie umwandelte.

Erhebungen und Kriege gegen Österreich in Norditalien (1848/49)

In Norditalien blieb die österreichische Donaumonarchie, die auf dem Wiener Kongress ihre vornapoleonischen Besitzungen in Nord- und Mittelitalien zurückerhalten hatte, der Hauptgegner der italienischen Nationalisten. Schon im Januar 1848 war es zu Aufständen gegen die österreichische Vorherrschaft in Nord- und Mittelitalien gekommen. Mitte März verkündeten Mailand und die Lombardei die Unabhängigkeit

Ein italienischer Patriot dreht dem Doppeladler der Habsburger Monarchie die Hälse um (Zeichnung aus der Revolutionszeit).

von Österreich und schlossen sich dem Königreich Sardinien-Piemont an. Am 23. März wurde in Venedig die Republik ausgerufen. Während in der eigenen Hauptstadt Wien die Märzrevolution ebenfalls in vollem Gange war, zog die österreichische Armee unter Graf Radetzky zur Niederschlagung der italienischen Erhebung aus, an deren Spitze sich demonstrativ Karl Albert, der König von Sardinien-Piemont, gestellt hatte. Nach dem Sieg der österreichischen über die revolutionären und piemontesischen Truppen am 25. Juli 1848 (Schlacht bei Custozza) gelangte die Lombardei wieder an Österreich. Etwa ein halbes Jahr später brach der Krieg erneut aus, als ein Aufstand in der Toskana im Februar 1849 zur Gründung einer toskanischen Republik führte. Wieder siegten die österreichischen Truppen, denen es am 23.8.1849 außerdem gelang, die revolutionäre Republik Venedig zurückzuerobern. Damit war die italienische Einigungsbewegung in Norditalien zunächst militärisch geschlagen.

Auch im südlichen Italien hatte es – zum Beispiel in Neapel und in Rom – nationalistisch-republikanische Aufstände gegeben. Nach einem Mordanschlag war der römische Papst im November 1849 ins Exil geflohen. Daraufhin wurden Wahlen zur konstituierenden Versammlung ausgerufen, die Anhänger Guiseppe Mazzinis im Januar 1849 für sich entscheiden konnten. Im Kirchenstaat wurde die Republik ausgerufen. Daraufhin entbrannte ein Krieg zwischen der römischen Revolutionsarmee unter Giuseppe Garibaldi und französischen Truppen, die die Herrschaft des Papstes wiederherstellen und die Stadt Rom nach einmonatiger Belagerung wieder einnehmen konnten. Die Revolutionäre flohen ins Exil; der Papst kehrte 1850 nach Rom zurück, nahm seine Reformen des Jahres 1847 zurück und regierte unter dem Schutz französischer Truppen mit einem autoritären Polizeiregime.

Krieg um Rom (1849)

Die Niederwerfung der verschiedenen revolutionären Erhebungen hatte die italienische Nationalbewegung, insbesondere ihren demokratischen Flügel, entscheidend geschwächt. Zu ihrem Zentrum entwickelte sich nun – allerdings unter deutlich konservativeren Vorzeichen – das Königreich Piemont-Sardinien mit seiner Hauptstadt Turin.

Konservative oder revolutionäre Einigung?

Neue Strategie Sardinien-Piemonts: Allianz mit Napoleon III.

Viktor Emanuel II., seit 1849 Nachfolger seines Vaters Karl Albert als König von Sardinien-Piemont, und sein Ministerpräsident Cavour verfolgten nach der Revolutionszeit eine neue Strategie: Zur Einigung Italiens suchten sie die diplomatische Unterstützung europäischer Großmächte und fanden sie in Form einer Allianz mit dem französischen Kaiser Napoleon III., der seinerseits an einer Schwächung Österreich-Ungarns interessiert war. Dieser Allianz gelang im Sardinischen Krieg (1859) der Sieg über Österreich, das die Lombardei an das Königreich Sardinien-Piemont abgeben musste. In einer ganzen Reihe von Erhebungen wurden die österreichischen Landesherren in den Herzogtümern Parma, Modena und Toskana gestürzt. Mit Billigung Napoleons III. wurden Volksbefragungen in den österreichischen Gebieten Norditaliens durchgeführt, die allesamt mit überwältigenden Mehrheiten für den Anschluss an Piemont-Sardinien endeten.

Der radikaldemokratische Flügel

Diesen Erfolgen der konservativen Einigungspolitik Sardinien-Piemonts sah der radikaldemokratische Flügel der italienischen Nationalbewegung mit gemischten Gefühlen zu. Einerseits musste man diese Erfolge anerkennen, andererseits wünschte man sich eher eine revolutionäre Einigung „von unten". Als Viktor Emanuel II. die Territorien Nizza und Savoyen – gewissermaßen als Gegenleistung für dessen Unterstützung – an Napoleon III. abtrat, warfen ihm die Demokraten, die die liberal-konservative Einigungspolitik bis dahin zähneknirschend akzeptiert hatten, Landesverrat vor und wandten sich von ihm ab. Der seit dem Krieg um Rom weithin populäre demokratische Freiheitskämpfer Giuseppe Garibaldi kehrte aus dem Exil zurück und landete mit etwa 1 000 freiwilligen Kämpfern im Mai 1860 auf Sizilien. Dort gelang es ihm, die Truppen des Königs von Neapel zu schlagen. Auf seinem Siegeszug über Sizilien und dann auch den Süden des italienischen Festlandes schlossen sich ihm viele einheimische Aufständische – vor allem aus den unteren Schichten der Landarbeiter und Kleinbauern – an. Diesem Volksheer gelang es, die Herrschaft der spanischen Bourbonen in Süditalien zu brechen. Am 7.9.1860 nahm Garibaldi – nun endgültig zum

Giuseppe Garibaldi

Volkshelden geworden – die Hauptstadt Neapel ein.
Die Erfolge Garibaldis riefen nun wiederum Sardinien-Piemont auf den Plan. Um den Einfluss Garibaldis zu begrenzen und seinem Einmarsch in Rom zuvorzukommen, marschierten piemontesische Truppen nach Süden und besiegten päpstliche Truppen im September 1860 in Ancona.
Im Sommer standen sich damit die beiden nicht nur geografisch, sondern auch politisch unterschiedenen italienischen Nationalbewegungen gegenüber: die radikaldemokratische Befreiungsbewegung unter Führung Garibaldis im Süden und die liberalkonservative Einigungsbewegung unter Führung des piemontesischen Königs Viktor Emanuel II. und seines Ministerpräsidenten Cavour im Norden. Mit Spannung wurde nicht nur in der italienischen Öffentlichkeit erwartet, welcher der beiden Flügel sich durchsetzen würde. Die Entscheidung fiel in einem Plebiszit am 21.10.1860, in dem sich die Bevölkerung beider Sizilien mit deutlicher Mehrheit für den Anschluss an das Königreich Sardinien-Piemont aussprach. Daraufhin trat Garibaldi von seinem Führungsanspruch zurück. Bei seinem historischen Treffen mit Viktor Emanuel II. in Teano bei Neapel am 26.10.1860 begrüßte er ihn als „König von Italien".

Entscheidung für die Einigung „von oben"

Der Einigungsprozess Italiens im 19. Jahrhundert

Am 17.3.1861 wurde das „Königreich Italien" mit König Viktor Emanuel II. in Turin ausgerufen. Damit wurde die italienische Einheit letztlich „von oben" durchgesetzt, obwohl die demokratische Volksbewegung einen entscheidenden Anteil beigetragen hatte.

Ungelöste Fragen

Die Frage nach der Demokratisierung

Die Frage nach sozialen Reformen

Territoriale Fragen

Die Einigung hinterließ Enttäuschungen und offene Fragen: Erstens blieben Hoffnungen auf eine Demokratisierung weitgehend unerfüllt. Die sardinisch-piemontesische Verfassung – eine konstitutionelle Monarchie – wurde auf Italien übertragen. Sie begrenzte die politischen Partizipationsmöglichkeiten durch ein hohes Zensuswahlrecht auf die Oberschicht. Erst 1912 wurde ein allgemeines Wahlrecht in Italien eingeführt. Zweitens gelang es den süditalienischen Landarbeitern und Kleinbauern nicht, ihre sozialen Forderungen umzusetzen. Ihre Hoffnungen auf eine Umverteilung des Landbesitzes wurden nicht erfüllt. Im Gegenteil wurde ihre Armut durch neue Steuern noch verschärft. Drittens blieben mit der Gründung des Königreiches Italien auch territoriale Fragen noch offen. So entbrannte in den folgenden Jahrzehnten eine längere Auseinandersetzung mit dem päpstlichen Kirchenstaat, der erst 1929 mit den sogenannten „Lateranverträgen" gelöst wurde. Im Norden hielt die Auseinandersetzung mit Österreich an: Zwar trat Österreich (nach der Niederlage gegen Preußen in der Schlacht von Königgrätz am 3.7.1866) Venetien kampflos an Italien ab, aber es blie-

ben einige Gebiete (Trentino, Triest, Friaul, Istrien) als sogenannte *Terre irredente* (ital. = unerlöste Gebiete), die von Italien beansprucht wurden, in österreichischer Hand.
Diese Problemherde beeinflussten die italienische Wirklichkeit noch für Jahrzehnte: Die ungelösten sozialen Probleme im Süden Italiens führten zu Auswanderungswellen (vor allem nach Nordamerika), zu sozialen und politischen Gegensätzen zwischen Nord- und Süditalien sowie zu erstarkenden anarchistischen Bewegungen im Süden. Die ungelösten territorialen Fragen im Norden wurden von der rechtsnationalistischen Bewegung des „*Italia Irredenta*" (ital. = unerlöstes Italien) aufgegriffen. Diese Bewegung interpretierte den Nationalismus – typisch für die zweite Hälfte des 19. Jahrhunderts – in einem reaktionär-autoritären Sinne. Sie bildete die Grundlage der 1910 gegründeten Partei „*Assoziazione Nazionalista Italiana*", die wiederum bis 1923 in der faschistischen Organisation Benito Mussolinis aufging.

5. Das Beispiel Deutschland: Die Politisierung der Kulturnation

Frühe Formen des Nationalismus in Deutschland

Einfluss der Aufklärung

Erste Formen nationalen Denkens und Fühlens entwickelten sich in Deutschland gegen Ende des 18. Jahrhunderts unter dem Einfluss der Aufklärung. Sie gingen von einer zahlenmäßig kleinen, aber doch einflussreichen Schicht gebildeter Bürgerinnen und Bürger aus, die als Schriftsteller, Wissenschaftler, Buchhändler, Beamte, Universitätsprofessoren oder Studenten so etwas wie eine politische Öffentlichkeit schufen. Ihr gemeinsames Medium war die deutsche Hochsprache, die sich einerseits gegen die einzelstaatlichen und regionalen Dialekte und andererseits gegen die französische Sprache, als Sprache des europäischen Hochadels, abgrenzte. In der deutschen Hochsprache kommunizierten die Universitäten der verschiedenen deutschen Staaten, erschienen Bücher, Zeitungen und Zeitschriften für den deutschsprachigen Raum, wurde in den überall aufblühenden Lesegesellschaften diskutiert, entstand eine deutsche Nationalliteratur (Schiller, Goethe, Lessing u.a.).

Rolle der deutschen Hochsprache

Diese sich um die deutsche Hochsprache kristallisierende politisch-kulturelle Öffentlichkeit des gebildeten Bürgertums bildete den Keim des sich erst nach 1813 ausbreitenden Bewusstseins einer deutschen „Kulturnation". Bis zu diesem Zeitpunkt allerdings blieb sie von randständiger Bedeutung, weil die politischen Strukturen, in denen sie sich entwickelte, kaum förderlich waren: Einerseits waren nationales Denken und nationalstaatliche Bestrebungen oft zunächst auf die Einzelstaaten bezogen. Besonders in den Großstaaten Preußen und Österreich, aber auch in den Mittelstaaten wie Bayern, entstand ein jeweils besonderes Nationalbewusstsein, das vor allem von konservativen Führungskreisen getragen und gefördert wurde. Dieses einzelstaatliche Nationalbewusstsein war wesentlich näher an den politischen Realitäten der Zeit als die konkurrierende Vorstellung einer gemeinsamen „deutschen" Nation. Andererseits war das 1806 aufgelöste „Heilige Römische Reich Deutscher Nation" ein rein dynastischer Fürstenbund, dessen Strukturen sich kaum in nationalstaatliche Richtung reformieren ließen.

Kulturnation

Der Protest gegen die napoleonische Hegemonie und die nationale Ideologie

Verbindung von antifranzösischem, liberalem und nationalem Gedankengut

Es war schließlich der gemeinsame Kampf gegen die „Franzosenherrschaft", die aus dem deutschen Nationalismus ein Massenphänomen machte. Seit etwa 1810 einte der Protest gegen die napoleonische Besatzung die Bevölkerungen der deutschen Staaten, während eben diese Bevölkerungen in unterschiedlicher Weise von durch Napoleon veranlasste oder gegen ihn gerichtete Modernisierungsmaßnahmen zunehmende politische Freiräume erhielten. Im Reformeifer bildeten sich Gruppen und Vereine, die antifranzösisches, liberales und nationales Gedankengut in unterschiedlichen Formen und Gewichtungen miteinander verbanden. Besonderen Einfluss erlangten die von „Turnvater" Friedrich Jahn

Turnvereine

gegründeten „Turnvereine", in denen sich vorwiegend Gymnasiasten und Studenten organisierten. Die Turnvereine verbanden körperliche Ertüchtigung mit einer egalitären Grundhaltung, die sich u.a. in einer einheitlichen, betont einfachen Kleidung ausdrückte und die damit gegen das ständische Denken der Zeit gerichtet war.

Nationale Weltanschauung

Diese Vereine und Gruppierungen hatten nur ein diffuses politisches Programm und waren insofern nicht mit heutigen Parteien vergleichbar. Aber sie bildeten in der Zeit der napoleonischen Hegemonie in Europa so etwas wie eine nationale Weltanschauung aus, die von Wissenschaftlern und Schriftstellern, wie Ernst Moritz Arndt, Johann Gottlieb Fichte, Friedrich Jahn oder Friedrich Daniel Schleiermacher weiter ausformuliert wurde. Ihr Denken lässt sich – vereinfacht – etwa so zusammenfassen: Wenn das – durchaus im liberalen Sinne begriffene – einzelne Individuum seine Freiheit und seine Entfaltungsmöglichkeiten verwirklichen wolle, so sei es wesentlich auf seine kulturelle Tradition und Umgebung angewiesen. Individuelle Freiheit sei nicht gegen das Volk und seine kulturellen Ausdrucksformen (vor allem Sprache und Geschichte) möglich, sondern nur durch das Volk und seine Kultur. Deshalb seien die Entfaltungsmöglichkeiten des Individuums nur so weit gesteckt wie die des Volkes. Ein Volk aber könne sich und seine Ausdrucksmöglichkeiten dann am besten entwickeln, wenn es auch über eine eigene staatliche Organisation – einen Nationalstaat – verfüge, während es unter fremder Okkupation an eigener Entwicklung gehindert sei. So verband sich in diesem Denkansatz antifranzösischer Protest mit deutsch-nationalen Utopien. Die nationalen Bewegungen und Vereine richteten sich gegen die französische „Fremdherrschaft" und die deutsche „Kleinstaaterei".

Die Wirkung der Befreiungskriege

Befreiungskriege als „Volkskriege"

Einen entscheidenden Schub erreichten diese nationalistischen Denkansätze mit den Befreiungskriegen, in denen sie – jedenfalls äußerlich – mit der militärisch-politischen Staatenkoalition gegen Napoleon verbunden waren. Besonders in Preußen, aber auch in vielen anderen deutschen Staaten instrumentalisierten Fürsten und Regierungen die antifranzösisch-nationale Grundstimmung für ihre (militärischen) Zwecke. Und sie trafen auf Widerhall: Die Befreiungskriege waren – anders als frühere militärische Auseinandersetzungen, in denen militärischer Drill und Sold das Soldatenleben bestimmte – regelrechte Volkskriege. Das Vorbild der französischen Revolutionsarmee hatte gewissermaßen abgefärbt und machte nun die gegnerischen Armeen stark.

Idealismus und Romantik

Im historischen Umfeld der Befreiungskriege – und noch einmal beschleunigt durch militärische Siege – nahm das nationale Denken in Deutschland enorm zu und erreichte geradezu mythische Dimensionen. In weiten Teilen der Bevölkerung der deutschen Staaten wurde die deutsche Nation zum zentralen politischen Bezugspunkt, der in einer Vielzahl von Gedichten, Liedern, Schriften, Gemälden, Festen und Symbolen enthusiastisch gefeiert wurde. Dabei blieb der Begriff „Nation" schillernd: In seiner von der idealistischen Philosophie beeinflussten Ausprägung basierte er auf der Aufklärung und ihren Idealen, hatte eine stark vernunftbetonte, liberale und weltbürgerliche Färbung. Die eher gefühlsmäßigen Assoziationen mit dem Begriff „Nation" waren eng mit der geistesgeschichtlichen Strömung der Romantik verbunden. Sie stellten die ganzheitliche, eben auch seelisch-gefühlsmäßige Prägung des Individuums durch die Nation und ihre historisch gewachsene Kultur in den Mittelpunkt. Besonders in seiner romantischen Ausprägung nahm die Idee der Nation jene quasireligiösen Züge an, die uns in den Liedern, Gemälden und Symbolen der Nationalbewegung aus der Zeit der Befreiungskriege überliefert sind.

Die Restaurationszeit

Vor diesem Hintergrund ist nicht verwunderlich, dass weite Teile der Bevölkerung in den deutschen Staaten von den Beschlüssen des Wiener Kongresses und insbesondere von der Konstruktion des „Deutschen Bundes" bitter enttäuscht waren. Das Wort vom „Verrat" an der Nation machte die Runde.

Burschenschaften

Trotz der restaurativen Politik der in der „Heiligen Allianz" zusammengeschlossenen europäischen Regierungen versuchte die Nationalbewegung sich zu behaupten. Organisatorisch retteten vor allem die „Burschenschaften", die aus den Turnvereinen hervorgegangen und eng mit ihnen verbunden waren, die Kontinuität der Nationalbewegung aus der Zeit der Befreiungskriege in die Restaurationszeit hinüber. Die Burschenschaften waren Studentenvereinigungen („Bursche" war der zeitgenössische Ausdruck für Studenten), die die nationale Einheit auf der Grundlage freiheitlicher Verfassung auf ihre Fahnen geschrieben hatten. Sie organisierten am 18./19.10.1817 ein gesamtdeutsches Nationalfest auf der Wartburg, das „Wartburgfest", an dem etwa 800 Personen, vorwiegend Studenten, teilnahmen. Man feierte die Reformation und den Sieg über Napoleon in der Völkerschlacht von Leipzig – beides historische Ereignisse, die nach Ansicht der Teilnehmer Ausdruck des Strebens nach Freiheit und Einheit der Nation waren.

Wartburgfest (1817)

Das Wartburgfest gab der deutschen Nationalbewegung noch einmal einen Schub, bevor sie dann massiv und mit polizeilichen Mitteln vom Deutschen Bund, vor allem auf Betreiben des österreichischen Staatskanzlers Fürst von Metternich, unterdrückt wurde. Den Anlass gab die Ermordung des Dichters und zaristischen Agenten August von Kotzebue durch den Burschenschaftler Carl Sand am 23.3.1819. Das eigentliche Motiv war das restaurative Programm der Heiligen Allianz, das Liberalismus und Nationalismus als Gefährdung der monarchischen Ordnung zu bekämpfen suchte. Die im August 1819 formell beschlossenen Unterdrückungsmaßnahmen – nach dem Ort ihrer Entstehung „Karlsbader Beschlüsse" genannt – richteten sich vor allem gegen Studenten und Universitäten, die als Hort oppositioneller Bestrebungen angesehen wurden. Die Burschenschaften wurden verboten, Universitäten sollten künftig durch staatstreue Beobachter politisch überwacht werden, eine polizeiliche Untersuchungsbehörde wurde ins Leben gerufen und eine strenge Pressezensur eingeführt. Der Deutsche Bund bekam nach den Karlsbader Beschlüssen das Recht, bei Unruhen in den Einzelstaaten eingreifen zu dürfen.

„Karlsbader Beschlüsse" (1819)

Tatsächlich war diese Politik bis zur Julirevolution in Paris im Jahre 1830, also für etwa ein Jahrzehnt, erfolgreich: Angesichts der polizeilichen Verfolgung aller liberalen und nationalen Bestrebungen flüchtete sich das Bürgertum in den deutschen Staaten mehrheitlich in den privaten Rückzug – eine Haltung, die diesem Jahrzehnt die spöttelnde Bezeichnung „Biedermeier" einbrachte.

„Biedermeier"

Der Vormärz

In der Restaurationszeit konnte der liberale Nationalismus in den deutschen Staaten zwar nur im Verborgenen agieren, aber er überlebte vor allem deshalb, weil die Kulturnation trotz des Verbots politischer Betätigung eine Tatsache blieb. Das deutschsprachige Universitätssystem, die in Hochdeutsch verfasste Nationalliteratur, die Buchgesellschaften und Theater, nicht zuletzt auch die vielfältigen ökonomischen Kooperationen hielten den nationalen Gedanken vor allem im Bildungsbürgertum wach.

Julirevolution in Frankreich

Wie lebendig der nationale Gedanke in Deutschland war, zeigte sich schlagartig, als im Gefolge der Julirevolution in Frankreich (1830) soziale Protestbewegungen und Forderungen nach politischen Reformen in einigen deutschen Staaten wieder aufflammten. Die enge Verbindung von Liberalismus und Nationalismus wird etwa in dem Namen des von den Publizisten Johann Georg August Wirth und Philipp Jakob Siebenpfeiffer gegründeten „Press- und Vaterlandsvereins" augenfällig. Der zur Unterstützung liberal gesinnter Journalisten gegründete Verein verknüpfte in seinem Namen das (liberale) Ziel der Pressefreiheit mit dem (nationalen) Ziel eines deutschen Vaterlandes.

Hambacher Fest (1832)

Dass der liberale Nationalismus unter der Hand in der Restaurationszeit weitere Anhänger gefunden hatte, zeigte sich dann auf dem sogenannten „Hambacher Fest" (27.5.1832), an dem nun schon 25 000 Menschen teilnahmen – darunter erstmalig auch viele Frauen, die eigens aufgerufen worden waren: „Deutsche Frauen und Jungfrauen, deren politische Nichtachtung in der europäischen Ordnung ein Fehler und ein Flecken ist, schmücket und belebt die Versammlung durch eure Gegenwart." Organisatoren und Träger des Hamba-

Zug zum Hambacher Schloss (zeitgenössische Lithografie von 1832)

cher Festes waren vor allem die Burschenschaften, deren schwarz-rot-goldene Fahnen nun zum Symbol der deutschen Einheit geworden waren.

Das politische Programm des „Hambacher Festes" knüpfte an das des „Wartburgfestes" an, hatte aber seine antifranzösischen Motive weitgehend hinter sich gelassen und im Gegenteil auch unter dem Eindruck der Julirevolution in Paris und der polnischen Nationalbewegung teilweise eine europäische Dimension gewonnen: Man forderte nicht nur die Einheit der deutschen Nation, sondern empfand auch viel Sympathie und Solidarität mit den Nationalbewegungen in anderen europäischen Staaten. Der liberale Nationalismus im Vormärz grenzte sich also mit seiner Vorstellung eines europäischen „Völkerfrühlings" weniger von anderen Nationen als von den allen Nationalbewegungen gemeinsamen Gegnern, den Adeligen, Fürsten und Monarchen, ab. Obwohl dies in heutigen Ohren paradox klingen mag, kann man dieses Programm als „internationalistischen Nationalismus" kennzeichnen.

Solidarität der europäischen Nationalbewegungen

Dennoch blieb das politische Programm des „Hambacher Festes" uneinheitlich. Liberale und Demokraten müssen in dieser Zeit deutlich unterschieden werden: Während die Liberalen eher eine politische Mitsprache über eine Volksvertretung forderten, aber die Monarchie erhalten wollten sowie das allgemeine und das Frauenwahlrecht ablehnten, forderten die Demokraten – unter ihnen einer der Mitinitiatoren und Redner auf dem Hambacher Fest, Jakob Siebenpfeiffer – weitaus mehr: Sie wollten eine Republik und damit die Abschaffung des Königtums und sie wollten das allgemeine Wahlrecht. So weit gingen in der Restaurationszeit nur wenige in Deutschland.

Genauso stürmisch wie die Redner auf dem Hambacher Schloss von der Masse gefeiert wurden, genauso heftig war die Bekämpfung der nationalen und liberalen Opposition durch die Fürsten und Monarchen. Metternich sorgte dafür, dass die Karlsbader Beschlüsse mit den sechs Artikeln des „Bundesbeschlusses über Maßregeln gegen die liberale und nationale Opposition" (1832) weiter verschärft wurden.

Unterdrückungsmaßnahmen

Letztlich aber konnte die deutsche Nationalbewegung damit nicht mehr aufgehalten werden. Studenten um den jungen Schriftsteller Georg Büchner, die politische mit sozialen Forderungen verknüpften und radikaler dachten, begannen gezielte Agitationen. Mit Flugblättern wollten sie untere Schichten aufklären und gegen den reaktionären Staat aufhetzen. Sie wurden verfolgt, verhaftet oder konnten ins Ausland fliehen; die Verbreitung ihrer Schriften wurde verboten. Heinrich Heine und Ludwig Börne, die zum Kreis des „Jungen Deutschland" zählten, flohen nach Paris, dem damaligen „Puls der Zeit". Aufsehen und Empörung im oppositionellen Lager erregte 1837 auch das Berufsverbot für die Gebrüder Grimm und weitere fünf Göttinger Professoren, die sogenannten „Göttinger Sieben", die öffentlich ihre Einstellung gegenüber der Obrigkeit kundtaten. Im Vormärz (1840–1848) nahm so die Schärfe der politischen Spannungen zu, da die deutschen Staaten, allen voran Preußen und Österreich, nur mit dem Mittel der Repression reagierten und keine Zugeständnisse zu machen schienen.

Der Denker-Club (zeitgenössische anonyme Karikatur)

6. „Einheit und Freiheit": Die Märzrevolution 1848

Die Revolutionen des Jahres 1848 als europäisches Phänomen

Einheit von liberalen und nationalen Forderungen

Die Revolution des Jahres 1848 war ein gesamteuropäisches Phänomen. Streng genommen handelte es sich um verschiedene, miteinander verknüpfte Revolutionen, die – mit Ausnahme Russlands – alle europäischen Staaten erfassten. Gemeinsam war allen diesen Revolutionen die für das frühe 19. Jahrhundert typische Einheit von liberalen und nationalen Forderungen.

Gegensätze zwischen den Nationalbewegungen

Im Verlauf dieser Revolutionen stand zwar die Gemeinsamkeit der Forderung nach der „Freiheit der Völker" im Mittelpunkt, doch es zeigten sich auch Risse und Gegensätze zwischen den europäischen Nationalbewegungen. Sie entzündeten sich an dem unumgänglichen Problem, dass sich die Bevölkerungen in der weitgehend dynastisch geprägten Welt der Staaten und der Staatsgrenzen in Europa nicht ohne Weiteres bestimmten „Nationen" zuordnen ließen. Das hatte einerseits machtpolitische Gründe, denn mit der nationalen Frage waren unmittelbar auch die konkurrierenden Interessen verschiedener Staaten verbunden. Andererseits handelte es sich auch um ein schlicht logisches Problem: Wie sollte man mit gemischt bewohnten Gebieten, wie sie häufig vorkamen, umgehen? Solche Streitigkeiten entzündeten sich etwa um das zu Österreich gehörende Südtirol, das mehrheitlich von deutschsprachiger Bevölkerung bewohnt war, zu dem aber auch das italienischsprachige Trentino gehörte. Oder um das zweisprachige deutsch-dänische Herzogtum Schleswig. Oder um die zu Preußen gehörende Provinz Posen, in der Deutsche und Polen lebten. Die Nationalbewegungen entzündeten – ohne dies immer ausdrücklich gewollt zu haben – solche Streitigkeiten, entzweiten die in diesen Gebieten lebenden – bis dahin häufig freundschaftlich miteinander verbundenen – Bevölkerungsgruppen und luden sie derart auf, dass die Konflikte häufig über Jahrzehnte virulent blieben und zum Teil in regelrechte Kriege mündeten.

Ambivalentes Erbe

So fällt das Erbe der Märzrevolutionen des Jahres 1848 für Europa widersprüchlich aus: Einerseits transportierten sie mit ihren liberalen, demokratischen und nationalen Forderungen nach persönlicher Freiheit und der „Freiheit der Völker" das Erbe der Aufklärung und der Französischen Revolution in das 19. Jahrhundert und trugen damit maßgeblich zur Etablierung des demokratischen Verfassungsstaates als Grundmuster europäischer Politik und Staatsordnung bei. Andererseits trugen sie maßgeblich zur Herausbildung jener Nationalitätenkonflikte bei, die den Kontinent noch für Jahrzehnte in innere Auseinandersetzungen treiben sollten.

Der Stellenwert der „Märzrevolution" von 1848/49 in der deutschen Geschichte

Spezifisches Dilemma der deutschen Revolution

Die „Märzrevolution" von 1848/49 hatte in den deutschen Staaten ein besonderes Gesicht, weil – anders als in Frankreich oder England – der Absolutismus in Deutschland keinen geschlossenen Territorialstaat geschaffen, sondern im Gegenteil die Eigenheiten der verschiedenen deutschen Staaten noch ausgeschärft hatte. Neben den sozialen und liberaldemokratischen Forderungen stellte deshalb das Ziel der Revolution, einen deutschen Nationalstaat zu schaffen, hier eine besonders schwierige Herausforderung dar. Letztlich scheiterte die „Märzrevolution" in Deutschland an der Größe dieser Aufgabe. Denn als die aus der Revolution hervorgegangene Frankfurter „Nationalversammlung" sich endlich nach monatelangen und quälenden Debatten zu einem gedanklich und politisch tragfähigen Kompromissmodell eines deutschen Nationalstaates durchgerungen hatte, war der revolutionäre Elan in den Straßen bereits merklich zurückgegangen. Die gegenrevolutionären Kräfte, vor allem die preußische und die österreichische Monarchie, konnten das Blatt wieder wenden und die Revolution nun – nachdem sie sich zunächst kompromissbereit gezeigt hatten – mit militärischen Mitteln niederschlagen.

„Einheit und Freiheit" als prägender Gedanke

Revolution „von unten"

Obwohl die Märzrevolution also ihre Ziele – jedenfalls zunächst – nicht erreichen konnte, hat sie eine besondere Bedeutung und einen wichtigen Stellenwert in der deutschen Geschichte. Der von ihr verfochtene Gedanke eines deutschen Verfassungs- und Nationalstaates („Einheit und Freiheit") ließ sich – obwohl zunächst noch nicht politische Realität – nicht mehr vertreiben. Er blieb ein die deutsche Geschichte des 19. und des 20. Jahrhunderts zutiefst prägendes Motiv. Hinzu kommt, dass die Märzrevolution eine der verhältnismäßig seltenen Revolutionen „von unten" in der deutschen Geschichte darstellt. Die vorangegangenen Umwälzungen der napoleonischen Zeit in den deutschen Staaten, wie etwa die preußischen Reformen oder der süddeutsche Frühkonstitutionalismus, waren eher von den Regierungen angestoßene „Revolutionen von oben". Später folgte die „Novemberrevolution" der Jahre 1918/19, die zwar von der Bevölkerung getragen, andererseits aber auch wesentlich von der Niederlage im Ersten Weltkrieg hervorgerufen und von der Forderung der Alliierten, nur mit einem demokratischen Deutschland verhandeln zu wollen, beeinflusst worden war. Auch die Neuordnungen in den beiden deutschen Staaten nach dem Zweiten Weltkrieg standen unter dem maßgeblichen Einfluss der Siegermächte.
So gilt die Märzrevolution von 1848 als Ausweis des Willens zur Demokratie in der deutschen Geschichte; die vom Frankfurter Paulskirchenparlament verabschiedete – und nie in Kraft getretene – Verfassung mit ihrer Verankerung der Menschenrechte als Element eines modernen, rechtsstaatlich verfassten Nationalstaates gilt auch heute noch als Teil des Erbes der Märzrevolution. Manche Historiker ziehen von hier eine direkte Linie zu der so-

Historische Kontinuität?

genannten „Friedlichen Revolution“ in der DDR (1989/90), die ebenfalls „nationale Einheit“ und „Freiheit“ auf ihre Fahnen geschrieben hatte und – so diese Interpretation – mit der deutschen Einheit des Jahres 1990 letztlich die Ziele der Märzrevolution aufgegriffen und umgesetzt hat.

Wirtschaftliche und soziale Ursachen der Revolution

Neben der Anspannung der politischen Auseinandersetzung zwischen den restaurativen Kräften und der liberal-nationalistischen Opposition, bildeten auch die katastrophalen wirtschaftlichen und sozialen Verhältnisse seit den 1830er-Jahren eine wesentliche Ursache der Revolution.

Bevölkerungswachstum

Seit 1815 hatte sich die Bevölkerung im Gebiet des Deutschen Bundes auf 35 Millionen Menschen verdoppelt. Deutschland stand kurz vor dem Beginn des industriellen Zeitalters, war aber im Gegensatz zur führenden Industrienation England noch weitgehend von der Landwirtschaft bestimmt. 60 Prozent der Menschen arbeiteten vor 1848 auf dem Land.

Nach der Niederlage gegen Napoleon (1806) war Preußen durch die „preußischen Reformen“ grundlegend umstrukturiert worden. Dies führte auch zu einer grundsätzlichen Änderung der wirtschaftlichen Produktionsstrukturen: Es wurde zunehmend für den Markt produziert, nicht mehr nur für den Selbsterhalt. Neue Dünge- und Anbaumethoden sowie erste Maschinen sicherten der Landwirtschaft zwar höhere Erträge, doch nicht mehr allen einen Arbeitsplatz. Das Bevölkerungswachstum überstieg die Beschäftigungsmöglichkeiten. Angesichts des Überangebots von Arbeitskräften senkten Gutsherren, Verleger und Unternehmer die Löhne. Die Folge: Bittere Armut wurde zu einem weit verbreiteten Massenphänomen.

Pauperismus

Der Pauperismus (vorindustrielle Massenarmut) prägte den Alltag der Menschen. Die Arbeitbedingungen waren katastrophal, die Wochenarbeitszeit betrug etwa 90 Stunden. Frauen- und Kinderarbeit waren weit verbreitet. Ein Indiz für die Verarmung waren steigende Ausgaben der Städte für das Armenwesen und hohe Auswanderungszahlen.

Landflucht

Um der Armut zu entgehen, flüchteten viele Menschen ins Ausland, vor allem nach Amerika, in eine ungewisse Zukunft oder – auf der Suche nach Arbeit und Brot

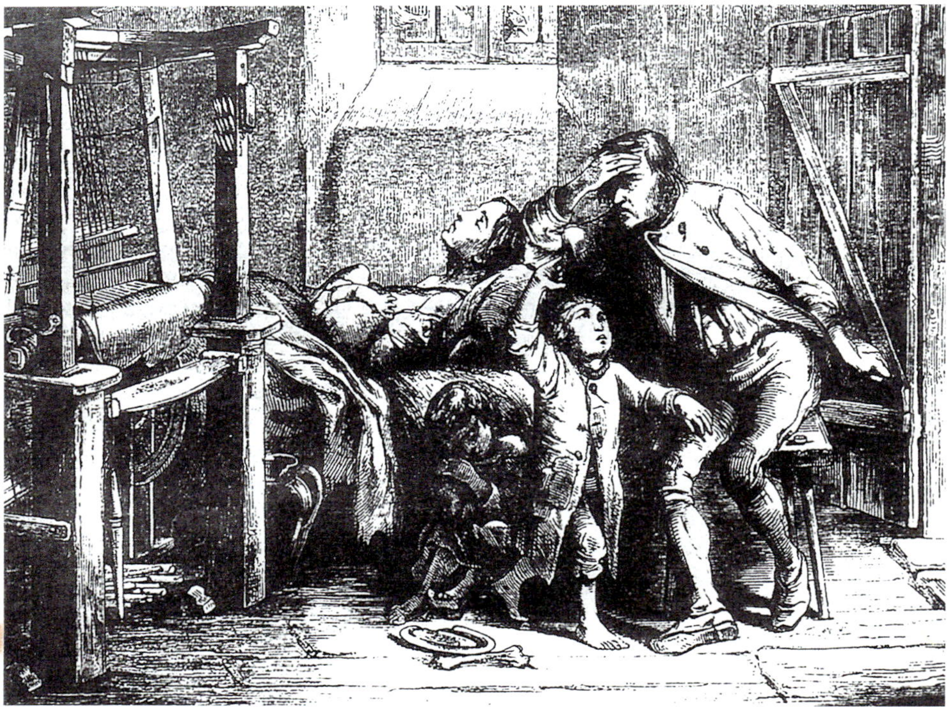

„Weberelend“ (Holzschnitt aus der Zeit um 1850)

– in die Städte. Dort aber war die Entwicklung der Industrie nicht so weit fortgeschritten, dass sie viele Arbeitsplätze anbieten konnte. Es gab nur wenige Fabriken, meist nur improvisierte Bauwerke, in denen die Arbeit meist noch handwerksmäßig organisiert war und Dampfmaschinen noch eine Seltenheit waren. Wer eine Anstellung fand, konnte aufgrund des hohen Arbeitskräfteangebots nur mit einem Hungerlohn rechnen. Das arbeitslose Proletariat in den Städten erhöhte sich sprunghaft.

Die Beschleunigung der Industrialisierung setzte erst seit den 40er-Jahren ein. Zur Zeit der Revolution glichen sich Landflucht und Industrialisierung noch nicht aus. Die Not der Menschen wurde beispielhaft im Weberaufstand von 1844 deutlich. Infolge der Einfuhr englischer Textilwaren und des Überangebots von Arbeitskräften verschlechterte sich die Lage der Heimweber in Deutschland immer mehr. Besonders betroffen waren die Leinenweber im Schlesischen Riesengebirge. 1844 brach eine Hungerrevolte aus. 3 000 Aufständische zerstörten Maschinen, Buchführungsunterlagen und Wohnungseinrichtungen der verhassten Fabrikanten und Verleger und forderten Lohnerhöhungen. Nach drei Tagen wurde der Aufstand von preußischen Truppen niedergeschlagen. Insgesamt wurden durch den Einsatz des Militärs in Niederschlesien elf Menschen getötet. Zahlreiche Verhaftete wurden zu Zuchthaus und Freiheitsstrafen verurteilt. Heinrich Heine in seinem Weberlied und Gerhard Hauptmann in seinem Drama „Die Weber" haben die Ereignisse literarisch behandelt. Als 1847 auch noch Hungersnöte nach den Missernten der vorangegangenen Jahre ausbrachen, stieg der Leidensdruck der unteren Schichten ins Maßlose.

Weberaufstand (1844)

Träger und Ziele der Revolution in den deutschen Staaten

„Märzforderungen"

Die Ziele der Revolution in den deutschen Staaten, die sogenannten „Märzforderungen", waren seit Ende Februar 1848 zunächst in den süddeutschen Staaten formuliert und dann zwar in lokalen Variationen, aber doch mehr oder weniger übereinstimmend in allen Staaten übernommen worden. Sie enthielten politische und soziale Forderungen. Die typischen politischen Forderungen waren die nach Abschaffung der Karlsbader Beschlüsse, Einführung von Verfassungen, Garantie der Menschen- und Bürgerrechte, Erweiterung der politischen Mitbestimmungsrechte und nach Herstellung der Einheit der deutschen Nation. Die sozialen Forderungen bezogen sich auf die Herstellung sozialer Gerechtigkeit, die Hebung des Lebensstandards der unteren Schichten oder das Recht auf Arbeit.

Die weitgehende Übereinstimmung der „Märzforderungen" in allen deutschen Staaten darf aber nicht über ihre innere Spannbreite oder sogar Widersprüchlichkeit hinwegtäuschen, die wiederum auf die Heterogenität der Trägergruppen der Revolution zurückgeführt werden kann. In sozialer Hinsicht lassen sich drei große Gruppen unterscheiden: erstens die bürgerlichen, insbesondere bildungsbürgerlichen Schichten, die vor allem gegen überkommene ständische und monarchische Strukturen ankämpften und ihr liberales sowie nationalistisches Programm durchsetzen wollten. Aus diesen Schichten rekrutierten sich die führenden politischen Köpfe der Revolution; sie bildeten die überwältigende Mehrheit der Abgeordneten der Frankfurter Nationalversammlung. Schon aufgrund ihres Bildungsvorsprungs sind die Positionen und Forderungen dieser Gruppe in den Märzforderungen – jedenfalls soweit sie schriftlich fixiert wurden – überrepräsentiert. Die zweite Gruppe bildeten die städtischen Unterschichten, vor allem Kleingewerbetreibende, Handwerker, Arbeitslose und – allerdings in zahlenmäßig noch eher geringer Zahl – Industriearbeiter. Diese Gruppe bildete die große Mehrheit der Revolutionäre, die in der Anfangszeit der Revolution sich in den Straßen- und Barrikadenkämpfen (insbesondere in Berlin und Wien) gegen die monarchischen Armeen stellten. Die dritte Gruppe bildete die einfache Landbevölkerung, unter ihnen vor allem Landarbeiter, selbstständige Kleinbauern, Pächter, aber auch Arbeiter in ländlichen Nebenerwerbsbetrieben und im frühindustriellen Verlagssystem. Diese Gruppe wandte sich in – oft gewalttätigen – Aktionen gegen Symbole adeliger Vorherrschaft, wie Schlösser oder Grundbucharchive, aber auch gegen Verleger und „Fabrikanten". Die beiden letzteren Gruppen waren vor allem von materieller Not angetrieben; soziale Forderungen hatten neben den politischen ein großes Gewicht.

Trägergruppen

Politische Strömungen

In politischer Hinsicht ist vor allem zwischen gemäßigten Liberalen und radikalen Demokraten zu unterscheiden. Während die gemäßigten Liberalen zwar die Einführung von Verfassungen und rechtsstaatlichen Strukturen forderten, aber politische Partizipationsmöglichkeiten nur begrenzt ausweiten (Zensuswahlrecht) und die Monarchie erhalten wollten, plädierten die radikalen Demokraten für das allgemeine Wahlrecht und republikanische Staatsformen. Im Verlauf der Revolution und vor allem in der Frankfurter Nationalversammlung gewann eine weitere Gruppe, die Konservativen, Gewicht. Die Konservativen suchten das Ausmaß der Veränderungen auf ein Mindestmaß zu begrenzen, standen meist einer der beiden Großmächte, Preußen oder Österreich, nahe und versuchten auch, in deren Interesse zu wirken.
Quer durch diese politischen Gruppen lief die Debatte um die Forderung nach nationaler Einheit, die zwar von allen geteilt wurde, aber auf sehr unterschiedlichen Wegen und in sehr unterschiedlichen Formen angestrebt wurde. Diese Debatte bestimmte vor allem die Arbeit der Frankfurter Nationalversammlung.

Die Anfangserfolge der Revolution: Das „tolle Jahr"

Den Zeitraum von März 1848 bis Sommer 1849 haben deutsche Zeitgenossen als das „tolle Jahr" bezeichnet. Tatsächlich überschlugen sich in dieser Zeit die Ereignisse, und wenn man sie mit den vorhergehenden und den nachfolgenden Jahrzehnten vergleicht, dann hat sie etwas Verrücktes, Außergewöhnliches an sich. Aufstände und Barrikadenkämpfe zeigten schnelle Erfolge und in der euphorischen Stimmung im Frühjahr und Sommer 1848 schien es, als hätte die Revolution bereits über die alten Mächte gesiegt. Gerade diese „Illusion einer Revolution" (Manfred Hettling) erwies sich später als eine ihrer größten Schwächen.

Februarrevolution in Paris

Auslöser der Aufstände in den deutschen Staaten war die Februarrevolution in Frankreich. Dort begann die Kette der revolutionären Ereignisse in Europa in der Nacht vom 22. zum 23. Februar 1848 in Paris: Für die meisten Zeitgenossen völlig unerwartet stürmten vor allem Kleinbürger und Arbeiter auf die Straßen und errichteten Barrikaden, blutige Kämpfe gegen die königlichen Truppen begannen, die mit einem Sieg der Revolutionäre endeten. Wieder hatten sich die Wirkungen hoher Brotpreise, eine Konjunkturkrise mit sozialer Ungerechtigkeit sowie Beispiele krasser Selbstbereicherung gewaltsam entladen. Überraschend kamen diese Aufstände für die Zeitgenossen dennoch, weil Frankreich seit der Julirevolution 1830 über eine relativ fortschrittliche konstitutionelle Verfassung verfügte, die die Macht des Königs stark beschnitten hatte und der bürgerlichen Regierung, die aus den Kammern hervorging, große Machtbefugnisse einräumte. Das Problem dieser Verfassung bestand jedoch im Wahlrecht: Das Zensuswahlrecht hatte dazu geführt, dass nur eine kleine Schicht an Großbürgern an der politischen Macht teilhatte; die breite Masse blieb weiterhin ausgeschlossen. Unter dem Druck der Massen im Februar 1848 dankte die großbürgerliche Regierung unter dem sogenannten Bürgerkönig Louis Philippe am 24. Februar ab. Die Revolutionäre hatten gesiegt, die zweite französische Republik wurde ausgerufen.

Süddeutsche Staaten

Schnell griff die Revolution nach Deutschland, zunächst in die süddeutschen Staaten über. Der Funke entzündete sich zuerst in Baden, das an der Grenze zu Frankreich lag und über eine Volksvertretung in Form eines Zweikammersystems verfügte, also Erfahrungen in der politischen Mitbestimmung gesammelt hatte. Schon am 27. Februar 1848 fand in Mannheim, wo der Anwalt Friedrich Hecker freudig die Nachricht aus Frankreich verbreitet hatte, eine Versammlung von nahezu 2500 Menschen statt. Die Vertreter der liberalen Richtung aus dem Bildungsbürgertum, der Beamtenschaft und den freien Berufen lenkten zusammen mit den Demokraten, denen radikalere Ziele wie die Abschaffung der Monarchie und die Einrichtung einer Republik vorschwebten, die Volksversammlungen, die in den nächsten Tagen in ganz Deutschland folgten. Abgesandte trugen den Fürsten oder Königen ihre Forderungen, die „Märzforderungen", vor. Eine Radikalisierung ging von den Arbeitern und Handwerkern in den Haupt- und Großstädten aus, die unter der wirtschaftlichen Situation am meisten zu leiden hatten.

Anfangserfolge

In den Klein- und Mittelstaaten verlief die Revolution zu Beginn sehr erfolgreich. Die Fürsten und ihre Regierungen gaben schnell dem Druck der Proteste nach. Dazu trug neben der räumlichen Nähe zu Frankreich vor allem die – im Verhältnis zu den Großmächten – liberalere Tradition dieser Staaten bei, die jetzt die Übernahme der Märzforderungen erleichterte. Die alten Verfassungen aus der napoleonischen Zeit, die in der Phase der Restauration formal oder faktisch aufgehoben worden waren, wurden wieder aktiviert, liberale Regierungen eingesetzt.

Spaltung der Revolution

Im Verlauf des Jahres 1848 wurden dann aber die unterschiedlichen Interessen innerhalb der revolutionären Bewegung zunehmend deutlich und führten schließlich zu einer Spaltung. Der Protestdruck der städtischen und ländlichen Unterschichten ließ nach den schnellen Anfangserfolgen nach und die gemäßigten Liberalen begannen vielerorts, sich mit den alten Mächten gegen die – in den Klein- und Mittelstaaten besonders zahlreichen – radikalen Demokraten zu verbünden. Zu diesem Bündnis trug maßgeblich eine im gehobenen Bürgertum weit verbreitete Revolutionsfurcht, die Sorge vor einer der Jakobinerherrschaft während der Französischen Revolution vergleichbaren Entwicklung, bei. Beide Entwicklungen schwächten die revolutionären Kräfte, sodass im Laufe des Jahres 1849 sich in den Klein- und Mittelstaaten ebenso wie in Preußen und Österreich die Reaktion wieder durchsetzen konnte.

In den beiden deutschen Großstaaten, Preußen und Österreich, verlief die Revolution besonders in der Anfangsphase wesentlich konfrontativer.

Preußen

In Preußen regierte seit 1840 König Friedrich Wilhelm IV.. Die mit dem Thronwechsel verbundene Hoffnung der preußischen Liberalen auf eine entgegenkommendere Politik wurde bald enttäuscht. Ebenso wenig wie sein Vorgänger, Friedrich Wilhelm III., war der neue König bereit, die 1815 – unmittelbar nach den Befreiungskriegen – versprochene Verfassung zu gewähren. Stattdessen etablierte er 1847 eine Ständevertretung nach altem, absolutistischem Muster und provozierte damit sogar das konservative Bürgertum. Diese Ständevertretung („Vereinigter Landtag") hatte außer dem Budgetrecht keinerlei Befugnisse. Sie konnte noch nicht einmal aus eigenem Antrieb oder regelmäßig, sondern nur auf Einladung des Königs, zusammentreten. Auf seiner ersten Sitzung wandte sich der „Vereinigte Landtag" gegen diese Bestimmung und verweigerte das ihm vorgeschlagene Budget. Friedrich Wilhelm IV. löste die Versammlung daraufhin auf – vollzog dann aber wenige Tage später eine Kehrtwende um 180 Grad. Der Grund: In Berlin machten Nach-

Barrikadenkämpfer 1848

Ausritt des Königs in Berlin am 21.3.1848 (Vgl. Text S. 350.)

richten von der Revolution in Paris und den Entwicklungen in Baden die Runde. Die Bevölkerung wurde unruhig. Friedrich Wilhelm IV. wollte eine ähnliche Entwicklung in Preußen verhindern. Er versprach, den „Vereinigten Landtag" wieder einzusetzen, eine Verfassung zu gewähren und die verhassten Zensurbestimmungen aufzuheben. Am 18. März 1848 versammelte sich eine große Menschenmenge vor dem Berliner Schloss, um dem König für sein Entgegenkommen zu danken. Die zunächst friedliche Stimmung in der Menschenmenge kippte, als sich aus den Gewehren der vor dem Schloss postierten Truppen einige Schüsse – vermutlich unabsichtlich – lösten und die Menge glaubte, sie sei vom König verraten worden. In den folgenden erbitterten Straßenkämpfen zwischen Revolutionären und königlichen Truppen starben 143 Menschen, die „Märzgefallenen".

Barrikadenkämpfe (18.3.1848)

Der König versuchte, die außer Kontrolle geratene Situation zu beruhigen. Am 19.3. versprach er in einer Rede an „meine lieben Berliner", die Truppen aus der Stadt abzuziehen. Wenige Tage später (21.3.) ritt er demonstrativ in Begleitung seiner Minister mit einer schwarz-rot-goldenen Armbinde bekleidet durch Berlin und rief (28.3.) ein liberales Regierungskabinett ein. Auch den nationalen Forderungen kam er weit entgegen, als er öffentlich proklamierte: „Fortan geht Preußen in Deutschland auf". Am 22.5.1848 trat eine aus allgemeinem Wahlrecht hervorgegangene verfassungsgebende Versammlung zusammen. Auch in Preußen – so hatte es den Anschein – hatte die Revolution gesiegt.

Österreich

In Österreich hatte sich die Kritik der oppositionellen Gruppen vor allem auf den Kanzler Metternich konzentriert, der nicht nur im Deutschen Bund die restaurative Politik dominierte („Karlsbader Beschlüsse"), sondern auch in der Donaumonarchie mit harter Hand jede oppositionelle Regung unterdrücken ließ. Damit hatte er – bildlich gesprochen – den Deckel auf einen brodelnden Topf gedrückt, in dem die Wut aus drei Richtungen anwuchs: Das liberale Bürgertum beklagte die politische und wirtschaftliche Rückständigkeit der Monarchie (Letzteres vor allem im Verhältnis zu Preußen) und forderte dringend entsprechende Reformen. Die Arbeiterschaft in den Vorstädten (besonders in Wien) litt unter dramatischen sozialen Missständen und entwickelte ein besonders ausgeprägtes revolutionäres Bewusstsein. Hinzu kam als Drittes die Tatsache, dass sich der nationale Gedanke auch in der nichtdeutschen Bevölkerung des „Vielvölkerstaates" entwickelte. Tschechen, Ungarn und Italiener begannen ihre nationale Unabhängigkeit von der deutschsprachig dominierten monarchischen Zentralgewalt zu fordern und gefährdeten damit den territorialen Zusammenhalt der Monarchie.

Aufstände in Wien (13.3.1848)

Als am 13. März 1848 in Wien die Unruhen begannen, war Fürst Metternich ihr erstes Opfer: Er wurde vertrieben, floh nach England und wurde durch Fürst Schwarzenberg ersetzt. Kaiser Ferdinand I. zog die Armee aus Wien ab und versprach eine Verfassung. Aber die von ihm am 25.4. erlassene (oktroyierte) Verfassung wurde von der Bevölkerung nicht akzeptiert und nach einem weiteren Aufstand am 15.5.1848 zurückgezogen. Der kaiserliche Hof floh vor den Aufständen nach Innsbruck. Ein verfassunggebender Reichstag wurde einberufen und am 22.7. eröffnet. Er hob am 17.8. alle bäuerlichen Untertänigkeitsverhältnisse auf und holte damit einen – im europäischen Vergleich – längst fälligen Modernisierungsschritt nach. Als sich die Lage etwas zu beruhigen schien, kehrte der kaiserliche Hof nach Wien zurück.

Die Wahl der Frankfurter Nationalversammlung: Die Institutionalisierung der Revolution

Vorparlament

Wahlen zur Nationalversammlung (1.5.1848)

Die frühen Anfangserfolge der Märzrevolution in Süddeutschland bewogen süddeutsche Demokraten und Liberale dazu, bereits Anfang März ein provisorisches „Vorparlament" nach Frankfurt einzuberufen. Dieses – ohne Wahlen gebildete – Vorparlament bereitete Wahlen zu einer deutschen Nationalversammlung vor. Schon im Vorparlament kam es zu einer wichtigen Vorentscheidung: Die (liberale) Mehrheit lehnte den Antrag der radikalen Demokraten unter Führung der süddeutschen Abgeordneten Hecker und Struve ab, schon zu diesem Zeitpunkt die Republik auszurufen. Stattdessen entschied man sich dafür, die Neuordnung Deutschlands gemeinsam mit den Fürsten zu klären.

Einzug der Abgeordneten des Vorparlaments in die Frankfurter Paulskirche, 31. März 1848

Berufszugehörigkeit der Abgeordneten in der deutschen Nationalversammlung (Auswahl in %)	
Landwirte	5,5
Kaufleute, Industrielle, Gewerbetreibende	6,5
Beamte (außer Justiz und Lehrfach)	20,2
Justizbeamte	16,6
Lehrer und Gelehrte	19,6
Rechtsanwälte	16,6
Offiziere	2,2
Geistliche	3,8
Ärzte	2,4
Schriftsteller und Journalisten	2,2
Handwerker, Arbeiter, Angestellte	0,0
Sonstige und ungenaue Angaben	4,4

Am 1. Mai 1848 wurden die 830 Abgeordneten der Frankfurter Nationalversammlung in freier, gleicher und geheimer Wahl in allen deutschen Staaten gewählt. Am 18. Mai wurde die Nationalversammlung in der Frankfurter Paulskirche feierlich eröffnet. Zu ihrem Vorsitzenden wurde der ehemalige Burschenschaftler und angesehene Liberale Freiherr von Gagern gewählt.

Ein Blick auf die berufliche und soziale Herkunft der Abgeordneten zeigt, dass mit der Wahl eine weitere Vorentscheidung getroffen worden war: Da es zu dieser Zeit noch keine festen politischen Gruppierungen oder gar Parteien im modernen Sinne gab und zudem die politischen Strömungen noch in verschiedenen Staaten oder Traditionen verwurzelt waren, trauten die Wähler die politische Arbeit im Parlament nur bekannten und gestandenen Persönlichkeiten der Opposition zu – meist Angehörige der bildungsbürgerlichen Schichten. Im Ergebnis setzte sich das „Professorenparlament" zwar aus gebildeten und angesehenen Persönlichkeiten zusammen, es repräsentierte aber die soziale Wirklichkeit in den deutschen Staaten in keiner Weise und begünstigte damit eine gewisse Abgehobenheit und Wirklichkeitsfremdheit des Parlaments.

„Professorenparlament"

Die politischen Kräfteverhältnisse im Frankfurter Parlament lassen sich nicht präzise beschreiben, da es keine fest umrissenen Parteien oder Gruppierungen gab. Hinzu kam, dass von den 830 Abgeordneten tatsächlich nur eine zwischen 300 und 500 schwankende Zahl anwesend war, weil die Abgeordneten weite und damals noch beschwerliche Reisen zurückzulegen sowie gleichzeitig andere Verpflichtungen zu erledigen hatten. Dennoch bildeten die Abgeordneten lockere Zusammenschlüsse, die nach ihren Tagungsorten benannt waren. Intensiv diskutierten die Abgeordneten die zukünftige politische Staats- und Verfassungsordnung sowie die nationale Frage.

Die Aufgaben und Streitfragen der Nationalversammlung

Monarchie oder Republik?

Die Forderung nach der Errichtung einer Republik wurde nur von einer Minderheit der Abgeordneten, den Demokraten, unterstützt. Die große Mehrheit der Abgeordneten plädierte zwar für eine nach modernem Wahlrecht gewählte Legislative, hielt aber zugleich eine starke monarchische Zentralgewalt für notwendig.

Politische Gruppierungen in der Nationalversammlung

Nach dem Vorbild des französischen Parlaments (seit 1814) saßen die Abgeordneten in der Frankfurter Paulskirche je nach politischer Einstellung auf einer bestimmten Seite (vom Präsidenten aus gesehen). Die Übersicht stellt die Namen der politischen Gruppierungen, ihre zentralen politischen Forderungen sowie eine Auswahl bedeutender Vertreter dar.

Demokratische Linke				**Liberale Mitte**					**Konservative Rechte**
Radikale Linke	Gemäßigte Linke			Linke Mitte			Rechte Mitte		
Donnersberg	*Deutscher Hof*	*Nürnberger Hof*	*Westendhall*	*Württemberger Hof*	*Augsburger Hof*	*Landsberg*	*Kasino*	*Pariser Hof*	*Café Milani*
Großdeutsche Republik durch revol. Aktion	Republik	Kleindeutsches Erbkaisertum als formales Staatsoberhaupt mit geringen Rechten		Großdeutsche Lösung	Erbkaiserlich kleindeutsche Lösung	Konstitutionelle Monarchie mit starker preuß. Stellung	Mehrheitlich für preußische Führung	Großdeutsche Lösung	Erhalt der einzelstaatlichen Monarchien
	Parlamentarisch-demokratische Republik			Parlamentarische Monarchie			Starke monarchische Zentralgewalt; Volksvertretung auf Legislative beschränkt		Lockerer föderaler Rahmen
	Arnold Ruge (1802–1880)	Robert Blum (1807–1848)	Wilhelm Löwe (1814–1886)	Jakob Venedey (1805–1871) Franz Raveaux (1802–1851)	Karl Mittermeier (1787–1867) Arnold Duckwitz (1802–1881)	Robert von Mohl (1799–1875)	Ernst Moritz Arndt (1769–1860) Jakob Grimm (1785–1863)	Johann Heckscher (1797–1865)	Max Gravell (1781–1860) Joseph Maria von Radowitz (1797–1853)

Einheits- oder Bundesstaat?

In der Frage nach der Zentralisierung eines zukünftigen deutschen Staates verliefen die Fronten ähnlich: Die radikalen Demokraten warben für einen unitaristischen (einheitlichen) Staat und für eine möglichst weitgehende Beseitigung bestehender einzelstaatlicher Strukturen. Am anderen Ende der politischen Skala wollten die Konservativen die zukünftige Zentralgewalt auf ein Mindestmaß beschränken und neben den monarchischen auch die föderalistischen Elemente möglichst weitgehend erhalten. In der Mitte setzten sich die Liberalen mit ihrem Modell eines Bundesstaates durch, der die nationale Einheit in einer zentralen Legislative und einer monarchischen Zentralgewalt umsetzen, zugleich aber föderale Elemente sichern wollte.

Die Grundrechte

In der Frage der Grundrechte waren sich die Abgeordneten weitgehend einig und tatsächlich enthielt der Verfassungsentwurf am Ende einen für die damalige Zeit beeindruckend umfassenden Katalog persönlicher Freiheits- und Grundrechte. Die Sonderstellung des Adels sowie alle Feudallasten und -pflichten wurden entschädigungslos aufgehoben. Die Gleichheit vor dem Gesetz, die Freiheit der Person, die Versammlungsfreiheit, das Briefgeheimnis sowie die Presse- und Meinungsfreiheit, die Forschungs- und Lehrfreiheit und die Unverletzlichkeit der Wohnung wurden in der Verfassung garantiert. Aufgenommen wurde auch die – für die Liberalen zentrale – Unverletzlichkeit des Eigentums, während die von den Demokraten geforderten sozialen Grundrechte, wie etwa ein Recht auf Arbeit, keine Mehrheit fanden.

Das Wahlrecht

Die Frage des Wahlrechts war unter den Abgeordneten sehr umstritten. Die Konservativen und gemäßigten Liberalen plädierten für ein nach Besitzverhältnissen gestaffeltes Zensuswahlrecht. Zusammen mit den linken Liberalen setzten sich in dieser Frage die Demokraten durch: Die Verfassung sah ein allgemeines und gleiches Wahlrecht vor.

Die nationale Frage: klein- oder großdeutsche Lösung?

Die wohl schwierigste Aufgabe der Nationalversammlung bestand in der Definition des zukünftigen Staatsgebietes. Die zunächst von vielen Abgeordneten favorisierte „großdeutsche Lösung" sah die Errichtung des neuen Nationalstaates auf dem Territorium des Deutschen Bundes vor. Dies hätte jedoch bedeutet, dass nationale Minderheiten im Deutschen Bund, wie z. B. die Polen in Ostpreußen, zum deutschen Staatsgebiet gehört hätten, was wiederum dem Prinzip der nationalen Selbstbestimmung widersprochen hätte. Das größte Hindernis lag aber in Österreich, das nur zu einem Drittel in den deutschen Nationalstaat aufgenommen worden wäre. Dies wiederum hätte entweder die Sprengung der Donaumonarchie zur Folge gehabt oder es hätte bedeutet, dass der zukünftige deutsche Nationalstaat und die nichtdeutschen Teile Österreichs von einem habsburgischen Kaiserhaus in Personalunion hätten regiert werden müssen. Zwar favorisierten viele Anhänger Österreichs die großdeutsche Lösung, weil sie zugleich den Einfluss Österreichs gestärkt hätte. Aber die Regierung der Donaumonarchie dachte gar nicht daran, der Forderung des Parlamentes nach einer getrennten Regierung der deutschen und der nichtdeutschen Gebiete nachzugeben. Der österreichische Ministerpräsident Schwarzenberg verlangte die Aufnahme des österreichischen Gesamtstaates in den zukünftigen deutschen Bundesstaat. Das wiederum war für das Paulskirchenparlament inakzeptabel, denn dies hätte eine Art deutschen Imperialstaat unter Führung der Habsburger Krone bedeutet, der allen Prinzipien des Nationalstaatsgedankens widersprochen hätte.

Preußisch-österreichischer Dualismus

Deshalb gewann die sogenannte „kleindeutsche Lösung" immer mehr Zustimmung unter den Abgeordneten. Sie sah die Errichtung des deutschen Nationalstaates unter preußischer Krone und unter Ausschluss der deutschen Gebiete in Österreich vor. Diese Lösung stellte zwar ebenfalls keine optimale Lösung des Nationalstaatsprinzips dar, war aber wesentlich leichter zu realisieren. Der größte Nachteil dieser – letztlich dann von der Mehrheit der Nationalversammlung verabschiedeten – Lösung bestand darin, dass man die deutschsprachige Bevölkerung in Österreich, ihre Abgeordneten und nicht zuletzt die österreichische Regierung verprellte. Diese zog ihre Abgeordneten aus Frankfurt ab. Die Entscheidung für Preußen und gegen Österreich als Führungsmacht forcierte den Gegensatz, den „Dualismus", dieser beiden Großmächte, der die deutsche und europäische Politik der folgenden Jahrzehnte prägte.

Die Verfassung der Paulskirche vom März 1849

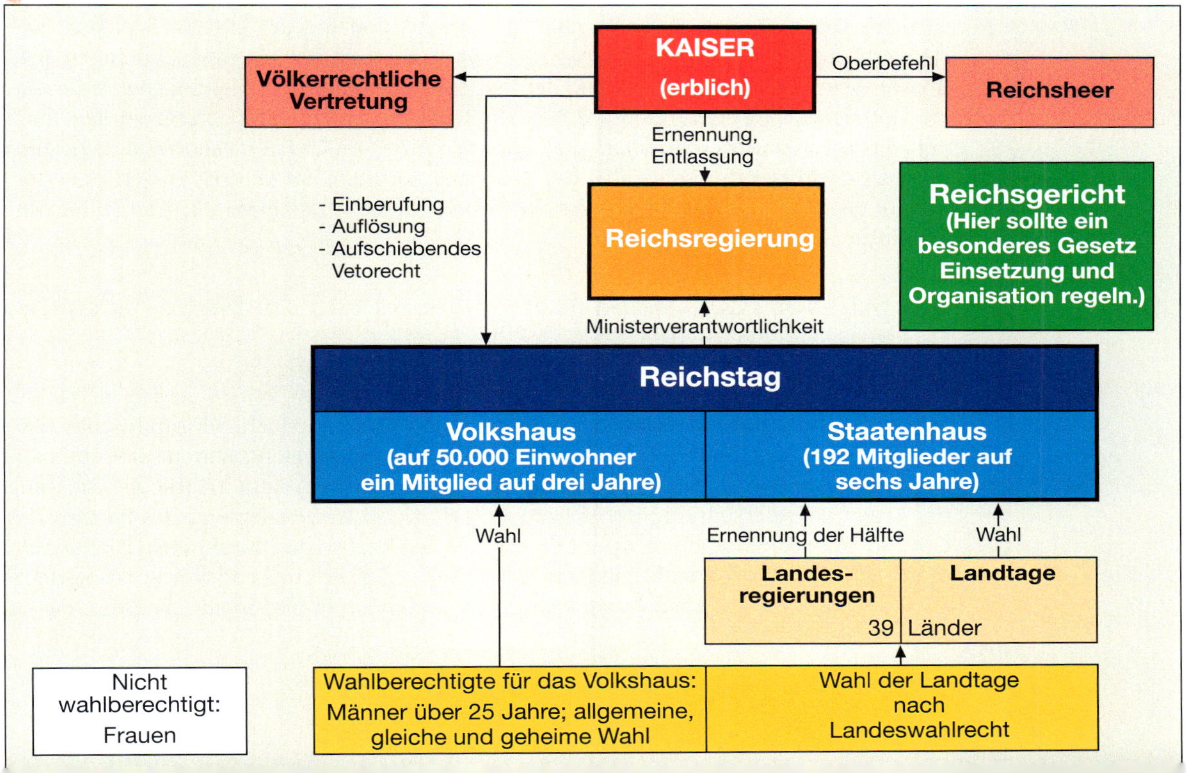

Revolution und Reaktion: Das Erstarken der gegenrevolutionären Kräfte

Unterschiedliche Entwicklungen …

… in Süddeutschland

Seit dem Herbst 1848 wurde deutlich, dass sich die Lage in den deutschen Staaten unterschiedlich entwickelte. In den meisten Staaten Süd- und Mitteldeutschlands prägte die aktive Reformtätigkeit der liberalen und demokratischen Kräfte das Bild. Zwar verliefen hier die politischen Debatten nicht spannungsfrei, aber man konnte auf eine bereits längere konstitutionelle Tradition zurückgreifen. Oftmals wurden jetzt Gesetze umgesetzt, die bereits vor 1848 beraten worden waren, deren Verabschiedung aber am Widerstand des Adels gescheitert war.

… in Preußen und Österreich

Ganz anders verlief die Entwicklung in Preußen und Österreich. Sowohl in Berlin wie in Wien hatte man den Rückzug des Militärs aus den Städten und das Nachgeben der Krone als endgültigen Sieg über die Monarchie gefeiert. Das erwies sich als verhängnisvoller Irrtum. Schon im Sommer 1848 wurden die Armeen, die sich nur zurückgezogen hatten, aber ansonsten vollständig intakt geblieben waren, auf die Wiedereroberung der Macht vorbereitet. Am 10. November 1848 marschierte die preußische Armee unter General Wrangel in Berlin ein und eroberte die Stadt ohne nennenswerten Widerstand. Danach hatte in Preußen die Reaktion wieder die Oberhand gewonnen.

Auch in Österreich wurde die Revolution im Herbst 1848 militärisch besiegt. Bereits in den Monaten zuvor hatte die kaiserliche Armee ihre ungebrochene Schlagkraft im Kampf gegen die Aufstände der nichtdeutschen Nationalbewegungen unter Beweis gestellt. Im Juni schlug sie unter Fürst Windischgrätz einen Aufstand der tschechischen Nationalbewegung in Prag (Pfingstaufstand) mit militärischer Gewalt nieder. Aufstände in Oberitalien waren anfangs erfolgreich, im Laufe des Sommers jedoch gelang es kaiserlichen Truppen unter Feldmarschall Radetzki, die Stadt Mailand – das Zentrum des Aufstandes – zurückzuerobern. Länger konnte sich der Aufstand der Ungarn halten, der erst im Laufe des Jahres 1849 durch eine gemeinsame österreichisch-russische Militäroperation niedergeschlagen werden konnte. Den Anlass zur Rückeroberung der Stadt Wien bildete ein dritter revolutionärer Aufstand am 6.10.1848. Diesmal handelt es sich um einen vor allem von der Arbeiterschaft der Stadt getragenen radikal-demokratischen Aufstand. Wieder floh der Hof aus Wien. Nun griffen kaiserliche Truppen unter Fürst Windischgrätz die Stadt an und eroberten sie nach achttägigen blutigen Straßen- und Barrikadenkämpfen zurück.

Spaltung der Revolution

Die militärischen Siege der Armeen wurden durch die innere Spaltung der Revolution erleichtert: Der mühsame Zusammenhalt des Bürgertums und der unteren Schichten war vielerorts auseinandergebrochen. Auch hier war Frankreich der Vorreiter: In blutigen Straßenkämpfen zwischen Arbeitern und der bürgerlichen Nationalgarde des Generals Cavaignac waren zwischen dem 23. und 26. Juni 1848 viele tausend Arbeiter getötet worden. Auch in Berlin war es am 14. Juni zu Kämpfen zwischen Arbeitern und der Nationalgarde gekommen, als städtische Unterschichten das Zeughaus stürmten, um sich mit Waffen zu versorgen. In Wien hatte die Nationalgarde eine Arbeiterdemonstration am 23. August mit Waffengewalt auseinandergetrieben.

Das Scheitern der Nationalversammlung und der Sieg der gegenrevolutionären Kräfte

Ablehnung der Kaiserkrone

Im März 1849 war die Beratung der Verfassung abgeschlossen. Am 28.3.1849 wählte die Frankfurter Nationalversammlung den preußischen König Friedrich Wilhelm IV. zum „Kaiser der Deutschen“. Als eine Delegation der Nationalversammlung dem preußischen König die Kaiserkrone antrug, lehnte dieser jedoch ab. In seinen Augen hätte die Annahme der Krone die Anerkennung der Volkssouveränität und eine Verletzung des Prinzips des Gottesgnadentums bedeutet. In einem vertraulichen Brief an den preußischen Diplomaten Freiherr von Bunsen schrieb Friedrich Wilhelm IV.: „Soll die tausendjährige Krone deutscher Nation wieder einmal vergeben werden, so bin ich es und meinesgleichen, die sie vergeben werden.“

Reichsverfassungskampagne

Im Anschluss an diese Ablehnung, mit der die gesamte Verfassungskonstruktion der Nationalversammlung hinfällig war, kam es besonders in Südwestdeutschland zu einer neuen Revolutionswelle, der sogenannten Reichsverfassungskampagne. Zugleich fühlten sich jedoch die Fürsten, die die Verfassung zuvor nur widerwillig akzeptiert hatten, in ihrer Ablehnung bestärkt. Die Reichsverfassungskampagne in den süd- und mitteldeutschen Staaten wurde mit Waffengewalt und mit der Unterstützung preußischer Truppen niedergeschlagen.

Rumpfparlament

Als Österreich und Preußen die Mandate ihrer Abgeordneten in der Nationalversammlung für beendet erklärten, löste sich das Parlament weitgehend auf. Es blieb nur noch ein „Rumpfparlament" aus süddeutschen Abgeordneten übrig, das sich nach Stuttgart zurückzog und dort am 18. Juni 1849 von württembergischen Truppen auseinandergejagt wurde. Am 23. Juli 1849 ergaben sich die letzten kämpfenden Revolutionäre – es sollen an die 6 000 gewesen sein – in der Festung Rastatt.

Damit hatten die gegenrevolutionären Kräfte endgültig gesiegt. In Preußen und Österreich wurde die Beamtenschaft von liberalen Elementen gesäubert. Viele ehemalige Abgeordnete oder liberale Politiker flohen ins Ausland, um einer Verhaftung wegen Hochverrats oder Majestätsbeleidigung zu entgehen.

Warum scheiterte die Revolution?

Nach der Euphorie des „Tollen Jahres" muss das Scheitern der Revolution für die Zeitgenossen ungeheuer frustrierend gewesen sein. Das zeigen zum Beispiel die vielen bitteren, oft zynischen Karikaturen, die aus jener Zeit überliefert sind und die die Schuld an diesem Scheitern nicht nur den Fürsten, sondern auch der Unfähigkeit des „Professorenparlamentes" oder der Demokratieunfähigkeit des deutschen Volkes anlasteten. Seither gibt es die Debatte um die Ursachen des Scheiterns der Märzrevolution. An die Stelle pauschaler Vorwürfe sind jedoch differenziertere Überlegungen getreten, die sich stichwortartig so zusammenfassen lassen:

Ursachenfaktoren

- **Unterschiedliche Interessen**: Die Interessen der Trägergruppen der Revolution waren zu unterschiedlich, sodass eine einheitliche und belastbare revolutionäre Front – außer in der ersten Phase der Revolution – nicht dauerhaft zu Stande kam.
- **Die doppelte Frontstellung des Bürgertums**: Die liberale Mehrheit des deutschen Bürgertums wollte zwar Reformen, aber keine radikalen Veränderungen. Aus Angst vor – aus ihrer Sicht – unkalkulierbaren Folgen der radikalen Straßenkämpfe, den Forderungen der ihm kulturell und ökonomisch fremden Arbeiterschaft sowie in Sorge vor einer möglichen jakobinischen Entwicklung der Revolution blieb es vor „den Thronen stehen" und suchte den Ausgleich mit den Fürsten. Durch die inneren Auseinandersetzungen zwischen (bürgerlicher) Bürgerwehr und dem radikalen Flügel der Revolution wurde Letzterer geschwächt. Am Ende fehlte der Revolution und der Frankfurter Nationalversammlung die Unterstützung der Straße.
- **Fehlende Führung**: Trotz aller Bemühungen um die nationale Einheit fehlte der Revolution ein zentraler Ort. Stattdessen fanden verschiedene Revolutionen mit jeweils besonderen Eigenarten statt. Dies erschwerte ein koordiniertes Vorgehen und eine effektive Organisation.
- **Die Schwächen der Nationalversammlung**: Obwohl die Abgeordneten intensiv und auf hohem intellektuellem Niveau diskutierten, so fehlte ihnen doch notwendigerweise die Erfahrung mit der Arbeit in demokratischen Institutionen. Die Parlamentsarbeit war noch sehr unstrukturiert, es gab keine festen Parteien oder Fraktionen, parlamentarische Verfahrensweisen mussten erst entwickelt werden. Das führte zu Reibungsverlusten, behinderte Kompromisse und verzögerte Entscheidungen.
- **Das Ausmaß der Aufgaben**: Das spezifisch deutsche Dilemma der Revolution, eine Vielzahl von höchst komplexen Aufgaben (Ausarbeitung einer freiheitlichen Verfassung, Ausarbeitung eines parlamentarischen Systems, Klärung sozialer und gesellschaftlicher Probleme, Herstellung der nationalen Einheit) gleichzeitig zu lösen, stellte eine schier unlösbare Herausforderung dar.

„Rundgemälde von Europa im August 1849" (Federlithografie von Friedrich Schröder aus den Düsseldorfer Monatsheften, 1849)

- **Die Illusion der erfolgreichen Revolution:** Die Anfangserfolge täuschten über die realen Machtverhältnisse hinweg. Während die Nationalversammlung ihre Aufgaben mit hoher Intensität und Ernsthaftigkeit anging, ebbte der revolutionäre Elan ab und die gegenrevolutionären Kräfte konnten sich wieder formieren. Letztlich scheiterte die Revolution und die von ihr einberufene Nationalversammlung daran, dass sie über keinerlei exekutive Macht verfügte, sondern diese vollständig bei den Regierungen der Einzelstaaten und damit bei den Fürsten verblieben war. Auch wenn in den Einzelstaaten jetzt demokratisch gewählte Parlamente gebildet worden waren, so bedeutete dies noch lange nicht, dass diese Parlamente auch die Regierungen und die Exekutive (einschließlich der Armeen) kontrollierten.

Die Bilanz der Revolution

Lähmung des Emanzipationswillens

Die Bilanz der Revolution fällt gemischt aus. Auf der Negativseite ist zunächst festzuhalten, dass ihr Scheitern für Jahrzehnte den Emanzipationswillen des Bürgertums lähmte. Ein Teil des Bürgertums zog sich wieder – wie schon zuvor – ins Private zurück; ein anderer Teil konzentrierte sich auf die „Realpolitik" und suchte im Bündnis mit den feudalen Regierungen seine Interessen – vor allem auf wirtschaftlichem Gebiet – durchzusetzen. Mit dem Scheitern der „Revolution von unten" war auch der liberale Nationalismus gebrochen. Liberalismus und Nationalismus gingen fortan getrennte Wege.

Positive Wirkungen

Dennoch entfaltete die Revolution auch bedeutsame positive Wirkungen:

- Die deutsche Einheit hatte sich als Ziel der großen Mehrheit aller Deutschen erwiesen. Obwohl die Einzelstaaten erhalten blieben, blieb diese Tendenz bestimmend. Das von der Paulskirche entwickelte Modell eines deutschen Bundesstaates prägt die deutsche Verfassungsgeschichte bis heute.
- Das Bestreben, die Staatsordnungen auf Verfassungen zu gründen und damit die Willkürherrschaft der Fürsten zu begrenzen („Konstitutionalismus"), hatte sich nach ersten Anläufen in der napoleonischen Ära und Rückschlägen in der Restaurationszeit nun endgültig durchgesetzt. Zwar waren die nach 1848 in den deutschen Staaten eingeführten Verfassungen alles andere als demokratisch, aber sie banden im Grundsatz die Fürstenherrschaft an Recht und Gesetz.
- Die Paulskirchenverfassung trat zwar nie in Kraft, aber sie entfaltete großen Einfluss auf alle folgenden deutschen Verfassungen. Das allgemeine Wahlrecht setzte sich durch und blieb auch in der Reichsverfassung von 1871 als fortschrittliches Element erhalten. Bis heute gilt der Grundrechtskatalog als zukunftsweisend.
- Die Revolution hatte eine ausgesprochen lebendige, den gesamten deutschen Sprachraum umfassende politische Öffentlichkeit geschaffen, die sich trotz allerlei Repressionen in der Folgezeit nicht mehr zurückschrauben ließ. Eine Vielzahl von Zeitungen und Zeitschriften waren entstanden, im Jahr 1849 lassen sich insgesamt 1700 Zeitungen nachweisen, von der auflagenstärksten liberalen „Kölnischen Zeitung" erschienen 17000 Exemplare pro Ausgabe. Es entstand sogar eine erste „Frauen-Zeitung", gegründet von Louise Otto, die als Begründerin der deutschen Frauenbewegung gilt. Satirezeitschriften wie „Die Fliegenden Blätter" versuchten, über Witz und Ironie ihre

Kritik zu entfalten, die politische Karikatur wurde als politisches Mittel entdeckt. Neben den Zeitungen trug eine Vielzahl von Vereinen zur Herausbildung einer politischen Öffentlichkeit bei, sie bereiteten die spätere politische Parteienlandschaft vor.

7. Vom liberalen zum integralen Nationalismus

Die Zeit der Reaktion

Wiederherstellung des Deutschen Bundes

Nach dem Scheitern des Frankfurter Paulskirchenparlaments und dem Sieg über die Revolution begann die Epoche der „Reaktion", in der die Fürsten und ihre Regierungen versuchten, alle Errungenschaften der Revolution so weit als möglich wieder rückgängig zu machen. Der Deutsche Bund wurde auf Betreiben Österreichs, das im preußisch-österreichischen Dualismus die Vorherrschaft zurückgewinnen wollte, unter österreichischem Vorsitz wiederhergestellt. Der nach altem Muster gebildete Bundestag erklärte nicht nur die Paulskirchenverfassung für ungültig. Der im August 1851 „Reichsreaktionsausschuss" erhielt zudem den Auftrag sicher zu stellen, dass in keinem Einzelstaat des Bundes Einrichtungen oder Regelungen bestehen blieben, die Ruhe und Ordnung gefährden könnten. Die während der Revolution zugestandenen liberalen Verfassungen wurden durch rückschrittliche ersetzt.

Preußische (oktroyierte) Verfassung von 1850

Nach der Rückeroberung Berlins hatte der preußische König bereits im Dezember 1848 eine Verfassung erlassen (oktroyiert), die bis zu ihrem Inkrafttreten im Jahre 1850 noch im Sinne der Reaktion verändert wurde. Mit dieser Verfassung verfolgte Friedrich-Wilhelm IV. das Ziel, das Volk an die Monarchie zu binden und die Macht der Krone durch eine monarchisch-konstitutionelle (anstelle einer liberalen) Verfassung langfristig zu sichern.
Ein gewisses Zugeständnis gegenüber den Liberalen bestand in der formalen Zusicherung von bürgerlichen Freiheiten (z. B. Religionsfreiheit, Gleichheit vor dem Gesetz, Versammlungsfreiheit) sowie der Unabhängigkeit der Gerichte. Auf der anderen Seite betonte die Verfassung das Prinzip des Gottesgnadentums in der Monarchie, von Volkssouveränität war nicht die Rede. Die Armee unterstand weiterhin allein dem König, der damit das wichtigste Machtmittel in seinen Händen hielt. Das Abgeordnetenhaus übte zusammen mit der zweiten Parlamentskammer, dem Herrenhaus, und dem König die Gesetzgebung aus. Sein wichtigstes Recht war das Budgetrecht. Es wurde nach einem Dreiklassenwahlrecht (für Männer) gewählt, das die Bürger nach Steueraufkommen in drei Wahlklassen teilte, die jeweils ein Drittel der Abgeordneten stellten. Danach stellten die oberen 4 % der Bevölkerung ein Drittel der Stimmen, die folgenden 16 % das zweite Drittel. Dieses Wahlrecht sicherte dem Abgeordnetenhaus eine weitgehend konservative Mehrheit. Die preußische Verfassung von 1850 bestand bis 1918.

Einheit und Freiheit – zwei Ideen trennen sich

Integraler Nationalismus

Nach der fehlgeschlagenen Revolution schien die Utopie von der Einheit der deutschen Nation endgültig gescheitert zu sein. Tatsächlich scheiterte der für das frühe 19. Jahrhundert so typische liberale Nationalismus. Es war in den folgenden Jahrzehnten vor allem die preußische Regierung, die das integrative Potenzial des Nationalismus für ihre machtpolitischen Zwecke zu instrumentalisieren wusste. Mit massiver Wirtschaftsförderung und einer weitgehenden Liberalisierung im ökonomischen Bereich kam der preußische Staat seinem Bürgertum entgegen und stärkte seine Position als am weitesten entwickelter Industriestaat in Deutschland. Durch den Zollverein dehnte er seinen Wirtschaftsraum aus, durch Kriege gegen den innerdeutschen Konkurrenten Österreich sowie gegen Frankreich festigte er seine Großmachtposition. Mit der Gründung des Deutschen Reiches im Jahre 1871, die Preußens Vorherrschaft in mehrfacher Hinsicht institutionell absicherte, entstand schließlich ein deutscher Nationalstaat, der aber mit der Utopie des liberalen Nationalismus des frühen 19. Jahrhunderts nicht mehr viel gemein hatte. Aus einer der Aufklärung und der Freiheit der Völker verpflichteten Idee war ein Instrument obrigkeitsstaatlicher Herrschaftssicherung geworden.

Die preußischen Reformen – Motive einer „Revolution von oben“

„Mit dem Martini-Tage Eintausend Achthundert und Zehn hört alle Guts-Unterthänigkeit in Unsern sämtlichen Staaten auf.“
Dieser – nur scheinbar lakonische – Satz steht im Mittelpunkt des vom preußischen König Friedrich Wilhelm III. am 9. Oktober 1807 verkündeten „Edikt über den erleichterten Besitz und den freien Gebrauch des Grundeigentums sowie die persönlichen Verhältnisse der Landeinwohner betreffend“, das unter dem Namen „Oktoberedikt“ berühmt wurde. Mit diesem Satz endete in Preußen die jahrhundertealte ländliche Feudalordnung. An die Stelle der alten ständischen Ordnung trat eine marktwirtschaftliche Ordnung, die bürgerliche Freiheiten garantierte und soziale Ordnung nach Leistungsvermögen und Besitz strukturierte.
Das Oktoberedikt bildete den Start einer ganzen Reihe von Reformen, die unter der Sammelbezeichnung „preußische Reformen“ bekannt geworden sind. Wenn man das Ausmaß und die Geschwindigkeit der Veränderungen in Staat und Gesellschaft als entscheidende Kriterien für diese Begriffswahl nimmt, dann kann man durchaus von einer Umwälzung, einer „Revolution“ der Verhältnisse sprechen. Allerdings wurde diese Revolution nicht „von unten“ durch das Volk gegen die Regierung durchgesetzt, sondern im Gegenteil von der Regierung selbst initiiert.

- **Welche Motive haben den preußischen König bewogen, seinen Staat und seine Gesellschaft derart umfassend zu verändern?**
- **Wie sind diese Motive aus heutiger Sicht zu beurteilen?**

1. Interpretieren Sie die Materialien M 1 – M 3 unter den beiden Leitfragen, indem Sie die auf S. 563ff. beschriebenen Arbeitsschritte anwenden.

➡ **Tipp:** Nutzen Sie zur Klärung der historischen Hintergründe den Infotext S. 327ff.

2. Verschriftlichen Sie Ihre Interpretationsergebnisse (z. B. auf einer Folie) und stellen Sie sie zur Diskussion.

Die „preußischen Reformen“ (1807–1815)

Bauernbefreiung – „Oktoberedikt“ (9.10.1807):
beendete die Leibeigenschaft (personengebundene Erbuntertänigkeit) der Bauern sowie (1811/16) der bodengebundenen Grundherrschaft über die Vollbauern. Durch das Oktoberedikt wurden die zuvor gutsuntertänigen Bauern persönlich frei, durften wegziehen, heiraten, wen sie wollten und Eigentum erwerben. Nach dem Regulierungsedikt von 1811 wurden alle Bauern Eigentümer der von ihnen bewirtschafteten Höfe, mussten sich allerdings von ihren bisherigen Abgaben und Frondiensten an die Grundbesitzer freikaufen. Konnten sie diese Summen nicht aufbringen, mussten sie entweder einen Teil ihres Landes als Entschädigung abgeben oder sich verschulden. Die ehemaligen Gemeindeländereien (Allmende) wurden als Individualbesitz aufgeteilt. Von diesen Regelungen profitierte vor allem die bäuerliche Mittelschicht, viele Kleinbauern mussten ihr Land aufgeben.
Städteordnung (1808):
ermöglichte die Selbstverwaltung der Stadtbürger. Vermögende Bürger erhielten das Recht, Stadtverordnete zu wählen, die wiederum ein Magistrat wählten und die Arbeit der städtischen Verwaltungsbehörden kontrollierten.
Verwaltungsreform (1808):
An die Stelle des früheren preußischen „Generaldirektoriums“ trat ein einheitliches Ministerium, gegliedert in fünf Fachministerien (Inneres, Finanzen, Auswärtiges, Krieg und Justiz) mit einem „Staatskanzler“ an der Spitze, Gliederung des Staates in Regierungsbezirke.
Gewerbefreiheit (1810):
ermöglichte die freie Ausübung eines Gewerbes und freien Wettbewerb durch Aufhebung der Zünfte und aller Standesschranken. Bedeutete die Abkehr vom Merkantilismus und die Hinwendung zur Marktwirtschaft.

Steuerreform (1810–12):
Vereinheitlichung des Steuersystems, z.B. durch eine einheitliche Gewerbesteuer und einheitliche Verbrauchssteuern.
Judenemanzipation (1812):
bewirkte die Gleichberechtigung (staatsbürgerliche Gleichstellung) der Juden mit der übrigen Bevölkerung. So wurde ihnen z.B. nun der Erwerb von Grundbesitz oder die Besetzung von Beamtenstellen ermöglicht.
Heeresreform (1807–14):
Umfassende Modernisierung der preußischen Armee. Wandel vom Söldner- zum Volksheer durch allgemeine Wehrpflicht (1814). Eine neue Landwehrordnung (1815) ermöglicht den Aufstieg von Bürgerlichen in höhere Offiziersränge, mildert die Strafmaßnahmen.
Bildungsreform:
Ausbau eines einheitlichen staatlichen Bildungssystems aus Volksschulen, Gymnasien und Universitäten unter Leitung Wilhelm von Humboldts (1767–1835). Durchsetzung der allgemeinen Schulpflicht. Humanistische Bildung an Gymnasien, Gründung von Universitäten mit Freiheit der Lehre und Forschung.

MATERIALIEN

M 1 Das „Oktoberedikt" (9.10.1807)

Edikt über den erleichterten Besitz und den freien Gebrauch des Grundeigentums sowie die persönlichen Verhältnisse der Landbewohner betreffend:

Wir, Friedrich Wilhelm, König von Preußen, etc. etc., tun kund und fügen hiermit zu wissen:
Nach eingetretenem Frieden hat Uns die Vorsorge für den gesunkenen Wohlstand Unserer getreuen Unterthanen, dessen baldigste Wiederherstellung und möglichste Erhöhung vor Allem beschäftigt. Wir haben hierbei erwogen, dass es, bei der allgemeinen Noth, die Uns zu Gebot stehenden Mittel übersteige, jedem Einzelnen Hülfe zu verschaffen, ohne den Zweck erfüllen zu können, und dass es eben sowohl den unerlässlichen Forderungen der Gerechtigkeit, als den Grundsätzen einer wohlgeordneten Staatswirthschaft gemäß sey, Alles zu entfernen, was den Einzelnen bisher hinderte, den Wohlstand zu erlangen, den er nach dem Maß seiner Kräfte zu erreichen fähig war; Wir haben ferner erwogen, dass die vorhandenen Beschränkungen theils in Besitz und Genuss des Grund-Eigenthums, theils in den persönlichen Verhältnissen des Land-Arbeiters Unserer wohlwollenden Absicht vorzüglich entgegen wirken, und der Wiederherstellung der Kultur eine große Kraft seiner Thätigkeit entziehen, jene, indem sie auf den Werth des Grund-Eigentums und den Kredit des Grundbesitzers einen höchst schädlichen Einfluss haben, diese, indem sie den Werth der Arbeit verringern. Wir wollen daher beides auf diejenigen Schranken zurückführen, welche das gemeinsame Wohl nöthig macht, und verordnen daher Folgendes:
§. 1. Jeder Einwohner Unsrer Staaten ist, ohne alle Einschränkung in Beziehung auf den Staat, zum eigenthümlichen und Pfandbesitz unbeweglicher Grundstücke aller Art berechtigt; der Edelmann also zum Besitz nicht bloß adelicher, sondern auch unadelicher, bürgerlicher und bäuerlicher Güter aller Art, und der Bürger und Bauer zum Besitz nicht bloß bürgerlicher, bäuerlicher und anderer unadelicher, sondern auch adelicher Grundstücke, ohne dass der eine oder andere zu irgend einem Güter-Erwerb einer besonderen Erlaubnis bedarf, wenn gleich, nach wie vor, jede Besitzveränderung den Behörden angezeigt werden muss. Alle Vorzüge, welche bei Güter-Erbschaften der adeliche vor dem bürgerlichen Erben hatte, und die bisher durch den persönlichen Stand des Besitzers begründete Einschränkung und Suspension gewisser gutsherrlichen Rechte, fallen gänzlich weg.
In Absicht der Erwerbsfähigkeit solcher Einwohner, welche den ganzen Umfang ihrer Bürgerpflichten zu erfüllen, durch Religions-Begriffe verhindert werden, hat es bei den besonderen Gesetzen sein Verbleiben.
§. 2. Jeder Edelmann ist, ohne allen Nachtheil seines Standes, befugt, bürgerliche Gewerbe zu treiben; und jeder Bürger oder Bauer ist berechtigt, aus dem Bauer- in den Bürger- und aus dem Bürger- in den Bauernstand zu treten. […]
§. 10. Nach dem Datum dieser Verordnung entsteht fernerhin kein Unterthänigkeits-Verhältnis, weder durch Geburt, noch durch Heirath, noch durch

Uebernehmung einer unterthänigen Stelle, noch durch Vertrag.

§. 11. Mit der Publikation der gegenwärtigen Verordnung hört das bisherige Unterthänigkeits-Verhältnis derjenigen Unterthanen und ihrer Weiber und Kinder, welche ihre Bauergüter erblich oder eigenthümlich, oder erbzinsweise, oder erbpächtlich besitzen, wechselseitig gänzlich auf.

§. 12. Mit dem Martini-Tage Eintausend Achthundert und Zehn (1810) hört alle Guts-Unterthänigkeit in Unsern sämmtlichen Staaten auf. Nach dem Martini-Tage 1810 giebt es nur freie Leute, so wie solches auf den Domainen[1] in allen Unseren Provinzen schon der Fall ist, bei denen aber, wie sich von selbst versteht, alle Verbindlichkeiten, die ihnen als freien Leuten vermöge des Besitzes eines Grundstücks, oder vermöge eines besonderen Vertrages obliegen, in Kraft bleiben.

(Zit. nach: Herbert Krieger (Hg.), Materialien für den Geschichtsunterricht, Frankfurt a. M. (Diesterweg), Bd. IV, S. 238)

[1] Domainen = königliche Güter

M 2 Freiherr von Hardenberg: „Rigaer Denkschrift" (12.9.1807)

Karl August Freiherr von Hardenberg (1750–1822) gilt neben Freiherr vom und zum Stein als einer der führenden Köpfe der preußischen Reformen. Von 1806–1807 war er leitender Minister, wurde nach dem Frieden von Tilsit (1807) auf Weisung Napoleons entlassen und beriet den preußischen König von Riga aus, wohin er vor Napoleon geflohen war. Von 1810 bis zu seinem Tode setzte er als Staatskanzler das von Stein eingeleitete Reformwerk fort.

Der Staat, dem es glückt, den wahren Geist der Zeit zu fassen und sich in jenen Weltplan durch die Weisheit seiner Regierung ruhig hinein zu erarbeiten, ohne dass es gewaltsamer Zuckungen bedürfe, hat unstreitig große Vorzüge, und seine Glieder müssen die Sorgfalt segnen, die für sie so wohltätig wirkt. Die Französische Revolution, wovon die gegenwärtigen Kriege die Fortsetzung sind, gab den Franzosen unter Blutvergießen und Stürmen einen ganz neuen Schwung. […]

Der Wahn, dass man der Revolution am sichersten durch Festhalten am Alten und durch strenge Verfolgung der durch solche geltend gemachten Grundsätze entgegenstreben könne, hat besonders dazu beigetragen, die Revolution zu befördern und derselben eine stets wachsende Ausdehnung zu geben. Die Gewalt dieser Grundsätze ist so groß, sie sind so allgemein anerkannt und verbreitet, dass der Staat, der sie nicht annimmt, entweder seinem Untergange oder der erzwungenen Annahme derselben entgegensehen muss. […] Also eine Revolution im guten Sinn, gerade hinführend zu dem großen Zwecke der Veredelung der Menschheit, durch Weisheit der Regierung und nicht durch gewaltsame Impulsion von innen oder außen, – das ist unser Ziel, unser leitendes Prinzip. Demokratische Grundsätze in einer monarchischen Regierung: dieses scheint mir die angemessene Form für den gegenwärtigen Zeitgeist. […]

Ein solcher Bund, ähnlich dem der Jakobiner, nur nicht im Zweck und in der Anwendung verbrecherischer Mittel, und Preußen an der Spitze könnte die größte Wirkung hervorbringen und wäre für dieses die mächtigste Allianz. Dieser Gedanke müsste mehr als ein politischer Traum sein. […]

Auf einer recht zweckmäßigen Einrichtung der Grundverfassung des Inneren beruht jetzt die Hoffnung und die künftige Existenz des Preußischen Staats. Hier gilt es vor allem harmonisch mit dem Zeitgeist und dem Weltplan der Vorsehung zu verfahren, und wenn es auch sonst Bedenklichkeiten haben könnte, die Verfassung zu ändern, so verschwinden sie in der gegenwärtigen Lage des Staats. […]

Man schreite mutig fort und räume jedes Hindernis weg mit mächtiger Hand. Nie kann der Zeitpunkt günstiger eintreten. Die Opinion[1] unterstützt das rasche, kräftige Handeln, die Umstände machen es notwendig. Will man den Staat retten, ihn wieder aufblühen sehen, so säume man nicht, die einzigen Mittel dazu zu ergreifen. Ein Phönix erstehe aus der Asche. […] Man schrecke ja nicht zurück vor dem, was er als Hauptgrundsatz fordert, möglichste Freiheit und Gleichheit – Nicht die regellose, mit Recht verschrieene: die die blutigen Ungeheuer der Französischen Revolution zum Deckmantel ihrer Verbrechen brauchten oder mit fanatischer Wut statt der wahren, im gebildeten gesellschaftlichen Zustande möglichen, ergriffen, sondern nur diese nach weisen Gesetzen eines monarchischen Staats, die die natürliche Freiheit und Gleichheit der Staatsbürger nicht mehr beschränken, als es die Stufe ihrer Kultur und ihr eigenes Wohl erfordern.

(Zit. nach: Herbert Krieger, a.a.O., S. 239)

[1] Opinion = Meinung, Haltung

M 3 Freiherr vom Stein: Rundschreiben an die Mitglieder des Generaldirektoriums (24.11.1808)

Heinrich Friedrich Karl Reichsfreiherr vom und zum Stein (1757–1831) gilt – neben Freiherr von Hardenberg – als einer der beiden führenden Initiatoren und politischen Köpfe der preußischen Reformen. Im Juli 1807 wurde er auf Empfehlung Hardenbergs und auf Drängen Napoleons von König Friedrich Wilhelm III. zum Leitenden Minister ernannt. Im November 1808 wurde er – nachdem von ihm verfasste Aufstandspläne gegen Napoleon bekannt geworden waren – auf Drängen des französischen Kaisers wieder entlassen. Sein Nachfolger wurde Freiherr von Hardenberg. Stein selbst ging nach Österreich ins Exil, das hier vorliegende Rundschreiben gilt als Steins „politisches Testament“.

In der Verwaltung des Innern setzte ich mein Ziel. Es kam darauf an, gesetzlich die Möglichkeit aufzustellen, dass jeder im Volke seine Kräfte frei in moralischer Richtung entwickeln könne, und auf solche Weise das Volk zu nöthigen, König und Vaterland dergestalt zu lieben, dass es Gut und Leben ihnen gern zum Opfer bringe.

Mit Ihrem Beistande, meine Herren, ist Vieles bereits geschehen. Der letzte Rest der Sklaverei, die Erbunterthänigkeit, ist vernichtet, und der unerschütterliche Pfeiler jedes Throns, der Wille freier Menschen, ist gegründet. Das unbeschränkte Recht zum Erwerb des Grundeigenthums ist proclamirt. Dem Volke ist die Befugnis, seine ersten Lebensbedürfnisse sich selbst zu bereiten, wiedergegeben. Die Städte sind mündig erklärt. [...] Wird das, was bis jetzt geschah, mit Festigkeit aufrecht erhalten, so sind nur wenige Hauptschritte noch übrig. Ich nehme mir die Freiheit, sie Ihnen einzeln aufzuzählen, [...] um Ihnen zur Beurtheilung meiner Handlungen und Absichten einen Maßstab zu geben.

1. Regierung kann nur von der höchsten Gewalt ausgehen. Sobald das Recht, die Handlungen eines Mitunterthans zu bestimmen oder zu leiten, mit einem Grundstücke ererbt und erkauft werden kann, verliert die höchste Gewalt ihre Würde, und im gekränkten Unterthan wird die Anhänglichkeit an den Staat geschwächt. [...]

3. Die Erbunterthänigkeit ist vernichtet. Es bestehen aber noch in einigen Gegenden Gesindeordnungen, welche die Freiheit des Volkes lähmen. Auch hat man Versuche gemacht, [...] durch neue Gesindeordnungen die Erbunterthänigkeit in einigen Punkten wieder herzustellen. [...] Es bedarf, meiner Einsicht nach, keiner neuen Gesindeordnungen, sondern nur der Aufhebung der vorhandenen.

Das nächste Erfordernis scheint

4. eine allgemeine Nationalrepräsentation. Heilig war mir und bleibe uns das Recht und die Gewalt unsers Königs. Aber damit dieses Recht und diese unumschränkte Gewalt das Gute wirken kann, was in ihr liegt, schien es mir nothwendig, der höchsten Gewalt ein Mittel zu geben, wodurch sie die Wünsche des Volkes kennen lernen und ihren Bestimmungen Leben geben kann. Wenn dem Volke alle Theilnahme an den Operationen des Staates entzogen wird, kommt es bald dahin, die Regierung theils gleichgültig, theils in einzelnen Fällen in Opposition mit sich zu betrachten. Mein Plan war daher, jeder aktive Staatsbürger, er besitze hundert Hufen oder eine, er treibe Landwirtschaft oder Fabrikation oder Handel, er habe ein bürgerliches Gewerbe oder sey durch geistige Bande an den Staat geknüpft, habe ein Recht zur Repräsentation. Von der Ausführung oder Beseitigung eines solchen Plans hängt Wohl und Wehe unsers Staats ab, denn auf diesem Wege allein kann der Nationalgeist positiv erweckt und belebt werden.

5. Zwischen unsern beiden Hauptständen, dem Adel und dem Bürgerstande, herrscht durchaus keine Verbindung. Wer aus dem einen in den andern übergeht, entsagt seinem vorigen Stande ganz. [Daher bedarf es einer – hier nicht näher bezeichneten – Reform des Adels.]

Durch eine Verbindung des Adels mit den andern Ständen wird die Nation zu einem Ganzen verkettet und dabei kann das Andenken an edle Handlungen, welche der Ewigkeit werth sind, in einem höheren Grade erhalten werden. Diese Verbindung wird zugleich

6. die allgemeine Pflicht zur Vertheidigung des Vaterlandes lebhaft begründen, und auch diese Allgemeinheit muss nothwendig gleichen Eifer für die Regierung in jedem Stande erzeugen. [...]

(Zit. nach: Herbert Krieger, a.a.O., S. 239)

Freiheit, aber welche? – Forderungen und Ziele der Revolutionäre

Die Nationalversammlung, die am 19. Mai 1848 in der Frankfurter Paulskirche eröffnet wurde, war ein Zugeständnis der Fürsten an ihr Volk, hervorgegangen aus den revolutionären Ereignissen im März. Die Märzrevolution war keine organisierte Revolution eines Volkes gegen die Unterdrückung durch die Obrigkeit gewesen. Man kann hier vielmehr von einem Synergieeffekt sprechen: Unzufriedenheit über die soziale und wirtschaftliche Situation hatte Bauern, aber besonders auch Handwerker und Arbeiter auf die Straße getrieben, wo es in vielen mittleren und größeren deutschen Städten zu Straßenkämpfen gekommen war. Forderungen, die das Bürgertum schon im vergangenen Herbst an seine Fürsten gestellt hatte, wurden nunmehr gehört und die Obrigkeit konnte in den Märztagen nicht mehr umhin, dem Volk ein „freieres" Deutschland zu versprechen. Diese Freiheiten sollte ein Grundrechtskatalog garantieren, den die Nationalversammlung in langen Diskussionen bis zum Dezember 1848 ausarbeitete.

- **Welche Forderungen werden von den revolutionären Gruppen erhoben und welche werden letztendlich auch durchgesetzt?**
- **Welche langfristige Bedeutung haben diese Forderungen in der deutschen Geschichte bis in die Gegenwart?**

1. Analysieren Sie die Materialien M 1, M 2 und M 3 und vergleichen Sie die zeitgenössischen revolutionären Forderungen mit Blick auf ihre jeweiligen Durchsetzungschancen miteinander.

➧ **Tipp:** Wenden Sie die in der Basismethode auf S. 563ff. empfohlenen Arbeitsschritte für die Analyse einer historischen Quelle an. Nutzen Sie den Infotext (S. 344ff.) als Hilfe für die Klärung der formalen äußeren Merkmale.

2. Überprüfen Sie auf der Grundlage von M 4, welche der Forderungen programmatischer Bestandteil des Grundrechtskatalogs wurden und inwieweit die Forderungen Eingang in den durch die Nationalversammlung vorgelegten Verfassungsentwurf (s. auch S. 353) fanden. Geben Sie mögliche Erklärungen dafür. Ziehen Sie zur Stützung Ihrer Argumentation und Überlegungen den Infotext mit heran.

3. Diskutieren Sie in einem gemeinsamen Kursgespräch am Beispiel der drei Folgeverfassungen – der Verfassung des Deutschen Kaiserreichs (s. S. 481), der Weimarer Verfassung (s. Bd. 2) und des Grundgesetzes der Bundesrepublik Deutschland – die längerfristige ideen- und verfassungsgeschichtliche Bedeutung der revolutionären Forderungskataloge und Beschlüsse für die deutsche Geschichte nach 1848.

Die Nationalversammlung in der Frankfurter Paulskirche

MATERIALIEN

M 1 Forderungen der Volksversammlung zu Heidelberg vom 26. März 1848

Im Großherzogtum Baden fanden im März zahlreiche sogenannte Volksversammlungen statt, so auch in Heidelberg. Hierbei erhoben die Teilnehmer ihre Forderungen. Die Heidelberger „Märzforderungen" basieren auf Forderungen, deren Ursprung bei den „Entschiedenen Freunden der Verfassung" zu suchen ist. Diese Gruppe aus liberalen und demokratischen Bürgern traf sich im Offenburger Gasthaus „Salmen" seit September 1847. Erstmals als Programm wurden soziale und politische Forderungen am 19. März 1848 festgehalten. Dieses Programm breitete sich in Windeseile über Flugblätter und Zeitungsartikel in ganz Deutschland aus.

Die Beschlüsse der Offenburger Volksversammlung vom 19. März 1848 haben den kräftigsten Widerhall gefunden nicht bloß im ganzen badischen, sondern auch im gesamten deutschen Vaterlande. Dieselben haben den Grund gelegt zu einer freiheitlichen Organisation des deutschen Volkes. Die blutigen Ereignisse, welche an dem Tage selbst, da das badische Volk in Offenburg die Angelegenheiten Deutschlands beriet, stattfanden, und welche daher von demselben damals nicht in Erwägung gezogen werden konnten, bilden einen neuen Beweis von der blutdürstigen Unterdrückungswut deutscher Tyrannen, und der erschöpften Geduld des deutschen Volkes.

[...]

Das deutsche Volk verlangt daher vor allen Dingen, dass ein von dem ganzen deutschen Volke unmittelbar aus seiner Mitte frei gewähltes deutsches Parlament

I. die von demselben zu entwerfende neue Verfassung Deutschlands auf den allerfreiesten Grundlagen ohne zweckwidrige Rücksicht auf die bestehenden Verhältnisse feststelle, und durch eine Reihe von Gesetzen, welche ganz Deutschland gemeinsam umfassen, allen gerechten Forderungen des Volkes Genüge leiste. Die Mehrheit der Heidelberger Versammlung ist überzeugt, dass das deutsche Volk für die nordamerikanische Verfassung reif ist und sie wünscht.

Das Volk verlangt von dem zu erwartenden deutschen Parlamente,

II. dass dasselbe unter den vielen Gegenständen, welche neu zu gestalten sein werden, vor allen Dingen

(1) die Verschmelzung der Bürgerwehr und des stehenden Heeres zum Behufe der Bildung einer wahren, alle waffenfähigen Männer umfassenden Volkswehr,
(2) die vollständige Pressfreiheit,
(3) das Schwurgericht,
(4) gleiche Berechtigung aller Bürger ohne Unterschied des Glaubens,
(5) Abschaffung des Adels,
(6) allgemeines deutsches Niederlassungs- und Staatsbürgerrecht anordne, überwache und leite.

III. Zu den mannigfaltigen Forderungen, welche das deutsche Volk aller Orten aufstellt, fügt dasselbe folgende hinzu:

Das Volk verlangt

(1) die Sicherstellung der persönlichen Freiheit des Bürgers durch ein Gesetz und
(2) vollständige Trennung der Kirche vom Staate,
(3) augenblickliche Aufhebung aller auf der Benutzung von Flüssen, Straßen und Brücken ruhenden Abgaben,
(4) sofortige Erleichterung des Notstandes der arbeitenden Klassen und des Mittelstandes. [...]

(Zit. nach: Karl Obermann (Hg.), Flugblätter der Revolution – Eine Flugblattsammlung zur Geschichte der Revolution vor 1848/49 in Deutschland, Berlin 1970, S. 126f.)

M 2 Gustav Struves Antrag im Frankfurter Vorparlament vom 31. März 1848

Gustav Struve (1805–1870), ein Mannheimer Rechtsanwalt, gehörte zur Gruppe der radikalen Demokraten, die bei der Weichenstellung im Vorparlament versuchten, sich gegen die Liberalen durchzusetzen und eine gesamtdeutsche Republik anzupeilen. Struves Antrag scheiterte, er selbst schloss sich dem radikalen Mitstreiter Friedrich Hecker (1811–1881) an, der von Konstanz aus einen bewaffneten Aufstand anzettelte. Hecker und Struve entflohen letztendlich über die Schweiz in die USA.

Sicherheit des Eigentums und der Person, Wohlstand, Bildung und Freiheit für alle ohne Unterschied der Geburt, des Standes und des Glaubens, ist das Ziel, nach welchem das deutsche Volk strebt. Die Mittel, zu demselben zu gelangen, sind:

(1) Aufhebung der stehenden Soldatenheere und Verschmelzung derselben mit der Bürgerwehr zum Behufe der Bildung einer wahren, alle waffenfähigen Männer umfassenden Volkswehr.
(2) Aufhebung des stehenden Heeres von Beamten und Ersetzung derselben durch eine wohl-

feile Regierung, welche aus freiwillig gewählten Volksmännern besteht.

(3) Abschaffung der stehenden Heere von Abgaben, welche an dem Marke des Volkes zehren, insbesondere aller derjenigen Abgaben, welche den innern Verkehr Deutschlands hemmen, Binnenzölle und Schifffahrtsabgaben, welche die Landwirtschaft drücken, Zehnten, Gülden, Frohnden usw., welche die Gewerbe belasten, Gewerbesteuern, Akzise usw. und Ersetzung derselben:
a) durch eine progressive Einkommens- und Vermögenssteuer, bei welcher der notwendige Lebensunterhalt frei von allen Abgaben verbleibt; [...]

(4) Abschaffung aller Vorrechte, welchen Namen diesselben tragen mögen, insbesondere des Adels [...]

[...]

(6) Aufhebung aller Klöster und klösterlichen Einrichtungen.

(7) Auflösung des Bundes, welcher bisher bestand zwischen Kirche und Staat und Kirche und Schule und Ersetzung desselben durch:
a) die Grundsätze der gleichen Berechtigung aller Glaubensbekenntnisse, [...]
c) Abschaffung des Schulgeldes

(8) Abschaffung der Zensur [...]

(9) Abschaffung der geheimen und schriftlichen Inquisitionsgerichte und Ersetzung derselben durch öffentlich und mündlich gepflogene Schwurgerichte.

(10) Abschaffung der Hunderte von Beschränkungen der persönlichen Freiheit der Deutschen [...] durch ein besonderes Gesetz, welches insbesondere auch das Vereins- und Versammlungsrecht des Volkes feststellt.

(11) Beseitigung des Notstandes der arbeitenden Klasse und des Mittelstandes, Hebung des Handels, des Gewerbestandes und der Landwirtschaft. [...]

(12) Ausgleichung des Missverhältnisses zwischen Arbeit und Kapital vermittelst eines besonderen Arbeitsministeriums, welches den Wucher steuert, die Arbeit schützt und derselben namentlich einen Anteil an dem Arbeitsgewinne sichert.

[...]

(14) Aufhebung der Zerrissenheit Deutschlands [...]

(15) Aufhebung der erblichen Monarchie und Ersetzung derselben durch frei gewählte Parlamente, an deren Spitze frei gewählte Präsidenten stehen, alle vereint in der föderativen Bundesverfassung nach dem Muster der nordamerikanischen Freistaaten.

Deutsches Volk, dieses sind die Grundsätze, mit deren Hilfe allein Deutschland unseres Erachtens glücklich, geachtet und frei werden kann.

(Zit. nach: Helmut Berding (Hg.), Die deutsche Revolution von 1848/49, Stuttgart 1985, S. 41 f.)

M 3 Forderungen des Zentralkomitees der Berliner Arbeitervereine vom 10. Juni 1848

Im Zuge der politischen Mobilisierung waren seit Frühjahr 1848 zahlreiche Arbeiter- und Arbeiterbildungsvereine aus dem Boden geschossen. Um eine Koordination zu erreichen, bildeten sich Zentralkomitees, wie z. B. das „Berliner Zentralkomitee", in dem Stefan Born maßgeblich Einfluss hatte. Die politischen Vereine schalteten sich über Petitionen und Anträge in die Diskussionen der Nationalversammlung ein.

(1) Bestimmung des Minimums des Arbeitslohnes und der Arbeitszeit durch Kommissionen von Arbeitern und Meistern oder Arbeitgebern.

(2) Verbindung der Arbeiter zur Aufrechterhaltung des festgesetzten Lohnes.

(3) Aufhebung der indirekten Steuern, Einführung progressiver Einkommensteuern mit Steuerfreiheit derjenigen, die nur das Nötigste zum Leben haben.

(4) Der Staat übernimmt den unentgeltlichen Unterricht und, wo es nötig ist, die unentgeltliche Erziehung der Jugend mit Berücksichtigung ihrer Fähigkeiten.

(5) Unentgeltliche Volksbibliotheken.

(6) Regelung der Zahl der Lehrlinge, welche ein Meister halten darf, durch Kommissionen von Meistern und Arbeitern.

(7) Aufhebung aller für das Reisen der Arbeiter gegebenen Ausnahmegesetze, namentlich der in den Wanderbüchern ausgesprochenen.

(8) Herabsetzung der Wählbarkeit für die preußische Kammer auf das 24. Jahr.

(9) Beschäftigung der Arbeitslosen in Staatsanstalten, und zwar sorgt der Staat für eine ihren menschlichen Bedürfnissen angemessene Existenz.

(10) Errichtung von Musterwerkstätten durch den Staat und Erweiterung der schon bestehenden öffentlichen Kunstanstalten zur Heranbildung tüchtiger Arbeiter.

(11) Der Staat versorgt alle Hilflosen und also auch alle Invaliden der Arbeit.

(12) Allgemeine Heimatsberechtigung und Freizügigkeit.

(13) Schranken gegen Beamtenwillkür und Freizügigkeit in Bezug auf die Arbeitsleute. Dieselben können nur durch das entscheidende Urteil einer Kommission von ihren Stellen entlassen werden.

(Zit. nach: Walter Grab (Hg.), Die Revolution von 1848/49 – Eine Dokumentation, Stuttgart 1988, S. 88f.)

M 4 Auszüge aus der „Verfassung des Deutschen Reiches" vom 28. März 1849

Die „Grundrechte des deutschen Volkes" waren bereits am 27. Dezember 1848 in Kraft gesetzt worden.

§ 132: Jeder Deutsche hat das deutsche Reichsbürgerrecht. Die ihm Kraft dessen zustehenden Rechte kann er in jedem deutschen Lande ausüben. [...]

§ 133: Jeder Deutsche hat das Recht, an jedem Orte des Reichsgebietes seinen Aufenthalt und Wohnsitz zu nehmen, Liegenschaften jeder Art zu erwerben und darüber zu verfügen, jeden Nahrungszweig zu betreiben, das Gemeindebürgerrecht zu gewinnen. [...]

§ 136: Die Auswanderungsfreiheit ist von Staates wegen nicht beschränkt; Abzugsgelder dürfen nicht erhoben werden. [...]

§ 137: Vor dem Gesetz gilt kein Unterschied der Stände. Der Adel als Stand ist aufgehoben. Alle Standesvorrechte sind abgeschafft. Die Deutschen sind vor dem Gesetze gleich. [...]
Die öffentlichen Ämter sind für alle Befähigten gleich zugänglich.
Die Wehrpflicht ist für alle gleich; Stellvertretung bei derselben findet nicht statt.

§ 138: Die Freiheit der Person ist unverletzlich.

§ 139: Die Todesstrafe, ausgenommen wo das Kriegsrecht sie vorschreibt oder das Seerecht sie im Fall von Meuterei zulässt, so wie die Strafe des Prangers, der Brandmarkung und der körperlichen Züchtigung sind abgeschafft.

§ 140: Die Wohnung ist unverletzlich. [...]

§ 142: Das Briefgeheimnis ist gewährleistet. [...]

§ 143: Jeder Deutsche hat das Recht, durch Wort, Schrift, Druck und bildliche Darstellung seine Meinung frei zu äußern.
Die Pressfreiheit darf unter keinen Umständen und in keiner Weise durch vorbeugende Maßregeln, namentlich Censur, Concessionen, Sicherheitsbestellungen, Staatsauflagen, Beschränkungen der Druckereien oder des Buchhandels, Postverbote oder andere Hemmnisse des freien Verkehrs beschränkt, suspendiert oder aufgehoben werden. [...]

§ 144: Jeder Deutsche hat volle Glaubens- und Gewissensfreiheit. [...]

§ 152: Die Wissenschaft und die Lehre ist frei.

§ 155: Für die Bildung der deutschen Jugend soll durch öffentliche Schulen überall genügend gesorgt werden. [...]

§ 158: Es steht jedem frei, seinen Beruf zu wählen und sich für denselben auszubilden, wie und wo er will.

§ 161: Die Deutschen haben das Recht, sich friedlich und ohne Waffen zu versammeln; einer besonderen Erlaubnis bedarf es nicht. [...]

§ 162: Die Deutschen haben das Recht, Vereine zu bilden. Dieses Recht soll durch keine vorbeugenden Maßregeln beschränkt werden.

§ 164: Das Eigentum ist unverletzlich. [...]

§ 166: Jeder Untertänigkeits- und Hörigkeitsverband hört für immer auf.

§ 174: Alle Gerichtsbarkeit geht vom Staate aus. [...]

§ 178: Das Gerichtsverfahren soll öffentlich und mündlich sein. Ausnahmen bestimmt im Interesse der Sittlichkeit das Gesetz.

§ 179: In Strafsachen gilt der Anklageprozess. Schwurgerichte sollen jedenfalls in schwereren Strafsachen und bei allen politischen Vergehen urteilen.

(Zit. nach: Walter Grab (Hg.), a.a.O., S. 182–192)

Politische Emanzipation und Partizipation auch für Frauen?

1848 – allerorten im Deutschen Bund begehren Männer auf: Sie wollen keine politisch passiven Untertanen eines Monarchen mehr sein. In der Phase der Restauration seit dem Wiener Kongress hatten die Fürsten in ihrem Vorgehen gegen liberale, demokratische und nationale Ideale bei weiten Teilen der Bevölkerung die dynastisch-christliche Legitimation ihrer Herrschaft diskreditiert. In besonders martialischer Weise machte sich die Ablehnung des monarchischen Legitimitätsprinzips in dem populären Lied vom badischen Revolutionär Hecker Luft, in dem es heißt, Fürstenblut solle stiefeldick fließen; stattdessen wünsche sich Hecker eine freie Republik. Stellvertretend für die Masse der Revolutionäre wird damit an Hecker deutlich gemacht, dass sie gesellschaftliche und vor allem politische Partizipation im Staat anstrebten: Herr Biedermeier wollte nun ein politisch mündiger Bürger sein. Diese politischen Forderungen fußten auf einer durch Aufklärung, Französische Revolution und Liberalismus neu definierten Weltanschauung, deren Kernpunkte persönliche Freiheit, Gleichheit im Recht, politische Mitbestimmung und Einschränkung der Staatsgewalt waren.
Auch etliche Frauen ergriff die Begeisterung für die liberalen Ideale und die demokratische Bewegung – dies umso mehr, als sie erkannten, dass für sie die Kluft zwischen ihrer Lage und ihren politischen Ambitionen besonders groß war: Es bestand für sie ein doppelter Emanzipationsbedarf: von der Autorität der Monarchen und der ihrer Ehemänner. Schon bald mussten die Frauen jedoch erkennen, dass die neuen Bürgerrechte als Männerrechte von Männern nur für Männer eingefordert wurden. In diesem Sinne ist der Titel der von Louise Otto-Peters 1849 gegründeten Frauenzeitung „Dem Reich der Freiheit werb' ich Bürgerinnen" sowohl Ausdruck neuen weiblichen Rollenverständnisses und Selbstbewusstseins als auch trotziger Ausdruck der Selbsthilfe. Sollte nun auch aus Frau Biedermeier eine Bürgerin werden?
Wie die Frauen im Zusammenhang mit der Revolution von 1848 ihre Rolle zur Bürgerin hin umdeuteten und ihren Weg zur Partizipation an den politischen Entscheidungsprozessen suchten, zeigen die Quellen. Für die Sache der Frauen engagierten sich damals, als die deutsche Frauenbewegung entstand, fast nur Frauen aus wohlhabenderen – und in diesem Sinne bürgerlichen – Schichten, weil die Frauen der Arbeiterschicht noch so sehr von der allgemeinen Notlage der Industriearbeiterschaft bedrängt waren, dass für sie an die Formulierung speziell weiblicher Bedürfnisse noch nicht zu denken war.

- **Wie definierten Frauen ihre Rolle im Gefolge der demokratisch-liberalen Ideale der 1848er-Zeit neu?**
- **Welche Grenzen hatte diese Neudefinition?**

1. Interpretieren Sie arbeitsteilig M1–M5 unter den beiden Leitfragen. Folgen Sie den auf S. 563ff. dargestellten Schritten. Halten Sie Ihre jeweiligen Ergebnisse in kurzer Form schriftlich (Folie, Plakat o. Ä.) fest und stellen Sie diese vor.
2. Verfassen Sie auf der Basis aller Interpretationsergebnisse und unter Einbeziehung des Infotextes eine zusammenfassende Erörterung zu beiden Leitfragen.

MATERIALIEN

M 1 Louise Otto-Peters' (1819–1895) Definition des weiblichen Geschlechtscharakters

Auszug aus einem Artikel mit dem Titel „Das Ewig-Weibliche", den L. Otto-Peters 1851 in der „Frauen-Zeitung – Ein Organ für die höheren weiblichen Interessen" veröffentlichte:

Oft sind uns Philister und Reaktionäre in ihrer Beschränktheit und ihrem Unverstand – um nicht zu sagen mit ihrer Böswilligkeit begegnet, welche meinen, es käme uns allen, die wir darnach trachten, dem Weibe zu einer würdigen Stellung zu verhelfen, darauf an, das Weib nach dem Bild des Mannes zu erziehen und es ihm gleichzumachen, weil wir darauf dringen, es ihm gleichzustellen. […]
Mann und Weib sind aus der Hand der Gottheit oder der Schöpfung […] als zwei vollkommen ebenbürtige Geschöpfe hervorgegangen; aber die Verschiedenheit der physischen Eigentümlichkeit macht sich auch im Seelenleben geltend.
Die Ausgleichung dieser Verschiedenheit ist gegeben in der Vereinigung beider. […] erst wenn beide

vereinigt, bilden sie ein Ganzes. So wollte es die Weisheit der Schöpfung.

Das Weib ist vollkommen ebenbürtig in Bezug auf alle höheren Angelegenheiten des Lebens.

Eine Versündigung, nicht nur am Weibe, sondern an der Menschheit, am Prinzip der Schöpfung ist's: das Weib in Knechtschaft zu stoßen und darin zu erhalten, es auf den engen Kreis der Häuslichkeit zu beschränken zu wollen und somit auszuschließen von jenen andern Zwecken des Menschentums, welche sich nicht auf die Familie beziehen.

Das Weib muss im Allgemeinen und für das Allgemeine sowie für die eigene Ausbildung mit derselben Freiheit wirken können wie der Mann.

Bei dem Kampf für die Befreiung des Weibes kommt es aber gerade darauf an, das wahrhaft Weibliche zu retten, frei zu machen von einem einseitigen Verstandesdespotismus, wie er nach und nach von den Männern ausgebildet worden und worunter nun das weibliche Geschlecht nicht allein, sondern der ganze bessere Teil der Menschheit leidet.

Was dem Weibe von der Gottheit als Erbe übergeben worden, in seiner ganzen Macht und Heiligkeit zur Geltung zu bringen gegen die Übermacht einer entweder kalten oder brutalen Kraft – dies ist das eigentlich erhabene und schöne Ziel, um das es sich bei allen unsern Bestrebungen handeln soll.

(Zit. nach: Margrit Twellmann (Hg.), Die Deutsche Frauenbewegung – Quellen 1843–1889, Meisenheim am Glan 1972, S. 36f.)

M 2 Forderungen Louise Otto-Peters' zur Verbesserung der Lage der Frauen

Die Forderungen wurden unter dem Titel „Die Teilnahme der Frauen an den Interessen des Staates" in „Vorwärts! Volks-Taschenbuch für das Jahr 1847" veröffentlicht:

Aber es tut not, dringend not, dem Weibe Gelegenheit zu verschaffen, sich, wenn es sein muss, den Lebensunterhalt selbst verdienen zu können.

Schon bei den untersten Ständen steht der Verdienst der Frauen, die entweder für Tagelohn oder bei einer Heimarbeit dienen, im auffallenden Missverhältnis zu dem der Männer – doch dies möchte noch sein! Aber in den höheren Ständen ist dem weiblichen Geschlecht fast jede Gelegenheit genommen, sich selbstständig durchs Leben zu helfen. […]

Wie schmachvoll für eine deutsche Jungfrau – aber noch mehr für Deutschland selbst, das zu seinen Töchtern sagt: Seht zu, dass Ihr Euch bald an einen Mann verkauft, der Euch anständig ernähren kann und dem Ihr dafür sein Hauswesen führt – was Euer Herz dazu sagt, ist einerlei. Ihr dürft es, um Eure ‚weibliche Bestimmung zu erfüllen, nicht zu genau nehmen mit Euren weiblichen Gefühlen.' […]

Ich erröte über diese Herabwürdigung der Ehe, dieses Hohnsprechen allen jungfräulichen Gefühles und aller keuschen Sitte. – Aber wen soll ich anklagen? die Mütter, welche diese Lehren geben? die Töchter, welche ihnen gehorchen? Nein! Ich klage die Gesellschaft an, welche beide dazu zwingt!

Hätten die Mädchen Gelegenheit, sich Kenntnisse zu erwerben und eine selbstständige Stellung im Leben einzunehmen, so wäre das nicht so.

Hätten sie die Fähigkeit, die weibliche Erziehung […] als Lehrerinnen zu leiten, in kaufmännischen Geschäften, von denen viele gerade besser für Frauen- als für Männerhände sich eignen, zu wirken, so könnte es doch vielleicht sein, dass die Ehe in Deutschland wieder zu ihrem natürlichen Rechte käme und nicht wie jetzt in tausend Fällen nur zu einer ‚Versorgungsanstalt' des weiblichen Geschlechts herabgewürdigt würde.

Selbstständig müssen die deutschen Frauen werden, nur dann werden sie auch fähig sein, ihrer Pflicht, teilzunehmen an den Interessen des Staates, immer und auf die rechte Weise nachzukommen.

Diese Selbstständigkeit kann nur durch individuelle Bildung befördert werden, denn nur ein selbstständiges Herz führt zum selbstständigen Handeln.

Die meisten Frauen bleiben Zeit ihres Lebens hindurch – Kinder. Erst leben sie unter steter, ja stündlicher Aufsicht im Elternhause und wagen keine anderen Ansichten zu haben als die in der Familie herrschenden; dann werden sie Gattinnen, und lieben sie den Gatten, so ist die Umbildung ihrer früheren Ansichten in die seinen leicht geschehen, gleichviel ob es ganz entgegengesetzte sind oder nicht; […] was bei einer solchen Charakterlosigkeit darauf ankomme, ob eine Frau eine politische Ansicht habe oder nicht, liegt auf der Hand!

Die Frau muss fähig sein, selbstständig zu urteilen, oder sie verletzt die menschliche Würde und ihre Weiblichkeit […]. Mit dem selbstständigen Handeln der Frauen steht es ebenso schlimm wie mit ihrem Urteilen, es ist eines notwendige Folge des anderen. – Und doch hat jede Frau in der edlen frei entwickelten Weiblichkeit die Kraft, ohne fremden Einfluss ihr Denken und Tun zu regeln, sie hat in dieser Weiblichkeit einen heiligen Schutz gegen alles die wahre Sitte Verletzendes, dem sie in einer freien unabhängigen Stellung ausgesetzt sein könnte, bei sich, ja sie wird leichter und schöner die wahre Weiblichkeit entfalten können, wenn sie

nicht ewig am Gängelbande von fremder Hand geführt wird, wenn sie die Stimme ihres eigenen Innern hören und ihr folgen kann, ohne dabei einer Aufsicht zu bedürfen, durch welche das Weib nicht nur zu einer Gefangenen, sondern auch zu einer Beargwöhnten gemacht wird, und also statt dass, wie man vorgibt, ihre weibliche Würde dadurch aufrechterhalten, diese vielmehr recht eigentlich in den Staub getreten wird. [...]
Euch aber, deutsche Männer, deren Herzen glühen für unser Volk, die Ihr es erkannt habt, dass die Freiheit ein einziges Gut ist, das nicht in den einen Zustand eindringen kann und in dem andern mangeln. Euch rufe ich bittend zu: Kämpft auch für die Rechte der deutschen Frauen, und wie Ihr keinen Unmündigen mehr unter Euch dulden möget, so helft auch den Frauen geistig mündig zu werden.
Und ihr, deutsche Schwestern, die Ihr aufgewacht seid zu dem hellen Tag der Gegenwart, in dem unser ganzes Volk für seine heiligsten Rechte kämpft, vergesset es nie, dass an Euch das Vaterland heilige Forderungen hat, und so rufet die Schwestern wach, die noch träumen und erzieht Eure Mädchen zu würdigen Gefährtinnen eines frohen Volkes.
Alles, was nach Freiheit strebt, muss einander heben und tragen – denn die Freiheit ist nur eine!

(Zit. nach: Margrit Twellmann, a.a.O., S. 13–15)

M 3 Kathinka Zitz (1801–1877)

K. Zitz war Vorsitzende des Mainzer Frauenvereins „Humania" und hielt anlässlich der Generalversammlung im Juni/Juli 1849 folgende Rede (Auszug):

Jetzt aber, ihr Frauen und Jungfrauen, jetzt muss ich mich an Eure Herzen mit der Bitte wenden: Bietet alles auf in dem schönen Zweck, unseren Verein nach Kräften zu unterstützen. Wir brauchen Geld, viel Geld. Wir brauchen Hemden und Kleidungsstücke. [...]; denn nicht nur die Frauen, sondern hauptsächlich die Versprengten, die aus Patriotismus jetzt heimatlos gewordenen Männer, müssen die Mittel zu ihrem Fortkommen erhalten. Wir unterstützen in ihnen keine Aufrührer, sondern Vaterlandsfreunde, die für eine gesetzmäßige Sache kämpfen. Die Nationalversammlung war von allen Fürsten Deutschlands anerkannt. Aus ihrer Mitte ging die Reichsverfassung hervor, die sie mit allen Mitteln, selbst mit Gewalt der Waffen, aufrechtzuerhalten gebot. Unsere Brüder kämpfen für diese Reichsverfassung. Folglich waren und sind sie noch auf dem gesetzliche Wege, und es ist daher unsere heilige Pflicht, sie zu unterstützen.
Unser Verein verfolgt keine politischen Tendenzen. Wir fordern nicht zum Aufruhr, zum Blutvergießen auf. Wir predigen keinen Fürstenhass, noch haben wir je die Guillotine herbeigewünscht. Jede Unweiblichkeit, jede exzentrische Ansicht war uns stets fern und wird uns stets fern bleiben. Unser Streben ist ein so ehrenhaftes, dass es sich überall Anerkennung verschaffen wird; denn unser Verein geht nur von dem rein menschlichen Gesichtspunkt aus. Er hat sich stets und wird sich stets auf dem gesetzlichen Boden bewegen. Es kann uns daher kein Gericht und keine Macht der Welt das Geringste zur Last legen, wenn wir mit mildtätigem Sinn die Männer unterstützen, die unglücklich geworden sind. Und so, meine Schwestern, fordere ich Euch denn auf, nicht zu ermatten und zu erlahmen, sondern festzuhalten an unserer Humania, an unserem Streben für das rein Menschliche.
Und ihr, deren Verhältnisse es erlauben, tretet heran. Wir haben hier eine Liste aufgelegt zu Extrabeiträgen, die im Laufe dieser Woche von den Mitgliedern des Vereins selbst in Empfang genommen werden sollen. Bedenkt, welch einen Berg von Sorgen Ihr von der Brust mancher hilflosen Mutter, mancher verzweifelten Gattin nehmen werdet, wenn sie weiß, meinem Sohn, meinem Mann werden die Mittel gegeben, nicht ganz hilflos über die Grenze zu kommen. Und welcher Trost wird es für den Sohn, wenn er sich sagen kann: „Meine alte Mutter, meine arme Frau und meine unschuldigen Kinder sind wenigstens vor dem Hungertode geschützt." [...] Es ist meine Absicht, mich demnächst wieder auf den Weg zu machen, um den versprengten Flüchtlingen die Gaben der Frauenwelt selbst zu überbringen und ihnen dadurch den Beweis zu geben, wie sehr wir Frauen insgesamt ihre Hingebung an das Vaterland zu würdigen wissen. [...]

(Zit. nach: Gerlinde Hummel-Haasis (Hg.), Schwestern, zerreißt eure Ketten – Zeugnisse zur Geschichte der Frauen in der Revolution 1848/49, München 1982, S. 271–273)

M 4 Fanny Lewald (1811–1889)

Sie äußerte sich zur Teilnahme der demokratischen Frauen Berlins an einem Trauerzug zum 4.6.1848:

In fester, sicherer Haltung, gehoben durch das Bewusstsein der errungenen Freiheit, traten sie auf, die Bürger Berlins, die Begründer des neuen Preußens. Ein Trupp berittener Bürgerwehr eröffnete den Zug. Dann kamen Frauen und Töchter der Mitglieder des Demokratischen Klubs. Sie wurden vom Volk nicht ohne Befremden betrachtet; denn mag man die geistige Berechtigung der Frauen noch so sehr anerkennen, ihr persönliches Auftreten in der

Volksmasse liegt außerhalb des deutschen Charakters und sollte deshalb nicht absichtlich hervorgerufen werden, weil damit weder für die wirkliche Erhebung der Frauen, noch für die des Volkes ein Wesentliches gewonnen, wohl aber verloren werden kann.

(Zit. nach: Gerlinde Hummel-Haasis, a.a.O., S. 15)

M 5 Stellungnahme einer Zeitung zum lokalen Frauenverein

Redaktion der Konstanzer „Seeblätter“ (20.6.1849):

Ein rühmliches Zeichen der Zeit ist die Gründung von Frauenvereinen, die anfangs überall ins Leben traten. Wer nicht von jener Sorte ist, die das weibliche Geschlecht vom menschlichen ausschließt, wird dieser Bewegung, die den Bedürfnissen der Zeit so angemessen ist, nicht hemmend entgegentreten. [...] Auch das Weib ist berufen, als Mensch an menschheitlichen Zwecken teilzunehmen. Sie tritt in gegenwärtiger Zeit durchaus nicht aus ihrer naturgemäßen Stellung heraus, wenn sie an den öffentlichen Angelegenheiten teilnimmt. Es kommt nur darauf an, dass sie in weiblicher Weise daran teilnehme. Solange die Frauenvereine nur das Feld der Wohltätigkeit und derjenigen Arbeiten, die nur von weiblichen Händen und Augen besorgt und überwacht werden können, bestellen und sich von der polemisierenden Männerwelt fernhalten, solange verdienen ihre Bestrebungen unsere volle Achtung. Der wenn auch nur mittelbare Einfluss des Weibes auf das öffentliche Leben lässt sich nicht leugnen.

(Zit. nach: Gerlinde Hummel-Haasis, a.a.O., S. 55)

M 6 Der weibliche Aufgabenbereich aus männlicher Sicht

In einem 1849 erschienenen Band mit dem Titel „Vom Kampfe um Völkerfreiheit“ äußerte sich der Verfasser Adolph Dulon unter der Überschrift „Das Haus ist und bleibt des Weibes Welt“ wie folgt:

Die Frau soll nicht ausgeschlossen sein von der Herrschaft. Aber es [das Weib] soll sie üben, wie es sein hoher Beruf, seine Gemütslage und seine Körperkraft deutlich und unverkennbar vorschreibt. Es soll sich nicht auf dem Markte des öffentlichen Verkehrs bewegen, soll nicht da wirken, wo der Adel seines Wesens ersterben müsste, sondern da, wo es sich zum Segen der Gesellschaft entfalten und offenbaren kann. Das Haus ist und bleibt des Weibes Welt. Das Weib soll teilhaben an der Herrschaft, indem es des Mannes Leidenschaft zügelt, des Mannes Sorge teilt, des Mannes Tatkraft erhöht, indem es Söhnen und Töchtern den Stolz der Freiheit einhaucht, Söhne erzieht, die der Freiheit würdig sind und für die Freiheit kämpfen.

(Zit. nach: Gerlinde Hummel-Haasis, a.a.O., S. 146)

M 7 Stellungnahme zu republikanischen Frauen

Unter dem Titel „O republikanische Weiber“ wurde dieser Artikel am 15.8.1849 in der Zeitung „Die Biene“ veröffentlicht:

Zu den bezeichnenden Erscheinungen vergangener Tage gehören insbesondere viele von republikanischem Schwindel ergriffene Weiber, deren Treiben gleich abgeschmackt als sinnlos und deren Sympathien für einen Blum, Hecker, Struve bis zur Abgötterei ausartet. So zum Beispiel kenne ich Frauen, die freilich ihre häusliche Bestimmung misskennend, ihrer Haushaltung zu obliegen, ihre Kinder christlich zu erziehen, weit entfernt sind, mit wahrer Verehrung die Porträts gedachter Freiheitshelden täglich mit frischen Blumen umwanden, ihre Kinder statt gottesfürchtigen Gesängen Freiheitslieder lehrten und am tätigsten zeigten sich diese Weiber bei den Zügen der Freischaren. Ich kenne solche, die tagelang für diese Charpie[1] zupften und sehr benötigte Stücke Weißzeug dazu hergaben, indes ihre Kinder mit zerrissenen Kleidern die Schule besuchten. Bekannt ist ja, dass solche Dirnen selbst, in Mannestracht gekleidet, am Freischarenzug teilnahmen. Wie mag es mit der Sittlichkeit solcher Heldinnen aussehen?! [...] Nicht unerwähnt mag der Umstand hier sein, dass ein gewisser General unserer tapferen Reichsarmee beim Durchmarsch durch ein badisches Amtsstädtchen die durch ihr wühlerisches Treiben am meisten hervorragenden Weiber durch den Bürgermeister zu sich beschied und denselben mit Hinweisung auf die Pflichten einer Hausfrau und Mutter ihr gottvergessenes Treiben in eingreifenden Worten tadelte, welche Lektion ihre Wirkung haben musste; denn besagte Weiber [...] gingen mit ziemlich langen Gesichtern nach Hause. Solche Lektionen dürften wohl noch anderwärts in recht vielen Orten gehalten werden!

(Zit. nach: Gerlinde Hummel-Haasis, a.a.O., S. 19)

[1] Charpie: Durch Zerzupfen von Leinwand gewonnene Fäden, damals als Verbandsmaterial gebraucht.

Hohn und Spott im Kampf um die öffentliche Meinung – Zeitgenössische Karikaturen zur Revolution

Als im März 1848 im Zuge der Revolution die strengen Zensurbestimmungen der „Karlsbader Beschlüsse" aufgehoben wurden, sprossen politische Druckschriften aller Art wie Pilze aus dem Boden. Forderungen wurden erhoben, Positionen begründet und politische Entwicklungen kommentiert. In allen deutschen Staaten entstand eine politische Öffentlichkeit, in der die verschiedenen Kräfte der Revolution und der Gegenrevolution um die Gunst der öffentlichen Meinung kämpften. Da aber zur Zeit der Revolution etwa 60 % der Bevölkerung Analphabeten waren, griffen die Druckschriften zu einem scharfen, auch ohne Lesekenntnisse sofort verständlichen Kampfmittel: Spottbilder und Karikaturen. Damit begründeten sie eine bis heute bedeutsame Form der tagespolitischen Auseinandersetzung. Als historische Quellen bieten diese Karikaturen der Revolutionszeit uns heute eine besondere Chance. Auf pointierte und perspektivisch zugespitzte Weise spiegeln sie zeitgenössische Positionen zu Personen, Ereignissen und Haltungen wider. Sie reichen von scharfsinnigen Analysen bis hin zu vorurteilsbeladenen Diffamierungen. Weniger die historische Entwicklung selbst, sondern ihre Beurteilung und Bewertung durch die Zeitgenossen steht deshalb im Mittelpunkt dieses Themas. Die Auseinandersetzung mit den zeitgenössischen Urteilen kann auch unsere heutige Bewertung anregen.

- **Welche politischen Positionen zu welchen Themen werden in den Karikaturen deutlich?**
- **Wie bewerten Sie diese Positionen aus heutiger Sicht?**

Zwölf ausgewählte Karikaturen ermöglichen es, auf diese Fragestellungen eingenständige Antworten zu finden, wenn sie sach- und materialgerecht entschlüsselt werden.

Interpretieren Sie arbeitsteilig die Karikaturen M 1 – M 12 anhand der auf S. 371f. beschriebenen Arbeitsschritte.
Verschriftlichen Sie Ihre Ergebnisse, präsentieren Sie sie und stellen Sie Ihre Interpretation im Kurs zur Diskussion.

Tipp: Nutzen Sie zur Klärung der zum Verständnis notwendigen historischen Zusammenhänge und Bezüge den Infotext und die weiteren Themeneinheiten zur Revolution 1848/49 in diesem Kapitel.

Wichtige Symbolgehalte, die heute nicht mehr ohne Weiteres verständlich sind, werden in einem kleinen Lexikon (s. S. 376) erläutert.

MATERIALIEN

M 1 „Frühling, Sommer, Herbst"

Zeitgenössische Karikatur

Methode

Karikaturen interpretieren

A. Karikaturen als historische Bildquellen

Karikaturen sind eine besondere Form historischer Bildquellen: Ein Karikaturist will seinen Gegenstand nicht umfassend beschreiben, sondern eine pointierte Position (meist eine Kritik) zum Ausdruck bringen. Wie alle Bildquellen arbeiten Karikaturen mit Bildsymbolen, ihre typischen und kennzeichnenden Stilmittel sind aber Übertreibungen und Verfremdungen (italienisch: *caricare* = überladen, übertreiben).

Die Interpretation von Karikaturen kann auf pointierte Weise zeigen, wie in der Vergangenheit Ereignisse, Personen und Sachverhalte aus bestimmten (politischen) Perspektiven bewertet wurden und wie diese Positionen um öffentliche Anerkennung rangen. Andererseits zeigen Karikaturen eben „nur" eine zeitgenössische Meinung und müssen deshalb mit Vorsicht interpretiert werden. Sowohl aus zeitgenössischer wie aus heutiger Sicht kann eine Karikatur ihren Gegenstand nicht nur einfach zugespitzt, sondern möglicherweise auch auf diffamierende oder auf schlicht falsche, historische Fakten ignorierende Weise aufgreifen.

B. Schritte der Interpretation von Karikaturen

1. Schritt – Leitfrage(n) festlegen:

Aus möglichen Fragen, die an die Karikatur gestellt werden können, das eigene Erkenntnisinteresse festlegen und als Untersuchungsfrage(n) formulieren, auf die die Interpretation ausgerichtet werden soll.
Hier wären z. B. denkbar: Wie urteilen verschiedene revolutionäre Gruppen übereinander? Wie wird die Rolle des preußischen Königs beurteilt? Wie wird die Arbeit der Nationalversammlung beurteilt? Wie wird das Gesamtergebnis der Revolution gewertet?

2. Schritt – Analyse:

– Beschreibung und Klärung formaler äußerer Merkmale der Karikatur

- Den Karikaturtyp benennen und in seinen spezifischen Merkmalen charakterisieren.
- Soweit möglich und ermittelbar, den Karikaturisten, der die Karikatur gezeichnet hat, und das, was eventuell über ihn bekannt ist, vorstellen.
- Soweit es Informationen gibt, Zeitpunkt der Entstehung und Veröffentlichung, das Publikationsorgan, in dem die Karikatur erschienen ist, benennen.
- Anhand der äußeren Daten, des Titels oder sonstiger Beschriftungen den Sachverhalt (das Thema), worauf die Karikatur Bezug nimmt, benennen.
- Soweit aus vorhandenen Daten möglich, den Anlass und die Zielgruppe der Adressaten bestimmen.

– Beschreibung und -erläuterung der Karikatur

- Die Karikatur (Überschrift, Bildaufbau, Bildelemente, Textelemente) in einer funktionalen Reihenfolge und Anordnung beschreiben.
- Die geschichtliche Situation und die historischen Zusammenhänge, auf die die Karikatur Bezug nimmt, erläutern.
- Die Bedeutung der verwendeten Bildsymbole entschlüsseln.
  Manche Symbolaussagen sind auch heute verständlich (z. B. Krone = König), andere waren zwar den Zeitgenossen unmittelbar zugänglich, erfordern heute aber historische Kenntnisse (z. B. die körperlichen Attribute Friedrich Wilhelms IV.: dicker Bauch, Halbglatze) und Wissen um zeitgenössische Symbolik (vgl. Symbollexikon S. 376).

3. Schritt – Interpretation:

– Ebene 1 Interpretation im engeren Sinne

- Die Botschaft der Karikatur und die damit vom Karikaturisten verfolgte(n) Absicht(en) und Ziele herausarbeiten.
- Die Wirkung der Karikatur bei den Zeitgenossen und aus heutiger Sicht aufzeigen. Zum Beispiel:
  – Wie überzeugend und wirkungsvoll sind die gewählten bildlichen und textlichen Darstellungsmittel, um die angestrebte Aussageabsicht und Wirkung beim Betrachter zu erreichen?
  – Welche Aussagen sind typisch zeitgenössischer Natur?
  – Welche Aussagen können Sie – aus heutiger Sicht und vor dem Hintergrund Ihrer Werthaltungen – unterstützen, welche sehen Sie kritisch oder lehnen Sie ab?
- Die sachliche Angemessenheit der Karikaturaussage prüfen. Das meint zum Beispiel:
  – Erörtern, ob bzw. inwieweit die Karikatur ihren Sachgegenstand sachlich angemessen kommentiert oder aber sachwidrig verzerrt wiedergibt.
  – Beurteilen, ob die Kritik der Karikatur tatsächlich die historische Realität trifft oder sie bewusst falsch wiedergibt.

– Ebene 2
Zusammenfassendes Resümee mit Blick auf die Leitfrage(n)

- Auf der Grundlage der Arbeitsergebnisse im Bereich der Analyse und der Interpretation im engeren Sinne zusammenfassende Schlussfolgerungen mit Blick auf die gestellte(n) Leitfrage(n) für die Interpretation (vgl. Arbeitsschritt 1) ziehen und formulieren.

M 2
Ohne Titel

Zeitgenössische Karikatur

M 3 Szene aus einer demokratischen Volksversammlung

Karikatur von 1848

M 4
„Politischer Damenklub"

Zeitgenössische Karikatur

M 5 **„Hunds-Komödie"**

Karikatur, 12.8.1848

M 6 **„Drei deutsche Professoren entwerfen den Entwurf eines Entwurfs für die Verfassung des deutschen Reichsheeres."**

Zeitgenössische Karikatur

M 7 „Taten und Meinungen des Herrn Piepmeyer"

Zeitgenössische Karikatur

M 8 „Piepmeyer … und beschließt etwas weiter rechts zu rücken"

Zeitgenössische Karikatur

M 9 „Andere Zeiten – andere Sitten"

Zeitgenössische Karikatur

M 10 „Witterungsbeobachtung"

Zeitgenössische Karikatur (Eulenspiegel 1848)

M 11 **„Soll ich? – Soll ich nicht? – Soll ich?!"**

Zeitgenössische Karikatur

M 12 **„Zwischen mich und mein Volk soll sich kein Blatt Papier drängen"**

Zeitgenössische Karikatur

Kleines Symbollexikon

M 2	Zollschranke	Grenze, Kleinstaaterei
M 3	„Hecker", „Struve"	Friedrich Hecker (1811–1881) und Gustav v. Struve (1805–1970): radikaldemokratische Revolutionäre und Organisatoren der Aufstände 1848/49 in Baden, nach der Niederschlagung der Revolution wanderten beide in die USA aus.
M 5	An der Flöte	Friedrich Wilhelm IV.
	An der Drehorgel	Erzherzog Johann von Österreich, von der Nationalversammlung am 29.6.1848 zum Reichsverweser ernannt
	Affe 1	Friedrich Christoph Dahlmann, Abgeordneter der Nationalversammlung
	Affe 2	Johann Gustav Heckscher (1797–1865), Außenminister
	Die Hündchen:	„rechte" Abgeordnete der Nationalversammlung
	Parlamentsglocke	Präsident der Nationalversammlung Heinrich von Gagern (1799–1880)
	Gewehr, Pickelhaube	Kriegsminister Eduard von Peucker (1791–1876)
	Samtkappe, Bart	„Turnvater" Friedrich Ludwig Jahn (1778–1852)
	Personen im Hintergrund	„linke" Abgeordnete der Nationalversammlung, v.r.n.l.: Franz Heinrich Zitz (1803–1877), Gustav Rösler (1818–1855), Karl Vogt (1817–1895), Robert Blum (1807–1848)
M 7/ M 8	Piepmeyer	Hauptfigur einer 50 Seiten umfassenden Bildgeschichte, verfasst von dem Abgeordneten Johann Hermann Detmold (1807–1856) und illustriert von Adolf Schrödter (1805–1875). Vorbild der Figur war vermutlich der Präsident des Frankfurter Vorparlaments Dr. Karl Mittermeier (1787–1867).
M 8	Cavaignac, Wrangel, Jellacic, Windischgrätz	Führende Feldherren bei der Rückeroberung Wiens durch gegenrevolutionäre, kaiserliche Truppen am 31.10.1848. Auf Befehl des Stadtkommandanten Fürst Windischgrätz wird der Abgeordnete Robert Blum standrechtlich erschossen.
M 10	Zopf, Dreispitzhut, Jacke, Kniebundhose, Strümpfe	Bekleidungsattribute des Adels

(Informationen zusammengestellt nach: Maria Würfel, Vom thronenden zum genarrten Michel; und Ralph Erbar, Eine unerbittliche Geißel; in: Praxis Geschichte, März 1998, S. 18ff. und S. 38ff.)

„Deutschland, einig Vaterland" – Was macht den Aufbruch zur deutschen Nation und einem eigenen Nationalstaat so schwierig?

Die Frage „Was ist des Deutschen Vaterland?" war für den Vaterlandsdichter Ernst Moritz Arndt 1812 einfach zu beantworten: „so weit ie deutsche Zunge klingt ...". Die deutsche Nation wurde hier als Kulturnation aufgefasst, aus der 1848/49 eine Staatsnation werden sollte. Die Nationalversammlung sah sich in der konkreten Umsetzung des deutschen Nationalismus vor eine weitaus schwierigere Aufgabe als bei der Ausarbeitung der Grundrechte gestellt, denn ganz konkret galt es, die Grenzen eines zukünftigen deutschen Staates festzulegen. Vom Volk wurde in die Nationalversammlung die Hoffnung gesetzt, alle Deutschen zu einer Nation zu vereinen. Aber überall dort, wo die Sprach- und Volksgrenzen nicht mit politischen Grenzen übereinstimmten, betraf die territoriale Abgrenzung das Machtgefüge in ganz Europa. Hinzu kam, dass der Wunsch der Deutschen nach einem Nationalstaat sehr schnell in einen Widerspruch geriet mit den Vorstellungen der anderen dort lebenden Volksgruppen nach Bewahrung ihrer eigenen nationalen Identität.

- **Wer sollte zur deutschen Nation gehören?**
- **Welche politische Sprengkraft hatte die nationale Frage für die Nationalversammlung?**
- **Warum gelang es der Nationalversammlung 1848/49 letztendlich nicht, den Traum von einer nationalen Einheit Deutschlands zu verwirklichen?**

Dies sind drei zentrale Leitfragen zur Problematik des Strebens nach einem deutschen Nationalstaat, die am Beispiel der Diskussion der Nationalversammlung über das Großherzogturn Posen exemplarisch untersucht werden können.

1. Erläutern Sie mithilfe des Infotextes (S. 353) anhand der Karten M 1 und M 2, vor welche grundsätzliche Problematik in Bezug auf die Nationalstaatsfrage sich die Vertreter in der Nationalversammlung gestellt sahen. Nehmen Sie dabei neben der innenpolitischen auch die außenpolitische Dimension der Nationalstaatsidee mit in den Blick.

2. Arbeiten Sie auf der Grundlage der Materialien M3 – M8 heraus, welche Positionen die verschiedenen Redner bzw. Repräsentanten der verschiedenen Gruppierungen in der Posendebatte vertraten und wie sie ihre Haltung im Einzelnen begründeten.

   ➧ **Tipp:** Arbeitsteilig arbeiten, indem sich jeder oder eine kleine Gruppe für einen Quellentext entscheidet.

   Präsentieren Sie Ihren Mitschülerinnen und Mitschülern das Ergebnis Ihrer Quellenanalyse mithilfe eines Flugblattes, das als zentrales grafisches Element eine kurz gefasste Argumentationsliste enthalten sollte.

3. Führen Sie eine Abschlussdebatte im Plenum unter den drei gestellten Leitfragen.

Übrigens:

Das Gemälde der „Germania" von Philipp Veit von 1848 (s. S. 320) hing in der Frankfurter Paulskirche über dem Rednerpult (s. S. 362).

Recherchieren Sie im Internet Informationen über den Maler, die Entstehung des Bildes und seine symbolischen Elemente und bestimmen Sie, für was für eine Nation die „Germania" stehen sollte. Vergleichen Sie dies mit den Ergebnissen Ihrer Textarbeit.

MATERIALIEN

M 1 „Deutscher Bund von 1848"

M 2 Neu gezogene Grenzen des Großherzogtums Posen im Jahre 1848

Polen, das im 18. Jahrhundert Teilungen zum Opfer gefallen war, wurde auf dem Wiener Kongress 1815 nicht als ein souveräner Nationalstaat wiederhergestellt. Sein größter Teil kam an Russland, die westlichen Teile, darunter auch die Provinz Posen, an Preußen. Posen aber sollte nicht zum Deutschen Bund gehören. In der Provinz Posen lebten 1848 etwa 60% Polen; 34% Deutsche stellten etwa 40% der Stadtbevölkerung und waren selbst als Bauern meist besser gestellt als die Polen. Für Preußen war Posen wichtig, stellte es doch als vor allem landwirtschaftlich dominierte Provinz eine „Kornkammer" dar. Im Zuge der Märzrevolution 1848 regten sich auch die Polen: Sie hofften im sogenannten „Völkerfrühling" auf einen souveränen polnischen Nationalstaat.

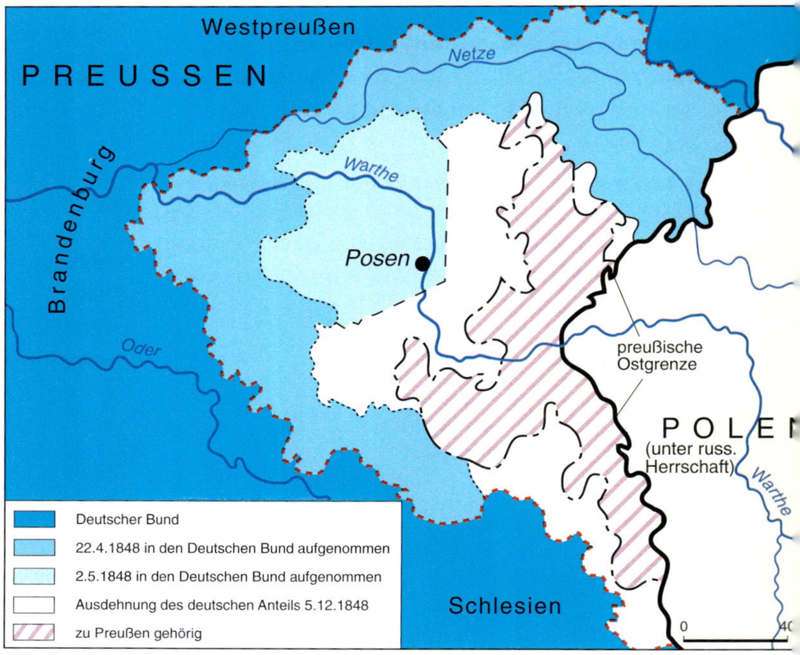

M 3 Ein Flugblatt zum 20. März 1848

Der Pole Ludwig Mieroslawski, der 1846 vom preußischen König Friedrich Wilhelm IV. aus Angst vor einem geplanten Aufstand in Polen in ein Berliner Gefängnis verbracht wurde, musste vom preußischen König im Zuge der Märzrevolution befreit werden. Ein Flugblatt zum 20. März 1848 berichtet folgende Worte des Polen:

Nicht du, edles deutsches Volk, hast meinem unglücklichen Vaterlande Fesseln geschmiedet; deine Fürsten haben mit der Teilung Polens ewige Schmach auf sich geladen. Und wie es jüngst noch für euch und uns als Verbrechen galt, nach des Vaterslands Freiheit zu ringen, und wie sie und darob, draußen im Kerker, in eiserne Bande schlugen, so warst du es, hochherziges Volk, dessen Blut in diesen Tagen der Befreiung auch für unsere Freiheit floss. Wir danken euch! Eure Freiheit ist unsere Freiheit, und unsere Freiheit ist die eure! Herr sein oder Sklave sein, eins wie das andere läuft gegen die Gesetze der Natur. Nur freie Menschen, nur freie Völker können sich achten. [...]

(Flugschrift „Die Öffnung des Polen-Kerkers in den blutigen Tagen in Berlin“. Zit. nach: 1848/49 – Revolution, hg. v. d. Landeszentrale für politische Bildung, Heft Nr. 35/November 1997, S. 8)

M 4 Erklärung der Frankfurter Nationalversammlung über den Schutz der nichtdeutschen Nationalitäten vom 31. Mai 1848

Im Zuge des erwachten Nationalismus im „Völkerfrühling“ gab die Nationalversammlung in einer Erklärung über die Bedeutung der eigenen wie auch der fremden Nationalitäten ihre Einstellung zur Nationalitätenfrage kund:

Die verfassungsgebende deutsche Nationalversammlung erklärt feierlich: dass sie in vollem Maße das Recht anerkenne, welches die nichtdeutschen Volksstämme auf deutschem Bundesboden haben, den Weg ihrer volkstümlichen Entwicklung ungehindert zu gehen, und in Hinsicht auf das Kirchenwesen, den Unterricht, die Literatur und die innere Verwaltung und Rechtspflege sich der Gleichberechtigung ihrer Sprache, so weit deren Gebiete reichen, zu erfreuen, wie es sich denn auch von selbst verstehe, dass jeder der Rechte, welche die im Bau begriffene Gesamtverfassung dem deutschen Volk gewährleisten wird, ihnen gleich zusteht.
Das fortan einige und freie Deutschland ist groß und mächtig genug, um den in seinem Schoße erwachsenen anders redenden Stämmen eifersuchtslos in vollen Maße gewähren zu können, was Natur und Geschichte ihnen zuspricht; und niemals soll auf deutschem Boden weder der Slawe, noch der dänisch redende Nordschleswiger, noch der italienisch redende Bewohner Süddeutschlands, noch wer sonst, uns angehörig, in fremder Zunge spricht, zu klagen haben, dass ihm seine Stammesart verkümmert werde, oder die deutsche Bruderhand sich ihm entziehe, wo es gilt.

(Stenographische Berichte I, S. 183; zit. nach: Helmut Berding (Hg.), Die deutsche Revolution von 1848/49, Tempora – Quellen zur Geschichte und Politik, Stuttgart (Klett) 1985, Nr. 346, S. 57f.)

M 5 Der Abgeordnete Wilhelm Jordan (Deutscher Hof) in der „Posen“-Debatte der Nationalversammlung vom 24./25. Juli 1848

Der preußische König Friedrich Wilhelm IV. betrieb seit Ende März 1848 eine eigene Politik; er wollte die Provinzen Westpreußen und Posen dem „Deutschen Bunde“ einverleiben. Am 14. April 1848 wurde die Teilung der Provinz Posen verkündet, unterstützt durch die Deutschen dieser Provinz, die einer deutschen und nicht einer polnischen Nation angehören wollten. In der Folgezeit kam es zu bewaffneten Konflikten zwischen den polnischen Patrioten und dem preußischen Heer.

Soll eine halbe Million Deutscher unter deutscher Regierung, unter deutschen Beamten leben und zum großen deutschen Vaterlande gehören, oder sollen sie in der sekundären Rolle nationalisierter Ausländer in die Untertänigkeit einer anderen Nationalität, die nicht so viel humanen Inhalt hat als das Deutschtum, gegeben und ausgestoßen werden in die Fremde? Wer die letztere Frage mit ja beantwortet, wer da sagt, wir sollten diese deutschen Bewohner von Posen den Polen hingeben und unter polnische Regierung stellen, den halt ich mindestens für einen unbewussten Volksverräter. [...] Polen bloß deswegen herstellen zu wollen, weil sein Untergang uns mit gerechter Trauer erfüllt, das nenne ich eine schwachsinnige Sentimentalität. (Bravo von der Rechten, Zischen von der Linken) [...]
Ich sage, die Politik, die uns zuruft: gebt Polen frei, es koste, was es wolle, ist eine kurzsichtige, eine selbstvergessene Politik der Schwäche, eine Politik der Furcht, eine Politik der Feigheit. Es ist hohe Zeit für uns, endlich einmal zu erwachen aus jener träumerischen Selbstvergessenheit, in der wir schwärmten für alle möglichen Nationalitäten, während wir selbst in schmachvoller Unfreiheit darniederlagen und vor aller Welt mit Füßen getreten wurden, zu erwachen zu einem gesunden Volksegoismus, um das Wort einmal geradeheraus zu sagen, welcher die Wohlfahrt und Ehre des Vaterlandes in allen Fragen oben anstellt.

[...] Aber eben dieser Egoismus, ohne den ein Volk niemals eine Nation werden kann, wird von den Polenfreunden als höchst verdammlich bezeichnet. Wir müssen vor allen Dingen gerecht sein, sagen sie, und sollte es uns auch manches schwere Opfer kosten. Wir haben, so lautet ihre Predigt, eine schwere Schuld unserer Väter zu tilgen, eine schwere Missetat gutzumachen, zu der die Fürsten uns missbraucht. Die Völker sind verpflichtet zu sühnen, was ihre Despoten verbrochen haben, sagt man mit einer neuen Version jenes alten Verses. Möge auch alles Übrige dagegen sprechen, die Gerechtigkeit verlangt es, dass wir Polen herstellen. [...]
Nein, ich gebe es ohne Winkelzüge zu: Unser Recht ist kein anderes als das Recht des Stärkeren, das Recht der Eroberung. Ja, wir haben erobert, aber diese Eroberungen sind auf einem Wege, auf eine Weise geschehen, dass sie nicht mehr zurückgegeben werden können. Es sind, wie man es schon so oft gesagt hat, nicht sowohl Eroberungen des Schwertes als Eroberungen der Pflugschar.

(Stenographischer Bericht über die Verhandlungen der deutschen constituierenden Versammlung zu Frankfurt a. M., Frankfurt a. M. 1848, Bd. 2, S. 1143 ff.)

M 6 Eine Stimme aus Polen

Janiszewski – ein polnischer Priester, der als einziger polnischer Abgeordneter in der Nationalversammlung sitzt und den Wahlkreis Buk und Samter vertritt – ergreift in der Debatte (25. Juli 1848) das Wort und beschreibt den Wählerwillen derer, die für ihn gestimmt haben:

Sie haben ihn hierher geschickt, damit er ihre einzig wahren Wünsche frei und feierlich ausspreche, dass sie nie die Einverleibung ihrer Kreise verlangt haben, und zwar aus dem einfachen Grunde, weil sie keine Deutsche, sondern Polen seien, weil man von ihnen etwas Unmögliches verlange, wenn man ihnen zumutet, Deutsche sein zu wollen, da sie es einmal nicht sind; sie haben ihn hierher geschickt, damit er vor der ganzen Repräsentation des deutschen Volkes ihre einzig wahren Wünsche, die er nämlich hier vortrage, dass die Regierung von ihren Wünschen nicht gehörig unterrichtet war, wenn sie auf Grund derselben die Einverleibung beantragt hat, dass sie daher jede Trennung von ihren Brüdern, wenn sie je erfolgen sollte, als eine Gewalt jetzt und auch später ansehen werden, gegen welche sie ewig protestieren. (Bravo auf der Linken und im Zentrum) [...] Ich habe sie [die Wahl] angenommen im Vertrauen auf die Gerechtigkeitsliebe und Gewissenhaftigkeit der deutschen Nation. (Stürmisches Bravo) [...] ich habe sie angenommen, auch in der Überzeugung, weil ich es nicht glauben konnte, dass ein Volk, welches sich eben zu einem freieren Dasein emporschwingt, einem anderen schwächeren Stamme wird Fesseln schmieden wollen. (Bravo im Zentrum und auf der Linken)

(Stenographischer Bericht über die Verhandlungen der deutschen constituierenden Versammlung zu Frankfurt a. M., Leipzig 1848, Bd. 2, S. 1166)

M 7 Der Abgeordnete Arnold Ruge (Donnersberg) in der „Posen"-Debatte vom 24./25. Juli 1848

Die Intervention der Gewalt und Tyrannei ist überall das schmachvolle Unrecht, die Propaganda der Freiheit und des Humanismus dagegen ist das welthistorische Recht der Völker und ihres Geistes [...]. Darum ist es ein richtiges Gefühl, und das Gefühl der Völker irrt sich nicht, dass die Teilung Polens ein schmachvolles Unrecht war. [...] Die Polen sind also ein wirkendes Element auch noch in der jetzigen Bildung. Sie wirken, füge ich hinzu, gut, und weil sie gut wirken, weil sie notwendig sind, so sind die Polen keineswegs tot. So wie die Juden nicht tot sind, die nicht aufhörten, in der Weltgeschichte zu wirken, wie Sie von Spinoza, Heine und Börne erfahren können, so haben die Polen nicht aufgehört zu wirken. Die Polen sind deshalb, ich wiederhole es, nicht aus der Geschichte zu streichen. Im Gegenteil, im Namen der Humanität und Gerechtigkeit verlange ich, dass Polen wiederhergestellt werde, und dass wir das Vorparlament nicht Lügen strafen, welches erklärt hat, die Teilung Polens sei ein schmachvolles Unrecht. [...] An der Ehre Deutschlands ist es, dass es die lang fortgesetze Unterdrückung der slawischen Völker aufhebe; an der Ehre Deutschlands ist es, dass Deutschland die Freiheit nach Osten propagiere und nicht an der Grenze von Russland und Polen damit stehen bleibe. An unserer Ehre ist es, dass wir aufhören, Unterdrücker zu sein, dass wir Freunde aller befreiten Völker werden [...]. Die Frage, die uns hier beschäftigt, ist die Rekonstruierung eines neuen Völkerrechts der europäischen zivilisierten Nationen.

(Aus: Stenographischer Bericht über die Verhandlungen der deutschen constituierenden Versammlung zu Frankfurt a. M., Frankfurt a. M. 1848, Bd. 2, S. 1184)

M 8 Protest

Auszug aus dem öffentlichen Protest der Fraktion Donnersberg gegen den antipolnischen Beschluss der Mehrheit der Frankfurter Nationalversammlung vom 27. Juli 1848:

Deutsches Volk, das Unglaubliche ist geschehen! Die Mehrheit deiner Vertreter hat die Revolution verleugnet und die teuersten Sympathien freier Völker verscherzt! Sie hat eine neue Teilung Polens ohne sichere Ermittlung der dortigen Bevölkerungsverhältnisse vorgenommen und die alten Teilungen für immer genehmigt.

Das ist der Sinn ihres heutigen Beschlusses in der Polensache. [...]

Dies ist ein unerhörtes Unglück, welches uns den Herzen unserer polnischen Brüder entfremdet, Misstrauen zwischen ihnen und uns gesät [...] hat [...].

Die Mehrheit der Nationalversammlung hat keinen Sinn und kein Herz für die Befreiung unserer Nachbarvölker gezeigt. Sie hat kein Wort des Friedens für Italien, keine Silbe des Mitgefühls für Polen gehabt. Es hat sich vielmehr ein brutaler Völkeregoismus erhoben, der die Italiener wieder unterwerfen und dem grausamen Bombardierer Radetzky wieder nach Mailand verhelfen, der die polnische Nation für immer aus der Reihe der Völker ausstreichen und die Slaven in Österreich zu keiner freien und eignen Gestaltung ihrer Angelegenheiten kommen lassen will. [...]

331 Stimmen gegen 101 Stimmen haben die Erklärung der Teilung Polens für ein schmachvolles Unrecht und die Anerkenntnis der heiligen Pflicht des deutschen Volkes zur Wiederherstellung eines selbstständigen Polens mitzuwirken verweigert. Und diese 331 sind zu einem Teile dieselben Leute, welche im Vorparlament jene schönen Beschlüsse fassten! [...]

Wir, die wir der Minderheit der Nationalversammlung angehören, wir erklären feierlich, vor aller Welt, dass wir nur die Gerechtigkeit gegen unsere Mitvölker, die Gründung eines neuen Friedens und neuer Verträge zwischen gleichen und freien Völkern gewollt und beantragt. [...] Unsere Ehre erfordert es, dass wir dies aussprechen, unser Gewissen, dass wir uns feierlich und förmlich verwahren gegen die Beschlüsse, die am heutigen Tage durch die Mehrheit der Versammlung gefasst worden sind.

Das Ende Polens wäre das Ende Deutschlands, die Teilung Polens durch die deutsche Nation teilt Deutschland zwischen Russland und Frankreich, zwischen Republik und Despotie, zwischen französische Freiheit und russische Knute. Deutsche, rettet Deutschland.

Die radikal-demokratische Partei der konstituierenden deutschen Nationalversammlung Frankfurt am Main, den 27. Juli 1848

(Zit. nach: Walter Grab (Hg.), Die Revolution von 1848/49 – Eine Dokumentation, Stuttgart 1998, S. 106ff.)

Die Revolution von 1848/49 – Expertenurteile heutiger Historiker

„Es lebe die Republik! Unter den vielen finsteren Kapiteln der deutschen Geschichte findet sich ein erfreuliches: Vor 150 Jahren kämpften liberale Bürger erstmals für einen deutschen Nationalstaat. Mit dem Scheitern der Revolution von 1848/49 nahm auch die deutsche Tragödie ihren Lauf." So lauten Titel und Untertitel eines Artikels im „Spiegel" aus dem Jubiläumsjahr 1998. „Der Spiegel" stellte zum 150. Jubiläum der Revolution provokant die beiden Pole einander gegenüber, durch die die Revolution bewertet wurde – als Ursprung heutiger Einheit und Freiheit oder als Anfang eines deutschen Sonderweges, der im Dritten Reich seinen dunkelsten Punkt fand. Deutungen und Beurteilungen historischer Ereignisse und Vorgänge anlässlich von Jubiläumsfeiern geben selten eine objektive Sicht der Vergangenheit wieder; sie werden benutzt, um eigene Interessen der Gegenwart zu untermauern. So feierten zum 25. Jubiläum 1873 nur die Sozialdemokraten die Revolution, um Kritik an der konservativen Regierung zu üben. 1923, zum 75. Jubiläum, bewertete Reichspräsident Ebert die Revolution insofern positiv, als die Weimarer Verfassung ihr Erbe antreten konnte. 1948 beging man die Jahrhundertfeier, überschattet von der gerade überwundenen Nazi-Zeit. Es verwundert nicht, dass vor diesem Hintergrund die Aspekte der parlamentarischen und verfassungspolitischen Errungenschaften der Paulskirchentradition und ihre historisch-politische Bedeutsamkeit für die deutsche Geschichte betont wurden. Das 150. Jubiläum 1998 konnte dagegen unter positiveren Vorzeichen begangen werden: Der Ost-West-Konflikt war weitgehend überwunden und Deutschland wieder vereint. Die ausgewählten Deutungen und Beurteilungen dreier Historiker zur Revolution 1848/49 anlässlich dieses Jubiläums reihen sich in eine Vielzahl von Expertenurteilen ein, die sowohl in der Geschichtswissenschaft als auch in der politischen Öffentlichkeit sehr kontrovers diskutiert worden sind.

- **Wie beurteilen heutige Historiker die Revolution von 1848/49?**
- **Lassen ihre Deutungen und Beurteilungen der Revolution erkennbar und nachweislich eine Prägung durch die eigene Gegenwartsperspektive erkennen?**
- **Inwiefern ist ihr Revolutionsbild durch die Betonung der Bedeutung positiver bzw. negativer Traditionslinien hinsichtlich der Zukunftsgestaltung der deutschen Geschichte im 20. Jahrhundert geprägt?**

Fragen, denen Sie auf der Grundlage von Textauszügen aus moderner wissenschaftlicher Fachliteratur nachgehen sollen.

Eine sachangemessene Bearbeitung von Texten aus historischer Sekundärliteratur (vgl. S. 566f.) – eine Textsorte, deren charakteristisches Merkmal ist, dass es sich um perspektivisch gebundene Deutung von Geschichte handelt – erfordert eine Tätigkeit auf zwei Ebenen: inhaltliche Analyse des Deutungsangebots und kritisch abwägende Auseinandersetzung mit der Position, mit dem Ziel, zu begründeten eigenen Einschätzungen zu gelangen.

1. Arbeiten Sie heraus, welcher Haupttenor des Urteils über die Revolution in den verschiedenen Historikertexten jeweils erkennbar wird und mit welchen Argumenten die Verfasser ihren Deutungsansatz stützen.
2. Vergleichen Sie die Deutungen und Beurteilungen miteinander. Welcher dieser Beurteilungen und Argumentationslinien würden Sie sich eher anschließen, welche überzeugen Sie weniger? Ziehen Sie für Ihre Begründungen den Infotext und Ihre bisherigen Arbeitsergebnisse im Rahmen der Behandlung einzelner Themen mit heran.
3. Historikerinnen und Historiker fällen ihre Urteile auch vor dem Hintergrund ihrer eigenen Gegenwart. Erörtern Sie, inwieweit die Darstellung und Bewertung der Revolution in den Expertenurteilen spezifische Bezüge zur eigenen Gegenwart erkennen lässt und welche konkreten Gegenwartsinteressen sichtbar werden.
4. **Vorschlag für eine abschließende gemeinsame Diskussion – Thema:**
   48er-Revolution: „gescheitert", „eine halbe Revolution", „Aufbruch zur Freiheit"?

MATERIALIEN

M 1 Der Historiker Dieter Hein (1998)

Hein zieht in seinem Buch „Die Revolution von 1848/49" zum 150. Jubiläum der Revolution folgende Bilanz:

Die Revolution war gescheitert. So sah es die überwiegende Mehrheit der Zeitgenossen, der Sieger wie Besiegten. Und so haben es über mehr als ein Jahrhundert auch die Historiker gesehen. […] Die jüngere Forschung hat sich von dieser Sicht eher wegbewegt und, wie etwa Dieter Langewiesche, betont, dass „neben dem unbestreitbaren Scheitern auch die langfristigen Wirkungen und Erfolge" der Revolution berücksichtigt sein müssten. Zu den Aktiva einer solchen Bilanz zählen der Abschluss der Agrarreform, der ‚Bauernbefreiung', ebenso wie die abgesehen von Österreich und wenigen kleineren Staaten endgültige Durchsetzung des Verfassungsprinzips, mit der zugleich eine weitgehende Sicherung individueller Grundrechte und die, ungeachtet aller fortwirkenden Widerstände und Gegengewichte, Parlamentarisierung der politischen Ordnung verbunden war. […] In der Tat können historische Ereignisse und Abläufe und erst recht Revolutionen nicht allein nach den Intentionen der politisch Handelnden beurteilt und bilanziert werden. Geschichte vollzieht sich auch hinter dem Rücken der Akteure und in weiter ausgreifenden Perspektiven. Die Maßstäbe werden freilich, jedenfalls soweit es um die Beurteilung der langfristigen Wirkungen der Revolution geht, durchweg von einem spezifischen Begriff der Moderne abgeleitet, die durch individuelle Freiheit und staatsbürgerliche Gleichheit, durch eine marktwirtschaftlich strukturierte Ordnung, durch den parlamentarischen Verfassungsstaat und das nationalstaatliche Prinzip charakterisiert wird. Daraus ergeben sich jedoch gewichtige Folgen nicht nur für die Erfolgsbilanz, sondern auch für das Bild der Revolution. […] Immer wieder tritt im Verlauf der Revolution diese essentielle Differenz zutage: im März 1848 in dem schnellen, weitgehend gewaltlosen Sieg der Revolution in den kleineren und mittleren deutschen Staaten, während in Preußen und in der Habsburgermonarchie die alten Regime erst nach blutigen Kämpfen in der Hauptstadt einlenkten, im Herbst in dem erfolgreichen Vollzug der Gegenrevolution in diesen beiden Staaten und schließlich noch einmal im Zuge der Reichsverfassungskampagne, die wiederum in erster Linie die Mitte, den Westen und den Süden Deutschlands erfasste.
Nur in diesem Kernraum der Revolution konnte sich die Bewegung von 1848/49 auf lange zurückreichende Traditionen kommunaler Partizipation und eines Reichsnationalismus wie auch auf begünstigende gesellschaftliche Strukturen stützen. Nur hier konnte sie aufgrund des vormärzlichen Konstitutionalismus auf einer Fülle konkreter politischer Erfahrungen und Organisationsansätze aufbauen. Hier hätte sie deshalb wohl auch, wenngleich die starken Spannungen und Konflikte nicht zu übersehen sind, die sie auch in diesen Regionen vielfach spalteten und ihre Kraft hemmten, gesiegt.

(Dieter Hein, Die Revolution von 1848/49, München 1998, S. 135ff.)

M 2 Der Historiker Wolfgang Hardtwig (1998)

Hardtwig äußert sich zur Revolution von 1848 folgendermaßen:

Die Revolution gilt jetzt [nach der Wiedervereinigung] als eine wesentliche Etappe auf dem Weg Deutschlands zur parlamentarischen Demokratie und zu einem partizipativen Nationalstaat – ungeachtet ihrer Erfolglosigkeit. Sie konnte ihre Ziele unmittelbar so gut wie nirgends erreichen – weder was die nationale Einheit noch was ihre freiheitspolitischen Forderungen angeht. Gleichwohl ist die gängige Rede von ihrem „Scheitern" in den letzten Jahren vielfach modifiziert worden. Die Revolution bewirkte den – mehr oder weniger – retardierten Übergang der vorkonstitutionellen größten beiden deutschen Staaten, Preußens und Österreichs, zur Verfassungsstaatlichkeit, sie praktizierte in der Paulskirche und in den einzelstaatlichen Versammlungen vielfach Formen eines modernen Parlamentarismus; sie trieb die Auflösung der Ständeordnung entschieden voran; sie brachte einen Politisierungsschub bis in die unterbürgerlichen und bäuerlichen Schichten hinein, der in den nachfolgenden Jahren der Reaktion zwar massiv unterdrückt wurde, sich nach der Lockerung der nachrevolutionären Repression seit 1859 aber erneut Bahn brach und die politische Kultur in den deutschen Staaten erheblich veränderte. Und sie zeichnete die kleindeutsche Option für die nationalstaatliche Einigung 1864 bis 1871 vor.
Gleichwohl sind die Brechungen zu beachten, die eine allzu einlinige Einordnung der Revolution in eine Vorgeschichte unserer heutigen politischen Ordnung nicht zulassen. Der Protest von Bauern

und gewerblichen Schichten verfolgte z. T. eng begrenzte und mitunter durchaus traditionalistische Ziele. Vielfach verbanden sich die Absichten der politischen Demokratie mit sozial konservativen Wertordnungen und Forderungen. In den Kirchen bewirkte die Revolution eine konservative Modernisierung, die für die Verbreitung liberal-demokratischer Einstellungen durchaus ambivalente Folgen haben sollte. Die Revolution scheiterte in Deutschland hauptsächlich an der von den Akteuren selbst nicht zu verantwortenden Überlastung von sich überschneidenden und gegenseitig verstärkenden Problemen und Aufgaben. Im Ergebnis setzten sich – kurzfristig und massiv, aber auch mit langfristigen Folgen – die einzelstaatlichen militärisch-bürokratischen Machtapparate durch.

(Wolfgang Hardtwig, Einleitung; in: Ders. (Hg.), Revolution in Deutschland und Europa 1848/49, Göttingen 1998, S. 8f.)

M 3 Der Historiker Heinrich August Winkler (1998)

Winkler kommt zu folgendem Ergebnis:

Am Ende kommen wir wohl bei der Betrachtung der Revolution von 1848 um den viel missbrauchten Begriff der Tragik nicht herum. Stadelmann hat in seinem eingangs zitierten, 1946, ein Jahr nach dem Zusammenbruch der nationalsozialistischen Herrschaft, verfassten und zwei Jahre später veröffentlichten Aufsatz das „Scheitern der 48er-Bewegung" verhängnisvoll für die politische Entwicklung der Deutschen genannt und dies Urteil mit einer Metapher zu begründen versucht: „Das Gift einer unausgetragenen, verschleppten Krise kreist von 1850 ab im Körper des deutschen Volkes. Es war die typische Krankheit des ‚Landes ohne Revolution'." Das Scheitern der Revolution von 1848 hat die Wirkungen gehabt, die Stadelmann beschreibt: Es ist einer der Gründe für die Schwäche der freiheitlichen Traditionen im Deutschland des 20. Jahrhunderts oder, um denselben Sachverhalt anders auszudrücken, die obrigkeitliche Verformung großer Teile des deutschen Bürgertums oder, noch schärfer, die Brechung des liberalen Selbstbewusstseins. Und doch greift Stadelmanns Verdikt zu kurz. Denn wenn wir ernst nehmen, was die wirklichen (und nicht nur widerwilligen) Revolutionäre von 1848 wollten, müssen wir auch nach den Kosten des denkbaren Erfolgs dieser Revolution fragen. Ohne einen großen europäischen Krieg wäre dieser Erfolg schwerlich zu sichern gewesen. Wollen wir die gemäßigten Liberalen dafür tadeln, dass sie, bei allen ausufernden Visionen von künftiger deutscher Hegemonie, vor *dieser* Konsequenz zurückschreckten? […]

Die Verfasser der Säkularbetrachtungen von 1948 konnten nur auf *eine* deutsche Demokratie, die gescheiterte Republik von Weimar, zurückblicken. Wir kennen mittlerweile auch die viel zitierte Erfolgsgeschichte der zweiten deutschen Demokratie, die bis 1990 freilich nur eine westdeutsche Demokratie war. Dass sie heute eine gesamtdeutsche Demokratie ist, hat seine Ursache nicht nur im Zusammenbruch des sowjetischen Imperiums. Zum Ende der zweiten deutschen Diktatur trugen auch jene Zehntausende bei, die der Partei- und Staatsführung der DDR im Herbst 1989 das selbstbewusste Wort entgegenriefen: „Wir sind das Volk!" Der Begriff ‚Revolution' mag für die Ereignisse von 1989/90 zu hoch gegriffen sein. Aber das Ergebnis des Umbruchs ist die Verwirklichung dessen, was die Träger der Revolution von 1848 erstrebten: Einheit in Freiheit.

(Heinrich August Winkler, Der überforderte Liberalismus; in: Hardtwig, a.a.O., S. 203f.)

Zusammenfassen, Üben und Darstellen

Liberalismus und Nationalismus in Deutschland und Europa (1806–1871)

Kernbegriffe:

- ★ Nation
- ★ Kulturnation
- ★ Nationalstaat
- ★ Nationalismus
- ★ Liberalismus
- ★ Wiener Kongress
- ★ Restauration
- ★ Märzrevolution
- ★ Nationalversammlung
- ★ Konstitutionelle Monarchie

Info, S. 326f.

1. Halten Sie einen Vortrag, in dem Sie den Epochenbegriff „langes 19. Jahrhundert" erläutern und einen chronologisch geordneten Überblick über die Geschichte des langen 19. Jahrhunderts geben. Unterstützen Sie Ihren Vortrag mit einer übersichtlichen Zeitleiste.

Info, S. 323ff.

2. Benennen Sie wesentliche Bestandteile einer Definition des Begriffs „Nation". Versuchen Sie eine Definition zu formulieren, die Ihrem persönlichen Verständnis des Begriffes entspricht.

Info, S. 323f.

3. Stellen Sie dar, inwiefern die beiden Grundströmungen „Liberalismus" und „Nationalismus" in ihrem historischen Ursprung miteinander verwandt sind.

Info, S. 326

4. Skizzieren Sie die Problematik des Nationsbegriffes ausgehend von der im Darstellungstext gewählten begrifflichen Charakterisierung als „Januskopf". Bewerten Sie den Begriff der „Nation" aus Ihrer persönlichen Sicht und diskutieren Sie Ihre Bewertungen im Kursverband.

Info, S. 326, 357 u. 456ff., 506ff.

5. Erläutern Sie die geschichtswissenschaftlichen Begriffe „liberaler Nationalismus" und „integraler Nationalismus". Benennen Sie historische Beispiele für beide Formen des Nationalismus.

Info, S. 330ff.

6. Visualisieren Sie die Prinzipien der Restaurationspolitik des Wiener Kongresses (1815) in einer Mindmap.

Info, S. 333ff., 336ff.

7. Stellen Sie – in arbeitsteilig vorbereiteten – Präsentationen die Geschichte der polnischen und der italienischen Nationalbewegung vor. Sie können sie sinnvoll durch eine – auf eigenen Recherchen beruhende – Präsentation der griechischen Nationalbewegung im 19. Jahrhundert ergänzen. Unterstützen Sie Ihre Präsentation mit einer Zeitleiste und arbeiten Sie jeweils die Rolle der napoleonischen Herrschaft und der Restaurationspolitik nach dem Wiener Kongress für die Herausbildung und den Verlauf der Nationalbewegung heraus.

Info, S. 340

8. Skizzieren Sie den Begriff der deutschen „Kulturnation" und benennen Sie die konkreten Strukturen, auf denen sie gegen Ende des 18. Jahrhunderts beruhte.

Info, S. 340–344

9. Beschreiben Sie den Prozess der „Politisierung der Kulturnation" in seinen wesentlichen Etappen von 1789 bis 1848. Berücksichtigen Sie dabei folgende Aspekte: Einflüsse der europäischen Politik, besondere Bedingungen in Deutschland, soziale und organisatorische Träger des nationalen Gedankens.

Info, S. 340–344

10. Verfassen Sie eine abwägende Beurteilung des Einflusses der napoleonischen Hegemonie für die Entstehung eines deutschen Nationalbewusstseins.

Info, S. 330 Thema, S. 358ff.

11. Listen Sie die einzelnen Maßnahmen der sogenannten „preußischen Reformen" (1807–1814) auf und stellen Sie die Motive der preußischen Staatsführung in knapper Form dar. Charakterisieren Sie die „preußischen Reformen" unter Verwendung der Begriffe „Reform", „Revolution", „Revolution von oben".

Info, S. 344ff.

12. Arbeiten Sie die wesentlichen Ursachen der Revolution von 1848 in den deutschen Staaten heraus. Visualisieren Sie Ihre Ergebnisse in geeigneter Form.

Info, S. 347f.
Thema, S. 362ff.

13. Zeigen Sie Unterschiede und Gemeinsamkeiten in den Märzforderungen verschiedener Trägergruppen der Revolution auf.

Thema, S. 366ff.

14. Charakterisieren Sie das von Frauenrechtlerinnen in der Märzrevolution vertretene weibliche Rollenbild und stellen Sie es anderen, damals vertretenen Rollenbildern gegenüber.

Info, S. 348ff.

15. Gliedern Sie den Ablauf der „Märzrevolution“ in den deutschen Staaten in verschiedene Phasen und erläutern Sie die Charakteristika dieser Phasen.

Thema, S. 377ff.

16. Stellen Sie am Beispiel Posens dar, welche Positionen die Nationalversammlung, der preußische König und Russland in der sogenannten Nationalitätenfrage vertraten.

Info, S. 351ff.

17. Arbeiten Sie die verschiedenen in der Frankfurter Nationalversammlung vertretenen politischen Positionen zum Territorium und zur politischen Verfassung eines (damals) künftigen deutschen Nationalstaates heraus. Präsentieren und diskutieren Sie diese Positionen in Form eines historischen Rollenspiels (z.B. einer Sitzung der Nationalversammlung).

Info, S. 351ff.,
bes. 353

18. Erläutern Sie den Verfassungsentwurf der Frankfurter Nationalversammlung von 1849. Stellen Sie in diesem Zusammenhang dar, welche politischen Kräfte sich in Bezug auf welche Elemente durchsetzen konnten.

Info, S. 351ff. u. 481

19. Beurteilen Sie in einem schriftlichen Statement, ob bzw. inwiefern die Verfassung der Paulskirche als „fortschrittlich“ bezeichnet werden kann. Sie können Ihre Beurteilung vertiefen, indem Sie sich – evtl. auf der Basis arbeitsteiliger Recherchen – über die deutsche Verfassungsgeschichte (Preußische Verfassung von 1850, Verfassung des Deutschen Reiches von 1871, Weimarer Verfassung von 1819, Grundgesetz der Bundesrepublik Deutschland von 1949) informieren und einen systematischen Vergleich vornehmen.

Info, S. 355ff.

20. Stellen Sie die Ursachen des Scheiterns der Revolution in einer Übersicht, z.B. einer Mindmap, dar. Diskutieren Sie, wie die verschiedenen Faktoren zu gewichten sind.

Info, S. 356f.
Forum, S. 382ff.

21. Diskutieren Sie die langfristige Bedeutung der Revolution von 1848 für die deutsche Geschichte in Form einer Podiumsdiskussion.

Klausurtraining

Interpretation einer nichtsprachlichen historischen Quelle

Aufgabenstellung

Interpretieren Sie die Karikatur (vgl. auch Methode S. 371f.), indem Sie

1. die Bilddarstellung analysieren;
2. die Aussage der Karikatur im historischen Kontext und Problemzusammenhang der deutschen Revolution von 1848/49 deuten;
3. die Aussage des Karikaturisten zum Thema 48er-Revolution beurteilen.

Materialgrundlage

M

Bilderbogen aus dem Jahr 1850

Industrialisierung verändert Wirtschaft und Gesellschaft

In Menzels „Eisenwalzwerk" finden sich die Arbeiter im mythischen Zauber des Feuers gebannt. Obwohl differenziert dargestellt, bewegen sie sich doch in einem gemeinsamen Takt. Wir erblicken die mitreißende Wirkung und zugleich die Nüchternheit des Industriealltags in warmen, anheimelnden, aber auch in schmutzigen Farben. Tätigkeit als Schönheit, Aktivität als Idealität: das „Eisenwalzwerk" verbindet konkretes Geschehen mit dem umfassenden Weltbild der Industrialisierung.
Aber Menzels Bild verschweigt auch: Militärische Sonderkommandos waren zum Schutz des Unternehmereigentums in der Königshütte stationiert. – Im „Eisenwalzwerk" lebten die Arbeiter also unter ständiger Drohung der Bajonette.
Den Rhythmus der Fließbänder konnten diese Arbeiter noch nicht kennen.
Das folgende Kapitel soll beide Seiten des Phänomens sichtbar machen: die Errungenschaften, die Faszination, die mit Industrialisierung verbunden waren, aber auch die fragwürdigen sozialen und kulturellen Umwälzungen, die mit diesem Prozess einhergingen. Dabei wird der Blick zunächst auf England fallen, den „Vorreiter" der Industrialisierung, dann auf Deutschland, den etwas verspäteten „Senkrechtstarter", und schließlich auf die Auswirkungen der Industrialisierung auf Sozialgesetzgebung und Urbanisierung.

Das Eisenwalzwerk
(Gemälde von Adolph Menzel, 1872–75)

Auf einen Blick

Industrialisierung verändert Wirtschaft und Gesellschaft

Info S. 392

Industrialisierung und Soziale Frage

1. **Industrialisierung beginnt – Grundlagen und Ausformungen der Industrialisierung in England** S. 392
- Leben in vorindustrieller Zeit
- Voraussetzungen der Industrialisierung in England
- Startphase der Industrialisierung in England
- Soziale Folgen und Reaktionen

2. **Vom Spätzünder zum Senkrechtstarter – Grundlagen und Ausformungen der Industrialisierung in Deutschland** S. 399
- Von England lernen: Die Frühindustrialisierung
- Krisen und Konjunkturen: Die wirtschaftliche Entwicklung Deutschlands
- Auf dem Weg zur Klassengesellschaft
- Sozialpolitik – nicht nur eine Aufgabe des Staates

Thema S. 410

Chancen und Risiken eines Nachzüglers – Industrialisierung Deutschlands in Zahlen

Der Prozess der Industrialisierung begann in England und erfasste in kurzer Zeit ganz Europa. Deutschland war noch im ersten Drittel des 19. Jahrhunderts weitgehend agrarisch geprägt. Die Entwicklung des „Nachzüglers" Deutschland zeigt gegenüber dem „Vorreiter" England sowohl Übereinstimmungen als auch Unterschiede und Besonderheiten. Vor allem mithilfe statistischen Materials lassen sich diese Zusammenhänge rekonstruieren.

Methode S. 411

Statistisches Material interpretieren

Thema S. 417

Eine neue Eigentumsform setzt sich durch – die Aktiengesellschaft

Massenproduktion schafft höhere Gewinne, aber nicht sofort. Wie lassen sich die immensen Investitionskosten refinanzieren? Wer erhält Anteil an den Kosten und Gewinnen? Welche Auswirkungen für die innere Struktur des Unternehmens ergeben sich daraus? Diese Fragen konnte man in der Aufbauphase des Industriekapitalismus noch nicht beantworten, Mut und Lernen standen vor Theorie und Erfahrung, aber mit welchem Ergebnis? Hierzu geben Fallbeispiele Auskunft: der Kapitalmarkt in Köln, die Börse in Frankfurt und die größten Industrieunternehmen Deutschlands. Ökonomische Ursachen, soziale und politische Auswirkungen greifen hier ineinander.

BASF-Firmengelände in Ludwigshafen (Gemälde um 1881)

Thema S. 423

Alles Fortschritt oder nicht? – Theoretische Denkansätze wirtschaftlicher Modernisierungsprozesse im Vergleich

Hinter dem Begriff „Fortschritt" steht bis heute die Vorstellung von einem zunehmenden Wachstum des Wohlstands und von einer zunehmenden Verbesserung der menschlichen Lebensverhältnisse. Mit Beginn der Industrialisierung schien diese Utopie Wirklichkeit werden zu können. Und Menschen begannen über die Beschaffenheit und den Sinn des Fortschritts nachzudenken. Im Vergleich der verschiedenen Denkansätze fallen die Analysen und Beurteilungen des Modernisierungsprozesses sehr unterschiedlich aus. Vor allem Karl Marx und Friedrich Engels haben mit nachhaltiger Wirkung versucht, die Struktur des Kapitalismus zu analysieren.

Thema S. 430

Arbeiter stellen die Soziale Frage

Die Arbeiterschaft war aus ganz verschiedenen Gruppen der vorindustriellen Zeit zusammengewachsen, doch dauerte es lange, bis ein „geborenes Proletariat" auch nach eigenem Bewusstsein entstanden war. Auf diesem Weg gab es wohlmeinenden Rat und schroffe Ausgrenzung. Entscheidend aber blieb die Aufgabe, selbst eine Kultur der Solidarität aufzubauen, um sich im Kampf um Rechte und bessere Arbeitsbedingungen zu behaupten. Ohne politische Interessen wurden die sozialen Probleme nicht diskutiert. Grundmuster der Sozialpolitik des 19. Jahrhunderts sind noch heute zu erkennen.

Thema S. 440

Unternehmer – vom „Herrn im Haus" zum Manager

Zwei neue soziale Klassen hat die Industrialisierung hervorgebracht, die Fabrikarbeiter und die Unternehmer. Die Unternehmer gestalteten den Aufbau ihrer Betriebe ökonomisch und sozial wesentlich nach ihren eigenen Interessen. Welche Erfahrungen und Vorbilder sie dabei bestimmten, das hatte einen erheblichen Einfluss auf die innere Entwicklung der Industrienationen. Führungsstil und Selbstverständnis, Rechte und Funktionswandel lassen sich an kaum einer anderen sozialen Klasse genauer erarbeiten als an den Unternehmern, die selbst erst eine Identität ihrer Rolle entwickeln und dann ständig den Verhältnissen anpassen mussten.

Forum S. 449

Bilanz – Der Preis des Fortschritts

Seit einigen Jahrzehnten werden die Folgen industriellen Wachstums und marktwirtschaftlichen Handelns ganz grundsätzlich hinterfragt. Sind die globalen ökonomischen, ökologischen und sozialen Probleme der Gegenwart Folge eines unreflektierten historischen Prozesses? Wie hoch ist der Preis des Fortschritts? Wenn die Umweltschäden so lange übersehen wurden, können wir heute ähnliche Fehler vermeiden?

Der Streik (Gemälde von R. Köhler, 1866)

Industrialisierung und Soziale Frage

Industrialisierung – dieser Begriff bezeichnet zunächst sehr unspektakulär die Errichtung von Industrieanlagen und -betrieben. Im weiteren Sinne umfasst der Begriff aber auch alle denkbaren Tatbestände, die sich aus der Entwicklung von Industrie ergeben, etwa Folgen für die soziale Struktur, die Lebensverhältnisse einer Gesellschaft oder das Verhalten des Einzelnen.

Industrialisierung ist streng genommen kein Phänomen, das erst seit 250 Jahren zu beobachten ist. Mitte des 18. Jahrhunderts jedoch beginnt ein Industrialisierungsprozess, der in seinem Umfang und seinen Auswirkungen solch grundlegende Bedeutung gewonnen hat, dass schon Anfang des 19. Jahrhunderts Zeitgenossen von der „Industriellen Revolution" sprachen. Ähnlich wie die Französische Revolution für die Entwicklung politischer Partizipation wird die Industrialisierung für Veränderungen in Wirtschaft und Gesellschaft als revolutionär, als umwälzend eingeschätzt. Beide Phänomene kennzeichnen den Übergang von der vormodernen zur modernen Welt. Dass der Begriff „Industrielle Revolution" schon sehr früh verwendet wurde, macht deutlich, wie sehr die Menschen des 19. Jahrhunderts von den technischen Umwälzungen beeindruckt waren und wie sehr sie auch mit dieser Revolution Zukunftsvisionen verbanden.

Industrielle Revolution

Die heutige Sicht

Heute sehen Historiker diesen Prozess zumeist nüchterner. Aus der Distanz erblicken sie das Phänomen der Industrialisierung als komplexen und langfristigen Prozess, der noch nicht als abgeschlossen gelten darf. Nicht wenige beurteilen den Beginn des Maschinenzeitalters, die „Industrielle Revolution", als ähnlich umwälzend wie den Wandel des Menschen vom Jäger und Sammler zum Ackerbauern und Viehzüchter, die „Neolithische Revolution". Für Deutschland unterscheiden die Historiker drei Phasen der Industrialisierung: Die erste Phase der Frühindustrialisierung beginnt Ende des 18. Jahrhunderts und endet mit der Industriellen Revolution. Die 1840er- und 1850er-Jahre gelten als Phase des Auftakts, gefolgt von einer vorläufigen Abschlussphase in den 1870er-Jahren. Die letzten drei Jahrzehnte werden als Periode der Hochindustrialisierung gesehen, in der sich endgültig die Umwandlung Deutschlands zum Industriestaat vollzieht.

Periodisierung

Länder wie England und Frankreich erlebten den Prozess der Industrialisierung auf jeweils eigene Weise, sodass hier auch andere Periodisierungen gelten.

England

Der historische Industrialisierungsprozess setzt im 18. Jahrhundert in Großbritannien ein. Auf dem Kontinent folgen Länder wie Deutschland erst Ende des 18. Jahrhunderts. Aufgrund der zeitlichen Verzögerung und der besonderen politischen, sozialen und wirtschaftlichen Voraussetzungen verlief die Entwicklung dort anders als in England. Im 20. Jahrhundert kommen neue wesentliche Industrialisierungsimpulse aus den USA.

1. Industrialisierung beginnt: Grundlagen und Ausformungen der Industrialisierung in England

Leben in vorindustrieller Zeit

Leben auf dem Land

Noch zu Beginn des 18. Jahrhunderts lebten in Europa die meisten Menschen (ca. 90 %) auf dem Land. Sie wohnten seit Generationen in bäuerlichen Gemeinschaften zusammen und betrieben nicht nur Ackerbau, sondern stellten auch den Großteil ihrer Kleidung, ihrer Wohnungseinrichtung und ihrer Werkzeuge selbst her. Daran hatte sich seit dem Mittelalter kaum etwas geändert.

Nahezu unverändert geblieben war auch eine über Generationen konstante soziale Rangordnung. Die Geburt entschied über den gesellschaftlichen Status. Söhne übernahmen in der Regel den Beruf des Vaters. Die Bindung an einen bestimmten Lebensraum, an einen bestimmten Kulturkreis, an religiöse Traditionen und den christlichen Glauben war noch stabil.

Leben in der Stadt

Auch das städtische Leben war nach wie vor weitgehend von Ständen und Zünften geprägt, die sich im Mittelalter herausgebildet hatten. Die meisten Städte waren klein und noch immer sehr ländlich geprägt. Großstädte – etwa London oder Paris – blieben eine Ausnahmeerscheinung.

Die Warenproduktion orientierte sich bis ins 18. Jahrhundert am Auskommen, an traditionellen Standards und erfolgte überwiegend in Handarbeit.

So stellt sich die Frage, warum der Prozess der Industrialisierung in eben diesem Europa begann.

Am Schmelzofen (Radierung, koloriert, 1823)

Warum Europa?

Das Europa der frühen Neuzeit war ein politisch und wirtschaftlich zersplitterter Raum. Dies konnte die Konkurrenz untereinander fördern. Europas Bodenschätze und Agrarprodukte waren vielfältig und je nach Klima und Landschaft unterschiedlich verteilt, ein Umstand, der den Handel untereinander sinnvoll machte. Schon im späten Mittelalter wuchs der Fernhandel und mit ihm das Bankwesen. Letztlich waren es aber Wissenschaftler und Techniker, die mit ihren Erkenntnissen und Fertigkeiten den Prozess der Industrialisierung erst möglich machten, und Unternehmer, die den Mut besaßen, diese Chancen aufzugreifen und eigenverantwortlich zu wirtschaften. Schließlich mussten politische Rahmenbedingungen geschaffen werden, damit sich Produktion und Handel mit Waren in großen Märkten entfalten konnten.

Voraussetzungen der Industrialisierung in England

Warum England?

Im historischen Prozess der Industrialisierung nahm England eine Vorreiterrolle ein. Von hier aus beginnt eine Entwicklung, die bald auch auf dem europäischen Kontinent aufgenommen wird. Woran lag es, dass England diese Schrittmacherrolle einnehmen konnte?

Agrarrevolution

In England befand sich der landwirtschaftlich nutzbare Boden Mitte des 18. Jahrhunderts in den Händen einer kleinen Gruppe zumeist adliger Grundbesitzer. Sie vergaben ihr Land durch langjährige Verträge an „Farmer". Diese Farmer beschäftigten ihrerseits Lohnarbeiter und waren bestrebt, ihre landwirtschaftlichen Betriebe wirtschaftlich erfolgreich und effektiv zu gestalten. Deshalb hatten sie ein großes Interesse an Neuerungen, die eine Steigerung der Erträge versprachen. Früher als in anderen Ländern wurde die alte Dreifelderwirtschaft durch die Fruchtwechselwirtschaft ersetzt. Die Nutzfläche erhöhte sich so um ein Drittel. Technische Neuerungen wie Sämaschinen und Metallpflüge wurden nun eingeführt. Man begann, sich intensiver mit Viehzucht und Saatgutauswahl zu beschäftigen. Gemeindeland wurde privatisiert und zusätzlich landwirtschaftlich genutzt.

All dies machte die Landwirtschaft für viele Farmer und Grundbesitzer immer profitabler. Sie waren zunehmend in der Lage, ihre landwirtschaftlichen Unternehmungen auszuweiten oder ihre Gewinne anderweitig einzusetzen – etwa als Startkapital für ein Engagement in der aufkommenden Industrie.

Die Modernisierung der Landwirtschaft hatte auch zur Folge, dass die Zahl der benötigten Arbeitskräfte sank. Damit wuchs die Zahl der Menschen, die ihren Lebensunterhalt nicht mehr auf dem Land verdienen konnten. Da sie weder durch Leibeigenschaft noch Besitz gebunden waren und der Zuzug in die Städte nicht behindert wurde, suchten viele von ihnen dort nach einem neuen Auskommen. Immer mehr Menschen drängten in die Städte. Grund dafür war auch, dass England seit Mitte des 18. Jahrhunderts ein bislang nicht gekanntes Bevölkerungswachstum erlebte. Verbesserte Hygienebedingungen und neue medizinische Errungenschaften sorgten dafür, dass Krankheiten wie Pest oder Tuberkulose, die zuvor viele Menschen dahingerafft hatten, zurückgedrängt wurden. Auch die Säuglingssterblichkeit ging zurück. Die Geburtenraten stiegen. Von 1750 bis 1850 verdreifachte sich die Bevölkerung Englands. Das bedeutete auch eine Zunahme der Arbeitskräfte und des Konsums.

Bevölkerungswachstum

Bevölkerung Großbritanniens (in Mio.)

Jahr	England und Wales	Schottland
1690	5,50	–
1750	6,47	1,40
1800	9,25	1,67
1810	10,50	1,88
1820	12,20	2,13
1830	14,10	2,40
1840	16,00	2,64
1850	18,00	2,91
1860	20,15	3,09
1870	22,80	3,38
1880	26,05	3,76
1890	29,07	4,06
1900	32,53	4,47
1910	36,07	4,71

Bevölkerung englischer Großstädte (in Tsd.)

Jahr	London	Liverpool	Manchester	Leed
1800	958	82	77	53
1830	2363	397	336	172
1880	3830	624	462	309
1900	4537	685	544	429
1910	4523	747	714	446

(Nach: W. Köllmann, Die industrielle Revolution – Quellen- und Arbeitshefte zur Geschichte und Politik, Stuttgart (Klett) 1970)

Protoindustrialisierung

Für die beginnende Industrialisierung förderlich war das ländliche Heimgewerbe. Die Menschen auf dem Land waren es gewohnt gewesen, viele lebensnotwendige handwerkliche Tätigkeiten selbst zu verrichten. Dazu gehörte z.B. auch die Herstellung eigener Kleidung. Im 18. Jahrhundert wuchs die Zahl derjenigen, die ein Heimgewerbe betrieben und vor allem Textilien herstellten. Sie waren für einen Unternehmer, den Verleger, tätig, der das Rohmaterial zur Verfügung stellte und den Verkauf der fertigen Produkte organisierte. Diese Verleger besaßen das notwendige unternehmerische Geschick, bald auch als Fabrikanten industrielle Unternehmungen ins Leben zu rufen. So förderte das Verlagswesen indirekt den industriellen Aufbruch.

Verlagswesen

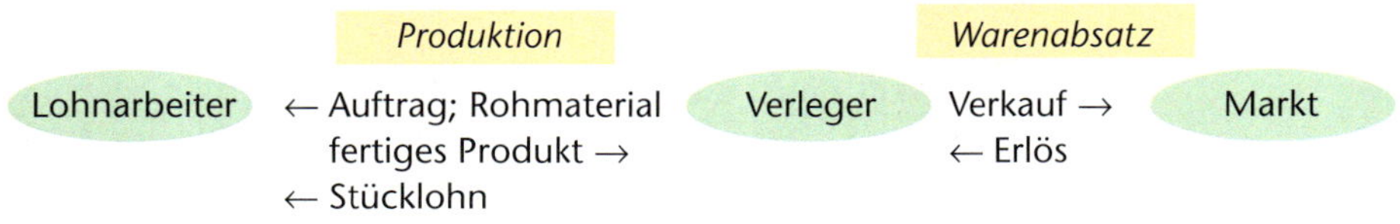

Puritanismus

Fast die Hälfte der Unternehmer und Händler im England des 18. Jahrhunderts gehörte der Religionsgemeinschaft der Puritaner an. Den Puritanern war eine Tätigkeit im Militär- bzw. Staatsdienst ebenso versperrt wie der Zugang zu den Universitäten. So blieb ihnen vor allem der Handel und das Unternehmertum. Ihrem Glauben nach konnte man Heil im Jenseits vor allem dann erwarten, wenn man auf Erden beruflichen und wirtschaftlichen Erfolg hatte. Diese Grundeinstellung prägte das Selbstbewusstsein und das Handeln vieler englischer Unternehmer.

Adam Smith: Wirtschaftsliberalismus

Wirtschaftliche Freiheit und Gewinnstreben fanden eine theoretische Grundlegung und Legitimation in den Werken des Philosophen und Ökonomen Adam Smith (1723–1790). Smith lehrte als Professor in Glasgow. Ab 1779 war er schottischer Zollminister. Bekannt wurde er vor allem durch sein 1776 erschienenes nationalökonomisches Hauptwerk „Der Wohlstand der Nationen". Diese Schrift wurde zum Standardwerk über Kapitalismus und machte Smith zum „Vater" des Wirtschaftsliberalismus und der freien Marktwirtschaft (vgl. S. 424). In der Folgezeit orientierten sich fast alle namhaften Nationalökonomen an Smith und entwickelten dessen Ansätze weiter. So auch Karl Marx, der seine ökonomische Theorie zum Teil in London weitgehend vor dem Hintergrund der Lektüre des Adam Smith entwarf – allerdings als Kritik und Widerspruch.

Startphase der Industrialisierung in England

Schrittmacherindustrien: Leitsektor Textilindustrie

Etwa seit Mitte des 18. Jahrhunderts wurde die Textilindustrie zum Leitsektor der Industrialisierung in England. Aufgrund eines weltweiten Handelsnetzes und überseeischer Kolonien war England in der Lage, große Mengen Baumwolle zu importieren. Die neue Baumwollindustrie war vor allem exportorientiert. Absatzmärkte fanden sich nicht nur in England und auf dem europäischen Festland, sondern auch in den Kolonien. Oft sicherten sich die Briten diese Absatzmärkte, indem sie die dort vorhandene Produktion – notfalls mit Waffengewalt – auflösten und eigene Baumwollprodukte einführten. Auf diese Weise wurde ein klassisches Baumwollexportland wie Indien zum Importland. Zu Beginn des 19. Jahrhunderts hatten Baumwollprodukte einen Anteil von ca. 50 % am englischen Gesamtexport.

Der Aufstieg der Textilindustrie wurde durch technische Neuerungen gefördert. Diese Innovationen in der Textilproduktion beschränkten sich zunächst auf die Verbesserung von Handmaschinen; sie steigerten das Tempo, beließen die Produktion aber in Heimarbeit. Einen entscheidenden Einschnitt stellte die von Richard Arkwright 1769 eingesetzte wassergetriebene Spinnmaschine dar, die in besonderen Gebäuden aufgestellt werden musste; mit ihr begann die Fabrikproduktion. 1778 entwickelte Samuel Crompton die erste Dampf getriebene Spinnmaschine, die bald den technischen Standard in der englischen

Einsatz einer Dampfmaschine in einem englischen Kohlebergwerk (Gemälde eines unbekannten Künstlers, 1792)

Textilindustrie darstellte, ebenso wie dies der um 1804 von Edmund Cartright entwickelte mechanische Webstuhl für die Webindustrie tat. Das Zusammenwirken von Maschinenarbeit und Fabrikproduktion brachte quantitative und qualitative Erfolge: Die Produktivität der Garnherstellung war 1844 achtzigmal höher als 1764, die Produktivität des Webverfahrens verdreißigfachte sich von 1760 bis 1850. Dabei standen die maschinell gefertigten Waren den Produkten aus Heimarbeit in nichts nach, waren meist sogar qualitativ besser. Dies bedeutete das Aus für die Heimarbeit. Die Textilproduktion verlagerte sich vom Land in die Städte.

Aufstieg der Kohle- und Stahlindustrie

Mit zeitlicher Verzögerung profitierten auch andere Industriezweige vom Aufschwung in der Textilbranche. Aufgrund des zunehmenden Energiebedarfs der Industrie und der Städte erhöhte sich die Nachfrage nach Kohle. Durch den Einsatz der Dampfmaschine gelang es, die Kohleförderung erheblich zu erleichtern und auf diesen gestiegenen Bedarf zu reagieren. Auch die Schwerindustrie hatte ein wachsendes Interesse an Kohle. Neue Verfahren des Einschmelzens von Eisen und Koks ermöglichten es, Stahl von nicht gekannter Härte zu produzieren. Die Stahlindustrie begann sich in den großen Kohlerevieren anzusiedeln, in denen zugleich auch Eisenerz gefördert werden konnte. Bislang hatte die Eisenproduktion in England keinen großen Stellenwert besessen. Abgesehen von der staatlichen Rüstungsindustrie gab es keine nennenswerten Abnehmer. Dies änderte sich mit der Einführung neuer Produktionsverfahren. Die Schwerindustrie wurde zum zweiten Leitsektor der Wirtschaft und England auch auf diesem Gebiet zum Exporteur.

Die Eisenbahn: Motor der Industrialisierung

Synergieeffekte zwischen Kohleförderung und Stahlindustrie ergaben sich auch bei der gemeinsamen Weiterentwicklung der Dampfmaschine zur Lokomotive. Die Dampfmaschine wurde zur Förderung von Kohle und Eisenerz aus großen Tiefen eingesetzt. Zugleich eignete sie sich als Transportmittel, wenn es darum ging, die stetig wachsenden Fördermengen auf Schienenbahnen zu den Hüttenwerken zu befördern. Seit 1825 wurden die ersten Personenbahnen (zwischen Stockton und Darlington) eingerichtet. Mit dem Ausbau der Schienennetze und dem Lokomotivbau stieg wiederum die Nachfrage nach Stahl.

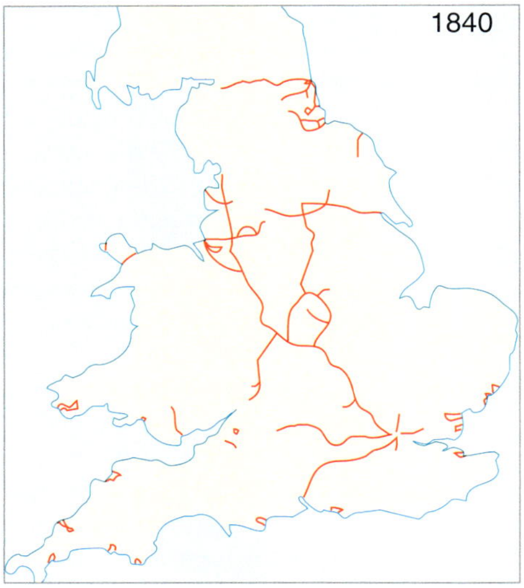

Die Entwicklung des englischen Eisenbahnnetzes

Industrielle Revolution in England

Ausgangsbedingungen

Kapital. Denken
- Calvinist. Ethik
- Gewinnstreben
- Kapitalanlage

Agrarrevolution
- Einhegung
- Großgrundbesitz
- Produktivitätssteigerung

Bevölkerungsexplosion
- Arbeitskräfteangebot
- Mobilität

Standort England
- See- und Handelsmacht
- Baumwolle, Wolle, Erz, Kohle
- Einheitliches Wirtschaftsgebiet
- Starkes Bürgertum

Technologische Entwicklungen

Textilproduktion
- 1733 verbesserte Webstühle
- 1769 Spinnmaschine mit Wasserantrieb
- 1785 Spinnmaschine mit Dampfantrieb

Eisenindustrie
- 1766 Erzverhüttung
- 1784 Puddelverfahren
- 1769 Einsatz der Dampfmaschine

Industrielle Produktionsweise

Fabriksystem
- Leitsektoren: Textilindustrie, Schwerindustrie, Eisenbahnindustrie

Soziale Folgen und Reaktionen

Das Elend der Arbeiterschaft

Seit Beginn der Industrialisierung hatte das rasante Bevölkerungswachstum in England sowohl auf dem Land als auch in den Städten zu Massenarbeitslosigkeit und Massenarmut (Pauperismus) geführt. Da Arbeitskräfte im Überfluss vorhanden waren, konnten die Unternehmer die Löhne niedrig halten. In der Industrie waren Arbeitszeiten von täglich 15 Stunden und mehr die Regel. Dennoch konnten viele Fabrikarbeiter ihre Familie nicht ernähren und waren genötigt, auch ihre Kinder arbeiten zu lassen. Mitte des 19. Jahrhunderts lag die Arbeitszeit der 9–13 Jahre alten Kinder bei 48 Stunden, die der 14 bis 18 Jahre alten bei 70 Stunden. Die Arbeit in den Fabriken war vielerorts geprägt von Lärm, schlechter Luft und strenger Arbeitsdisziplin. Durch unsichere Maschi-

Kinderarbeit in einem englischen Steinkohlebergwerk (Lithographie, 1844)

nen kam es zu Unfällen. In Liverpool lag die durchschnittliche Arbeitsfähigkeit bei 15 Jahren. Wer seine Arbeit verlor, hatte keinerlei Rückhalt und fiel in Armut. Arbeitslosen-, Alters-, Kranken- oder Invalidenversicherungen gab es nicht. Ein geregeltes Familienleben war aufgrund der langen Arbeitszeiten kaum möglich. Zudem lebten viele Arbeiterfamilien unter menschenunwürdigen Verhältnissen.

Frühe Protestbewegungen

Die geschilderten Arbeits- und Lebensbedingungen führten unter den Betroffenen zu Protest. Die aufstrebende Fabrikproduktion war zur Konkurrenz des Heimgewerbes geworden und raubte den dort beschäftigten Arbeitern die Existenzgrundlage. Sie versuchten, sich dagegen zur Wehr zu setzen, indem sie Fabriken stürmten und Maschinen zerstörten. Polizei und Militär schlugen diese Protestaktionen nieder. Eine weitere bedeutende Protestbewegung war der Chartismus, eine Bewegung, die von Arbeitern und Kleinbürgern getragen wurde, die 1839 in ihrer „Charta“ einen Katalog politischer und sozialer Forderungen aufstellten und für eine Reihe von Protestaktionen und Streiks verantwortlich waren. Diese Bewegung setzte sich für eine Verbesserung der Arbeitsbedingungen und eine Reform des Wahlrechts ein.

Entstehung der Arbeiterbewegung

Im Jahre 1824 machte die Aufhebung des Vereinigungsverbots in England den Weg frei für die Gründung von Arbeitervereinen. 1844 gründeten die Bergarbeiter eine „*Trade Union*“, 1851 die Arbeiter der Maschinenindustrie, 1872 die Landarbeiter. 1868 vereinigten sich die unterschiedlichen *Trade Unions* zu einer Gesamtgewerkschaft. Es gelang ihnen, ab 1850 die Einkommensbedingungen der Arbeiter zu verbessern, da sie bei fallenden Lebenshaltungskosten deutliche Lohnzuwächse durchsetzen konnten. Weitere gewerkschaftliche Forderungen waren die Verkürzung der Arbeitszeit, das Streikrecht, die Begrenzung der Kinderarbeit und die Schaffung von Sicherungssystemen bei Krankheit und Arbeitslosigkeit sowie die Einrichtung einer geregelten Altersversorgung. Um diese Ziele durchzusetzen, gründeten die englischen Gewerkschaften 1900 die *Labour Party*.

Frühe sozialistische Ansätze

Als Reaktion auf die Auswirkungen der Industrialisierung entwickelten sich in Abgrenzung zum Wirtschaftsliberalismus erste sozialistische Vorstellungen. In England sprach sich Robert Owen (1771–1858) dafür aus, als Grundlage einer sozialistischen Umgestaltung der Gesellschaft Produktion und Konsum in die Hände von Genossenschaften zu legen. Owen war selbst Textilfabrikant und einer der ersten Unternehmer, der sich um das Wohl der Arbeiter bemühte. Er baute Arbeiterwohnungen und richtete innerhalb des Fabrikbezirks Läden ein, in denen seine Arbeiter Lebensmittel billiger einkaufen konnten. Kinder unter zehn Jahren durften in seinem Betrieb nicht tätig werden. Die Arbeitszeit beschränkte er auf 10 ½ Stunden täglich. Seinem Beispiel sollten ab 1890 in Deutschland Krupp und die Zeiss-Werke folgen. In Frankreich entwickelten Claude Henry de Saint-Simon (1760–1825) und Charles Fourier (1772–1837) ähnliche genossenschaftliche Vorstellungen.

Karl Marx (1818–1883) und Friedrich Engels (1820–1895)

Doch erst durch die Organisation der Arbeiterschaft wurden sozialistische Gedanken politisch wirksam. Besondere Bedeutung sollte dabei die Lehre von Karl Marx und Friedrich Engels bekommen. Karl Marx wurde am 5. Mai 1818 in Trier geboren. Er studierte 1835 in Bonn und ab 1836 in Berlin zunächst Jura, später Philosophie. Seit 1843 arbeitete er als Redakteur der Rheinischen Zeitung.

Karl Marx (1818–1883)

Nach der Heirat mit Jenny von Westfalen ging Marx nach Paris. Etwa seit dieser Zeit beginnt auch seine lebenslange Freundschaft und Zusammenarbeit mit Friedrich Engels. Engels, geboren am 28. November 1820 in Wuppertal-Barmen, hatte als Sohn eines Textilfabrikanten 1838–1841 eine kaufmännische Lehre in Bremen absolviert. Während seines Militärdienstes 1841/42 besuchte er in Berlin Philosophievorlesungen. 1842–44 setzte er seine kaufmännische Ausbildung in Manchester fort, wo er Anhänger der Frühsozialisten wurde. 1848 verfasste Engels zusammen mit Marx für den Bund der Kommunisten das „Kommunistische Manifest“ (vgl. S. 424f.). Der „Marxismus“ erwies sich in der Folgezeit als besonders wirkmächtig, wurde zur theoretischen Grundlage der sich formierenden Sozialdemokratie und der sozialistischen Bewegungen in aller Welt.

Die wissenschaftlichen Analysen des Zusammenhangs von Wirtschaft und Gesellschaft fassten Marx und Engels in ihrem Hauptwerk „Das Kapital“, entstanden ab 1867 in London, zusammen. Durch die systematische Entwicklung der Produktionsverhältnisse kom-

Friedrich Engels (1820–1895)

me es zu einem Mehrwert, der ungleich verteilt die Verelendung der Arbeiterschaft zur Folge habe. Zuerst wird demnach die Warenproduktion durch die Kombination von Kraft-, Transmissions- und Arbeitsmaschinen vermehrt. Dann vermehrt (akkumuliert) sich das erwirtschaftete Kapital in Unternehmerhand, wo es zur Steigerung der Produktion investiert werden kann. Auf diese Weise nimmt nach Marx und Engels die Verelendung der Arbeiterschaft zu. Sie kann dem Kreislauf nur entkommen, wenn sich Arbeitergruppen untereinander angleichen und sich als eine ausgebeutete Klasse begreifen. Diese Situation muss nach Marx letztlich zur sozialistischen Revolution führen, in der die Arbeiter ihre Ausbeuter entmachten und selbst die Diktatur des Proletariats in die Hand nehmen. Während die Beschreibung der frühindustriellen Verhältnisse bei Marx in vielen Punkten zutrifft, haben sich seine Prognosen ökonomisch als nicht richtig, politisch jedoch als sehr folgenreich erwiesen.

2. Vom Spätzünder zum Senkrechtstarter: Grundlagen und Ausformungen der Industrialisierung in Deutschland

Von England lernen: Die Frühindustrialisierung

Textilien: Industrieware verdrängt Handarbeit in Deutschland

Seitdem Massenware aus England den europäischen Markt überschwemmte, ging der Umsatz in den Betrieben in Deutschland spürbar zurück. Handwerksarbeit konnte gegen Industrieprodukte nicht mehr bestehen. Lange Zeit aber sträubten sich Weber und Leinenhändler, Maschinengarn zu akzeptieren oder Leinen durch Baumwolle zu ersetzen. Die Hersteller hoher Qualitätsware sicherten sich zwar ihr Marktsegment durch amtliche Prüfsiegel, doch die Nachfrage nach billiger Fabrikware für Gebrauchsartikel explodierte durch Importe aus den Niederlanden und Großbritannien so sehr, dass der traditionelle Markt zusammenbrach. Viele Heimarbeiter, verlagsmäßig arbeitende Weber und das ländliche Nebengewerbe wurden brotlos. Kaufleute und Handwerker stritten sich darüber, wie die Produktionsweise zu verändern wäre. Seit den 1830er-Jahren gab es unter den jungen Kaufleuten und Technikern geradezu einen Boom an Bildungsreisen nach England, um dort die neuesten Techniken zu studieren.

Warum tat sich das Gewerbe in Deutschland so viel schwerer, den Vorsprung der Briten aufzuholen?

Politische Handelshemmnisse in Deutschland

Überall fehlte es an qualifizierten Arbeitskräften. Ein in England abgeworbener Werkmeister wurde in Deutschland gefeiert. Hier kannte man weder eine ingenieurtechnische Grundausbildung noch gab es Mut und Erfahrung für die Fabrikarbeit. Weil die Zunftordnung hand-

In einer württembergischen Tuchmacherwerkstatt: Vorn arbeiten eine Spinnerin am Spinnrad und ein Weber am mechanischen Webstuhl, hinten sitzt eine Arbeiterin schon an einer Tuchscherermaschine (aus einem kolorierten Stich von G. M. Kirn, 1836).

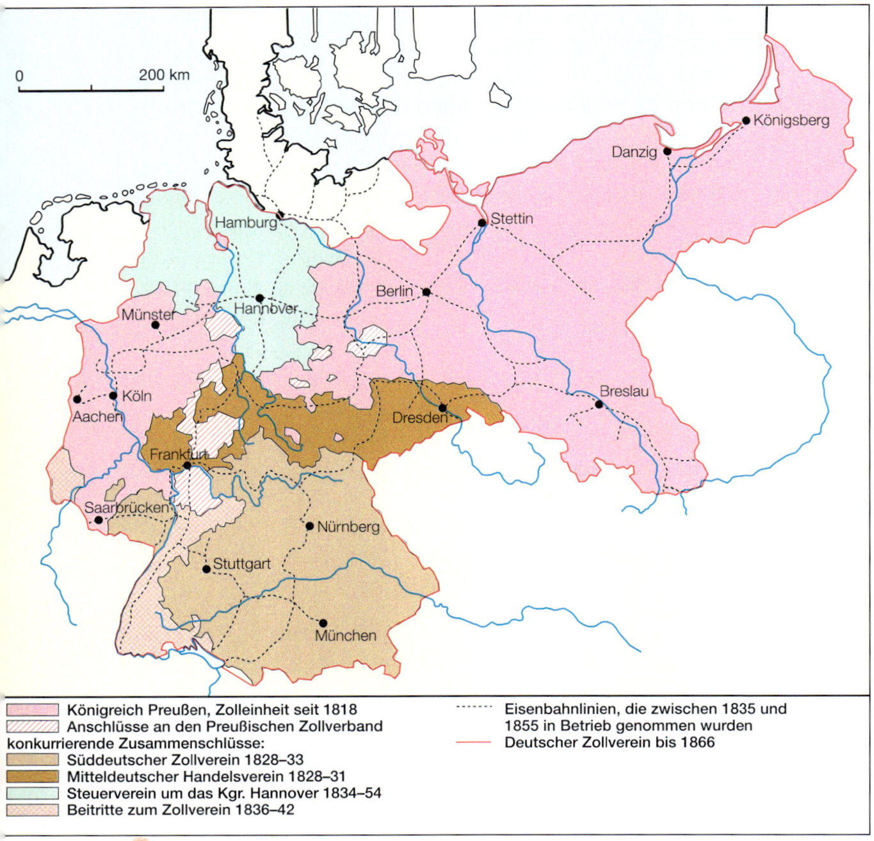

Die Konkurrenz der Zollvereine in Deutschland und die Durchsetzung des Deutschen Zollvereins 1834

werkliche Standards bestimmte, wurden andere Fertigungsmethoden in diesen Branchen nicht zugelassen. Moderne Antriebsmaschinen und Fertigungstechnik waren nur unter großen Schwierigkeiten und für viel Geld in England einzukaufen, zum Nachbau fehlten oft die Kenntnisse. Aus Unsicherheit verweigerten die deutschen Behörden oft die Betriebserlaubnis.

Die Rohstoffe standen nicht in ausreichender Menge und Qualität zur Verfügung.

Anders als in England gab es hierzulande kein einheitliches Wirtschaftsgebiet. Zwischen den Staaten in Deutschland behinderten mehr als 1 800 Zollschranken, eine Vielzahl von Binnenzöllen und Handelsbeschränkungen den Warenverkehr. Weil die meisten Staaten außerdem keinen Zugang zu den Seehäfen hatten, war der Import von Rohstoffen sehr teuer. Frankreich besaß ein hervorragendes Kanalsystem für die Binnenschifffahrt, in Deutschland gab es nichts Vergleichbares. Die Eisenbahn musste als Transportmittel erst noch erfunden werden.

In Folge der Napoleonischen Kriege mangelte es in vielen Gegenden am notwendigen Kapital, um in Industrieanlagen zu investieren. Es gab keine Investitionsbanken, die Aufbaukredite vergeben konnten. Der Handel beschränkte sich daher überwiegend auf regionale Kunden. Wer zum Einkauf nach Großbritannien fahren wollte, musste sich von den Behörden umständliche Genehmigungen einholen oder inkognito auf die Insel fahren, abgesehen davon, dass die Briten nicht ohne Grund zunehmend vorsichtiger auf die Reiseflut reagierten: Der Tatbestand der Industriespionage machte die Runde. So waren es vielfach Außenseiter, die den ersten Schritt zur Fabrik wagten: abgeworbene britische Werkmeister, nicht selbstständige Handwerker, risikofreudige Händler.

Friedrich List und der Deutsche Zollverein

Zu Beginn des Jahres 1834 hatten sich mehrere deutsche Staaten ausgehend von Württemberg und Bayern zu einem Zollverein zusammengeschlossen und damit ein größeres, von Binnenzöllen befreites Wirtschaftsgebiet begründet. Friedrich List (1789–1846), ein Nationalökonom aus Reutlingen, hatte sich nach einem Studienaufenthalt in New York für den Ausbau des Eisenbahnsystems und eine Zollunion eingesetzt. Das politisch einflussreiche Preußen, das den Warenverkehr im eigenen Land ohnehin freigeben wollte, konnte zur Teilnahme am Zollverein gewonnen werden. Dadurch erhielt das Bemühen den notwendigen Einfluss. Die Hansestädte Hamburg und Bremen schlossen sich dem Zollverein, der 1871 in das Deutsche Reich überging, erst 1888 an, insofern war dadurch für die Seewege noch nichts gewonnen. Im Binnenland konnten nun aber regionale Eisenbahnen gebaut werden, die es mittelfristig ermöglichten, schwere Rohstoffe auf dem Schienenweg zu transportieren. Der Zusammenschluss erreichte noch nicht das Niveau des französischen Zentralismus oder des britischen Freihandels, er löste allein auch noch keine industrielle Revolution aus, aber er war ein Meilenstein auf dem Weg zu mehr Handel und einer arbeitsteiligen Wirtschaft auf der Basis der Massenproduktion.

Setzte die Industrialisierung in England bei der Textilerzeugung ein, so wurden in Deutschland Eisenbahnbau, Bergbau und Maschinenherstellung zum Leitsektor der Industrie. Denn Deutschland konnte die Aufholjagd gegenüber England nur gewinnen, wenn es gelang, Gewerberegionen zu verbinden, Energiequellen zu erschließen, Eisen und Stahl als Werkstoff zu verbessern. Die hierbei erforderlichen Betriebseinheiten waren so groß, dass das Kapital nicht von einem Unternehmer allein aufgebracht werden konnte. Schwerindustrie und Eisenbahnen verlangten geradezu nach der Gründung von Aktiengesellschaften, dem Aufbau von Kreditanstalten und Gewerbebanken. Auch dabei waren England und die USA das Vorbild. Kapitalbesitzer und Produzenten fanden sich in einer Gesellschaft zusammen, die das Interesse am Gewinn vereinte. Ohne eigenes Zutun konnte sich der Wert einer Aktie erheblich vergrößern. Die Verwaltungsorganisation der Aktiengesellschaften führte langfristig zur Entpersonalisierung des Industrievermögens, da nun Fabrikdirektoren und Aufsichtsräte über die satzungsgemäße Verwendung des Kapitals bis hin zu Investitionen entschieden. Das schnelle Wachstum dieser Unternehmen bescherte den Investoren enorme Gewinne, die sie wiederum motivierten, ihre Überschüsse in anderen Industriewerten oder in der Bauwirtschaft anzulegen. Private Initiative und die ungeahnten Vermögenszuwächse beschleunigten die ökonomische Entwicklung mehr als staatliche Verordnungen, so wichtig die Herstellung eines Rechtsrahmens, von Industrienormen und Gewerbeaufsicht auch waren. Daraus ergab sich seit den 1840er-Jahren zunehmend eine Eigendynamik, die nicht mehr zurückzudrehen war: Die Industrielle Revolution war nach Deutschland gekommen.

Aktiengesellschaften – eine neue Unternehmensform

Krisen und Konjunkturen: Die wirtschaftliche Entwicklung Deutschlands

Industrialisierung regional

Einmal entfesselt konnte die Industrielle Revolution schier endlose Wachstumserwartungen nähren. Die Industrie konzentrierte sich in Deutschland dennoch lange Zeit auf einzelne Regionen. Erst die Reichsgründung 1871 löste einen solchen Gründerboom aus, dass die Industrieproduktion flächendeckend zum Standard wurde. Eine traditionelle Gewerberegion zeichnete sich durch hohe Bevölkerungsdichte, technisch erfahrene Meister, relativ gute Kapitalausstattung und qualifizierte Arbeitskräfte aus (Sachsen, das Bergische Land, der Niederrhein). Gebiete wie Oberschlesien, das Ruhrgebiet, das Saarland konnten sich dank ihrer Bodenschätze, vor allem zur Verkokung geeigneter Kohle, rasch in die vordersten Ränge vorarbeiten. Wo kurze Transportwege, günstige Kontakte zu staatlichen Stellen und Kapitalgebern, ein dichtes Städtenetz und solide Absatzmärkte gegeben oder zu entdecken waren (z.B. im Raum Magdeburg, Württemberg und Mainfranken), bildeten sich rasch leistungsfähige Industriezentren. Die Nähe zu Metropolen mit Verbindungen zum Ausland und wertvollen Bildungseinrichtungen beflügelte den Maschinenbau (Berlin, München, Karlsruhe, Hamburg, Leipzig, Kassel). Diese Gebiete können als Zentrum der Innovation angesehen werden, in denen sich intensive Querverbindungen zwischen den Branchen ergaben. Der Erfolg hier wurde zum neuen Wachstumsimpuls dort.

Die Gründerjahre

Mit großen Hoffnungen sahen die Aktionäre und Fabrikbesitzer auf die Effekte der Reichsgründung 1871: Ein großer, rechtlich vereinheitlichter Wirtschaftsraum, in dem es noch weitreichende Unterschiede im Wohlstand gab, garantierte scheinbar endlose Gewinnchancen. Durch die Reparationen von fünf Mrd. Goldfranc, die Frankreich nach dem deutsch-französischen Krieg zahlen musste, strömte zusätzliches Kapital – unverdient – in die Volkswirtschaft ein. Dieser Zufluss löste eine beispiellose Inflation aus. Aktien auf Eisenbahngesellschaften und Montanwerte waren weit überzeichnet. Die Risikobereitschaft, auch das ein wichtiger Wirtschaftsfaktor, hatte das Bürgertum mobilisiert.

Hochindustrialisierung (1873–1890)

Diese zweite Phase der Industrialisierung brachte einen sprunghaften Aufbau, Wachstum und vor allem Differenzierung der Produktion. Unter den vielen Veränderungen sind folgende Tendenzen festzuhalten:

Modell der Wirtschaftsordnung in der Hochindustrialisierung

Wirtschaftliche Leitsektoren

- Schwerindustrie um 1850
- Maschinenbau nach 1871
- Elektro und Chemie seit 1890

Konzentrations- und Differenzierungsprozesse

im Betrieb:

Höhere Umsätze

Bessere Verfahren, neuere Technik

Teilfertigungen werden in Filialen ausgelagert.

Zulieferer stellen Halbfertigwaren her.

Vertrieb, Personalführung, Produktentwicklung werden zu eigenen Abteilungen/ Konzernfilialen verselbstständigt (Betriebsform: AG, KG, GmbH).

Konkurrenten werden aufgekauft, unproduktive Abteilungen verkauft (Branchenbereinigung).

flankierend:

- *Handelsgesellschaften* werden gegründet unter Beteiligung von Produktivkapital.
- *Speditionsunternehmen* organisieren den Warentransport.
- *Kreditinstitute* helfen bei der Beschaffung des Investitionsvermögens.
- *Branchenverbände* vertreten die Interessen der Unternehmer beim Staat und in der Öffentlichkeit.
- *Ausbildung:* Die fachliche Ausbildung (Werkmeister, Ingenieur, Verwaltungsbeamte) wird verbessert/entwickelt.

Lobbyismus

Im Verlauf der Hochindustrialisierung entstanden auch Industrie- und Arbeitgeberverbände als sog. Lobby zur Industrieförderung, denn die aufwändigen Investitionen mussten sich verzinsen. Die damit verbundenen Risiken konnten durch eine Arbeitsteilung zwischen Staat (Handelsverträge, Zollgesetze, Steuern) und Wirtschaft (unternehmerisches Handeln) verringert werden.

Aufgaben der Industriepolitik/Interessenverbände

- Information und Beratung der Politiker
- Einflussnahme auf Steuer- und Zollgesetze
- Eintreten für und Unterstützung von Handelsverträgen mit Exportländern
- Standards für Industrienormen
- Vergabe von Patentrechten
- Bewerbung um öffentliche Großaufträge (z.B. Überseekabel, Kriegsschiffe, Bagdadbahn)

Krisen und Konjunkturen

Indessen vollzog sich das Wirtschaftswachstum nicht linear. Bereits 1873 setzte die erste heftige Stockung ein, bedingt durch die überzogenen Spekulationen. Es kam zu zahllosen Firmenzusammenbrüchen, zu Arbeitslosigkeit, Preisverfall und Verschuldung. Eine tiefere Ursache für diesen Einbruch, der sechs Jahre anhielt, lag darin, dass in Deutschland das Finanzsystem noch nicht mit den Anforderungen einer Industriegesellschaft Schritt hielt.

Konjunkturverlauf

Zeitraum	Phase	Hauptursache	Wichtige Folgen
1873–1879	Depression	Überkapazitäten, Bankenkrise	Konzentration, Differenzierung, mehr Arbeitsteilung
1879–1882	Konjunktur	Importbedarf der USA (Eisenbahnbau)	Hohe Gewinne bei Eisen und Stahl, mehr Kaufkraft
1882–1886	Depression	Rückgang der Nachfrage nach Eisenbahnen	Aufbau und Intensivierung des Maschinenbaus
1886–1890	Konjunktur	AG-Gründungen, Investition in Elektro und Chemie	Mehr Konkurrenz, höhere Inlandsnachfrage, mehr Kaufkraft
1890–1895	Depression	Bankenkrise in England, sinkende Aktienkurse	Hohe Preisfluktuation, mehr Exporte
1895–1900	Konjunktur	Explosives Wachstum bei Elektro, Chemie, Maschinen, Ausbau der Großstädte	Hohe Zinsen, Geldmangel, Verfall der Wertpapiere in den USA
1900–1902	Depression	Einbruch der Exportmärkte, besonders USA	Keine Folgen für Elektro und Chemie
1902–1907	Konjunktur	Höhere Preise, bessere Absatzorganisation	Verstärkung der Industrieverbände
1907–1908	Depression	Aktienbaisse in den USA	Produktionsrückgang, bes. Stahl
1908–1913	Konjunktur	Boom bei Investitions- und Konsumgütern	Glückliche Friedensjahre (von 1914 her gesehen)

Bankwesen

Die deutschen Banken waren Universalbanken, die das Geschäft der Unternehmensberatung, Kreditgewährung, des Depots von Ersparnissen, der Emission von Wertpapieren und das Hypothekengeschäft gleichermaßen betrieben. Großbanken, die den Industriebetrieben das Investitionskapital zur Verfügung stellten, und Sparkassen, die sich um kleinere Betriebe und die Ersparnisse der Arbeitnehmer kümmerten, arbeiteten noch nicht nebeneinander. Finanzexperten mussten als Aufsichtsräte von Aktiengesellschaften Förderung, Beratung und Kontrolle der Industrie ausüben. Diese Rollenverteilung steckte noch ganz in den Anfängen. Banken, Staat und Industrie bildeten nicht ein einheitliches Machtkartell. Die Krisen erschütterten jedoch das Vertrauen der Kapitalanleger und riefen indirekt schrittweise Verbesserungen des Wirtschaftssystems hervor.

Die Reichsbehörden standen gedanklich zwar den traditionellen Eliten und den ostelbischen Gutsbesitzern näher, im Interesse des inneren Friedens und wirtschaftlichen Fortschritts haben sie sich jedoch darum bemüht, einen Ausgleich zwischen den Wirtschaftsregionen und Branchen herzustellen. Öffentliche Aufträge (Straßenbau, Eisenbahnen, militärische Rüstung, städtische Infrastruktur) wurden zunehmend in den Depressionsphasen erteilt. In diesem Sinn ist wirtschaftsgeschichtlich von einem Interventionsstaat zu sprechen.

Interventionsstaat

Auf dem Weg zur Klassengesellschaft

Gesellschaftliche Folgen der Industrialisierung

Wie wirkte sich der Siegeszug der Industrialisierung auf die gesellschaftliche Entwicklung aus?

Vor allem bestimmte nun die Marktlage immer mehr Menschen in ihrem persönlichen

Fortkommen. Arbeit und Lohn wurden vom Auf und Ab der Konjunkturen bestimmt. Nicht mehr die ständische Tradition der Berufsvererbung über Generationen hinweg prägte die Arbeitswelt. Die Arbeitskraft selbst wurde eine käufliche Ware, deren Wert sich nach Angebot und Nachfrage richtete. Sicher bedeutete diese Dynamik mehr Chancen für die Beschäftigten, zunächst aber mehr Unsicherheit, die Nivellierung erworbener Fertigkeiten und noch mehr Ausbeutung von Arbeitskraft.

Berufliche Unsicherheit

Auf der einen Seite sprengten Lohnarbeit und Mechanisierung in den Fabriken die zünftische Ordnung des Handwerksbetriebs. Der berufliche Werdegang eines jungen Arbeiters wurde unbestimmt, der Wert traditioneller Handwerksarbeit ging verloren, und trotzdem waren die industriellen Produkte keineswegs schlechter. Arbeiter mussten mobiler werden, wie es früher nur bei den wandernden Gesellen üblich war. Ganze Lawinen von Migranten setzten sich von den Ostgebieten des Reiches in die Industriereviere an Rhein und Ruhr, in Sachsen und Schlesien in Bewegung. Die Männer, Frauen und Kinder, die in der Fabrik ihren Arbeitsplatz fanden, mussten sich der Herrschaft der Fabrikordnung unterwerfen. Damit geriet auch die angestammte Autorität in der Familie ins Wanken. Bei dieser Unsicherheit versprachen „kleine Inseln" etwas Halt: die Bergarbeitersiedlung im Ruhrgebiet, das Berliner Mietshaus, die gleichförmigen Werkswohnungen von Großbetrieben.

Soziale Mobilität

Auf der anderen Seite bedeutete die Auflösung der Tradition nicht nur einen Verlust, sondern auch kleine soziale Fortschritte. Kinderarbeit war zwar hart, der eigene Verdienst ermöglichte es aber auch, dass man früher unabhängig wurde als in der Familie eines Bauern oder Handwerkers. Das Leben eines Arbeiters war kurz, die meisten erwerbstätigen Arbeiter erreichten nicht das fünfzigste Lebensjahr. Also mussten sich die Lebensabschnitte – Ausbildung, Familiengründung, Existenzsicherung – in rascher Folge vollziehen. Der soziale Aufstieg konzentrierte sich dabei auf kleine Stufen. Aus der Mietskaserne in das Arbeiterwohnhaus umzuziehen, von der Fabrikarbeit zum kleinen Angestellten zu wechseln, aus der Textilfabrik in den Maschinenbau aufzusteigen – in diesen Dimensionen bewegten sich die beruflichen Erfolge für mehr als 70 Prozent der erwerbstätigen Bevölkerung. Facharbeiter mit längerer Lehrzeit und verantwortlicher Aufgabe im Betrieb galten als die Elite unter den Arbeitern. Zwischen ihnen und den Tagelöhnern gab es ebenso Barrieren wie zwischen Männer- und Frauenarbeit, Einheimischen und Zugewanderten, Bergwerks- und Fabrikarbeit. Das Lohngefälle war der sichtbarste Ausdruck der Ungleichheiten innerhalb der Arbeiterschaft, die sich nicht abbauten, sondern weiter verteilten.

Bürgertum: Unternehmer

Auch auf der anderen Seite der Gesellschaft gab es Bewegung. Zu den angesehensten Kreisen im Kaiserreich – dem Adel, Militär und den Gutsbesitzern – drängte spätestens mit der Reichsgründung 1871 die aufstrebende Gruppe der Unternehmer. Schon wegen ihrer Kapitalkraft wurden sie eine ernst zu nehmende Konkurrenz im Kreis der sozialen Eliten. Zwar half es für den Erfolg durchaus, in eine Familie der traditionellen Oberschicht einzu-

Arbeiterinnen verlassen die Fabrik (Gemälde von Hans Baluschek, 1900)

heiraten oder Geldreserven in Landgüter zu investieren, doch besonders aus den städtischen Regionen in Sachsen, dem Rheinland und Westfalen, in Württemberg oder den Hansestädten kamen bedeutende Unternehmer, deren Rang sich auf ihre betrieblichen Erfolge gründete. Sie hielten voll Stolz Abstand gegenüber dem Herrschaftsapparat und heirateten weitgehend in ihren eigenen Kreisen. Gestützt auf ein hohes Vermögen, fachliche Hochschulausbildung und gute Kontakte widerstanden die meisten – anders als in England – dem Angebot auf Erhebung in den Adelsstand.
Den Ton gab dennoch das Militär an. Für die Fabrik hieß das, der Unternehmer ist „Herr im Haus", die Arbeiter müssen ihm wie Soldaten Gehorsam und Wohlverhalten bis in die Privatsphäre hinein erweisen. Die betriebliche Mitbestimmung, diese wichtige Errungenschaft des 20. Jahrhunderts, wurde mehr als ökonomisch notwendig verhindert. Erst als die Fabrikdirektoren leitende Angestellte von Betriebsgesellschaften wurden, schmolz die patriarchalische Denkweise langsam dahin.

Bildungsbürger

Die kleine Schicht der Bildungsbürger erlebte durch die Industrialisierung ebenfalls eine Erweiterung. In protestantischen Gebieten bildeten die Pastoren, Verwaltungsbeamten, Rechtsanwälte und Lehrer den klassischen Kern des Bildungsbürgertums. Neu war das gesellschaftliche Wachstum in der Gruppe der Ärzte, Techniker, Privatbeamten in Industrie und Bankwesen. Für sie war die Qualifizierung durch Ausbildungsordnungen und die Abhängigkeit von Zugangsberechtigungen das entscheidende Merkmal, mit dem sie sich gegenüber anderen abgrenzten, das sie als Heiratspartner aber auch wieder für andere Gruppen attraktiv machte. Neu war für diese Zwischenschicht, dass ihr mehr der soziale Abstieg in das Kleinbürgertum als der Zuwachs von außen drohte. Eben deshalb wurden hier die kulturellen Werte gegen die beschleunigte Veränderung in der Industriegesellschaft besonders intensiv verteidigt.

Angestellte

Adel und Bürgertum machten nur etwa ein Viertel der Gesellschaft aus; sie verfügten aber über die entscheidenden Zugänge zur politischen Macht und besaßen den größten Teil des Volkseinkommens. Die allmähliche Steigerung der Reallöhne darf nicht darüber hinwegtäuschen, dass die Gewinne aus der Industrialisierung ungleich an die Bevölkerung weitergereicht wurden.

Ungleiche Einkommensverteilung

Als legitimes Mittel zur Durchsetzung von Lohnforderungen, zur Verbesserung des Arbeitsschutzes und gegen die vielfältigen Formen der Diskriminierung setzte sich der Streik durch. Es war das Ziel der Streikenden, gewaltfrei, aber solidarisch und kollektiv den mächtigen Unternehmern entgegentreten und eigene Interessen durchsetzen zu können. Die Heterogenität der Arbeiterschaft, die Risiken von Aussperrung und Arbeitslosigkeit, die konjunkturellen Schwankungen und polizeiliche Gegenwehr machten es den Arbeitern nicht leicht, zu diesem äußersten Mittel zu greifen. Ohne einflussreiche Gewerkschaftsführer und solide Streikkassen war ein Arbeitskampf auch nicht lange durchzuhalten. Das Aushandeln von Tarifen war die wichtigste Aufgabe der Gewerkschaftssekretäre, die einen vernünftigen Interessenausgleich anstrebten. Letztlich hatten die Streiks jedoch eine mehr symbolische Wirkung, nämlich die Stärkung des Klassenbewusstseins; die sachlichen Erfolge blieben eher bescheiden. Der Streik wurde weniger als in England und den USA als entscheidendes Mittel zur Verbesserung der sozialen Verhältnisse genutzt. Schrittweise konnten Vereinbarungen auf Betriebsebene die Notlage der Arbeiterschaft entschärfen.
Um sich im Kampf zwischen Kapital und Arbeit behaupten zu können, reichte es nicht aus, zu protestieren; die Arbeiter benötigten eine wirkungsvolle Organisation. Naturgemäß fiel das den Tagelöhnern und Handarbeitern, die sich aus ganz verschiedenen sozialen Gruppen in den Fabriken und Bergwerken zusammenfanden, schwerer als den Handwerksgesellen und gelernten Arbeitern, die diese Erfahrung schon aus den Gesellenvereinen seit Langem mitbrachten. So waren zwar die Hungersnöte im Vormärz oder der Aufruhr der schlesischen Weber 1844 markante Ecksteine im sozialen Protestverhalten der Arbeiterschaft, aber die Unterstützungskassen wandernder Gesellen und die Bildungsvereine der Facharbeiter in den Großstädten bedeuteten wesentlich mehr Rückhalt für das Einüben solidarischen Kämpfens für „gerechten" Lohn und bessere Arbeitsbedingungen.

Streiks im politischen Kontext		
1848	Revolutionsjahr	49 Arbeitskämpfe
1868	Gründung des Allgemeinen deutschen Arbeiterschaftsverbandes (= sozialistische Arbeitervereinigung) und der liberalen Hirsch-Dunckerschen Gewerkvereine	
1869	Aufhebung des Koalitionsverbotes im Norddeutschen Bund	152 Arbeitskämpfe
1871	Koalitionsfreiheit im Deutschen Reich	158 Arbeitskämpfe
1878	Bismarcks Sozialistengesetz	41 Arbeitskämpfe
1890	Aufhebung des Sozialistengesetzes	390 Arbeitskämpfe
1899	Gründung christlicher Gewerkschaften	1311 Arbeitskämpfe
1906		3626 Arbeitskämpfe

(nach: Michael Schneider, Kleine Geschichte der Gewerkschaften, Bonn (Dietz) 1989, S. 498f.)

Gewerkschaften

Die wandernden Gesellen und Arbeiter besaßen genug Handwerkerstolz und Selbstbewusstsein, um ihre Interessen, auch durch spektakuläre Aktionen (Katzenmusiken), zu artikulieren. Sie verbreiteten ihre Erfahrungen von Stadt zu Stadt, knüpften Kontakte, gründeten Anlaufstellen und trugen so zum Aufbau erster Organisationen bei. An ihrer Seite standen manchmal Pfarrer und Prediger, lag doch gerade den Kirchen die geistliche Rettung der ungebundenen Arbeiter sehr am Herzen. Wichtiger wurde allerdings die politische Emanzipation der Arbeiterschaft, zu der Presse- und Versammlungsfreiheit, liberale oder sozialistische Zeitungen und Flugblätter, Kampflieder und ideologische Schützenhilfe aus dem linksliberalen Bürgertum in erheblichem Maße beitrugen. Dichter wie Ferdinand Freiligrath, Georg Weerth, Heinrich Heine, Journalisten wie Karl Marx und Ludwig Börne, Sekretäre wie Ferdinand Lassalle und August Bebel hatten den wesentlichen Anteil an der Schaffung eines eigenständigen Arbeiterbewusstseins.
Unter den konkreten Zielen kam es den Betroffenen in erster Linie darauf an, bei Krankheit, Not und Tod Unterstützung zu erhalten. Solche Kassen, daneben Konsumgenossenschaften und die Errichtung eines Arbeitsnachweises für Zuwanderer in den Städten fanden ein positives Echo unter den Arbeitern. Die Schriftsetzer, Buchdrucker, Schuster und Schneider leiteten meist diese Vereinigungen. Mit ihren klaren Wertvorstellungen prägten sie die Moral der Arbeiterschaft nachhaltig und integrierten darüber auch die aus ländlichen und fremden Kreisen zuwandernden Tagelöhner. Wegen der häufigen Verbote von Vereinigungen, die mehr politische als soziale Ziele verfolgten, mussten die frühen Organisationen als Lesevereine, Unterstützungskassen, Gesangvereine, „Verbrüderungen", Turnvereine getarnt werden. Dennoch bildete sich aus diesen „Nebenbeschäftigungen" zugleich ein wichtiges Element der Arbeiterkultur.
Neben diesen ruhigen, stetigen Aktivitäten führten konjunkturelle Entwicklungen immer wieder zu Lohnrückgang und verschlechterten Arbeitsbedingungen. Um dagegen zu protestieren, waren Streiks geeignete Mittel. Sie erforderten jedoch gut gefüllte Kassen, und das bedeutete wiederum, dass die Organisationen genug zahlende Mitglieder brauchten, dass die teure Waffe der Arbeitsniederlegung ökonomisch sinnvoll einzusetzen war, dass geschicktes Verhandeln neben sinnfälliges Demonstrieren treten musste und dass auch genug Bereitschaft und Disziplin für einen solchen Arbeitskampf entwickelt werden mussten. Selbstverständlich erforderte diese Entwicklung Zeit, vollzog sie sich doch immer unter der Gegenwehr staatlicher Repression und der überlegenen Macht der Unternehmer. Eine politisch einheitlich handelnde und denkende Arbeiterschaft hat es in Deutschland nie gegeben. Sozialistische, liberale und christliche Arbeiter, Betriebsgenossenschaften und Branchenverbände bestanden nebeneinander. Auch die Organisationsbereitschaft war vielfach gering; stand ein Arbeitskampf an, gab es viele Eintritte; danach zogen sich viele Arbeiter wieder zurück, weil sie die Mitgliedsbeiträge nicht zahlen konnten oder wollten. So blieb es eine mühsame Auseinandersetzung nach innen und außen, um die

Streiks

Der Streik (Gemälde von R. Köhler, 1866)

Schlagfertigkeit der Gewerkschaften aufrechtzuerhalten. Um 1900 entstand zunehmend das Bemühen, für einzelne Branchen oder Regionen Tarifverträge zwischen Arbeitgebern und Arbeitnehmern auszuhandeln und damit die Arbeiter aus der Rolle des Bittstellers herauszuführen und das Arbeitsverhältnis vertraglich abzusichern.

Sozialpolitik – nicht nur eine Aufgabe des Staates

Sozialpolitik im Aufbau

Um das Wohl der Bürger bemühten sich seit dem Mittelalter Kirchen und Klöster, Zünfte und Gilden, Stiftungen und nicht zuletzt die Familie. Seit den politischen Revolutionen des 18. und 19. Jahrhunderts und besonders durch das Anschwellen der Gruppe der Lohnarbeiter und die ausgedehnten Migrationen war dieses System gesprengt worden. Bis dahin hielt die Herkunftsgemeinde für ihre Einwohner die notwendige Fürsorge einigermaßen aufrecht. In den schnell wachsenden Industriestädten war so aber die Unterstützung im Alter, bei Erwerbsunfähigkeit, Unfall, Arbeitslosigkeit oder Armut nicht mehr zu halten. Außerdem wurden die Lebenschancen durch die zunehmende Marktabhängigkeit weniger berechenbar. Die neuartige Industriegesellschaft mit ihren eigenen Wertvorstellungen machte den Kirchen Schwierigkeiten. Dennoch bemühten sich Einzelne und Organisationen um Linderung der sozialen Not in den Städten. Besonders die Diakonie, die Heilsarmee und die 1884 von Theodor Lohmann ins Leben gerufene Innere Mission gegen ausgegrenzte Arbeiter sind hier zu nennen. Heinrich Wichern baute als ein solches Arbeiterheim das „Rauhe Haus", 1832 in Hamburg auf. In den Diakonissenanstalten (Berlin-Zehlendorf, Kaiserswerth, Bethel u. a.) konnten evangelische Frauen ein großes Betätigungsfeld finden. In der katholischen Kirche wurde vor allem Adolf Kolping bekannt, der 1846 einen katholischen Gesellenverein gründete. Der Mainzer Erzbischof Emmanuel von Ketteler entwickelte die maßgebende Soziallehre der katholischen Kirche.

Christliche Sozialpolitik

Private Sozialpolitik

Unternehmer entdeckten relativ schnell die Chance, durch soziale Gegenleistungen dem Arbeitskräftemangel der aufblühenden Industrie zu begegnen. Wer Arbeitskräfte von weither einwerben musste, kam nicht umhin, günstige Wohnungen bereitzustellen. Solche Unterkunft war natürlich mit einer Treueverpflichtung an den Betrieb erkauft. Desgleichen wurden Fördermaßnahmen zur Erhaltung der Gesundheit, primär der Arbeitsfähigkeit, zum Lohnausgleich durch Naturalien und günstigen Einkauf, zur Kinderbetreuung, Nach-

Das „Rauhe Haus" in Hamburg (Stich von 1846)

schulung und mit der entstehenden Freizeit auch zur Unterhaltung aufgebaut. Diese betriebliche Sozialpolitik blieb eine freiwillige Leistung der Arbeitgeber, sie entwickelte sich aber durchaus zu einem wichtigen Faktor der Unternehmenskultur. Bei den Weltausstellungen strebten Großbetriebe nicht allein danach, ihre neuesten Produktionserfolge vorzuführen, sondern gerade auch diese Leistungen wirkungsvoll darzustellen. Die *cité ouvrière* in Mühlhausen/Elsass, die Arbeiterwohnungen in Oberhausen/Rheinhausen, das Sozialwerk der Firma Krupp in Essen waren solche Beispiele. Dieses Terrain musste nur erst als eigener Wirtschaftszweig entdeckt werden: Aus dem Arbeiterwohnungsbau entstanden Baugenossenschaften, aus den Einkaufsläden Konsumketten, aus den Fabrikschulen Handels- und Gewerbeschulen sowie Kindergärten, aus den Unterhaltungsangeboten der Arbeitersport, später auch Kino, Kabarett und der Tourismus.

Staatliche Sozialpolitik

Anders der Staat. Die Nützlichkeit der Förderung des Gewerbefleißes durch flankierende Maßnahmen wurde den Handelsministern sehr bald einsichtig. Eine sozialpolitische Verantwortung sah man in Zeiten freihändlerischer Prinzipien gar nicht, sondern überließ die Unterstützung Bedürftiger der lokalen Armenpflege in den Städten. Erst das stärker werdende politische Bewusstsein in der Arbeiterschaft seit der Streikwelle 1871–1873 weckte Befürchtungen um die innere Sicherheit und die Stabilität des Obrigkeitsstaates. So entsprach es ausdrücklich dem Willen des Reichskanzlers, die Eindämmung der Sozialdemokratie durch das Sozialistengesetz 1878 mit dem Einstieg in staatliche Sozialpolitik auszubalancieren. Das Erstarken der Arbeiterbewegung war für Bismarck ein wichtiges Motiv, die staatliche Sozialpolitik, besonders die Versicherungen und die Umgestaltung des Wohlfahrtssystems, auszubauen. Es bedeutete für ihn eine Bedrohung der gesellschaftlichen Machtverhältnisse, dass nicht abweisbare Forderungen – bedingt durch Verarmung der Familie bei Krankheit oder Tod des Vaters, fehlenden Gesundheitsschutz, Elend der Arbeitslosigkeit – die Arbeiterschaft der Obrigkeit entfremdeten. Insofern motivierte die wachsende Sozialdemokratie die Regierung dazu, einerseits die Arbeiterbewegung zu bekämpfen, andererseits aber die Sozialleistungen des Staates deutlich zu verbessern.

Tatsächlich fehlte im 19. Jahrhundert noch das Bewusstsein dafür, Sozialhilfe als gesellschaftliche Dienstleistung zu definieren. Die Rolle des Staates in Zusammenarbeit mit privaten Anbietern von Versicherungsleistungen war noch nicht gefunden.

Versicherungen

So bezogen sich die Gesetze über die Krankenversicherung (1883) und die Unfallversicherung (1884) nur auf einen Teil der gewerblichen Arbeiter und Angestellten, nämlich diejenigen, die genug verdienten, um auch Beiträge zahlen zu können. Mit der Invaliditäts- und Altersversicherung (1889), veranlasst durch den großen Bergarbeiterstreik von 1889, waren mehr Beschäftigte, aber auch noch nicht die Familienangehörigen, Witwen und Waisen einbezogen. Letztlich bildeten sich aber in diesem Entstehungsprozess einige Grundsätze heraus, von denen die Sozialpolitik des Staates bis ins 20. Jahrhundert hinein in Deutschland geprägt wurde:

- Notwendigkeit einer Versicherung gegen Krankheit, Unfall, Alter – spät erst gegen Arbeitslosigkeit –, die sich durch das Prinzip der Gegenseitigkeit solidarisch von Beitragszahlern (noch nicht durch staatliche Zuschüsse) speiste und ihnen im Bedarfsfall tariflich geregelte Leistungen zusicherte.
- Verbindung von staatlich ausgeübtem Zwang zur Versicherung und Selbstverwaltung der gesetzlich organisierten Versicherungsgesellschaften.
- Ursachenprinzip: Für die Versicherungsleistungen wurden rechtlich definierte Sachverhalte bestimmt, die Zahlungen wurden also nicht wie bei der früheren Armenpflege der Städte nach Vermögen, Wohlverhalten oder anderen sachfremden Argumenten freigegeben.
- Nebeneinander bestanden mehrere Versicherungsanstalten, um sowohl das Monopol als auch das betriebliche Risiko eines Zusammenbruches zu vermeiden.

Reichsversicherungsordnung

Diese Unterstützung für die erwerbstätige Bevölkerung wurde schließlich in der Reichsversicherungsordnung 1911 zusammengefasst. Allein die Zahl der Versicherten in der gesetzlichen Krankenversicherung stieg von 4,3 Mio. Mitgliedern 1885 auf 13,3 Mio. 1911, die Leistungen in diesem Zeitraum von 47 Mio. RM auf 358 Mio. RM. Die regional gebildeten Landesversicherungsanstalten haben mit dem Aufbau des Versicherungsschutzes sehr bald eine organisatorisch und inhaltlich außerordentliche Leistung erbracht. Dazu zählten auch Erholungsheime, Kinderheime, Kuraufenthalte und zusammen mit den neu entstehenden Gesundheitsämtern der Städte auch Informationen und vorbeugender Impfschutz. Die epidemischen Infektionskrankheiten konnten im Laufe des 19. Jahrhunderts erheblich eingeschränkt werden, der Werkschutz wurde verbessert. Gegenüber den betrieblichen Sozialleistungen hatten diese Maßnahmen eine unvergleichlich höhere Qualität.

Der Ausbau der Städte veränderte ihr Gesicht erheblich durch die Industrialisierung. Der Ausbau der städtischen Infrastruktur sowie die Gründung von Sparkassen in den Städten und von Raiffeisenkassen auf dem Lande war ein wesentlicher Beitrag der kommunalen Träger zur Erhaltung der Volksgesundheit und zur Steigerung des Volkseinkommens.

Milch-Kur-Anstalt in Berlin-Kreuzberg (Fotografie um 1910)

Chancen und Risiken eines Nachzüglers – Industrialisierung Deutschlands in Zahlen

Wirtschaftsdaten lassen sich häufig durch Zahlen und Grafiken anschaulich zusammenfassen: das Wachstum einer Branche, die Entwicklung der Preise, das Organogramm einer Unternehmensstruktur, Gewinn und Verlust am Markt. Dennoch kann die Interpretation dieser Daten auch sehr riskant sein, werden doch selten Ursachen oder Hintergründe mitgeliefert und scheinen die Fakten eine Objektivität widerzuspiegeln, die es vergessen lässt, dass auch Zahlen ermittelte Größen sind. So wichtig das berechnete Material also ist, so wichtig sind auch die sorgfältige Analyse und Interpretation dieser Daten.
Mit der Industrialisierung sind große Mengen von Daten angefallen, Interesse und Notwendigkeit genauer Bilanzen nahm erheblich zu. Denn jetzt werden die Ergebnisse des Vorjahres zur Planungsgrundlage für das nächste Jahr genommen – an Gewinn und Verlust lässt sich die Rentabilität von Maßnahmen ablesen –, werden mit genauen Berechnungen politische Entscheidungen getroffen. Die Entstehung statistischer Bureaus, der Aufbau von Verwaltungs- und Rechnungsabteilungen in den Unternehmen, die doppelte Buchführung und viele andere Elemente einer genauen Rechnungslegung werden in dieser Zeit eingeführt. Die Arbeit mit solchen Quellen verlangt besondere Kenntnisse.

- **Lassen sich Verlauf und Merkmale der deutschen Industrialisierung in den vorliegenden Daten erkennen?**
- **Gibt es Übereinstimmungen, aber auch Unterschiede im Vergleich mit England und anderen Staaten?**
- **Lassen sich zeitliche Verschiebungen und unterschiedliche Geschwindigkeiten im Prozess der Industrialisierung feststellen?**
- **Können die Besonderheiten der deutschen Entwicklung auf einzelne hemmende bzw. fördernde Faktoren zurückgeführt werden?**

Diskutieren Sie diese komplexen Fragen im Kursgespräch auf der Grundlage von arbeitsteilig erstellten großformatigen Lernplakaten.

Arbeitshinweise, um arbeitsteilig leitfragenbezogen Lernplakate als Diskussionsgrundlage zu erstellen:

1. Interpretieren Sie die Daten aus M 1 – M 12 aspektgeleitet.
Folgen Sie dabei den auf S. 411 dargestellten Schritten. Beachten Sie genau die Informationen zu den einzelnen Materialien. Beziehen Sie in die Interpretationen Informationen aus dem Infotext ein.

a) *Lernplakat Bevölkerung (M 1, M 2, M 7, M 11):*
Untersuchen Sie die Bevölkerungsentwicklung unter dem Aspekt der Nachfrage nach Gütern und des Arbeitskräftepotenzials. Welche möglichen Zusammenhänge und Wechselwirkungen zwischen Bevölkerungswachstum und Industrialisierung halten Sie für bedeutsam? Was könnte Ursache und was Wirkung sein? Welche zusätzlichen Erkenntnisse ermöglichen M 2 und M 7?

b) *Lernplakat Industrieproduktion (M 3 – M 7, M 12):*
Wie entwickelte sich die Industrieproduktion in verschiedenen Branchen und Ländern? Welche Produktionsbranchen können in welchen Ländern und aus welchen Gründen als „Leitindustrien" bezeichnet werden? Wie beurteilen Sie die Auswirkungen der Industrialisierung auf die Landwirtschaft, aus der viele Arbeitskräfte in die Industrie abgewandert sind?

c) *Lernplakat Produktions- und Beschäftigungsstruktur (M 8 – M 10, M 13):*
Wie entwickelte sich die wirtschaftliche Bedeutung der Wirtschaftssektoren und der Industriebranchen? Wie entwickelten sich die Investitionen in Preußen, in welche Sektoren flossen sie? Wie ist ihre Bedeutung für den Industrialisierungsprozess einzuschätzen? Unter welchen Umständen kann man Ihrer Ansicht nach von einer „Industriegesellschaft" sprechen?

2. Verschriftlichen Sie Ihre Arbeitsergebnisse gegliedert nach den Fragestellungen auf den Lernplakaten. Wenn Sie dabei grafische Mittel nutzen, wird Ihre Visualisierung der Interpretationsergebnisse anschaulicher und einprägsamer sowie funktionaler als Argumentationsgrundlage in der Diskussion.

Methode

Statistisches Material interpretieren

A. Statistisches Material

Alle Daten, die massenhaft, in Reihen oder Serien, in messbaren und vergleichbaren Größen vorliegen, können historische Phänomene unabhängig von subjektiven Meinungen abbilden. Um Daten aussagefähig zu machen, müssen sie häufig aufbereitet werden (z. B. Vereinheitlichung der Maßangabe, Vervollständigung der Datenreihen in gleichen Abständen). Die Stochastik hat dazu Verfahren und Messgrößen entwickelt, die sich auch für historische Zusammenhänge nutzen lassen. Viele Daten (z. B. Indexwerte oder Prozentangaben) werden dann im Prozess der Berechnung erst erstellt und sind insofern bereits vermittelte Größen.

Im Umgang mit statistischem Datenmaterial sind immer zwei wichtige Aspekte zu beachten. Erstens: In verschiedenen historischen Epochen und Regionen galten ganz unterschiedliche Maßeinheiten für Gewichte, Massen, Währungen, die oft nur schwer umzurechnen, miteinander zu vergleichen oder einfach lückenhaft zu ermitteln sind. Dieser Tatbestand führt zu Rekonstruktionen (Daten müssen geschätzt oder interpoliert werden). Viele Aussagen sind daher trotz der scheinbar verlässlichen Zahlen mit Unsicherheiten behaftet.

Zweitens: Die Kombination von Daten kann statistische Zusammenhänge aufzeigen, die auf einem mathematisch korrekten Verfahren beruhen, mit dem Gegenstand aber nicht identisch sind. Statistische Aussagen und Grafiken verweisen nur auf den gemeinten Sachverhalt. Was zählbar ist, muss eben nicht auch inhaltlich und ursächlich zutreffend sein. Wenn die Industrieproduktion in einem statistischen Zusammenhang mit dem Bevölkerungsanstieg steht, so ist damit noch nicht geklärt, ob ein unmittelbarer Zusammenhang zwischen diesen beiden Entwicklungen besteht, ob beide Faktoren auf einen dritten zurückzuführen sind oder ob es sich um einen Zufall handelt. Wenn man den Zusammenhang als zwingend vermutet, bleibt noch immer fraglich, welche Entwicklung die Ursache und welche die Folge darstellt. Die Bearbeitung von statistischem Material führt häufig auch zu mehr neuen Fragen als Antworten.

B. Arbeitsschritte der Interpretation statistischen Materials

1. Schritt – Leitfrage(n) festlegen:

Klären Sie zu Beginn Ihr Frageinteresse: Welche Frage(n) wollen Sie klären? Berücksichtigen Sie, ob und inwieweit messbare Phänomene zur Klärung Ihrer Frage beitragen können.

2. Schritt – Analyse:

- Die Form und die Anordnung des Datenmaterials beschreiben. Zu fragen wäre: Welche Maßeinheiten werden verwendet? Was bezeichnen sie genau (Legende beachten)? Handelt es sich um absolute oder relative Zahlen? Was ist in den Zeilen und Spalten bzw. in den Graphen dargestellt? Welche Daten werden wie aufeinander bezogen (z. B. Jahreszahlen und Bevölkerungszahlen)?
- Den Gegenstand des statistischen Materials richtig eingrenzen: Welche Zeiträume und welche Regionen werden erfasst?
- Zusammenfassend erkennbare Tendenzen und/oder auffällige Besonderheiten im Datenmaterial beschreiben: Gibt es langfristige Zu- oder Abnahmen, Zahlensprünge, Hoch- oder Tiefpunkte? **Tipp**: Es kann sehr hilfreich sein, Tabellen in grafische Darstellungen zu übertragen und so zu veranschaulichen.

3. Schritt – Interpretation

- Schlussfolgerungen dahingehend ziehen, welche Phänomene oder Entwicklungen sich eindeutig aus dem Datenmaterial erschließen lassen.
- Erörtern, auf welche tatsächlichen und ursächlichen Zusammenhänge das Datenmaterial hinweisen könnte.
- Nicht zweifelsfrei durch die Daten belegbare Rückschlüsse in Form von Hypothesen festhalten.
- Weiterführende Fragen notieren, die sich aus dem Datenmaterial ergeben.
- Versuchen, aufgestellte Hypothesen und offene Fragen mithilfe anderer Quellen oder Materialien (z. B. Infotext) zu klären.
- Ergebnisse in Bezug auf die Leitfrage(n) zusammenfassen und dabei zwischen gesicherten und eher wahrscheinlichen bzw. hypothetischen Erkenntnissen unterscheiden.

MATERIALIEN

M 1 Bevölkerung europäischer Länder (1750–1911)

(in Mio., Gebietsstand 1914)

Jahr	Großbritannien	Frankreich	Deutschland	Russland
1750/51	7,4	21,0	–	28
1800/01	10,5	27,3	23,0	40/35,5
1820/21	14,1	30,5	25,0	48,6
1830/31	16,3	32,6	28,2	56,1
1840/41	18,5	34,2	31,4	62,4
1850/51	20,8	35,8	34,0	68,5
1860/61	23,1	37,4	36,2	74,1
1870/71	26,1	36,1 (1872)	40,8	84,5
1880/81	29,7	37,7	45,2	97,7
1890/91	33,1	38,3	49,4	117,8
1900/01	37,0	39,0	56,4	132,9
1910/11	40,8	39,6	64,9	160,7

(Nach: Jürgen Kocka/Bernd Mütter, Wirtschaft und Gesellschaft im Zeitalter der Industrialisierung, München (bsv) 1984, S. 93)

M 2 Fläche europäischer Länder (1914)

(Fläche in qkm, Stand 1914)

Großbritannien	Frankreich	Deutschland	Russland
314 000	586 000	541 000	22 430 000

(Nach: Jürgen Kocka/Bernd Mütter, a.a.O.)

M 3 Rohbaumwollverbrauch in einzelnen Ländern (1751–1913)

(in 1000 metrischen Tonnen, Jahresdurchschnittswerte)

Jahr	Großbritannien	Frankreich	Deutschland	Russland
1751–1760	1,3	–	–	–
1761–1770	1,7	–	–	–
1771–1780	2,3	–	–	–
1781–1790	8,1	4,0	–	–
1791–1800	13,9	–	–	–
1801–1814	31,8	8,0	–	0,9
1815–1824	54,8	18,9	–	1,0
1825–1834	105,6	33,6	3,9	1,8
1835–1844	191,6	54,3	11,1	6,1
1845–1854	290,0	65,0	21,1	21,5
1855–1864	396,4	74,1	42,0	34,3
1865–1874	475,8	85,9	85,6	53,1
1875–1884	605,0	99,5	134,3	109,6
1885–1894	691,8	127,0	208,2	158,3
1895–1904	747,7	174,0	309,3	251,7
1905–1913	868,8	231,1	435,4	352,2

(Nach: B. R. Mitchell, Statistischer Anhang; in: C. M. Cipolla/K. Borchardt (Hg.), Europäische Wirtschaftsgeschichte, Bd. 4, Stuttgart/New York (G. Fischer) 1977, S. 509)

M 4 Roheisenproduktion in einzelnen Ländern (1781–1913)

(in 1000 metrischen Tonnen, Jahresdurchschnittswerte)

Jahr	Großbritannien	Frankreich	Deutschland	Russland
1781–1790	69	141	–	–
1791–1800	127	–	–	–
1801–1814	248	200	–	200
1815–1819	330	–	–	–
1820–1824	418	–	75	–
1825–1829	669	212	90	164
1830–1834	700	244	111	167
1835–1839	1 142	327	146	177
1840–1844	1 465	395	160	184
1845–1849	1 784	–	184	200
1850–1854	2 716	561	245	231
1855–1859	3 583	900	422	254
1860–1864	4 219	1 065	613	297
1865–1869	4 984	1 262	1 012	310
1870–1874	6 480	1 211	1 579	375
1875–1879	6 484	1 462	1 770	424
1880–1884	8 295	1 918	2 893	477
1885–1889	7 784	1 626	3 541	616
1890–1894	7 402	1 998	4 335	1 096
1895–1899	8 777	1 386	5 974	1 981
1900–1904	8 778	2 665	7 925	2 773
1905–1909	9 855	3 391	10 666	2 799
1910–1913	9 792	4 664	14 836	3 870

(Nach: B. R. Mitchell, a. a. O., S. 504 f.)

M 5 Entwicklung der industriellen Produktion in Europa nach Staaten (1860–1913)

(Index der Industrieproduktionen in europäischen Staaten, Großbritannien 1900 = 100)

Land	Insgesamt		Pro Kopf	
	1860	1913	1860	1913
Großbritannien	45,0	127,0	64	115
Frankreich	18,0	57,0	20	59
Deutschland	11,0	138,0	15	85
Russland	16,0	77,0	8	20
Niederlande	0,9	4,1	11	28

Die vorliegende Indexberechnung setzt den Wert der Industrieproduktion in Großbritannien im Jahr 1900 gleich „100“ und gibt alle anderen Werte in Prozentzahlen dieses Wertes an. Dadurch wird die Entwicklung der Industrieproduktion in verschiedenen Ländern und Zeiten relativ vergleichbar gemacht. Großbritannien als das am weitesten entwickelte Land wird somit zum Richtwert erklärt, bei dem viel später sich industrialisierenden Russland als Richtwert würde eine ganz andere Relation entstehen.

(Nach: Handbuch der europäischen Wirtschafts- und Sozialgeschichte, Bd. 5, Stuttgart (Klett) 1985, S. 149)

M 6 Entwicklung des Eisenbahnnetzes in Großbritannien und Deutschland (1840–1900)

(Länge der in Betrieb befindlichen Schienenwege in km, jeweils am Jahresende)

Jahr	Großbritannien	Deutschland
1840	1348	549
1850	10653	6044
1860	16787	11633
1870	24999	19575
1880	28854	33838
1890	32297	42869
1900	35186	51391

(Nach: J. Kocka/B. Mütter, a.a.O., S. 54)

M 7 Reales BIP pro Kopf der Bevölkerung in einzelnen Ländern (1830–1970)

(US-Dollar von 1960, geschätzte Werte)

Jahr	Großbritannien	Deutschland/ BRD	Russland/ UdSSR	USA
1830	370	240	180	240
1860	600	345	200	550
1913	1070	775	345	1350
1929	1160	900	350	1775
1950	1400	995	600	2415
1970	2225	2705	1640	3605

BIP = Bruttoinlandsprodukt = Summe des Wertes (Verkaufspreises) aller in einer Volkswirtschaft produzierten Güter und Dienstleistungen in einem Jahr. Im „realen" BIP sind Preissteigerungen, die das BIP „nominal" erhöhen können, statistisch herausgerechnet.
Da aus dem Verkauf von Gütern und Dienstleistungen immer auch Einkommen entsteht, ist das BIP mit dem sogenannten „Volkseinkommen" identisch. Es sagt also auch etwas über den Reichtum einer Volkswirtschaft aus. Die Berechnung des BIP „pro Kopf" berücksichtigt die Bevölkerungszahl, lässt allerdings noch keine Rückschlüsse über die Verteilung des Reichtums auf verschiedene Schichten oder Gruppen der Bevölkerung zu.

(Nach: Bairoch/Lévy-Leboyer (Hg.), Disparities in Economic Development Since the Industrial Revolution, London 1981, S. 10)

M 8 Beschäftigte in den drei Wirtschaftssektoren in verschiedenen Ländern (um 1850 und um 1910)

Sektor I: Landwirtschaft, Fischerei, Forstwirtschaft / Sektor II: Industrie und Bergbau / Sektor III: Dienstleistungen

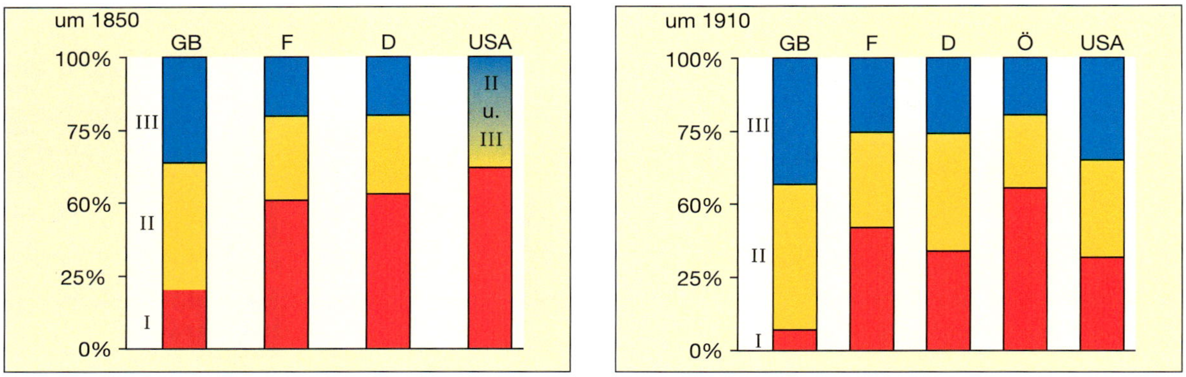

(Nach: Aubin/Zorn, Handbuch der deutschen Wirtschafts- und Sozialgeschichte, Bd. 2, Stuttgart (Klett) 1976, S. 215)

M 9 Jährliche durchschnittliche Nettoinvestitionen[1] in Preußen (1816–1849)

(in Mio. Mark in Preisen von 1913)

Zeitraum	Landwirtschaft	Nicht landwirtschaftliche Gebäude	Verkehr	Industrie	Insgesamt
1816–1822	86,5	28,7	7,0	2,8	125,0
1822–1831	70,4	18,7	8,8	5,1	103,0
1830/1–1840	109,6	52,0	22,5	5,6	189,7
1840–1849	59,9	69,2	73,7	7,0	209,8

(Nach: Richard Tilly, Kapital, Staat und sozialer Protest in der deutschen Industrialisierung, Göttingen (Vandenhoek) 1980, S. 83)

[1] Nettoinvestitionen = Summe aller Investitionen (Bruttoinvestitionen) abzüglich des Werteverlustes schon vorhandener Anlagen (Abschreibungen)

M 10 Wachstum der Wirtschaftsbranchen in Deutschland (1800–1913)

(Mio. Beschäftigte)

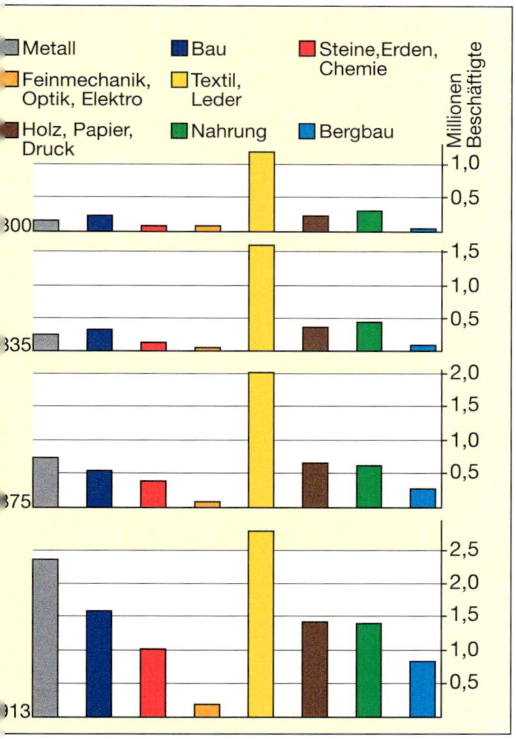

(Nach: F. W. Henning, Die Industrialisierung in Deutschland 1800–1914, Paderborn (Schöningh) 1973, S. 448)

M 11a Bevölkerungsentwicklung in England und Wales (idealtypische Darstellung)

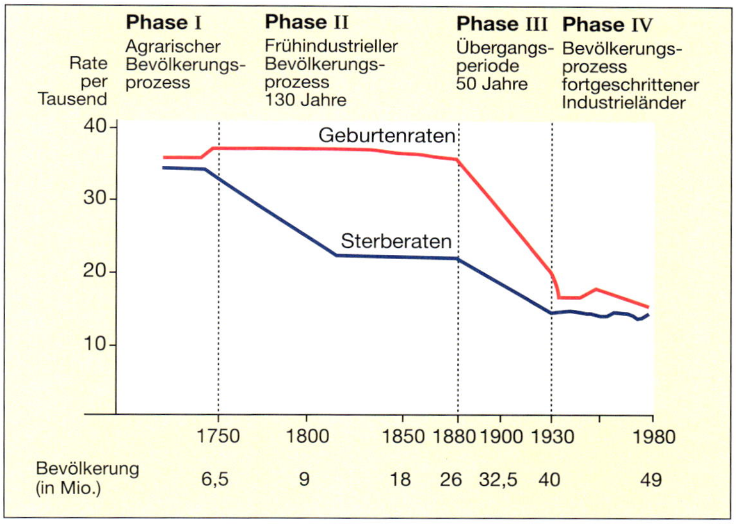

(Nach: Herbert Prokasky, Das Zeitalter der Industrialisierung und die Utopie der bürgerlichen Gesellschaft, Paderborn (Schöningh) 1999, S. 98)

M 11b Bevölkerungsentwicklung in Preußen, im Deutschen Reich und in der Bundesrepublik Deutschland (1818–1970)

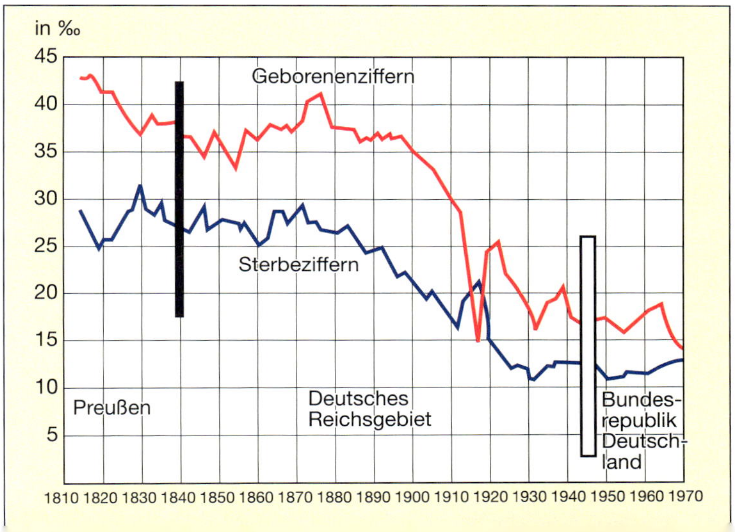

(Nach: J. Kocka/B. Mütter, a.a.O., S. 94)

M12a Entwicklung der landwirtschaftlichen Leistungsfähigkeit im 19. Jahrhundert in Deutschland

Zeitraum	Weizen[1]	Kartoffeln[1]	Milch[2]
um 1800	10,3	80,0	ca. 1 000
1858–1862	13,0	–	–
1893–1897	16,9	117,0	1 400
1908–1912	20,7	133,4	2 200
1984	61,0	336,0	4 750

(Nach: Herbert Prokasky, a.a.O., S. 64)

[1] Ertrag in 100 kg pro Hektar
[2] Milchertrag in Liter pro Kuh und Jahr

M12b Entwicklung der landwirtschaftlichen Gesamtproduktion im 19. Jahrhundert in Deutschland[1] (in Mio. Tonnen)

Jahr	Getreide[2]	Kartoffeln	Fleisch	Milch	Zum Vergleich: Bevölkerung in Mio. Menschen
1800/04	–	–	0,49	5,24	–
1820	8,00	–	0,39	5,15	25,5
1850	11,06	10,94	0,77	9,30	34,5
1870/72	14,19	20,37	1,24	13,21	39,4
1900	22,49	40,59	2,48	22,90	56,4

(Nach: Herbert Prokasky, a.a.O., S. 64)

[1] Gebietsstand Deutsches Reich 1871, für die Zeit vor 1871 ohne Elsass-Lothringen
[2] Summe aus Roggen, Gerste und Hafer; Wert von 1820 ist ein Näherungswert, gebildet aus dem Wert für Preußen.

M13 Die jährliche Wachstumsrate des deutschen Nettoinlandsprodukts[1] in Preisen von 1913 (in %)

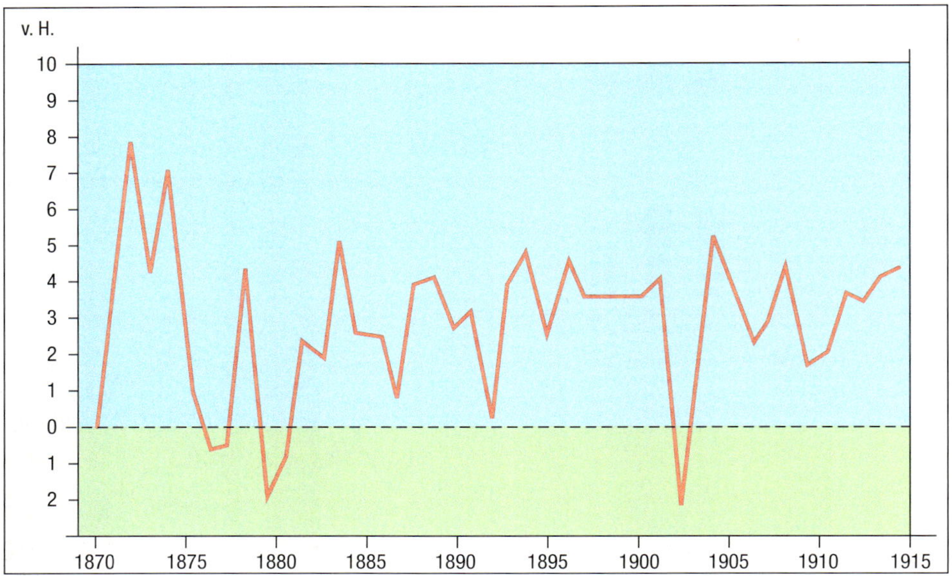

(Nach: Sozialgeschichtliches Arbeitsbuch, hg. v. Jürgen Kocka/Gerhard A. Ritter, Bd. II Materialien zur Statistik des Kaiserreiches 1870–1914, (C.H. Beck) München, S. 92)

[1] Das Nettoinlandsprodukt gibt die Summe der im Inland entstandenen Erwerbs- und Vermögenseinkommen (zuzüglich indirekte Steuern, abzüglich Subventionen) an.

Eine neue Eigentumsform setzt sich durch – die Aktiengesellschaft

Großbetriebe müssen eine eigene Organisationsform entwickeln, um ihren Interessen an Investitionen, Marktbeherrschung und Personalentwicklung nachkommen zu können. Die bevorzugte Rechtsform dafür wurde im 19. Jahrhundert die Aktiengesellschaft. Zwar kannte man schon länger die Handelskompanien frühneuzeitlichen Typs, doch erst in der Industrialisierung wurde das Gesellschaftsrecht für diese Betriebsart kodifiziert. Nach dem Code de Commerce (1807) in Frankreich formulierte das Allgemeine Deutsche Handelsgesetzbuch (1861) und der Companies Act (1862) in England die Normen, nach denen sich Kapitaleigner für industrielle Zwecke zusammenschließen durften.
Industrie und Banken arbeiteten seither intensiv zusammen, um unsolide Vorhaben auszuschließen, den Wettbewerb zu kontrollieren und international handlungsfähig zu werden. Danach entstanden die ersten multinationalen Unternehmen wie die Farbenfabrik Bayer Leverkusen (1865) und die amerikanische Nähmaschinenfabrik Singer (1867). In vielen Bereichen der Industrie umging man auf diese Weise die Schutzzollpolitik und konnte bei der Ausbeutung von wichtigen Rohstoffen international mithalten. Bis 1914 werden aber erst 10 Prozent der internationalen Kapitalbewegungen in den Aktienbereich gelenkt. Immerhin ist hier eine bis heute gültige Organisationsform für Großbetriebe geschaffen worden und die Zusammenarbeit von Kapital, Staat und Wirtschaft optimiert worden.
Das Aktienrecht ist ein spannendes Kapitel für ökonomische Problemlösungen mit weitreichenden politischen und sozialen Folgen.
Dieses Thema lässt sich durch folgende Fragen erschließen:

- **Welche Voraussetzungen begünstigten die Gründung von Aktiengesellschaften und gegen welche Widerstände mussten sie sich durchsetzen?**
- **Wie fanden Industrie und Banken in der Aktiengesellschaft zueinander?**
- **Gab es Wendepunkte in der Entwicklung?**

Um ausgewogene sachkompetente Antworten auf diese Fragen zu bekommen, empfiehlt es sich, in zwei Schritten vorzugehen:

1. Erarbeiten Sie gemeinsam in der Kursgruppe auf der Grundlage einer fachgerechten Analyse der verschiedenen Textauszüge aus Fachliteratur sowie des Bild- und Datenmaterials grundlegendes Basis- und Orientierungswissen zum Bereich Aktiengesellschaft.

Vorschlag für einen Arbeitsplan:

a) Informieren Sie sich über die Fachbegriffe Aktiengesellschaft, Kapitalmarkt, Unternehmensrecht, Eigentum.
➧ **Tipp:** Einstieg über Glossar!

b) Erklären Sie die Gründe, die zur Bildung von Aktiengesellschaften führten, aus der Sicht der Industrie, der Banken und des Staates (M 1 – M 3, M 6).

c) Vergleichen Sie die Steuerungsmöglichkeiten, die Banken durch Zinssätze und Beteiligungen hatten, mit denen von Unternehmen, die in neue Technik investieren wollten, um höhere Gewinne zu erzielen (M 2, M 3).

d) Diskutieren Sie die Frage, ob die Aktiengesellschaft als Betriebsform zur Modernisierung der Volkswirtschaft in Deutschland beitragen konnte (M 3 und M 5).

e) Vielfach wird behauptet, dass ein Großteil der wirtschaftlichen Bewegung durch psychologische Faktoren an der Börse bewirkt werde. Prüfen Sie anhand von M 4 und M 7, ob diese These stimmt.

2. Formulieren Sie auf der Basis der erworbenen Wissens- und Erkenntnisgrundlagen Ihre Antworten auf die drei Leitfragen in Form von Thesenpapieren, über die Sie in einem Plenumsgespräch gemeinsam diskutieren können.

MATERIALIEN

M 1 Die Anfänge des Aktienwesens in Deutschland: ein Bericht

Als Instrument der Kapitalmobilisierung in einem Land, das auch hinsichtlich der Verfügbarkeit von Kapital rückständig war, als Entwicklungsinstrument sozusagen, wurde die AG schon in den 1840er-Jahren von kaufmännisch orientierten, großzügigen Vielfachunternehmern (wie Mevissen und Camphausen) gewünscht und gefordert. Jedoch setzte sich die Aktiengesellschaft im industriellen Bereich vor 1850 nur langsam durch. Das unentwickelte Gesellschaftsrecht und insbesondere das Konzessionswesen erlaubten es den staatlichen Behörden, eine schnellere Gründung der Gesellschaften zu verhindern. Die Zahl der Gründungsanträge überstieg die Zahl der gewährten Konzessionen. Die Bürokratie verfolgte die Ansammlung privater Vermögen und Macht mit Misstrauen; sie fürchtete überdies, dass allzu rasch ansteigende Investitionen im Industriebereich eine Verletzung von Großgrundbesitzerinteressen bedeuten würden. Der wirtschaftsliberale Zeitgeist, der die Verwaltung und Teile der Öffentlichkeit prägte, räumte außerdem den Aktiengesellschaften nur eine sehr marginale Ausnahmeregelung ein, indem er sie als monopolartige Ausnahmeregelungen nur in bestimmten Fällen zu akzeptieren bereit war, in denen der freie Wettbewerb ohne konzessionierte Aktiengesellschaften nicht zu den gewünschten Zielen führte. Auch viele Unternehmer, die auf persönliche Verantwortung des Eigentümer-Unternehmers und persönlich vermittelte Finanzierungsmethoden schworen, standen der AG, ihren Finanzierungspraktiken und ihren leitenden Angestellten noch lange mit großer Reserve gegenüber. Schließlich war auch – neben der allgemeinen industriellen Unreife der Zeit – das Misstrauen des Publikums ein stark hemmender Faktor, bis das neue Instrument seit Mitte der 1830er-Jahre zur Finanzierung des massenhaften Kapitalbedarfs der Eisenbahnen benutzt wurde und sich dadurch in der öffentlichen Meinung – u.a. mithilfe staatlicher Zinsgarantien – etablierte. Immerhin: bis 1850 wurden insgesamt mindestens 33 Millionen Taler (oder ca. 15 % des gesamten bis dahin investierten Aktienkapitals) in Aktiengesellschaften des Industriebereichs investiert, davon mehr als 28 Millionen in die 21 Aktiengesellschaften des Montanbereichs.

[…] Von 1850 bis 1870 nahm das im industriellen Bereich Preußens investierte Aktienkapital auf ca. 165 Millionen Taler zu. Weiterhin machte dies nur 15 bis 16 % des in der gesamten preußischen Wirtschaft investierten Aktienkapitals aus, da der gedeckte Kapitalbedarf der Eisenbahnen im selben Zeitraum anteilig noch schneller stieg. Erst 1870 bis 1874 kam für das Industrie-Aktienkapital der große Sprung. In diesen fünf Jahren belief sich das in Industriegesellschaften investierte Kapital auf knapp 343 Millionen Taler oder 28 % des in diesem Zeitraum investierten Gesamtaktienkapitals. Die Investitionen in Aktiengesellschaften des Industriebereichs waren in diesen fünf Jahren mehr als doppelt so hoch wie die entsprechende Zahl für alle Jahre bis 1870 zusammen. Während 1850 bis 1870 noch 69 % des gesamten im Industriebereich investierten Aktienkapitals auf den Montanbereich, 16 % auf die Textilindustrie, 8,5 % auf die Metallverarbeitung einschließlich Maschinenbau, 5 % auf die Nahrungs- und Genussmittelindustrie und 2 % auf die Chemie entfielen, betrugen dieselben Anteile für 1870 bis 1874: 38 %, 6,5 %, 22,5 %, 16 % und 4,5 %.

Deutlich wird an diesen Zahlen sichtbar, dass die starke Übergewichtigkeit des Montanbereichs bei der Durchsetzung der Aktiengesellschaft in der Industrie erst um 1870 zurückging. In den 1850er- oder 1860er-Jahren waren Bergbau, Eisen und Stahl noch die Avantgarde der Aktiengesellschaftsform im industriellen Bereich.

(Jürgen Kocka, Unternehmer in der deutschen Industrialisierung, Göttingen (V&R) 1975, S. 69–71)

M 2 Das Beispiel Köln: Die Rolle der Banken beim Aufbau des Aktienmarktes

Um 1800 war noch eine Zug-um-Zug-Abwicklung im Kreditverkehr üblich gewesen. Die Übernahme des Zahlungsverkehrs durch Banken und ein organisierter Kreditverkehr waren erst in der Entstehung begriffen. Der Kontokorrentverkehr[1] war den Gründungs-, Emissions- und Umwandlungsgeschäften oft vorangestellt. Langfristige a-conto-Kredite wurden befreundeten Industrieunternehmern gewährt, zu denen ein Vertrauensverhältnis bestand. Personalkredite bzw. Kopfkredite auf „Ruf, Tüchtigkeit, Charakter“ des Kreditnehmers ohne reale Deckung wurden am sichersten empfunden. Schätzungen zufolge handelte es sich bei 75 % der Gesamtdebitoren[2] um Blankokredite. Der meist nicht limitierte Kontokorrentkredit diente oft zur Betriebsmittelfinanzierung. Die Geschäftspolitik der Banken änderte sich nach den Krisenjahren 1847/48, Laufzeiten wurden reduziert, Kreditvorschüsse oder -prolongationen[3] zögernder gewährt. Ab 1850 wurde die Kreditvergabe an eine sachliche Deckungsklausel geknüpft. Als reale Deckung kam die Verpfändung von Immobilien oder dem Werksgelände in Frage. Innerhalb der laufenden Kreditgewährung dominierte der Buchkredit bis in die 50er-Jahre des 19. Jahrhunderts.

Der Sollzinssatz lag in der Regel ½–1% über dem Wechselzinssatz, der etwa 5–6% betrug. In Einzelfällen, wie bei der Phoenix AG[4], wurden 4% gewährt. Die Provisionen der Bankhäuser betrugen ⅓%, in Ausnahmefällen wurden sie auf ¼% gesenkt. Mit der Zulassung Kölns als Wechselplatz zu Beginn der 1850er-Jahre, die von den Kölner Banken und der Handelskammer seit den 1820er-Jahren angestrebt worden war, wurde es möglich, Köln als Zahlungsort in Wechseln festzulegen. Durch die Möglichkeit, Akzeptkredite zu gewähren, bei denen die Bank einen von einem Kreditnehmer gezogenen Wechsel mit zwei- bis dreimonatiger Laufzeit annahm (akzeptierte), konnten nun laufende Vorschüsse refinanziert werden. Im Vergleich zum Buchkredit konnte das Kapital beim Akzeptkredit ½–1% unter dem offiziellen Wechselzinsfuß zum Privatdiskont aufgenommen werden. Die Provision betrug im Durchschnitt ⅓% und lag über der für Buchkredite. Der Debetzins wurde erst zu Beginn der 1860er-Jahre nach anfänglichen Wellenbewegungen des Wechselzinsfußes bzw. Geldmarktzinsfußes auf dem jetzt offiziellen Diskontsatz der preußischen Bank aufgebaut, um dem Refinanzierungsrisiko zu höheren als den an den Kunden gewährten Zinssätzen zu entgehen.

(Sandra Zeumer, Die Kölner Privatbanken und die Industriefinanzierung im frühen 19. Jahrhundert, Diplomarbeit Köln 2003; http://www.wiso.uni-koeln.de/wigesch/diplarb/DiplomarbeitZeumer.pdf, S. 26f.)

---

1 Kontokorrentverkehr – Zahlungsverkehr im Bereich von Girokonten

2 Gesamtdebitoren – Gesamtschuldner

3 Kreditprolongationen – Verlängerungen der Laufzeit von Krediten

4 Phoenix AG – eines der 100 größten Unternehmen Deutschlands, gegr. 1853, Sitz in Eschweiler-Aue, Bergbau und Hüttenbetrieb

M 3 Das Beispiel Köln: Industrie und Kapital

Gleichzeitig fungierten die Kölner Banken als Kapitaltransformatoren, die mit hoher Risikobereitschaft Effektenfinanzierungen[1] durchführten. Hervorzuheben ist, dass es sich meist um Finanzierung von für damalige Verhältnisse „high tech"-Industrien handelte, die man heute höchstwahrscheinlich mit Venturecapital[2] ausstatten würde. Da es noch keinen Sekundärmarkt für Industriewerte gab, konnten vor allem in Krisenzeiten nach Spekulationsblasen wie 1838 große Aktienpakete nicht abgestoßen werden. Die Existenz der Bankhäuser hing dann am seidenen Faden, wie die Bankenkrise in der Revolution von 1848 zeigt. Dennoch gelang es, Struktureinbrüche zu überwinden und auf den Wachstumspfad zurückzukehren.

Der Beitrag der Kölner Privatbanken zur Industrialisierung lag in der intersektoralen Übertragung des Wachstums über infrastrukturelle Vorleistungen auf dem sekundären Sektor[3]. Ermöglicht wurden der Strukturwandel und die Herausbildung eines Führungssektorkomplexes durch eine strategische Kooperation im Bankensektor. Die in der ersten Hälfte des 19. Jahrhunderts verfügbaren Technologien (Dampfmaschinen, Eisenbahn, Kohle- und Erzgewinnung im Tiefbau, Kokseinsatz in Hochöfen, Thomasbirnen zur Stahlerzeugung) wurden im Ruhrgebiet ohne weite, teure Zwischentransporte zur Produktion von Kohle, Koks, Eisen und Stahl am Zusammenfluss von Rhein und Ruhr industriell eingesetzt. Die Produktion im Ruhrgebiet konnte somit sukzessiv gesteigert werden.

Hervorzuheben ist in diesem Zusammenhang auch die Verbreitung der Aktiengesellschaft als betriebliche Organisationsform, die Wandlung des Kapitalmarktes, Akzeptanz von Industriewerten, die Etablierung von Aktienbanken und die Einführung des Konzepts der Universalbank. Allein durch die Gründungs- und Finanzierungsaktivitäten der Kölner Vier[4] entstanden 48 Aktiengesellschaften mit einem kumulierten Grundkapital von 121.611.533 Mio. Talern. Hinzu kam die Ausgabe von Obligationen[5], die schätzungsweise 30% des kumulierten Grundkapitals betrug. Die jährliche Kreditvergabe wird auf 5 Mio. Taler in den 1840er-Jahren, 6–8 Mio. Taler in den 1850er-Jahren und 8–12 Mio. Taler in den 1860er-Jahren geschätzt.

Die eingangs vermuteten Rückwirkungen des durch die fortschreitende Industrialisierung hervorgerufenen Kapitalbedarfs auf den Bankensektor wurden durch die Netzwerkanalyse bestätigt. Beim Eintritt in die Phase der Hochindustrialisierung waren Vertreter der Kölner Vier mit 57 Mandaten in den Verwaltungsräten rheinisch-westfälischer Unternehmen präsent und als Zahlstellen und Hausbankiers tätig. Ihre einstigen Unternehmensgründungen sicherten den Privatbanken nun die Existenzgrundlage gegen die Übermacht der kapitalstärkeren Aktienbanken.

Ein Blick auf einen Kurszettel von 1873/74, auf dem noch ein Großteil der gegründeten Gesellschaften notiert war, verdeutlicht die durch die Kölner Privatbanken übernommene Funktion des Wachstumsmotors. Dies spricht auch für den besonders von G. Mevissen und A. Oppenheim bewiesenen Pioniergeist und für ihr Gespür bei der Auswahl der Finanzierungsobjekte.

Die Industriefinanzierung der Kölner Privatbanken beeindruckt vor allem durch ihre Langlebigkeit. Viele der Gesellschaften wie Phoenix, Hoesch, Dortmunder Union, Axa-Colonia, Krupp, Preussag bestehen noch im 21. Jahrhundert. Im Rheinland und in Westfalen wird der industrielle Sektor künftig weiter ab- und der Servicesektor zunehmen – in Nordfrankreich spricht man bereits von Deindustrialisierung. Innovative Formen der Kapitalbeschaffung über Organisationskollektive und Filialnetze in Europa bieten Privatbanken wie Sal. Oppenheim neben dem Private Banking eine strategische Option im beratungsintensiven Geschäft mit dem Mittelstand.

(Sandra Zeumer, a.a.O., S. 71 f.)

[1] Effektenfinanzierung – Finanzierung von Industrie und Versicherungen durch Wertpapiere

[2] Venturecapital – Risikokapital, das in Unternehmen neuer Technologie ohne Börsennotierung aus Privatvermögen investiert wird (Vorteil: evtl. hohe Rendite, Nachteil: Verluste durch Fehlkalkulation)

[3] d.h. Kapital aus Landwirtschaft und Dienstleistungen wurde, wenn es dort Überschüsse gab, auf die Industrie übertragen und diente zum Bau von Fabriken, Eisenbahnen, Maschinen usw.

[4] Das sind die Bankhäuser: Sal. Oppenheim, J.D. Herstatt, J. H. Stein, A. Schaafhausen.

M 4 Die Präsentation von Aktienscheinen und -handel

Die Alte Börse am Paulsplatz in Frankfurt/M., 1845

Aktie von Siemens & Halske über Eintausend Mark, ausgegeben am 3. Juli 1897, Berlin, unterschrieben von Carl von Siemens (erste Aktienausgabe nach Umwandlung der Firma in eine Aktiengesellschaft)

Innenansicht der Berliner Reichsbank, Jägerstraße, 1869–73 erbaut von Friedrich Hitzig; Blick in die Schalterhalle der Abteilung für Wertpapiere (Farbholzstich von A. Schwarz, um 1900)

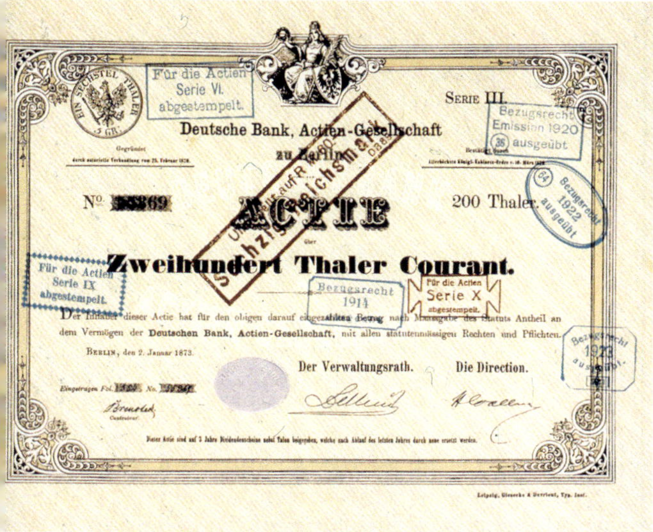

Aktie der Deutschen Bank, 200 Taler Courant, 1872

Aktie der Union Aktiengesellschaft der Eisen- und Stahlindustrie, 1872

M 5 Die 100 größten Industrieunternehmen in Deutschland 1887 und 1907

Industriegruppe	Anzahl Unternehmen	größtes/kleinstes Kapital in Mio. Mark	AG	Anzahl Unternehmen	größtes/kleinstes Kapital in Mio. Mark	AG
Bergbau	24	28,6 4,0	18	23	72,2 11	11
Steine und Erden	3	9,0 4,0	1	3	15 12	3
Eisen und Metallgewinnung	32	über 40 (Dortmunder Union) 3,8	23	31	180 (Krupp) 10,1	25
Maschinen, Apparate	12	15,0 3,8	9	13	über 40 10	11
Elektroindustrie	2	56,0 30,0	1	4	ca. 140 14	4
Chemische Industrie	12	16,5 3,8	12	17	25,5 11,3	16
Textilindustrie	5	9,0 3,8	5	3	22,5 10	2
Kautschukindustrie	1	4,9	1			
Holz- und Schnitzstoffe	1	4,9	1			
Nahrungs- und Genussmittel	8	5,9 3,9	8	4	20 10,5	4
Papier- und Druckindustrie				2	19 16,3	1
Total	100	über 40 3,8	79	100	180 10	77

(Nach: Jürgen Kocka/Hannes Siegrist, Die hundert größten deutschen Industrieunternehmen im späten 19. und frühen 20. Jahrhundert; in: Norbert Horn/Jürgen Kocka (Hg.), Recht und Entwicklung der Großunternehmen im 19. und frühen 20. Jahrhundert, Göttingen (V&R) 1979, S. 80f.)

M 6 Auch Beamte arbeiten als Aufsichtsräte

Wir haben im Ganzen nicht weniger als 500 Stellen [von Staatsbeamten in Aufsichtsräten], das sind 7,4 Prozent, gezählt, wobei sich die Beamten i. D. und a. D. ungefähr die Waage halten. Die Gründe für deren Aufnahme sind: a) Zweck der Dekoration, Schein der Solidität und Sicherheit für die Außenstehenden, den ein Werk erhält, wenn ein Beamter unter den Aufsichtsratsmitgliedern oder sogar unter dem Vorstande zählt. b) Sind es doch aber auch die konkreten einflussreichen Beziehungen, die sich aus der offiziellen Stellung ergeben und die es wünschenswert erscheinen lassen, einen solchen Beamten zu wählen. Kaum wird die Sachkenntnis über die betr. Gesellschaft den Ausschlag gegeben haben; vielmehr bei den Beamten selbst ist in erster Linie wohl die hohe Vergütung von ausschlaggebender Bedeutung; in den seltensten Fällen mag der Besitz von Aktien oder persönlichen Interessen in Betracht kommen. Aber natürlich wirken diese Beziehungen dann notwendig auf den Beamtencharakter zurück. Das „öffentliche Interesse" verknüpft sich sehr leicht mit dem des vertretenen Geschäfts.

(Eulenburg, Die Aufsichtsräte der deutschen Aktiengesellschaften, in: Jbb. Nat. u. Stat. 32/1906, S. 101; zit. nach: Gerhard A. Ritter/J. Kocka (Hg.), Deutsche Sozialgeschichte, Bd. 2, München (C.H. Beck) 1974, S. 380)

M 7 Der Aktienmarkt aus Sicht der Frankfurter Börse

Mit der industriellen Revolution in Deutschland entdeckte man die Vorzüge der Finanzierungsmöglichkeiten kostspieliger Projekte durch die Ausgabe von Aktien. 1820 wurde mit den Anteilsscheinen der österreichischen Nationalbank erstmals eine Aktie in Frankfurt gehandelt. Der Schwerpunkt des Frankfurter Börsenhandels lag jedoch weiterhin auf dem Handel mit Obligationen. Im Gegensatz zu den anderen großen Börsen Europas standen die Frankfurter den immer beliebter werdenden Anteilsscheinen zahlreicher Aktiengesellschaften vorerst reserviert gegenüber. Die Frankfurter Börse entwickelte sich bis 1850 vor allem zu einem Hauptort für sichere Staatsanleihen und Fonds, was ihr den Ruf des „soliden Frankfurts" einbrachte. Frankfurt wurde zum „Tor des Kapitalexports", denn von hier platzierte man ausländische Anleihen auch an den anderen europäischen Börsen.

1879 wurde die „Neue Börse" eingeweiht. [...] Auch als im Zuge der Gründerjahre und des Wirtschaftsaufschwungs unzählige Firmen zu Aktiengesellschaften wurden (zwischen 1870 und 1874 gab es allein in Preußen 857 Gründungen), verhielt sich Frankfurt diesen Wertpapieren gegenüber zögerlich. Nach wie vor galt Frankfurts Aufmerksamkeit amerikanischen Anleihen und internationalen Staatspapieren. Dank seiner engen Kontakte zum Ausland konnte Frankfurt auch in den Jahren, in welchen Berlin als Hauptstadt des 1871 neu gegründeten Deutschen Reiches zum bedeutendsten Börsenplatz des Reiches wurde, seinen internationalen Rang und die Rolle einer Zentralbörse behaupten. Ende des 19. Jahrhunderts erkannte man in Frankfurt, dass eine Anpassung an die allgemeine wirtschaftliche Situation im Reich unumgänglich war. Um sein Ansehen als Wirtschaftszentrum nicht zu gefährden, änderte Frankfurt seine Wirtschaftspolitik und bemühte sich entgegen früheren Bestrebungen um umfangreichere Industrieansiedlungen und intensivierte den Handel mit Aktien. Mit dieser Entwicklung zur Aktienbörse begegnete man zugleich der Dominanz der Berliner Börse und bot nun vor allem süddeutschen Unternehmen bei der Kapitalbeschaffung eine Alternative zur Hauptstadtbörse. Erst das Börsengesetz von 1896 schuf eine einheitliche Organisation der 29 deutschen Börsen. Damit wichen auch die bisherigen lokalen Bestimmungen in Frankfurt einer reichsweiten Regelung, die noch bis heute weitgehend maßgeblich geblieben ist.

(http://deutsche-boerse.com)

Alles Fortschritt oder nicht? – Theoretische Denkansätze wirtschaftlicher Modernisierungsprozesse im Vergleich

„Wir sind nicht auf der Welt, um stillzustehen und sie zu genießen, sondern um fortzuschreiten" (Friedrich Harkort, westfälischer Industriepionier). „Alles ist beweglich geworden oder wird beweglich gemacht; und in der Absicht [...], alles zu vervollkommnen, wird alles in Frage gezogen, bezweifelt und geht einer allgemeinen Umwandlung entgegen" (Friedrich von Ancillon, preußischer Minister, 1828). Diese beiden Zitate zeigen die Erwartungen und Ängste, mit denen ein so umfassender Modernisierungsprozess wie die Industrialisierung begleitet wurde. Den Zeitgenossen ist es durchaus schon aufgefallen, dass die radikale Umstellung der Produktion mit den einhergehenden sozialen, politischen und ökologischen Auswirkungen unvergleichlich war. Sie suchten daher nach universalen Erklärungsansätzen. Eine überzeugende Antwort ist jedoch nicht leicht zu finden, hängt die Analyse doch sehr davon ab, aus welchem gedanklichen und politischen Kontext heraus die Industrialisierung betrachtet wird und welche Indikatoren zur Erklärung herangezogen werden. Manche Versuche, aus Einzelbeobachtungen Theorien von allgemeiner Gültigkeit abzuleiten, haben sich nicht bewahrheitet. Andere Modellrechnungen fußten auf lokalen oder kurzfristigen Beobachtungen oder waren von einer speziellen Absicht getragen. Es gibt aber auch Erklärungssätze, die so wesentliche Aussagen gemacht haben und so gründlich verarbeitet worden sind, dass sie unsere Meinung und die wissenschaftliche Forschung bis heute bestimmt haben. Sie verdienen es, wegen ihrer Methodik oder wegen ihrer politischen und analytischen Bedeutung vergleichend herausgestellt zu werden. Anders als in den Sozialwissenschaften muss bei den Theorien des 19. Jahrhunderts aber auch ihre Abhängigkeit von der Entstehungszeit mitgesehen werden. Es ist weitaus schwieriger, einen Prozess zu analysieren, in dem der Beobachter selbst steht, als wenn man ihn aus großer räumlicher oder zeitlicher Distanz beurteilen kann.

Wenn wir versuchen, mit den Zeitgenossen der Industrialisierung zusammen diese epochale Revolution zu verstehen, stellen sich folgende Fragen:

- **Wie wurden die wirtschaftlichen und gesellschaftlichen Umwälzungen durch die Industrialisierung von den Zeitgenossen erfasst und theoretisch erklärt?**
- **Kann die Industrialisierung mit allgemein gültigen Thesen erklärt werden?**
- **Wie wirken sich Theorien wiederum auf die wirtschaftlichen Verhältnisse aus?**

Bei den ausgewählten Texten, auf deren Grundlage Antworten gefunden werden sollen, handelt es sich um theoretische Texte, die normativ (d.h. sie enthalten Sollwerte) und sehr allgemein gefasst sind. Für die Interpretation müssen Sie die einzelnen Aussagen zuerst sehr genau ermitteln. Wenn Sie dann von den hier formulierten Thesen zu den Ereignissen wechseln, aus denen die Thesen gewonnen worden sind (vgl. Info-Text), erhalten Sie Prüfkriterien für die Richtigkeit der Aussagen. Das ist das auch heute noch gebräuchliche Verfahren der Kategorienbildung: Aus vielen Einzelheiten werden durch systematische Befragung, Beobachtung und Vergleich die tieferliegenden Strukturen der Ereignisse ermittelt und dann ursächlich erklärt.

Anregungen zur Vorgehensweise:

1. Analysieren Sie die Quellen M1–M8. Folgen Sie den in der Basismethode „Sprachliche historische Quellen interpretieren" (S. 563ff.) aufgeführten Schritten.
2. Beurteilen Sie die verschiedenen Theorien, indem Sie die jeweiligen zentralen Thesen und Aussagen im zeitgenössischen historischen Kontext erklären und auf ihre Stimmigkeit, Richtigkeit bzw. Tragfähigkeit überprüfen.

   ➧ **Tipp:** Den Info-Text und die Anmerkungen zu den Autoren und ihren Programmen dazu heranziehen.
3. Formulieren Sie mit den so gewonnenen Erkenntnissen zusammenfassende Statements zu den drei Leitfragen und stellen Sie sie zur Diskussion.

MATERIALIEN

M 1 Adam Smith: „Der Wohlstand der Nationen" (1776)

Adam Smith (1723–1790)

Der Einzelne ist stets darauf bedacht, herauszufinden, wo er sein Kapital, über das er verfügen kann, so vorteilhaft wie nur möglich einsetzen kann. Und tatsächlich hat er dabei den eigenen Vorteil im Auge und nicht den der Volkswirtschaft. Aber gerade das Streben nach seinem eigenen Vorteil ist es, das ihn ganz von selbst oder vielmehr notwendigerweise dazu führt, sein Kapital dort einzusetzen, wo es auch dem ganzen Lande den größten Nutzen bringt. [...]
Da aber jeder Mensch Kapital zur Unterstützung eines Erwerbsstrebens nur mit Aussicht auf Gewinn einsetzt, wird er stets bestrebt sein, es zur Hilfe für solche Erwerbe anzulegen, deren Ertrag voraussichtlich den höchsten Wert haben wird oder für den er das meiste Geld oder die meisten anderen Waren bekommen kann.
Nun ist aber das Volkseinkommen eines Landes immer genauso groß wie der Tauschwert des gesamten Jahresertrags oder, besser, es ist genau dasselbe, nur anders ausgedrückt. Wenn daher jeder Einzelne so viel wie nur möglich danach trachtet, sein Kapital zur Unterstützung der einheimischen Erwerbstätigkeit einzusetzen und dadurch diese so lenkt, dass ihr Ertrag den höchsten Wertzuwachs erwarten lässt, dann bemüht sich auch jeder Einzelne ganz zwangsläufig, dass das Volkseinkommen im Jahr so groß wie möglich werden wird. Tatsächlich fördert er in der Regel nicht bewusst das Allgemeinwohl, noch weiß er, wie hoch der eigene Beitrag ist. Wenn er es vorzieht, die nationale Wirtschaft anstatt die ausländische zu unterstützen, denkt er eigentlich nur an die eigene Sicherheit und wenn er dadurch die Erwerbstätigkeit so fördert, dass ihr Ertrag den höchsten Wert erzielen kann, strebt er lediglich nach eigenem Gewinn. Und er wird in diesem wie auch in vielen anderen Fällen von einer unsichtbaren Hand geleitet, um einen Zweck zu fördern, den zu erfüllen er in keiner Weise beabsichtigt hat. Auch für das Land selbst ist es keineswegs immer das Schlechteste, dass der Einzelne ein solches Ziel nicht bewusst anstrebt. Ja, gerade dadurch, dass er das eigene Interesse verfolgt, fördert er häufig das der Gesellschaft nachhaltiger, als wenn er wirklich beabsichtigt, es zu tun. Alle, die jemals vorgaben, ihre Geschäfte dienten dem Wohl der Allgemeinheit, haben meines Wissens niemals etwas Gutes getan. [...]
Der Einzelne vermag offensichtlich aus seiner Kenntnis der örtlichen Verhältnisse weit besser zu beurteilen, als es irgendein Staatsmann oder Gesetzgeber für ihn tun kann, welcher Erwerbszweig im Lande für den Einsatz seines Kapitals geeignet ist und welcher einen Ertrag abwirft, der den höchsten Wertzuwachs verspricht. Ein Staatsmann, der es versuchen sollte, Privatleuten vorzuschreiben, auf welche Weise sie ihr Kapital investieren sollten, würde sich damit nicht nur, höchst unnötig, eine Last aufbürden, sondern auch gleichzeitig eine Autorität anmaßen, die man nicht einmal einem Staatsrat oder Senat, geschweige denn einer einzelnen Person getrost anvertrauen könnte. [...]
Mithin lenkt jede staatliche Regulierung die Erwerbstätigkeit eines Landes von ertragreichen Wirtschaftszweigen in weniger ertragreiche, was dann letztlich nicht zu dem vom Gesetzgeber beabsichtigten Anstieg, sondern zu einem Rückgang im Tauschwert des jährlichen Ertrages führt. [...]
Gibt man daher alle Systeme der Begünstigung auf, so stellt sich ganz von selbst das einsichtige und einfache System der natürlichen Freiheit her. [...]

(Adam Smith, Der Wohlstand der Nationen (1776), München (dtv) 1978, S. 369ff.)

M 2 Karl Marx/Friedrich Engels: „Manifest der Kommunistischen Partei" (1848)

Die Geschichte aller bisherigen Gesellschaft ist die Geschichte von Klassenkämpfen. Freier und Sklave, Patrizier und Plebejer, Baron und Leibeigener, Zunftbürger und Gesell, kurz, Unterdrücker und Unterdrückte standen in stetem Gegensatz zueinander, führten einen ununterbrochenen, bald versteckten, bald offenen Kampf, einen Kampf, der jedes Mal mit einer revolutionären Umgestaltung der ganzen Gesellschaft endete oder mit dem gemeinsamen Untergang der kämpfenden Klasse. [...]
Unsere Epoche, die Epoche der Bourgeoisie[1], zeichnet sich jedoch dadurch aus, dass sie die Klassengegensätze vereinfacht hat. Die ganze Gesellschaft spaltet sich mehr und mehr in zwei große feindliche Lager, in zwei große, einander direkt gegenüberstehende Klassen: Bourgeoisie und Proletariat[2]. [...]
Die Bourgeoisie, wo sie zur Herrschaft gekommen, hat alle feudalen, patriarchalischen, idyllischen Verhältnisse zerstört. Sie hat die buntscheckigen

Feudalbande, die den Menschen an seinen natürlichen Vorgesetzten knüpften, unbarmherzig zerrissen und kein anderes Band zwischen Mensch und Mensch übrig gelassen als das nackte Interesse, als die gefühllose „bare Zahlung“. Sie hat die heilige Schauer der frommen Schwärmerei, der ritterlichen Begeisterung, der spießbürgerlichen Wehmut in dem eiskalten Wasser egoistischer Berechnung ertränkt. Sie hat die persönliche Würde in den Tauschwert aufgelöst und an die Stelle der zahllosen verbrieften und wohlerworbenen Freiheiten die eine gewissenlose Handelsfreiheit gesetzt. […]

Die Bourgeoisie hat durch ihre Exploitation[3] des Weltmarkts die Produktion und Konsumtion aller Länder kosmopolitisch gestaltet. Sie hat […] den nationalen Boden der Industrie unter den Füßen weggezogen. Die uralten nationalen Industrien sind vernichtet worden und werden noch täglich vernichtet. Sie werden verdrängt durch neue Industrien, die nicht mehr einheimische Rohstoffe, sondern den entlegensten Zonen angehörige Rohstoffe verarbeiten, und deren Fabrikate nicht nur im Land selbst, sondern in allen Weltteilen zugleich verbraucht werden. […]

Die Arbeit der Proletarier hat durch die Ausdehnung der Maschinerie und die Teilung der Arbeit allen selbstständigen Charakter verloren. Er wird ein bloßes Zubehör der Maschine, von dem nur der einfachste, eintönigste, am leichtesten erlernbare Handgriff verlangt wird. Die Kosten, die der Arbeiter verursacht, beschränken sich daher fast nur auf die Lebensmittel, die er zu seinem Unterhalt und zur Fortpflanzung seiner Race[4] bedarf. […] Arbeitermassen, in der Fabrik zusammengedrängt, werden soldatisch. Sie werden als gemeine Industriesoldaten unter die Aufsicht einer vollständigen Hierarchie von Unteroffizieren und Offizieren gestellt. Sie sind nicht nur Knechte der Bourgeoisieklasse, des Bourgeoisiestaates, sie sind täglich und stündlich geknechtet von der Maschine. […]

Wenn das Proletariat im Kampf gegen die Bourgeoisie sich notwendig zur Klasse vereint, durch eine Revolution sich zur herrschenden Klasse macht und als herrschende Klasse gewaltsam die alten Produktionsverhältnisse aufhebt, so hebt es mit diesen Produktionsverhältnissen die Existenzbedingungen des Klassengegensatzes, der Klassen überhaupt, und damit seine eigene Herrschaft als Klasse auf. […]

In einer höheren Phase der kommunistischen Gesellschaft, nachdem die knechtende Unterordnung der Individuen unter die Teilung der Arbeit […] verschwunden ist; nachdem die Arbeit nicht nur Mittel zum Leben, sondern selbst das erste Lebensbedürfnis geworden; nachdem mit der allseitigen Entwicklung der Individuen auch ihre Produktivkräfte gewachsen und alle Springquellen des genossenschaftlichen Reichtums voller fließen – erst dann kann […] die Gesellschaft auf ihre Fahnen schreiben: Jeder nach seinen Fähigkeiten, jedem nach seinen Bedürfnissen.

(Karl Marx/Friedrich Engels, Werke, Berlin (Dietz) 1956ff., Bd. 4, S. 462ff.)

[1] Bourgeoisie: Bezeichnung für eine soziale Schicht, identisch etwa mit (wohlhabendem) Bürgerstand; bei Marx herrschende Klasse der kapitalistischen Gesellschaft, die im Besitz der Produktionsmittel ist.

[2] Proletariat: die von der Bourgeoisie abhängigen Lohnarbeiter, die ihre Arbeitskraft verkaufen müssen und selbst keine Produktionsmittel besitzen.

[3] Exploitation: Ausbeutung

[4] Race: Art, Gattung

M 3 Der Nationalökonom Bruno Hildebrandt äußert sich zum Zusammenhang von Industrialisierung und Arbeitern (1848)

Hildebrand (1812–1878) war Professor der Rechtswissenschaft in Breslau, Marburg, Zürich, Bern und Jena; 1848 Delegierter im Frankfurter Vorparlament; 1848/49 war Hildebrand in der Nationalversammlung im volkswirtschaftlichen Ausschuss und im Ausschuss für Schul- und Kirchenangelegenheiten vertreten.

Die Arbeitsteilung, die Maschinen und alle jene großen mechanischen Erfindungen und Fortschritte der Industrie, welche während der letzten 70 Jahre der englischen Geschichte in ununterbrochener Reihenfolge ins Leben getreten sind und lediglich der freien Konkurrenz ihr Dasein verdanken, haben zunächst Wirkungen gehabt, die sie als notwendiges Glied in der Kulturentwicklung der Menschheit legitimieren und die sich durch nichts in der Welt ersetzen lassen. Sie haben die Armut der unteren Schichten der Gesellschaft nicht geschaffen oder vergrößert, sondern nur ans Tageslicht gebracht. Sie haben das Elend und das Laster ebenso wie den Reichtum, die Bildung und die sittliche und geistige Kraft der Menschen konzentriert und dadurch den vorhandenen Gegensatz zu einer sichtbaren und unleugbaren Tatsache erhoben. Sie haben die Hände des Arbeiters durch den gleichmäßigen Takt der Maschinen an angestrengte regelmäßige Tätigkeit, Ausdauer und gewissenhafte Zeitbenutzung gewöhnt und in ihm Tatkraft und

Energie des Willens großgezogen. Sie haben die Arbeiter aus einem Geschäftszweige in den anderen gedrängt und durch diese Nötigung zum Gewerbewechsel ihren Blick erweitert und ihnen eine gewisse Beweglichkeit des Geistes und Selbstvertrauen verliehen. Sie haben die einzelnen isolierten Berufsgenossen in große Gemeinschaften vereinigt und dadurch in ihnen zum ersten Male ein Selbstbewusstsein, gesellschaftliche Ansprüche und einen Trieb nach Vervollkommnung geschaffen. Hiermit ist aber die Aufgabe der modernen Industrie in der Kulturentwicklung der Menschheit noch nicht vollendet. Sie reicht, abgesehen von der immer umfangreicheren Herrschaft, welche die gewerblichen Erfindungen dem Menschen über die Natur verschaffen, auch in Bezug auf die arbeitenden Klassen, noch weiter. Dieselben Maschinen, welche das Einkommen des Handwerkers, mit dessen bisheriger Tätigkeit sie in Konkurrenz treten, herabdrücken und ihn endlich nötigen, eine andere Berufsart zu ergreifen, dieselben Maschinen, welche den Arbeiter aus einem Geschäft nach dem anderen verdrängen, bis sie ihn endlich zu einem Arbeitszweige geführt haben, der von der Konkurrenz der Maschinen nicht mehr berührt wird, dieselben Maschinen befreien die Arbeiterwelt immer mehr von aller mechanischen und geisttötenden Tätigkeit und führen das Menschengeschlecht allmählich einer Zukunft entgegen, in welcher jedem Individuum bei erleichterter Befriedigung aller physischen Bedürfnisse ein weit größeres Maß von geistiger Bildung möglich ist.

(Bruno Hildebrand, Die Nationalökonomie der Gegenwart und Zukunft (1848), hg. von Hans Gehrig, Jena 1922, S. 184ff.)

M 4 Karl Marx: Kritik der politischen Ökonomie (1859), Vorwort

In der gesellschaftlichen Produktion ihres Lebens gehen die Menschen bestimmte, notwendige, von ihrem Willen unabhängige Verhältnisse ein, Produktionsverhältnisse, die einer bestimmten Entwicklungsstufe ihrer materiellen Produktivkräfte entsprechen. Die Gesamtheit dieser Produktionsverhältnisse bildet die ökonomische Struktur der Gesellschaft, die reale Basis, worauf sich ein juristischer und politischer Überbau erhebt und welcher bestimmte gesellschaftliche Bewusstseinsformen entsprechen. Die Produktionsweise des materiellen Lebens bedingt den sozialen, politischen und geistigen Lebensprozess überhaupt. Es ist nicht das Bewusstsein der Menschen, das ihr Sein, sondern umgekehrt ihr gesellschaftliches Sein, das ihr Bewusstsein bestimmt. Auf einer gewissen Stufe ihrer Entwicklung geraten die materiellen Produktivkräfte der Gesellschaft in Widerspruch mit den vorhandenen Produktionsverhältnissen oder, was nur ein juristischer Ausdruck dafür ist, mit den Eigentumsverhältnissen, innerhalb deren sie sich bisher bewegt hatten. Aus Entwicklungsformen der Produktivkräfte schlagen diese Verhältnisse in Fesseln derselben um. Es tritt dann eine Epoche sozialer Revolution ein. Mit der Veränderung der ökonomischen Grundlage wälzt sich der ganze ungeheure Überbau langsamer oder rascher um. In der Betrachtung solcher Umwälzungen muss man stets unterscheiden zwischen der materiellen, naturwissenschaftlich treu zu konstatierenden Umwälzung in den ökonomischen Produktionsbedingungen und den juristischen, politischen, religiösen, künstlerischen oder philosophischen, kurz, ideologischen Formen, worin sich die Menschen dieses Konflikts bewusst werden und ihn ausfechten. So wenig man das, was ein Individuum ist, nach dem beurteilt, was es sich selbst dünkt, ebenso wenig kann man eine solche Umwälzungsepoche aus ihrem Bewusstsein beurteilen, sondern muss vielmehr dies Bewusstsein aus den Widersprüchen des materiellen Lebens, aus dem vorhandenen Konflikt zwischen gesellschaftlichen Produktivkräften und Produktionsverhältnissen erklären. Eine Gesellschaftsformation geht nie unter, bevor alle Produktivkräfte entwickelt sind, für die sie weit genug ist, und neue höhere Produktionsverhältnisse treten nie an die Stelle, bevor die materiellen Existenzbedingungen derselben im Schoß der alten Gesellschaft selbst ausgebrütet worden sind. Daher stellt sich die Menschheit immer nur Aufgaben, die sie lösen kann, denn genauer betrachtet wird sich stets finden, dass die Aufgabe selbst nur entspringt, wo die materiellen Bedingungen ihrer Lösung schon vorhanden oder wenigstens im Prozess ihres Werdens begriffen sind. In großen Umrissen können asiatische, antike, feudale und modern bürgerliche Produktionsweisen als progressive Epochen der ökonomischen Gesellschaftsformation bezeichnet werden. Die bürgerlichen Produktionsverhältnisse sind die letzte antagonistische Form des gesellschaftlichen Produktionsprozesses, antagonistisch nicht im Sinn von individuellem Antagonismus, sondern eines aus den gesellschaftlichen Lebensbedingungen der Individuen hervorwachsenden Antagonismus, aber die im Schoß der bürgerlichen Gesellschaft sich entwickelnden Produktivkräfte schaffen zugleich die materiellen Bedingungen zur Lösung dieses Antagonismus. Mit dieser Gesellschaftsformation schließt daher die Vorgeschichte der menschlichen Gesellschaft ab.

(Karl Marx/Friedrich Engels, Werke, Berlin (Dietz) [7]1971, Bd. 13, S. 8f.)

M 5 Ferdinand Lassalle: Aus dem Arbeiterprogramm vom 12. April 1862

Ferdinand Lassalle, 11.4.1825 (Breslau) – 31.8.1864 (Carouge/Genf), bei einem Duell getötet; Schriftsteller, Arbeiterführer, Politiker, Sozialist.

[...] Insofern aber und insoweit die unteren Klassen der Gesellschaft die Verbesserung ihrer Lage als *Klasse*, die Verbesserung ihres *Klassenloses* erstreben, insofern und insoweit fällt dieses *persönliche* Interesse, statt sich der geschichtlichen Bewegung entgegenzustellen und dadurch zu jener Unsittlichkeit verdammt zu werden, seiner *Richtung* nach vielmehr durchaus zusammen mit der Entwicklung des gesamten Volkes, mit dem Siege der *Idee*, mit den Fortschritten der *Kultur*, mit dem Lebensprinzip der Geschichte selbst, welche nichts anderes als die Entwicklung der *Freiheit* ist.

Oder, wie wir schon oben sahen, *Ihre* Sache ist die Sache der gesamten *Menschheit*.

Sie sind somit in der glücklichen Lage, meine Herren, dass Sie, statt abgestorben sein zu können für die Idee, vielmehr durch Ihr *persönliches Interesse selbst* zur höchsten Empfänglichkeit für dieselbe bestimmt sind. Sie sind in der glücklichen Lage, dass Sie um so sittlicher dastehen, je glühender und verzehrender diese *Leidenschaft* in ihrem hier entwickelten reinen Sinne ist.

Dies sind die Gründe, meine Herren, weshalb die Herrschaft des vierten Standes über den Staat eine Blüte der Sittlichkeit, der Kultur und Wissenschaft herbeiführen muss, wie sie in der Geschichte noch nicht da gewesen.

Hierzu führt aber auch noch ein anderer Grund, der selbst wieder auf das Innigste mit allen von uns angestellten Betrachtungen zusammenhängt und ihren Schlussstein bildet.

Der vierte Stand hat nicht nur ein anderes formelles, politisches Prinzip als die Bourgeoisie, nämlich das allgemeine direkte Wahlrecht anstelle des Zensus der Bourgeoisie, er hat ferner nicht nur durch seine Lebensstellung ein anderes Verhältnis zu den sittlichen Potenzen als die höheren Stände, sondern er hat auch – zum Teil infolge hiervon – eine ganz andere, ganz verschiedene Auffassung von dem sittlichen *Zweck des Staates* als die Bourgeoisie.

Die sittliche Idee der Bourgeoisie ist diese, dass ausschließend nichts anderes als die ungehinderte Selbstbetätigung seiner Kräfte jedem Einzelnen zu garantieren sei.

Wären wir alle gleich stark, gleich gescheit, gleich gebildet und gleich reich, so würde diese Idee als eine ausreichende und sittliche angesehen werden können.

Da wir dies aber *nicht sind* und nicht sein *können*, so ist dieser Gedanke nicht ausreichend und führt deshalb in seinen Konsequenzen notwendig zu einer tiefen Unsittlichkeit. Denn er führt dazu, dass der Stärkere, Gescheitere, Reichere den Schwächeren ausbeutet und in seine Tasche steckt.

Die sittliche Idee des Arbeiterstandes dagegen ist die, dass die ungehinderte und freie Betätigung der individuellen Kräfte durch das Individuum noch nicht *ausreiche*, sondern dass zu ihr in einem sittlich geordneten Gemeinwesen *noch hinzutreten müsse*: die *Solidarität* der Interessen, die *Gemeinsamkeit und die Gegenseitigkeit in der Entwicklung*.

Entsprechend diesem Unterschied, fasst die Bourgeoisie den sittlichen Staatszweck so auf: Er bestehe ausschließend und allein darin, die persönliche Freiheit des Einzelnen und sein Eigentum zu schützen.

Dies ist eine Nachtwächteridee, meine Herren, eine Nachtwächteridee deshalb, weil sie sich den Staat selbst nur unter dem Bilde eines Nachtwächters denken kann, dessen ganze Funktion darin besteht, Raub und Einbruch zu verhüten. Leider ist diese Nachtwächteridee nicht nur bei den eigentlichen Liberalen zu Hause, sondern selbst bei vielen angeblichen Demokraten, infolge mangelnder Gedankenbildung, oft genug anzutreffen. Wollte die Bourgeoisie konsequent ihr letztes Wort aussprechen, so müsste sie gestehen, dass nach diesen ihren Gedanken, wenn es keine Räuber und Diebe gebe, der Staat überhaupt ganz überflüssig sei.

Ganz anders, meine Herren, fasst der vierte Stand den Staatszweck auf, und zwar fasst er ihn so auf, wie er in Wahrheit beschaffen ist.

Die Geschichte, meine Herren, ist ein Kampf mit der Natur; mit dem Elende, der Unwissenheit, der Armut, der Machtlosigkeit und somit der Unfreiheit aller Art, in der wir uns befanden, als das Menschengeschlecht im Anfang der Geschichte auftrat. Die fortschreitende *Besiegung* dieser Machtlosigkeit – das ist die Entwicklung der Freiheit, welche die Geschichte darstellt. [...]

(Ferdinand Lassalle, Reden und Schriften, München (dtv) 1970, S. 54–56)

M 6 Eduard Bernstein: Zuschrift an den Parteitag der SPD zu Stuttgart (1898)

Eduard Bernstein, 6.1.1850 (Berlin) – 18.12.1932 (Berlin): Theoretiker der Sozialdemokratie, SPD-Politiker.

[…] Die Prognose, welche das „Kommunistische Manifest“ der Entwicklung der modernen Gesellschaft stellt, war richtig, soweit sie die allgemeinen Tendenzen dieser Entwicklung kennzeichnete. Sie irrte aber in verschiedenen speziellen Folgerungen, vor allem in der Abschätzung der *Zeit*, welche die Entwicklung in Anspruch nehmen würde. Letzteres ist von Friedrich Engels, dem Mitverfasser des „Manifestes“, im Vorwort zu den „Klassenkämpfen in Frankreich“ rückhaltlos anerkannt worden. Es liegt aber auf der Hand, dass, indem die wirtschaftliche Entwicklung eine weit größere Spanne Zeit in Anspruch nahm, als vorausgesetzt wurde, sie auch *Formen* annehmen, zu Gestaltungen führen musste, die im „Kommunistischen Manifest“ nicht vorausgesehen wurden und nicht vorausgesehen werden konnten.

Die Zuspitzung der gesellschaftlichen Verhältnisse hat sich nicht in der Weise vollzogen, wie sie das „Manifest“ schildert. Es ist nicht nur nutzlos, es ist auch die größte Torheit, sich dies zu verheimlichen. Die Zahl der Besitzenden ist nicht kleiner, sondern größer geworden. Die enorme Vermehrung des gesellschaftlichen Reichtums wird nicht von einer zusammenschrumpfenden Zahl von Kapitalmagnaten, sondern von einer wachsenden Zahl von Kapitalisten aller Grade begleitet. Die Mittelschichten ändern ihren Charakter, aber sie verschwinden nicht aus der gesellschaftlichen Stufenleiter. Die Konzentrierung der Produktion vollzieht sich in der Industrie auch heute noch nicht durchgängig mit gleicher Kraft und Geschwindigkeit. In einer großen Anzahl Produktionszweige rechtfertigt sie zwar alle Vorhersagungen der sozialistischen Kritik, in anderen Zweigen bleibt sie jedoch noch heute hinter ihnen zurück. Noch langsamer geht der Prozess der Konzentration in der *Landwirtschaft* vor sich. Die Gewerbestatistik weist eine außerordentlich abgestufte Gliederung der Betriebe auf; keine Größenklasse macht Anstalt, aus ihr zu verschwinden. Die bedeutsamen Veränderungen in der inneren Struktur der Betriebe und ihren gegenseitigen Beziehungen kann über die Tatsache nicht hinwegtäuschen. […]

(Zit. nach: Wolfgang Lautemann/Manfred Schlenke (Hg.), Geschichte in Quellen – Das bürgerliche Zeitalter 1815–1914, München (bsv) 1980, S. 879f.)

M 7 Rosa Luxemburg antwortet Eduard Bernstein (1899)

Rosa Luxemburg, 5.3.1871 (Zamość /Polen) – 15.1.1919 (Berlin), ermordet; Mitglied der Arbeiterbewegung, im internationalen Kampf der Arbeiterklasse tätig.

Sozialreform oder Revolution?

[…] 5. Praktische Konsequenzen und allgemeiner Charakter des Revisionismus.

Wir haben im ersten Kapitel darzutun gesucht, dass die Bernsteinsche Theorie das sozialistische Programm vom materiellen Boden aufhebt und auf eine idealistische Basis versetzt. Dies bezieht sich auf die theoretische Begründung. Wie sieht nun aber die Theorie – in die Praxis übersetzt – aus? Zunächst und formell unterscheidet sie sich gar nicht von der bisher üblichen Praxis des sozialdemokratischen Kampfes. Gewerkschaften, der Kampf um die Sozialreform und um die Demokratisierung der politischen Einrichtungen, das ist das Nämliche, was auch sonst den formellen Inhalt der sozialdemokratischen Parteitätigkeit ausmacht. Der Unterschied liegt also nicht in dem Was, wohl aber in dem Wie. Wie die Dinge jetzt liegen, werden der gewerkschaftliche und der parlamentarische Kampf als Mittel aufgefasst, das Proletariat allmählich zur Besitzergreifung der politischen Gewalt zu führen und zu erziehen. Nach der revisionistischen Auffassung sollen sie, angesichts der Unmöglichkeit und Zwecklosigkeit dieser Besitzergreifung, bloß im Hinblick auf unmittelbare Resultate, d.h. die Hebung der materiellen Lage der Arbeiter, und auf die stufenweise Einschränkung der kapitalistischen Ausbeutung und die Erweiterung der gesellschaftlichen Kontrolle geführt werden. Wenn wir von dem Zwecke der unmittelbaren Hebung der Lage der Arbeiter absehen, da er beiden Auffassungen, der bisher in der Partei üblichen, wie der revisionistischen, gemeinsam ist, so liegt der ganze Unterschied kurz gefasst darin: Nach der landläufigen Auffassung besteht die sozialistische Bedeutung des gewerkschaftlichen und politischen Kampfes darin, dass er das Proletariat, d.h. den subjektiven Faktor der sozialistischen Umwälzung zu deren Durchführung vorbereitet. Nach Bernstein besteht sie darin, dass der gewerkschaftliche und politische Kampf die kapitalistische Ausbeutung selbst stufenweise einschränken, der kapitalistischen Gesellschaft immer mehr ihren kapitalistischen Charakter nehmen und den sozialistischen aufprägen, mit einem Worte, die sozialistische Umwälzung in objektivem Sinne herbeiführen soll. Sieht man die Sache näher an, so sind beide Auffassungen sogar gerade entgegengesetzt. In der parteiüblichen Auffassung gelangt das Proletariat durch den gewerkschaftlichen und politischen Kampf zu der Überzeugung von der Unmöglichkeit, seine Lage von Grund aus durch diesen Kampf umzugestalten, und von der Unvermeidlichkeit einer endgültigen Besitzergreifung der politischen Machtmittel. In der Bernsteinschen Auffassung geht man von der Unmöglichkeit der politischen Machtergreifung als Voraussetzung aus, um durch bloßen gewerkschaftlichen und politischen Kampf die sozialistische Ordnung einzuführen.

Der sozialistische Charakter des gewerkschaftlichen und parlamentarischen Kampfes liegt also bei der Bernsteinschen Auffassung in dem Glauben an dessen stufenweise sozialisierende Einwirkung auf die kapitalistische Wirtschaft. Eine solche Einwirkung ist aber tatsächlich – wie wir darzutun suchten – bloße Einbildung. Die kapitalistischen Eigentums- und Staatseinrichtungen entwickeln sich nach einer entgegengesetzten Richtung. Damit aber verliert der praktische Tageskampf der Sozialdemokratie in letzter Linie überhaupt jede Beziehung zum Sozialismus. Die große sozialistische Bedeutung des gewerkschaftlichen und politischen Kampfes besteht darin, dass sie die Erkenntnis, das Bewusstsein des Proletariats sozialisieren, es als Klasse organisieren. Indem man sie als Mittel der unmittelbaren Sozialisierung der kapitalistischen Wirtschaft auffasst, versagen sie nicht nur diese ihnen angedichtete Wirkung, sondern büßen zugleich auch die andere Bedeutung ein: Sie hören auf, Erziehungsmittel der Arbeiterklasse zur proletarischen Machtergreifung zu sein.

(Zit. nach: http://www.marxistische-bibliothek.de/luxemburg1.html)

M 8 Max Weber: Wirtschaft und Gesellschaft

Max Weber, 21.4.1864 (Erfurt) – 14.6.1920 (München); Jurist, Nationalökonom, Soziologe.

Die kapitalistischen Interessenten sind so lange Interessenten der zunehmenden Erweiterung des freien Marktes, bis es einigen von ihnen gelingt, entweder durch Einhandelung von Privilegien[1] aus der Hand der politischen Gewalt oder lediglich kraft ihrer Kapitalmacht, ihrem Güterabsatz oder auch für die Gewinnung ihrer sachlichen Produktionsmittel Monopole zu erringen und nun ihrerseits den Markt zu erschließen. Der vollen Appropriation[2] aller sachlichen Produktionsmittel folgt daher, – wenn die Interessenten des Kapitalismus in der Lage sind, die den Güterbesitz und die Art seiner Verwertung regulierenden Gemeinschaften zugunsten ihrer Interessen zu beeinflussen oder wenn innerhalb ständischer Monopolgemeinschaften die Interessen an der Verwertung des appropriierten[3] Besitzes auf dem Markt die Übermacht gewinnen, – zunächst die Sprengung der ständischen Monopole. Ferner die Beschränkung der durch den Zwangsapparat der den Güterbesitz regulierenden Gemeinschaft garantierten erworbenen und erwerbbaren Rechte lediglich auf sachliche Güter und Ansprüche aus Schuldverhältnissen mit Einschluss vereinbarter Arbeitsleistungen. Dagegen werden alle anderen Appropriationen, insbesondere alle Kundschaftsappropriationen und ständischen Absatzmonopole, vernichtet. Dies ist der Zustand, den wir freie Konkurrenz nennen und der so lange dauert, bis andere: kapitalistische Monopole, auf dem Markt durch die Macht des Besitzes errungen, an seine Stelle treten. Diese kapitalistischen Monopole aber unterscheiden sich von den ständischen durch ihre rein ökonomisch rationale Bedingtheit. Die ständischen Monopole schließen durch Beschränkung entweder der Verkaufsmöglichkeit überhaupt oder der zulässigen Verkaufsbedingungen den Marktmechanismus mit seinem Feilschen[4] und vor allem mit seiner rationalen Kalkulation innerhalb ihres Machtbereichs aus. Die durch die Macht des Besitzes allein bedingten Monopole dagegen beruhen gerade umgekehrt auf rationaler Monopolistenpolitik, also auf einer durch rationalen Kalkül geleiteten Beherrschung der möglicherweise formell gänzlich freibleibenden Marktvorgänge. Die sakralen, ständischen und traditionellen Gebundenheiten sind die allmählich beseitigten Schranken der rationalen Marktpreisbildung, die rein ökonomisch bedingten Monopole sind umgekehrt deren letzte Konsequenz. Die ständischen Monopolisten behaupten ihre Macht gegen den Markt, schränken ihn ein, der rationale ökonomische Monopolist herrscht durch den Markt. Wir wollen diejenigen Interessenten, deren ökonomische Lage sie in den Stand setzt, vermöge der formalen Marktfreiheit zur Macht zu gelangen, die Marktinteressenten nennen.

(Max Weber, Wirtschaft und Gesellschaft, Tübingen (J. C. B. Mohr) 1976, S. 384 f.)

---

1 Privilegien: Vorrechte
2 Appropriation: Aneignung
3 appropriiert: angeeignet
4 Feilschen: Aushandeln

Arbeiter stellen die Soziale Frage

Arbeiter, das sind vorwiegend Lohnarbeiter, im engeren Sinn Fabrikarbeiter. Sie entwickelten sich zu der größten gesellschaftlichen Gruppe im Industriezeitalter. Sie waren persönlich frei; da sie aber nicht im Besitz von Produktionsmitteln waren, mussten sie auf der Basis eines Vertragsverhältnisses fremdbestimmte Arbeit für einen Unternehmer ausüben. Als einheitlich geprägte Arbeiterschaft, später als Arbeiterklasse mit abgegrenzten Merkmalen, haben sie sich lange nicht verstanden. Es gab in den einzelnen Gruppierungen Tendenzen zu mehr und zu weniger Solidarität. Genau diese Fähigkeit, nämlich das Gemeinsame an der Lage der Arbeiterschaft für wichtiger zu halten als die Unterschiede von Branche zu Branche zu betonen, war für die Entwicklung eines politisch handlungsfähigen Gegenpols zu den Unternehmern von zentraler Bedeutung.

Die Entstehung der Industriearbeiterschaft bildete den Kern des gesellschaftlichen Strukturwandels, der mit dem Industrialisierungsprozess verbunden war. Die ständische Ordnung löste sich auf, Lebenschancen wurden in den Fabriken der Stadt gesucht. Die Fabrik wurde der zentrale Ort industrieller Arbeit. Die Besitzer der Produktionsmittel diktierten aufgrund ihrer überlegenen Marktposition, unter welchen Bedingungen abhängig beschäftigte Arbeiter ihre Arbeitskraft anbieten konnten. Soziale Ungleichheit wurde ein zentrales Kennzeichen dieser neuen Klassengemeinschaft. Die Notlage und ungelösten Probleme der Arbeiterschaft vor allem in der ersten Phase der Industrialisierung werden als „Soziale Frage" bezeichnet. Dazu gehören vor allem Probleme der ungewohnten Fabrikarbeit, Unsicherheit der Existenz, die katastrophalen Wohnbedingungen.

Bereits Zeitgenossen waren sich bewusst, dass diese neuen Probleme gelöst werden mussten. Vertreter der Arbeiterschaft waren davon überzeugt, dass die Arbeiter nur durch Solidarität und Stärke die Chance hatten, sich gegen die Übermacht des Kapitals zu behaupten. Bei den ungleichen Machtverhältnissen waren die realen Chancen zur Verbesserung der Lage, zur gesellschaftlichen Emanzipation und politischen Gleichberechtigung nämlich gering. Wer sollte die Kraft zum Kampf für die eigenen Interessen aufbringen? Die Arbeiterschaft brauchte eine Bewegung und engagierte Fürsprecher, die ihren Anliegen ein Programm gaben.

Aber nicht nur die Arbeiterbewegung kämpfte für die Verbesserung der Lage der Arbeiter. Auch Vertreter des Staates, der Unternehmer und der Kirchen suchten nach Lösungen zur Linderung der Not und für eine gerechte Gesellschaft. Die Vorschläge unterschieden sich aus weltanschaulichen Gründen nicht unerheblich.

Weil die ökonomischen und politischen Bedingungen die soziale Lage der Arbeiterschaft entscheidend prägten, konzentriert sich die Debatte auf die Fragen:

- **Unter welchen wirtschaftlichen und politischen Voraussetzungen musste die Arbeiterschaft ihren gesellschaftlichen Platz finden?**
- **Gab es während des 19. Jahrhunderts erkennbare Fortschritte bei der Emanzipation der Arbeiterklasse?**
- **Wie reagierten Arbeiter auf die Veränderungen ihrer sozialen Lage?**

1. Versuchen Sie auf der Grundlage fachgerechter Analyse der sprachlichen historischen Quellen und des statistischen Datenmaterials ein Feature über drei Generationen von Arbeitern zu erstellen, in dem Sie in Teams bezogen auf die Leitfragen einzelne Spotlights auf die Lage der Arbeiter richten:

Feature 1: um 1844	**Feature 2**: um 1880	**Feature 3**: um 1910
Materialien M 1 – M 4a, M 9	Materialien M 3, M 5, M 6	Materialien M 3, M 4b–c, M 7, M 8

2. Dokumentieren Sie auf einem Wandplakat die realen Lebensbedingungen der Arbeiter.

Arbeitsanweisungen, die Ihnen helfen, materialbezogen wichtige Aspekte zu erarbeiten:

a) Arbeiten Sie auf der Grundlage der Interpretation der Quellen M 1, M 5, M 6c die politischen Rahmenbedingungen der Arbeiterschaft heraus.

b) Erklären Sie anhand der Analyse des statistischen Materials M 3, M 4 die Entwicklung der materiellen Grundlagen der Arbeiterschaft.

c) Setzen Sie die technische Entwicklung – die Auswertung des Info-Textes und die Interpretation von M 2 ermöglichen dies – in Beziehung zu den Lebens- und Arbeitsbedingungen der Arbeiter.

d) Vergleichen Sie ausgehend von der Interpretation des Materials M 6 das Verhalten von Staat und Arbeiterschaft in den öffentlichen Auseinandersetzungen.

e) Bewerten Sie anhand der Interpretation von M 7 Chancen und Leistungen der Arbeiteremanzipation durch Selbsthilfe.

f) Wägen Sie auf der Basis des Info-Textes und der Interpretation von M 8, M 9 die staatlichen, bürgerlichen, sozialdemokratischen und kirchlichen Lösungsversuche der Sozialen Frage gegeneinander ab.

MATERIALIEN

M 1 Aus der Fabrikordnung für die Fabrik von Joh. Gottf. Brügelmann in *Cromford* vom 6. Juni 1844 (Auszug)

A. Allgemeine Bestimmungen

§ 1. Alle in meiner Fabrik beschäftigten Arbeiter mit Einschluss der Handwerker haben sich nach der folgenden Fabrikordnung genau zu richten.

§ 2. Sie müssen zur vorgeschriebenen Zeit pünktlich zur Arbeit kommen und erwirken durch Zuspätkommen eine Geldstrafe, welche nach Umständen von 1/4 bis 1/2 ihres täglichen Verdienstes beträgt.

§ 3. Wenn die Umstände es erfordern, dass länger als gewöhnlich oder sonntags gearbeitet werden muss, so muss jeder Arbeiter sich dies, jedoch gegen verhältnismäßige Vergütung für die Überstunden, unverweigerlich gefallen lassen.

§ 4. Wer morgens oder mittags wegen Erkrankung oder aus sonstigen Ursachen gar nicht oder nur später zur Arbeit kommen kann, muss vorher dem Spinnmeister dies melden.

§ 5. Jeder Arbeiter muss den Lohn für sechs Arbeitstage gut behalten, als Gewährleistung für seine genaue Pflichterfüllung und zur Sicherheit gegen mutwillige Beschädigungen an Maschinen und Gerätschaften.

§ 6. Wer von der Fabrik abgehen will, muss 2, schreibe zwei, Monate vorher dem Spinnmeister aufkündigen, doch kann nur an Zahltagen gekündigt werden, und es werden an diesem Zahltage nicht über drei Kündigungen angenommen; den Arbeitern wird ebenfalls von dem Fabrikherrn resp. Spinnmeister mit 2 Monaten gekündigt.

§ 7. Wer ohne Aufkündigung austritt oder ohne hinreichenden Grund von der Arbeit wegbleibt, verliert sein Guthaben von sechs Arbeitstagen und es sollen außerdem die gesetzlichen Mittel angewandt werden, ihn zu seiner Pflicht zurückzuführen.

§ 8. Komplotte der Arbeiter sowie Aufhetzungen und Anreizungen zum Ungehorsam, zum Austritt aus der Arbeit sind streng verboten, und haben die Zuwiderhandelnden außer augenblicklicher Entlassung aus der Arbeit die gesetzliche Verfolgung zu gegenwärtigen. Dagegen steht es jedem einzelnen Arbeiter zu, sich, wenn er glaubt, Ursache zur Unzufriedenheit zu haben, direkt an den Fabrikherrn zu wenden, der jederzeit bereit sein wird, gegründete Beschwerden nach Möglichkeit zu berücksichtigen und die Veranlassung dazu zu beseitigen.

§ 9. Veruntreuungen jeder Art, selbst anscheinend unbedeutende, werden dem Gericht zur Bestrafung angezeigt und das gleiche Verfahren wird gegen solche Personen beobachtet werden, welche Wissenschaft von Veruntreuungen haben, solche nicht zur Anzeige bringen oder zu deren Verwertung behülflich sind.

§ 10. Tabakrauchen ist in der ganzen Fabrik aufs strengste untersagt.

§ 11. B. Besondere Bestimmungen für die Arbeiter

1. Der untergeordnete Arbeiter darf dem Meister nie den Gehorsam versagen.
2. Er darf keine Freunde oder Bekannte in die Fabrik einführen.
3. Er muss die vorgeschriebene Arbeitszeit genau einhalten.
4. Er darf die Arbeit an keinem Tage und zu keiner Tageszeit verlassen, ohne vorher Erlaubnis dazu erhalten zu haben, wo möglich selbst in dringenden Fällen nicht.
5. Geistige Getränke dürfen nicht in die Fabrik gebracht werden, ausgenommen mit besonderer Erlaubnis des Spinnmeisters, wenn dieser es in einzelnen Fällen für nötig hält.
6. In allen Arbeitssälen soll Ruhe und Stille herrschen.
7. Kein Arbeiter darf Arbeitssäle betreten, worin er nichts zu tun hat.
8. Jeder Arbeiter muss gebrauchte Gegenstände gleich nach dem Gebrauch derselben an ihren gehörigen Ort zurückbringen; er darf solche nicht irgendwo im Wege stehen lassen.
9. Die Spinner müssen ihre Maschinen von Zeit zu Zeit nach Angabe des Spinnmeisters und zu dessen Zufriedenheit reinigen. Eigenmächtige Veränderungen an den Maschinen, auch die anscheinend geringsten, sind den Spinnern streng untersagt.
10. Die Spinner müssen für ihre Aufstecker und Anmacher selbst sorgen, doch behält sich der Fabrikherr das Recht der Genehmigung sowie in nötigen Fällen das der Entlassung derselben vor, und ist für gewöhnlich der Spinnmeister zur Ausübung dieses Rechtes im Namen des Fabrikherrn befugt.
11. Die Spinner sollen ihre Anmacher und Aufstecker zur fleißigen und pünktlichen Erfüllung der ihnen obliegenden Geschäfte anhalten und nicht zugeben, dass sie sich ohne Erlaubnis von den Maschinen entfernen; sie sollen ihre Anmacher und Aufstecker ernst und streng, aber sonst gut behandeln und müssen bei etwaiger Nachlässigkeit oder Ungehorsam derselben sofort dem Spinnmeister es anzeigen.

§ 12. Die Anmacher und Aufstecker sind ihren Spinnern pünktlichen Gehorsam schuldig; sie müssen die Maschinenbahn und das Maschinengestell sowie die Putzpuddel stets ganz rein und ordentlich halten; dem Spinner Anzeige machen, wenn sie in der Arbeitszeit sich von der Maschine entfernen müssen; dem Spinner gleich es melden, wenn sie irgend Fehler oder Mängel an der Maschine sehen und wenn dies nicht von Erfolg, dem Spinnmeister selbst.

C. Pflichten des Meisters

§ 13. Zum Geschäft des Meisters ist Folgendes durchaus erforderlich:

1. Dass er ohne Rücksicht auf die vorgeschriebene Zeit dasjenige leiste, was sein Amt erheischt, insbesondere, dass er die ihm anvertrauten Maschinen aufs sorgfältigste besorge und in Stand halte.
2. Dass er der Erste und der Letzte an der Arbeitsstätte sei.
3. Dass er ohne dringende Notwendigkeit sich nie von seinen Untergebenen entferne.
4. Dass er vor allem anderen durch Strenge, aber zugleich durch Gerechtigkeit und Unparteilichkeit gegen seine Untergebenen sich deren Achtung erwerbe und erhalte.
5. Dass er für Handhabung der Fabrikordnung bestens Sorge trage und dass er alle Zuwiderhandelnde ohne Ansehen der Person sofort anzeige, damit nach vorhergegangener Untersuchung die Strafe bestimmt werden kann.
6. Dass er keine Betrunkene weder in der Arbeit noch in der Fabrik dulde.
7. Dass er keine Arbeiter in den Sälen und überhaupt an Orten dulde, wo sie nichts zu tun haben.
8. Dass er weder Freunde noch Bekannte noch Fremde in der Fabrik dulde, welche nicht mit einem Erlaubnis vom Comptoir versehen sind.
9. Dass er für Ordnung und Reinlichkeit in seinen Sälen und Werkstätten strenge Sorge trage und genaue Aufsicht führe, weshalb er für alle darin vorkommenden Unordnungen verantwortlich bleibt.

§ 14. Nicht Beachtung vorstehender Bestimmungen und Zuwiderhandlungen werden nach vorhergegangenem Verweise an Arbeitern sowohl als Meistern durch Lohnabzüge gestraft und damit niemand sich mit Unkenntnis der Fabrikordnung entschuldigen kann, wird dieselbe auf allen Sälen zur allgemeinen Kenntnis angeheftet.

Cromford, den 6. Juni 1844.

(Zit. nach: http://www.lwl.org/LWL/Kultur/Aufbruch/; Original im Stadtmuseum Ratingen)

M 2 Arbeitsbedingungen in den frühindustriellen Textilbetrieben

Collage von Arbeitsprozessen in der Nähnadelfabrik des Caspar Rumpe in Altena, 1810 (kolorierte Radierung von Anton Wachsmann, 44,5 x 62 cm)

M 3a Durchschnittslöhne der Arbeiter der Maschinenfabrik Esslingen (1848–1914)

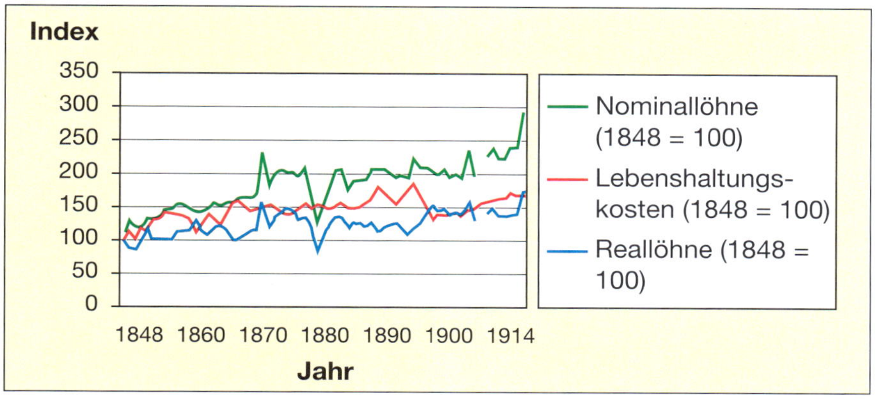

M 3b Durchschnittslöhne der Angestellten der Maschinenfabrik Esslingen (1848–1914)

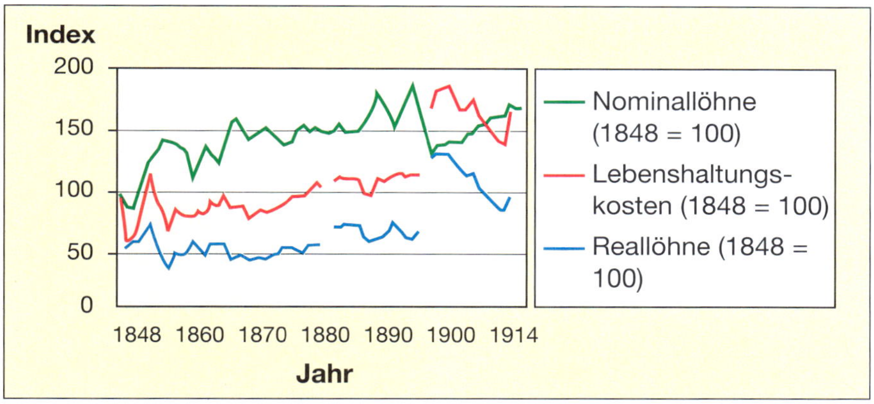

Die Daten fassen die unterschiedlichen Männer-, Frauen- und Kinderlöhne anhand der Lohnbücher zusammen; die Lebenshaltungskosten sind aus verschiedenen Preisen berechnet. Über die wirklichen Lebensverhältnisse lassen sich somit nur Anhaltspunkte gewinnen. Zum Vergleich werden die Daten für die Angestellten hinzugefügt. Der tatsächliche Wert lag bei den Arbeitern im Jahr 1900 bei 677 Mk real und bei den Angestellten bei 2994 Mk real. Für einzelne Jahre lagen keine Werte vor.

(Nach: Wolfram Fischer u.a. (Hg.), Sozialgeschichtliches Arbeitsbuch, Bd. I, München (C.H. Beck) 1982, S. 149 f.; die Berechnungen fußen auf: Heilwig Schomerus, Die Arbeiter der Maschinenfabrik Esslingen, Stuttgart 1977, S. 296 f.)

M 4 Haushaltsbudget von Arbeiterfamilien

a) 1837–1847 in vier deutschen Großstädten

	Hamburg	Bremen	Lübeck	Frankfurt/ M.
Jahreseinnahmen (in Mark)	480	465	420	555
Jahresausgaben (in Prozent der Einnahmen)				
Brot, Kartoffeln	46,8	44,5	38,6	42,2
übrige Ernährung	23,4	22,3	19,3	21,1
Miete	18,8	12,9	7,1	19,5
Abgaben, Steuern	–	1,0	6,2	1,9
Heizung, Licht	8,8	17,0	21,3	4,3
Bekleidung				9,1
Sonstiges	2,2	2,3	7,5	1,9

(Nach: Wolfram Fischer, a.a.O., S. 170)

b) Haushaltsrechnungen von Arbeitern im Jahr 1909 (Deutsches Reich)

Beruf des Haushaltungsvorstandes	Zahl der Haushaltungen	Durchschnittliche Ausgaben in Mark und Prozent					
		überhaupt	Nahrung	Kleidung	Wohnung	Heizung, Beleuchtung	Sonstiges
alle Haushaltungen	852	2234,02	1017,52 (45,5)	282,44 (12,6)	401,27 (18,0)	90,83 (4,1)	441,96 (19,8)
Arbeiter	522	1835,06	955,06 (52,0)	204,67 (11,2)	312,52 (17,0)	77,99 (4,3)	284,82 (15,5)
1. gewerbliche	436	1861,56	961,30 (51,6)	206,37 (11,1)	316,41 (17,0)	77,87 (4,2)	299,61 (16,1)
a) gelernte	382	1881,95	969,10 (51,5)	209,78 (11,2)	316,46 (16,8)	79,00 (4,2)	307,61 (16,3)
b) ungelernte	54	1717,31	906,08 (52,8)	182,20 (10,6)	316,12 (18,4)	69,84 (4,1)	243,07 (14,1)
2. Arbeiter in Handel und Verkehr	53	1752,37	935,10 (53,4)	210,69 (12,0)	300,31 (17,2)	80,65 (4,6)	225,62 (12,8)
3. Arbeiter ohne bes. Bezeichnung	33	1617,71	904,58 (55,9)	172,52 (10,7)	280,64 (17,3)	75,38 (4,7)	184,59 (11,4)

(Nach: Gerd Hohorst u.a. (Hg.), Sozialgeschichtliches Arbeitsbuch, 1870–1914, München (C.H. Beck) 1975, S. 113)

c) Das Haushaltseinkommen der Arbeiter insgesamt setzte sich 1909 wie folgt zusammen:

Beruf des Haushaltungsvorstandes	Zahl der Haushaltungen	Durchschnittliche Einnahmen in Mark und Prozent							
		überhaupt	Arbeitsverdienst des Mannes	Nebenerwerb des Mannes	Einnahmen der Frau	Beitrag der Kinder	Untervermietung	sonstige bare Einnahmen	Naturaleinnahmen
Arbeiter	522	1835,38	1507,92 (82,2)	41,05 (2,2)	79,24 (4,3)	44,49 (2,4)	52,98 (2,9)	102,19 (5,6)	7,51 (0,4)

(Nach: Gerd Hohorst, a.a.O., S. 112)

M 5 Das Sozialistengesetz – Reaktion des Staates auf die Formierung der Arbeiterklasse

Das „Gesetz gegen die gemeingefährlichen Bestrebungen der Sozialdemokratie" vom 19. Oktober 1878 wurde vom Reichstag mit Mehrheit verabschiedet und trat am 21. Oktober 1878 in Kraft. Es wurde viermal verlängert, bis der Reichstag 1890 eine erneute Verlängerung ablehnte. Aber erst am 1. Oktober 1890 verlor es seine Gültigkeit.

§ 1

Vereine, welche durch sozialdemokratische, sozialistische oder kommunistische Bestrebungen den Umsturz der bestehenden Staats- oder Gesellschaftsordnung bezwecken, sind zu verbieten.
Dasselbe gilt von Vereinen, in welchen sozialdemokratische, sozialistische oder kommunistische auf den Umsturz der bestehenden Staats- oder Gesellschaftsordnung gerichtete Bestrebungen in einer

den öffentlichen Frieden, insbesondere die Eintracht der Bevölkerungsklassen gefährdenden Weise zutage treten. Den Vereinen stehen gleich Verbindungen jeder Art.

§ 7

Aufgrund des Verbotes sind die Vereinskasse sowie alle für Zwecke des Vereins bestimmten Gegenstände durch die Behörde in Beschlag zu nehmen.

§ 9

Versammlungen, in denen sozialdemokratische, sozialistische oder kommunistische auf den Umsturz der bestehenden Staats- oder Gesellschaftsordnung gerichtete Bestrebungen zutage treten, sind aufzulösen.

Versammlungen, von denen durch Tatsachen die Annahme gerechtfertigt ist, dass sie zur Förderung der im ersten Absatze bezeichneten Bestrebungen bestimmt sind, sind zu verbieten.

Den Versammlungen werden öffentliche Festlichkeiten und Aufzüge gleichgestellt.

§ 10

Zuständig für das Verbot und die Auflösung ist die Polizeibehörde. Die Beschwerde findet nur an die Aufsichtsbehörden statt.

§ 11

Druckschriften, in welchen sozialdemokratische, sozialistische oder kommunistische auf den Umsturz der bestehenden Staats- oder Gesellschaftsordnung gerichtete Bestrebungen in einer den öffentlichen Frieden, insbesondere die Eintracht der Bevölkerungsklassen gefährdenden Weise zutage treten, sind zu verbieten.

Bei periodischen Druckschriften kann das Verbot sich auch auf das fernere Erscheinen erstrecken, sobald aufgrund dieses Gesetzes das Verbot einer einzelnen Nummer erfolgt.

§ 17

Wer an einem verbotenen Vereine (§ 6) als Mitglied sich beteiligt oder eine Tätigkeit im Interesse eines solchen Vereins ausübt, wird mit Geldstrafe bis zu fünfhundert Mark oder mit Gefängnis bis zu drei Monaten bestraft. Eine gleiche Strafe trifft denjenigen, welcher an einer verbotenen Versammlung (§ 9) sich beteiligt oder welcher nach polizeilicher Auflösung einer Versammlung (§ 9) sich nicht sofort entfernt. Gegen diejenigen, welche sich an dem Vereine oder an der Versammlung als Vorsteher, Leiter, Ordner, Agenten, Redner oder Kassierer beteiligen oder welche zu der Versammlung auffordern, ist auf Gefängnis von einem Monat bis zu einem Jahre zu erkennen.

§ 22

Gegen Personen, welche sich die Agitation für die im § 1 Abs. 2 bezeichneten Bestrebungen zum Geschäfte machen, kann im Falle einer Verurteilung wegen Zuwiderhandlungen gegen die § 17 bis 20 neben der Freiheitsstrafe auf die Zulässigkeit der Einschränkung ihres Aufenthaltes erkannt werden.

Aufgrund dieses Erkenntnisses kann dem Verurteilten der Aufenthalt in bestimmten Bezirken oder Ortschaften durch die Landespolizeibehörde versagt werden, jedoch in seinem Wohnsitze nur dann, wenn er denselben nicht bereits seit sechs Monaten innehat. Ausländer können von der Landespolizeibehörde aus dem Bundesgebiete ausgewiesen werden. Die Beschwerde findet nur an die Aufsichtsbehörden statt.

Zuwiderhandlungen werden mit Gefängnis von einem Monat bis zu einem Jahre bestraft.

§ 28

Für Bezirke oder Ortschaften, welche durch die im § 1 Abs. 2 bezeichneten Bestrebungen mit Gefahr für die öffentliche Sicherheit bedroht sind, können von den Zentralbehörden der Bundesstaaten die folgenden Anordnungen, soweit sie nicht bereits landesgesetzlich zulässig sind, mit Genehmigung des Bundesrats für die Dauer von längstens einem Jahre getroffen werden:

(1) dass Versammlungen nur mit vorgängiger Genehmigung der Polizeibehörde stattfinden dürfen; auf Versammlungen zum Zweck einer ausgeschriebenen Wahl zum Reichstag oder zur Landesvertretung erstreckt sich diese Beschränkung nicht;

(2) dass die Verbreitung von Druckschriften auf öffentlichen Wegen, Straßen, Plätzen oder an anderen öffentlichen Orten nicht stattfinden darf;

(3) dass Personen, von denen eine Gefährdung der öffentlichen Sicherheit oder Ordnung zu besorgen ist, der Aufenthalt in den Bezirken oder Ortschaften versagt werden kann;

(4) dass der Besitz, das Tragen, die Einführung und der Verkauf von Waffen verboten, beschränkt oder an bestimmte Voraussetzungen geknüpft wird.

(Reichs-Gesetzblatt, Nr. 34/1878, S. 351–358; zit. nach: Helga Grebing, Arbeiterbewegung, München (dtv) 1985, S. 149–151)

M 6 Der Bergarbeiterstreik an der Ruhr 1889 – ein Meilenstein der sozialistischen Arbeiterbewegung

Dieser Streik hat zentrale Auswirkungen wegen der Wichtigkeit der Branche und dem Beginn einer institutionalisierten Konfliktregelung zwischen Staat und Industrie. Erstmals wurde ein Streik-Komitee vom Kaiser empfangen; die Linie der Ausgrenzung des Sozialistengesetzes war nicht mehr zu halten.

a) Die Ereignisse des Jahres 1889

13.1.1889:	Delegiertenversammlung der Knappenvereine: Forderungen zu Krankenversicherung, Lohn, Arbeitszeit
10.3./8.4.1889:	Neue Versammlungen: Forderung nach 15 % mehr Lohn
ab 25.4.1889:	Streiks von Pferdejungen und Schleppern in Bochum und Essen
ab 3.5.1889:	Beteiligung auch der Hauer (vollqualifizierte Bergleute)
ab 4.5.1889:	Zusammenstöße von Bergleuten mit Zechenbeamten und Polizei
7.5.1889:	Während der Regierungspräsident in Düsseldorf, von Berlepsch, besonnen reagiert und kein Militär einsetzt, kommt es in Bochum zum Eingreifen des Militärs; es gibt Tote und Verletzte.
10.5.1889:	Schaffung eines zentralen Streikausschusses in Dortmund; Gedanke, eine Delegation an den Kaiser zu senden
14.5.1889:	Audienz des Kaisers für die Delegation der Bergleute; 87 000 von 104 000 Bergleuten im Streik
18.5.1889:	Die Vertreter der Unternehmer gewähren 8-Stunden-Schicht und Lohnerhöhung, lehnen aber Arbeiter-Ausschüsse ab.
21.5.1889:	Ein Teil der Zechen verweigert die Zugeständnisse, der Streik flammt wieder auf.
27.5.1889:	Zusammenbruch des Streiks, das Streikkomitee wird verhaftet.
18.8.1889:	Gründung des Deutschen Bergarbeiterverbandes
1890:	Regierungspräsident v. Berlepsch wird preußischer Handelsminister und leitet eine vorausschauende Sozialpolitik ein. Kaiser Wilhelm II. erkennt mit den Februar-Erlassen den Anspruch der Arbeiter auf gesetzliche Gleichberechtigung mit den Unternehmern an.
1890:	Gründung des „Bundes freier Gewerkschaften“ als Dachorganisation der sozialistisch orientierten Gewerkschaften
1894:	Gründung des Gewerkvereins christlicher Bergarbeiter
1905:	„Arbeiterausschüsse“ auf den Zechen möglich

(Nach: Herbert Prokasky, Das Zeitalter der Industrialisierung, Paderborn (Schöningh) 1999, S. 125)

b) Die Forderungen der Bergleute am 10. März 1889

Dem erfreulichen Aufschwung der Kohlenindustrie ist ein langjähriger Kampf zur Erzielung höherer Kohlenpreise vorausgegangen. An diesem Kampf sind wir Bergleute mit beteiligt gewesen durch den über ein Jahrzehnt dauernden schlechten Geschäftsgang. Durch Entbehrungen haben wir unsere Opfer auf den Altar der Industrie gelegt. Vielen Bergleuten mit zahlreicher Familie war es lange Zeit nicht möglich, die Bedürfnisse des Unterhalts der Familie aus verdientem Lohn bestreiten zu können. […]

Da nun die Kohlenpreise eine nennenswerte Steigerung erfahren haben, so erachten wir es auch an der Zeit, dass unsere Löhne dem Verhältnis entsprechend aufgebessert werden. Als zurzeit die Kohlenpreise sanken, mussten wir uns den Abzug an unseren Löhnen gefallen lassen. Da nun die Kohlenpreise erheblich gestiegen sind, so glauben wir ein Anrecht auf Aufbesserung unserer Löhne zu haben. […]

Da wir als einzigen Kapitalbesitz unsere Arbeitskraft haben und wir denselben gern auf einen guten Zinsfuß bringen möchten, so geben wir unsern Arbeitgebern in kurzer Zusammenfassung unser Streben um Aufbesserung unserer wirtschaftlichen Lage hiermit kund in der Erwartung, dass unseren Wünschen allseitig Rechnung getragen werde. Unsere Bestrebungen bezeichnen wir mit Folgendem:

(1) Aufbesserung der Löhne durch einen 15-prozentigen Zusatz für alle Bergarbeiter.

(2) Abschaffung der Überproduktion durch zu lange Arbeitszeit:

a) der Überarbeit von 1/4 bis 1/2 oder 1/1 Schichten und somit

b) Einführung der zurzeit üblich gewesenen achtstündigen Schicht, einschließlich Ein- und Ausfahrt.

Des Weiteren glauben wir darauf hinweisen zu dürfen, dass in sanitärer und anderer Hinsicht die Bergleute ein Interesse haben. […]

(Zit. nach: Günter Schönbrunn (Hg.), Das bürgerliche Zeitalter 1815–1914, München (bsv) 1980, S. 761)

c) Der Bericht des Regierungspräsidenten v. Berlepsch (Düsseldorf)

Es ist bis heute nicht festzustellen gewesen, wer den Streik zuersten angezettelt und begonnen hat. Dass hierbei sozialdemokratische Führer die Hand im Spiel gehabt haben, ist zwar wahrscheinlich, indes mit Sicherheit nicht nachzuweisen. Die Arbeitseinstellung tritt, wie ich gestern auf Zeche Bonifacius zu beobachten Gelegenheit hatte, an den meisten Schächten spontan ein. Die Belegschaft erscheint vollzählig, kleidet sich in der sog. Kaue um und trifft Anstalten einzufahren. Dann erklärt der eine oder andere, nicht arbeiten zu wollen, Einzelne schließen sich ihm an und plötzlich weigert die ganze Belegschaft die Einfahrt. Auf die Frage der Direktoren, Betriebsführer etc., warum sie denn streiken wollten, geben die Arbeiter zumeist entweder gar keine Antwort oder begnügen sich mit der allgemeinen Redewendung, dass sie mehr haben wollten. Ruhig, wie sie gekommen, pflegt die ausständige Belegschaft sich darauf auch wieder zu entfernen. Dass zwischen den Streikenden gewisse Beziehungen aufrechterhalten werden, ist zwar zu vermuten, eine allgemeine Organisation besteht aber ebenso wenig wie ein von der Gesamtheit bevollmächtigtes Streik-Comité. Dagegen scheinen für einzelne Distrikte, z.B. die Stadt Essen, und für eine Reihe von Zechen besondere Comités gewählt zu sein. Wenigstens sind mehrfach Veröffentlichungen durch Anschlag und Zuschriften an die Zechenverwaltungen erfolgt, welche mit dem Ausdruck „Das Comité“ unterzeichnet waren. Die Mitglieder dieses angeblichen Comités haben nicht festgestellt werden können.

(Zit. nach: Gerhard Adelmann, Quellensammlung zur Geschichte der sozialen Betriebsverfassung – Ruhrindustrie, Bonn (Hanstein) 1960, Bd. 1, S. 210)

M 7 Die Ortskrankenkasse als Werkzeug der Arbeiteremanzipation?

Der Verfasser, Hermann Sydow, war Präsident der Krankenkassenvereinigungen im Deutschen Reich.

Schläfrigkeit und Knauserei sind mit geringen Ausnahmen die Signatur der Betriebskrankenkassen und der Gemeinde-Krankenversicherung. Wo sind ihre sozialpolitischen Leistungen? Und unsere Ortskrankenkassen waren in den ersten zehn Jahren ihres Bestehens ja auch zumeist von Gemeindebeamten geleitet – wo sind die Erfolge, die sie in jener Periode erzielt haben? Erfolge, frisches Arbeiten finden sich überall nur da, wo die Versicherten die Leitung ihrer Angelegenheiten selbst in die Hand genommen haben.

Warum schätzen wir die Selbstverwaltung? Weil sie uns in erster Linie eine Auslese der besten und geeignetsten Kräfte für Vorstand und Beamtenschaft ermöglicht. Die Krankenkassen bieten unter allen in öffentlichen Einrichtungen zu vergebenden Stellen die einzigen, bei denen die Wahl unabhängig bleibt von Vorfragen des Drills, vom Examensschema usw., die den beteiligten Kreisen ermöglicht, mit der Durchführung der Geschäfte Leute zu betrauen, die selber wissen, wo der Schuh drückt. Selbstverwaltung ist aber auch Selbsterziehung, Selbstzucht. Die Zeiten, wo der Staat weite Volksschichten am patriarchalischen Gängelband leiten konnte, sind unwiederbringlich dahin. Angesichts dieser Tatsache sollte man annehmen, es könne dem Staate nun selbst nur erwünscht sein, wenn großen Kreisen Gelegenheit gegeben wird, sich in praktischer Arbeit zu üben, in ihnen das Gefühl für die Verantwortlichkeit ihres Tuns zu wecken und ihnen durch die praktische Erfahrung die Wahrheit des Satzes vorzuführen, dass kritisieren oft leichter ist als bessermachen.

In Selbstverwaltungskörpern können diejenigen, welche man an die Spitze stellt, einen ganz anderen Einfluss ausüben, notwendige Maßregeln viel leichter durchsetzen, als irgendeine Behörde. Gegen das Regiertwerden von oben, zumal es sich oft genug mit wenig liebenswürdigen Formen paart, regt sich erklärlicherweise Misstrauen, macht sich gegen Maßnahmen, selbst wenn sie nötig sind, oft latenter Widerspruch geltend. Werden aber viel schärfere Maßregeln von denen gefordert, welche das Vertrauen der eigenen Kreise zur Leitung der Geschäfte ersah, so nimmt man sie willig hin. Krankenkontrolle, scharfes Vorgehen gegen das Simulantentum sind nur fruchtbringend, wenn die Kreise der Versicherten sie stützen. [...]

Die Selbstverwaltung endlich weitet den Horizont. Man schuf die Zwangs-Krankenkassen vor 20 Jahren, um für die rapide wachsenden Großstädte und Industrieorte eine Entlastung des Armenwesens zu erzielen. Fast das ganze erste Jahrzehnt kümmerten sich die Versicherten nicht um ihre Zwangskassen, die mechanisch funktionierten. Als Mitte der 90er-Jahre die Versicherten die Verwaltung der Kassen selbst in die Hand nahmen, ging nicht nur die innere Ausgestaltung des Kassenwesens vor sich, sondern man sah eine weitere Aufgabe der Kassen in der Förderung großer sozialhygienischer Ziele. Was viele Krankenkassen hinsichtlich der Aufklärung der Mitglieder, im Kampfe gegen Alkohol, Tuberkulose, Geschlechtskrankheiten, der Förderung sanitärer Einrichtungen, der Beteiligung am Bau von Erholungsstätten, Wohnungswesen usw. geleistet haben, das wäre nicht möglich gewesen ohne den regen Eifer, der die Selbstverwaltung kennzeichnet.

(Hermann Sydow, in: Volkstümliche Zeitschrift für praktische Arbeiterversicherung, Jg. 10/1904, S. 16; zit. nach: Florian Tennstedt, Vom Proleten zum Industriearbeiter, Köln (Bund-Verlag) 1983, S. 444f.)

M 8 Ignaz Zadek zu den Erfahrungen von Kassenärzten vor 1914

Zadek war Präsident der kassenärztlichen Vereinigung.

Wie kaum ein zweiter Beruf bekommt der Arzt *täglich* tiefe erschütternde Einblicke in die sozialen Verhältnisse des Proletariats! Die Ätiologie[1] der Massenerkrankungen, der acuten Volksseuchen wie der chronischen Infektionen und Intoxicationen[2], der Säuglingssterblichkeit wie der Tuberkulose stoßen den unbefangenen beobachtenden Mediziner geradezu auf die Klassengegensätze, auf die Wohnungsmisere, auf die Unterernährung, auf die ganze ‚verdammte' hygienische Bedürfnislosigkeit der breiten Massen – und wie oft scheitern seine therapeutischen Bemühungen an der Unüberwindlichkeit der entgegenstehenden sozialen Verhältnisse! ‚Der Arzt ist der natürliche Anwalt der Armen', schrieb der junge Virchow 1848/49, nachdem er die ‚Not im Spessart', den Hungertyphus in Oberschlesien usw. so lebendig gesehen und geschildert hatte, in der ‚Medizinischen Reform', dieser flammenden Anklage gegen die bestehenden Zustände und Klassenunterschiede. Warum zählt im Gegensatz zu 1848 die jetzt lebende Generation von Ärzten so wenig Sozialisten *trotz* der Erkenntnis ihrer Ohnmacht gegenüber dem sozialen Elend, den Krankheiten und Seuchen?
Vielleicht hat einer oder der andere von ihnen die Antwort bereit: Weil seit 1848 die capitalistische Entwicklung der Gesellschaft eingesetzt und sich die Klassengegensätze so zugespitzt haben, weil die Ärzte bis jetzt fast durchweg aus den bürgerlichen Kreisen hervorgegangen sind, aus der Bourgeoisie, aus dem Beamtentum und dem Mittelstand und daher von Haus aus, durch die Tradition des Elternhauses, und das ganze *Milieu*, in welchem sie aufgewachsen sind und leben, im Gegensatz stehen zu der gewaltigen Massenbewegung des Proletariats.
Kein Zweifel, für *viele* Fälle trifft das zu, haben wir fast alle doch in *unserer* eigenen Jugend mehr oder weniger schwer innere und äußere Kämpfe durchzumachen gehabt, um überkommene Vorurteile abzulegen, um durch den *Zweifel* an Gott und dieser besten aller Welten uns zum Sozialismus durchzuringen, ist doch so mancher von uns dadurch vorübergehend oder dauernd in Konflikt geraten mit seiner Familie, mit der Gesellschaft, mit den ärztlichen Kollegen!

(Ignaz Zadek, Einführungsreferat zur Reichstagung soz. Ärzte, Pfingsten 1928 in Dresden; zit. nach: Florian Tennstedt, a.a.O., S. 566)

[1] Ätiologie: Ursachenanalyse
[2] Intoxicationen: Vergiftungen

Adolph Kolping (1813–1865) war Priester, Sozialreformer, Publizist, Seelsorger und „Gesellenvater". Er wurde in Kerpen bei Köln geboren und wuchs in ärmlichen Verhältnissen auf. Nach einer kurzen Schulbildung begann er im Alter von 13 Jahren eine Lehre als Schuhmacher. Zehn Jahre arbeitete er in diesem Beruf und wanderte wie andere Gesellen von Ort zu Ort. Im Alter von 23 Jahren wagte er einen ungewöhnlichen Schritt und entschied sich, Priester zu werden. Er besuchte das Marzellen-Gymnasium in Köln und musste sich seinen Lebensunterhalt selbst verdienen. Anschließend studierte er in München und Bonn Theologie. Am 13. April 1845 wurde Adolph Kolping in der Kölner Minoritenkirche zum Priester geweiht. Als Kaplan erhielt er seine erste Stelle in Elberfeld.
Dort begegnete er dem Elend der Arbeiter im gesellschaftlichen Wandel der Industrialisierung. Die Handwerksburschen hatten durch den Zusammenbruch des Zunftwesens ihr Zuhause in der Familie des Meisters verloren. In der Stadt an der Wupper lernte Kolping den kurz zuvor vom dortigen Lehrer gegründeten Gesellenverein kennen und wurde dessen Präses. In einem solchen Zusammenschluss erkannte er ein geeignetes Mittel zur Bewältigung sozialer Probleme. Hilfe zur Selbsthilfe, sozialer Wandel durch Veränderung des Menschen, so wird sein Ansatz später charakterisiert.
Kolping kam bald nach Köln, wo er am 6. Mai 1849 den ersten „Katholischen Gesellenverein" gründete. Innerhalb kurzer Zeit verbreitete sich die Idee der Selbst- und Gemeinschaftshilfe bis an die Grenzen Europas und nach Übersee. Am 27. Oktober 1991 wurde Adolph Kolping in Rom von der Kirche seliggesprochen. Heute setzt sich sein Lebenswerk in mehr als 50 Ländern in allen Erdteilen fort.

(Quelle: Homepage der Adolph-Kolping-Schule Duisburg, http://www.du.nw.schule.de/aksd/Adolph_Kolping/)

M 9 Der Kolping-Verein und die katholische Arbeiterbewegung

Der Domvikar Adolph Kolping entwickelte seit 1848 von Köln aus die Idee der katholischen Gesellenvereine, die einmal eine Laienorganisation des Kirchenvolks schaffen, vor allem aber eine bürgerliche Antwort auf die sozialen Probleme der gelernten Arbeiterschaft sein und sie dem Sozialismus entfremden wollten.

Was dem jungen Handwerker zunächst fehlt, ist ein kräftiger moralischer Halt im Leben, eine freundlich zurechtweisende Hand, eine, wenn auch von Weitem, um ihn wandelnde liebende Sorge, die sein Vertrauen verdient.

Jeder fühlt sich aber recht eigentlich behaglich unter seinesgleichen. Den genannten moralischen Halt müsste man ihm eben bei und mit seinen Genossen geben können. [...] Weiter fehlt ihm meist die Gelegenheit, sich außer der Werkstätte und dem Wirtshause irgendwo behaglich niederzusetzen und wenigstens eine Weile sich mit ernsten, ihn bildenden Dingen zu befassen. Das Bedürfnis dazu liegt in der Natur des Menschen und wird nur dann verdrängt, wenn unbefriedigt er sich ohne Aufhören dem schalen Genuss der Sinne hingeben muss. Es fehlt ihm ferner die Gelegenheit, sich für seinen Beruf für seine Zukunft gewissermaßen auszubilden, abgesehen von der technischen Fertigkeit, welche ihm die Werkstätte des Meisters mitgeben soll. Noch mehr fehlt ihm: eine passende, Geist und Gemüt wahrhaft aufrichtende und stärkende Unterhaltung und Erheiterung, wie er sie weder zu Hause noch im Wirtshause noch an öffentlichen Vergnügungsorten erhält. Auch muss Religion wieder wachgerufen und aufgefrischt werden in seinem Herzen. [...]

Man richte nur in allen Städten, wenn nicht in allen größeren Gemeinden, einen freundlichen, geräumigen Saal ein, sorge am Sonn- und Feiertage wie am Montagabend für Beleuchtung und im Winter für behagliche Wärme dazu und öffne dann dies Lokal allen jungen Arbeitern, denen es mit ihrem Leben und ihrem Stande nur immer ernst ist. Da die jungen Leute, die der Einladung folgen, Gemeinsames mit ziemlich gleichen Kräften wollen, bilden sie dadurch einen Verein, für dessen Bestehen und Gedeihen ein Vorstand von achtbaren Bürgern, die dem guten Zwecke zu dienen entschlossen sind, zu sorgen hätte und an dessen Spitze ein Geistlicher stehen soll.

[...] Da dürfte es nicht an guten Büchern, Schriften und Zeitungen fehlen, nicht bloß, die das religiöse Interesse vertreten, sondern die auch, was ja nicht zu übersehen wäre, dem bürgerlichen Leben gelten, die gewerbliche Gegenstände behandeln und so viel als möglich jedem Handwerker von Nutzen sein können. [...]

Tüchtige Bürger sollen sie werden, zu tüchtigen Bürgern muss man sie erziehen. Ein tüchtiger Bürger muss ein tüchtiger Christ und ein tüchtiger Geschäftsmann sein, nun, dann muss man der betreffenden Jugend wenigstens insoweit zur Hand gehen, dass sie beides werden können.

(Zit. nach: Ernst Schraepler (Hg.), Quellen zur Geschichte der sozialen Frage, Göttingen (Musterschmidt) 1955, Bd. 1, S. 93 ff.)

Unternehmer – vom „Herrn im Haus" zum Manager

Anfangs wurden Fabriken in Deutschland nicht von Erfindern wie in England, sondern von Kaufleuten unterschiedlicher Herkunft gegründet. Sie waren keine ausgebildeten Techniker, dafür aber Männer mit Organisationstalent, versierte Kaufleute mit guten Geschäftsbeziehungen, Leute mit Mut zum Risiko und Sinn für das Machbare. Soweit sie erfolgreich ihre Firma aufbauten, entwickelten sie ein besonderes Selbstvertrauen, das sie auch nach außen hin dokumentierten. Unternehmer entwickelten sich zu ausgeprägten Persönlichkeiten, für die es keine Vorbilder gab, die aber das gesellschaftliche Leben des Bürgertums neben Beamten, Militärs und Rittergutsbesitzern entscheidend mitbestimmten. Das folgende Thema ermöglicht verschiedene Perspektiven auf die Unternehmer und ihre Betriebe in Deutschland im 19. Jahrhundert. Gesellschaftlich betrachtet können die frühen Unternehmensstrukturen wohl am ehesten mit Großfamilien verglichen werden. In der Hochindustrialisierung setzten sich, zum Teil unter amerikanischem Einfluss, ganz andere, systematisch entwickelte Strukturen von Großunternehmen durch.
Um das Porträt dieser so wichtigen sozialen Gruppe in der Geschichte der Industrialisierung zeichnen zu können, eignen sich folgende Leitfragen:

- **Wie wurde man zu einem Unternehmer und was bedeutete diese Position in der Gesellschaft des Kaiserreichs?**
- **Gab es Unterschiede im Auftreten, im Verhalten, bei den Tätigkeiten der porträtierten Unternehmer?**
- **Wie regelten sie das System der Normen und Werte in ihren Betrieben?**
- **Wie viel Entscheidungsspielraum blieb den „Motoren" der Industrialisierung?**

Erörtern Sie diese Fragestellungen in einer Diskussionsrunde im Kursverband.

Vorschläge, um den Arbeitsprozess zur inhaltlichen Vorbereitung der Diskussion zu organisieren:

1. Werten Sie die ausgewählten Materialien M 1 – M 7 aspektgeleitet mithilfe folgender Arbeitsaufträge aus:

a) Analysieren Sie die Textauszüge M 1 – M 4 und erstellen Sie die Profile von bedeutenden Unternehmerpersönlichkeiten (z. B. Ausbildung, Familie, Führungsstil, branchentypische Besonderheiten und Charakteristika) des 19. Jahrhunderts.

b) Setzen Sie mithilfe der Ausführungen im Infotext und der inhaltlichen Analyseergebnisse der Historikertexte M 1 – M 3 die Rolle des Unternehmers im Betrieb in Beziehung zu den Erfordernissen der Produktion, der Betriebsorganisation, dem Waren- und Arbeitsmarkt, der Technologie und dem politischen Selbstverständnis der Arbeiterschaft.

c) Analysieren Sie die Materialien M 5 – M 7 und vergleichen Sie die Verbandspolitik der Unternehmer mit der Gewerkschaftsbewegung der Arbeiter. Nutzen Sie dazu Ihre Erkenntnisse, die Sie durch die Behandlung des Themas „Arbeiter stellen die Soziale Frage" (S. 430ff.) gewonnen haben.

d) Entwickeln Sie eine eigene Position zu der Frage, wie der Unternehmer als Motor den industriellen Fortschritt vorantrieb? Bedenken Sie dabei Kosten und Nutzen der Entwicklung.

Arbeits- und Präsentationstipp:

Organisieren Sie Ihren Arbeitsprozess arbeitsteilig. Plakate oder Folien sind als Präsentationsmedien gut geeignet, um Ihre Arbeitsergebnisse aus den Arbeitsgruppen zu visualisieren und vorzustellen.

2. **Projektvorschlag: Spurensuche vor Ort.**
Das Thema Unternehmer könnte auch Anlass zu weiterführender eigener lokalgeschichtlicher Spurensuche sein.
Jedes der hier vorgestellten Unternehmerbeispiele ist ein Einzelfall und immer gibt es Gegenbeispiele zu einem Unternehmertyp. Es ist ein spannendes Experiment, bekannte Unternehmerpersönlichkeiten vor Ort mit einem der vorgestellten Beispiele bestätigend oder kontrastierend in Verbindung zu bringen.

MATERIALIEN

M 1 Unternehmerporträts der frühen Industrialisierungszeit

a) Johann Gottfried Brügelmann (1750–1802)

Johann Gottfried Brügelmann, Kaufmann, Unternehmer und Gründer der ersten Baumwollspinnerei nach englischem Vorbild in Deutschland. Er wurde am 6. Juli 1750 in Elberfeld geboren und starb am 27.12.1802 in *Cromford* bei Ratingen. Er kopierte 1783/1784 mit Unterstützung seines Landesherren in Ratingen die Fabrik Cromford des englischen Erfinders Richard Arkwright – ohne dessen Erlaubnis und mit englischen Fachleuten – und schuf damit wohl eine der ersten modernen Fabriken auf dem Kontinent.

Er war der Sohn einer alten und reichen Elberfelder Kaufmannsfamilie. Nach seiner Lehre im väterlichen Geschäft ging er 1770 nach Basel zum Studium der dortigen Baumwollproduktion. Seit 1774 baute er in Elberfeld ein Geschäft für Baumwollartikel auf. Als Ratsherr in Elberfeld vertrat er eine unternehmerfreundliche Kommunalpolitik. 1781 wurde Brügelmann Sprecher der Kaufmannschaft im sogenannten „Weberstreit" mit Elberfelder Webern um Qualität und Preise ihrer Produkte, der schließlich mit Militäreinsatz niedergeworfen wurde. Bei seiner Englandreise 1782 lernte er die Spinnerei von Richard Arkwrigt in Cromford/Derbyshire kennen. Wie viele andere warb auch er Fachkräfte zum Nachbau und Betrieb der dort studierten Spinnmaschinen („Waterframe") an, um angesichts der großen Nachfrage nach Baumwollgarn („Garnhunger") mehr Garn produzieren zu können. 1783 erhielt er das landesherrliche Privileg zur Gründung und zum alleinigen Betrieb einer Baumwoll-Maschinenspinnerei bei Ratingen, die er nach dem englischen Vorbild *Cromford* nannte. 1784 wurde die Produktion mit 1600 Spindeln aufgenommen, bald um einzelne Webstühle und Wirkstühle ergänzt, innerhalb von zehn Jahren etwa eine Verzehnfachung seines Vermögens. In Düsseldorf-Pempelfort wurde eine Baumwollfärberei, 1798 in Rheydt bei Mönchengladbach die Baumwollspinnerei *Brügelmann & Lenßen* gegründet. 1801 entstand im säkularisierten Kloster Klein Nazareth in Köln ein weiterer Filialbetrieb.

(Nach: Marie-Luise Braun, Johann Gottfried Brügelmann, in: Rheinische Lebensbilder 1, Düsseldorf 1961, S. 136–151)

b) Friedrich Harkort (1793–1880)

Einer der ersten deutschen Industriepioniere war Friedrich Harkort aus Hagen. 1793 kam er als nachgeborener Sohn einer traditionsreichen Kaufmannsfamilie zur Welt. Ausgebildet auf der Handlungsschule in Hagen, trat er 1808 eine Kaufmannslehre an. Bewusst erlebte Friedrich Harkort die Einführung der Gewerbefreiheit im französischen Großherzogtum Berg. Doch sein Vorbild war England. Er bemühte sich, die technischen Innovationen englischer Unternehmer nachzuvollziehen. Harkort hatte sich bei seinem Aufenthalt in Großbritannien von dem englischen Ingenieur Eduard Thomas und dem Londoner Bankhaus *Jamesen & Aders* beraten lassen, dessen Mitinhaber Carl Aders mit Heinrich Daniel Kamp verwandt war.

1819 gründete er mit englischem Fachwissen eine Maschinenfabrik auf der Burg Wetter an der Ruhr. Friedrich Harkort hatte dem preußischen Staat die leer stehende Burg 1819 abkaufen können. An diesem Standort errichtete er eine Fabrik, die *Mechanische Werkstätte Harkort & Co.*, die zunächst Zahnräder, Grabkreuze, gusseiserne Walzen, Treppengeländer, Bügeleisen und Öfen, bald aber Förder- und Wasserhaltungsmaschinen, mechanische Webstühle für die Textilherstellung und Dampfmaschinen nach englischem Vorbild produzierte. 1826 schloss er ein Puddel- und Walzwerk an. Unter finanzieller Beteiligung seines Kompagnons Kamp und mit technischer Unterstützung durch den englischen Ingenieur Thomas baute Harkort eine Industrieanlage auf, die von der Eisengewinnung und Verhüttung bis zur Verarbeitung alle Produktionsgänge an einem Standort zusammenfasste.

Ansicht der Fabrik des Industriepioniers Friedrich Harkort auf Burg Wetter an der Ruhr, eine der ersten Industriedarstellungen in Deutschland (1834)

c) Franz Dinnendahl (1775–1826)

Franz Dinnendahl war der erste Konstrukteur und Fabrikant von Dampfmaschinen im rheinisch-westfälischen Industriebezirk. Zu seiner Spezialität zählten Gasbeleuchtungsanlagen. Er wurde am 20.8.1775 in der Horster Mühle bei Steele/Ruhr als Sohn eines Müllers geboren und starb am 15.8.1826 in Essen-Rellinghausen. Nach erster Tätigkeit im Bergbau erhielt er eine Schreiner- und Zimmermannsausbildung, er wurde dann selbstständiger Bauhandwerker. In dieser Funktion konstruierte er

hölzerne Wasserhaltungsmaschinen für Kohlenbergwerke und errichtete 1801 das Maschinenhaus für die Zeche *Vollmond* bei Bochum. Dinnendahl entwickelte 1803 die erste eigene Dampfmaschine für die Zeche *Wohlgemuth* bei Essen (Leistung 4–7 PS, tätig bis 1815), für die die Metallarbeiten von der Eisenhütte in Oberhausen-Sterkrade geliefert wurden. Es folgten weitere Dampfmaschinen für den Einsatz im Bergbau, 1808 Wasserpumpen mit Dampfmaschinenantrieb für den Festungsbau von Wesel. In seiner eigenen Dampfmaschinenfabrik für Wasserhaltungs- und Fördermaschinen arbeiteten bis zu 60 Arbeiter. 1811 folgte die erste Aufstellung einer Fördermaschine im Ruhrgebiet zur Förderung von Kohle im Tiefbau und 1818, nach der Entdeckung des Steinkohlengases durch den Essener Apotheker Flashoff, begann die Fabrik für Gasbeleuchtungsanlagen, der ersten seiner Art in Westdeutschland. 1807 erhielt Dinnendahl das Essener Bürgerrecht, 1819 wurde er in den Stadtrat von Essen berufen. Durch die Gründung konkurrierender Dampfmaschinenfabriken (1819 die *Gute Hoffnungshütte* in Sterkrade und die Hartkortsche Fabrik in Wetter) geriet sein Betrieb in wirtschaftliche Schwierigkeiten.

M 2 Die Leitung des Unternehmens Siemens & Halske

Die 1847 von dem Artillerieoffizier Werner Siemens und dem Mechaniker Johann Georg Halske unter Mitwirkung eines stillen Teilhabers mit einem Kapital von 6843 Talern gegründete Offene Handels-

Gesellschaft Siemens & Halske, Berlin, produzierte und vertrieb in den ersten Jahren ihres Bestehens vor allem Telegrafen und Eisenbahnsignalapparate einschließlich des zugehörigen Installationsmaterials, bald auch Wasser- und Alkoholmessgeräte. Eisenbahngesellschaften und staatliche Behörden in den deutschen Staaten, Russland und England waren die Hauptkunden der Firma, die zwar die Planung, Entwicklung und Produktion weitgehend in Berlin zentralisierte, aber schon zu Beginn der 50er-Jahre Zweigstellen in Petersburg und London unter der Leitung von Werners Brüdern Carl und Wilhelm Siemens errichtete. Neben Landtelegrafenleitungen gehörten ab 1857 Unterseekabel zu den Projekten, für die die „Telegrafenbauanstalt" in der Berliner Markgrafenstraße vor allem produzierte. Im Vergleich zu der 1867 beginnenden raschen Expansionsperiode der Firma stellen sich die ersten zwanzig Jahre als Phase langsamen Wachstums und temporärer Stagnation dar und bieten sich durch ihre Stetigkeit und relative Homogenität als Untersuchungszeitraum an.

Bis in die Aufschwungsphase nach 1867 hinein zeigte die Telegrafenbauanstalt deutlich manufakturelle Züge. Vom traditionellen Handwerksbetrieb wie von Verlags- und Heimarbeit unterschied sie sich durch die von Anfang an benutzte Kapitalrechnung, den formal freien und vertraglich geregelten Charakter der in ihr geleisteten Handarbeit, durch die Trennung des Arbeitsprozesses von der Wohnung der Arbeitenden, durch ihre Größe und die sich vervollkommnende Zentralisation der Arbeitsvorgänge. Andererseits kann sie nicht als vollentwickelte Fabrik bezeichnet werden: In der Werkstatt dominierte noch die einfache Kooperation mehrerer, nebeneinander gleich oder ähnliche Apparate als ganze herstellender Mechaniker. Neben der von Anfang an vorhandenen Objektspezialisierung, die sich durch die Aufnahme neuer Produktionszweige weiter differenzierte, setzte sich langsam die Spezialisierung nach Arbeitsstufen durch. Während die preußischen Maschinenbau-Werkstätten der 50er- und 60er-Jahre bereits Spezialwerkzeugmaschinen kannten, fanden sich bei Siemens & Halske bis nach 1870 nur einige wenige Universal-Werkzeugmaschinen: einige Drehbänke und kleine Bohr- und Handhobelmaschinen. Erst 1863 stellte man die erste Dampfmaschine auf. […]

Die Leitungsfunktionen oblagen den Inhabern, den Meistern und anderen Beamten. „Die Leitung des Geschäfts liegt dem Herrn Halske und Werner Siemens gemeinschaftlich ob, und zwar soll Halske die spezielle Leitung der inneren Fabrikation, Werner Siemens die der Arbeiten außerhalb der Werkstätten übernehmen." Diese Aufteilung der Leitungsfunktionen sah bereits der Gesellschaftsvertrag von 1847 vor. Tatsächlich kümmerte sich Werner Siemens bis 1867 nur wenig um die innere Organisation und die Methoden der Telegrafenbauanstalt in Berlin, ausgenommen um Grundsatz- und Personalprobleme. Er wusste, dass die Solidität der Apparate von Halske garantiert wurde, und überließ ihm die Werkstatt. Werner Siemens reiste viel und kümmerte sich um die großen Unternehmungen, die Telegrafenlinien und Kabellegungen, die er häufig an Ort und Stelle leitete. Er befand sich im Mittelpunkt der Korrespondenz mit den Brüdern in London und Petersburg, um so unter Schwierigkeiten den Zusammenhalt der Firma über Ländergrenzen hinweg zu erhalten und das international verzweigte Geschäft zu leiten. Daneben standen für den Firmenchef technische Probleme (die Qualität einer Serie von Apparaten, neue Versuche), betriebliche Personal- und Sozialpolitik und einzelne geschäftliche Fragen wie Preiskalkulation oder die Verhandlungen über bestimmte Aufträge im Vordergrund.

Halske spielte in den ersten Jahren nach der Gründung unter den Mechanikern der Werkstatt die Rolle des ‚primus inter pares'. Er legte selbst mit Hand an, organisierte und leitete in direkter Kooperation. Als gelernter Mechaniker konnte er den Arbeitern eigenhändig zeigen, was sie tun sollten. Für diesen Handwerker ohne große unternehmerische Ambitionen wurde auch die Werkstatt selbst, mit ihrem bereits 1855 die Hundertergrenze überschreitenden Personal, unüberschaubar. Er reagierte auf doppelte Weise: In seine separate, kleine Werkstatt zurückgezogen, überließ er das Management der Gesamt-

Werner von Siemens mit seiner Frau Antonie und seinen Kindern, um 1876.
Von links nach rechts: Arnold, Käthe, Wilhelm, Werner von Siemens mit Hertha, Anna, Antonie mit Carl-Friedrich. Hertha und Carl-Friedrich entstammten der Ehe mit Antonie.

werkstatt dem Werkstattvorsteher. Zum Zweiten hatte jeder, der die künstlerische, individuelle Arbeitsweise, die der gelernte Mechaniker Halske über alles schätzte, den neuen Bedingungen und technischen Möglichkeiten gemäß modifizieren wollte, sein Misstrauen und seinen Widerstand zu überwinden. Halske tat also nicht nur nichts dazu, den ohnehin konservierenden Einfluss der Werkstatthierarchie zu brechen, diese konnte vielmehr auf Halske zählen, wenn es um die Abwehr allzu kapitalistischer, an Rentabilität und Effektivität orientierter Gedankengänge ging, die von der kaufmännischen Verwaltung oder von den Brüdern Siemens an sie herangetragen wurden.

Das so entstehende und zunehmende Vakuum an leitender, vorwärtstreibender Initiative füllte William Meyer, der Jugendfreund des Gründers und ehemalige Artillerieoffizier, nur zum Teil aus. Meyer wurde 1855 als „Oberingenieur und Prokurist" bei S & H angestellt, nachdem er fünf Jahre lang die preußische Staatstelegrafie mitgeleitet hatte. Er liebte die Organisation, Leitung und Aufsicht: „Derartige Arbeiten fallen mir nicht schwer, ich bin daran gewöhnt." Er organisierte das Petersburger Geschäft und erfüllte dann bis 1867 in Berlin die Aufgabe eines Managers, der die meisten Briefe unterzeichnete und die allgemeine Oberaufsicht führte. Werner Siemens Lebenserinnerungen rühmen ihn als Freund und „Organisationstalent". Da er weder auf technische noch kaufmännische Spezialfunktionen beschränkt war, sondern, an beiden teilnehmend, vorwiegend koordinierend-verwaltende Tätigkeiten ausübte, deutete sich in diesem Leitungsangestellten – trotz seiner Ingenieurausbildung und -erfahrung – der später sehr viel klarer aufweisbare, nicht fachlich spezialisierte, allgemeine Manager vorsichtig an. Es ist bezeichnend, dass er von der Staatsverwaltung in das entstehende Industrie-Management übergewechselt war.

(Jürgen Kocka, Management und Angestellte im Unternehmen der Industriellen Revolution; in: Rudolf Braun u. a. (Hg.), Gesellschaft in der Industriellen Revolution, Köln (K & W) 1973, S. 168–170)

M 3 Die Unternehmerfamilie Lahusen

Die Unternehmerfamilie Lahusen aus Bremen betrieb ursprünglich ein Handelsgeschäft und eine Bierbrauerei. Im 19. Jahrhundert kam der Handel mit Häuten, Salz, Baumwolle, Wolle, Tabak und Kaffee hinzu. Die Handlung besaß eigene Hochseeschiffe. Seit den 1850er-Jahren konzentrierte sich das Unternehmen auf den Wollhandel, besonders aus Südamerika, und die eigene Reederei. 1884 gründete Christian Lahusen aus zolltechnischen Gründen in Delmenhorst die Norddeutsche Wollkämmerei und Kammgarnspinnerei (Nordwolle). Dieses Unternehmen leitete Carl Lahusen (1858–1921), der nach seiner Heirat mit der aus England stammenden Armine Matthias in eine Villa auf dem Werksgelände einzog.

Hochzeit von Carl und Armine Lahusen, 1887

Familie Lahusen vor dem Eingang ihrer Villa, 1912

Tochter Armine (13) und Sohn Heinz (17) im Garten der neben dem Fabrikgelände erbauten Villa, 1911

Auszug aus der Traurede Friedrich Lahusens:
„So folget die Frau den Gedanken des Mannes, so trägt sie mit sein Werk, so geleitet sie ihn mit treuem, sinnendem, betendem Herzen; so prüft sie auch in stiller Stunde, ob ihres Geliebten Weg auch der rechte Weg sei und bleibe. So geht der Mann ein in das stille Wirken seines Weibes, so versteht er ihre Aufgabe im Hause, so trägt er sie in den zahllosen Mühen ihres Tagewerkes, und so teilen beide miteinander ihr inneres Leben, ihres Herzens Gedanken."

(Klaus Bulle/Dietmar von Reeken, Die Unternehmerfamilie Lahusen; in: Geschichte lernen 54/1996, S. 64)

M 4 Der Aufstieg des angestellten Unternehmers

Die Großbetriebe sind heute mehr oder weniger selbstständige Anstalten für die Produktion, den Handel, den Verkehr, welche vom Haushalt der Mitarbeitenden ganz, auch mehr und mehr von den Lebensschicksalen der Beteiligten losgelöst, ihre eigentümliche Verfassung, ihr eigenes, dauerndes, durch Generationen hindurch fortdauerndes Leben haben. Der intime, rein private Charakter der alten kleinen Geschäfte ist schon deshalb verschwunden, weil an den Großbetrieben die wirtschaftliche Existenz ganzer Gruppen verschiedener Familien hängt. Da sind die leitenden Persönlichkeiten, dann die Aktionäre, stillen Teilhaber, sonstigen Kapitalinteressenten und Gläubiger, endlich die Werkmeister und Arbeiter; aber nicht bloß sie kennen den Betrieb und haben ein Interesse an ihm; nein, da sind noch Hunderte und Tausende von Kunden, die von nah und fern das Geschäft verfolgen, dann zahlreiche Händler, Lieferanten, Konkurrenten, endlich die Nachbarn, die ganze Stadt, der Kreis, die Provinz, welche ein Interesse an dem Auf- und Niedergang des großen Betriebs haben. Die Lage, die baulichen Einrichtungen, die guten oder schlechten Verkehrsbedingungen jedes Großbetriebs werden ebenso zu einer Gemeinde- und Bezirksangelegenheit, wie die Rückwirkung desselben auf Schulwesen, Steuerkraft, Bevölkerungszu- oder -abnahme, Wohlstand und Verarmung der ganzen Gegend, Art der Siedlung und Grundeigentumsverteilung die weitesten Kreise berührt. So ist es wahr, dass die Großbetriebe die Volkswirtschaft immer mehr in einen gesellschaftlichen Prozess verwandeln, wobei private und allgemeine Interessen immer komplizierter verbunden und ineinander geschlungen werden. Der einzelne Großbetrieb wird, welche rechtliche Verfassung er auch im Einzelnen haben mag, zu einem Mittelding zwischen einem privaten und einem öffentlichen Haushalt. [...]
Was zunächst die Leiter der großen Betriebe betrifft, so möchte ich hier noch mal an die Wahrheit erinnern, die auch in Zukunft dieselbe bleiben wird: Große Organisationen werden stets – wir sehen das heute auch bei jeder Aktiengesellschaft und jedem Staatsbetrieb – durch das technische, kaufmännische und organisatorische Talent Einzelner ins Leben gerufen; ebenso hängt ihre dauernde Prosperität stets von einzelnen an der Spitze stehenden besonders fähigen Persönlichkeiten ab. Aber das schließt nicht aus, dass mehr und mehr an die Stelle von einem einzigen das Kapital besitzenden Geschäftsleiter mehrere in verschiedenen Rechtsformen treten, dass diese immer häufiger nicht mehr Eigentümer des gesamten Geschäftskapitals sind, sondern nur Teile desselben, oft nur kleine besitzen, ja teilweise nur als Beauftragte fremdes, ihnen nicht gehöriges Kapital verwalten; die zunehmende Kreditentwicklung, die zunehmende Beschränkung der Haftung der an der Spitze Stehenden haben diese große Veränderung erleichtert; sie wurde in dem Maße möglich, als die wachsende Ehrlichkeit im Geschäftsleben und die Heranschulung eines kaufmännischen Beamtenstandes ein immer brauchbareres Material von Intelligenzen lieferte, die Geschäfte zu leiten fähig und fremdes Kapital zu verwalten ehrlich genug waren. Immer freilich ist es heute noch entfernt nicht möglich, die richtigen Leiter für die großen Privat- und Aktiengeschäfte, für die Kartelle zu finden, ohne dass sie wesentlich am Kapital und Gewinn beteiligt wären.
Wohl aber hat sich im Zusammenhang mit dieser großen Änderung zugleich eine tiefgreifende Verschiebung der Stellung des Kapitals vollzogen. Je größer die Betriebe sind, desto mehr arbeitet frem-

des Kapital von Gläubigern darin, das mehr als Verzinsung nicht erhält. Auch das Aktien-, Genossenschafts-, das Kapital stiller Teilhaber erwartet eigentlich nicht mehr als Verzinsung. Das Kapital rückt so mehr und mehr aus der herrschenden Stellung hinaus; es wird das, was es von Natur sein soll, ein dienendes Glied; die Kapitalisten leiten die Geschäfte nicht mehr, sondern die geschäftlichen Intelligenzen; der Unternehmergewinn wird mehr und mehr Bezahlung hochqualifizierter Arbeit, und soweit er dem Kapital bleibt, zerteilt er sich in viele Hände, die Aktien und Genossenschaftsanteile besitzen; teilweise geht er, nämlich bei gewissen Genossenschaften, zugleich mit in die Hände der Kunden; teilweise fließt er als Tantieme, Gewinnbeteiligung, Prämien in die Taschen der Angestellten und Arbeiter.

(Gustav Schmoller, Über die Entwicklung des Großbetriebes und die soziale Klassenbildung, Preußische Jahrbücher 69/1892, S. 467f., 472f.; zit. nach: Jürgen Kocka/Bernd Mütter, Wirtschaft und Gesellschaft im Zeitalter der Industrialisierung, München (bsv) 1980, S. 185f.)

M 5 Veränderungen in der Unternehmertätigkeit

Der Art nach ist die Tätigkeit des modernen kapitalistischen Unternehmers in ihren Grundbestandteilen dieselbe wie früher: Er muss erobern, organisieren, verhandeln, spekulieren und kalkulieren. Aber es lassen sich doch in dem Artcharakter seiner Tätigkeit Veränderungen nachweisen, die von einer Verschiebung des Anteils der verschiedenen Einzelbetätigungen an der Gesamttätigkeit herrühren. Offenbar gewinnt in unserer Zeit immer mehr an Bedeutung in dem Gesamtwirken des Unternehmers die Funktion des „Händlers“, wenn wir das Wort wie oben im Sinne von Verhändler gebrauchen. Immer mehr hängen die Geschäftserfolge ab von der starken suggestiven Kraft und Geschicklichkeit, mit der die mannigfachen Verträge abgeschlossen werden. Die Knoten müssen immer mehr gelöst und können nicht mehr so oft wie früher durchhauen werden.
Sodann wird immer wichtiger für den Unternehmer die geschickte Spekulation; worunter ich hier die Vornahme von Börsentransaktionen verstehe. Die moderne Unternehmung wird immer mehr in den Börsennexus hineingezogen. Trustbildung beispielsweise in den Vereinigten Staaten heißt im Grunde nichts anderes, als die Verwandlung von Produktions- und Handelsgeschäften in Börsengeschäfte, womit also auch für den Leiter eines Produktions- oder Warenhandels-Unternehmens ganz neue Aufgaben erwachsen, deren Bewältigung auch neue Formen der Betätigung erheischt. Die Kalkulation wird immer mehr verfeinert und sowohl durch ihre Vervollkommnung als auch durch ihre Ausweitung immer schwieriger.
Endlich gestaltet sich die Tätigkeit des modernen Unternehmers, solange noch nicht jene Funktionsteilung, von der oben die Rede war, eingetreten ist, immer vielseitiger, in dem Maße namentlich, wie die aus allen Zweigen des Wirtschaftslebens „kombinierte“ Unternehmung sich ausdehnt.
Aber das entscheidend Neue in dem Wirken des modernen Wirtschaftsmenschen ist doch die Veränderung, die das Ausmaß seiner Tätigkeit erfahren hat. Weil jede natürliche Begrenzung des Strebens weggefallen ist, weil nicht mehr die Anforderungen des lebendigen Menschen, nicht mehr die Menge der zu verarbeitenden Güter dem Tun des Unternehmers Schranken setzen, so ist dieses „maßlos“, „grenzenlos“ geworden. [...] Die Geschäftsgrundsätze haben naturgemäß, entsprechend den Verschiebungen, die das Ziel der Wirtschaft erfahren hat, ebenfalls eine Wandlung durchgemacht. Heute steht das wirtschaftliche Verhalten des modernen Unternehmers vornehmlich unter folgenden Regeln:
a) Die gesamte Tätigkeit untersteht einer höchstmöglichen, einer tunlichst absoluten Rationalität. Diese Rationalität ist von jeher ein Bestandteil des kapitalistischen Geistes gewesen, wie wir im Verlauf dieser Untersuchungen festgestellt haben. Sie hat sich von jeher geäußert in der Planmäßigkeit, Zweckmäßigkeit und Rechnungsmäßigkeit der Wirtschaftsführung. Aber was den modern-kapitalistischen Geist von dem frühkapitalistischen in dieser Hinsicht unterscheidet, ist die strikte, folgerichtige, unbedingte Durchführung der rationellen Geschäftsgrundsätze auf allen Gebieten [...].
b) Auf reine Tauschgüterproduktion ist die Wirtschaft ausgerichtet. Da die Höhe des erzielten Gewinnes das einzig vernünftige Ziel der kapitalistischen Unternehmung ist, so entscheidet über die Richtung der Gütererzeugung nicht die Art und Güte der hergestellten Produkte, sondern allein ihre Absatzfähigkeit. Was den größten Erlös erzielt, ist selbstverständlich gleichgültig. Daher die Indifferenz des modernen Unternehmens sowohl gegen die Produktion von Schundwaren als gegen die Fabrikation von Surrogaten. [...] Da die Größe des Absatzes über die Höhe des Profits entscheidet, da aber, wie wir sehen, es dem Erwerbsstreben eigentümlich ist, die Möglichkeiten der Profiterzielung so sehr wie irgend tunlich auszuweiten, so ist also das Sinnen und Trachten des modernen Unternehmers notwendig auf die unausgesetzte Vergrößerung des Absatzes gerichtet, die auch noch deshalb ihm am Herzen liegt, weil sie ihm mannigfache Vorteile im Konkurrenzkampfe gewährt. [...]

c) Der Kunde wird aufgesucht und angegriffen, wie man es nennen könnte; ein Grundsatz, der aller modernen Geschäftsführung ebenso selbstverständlich eigen ist, wie er aller früheren, auch noch der frühkapitalistischen, wie wir sahen, fremd war. Der Zweck, den man verfolgt, ist 1. die Aufmerksamkeit; 2. die Kauflust der Kunden zu erregen. Das Erste geschieht dadurch, dass man ihnen möglichst laut in die Ohren schreit oder mit möglichst grellen Farben in die Augen sticht. Das andere sucht man dadurch zu erreichen, dass man ihnen die Überzeugung, die abzusetzende Ware sei außerordentlich preiswert, zu suggerieren trachtet. Unnötig zu sagen, dass das Mittel zur Erreichung dieses Zweckes die Reklame ist. Unnötig auch zu sagen, dass die rücksichtslose Verfolgung dieses Zweckes alle Gefühle für Schicklichkeit, Geschmack, Anstand, Würde zerstören muss. [...]

d) Die größtmögliche Verbilligung der Produktion und des Absatzes wird erstrebt, um durch wirkliche Vorteile das Publikum anzulocken. [...]

e) Ellbogenfreiheit wird gefordert, um die dem Erwerbsstreben gesteckten Ziele ungehindert erreichen zu können. In dieser Ellbogenfreiheit steckt erstens die formelle Freiheit, tun und lassen zu können, was man im Geschäftsinteresse für notwendig erachtet. Man wünschte keine Beschränkung durch das Recht oder die Sitte. [...] Zweitens steckt materiell in der Forderung der Ellbogenfreiheit die Idee eines völlig rücksichtslosen Erwerbes. Mit ihrer Herrschaft wird der Primat des Erwerbswertes über alle anderen Werte anerkannt. Bindungen irgendwelcher Art, Bedenken irgendwelcher Art: sittliche, ästhetische, gemütliche gibt es nicht mehr. Wir sagen dann: Der Handelnde verfährt „skrupellos“ in der Wahl seiner Mittel.

(Werner Sombart, Der Bourgeois, 1913, S. 227–233; zit. nach: Gerhard A. Ritter/Jürgen Kocka (Hg.), Deutsche Sozialgeschichte, Bd. II, München 1974, S. 170–172)

M 6 Unternehmenskultur im Kaiserreich – eine Bewertung

Mit dem Komplex der „Feudalisierung“ ist auch seit jeher ein spezifischer unternehmerischer Leitungsstil verknüpft worden, der inmitten der Welt der modernen Industrie von vorindustriellen Traditionen zehrte. Zu ihnen gehörte das Vorbild des adligen Rittergutsbesitzers mit seiner Herrschafts- und Disziplinierungsgewalt, mit seinem hochfahrenden Anspruch, alle abhängigen „Leute“ weiterhin wie Untertanen des „ganzen Hauses“ zu behandeln. Da sich die altpreußische Sozial- und Militärverfassung wechselseitig durchdrangen, hatte das adlige Herrenverhalten mit seiner Arroganz den Offizier geprägt, umgekehrt die militärische Kommandoposition die Befehlsgewalt des junkerlichen Gutsbesitzers. Als attraktives Vorbild großbetrieblich-militärischer Führung verklärt, lebte dieses symbiotische Verhältnis in abgewandelter Form im Herrschaftssystem des Industrieunternehmens fort, wo die Fusion von patriarchalischen, aristokratischen und militärischen Elementen auch zur Legitimierung der Unternehmerautorität diente.

Der „Abglanz feudaler und militärischer Herrschaftsanschauung wurde“, hat Goetz Briefs diesen „Herr-im-Haus“-Stil pointiert charakterisiert, „in die Betriebsleitung auf dem Wege über das Reserveoffizierswesen, die akademische Ausbildung der Oberschichten und das Korporationswesen überführt. Mehr und mehr wurden das deutsche Unternehmertum und die höheren Stäbe der Betriebsleitung von einem militärischen Pathos des Kommandos, der Distanzierung und des Befehls, dem schlechthin Gehorsam gebührte, verlockt.“ Darum wurde in vielen deutschen Unternehmen „eine Abhängigkeit und Unterworfenheit von den Betriebszugehörigen verlangt, die über die sachlichen Anforderungen des Produktionsprozesses weit hinausreichte und die Belegschaft als ‚Betriebskontingente‘ auch in ihrem bürgerlichen Leben anzusehen neigte“. Obwohl der vorherrschende „streng liberale Eigentumsbegriff“ eigentlich „öffentliche Funktionen negiert und schon deshalb nicht die Attribute etwas so spezifisch Öffentlichen wie des Militärischen hätte beanspruchen dürfen“, wurde das Unternehmen wie „das erweitere Haus“ angesehen und „die Betriebsbelegschaft nach dem Gesichtspunkt des Herrn im Hause“ dirigiert. Das Insistieren auf den Privilegien des Eigentümers „verband sich vielfach mit der militärischen Führungs- und Befehlsideologie zu einem zwar im Effekt wirkungsvollen, aber Protesthaltung und seelische Widerstände entfesselnden Betriebsmilitarismus“. [...]

So entsprach es durchaus zweckrationalem Verhalten, mit einer Mischung von paternalistischer Sozialpolitik und offener Repression ein Kontrollmonopol im Betrieb anzustreben. Durch ungleich verteilte sozialpolitische und betriebliche Sonderleistungen konnte nicht nur der Facharbeiterstamm angebunden, sondern auch für Entsolidarisierung und „Ruhe während der Arbeit“ gesorgt werden. Solche Leistungen dienten der Verhaltensbeaufsichtigung, überhaupt einer weit verstandenen Sozialdisziplinierung. Als Sanktionsmittel fungierten der Entzug von Prämien, die Verweigerung von Pensionen, die Kündigung von Betriebswohnungen. Die Bevorzugung musste sogar häufig mit einer Freiheitseinschränkung erkauft werden, da die Zugehörigkeit zur

Sozialdemokratie und den Freien Gewerkschaften geächtet, sogar die Lektüre ihrer Zeitungen und der Besuch anstößiger „linker" Lokale untersagt wurde.

(Hans-Ulrich Wehler, Deutsche Gesellschaftsgeschichte, Bd. 3, München (C.H. Beck) 1995, S. 725–727)

M 7 Einigkeit macht stark? – Verbandspolitik der Industriellen im Kaiserreich

Viele Schwerindustrielle verfochten einen ausgeprägten „Herr-im-Haus-Standpunkt". Sie sorgten zwar aus patriarchalischer Gesinnung für z.T. vorbildliche Sozialleistungen in den Betrieben, bekämpften aber unerbittlich jeden gewerkschaftlichen Zusammenschluss ihrer Arbeiter. Eine solche Politik konnte sich die verarbeitende Industrie nicht leisten. Das einzelne klein- und mittelbetriebliche Unternehmen war schwach. Im Unterschied zu den Großbetrieben der Montanindustrie beschäftigte es einen hohen Prozentsatz gelernter, gewerkschaftlich organisierter Arbeiter. Obendrein ließen sich seine Produkte leicht durch solche der Konkurrenz ersetzen. Wegen ihrer insgesamt höheren Streikanfälligkeit war die Fertigindustrie deshalb auf bessere Beziehungen zur organisierten Arbeiterbewegung bedacht als die Schwerindustrie. Diese Differenzen schlugen sich 1904 in der Gründung zweier zentraler Arbeitgeberverbände nieder. Die „Hauptstelle deutscher Arbeitgeberverbände" stand der Schwerindustrie nahe, während der „Verein Deutscher Arbeitgeberverbände" stärker in den Kreisen der verarbeitenden Industrie verankert war.

Die Gegensätze zwischen Schwer- und Fertigindustrie bildeten zugleich regionale Konfliktlinien. Das hing mit der Verteilung der Industriestandorte im Deutschen Reich zusammen. Während das Zentrum der Schwerindustrie an der Ruhr, also in der preußischen Rheinprovinz lag, waren die fertigindustriellen Unternehmen in einem breiten Industriegürtel angesiedelt, der von Sachsen über Thüringen und Mitteldeutschland bis nach Bayern, Württemberg und Baden reichte. In den beiden industriellen Lagern standen sich deshalb preußische und nichtpreußische Industrielle mit höchst unterschiedlichen politischen Traditionen gegenüber.

Indem der „Bund der Industriellen" diese vier Konfliktfelder herausstellte, konnte er nach der Jahrhundertwende eine größere Zahl von Mitgliedern gewinnen. Bei den ihm angeschlossenen Verbänden handelte es sich in der Mehrzahl um Zusammenschlüsse verarbeitender und exportorientierter Zweige, insbesondere der Textil- und Kleinmaschinenindustrie, der Holz- und Schnitzstoffbranche, der Metallverarbeitung, der Nahrungs- und Genussmittelindustrie sowie des Bekleidungs- und Reinigungsgewerbes. Seit sich der „Bund der Industriellen" mit diesem Mitgliederkreis als zweiter industrieller Spitzenverband etabliert hatte, gab es in der deutschen Industrie zwei rivalisierende und einander oft heftig befehdende Verbandsgruppen.

Jede versuchte, die Interessen ihrer Mitglieder im politischen Entscheidungsprozess zur Geltung zu bringen. Mit welchem Erfolg sie das tat, hing von zahlreichen Faktoren ab. Sie waren teils verbandsinterner Natur, z.B. Mitgliederzahl, Organisationsstruktur und Finanzkraft, teils verbandsexterner Art, hingen also mit den Eigenarten des politischen Systems und dem Ablauf der Entscheidungsprozesse zusammen. Der Einfluss des Centralverbandes beruhte zunächst auf der großen Zahl angeschlossener Verbände. 1881 zählte er 38 korporative Mitglieder. 1900 waren es 98 und 1916 216. Diese Mitgliedsverbände repräsentierten nicht nur einen erheblichen Teil der deutschen Industrie, sondern konnten auch eine beträchtliche wirtschaftliche Macht in die Waagschale werfen. Hinzu kam die entwickelte Verbandsorganisation. Sie stützte sich immer stärker auf die Fachverbände als wichtigste Mitgliedergruppe und die Branchenverbände der Schwerindustrie als ihr organisatorisches Rückgrat. Eine Rolle spielte nicht zuletzt auch die finanzielle Leistungsfähigkeit der Mitglieder. Zwar lag der laufende Etat des Verbandes nur bei 150 000 Mark. Das Beispiel der Bueck-Spende, einer Sammlung zu Ehren des langjährigen Geschäftsführers Henry Axel Bueck, zeigte jedoch, dass der Verband im Bedarfsfall erhebliche finanzielle Mittel zusammenbringen konnte.

Mit diesen verbandsinternen Einflussfaktoren des „Centralverbandes Deutscher Industrieller" konnte der „Bund der Industriellen" nicht konkurrieren. Wohl stieg die Zahl seiner Mitgliedsverbände von 12 im Jahre 1897 auf 204 im Jahre 1916. Doch die Bandbreite der organisierten Branchen sowie die wirtschaftliche Macht, die hinter ihnen stand, waren ungleich geringer. Vor allem gelang es dem „Bund der Industriellen" nicht, die neuen Wachstumsbranchen Chemie, Elektrotechnik und Maschinenbau dauerhaft an sich zu binden. Der „Verein zur Wahrung der Interessen der chemischen Industrie Deutschlands" trat dem Bund ebenso wenig bei wie der „Verein deutscher Maschinenbauanstalten", und die Elektrotechnik, die sich erst 1918 im „Zentralverband der deutschen elektrotechnischen Industrie" zusammenschloss, konnte nur in beschränktem Umfang für den Bund gewonnen werden.

(Hans-Peter Ullmann, Interessenverbände in Deutschland, Frankfurt/Main (Suhrkamp) 1988, S. 81–83)

Bilanz – Der Preis des Fortschritts

Technischer Fortschritt und wirtschaftliche Freiheit haben das Verhältnis des Menschen zur Arbeit und auch das Leben außerhalb des Arbeitsplatzes nachhaltig verändert.

Der grundlegende Optimismus des Aufschwungs und der technischen Innovationen blieb trotz aller Rückschläge die beherrschende Erfahrung über Jahrzehnte hinweg.

Zwar beklagten Sozialpolitiker, Kirchenvertreter, Gewerkschaftler soziale Notstände, punktuell auch Fälle von Umweltverschmutzung, doch erst seit etwa 40 Jahren werden die grundlegenden Zweifel an jenem seit mehr als 200 Jahren anhaltenden Fortschrittsprozess geäußert.

Die Kritik begann mit der Ambivalenz des Fortschritts durch die Atomenergie, die zu Massenvernichtungswaffen missbraucht werden kann und deren Entsorgung völlig ungelöste Probleme für unvorstellbar lange Zeiträume aufwirft. Globale Analysen wie die amerikanische Studie „Global 2000" oder der Bericht „Grenzen des Wachstums" des Club of Rome erschienen um 1980 und polarisierten die öffentliche Meinung.

Nun erst wird ins Bewusstsein der Menschen gebracht, dass der Fortschritt solche Ausmaße angenommen hat, dass er längst auch in eine fragwürdige Qualität umgeschlagen ist: Der ungebremste Verbrauch von Boden, Luft, Wasser und Rohstoffen läuft Gefahr, das natürliche Gleichgewicht des Planeten Erde nachhaltig aus den Angeln zu heben. Vom Ozonloch über zunehmende Klimakatastrophen bis hin zur Vergiftung lebensnotwendiger Grundstoffe wie Wasser zeigen sich Folgen einer Entwicklung, die es ernst zu nehmen gilt, auch weil der Prozess der Industrialisierung nicht als abgeschlossen gelten kann. Ähnliche Probleme lassen sich für die Entwicklung der Datenverarbeitung, der Biotechnologie und der Automation von Arbeit oder für die Kontroversen um Windenergie feststellen. Die Verbreitung der Armut ist dadurch nicht weniger geworden, die Risiken nicht beherrschbarer.

Unzweifelhaft ist der Angriff auf das Gleichgewicht der Natur ein problematisches Ergebnis des Fortschritts unter den Bedingungen freier Marktwirtschaft und neuer, bisher zu wenig reflektierter Lebensgewohnheiten. Anders als im 19. Jahrhundert hat der Prozess inzwischen globale Ausmaße angenommen, für die es weder eine überzeugende ökonomische noch politische Lösung gibt. So lässt sich bilanzierend aus heutiger Sicht fragen:

- **Wie hoch ist der Preis des Fortschritts?**
- **Mit welchen Strategien könnten die Folgen der Globalisierung beherrschbar gemacht werden?**
- **Kann die Industrialisierung besser gesteuert werden?**

1. Wählen Sie jeweils einen der Texte M 1 bis M 4 und analysieren Sie ihn unter der Fragestellung, welche inhaltlichen Schwerpunkte, Problemansätze und Lösungen die Autoren zur Sprache bringen.
2. Stellen Sie sich die vier Positionen gegenseitig vor und erörtern Sie, inwiefern die beschriebenen Sachverhalte ihre Ursachen in Zusammenhängen haben, die Sie bereits im Kontext der Industrialisierung im 18. und 19. Jahrhundert kennengelernt haben.
3. Erörtern Sie vor dem Hintergrund Ihrer Analysen und Vergleiche der untersuchten Textauszüge die drei Leitfragen des Themas.

Rothschilds Einsenwerk Wittkowitz (kolorierte Lithografie, um 1850)

MATERIALIEN

M 1 Ludwig Klages über die Folgen des industriellen Fortschritts

Der Philosoph und Psychologe Ludwig Klages (1872–1956) hielt 1913 die folgende Rede anlässlich des Treffens einer dem städtisch-industriellen Leben gegenüber skeptisch eingestellten Jugendbewegung auf dem Hohen Meißner.

Schrecklicher noch, als was wir bisher gehört, wenn auch vielleicht nicht ganz im gleichen Maße unverbesserbar, sind die Wirkungen des Fortschritts auf das Bild besiedelter Gegenden. Zerrissen ist der Zusammenhang zwischen Menschenschöpfung und Erde, vernichtet für Jahrhunderte, wenn nicht für immer, das Urlied der Landschaft. Dieselben Schienenstränge, Telegrafendrähte, Starkstromleitungen durchschneiden mit roher Geradlinigkeit Wald und Bergprofile, sei es hier, sei es in Indien, Australien, Amerika; die gleichen grauen vielstöckigen Mietskasernen reihen sich aneinander, wo immer der Bildungsmensch seine ‚segenbringende' Tätigkeit entfaltet: Bei uns wie anderswo werden die Gefilde ‚verkoppelt', d.h. in rechteckige und quadratische Stücke zerschnitten, Gräben zugeschüttet, blühende Hecken rasiert, schilfumstandene Weiher ausgetrocknet; die blühende Wildnis der Forste von ehedem hat ungemischten Beständen zu weichen, soldatisch in Reihen gestellt und ohne das Dickicht des ‚schädlichen' Unterholzes; an den Flussläufen, welche einst in labyrinthischen Krümmungen zwischen üppigen Hängen glitten, macht man schnurgerade Kanäle; die Stromschnellen und Wasserfälle, und wäre es selbst der Niagara, haben elektrische Sammelstellen zu speisen; Wälder voll Schloten steigen an ihren Ufern empor, und die giftigen Abwässer der Fabriken verjauchen das lautere Nass der Erde – kurz, das Antlitz der Festländer verwandelt sich allgemach in ein mit Landwirtschaft durchsetztes Chicago! „O mein Gott", rief schon vor hundert Jahren der ritterliche Achim von Arnim[1] aus, „wo sind die alten Bäume, unter denen wir noch gestern richteten, die uralten Zeichen fester Grenzen, was ist damit geschehen, was geschieht? Fast vergessen sind die schon unter dem Volke, schmerzlich stoßen wir uns an ihren Wurzeln, ist der Scheitel hoher Berge mir einmal ganz abgeholzt, es wächst da kein Holz wieder: Dass Deutschland nicht so verwirtschaftet werde, sei unser Bemühen!" Und Lenau[2] fasste die landschaftlichen Eindrücke, die er in unserer Heimat empfangen, in die Worte zusammen, man habe die Natur an der Gurgel gepackt, dass ihr das Blut aus allen Poren spritzte. Was würden diese Männer heute sagen! Heute zögen sie es vielleicht vor, gleich Heinrich von Kleist[3] eine Erde zu verlassen, die ihr entarteter Sohn, der Mensch, solchermaßen geschändet hat. „Die Verwüstungen des Dreißigjährigen Krieges haben nicht so gründlich in Stadt und Land mit dem Erbe der Vergangenheit aufgeräumt wie die Übergriffe des modernen Lebens mit seiner rücksichtslos einseitigen Verfolgung praktischer Zwecke." (Aus dem Gründungsaufruf des Bundes für Heimatschutz[4]). – Was aber das heuchlerische Naturgefühl der sogenannten Touristik anlangt, so brauchen wir wohl kaum noch auf die Verwüstungen hinzuweisen, welche die ‚Erschließung' weltfremder Küsten und Gebirgstäler nach sich zog. […]

Aber mit alledem nicht genug, die Wut der Vertilgung hat auch durch die Menschheit ihre blutige Furche gezogen. Dahingeschwunden sind ganz oder nahezu, weil entweder niedergemacht und ausgehungert oder zu hoffnungslosem Siechtum verurteilt durch die Geschenke des Fortschritts: Branntwein, Opium, Syphilis, die Naturvölker. Aus und vorbei ist es mit den Indianern, vorbei mit den Urbewohnern Australiens, vorbei mit allen besten der polynesischen Stämme; die tapfersten Negervölker widerstreben und erliegen der ‚Zivilisation'. […]

Wir täuschten uns nicht, als wir den ‚Fortschritt' leerer Machtgelüste verdächtig fanden, und wir sehen, dass Methode im Wahnwitz der Zerstörung steckt. Unter den Vorwänden von ‚Nutzen, ‚Entwicklung', ‚Kultur' geht er in Wahrheit auf Vernichtung des Lebens aus. Er trifft es in allen seinen Erscheinungsformen, rodet Wälder, streicht die Tiergeschlechter, löscht die ursprünglichen Völker aus, überklebt und verunstaltet mit dem Firnis der Gewerblichkeit die Landschaft und entwürdigt, was er von Lebewesen noch überlässt, gleich dem ‚Schlachtvieh zur bloßen Ware, zum vogelfreien Gegenstande eines schrankenlosen Beutehungers. In seinem Dienste aber steht die gesamte Technik und in deren Dienste wieder die weitaus größte Domäne der Wissenschaft. […] Die meisten leben nicht, sondern existieren nur mehr, sei es als Sklaven des ‚Berufs', die sich maschinenhaft im Dienste großer Betriebe verbrauchen, sei es als Sklaven des Geldes, besinnungslos anheimgegeben dem Zahlendelirium der Aktien und Gründungen, sei es endlich als Sklaven großstädtischen Zerstreuungstaumels; ebenso viele aber fühlen dumpf den Zusammenbruch und die wachsende Freudlosigkeit.

In keiner Zeit noch war die Unzufriedenheit größer und vergiftender. Gruppen und Grüppchen schließen sich rücksichtslos zusammen um Sonderinteressen, im zähen Erhaltungskampfe stoßen hart aufeinander Gewerbe, Stände, Völker, Rassen, Bekenntnisse und innerhalb jedes Verbandes wieder voll Eigensucht und Ehrgeiz die Einzelmenschen. Und da der Mensch sich die Welt stets nach dem Bilde des eigenen Zustandes deutet, so glaubt er auch in der Natur ein wüstes Ringen um Macht zu sehen, wähnt sich im Recht, wenn er allein im ‚Kampf ums Dasein' überblieb, malt sich die Welt nach dem Gleichnis einer großen Maschine, wo immer die Kolben nur stampfen, die Räder schnurren müssen, damit ‚Energie' – man sieht nicht zu welchem Ende – umgesetzt werde, und bringt es mit einem geschwätzigen sogenannten Monismus fertig, das Leben aller Gestirne umzufälschen und herabzuwerten zum bloßen Sockel des menschlichen Ichs. Wie man früher einmal die Liebe gepriesen oder die Entsagung oder gotttrunkene Entrücktheit, so treibt man heute eine Art Erfolgsreligion und verkündet auf dem Grabe der Vorwelt jenen Kleinleuteglauben, den Nietzsches[5] glühender Hohn vorweggenommen, als er seinen ‚letzten Menschen' mit Augenblinzeln sagen ließ: ‚Wir haben das Glück erfunden!'

(Ludwig Klages, Mensch und Erde, Bonn 1980, S. 9ff.)

[1] Achim von Arnim (1781–1831), Dichter
[2] Nikolaus Lenau (1802–1850), Dichter
[3] Heinrich von Kleist (1777–1811), Dichter
[4] 1904 in Dresden gegründet
[5] Friedrich Nietzsche (1844–1900), Philosoph

M 2 Hoimar von Ditfurth über das Verhältnis von Ökonomie und Natur

Hoimar von Ditfurth, Professor für Psychiatrie und Neurologie sowie Wissenschaftspublizist, veröffentlichte 1985 vor dem Hintergrund erster globaler ökologischer Studien und dem Anwachsen militärischer Vernichtungspotenziale sein Buch „So lasst uns denn ein Apfelbäumchen pflanzen. Es ist so weit".

Die unsere Lernfähigkeit auf das Äußerste strapazierende Lektion, die wir zu absolvieren haben, besteht in der Einsicht, dass genau das, was einige hunderttausend Jahre lang unbestreitbar Voraussetzung unseres Überlebenserfolges gewesen ist, von Stund an als Ursache drohenden Aussterbens zu gelten hat. Unser Erfolg war so groß, unser „Sieg" über die restliche Natur so unvorhergesehen total, dass wir uns umbringen würden, wenn wir an den bisherigen Rezepten weiterhin festhielten. […]

Seit einigen Jahren wurde man […] der Tatsache gewahr, dass die freie Entfaltung der „marktwirtschaftlichen Intelligenz" mit der Zunahme ihres Einflussbereichs zunehmend auch verheerende Konsequenzen für ökologische Zusammenhänge mit sich bringt. Unübersehbar geworden sind diese für die Öffentlichkeit, seit sie katastrophale Ausmaße angenommen haben: Emissionsschäden im Wald und an Gebäuden, Grade der Luftverschmutzung, die inzwischen auch bei uns schon in mehreren Großstädten zur Auslösung von „Smogalarm" und gesundheitlicher Gefährdung der Bewohner führten, Schadstoffbelastungen des Trinkwassers und chemische Rückstände in Nahrungsmitteln. Von alledem war schon eingehend die Rede. Die tiefere Problematik aber wird erst sichtbar, wenn man der Frage nachgeht, ob derartige nachteilige Folgen „systemimmanent" sind. Ob sie als notwendige Folgen einer freien Wirtschaft anzusehen und womöglich gar (etwa als „Kaufpreis für unseren Wohlstand") hinzunehmen sind. Weit jenseits vordergründiger Schuldzuweisungen und bequemer (und meist selbstgerechter) Feindbild-Projektionen – der gängigen und in der üblichen Verallgemeinerung ebenso ungerechten wie schädlichen Polemik gegen „die" Industrie und ihr „Profitstreben" – werden dann wichtige und interessante Zusammenhänge sichtbar. Gerhard Scherhorn fasst den Kern der Angelegenheit zusammen, indem er sagt, die Natur sei innerhalb des marktwirtschaftlichen Gesellschaftssystems gleichsam rechtlos: Sie brauche nicht entlohnt zu werden wie Arbeiter oder Geldgeber, sie könne nicht einmal den Anspruch erheben, den wir toten Objekten wie Werkzeugen und Maschinen ganz selbstverständlich zubilligen, den Anspruch nämlich auf pflegliche Behandlung. Unsere marktwirtschaftlich organisierte Gesellschaft betrachtet die Natur gewissermaßen als „vogelfrei".
Die Folge dieser Einstellung aber ist unvermeidlich die Tendenz, der Natur zum eigenen Vorteil so weit irgend möglich mehr zu entnehmen, als ihr zurückgegeben wird. […] Wer bei uns Möbel oder eine Zimmerdecke aus tropischen Edelhölzern erwirbt, hat in der Regel nur den Ramschpreis zu zahlen, der aufgrund der Beschaffungskosten in einem Niedriglohnland kalkuliert wurde. […] Die realen Kosten ließen sich nur durch einen Preis begleichen, der auch die Pflege und eine die lautende Entnahme kompensierende Wiederaufforstung des Herkunftswaldes für seinen Besitzer rentabel macht. Aber da liegt eben der Haken: Der tropische Urwald hat keinen (individuellen) Besitzer. Damit aber steht er außerhalb der von unserer Gesellschaft respektierten Schutzansprüche.

Man braucht nicht bis an den Amazonas zu gehen, um auf diesen ruinösen Zusammenhang zu stoßen. Wir müssen hier etwas näher betrachten: jene „Betriebsloyalität“, die es für legitim, ja für pflichtgemäß erachtet, der anonymen „Allgemeinheit“ Nachteile zuzuschieben, wenn es dadurch gelingt, dem eigenen Unternehmen Kosten zu sparen. […] Im Endeffekt führt das unweigerlich zu der allen wirtschaftlichen Entscheidungen immanenten Tendenz, „interne Kosten zu externalisieren“, wie die Ökonomen das nennen. Es führt, auf Deutsch gesagt, dazu, Kosten nur in dem Umfang in die Rechnung einzubeziehen, in dem sie sich nicht abwälzen lassen. Abgewälzt wird (hier einige Beispiele Scherhorns)

– auf die Umwelt, indem man zum Beispiel ungereinigte Abwässer in Flüsse ableitet oder Schadstoffe in die freie Atmosphäre,

– auf den Steuerzahler, indem man sich darauf verlässt, dass „der Staat“ das Wasser wieder zu trinkbarer Qualität aufbereiten wird (oder die Produkte aufkauft, die sich nicht mehr absetzen lassen, oder die Lehrlingsausbildung übernimmt, die man selber nicht mehr finanzieren will),

– auf den Konsumenten, indem man ihn zum Beispiel gesundheitsschädliche Rückstände in Nahrungsmitteln zumutet (oder im Selbstbedienungsverfahren Dienstleistungen, die einem selbst nicht mehr rentabel erscheinen).

Zugespitzt könnte man sagen, so Scherhorn, „dass das ökologische Denken das Tragen von Kosten begünstigt, während das derzeit herrschende ökonomische Denken eine Versuchung zum Nichtberücksichtigen und Abwälzen von Kosten enthält“. Leidtragender dieser Strategie ist, so braucht man dem nur hinzuzufügen, in aller Regel die durch keinerlei Besitzrechte geschützte und daher vogelfrei geltende „Natur“.

(Hoimar von Ditfurth, So lasst uns denn ein Apfelbäumchen pflanzen – Es ist so weit, Hamburg 1985, S. 227 ff.)

M 3 Marianne Gronemeyer über die Folgen der Beschleunigung in der Moderne

Marianne Gronemeyer, Professorin für Erziehungswissenschaft, veröffentlichte 1993 mit „Das Leben als letzte Gelegenheit“ eine Studie zum Zeit- und Todesbewusstsein der Moderne.

Beschleunigung ist eine Variante des schnöden Utilitarismus[1]. Unter ihrer Diktatur wird alles unter dem Aspekt der Nützlichkeit betrachtet: und der ist wiederum definiert durch die Eignung zu weiterer Beschleunigung. Banalität, Utilitarismus und Beschleunigung bilden einen unauflöslichen selbstbestätigenden und selbstbestärkenden circulus vitiosus[2], einen veritablen Teufelskreis. Beschleunigung kann nicht wie Denken und Erfahren ein Drittes hervorbringen. Sie vermag nur in dumpfer Solipsistik[3] weitere Beschleunigung zu entfesseln und sich als ultima ratio[4] des vergänglichen Lebens immer neu zu empfehlen.

Vernichtend ist die Trias aus Banalität, Rekordzeit und Utilitarismus *erstens*, weil sie alle langsamen Formen der Weltberührung unwiderruflich verdrängt. Unter dem radikalen Monopol der Beschleunigung (die etwas ganz anderes ist als Schnelligkeit, denn neben der Schnelligkeit kann Langsames durchaus bestehen, wie uns die Musik lehren kann), gilt, dass das jeweils *schnellste mögliche Tempo* sich *gegen alle langsameren Bewegungen* behauptet. P. Virilio verdichtet diese Einsicht zu einem dromologischen[5] Gesetz, das besagt, „dass eine höhere Geschwindigkeit stets früher oder später eine ihr unterlegene Geschwindigkeit ausschaltet“. Dies gilt nicht nur für die Fortbewegung von Punkt A nach Punkt B, sondern für alle denkbaren Weltkontakte.

Die Zerstörungskraft der Beschleunigung wird *zweitens* darin wirksam, dass sie alles, womit sie in Berührung kommt, mit ihrer öden Eindimensionalität, ihrer rasenden Ausschließlichkeit infiziert. Mensch und Welt werden radikal versimpelt, um ihre Eigenart gebracht und auf die bloße Fähigkeit ihrer *Mobilisierbarkeit* reduziert.

Damit werden Mensch und Welt drittens in ihrer *Existenz* geleugnet. Sie büßen ihr Da-Seins-Recht ein. Es gilt nur das an ihnen, was in Bewegungswirbel versetzt werden kann. Dabei wird alle *Beständigkeit verwirbelt* und alle Standhaftigkeit entwertet. In ihrer Zuständlichkeit und Anwesenheit sind die Weltdinge ohne Bedeutung. Sie kommen nur im Transit vor, nichts als Spurlosigkeit und Leere in den Menschen hinterlassend.

Die Monokultur der Raserei hat *viertens* eine kalkulierte Gleichgültigkeit zur Folge. Das, worauf der beutegierige ‚homo accelerandus‘[6] so scharf ist, muss ihm paradoxerweise gleichgültig sein, andernfalls er am Vorhaben der Beschleunigung scheitern müsste. Die *kalte Indifferenz*[7] aber ist die Voraussetzung für eine ebenso kalte Zerstörungsbereitschaft. Wo alle eingegangenen Verhältnisse unter Zeitdruck banal und utilitaristisch[8] werden, ist der Respekt vor dem Andern und die Grenze zwischen Erlaubtem und Unerlaubtem aufgehoben.

Im Ergebnis ist das Projekt der Lebensverlängerung durch Beschleunigung gefährlich und enttäuschend zugleich. Die Enttäuschung besteht vor allem darin, dass jede Beschleunigung dazu tendiert, Verschiedenheit einzuebnen und öde *Gleichförmigkeit* hervorzubringen.

Die Beschleunigung, insbesondere die maschinelle, hat unweigerlich die *Verrohung aller Beziehungen* zur Folge: Sie „macht einstweilen die Gesten präzis und roh und damit die Menschen. Sie treibt aus den Gebärden alles Zögern aus, allen Bedacht, alle Gesittung. [...] In den Bewegungen, welche die Maschinen von den sie Bedienenden verlangen, liegt schon das Gewaltsame, Zuschlagende, stoßweis Unaufhörliche der faschistischen Misshandlungen." (Adorno) Es ist aber nicht so, dass der Mensch, unzufrieden mit dem Ergebnis seiner Bemühungen um Lebenserweiterung, sich von der Hochgeschwindigkeit einfach wieder verabschieden könnte. „Der Zwang zur Beschleunigung ist kein vereinzelter zivilisatorischer Auswuchs, der sich mit etwas gutem Willen wieder beseitigen ließe" (L. Baier), er ist in alle Poren gesellschaftlicher Existenz gedrungen und hat der Natur, der Gesellschaft und dem Individuum unauslöschliche Spuren eingegraben.

(Marianne Gronemeyer, Das Leben als letzte Gelegenheit – Sicherheitsbedürfnis und Zeitknappheit, Darmstadt (Wiss. Buchgesellschaft) 1996, S. 135 ff.)

[1] Utilitarismus: eine Ethik, die Handlungen nach ihrer Nützlichkeit beurteilt
[2] circulus vitiosus: krankhafter Kreislauf
[3] Solipsistik: Selbstbezogenheit, Egoismus
[4] ultima ratio: letztes Mittel
[5] dromologisch: neuartige Wortschöpfung, die abgeleitet ist von dem lat. Wort *dromas*: Laufkamel
[6] homo accelerandus: der zu beschleunigende Mensch
[7] Indifferenz: Gleichgültigkeit
[8] Utilität: Nützlichkeit

M 4 Ulrich Beck über den Umgang mit Risiken in der modernen Welt

Ulrich Beck, Professor für Soziologie, entwickelte seit 1985 in verschiedenen Publikationen den Begriff der „Risikogesellschaft" als Phänomen der Moderne.

Ich möchte hier ein Kriterium für die Risikogesellschaft vorschlagen, dass mich wahrscheinlich als Vertreter der Versicherungswirtschaft verdächtig macht, von dem ich aber glaube, dass es trotzdem einen überraschend großen Stellenwert in der Debatte bekommen könnte. Ich möchte nämlich, auf die Frage, was ist neu an der Risikogesellschaft, antworten: Das Neue ist der fehlende private Versicherungsschutz. Große Teile der hochentwickelten Industrien, insbesondere die Kernenergie, aber auch die Gentechnologie, breite Teile auch der chemischen Industrie, bewegen sich jenseits der (privaten) Versicherungsgrenze. Sie sind bestenfalls unzulänglich versichert. Wenn nicht staatliche Haftung (wie bei der Kernenergie) notfalls einspringt, wenigstens Rahmenbedingungen schaffen würde, wäre aus simplen Kostengründen ein Ingangsetzen dieser „Zukunftsindustrien" nicht möglich. Wir bewegen uns also in der Risikogesellschaft jenseits der Kalkulationsnorm, die die Industriegesellschaft selbst entwickelt hat.

Es ist nicht der Soziologe, der sich hinstellt und diagnostiziert: Hier beginnt die Risikogesellschaft, und das ist noch die alte Industriegesellschaft, sondern es sind interessanterweise zentrale Institutionen der Gesellschaft selbst, nämlich das ökonomische System, das den Technikern widerspricht. Während die Techniker in vielen Bereichen und auch die Unternehmen sagen, wir garantieren technische Sicherheit, ist die private Versicherungswirtschaft nicht bereit, dieses angeblich lukrative Geschäft zu übernehmen, und sagt mit der Anwendung ihrer ökonomischen Rationalität, das ist unkalkulierbar. Es gibt Grauzonen, aber immerhin ist es interessant, dass, wenn man diesen Maßstab anlegt, breite Bereiche der großen chemischen und gentechnischen Entwicklungen, der „großtechnischen Systeme", sich offenbar jenseits dieser Schallgrenze der privaten Versicherbarkeit bewegen. Dies ist nur ein Merkmal für sehr viele. Ich habe deswegen hier darauf verwiesen, weil das wahrscheinlich am anschaulichsten ist. Dabei wird deutlich, dass in der Risikogesellschaft die Institutionen, die die Kalkulierbarkeit der Entwicklung garantieren sollen, einem anderen Jahrhundert entstammen als die Folgen, die die Industriegesellschaft selbst auslöst. Das Versicherungsprinzip ist ein interessantes Prinzip, das mit der interkontinentalen Handelsschifffahrt entstand und im 19. Jahrhundert weiterentwickelt wurde, heute in alle Bereiche hinein sich auswirkt. Und genau dieses Prinzip, an dem die Industriegesellschaft selbst ihre eigene Rationalität bemisst, wird durch diese Entwicklung selbst außer Kraft gesetzt.

(Ulrich Beck, in: Hans-Hermann Hartwich (Hg.), Bindungsverlust und Zukunftsangst – Leben in der Risikogesellschaft, Opladen (Leske + Budrich) 1994, S. 25–35)

Zusammenfassen, Üben und Darstellen

Industrialisierung verändert Wirtschaft und Gesellschaft

Kernbegriffe:

- ★ Bevölkerungsentwicklung
- ★ Agrarentwicklung
- ★ Schrittmacherindustrie
- ★ Markt
- ★ Wettbewerb
- ★ Kapitalbildung
- ★ Schlüsselerfindungen
- ★ Wirtschaftsdenken/A. Smith
- ★ Marxismus
- ★ Arbeiterbewegung
- ★ Streik
- ★ Unternehmer
- ★ Verbandspolitik
- ★ Versicherungswesen
- ★ Soziale Frage
- ★ Männerarbeit/Frauenarbeit

Info, S. 393f., 397f., 403–407
Methode, S. 411
Thema, S. 430ff., 440ff.

1. Stellen Sie die Wechselwirkung zwischen wirtschaftlichem und gesellschaftlichem Wandel im Verlauf der Industrialisierung dar. Nutzen Sie dabei grafische Formen der Veranschaulichung.

Thema, S. 423ff., 410ff.

2. Vergleichen Sie die persönlichen Wahrnehmungen der Zeitgenossen über den industriellen Wandel mit den messbaren Daten.

Info, S. 401–403
Thema, S. 417ff.

3. Beschreiben Sie Hemmnisse und Fortschritte der Entwicklung von Waren- und Arbeitsmarkt im 19. Jahrhundert.

Thema, S. 430ff.

4. Erläutern Sie den sozialen Wandel der Familie am Beispiel der Arbeiterfamilie.

Info, S. 392–394, 397f., 404–409

5. Vergleichen Sie die berufliche Entwicklung von Männern und Frauen vor, während und nach der Industrialisierung.

Info, S. 404f.
Thema, S. 440ff.

6. Setzen Sie den Unternehmer in Beziehung zu den traditionellen Eliten des Landes (Herkunft, Bildung, Karriere, politische Tätigkeit).

Thema, S. 423ff.

7. Entwerfen Sie ein Schaubild zum Denken von A. Smith und K. Marx im Vergleich.

Info, S. 403, 408
Thema, S. 417ff., 430ff.

8. Erörtern Sie, worin Sie die Aufgabe des Staates in der Wirtschaftsförderung sehen, und vergleichen Sie Ihre Meinung mit dem Vorgehen des Staates im 19. Jahrhundert.

Info, S. 395f.

9. Erläutern Sie den Begriff der Schrittmacherindustrie.

Info, S. 392–399

10. England – ein Vorbild für Europa? Diskutieren Sie Pro und Kontra der wirtschaftlichen, sozialen und politischen Lage.

Info, S. 407–409
Thema, S. 430ff.

11. Welche Lösungen der Sozialen Frage waren denkbar, welche machbar?

Info, S. 392, 400

12. Massenproduktion und Massenkonsum – die neue Dimension aus Amerika.

Forum, S. 449ff.

13. Wohlstand zu Lasten der Ökologie? Erstellen Sie eine Kosten-Nutzen-Relation der sozialökonomischen Fortschritte und Kosten im Rohstoffverbrauch.

Info, S. 401–409,
Thema, S. 447

14. Zeigen Sie die Gründe auf für die Verwerfungen zwischen Wirtschaft und Politik im Kaiserreich.

Thema, S. 423ff., 430ff.

15. Arbeiterfrauen und bürgerliche Frauen, Sozialisation und Emanzipation: Erörtern Sie, welche Chancen die Industrialisierung für die Frauenbewegung bot.

Info, S. 403

16. Interpretieren Sie die Tabelle über die Konjunkturzyklen.

Klausurtraining

Interpretation einer statistisch aufbereiteten Quelle

Aufgabenstellung

1. Analysieren Sie die statistische Quelle.
   a) Erläutern Sie anhand der Überschrift und der Kopfspalten der Tabelle, zu welchem Thema Aussagen getroffen werden.
   b) Erläutern Sie die Art der berechneten Daten (Indexwerte) und bestimmen Sie deren Aussagewert.
   c) Erklären Sie über die Erläuterungen zur Tabelle die Funktion der Zahlenreihen (wofür stehen die einzelnen Werte, welche Beziehungen bestehen untereinander?).

2. Interpretieren Sie den Befund.
   a) Ziehen Sie den Info-Text S. 403 heran und stellen Sie die Entwicklung der Einkommen in Beziehung zur konjunkturellen Lage in Deutschland.
   b) Bestimmen Sie die Bedeutung des Basisjahres 1895 und erörtern Sie die Auswirkungen auf die Einkommensberechnung; überlegen Sie eventuell Alternativen.
   c) Versuchen Sie, mittels M 3 auf S. 433 die Aussagen der Tabelle für einzelne Lohngruppen (Arbeiter, Angestellte) differenzierter zu bestimmen.
   d) Untersuchen Sie, in welcher Weise die Produktionsgewinne an die Arbeitnehmer weitergegeben wurden und die Kaufkraft beeinflussen konnten.

3.
   a) Fassen Sie die wichtigsten Ergebnisse zusammen. Bedenken Sie dazu mögliche andere Darstellungsformen (Diagramm, Schaubild), um Ihre Beobachtungen anschaulicher vermitteln zu können.
   b) Setzen Sie Ihren Befund in Beziehung zu der Frage, ob sich die Lebensverhältnisse in Deutschland durch die Industrialisierung gebessert haben.

Materialgrundlage

M Einkommen von Arbeitnehmern in Industrie, Handel und Verkehr in den Jahren 1871 bis 1913 im Durchschnitt

	Mittlerer Jahresverdienst normal		Index der Lebenshaltungskosten	Mittlerer Jahresverdienst real	
Jahr	Mark	1895 = 100	1895 = 100	in Preisen von 1895	1895 = 100
1871	493	74	105,8	466	70
1875	651	98	112,7	578	87
1880	545	82	104,0	524	79
1885	581	87	98,6	589	89
1890	650	98	102,2	636	96
1895	665	100	100,0	665	100
1900	784	118	106,4	737	111
1905	849	128	112,4	755	114
1910	979	147	124,2	789	119
1913	1 083	163	129,8	834	125

(Nach: G. Hohorst/J. Kocka/G. A. Ritter, Sozialgeschichtliches Arbeitsbuch, München (C. H. Beck) 1975, S. 107)

Neben den Produktionsziffern sind die Verdienste der Bevölkerung ein wichtiger Indikator für die gesamtwirtschaftliche Entwicklung. Vor 1913 ist der durchschnittliche Warenkorb, in dem die Ausgaben für Nahrung, Kleidung, Wohnung und Sonstiges erfasst wurden, aber nicht systematisch berechnet worden. Man ist also auf Schätzungen und Vermutungen angewiesen, die sich vor allem auf die Preise von Waren stützen. In der vorliegenden Tabelle sind die Einzahlungen der Versicherten von Berufsgenossenschaften an die Reichsversicherungsanstalt berücksichtigt worden. Dabei fehlen also alle Einkommensbezieher, die keine Versicherungsbeiträge gezahlt haben oder die nicht in einer Genossenschaft organisiert waren. Unterschiede zwischen den Einkommen von gelernten und ungelernten Arbeitern, Frauen- und Männerlöhnen sind ebenfalls nicht berücksichtigt.

Das Deutsche Kaiserreich – Nationalstaat zwischen Tradition und Moderne

1870/71 wurde das Wirklichkeit, was 1848/49 gescheitert war: die Gründung des deutschen Nationalstaates. Anders als 1848 stand dabei am Anfang keine Revolution. Die Staatsgründung war zu großen Teilen auf das Wirken des preußischen Politikers Otto von Bismarck zurückzuführen.

Die Proklamierung des Deutschen Kaiserreiches im Schloss von Versailles (Gemälde von Anton von Werner, 1877; farbiges Original verschollen). 1885 malte v. Werner dieses Ereignis nochmals (vgl. S. 480f., M 1).

Wilhelm II., deutscher Kaiser seit 1888 (Gemälde von Max Koner, 1890)

Für jede spätere Epoche der deutschen Geschichte war der erste deutsche Nationalstaat, das Kaiserreich, ein wichtiger Bezugspunkt, ob positiv oder negativ. Nicht zuletzt verlegte der Deutsche Bundestag des wiedervereinigten Deutschlands seinen Sitz 1999 in das gut hundert Jahre zuvor errichtete Gebäude des Reichstags nach Berlin.
Einheit und Freiheit war die Devise der liberalen Nationalbewegung. Und an diesen Leitbildern muss sich das Kaiserreich messen lassen. Das Kaiserreich fand sich hin- und hergerissen zwischen Tradition und Moderne. Dieses Spannungsfeld sowie die daraus resultierenden Probleme sind Thema dieses Kapitels.

Der Sitz des deutschen Parlamentes, der Reichstag in Berlin

Wahlagitation in Berlin-Steglitz zur Reichstagswahl 1912

Auf einen Blick

Das Deutsche Kaiserreich – Nationalstaat zwischen Tradition und Moderne

Info S. 460

Das Deutsche Kaiserreich

1. Der Weg zum Deutschen Reich S. 460
- Die 1850er-Jahre
- Otto von Bismarck
- „Neue Ära" und Verfassungskonflikt in Preußen
- „Einigungskriege" und Gründung des Deutschen Reiches

2. Das Deutsche Kaiserreich unter Reichskanzler Bismarck (1871–1890) S. 464
- Die Bismarcksche Reichsverfassung
- Die politische Rechte
- Liberale Parteien
- Zentrumspartei und Kulturkampf
- Sozialdemokratie, Sozialistengesetz und Sozialgesetzgebung
- Thronwechsel 1888 und Sturz Bismarcks

3. Die wilhelminische Zeit (1890–1918) S. 468
- Politische Massenmobilisierung
- Reichsnationalismus als Grundlage der politischen Kultur
- Vollständiger Durchbruch des Industriestaates
- Veränderung in Berufsstruktur und Sozialgefüge
- Anfänge der Frauenemanzipation
- Urbanisierung – die Großstadt als Sinnbild der modernen Welt
- Modernisierung und Modernisierungsleiden

4. Außenpolitik bis zum Ersten Weltkrieg S. 477
- Politik der Selbstbeschränkung unter Bismarck
- Der Übergang zur „Weltpolitik" unter Wilhelm II.

Kaiser Wilhelm II. mit seiner Familie

Thema S. 480

Reichsgründung und Reichsverfassung – Einheit und Freiheit?

Die Reichsgründung brachte den Deutschen die schon seit Langem erwünschte nationale staatliche Einheit. Doch hat sie auch die Freiheit gebracht? Anhand der Reichsgründung und der Reichsverfassung soll untersucht werden, inwiefern sich der Wunsch der liberalen Nationalbewegung nach einer freiheitlichen, fortschrittlichen Ordnung 1871 erfüllt hat.

Thema S. 483

Bismarck und die Parteien – Kulturkampf und Sozialistengesetz

Die Betrachtung der verfassungsrechtlichen Regelungen reicht nicht, um die Frage nach dem Grad an Freiheit oder Fortschrittlichkeit des Kaiserreichs unter Bismarck beantworten zu können. Man muss sich dazu das politische Leben näher anschauen. Wie frei konnten sich beispielsweise die verschiedenen gesellschaftlichen Gruppen politisch betätigen? Und in welchem Maße wurden diese Gruppen von der Regierung akzeptiert? Die Politik Bismarcks gegenüber den Parteien und deren Stärke können hier anhand von zwei großen politischen Konflikten untersucht werden.

Thema S. 488

Das Bild der Deutschen – Nationalismus

Die Deutschen lebten seit der Gründung des Deutschen Kaiserreiches in einem gemeinsamen Staat zusammen. Doch wie sah es mit der inneren Einheit aus? Gab es gemeinsame Vorstellungen über die eigene Nation? Wie sahen die Deutschen sich und wie sahen sie die anderen? An was orientierten sie sich? Was war ihnen wichtig? Es ist natürlich unmöglich, das Denken und Fühlen aller Menschen dieser Zeit zu bestimmen. Man kann aber dennoch einige zentrale Aspekte herausarbeiten, die für viele Menschen dieser Zeit bestimmend waren.

Methode S. 489

Postkarten als historische Quelle

Thema S. 494

Juden in Deutschland – Antisemitismus im Kaiserreich

Der Umgang mit Minderheiten ist ein wesentliches Kriterium für die Liberalität einer Gesellschaft. Eine traditionelle Minderheitenrolle kam in vielen europäischen Gesellschaften den Juden zu, so auch in Deutschland. Im 19. Jahrhundert wurden sie in den modernen Verfassungsstaaten rechtlich den anderen Staatsbürgern gleichgestellt. In welchem Maße gelang es in Deutschland Staat und der Gesellschaft, den deutschen Juden ein Leben als gleichberechtigte Bürger zu ermöglichen? Wie stark waren antisemitische Strömungen? Was war ihr Grund? Wer waren die Trägerschichten? Hier kann neben dem obigen Thema Nationalismus ein wichtiges Element der politischen Kultur des Kaiserreiches erschlossen werden.

Forum S. 501

Der Ort des Kaiserreiches in der deutschen Geschichte

Das Kaiserreich wird in der historischen Forschung sehr kontrovers beurteilt. Zwei wissenschaftliche Texte zeigen die unterschiedliche Einschätzung zweier Historiker. Was sind deren Positionen? Mit welchen Argumenten begründen sie ihre unterschiedliche Bewertung? Am Ende dieses Kapitels sollen Sie selbst Ihr eigenes begründetes Urteil über das Kaiserreich fällen.

Das Titelbild der Zeitschrift „Jugend“ vom 1.1.1900 charakterisiert durch den Januskopf die Doppelgesichtigkeit dieser Zeit.

Das Deutsche Kaiserreich

1. Der Weg zum Deutschen Reich

Unter der Devise „Einheit und Freiheit" waren 1848 Liberale und Demokraten angetreten, um einen deutschen Nationalstaat zu verwirklichen. Das Unternehmen scheiterte. Gut zwanzig Jahre später waren die Deutschen doch in einem Nationalstaat vereint. Die Reichseinigung 1871 stand allerdings unter gänzlich anderen Vorzeichen als die Revolution 1848.

Die 1850er-Jahre

Politische Reaktion

In vielem glich das politische Leben der 1850er-Jahre der Zeit vor der Revolution: Liberale Minister wurden in der Regel durch konservative ersetzt, politische Vereine verboten, Oppositionelle suchten Zuflucht im Ausland.

Deutsche Frage

Von einem einheitlichen Nationalstaat war man ebenfalls weit entfernt. Alle Einzelstaaten des wiederhergestellten Deutschen Bundes regelten wie zuvor unabhängig voneinander die Verhältnisse in ihren Ländern. Das Projekt eines Nationalstaats oder wenigstens eines reformierten und engeren Deutschen Bundes war allerdings mit der Niederschlagung der Revolution nicht vollkommen aufgegeben worden. Die einzelnen Bundesstaaten schlugen verschiedene Alternativen vor, doch keiner dieser Vorschläge hatte Aussicht auf Erfolg. Die alten Probleme waren ja nicht aus der Welt geschafft worden: Man war sich nach wie vor nicht einig, wie dieses deutsche Gebilde im Innern gestaltet werden sollte – wie zentralistisch, wie demokratisch. Das größte Hindernis waren aber die beiden deutschen Großmächte Preußen und Österreich. Sie standen sich im Weg, denn beide strebten die Führungsrolle in Deutschland an. Eine deutsche Einigung unter Einschluss beider Staaten war offenbar unmöglich.

Otto von Bismarck

Otto von Bismarck (Gemälde von F. v. Lehnbach)

Die stagnierende nationalpolitische Entwicklung geriet zu Beginn der 1860er-Jahre durch den preußischen Politiker Otto von Bismarck (1815–1898) in Bewegung. Er gehört zu den bekanntesten deutschen Politikern des 19. Jahrhunderts, und das vor allem, weil es ihm gelungen ist, 1871 einen deutschen Nationalstaat, das Deutsche Reich, zu gründen. Seit 1862 bestimmte Bismarck als Ministerpräsident die preußische Politik. Seine Politik war von drei Grundkonstanten bestimmt. Erstens war er ein konservatives „Urgestein". Deswegen trat er vehement für den Erhalt der Monarchie ein und war stets ein treuer Diener des preußischen Königs. Damit befand er sich in schroffem Gegensatz zu den Liberalen. Zweitens strebte er jedoch einen deutschen Nationalstaat an. Denn die Machtbehauptung Preußens, so seine feste Überzeugung, konnte nur dadurch gesichert werden, dass Preußen sich an die Spitze eines vereinten Deutschlands ohne Österreich setzte. In der Befürwortung des deutschen Nationalstaats sahen einige Liberale einen Anknüpfungspunkt für eine Zusammenarbeit mit dem preußischen Ministerpräsidenten. Drittens war Bismarck „Realpolitiker". Politik war für ihn ein Kampf um die Macht, in dem sich derjenige durchsetzte, der seine Mittel am zweckmäßigsten einsetzte. Denn, so Bismarck vor dem preußischen Abgeordnetenhaus, „nicht durch Reden und Majoritätsbeschlüsse werden die großen Fragen der Zeit entschieden, – das ist der große Fehler von 1848 und 1849 gewesen –, sondern durch Eisen und Blut". Eine solche Einstellung beinhaltete die Bereitschaft zum erbitterten Streit mit der Opposition im Inneren und zu militärischen Auseinandersetzungen mit den Gegnern Preußens im Äußeren.

„Neue Ära" und Verfassungskonflikt in Preußen

Zu Beginn der 1860er-Jahre war die Reaktionsperiode in Deutschland zu Ende. Der Liberalismus hatte wieder an Bedeutung gewonnen. Unter anderem stärkte auch die von der politischen Reaktion unberührt gebliebene wirtschaftliche Modernisierung das Bürgertum, das die liberale Bewegung trug. Volkstümliche Organisationen der Sänger, Turner oder Schützen veranstalteten vaterländische Feste. Die Liberalen erzielten wieder erste Wahlerfolge. In Preußen erhoffte man sich vom neuen König Wilhelm I. und der Berufung einer konservativ-liberalen Regierung den Beginn einer „Neuen Ära". Doch trotz eines viel versprechenden Anfangs kam es dann doch nicht zu den erhofften umfangreichen Liberalisierungen, sondern zu einem tiefgreifenden Konflikt zwischen der liberalen Mehrheit des Abgeordnetenhauses und dem preußischen König.

Regierungswechsel in Preußen

Heeresreform

Anlass dafür war die Auseinandersetzung um die Reform des preußischen Heeres. Eine Verstärkung des Heeres an sich war nicht umstritten, jedoch lehnten die Liberalen die konservativ-militaristische Ausrichtung des Vorschlags der königlichen Regierung ab. Insbesondere stieß die Erhöhung der Dienstzeit von zwei auf drei Jahre und die Verstärkung der vom Adel beherrschten „Linie" zu Lasten der von Bürgerlichen kommandierten „Landwehr" auf Widerstand. Der Konflikt schaukelte sich hoch. Regierung und König sahen durch die Forderungen der liberalen Parlamentsmehrheit ihre Unabhängigkeit in einem der wichtigsten Bereiche der königlichen Gewalt in Frage gestellt: Das „Königsheer" durfte unter keinen Umständen zu einem „Parlamentsheer" werden. Das Abgeordnetenhaus sah dagegen seine verfassungsmäßigen Mitbestimmungsrechte, insbesondere sein Budgetrecht, missachtet.

Verfassungsbruch

Bismarck, in dieser Situation vom ratlosen preußischen König zum Ministerpräsidenten berufen, war bereit, sich offen gegen Parlament und Verfassung zu stellen: Die Heeresreform wurde ohne Zustimmung des Parlaments durchgeführt. Vier Jahre lang regierte daraufhin Bismarck ohne – wie von der Verfassung verlangt – ein vom Parlament genehmigtes Budget. Bismarck siegte und setzte damit rigoros den Machtanspruch des Königs durch. Denn die Liberalen scheuten die weitere Eskalation. Es kam nicht zum Aufstand.

Indemnitätsvorlage, Deutsche Fortschrittspartei, Nationalliberale Partei

Bismarck siegte in diesem Verfassungskonflikt nicht zuletzt, weil er durch seine Politik der nationalen Einigung einen wesentlichen Programmpunkt der Liberalen erfüllte und ihnen dadurch den Wind aus den Segeln nahm. 1867, vor dem Hintergrund der sich anbahnenden Gründung des Deutschen Reiches, schloss ein Teil der Liberalen schließlich Frieden mit Bismarck. Er brachte im preußischen Abgeordnetenhaus einen Antrag auf Indemnität (Schuldlosigkeit) ein, d. h. auf nachträgliche Billigung seines Verfassungsbruches von 1862. Der Antrag wurde mit großer Mehrheit angenommen. Die Liberalen hatten sich nun gespalten. Die Gegner Bismarcks fanden sich in der Deutschen Fortschrittspartei wieder, die sich schon 1861 auf der Höhe des Verfassungskonfliktes formiert hatte. In der Nationalliberalen Partei waren nun diejenigen Liberalen, die sich hinter Bismarck und seine Politik stellten.

„Einigungskriege" und Gründung des Deutschen Reiches

Die Reichseinigung wurde in der Tat durch „Eisen und Blut" herbeigeführt, denn drei Kriege führten zur Gründung des Deutschen Reiches. In diesen Kriegen setzte Preußen zunächst seinen Machtanspruch in Deutschland durch, schwächte dann Frankreich, das die Gründung eines mächtigen deutschen Nationalstaats ablehnte, und band nicht zuletzt die deutschen Einzelstaaten in einem siegreich geführten Krieg enger zusammen.

Preußen und Österreich gegen Dänemark

Die kriegerischen Auseinandersetzungen mit Dänemark um die Zugehörigkeit von Schleswig und Holstein zum Deutschen Bund eröffneten die Reihe der Reichseinigungskriege. Den Anlass dazu lieferte Dänemark, als es aufgrund umstrittener erbrechtlicher Ansprüche Schleswig annektierte. Ähnlich wie schon während der Revolution 1848/49 reagierten die Nationalgesinnten in Deutschland mit einem empörten Aufschrei. 1864 kam es schließlich zum Krieg der beiden größten deutschen Mächte gegen Dänemark, das daraufhin auf seine Ansprüche verzichtete. Preußen besetzte nun Schleswig, Österreich verwaltete Holstein.

Preußen gegen Österreich

Der Streit um die Verwaltung der besetzten Gebiete führte recht schnell zur Konfrontation zwischen Österreich und Preußen, die zur Entscheidungsschlacht über die Vorherrschaft in Deutschland wurde. 1866 kam es zum Krieg zwischen Preußen sowie den mit ihm verbündeten kleineren norddeutschen Staaten einerseits und Österreich andererseits, das unter anderem von Hannover und den süddeutschen Staaten unterstützt wurde. Österreich unterlag Preußen bei Königgrätz in Nordböhmen. Bismarck setzte sich für einen milden Frieden ein, denn sein eigentliches Interesse galt der deutschen Nationalstaatsgründung. Österreich stimmte der Auflösung des Deutschen Bundes zu und gab Preußen freie Hand für die Neugestaltung Deutschlands. Österreich war damit bei der Bildung des deutschen Nationalstaates ausgeschlossen.

Als Ergebnis des sogenannten „Deutschen Krieges" annektierte Preußen die norddeutschen Staaten, die sich mit Österreich verbunden hatten (z.B. Hannover und Kurhessen).

Norddeutscher Bund

Mit den übrigen Staaten schloss es den Norddeutschen Bund. Ganz Deutschland nördlich der Mainlinie war nun vereint. Die süddeutschen Staaten waren dem Bund bzw. Preußen nur wirtschaftlich über den Zollverein (s. S. 400) und durch geheime Militärbündnisse (Schutz- und Trutzbündnisse) verbunden, die sie unter dem Eindruck französischer Gebietsforderungen am Rhein geschlossen hatten.

In Frankreich sah man die Entwicklung in Deutschland mit Sorge. Kaiser Napoleon III. war nur ungern gewillt, Deutschlands Einigung hinzunehmen, zumindest erwartete er Gebietskompensationen. Auch hier war man einer kriegerischen Konfrontation schon recht nahe.

Deutsch-französischer Krieg

Den Anlass zum Krieg lieferte dann ein relativ unbedeutender Konflikt um die Nachfolge auf dem spanischen Königsthron. Es bestanden zum einen Ansprüche vonseiten Frankreichs auf die Neubesetzung des spanischen Thrones. Gleichzeitig hatte man auch der katholischen Linie des Hauses Hohenzollern, den Hohenzollern-Sigmaringen, die spanische Krone angeboten. Die diplomatischen Auseinandersetzungen um diese Streitfrage fanden in einer gespannten Atmosphäre statt. Bismarck, der Frankreich schwächen und die deutschen Staaten in einen siegreichen Krieg führen wollte, spitzte die Auseinandersetzungen noch künstlich zu, sodass schließlich Frankreich am 18. Juli 1870 Preußen den Krieg erklärte.

Reichseinigungskriege

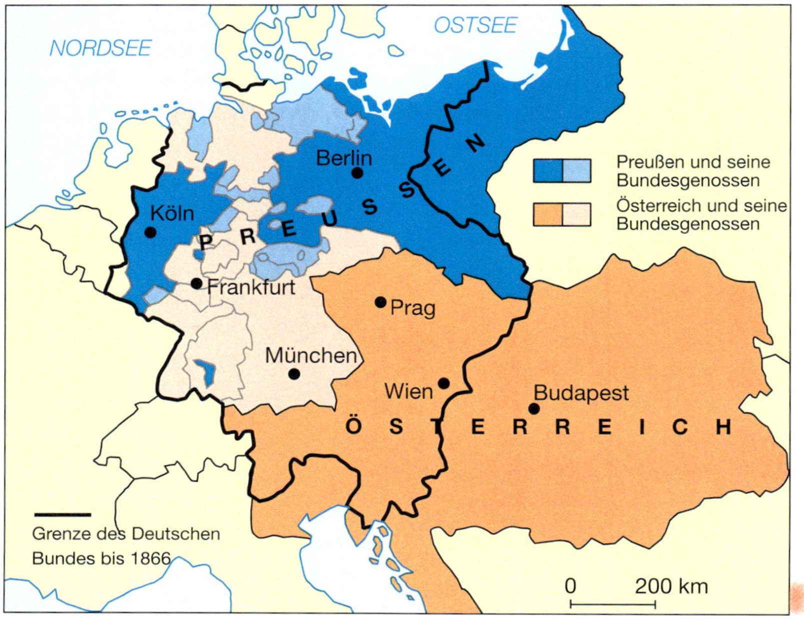

bis 1866

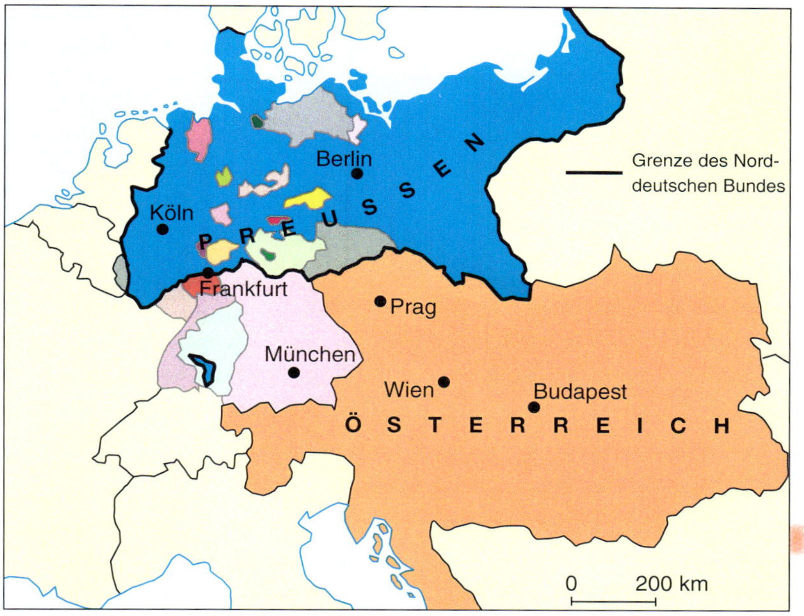

1867: Norddeutscher Bund

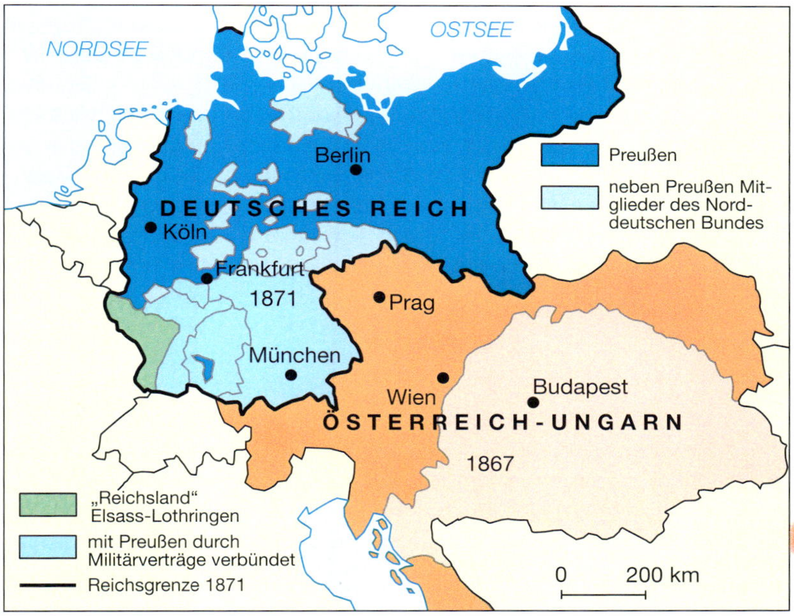

1871: Gründung des Deutschen Reiches

Nun war für die süddeutschen Staaten der Bündnisfall gegeben. Vereint mit den Truppen des Norddeutschen Bundes marschierten Baden, Württemberg und Bayern gegen den gemeinsamen Feind Frankreich. Der Krieg war kurz. Schon am 2. September 1870 geriet nach der Schlacht bei Sedan der französische Kaiser in deutsche Gefangenschaft. Frankreich gab sich geschlagen. Anstelle der erhofften Gebietserweiterungen musste es das Elsass und Lothringen an die Sieger abtreten.

Kaiserproklamation in Versailles, Gründung des Deutschen Reiches

Der siegreiche Krieg löste eine Welle der nationalen Begeisterung aus. Bismarck nutzte die Gunst der Stunde. Gegen die Gewährung einiger Sonderrechte (besondere Regelungen für Bahn, Post, Militär) gewann er die Zustimmung von Baden, Württemberg und Bayern zur Übernahme der Verfassung des Norddeutschen Bundes für das neu gegründete Deutsche Reich. Die Zustimmung des bayerischen Königs wurde zusätzlich durch finanzielle Zuwendungen erkauft. Am 18. Januar 1871 trafen sich die Fürsten und Heerführer im

Schloss von Versailles, um dort den preußischen König Wilhelm als „Deutschen Kaiser" auszurufen. Nun gab es den einheitlichen deutschen Nationalstaat, doch die innere Einheit musste erst noch geschaffen werden.

2. Das Deutsche Kaiserreich unter Reichskanzler Bismarck (1871–1890)

Die Bismarcksche Reichsverfassung

Die Verfassung des Deutschen Reiches entsprach im Wesentlichen der Verfassung, die schon für den Norddeutschen Bund ausgearbeitet worden war. Sie stand im Spannungsfeld zwischen dem Einheit und Freiheit fordernden Bürgertum, den auf Wahrung der Eigenständigkeit bedachten deutschen Fürsten und dem Führungsanspruch Preußens.
Die Verfassung ist recht kurz, kürzer als die Paulskirchenverfassung, die Verfassung der Weimarer Republik oder das Bonner Grundgesetz. Man beschränkte sich auf das Notwendigste und überließ vieles der Regelung durch die Einzelstaaten. So fehlte im Gegensatz zur früheren und den späteren deutschen Verfassungen ein Grundrechtskatalog.
Das Deutsche Reich war ein Bundesstaat aus 25 Einzelstaaten (einen Sonderstatus hatte das von Frankreich abgetrennte „Reichsland" Elsass-Lothringen). Das Präsidium des Bundesstaates lag beim preußischen König, der den erblichen Kaisertitel trug. Er führte den Oberbefehl über die Truppen und ernannte den Regierungschef, den Reichskanzler. Diese Position übernahm zunächst natürlich der Reichsgründer Otto von Bismarck.

Kaiser und Reichskanzler

Bundesrat

Die Einzelstaaten hatten ihre Vertretung im Bundesrat. Der mächtigste Staat, Preußen, verfügte dort über die meisten Stimmen und hatte bei allen Entscheidungen ein Veto-Recht. Der Bundesrat beschloss zusammen mit dem Reichstag die Gesetze. Bei Kriegserklärungen musste der Kaiser seine Zustimmung einholen. Ebenso war es der Bundesrat, der formal den Reichstag auflöste, wenn der Kaiser dies verlangte.

Reichstag

Das deutsche Volk hatte seine Vertretung im Reichstag. Die Abgeordneten wurden von allen Männern über 25 Jahre nach dem allgemeinen, gleichen, direkten und geheimen Wahlrecht gewählt. Das war für die damalige Zeit sowohl in Deutschland als auch im restlichen Europa sehr fortschrittlich. In Preußen, dem deutschen Hegemonialstaat, galt für die Wahlen zum Abgeordnetenhaus bis ans Ende des Kaiserreiches das Dreiklassenwahlrecht, bei dem das Gewicht der Stimme eines Wählers von seiner Steuerleistung abhing.
Der Reichstag konnte wie der Bundesrat Gesetze vorschlagen (Gesetzesinitiative). Er beschloss mit ihm gemeinsam die Gesetze und entschied über das Budget. Die kaiserliche Regierung konnte in der Hoffnung, dass Neuwahlen eine andere Parlamentsmehrheit bringen würden, über den Bundesrat den Reichstag auflösen. Seinerseits konnte der Reichstag den Reichskanzler weder wählen noch einen unliebsamen Reichskanzler stürzen: Das Regierungssystem des Deutschen Reiches war nicht parlamentarisch.

Die politische Rechte

Die nationale Politik wurde von nun an im Reichstag debattiert, der immer mehr von den politischen Parteien bestimmt wurde. Fünf Strömungen kämpften um die Gunst der Wähler.

Deutschkonservative und Bund der Landwirte

Auf dem rechten Rand standen die Deutschkonservativen. Für „Thron und Altar", so kann man ihr Programm auf eine Formel bringen. Sie strebten die Stärkung der Monarchie an und wandten sich gegen die modernen Tendenzen der Gesellschaft. Ein Staatswesen, das auf rechtliche Gleichheit, Naturrecht und Vernunft gegründet war, lehnten sie ab. Ebenso waren sie gegen den Parlamentarismus. Auch dem neuen Nationalstaat standen sie zunächst reserviert gegenüber, im Gegensatz zu den sogenannten Freikonservativen; diese traten unter dem Namen Reichspartei auf und unterstützten Bismarck vorbehaltlos. Die Wähler der Partei waren protestantisch; katholische Konservative schlossen sich weitgehend dem Zentrum an. Außerdem hatten die Deutschkonservativen ihren Schwerpunkt in Preußen und hier besonders in den agrarischen Gebieten östlich der Elbe, wo sie sich auf den Einfluss konservativer Landräte und wichtiger Personen der örtlichen Gesellschaft (Honoratioren) stützen konnten. Recht groß war ihr Einfluss im preußischen Landtag sowie in Militär und Verwaltung. In der zweiten Hälfte des Kaiserreiches, seit 1890, wählten immer weniger Menschen die Konservativen. Es gelang jedoch, den Niedergang durch eine Allianz mit dem Bund der Landwirte (BdL) etwas zu bremsen. Die moderne Massenorganisation des BdL intensivierte Parteiarbeit und Agitation bei Wahlkämpfen. Die politische Rechte vertrat nun immer stärker und lauter die Interessen des alten Mittelstandes und wurde zu einem einflussreichen Träger des Antisemitismus (s. u.).

Liberale Parteien

Nationalliberale und Linksliberale

Etwas weiter links standen die Liberalen. Sie waren die eigentlich führende „Partei" des 19. Jahrhunderts gewesen, die bürgerliche Bewegung, die für „Einheit und Freiheit" gekämpft hatte. Im Kaiserreich gehörten sie nun neben den Konservativen zu den „staatstragenden" Parteien. Besonders „staatstragend" waren unter ihnen die Nationalliberalen. Sie vertraten den politisch „rechten" Liberalismus und – wie der Name der Partei schon deutlich macht – stellten die Nation ins Zentrum ihrer Bestrebungen. Die Nationalliberalen standen treu zu Bismarck, der ihnen ja die Einheit gebracht hatte. Im Übrigen traten sie für „gemäßigten Fortschritt" ein. Sie waren die Erben der „Mutig-Besonnenen" der ersten Hälfte des 19. Jahrhunderts, mit dem Erreichten im Deutschen Reich zunächst zufrieden und bereit, im Bündnis mit Bismarck weitreichende Kompromisse einzugehen. Oppositioneller waren die Linksliberalen (unter Bezeichnungen wie Fortschrittspartei, Freisinnige Partei, Deutsche Volkspartei u. Ä.). Sie standen der Regierung kritisch gegenüber; die süddeutschen Demokraten wandten sich zudem auch noch lange Zeit gegen den starken Einfluss Preußens in Deutschland. Die Linksliberalen waren zersplittert. Erst 1910 schlossen sie sich zu einer Partei (Fortschrittliche Volkspartei) zusammen.

Niedergang des Liberalismus

Dem Liberalismus gelang es über lange Zeit breite Bevölkerungsgruppen für sein politisches Programm zu gewinnen. Doch im Kaiserreich geriet er unter Druck. Denn erstens fiel mit der Reichsgründung ein wesentlicher liberaler Programmpunkt weg, nämlich das Streben nach nationaler „Einheit". Zweitens übernahmen andere Parteien – vor allem die Sozialdemokraten – eine starke Oppositionsrolle und liefen in ihrer Forderung nach einer freiheitlichen Ausgestaltung des politischen Systems den zum Teil sehr eng mit Bismarck zusammenarbeitenden Liberalen den Rang ab. Und drittens bestimmten seit den 1890er-Jahren zunehmend wirtschaftliche Themen und Fragen der sozialen und konfessionellen Gleichberechtigung die politische Diskussion. Auch dadurch gerieten die Liberalen mit ihrer primär politischen Programmatik ins Hintertreffen.
Die Liberalen wurden so zusehends nur noch von protestantischen, städtischen und bürgerlichen Schichten gewählt und büßten bei Wahlen kontinuierlich an Stimmen ein.

Zentrumspartei und Kulturkampf

Nicht eindeutig im politischen Rechts-Links-Spektrum einzuordnen ist die Zentrumspartei. Sie war die Partei der Katholiken und vertrat die Interessen der katholischen Kirche gegenüber einer protestantisch dominierten Reichspolitik.

Kulturkampf

Die Katholiken wurden besonders durch den Kulturkampf für die Zentrumspartei mobilisiert. Bismarck hielt nicht sehr viel vom Reichstag und entsprechend war seine Haltung gegenüber den Parteien. Dies galt besonders für diejenigen Parteien, die er als besonders schädlich für Staat und Nation brandmarken konnte: das Zentrum und die Sozialdemokratie. Als Erstes richtete er sich gegen die Zentrumspartei. Der Streit zwischen Staat und Kirche um Einfluss war nichts Neues. 1870 verschärfte sich jedoch die Auseinandersetzung, als der Papst versuchte, seine Autorität durch das Unfehlbarkeitsdogma zu festigen. Demnach war der Papst, wenn er in Sachen des Glaubens eine Lehre „ex cathedra" verkündete, unfehlbar. Schon sechs Jahre zuvor hatte das Papsttum im „Syllabus errorum" (Verzeichnis der Irrtümer) der Moderne, d. h. dem Liberalismus und der Säkularisierung

(Entkirchlichung) den Kampf angesagt. Das Unfehlbarkeitsdogma löste große Empörung bei Protestanten und auch bei Katholiken aus. Viele sahen die Notwendigkeit, einen Kampf gegen eine rückwärtsgewandte Kirche und für die Kultur zu führen. Als der Papst vom preußischen Staat verlangte, diejenigen geistlichen Staatsbeamten zu entlassen, die die Entscheidung des Papstes in dieser Frage nicht anerkennen wollten, weigerte sich Bismarck. Der Konflikt entwickelte sich zum grundlegenden Streit um den Einfluss der Kirche im Staat. Bismarck suchte die Konfrontation und verstärkte in mehreren Bereichen die Autonomie des Staates: Geistliche Orden wurden aufgehoben, die Schule unter staatliche Aufsicht gestellt, die Priesterausbildung neu geregelt. Auf Reichsebene verbot man den Jesuitenorden und führte die obligatorische Zivilehe ein. Das Zentrum, die Partei der Katholiken, stellte sich hinter den Papst und prangerte den Kulturkampf als Kampf der protestantisch dominierten Reichsregierung gegen alle Katholiken an. Bismarck hingegen stellte das Zentrum als national unzuverlässig dar. Die Zentrumsleute konnten keine guten Deutschen sein, man nannte sie Ultramontane (lat. *ultra montes*: jenseits der Berge, d. h. der Alpen, wo in Rom der Papst residiert) und beschimpfte sie als Reichsfeinde. Die Fronten verhärteten sich. Letztlich musste aber Bismarck wegen der Zähigkeit der katholischen Kirche und der Wahlerfolge des Zentrums in den 1880er-Jahren einlenken. Einige der Kulturkampfgesetze wurden wieder zurückgenommen. So konnten mit Ausnahme der Jesuiten Orden wieder zugelassen werden.

Die Zentrumspartei ging aus dem Kulturkampf gestärkt hervor. Ihr gelang es, gerade in dieser Bedrohungssituation viele Katholiken auf sich einzuschwören. Zwar sanken nach dem Kulturkampf ihre Stimmanteile, aber insgesamt konnte sie ihre Stellung recht gut behaupten. Man sprach deshalb auch vom uneinnehmbaren „Zentrums-Turm." Der war nicht zuletzt deshalb so stabil, weil das Zentrum selbst nach Beendigung des Kulturkampfes immer wieder mit der Parole „Kirche in Gefahr!" antrat. Die Partei sah sich als eine klassen- und interessenübergreifende Volkspartei und in der Tat gelang es ihr, Katholiken aus breiten Bevölkerungsschichten für sich zu gewinnen. Entsprechend schwankte die Partei auch zwischen links und rechts. Einerseits trat sie immer für die Wahrung der Rechte des Parlamentes ein, andererseits verstand sie sich auf jeden Fall als staatstragend und hatte eine klare Tendenz zu einer konservativen Agrar- und Mittelstandspolitik. Organisatorisch stützte man sich auf ein dichtes Netz von katholischen Vereinen. Gerade auf dem Land konnte die Zentrumspartei in der fest gefügten Lebenswelt aus dörflicher Gemeinschaft, Kirche und katholischem Vereinswesen auf sichere Wahlerfolge bauen. Sie blieb sie bis in die Weimarer Republik hinein eine rein katholische Partei. Zaghafte Ansätze, aus dem „Turm" herauszukommen und sich als überkonfessionelle christliche Partei zu etablieren, waren ohne Erfolg.

Der „Zentrums-Turm"

Sozialdemokratie, Sozialistengesetz und Sozialgesetzgebung

Lassalle, Bebel, Liebknecht

Auf dem linken Rand des parteipolitischen Spektrums standen die Sozialdemokraten. Sie waren die politische Vertretung der Arbeiter. 1863 gründete Ferdinand Lassalle den Allgemeinen Deutschen Arbeiterverein (ADAV), 1869 formierte sich unter Führung von August Bebel und Wilhelm Liebknecht die an den Theorien von Karl Marx orientierte Sozialdemokratische Arbeiterpartei (SDAP) in Eisenach. Lassalleaner und Eisenacher vereinigten sich 1875 in Gotha zur Sozialistischen Arbeiterpartei (SAP). Karl Marx kritisierte den Kompromiss des Gothaer Programms, der sich deutlich an den gemäßigten Positionen des ADAV orientierte.

Ähnlich wie den „Ultramontanen" wurde auch den Sozialdemokraten die Loyalität zum Reich abgesprochen. Ihre internationale Ausrichtung sowie ihr antibürgerliches und antikapitalistisches Programm ließen sie als die größte Gefahr für das bestehende System erscheinen. Die liberale Reichstagsmehrheit hatte zunächst Ausnahmegesetze abgelehnt, die die „staatsgefährdenden Umtriebe" der Sozialdemokraten unterbinden sollten. Zwei Attentate auf Kaiser Wilhelm I., die der SPD angelastet wurden, stimmten den Reichstag schließlich um. 1878 nahm er gegen die Stimmen von Zentrum und Linksliberalen ein „Gesetz gegen die gemeingefährlichen Bestrebungen der Sozialdemokratie" an. Sozialdemokratische Vereine und Gewerkschaften wurden verboten, ebenso Versammlungen und die Parteipresse.

Sozialistengesetz

Sozialdemokraten konnten von den Einzelstaaten des Landes verwiesen werden. Dennoch durften die Bürger weiterhin Sozialdemokraten wählen, die trotz aller Unterdrückung bei Wahlen wachsende Erfolge erzielten.

Sozialgesetzgebung

Als Gegenstück zur staatlichen Repression war die Einführung des in der Welt bis dahin einzigartigen gesetzlich geregelten Systems sozialer Sicherung gedacht. Bismarck versuchte dadurch die Arbeiterklasse zu gewinnen. Mit der von Arbeitgeberseite mitfinanzierten Kranken-, Unfall-, Invaliditäts- und Altersversicherung wurden die Grundlagen für unser heutiges System der sozialen Sicherung gelegt, zu der in der Weimarer Republik noch die Arbeitslosenversicherung hinzukam.

Die Rechnung Bismarcks ging nicht auf: Sozialistengesetz und Sozialgesetzgebung waren nicht geeignet, die Arbeiterbewegung auszuschalten, sie konnten allenfalls die Erfolge etwas aufstauen. Die gemeinsame Erfahrung der Unterdrückung schweißte die Arbeiterbewegung enger zusammen und machte sie auch radikaler.

Von Wahlerfolg zu Wahlerfolg

Als sich 1890 nach zwölf Jahren im Reichstag keine Mehrheit mehr fand, das Sozialistengesetz zu verlängern, wurde die SPD mit 1,5 Millionen Stimmen bei den Reichstagswahlen zur stimmenstärksten Partei in Deutschland. Angesichts des Mehrheitswahlrechtes und der Wahlbündnisse der anderen Parteien konnte dieser Erfolg allerdings zunächst nur bedingt in Reichstagsmandate umgesetzt werden. Doch der Aufschwung setzte sich unaufhaltsam fort. 1912 erreichte die SPD über vier Millionen Stimmen und stellte jetzt auch die stärkste Fraktion im Reichstag.

Postkarte von 1913 zur Erinnerung an die Gründung des ADAV 1863

Neben dem Zentrum war die SPD die bestorganisierte Partei in Deutschland. Fast überall gab es Ortsvereine, die Mitglieder unterstützten die Partei durch das Zahlen von Mitgliedsbeiträgen, man stellte bezahlte Parteisekretäre ein usw. Viele Mitglieder waren so sehr in die Partei eingebunden, dass man sagte, sie begleite und bestimme „von der Wiege bis zur Bahre" ihr Leben. Die typischen sozialdemokratischen Wähler entstammten dem gleichen „Sozialmilieu". Sie waren in vielfacher Weise in einer gemeinsamen Lebenswelt miteinander verbunden. Geschaffen wurden diese Milieustrukturen durch Arbeitergesangsvereine, Arbeiterradfahr- und sonstige Sportvereine, das Wohnen im Arbeiterviertel, den Besuch bestimmter Kneipen, durch Konsumvereine und vor allem natürlich auch durch die Arbeit der Freien Gewerkschaften. Diese Strukturen ermöglichten hohe und stabile Wahlerfolge der SPD.

Zwischen Revolution und Reform

Nach dem Fall des Sozialistengesetzes hatten sich die Sozialdemokraten den Namen Sozialdemokratische Partei Deutschlands (SPD) gegeben und in Erfurt ein neues Programm beschlossen. Im Gegensatz zum Gothaer Programm wurde nun sehr deutlich die Lehre von Karl Marx zur revolutionären Überwindung des kapitalistischen Systems als programmatische Grundlage herangezogen. Freilich mehrten sich in dem Maße, wie die Partei wichtige Positionen im Reichstag und den Parlamenten der Einzelstaaten erreicht hatte, die Stimmen, die eine Abkehr vom marxistischen Radikalismus und eine Hinwendung zur reformorientierten Mitarbeit im Parlament forderten. Die Kritiker hinterfragten die Vorstellung vom baldigen Zusammenbruch des Kapitalismus und Sieg des Sozialismus. Immerhin konnten gegen die Theorie der zunehmenden Verarmung des Proletariats Reallohnsteigerungen angeführt werden und auch das kapitalistische Wirtschaftssystem erwies sich trotz Schwankungen als stabil. Vor allem Eduard Bernstein plädierte für eine Revision der bisherigen Theorie und Hinwendung zu einer reformorientierten Praxis. Im sogenannten Revisionismus-Streit entschied die Partei sich jedoch, die marxistische Interpretation beizubehalten. Das hinderte aber die meisten Sozialdemokraten nicht daran, in der Praxis konstruktiv an schrittweisen Verbesserungen zu arbeiten. So kennzeichnete ein Nebeneinander von radikaler Rhetorik und reformorientierter Praxis die SPD am Ende des Kaiserreiches. Freilich wurde dieser innerparteiliche Konflikt im Ersten Weltkrieg so stark, dass sich im Übergang vom Kaiserreich zur Weimarer Republik die deutsche Arbeiterbewegung in einen gemäßigten (SPD) und einen radikalen Flügel (KPD) aufspaltete.

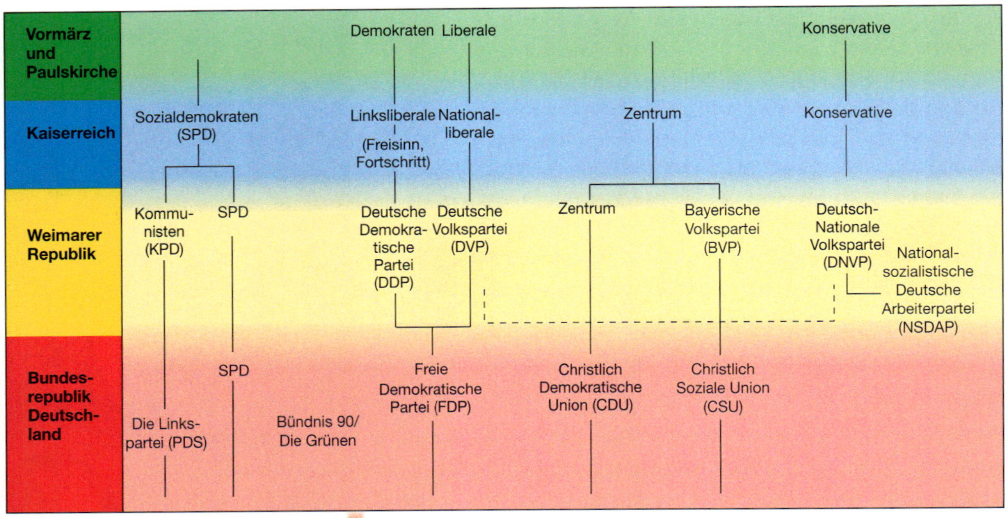

Entwicklung der Parteien in Deutschland

Thronwechsel 1888 und Sturz Bismarcks

1888: drei Kaiser in einem Jahr

Kaiser Wilhelm I. starb 1888. Sein Sohn Friedrich (III.), der entsprechend der dynastischen Erbfolge als preußischer König und deutscher Kaiser folgte, war jedoch schwer krank. Nach nur drei Monaten starb er. An seine Stelle trat die nächste Generation, sein Sohn Wilhelm.

Wilhelminische Zeit und Rücktritt Bismarcks

Schon bald zeigten sich Differenzen zwischen dem Reichskanzler und dem neuen Kaiser. Wilhelm II. gehörte einer anderen Generation an. Er war bei der Thronbesteigung gerade 29 Jahre alt, der Reichskanzler Bismarck – der Mann, den der Großvater des neuen Kaisers in einer ausweglosen Situation zur Hilfe gerufen hatte – war 73 Jahre alt. Anders als Wilhelm I. wollte der neue Kaiser selbst regieren, er strebte ein „persönliches Regiment" an. Das beschnitt natürlich den bisherigen Spielraum des Kanzlers. Hinzu kamen sehr ehrgeizige außenpolitische Vorstellungen, die denen Bismarcks deutlich widersprachen (s. S. 477ff.). Immer wieder warf der alte Bismarck dem neuen Kaiser einen Mangel an „Augenmaß" vor. Aufgrund politischer und persönlicher Differenzen reichte er, bevor es zum offenen Bruch kam, 1890 seinen Abschied ein.

„Der Lotse geht von Bord" (Karikatur im „Punch", 29.3.1890; englischer Originaltitel dort: „Dropping the pilot").

3. Die wilhelminische Zeit (1890–1918)

Die Zeit ab 1890 bis zum Ende des Ersten Weltkriegs wird in Abgrenzung von der „Bismarck-Ära" nach dem neuen Kaiser als die „wilhelminische Zeit" bezeichnet. Die nachfolgenden Reichskanzler (Caprivi, Hohenlohe-Schillingsfürst, Bülow und Bethman Hollweg) konnten nicht die prägende Kraft des „Eisernen Kanzlers", Bismarck, erreichen. Der Kaiser griff im Sinne seines „persönlichen Regiments" stärker als bisher in die Entscheidungsprozesse ein. Doch insgesamt blieb auch sein direkter Einfluss recht beschränkt.

Politische Massenmobilisierung

Im Bereich der öffentlichen politischen Auseinandersetzung fand seit den 1890er-Jahren eine politische Mobilisierung statt, die man auch als Durchbruch zum „politischen Massenmarkt" bezeichnet. Auch wenn der Reichstag von der Verfassung her nur beschränkte Kompetenzen hatte, erkannten die Menschen die Möglichkeit, über den Reichstag und die politische Öffentlichkeit Einfluss zu nehmen.

Interessenverbände

Neben den Arbeitern (vor allem die sozialistischen Freien Gewerkschaften) und den Unternehmern (Centralverband Deutscher Industrieller) organisierten immer mehr Gruppen ihre Interessen in Verbänden. So schlossen sich in den 1890er-Jahren die (nicht im katholischen Zentrum gebundenen protestantischen) deutschen Bauern im Bund der Landwirte (BdL) zusammen und forderten lautstark die Berücksichtigung ihrer Interessen.

Ausbau der Parteienagitation

Auch die Parteien bemühten sich jetzt deutlicher als zuvor, ihre Mitgliederbasis zu erweitern. Man warb jetzt mehr um den Wähler (vgl. Bild S. 457 u. r.). Die Wahlkämpfe dauerten länger, man hielt mehr Versammlungen ab und verteilte so viele Flugblätter, dass manche Beobachter schon von einer „Flugblatt-Sintflut" sprachen. Der Erfolg blieb nicht aus, denn bei den beiden letzten Reichstagswahlen ging bei einer Wahlbeteiligung von knapp 85 Prozent fast jeder Wahlberechtigte zur Wahl. Wie oben bei den einzelnen Parteien schon ausgeführt, waren vor allem die Sozialdemokraten, aber auch das Zentrum Gewinner dieser Wahlen auf dem durch „Interessenwahlkämpfe" geprägten „politischen Massenmarkt". Die großen Verlierer waren die liberalen Parteien.

Diese Aufwertung der Reichstagswahlen und des Wählers im öffentlichen Bewusstsein war eigentlich etwas Positives. Andererseits empfanden viele Beteiligte die Heftigkeit der Interessenkämpfe als unangenehm, als Sieg der egoistischen Standesinteressen, als Störung der Harmonie, die vor der Massenmobilisierung geherrscht habe. Erschwert wurde dieser Umstand dadurch, dass die deutsche Gesellschaft in „Milieus", d.h. Sozialgruppen, aufgespalten war, die kompromisslos ihre Interessen einforderten. Jedes dieser „Milieus" hatte seinen politischen „Aktionsausschuss", d.h. eine oder mehrere Parteien, die es politisch vertraten. So fand das agrarisch-protestantische Milieu seine Vertretung in den Konservativen, das städtisch-bürgerlich-protestantische in den Liberalen, das Arbeitermilieu in den Sozialdemokraten und das katholische Milieu in der Zentrumspartei. Die Parteien und ihre Sozialmilieus standen sich also unversöhnlich gegenüber. Die Regierungsbildung war nicht Sache des Reichstags. Und somit ging auch von der Verfassung kein Zwang aus, der die Parteien gezwungen hätte, sich zur Bildung einer Regierungskoalition kompromissbereit zu zeigen.

Kompromisslosigkeit der Parteien

Reichsnationalismus als Grundlage der politischen Kultur

Das Streben nach nationaler Einheit war eine Konstante der politischen Auseinandersetzungen im 19. Jahrhundert gewesen. Es hatte die oppositionellen, liberalen Kräfte geeint. Im neu geschaffenen Deutschen Reich wurde nun dieses Ziel für alle Deutschen verwirklicht. Der Nationalismus wurde zum Integrationsmittel, das alle Deutschen einschloss. Auch die politisch Konservativen und die Fürsten, die einst der Nationalbewegung ablehnend gegenübergestanden hatten, waren nun ebenfalls „national". Dieser neue „Reichsnationalismus" hatte seine frühere liberale Zielrichtung verloren. Er wurde konservativ. National sein hieß, den bestehenden Staat und seine Führer möglichst vorbehaltlos zu unterstützen. Entsprechend standen das Reich und die Reichsgründer, Wilhelm I. und Bismarck, im Zentrum des Reichsnationalismus. Man war stolz auf die Einheit, Macht und Stärke des neuen Reiches. Aggressiv richtete man sich gegen die Feinde dieser Größe. Reichsfeind im Innern war die politische Opposition. Feinde außerhalb des Reiches waren die anderen, ebenfalls um internationalen Einfluss konkurrierenden Staaten. Gerade in der wilhelminischen Zeit strebte der deutsche Nationalismus nach einer Stärkung der internationalen Machtstellung des Reiches (vgl. S. 478f.).

Reichsnationalismus

Militarismus

Eine entsprechend wichtige Rolle spielte das Militär. Es prägte in hohem Maße das öffentliche Leben. Man liebte Uniformen und Paraden. Als das Deutsche Reich begann, seine Flotte mas-

Die (inoffizielle) Nationalhymne auf einer Reklamekarte der Firma Liebig

siv aufzurüsten, entstanden überall Flottenvereine, um die Regierung darin zu unterstützen. Der Matrosenanzug für kleine Jungen wurde zum populären Kleidungsstück. In der gesellschaftlichen Hierarchie genoss der Offizier ein sehr hohes Prestige. Auch die große Bedeutung des Militärs verstärkte die konservative Ausrichtung des Nationalismus. Denn der Monarch hatte ja den Oberbefehl und somit diente der Soldat vorrangig „Seiner Majestät“.

Wie sehr die Gesellschaft Respekt vor dem Militär hatte, zeigte der Fall des „Hauptmann von Köpenick“. Der arme Schuster und schon mehrmals wegen Diebstahls vorbestrafte Friedrich Wilhelm Voigt hatte sich 1906 bei einem Trödler eine Hauptmannsuniform gekauft. Mit dieser Uniform verkleidet kommandierte er auf der Straße zehn Infanteristen ab. Mit diesen marschierte er ins Rathaus von Köpenick, ließ ohne Angabe von Gründen „im Namen Seiner Majestät“ den Bürgermeister und den Oberstadtsekretär verhaften. Der Kassenverwalter händigte ihm anstandslos die Kasse aus. Der Schuster quittierte mit „v. Malzahn“. Mit seinen 4000 Mark und 70 Pfennigen verließ er daraufhin – unter den Augen der herangeeilten Polizeibeamten – das Rathaus. Erst zehn Tage später konnte der Gauner verhaftet werden.

Werbung der Firma Bleyle

Antisemitismus

Der neue Nationalismus war konservativ, aggressiv, militaristisch und zunehmend auch antisemitisch geprägt. Die im 19. Jahrhundert erfolgte rechtliche Gleichstellung der Juden („Judenemanzipation“) hatte mitnichten zu ihrer Integration in die Gesellschaft geführt. Seit Ende der 1870er-Jahre entstand vielmehr der moderne Antisemitismus. Er knüpfte an die Vorurteile der traditionellen Judenfeindschaft an und führte sie weiter. Viele Juden konnten von der Industrialisierung profitieren. Aufgrund ihrer gesellschaftlichen Sonderstellung wurden sie ökonomisch, intellektuell und politisch mit der Modernisierung identifiziert. Die Juden galten als die Vertreter des modernen Kapitalismus, der Marktkonkurrenz, als Zerstörer des alten Mittelstandes und als Feinde der traditionellen Wertordnung. So sah etwa die Handwerkerbewegung ihren Feind nicht nur in der roten Internationalen, das heißt der Sozialdemokratie, sie kämpfte ebenso gegen die vermeintliche „goldene Internationale“ der Juden. Dabei spielte es für die Antisemiten keine Rolle, welchen Glauben die Juden hatten. Das wesentlich Neue des modernen Antisemitismus war seine rassistische Ausrichtung: Jude wurde man durch Geburt und blieb es sein Leben lang. In der Regel war die Judenfeindschaft im Kaiserreich in den meisten Kreisen nur verdeckt vorhanden. Erst im Laufe des Ersten Weltkriegs gewann der Antisemitismus deutlich an Schärfe und Zulauf.

Vollständiger Durchbruch des Industriestaates

Hochkonjunktur seit Mitte der 1890er-Jahre

Deutschland entwickelte sich bis zum Ersten Weltkrieg vollständig zu einem Industriestaat (vgl. S. 401ff.). Wirtschaftlich gesehen war die Zeit des Kaiserreichs sehr erfolgreich. Insbesondere seit Mitte der 1890er-Jahre bis zum Ersten Weltkrieg herrschte fast ununterbrochen ein konjunktureller Aufschwung. Viele verklärten diese Periode aus späterer Sicht, d.h. während der wirtschaftlich schwierigen Phasen der Weimarer Republik, als eine goldene Zeit des unbeschwerten Wohlstandes. Die neuen Leitsektoren in dieser Phase der Industrialisierung wurden der Maschinenbau, die Großchemie (Bayer, BASF, Hoechst) und die Elektrotechnik (AEG, Siemens). Am Ende des Kaiserreiches hatte Deutschland das Stammland der Industrialisierung, Großbritannien, in der Industrieproduktion überholt.

Veränderung in Berufsstruktur und Sozialgefüge

Arbeiter

Die Industrialisierung brachte es mit sich, dass die Zahl der Arbeiter kontinuierlich anstieg. Höhere Löhne und Sozialversicherung verbesserten ihre Lage, was aber nicht zu einer Abschwächung der sozialen Gegensätze geführt hätte. Die Arbeiter waren jedoch eine große und selbstbewusste Sozialgruppe geworden. Auch wenn der direkte Einfluss der SPD im Reichstag beschränkt blieb, wurde die Arbeiterbewegung zu einer politischen Kraft, die nicht mehr übergangen werden konnte.

Bauern

Am Ende des Kaiserreiches arbeiteten nur noch ein Drittel der Beschäftigten im primären Sektor. Obwohl auch in der Landwirtschaft die Einkommen gestiegen waren, empfanden die Bauern den Übergang vom Agrar- zum Industriestaat als Bedrohung. Sie forderten den Schutz der Landwirtschaft vor ausländischer Konkurrenz. Mithilfe des Bundes der Landwirte, der enge Verbindungen zu den Konservativen unterhielt, gelang es den Bauern, eine protektionistische Zollpolitik (vor allem Schutzzölle auf ausländisches Getreide) auf Reichsebene durchzusetzen.

Alter und neuer Mittelstand

Handwerker, Einzelhändler und kleinere Gewerbetreibende, diejenigen, die gemeinhin unter dem Begriff städtischer Mittelstand zusammengefasst werden, sahen sich ebenfalls wie die Bauern als Opfer der Industrialisierung. Sie kamen unter den Druck der Fabriken oder auch der neuen Warenhäuser. Entsprechend forderten auch sie über ihre Interessenverbände Schutz der ehrlichen deutschen Arbeit vor dieser Konkurrenz. Während der alte Mittelstand schrumpfte, gewann der neue Mittelstand an Bedeutung. Industrie, Handel, Banken und Versicherungen benötigten Werkmeister, Buchhalter, Sekretäre. Man war dort zwar abhängig beschäftigt, genoss aber als Angestellter gegenüber dem einfachen Arbeiter eine bevorzugte Stellung.

Adel und Bürgertum

Der Adel hatte im Industriestaat eigentlich keine Funktion mehr. Dennoch profitierte er nach wie vor von einem hohen Sozialprestige (Ansehen) und hatte vor allem im Militär und in den Parlamenten der Einzelstaaten teilweise beträchtliche Privilegien. Das Bürgertum war nun endgültig neben den Adel als führende Schicht getreten. Zum Teil orientierte es sich in Stil und Lebensweise sogar am Adel. Zu einer Angleichung oder Vermischung des Adels und des Bürgertums kam es jedoch nicht.

Anfänge der Frauenemanzipation

Auch wenn in der gesellschaftlichen Realität an der Rolle der Frau als Hausfrau und Mutter nicht wesentlich gerüttelt wurde, ist doch im Kaiserreich, vor allem seit der Jahrhundertwende ein Prozess angestoßen worden, der weit ins 20. Jahrhundert hinein die Stellung der Frau grundlegend veränderte. Industrialisierung, gesellschaftliche Modernisierung und die Frauenbewegung trieben diesen Prozess an.

Ungleiche Rechte für Frauen und Männer

Frauen waren im Kaiserreich nicht gleichberechtigt. Zwar konnte im bürgerlichen Recht, das 1900 im BGB reichsweit bestimmt wurde, eine Frau etwa ohne die Zustimmung des Mannes ein Arbeitsverhältnis eingehen, doch in vielen Dingen waren Töchter und Ehefrauen der Vormundschaft von Vater oder Ehemann unterworfen. So hatte beispielsweise der Mann die Verfügungsgewalt über das eheliche Vermögen. Dem entsprach, dass Frauen kein Wahlrecht besaßen und in einigen Staaten – so z. B. Preußen und Bayern – lange Zeit nicht Mitglied in politischen Parteien sein konnten. „Weiber“, „Frauenzimmer“, Vertreterinnen des „schönen Geschlechts“ hatten in der Politik nichts zu suchen. Sie waren, so die landläufige Meinung, abhängig vom Familienvorstand und Ernährer, auf die Familie und nicht das Gemeinwesen orientiert, eher irrational, vorrangig an Literatur und Kultur interessiert, schwach und schutzbedürftig sowie leicht beeinflussbar. Schließlich trage das Frauenstimmrecht den politischen Streit in die Familien und sei somit eine Gefahr für den Familienfrieden.

Traditionelle Rolle als Hausfrau und Mutter

Die traditionelle Rolle der Frau als Hausfrau und Mutter wurde durch die Trennung von Erwerbs- und Privatsphäre durch die Industrialisierung noch verstärkt. Besonders hart traf es dabei unverheiratete Frauen. Sie litten einerseits unter dem Makel, die eigentlich einer Frau bestimmte Rolle nicht erfüllen zu können, andererseits kämpften sie mangels eines Versorgers häufig mit wirtschaftlichen Schwierigkeiten. So ist es verständlich, wenn Eltern ungeduldig auf den Tag warteten, an dem die Tochter endlich standesgemäß „unter die Haube“ kam. Sie selbst fürchtete sich nicht selten davor, ihr Leben lang „Fräulein“ bleiben zu müssen. Natürlich gab es auch dazu Gegenentwürfe, von partnerschaftlicher Ehe bis hin zur vollkommenen sexuellen Befreiung. Doch sie blieben Randerscheinungen und änderten nichts an der Prägekraft des traditionellen Leitbildes, das selbst in breiten Kreisen der Frauenbewegung bestimmend blieb.

Ungleiche Berufschancen

Entsprechend gering war der Anteil von verheirateten Frauen in der Erwerbsarbeit. 1907 waren 70 % der unverheirateten Frauen, aber nur 26 % der verheirateten erwerbstätig. Sehr viele Frauen halfen im Familienbetrieb – in Landwirtschaft, Handel und Gewerbe – mit. Für die Angehörigen der unteren Schichten gab es Fabrikarbeit oder eine Stellung als Dienstmädchen bzw. Dienstbote in einem bürgerlichen Haushalt. In der Fabrik lagen die Löhne für Frauen selbst bei gleicher Arbeit unter denen ihrer männlichen Kollegen. Auch Heimarbeit, etwa Näharbeiten oder die Herstellung von Kartonagen, Spielzeug oder Schmuckwaren, war bis ins Kleinbürgertum eine Möglichkeit, das Familieneinkommen aufzubessern. Für Frauen der bürgerlichen Mittel- und Oberschicht kam eine Tätigkeit als Gouvernante, Gesellschafterin, vor allem Lehrerin in Frage. Hier galt besonders die Norm, dass erwerbstätige Frauen ledig zu sein hatten. Denn die Heirat bedeutete für eine Lehrerin fast automatisch die Beendigung ihres Arbeitsverhältnisses.

Ungleiche Bildungschancen

Bestimmte Berufe kamen für Frauen schon allein deswegen nicht in Frage, weil ihnen Abitur und Universität verschlossen waren. Die Höhere-Töchter-Bildung der bürgerlichen Schichten unterschied sich wesentlich von der Schulbildung der Jungen und qualifizierte nicht fürs Berufsleben.

Politische Versammlung von Arbeiterinnen (um 1890)

„Bürgerliche" Frauenbewegung

Die organisierte Frauenbewegung begann 1865 mit der Gründung des Allgemeinen Deutschen Frauenvereins (ADF), dessen erste Vorsitzende Louise Otto-Peters, eine schon 1848 aktive Frauenrechtlerin, wurde (s. S. 366ff.). Andere Frauenvereine folgten, von denen sich viele 1894 zum Bund Deutscher Frauenvereine (BDF) zusammenschlossen. Dieser Bund wurde zum Zentrum der bürgerlichen Frauenbewegung und hatte, nachdem sich immer mehr – auch konfessionelle oder berufsständische – Frauenvereine gegründet hatten, zu Beginn des Ersten Weltkriegs 250 000 Mitglieder. Der BDF hatte einerseits aufgrund der Heterogenität (Unterschiedlichkeit) seiner Anhängerschaft eine begrenzte Schlagkraft, da er nach außen nur den kleinsten gemeinsamen Nenner vertreten konnte. Andererseits zeigte sich an ihm auch die vorherrschende konservative Richtung der Frauenbewegung. Der Bund verteidigte die traditionelle Ehe- und Familienform, radikalen Frauenvereinen wurde die Mitgliedschaft verweigert. Konkrete weibliche Sozialarbeit und die Forderung nach Verbesserung der Bildungs- und Berufschancen standen im Vordergrund, im Gegensatz zu Fragen der politischen Gleichberechtigung oder gar der Sexualreform. Auch in der Diskussion des Schwangerschaftsabbruchs (§ 218 StGB) konnte sich der BDF erst in der Weimarer Republik zur Forderung nach einer Neufassung durchringen.

„Sozialistische" oder „proletarische" Frauenbewegung

Entsprechend dieser Haltung wurde auch die „sozialistische" Frauenbewegung als zu parteipolitisch orientiert abgelehnt, die sich ihrerseits von der „bürgerlichen" Frauenbewegung distanzierte. Für die sozialistische Frauenbewegung war die Emanzipation der Frauen die logische Konsequenz aus der grundlegenden Forderung der Arbeiterbewegung, nämlich der Befreiung des Arbeiters und der Menschheit generell aus den Zwängen des Kapitalismus. Hinzu kamen natürlich die besonderen Belange der Fabrikarbeiterinnen. Der Parteiführer August Bebel mit seinem Buch „Die Frau und der Sozialismus" sowie Clara Zetkin als Kopf der sozialistischen Frauenbewegung haben hier eine wichtige Rolle gespielt. Auch auf der politischen Linken herrschte keine Einigkeit in der Frauenfrage. Schon allein die Frauenerwerbsarbeit wurde unterschiedlich beurteilt. Den einen erschien sie als Befreiung der Frau, den anderen als abzuschaffendes kapitalistisches Übel. Mit der Gründung der KPD 1918 spaltete sich auch die sozialistische Frauenbewegung auf.

Begrenzte Erfolge

Im Bereich von Bildung und Beruf fanden langsame, aber wesentliche Veränderungen statt. Zu Beginn des Kaiserreichs errichtete man erste Kindergärtnerinnen-Seminare und erreichte später nach einigen Widerständen die Zulassung von Frauen zum Bahn-, Post- und Telegrafendienst. In Handelslehrinstituten, Gewerbe-, Sekretärinnen-, Telegrafen- und

Fernsprechamt in Berlin 1906 bei der Einführung des „Zentral-Batterie"-Systems

anderen Schulen konnten Frauen sich für einen Beruf qualifizieren. Erst in den 1890er-Jahren wurden Frauen zunächst als Externe zur Abitur-Prüfung an Gymnasien zugelassen, später dann regulär. Auch an den Universitäten gab es zunächst vereinzelt Frauen als Gasthörerinnen. Baden war dann der erste Bundesstaat, der Frauen 1900 das Recht zur Immatrikulation verlieh. Bayern und Württemberg folgten kurze Zeit später. Als Preußen sich 1908 ebenfalls anschloss, konnten inzwischen in fast allen Einzelstaaten Frauen studieren. Die erste ordentliche Professorin in Deutschland gab es allerdings erst 1923. Ärztin wurde zunächst der wichtigste akademische Beruf, der von Frauen angestrebt wurde.

„Menschenrechte haben kein Geschlecht!" lautete eine Devise der Frauenbewegung. Und dies schloss eigentlich auch das Frauenwahlrecht mit ein. Obwohl 1902 ein Verband für Frauenstimmrecht gegründet wurde, erlangte der Kampf um das Frauenstimmrecht nicht die Stärke wie in England oder den USA. Erst 1912 kam es in München zu einer ersten Straßendemonstration. Von den politischen Parteien sprachen sich nur die Sozialdemokraten unmissverständlich für die Einführung des Frauenstimmrechts aus. Die anderen Parteien konnten sich zu einer eindeutigen Befürwortung nicht durchringen, obwohl selbst auf konservativer Seite diskutiert wurde, ob es Sinn mache, einer Ärztin das Wahlrecht zu verwehren, ihrem Hausknecht jedoch zuzugestehen. Insgesamt wurde das Thema in Deutschland als nicht besonders dringlich angesehen und die Einführung des Frauenstimmrechtes allenfalls für eine fernere Zukunft vorgesehen.
Andererseits erlaubte 1908 das neue Reichsvereinsgesetz in allen Einzelstaaten die Mitgliedschaft von Frauen in politischen Parteien. Auch wenn die Politik und insbesondere das Wahlrecht im öffentlichen Bewusstsein nach wie vor eine Domäne der Männer blieb, nahmen nun alle Parteien Frauen auf. Zaghaft, aber doch spürbar hatten die Frauen ihre Präsenz in der politischen Arena verstärkt.

Neuorientierung am Ende des Ersten Weltkrieges

Der Erste Weltkrieg veränderte nochmals deutlich die Rollenverteilung. Weil viele Männer an der Front waren, mussten Frauen notgedrungen bislang Männern vorbehaltene Funktionen erfüllen. Eine endgültig neue Situation schuf der politische Neuanfang auf den Trümmern des Kaiserreiches. Die Weimarer Republik brachte für Deutschland das Frauenwahlrecht. 1919 waren somit in den Bereichen Bildung, Beruf und Politik auf rechtlicher Ebene wesentliche Etappen der Gleichberechtigung der Geschlechter erreicht.

Urbanisierung – die Großstadt als Sinnbild der modernen Welt

Bevölkerungswachstum

Zwischen 1866 und 1914 stieg die Bevölkerung des Deutschen Reiches von 40 Mio. auf 68 Mio. um über 70 Prozent. Während die Landbevölkerung weitgehend stagnierte, kam dieses Bevölkerungswachstum in erster Linie den Städten zugute. Während 1871 fast zwei Drittel in Gemeinden unter 2000 Einwohnern, das heißt auf dem Land wohnten, waren es 1910 weit weniger als die Hälfte. Der Mehrzahl lebte nun also in Städten.

Binnenwanderung

Die Menschen blieben sehr häufig nicht mehr an ihrem Geburtsort wohnen, sondern wanderten dorthin, wo es Arbeit gab. Die Binnenwanderung und somit das Wachstum der Städte ist aufs Engste mit der Industrialisierung verbunden. Das Land schuf keine neuen Arbeitsplätze für den Bevölkerungsüberschuss. Vielmehr setzte der Strukturwandel der Landwirtschaft noch zusätzliche Arbeitskräfte frei. Arbeit gab es in den Städten, den Hochburgen der Industrie. Dabei winkten nicht allein Industriearbeitsplätze. Die wachsende Industrie schuf auch Beschäftigungsmöglichkeiten im Handwerk und im Dienstleistungs-

Untergrundbahnhof Potsdamer Platz in Berlin, 1902 eröffnet

sektor. Vor allem junge, unverheiratete und damit mobile Menschen suchten ihr Glück in den Städten. Sie kamen hauptsächlich aus der näheren Umgebung.

Eine der Ausnahmen war die große Ost-West-Wanderung von Bewohnern der agrarischen Ostprovinzen Preußens. Diese Menschen, darunter viele Polen, zogen nach Berlin, Sachsen und seit den 1890er-Jahren vorrangig ins Ruhrgebiet.

Verstädterung – Urbanisierung

Die Anzahl der Städte stieg. Schon bestehende Städte wuchsen über ihre bisherigen Grenzen hinaus und verbanden sich mitunter zu ganzen Städtelandschaften. An die Stadtverwaltungen wurden neue Aufgaben gestellt: Kanalisation, Straßenbeleuchtung, Verkehrswege, Transportmittel und vieles mehr. Dieser Prozess der Vermehrung und Ausdehnung der Städte im Vergleich zu ländlichen Siedlungsformen wird als „Verstädterung" bezeichnet. Der Begriff der „Urbanisierung" meint jedoch mehr. Er bezeichnet die Ausbreitung und Verstärkung städtischer Lebens-, Wirtschafts- und Verhaltensformen. Denn das Wachstum der Städte war eingebettet in den Kontext der Industrialisierung und war begleitet von einer vielfältigen und grundlegenden Veränderung der Lebensverhältnisse. Obwohl viele der Veränderungen sich nicht allein auf die Städte beschränkten, so vollzog sich hier der Wandel besonders schnell und umfassend. Nicht umsonst wurde die Großstadt zur Chiffre für die moderne Zeit. Auch wenn viele die Lebensverhältnisse in der Stadt kritisierten (s. u.) und die modernen Entwicklungen anprangerten, so entwickelte sich doch der städtische Lebensstil zum allgemeinen gesellschaftlichen Leitbild – für die Stadt- wie auch die Landbewohner.

Wohnen und Wohnungsnot

Nur die vermögenden Bürger der Stadt lebten in Villen. Der Rest – auch das gehobene und mittlere Bürgertum – wohnte in Wohnungen. Die Größe der Wohnung entsprach natürlich dem Einkommen. Man konnte durchaus sehr vornehm zur Miete in einem „Mietspalast" mit feudalem Treppenhaus aus Marmor und mit Dienstboteneingang wohnen. Das kleine Bürgertum wohnte enger. Küche und Wohnen waren dabei nicht immer getrennt. Sehr beengt stellte sich die Wohnsituation der Arbeiter dar. 1905 waren mehr als die Hälfte der Wohnungen in den großen Städten Ein- oder Zwei-Zimmer-Wohnungen, die zudem sehr häufig überbelegt waren. In den Kleinwohnungen in Berlin kamen im Durchschnitt vier Personen auf ein beheizbares Zimmer. Familien wohnten auch häufig nicht allein, sondern nahmen einen oder mehrere Untermieter auf. Selbst Betten mussten geteilt

Arbeiterfamilie in ihrer Wohnung in einer Mietskaserne (Berlin, 1907)

werden. Auch wenn sich die Wohnungssituation regional sehr unterschiedlich darstellte und etwas verbesserte, blieben dennoch Wohnungsnot und Wohnungsproblem im Kaiserreich ein zentrales Problem der „Sozialen Frage".

Familie

Die Veränderung des Arbeitslebens durch die Industrialisierung hatte auch unmittelbare Auswirkungen auf die Familienstruktur. Die Trennung von Arbeitsplatz und Haushalt wurde schon oben angesprochen. Im städtisch-industriellen Kontext trat die Kleinfamilie zunehmend an die Stelle der Großfamilie. Die Liebesheirat gewann an Bedeutung gegenüber der Heirat als Standesangelegenheit. Und schließlich kümmerte man sich mehr als bisher um Geburtenkontrolle.

Technik und Wissenschaft

Sinnbild für die moderne Welt waren auch die Fortschritte in Wissenschaft und Technik. Im Deutschland nach der Jahrhundertwende gab es geradezu eine Explosion von Entdeckungen und Erfindungen. Sie nutzten der Industrieproduktion, der Landwirtschaft, der Medizin und der Kommunikation. Vieles davon veränderte aber auch unmittelbar das tägliche Leben. Nachdem zunächst das Fahrrad – es war nach der Erfindung von Luftreifen und Freilauf als Massengut eine Neuerung – die Straßen erobert hatte, tauchten immer mehr Automobile auf. Gaslampen wurden durch elektrisches Licht ersetzt. Immer mehr Häuser bekamen einen Telefonanschluss. Nach der Erfindung des „Kinematographen" entstanden in den Städten Kinos.

Neuentwürfe von Lebensstilen

Ein allgemeiner Aufbruch zeigte sich auch in einer Vielzahl von neuen Lebensentwürfen. Neue Alltagsideale wie Gesundheit, Natürlichkeit und Sport wurden beispielsweise gegen die alte Steifheit und Prüderie gesetzt. Das „Familien-" oder „Frauenbaden" sowie die Veränderungen in der Bademode führten zu Begeisterung oder entrüsteter Ablehnung. Im „Wandervogel", einer Jugendbewegung nach der Jahrhundertwende, fanden sich Jugendliche zusammen, um dem Alltagsleben – gerade dem modernen Großstadtleben – beim Wandern, in Kluft gekleidet und mit der „Klampfe" am romantischen Lagerfeuer singend zu entfliehen. Die Veränderung der Lebensstile bedeutete nicht, dass alte Lebensweisen generell über Bord geworfen wurden. Sie blieben daneben bestehen. Auch gingen diese Neuentwürfe nicht alle in die gleiche Richtung. Rationalität stand neben Irrationalität, Fortschrittsoptimismus gegen Fortschrittskritik, Emotionalität gegen nüchterne Sachlichkeit. Es waren aber alles Aufbrüche aus einer alten Welt und Versuche, sich in neuen Lebenswelten einzurichten.

Großstadt als „modernes Babylon" oder Ort des Fortschritts?

Die Moderne wurde von den Zeitgenossen zwiespältig beurteilt. Das galt umso mehr für die Großstadt, die ja für diese moderne Welt stand. Auf der einen Seite beklagte man den Verlust der überschaubaren dörflichen Lebensgemeinschaft, verlorene Familien- und Verwandtschaftsbeziehungen. Hektik, Lärm, Enge, die gesichtslose Vermassung, Anonymität, persönliche Entwurzelung und Selbstentfremdung, Vereinsamung, Trunksucht, Prostitution, Verbrechen – all das konnte mit der Großstadt als „modernem Babylon" in Verbindung gebracht werden. Das propagierte Gegenbild war eine verklärende Agrarromantik. Hier pries man vor allem von politisch konservativer Seite her die Ordnung und Geborgenheit der ländlichen Lebenswelt, die Ehrlichkeit von Landwirtschaft und Handwerk.
Auf der anderen Seite lagen der Reiz und der Nutzen der Großstadt auf der Hand. Ansonsten wären ja nicht so viele Menschen in die Stadt gezogen und ansonsten hätte der städtische Lebensstil nicht diese prägende Kraft bekommen. Arbeit und Lohn, eine bessere medizinische Versorgung – die Säuglingssterblichkeit sank in den Städten schneller als auf dem Land –, ein größeres Warenangebot, moderne Kauf- und Warenhäuser, Kulturangebote, bessere Bildungsmöglichkeiten, Freizeitmöglichkeiten, Vitalität und Vielfalt, weniger Sozialkontrolle als im Dorf und vieles mehr begründeten die Attraktivität der Städte.

Modernisierung und Modernisierungsleiden

Diese zahlreichen Veränderungen in Wirtschaft, Gesellschaft und Kultur prägten das Bewusstsein der Menschen. Die Gesellschaft des Kaiserreiches empfand die Jahrhundertwende nicht nur als kalendarische Besonderheit, sondern als Zeitenwende im Aufbruch zur Moderne des 20. Jahrhunderts. Deshalb kann man die Deutschen der wilhelminischen Zeit als „Übergangsmenschen" bezeichnen. Häufig stand dabei Altes und Neues scheinbar unversöhnlich nebeneinander. So war der wilhelminische Staat wirtschaftlich ein sehr modernes Gebilde. In seiner politischen Struktur war er aber an modernen demokratischen Maßstäben gemessen rückständig. Diese eigenartige Mischung des Alten und Neuen hat der Philosoph Ernst Bloch mit dem Begriff der Ungleichzeitigkeit des Gleichzeitigen versucht zu umschreiben. Darüber hinaus vollzogen sich in Deutschland viele Veränderungen in sehr kurzer Zeit. Der Wandel schuf auf der einen Seite eine positive Aufbruchstimmung, einen Fortschrittsoptimismus. Andererseits rief er – zumal bei denjenigen, die von der Modernisierung nicht profitierten – Verunsicherung und Ablehnung hervor. Dieses zwiespältige Verhältnis zur Moderne wurde zum wesentlichen Charakteristikum der deutschen Gesellschaft am Vorabend des Ersten Weltkrieges.

4. Außenpolitik bis zum Ersten Weltkrieg

So wie in der Innenpolitik die Bismarck-Ära von der wilhelminischen Zeit geschieden werden kann oder im gesellschaftlichen und kulturellen Bereich um die Jahrhundertwende ein bedeutender Modernisierungsschub festzustellen ist, so lässt sich auch die deutsche Außenpolitik grob in diese beiden Epochen einteilen. Sie ist natürlich nicht losgelöst von gesamteuropäischen Entwicklungen. Daher finden sich ergänzende Informationen zu Folgendem in den Kapiteln Imperialismus (vgl. S. 506ff.) und Erster Weltkrieg (s. Bd. 2).

Politik der Selbstbeschränkung unter Bismarck

Erhaltung des Status quo, Defensivbündnisse und Isolierung Frankreichs

Die Sicherung des Deutschen Reiches war oberstes Ziel der Außenpolitik Bismarcks. Deutschland hatte in seinen Augen durch die Reichsgründung das erreicht, was es erreichen wollte. Von nun an demonstrierte Bismarck den Großmächten sehr deutlich, dass das Deutsche Reich saturiert (gesättigt) sei, also keine weitere territoriale Expansion anstrebe. Der Reichskanzler litt nämlich, wie ein russischer Botschafter zutreffend urteilte, unter dem *„cauchemar des coalitions"*, dem Alptraum der (gegen Deutschland gerichteten und selbst schwierig zu schließenden) Bündnisse: Antideutsche Bündnisse sollten möglichst verhin-

dert werden. Insbesondere galt es, den ehemaligen und auf „Revanche" hoffenden Kriegsgegner Frankreich zu isolieren. Auf der anderen Seite schloss das Deutsche Reich mit möglichst vielen Staaten Defensiv-Bündnisse. Lediglich die angestrebte Verbindung mit England kam nicht zustande.
Das außenpolitische Interesse war also auf die Sicherung des Status quo ausgerichtet. Im Gegensatz zu den imperialistischen Mächten gab sich das Deutsche Reich desinteressiert. Bei internationalen Konferenzen gebärdete man sich sogar als ehrlicher Makler, als unbeteiligter Vermittler. Entsprechend lehnte Bismarck eine aktive Kolonialpolitik ab. „Meine Karte von Afrika liegt in Europa", meinte er dazu. Der wirtschaftliche Nutzen sei fragwürdig, die destabilisierenden Folgen einer deutschen Kolonialpolitik zu riskant.
Dennoch kam es auch schon unter Bismarck zu vereinzelten Handelsniederlassungen durch deutsche Kaufleute, die in den 1880er-Jahren dann als deutsche Kolonien anerkannt wurden. Insgesamt blieb jedoch der deutsche Kolonialbesitz (vor allem Togo, Kamerun, Südwest-Afrika, Ostafrika) unbedeutend.

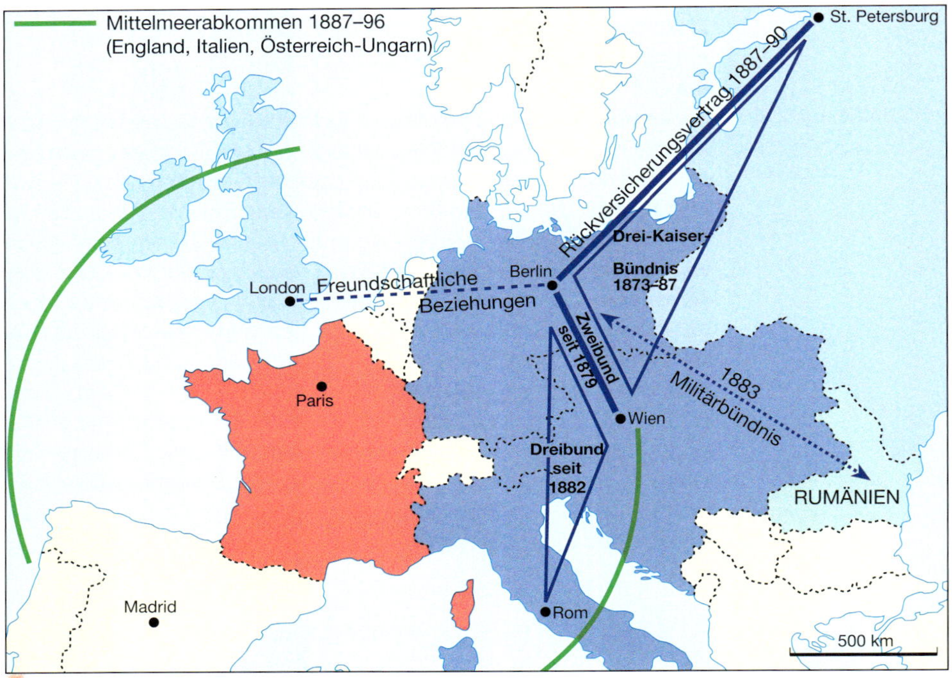

Europäisches Mächtesystem zur Zeit Bismarcks

Der Übergang zur „Weltpolitik" unter Wilhelm II.

Der Sturz Bismarcks stellte eine deutliche Zäsur dar, indem er das Ende der Periode der Selbstbeschränkung des deutschen Machtpotenzials bedeutete. Der Wandel zeigte sich schon allein an der großsprecherischen Rhetorik des neuen Kaisers, der mit „Volldampf voraus" und wiederholt unter Missachtung aller diplomatischer Klugheit Deutschland endlich die ihm zustehende Weltgeltung verschaffen wollte. Der spätere Reichskanzler Bülow brachte die deutsche Außenpolitik 1897 im Reichstag auf die populäre Formel: „Wir wollen niemanden in den Schatten stellen, aber wir verlangen auch unseren Platz an der Sonne". Dieser Wandel hin zur Weltpolitik kann jedoch nicht allein auf Wilhelm II. zurückgeführt werden. Das Kraftgefühl, die Stimmung des Aufbruchs, der Wunsch, an der Gestaltung der Welt teilhaben zu wollen, entsprach dem Gefühl breiter Bevölkerungsschichten in Deutschland.

„Ein Platz an der Sonne"

Letztlich war die Motivation für das neue weltpolitische Engagement einerseits deutsche Großmannssucht, andererseits aber auch Angst. Man fürchtete, in der Zeit des Hochimperialismus, als die anderen Großmächte in die Welt ausgriffen, relativ zu ihnen an Bedeutung und Macht zu verlieren und damit auch deutsche Sicherheitsinteressen zu gefährden.

Kolonialkonflikte

Im Vergleich zu anderen Ländern kam diese imperialistische Wendung jedoch spät. Das Deutsche Reich stieß deshalb auf schon vergebene Einflusssphären und bestehende Interessen. Konflikte mit den anderen Kolonialmächten waren vorprogrammiert. Daran änderte wenig, dass im Grunde genommen die deutsche Kolonialpolitik auch unter Wilhelm II. reine Demonstrations- und Prestigepolitik blieb.

Flottenrüstung

Zum Symbol der neuen Weltpolitik wurde die Flottenrüstung. Seit 1897/98 ging man in Deutschland zu einem massiven Ausbau der Schlacht- und Großschiffflotte über. Das neue Jahrhundert brachte in ganz Europa eine Phase der Hochrüstung. Die wenigen Ansätze zu einer Rüstungsbeschränkung wurden von keiner Macht, erst recht nicht von Deutschland, ernsthaft verfolgt.

Veränderung des Bündnissystems: Isolierung Deutschlands

Die neue deutsche Außenpolitik war von Ziellosigkeit und hektischer Unruhe geprägt. Die Diplomatie pendelte zwischen der Parteinahme für Russland und England. Schließlich entfremdete sich Deutschland von beiden. Die Flottenrüstung und die Kolonialpolitik taten ihr Übriges. Das vielschichtige Bündnissystem Bismarcks, das den nun maßgebenden Außenpolitikern als zu kompliziert erschien und deshalb nicht weiter gepflegt wurde, zerbrach. Schließlich sah sich Deutschland am Vorabend des Ersten Weltkriegs einer Bündniskonstellation gegenüber, die Bismarck unbedingt vermeiden wollte: England, Russland und Frankreich fanden sich miteinander verbündet. Deutschland war von ihnen isoliert.

Der Imperialismus, die Hochrüstung, das Anwachsen der internationalen Spannungen waren nicht allein deutsche, sondern gemeineuropäische Entwicklungen. Die veränderte Außenpolitik Deutschlands seit den 1890er-Jahren hat jedoch wesentlich zur Verstärkung der außenpolitischen Spannungen beigetragen und muss als Vorgeschichte des Ersten Weltkrieges gelesen werden.

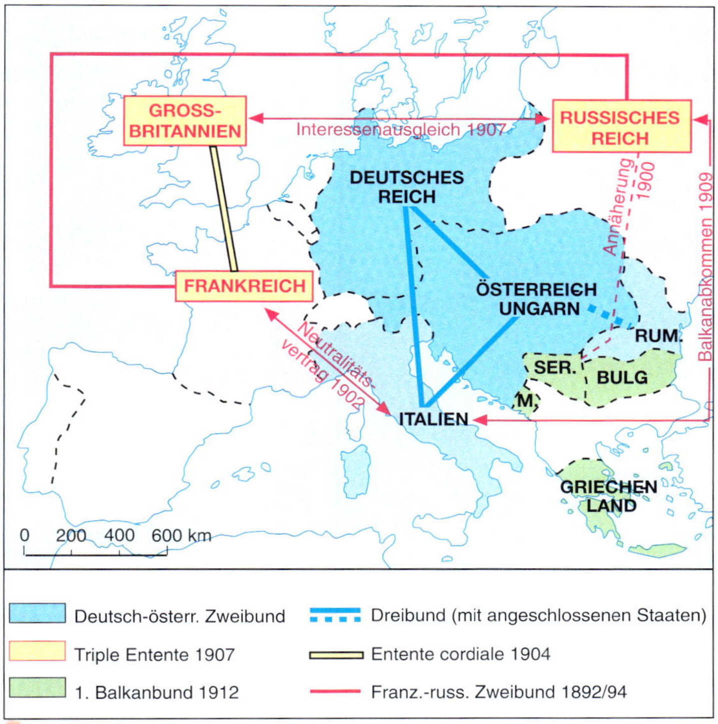

Europäisches Mächtesystem nach 1890

Reichsgründung und Reichsverfassung – Einheit und Freiheit?

Am 18. Januar 1871 wurde in Versailles das Deutsche Kaiserreich proklamiert: ein deutscher Staat, zwar ohne Einschluss Österreichs, aber mit einer Volksvertretung und einer Verfassung. Der Traum von Einheit und Freiheit, der vor gut 20 Jahren unrealisierbar war, schien nun endlich Realität geworden zu sein.

- **Was war das nun für ein Gebilde, dieser erste deutsche Nationalstaat?**
- **Inwiefern haben sich die Wünsche nicht nur nach staatlicher Einheit, sondern auch nach einer freiheitlichen, fortschrittlichen Ordnung verwirklicht?**

Diese Frage soll anhand der Reichsgründung und der Reichsverfassung auf der Grundlage von zeitgenössischen Quellen und Auszügen aus historischer Sekundärliteratur untersucht werden.

1. Informieren Sie sich im Info-Text über die Person des preußischen Ministerpräsidenten Bismarck und die Politik Preußens, die zur Reichsgründung 1871 in Versailles geführt hat.
2. Interpretieren Sie M 1 und M 2 unter der Fragestellung, in welcher Form und von wem das Deutsche Reich gegründet wurde.
3. Untersuchen Sie die Verfassung des Deutschen Kaiserreiches (M 3). Stellen Sie dazu in einer Tabelle fortschrittliche und vorwärtsweisende den rückschrittlichen Elementen gegenüber. Von diesen Gesichtspunkten könnten Sie ausgehen: Verwirklichung von Gewaltenteilung und Gewaltenkontrolle, Verhältnis der Bundesstaaten untereinander, Rechte des Parlaments, politische Mitwirkung des Volkes, Sicherung der Grundrechte.

➡ **Tipp:** Ein Vergleich mit der Paulskirchenfassung von 1849 (s. auch S. 353) kann als Maßstab dafür dienen, inwieweit hier Forderungen der liberalen Nationalbewegung erfüllt worden sind.

4. Analysieren Sie die Beurteilung der Verfassung durch die beiden Historiker (M 4, M 5) und vergleichen Sie Nipperdeys und Wehlers Einschätzung.
5. Erörtern Sie, welche Faktoren über die rein verfassungsrechtlichen Regelungen hinaus von Bedeutung für die Fortschrittlichkeit eines politischen Systems sein können.
6. Verfassen Sie ausgehend von Ihren Untersuchungsergebnissen ein zusammenfassendes Statement zu den beiden Leitfragen.

MATERIALIEN

M 1 Proklamierung des Deutschen Reiches am 18. Januar 1871 in Versailles (1885)

Gemälde von Anton von Werner (1843–1915), das im Auftrag der kaiserlichen Familie zu Bismarcks 70. Geburtstag gemalt wurde. Im linken Teil des Bildes stehen auf einem Podest Wilhelm I. und der badische Großherzog Friedrich I., der den preußischen König zum Kaiser ausruft. Vor den Stufen sieht man Bismarck und den preußischen Generalstabchef Helmuth Graf von Moltke. Das Gemälde ist keine wirklichkeitsgetreue Darstellung der Ereignisse am

18. Januar 1871, sondern eine inhaltliche Deutung des Ereignisses. Die Zeremonie war in Wirklichkeit weniger prunkvoll (vgl. S. 456). Bismarck, hier in Weiß, trug nur eine blaue Uniform. Der preußische Kriegsminister Roon ist auf dem Bild (im Hintergrund mit weißem Schnauzbart) zu sehen, obwohl er bei der Zeremonie wegen Krankheit verhindert war.

M 2a Präambel der Bismarckschen Reichsverfassung

Seine Majestät der König von Preußen im Namen des Norddeutschen Bundes, Seine Majestät der König von Bayern, Seine Majestät der König von Württemberg, Seine Königliche Hoheit der Großherzog von Baden und Seine Königliche Hoheit der Großherzog von Hessen und bei Rhein für die südlich vom Main gelegenen Teile des Großherzogtums Hessen schließen einen ewigen Bund zum Schutze des Bundesgebietes und des innerhalb desselben gültigen Rechtes sowie zur Pflege der Wohlfahrt des Deutschen Volkes. Dieser Bund wird den Namen Deutsches Reich führen und wird nachstehende Verfassung haben.

(Reichs-Gesetzblatt 1871, S. 63)

M 2b Präambel der Paulskirchenverfassung von 1849

Die deutsche verfassungsgebende Nationalversammlung hat beschlossen und verkündigt als Reichsverfassung: […]

(Reichs-Gesetzblatt 1849, S. 101)

M 3a Die Staatsorgane des Deutschen Reiches

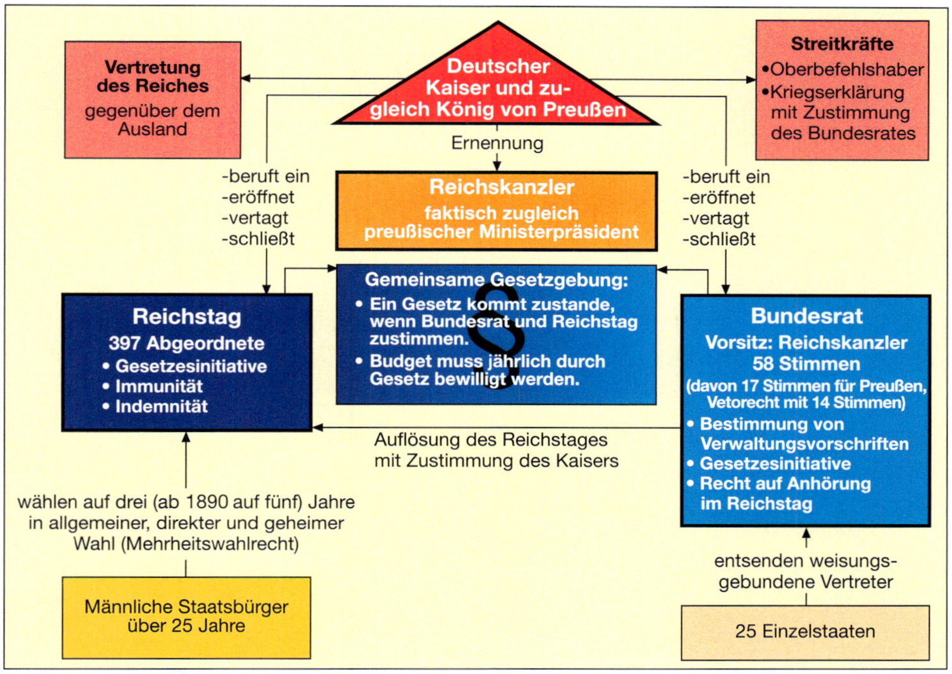

M 3b Übersicht über die Abschnitte der Bismarckschen Reichsverfassung

Die Überschriften der Abschnitte der 78 Artikel der Reichsverfassung lassen erkennen, welche Bereiche durch die Verfassung geregelt und welche nicht geregelt wurden. 1877 wurde in einem Reichsgesetz ein Reichsgericht als höchster Gerichtshof in Zivil- und Strafsachen eingerichtet, dessen Richter vom Kaiser auf Vorschlag des Bundesrates ernannt wurden.

I. Bundesgebiet
II. Reichsgesetzgebung
III. Bundesrat
IV. Präsidium (Kaiser, Reichskanzler)
V. Reichstag
VI. Zoll- und Handelswesen
VII. Eisenbahnwesen
VIII. Post- und Telegrafenwesen
IX. Marine und Schifffahrt

X. Konsulatswesen (Vertretung des Deutschen Reiches im Ausland)
XI. Reichskriegswesen (Wehrpflicht, Militärwesen)
XII. Reichsfinanzen
XIII. Schlichtung von Streitigkeiten und Strafbestimmungen (Hoch- und Landesverrat, Streitigkeiten zwischen Bundesstaaten)
XIV. Allgemeine Bestimmungen (Änderungen der Verfassung)

M 3c Übersicht über die Abschnitte der Paulskirchenverfassung

Abschnitte, die die 197 Paragraphen der Paulskirchenverfassung zusammenfassen:

I. Das Reich
II. Die Reichsgewalt (u.a. völkerrechtliche Vertretung, Militärwesen, Marine und Schifffahrt, Eisenbahnwesen, Zoll- und Handelswesen, Post- und Telegrafenwesen, Reichsgesetzgebung)
III. Das Reichsoberhaupt
IV. Der Reichstag
V. Das Reichsgericht
VI. Grundrechte des deutschen Volkes
VII. Die Gewähr der Verfassung (Eid auf die Verfassung, Verfassungsänderungen)

M 4 Der Historiker Hans-Ulrich Wehler über die konstitutionelle Monarchie

Das Hauptgewicht ruht bei dem Begriff der konstitutionellen Monarchie auf dem Substantiv, nicht auf dem Adjektiv. Und um eine „Königsherrschaft" handelte es sich durchaus. Der preußische Monarch kontrollierte nicht nur im Hegemonialstaat, der zwei Drittel des Reiches ausmachte, die drei Säulen des absolutistischen Staates: Heer, Bürokratie und Diplomatie, sondern auch als Reichsmonarch den Verwaltungsapparat der neuen Reichsbehörden, das Militär und die Außenpolitik. In diese Arcana Imperii[1] gelang es dem Reichstag niemals wirklich einzudringen. Institutionell blieb damit, verfassungsrechtlich abgeschirmt, das Machtgefüge des absolutistischen Staates im Wesentlichen erhalten. Wenn der Vorbehalt zugunsten der königlichen Exekutive das essenzielle Kriterium der konstitutionellen Monarchie ist, dann besaß der preußische König und deutsche Kaiser kraft seiner Verfügungsgewalt über diese drei Säulen den „entscheidenden und somit wesenbestimmenden" Einfluss innerhalb der Reichsverfassung; die absolutistischen Kräfte blieben, anders gesagt, von „verfassungsbestimmender Macht". Da mithin die Machtfaktoren des alten Obrigkeitsstaates weiter vom Monarchen (und seinen Beratern!) kontrolliert wurden, hing einmal Entscheidendes von der autoritären Spitze ab. Zum Zweiten blieb, obwohl die Verfassung als Konzession an die liberalen Forderungen der bürgerlichen Zeit unvermeidbar geworden war, der harte Kern des traditionellen Herrschaftssystem erhalten. [...] Es handelt sich um einen autokratischen, halbabsolutistischen Scheinkonstitutionalismus, da die realen Machtverhältnisse nicht entscheidend verändert worden waren.

(Hans-Ulrich Wehler, Das deutsche Kaiserreich Göttingen (Vandenhoek & Ruprecht) 1994, S. 62f.)

[1] Arcana Imperii: geheime Bereiche der Regierung

M 5 Der Historiker Thomas Nipperdey über die konstitutionelle Monarchie

Die Monarchie im Reich war nicht mehr absolutistisch oder halbabsolutistisch. Sie war konstitutionell. Gewiss, sie hatte noch einen extrakonstitutionellen Kern, die „Kommando"-Gewalt des „obersten Kriegsherrn". [...] Dennoch gesamtpolitisch war die Monarchie im Reich konstitutionell: Sie war an die Verfassung, die rechtsstaatlichen Normen, die Mitwirkung des Parlaments gebunden, an die Form der Regierung durch Beamten-Minister oder den einen Reichskanzler, die die politisch-moralische „Verantwortung" für das Handeln von Monarch und Regierung [...] übernahmen, und darum an einen – wenigstens prinzipiellen, langfristigen – Konsens der bürgerlichen Öffentlichkeit, ihrer Mehrheit. Dass die Regierung nicht vom Vertrauen des Parlaments abhängig war [...], ist demgegenüber kein Einwand. Die innere Geschichte des Reiches ist demgemäß vom Verhältnis der Regierung zu Parlament und Öffentlichkeit bestimmt. [...]
Gegenüber dem vom Monarchen ernannten Kanzler (und der „Regierung") und gegenüber den im Bundesrat institutionalisierten verbündeten Regierungen stand das Parlament, der Reichstag, Organ der einen Nation, unitarisch insoweit, nationaldemokratisch: das vierte Element dieser Verfassung neben Föderalismus, Hegemonie und monarchisch-bürokratischer Exekutive. Da der Reichstag keinen Einfluss auf die Zusammensetzung der „Regierung" und damit jedenfalls keinen bestimmenden Einfluss auf den Kurs der Gesamtpolitik hatte, steht er bei nachgeborenen Historikern nicht in hohem Ansehen. Aber so einfach ist es mit seiner Macht oder Ohnmacht nicht.

(Thomas Nipperdey, Deutsche Geschichte 1866–1918, Bd. 2: Machtstaat vor der Demokratie, München (C.H. Beck) 1992, S. 99f., S. 102)

Bismarck und die Parteien – Kulturkampf und Sozialistengesetz

War mit der staatlichen Einheit auch das Ziel einer freiheitlichen politischen Ordnung erreicht? Um diese Frage beantworten zu können, müssen mehrere Bereiche untersucht werden. Die Verfassung ist ein Aspekt. Hier war ohne Zweifel der Reichstag in Berlin mit seinem für die damalige Zeit sehr fortschrittlichen Wahlrecht das demokratische Element. Neben der Verfassung und dem Wahlrecht war entscheidend, wie der verfassungsrechtliche Rahmen in die Tat umgesetzt wurde. Ein besonderer Stellenwert kommt dabei dem Verhältnis von Regierung und Parlament und damit auch von Regierung und Parteien zu. Die Politik wurde im Kaiserreich immer mehr von Parteien geprägt. Sie standen teilweise für bestimmte Gesinnungsrichtungen oder vertraten direkt bestimmte soziale Gruppen – so war ganz deutlich die Sozialdemokratie die Vertretung der Industriearbeiter, das Zentrum die Partei der Katholiken.
Im Folgenden soll die Politik des Reichskanzlers Bismarck gegenüber den Parteien und deren Stärke und Rückhalt bei der Bevölkerung untersucht werden. Unproblematisch ist der Fall, wenn alle Beteiligten gleicher Meinung sind. Interessant wird es jedoch, wenn unterschiedliche Meinungen aufeinandertreffen.

- **Inwieweit wurden die Parteien von der Regierung als rechtmäßige Vertreter des politischen Willens des Volkes akzeptiert?**
- **Mit welchen Mitteln versuchte die Regierung im Konfliktfall ihre Interessen durchzusetzen und welchen Erfolg hatte sie dabei?**

Antworten auf die beiden Fragestellungen lassen sich durch zwei historische Fallanalysen gewinnen. Sowohl der „Kulturkampf" als auch das Sozialistengesetz sind Konflikte, an denen sich das Verhältnis von Bismarck und den politischen Parteien sowie die Frage nach Erfolg und Misserfolg seiner Strategie exemplarisch untersuchen lassen.

Sie können die beiden ausgewählten historischen Fälle mithilfe der folgenden Arbeitsanregungen untersuchen:

1. Arbeiten Sie heraus, wie das Verhältnis des Reichskanzlers Bismarck zum Reichstag (und damit auch zu den dort vertretenen politischen Parteien) in der Bildquelle M 1 dargestellt ist. Verwenden Sie dazu die Hinweise zur Methode „Bildquellen interpretieren" (s. S. 568f.).
2. Interpretieren Sie die Quelle M 2 unter der Fragestellung, welchen Parteien Bismarck besonders ablehnend gegenüberstand und was seine Motive dafür waren.
   Tipp: Einen Überblick über die Parteien im Kaiserreich finden Sie im Infotext S. 464–468.
3. Erläutern Sie den Zweck der staatlichen Regelungen im Kulturkampf (M 3) gegen die (katholische) Kirche.
4. Vergleichen Sie ausgehend von einer Analyse der Quellen M 4 und M 5, wie unterschiedlich von beiden Konfliktparteien die Auseinandersetzung interpretiert wurde.
5. Arbeiten Sie anhand der Interpretation einer Reichstagsrede (M 6) Bismarcks Vorstellungen über den Arbeiter und den Sozialismus heraus.
6. Untersuchen Sie die Auswirkungen des Sozialistengesetzes auf die politische Arbeit und Lebenssituation eines Sozialdemokraten sowie den inneren Zusammenhang zwischen dem Sozialistengesetz und der Bismarckschen Sozialversicherung, indem Sie die Quellen M 7 und M 8 fachgerecht interpretieren.
7. Erörtern Sie, ob und inwiefern das von dem Historiker U. Wehler angesprochene Konzept der „negativen Integration" (M 9) auf den Kulturkampf oder das Sozialistengesetz angewandt werden kann.
8. Diskutieren Sie ausgehend von der Interpretation der Statistik M 10 unter Einbezug der Interpretationsergebnisse der Quellen M 5 und M 7 die Frage nach dem Erfolg der Bismarckschen Strategie.

MATERIALIEN

M 1 Sitzung des Deutschen Reichstages am 6. Februar 1888

Gemälde von Ernst Henseler (1896).

M 2 Bismarck in einer Rede im preußischen Herrenhaus[1] am 24. April 1873

Ich verweise darauf, wo ich die Genesis meiner Überzeugung, dass zur Notwehr für den gefährdeten Staat die Regierung gezwungen sei, und ferner dargelegt habe, dass die Regierung und Seine Majestät der König mit ihr die Überzeugung haben, dass der Staat in seinen Fundamenten bedroht und gefährdet ist von zwei Parteien, die beide das gemeinsam haben, dass sie ihre Gegnerschaft gegen die nationale Entwicklung in internationaler Weise betätigen, dass sie Nation und nationale Staatenbildung bekämpfen. Gegen diese beiden Parteien müssen meines Erachtens alle diejenigen, denen die Kräftigung des staatlichen Elements, die Wehrhaftigkeit des Staates am Herzen liegen, gegen die, die ihn angreifen und bedrohen, zusammenstehen, und deshalb müssen sich alle Elemente zusammenscharen, die ein Interesse haben an der Erhaltung des Staats und an seiner Verteidigung teils gegen diejenigen, welche offen sagen, was sie an die Stelle des Staates setzen wollen, teils gegen diejenigen welche einstweilen den Staat untergraben, sich aber noch vorbehalten, was sie an seine Stelle setzen wollen – gegen diese Gegner müssen sich alle treuen Anhänger des Königs, müssen sich alle treuen Anhänger des preußischen Staates, in dem wir leben, zusammenscharen.

Wenn ich mich nicht täusche, so zeigen schon die kommenden Wahlen die Symptome, dass alle Parteien, welche ohne Nebenzwecke, ohne Zorn und ohne Verstimmung den Staat als solchen wollen, sich um uns scharen und von ihrer Phalanx die Parteien ferne halten, von denen sie mit mir überzeugt sind, dass sie mit Wissen und unwissentlich Feinde dieses Staates sind.

(Otto v. Bismarck, Die gesammelten Werke, Bd. 11, Berlin (Verlag für Politik und Wirtschaft) 1929, S. 298)

---

[1] Das Herrenhaus ist neben dem Abgeordnetenhaus eine der zwei Kammern des preußischen Parlamentes.

M 3 „Kulturkampfgesetze" des preußischen Königreichs und des Deutschen Reiches

Auch in anderen deutschen Einzelstaaten (z.B. in Baden) wurden ähnliche Gesetze in Kraft gesetzt. Der Kulturkampf hatte zu den Reichstagswahlen 1874 seinen Höhepunkt. Ende der 1880er-Jahre flaute er deutlich ab. Einige der Kulturkampfgesetze wurden wieder aufgehoben.

1871
- Auflösung der katholischen Abteilung im preußischen Kultusministerium
- Kanzelparagraf: Geistliche, die in Ausübung ihres Amtes „Angelegenheiten des Staates in einer den öffentlichen Frieden gefährdenden Weise" behandeln, können mit Gefängnis oder „Festungshaft"[1] bis zu zwei Jahren bestraft werden (bis 1957).

1872
- Aufhebung der geistlichen Schulaufsicht und Einführung der staatlichen Schulaufsicht in Preußen (bleibt erhalten). Verbot des Jesuitenordens (bis 1917)

1873
- Staatliche Kontrolle der Ausbildung und Einstellung der Geistlichen in Preußen

1875
- Zivilehe: Die standesamtliche Trauung wird zur allein gültigen Form der Eheschließung (bleibt erhalten).
- Klostergesetz: Aufhebung fast sämtlicher Ordensniederlassungen in Preußen

[1] Gefängnis und „Festungshaft" werden als „ehrenhaftere" Strafform von der härteren Zuchthausstrafe unterschieden.

M 4 Rede Bismarcks vor dem preußischen Herrenhaus am 10. März 1873

Die Frage, in der wir uns befinden, wird meines Erachtens gefälscht, und das Licht, in dem wir sie betrachten, ist ein falsches, wenn man sie als eine konfessionelle, kirchliche, betrachtet. Es ist wesentlich eine politische, es handelt sich nicht um den Kampf, wie unseren katholischen Mitbürgern eingeredet wird, einer evangelischen Dynastie gegen die katholische Kirche, es handelt sich nicht um den Kampf zwischen Glauben und Unglauben, es handelt sich um den uralten Machtstreit, der so alt ist wie das Menschengeschlecht, um den Machtstreit zwischen Königtum und Priestertum. […] Also dieser Machtstreit unterliegt denselben Bedingungen wie jeder andere politische Kampf, und es ist eine Verschiebung der Frage, die auf den Eindruck auf urteilslose Leute berechnet ist, wenn man sie darstellt, als ob es sich um Bedrückung der Kirche handelte. Es handelt sich um Verteidigung des Staates, es handelt sich um die Abgrenzung, wie weit die Priesterherrschaft und wie weit die Königsherrschaft gehen soll, und diese Abgrenzung muss so gefunden werden, dass der Staat seinerseits dabei bestehen kann. Denn in dem Reiche dieser Welt hat er das Regiment und den Vortritt.

(Otto v. Bismarck, a.a.O., S. 289ff.)

M 5 Aus dem Wahlaufruf der „Kölnischen Zentrumspartei" zur Reichstagswahl 1877

Der Angriff des Wahlaufrufs richtet sich nicht direkt gegen Bismarck, sondern gegen die in der Wahl angetretenen Liberalen, die im Kulturkampf Bismarck unterstützen.

Auf den 10. Januar seid ihr berufen, um zum dritten Mal seit dem Bestehen des Deutschen Reiches euren Vertreter in den Reichstag zu wählen. Was ihr wollt und wen ihr wollt, das wisst ihr schon. Nicht weitläufige Auseinandersetzung kann jetzt mehr die Pflicht der Presse sein, sondern nur ein kurzes kräftiges Wort der Erinnerung und Mahnung.

Ihr erinnert euch, dass der Friedensschluss mit Frankreich für die „liberale Gesamtpartei" das Signal bot, um den lange ersehnten Krieg im Inneren zu eröffnen. Kaum war der französische Krieg beendet, als der Kulturkampf losbrach. Die „Schwarzen" hatten ihre Schuldigkeit getan; weshalb sollte man sie nicht gehen lassen? Sie hatten geholfen, das Gebäude des Reiches unter Dach zu bringen; nichts stand im Wege, um sie unter die „Reichsfeinde" zu werfen. […]

Mit welchen Mitteln und mit welchem Erfolge, das lebt in aller Gedächtnis. Das geeinigte Deutschland ist zerrissener wie seit langer, langer Zeit, und triumphierend höhnt das Ausland über unserer Spaltung. Ist es nötig, noch einmal die einzelnen Akte des Kulturkampfes zu erwähnen, auf die Trümmer hinzudeuten, mit welchen er unser Vaterland bedeckt hat? Seht euch in Köln um, und ihr habt genug und übergenug. Wo ist der Erzbischof, der vor elf Jahren unter zuvorkommender Beteiligung aller offizieller Kreise seinen Einzug in eure Stadt hielt? Er weilt im Ausland. Im Ausland weilen eure Söhne, die sich bis zum verflossenen Jahre in den jetzt verödeten Räumen des Kölner Seminars auf den Dienst des Herrn vorbereiteten, mit ihnen die

Mehrzahl unserer Ordensmänner und Ordensfrauen. Was hat man aus euren katholischen Schulen gemacht und was wird man in nächster Zeit aus ihnen machen? Und doch habt ihr die schlimmsten Folgen des Kulturkampfes noch nicht aus eigener Erfahrung kennengelernt. Wohl ist die Zahl eurer Priester stark gelichtet; aber noch vermögen die übrig Gebliebenen die Lücke auszufüllen. Noch seid ihr nicht, wie Zehntausende in ländlichen Bezirken, des regelmäßigen Gottesdienstes beraubt. Aber wer bürgt euch dafür, dass nicht bald schon in Kölner Kirchen der h[eilige] Dienst aufhört? Daran denkt, und dann geht zur Wahl.

(Herbert Lepper (Bearb.), Volk, Kirche und Vaterland – Wahlaufrufe, Aufrufe, Satzungen und Statuten des Zentrums 1870–1933, Düsseldorf (Droste) 1998, S. 192f.)

M 6 Rede Bismarcks im Reichstag am 20. März 1884

Bismarck erreichte 1878, nach zwei Attentaten auf Kaiser Wilhelm I., die Zustimmung des Reichstages zum Reichsgesetz „wider die gemeingefährlichen Bestrebungen der Sozialdemokratie". In dieser Debatte wird die Forderung der Regierung beraten, das Sozialistengesetz auf weitere zwei Jahre zu verlängern. 1890 lief das Sozialistengesetz aus, nachdem der Reichstag es nicht weiter verlängert hatte.

[…] für den Arbeiter ist das immer eine Tatsache, dass der Armut und Armenpflege in einer großen Stadt zu verfallen gleichbedeutend ist mit Elend, und diese Unsicherheit macht ihn feindlich und misstrauisch gegen die Gesellschaft. Das ist menschlich nicht unnatürlich, und solange der Staat ihm da nicht entgegenkommt oder solange er zu dem Entgegenkommen des Staats kein Vertrauen hat, solange ihm das Vertrauen in die Ehrlichkeit des Staates durch die Verdächtigung der Regierung genommen wird, da wird er, wo er es finden mag, immer wieder zu dem sozialistischen Wunderdoktor laufen […] und ohne großes Nachdenken sich von ihm Dinge versprechen lassen, die nicht gehalten werden. Deshalb glaube ich, dass die Unfallversicherung […] doch mildernd auf die Besorgnis und auf die Verstimmung der arbeitenden Klassen wirken wird. Ganz heilbar ist die Krankheit nicht, aber durch die Unterdrückung äußerer Symptome derselben durch Zwangsgesetze halten wir sie nur auf und treiben sie nach innen. […] Nennen Sie es „sozialistische Gesetzgebung" auf der Fortschrittseite – ich ziehe den Ausdruck „christlich" vor. Der Sozialismus der Zeit der Apostel ging noch sehr viel weiter.

(Otto v. Bismarck, a.a.O., Bd. 12, S. 438f.)

M 7 Die Zeit des Sozialistengesetzes

Der Heilbronner Schreinermeister und Sozialdemokrat Gustav Kittler schreibt in seinen Erinnerungen über die Zeit des Sozialistengesetzes:

Acht Tage später trat das Schandgesetz, das Sozialistengesetz, in Kraft und am andern Tag schon wurde die hiesige Parteimitgliedschaft sozialistengesetzlich aufgelöst und das Vermögen konfisziert. Zu konfiszieren gab es hier so wenig wie bei den Flugblättern. Der Partei folgten die Gewerkschaften und unser Gesangverein auf dem Fuße. […]
Mit den Auflösungen begann die Ära der Haussuchungen. Da wir erklärten, keinerlei Material mehr zu besitzen, suchte die Polizei erfolglos nach demselben. Nun war offiziell alles vernichtet, was halbwegs nach Petroleum roch, in Wirklichkeit brannte dasselbe lustig weiter, man nannte sich nur anders. Die Parteimitglieder gründeten einen Rauchklub und trafen sich dort jede Woche ebenso pünktlich wie früher. Es wurden Wachen aufgestellt, um vor Überraschungen der allzu neugierigen Hermandad [damals span. für Polizei] gesichert zu sein. Eine Anzahl ängstlicher Seelen blieb uns fern und etwas klein wurde das Häuflein der Treugebliebenen; das Schandgesetz sonderte den Weizen von der Spreu.
Am schmerzlichsten vermissten wir unser Parteiblatt, die „Süddeutsche Volkszeitung", sowie das Zentralorgan der Partei, den in Berlin erscheinenden „Vorwärts". Beide Blätter waren dem Gesetz zum Opfer gefallen. Nicht besser erging es denjenigen, die an ihre Stelle traten. Die Unmöglichkeit der Abhaltung von Versammlungen bedrückte uns gleichfalls schwer. Unter den nichtigsten Vorwänden wurden Versammlungen mit den harmlosesten Themen verboten. Es genügte schon zum Verbot, wenn der Redner Sozialdemokrat war.
Die gemeine Polizeiwirtschaft veranlasste uns von einer Einberufung von Versammlungen abzusehen, dafür aber die gegnerischen Versammlungen zu benützen, um für unsere Partei zu wirken, im Übrigen aber die Hauptagitation[1] mittels Flugblättern zu betreiben.
Das für die Partei neu geschaffene Blatt, „Der Züricher Sozialdemokrat", wurde auch hier gelesen. Ich war der Expedient [für die Auslieferung zuständig] davon und ausgelesene Nummern wurden regelmäßig, mit Rotstrichen versehen, unter Kuvert an hiesige Richter oder Polizeigrößen versandt. Der richtige Empfang der Zusendungen wurde im Anfang durch ergebnislose Haussuchungen quittiert, denen wir schmunzelnd und mit verschränkten Armen beiwohnten. […]

Wegen der Verbreitung eines sozialdemokratischen Flugblattes kam Kittler in Untersuchungshaft. Die Beweislage war allerdings so dürftig, dass es zu keiner Hauptverhandlung kam.

14 Tage später wurden wir sämtlich außer Verfolgung gesetzt und das Verfahren wurde eingestellt. So endete die hiesige große Haupt- und Staatsaktion im Jahre 1881 gegen uns mit einer großen Blamage der Staatsretter. Unsere fünf Wochen Untersuchungshaft hatten wir dank dem Schandgesetz allerdings weg, doch mürbe hat uns die Haft nicht gemacht, höchstens verbissener.
Auch bei dieser Gelegenheit zeigte sich wieder die Opferwilligkeit unserer Genossen im schönsten Lichte, sie sorgten reichlich für uns und unsere Familien. An Kegelmeier [dem Untersuchungsrichter], der mir auf dem Wege zu meinem Geschäft fast täglich begegnete und den ich früher immer grüßte, ging ich von der Zeit ab vorbei, ohne zu grüßen.

(Gustav Kittler, Aus dem dritten württemb. Reichstags-Wahlkreis, Heilbronn (Selbstverlag des Verfassers) 1910, S. 50 ff. u. S. 83 f.)

---

[1] Agitation: politische Werbung, Propaganda

M 8 Bismarcksche Sozialversicherung

- **1883:** Krankenversicherung, Beitrag: 2/3 Versicherter, 1/3 Arbeitgeber
- **1884:** Unfallversicherung, Beitrag: Arbeitgeber
- **1889:** Invaliditäts- und Altersversicherung, Beitrag: 1/2 Versicherter, 1/2 Arbeitgeber sowie staatlicher Zuschuss.

M 9 Der Historiker Hans-Ulrich Wehler über die Herrschaftstechnik der „negativen Integration"

Der Weg zur „Reichsnation" wurde überhaupt mit jeweils klassen- und gruppenspezifisch unterschiedlicher Geschwindigkeit eingeschlagen. Angesichts dieser Sachlage entwickelte Bismarck eine Herrschaftstechnik, die man auf den Begriff der „negativen Integration" gebracht hat. Er machte sich den uralten sozialpsychologischen Gegensatz von „in-group" und „out-group" zunutze und stilisierte innere Konflikte derart um, dass er eine Mehrheit von „reichstreuen" Elementen gegen eine Minderheit von „Reichsfeinden" führen konnte, die zwar als „ernsthafte Gefahr" erscheinen musste, das Gesamtsystem aber doch nicht wirklich infrage zu stellen vermochte. Vorwiegend durch Feindschaft gegen gemeinsame Gegner, daher unter negativem Vorzeichen, wurden diese Koalitionen der Reichsfreunde zusammengehalten.

(Hans-Ulrich Wehler, Das deutsche Kaiserreich, Göttingen (Vandenhoek & Ruprecht) 1994, S. 96 f.)

M 10 Stimmanteile der Parteien bei den Reichstagswahlen

Konservative: Deutschkonservative und Freikonservative (Reichspartei); Linksliberale: verschiedene linksliberale Gruppierungen, 1912 Fortschrittliche Volkspartei.

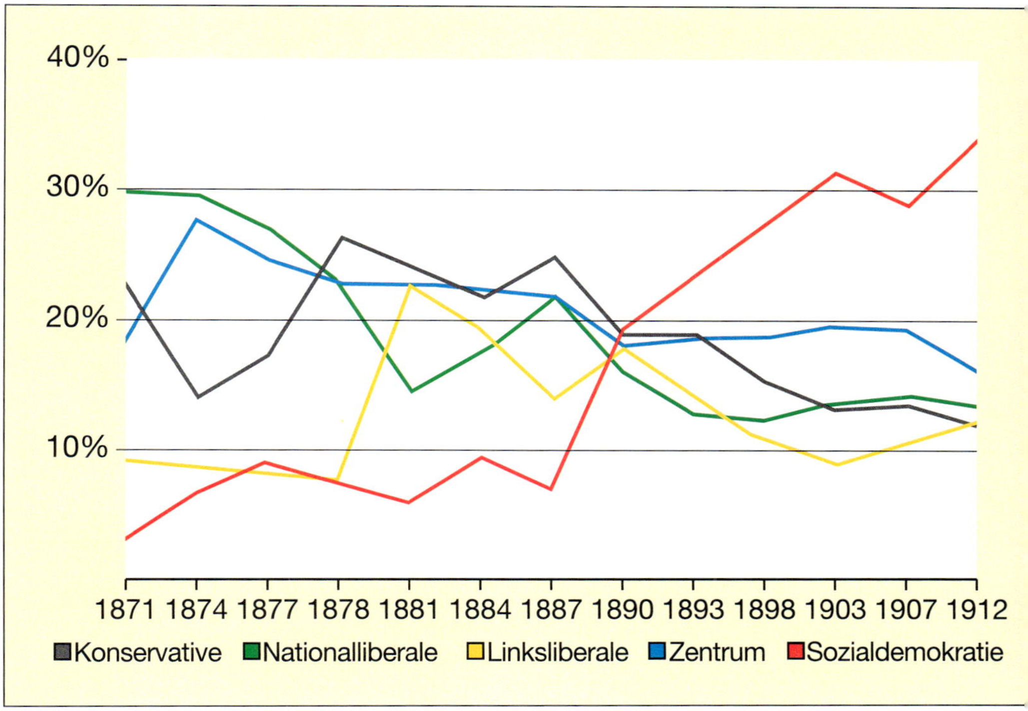

(Gerhard A. Ritter/Merith Niehuss, Wahlgeschichtliches Arbeitsbuch – Materialien zur Statistik des Kaiserreichs 1871–1918, München (C.H. Beck) 1980, S. 38–42)

Das Bild der Deutschen – Nationalismus

Der von oben geschaffene Staat des Deutschen Reiches bildete das Gehäuse für die deutsche Nation. Die deutsche Bevölkerung teilte nun gemeinsame Institutionen: den Kaiser, den Reichskanzler, das Militär, den Reichstag, gemeinsame Außengrenzen und schließlich auch eine gemeinsame Währung. Doch wie sah es mit der „inneren" Einheit aus? Denn die „innere Reichsgründung", das eigentliche „*nation-building*" findet in den Köpfen der Menschen statt. Die deutsche Gesellschaft war nicht einheitlich. Da waren die Spannungen zwischen den einzelnen politischen Lagern. Man denke nur an den Kulturkampf und das Sozialistengesetz. Es gab soziale Unterschiede, die durch die fortschreitende Industrialisierung neue Brisanz bekamen. Auch bauten die einzelnen Bundesstaaten auf jeweils verschiedenen regionalen kulturellen Traditionen auf.

- **Was war nun der „Kitt", der die Gesellschaft zusammenhielt?**
- **Welche Vorstellungen machten sich die Bürger des Deutschen Reiches über ihre nationale Identität?**
- **Und von wem grenzten sie sich ab?**

Sicher dachten nicht alle Deutschen gleich und die Gesellschaft setzte sich aus verschiedenen Teilidentitäten zusammen. Dennoch gab es Vorstellungsmuster, die sowohl von der Obrigkeit unterstützt als auch vom Großteil der Bevölkerung geteilt wurden.

Das Bild der Deutschen: Nationalismus.
Halten Sie einen Kurzvortrag, dessen Gliederung sich an den drei Leitfragen orientiert.
Nutzen Sie als inhaltliche Grundlage für Ihren Vortrag das Quellenmaterial M 1–M 5 sowie das Historikerurteil M 6.

a) Interpretieren Sie die Text- und Bildquellen M 1 – M 5 unter Anwendung erlernter Arbeitsschritte zum fach- und materialgerechten Umgehen mit sprachlichen historischen Quellen und Bildern (s. Basismethoden S. 563ff. und S. 568f. sowie die Methode zur Interpretation von Postkarten als historische Quellen, S. 489) und werten Sie M 6 mithilfe der Schritte zur Erschließung von Sekundärliteratur (s. S. 566f.) aus.

b) Bündeln Sie Ihre Interpretationsergebnisse sowie die Arbeitsergebnisse der Analyse und Auseinandersetzung mit dem Historikerurteil M 6 zu zusammenfassenden Antworten auf die Leitfragen.

Vorschläge zu weiterführender lokalgeschichtlicher Spurensuche und vertiefender Beschäftigung mit der Nationalismusthematik:

1. Informieren Sie sich über Statuen, Türme, „Friedenslinden" oder andere Denkmäler aus der Zeit des Deutschen Kaiserreichs in Ihrer näheren Umgebung. Suchen Sie eines dieser Denkmäler auf und untersuchen Sie es hinsichtlich Aufstellungsort und Gestaltung. Arbeiten Sie heraus, auf welche Person oder welches Ereignis Bezug genommen wird. Versuchen Sie, die Aussage des Denkmals und seine Wirkung auf den Betrachter zu bestimmen.
2. Suchen Sie in der örtlichen Bibliothek oder im örtlichen Archiv nach Zeitungsbeständen aus der wilhelminischen Zeit. Suchen Sie in Ausgaben zu einem der nationalen Feiertage (vgl. M 2) nach Berichten über Festveranstaltungen. Untersuchen Sie den Ablauf der Veranstaltungen und die dort gehaltenen Reden und versuchen Sie, die Aussage der Feier sowie ihre Wirkung auf die Besucher zu bestimmen.
3. Suchen Sie in der örtlichen Bibliothek, im örtlichen Archiv oder im Internet (z. B. http://www.bildpostkarten.uni-osnabrueck.de oder http://www.dhm.de/lemo/suche/exponatepostkarte.html) nach Bildpostkarten aus der wilhelminischen Zeit. Stellen Sie einige Ihnen typisch erscheinende Karten zusammen und präsentieren Sie sie Ihrem Kurs.

Methode

Postkarten als historische Quelle

A. Postkarten

Die wilhelminische Zeit war geradezu das „Goldene Zeitalter" der Ansichtspostkarte. Aufgrund neuer Drucktechniken und der Fotografie konnten ansprechende Postkarten zu einem günstigen Preis hergestellt werden. Kartenpost war zu dieser Zeit das Massenkommunikationsmittel schlechthin. So beförderte allein im Jahr 1900 die Reichspost fast eine Milliarde Postkarten. Telefon, Film und auch die Illustrierte wurden erst später wichtig.
Gelegenheiten, eine Postkarte zu schreiben, gab es genug: als kurzen Gruß von einer Reise, zur Verabredung zu einem Treffen, als Dank, als private oder offizielle Mitteilung ... Wegen der umfangreichen Produktion von Ansichtskarten konnte sich der Kartenschreiber aus einem großen Angebot unterschiedlicher Karten bedienen. Die Bildpostkarten zeigten dabei nicht nur Ansichten von Städten und Landschaften, der Kaiserfamilie und anderen wichtigen Personen, sondern handelten auch – ernst gemeint oder witzig – von gesellschaftlichen Entwicklungen oder wichtigen Ereignissen wie dem Aufkommen des Automobilverkehrs, der Frauenemanzipation, der Flottenrüstung und später natürlich dem Ersten Weltkrieg.
Die Bildpostkarten sind eine wichtige Quelle zur Erforschung des Zeitgeistes, der Mentalität des Kaiserreichs. Die Motive spiegeln zum einen die teilweise auch öffentlich gesteuerte Produktion von Ansichtspostkarten und können somit Aufschluss über die staatliche Propaganda geben. Zum anderen sagen sie natürlich etwas darüber aus, was den Kartenschreibern als besonders wichtig, besonders bemerkenswert, besonders schön oder besonders witzig erschien.

B. Zur Arbeit mit historischen Postkarten

Auf einer historischen Postkarte gibt es nicht nur das gedruckte Bild, sondern auch die Briefmarken, den Poststempel – der auch inhaltliche Aussagen enthalten kann – und natürlich den geschriebenen Text als Informationsquelle. Hier soll es jedoch allein um die bedruckte Bildseite der Ansichtspostkarte gehen.

1. Schritt – Leitfrage(n) festlegen:

Wie bei jeder Quelleninterpretation beginnt auch die Interpretation von historischen Postkarten mit der Festlegung einer oder mehrerer Leitfragen. Man muss sich also darüber klar werden, worüber man durch die Bearbeitung der Quelle Auskunft bekommen möchte.
Im Falle der vorliegenden Thema-Einheit könnte eine zentrale Frage lauten: Welches Bild von den Deutschen und welchen Zeitgeist der Epoche spiegeln die Postkarten?

2. Schritt – Analyse:
– Beschreibung und Klärung formaler äußerer Merkmale
– Beschreibung und Erläuterung

- Die gattungsspezifischen Merkmale kurz charakterisieren.
- Das Bildthema der Postkarte benennen.
- Soweit bekannt und Informationen dazu vorliegen, Angaben zum Schreiber der Karte, zum Zeitpunkt und Anlass sowie zum Empfänger machen.
- Die Postkarte beschreiben und sachliche historische Zusammenhänge, auf die sie Bezug nimmt, erläutern. Das bedeutet:
  – Bildaufbau, Bildelemente, Textelemente in der Sache detailliert und strukturiert beschreiben (s. Basismethode „Bildquellen interpretieren", S. 568f.).
  – Bildliche Gestaltungselemente (Schrift, Perspektive, Farbe, Symbole, Karikatur-Elemente o. Ä.) beschreiben.
  – Historische Sachverhalte und Zusammenhänge, auf die die Postkarte Bezug nimmt, erläutern.

3. Schritt – Interpretation:
– Ebene 1 Interpretation im engeren Sinne
– Ebene 2 Zusammenfassendes Resümee mit Blick auf die Leitfrage(n)

- Schlussfolgerungen ziehen auf die zeittypische Botschaft der Postkartenabbildung und die damit verfolgten Absichten des Kartenschreibers.
- Beurteilen, inwieweit Bildkomposition und die gewollte Aussageabsicht der Postkarte überzeugend und wirkungsvoll sind.
- Auf der Grundlage der Arbeitsergebnisse im Bereich der Analyse und der Ergebnisse der Interpretation im engeren Sinne zusammenfassend formulieren, welche Antworten sich auf die gestellte(n) Leitfrage(n) (s. Schritt 1) ergeben.

MATERIALIEN

M 1a Postkarte des Kyffhäuser-Denkmals (1910)

Auf dem Kyffhäuser, einem Bergrücken in Thüringen, wurde 1896 ein Denkmal für Kaiser Wilhelm I. errichtet. Die Gesamthöhe beträgt 65 m, das Reiterstandbild Wilhelms ist 9,5 m hoch. Daneben gibt es noch eine steinerne Figur des mittelalterlichen Kaisers des Deutschen Reiches, Friedrich Barbarossa. Nach einer Legende schlief Barbarossa tief im Kyffhäuser-Gebirge. Eines Tages sollte er aufgeweckt werden, um das mächtige Deutsche Reich wiederzuerrichten. Die Anlage wurde zu einem der zentralen Denkmäler des deutschen Reichspatriotismus.

DENKMAL KAISER WILHELM I. AUF DEM KYFFHÄUSER.

M 1b Postkarte des Bismarck-Denkmals in Hamburg (um 1910)

Die Statue, die Bismarck zeigt, wie er auf das Meer hinausblickt, wurde 1906 eingeweiht. Das Denkmal ist insgesamt 43 m hoch, die Figur 15 m.

Bismarck-Denkmal in Hamburg.

M 1c Postkarte des Bismarck-Denkmals in Hannover (um 1910)

Bismarck-Säule in Hannover, Aussichtsturm mit Feuerschale, Einweihung 1904.

Erbaut: Arch. Sasse. Verlag: Schneider & Dietrich, Hannover.

M 1d Postkarte zum 100-jährigen Jubliäum (1913)

Die Mitte des Bildes zeigt das Völkerschlachtdenkmal in Leipzig, das an die wichtige Niederlage Napoleons 1813 erinnert, erbaut 1898–1913.

M 1e „Es ist erreicht" – Postkarte mit Offizieren

M 1f Gruß von der Kaiser-Parade

M 1g Kaiser und Marine

M 2 Der Geburtstag des Kaisers

Der „Volksfreund für Oberschwaben", eine süddeutsche Zeitung, widmet dem Geburtstag des Kaisers die erste Seite. Der Kaisergeburtstag gehörte neben dem Sieg über Frankreich am 2. September (1870) bei der Schlacht von Sedan (Sedantag) zu den wichtigsten nationalen Feiertagen. Weitere Anlässe zu politischen Feiern boten das Kaiserbegräbnis, der Reichsgründungstag, Geburtstage der Fürsten der Einzelstaaten, Regierungsjubiläen und Denkmalsenthüllungen.

Dem Kaiser Heil! Der *politische Hader*, der so schrill die deutschen Lande durchzogen hat, ist nun verklungen und die *Feiermelodie der Vaterlandsliebe* ringt sich in immer gewaltigeren Akkorden aus allen echt deutschen Herzen los und lässt in Berg und Tal, in Hütte und Palast, den *treudeutschen Gruß* dem Kaiser erklingen zu seinem *Geburtstage*.

Solche Stunden patriotischer Erhebung sind uns allen ein *inneres Herzensbedürfnis*, sie schlagen Brücken nach oben und unten und nach allen Seiten,

sie *einigen*, was der politische Kampf und menschliche Leidenschaften entzweiten. Gilt dies insgemein, so muss sich doch heute noch heller und urgewaltiger die Vaterlandsliebe erheben, weil wir in *ernsten Zeiten* nach *innen* und *außen* leben, die uns zusammenketten, und fester als je um den Thron scharen müssen. [...]
Indessen bleibt des Dichters Wort Wahrheit: „Es kann der Beste nicht in Frieden leben, wenn es dem bösen Nachbarn nicht gefällt." [...] Ihnen allen, die Deutschland seine stolze, aber ehrliche Machtentfaltung neiden, klingt heute das Wort entgegen: *„Wir Deutsche fürchten Gott und sonst niemand auf der Welt"*, mögen sie gewiss sein, dass im Ernstfalle ein hinreißender Zug der Begeisterung das ganze Volk erfasst und dass es von Nord zum Süd, vom Ost zum West erklingt: *„Fest steht und treu die Wacht am Rhein."*
Ernst sind in unserer Zeit aber vor allem auch unsere inneren Verhältnisse, die *traurige Zerklüftung* der *bürgerlichen Parteien* einerseits und das riesenhafte Anschwellen der *Umsturzelemente* andererseits. [...] Die Bewegung [der Sozialdemokraten] an sich und der gewaltige Anhang, der ihr Nachdruck verliehen hat, zeigt uns deutlich, dass *Kaiser* und *Reich* und der *christlichen Staatsordnung*, welche für diese das *unverrückbare Fundament* abgibt, eine *große Gefahr droht*!

(Volksfreund für Oberschwaben, 27. Januar 1912, Hervorhebungen im Original)

M 3 Satzung des unter dem Protektorat Seiner Majestät des Königs stehenden Württembergischen Kriegerbundes

Die meisten Kriegervereine waren regional im Gefolge des Krieges 1870/71 entstanden. In ihnen organisierten sich die einfachen Soldaten. Im Laufe des Kaiserreiches schlossen sich die meisten Kriegervereine im Kyffhäuserbund zusammen. 1913 umfasste dieser Bund 32 000 Einzelvereine mit 2,8 Millionen Mitgliedern und wurde damit mit Abstand die größte Massenorganisation in Deutschland.

Der hauptsächliche Zweck des Bundes ist: militärische Kameradschaft auch im bürgerlichen Leben zu üben und in patriotischer Gesinnung und gegenseitiger Hilfeleistung zu betätigen.
Die Zwecke des Bundes gehen im Einzelnen dahin:
1. das Band der militärischen Kameradschaft auch im bürgerlichen Leben unter seinen Mitgliedern zu erhalten und zu pflegen,
2. das Nationalbewusstsein zu fördern, die guten Gesinnungen für Kaiser und Reich, für König und Vaterland in Treue und Liebe wach zu erhalten, zu befestigen und zu betätigen,
3. den Sinn für die bürgerlichen Tugenden zu pflegen,
4. den aktiven Mitgliedern (§ 10), insbesondere den Veteranen, d.h. denjenigen aktiven Mitgliedern, die während eines Feldzugs als Kombattanten[1] oder Nichtkombattanten der mobilen Armee angehört haben, bei eintretender Bedürftigkeit, Erwerbsunfähigkeit, in Krankheits- und Unglücksfällen und im Alter aus den Mitteln der Bundeskasse zur Hilfe zu kommen [...].
Mitglied des Bundes kann hiernach insbesondere nicht werden oder bleiben:
1. wer durch gerichtliches Urteil aus dem Soldatenstand oder ehrengerichtlich aus dem Offizierstand entfernt oder wer in die zweite Klasse des Soldatenstandes versetzt und nicht rehabilitiert worden ist,
2. wer zu einer Zuchthausstrafe verurteilt worden ist, ferner wem die bürgerlichen Ehrenrechte in Verbindung mit einer Gefängnisstrafe aberkannt worden sind, im letzteren Falle mindestens während der Dauer dieser Ehrenstrafe, [...]
5. wer den satzungsgemäßen Zwecken des Bundes dadurch zuwiderhandelt, dass er sich der Sozialdemokratie anschließt oder ihre Bestrebungen durch Worte oder Handlungen fördert oder sonst eine auf Umsturz der bestehenden Ordnung abzielende Richtung verfolgt.

(Vierunddreißigster Geschäfts- und Rechenschaftsbericht des unter dem Protektorate Seiner Majestät des Königs stehenden Württembergischen Kriegerbundes für das Jahr 1910, Stuttgart (W. Kohlhammer) 1911, S. 1 ff.)

[1] Kombattant: an Kampfhandlungen beteiligter Soldat

M 4 Über die Ideologie des Offizierkorps

Das Militär-Wochenblatt von 1889 enthält eine Artikelserie über die Bedeutung und das Selbstverständnis des deutschen Offiziersstandes.

Der Stolz jedes Deutschen ist die Armee, die Blüte des Volkes. Deutschlands Heer – Deutschlands Ehr! Der ausgezeichnetste Teil aber, die Elite des Heeres, ist das Offizierkorps.
„Der Geist des Heeres sitzt in seinen Offiziers", sagt General v. Rüchel mit Recht. Sie sind die untrüglichen Wertmesser für die Brauchbarkeit und Tüchtigkeit der Armee; die Träger des moralischen Elements und all' jener idealen, ethischen Güter, die allein einen dauernden kriegerischen Erfolg verbürgen, und ohne welche ein Heer seinen hohen Beruf als Schützer des Thrones und des Vaterlandes in schwerer Zeit nicht erfüllen kann.

Von der größten Wichtigkeit ist daher der Zustand des Offizierkorps; er ist entscheidend für den Wert des ganzen Heeres. Es wiederholt sich hier, was im Leben allgemeine Erfahrung ist: Die unteren Schichten sind stets das, was die oberen aus ihnen machen. Solange die höheren, führenden Klassen, die oberen Zehntausend, sittliche Tüchtigkeit und moralische Gesundheit bewahren, bleibt auch das Volk stark und lebenskräftig; während die sittliche Fäulnis der herrschenden Schichten den Verfall und den Niedergang der ganzen Nation unaufhaltsam nach sich zieht. […]
In keinem anderen Lande der Welt steht der Offizierstand auf einer so hohen Stufe, nimmt er auf der Skala der menschlichen Gesellschaft einen so hohen Rang, eine so angesehene und geachtete Stellung ein als in Deutschland. […]
Die dem Urgedanken des Offizierstandes entstammenden Gesinnungen sind: dynastischer Sinn, unbedingte Treue gegen die Person des Monarchen, erhöhter Patriotismus, Erhaltung des Bestehenden, Verteidigung der seinem Schutze anvertrauten Rechte seines Königs und Bekämpfung vaterlandsloser, königsfeindlicher Gesinnung etc.

(Militär-Wochenblatt, Jg. 74, Berlin 1889, Nr. 62 vom 20. Juli, Sp. 1311 ff.)

M 5 Begrüßung der Rekruten

Der Text zur Karikatur aus der politisch-satirischen Wochenschrift „Simplicissimus" lautet: „Begrüßung der Rekruten … und dann müsst ihr bedenken, als Zivilisten seid ihr hergekommen, und als Menschen geht ihr hier fort!"

(Olaf Gulbransson, in: Simplicissimus 1910)

M 6 Der Historiker Dieter Langewiesche über den Funktionswandel des Nationalismus

Es wäre unzulässig vergröbert, den Nationalismus vor der Gründung des Nationalstaates als durchweg demokratisch, egalitär und progressiv zu bezeichnen, um vor dieser hellen Folie scharf eine zweite Phase mit einem nach außen und innen aggressiven Nationalismus abzuheben. Ausgrenzungen aus der Nation hatte es auch zuvor schon gegeben. Aber erst im Vorfeld der Nationalstaatsgründung erreichten sie ein Ausmaß, das einen beginnenden Funktionswandel des Nationalismus anzeigt. Wer der preußisch-protestantischen Form des Nationalstaates nicht bedingungslos zustimmte, wurde in die lange Reihe der „Reichsfeinde" eingereiht. […] Einen dramatischen Einschnitt auf diesem gleitenden Weg des Nationalismus nach rechts bilden die späten 1870er-Jahre, als die „liberale Ära" des jungen Nationalstaates endete. Schon die Zeitgenossen hatten von einer „Wende" gesprochen. [… Die] konservative Inbesitznahme der „Nation" schritt nun rasch voran und erreichte in der wilhelminischen Ära einen Höhepunkt. Ablesbar ist dies unter anderem an der politischen Symbolik. Wurde in den 1850er-Jahren noch die Tradition des kulturellen Nationaldenkmals fortgesetzt, so dokumentierte sich in der Denkmalswelle seit den 90er-Jahren die Entliberalisierung und eine gewisse Entbürgerlichung des Nationalismus. Etwa 400 Denkmäler für Kaiser Wilhelm I. entstanden nach dessen Tod 1888, und über 300 Bismarckvereine errichteten über 700 Denkmäler ihres Idols.
Der neue Radikalnationalismus war entliberalisiert, militarisiert, antisemitisch und insofern entbürgerlicht, als er sich nun staatskonform gab und mit staatlicher Hilfe in der Öffentlichkeit, im Militär, in der Schule propagiert wurde und auch in der Kirche, vor allem in der evangelischen, Rückhalt fand. Aber es wäre völlig irreführend, ihn als nur ein Ergebnis staatlicher Manipulation verstehen zu wollen. Er war in der Gesellschaft verankert und er hatte seine überlegene Fähigkeit, die Gesellschaft zu mobilisieren und auch zu integrieren, nicht eingebüßt. Die nationalistischen Massenverbände, die nun entstanden, beweisen es. Der neue Radikalnationalismus verschob nicht nur das massenwirksame Leitbild „Nation" ins Konservative, er veränderte auch den Konservativismus, indem er ihn sozial und politisch den Bedingungen der modernen „Massengesellschaft" anpasste. […] Er sog den Partizipationswillen auf, der immer zum Nationalismus gehört hatte, nicht aber dessen Freiheits- und Humanitätserbe.

(Dieter Langewiesche, Reich, Nation und Staat in der jüngeren deutschen Geschichte; in: Ders., Nation, Nationalismus, Nationalstaat in Deutschland und Europa, München (C.H. Beck) 2000, S. 209 ff.)

Juden in Deutschland – Antisemitismus im Kaiserreich

Der Umgang mit Minderheiten ist ein wesentliches Kriterium für die Liberalität einer Gesellschaft. Werden sie in die Gesellschaft integriert oder ausgegrenzt? Toleriert und respektiert man ihre Eigenheiten oder verlangt man vollständige Anpassung? Minderheiten gab es im Kaiserreich viele. Neben den politischen und sozialen Minderheiten denkt man hier vor allem an nationale Minderheiten wie Polen, Dänen und Elsass-Lothringer. Die traditionelle Minderheitenrolle kam aber den Juden zu.

Schon seit knapp zwei Jahrtausenden lebten Menschen jüdischen Glaubens in Europa. Dabei zwangen sie die christlichen Gesellschaften schon früh, unter besonderen Bedingungen zu leben. Sie zahlten besondere Steuern, wohnten oft abgesondert in eigenen Wohnvierteln, trugen besondere Kleidung, durften bestimmte Berufe nicht ausüben, hatten andererseits aber auch bestimmte Privilegien wie die Erlaubnis, bei Geldgeschäften Zins zu nehmen. Immer wieder kam es auch zu Ausschreitungen (Pogromen) der Bevölkerung und der Obrigkeit gegen die Juden. Untrennbar mit der deutschen Geschichte verbunden ist die spätere, mit allem Vorangegangenen nicht zu vergleichende Verfolgung der Juden durch die Nationalsozialisten.

Das Ziel der liberalen Nationalbewegung war es, ein modernes Staatswesen zu schaffen.

Nach den Idealen der Aufklärung hatten hier weder die Vorrechte eines bestimmten Standes noch diejenigen bestimmter Religionen etwas zu suchen. Daher gehörte Gleichstellung der Juden, die sogenannte „Judenemanzipation", zu den Errungenschaften des 19. Jahrhunderts. Die formale rechtliche Stellung ist eine Sache, die konkrete Praxis und das Zusammenleben in der Gesellschaft ist oft eine andere.

- **In welchem Maße gelang es dem Staat und der Gesellschaft, den deutschen Juden ein Leben als gleichberechtigte Bürger zu ermöglichen?**
- **Welche Gründe gab es für antisemitische Bestrebungen? Und wie schwerwiegend war der Antisemitismus im Kaiserreich für die deutschen Juden und für die deutsche Gesellschaft insgesamt?**

Eine breitgefächerte Materialbasis – bestehend aus zeitgenössischen Quellen, einem aufschlussreichen Bildelement sowie einem Sekundärliteraturauszug – ermöglicht es, das Problem Antisemitismus in einem breiten Kontext zu untersuchen.

1. Antisemitismus im Kaiserreich. Stellen Sie Ihre Arbeitsergebnisse in einer großformatigen Mindmap auf einem Plakat zusammen.

Folgende Arbeitsanweisungen helfen Ihnen, materialbezogen zentrale Aspekte zur Thematik selbstständig zu erarbeiten:

a) Interpretieren Sie die Quelle M 1 unter der Fragestellung, inwieweit die Juden im Kaiserreich eine rechtliche oder sozio-ökonomische Sonderstellung einnahmen.

b) Arbeiten Sie auf der Basis einer fachgerechten Analyse und Interpretation der Materialien M 2–M 4 heraus, welche Vorwürfe gegen die Juden vorgebracht wurden, und erläutern Sie, welche dieser Vorwürfe und Klischees traditionell und welche auf neuere Entwicklungen zurückzuführen sind.

c) Stellen Sie durch Analyse und Interpretation der Quellen M 5 und M 6 Beispiele für Diskriminierungen (Ausgrenzungen, Herabwürdigungen) von Juden im täglichen Leben zusammen und stellen Sie ihnen die Reaktionen von Juden auf diese ihre Lebenssituation gegenüber (M 7–M 9).

d) Erläutern Sie anhand der Analyse von M 10, welchen Stellenwert der Antisemitismus nach Meinung des Historikers H. Berding in der Gesellschaft des Kaiserreiches einnahm.

e) Diskutieren Sie ausgehend von diesem Historikerurteil mögliche Konsequenzen dieser Form des Antisemitismus und die weiterführende generelle Frage, welche Faktoren zu einer Abschwächung oder Verschärfung antisemitischer Haltungen führen können.

➡ **Tipp:** Diese Aufgaben sollten Sie arbeitsteilig bearbeiten und die Arbeitsergebnisse auf Ergebniskarten visualisieren.

2. Erörtern Sie ausgehend von der erstellten Mindmap die beiden Leitfragen der Themaeinheit.

MATERIALIEN

M 1 Der linksliberale Politiker Eugen Richter über die Situation des Judentums im Kaiserreich (1896)

Die politischen Parteien verfassten Broschüren, die zur Aufklärung der Wähler sowie als Argumentationshilfe für die eigenen Kandidaten gedacht waren. Richter widmete auch dem Problem des Antisemitismus ein Kapitel.

Die Zahl der Juden beträgt [...] wenig mehr als ein Prozent der Bevölkerung. Umso lächerlicher ist es, wenn von konservativer Seite von einer Deutschland beherrschenden und bedrückenden Macht des Judentums gesprochen wird. Wäre es wirklich der Fall, so würde gerade dies für die übrigen Deutschen ein beschämendes Zeugnis ausstellen. [...] Die Gleichstellung der Juden in Bezug auf staatsbürgerliche und bürgerliche Rechte besteht in Deutschland durchweg erst seit einem Menschenalter. Die preußische Verfassungsurkunde vom 31. Januar 1850 erklärt im Artikel 12: „Der Genuss der bürgerlichen und staatsbürgerlichen Rechte ist unabhängig von dem religiösen Bekenntnis". Bei Gründung des deutschen Reiches entbehrten die Juden der Gleichheit in den bürgerlichen Rechten wesentlich nur noch in Mecklenburg. Hier konnten sie keinen Grundbesitz erwerben; auch war ihre Zulassung in mehreren Städten von einer besonderen Konzession abhängig. Massenpetitionen mecklenburgischer Bürger aller Konfessionen veranlassten das Reichsgesetz[1] vom 3. Juli 1869. Der einzige Artikel dieses Gesetzes lautet: „Alle noch bestehenden aus der Verschiedenheit des religiösen Bekenntnisses hergeleiteten Beschränkungen der bürgerlichen und staatsbürgerlichen Rechte werden hierdurch aufgehoben. Insbesondere soll die Befähigung zur Teilnahme an der Gemeinde- und Landesvertretung und zur Bekleidung öffentlicher Ämter vom religiösen Bekenntnis unabhängig sein." [...]
Tatsächlich ist aber bis jetzt weder die Bestimmung des Reichsgesetzes noch die der preußischen Verfassungsurkunde voll und ganz zur Geltung gelangt. [...]
Es wird den Juden zum Vorwurf gemacht, dass sie in Deutschland hauptsächlich vom Handel leben. Die Tatsache an sich ist richtig. [...] Die vorzugsweise Beschäftigung der Juden mit dem Handel findet ihre natürliche Erklärung wesentlich durch die frühere Gesetzgebung, welche sie geradezu vom Handwerk und Ackerbau ausschloss. [...] Dieses Verbot, Land zu besitzen und Handwerk zu betreiben, bestand in den meisten Ländern noch in diesem Jahrhundert. Unter Friedrich II. [Kg. 1740–1786] war in Preußen den Juden der Aufenthalt auf dem Lande verboten. Wie konnten sie dann Ackerbauern sein? Noch im Jahre 1847 bestanden viele derartige Beschränkungen. Im Allgemeinen räumte erst das Jahr 1848 mit denselben auf. [...]
Seitdem den Juden öffentliche Ehrenämter und andere Anstellungen zugänglich sind, macht sich unter denselben ein starkes Bestreben geltend, in dieselben zu gelangen, auch wo mit der Erlangung derselben keinerlei materieller Vorteil verbunden ist. Nunmehr wird wiederum den Juden gerade von antisemitischer Seite zum Vorwurf gemacht, dass sie nicht beim Handel verbleiben. Aber auch die vermögen nicht zu leugnen, dass die jüdischen Eltern eifrig bemüht sind, ihren Kindern durch einen höheren Schulunterricht eine möglichst große allgemeine Bildung zuteil werden zu lassen. Während die Zahl der Juden 1 1/7 Prozent der Bevölkerung beträgt, waren im Winter 1889 nach der amtlichen Statistik unter den Gymnasiasten in Preußen 8,8 Prozent Juden; freilich kommt der jüdischen Bevölkerung dabei zustatten, dass sie vorzugsweise in Städten lebt, welche sich im Besitze höherer Lehranstalten befinden.

(Eugen Richter, Politisches ABC-Buch – Ein Lexikon parlamentarischer Zeit- und Streitfragen, Berlin (Verlag Fortschritt) 1896, S. 236ff.)

[1] Reichsgesetz des Norddeutschen Bundes, des Vorläufers des Deutschen Reiches

M 2 Politischer Bilderbogen: „Im 20. Jahrhundert"

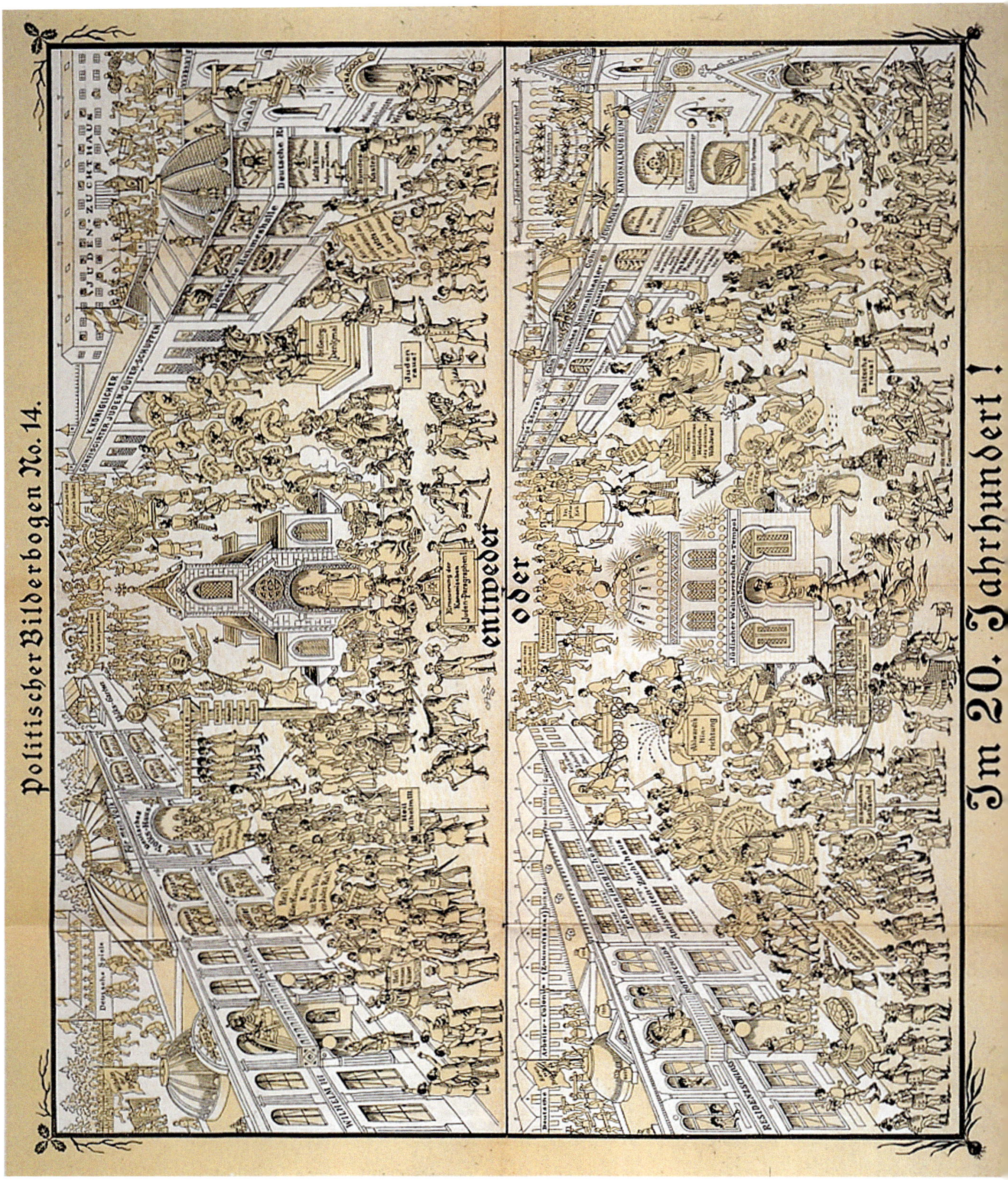

Erläuterungen zu M 2

Der Politische Bilderbogen stammt aus einer Reihe ähnlicher antisemitischer Bilder aus einem Leipziger Verlag. Der Karikaturist entwirft Mitte der 1890er-Jahre eine Vision von Berlin im Jahre 1950. Die Karikatur ist ein Aufruf, den Zustand in der oberen Bildhälfte anzustreben.

Einige Aufschriften

Obere Hälfte – Links: „Deutsche Spiele"; „Volks-Garten"; „Für mein Volk. Deutsches Volks-Haus", auf der Fassade Namen wie „Beethoven", „Mozart", „Schiller", „Goethe", „Wilhelm III Kaiser", davor unter anderem eine Fahne „Heil! Edler Kaiser Du! Nun hat dein Volk vor Juden Ruh!"; „Juden-Galgen". **Mitte:** im Hintergrund Fahnen: „Hat der Bauer Geld, hat's die ganze Welt!", „Hat der Jude Geld, er's allein behält." **Rechts:** „Juden-Zuchthaus"; „K. Königlicher Confiscirter [d.h. beschlagnahmter] Juden-Güter-Schuppen"; Säcke u.a. mit der Aufschrift „Juden-Gut"; „St. Georg-Denkmal" [der hl. Georg tötete einen Drachen und bekehrte dadurch eine heidnische Stadt zum Christentum]; „Deutsche-Ruhmeshalle" u.a. mit der Aufschrift „Berliner-Tageblatt [liberale Tageszeitung, bedeutendste im Verlag des Juden Rudolf Mosse] – Letzte Nummer wegen Aufgabe des Geschäfts"; „Synagoge", „polizeilich geschlossen, wegen Wegzugs", davor u.a. eine Fahne: „Nun ist das Judenelend aus. Der Letzte zieht zum Land hinaus!"

Untere Hälfte – Links: „Deutsche Arbeiter-Colonie (Zukunftstaat)" [mit „Zukunftstaat" wurden die Zielvorstellungen der Sozialdemokraten bezeichnet], auf der Fassade: „Nach dem Zukunft-Staat"; „Lebenslängliches Antisemiten-Zuchthaus", auf der Fassade u.a. der Name des Antisemiten „Stöcker"; „Ahlwardt's Hinrichtung" [Hermann Ahlwardt, Reichstagsabgeordneter und antisemitischer Agitator, wurde wegen Verleumdung zu mehreren Monaten Haft gerichtlich verurteilt]; „Residenzschloss – Rothschild" [Rothschild ist der Name einer jüdischen Bankiersfamilie], davor Körbe mit Aufschrift „Matzen" [ungesäuertes Brot]; Schild „Ständchen für Rothschild"; Schirm „Seid fruchtbar und vermehret Euch!" **Mitte:** im Hintergrund „Das goldene Kalb"; im Vordergrund „Jüdischer Weltherrschafts-Tempel – Sektion Deutschland"; Säcke „Judensteuer"; Wagen „Junge Kinder – jeden Tag frisch"; „Der alte ehrliche Baumann"; „Daitsche raus!" [stereotype Anspielung auf jiddische Aussprachebesonderheiten]. **Rechts:** „Ewige Börse"; „Jüdischer-National-Friedhof"; „Jüdisches Nationaltheater – Unmoralische Anstalt", darüber Statuen mit Bezeichnung „Cahn" und „Cohn" [stereotype Namen für Juden], davor Statue „Helft dem armen Juden! Seinem lieben dummen Heinrich, das dankbare Volk Israel"; „Jüdisches Nationalmuseum", Extra-Cabinet"; „Schreckenskammer" mit „Ahlwardt's Kopf"; Fahne „Sieg des Judenthums"; Plakat „Für ewig geschlossen".

M 3 „Die Zukunft. Nach Palästina"

Diese Postkarte (um 1900) stammt aus einer Reihe von unzähligen Postkarten, die judenfeindliche Klischees im wilhelminischen Alltag zeigen.

M 4 Aus einem Sitzungsprotokoll der Deutsch-Sozialen Reformpartei 1899

In den 1880er-Jahren entstanden verschiedene antisemitische Splittergruppen, die sich unter den Parteinamen Christlich-Soziale Partei, Deutsche Reformpartei, Deutsch-Soziale Reformpartei u.a. an Wahlen beteiligten. Bei Reichstagswahlen kamen diese Gruppierungen nie über einen Stimmenanteil von 4 Prozent. Nach den 1890er-Jahren spielten sie kaum mehr eine Rolle. Träger des Antisemitismus waren nun vor allem wirtschaftliche Interessengruppen – z.B. der Bund der Landwirte – und nationale Verbände. Aber auch bei den „etablierten" Parteien gab es antisemitische Strömungen, vor allem bei den Konservativen, zum Teil auch bei der Zentrumspartei.

Abg. Liebermann v. Sonnenberg[1] wünscht eine schärfere Haltung in der Judenfrage und ein freundschaftlicheres Verhältnis zu verwandten Gruppen, insbesondere zum Bunde der Landwirte und zu den Konservativen, vielleicht auch zu den Nationalliberalen. [...] Am folgenden Tage werden nach stürmischer Debatte folgende Beschlüsse gefasst:

(1) Es ist die Aufgabe der antisemitischen Partei, die Kenntnis vom wahren Wesen des Judenvolkes zu vertiefen und immer wieder zu verbreiten. Wir stehen erst am Anfang dieser Tätigkeit. [...]

(4) Einer der ersten Schritte beim legislativen Einschreiten gegen das Judenvolk muss es sein, festzustellen, wer vor dem Gesetz als Jude gelten soll, und dass es die Abstammung und diese ganz allein ist, die die Zugehörigkeit zum Judentum bestimmt. Der Parteitag begrüßt den im Sommer 1898 veröffentlichten Entwurf zu einem Judenmatrikelgesetz[2] als willkommene Vorarbeit zur Lösung dieser grundlegenden Aufgabe.

(5) In Punkt 19 des Parteiprogramms werden statistische Erhebungen über die Juden gefordert. Es ist nötig, dass diese Statistik die in Deutschland befindlichen Juden in all den Lebensäußerungen erfasst, über die bezüglich der Gesamtbevölkerung Erhebungen angestellt werden.

(6) Der Parteitag empfiehlt der Fraktion, im Reichstag alljährlich durch geeignete Anträge die Parteien und die einzelnen Abgeordneten zur Stellungnahme in der Judenfrage zu zwingen.

(Schulthess' europäischer Geschichtskalender 1899, München (C. H. Beck) 1900, S. 142)

---

[1] Max Liebermann von Sonnenberg (1848–1911), Publizist, Reichstagsabgeordneter, war einer der einflussreichsten Führer des deutschen Antisemitismus.

[2] Matrikel: amtliches Personenverzeichnis

M 5 Aus der Autobiografie des Schriftstellers Jakob Wassermann

Jakob Wassermann (1873–1934), Kind jüdischer Eltern, war nach dem Ersten Weltkrieg einer der meistgelesenen deutschen Schriftsteller. Seine Werke wurden von den Nationalsozialisten verboten.

Obwohl ich meine Ehre und ganze Kraft darin setzte, als Soldat meine Pflicht zu tun und das geforderte Maß der Leistung zu erfüllen, wozu zuweilen keine geringe Selbstüberwindung nötig war, gelang es mir nicht, die Anerkennung meiner Vorgesetzten zu erringen, und ich merkte bald, dass es mir auch bei exemplarischer Führung nicht gelungen wäre, dass es nicht gelingen konnte, weil die Absicht dawider war. Ich merkte es an der verächtlichen Haltung der Offiziere, an der unverhehlten Tendenz, die befriedigende Leistung selbstverständlich zu finden, die unbefriedigende an den Pranger zu stellen. [...] Auffallender, weitaus quälender war mir in dieser Beziehung das Verhalten der Mannschaften. Zum ersten Mal begegnete ich jenem in den Volkskörper gedrungenen dumpfen, starren, fast sprachlosen Hass, von dem der Name Antisemitismus fast nichts aussagt, weil er weder die Art noch die Quelle, noch die Tiefe, noch das Ziel zu erkennen gibt. Dieser Hass hat die Züge des Aberglaubens ebenso wie der freiwilligen Verblendung, der Dämonenfurcht wie der pfäffischen Verstocktheit, der Ranküne[1] des Benachteiligten, Betrogenen ebenso wie der Unwissenheit, der Lüge und Gewissenlosigkeit wie der berechtigten Abwehr, affenhafter Bosheit wie des religiösen Fanatismus. Gier und Neugier sind in ihm, Blutdurst, Angst, verführt, verlockt zu werden. [...]

Jeder redliche und sich achtende Jude muss, wenn ihn zuerst dieser Gifthauch anweht und er sich dessen Beschaffenheit klar zu werden versucht, in nachhaltige Bestürzung geraten. Und so erging es auch mir. Kam hinzu, dass die katholische Bevölkerung Unterfrankens reichlich durchsetzt war mit einem unerfreulichen Schlag noch halb gettohafter[2], handelsbeflissener, wuchernder Juden, Krämer, Trödler, Viehhändler, Hausierer. [...]

Es geschah, dass ich zu einem jungen Menschen in förderliche Beziehung trat; wenn dann die gewisse Enthüllung unvermeidlich war, zog er sich entweder vorsichtig zurück, oder er gab sich eine Weile unbefangen, um schließlich doch ein schwer bekämpfbares Misstrauen durchblicken zu lassen, oder er ließ mich verstehen, dass er in meiner Person eine Ausnahme statuiere und sich eines begründeten Vorurteils zu meinen Gunsten entäußere. Das war dann das Beleidigendste von allem.

(Jakob Wassermann, Mein Weg als Deutscher und Jude, Berlin 1921, S. 38 ff.)

---

[1] Rankűne: Groll

[2] Getto: abgeschlossenes Stadtviertel, in dem die jüdische Bevölkerung abgetrennt von der übrigen Bevölkerung leben musste.

M 6 Aus den Erinnerungen von Gustav Mayer

Gustav Mayer (1871–1948) war Sohn einer jüdischen Kaufmannsfamilie. Nach seinem Studium der Nationalökonomie (Volkswirtschaft) arbeitete er zunächst als Journalist, dann als Privatgelehrter. Sein Versuch, sich an der Berliner Universität für Geschichte zu habilitieren[1], scheiterte am Widerstand nationalistisch-antisemitischer Kreise.

Unter den Studenten war in meiner Jugend eine Art von Antisemitismus endemisch[2], der sich in der Hauptsache damit begnügte, die gesellige Mischung deutscher und jüdischer Jugend weitgehend zu erschweren. Jüdische Mitglieder waren von allen schlagenden, aber auch von den meisten nichtschlagenden Verbindungen, von akademischen Gesang- und Turnvereinen und zahlreichen Fachschaften entweder ausdrücklich oder stillschweigend ausgeschlossen. Eine Folge war, dass in den wenigen Fachschaften, die sich duldsamer erwiesen, ein sehr hoher Prozentsatz, wenn nicht gar die Mehrzahl, aus Juden bestand, und eine andere Folge, dass die Juden eigene wissenschaftliche Vereine gründeten und sogar schlagende Verbindungen, in die ausschließlich Juden aufgenommen wurden oder eintraten. Gegen eine solche Weise des Reagierens auf ihre Ausschließung ließ sich eigentlich kaum etwas Stichhaltiges einwenden; mich aber stimmte es immer traurig, wenn ich wahrnahm, dass jüdische Kommilitonen sich mit der Scheidewand als mit etwas Unabänderlichem abfanden oder wenn sie es gar als eine Bequemlichkeit betrachteten, so unter sich zu bleiben. [...] Die schlagenden jüdischen Verbindungen durften ihre Daseinsberechtigung wenigstens auf das Argument stützen, dass sie mit der Waffe Herausforderungen Folge leisteten und dadurch dem Gerede von der Feigheit der Juden entgegentraten.

(Gustav Mayer, Erinnerungen – Vom Journalisten zum Historiker der deutschen Arbeiterbewegung, Zürich (Europa-Verlag) 1949, S. 38)

---

[1] Mit der Habilitation erwirbt man die Erlaubnis, als Professor an einer Universität zu lehren.

[2] endemisch: örtlich begrenzt auftretend

M 7 Der jüdische Journalist und Schriftsteller Theodor Herzl (1896)

Theodor Herzl (1860–1904) war ein österreichischer Schriftsteller und Politiker. Er wurde Kopf der zionistischen Bewegung, die die Errichtung eines jüdischen Staates in Palästina anstrebte (Zion ist einer der Hügel Jerusalems, der im Alten Testament von David erobert wurde). Herzl fand in Deutschland viele Anhänger.

Ich glaube, den Antisemitismus, der eine vielfach komplizierte Bewegung ist, zu verstehen. Ich betrachte diese Bewegung als Jude, aber ohne Hass und Furcht. Ich glaube zu erkennen, was im Antisemitismus roher Scherz, gemeiner Brotneid, abgeerbtes Vorurteil, religiöse Unduldsamkeit – aber auch, was darin vermeintliche Notwehr ist. Ich halte die Judenfrage weder für eine soziale noch für eine religiöse, wenn sie sich auch noch so und anders färbt. Sie ist eine nationale Frage und um sie zu lösen, müssen wir sie vor allem zu einer politischen Weltfrage machen, die im Rate der Kulturvölker zu regeln sein wird.

Wir sind ein Volk, *ein* Volk.

Wir haben überall ehrlich versucht, in der uns umgebenden Volksgemeinschaft unterzugehen und nur den Glauben unserer Väter zu bewahren. Man lässt es nicht zu. Vergebens sind wir treue und an manchen Orten sogar überschwängliche Patrioten, vergebens bringen wir dieselben Opfer an Gut und Blut wie unsere Mitbürger, vergebens bemühen wir uns, den Ruhm unserer Vaterländer in Künsten und Wissenschaften, ihren Reichtum durch Handel und Verkehr zu erhöhen. In unseren Vaterländern, in denen wir ja auch schon seit Jahrhunderten wohnen, werden wir als Fremdlinge ausgeschrieen. [...] Der ganze Plan ist in seiner Grundform unendlich einfach und muss es ja auch sein, wenn er von allen Menschen verstanden werden soll.

Man gebe uns die Souveränität eines für unsere gerechten Volksbedürfnisse genügenden Stückes der Erdoberfläche, alles andere werden wir selbst besorgen.

(Theodor Herzl, Der Judenstaat, Berlin (Jüdischer Verlag) [11]1936 (1. Auflage 1896), S. 13 ff., S. 30)

M 8 Kritik am Zionismus

Der Rechtsanwalt Ernst Herzfeld (1874–1947) war führendes Mitglied des „Centralvereins deutscher Staatsbürger jüdischen Glaubens", der 1893 zur Abwehr antisemitischer Strömungen gegründet wurde. Er schreibt in seinen Lebenserinnerungen über die Auffassungen des Centralvereins, die sich von denen der Zionisten unterscheiden.

Er [der Centralverein deutscher Staatsbürger jüdischen Glaubens] bestritt, dass ein nationales, ein völkisches Band alle Juden verbinde. Es bestehe eine Religions-, eine Geschichts- und eine Abstammungs-, aber keine Volksgemeinschaft. Alle Merkmale der nationalen Einheit fehlten, die objektiven wie die subjektiven. Die Juden besäßen keinen Raum, in dem sie ihren Staat aufbauen könnten. Es sei auch undenkbar, dass sie ein geeignetes, hinreichend großes Territorium dazu erlangen könnten. Der Wille, eine Nation zu bilden, sei nicht vorhanden. Ohne diesen Willen zur nationalen Einheit könne es aber kein Volk geben. Ein weiteres unentbehrliches Kennzeichen der Volksgemeinschaft sei die gemeinsame Muttersprache. Auch daran fehle es: Hebräisch sei eine tote Sprache. Wenn es Juden gäbe, die hebräisch sprechen und schreiben könnten, so bildeten sie eine Minorität. Aber auch bei diesen Juden sei Hebräisch weder die Mutter- noch die Umgangssprache. In den Ländern, die ihre Juden emanzipiert hätten, seien Sprache, Kultur, Sitte, Lebensformen der Umwelt von den Juden übernommen worden. Dadurch und durch ihren Willen, der Volksgemeinschaft anzugehören, in deren Mitte sie lebten, seien Tatsachen geschaffen worden, die durch Leugnen nicht aus der Welt geschafft würden. Spräche man von Gästen und Wirtsvölkern, so eigne man sich die antisemitischen Propagandabehauptungen an und ermögliche es den Antisemiten, sich auf jüdische Zugeständnisse zu berufen.

(Ernst Herzfeld, Lebenserinnerungen, Maschinenschrift undatiert, verfasst in Palästina; zit. nach: Monika Richarz (Hg.), Jüdisches Leben in Deutschland – Selbstzeugnisse zur Sozialgeschichte im Kaiserreich, Stuttgart (Deutsche Verlags-Anstalt) 1979, S. 386)

M 9 Walther Rathenau während des Ersten Weltkriegs in einem Brief (1916)

Walther Rathenau (1867–1922) stammte aus einem jüdischen Elternhaus. Sein Vater Emil war Leiter der Allgemeinen Elektrizitäts-Gesellschaft (AEG). Auch Walther arbeitete zunächst in der Industrie, trat dann immer häufiger als linksliberaler Politiker auf. Zuletzt war er Reichsaußenminister der Weimarer Republik.

Ich habe und kenne kein anderes Blut als deutsches, keinen anderen Stamm, kein anderes Volk als deutsches. Vertreibt man mich von meinem deutschen Boden, so bleibe ich deutsch und es ändert sich nichts. […] Meine Vorfahren und ich selbst haben sich von deutschem Boden und deutschem Geist genährt und unserem, dem deutschen Volk erstattet, was in unseren Kräften stand. Mein Vater und ich haben keinen Gedanken gehabt, der nicht für Deutschland und deutsch war; soweit ich meinen Stammbaum verfolgen kann, war es das Gleiche. […] Ich bin in der Kultgemeinschaft der Juden geblieben, weil ich keinem Vorwurf und keiner Beschwernis mich entziehen wollte, und habe von beidem bis auf den heutigen Tag genug erlebt. Nie hat eine Kränkung mich unwillig gemacht. Nie habe ich meinem, dem deutschen Volke, mit einem Worte oder einem Gedanken derlei vergolten. Mein Volk und jeder meiner Freunde hat das Recht und die Pflicht mich zurechtzuweisen, wo er mich unzulänglich findet.

(Walther Rathenau, Ein preußischer Europäer, Berlin (Vogt) 1955, S. 145)

M 10 Der Historiker Helmut Berding über den Stellenwert des Antisemitismus im Kaiserreich

Zusammenfassend bleibt festzuhalten, dass der Antisemitismus in den rund vier Jahrzehnten von der Reichsgründung bis zum Ausbruch des Ersten Weltkrieges stark an Bedeutung zunahm. Zwar ereigneten sich spektakuläre Ausschreitungen gegen Juden […] relativ selten. Auch konnte der Antisemitismus als eigenständige politische Kraft nur vorübergehend größere Erfolge erzielen. Aber er gewann beträchtlichen Einfluss in den politischen und gesellschaftlichen Organisationen, spielte eine wichtige Rolle im Denken des national gesinnten Bürgertums und wurde im gesellschaftlichen Leben zur sozialen Norm.

Die antijüdischen Animositäten[1] und Vorurteile, die weite Teile der wilhelminischen Gesellschaft prägten, reichten einerseits für die Herausbildung einer antisemitischen Massenbewegung nicht aus. So beschränkte sich der radikale und militante politische Antisemitismus auf eine kleine Minderheit. Andererseits genügte die Verbreitung antisemitischer Einstellungen, um nicht nur die „schweigende Mehrheit“, sondern auch die großen Parteien, Kirchen und andere Organisationen in der Gesellschaft daran zu hindern, dem Antisemitismus aktiv entgegenzutreten. Die jüdische Minderheit blieb im Abwehrkampf ziemlich auf sich allein gestellt. […]

(Helmut Berding, Moderner Antisemitismus in Deutschland, Frankfurt a. M. (Suhrkamp) 1988, S. 161f.)

[1] Animositäten: feindliche Einstellungen oder Äußerungen

Der Ort des Kaiserreiches in der deutschen Geschichte

Das Kaiserreich ist eine unter den Historikerinnen und Historikern heftig umstrittene Periode und wird in der modernen Geschichtswissenschaft sehr unterschiedlich beurteilt.

- **War es ein rückwärts gerichtetes oder ein vorwärts gerichtetes, modernes Gebilde?**
- **Wie ist es in die Entwicklung der deutschen oder gar der europäischen Geschichte einzuordnen?**

Zwei Fragen, die in der fachwissenschaftlichen Sekundärliteratur und der historisch-politischen Publizistik kontrovers diskutiert werden.
Sie finden hier die Einschätzungen von zwei der renommiertesten deutschen Historiker, die sich mit dieser Problematik beschäftigt haben.

Präsentieren Sie die Positionen, die von den Historikern Nipperdey und Wehler vertreten werden, und diskutieren Sie deren und Ihre eigenen Einschätzungen zum Kaiserreich in einem gemeinsamen Kursgespräch.

So schaffen Sie sich eine tragfähige Diskussionsgrundlage:

1. Analysieren Sie die beiden Textauszüge. Beachten Sie dabei die Schritte zum systematischen Umgang mit historischer Sekundärliteratur (s. Basismethode „Historische Sekundärliteratur analysieren und sich kritisch mit ihr auseinandersetzen“, S. 566f.).
2. Vergleichen Sie die beiden Historikerpositionen miteinander und erläutern Sie mithilfe Ihrer erworbenen Kenntnisse über das Kaiserreich zentrale Gemeinsamkeiten, Ähnlichkeiten und Unterschiede.
3. Setzen Sie sich kritisch mit den Hauptthesen und Argumenten Nipperdeys und Wehlers auseinander. Orientieren Sie sich an den methodischen Hinweisen für diesen Arbeitsschritt in der o.g. Basismethode (S. 567).

MATERIALIEN

M 1 Thomas Nipperdey

Der Münchner Historiker Thomas Nipperdey hat eine dreibändige „Deutsche Geschichte“ von 1800–1918 verfasst. Am Ende seines Gesamtwerkes kommt er zu folgender Einschätzung:

Im Vergleich, zumal mit Westeuropa, war die Nationalstaats-, die Nationsbildung der Deutschen spät, „verspätet“, wie die berühmte Formel von Helmuth Plessner heißt. Auch wenn man nicht an eine Normal-Uhr und einen Normal-Fahrplan der Weltgeschichte glaubt, im Vergleich zu ihren westlichen Nachbarn konnten und mussten sich die Deutschen als Spätkommer fühlen. Und dieses Spätkommen stellt historisch eine besondere Problematik dar. Das Gemisch von Kontinuitäten und Diskontinuitäten […] war im Falle der Deutschen, ihrer Nation und ihres Nationalstaats, wohl komplizierter und spannungsvoller als in der „normalen“ historischen Realität.
Dazu kam die Häufung, die Gleichzeitigkeit von Problemen – Staats- und Nationsbildung, Liberalisierung und gar Demokratisierung der Verfassung, Bewältigung der sozialen Probleme der Klassengesellschaft –, die in älteren (vielleicht „glücklicheren“) Gesellschaften nacheinander zur Lösung angestanden hatten, kam das verdichtete Tempo der Modernisierung, ihrer Schübe wie ihrer Verluste. Das Spätsein war eine Belastung, denn indem mehrere Probleme gleichzeitig auf die Tagesordnung rückten, zerfiel die Gesellschaft über die möglichen Lösungen in jeweils verschiedene Lager, die sich verstärkten und überkreuzten, die Nation und ihr Staat wiesen deshalb mehr Sprünge und Risse auf als vergleichbare historische Gebilde. Aber diese Problematik kann nicht die Tatsache in Zweifel rücken, dass die Nation von 1871 und ihr Reich jedenfalls ein nicht weiter verwunderliches Ergebnis der deutschen Geschichte des 19. Jahrhunderts gewesen sind, das nicht aus der Kontinuität dieser Geschichte herausfällt, auch wenn es eine qualitativ neue Dimension besaß.
Schwieriger ist es mit dem, was damals Zukunft war. Die deutsche Geschichte in der Zeit des Kaiser-

reichs ist nicht nur eine Nach-Geschichte, sondern auch eine Vor-Geschichte. Und da drängt sich prominent das Jahr 1933 nach vorn und alles, wofür es historisch und symbolisch steht. Sind im Kaiserreich nicht Grundlagen, gar die Grundlagen für das Scheitern der Weimarer Republik, ja für den Aufstieg des Nationalsozialismus und für seine Machtergreifung gelegt worden? […] Diese Perspektive ist legitim, sie ist fruchtbar, ja sie ist notwendig. Wer sich ihr entziehen wollte, verfiele der einsichtslosen Apologie der Vergangenheit.

Aber wo diese Perspektive allein gelten will, ist sie auch ganz und gar einseitig, in die Irre führend. […] Ein Stück Geschichte ist immer – auch – ein Stück Vorgeschichte von etwas anderem; aber es gibt vieles, wovon es Vorgeschichte ist. Was unter der Perspektive von 1933 gewiss Vorgeschichte ist, ist Vorgeschichte auch von vielem anderen, es hat viele Nachgeschichten. Das Kaiserreich ist auch Vorgeschichte von Weimar, ja auch von unserer Nachkriegswelt, denkt man an die Modernisierungsschübe in Lebensstilen und Kultur oder an Sozialverfassung und Interventionsstaat. […] Man muss lernen, mit der Vielfalt von Kontinuitäten und Diskontinuitäten zu leben, wenn man den Ort des Kaiserreichs in der deutschen Geschichte bestimmen will.

[…] Eine geschichtliche Zeit wie die des Kaiserreichs ist mehr als ein Ensemble von Vorgeschichten. Sie ist sie selbst. […] Um das sichtbar zu machen, muss man jene Vorgeschichtsperspektiven hinter sich lassen. Deshalb auch geht es nicht darum, mit den Urgroßeltern vor dem Ersten Weltkrieg kritisch und besserwisserisch zu rechten, sondern darum, ihnen Gerechtigkeit widerfahren zu lassen.

(Thomas Nipperdey, Deutsche Geschichte 1866–1918, Bd. 2: Machtstaat vor der Demokratie, München (C. H. Beck) 1992, S. 879 f.)

M 2 Hans-Ulrich Wehler

Der Bielefelder Historiker Hans-Ulrich Wehler ist Verfasser einer vierbändigen „Deutschen Gesellschaftsgeschichte" von 1700–1949. Er fasst am Ende seines dritten Bandes zusammen:

Aus der Vogelperspektive erweist sich als ein Grunddilemma des reichsdeutschen „Sonderwegs", dass sich zum einen komplizierte Modernisierungsaufgaben ständig überlappten und sich zum andern, da der Umbau des Herrschaftssystems mit allen Mitteln verhindert wurde, die politische Verfassung für eine liberale und demokratische Lösung der anstehenden Probleme nicht durchsetzen konnte. Zur Erinnerung: Der Durchbruch der Industriellen Revolution, der Aufstieg der Klassengesellschaft und die Nationalstaatsgründung von oben überschnitten sich in ein und derselben Zeit. […]

Zwar wurde eine konstitutionelle Monarchie eingerichtet, die Parlamentarisierung aber verweigert und das Heer der parlamentarischen Kontrolle entzogen. […] Die Demokratie wurde unterdrückt. Das Reichstagswahlrecht und aufwühlende innere Konflikte trieben jedoch eine tendenziell demokratisierende Fundamentalpolitisierung voran, ohne dass ihr durch ein im Machtkampf durchgesetztes parlamentarisches System Rechnung getragen worden wäre.

Um nur noch einmal drei unterschiedliche Konflikte zu nennen, die sowohl gemeineuropäische als aber auch spezifisch deutsche Züge trugen: Zum Zusammenprall zwischen säkularisiertem Staat und katholischer Amtskirche, die mit neuem ultramontan-fundamentalistischen Diktatorialanspruch allen Gefahren der Moderne entgegentreten wollte, ist es in nicht wenigen europäischen Staaten gekommen. Im Reich aber schlugen die illiberalen Repressivgesetze des „Kulturkampfes" und die Diskriminierung einer konfessionellen Minderheit besonders tiefe Wunden. In allen europäischen Ländern warf die Gewöhnung an eine systemkritische sozialistische Opposition gravierende Probleme auf. Im Reich aber verband sich erneut ein illiberales Ausnahmerecht mit unnachgiebiger Klassenfeindschaft und preußischem Obrigkeitsstil, um die „vaterlandslosen Gesellen" dauerhaft auszugrenzen. Der moderne Antisemitismus trat in vielen Teilen Europas auf. Im Reich aber führte der Hass gegen „die" Juden als Verkörperung aller Übel der Moderne zu einer auf der Rassendoktrin beruhenden rechtsradikalen Agitationsbewegung, die sich sogar in politischen Parteien organisierte; darüber hinaus wurde der Antisemitismus in einem solchen Maße gesellschaftsfähig gemacht, dass dieses latente Sprengpotenzial – wie sich dann seit 1916/18 erweisen sollte – erschreckend schnell in offene Aggressivität übergehen konnte.

Alle drei Konflikte stießen mitten in die Formierung der neuen reichsdeutschen Gesellschaft, der neuen kleindeutschen Nation und einer neuen politischen Kultur hinein. Insofern gewannen sie eine zerstörerische Wirkung und einen gefährlicheren Stellenwert als in den meisten älteren westlichen Staaten, wo in der Gesellschaft und Politik stärkere liberale Abwehrkräfte und resistenzfähigere staatsbürgerliche Traditionen vorhanden waren.

In einer solchen Situation sich überschneidender, ja oft überstürzender Modernisierungskrisen hängt nun aber, an dieser Einsicht führt auch kein Weg vorbei, die Problembewältigung in einem entscheidenden Ausmaß vom Charakter des politischen Herrschaftssystems ab. Die historische Erfahrung der westlichen Länder lehrt, dass eine elastische, freiheitliche Verfassung, die, politischen Liberalismus und repräsentative Demokratie verbindend, im Parlament als wichtigstem Machtzentrum die Konflikte in der Selbstverantwortung der Gesellschaft zu regeln gestattet, der autoritären Steuerung und ihrer strukturell limitierten Fähigkeit zur dauerhaften Krisenmeisterung überlegen ist. [...] Natürlich ist der liberal-demokratische Parlamentarismus gegen zahlreiche Fehlentscheidungen nicht gefeit, aber er verkörpert die bisher elastischste Verfassung, die am ehesten imstande ist, aus eigenen Fehlern zu lernen und sie auf friedlichem Weg aus eigener Kraft zu korrigieren.

[...] Ausschlaggebend für den deutschen „Sonderweg“ war [also] letztlich das politische Herrschaftssystem und die es tragende soziale Kräftekonstellation. Sie haben zusammen jene verhängnisvollen Belastungen geschaffen, welche die Deformationen der deutschen Geschichte bis 1945 ermöglicht haben. Das Kaiserreich hat zu einem deutschen „Sonderweg“ geführt, weil seine politische und soziale Herrschaftsstruktur es ermöglichte, um es in den Worten Max Webers zu sagen, „in einem bürokratischen ‚Obrigkeitsstaat‘ mit Scheinparlamentarismus die Masse der Staatsbürger unfrei zu lassen und sie wie eine Viehherde zu ‚verwalten‘“, anstatt „sie als Mitherren des Staates in diesen einzugliedern“.

(Hans Ulrich Wehler, Deutsche Gesellschaftsgeschichte Bd. 3: Von der „Deutschen Doppelrevolution“ bis zum Beginn des Ersten Weltkriegs – 1849–1914, München (C. H. Beck) 1995, S. 1292–1295)

Das Fazit (Karikatur im „Simplicissimus“ zur Reichstagswahl 1912): „So, meine Herren, das Volk hat gesprochen – jetzt hat wieder fünf Jahre Seine Majestät das Wort!“

Zusammenfassen, Üben und Darstellen

Das Deutsche Kaiserreich – Nationalstaat zwischen Tradition und Moderne

Kernbegriffe:

★ Obrigkeitsstaat
★ Konstitutionelle Monarchie
★ Kulturkampf
★ Sozialistengesetz
★ Nationalismus
★ Militarismus
★ Antisemitismus
★ Imperialismus

Info, S. 461–464

1. Fassen Sie die Etappen, die ab 1850 zur Reichsgründung führten, zusammen.

Info, S. 464
Thema, S. 480ff.

2. Stellen Sie die wesentlichen Unterschiede zwischen der Reichsverfassung 1849 und der Reichsverfassung 1871 zusammen. Erörtern Sie die Möglichkeit zur politischen Partizipation im Kaiserreich.

Info, S. 464–468, 469

3. Nennen Sie die fünf parteipolitischen Richtungen des Kaiserreichs und deren politische Hauptinhalte. Erörtern Sie, welche Folgen die Verankerung der Parteien in Sozialmilieus haben konnte.

Info, S. 466f.
Thema, S. 483ff.

4. Erläutern Sie Bismarcks „Doppelstrategie" im Kampf gegen die Sozialdemokratie.

Info, S. 465f.
Thema, S. 483ff.

5. Erklären Sie den Begriff „Kulturkampf" und stellen Sie dar, welche Auswirkungen der Kulturkampf auf die politische Haltung der deutschen Katholiken hatte.

Info, S. 465ff.
Thema, S. 483ff.

6. Erklären Sie den Begriff „negative Integration". Erörtern Sie, inwiefern dieser Begriff auf den Kulturkampf und das Sozialistengesetz angewandt werden kann. Beurteilen Sie den Erfolg dieser Herrschaftsstrategie.

Info, S. 469–471
Thema, S. 488ff.

7. Das „Ringen um die nationale Einheit" wird oft als die bestimmende Kraft des 19. Jahrhunderts bezeichnet. Erläutern Sie Ursachen des Wunsches nach nationaler Einigkeit und den „Funktionswandel", den der Nationalismus im Laufe des 19. Jahrhunderts erfahren hat. Diskutieren Sie abschließend Chancen und Gefahren des Nationalismus.

Info, S. 471
Thema, S. 494ff.

8. Erläutern Sie, inwiefern der Antisemitismus im Kaiserreich eine andere Qualität hatte als frühere Formen der Judenfeindschaft. Erörtern Sie dann den Zusammenhang von Antisemitismus auf der einen und Nationalismus sowie Reaktionen auf die Modernisierung (Modernisierungskrise) auf der anderen Seite.

Info, S. 471–477

9. Die Menschen der wilhelminischen Zeit werden häufig als „Übergangsmenschen" bezeichnet. Erläutern Sie anhand von Beispielen, was damit gemeint ist.

Info, S. 472–474

10. Stellen Sie die Erfolge der Frauenbewegung im Kaiserreich in den Bereichen politische Rechte, Bildungs- und Berufschancen zusammen.

Info, S. 474–477

11. Entwerfen Sie ein Streitgespräch, in dem Vorteile und Nachteile des Lebens in der Großstadt nach der Jahrhundertwende gegeneinander angeführt werden.

Info, S. 477–479

12. Grenzen Sie die wilhelminische „Weltpolitik" von der Außenpolitik der Bismarck-Zeit ab und diskutieren Sie die Folgen der „Weltpolitik" für die internationalen Beziehungen bis zum Ersten Weltkrieg.

Gesamtes Kapitel;
Forum, S. 501ff.

13. Diskutieren Sie, ob und wie das Kaiserreich der heutigen Bundesrepublik als historischer Bezugspunkt dienen kann.

Klausurtraining

Vergleichende Interpretation von zwei Bildquellen

Aufgabenstellung

Interpretieren Sie die beiden Ansichtskarten, indem Sie

a) die beiden Darstellungen jede für sich analysieren;
b) ihre Aussagen im historisch-politischen Kontext erläutern und
c) vor diesem Hintergrund sowie unter Hinzuziehung Ihrer Kenntnisse über das Kaiserreich unter dem Aspekt Zeitgeist und Denkweisen der Epoche vergleichend erörtern.

Materialgrundlage

M Zwei Ansichtspostkarten

Die Karte links zeigt Wilhelm II., den preußischen König und deutschen Kaiser.
Die Karte rechts zeigt August Bebel, den Führer der Sozialdemokratie. Er tritt auf eine Tafel mit der Aufschrift: „Das III-Klassen-Wahlrecht".

Das Zeitalter des Imperialismus – Die Weltherrschaft Europas?

Reichstagswahl 1912. Bürgerliche und konservative Parteien, so auch das Zentrum, propagieren eine konsequente imperialistische Politik. Ihr innenpolitischer Gegner: die internationalistische Sozialdemokratie, die jedwede Kolonialpolitik schroff ablehnt. Auf der Karte halten die SPD-Politiker Liebknecht und Ledebour Deutschland zurück.

Wie im Brennglas spiegelt die Propagandakarte Kernelemente des Imperialismus: Europäische und neue Mächte wie die USA teilen die Welt unter sich auf, eignen sich das Fremde an. Sie rivalisieren um die größten „Stücke" des „Weltkuchens". Um nicht „zu kurz zu kommen", muss sich auch Deutschland endlich beteiligen, denn die Welt ist weitgehend vergeben. Die nichteuropäische fremde Welt erscheint als Objekt, gegenüber dem die eigene Überlegenheit nach eigenen Gutdünken ausgespielt wird. Imperialismus als außenpolitische Maxime bleibt nicht auf die Außenpolitik beschränkt: Der Imperialismus ist innenpolitisch umstritten und führt zu leidenschaftlichen Debatten. Und schließlich: Die Rivalität der Mächte kehrt nach Europa zurück und bereitet den Weg in den Ersten Weltkrieg.

Um einen komplexen Politikbereich zu rekonstruieren, blickt der Historiker auf drei Ebenen: Er blickt auf die zeitgenössischen Rechtfertigungen, somit auf die konstruierte Wahrheit, er fragt nach den strukturellen Ursachen des Imperialismus, er beschreibt den Verlauf der Politik und legt die Wirkungen offen, vor allem für die betroffene Peripherie.

Postkarte, herausgegeben vom Zentrum zur Reichstagswahl 1912. Auf dem rechten unteren Feld ist die ausgebleichte Schrift nur schwer zu lesen. Es heißt dort: „Nieder mit den … Vaterlandsverrätern“.

Auf einen Blick

Das Zeitalter des Imperialismus – Die Weltherrschaft Europas?

Info S. 510

Das Zeitalter des Imperialismus

1. Begriff und Begrenzung S. 510
- Der Kolonialismus der Frühen Neuzeit
- Die Phase des Hochimperialismus

2. Motive und Bedingungsfaktoren S. 512

3. Neue Ziele und alte Wege imperialistischer Expansion S. 514
- Das Beispiel England
- Das Beispiel Frankreich
- Das Beispiel Russland
- Das Beispiel USA
- Das Beispiel Deutschland

4. Auf dem Weg zum Krieg in Europa S. 523

5. Die Bilanz des Imperialismus S. 523
- Der Prozess der Entkolonisierung

Thema S. 525

„Ich behaupte, dass wir die erste Rasse der Welt sind" (C. Rhodes) – Zeitgenössische Rechtfertigungen des Imperialismus

Imperialismus ist der herrschaftliche Versuch, sich die Welt anzueignen, das Eigene möglichst vorteilhaft mit dem Fremden in Beziehung zu setzen und dabei die eigene Überlegenheit auszuspielen. Ein solches Ausgreifen nach der Welt bedarf der Rechtfertigung, denn Imperialismus ist weder naturnotwendig noch unvermeidlich. Er war nicht das Vorrecht einer Klasse oder gesellschaftlichen Gruppe, sondern Kolonialbefürworter fanden sich in allen Milieus und Schichten. Rechtfertigungen werfen ein Schlaglicht auf das Denken der Menschen, auf Annahmen, Motive, Vorurteile, die als Wahrheit betrachtet werden, sie benennen nicht notwendigerweise die Ursachen des Imperialismus. Das Denken ist somit zu hinterfragen hinsichtlich des Wahrheitsgehaltes der Annahmen. Das vorliegende Thema stellt die Rechtfertigungsstrategien in ihren nationalen Ausprägungen in der Vordergrund. Es fragt anschließend nach vergleichbaren Mustern und fordert kritische Distanz.

Thema S. 532

„Noch ist die Welt nicht ganz verteilt! ... Auf! Freudige Germanen!" – Soll Deutschland Kolonien erwerben? Eine zeitgenössische Kontroverse

Die deutsche Kolonialpolitik war innenpolitisch umstritten. Kolonialenthusiasten standen vehementen Kritikern vor allem aus den Reihen der Sozialdemokratie gegenüber. Der deutsche Reichskanzler Bismarck beharrte zunächst auf seiner Position, dass es erst eine breite Unterstützung in der deutschen Bevölkerung für koloniale Unternehmungen geben müsse, bevor die Regierung aktiv werde. Trotz dieser Zurückhaltung ließ sich Bismarck 1884/85 kurzfristig auf die Gründung deutscher „Schutzgebiete" ein. Das vorliegende Thema verfolgt das Ziel, die zeitgenössische Debatte exemplarisch zu rekonstruieren. Anhand zeitgenössischer Stellungnahmen wird erarbeitet, mit welchen Argumenten der Erwerb von Kolonien gerechtfertigt bzw. verworfen wurde. Anschließend wird aus dem Horizont der Zeit der Frage nach der Berechtigung des Erwerbs nachgegangen.

Thema S. 538

Deutsch-Südwestafrika – Warum führte das Deutsche Reich einen Vernichtungskrieg?

Am 7. August 1884 wurde Deutsch-Südwestafrika die erste Kolonie des Deutschen Reiches. Deutsche Siedler betraten kein menschenleeres Gebiet. Es war seit Jahrtausenden besiedelt, u.a. von den Nama. Im 19. Jahrhundert wanderten weitere Stämme ein, z.B. die Herero. Bis 1903 ließen sich über 3000 deutsche Siedler nieder, 1913 waren es über 14000. Kolonialherren und Kolonisierte begegneten sich nicht als Gleichberechtigte. Den Höhepunkt der Auseinandersetzung bildete der Krieg gegen die Herero von 1904 bis 1907, in dem der Stamm weitgehend ausgerottet wurde. In diesem Krieg verstießen die deutschen Truppen gegen europäische Rechtsgrundsätze. Wie lässt sich eine solche Vernichtungspolitik erklären? Wie ist diese historisch zu beurteilen: Handelt es sich gar um einen Völkermord? Schriftliche und bildliche Quellen erschließen das zeitgenössische Denken, Auszüge aus der Sekundärliteratur nehmen eine historische Würdigung vor.

Methode S. 544

Fotos interpretieren

Forum S. 549

Der europäische Imperialismus – Gewinn für die Metropolen, Zerstörung in der Peripherie?

Die Phase des klassischen Imperialismus ist längst abgeschlossen. Viele Zeitgenossen rechtfertigten die Aneignung der außereuropäischen Welt. Die Folgen dieser Politik wurden geleugnet, fehl eingeschätzt oder beschönigt. Aus der zeitlichen Distanz des Historikers lässt sich die Bilanz unbefangener ziehen, vor allem hinsichtlich der langfristigen Perspektiven. Aber auch aus der Distanz ist die Urteilsbildung zwiespältig, u. a. abhängig von persönlichen Einstellungen und Standpunkten. Was waren die Folgen des Imperialismus für die indigenen Völkerschaften? Gab es positive Wirkungen? Gibt es eine Verantwortung der Betroffenen? Materialgrundlage sind Auszüge aus der wissenschaftlichen Literatur. Diese beziehen sich sowohl exemplarisch auf die deutsche Kolonialherrschaft als auch auf die Gesamtphase des Imperialismus.

Der Maler Stephen Kappata (geb. 1936) stammt aus Sambia. Er gehört zur Gruppe der sog. „Schildermaler", die auf Märkten und in kleinen Werkstätten Bilder als Reklamemittel oder zur Illustration herstellten. Daraus entwickelte sich eine populäre gesellschaftskritische Kunstrichtung.

Das Zeitalter des Imperialismus

1. Begriff und Begrenzung

Klassische Definition

Es gibt zahllose Definitionen des Imperialismus. Einige sehr treffende stammen bereits von Zeitgenossen der Epoche der europäischen Geschichte, die in den 80er-Jahren des 19. Jahrhunderts begann und in der „Urkatastrophe" des Ersten Weltkriegs ihr Ende fand. Miterlebende nannten diese Jahrzehnte das „Zeitalter des Imperialismus". Das Besondere dieser Epoche war das „Bestreben europäischer Mächte, sich Besitzungen bzw. wirtschaftliche oder politische Einflusssphären in der außereuropäischen Welt" zu sichern. Das Ziel war die „Steigerung der Machtstellung des eigenen Staates zu einer Macht unter Weltmächten" (Gregor Schöllgen). Der Imperialismus bezeichnet also eine Periode des Konkurrenzkampfes der europäischen Mächte und dann auch der USA um die Verteilung der vermeintlich herrenlosen Regionen der Welt. Es handelt sich dabei um die Schlussphase des Ausbreitungsprozesses der westlichen Welt über sog. unterentwickelte Regionen. Da solche historischen Prozesse als Prinzip kein zeitlich begrenzter Vorgang sind, spricht die neuere Forschung verallgemeinernd von einem Prozess der herrschaftlichen „Weltaneignung", „der das Eigene möglichst vorteilhaft mit dem Fremden in Beziehung zu setzen versucht und dabei die eigene Überlegenheit ausspielt". Ferner wird stärker in den Blick genommen, dass es sich bei dieser Begegnung und Beeinflussung von Zentrum und Peripherie, von Eigenem und Fremdem um einen wechselseitigen Prozess handelt. Diese „Weltaneignung" ist kein typisches Phänomen des ausgehenden 19. und beginnenden 20. Jahrhunderts. Der „Trieb" zur Bildung großer Imperien ist bereits in der Antike nachweisbar. Das Imperium Romanum als den gesamten Mittelmeerraum umspannendes Herrschaftsgebiet ist historisch gesehen das folgenreichste. Der Begriff Imperialismus leitet sich denn auch ab vom lateinischen *Imperium*, das Reich und Herrschaft meint.

Imperialismus als Weltaneignung

Antikes Vorbild

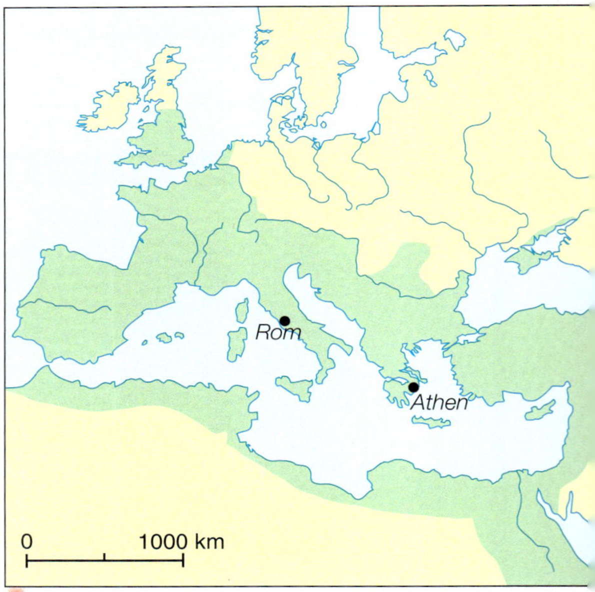

Das Römische Reich um 117 n. Chr.

Der Kolonialismus der Frühen Neuzeit

Eine neue Dimension europäischer Ausdehnung wurde im Zuge der Entdeckungen des 15.–17. Jahrhunderts erreicht (vgl. Karte S. 195). Am Anfang dieser Expansion in die außereuropäische Welt stand das spanische und portugiesische Ausgreifen nach Lateinamerika. Hergeleitet vom lateinischen Begriff „colonia" („neue Siedlung, Niederlassung") wird diese frühe Form der Unterwerfung ansässiger Völker durch militärisch, sozial und wirtschaftlich überlegene Europäer als Kolonialismus bezeichnet.

Kolonialismus

Schon immer hatten sich Einzelne auf die offene See begeben, um Abenteuer zu suchen und die Welt zu erkunden. Im letzten Drittel des 15. Jahrhunderts begann jedoch die planmäßige Erschließung der unbekannten Welt mit der Eroberung der Indianerreiche Mittel- und Südamerikas durch Spanien und Portugal. Beide Länder gingen dazu über, ein weltweites Empire aufzubauen, mit Stützpunkten und Besitzungen im Fernen Osten und an der Westküste Afrikas. Im 16. und 17. Jahrhundert schalteten sich auch England, Frankreich und die Niederlande in diesen Wettlauf ein, der sich auf Amerika und Indien konzentrierte. Am wichtigsten war die englische Besiedlung Nordamerikas.

Diese älteren Kolonialreiche waren den wirtschaftlichen Interessen der Mutterländer unterworfen. Sie sollten ausschließlich Rohstoffe und agrarische Produkte, daneben natürlich Gold und Silber, erzeugen und exportieren. In Mittel- und Südamerika wurden Silberbergwerke gegründet und Plantagen eingerichtet, auf denen überwiegend Zucker, Kaffee und Kakao von indianischen und afrikanischen Sklaven in Zwangsarbeit angebaut wurden. In Asien dagegen wurden Stützpunkte in Küstennähe errichtet und die Europäer suchten die friedliche Zusammenarbeit mit einheimischen Eliten.

Möglich wurde die europäische Ausdehnung durch das Wissen um die Erde als Kugel, die genauere Kartografie sowie Verbesserungen der Nautik. Hochseetüchtige Segelschiffe erlaubten unter diesen Bedingungen, systematisch neue Seewege zu erschließen.

Gerechtfertigt wurde die Expansion durch den Kreuzzugsgedanken, die vermeintliche Bekehrung der Heiden zum christlichen Glauben. Entscheidend waren jedoch die wirtschaftlichen Interessen: Sklavenhandel und begehrte Waren warfen große Gewinne ab. Der Historiker Mommsen bezeichnet deshalb den Kolonialismus als „Beutekapitalismus, dem es darum ging, möglichst viele Reichtümer aus dem Land herauszuholen". Die Wirkung dieser Politik war verheerend. Traditionelle Lebensformen und Gewohnheiten wurden zerstört, die Brutalität des Vorgehens und eingeschleppte Seuchen führten zur Ausrottung großer Bevölkerungsteile.

Die Phase des Hochimperialismus

Der Imperialismus erhielt seinen Anstoß in den 70er- und vor allem 80er-Jahren des 19. Jahrhunderts. Diese Phase erlebte ihren Höhepunkt im Ersten Weltkrieg. In dieser Zeit beschleunigte sich der Prozess der territorialen Landnahme in Übersee. Er wurde begleitet von zunehmenden Rivalitäten der europäischen Großmächte, die später auch die USA und Japan einbezogen. Die militärische, wirtschaftliche und technologische Überlegenheit der imperialistischen Mächte erreichte in dieser Phase ein solches Ausmaß, dass die indigene, d.h. eingeborene Bevölkerung keine Möglichkeit des Widerstandes mehr besaß. Die Grenzen des Ausgreifens hingen von den Ressourcen der imperialen Mächte ab; ihre Expansion wurde zudem nur behindert durch die Intervention andere Mächte, die rivalisierende Ansprüche erhoben. Die Phase des Hochimperialismus war ein „Imperialismus ohne jede angebbare Grenze".

Disraeli

Es war der britische Politiker Benjamin Disraeli, der 1872 in seiner berühmten Kristallpalastrede in London das Programm einer offen imperialistischen Kolonial- und Weltmachtpolitik vorstellte und damit den Beginn einer neuen Phase markierte.

Aufteilung der Welt

Andere Mächte, vor allem Frankreich, Russland, Deutschland und außerhalb Europas Japan und die USA, meinten, nicht zurückbleiben zu können. Es entstand ein Wettlauf um die Aufteilung der Welt. Die neue Qualität begann mit der Errichtung des französischen Protektorats über Tunesien (1881) und der Besetzung Ägyptens durch England (1882), womit die Aufteilung des bis dahin weitgehend unbekannten Kontinents Afrika einsetzte.

Formelle und informelle Herrschaft

In Abkehr von der vorhergehenden Phase des Frühimperialismus mit seiner vorherrschend informellen und indirekten Kontrolle kehrte der Hochimperialismus partiell zu den traditionellen Formen kolonialer Expansion zurück, also zu den Methoden formeller Herrschaft im Sinne direkter militärischer Besetzung und Ausübung der politischen und verwaltungsmäßigen Kontrolle. Es ging somit nicht nur um einzelne koloniale Stützpunkte, sondern um eine flächendeckende Ausdehnung. Daraus ergab sich die Notwendigkeit einer stärker formalisierten Herrschaftsausübung, die die eingeborenen Gesellschaften direkter Kontrolle unterwarf.

Jedoch beschränkte sich auch in der Phase des Hochimperialismus die Herrschaftsausübung nicht auf die formelle territoriale Kontrolle. Daneben gab es zahlreiche Formen informeller Herrschaft, sei es in Form handelspolitischer Nutzung, gestützt auf wenige imperialistische Vorposten, sei es durch Handelsaustausch und wirtschaftliche Durchdringung, bei der formal Herrschaftsstrukturen der indigenen Bevölkerung fortbestanden, sei es durch verkehrstechnische Erschließung mit westlichen Finanzmitteln und westlichem Wissen, sei es in Form von im weitesten Sinne kultureller Beeinflussung. Dieser Eingriff in die gesellschaftlichen und kulturellen Verhältnisse vor Ort betraf vor allem drei Bereiche: die Arbeitsverfassung, um die Bereitstellung indigener Arbeitskräfte zu erzwingen; die Eigentums- und Rechtsverhältnisse, um die Verfügung über Grund und Boden zu legitimieren; das Rechtssystem, um die koloniale Herrschaft rechtlich abzusichern. Gerade diese indirekte Kontrolle erwies sich als besonders effektiv, da die überseeische Welt politisch, kulturell und wirtschaftlich in hohem Maße von den Metropolstaaten abhängig wurde.
Auch wenn somit schematisch die „friedliche" Durchdringung mit indirekten Mitteln, vor allem im Sinne der weitreichenden Kollaboration, d. h. Zusammenarbeit mit den einheimischen lokalen Führungseliten, und die direkte, territoriale Landnahme unterschieden werden, gingen in der Praxis doch beide Formen imperialer Herrschaft ineinander über.

2. Motive und Bedingungsfaktoren

Nach Auffassung der modernen Forschung stellt der Imperialismus im ausgehenden 19. Jahrhundert eine hochkomplexe Epoche dar, deren Ursachen und Bedingungsfaktoren vielschichtig sind, getragen von unterschiedlichen sozialen Gruppen, beflügelt von unterschiedlichen Motiven und Zielen, deren Umsetzung auch von den Interessen der Kolonien abhing. Eine verbindliche schlüssige Deutung gibt es nicht. Ein pluralistischer Erklärungsansatz versucht, ein Bündel von Deutungsaspekten in den Blick zu nehmen.

Pluralistische Erklärung

Industrialisierungsprozesse

Zentrale Motive und Bedingungsfaktoren des Hochimperialismus ergeben sich zweifellos aus dem ökonomischen und sozialen Entwicklungsstand dieser Staaten. Sie erlebten ein rasantes industrielles Wachstum und einen politischen Modernisierungsprozess, der neue soziale Schichten, besonders die Arbeiterschaft, formierte und deren politische Ansprüche entstehen ließ. Die Industriestaaten zeichneten sich durch technologische und machtpolitische Überlegenheit gegenüber traditionalistischen Gesellschaften aus, sodass sich diese Gesellschaften an der Peripherie, also am Rand des Weltgeschehens, weder geistig, noch materiell und militärisch widersetzen konnten. Die Ausdehnung der imperialen Staaten konnte zumeist ohne größeren Widerstand vonstatten gehen. Es war somit die universalgeschichtliche Zäsur der Industrialisierung und der dadurch hervorgerufenen „sozialökonomisch-technologisch-militärischen Überlegenheit" (H. U. Wehler) der Europäer, die die alteuropäische Kolonial- und Handelsexpansion trotz aller Kontinuität von der Phase des Hochimperialismus grundsätzlich unterschied.

Ökonomische und soziale Faktoren

Foglich bildeten wirtschaftliche Gründe einen wesentlichen Antrieb des Imperialismus. Die beispiellose Dynamik des Industriekapitalismus mit seiner Bewegung zur Erweiterung der inneren und äußeren Märkte ließ die handelnden Akteure den Blick auf Kolonien richten. Sie sollten die steigende Nachfrage nach Rohstoffen befriedigen, Absatzmärkte für Fertigprodukte bieten und Direktinvestitionen ermöglichen. Auch als Siedlungsräume spielten die Gebiete eine Rolle. Im Sinne der Rechtfertigung wurden auch religiöse Missionierung und Kulturarbeit, also ein zivilisatorischer Auftrag, als Motive genannt. Eine nicht unerhebliche Rolle spielte die Ablenkung innergesellschaftlichen Drucks und innenpolitischer Spannungen, vom deutschen Neuzeithistoriker Hans-Ulrich Wehler als Sozialimperialismus bezeichnet, in die außereuropäischen Gebiete. Erfolge des Imperialismus sollten das politische Machtgefüge und die Sozialhierarchie legitimieren.

Nationales Prestige

Besonders in den Jahrzehnten vor Ausbruch des Ersten Weltkriegs kam ein zusätzlicher Faktor hinzu, der des nationalen Prestiges. Unabhängig vom jeweiligen regionalen Objekt entstand ein Wettbewerb der nationalen Expansion, um den Anspruch auf Gleichberech-

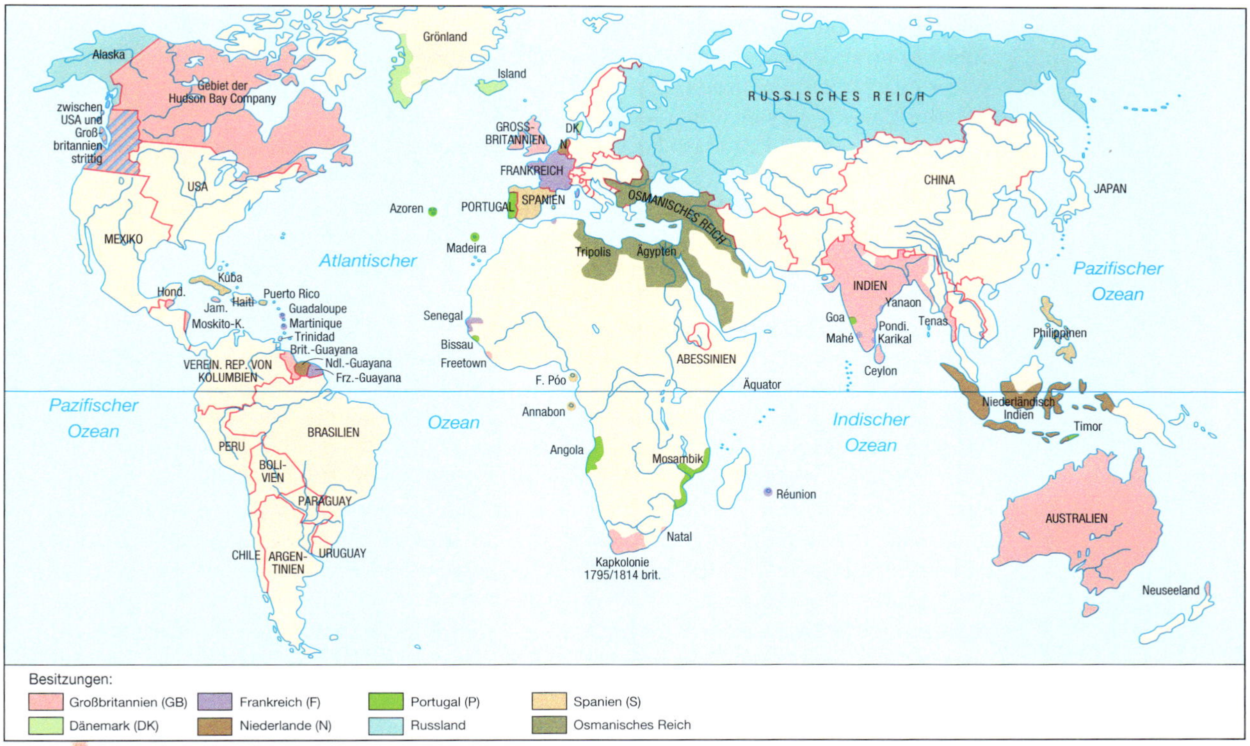

Europäische Kolonialreiche um 1830

Europäische Kolonialreiche um 1914

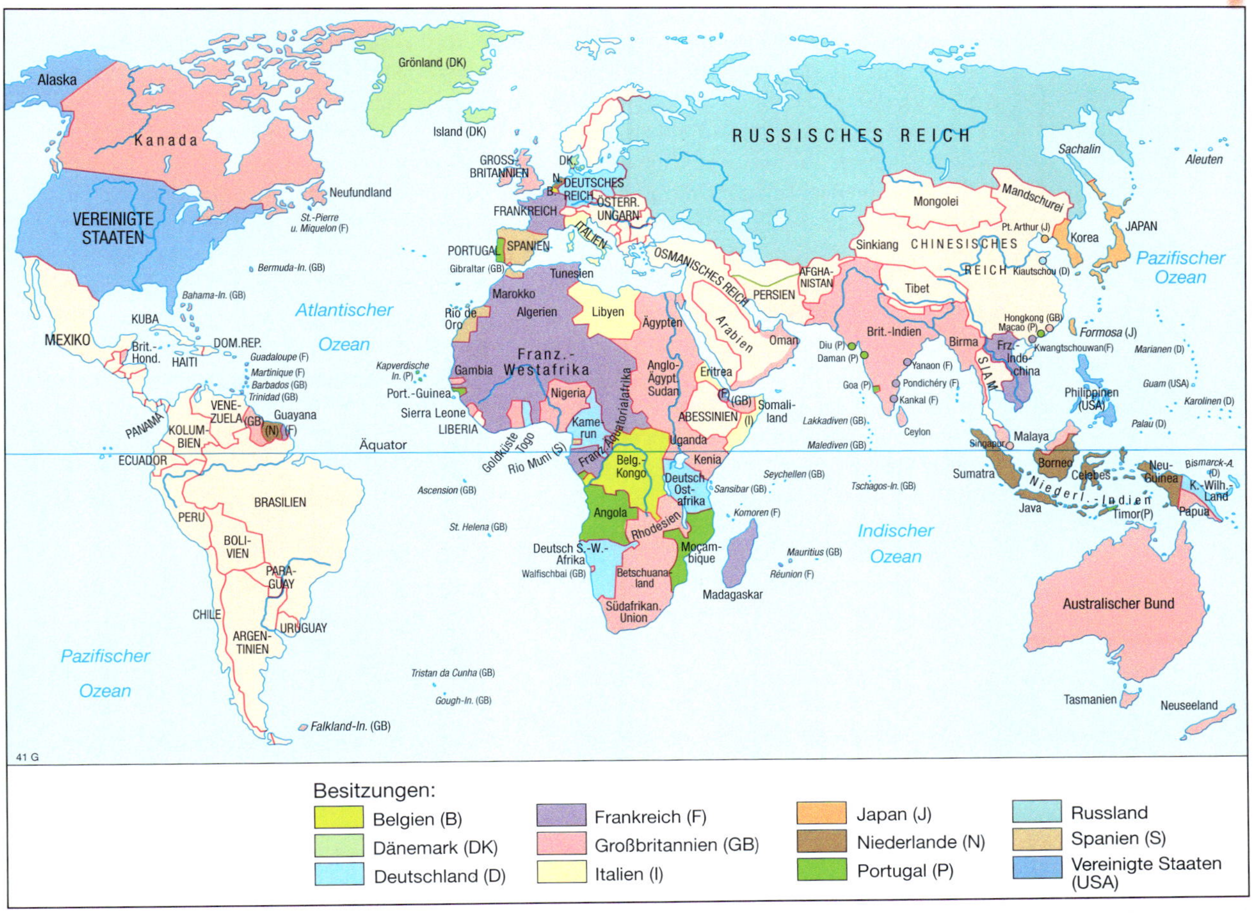

tigung zu untermauern. In der Öffentlichkeit entwickelte sich dabei eine z.T. euphorische Zustimmung, die gewaltigen Druck auf die Regierungen ausübte. Die formelle Herrschaft über Territorien wurde zu einer Frage des Prestiges, da in den Augen der Öffentlichkeit die Stärke der Staaten in Europa selbst durch außereuropäische Positionen definiert schien. Der Wettbewerb zwischen den Mächten um Macht und Einfluss beschleunigte die imperiale Ausdehnung. Da aber am Ende des 19. Jahrhunderts die Welt weitgehend aufgeteilt war, konnte dieser Anspruch schon geographisch gar nicht mehr realisiert werden, wie das Beispiel des Deutschen Reiches zeigt. Der imperialistische Nachzügler Deutschland formulierte deshalb seinen Wunsch nach weltpolitischer Gleichberechtigung. Damit begann ein sich aufschaukelnder Prozess der mächtepolitischen Rivalitäten, der an Schärfe zunahm. Der Wettlauf der europäischen Mächte an der Peripherie Europas führte zu Spannungen, die sich auf dem Kontinent selbst entluden.

Imperialismustheorien

Neben diesem pluralistischen Deutungsansatz des Imperialismus, der neben wirtschaftlichen und politischen Antriebskräften auch sozialgeschichtliche, kulturelle und ideologische Motive einbezieht, gibt es Imperialismustheorien, die durch die Benennung einzelner Ursachen das Phänomen des Imperialismus zu erklären versuchen. Dazu gehören die ökonomischen Theorien von John A. Hobson (1902) und Lenin (1916), die ein Primat der Wirtschaft behaupten. John A. Hobson geht von einer ungleichen Verteilung des Sozialproduktes in den Industriestaaten aus, die die Kapitaleigner zu Investitionen in Übersee zwinge und deren Absicherung durch die Repräsentanten des Staates notwendig mache. Lenin sieht in seiner marxistischen Deutung den Imperialismus als unvermeidliches Produkt des Kapitalismus, da die Krisen des Kapitalismus die Kapitaleigner zu neuen Ausbeutungsobjekten in weniger entwickelten Regionen zwingen, mit deren Gewinnen sie die nationalen Arbeiter bestechen. Die nationalpsychologischen Erklärungsversuche sehen in der nationalistischen Begeisterung und der erhofften Stärkung des nationalen Selbstwertgefühls eine wesentliche Antriebskraft der Rivalität der Mächte. Die sozialimperialistische Theorie sucht den Ursprung des Imperialismus hauptsächlich in den gesellschaftlichen Problemen der Industriestaaten, von deren Spannungen der Imperialismus durch äußere Erfolge ablenke, um so den Zusammenbruch des Systems zu verhindern. Einen völlig anderen Zugriff bietet die sog. peripherieorientierte Erklärung, bei der der Blick auf die Zustände in den Kolonien gerichtet wird. Danach ist der Imperialismus vor allem dadurch bedingt, ob und inwieweit die einheimischen Eliten in den Kolonien, also an der Peripherie, mit den imperialistischen Staaten zusammenarbeiteten. Der Imperialismus war nach dieser Theorie eine Reaktion auf unbefriedigende Verhältnisse an der Peripherie.
Die Unterschiedlichkeit der Deutungen belegt die Schwierigkeit, einen nicht gradlinig verlaufenden Prozess der Geschichte schlüssig zu deuten. Diese Schwierigkeit ergibt sich jedoch nicht nur aus der sachlichen Komplexität. Imperialismustheorien sind nicht nur objektive Erklärungsmuster, sondern sind immer auch standortbezogen. Sie können der Abgrenzung, Legitimation und polemischen Auseinandersetzung dienen. Die sozialistische Theorie verwandte den Begriff „Imperialismus" zur Untermauerung der behaupteten Hegemonie der USA, der ökonomischen Abhängigkeit der Dritten Welt von den westlichen Industriestaaten. Die Außenpolitik der nichtsozialistischen Staaten wurde in die Kontinuität mit dem historischen Imperialismus gestellt. Nichtmarxistische Historiker begreifen den Imperialismus als universalhistorisches Phänomen und plädieren für eine exakte historische Ortsbestimmung, sodass der Begriff stärker zu einem Analyseinstrument wird, wohlwissend, dass auch dieser Ansatz Standortbezug aufweist.

3. Neue Ziele und alte Wege überseeischer Expansion

Das Beispiel England

Das frühe englische Empire

Der Anstoß für die letzte Etappe im Aufteilungsprozess der Erde erfolgte in den 1870er-Jahren in England. Großbritannien verfügte zu diesem Zeitpunkt bereits über ein riesiges Empire. Nach dem Abfall der Vereinigten Staaten, die sich 1776 unabhängig erklärt hatten, neigte man in der britischen Öffentlichkeit zunächst mehr der Ansicht zu, koloniale oder halbkoloniale Gebiete nicht der direkten Herrschaft zu unterwerfen, sondern im Sinne des Freihandels den freien Zugang für den Handel ohne direkte Kontrolle zu sichern und die Selbstverwaltung zu gewähren. Großbritannien als Ursprungsland der Industriellen Revolution hatte so lange am Prinzip des Freihandels festgehalten können, da seine Flottenüberlegenheit und ein ausgebautes System von Stützpunkten die Versorgung mit Nahrungsmitteln und mit Rohstoffen sowie den Güteraustausch mit der ganzen Welt sicherten.

Freihandel

Eine gewisse Tendenzwende kündigte sich dann mit der Rede des britischen Oppositionsführers Disraeli im Jahre 1872 an. Er bezeichnete es als Pflicht eines jeden Ministers, „so weit wie möglich unser koloniales Weltreich wiederaufzubauen". Auf dem Hintergrund der nationalstaatlichen Einigung auf dem Kontinent – 1871 wurde das Deutsche Reich gegründet – wurde der Wille bekräftigt, das Empire zu seiner alten Größe zurückzuführen oder sogar auszubauen. Es waren also zunächst weniger wirtschaftliche Gründe als Motive des nationalen Prestiges, die Englands Haltung vorrangig bestimmten. Hinzu kamen nationalistisch-rassistische Varianten, die vor allem von Cecil Rhodes, dem langjährigen Präsidenten der Kap-Kolonie und Gründer des früheren Rhodesiens (heute Simbabwe), vertreten wurden. Rhodes war der prominenteste Subimperialist, der den Prozess der Ausweitung des Empire auf eigene Faust und gegebenenfalls gegen den Willen der Regierung betrieb.

Disraeli

Ausbau des Empire

Cecil Rhodes

Die Forderung nach dem Ausbau des Weltreichs gewann in der englischen Öffentlichkeit sehr schnell an Popularität. Seit Anfang der 1880er-Jahre erhielten auf dem Hintergrund der zunehmenden Konkurrenz der anderen europäischen Industriestaaten und vor allem auch der USA in Drittmärkten ökonomische Motive ein zunehmendes Gewicht. Es verschmolzen zunehmend ökonomische und nationalistische Motive. Die Furcht, England könne seine beherrschende Stellung auf dem Weltmarkt verlieren, förderte die imperialistischen Tendenzen beträchtlich. Das Ziel des neuen britischen Imperialismus war klar: Es lag in Afrika. Dafür gab es zwei Gründe: Afrika war weitgehend unerschlossen. Der 1869 eröffnete Suezkanal war die wichtigste Verkehrsverbindung nach Indien, dem Herzstück des britischen Weltreiches. Damit kam Ägypten aufgrund seiner hervorgehobenen geographischen Lage eine entscheidende strategische Bedeutung zu. Anspruch auf Ägypten erhoben jedoch auch Frankreich, das von Ägypten aus Afrika erschließen wollte, und Russland, das seinen Zugang zum Mittelmeer absichern wollte.

Ökonomische Motive

Erschließung Afrikas

Nach der Annexion Ägyptens (1882) folgten die Protektorate über Kenia (1886), Uganda (1895) und die Eroberung des Sudans (1896–1899), u.a. um den Suez-Kanal zu sichern. Das Vorgehen der englischen Afrikapolitik bestand aus verschiedenen Methoden. Die britische Regierung war einerseits trotz der wachsenden militärischen und ökonomischen Verpflichtungen und der diplomatischen Schwierigkeiten zunächst bereit, Träger der imperialistischen Expansion zu werden.

Das Britische Empire 1875–1914	
1882	Besetzung Ägyptens zur Sicherung der Kanalzone und der finanziellen Ansprüche englischer Gläubiger
1884	Somalia-Land
1885	Uganda
1886	Erwerb Kenias
1890–96	Rhodes Ministerpräsident der Kapkolonie
1895	Gründung der Kolonie Rhodesien
1898	Vorstoß in den Sudan
1899–1902	Burenkrieg: Annexion von Transvaal und Oranje. Buren erhalten Selbstverwaltung.

Andererseits wurde zunehmend auch die Initiative privaten Kolonialgesellschaften überlassen, wie z.B. der Royal Niger Company (1886), der British East Africa Company (1888)

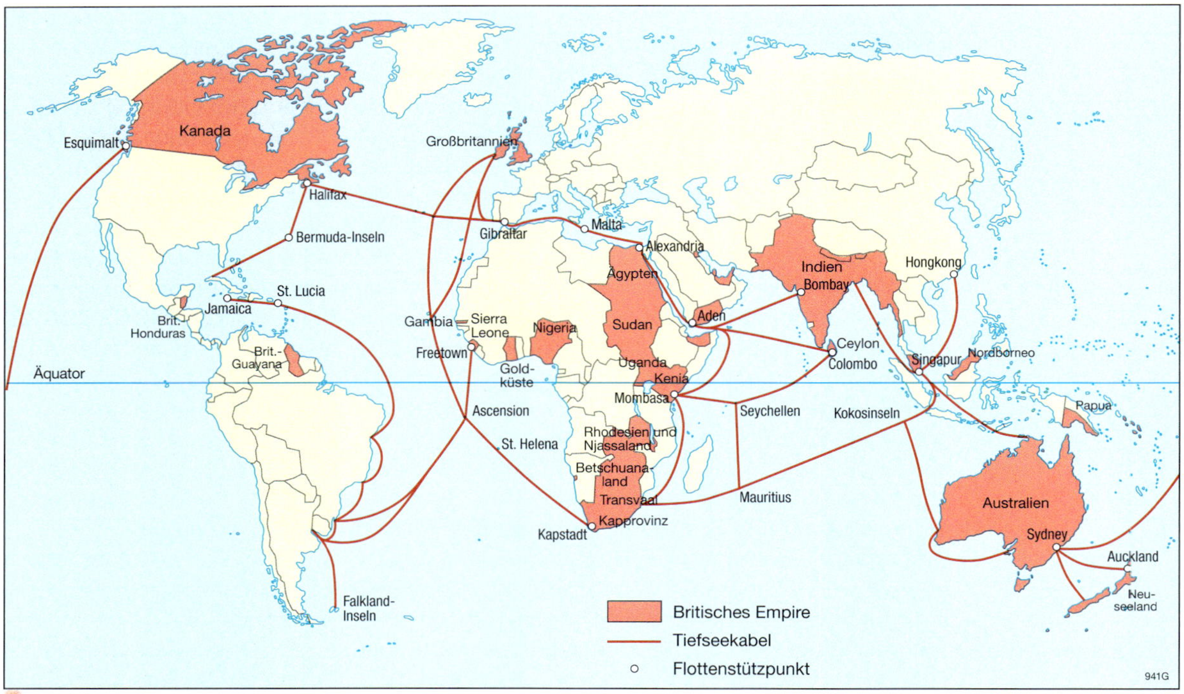

Die Hauptbesitzungen, Flottenstützpunkte und Tiefseekabel des Britischen Reiches um 1900

Cape-to-Cairo-Idee

und der 1889 von Cecil Rhodes gegründeten British South Africa Company. Die englischen Erwerbungen im Süden Afrikas waren ein wichtiger Beitrag der „Cape-to-Cairo"-Idee, also dem Versuch, den britischen Einflussbereich durch direkte militärische Vorstöße einerseits von Südafrika aus in Richtung Norden und andererseits von Ägypten aus in Richtung auf den Sudan auszudehnen. Um die Jahrhundertwende war ein chauvinistischer Imperialismus entstanden, in dem ökonomische, machtpolitische, nationalistische sowie rassistische Motive zusammenkamen.

Das Beispiel Frankreich

Französische Motive

Konkurrent Englands wurde vor allem Frankreich. Sein Streben nach außereuropäischem Machtgewinn hatte als Voraussetzung die demütigende Niederlage im deutsch-französischen Krieg. Frankreich suchte nach einem Ersatz für die verlorene europäische Vormachtstellung, die durch die deutsche Isolierungspolitik gegenüber Frankreich noch betont wurde. Ökonomisch suchte es nach Anlagemöglichkeiten für seinen Kapitalüberschuss. Der Imperialismus richtete sich auf zwei Regionen: Afrika und Indochina.

Afrikapolitik

Etwa parallel zu den englischen Aktionen zwischen Suez und dem Kap der Guten Hoffnung an der Südspitze Afrikas begannen die Franzosen, ihre Erwerbungen in der west-östlichen Richtung vorzunehmen. Bereits unter Präsident Jules Ferry (1880–1885) hatte sich Frankreich zu einer offensiven Politik bekannt, u.a. aus Angst davor, wie Spanien eine zweitrangige Kolonialmacht zu werden. Eingeleitet wurde diese Politik durch ein Protektorat über Tunesien (1881). Es folgten Algerien und Marokko, in Zentralafrika vor allem Senegal und Gabun. Im belgisch-französischen Wettlauf um den Kongo schalteten sich schlichtend auf der Berliner Kongokonferenz (1884/85) England und Deutschland ein: Es entstand ein unabhängiger Staat mit dem belgischen König als Souverän.

Frankreichs Versuch, ausgehend von Westafrika seinen Einflussbereich in Zentralafrika zu festigen und nach Osten Richtung Nil zu erweitern, musste zu einem direkten Schnittpunkt der beiden Stoßrichtungen der englischen und französischen Afrika-Unternehmungen führen. In Faschoda am oberen Nil trafen die Truppen der beiden Länder aufeinander und lösten eine Krise aus. Diese wurde durch eine vertragliche Abgrenzung beigelegt, da Frankreich in Europa gegen seinen vorrangigen Gegner Deutschland eine Versöhnung mit England suchte. Die Faschoda-Krise war aus zwei Gründen wegweisend: Sie demonstrierte, wie leicht sich ein Konflikt am Rande, an der Peripherie Europas zu einer schweren Auseinandersetzung zwischen den Mächten in Europa entwickeln konnte. Die vertragliche Vereinbarung zeigte, wie sich zwei Konfliktparteien dennoch annähern konnten und Deutschland dabei außen vor ließen.

Faschoda-Krise

Parallel zu den Vorgängen in Afrika hatte sich bereits seit Mitte der 1890er-Jahre das Interesse der europäischen Großmächte auf einen anderen Erdteil gerichtet, auf Ostasien nämlich. Aktiv beteiligt waren wiederum Großbritannien und Frankreich. Von 1887 bis 1897 schloss Frankreich die seit 1883 erworbenen Gebiete Annam, Tonking, Kambodscha und Laos zur „Union Indochina" zusammen.

Ostasien

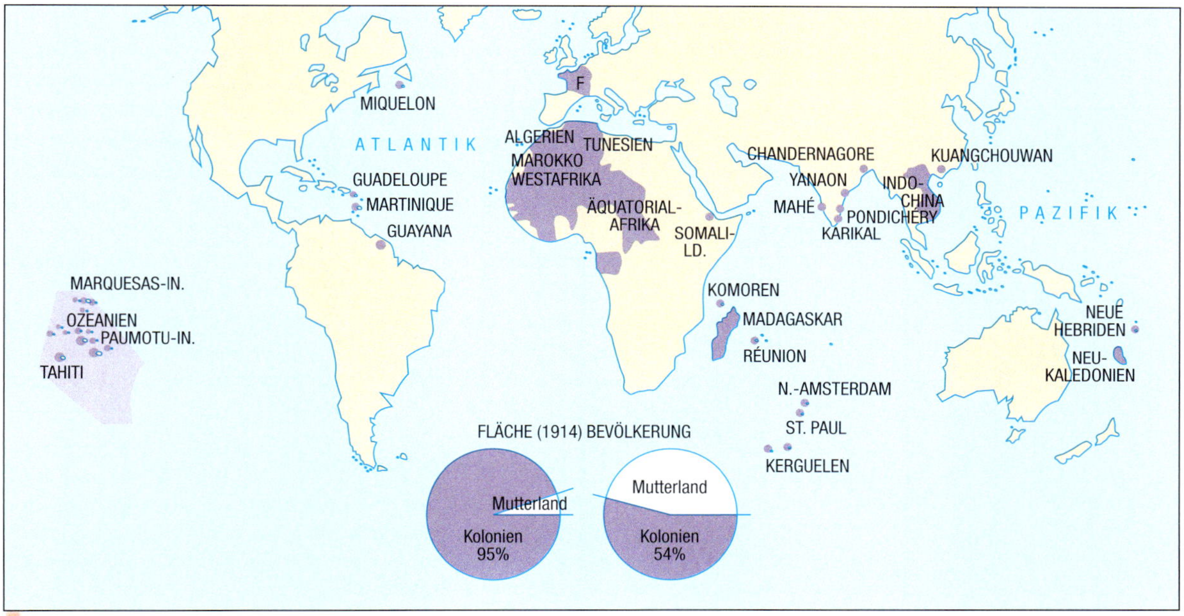

Das französische Kolonialreich um 1914

Großbritannien und Frankreich trafen in Asien auf die Interessen weiterer imperialer Mächte, nämlich Japans, Russlands und der USA. Sie alle übten Druck auf das schwache chinesische Kaiserreich aus. Japan erzwang die Unabhängigkeit Koreas (1895), die europäischen Mächte annektierten eine Reihe von Häfen (Deutschland u.a. Tsingtau).

Das Beispiel Russland

Auch Russlands Interesse galt China. Insgesamt richtete sich Russlands Hochimperialismus, nachdem der Prozess der imperialen Ausdehnung der russischen Herrschaft über die weiten Gebiete des russischen Kontinents mit der Unterdrückung und Einverleibung immer neuer nichtrussischer Völkerschaften und das Ausgreifen auf weite Teile des asiatischen Russland abgeschlossen war, auf drei Objektbereiche: erstens auf die Wahrung des Einflusses auf die Türkei, vor allem um die Meerengen vom Schwarzen zum Mittelmeer zu kontrollieren, zweitens auf die Durchdringung Persiens und drittens auf die indirekte Kontrolle über die Mandschurei, um so die wirtschaftliche Erschließung Chinas vorantreiben zu können. Russland ging es somit nicht um die Schaffung eines überseeischen Kolonialreiches, sondern um die Ausbreitung in Territorien, die sich unmittelbar an die eigenen Grenzen anschlossen.

Das Beispiel der USA

Mit den Vereinigten Staaten von Amerika erwuchs den europäischen Kolonialmächten ein neuer Konkurrent. Die USA verdankten ihre staatliche Existenz einer revolutionären Aufstandsbewegung gegen die britische Herrschaft. Die Unabhängigkeitserklärung von 1776 war eine Erklärung gegen Herrschaft ohne die Zustimmung der Beherrschten. Die USA verstanden sich somit als antiimperialistisch, dennoch betrieben sie eine imperiale Politik. Der Historiker Hans-Ulrich Wehler sieht in der ökonomischen, militärischen und politischen Expansion deshalb auch den „roten Faden der amerikanischen Geschichte", die sich als *„expanding society"* begreift. Von Anfang an wurde die Wohlfahrt des Landes von der Ausbreitung in verschiedenen Formen abhängig gemacht. Nachträglich können der Prozess der amerikanischen Landnahme unter Verdrängung der eingesessenen indianischen Bevölkerung sowie der Zuerwerb von Territorien auf dem Kontinent, wie z. B. Florida (1819), oder die Angliederung Neumexikos und Kaliforniens als imperialer Prozess gedeutet werden.

„Expanding Society"

Kontinentale Landnahme

Nachdem die USA im Zuge der Westexpansion die Pazifikküste erreicht hatten, gingen zunehmend die Erwartungen der Öffentlichkeit über den nordamerikanischen Kontinent hinaus. Dabei verschmolzen mehrere Beweggründe und Ziele. Die USA verstanden sich als dynamische, aufstrebende junge Nation, die im Sinne eines religiösen Sendungsbewusstseins die von Gott vorgesehene Führungsrolle in der Welt übernahm (*„manifest destiny"*) und der ganzen Welt die Errungenschaften der amerikanischen Zivilisation und Freiheit schenkte. Machtpolitische, zivilisatorische und vermeintlich pazifistische Ansprüche gingen, abgesichert durch religiöse Auserwähltheitsgewissheit, eine für die USA programmatische Verbindung ein.

„Manifest Destiny"

In den 1890er-Jahren erhielt die imperialistische Ideologie zunehmend eine ökonomische Komponente. Mit dem Aufstieg der USA zur Industriemacht und zugleich zum größten Agrarexporteur gewann die Vorstellung, dass aus wirtschaftlichen Gründen eine Ausweitung des amerikanischen Wirtschaftsraumes unverzichtbar sei, zunehmend an Bedeutung. Die amerikanische Wirtschaft entwickelte eine beispiellose Dynamik, die ständigen sozi-

Außenpolitik der USA im 19. Jahrhundert	
1823	Jahresbotschaft von Präsident Monroe (Monroe-Doktrin): Der amerikanische Kontinent dürfe nicht Ziel europäischer Kolonisation sein, das politische System der Alten Welt sei wesensverschieden von dem System Amerikas, bestehender Kolonialbesitz werde jedoch nicht angetastet.
1845	Annexion von Texas
1846–48	Krieg gegen Mexiko; Eroberung von New Mexico und Kalifornien
1889	Erwerb eines Teils der Samoa-Inseln, wo 1878 eine amerikanische Marinestation errichtet wurde.
1898	Sympathie der USA für Aufstand der Kubaner gegen spanische Kolonialherrschaft. Im spanisch-amerikanischen Krieg wird die spanische Flotte geschlagen. Im Frieden von Paris wird Kuba Republik. Die USA sichern sich Marinebasen. Spanien tritt Puerto Rico, die Pazifikinsel Guam und die Philippinen (für 20 Mio. Dollar Entschädigung) an die USA ab.
1899/1900	Die USA fordern von den europäischen Konkurrenten eine „Politik der Offenen Tür" in China.
1901–1909	Politik der Interventionen unter Präsident Roosevelt; Anspruch auf Polizeimacht in Lateinamerika
1901	Unabhängigkeit Panamas
1904–1914	Bau des Panamakanals (365 Mio. Dollar Baukosten)
1905–1916	Intervention in Dominikanischer Republik (1905/16), Kuba, Nicaragua, Mexiko, Haiti

Überproduktionswirtschaft

alen Wandel evozierte. Die Verfügung über sichere Außenmärkte bot einen Ausweg aus einer Überproduktionswirtschaft und federte die Ungleichmäßigkeit des Konjunkturverlaufs mit Wachstumskrisen ab. Ein florierender Außenhandel konnte den gesellschaftlichen Status quo der USA sowie die innere Machtstruktur verteidigen. Dabei setzte sich der Gedanke durch, dass Amerika den Status einer Seemacht gewinnen müsse, um Handel und Kolonien zu sichern. Daraus erwuchs die Forderung nach kolonialen Niederlassungen im Pazifik. Der Krieg gegen Spanien mit dem Erwerb von Protektoratsrechten über Kuba sowie die Annexion von Puerto Rico, Guam und den Philippinen markierten den Übergang zum unverhüllten Kolonialismus.

Ausbreitung

Damit sind die drei klassischen Stoßrichtungen der amerikanischen Ausbreitung des 19. Jahrhunderts genannt: zunächst der nördliche Kontinent unter Einschluss von Kanada und Mexiko, dann die Karibische See und in Verlängerung Lateinamerika und schließlich der Pazifik und Ostasien. Auf diese Weise wurde Spanien aus Mittelamerika verdrängt, die Karibik wurde in ein „amerikanisches Meer" verwandelt, mit dem Bau des Panamakanals wurde die Kanalzone gesichert, mit dem Erwerb der pazifischen Inseln wurde eine Inselbrücke nach Ostasien gesichert.

Auch wenn die inneramerikanische Ausdehnung durchaus einen formellen Imperialismus darstellt und einzelne größere Erwerbungen außerhalb des Kontinents getätigt wurden (Philippinen), entsprach der ökonomischen Expansion eher das Ideal des *„informal Empire"*. Es ging um den Aufbau eines Freihandelsimperiums, dessen Hauptverkehrswege durch Stützpunkte abzusichern waren. Formeller Kolonialbesitz mit seiner kostspieligen militärischen und politischen Verantwortungsübernahme galt als nicht erstrebenswert.

Freihandelsimperium

Nach der Jahrhundertwende konzentrierten sich die USA darauf, die Festsetzung europäischer Mächte im amerikanischen Interessengebiet oder in bisher unberührten Gebieten, z.B. in China, zu verhindern. 1899 protestierten sie deshalb vehement gegen die territoriale Aufteilung im Chinesischen Reich, strebten aber selbst nach wirtschaftlicher Einflussnahme.

Open-Door-Policy

Die USA begnügten sich mit der „Politik der offenen Tür" (*Open-Door-Policy*), forderten in China keine Herrschafts- und Einflusszonen, sicherten sich aber den ungehinderten Zugang zu den Märkten. Der informelle Imperialismus erhielt eine zusätzliche Ausprägung in Form der „Dollar-Diplomatie". Amerikanisches Kapital wurde in weniger entwickelten Regionen der Welt eingesetzt, um den amerikanischen Außenhandel zu fördern. Die USA schwankten somit auch weiterhin zwischen der nach außen gerichteten Zurückweisung des formellen Imperialismus und der massiven Vertretung eigener Interessen auf informellem Wege. Die USA verbanden einen formellen Antiimperialismus mit Methoden des informellen Imperialismus, um ihre eigenen politischen und ökonomischen Interessen zu vertreten.

Dollar-Diplomatie

Lateinamerika

Diese Strategie wurde vor allem auch in Mittel- und Südamerika angewandt, auf das sich nach der nordamerikanischen Landnahme und dem Zerfall des spanischen und portugiesischen Kolonialreiches zunehmend der Blick richtete. Die USA hatten bereits 1823 durch die sog. Monroe-Doktrin das politische Eingreifen der europäischen Staaten zurückgewiesen. Der von dem damaligen Präsidenten Monroe entwickelte politische Grundsatz besagte, dass Mittel- und Lateinamerika zum natürlichen Einflussbereich der USA gehörten und eine Intervention Europas deshalb als feindlicher Akt betrachtet werde. Stattdessen beanspruchten die USA das Recht einer „internationalen Polizeimacht" mit der Befugnis, gegebenenfalls in den Staaten Südamerikas zu intervenieren, um Recht und Ordnung herzustellen. Die USA forderten damit, über die politischen und wirtschaftlichen Verhältnisse nach eigenen Vorstellungen zu befinden.

Monroe-Doktrin (1823)

Am Ende des Jahrhunderts verfolgte Präsident Roosevelt das geostrategische Konzept einer Kanalverbindung zwischen Atlantik und Pazifik. Auf Betreiben der USA wurde die Republik Panama gegründet, die eine 32 km breite Kanalzone an die USA abtraten. Der bis 1914 gebaute Kanal verkürzte den Seeweg von der Ost- zur Westküste um 15000 km. Davon profitierten die amerikanische Wirtschaft und die Kriegsmarine. Der Panamakanal in Verbindung mit der Monroe-Doktrin machte die Karibik im Verständnis vieler Amerikaner zum „Hinterhof" der USA. Während sich die USA in Asien mit der Open-Door-Policy begnügten, intervenierten sie auf dem eigenen Kontinent mit militärischen Mitteln. Der

Panama

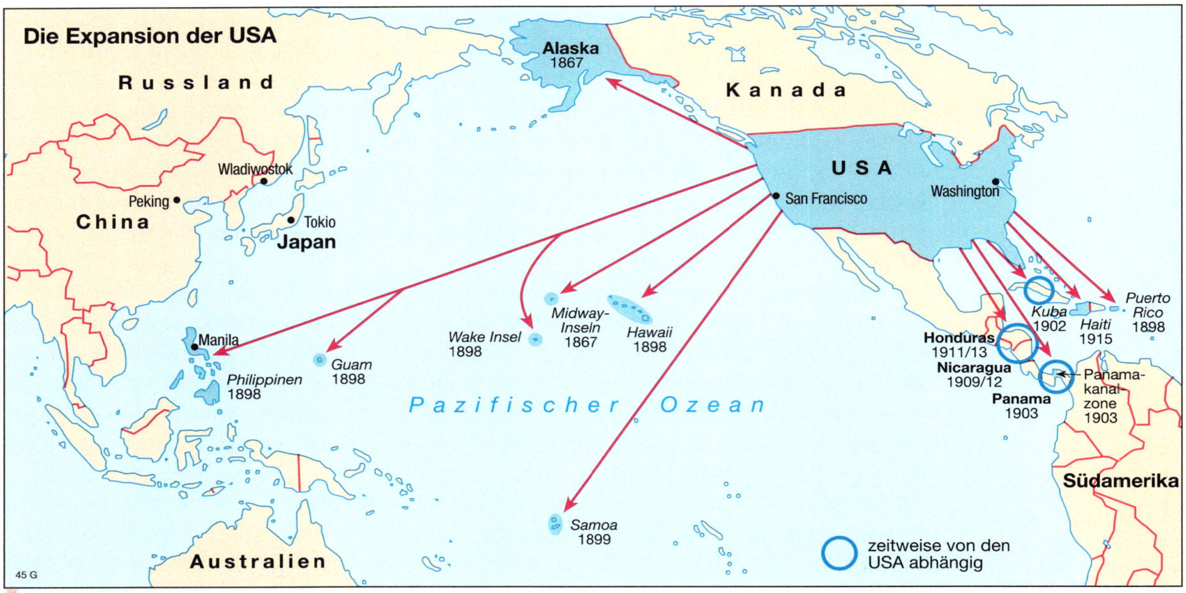

Das „Amerikanische Empire" um 1915

amerikanische Präsident umschrieb diesen Polizeimachtanspruch mit den Worten: „Sprich sanft, aber trage stets einen dicken Knüppel mit dir."
Militärische Intervention und wirtschaftliche Investition mit hohen Gewinnen aus Bodenschätzen und Plantagenkultur unterwarfen die meisten Staaten Zentralamerikas den Wirtschaftsinteressen der USA. Zentralamerika und die Karibik wurden damit zu den wichtigsten Aktionsfeldern des „Dollarimperialismus". Bis zum Eintritt in den Ersten Weltkrieg übten die USA wiederholt die von Roosevelt proklamierte Polizistenrolle aus. Auch die Nachfolger Roosevelts ließen sich vom Ziel der umfassenden Wahrung der nationalen Interessen leiten, wobei militärische Sicherheitsüberlegungen, wirtschaftliches Profistreben und subjektive Fortschrittsgesichtspunkte verschmolzen.

Das Beispiel Deutschland

Koloniegründungen 1884

Als Geburtsstunde des deutschen Kolonialismus gilt der 27. April 1884. An diesem Tag wies Reichskanzler Bismarck den deutschen Konsul in Kapstadt telegrafisch an, die Besitzungen

Deutsche Kolonien vor 1914

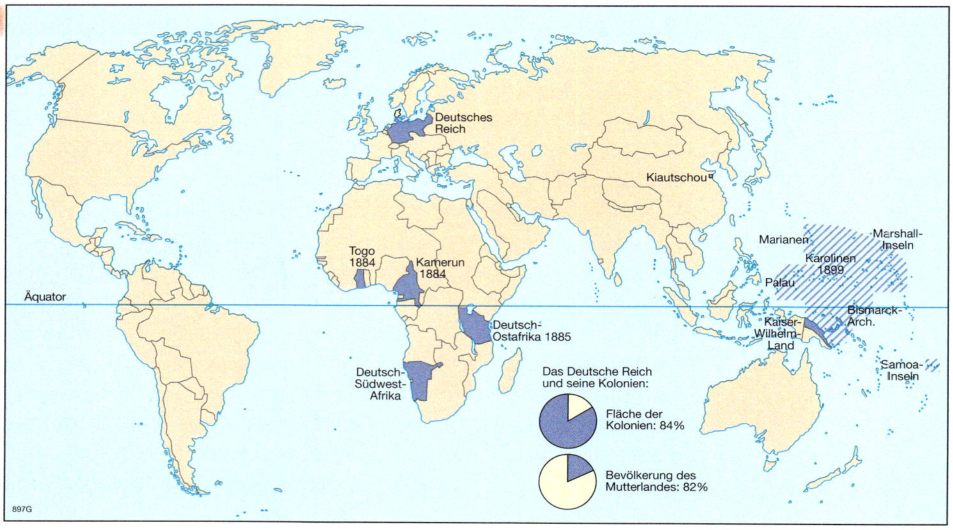

des Kaufmanns Adolf Lüderitz in Südwestafrika unter den Schutz des deutschen Staates zu stellen. Im Juli folgten Togo und Kamerun sowie die Anerkennung der Erwerbungen des deutschen „Eroberers" Carl Peters in Ostafrika. Die Unterstützung der deutschen Behörden blieb zunächst sehr halbherzig, Bismarck setzte auf die Initiative der Privatwirtschaft. Seine Zusagen an die deutschen Kolonisatoren Lüderitz, Peters und Nachtigal beschränkten sich auf militärischen Schutz und grundlegende Verwaltungsaufgaben. Damit orientierte sich Bismarck am Modell des englischen „*informal empire*" und strebte eine weltweite Handelsherrschaft an, um im weltwirtschaftlichen Konkurrenzkampf bestehen zu können. Er setzte deshalb auf eine „kaufmännische Regierung" in den Kolonien, die deshalb auch „Schutzgebiete" hießen, eine Leitungsfunktion wollte das Reich nicht übernehmen.

Motive Bismarcks

Warum Bismarck trotz aller Vorbehalte gegen Kolonialpolitik auf die zumindest indirekte Unterstützung einschwenkte, ist umstritten. Er registrierte den Einfluss der privaten Kolonisatoren auf die öffentliche Meinung. Möglicherweise hoffte er, die Begeisterung für Kolonien würde von innenpolitischen Konflikten ablenken. Entscheidend waren wohl außenpolitische Überlegungen: Bismarck sah die Chance zur kolonialen Kooperation mit Frankreich, wodurch das Verhältnis zum „alten Feind" verbessert und die Partnerschaft zwischen England und Frankreich erschwert würde.

Frühes imperiales Denken

Das Deutsche Reich war eine verspätete Kolonialmacht. Im Unterschied zu Großbritannien und Frankreich konnte es auf keinerlei ältere Kolonialerwerbungen zurückgreifen, obwohl es z. B. im Bereich der Wissenschaften schon im Laufe des 19. Jahrhunderts imperiale Überlegungen gab. Geographen, Topographen und Karthographen sahen ihre Aufgabe darin, historische und räumliche „Ansprüche" der Deutschen herzuleiten. Es wurde argumentiert, unliebsame Zeitgenossen oder drängende Problemlagen in ferne Gebiete zu „exportieren". Zeitgenössische Wirtschaftswissenschaftler verstanden den Imperialismus als Ablenkungsstrategie. Schließlich wurde ein Sendungsbewusstsein entwickelt, in dessem Zentrum der Überlegenheitsanspruch der kulturellen und materiellen Zivilisation Europas stand. Die weltweite Ausbreitung von Zivilisation, Handel und Industrie wurde als missionarische Tat verstanden. Der Gedanke an einen aktiven Kolonialerwerb wurde dann in den 70er-Jahren des 19. Jahrhunderts prägnant vertreten. Es war Friedrich Fabri, jahrelanger Leiter der Rheinischen Missionsgesellschaft in Wuppertal, der im Jahre 1879 die wesentlichen Argumente zugunsten einer deutschen Kolonialpolitik formulierte.

Scheitern Bismarcks

Die Bismarcksche Strategie, die Beteiligung des Staates auf ein Minimum zu beschränken, erwies sich langfristig als undurchführbar. Die privaten Unternehmungen wurden vor große Herausforderungen ge-

Titelbild der „Illustrierten Zeitung" vom 20.9.1884

stellt. Die Anfangsinvestitionen wurden unterschätzt. Es gab immer wieder Aufstände der indigenen, d.h. ansässigen Bevölkerung. Medizinische Vorsorge und Ungezieferbekämpfung waren unverzichtbar. Und schließlich waren Kolonien ohne Verkehrserschließung nahezu wertlos. Auch die problematischen Verhaltensweisen der deutschen Kolonisatoren waren belastend. Deshalb mussten von Anbeginn an Reichsbeamte entsandt werden. Es wurden Militärexpeditionen geschickt. Es begann der Weg zur direkten Territorialherrschaft.

Experimentierphase

In der Forschung wird diese erste Phase der deutschen Kolonialgeschichte von 1884 bis 1890 als „Experimentierphase" bezeichnet, deren Scheitern von Anfang an angelegt war. Bismarck wollte entsprechend dem englischen Vorbild die „Flagge" dem Handel folgen lassen („*the flag follows the trade*"). Es war die Erwartung, dass der Handel die Kosten bereitwillig selbst übernehmen werde. Das Handelskapital trat jedoch nicht in die politische Verantwortung, das Bankkapital hielt sich zurück. Das koloniale Schutzbriefsystem scheiterte.

„Heroische Phase"

Alldeutscher Verband (1891)

Nationaler Stolz

Seit 1890 gewann die imperialistische Idee eine immer breitere Anhängerschaft. Es folgte als zweite Phase der Kolonialpolitik die sog. „heroische" Phase bis 1906/07. Die imperialistische Idee wurde vor allem von der deutschen Intelligenz und den Mittelschichten vertreten. Prominenter Träger der imperialistischen Ideologie wurde der 1891 gegründete Alldeutsche Verband, der die Agitation für den deutschen Imperialismus in den Mittelpunkt seiner Tätigkeit stellte. Allmählich setzte sich ein ausuferndes weltpolitisches Denken durch, das einen fordernden und hegemonialen Unterton aufwies. Die Überzeugung von der eigenen Kraft mischte sich mit der Klage über die vermeintliche mangelnde Anerkennung des Deutschtums in der Welt. Nationaler Stolz mischte sich mit der Mutmaßung, die imperialen Konkurrenten missgönnten Deutschland seine Bedeutung. Das deutsche Drängen nach Anerkennung wurde am prägnantesten vom damaligen Staatssekretär und späteren Reichskanzler von Bülow formuliert. 1896 sprach er vom „Platz an der Sonne", der den Deutschen zustehe. Später formulierte er, Deutschland werde auf der internationalen Bühne entweder „Hammer" oder „Amboss" sein. Diese zweite Phase der Kolonialpolitik zeichnete sich durch eine schrittweise Errichtung und Stabilisierung direkter Kolonialverwaltung durch das Reich aus. Machtexpansion und Kolonialkriege waren die Kennzeichen. Machtverhältnisse wurden geklärt, indem das Reich mit militärischen Mitteln Aufstände der indigenen Bevölkerung niederschlug, etwa im Hererokrieg in Deutsch-Südwestafrika 1904/07 oder im Maji-Maji-Aufstand in Deutsch-Ostafrika 1905/06. Diese krisenhafte Entwicklung führte zur Kurskorrektur: Vor dem Ersten Weltkrieg gab es einen Neubeginn. Diese letzte Phase der Kolonialpolitik war rationaler angelegt, führte Verwaltungsreformen durch, förderte die Kolonialwirtschaft, beachtete traditionale Ordnungsgefüge der Bevölkerung und schützte diese. Die Kolonialwirtschaft entfaltete sich. Der Erste Weltkrieg verhinderte die Bewährungschance.

„Platz an der Sonne"

Kolonialkriege

Der kurze Neubeginn

Cover einers deutschen Schulbuchs von 1891

Dieser Neubeginn vollzog sich im Schatten der Gesamtaußenpolitik. Die seit 1909 zunehmenden politischen und gesellschaftlichen Spannungen innerhalb des Deutschen Reiches förderten indirekt die Ausbreitung des imperialistischen Gedankens. Es waren vor allem die Interessenverbände wie der Alldeutsche Verband und der Deutsche Kolonialverein, die

Wilhelm II.: illusionärer Imperialismus

expansive Programme entwarfen und hofften, die bürgerlichen und konservativen Parteien zu einigen in scharfer Gegnerschaft zur antiimperialistischen Sozialdemokratie. Prominentester Repräsentant eines illusionären Imperialismus war der deutsche Kaiser Wilhelm II. In unheilvoller Weise verkörperte er die Mischung aus Reizbarkeit und der Empfindung einer „Einkreisung" durch eine „Welt von Feinden".

4. Auf dem Weg zum Krieg in Europa

Die Spannungen zwischen den europäischen Mächten hatten außerhalb Europas, an der Peripherie ihren Ausgang genommen. Die sich dort entwickelnden Gegensätze fanden ihren Niederschlag in Europa selbst, wo sie zumindest kurzfristig nicht abzubauen waren. Sie verschärften sich stattdessen in Form eines verstärken Rüstungswettlaufs und verselbstständigten sich. Die Julikrise war dann in ihrer Mischung aus diplomatischer Eskalation und militärischer Eigendynamik die letzte tragische Bestätigung: Der Weg in die Urkatastrophe des Ersten Weltkriegs wurde nicht mehr aufgehalten.

5. Die Bilanz des Imperialismus

Europäischer Imperialismus hatte ein doppeltes Gesicht: ein europäisches und ein überseeisches. Die Gesamteinschätzung muss beide Perspektiven berücksichtigen. Das Resümee für die europäischen Länder, für die Metropolen, ist dabei leichter zu ziehen als für die betroffene Peripherie. Aber auch die Bilanz der Europäer ist uneinheitlich.

Die deutsche Kolonialpolitik ist eine Politik der enttäuschten Erwartungen. Die nationalen, wirtschaftlichen und gesellschaftlichen Leitvorstellungen wurden nicht erfüllt (Klaus J. Bade). Der nationale Prestigegewinn der Reichsgründung in Übersee war begleitet von außenpolitischen Verwerfungen und Spannungen. Das Kolonialreich brach nach wenigen Jahrzehnten mit dem Ersten Weltkrieg zusammen. Es gab keine Auswanderung großen Stils, die soziale Frage wurde nicht durch die Kolonien gelöst, sondern durch die erfolgreiche Industrialisierung, die dem Industrieproletariat des Kaiserreiches neue Erwerbsmöglichkeiten bot. Am gewaltigen Wirtschaftsaufschwung war der Kolonialexport nur mit 0,6 % beteiligt. Der Aufbau eines Herrschaftssystems in den Kolonien verursachte hohe Kosten, es profitierten lediglich eine Reihe privater Kolonialunternehmungen. Die deutsche Herrschaft griff massiv in die kolonialen Sozial- und Wirtschaftsformen ein, auch wenn z. B. Erschließung und Ausbau der Infrastruktur den einheimischen Gesellschaften partiell nützten.

Auch für die übrigen imperialistischen Staaten gilt, dass die hochgespannten ökonomischen Hoffnungen und Erwartungen zumeist nicht erfüllt wurden. Der Anteil des Handels mit den Kolonien am gesamten Export und Import war selbst in Großbritannien begrenzt. Die Erschließung neuer Märkte erwies sich aufgrund der infrastrukturellen Probleme als schwierig. Der Besitz von Kolonien war deshalb ökonomisch eher ein Luxus, woran Öffentlichkeit und Politik aber weniger interessiert waren.

Kolonialhandel wichtiger Kolonialmächte in %-Anteilen am gesamten Handel

	Zeitraum	Einfuhr	Ausfuhr
Großbritannien	1894–1903	21,27	30,42
	1904–1913	25,71	34,75
Frankreich	1894–1903	9,86	11,20
	1904–1913	10,58	12,61
Deutschland	1894–1903	0,10	0,35
	1904–1913	0,37	0,62

Allerdings führte der Imperialismus zu einem tiefgreifenden kulturellen Annäherungsprozess. Westliche Wertideale und Lebensstile, westliche Technologie, Wissenschaft und Modelle politischer Organisation gelangten an die Peripherie und wurden von den einheimischen Führungseliten angenommen.
Aus der Sicht der betroffenen Länder und Nationen sind die langfristigen Auswirkungen höchst negativ. Die kulturelle und ökonomische Durchdringung führte zwar einerseits auch zur – bereits angedeuteten – Modernisierung einheimischer Gesellschaften, gleichzeitig wurden die kulturellen, sozialen und ökonomischen Traditionen nachhaltig geschwächt. Kulturell entwickelte Gesellschaften wurden mit einem heute kaum nachvollziehbaren Bewusstsein kultureller Unterlegenheit und der Verachtung der angeblich rassisch minderwertigen indigenen Bevölkerung konfrontiert. Andererseits wurde die kulturelle Anmaßung zuweilen mit wohlwollender Unterstützung gepaart. Häufig stützten sich die kolonialen Herrschaftsbeziehungen auf die Kooperation mit den einheimischen Eliten. Kolonialgeschichte und Imperialismus sind somit zwar nicht nur die Geschichte der Ausbeutung, Neugestaltung ging aber einher mit massiver politischer, ökonomischer, sozialer und kultureller Zerstörung.

Der Prozess der Entkolonisierung

Erst der Zweite Weltkrieg brachte das imperialistische System weitgehend zum Zusammenbruch. Der 1945 einsetzende Verfall der europäischen Herrschaft wird als Ent- oder Dekolonisation bezeichnet. Die Entkolonisierung geschah entweder als freiwillige Entlassung der Kolonien in die Unabhängigkeit oder durch gewaltsame Aktionen der Widerstandsbewegungen. Ursache der Entkolonisierung waren die Schwächung und der Prestigeverlust vieler Kolonialmächte während des Zweiten Weltkriegs (z. B. Belgien, Frankreich, Niederlande, Japan), das zunehmende Selbstbewusstsein und der Freiheitswille der Bevölkerung der beherrschten Gebiete, die wachsende öffentliche Ablehnung der Kolonisation sowie schließlich der Druck der USA und der UdSSR auf die Kolonialmächte. Der Prozess verlief in vier Phasen. Unmittelbar nach dem Krieg lösten sich die ost- und südostasiatischen Länder (z. B. Nordvietnam, Indonesien). Vom Beginn bis zur Mitte der 1950er-Jahre erlangten die nordafrikanischen Mittelmeeranrainer ihre Unabhängigkeit. Zwischen 1957 und der Mitte der 1960er-Jahre wurden die meisten der schwarzafrikanischen Kolonialgebiete unabhängig. In der Mitte der 1970er-Jahre entließ schließlich Portugal seine Kolonien in die Unabhängigkeit.
Die unabhängig gewordenen Länder wollten nicht zu den Verhältnissen vor der Kolonisation zurückkehren. Die Schwierigkeit des Erbes wurde jedoch erst allmählich deutlich. In den ökonomischen, politischen und sozialen Strukturen sowie in den Denk- und Verhaltensweisen wirkten Kolonialismus und Imperialismus nach. Diese hinterließen zumeist keine Volkswirtschaften, die auf dem Weltmarkt konkurrenzfähig waren, die einen Ausbruch aus der Unterentwicklung erlaubt hätten. Einzelne Länder schlugen einen sozialistischen Entwicklungspfad ein, der jedoch in Stagnation und Unproduktivität endete. Einige Länder, vor allem in Asien, fanden den Anschluss an das westliche Wirtschaftssystem und sind inzwischen Konkurrenten des Westens. Viele Länder, vor allem in Afrika, wurden jedoch im Prinzip vom kapitalistischen Weltsystem abgekoppelt, mit der Folge massiver Verarmung. Es erwies sich in den selbstständig gewordenen Ländern als höchst schwierig, die unterschiedlichen Bevölkerungsgruppen mit unterschiedlichen Kulturen zu einer Nation zusammenzuschweißen, Traditionen zu stiften, nachdem kulturelle Traditionstränge durch die Kolonialherren gebrochen worden waren. Staaten zerfielen, weil ihnen das Gewaltmonopol verloren ging und selbsternannte Teil-Herrscher mächtig wurden. Insofern fand vor allem in Afrika „Entwicklung“ in den Ex-Kolonien kaum statt, im Gegenteil, es gab eine „Entwicklung der Unterentwicklung“. Die Kolonialmächte hinterließen ihren Kolonien ein Erbe, das nicht ausgeschlagen werden konnte, das aber deren Entwicklungsmöglichkeiten große Schranken setzte.

„Ich behaupte, dass wir die erste Rasse in der Welt sind" (Cecil Rhodes) – Zeitgenössische Rechtfertigungen des Imperialismus

Titelseite der französischen Zeitschrift „Le Petit Journal" anlässlich der Proklamation der französischen „Schutzherrschaft" über Marokko (1911)

Cecil Rhodes glaubte, dass es für die Menschheit besser sei, wenn die angelsächsische Rasse große Teile der Erde bewohne. Frankreich war der Meinung, Marokko Kultur, Wohlstand und Frieden bringen zu können. Ein Blick auf dieses Denken der Menschen ist ein wichtiger Schritt zum Verständnis der Epoche des Imperialismus, auch wenn der Imperialismus nicht allein aus der Inspektion zeitgenössischer Stellungnahmen erschlossen werden kann.

Die Epoche des Hochimperialismus ist ein hochkomplexer historischer Zeitabschnitt. Der gewaltige Prozess der territorialen Expansion der großen Industriestaaten in überseeische Räume war weder rational geplant noch durchgängig gesteuert. Er ergab sich nicht naturnotwendig aus dem kapitalistischen System. Die historische Erklärung erfordert somit eine Kombination sehr unterschiedlicher Gesichtspunkte. Dazu gehören zum einen Theorien und Modellkonstruktionen, die auf Grundauffassungen vom Handeln des Menschen und dem Wesen gesellschaftlichen Wandels beruhen. Dazu gehört zum anderen aber auch das Denken von Zeitgenossen.

Der Mensch nimmt Wirklichkeit nicht unvoreingenommen wahr, sondern seine Wahrnehmung basiert auf Vorstellungen und Meinungen über die Wirklichkeit. Führungseliten, aber auch weite Bevölkerungsschichten in den europäischen Nationalstaaten des 19. Jahrhunderts hatten eine feste Vorstellung von der Sinnhaftigkeit und dem Nutzen der Ausdehnung in fremde Länder. Solche gefestigten Vorstellungen, die den Anspruch auf Wahrheit und Allgemeingültigkeit erheben, bezeichnen wir als Ideologie.

Der Materialteil enthält exemplarische öffentliche Stellungnahmen aus drei europäischen imperialistischen Nationalstaaten und den USA. Es handelt sich um Aussagen von Zeitgenossen, die ideologischer Natur sind. Über die tieferen, insbesondere die strukturellen Ursachen des Imperialismus geben sie nur indirekt Auskunft. Sie sind Varianten imperialistischen Denkens mit verschiedenen nationalen Ausprägungen. Eine ideologiekritische Interpretation fragt im nächsten Schritt nach dem Wahrheitsgehalt der Aussagen, nach Herrschafts- und Machtinteressen, die verschleiert werden.

- **Wie wird die imperiale Ausdehnung in den verschiedenen Ländern gerechtfertigt?**
- **Worin bestehen vergleichbare ideologische Grundmuster der Argumentation?**
- **Wie wahrheitsgetreu sind die Rechtfertigungsmuster?**

Interpretieren Sie die sprachlichen historischen Quellen, um auf der Grundlage dieser Interpretationsergebnisse in einem Kursgespräch über erkennbare ideologische Grundmuster, Gemeinsamkeiten und Unterschiede der nationalen Imperialismen sowie die Problematik der Rechtfertigungsmuster zu diskutieren.

So könnten Sie Ihre Vorgehensweise und den Arbeitsprozess arbeitsteilig organisieren:

1. Bilden Sie Teilgruppen, die die Bearbeitung des Quellenmaterials für jeweils eine imperiale Macht übernehmen und untereinander die notwendigen Absprachen über eine gemeinsame Präsentationsform treffen.
   ➧ **Tipp:** Wenn Sie sich für eine Mindmap als Visualisierung entscheiden, sollten Sie sich auf für alle Teilgruppen verbindliche Kategorien einigen, anhand derer Sie die Arbeitsergebnisse für jedes Land strukturieren und anordnen wollen. Gemeinsam entscheiden sollten Sie auch, ob Sie die Interpretationsergebnisse folien- oder plakatgestützt präsentieren wollen.
2. Skizzieren Sie auf der Basis des Infotextes die jeweilige Kolonialpolitik des Staates, mit dem Sie sich in Ihrer Arbeitsgruppe beschäftigen.
3. Analysieren Sie die Quellen, indem Sie die Arbeitsschritte anwenden, die für eine systematische Quellenanalyse (s. Basismethode „Sprachliche historische Quellen interpretieren“, S. 563ff.) fachlich verbindlich sind.
4. Erläutern Sie das in den Quellen fomulierte Gedankengebäude (Menschenbild, grundlegende Werte, Wahrnehmung des anderen, Sichtweisen von Prozessen).
5. Erörtern Sie, inwieweit auf der Grundlage dieser Quellen die Entstehung des jeweiligen nationalen Imperialismus erklärt werden kann. Nutzen Sie dabei wiederum den Infotext.
6. Beurteilen Sie die Sichtweise der Verfasser. Vergleichen Sie dabei deren Argumentation mit der historischen Realität (vgl. dazu Thema S. 538ff., Infotext S. 512ff.). Inwiefern ist die Sicht der Autoren „ideologisch“?

MATERIALIEN

Das Britische Empire

M 1 Cecil Rhodes

1853–1902, Chef der British South African Company, Premierminister der Kap-Kolonie, Gründer des Staates Rhodesien (heute Simbabwe), einer der bekanntesten Befürworter und Akteure des britischen Imperialismus.

Ich behaupte, dass wir die erste Rasse in der Welt sind und dass es für die Menschheit umso besser ist, je größere Teile der Welt wir bewohnen. Ich behaupte, dass jedes Stück Land, das unserem Gebiet hinzugefügt wird, die Geburt von mehr Angehörigen der englischen Rasse bedeutet, die sonst nicht ins Dasein gerufen worden wären. Darüber hinaus bedeutet es einfach das Ende aller Kriege, wenn der größere Teil der Welt in unserer Herrschaft aufgeht. [...]
Die Förderung des Britischen Empire, mit dem Ziel, die ganze zivilisierte Welt unter britische Herrschaft zu bringen, die Wiedergewinnung der Vereinigten Staaten, um die angelsächsische Rasse zu einem einzigen Weltreich zu machen. Was für ein Traum! Aber dennoch ist er wahrscheinlich. Er ist realisierbar.
Da [Gott] sich die englischsprechende Rasse offensichtlich zu seinem auserwählten Werkzeug geformt hat, durch welches er einen auf Gerechtigkeit, Freiheit und Frieden gegründeten Zustand der Gesellschaft hervorbringen will, muss es auch seinem Wunsch entsprechen, dass ich alles in meiner Macht Stehende tue, um jener Rasse so viel Spielraum und Macht wie möglich zu verschaffen. Wenn es einen Gott gibt, denke ich, so will er daher eines gern von mir getan haben: nämlich so viel von der Karte Afrikas britisch rot zu malen wie möglich und anderswo zu tun, was ich kann, um die Einheit der englischsprechenden Rasse zu fördern und ihren Einflussbereich auszudehnen.

(Cecil Rhodes, Draft of Ideas, 1877. The Last Will and Testament of C. J. Rhodes, hg. v. William T. Stead, London 1902; zit. nach: Wolfgang Mommsen, Imperialismus – Seine geistigen, politischen und wirtschaftlichen Grundlagen, Hamburg (Hoffmann und Campe) 1977, S. 48f.)

M 2 Benjamin Disraeli

Die Konsolidierung des Britischen Empire – Rede des britischen Oppositionsführers und späteren Premierministers am 24. Juni 1872 in London:

[...] Meine Herren, es gibt noch ein anderes, zweites großes Ziel der Tory-Partei[1]. Wenn es das erste Ziel ist, die Institutionen des Landes aufrechtzuerhalten, so ist es meiner Meinung nach das zweite, das englische Imperium (the Empire of England) zu stützen. Wenn Sie auf die Geschichte dieses Landes seit dem Erscheinen des Liberalismus – vor vierzig Jahren – blicken, so werden Sie finden, dass keine Bemühung so anhaltend und so subtil gewesen, von so viel Energie unterstützt und mit so viel Fähigkeit und Scharfsinn vorangetrieben worden ist wie die Versuche des Liberalismus, die Desintegration des Englischen Empire zu erreichen. Und, meine Herren, von allen Bemühungen ist diese eine dem Erfolg am nächsten gekommen. Staatsmänner von höchstem Ansehen, Schriftsteller von hervorragendster Fähigkeit, die organisiertesten und wirksamsten Mittel sind bei diesem Bemühen angewendet worden. Es ist uns allen bewiesen worden, dass wir durch unsere Kolonien Geld verloren haben. Es ist mit mathematischer Genauigkeit nachgewiesen worden, dass es noch nie ein Juwel in der Krone Englands gegeben hat, das so wahrhaft teuer gewesen ist wie der Besitz Indiens. Wie oft ist uns nicht geraten worden, wir sollten uns auf der Stelle von diesem Alpdruck befreien. Nun, dies wurde nahezu bewerkstelligt. Als das Land sich jene klug berechneten Ansichten unter dem einleuchtenden Vorwand zu eigen machte, den Kolonien Selbstverwaltung zu gewähren, da dachte ich, ich bekenne es, dass das Band zerrissen sei. Nicht, dass ich persönlich etwas gegen Selbstverwaltung einzuwenden hätte. Ich kann nicht verstehen, wie unsere fernen Kolonien ihre Angelegenheiten anders geregelt bekommen können als durch Selbstverwaltung. Aber als die Selbstverwaltung zugestanden wurde, hätte sie meiner Meinung nach als Teil einer großen Politik imperialer Konsolidierung zugestanden werden müssen. Sie hätte zusammen mit einem Reichszoll, mit Sicherheiten für das englische Volk hinsichtlich der Nutznießung der nicht appropriierten Länder erfolgen müssen, die dem Herrscher als ihrem Treuhänder gehörten, und mit einem Militärgesetz, das die Mittel und die Verantwortlichkeiten genau hätte festlegen müssen, mit denen die Kolonien verteidigt werden sollten und durch die dieses Land, wenn nötig, Hilfe seitens der Kolonien selbst anfordern sollte. Ferner hätte gleichzeitig die Einrichtung eines Kolonialrats (representative council) in der Hauptstadt getroffen werden müssen, der die Kolonien in feste und dauernde Beziehungen zur Regierung des Mutterlandes (Home Government) gebracht hätte. Alles dieses wurde jedoch unterlassen, weil diejenigen, die diese Politik empfahlen – und ich glaube, ihre Überzeugungen waren ehrlich –, die englischen Kolonien, sogar unsere Beziehungen zu Indien, als eine Belastung dieses Landes ansahen, alles unter finanziellem Gesichtspunkt betrachteten und dabei völlig jene moralischen und politischen Betrachtungen außer Acht ließen, die die Nationen groß machen und durch deren Einfluss allein die Menschen sich von Tieren unterscheiden. Nun, was war das Ergebnis dieses Versuchs während der Herrschaft des Liberalismus für die Desintegration des Imperiums (Empire)? Er ist gänzlich gescheitert. Aber wie ist er gescheitert? Wegen der Sympathien der Kolonien mit dem Mutterland. Sie haben entschieden, dass das Empire nicht zerstört werden soll, und meiner Meinung nach wird kein Minister in diesem Lande seine Pflicht tun, der eine Gelegenheit versäumt, so weit wie möglich unser koloniales Weltreich wiederaufzubauen und jenen Sympathiebekundungen aus der Ferne zu entsprechen, die die Quelle unabschätzbarer Stärke und Beglückung für dieses Land werden können.

(B. Disraeli, Rede im Kristallpalast am 24. Juni 1872 – Interpretationen, hg. v. Helmut Viebrock, Wiesbaden (Franz Steiner Verlag GmbH) 1968, S. 9 u. 12–15; zit. nach: Mommsen, a. a. O., S. 47ff.)

---

[1] Tory-Partei: (urspr. irischer „Rebell"), Name (seit 1679) für die anglikanische, auf den Grundbesitz gestützte Partei im englischen Parlament. Die Ablehnung der Französischen Revolution brachte ihr Zustrom aus allen Adelskreisen, sodass sie 1812–1830 die Mehrheit besaß. Unter Robert Peel (1788–1850) wurde der Name in „Conservative" geändert. Die Bezeichnung ist noch heute gebräuchlich.

M 3 J. Lawson Walton

Konservativer Publizist, der unmittelbar vor Ausbruch des Burenkrieges die Argumente des chauvinistischen Imperialismus zusammenfasste:

Den Imperialisten erfüllt ein tiefer Stolz über das großartige Erbe des Empire, das durch den Mut und die Energien seiner Vorfahren gewonnen und ihm vermacht wurde, unter Voraussetzung der Übernahme vieler geheiligter Verpflichtungen. Dies ist sein Gefühl. Er ist davon überzeugt, dass die Erfüllung der Pflichten, die mit seiner großen Erbschaft einhergehen, einen erzieherischen Einfluss und einen moralisch disziplinierenden Effekt auf den Charakter des britischen Volkes hat und dass die Ausweitung der britischen Herrschaft allen Rassen, die in seinen Herrschaftsbereich gebracht werden, die unschätzbaren Vorteile eines gerechten Justizwesens, eines toleranten Handels und einer umsichtigen Regierung bringen. […]

Imperialismus ist der Protest gegen die Haltung des erschöpften Atlas, der sich danach sehnt, die Last des Empire niederzulegen, um sich in die Sicherheit eines kleinen Englands in den nördlichen Gewässern des Atlantischen Ozeans zurückzuziehen. Er ist sich der großen sozialen Bedürfnisse unserer eigenen, sich in unserem Land drängenden Millionen bewusst; er ist sich im Klaren, dass die Befriedigung dieser Bedürfnisse in ihren physischen und in einigen ihrer moralischen Aspekte von der Erfüllung der imperialen Verpflichtungen des Staates abhängt.

Warum sind wir Imperialisten? Genauso gut kann man den Besitzer eines großen Gutes fragen, warum er Gutsbesitzer ist. Wir haben ein Empire geerbt und beabsichtigen, unsere Pflicht gegenüber den vielen Völkern, die ihm angehören, zu erfüllen. Ein Gefühl für Pflicht – das möglicherweise zeitweilig fehlgeleitet worden ist – ist eines der vorstechenden Charakteristika unserer Rasse. Wir sind Imperialisten in Antwort auf die ausweichlichen Herausforderungen unseres Schicksals. […] Wir sind und werden immer Imperialisten sein, weil wir nicht anders können. […]

Die Basis des Imperialismus ist die Rasse. Der Geist eines Volkes, das ein Empire gewonnen hat, wird niemals den festen Griff, mit dem es dieses hält, wieder lösen. Sein Genius wird ein angemessenes Betätigungsfeld darin finden, seine Besitzungen zu entwickeln und, wenn Pflicht oder legitimes Interesse dies erfordert, sie auszuweiten. […]

Ich habe mich darum bemüht, die Postulate des und die Argumente für den Imperialismus so zurückhaltend zu formulieren, wie dies angesichts eines unvermeidlicherweise jedes Maß sprengenden Themas überhaupt zulässig ist. Worin besteht seine praktische Anwendbarkeit? Zumindest einige Aspekte sollen hier erwähnt werden. Aus imperialistischer Perspektive gesehen, hat die Regierung stets zwei Arten von Verpflichtungen zu erfüllen: zum einen gegenüber den Bewohnern dieser Inseln und zum anderen gegenüber den Bewohnern unserer Kolonien und abhängigen Gebiete. Wir sind eine industrielle Gesellschaft, die hauptsächlich von unserem Handel mit der Welt lebt. Wo unser Kapital und unsere Unternehmungen Wege für unseren Handel geschaffen haben, dürfen diese nicht durch feindliche Zölle geschlossen werden. Wo wir Märkte für unsere Güter erschlossen haben, müssen wir uns den Zugang gemäß dem Prinzip der „offenen Tür“ erhalten. Die Okkupation von herrenlosen Gebieten auf dem Erdball ist in der Regel moralisch gerechtfertigt und darüber hinaus ökonomisch ratsam, wenn der Schritt notwendig ist, um die Errichtung von Handelsmonopolen abzuwenden. Den Bewohnern unserer Kolonien sind wir das Gleiche schuldig. Wenn sie sich durch natürliches und legitimes Wachstum ausdehnen, so sollen sie dies unter britischer Flagge tun dürfen; dort, wohin sie das Gefühl der Loyalität gegenüber England mit hinnehmen, sollten wir ihnen folgen und sowohl ihnen als auch den einheimischen Völkern, unter denen sie sich niederlassen, die Sicherheit des britischen Schutzes und die Vorteile britischer Verwaltung und eines britischen Rechtssystems zuteil werden lassen. Kein größerer Fluch kann abhängige Rassen befallen, als das Opfer von Handelsfreibeutern zu werden; keine größere Wohltat kann ihnen in ihrem unvermeidlichen Kampf mit der eindringenden westlichen Zivilisation zuteil werden als die starke, aber humane Autorität britischer Herrschaft. […]

Ein großes England hat große Engländer hervorgebracht, und ein kleines England wird dahin tendieren, kleine Engländer hervorzubringen. Der Weg, der durch die legitime Entwicklung unserer Dominions vorgezeichnet ist, ist der Weg, den wir gehen werden, denn er allein ist dem Genius unserer Rasse gemäß.

(J. Lawson Walton, Imperialismus als nationale Pflicht, Contemporary Review, Jg. 1899; zit. nach: Mommsen, a.a.O., S. 70ff.)

Die dritte Französische Republik

M 4 Jules Ferry

Der französische Ministerpräsident am 28. Juli 1884 vor der französischen Abgeordnetenkammer:

Meine Herren, so wie Europa beschaffen ist, inmitten der Konkurrenz so vieler Rivalen, die wir in unserem Umkreis erstarken sehen, sei es durch Verbesserungen militärischer Natur oder durch Fortschritte im Bereich der Seefahrt, sei es durch die gewaltige Entwicklung einer beständig anwachsenden Bevölkerung; in einem solchen Europa – oder besser noch in einer solchen Welt – bedeutet eine Politik der Abkapselung oder der Enthaltsamkeit ganz einfach das Einschlagen des breiten Weges zur Dekadenz! Heute beruht die Größe der Nationen allein auf der Aktivität, die sie entwickeln, und nicht auf „friedlicher Ausstrahlung der Institutionen“. (Unterbrechungen auf der extremen Linken und auf der Rechten) […]

Ausstrahlen, ohne zu handeln, ohne sich um die Dinge dieser Welt zu kümmern, indem man sich außerhalb aller Verbindungen der europäischen Mächte stellt, indem man jegliche Expansion nach Afrika oder in den Orient als eine Falle und als ein Abenteuer ansieht, ein solches Leben – seien Sie dessen gewiss – ist für eine große Nation gleichbedeutend mit Abdankung und führt in kürzerer Zeit, als Sie glauben zu vermögen, zum Abstieg vom ersten Rang auf den dritten oder vierten. (Neue Unterbrechungen auf den gleichen Bänken. – Sehr gut! Seht gut! im Zentrum.)

(Zit. nach: Mommsen, a.a.O., S. 88f.)

M 5 Paul Leroy-Beaulieu

Publizist und Historiker, ein öffentlicher Verfechter einer aktiven Kolonialpolitik, äußerte sich 1886 wie folgt:

Ökonomische Vorteile:

Die große Nützlichkeit der Kolonien liegt nicht allein darin, dass sie als Auffangbecken für den Bevölkerungsüberschuss der Metropole dienen, und auch nicht darin, dass sie für deren überschüssige Kapitalien ein Betätigungsfeld unter besonders rentablen Bedingungen eröffnen. Darüber hinaus wird durch sie der Handel des Mutterlandes zu dynamischer Entfaltung angeregt, wird die Industrie aktiviert und in Gang gehalten; die Bevölkerung des Vaterlandes, Industrielle, Arbeiter und Verbraucher, erlangen durch sie wachsende Profite, Löhne und Annehmlichkeiten. [...]

Die Kolonisation hat die Erschließung neuer Quellen der Produktion zur Folge gehabt; Waren für den täglichen Bedarf, für Wohlstand und Luxus können dort in größerer Menge und Verschiedenartigkeit sowie zu günstigeren Preisen als irgendwo anders hergestellt werden dank der besonderen Beschaffenheit und der unerschöpflichen Ressourcen des anderen klimatischen Bedingungen unterliegenden und noch unbebauten Bodens. So haben die Verbraucher in Europa noch unbekannte Produkte erhalten, die die Annehmlichkeiten des Lebens um ein Vielfaches vergrößert haben. Wie viele nützliche und angenehme Dinge für die Befriedigung materieller und intellektueller Bedürfnisse sind doch auf diese Weise plötzlich neu zutage gefördert worden. Daraus ist eine Vergrößerung des Wohlstandes und eine Verfeinerung unserer Gewohnheiten und Sitten, eine Veredelung unserer Zivilisation und ganz allgemein eine Erhöhung des „standard of life", d.h. der Stufe unserer Existenz, erwachsen. Hierin liegt das erste und unbezweifelbare Ergebnis der Kolonisation.

Nun zum zweiten: der Erschließung neuer Märkte für die in Europa hergestellten Waren. Diese Märkte sind einträglicher und weit aufnahmefähiger als diejenigen, auf die man zuvor beschränkt war, denn die neuen Gesellschaften haben unendlich größere Wachstumskräfte und Möglichkeiten zur Schaffung und Anhäufung von Reichtümern als die alten Gesellschaften. So wird der Warenaustausch aktiviert und ausgedehnt, die Arbeitsteilung gesteigert. Da die Industrie größere Absatzmärkte vor sich sieht, kann und muss sie mehr produzieren, und diese in größerem Maßstab betriebene Produktion zieht neue Verbesserungen und Fortschritte nach sich. [...]

Gesellschaftsstabilisierende Wirkung:

Die Kolonien bieten den bürgerlichen Klassen und dem höhergestellten Teil der Arbeiterklasse eine Entwicklungsmöglichkeit, die besondere Beachtung verdient. In einem Land alter Zivilisation, wo Erziehung, Technik und Wissenschaften sehr verbreitet sind, ist der Markt für die freien Berufe sehr eingeengt. Ingenieure, Architekten, Ärzte und qualifizierte Angestellte können keine Stellung finden, deren Bezahlung ihren Kenntnissen und Fähigkeiten entspricht. Die immer größer werdenden Führungsschichten der kolonialen Welt bieten ihnen unschätzbare Möglichkeiten. In einer neu erschlossenen Kolonie wie Indien oder Java übernehmen sie öffentliche Funktionen; sie sind Richter, Verwaltungsbeamte, Rechtsgelehrte, Lehrer; sie üben die verschiedenen Arten der medizinischen Kunst aus; sie lassen sich in diesen Kolonien nieder, mit der Absicht zurückzukehren . [...] Die Spitzen der Arbeiterschaft, deren Zahl in den alten Ländern täglich zunimmt, finden während der langen Zeit ihrer Jugend ebenfalls Beschäftigung in den Kolonien, was es ihnen erlaubt, Geld für ihre alten Tage zurückzulegen. So kommt, abgesehen von den Emigranten, die definitiv ihr Land verlassen wollen, jedes Jahr eine große Zahl von unternehmungslustigen Männern in die Kolonien, die über eine wissenschaftliche oder technische Ausbildung verfügen und entschlossen sind, dort ihre Jugend und einen Teil ihres reiferen Alters zu verbringen, um dann anschließend, bei Herannahen des Alters, reich geworden durch die Frucht ihrer Arbeit, in ihr Heimatland zurückzukehren. Ein großer Teil dieser Männer würde es ablehnen, sich in vollständig fremden Ländern niederzulassen; bestimmend für ihr Verhalten ist die Anziehungskraft der gleichen Sprache, der Ähnlichkeit der Sitten und Gesetze. Die bürgerliche Klasse und die Klasse der qualifizierten Arbeiter zieht somit aus den Kolonien einen Nutzen, der demjenigen der Handel betreibenden Klasse des Mutterlandes zumindest gleichkommt. [...]

Stärkung nationaler Expansionskraft:

Die expansive Kraft eines Volkes, seine Fähigkeit zur Fortpflanzung, seine Ausweitung und Vervielfachung über räumliche Grenzen hinweg, liegt in der Kolonisation. Sie ist die Unterwerfung des gesamten oder eines Teils des Universums unter seine Sprache, Sitten, Ideen und Gesetze. Ein Volk, das kolonisiert, ist ein Volk, welches das Fundament für seine Größe in der Zukunft und für seine künftige Suprematie legt. Alle lebendigen Kräfte der kolonisierenden Nation erfahren eine Intensivierung durch diese Ausbreitung ihrer überschüssigen Energien. [...]

(Paul Leroy-Beaulieu, Über den Nutzen und die Vorteile von Kolonien, 1886; zit. nach: Mommsen, a.a.O., S. 92ff.)

Die Vereinigten Staaten von Amerika

M 6 Josiah Strong

1847–1916, amerikanischer protestantischer Geistlicher und Autor. Sein einflussreichstes Buch „Our Coun-

try" sollte die Missionstätigkeit im amerikanischen Westen unterstützen. Historiker schreiben dem Buch einen hohen Einfluss auf das imperialistische Denken amerikanischer Protestanten zu.

Es ist nicht unwahrscheinlich, dass vor Ende des nächsten Jahrhunderts diese Rasse zahlenmäßig allen anderen zivilisierten Rassen der Welt überlegen sein wird. Sieht es nicht so aus, als wollte Gott den Völkern dieser Erde den Stempel unserer angelsächsischen Zivilisation aufdrücken? Sieht es nicht gleichzeitig so aus, als wolle er diese Zivilisation mit der ihr zustehenden Macht versehen? Meine Zuversicht, dass es dieser Rasse gelingen wird, ihre Zivilisation der Menschheit aufzuprägen, basiert nicht allein auf ihrer numerischen Überlegenheit, wie etwa in China! Worauf ich meine Hoffnung setze, ist, dass in dieser Rasse etwas vereint ist, was die Welt nie zusammen gesehen hat, d.h. zahlenmäßige Überlegenheit und eine hoch entwickelte Zivilisation.
Es kann nicht ernsthaft bezweifelt werden, dass Nordamerika die große Heimat der Angelsachsen werden wird, das Zentrum ihrer Macht, ihres Lebens und ihres Einflusses. [...] Unser Kontinent hat Raum, Rohstoffquellen und ein angemessenes Klima, er liegt an den Verkehrswegen der Welt, er gehört zu den Machtzentren der Welt und ist bereits heute unter den Angelsachsen an Bevölkerung und Reichtum führend. [...] Mit der weiteren Verbreitung des Reichtums und mit wachsenden Möglichkeiten der Kommunikation werden Intelligenz und Einfluss weniger zentralisiert und die Völker werden zunehmend homogen sein; und je homogener die Völker werden, umso mehr Gewicht bekommt ihre numerische Stärke. Amerika gewinnt zunehmend ein Übergewicht an Bevölkerungszahl und Reichtum und die logische Folge dieser Entwicklung wird sein, dass es zunehmend an Einfluss gewinnt. [...]
Ein weiteres auffälliges Merkmal des Angelsachsen ist das, was man seinen Instinkt oder sein Geschick auf dem Gebiete der Kolonisation nennen kann. Seine unvergleichliche Energie, seine rastlose Ausdauer und seine persönliche Unabhängigkeit ließen ihn zum Pionier werden. Er übertrifft alle anderen in seinem Drang, in neue Länder vorzustoßen. Gerade jene, in denen diese Züge am stärksten lebendig waren, kamen nach Amerika und diese ererbten Eigenschaften wurden in den folgenden Generationen weiterentwickelt zufolge des Drangs nach Westen. Diese Charakteristika haben einen so deutlichen Ausdruck erlangt, dass selbst englische Besucher sie bemerkt haben. So heißt es einmal bei Charles Dickens, dass der typische Amerikaner zögern würde, den Himmel zu betreten, wenn er sich nicht sicher wäre, dass er von dort aus nach Westen ziehen könne.
Es scheint mir, dass Gott in seiner unendlichen Weisheit die angelsächsische Rasse auf eine Stunde vorbereiten will, die die Welt mit Sicherheit einmal erleben wird. Bis heute gab es in der Weltgeschichte immer ein relativ unbesiedeltes Land im Westen, in welches sich die überzählige Bevölkerung der im Osten liegenden Länder ergießen konnte. Die immer weiter ausgreifenden Auswanderungswellen, die vor Jahrtausenden vom Tal des Euphrat ihren Ausgang nahmen und sich nach Ost und West ergossen, haben heute unsere Pazifikküste erreicht. Es gibt nunmehr keine neuen Welten mehr. Die unbesiedelten und -kultivierten Landstriche der Erde sind begrenzt und werden bald alle okkupiert sein. Es wird nicht mehr lange dauern, bis die Bevölkerung die Grenzen der Subsistenzmittel zu spüren bekommen wird, wie dies heutzutage in Europa und Asien bereits der Fall ist. Dann wird die Welt in ein neues Stadium ihrer Geschichte eintreten – den Endkampf der Rassen, auf den die angelsächsische Rasse gegenwärtig vorbereitet wird. Lange bevor diese Abertausende und Millionen von Menschen hier sein werden, wird die mächtige Zentrifugalkraft, die der angelsächsischen Rasse angeboren ist und die in den Vereinigten Staaten noch an Intensität gewonnen hat, sich endgültig durchzusetzen. Dann wird diese Rasse in ihrer unvergleichlichen Energie und mit ihren majestätischen Bevölkerungszahlen, gestützt auf die sich von ihrem großen Reichtum ableitende Macht, den höchsten Grad an Freiheit, die reinste Form des Christentums und die höchstentwickelte Zivilisation repräsentieren. Da sie zudem die besonders aggressive Fähigkeit ausgebildet hat, der Menschheit ihre Institutionen aufzuprägen, wird sie sich über den ganzen Erdball ausbreiten. Wenn ich die Zeichen der Zeit richtig deute, so wird sich diese mächtige Rasse nach Mexiko ausdehnen, hinunter nach Zentral- und Südamerika, hinüber zu den Inseln im [Pazifischen] Ozean, dann nach Afrika und weit darüber hinaus. Kann es irgendeinen Zweifel daran geben, dass dieser Wettkampf der Rassen das „Überleben des Stärksten" zum Ziel hat? [...]

(Josiah Strong, Our Country. Its Possible Future and its Present Crisis, New York 1885, S. 165f., 171–175, 178; zit. nach: Mommsen, a.a.O., S. 201ff.)

M 7 Anti-Imperialist League

Nachdem die USA die Philippinen aus dem Besitz der alten Kolonialmacht Spanien erworben hatten, wurden sie dort in einen Aufstand verwickelt. Bis Ende 1899 zerschlug eine Armee von 70000 Mann die Rebellion philippinischer Unabhängigkeitskämpfer. Eine Vereini-

gung prominenter Politiker, Intellektueller und Literaten, die Anti-Imperialist League, nahm zu den Vorgängen 1899 in ihrem Programm Stellung:

Wir verurteilen nachdrücklich die Politik unserer derzeitigen nationalen Regierung auf den Philippinen. Sie ist darauf gerichtet, den Geist von 1776 auf diesen Inseln auszulöschen. [...] Die Vereinigten Staaten haben stets gegen jene Doktrin des internationalen Rechts protestiert, die eine Unterwerfung der Schwachen durch die Mächtigen zulässt. Ein Staat, der sich selbst regiert, kann nicht die Herrschaft über ein widerstrebendes Volk errichten. Die Vereinigten Staaten können nicht nach der alten Irrlehre handeln, dass Macht Recht schafft. [...] So sehr wir auch den „verbrecherischen Angriffskrieg" auf den Philippinen verabscheuen, so sehr wir bedauern, dass das Blut der Filipinos an amerikanischen Händen klebt, wir sind doch mehr empört über den Verrat an amerikanischen Ordnungsprinzipien hier bei uns. Das wirkliche Kampffeld liegt nicht in den Vororten von Manila. Der Feind sitzt im eigenen Land. 1861 wurde der Versuch gemacht, unser Land zu teilen. 1899 wird der Versuch gemacht, die fundamentalen Prinzipien und höchsten Ideale dieses Landes zu zerstören.

(Zit. nach: Günter Moltmann, Die Vereinigten Staaten von Amerika von der Kolonialzeit bis 1917, Paderborn 1980, S. 82)

M 8 Albert J. Beveridge

Im Jahr 1900 verfasste der amerikanische Senator ein Memorandum:

Gott hat die englischsprechenden germanischen Völker nicht deshalb in einer tausendjährigen Geschichte so geformt, wie sie heute sind, damit sie in einer nutzlosen Selbstbetrachtung und Selbstbewunderung ihre Zeit und ihre Kraft vergeuden. Nein! Gott hat uns zu Organisatoren der Welt bestimmt, mit dem Auftrag, da Ordnung zu schaffen, wo das Chaos herrscht. Er hat den Glauben an den Fortschritt in unser Herz gepflanzt, um uns die Kraft zu geben, die Reaktion in der ganzen Welt zu schlagen. Er hat uns geschickt gemacht in allen Künsten der Regierung, damit wir diese Kunst an wilden und senilen Völkern betätigen. Wenn es eine solche Kraft nicht gäbe, wie wir sie darstellen, so müsste die Welt in Barbarei und Nacht zurückfallen. Und innerhalb unserer Rasse hat Gott das amerikanische Volk gekennzeichnet als ein erwähltes Volk, das bei der Erneuerung der Welt die führende Rolle spielen soll.

(Zit. nach: Hartmut Wasser, Die USA – der unbekannte Partner, Paderborn 1983, S. 109)

M 9 Theodore Roosevelt

US-Präsident Th. Roosevelt (1858–1919), Zusatz zur Monroe-Doktrin vom 6. Dezember 1904:

Es ist nicht wahr, dass die Vereinigten Staaten Hunger auf Land haben und irgendetwas mit anderen Nationen der westlichen Hemisphäre vorhaben, es sei denn, es dient deren eigener Wohlfahrt. Dieses Land wünscht nur, seine Nachbarländer stabil, geordnet und blühend zu sehen. Jedes Land, dessen Bewohner sich gut betragen, kann unserer herzlichen Freundschaft sicher sein. Wenn eine Nation zeigt, dass sie weiß, wie man mit angemessener Tüchtigkeit und Anständigkeit soziale und politische Angelegenheiten anfasst, wenn sie für Ordnung sorgt und ihre Schulden bezahlt, braucht sie kein Eingreifen der Vereinigten Staaten zu befürchten.
Chronisches Fehlverhalten oder Schwäche, die auf eine allgemeine Lockerung der Bindungen einer zivilisierten Gesellschaft hinauslaufen, kann in Amerika, wie überall, schließlich die Intervention einer zivilisierten Nation erfordern, und in der westlichen Hemisphäre kann die Bindung der Vereinigten Staaten an die Monroe-Doktrin die Vereinigten Staaten zwingen, in besonders schlimmen Fällen von Fehlverhalten oder Schwäche, wenn auch widerstrebend, eine internationale Polizeigewalt auszuüben. [...]
Unsere Interessen und die unserer südlichen Nachbarn sind in Wirklichkeit identisch. Sie besitzen große Naturschätze, und wenn in ihren Grenzen Gesetz und Gerechtigkeit hergestellt werden, dann kommt bestimmt auch der Wohlstand zu ihnen. Halten sie sich also an die Normen der zivilisierten Gesellschaft, dann können sie versichert sein, dass wir sie im Geiste herzlicher und hilfreicher Anteilnahme behandeln. Wir würden uns bei ihnen nur einmischen, wenn uns kein anderer Ausweg bleibt, und auch dann nur, wenn offenkundig geworden ist, dass sie unfähig oder nicht willens sind, Gerechtigkeit im Innern walten zu lassen, und wenn sie nach außen die Rechte der Vereinigten Staaten verletzen oder den Angriff eines anderen Landes zum Schaden der Gesamtheit der amerikanischen Nationen herausgefordert haben. Es ist eine Binsenwahrheit, dass jede Nation, in Amerika oder irgendwo anders, die Freiheit und Unabhängigkeit aufrechtzuerhalten wünscht, letzten Endes erkennen muss, dass das Recht auf solch eine Unabhängigkeit nicht von der Verpflichtung zu trennen ist, von ihr auch guten Gebrauch zu machen.

(Zit. nach: Herbert Schambeck u.a. (Hg.), Dokumente zur Geschichte der Vereinigten Staaten von Amerika, Berlin 1993, S. 418)

„Noch ist die Welt nicht ganz verteilt! ... Auf! Freudige Germanen!" – Soll Deutschland Kolonien erwerben? Eine zeitgenössische Kontroverse

Deutsche Postkarte 1900: „Wir wollen sein ein Volk von Brüdern"

„Noch ist die Welt nicht ganz verteilt! – Noch manche Flur auf Erden – Harrt gleich der Braut: Die Hochzeit eilt, – Des Starken will sie werden. – Noch manches Eiland lockt und lauscht – aus Palmen und Bananen. – Der Seewind braust, die Woge rauscht. – Auf! Freudige Germanen!"

So dichtet Felix Dahn 1887 in seinem „Lied der Deutschen jenseits der Meere". Eindringlich formuliert er das Gedankengut der Kolonialbefürworter: Noch nicht erschlossene Gebiete der Welt warten auf die Gunst der deutschen Inbesitznahme, um endlich an der Stärke des Reiches teilhaben zu können.
Kolonialenthusiasten wie Felix Dahn fanden sich fast in allen Parteien und sozialen Gruppierungen. Imperialistische Unternehmungen konnten sich dennoch mit Ausnahme etwa der späteren Alldeutschen und des Flottenvereins fast nie auf eine feste Koalition stützen. Der deutsche Imperialismus war stets umstritten, und zwar nicht erst seit der Reichsgründung von 1871, denn imperiales Gedankengut gab es lange vorher. Ähnlich uneinheitlich wie die koloniale Lobby war übrigens auch die Gruppe der Antiimperialisten und Kolonialkritiker.
Beide Interessenrichtungen unterstellten in der Regel der anderen Seite den „Ausverkauf" nationaler Interessen. Die einen plädierten schon lange dafür, in gemeinsamer Arbeit mit anderen europäischen Ländern eine westlich geprägte Weltzivilisation zu erschaffen oder höchstens im Sinne des freien Handels mit anderen um Märkte und Rohstoffe friedlich zu konkurrieren. Die anderen vertraten die kämpferische Ansicht, Deutschland müsse mit anderen Kulturnationen um den Einfluss in der Welt streiten, denn es müsse sich im darwinistischen Behauptungskampf der besten und tauglichsten Völker um Ressourcen und um Lebensraum durchsetzen. Es gab somit keine geschlossene öffentliche Meinung für die Idee eines deutschen Kolonialreiches.
Dieses Kolonialreich wurde 1884/85 gegründet. Territorien von vielfacher Größe des Deutschen Reiches wurden unter deutschen Schutz gestellt. Zu den afrikanischen Erwerbungen traten in den folgenden Jahren die Südseeinseln hinzu. Das deutsche Kolonialreich war somit einigermaßen wahllos und zufällig erworben.
In der innenpolitischen Auseinandersetzung leitete der rheinische Missionsinspektor Fabri einen Wendepunkt in der befürwortenden Diskussion ein. Bismarck war zunächst ablehnend, ließ sich jedoch auf die Gründung ein. Aufseiten der SPD und der Liberalen wurde der Kolonialerwerb heftig kritisiert.
Das vorliegende Thema versucht, die Argumentation dieser innenpolitischen Kontroverse offenzulegen und sie aus der Sicht der Zeit zu hinterfragen. Im Zentrum stehen somit die Entschlüsselung zeitgenössischen Denkens und deren Würdigung im Kontext der Zeit.

- **Soll Deutschland Kolonien haben? Argumente von Befürwortern und Kritikern**
- **Sind die Argumente historisch nachvollziehbar?**

Zur Bearbeitung werden Ihnen öffentliche Stellungnahmen von Kritikern und Befürwortern angeboten. Als Arbeitsverfahren wird eine historische **Debatte** angeregt, die im zeitgenössischen Kontext steht. Sie können damit gewissermaßen eine vergangene Auseinandersetzung experimentell nachvollziehen, d.h. zeitgenössische Perspektiven, Argumente, Konfliktlinien klären.

Methodische Hinweise und Anregungen für die Vorbereitung einer historischen Debatte:

1. Vorbereitungsphase:

a) Zunächst wird die **historische Situation** geklärt und die **Streitfrage** wird offengelegt. Dazu können Sie den Infotext nutzen.
b) Anschließend werden die vorliegenden **Positionen** arbeitsteilig bearbeitet. Dazu wird das übliche Verfahren der Analyse und Interpretation einer sprachlichen Quelle angewandt (s. Basismethode S. 563ff.). Auf der Interpretationsebene gilt es vor allem, Werthaltungen und Argumentationsmuster zu entschlüsseln.
c) Jede Gruppe bestimmt einen „Anwalt"/einen Gruppensprecher, der in der Debatte die Position vorträgt. Die Gruppe entwickelt dazu nach der inhaltlichen Klärung Argumentationsstrategien, die auf Karteikarten festgehalten werden. Der Sinn besteht darin, die Überlegungen der jeweiligen historischen Figur überzeugend darzulegen.
d) Bevor die Debatte beginnt, werden ferner Beobachter benannt. Diese beobachten die „Anwälte" und notieren zentrale Argumente, die vorgetragen werden.

2. Durchführung:

a) Die Debatte wird von einem Sprecher/einer Sprecherin eröffnet, der/die die Streitfrage vorstellt.
b) Die Pro- bzw. Kontra-Anwälte tragen abwechselnd ihre Argumente vor. Sie verbleiben dabei in der historischen Perspektive. Die Vortragszeit beträgt ein bis zwei Minuten.
c) Anschließend wird in der Gesamtgruppe nach Rednerliste diskutiert. Dabei sollten sich Gegner und Befürworter gegenübersitzen.

3. Auswertungsphase:

Die Beobachter fassen die Ergebnisse zusammen und beschreiben das Diskussionsverhalten.

4. Abschlussreflexion:

Der Kurs reflektiert Ergebnisse und Verfahren.

MATERIALIEN

M 1 Friedrich Fabri: Bedarf Deutschland der Kolonien?

Bevölkerungsvermehrung und Kolonialpolitik:
Doch indem wir die außerordentliche Bedeutung unserer deutschen Auswanderung nachdrücklich betonen, haben wir hier eigentlich die Folge besprochen, ohne zuvor die sie bewirkende Ursache beleuchtet zu haben. Diese aber liegt wesentlich in der rapiden Zunahme der Bevölkerung Deutschlands. [...]
Aber nehmen wir statt 80 nur gegen 65 Millionen für das Jahr 1900 an, so erweckt auch diese Wahrscheinlichkeit bedenkliche Aussichten. Denn selbst diese Annahme führt doch wohl mit unaufhaltbarer Folgerichtigkeit zu folgendem Prognostikon: steigende Einfuhr von Getreide und Vieh, weil die deutsche landwirtschaftliche Produktion den eigenen Bedarf immer weniger zu decken vermag; infolgedessen steigende Teuerung der Lebensmittel und damit aller Preise; dazu stetiges Herabsinken des Arbeitslohnes, wegen alljährlich sich vermehrenden Angebotes von Arbeitskräften; Schwächung der industriellen und gewerblichen Produktion wegen zunehmender Schwächung des Nationalvermögens, d.h. zunehmender Unmöglichkeit zu sparen und infolgedessen auch sinkender Kaufkraft, oder mit einem Worte: rapides Wachstum des Pauperismus und der sozialen Not. Ist es zu viel gesagt, wenn wir behaupten: hier liegt die Grundwurzel unseres sozialen Notstandes, und alle Versuche zur sogenannten Lösung der sozialen Frage, die nicht hier energisch einsetzen, müssen jeden genügenden Erfolges verfehlen? [...]
Eine fühlbare Steigerung der landwirtschaftlichen Produktion kann sich nur sehr langsam und in eng bemessenen Grenzen vollziehen, viel zu langsam, um die wachsende Übervölkerung irgendwie auszugleichen. Aber auch unsere industrielle Produktion dürfte hierzu völlig unvermögend sein. [...] So bedürfen wir notwendig noch eines weiteren [...] Weges: der Auswanderung. Ja, wir müssen sagen: Die Organisation einer starken deutschen Auswanderung ist zu einer Lebensbedingung des Deutschen Reiches geworden.

Die ökonomische Bedeutung von Siedlungskolonien:
Ackerbaukolonien sind [...] ihrer Natur nach berufen, sich als eigentlich europäische Tochterstaaten zu entwickeln. England, das Mutterland der großen Kolonien in der neueren Zeit, ist auch in ihrer Bil-

dung und Behandlung mit mustergültigem Geschick und großem Erfolge vorgegangen. […]
Viel gewichtvoller ist […] das gesamtökonomische Verhältnis zwischen Mutterland und Kolonie. Der Austausch der kolonialen Produkte gegen die Industrieerzeugnisse des Mutterlandes wird nicht nur in steigender Progression sich entwickeln, die Reederei des Letzteren stärken, sondern, was ja bei Handelsbeziehungen von so großer Bedeutung, ein festes und stetiges Wechselverhältnis zwischen dem beiderseitigen Konsum und Absatz herstellen. […]

Wirtschaftlicher und nationaler Wert von Handelskolonien:
Auf wesentlich anderen Grundbedingungen ruhen die eigentlichen Handelskolonien. Auch bei ihnen ist es die geographische Lage, die bestimmend wirkt und ihnen einen von den Ackerbaukolonien durchaus verschiedenen Charakter verleiht. Sie sind Kolonien unter den Tropen. […] Schon hieraus ergibt sich, dass der Wert tropischer Kolonien wesentlich ein kommerzieller ist. Daher sie auch kurzweg als Handelskolonien bezeichnet werden. Je gesteigerter die Produktionskraft, je ausgewählter ihre Handelsartikel, desto größer wird auch die Rückkaufskraft der Kolonie, desto reicher ihr Verbrauch der Fabrikate des Mutterlandes sein. Die jährliche Handelsbilanz zwischen Kolonie und Mutterland ist also der exakte Wertmesser jener und damit ihrer kulturellen Bedeutung überhaupt. […]
Handelskolonien sind zwar nie ein Objekt eigentlicher Auswanderung, aber doch findet ein steter, wirkungsvoller Zu- und Rückfluss gewisser Bevölkerungsschichten zwischen dem Mutterland und den Kolonien statt; vornämlich aus den mittleren und höheren Kreisen der Bevölkerung. Kaufleute, Beamte, Militärs, Techniker, Gewerbetreibende, Geistliche und Missionare, Lehrer und Gelehrte sind zu Tausenden in steter Hin- und Herbewegung. Die große Mehrzahl derselben sucht Verdienst, und viele aus ihnen erreichen ihre Absicht und kehren nach zehn-, zwanzigjähriger Arbeit mit mehr und minder reichem Erwerb in die Heimat zurück. […]

Kolonien als innenpolitische Krisenhilfe:
Unter den wirtschaftlichen Gründen, welche das Aufkommen und die rasche, mächtige Ausbreitung der Sozialdemokratie bei uns reichlich gefördert haben, steht neben unserer ungesund schnell entwickelten Industrie mit ihrem Gefolge von Krisen, von Überproduktion und Arbeitslosigkeit die rasche Bevölkerungszunahme (besonders in den Industriebezirken) gewiss mit vorne an. Freilich sind die wirtschaftlichen Gründe längst nicht die einzigen, ja heute nicht einmal die vornehmsten für das Entstehen und die Entwicklung der sozialdemokratischen Bewegung. Wie überall im Leben der Menschheit, sind auch hier die moralischen Faktoren, die an den wirtschaftlichen ihre Grundlage suchen und finden, die eigentlich entscheidenden. Allein mit dem Nachweis, auch wenn er noch so treffend und scharfsinnig geführt wird, dass die wirtschaftlichen Forderungen der Sozialdemokratie unerfüllbar und im letzten Grunde eine Utopie seien, ist daher noch wenig ausgerichtet. Ist das Christentum mit seiner versöhnenden Kraft in weiten Kreisen bei uns leider in Unkenntnis, ja in Hass und Verachtung geraten, sind die moralischen, sind die allgemeinsten religiösen Überzeugungen erschüttert, ist die materialistische Doktrin an ihre Stelle getreten, so kann niemand den Menschen aufhalten, an dieses Erdenleben Forderungen zu stellen, welche es niemals zu befriedigen vermag. In der schreienden Dissonanz dieses selbstgemachten Hoffnungsbildes zu der gegebenen nackten Wirklichkeit entzündet sich dann jener grimmige Hass gegen alles Bestehende, welcher sich unter anderem vorspiegelt, nur durch einen gewaltsamen, blutigen Umsturz lasse sich Besserung der Lage erreichen. In diesen psychologischen Stimmungen liegt der Angelpunkt unserer sozialdemokratischen Agitation und ihres Erfolges. Vermöchte jemand, unseren Sozialdemokraten den Begriff von menschlichem Glück, den sie im letzten Jahrzehnt in ihre Einbildungskraft energisch aufgenommen haben, zu entkräften, das Geheimnis der Zufriedenheit ihnen aufzuschließen und ein neues Hoffnungsbild in ihnen zu erwecken, so würde unsere sozialdemokratische Krisis im Wesentlichen gelöst, d.h. es würde die Stimmung geschaffen sein, aufgrund derer die wirtschaftlichen Reformen und Hilfen, auf welche unser Arbeiterstand mit vollem Recht Anspruch hat, mit Erfolg sich durchführen ließen. Viel höher schätze ich zunächst den psychologischen Eindruck, den eine gut geleitete, in größerem Stile ausgeführte und in ihren Erfolgen günstige Auswanderung auf die Einbildungskraft […] unseres Volkes bald in weiten Kreisen erwecken würde. Wenn auch wohl nicht bei den Grimmigen, so doch bei der Mehrzahl der mehr Irregeleiteten und wirklich sich gedrückt Fühlenden würde solche Auswanderung ein neues, nicht unerreichbares Hoffnungsbild erwecken, und schon damit wäre der um sich fressenden Unzufriedenheit eine Schranke gesetzt.

(F. Fabri, Bedarf Deutschland der Kolonien? Eine politisch-ökonomische Betrachtung, Gotha (Friedrich Andreas Perthes) 1879; zit. nach: Horst Gründer, Der moderne Imperialismus, Düsseldorf (Cornelsen/Schwann) ^{5}1990, S. 43ff. und Wolfgang Mommsen, Imperialismus – Seine geistigen, politischen und wirtschaftlichen Grundlagen, (Hoffmann und Campe) Hamburg 1977, S. 114ff.)

M 2 Reichskanzler Otto v. Bismarck

Rede in der Budgetkommission des Deutschen Reichstages am 23. Juni 1884:

[...] Er habe sich schon früher dagegen ausgesprochen und sei auch heute noch der Ansicht, dass es für uns nicht richtig sein würde, Landstriche, wo wir noch keine Interessen haben, zu okkupieren, um dort künstlich eine deutsche Einwanderung hervorzurufen, ein solches Gebiet von deutschen Beamten verwalten zu lassen und dort Garnisonen zu errichten. Für ein solches Kolonialsystem fehle es uns an hierzu geschulten Beamten, dasselbe würde für uns zu teuer sein und würde unsere Marine zu sehr in Anspruch nehmen, deren Entwicklung durch die geringe Ausdehnung der deutschen Küste und die hieraus sich ergebende schwache seemännische Bevölkerung sowie durch die niedrige Heuer begrenzt werde, welche unsere Seeleute vielfach veranlasste, bei den Engländern und Amerikanern Dienste zu suchen. Etwas anderes aber sei es, die aus der deutschen Nation gewissermaßen herauswachsenden freien Ansiedelungen von Reichsangehörigen in Gegenden, welche nicht unter der anerkannten Hoheit einer anderen Nation stehen, unter den Schutz des Reichs zu stellen. Er halte es für eine Pflicht des Reichs, den auf diese Art begründeten überseeischen Niederlassungen von Reichsangehörigen, nicht nur ihren Faktoreien, sondern auch den von ihnen erworbenen Territorien, mit dem Schutze des Reichs zu folgen. Auch hier lasse sich der Nutzen nicht rechnungsmäßig vorhersagen, aber man könne ihn aufgrund der von anderen Nationen gemachten Erfahrungen erwarten. [...]

(Horst Kohl (Hg.), Die politischen Reden des Fürsten Bismarck, Bd. 10, S. 168f.; zit. nach: Mommsen, a.a.O., S. 122)

M 3 Reichskanzler Otto v. Bismarck

Rede im Reichstag am 26. Juni 1884 aus Anlass der Erwerbung von Angra Pequeiva, dem späteren Deutsch-Südwestafrika:

[...] Meine von Sr. Majestät dem Kaiser gebilligte Absicht ist, die Verantwortlichkeit für die materielle Entwicklung der Kolonie ebenso wie ihr Entstehen der Tätigkeit und dem Unternehmungsgeiste unserer seefahrenden und handeltreibenden Mitbürger zu überlassen und weniger in der Form der Annektierung von überseeischen Provinzen an das Deutsche Reich vorzugehen, als in der Form von Gewährung von Freibriefen nach Gestalt der englischen Royal charters, im Anschluss an die ruhmreiche Laufbahn, welche die englische Kaufmannschaft bei Gründung der Ostindischen Kompanie zurückgelegt hat, und den Interessenten der Kolonie zugleich das Regieren derselben im Wesentlichen zu überlassen und ihnen nur die Möglichkeit europäischer Jurisdiktion für Europäer und desjenigen Schutzes zu gewähren, den wir ohne stehende Garnison dort leisten können. [...]
Unsere Absicht ist, nicht Provinzen zu gründen, sondern kaufmännische Unternehmungen, aber in der höchsten Entwicklung, auch solche, die sich eine Souveränität, eine schließlich dem Deutschen Reich lehnbar bleibende, unter seiner Protektion stehende kaufmännische Souveränität erwerben, zu schützen in ihrer freien Entwicklung sowohl gegen die Angriffe aus der unmittelbaren Nachbarschaft als auch gegen Bedrückung und Schädigung vonseiten anderer europäischer Mächte. Im Übrigen hoffen wir, dass der Baum durch die Tätigkeit der Gärtner, die ihn pflanzen, auch im Ganzen gedeihen wird, und wenn er es nicht tut, so ist die Pflanze eine verfehlte, und es trifft der Schade weniger das Reich, denn die Kosten sind nicht bedeutend, die wir verlangen, sondern die Unternehmer, die sich in ihren Unternehmungen vergriffen haben. [...]

(Zit. nach: Mommsen, a.a.O., S. 122f.)

M 4 Aufruf der „Gesellschaft für Deutsche Kolonisation"

Der von Carl Peters verfasste Aufruf wurde auf der Gründungsversammlung der Gesellschaft am 28. März 1885 angenommen.

Deutsche Kolonisation:
Die deutsche Nation ist bei der Verteilung der Erde, wie sie vom Ausgang des 15. Jahrhunderts bis auf unsere Tage hin stattgefunden hat, leer ausgegangen. Alle übrigen Kulturvölker Europas besitzen auch außerhalb unseres Erdteils Stätten, wo ihre Sprache und Art feste Wurzeln fassen und sich entfalten kann. Der deutsche Auswanderer, sobald er die Grenzen des Reiches hinter sich gelassen hat, ist ein Fremdling auf ausländischem Grund und Boden. Das Deutsche Reich, groß und stark durch die mit Blut errungene Einheit, steht da als die führende Macht auf dem Kontinent von Europa: Seine Söhne in der Fremde müssen sich überall Nationen einfügen, welche der unsrigen entweder gleichgültig oder geradezu feindlich gegenüberstehen. Der große Strom deutscher Auswanderung taucht seit Jahrhunderten in fremde Rassen ein, um in ihnen zu verschwinden. Das Deutschtum außerhalb Europas verfällt fortdauernd nationalem Untergang.

In dieser, für den Nationalstolz so schmerzlichen Tatsache liegt ein ungeheurer wirtschaftlicher Nachteil für unser Volk! Alljährlich geht die Kraft von etwa 200 000 Deutschen unserem Vaterland verloren! Diese Kraftmasse strömt meistens unmittelbar in das Lager unserer wirtschaftlichen Konkurrenten ab und vermehrt die Stärke unserer Gegner. Der deutsche Import von Produkten tropischer Zonen geht von ausländischen Niederlassungen aus, wodurch jährlich viele Millionen deutschen Kapitals an fremde Nationen verloren gehen! Der deutsche Export ist abhängig von der Willkür fremdländischer Zollpolitik. Ein unter allen Umständen sicherer Absatzmarkt fehlt unserer Industrie, weil eigene Kolonien unserem Volke fehlen.

Um diesem nationalen Missstande abzuhelfen, dazu bedarf es praktischen und tatkräftigen Handelns.

Von diesem Gesichtspunkte ausgehend, ist in Berlin eine Gesellschaft zusammengetreten, welche die praktische Inangriffnahme solchen Handelns als ihr Ziel sich gestellt hat. Die Gesellschaft für deutsche Kolonisation will in entschlossener und durchgreifender Weise die Ausführung von sorgfältig erwogenen Kolonisationsprojekten selbst in die Hand nehmen und somit ergänzend den Bestrebungen von Vereinigungen ähnlicher Tendenzen zur Seite treten.

[...] Die deutsche Nation hat wiederholt bewiesen, dass sie bereit ist, für allgemein-patriotische Unternehmungen Opfer zu bringen: Sie möge auch der Lösung dieser großen geschichtlichen Aufgabe ihre Beteiligung in tatkräftiger Weise zuwenden.

Jeder Deutsche, dem ein Herz für die Größe und die Ehre unserer Nation schlägt, ist aufgefordert, unserer Gesellschaft beizutreten. Es gilt, das Versäumnis von Jahrhunderten gutzumachen; der Welt zu beweisen, dass das deutsche Volk mit der alten Reichsherrlichkeit auch den alten deutschnationalen Geist der Väter überkommen hat!

(E. A. Jacob, Deutsche Kolonialpolitik in Dokumenten – Gedanken und Gestalten der letzten fünfzig Jahre, Leipzig 1938, S. 85–87; zit. nach: Mommsen, a. a. O., S. 124)

M 5 Wilhelm Liebknecht (SPD)

Rede vor dem Reichstag am 4. März 1885:

Wir stehen gegenwärtig unter dem Zeichen der Sozialreform; auf allen Gebieten Sozialreform. Diejenige Frage, welche in der letzten Zeit am meisten Staub aufgeworfen hat, die Kolonialfrage, ist ebenfalls nur ein Teil der Sozialreform. [...]

Man hat gerade die Kolonialfrage mit besonderem Eifer von dem Boden nüchterner Erwägung auf den des Chauvinismus, des Patriotismus, des nationalen Enthusiasmus hinüberzuführen gesucht. Das kann nur verwirren. Fragen wir uns ruhig: Was wird mit der sogenannten Kolonialpolitik denn eigentlich bezweckt? Wenn wir auf den Grund gehen, so wird als der Zweck hingestellt: der Überproduktion und der Übervölkerung zu steuern. Aber was ist denn Überproduktion, und was ist Übervölkerung? Das sind ja doch sehr relative Begriffe. Ist Deutschland etwa übervölkert? Gerade die dichtest bevölkerten Gegenden in Deutschland liefern für die Auswanderung das geringste Kontingent, die dünnest bevölkerten liefern das stärkste.

Und was heißt Überproduktion? Wird etwa in Deutschland mehr produziert, als wir brauchen? Ist nicht die ungeheure Mehrzahl unserer Bevölkerung in der Lage, sehr viel zu brauchen? Sind alle Bedürfnisse befriedigt? Da kommen wir dann sofort zu dem eigentlichen Kern des Übels: Die Überproduktion, der wir steuern wollen, besteht in Wirklichkeit nicht; wenigstens nicht in der Form, wie behauptet wird.

Das Gleiche gilt von der Übervölkerung. Deutschland ist noch lange nicht übervölkert; bei vernünftiger sozialer Organisation, bei zweckmäßiger Organisation der Industriearbeit und bei wissenschaftlichem Betriebe des Ackerbaues könnte Deutschland eine weit größere Bevölkerung ernähren, als dies heutzutage der Fall ist. Die „Übervölkerung“ liegt eben darin, dass wir mangelhafte soziale und wirtschaftliche Einrichtungen haben.

Und gerade so ist es mit der Überproduktion. Da klagen unsere Fabrikanten, dass ihre Produkte keinen Absatz finden. Ja, meine Herren, warum haben sie keinen Absatz? Weil das Volk nicht kaufen kann, [...] mit dem Nationalreichtum geht Hand in Hand die Massenarmut, und weil in dem Maße, wie der Nationalreichtum und die Produktion sich vermehrt, die Massenarmut zunimmt, haben wir das furchtbare Missverhältnis, dass auf der einen Seite riesig produziert wird und auf der anderen Seite die Konsumtionsfähigkeit schwindet. Das ist das soziale Problem, das ist das Übel, welches beseitigt werden muss.

Und wird etwa durch die Kolonialpolitik etwas nach dieser Richtung erreicht? Nein, meine Herren, Sie exportieren einfach die soziale Frage. Sie zaubern vor die Augen des Volks eine Art Fata Morgana auf dem Sande und auf den Sümpfen Afrikas. [...]

Darum fällt es mir jedoch durchaus nicht ein, meine Herren, das gegenwärtige Wettrennen nach Kolonien, an welchem fast alle Kulturnationen sich beteiligen, irgendwie unbegreiflich zu finden. Die bürgerliche Gesellschaft sieht sich am Ende ihres

Lateins. Das Missverhältnis zwischen Produktion und Konsumtion, auf das ich vorhin hinwies, macht sich überall geltend; überall haben wir die Massenarmut. Und weil man im Innern die Waren nicht loswerden kann, will man nach außen hin sich Märkte verschaffen. Aus diesen selben Gründen hat England schon vor dreißig Jahren die Chinesische Mauer eingeschossen, um sein Opium zu verkaufen; und heute sind alle Nationen auf dieser Suche nach ausländischen Märkten. Aber, meine Herren, erreicht man etwa das Ziel? Das Beispiel Englands beweist am besten, dass dieses nicht der Fall ist. Das gegenwärtige Kolonialwettrennen möchte ich bezeichnen als den Totentanz der heutigen bürgerlichen Gesellschaft, die ihre letzten Karten ausgespielt hat und ihren Bankrott proklamiert. Im Lande selbst kann allein die soziale Frage gelöst werden, niemals durch Kolonialpolitik in der Ferne.

(Stenographische Berichte der Verhandlungen des Reichstags, 1884/85, Bd. 3; zit. nach: Horst Gründer, a. a. O., S. 95 f.)

M 6 Reichstagsabgeordneter Rintelen

Rede vor dem Reichstag am 13. März 1885:

[...] weiter ist es die Frage des Importes, die bei jeder Kolonialpolitik auf das genaueste erwogen werden muss, nämlich des Importes aus den Kolonien nach dem Mutterlande. Es haben in früheren Jahrhunderten, seitdem Kolonien bestehen, verschiedene Systeme bestanden; man hat die Kolonien als einen Teil des Mutterlandes angesehen – oder man hat sie als Ausland betrachtet. Es ist nach dem [ersten] System so verfahren worden, dass alles, was aus den Kolonien eingeht, zollfrei eingeht, weil die Kolonien als Teil des Mutterlandes angesehen wurden. Meine Herren, da komme ich auf die Zollpolitik. Wenn man dieses System adoptieren sollte, nämlich dass die Produkte der Kolonien zollfrei bei uns eingehen, so würden unsere Zolleinnahmen, auf die wir so [...] notwendig angewiesen sind, geschmälert werden. Ich nehme aber nicht an [...], dass dies beabsichtigt ist; sondern es sollen die Gegenstände, welche aus den Kolonien kommen, mit Zoll belastet bei uns eingehen. [...] Naturprodukte [...], wie wir sie selbst erzeugen, würden unserer eigenen Produktion Konkurrenz machen; ich erinnere nur an Weizen und Wolle. Sie würden [sie] und ähnliche Produkte genau mit denselben Zöllen belegen müssen, wie wenn sie vom Ausland und nicht aus den Kolonien eingehen.

[...] Nun, meine Herren, wenn also diese Gegenstände mit Zoll belastet sind, dann frage ich: Welcher Unterschied besteht darin, ob ich die Gegenstände aus den Kolonien beziehe, oder ob ich sie aus anderen Ländern beziehe [...]? Dann besteht ganz und gar kein Unterschied [...]. Da ist für das Vaterland [...] an sich gar kein Vorteil zu ersehen. Aber wer hat den Vorteil, wenn Kolonien bestehen, wenn ich verpflichtet bin, die Sachen aus den Kolonien zu beziehen, oder wenn der Bezug aus den Kolonien besonders begünstigt ist? Das sind die großen Händler, welche in den Kolonien sich niedergelassen haben, – und lediglich deren Interessen dienen die Kolonien, wenn man die Sache bei Licht besieht [...].

Das ist der Chauvinismus, der sich entwickelt hat. Es hallt überall: Wir müssen große nationale Politik betreiben. Es ist gesagt worden: England hat Kolonien, Frankreich hat Kolonien, wir müssen auch Kolonien haben. Das ist aber eben blinde Begeisterung, „die nicht ausgeht von tatsächlichen Erwägungen, wie ich sie [...] angestellt habe. Ja, meine Herren, große Politik! Da frage ich denn doch mit Recht: Stehen wir denn nicht schon mitten in der großen Politik, in der allergrößten, allernationalsten Politik, welche durch die Einigung des Deutschen Reiches herbeigeführt ist, durch welche das enge und ehrliche Bündnis mit Österreich zustande gebracht ist? Das, meine Herren, ist eine der größten Taten des Herrn Reichskanzlers gewesen, für die ich ihm jederzeit dankbar sein werde. Wir haben dadurch eine unangreifbare Stellung in der Welt erlangt; das Machtwort Deutschlands gilt überall in den Kulturstaaten, es ist entscheidend vermöge unserer Stellung. Das ist große nationale Politik [...]. Und, meine Herren, da sollen wir noch größere nationale Politik betreiben? [...] Was ist denn die „größere" nationale Politik? Ich will Ihnen sagen, was diese „größere nationale Politik" ist.

Wir sind jetzt, wie bemerkt, in unserer gegenwärtigen Verfassung, in der engen Verbündung mit Österreich, unangreifbar. Wenn wir [...] Kolonien besitzen oder neu erwerben, wie sie [...] in Aussicht genommen sind, dann, meine Herren, schaffen wir uns Angriffspunkte, schwache Punkte, Punkte, an denen wir angegriffen werden können, und wo wir uns gegen Angriffe wehren müssen. Ich denke nicht an den Fall, dass wir in Konflikte geraten können mit europäischen Mächten [...]. [Ich denke] an die Angriffe, welche wir erleiden können von den Eingeborenen und den benachbarten Völkerschaften. Wir können ja diese abwehren; aber das kostet unser Geld, unser Blut.

(Stenographische Berichte der Verhandlungen des Reichstags, 1884/85, Bd. 3; zit. nach: Gründer, a. a. O., S. 95f.)

Deutsch-Südwestafrika – Warum führte das Deutsche Reich einen Vernichtungskrieg?

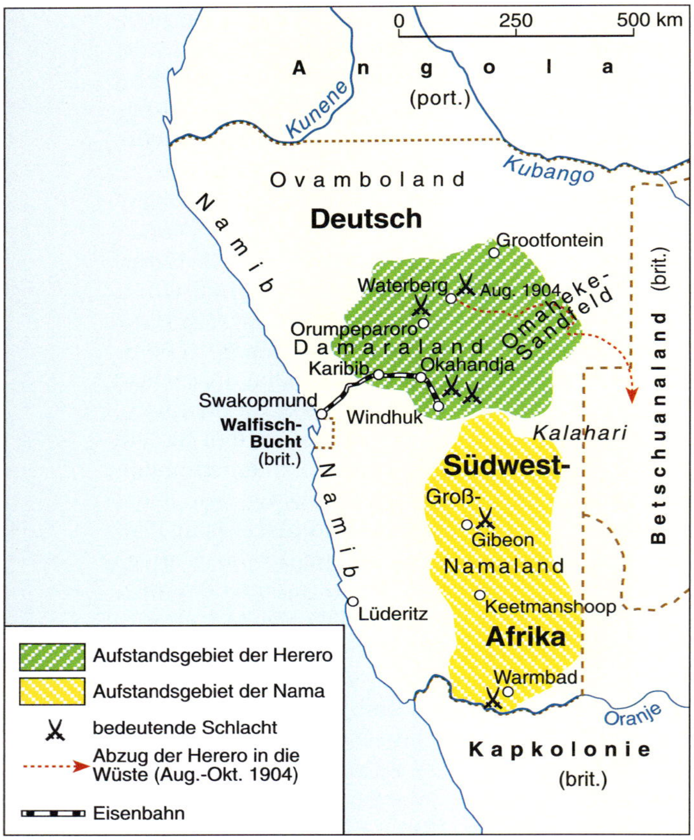

Am 12. Januar 1904 überfielen bewaffnete Herero Farmhäuser, drangen in Handels- und Militärstationen ein und töten innerhalb weniger Tage mehr als einhundert Weiße. Missionare, Frauen und Kinder verschonten sie. Die Herero reagierten damit auf eine verzweifelte Situation: Rinderpest und Verdrängung durch die weißen Siedler entzogen ihnen die Existenzgrundlage. Das Deutsche Reich antwortete auf den Überfall mit massiven militärischen Mitteln. Den Oberbefehl über die deutschen Kolonialtruppen hatte von Trotha inne. Zeitweise waren 15 000 deutsche Soldaten im Einsatz. Als sich der Krieg trotz dieser Überlegenheit zeitlich in die Länge zog, suchten die Deutschen die Entscheidung am Waterberg: Sie umzingelten die Herero und trieben sie in die wasserlose Wüste. Dies bedeutete für Tausende den Tod. Auch Frauen und Kinder kamen um. Die wenigen Überlebenden wurden gefangen genommen. Es wird geschätzt, dass von ca. 80 000 Herero nur 16 000 den Krieg überlebten. Von diesen starben weitere in der Gefangenschaft. Der Stamm der Nama wurde von 20 000 auf knapp 10 000 Mitglieder dezimiert. In den folgenden Jahren bauten die deutschen Kolonisatoren die Herrschaft weiter aus, die einheimische Bevölkerung wurde weitgehend entrechtet.

Das Vorgehen der deutschen Kolonialpolitik war bereits zu seiner Zeit höchst umstritten, das grausame Vorgehen von Trothas wurde im Reichstag heftig kritisiert. Dennoch stellt sich die Frage, wie eine Kolonialpolitik entstehen konnte, die im Rahmen der Kriegsführung massiv gegen europäische Rechtsgrundsätze verstieß. Erklärung und Urteilsbildung erfordern zunächst eine Rekonstruktion des zeitgenössischen Denkens, denn der Vernichtungskrieg war nur denkbar in einem Kontext, der Ungleichheit legitimierte. Gerade auf dem Hintergrund der weiteren deutschen Geschichte erhebt sich die Frage nach der Dimension des Unrechts, ob es sich bei der Vernichtung der Herero gar um einen Völkermord handelte, der diesen Krieg in eine Reihe mit der Vernichtungspolitik des Nationalsozialismus stellt. Damit ist grundsätzlich die Frage nach der Verantwortung der heutigen Politik aufgeworfen, die sich etwa mit der Forderung der Wiedergutmachung konfrontiert sieht.

- **Wie gestaltete sich das Zusammenleben von deutschen Kolonisierern und einheimischer Bevölkerung in Deutsch-Südwestafrika?**
- **Wie lässt sich die Grausamkeit der deutschen Kriegsführung in der Kolonie erklären?**
- **Hat der Stamm der Herero einen Anspruch auf Wiedergutmachung?**

Als Materialgrundlage dienen Ihnen schriftliche und bildliche Quellen sowie Sekundärliteratur. Die Materialien nehmen unterschiedliche Perspektiven ein, sodass der jeweilige Aussagewert kritisch zu reflektieren ist. Die Fotografien als Bildquellen stammen von deutschen Fotografen. Zu ihrer Ausdeutung finden Sie methodische Hinweise. Es empfiehlt sich, die Materialgruppen entsprechend der Reihenfolge der Leitfragen zu bearbeiten, da das Verhalten der deutschen Kolonialherren nur auf dem Hintergrund der Ideologie der Ungleichheit zu verstehen ist, welche das abschließende Urteil zu berücksichtigen hat.

1. Arbeiten Sie auf der Grundlage materialgerechter Analysen von M 1, M 2 und M 3 heraus, wie die einheimische Bevölkerung von den Kolonialherren behandelt wurde, und erläutern Sie diese Vorgehensweise.

2. Charakterisieren und erklären Sie ausgehend von der Interpretation der sprachlichen Quellen M 4, M 5, M 6 und der historischen Bildquellen M 7, M 8, M 9, M 10 (s. methodische Hinweise zur Interpretation von Fotos als historische Quellen, S. 544) sowie der Analyse und kritischen Auseinandersetzung mit M 11 die deutsche Kriegsführung.

3. Diskutieren Sie die beiden Sichtweisen (M 12–13) zur Wiedergutmachung für das Fehlverhalten der deutschen Kolonisatoren.
Es empfiehlt sich, die beiden Materialien zunächst einzeln, jedes für sich, zu analysieren, indem Sie
a) die formalen äußeren Merkmale bestimmen und
b) für jeden Textauszug herausarbeiten, welche Position der jeweilige Autor vertritt und wie er sie begründet.

➧ **Tipp:** Sie können diese Aufgaben in arbeitsgleicher Gruppenarbeit erledigen. Es erscheint sinnvoll, die Ergebnisse der beiden ersten Teilaufgaben in einem Zwischenfazit zu präsentieren (Folie, PowerPoint) und zu vergleichen. Zusätzliche Materialien finden Sie im Internet unter http://www.lehrer-online.de/dyn/9.asp?url=387564.htm.

MATERIALIEN

Kolonialherren und einheimische Bevölkerung

M 1 Der deutsche Historiker Albert Wirz (1976)

1897 hatte eine verheerende Rinderpest die Viehherden der Herero zu gut zwei Dritteln dezimiert. In der Folge waren die Herero wirtschaftlich in Abhängigkeit von den Europäern geraten und hatten sich gezwungen gesehen, auch ihr Land als Geschäftsobjekt zu betrachten. Noch größer als die ökonomischen waren jedoch die sozialpsychologischen Auswirkungen der Naturkatastrophe: Bley spricht gar von einer kulturellen Krise der Herero im Gefolge der Rinderpest. Vom Elend der Afrikaner profitierten die Europäer, die seit Ende der 90er-Jahre, als sich mit der Swakopmund-Windhuk-Bahn die Verkehrsverhältnisse besserten, erstmals in größerer Zahl, von den Behörden finanziell unterstützt, ins Land strömten: Von 1897 bis 1903 verdoppelte sich die weiße Bevölkerung von 2828 auf 4682 Einwohner (Kolonialbeamte, Farmer, Kaufleute, Handwerker, Missionare). Gravierend musste sich auswirken, dass die Neuankömmlinge sich nicht an die Spielregeln des lokalen Kompromisses hielten, sondern von Anfang an sich als Herren aufspielten, nicht Rücksicht nahmen auf afrikanische Werte und Ordnungen, sondern überzeugt waren, die Kolonisierten seien wie alle Naturvölker dem Untergang geweiht, und dies die Afrikaner auch spüren ließen. Zahlreich waren die Verstöße der Weißen, und meist deckte die Kolonialverwaltung ihr Verhalten. In Missionskreisen und aufseiten der Regierung sprach man davon, Reservate zu schaffen, um die Herero vor dem Landhunger der Weißen zu schützen, doch die Afrikaner interpretierten dies als Beginn einer allgemeinen Enteignung. Für den Bau der Otavibahn, die ihr Siedlungsgebiet durchqueren sollte, mussten die Herero ebenfalls große Ländereien unentgeltlich abtreten. Wohl herrschte 1903 noch keine akute Landnot, doch die an weite, freie Räume gewohnten Halbnomaden mussten sich zunehmend eingekreist fühlen. In weitere Bedrängnis gerieten sie durch eine Verordnung des Gouverneurs, die 1903 die Verjährungsfrist für Schulden von Afrikanern auf ein Jahr festlegte, denn nun gingen die Händler daran, ausstehende Schulden mit allen Mitteln einzutreiben, wobei sie namentlich auch vor eigenmächtigen Viehpfändungen nicht zurückschreckten. In den Augen der Herero war es Diebstahl und einer Kriegserklärung ebenbürtig. Die früher auf Hunderttausende geschätzten Rinderherden der Herero waren innerhalb weniger Jahre auf weniger als 50000 Haupt geschrumpft, viele Weideplätze waren an Europäer verloren gegangen, und die soziale Diskriminierung und allgemeine Rechtsunsicherheit konfrontierten auch den Einzelnen mit dem deutschen Machtanspruch. Als im Januar 1904 die Kolonialtruppen aus dem Hereroland abgezogen wurden, um andernorts eingesetzt zu werden, schritten die Herero zum Angriff, geführt von Samuel Maharero, der sich nach dem Tode seiner Rivalen nicht zuletzt dank der Einkünfte aus Landverkäufen eine neue Machtposition hatte aufbauen können. Zehn Monate später erhoben sich auch die anfänglich aufseiten der Deutschen kämpfenden Nama unter Hendrik Witbooi, denn in ihrer Kriegshysterie hatten die Kolonialherren wiederholt gedroht, man werde mit allen Afrikanern wie mit den Herero verfahren.

(Albert Wirz, in: Rudolf von Albertini, Europäische Kolonialherrschaft 1880–1940, Zürich/Freiburg 1976, S. 310f.)

M 2 Gesuch der weißen Einwohner des Bezirks Windhuk/Deutsch-Südwestafrika an die Kolonialabteilung des Auswärtigen Amtes (21.7.1900)

Aus den Verhandlungen des Reichstages ersehen wir, dass daselbst beantragt worden ist, in unseren Kolonien die Prügelstrafe bei Eingeborenen abzuschaffen. Ohne Zweifel liegen diesem Antrag humane Ansichten zugrunde, wie solche aber nur in der Heimat entstehen können, wo man wohl Fragen über Eingeborene theoretisch erörtern kann, aber jede praktische Erfahrung für dieselben noch gänzlich fehlt.
Da wir nun in der Aufhebung der Prügelstrafe bei Schwarzen eine ernstliche Bedrohung der gesunden wirtschaftlichen Entwicklung unserer Kolonie sehen, so halten wir es für unsere Pflicht, die Kolonial-Abteilung des Auswärtigen Amtes sehr ergebenst zu bitten, der Gefahr vorzubeugen, welche unserer Kolonie durch Aufhebung der Prügelstrafe drohen würde. Die erste Vorbedingung für eine richtige Behandlung der Eingeborenen ist, dass man sich über ihre Lebensanschauung und ihren Gesichtskreis klar wird. Unsere Eingeborenen leben seit Urzeiten in Faulheit, Roheit und Stumpfsinn in den Tag hinein; je schmutziger sie sind, desto wohler fühlen sie sich.
Für jeden Weißen, der unter Eingeborenen gelebt hat, ist es nicht gut möglich, dieselben als Menschen im europäischen Sinne anzusehen; sie müssen erst mit endloser Geduld, Strenge und Gerechtigkeit im Laufe der Jahrhunderte so dazu erzogen werden. Für Milde und Nachsicht hat der Eingeborene auf die Dauer kein Verständnis, er sieht nur Schwäche darin und wird infolgedessen anmaßend und frech gegen den Weißen, dem er doch nun einmal gehorchen lernen muss, denn er steht geistig und moralisch doch so tief unter ihm. Ehrgefühl darf man bei dem Eingeborenen nicht suchen, weshalb auch entehrende Strafen für ihn zwecklos sind. Entziehung der Freiheit fasst er falsch auf, bekommt er doch bei Gefängnis seiner Meinung nach gute Wohnung und besseres Essen, als er selbst hat.
Als Strafe war ihm bisher nur körperliche Züchtigung bekannt, und die muss naturgemäß auch beibehalten werden, bis er in späteren Zeiten einmal mehr Mensch geworden ist. Wie die Erfahrung gelehrt hat, haben die in Südafrika geborenen Weißen ihre Eingeborenen zu den relativ brauchbarsten Arbeitern erzogen; sie kränkeln nicht an einer übertrieben humanen Auffassung, sondern geben ihren Eingeborenen bei Bedarf ihre verdiente Züchtigung. Der Eingeborene fühlt sich bei ihnen wohl und arbeitet gern bei ihnen.
Ob die Prügelstrafe beibehalten wird oder nicht, der eingeborene Kapitän wird sich nicht daran kehren, wodurch Letzter eine größere Gewalt über die Eingeborenen bekommt als der Weiße, der dadurch in seinem Ansehen sinken muss. Wir wiederholen deshalb nochmals unsere ergebene Bitte, uns in der Erziehung der Eingeborenen nicht die Hände zu binden, sondern die notwendige Prügelstrafe bei denselben gütigst bestehen zu lassen.
5 Unterschriften

(Zit. nach: F. F. Müller, Kolonien unter der Peitsche, Berlin 1962, S. 55f.)

M 3 Brief des Nama-Häuptlings Hendrik Witbooi an Häuptling Joseph Frederick von Bethanien (1892)

Ich schicke Euch diese paar Zeilen und ersuche Euch sehr freundlich und aufrichtig zu Eurem und meinem Besten um Folgendes: Ich erfahre, dass Ihr einem Weißen namens Hermann Erlaubnis gegeben habt, auf Nomtsas zu wohnen. Ich schreibe Euch in dieser Sache, um Euch mitzuteilen, dass ich damit nicht einverstanden bin und dass ich nicht haben will, dass Ihr Weißen Farmplätze auf meinem Gebiet gebt. Ich wünsche auch nicht, dass Ihr einem Weißen einen Platz auf Eurem Gebiet gebt.
Ich denke so: Dieses Afrika ist das Land der roten Kapitaine; wir sind von derselben Farbe und Lebensart, haben gemeinschaftliche Gesetze, die für uns und unsere Leute genügen. Wir sind nicht hart gegeneinander, sondern ordnen Dinge in Frieden und Brüderschaft. Wenn Leute eines Kapitains mit Menschen eines anderen Kapitains auf demselben Platz wohnen, so halten sie Frieden, und die Kapitaine haben nichts dagegen. Sie stellen keine Gesetze gegeneinander auf über Wasser, Weide, Wege, um Geld daraus zu schlagen. Für jeden Reisenden, der durch unser Land kommt, halten wir diese Dinge frei zur Verfügung, sei er von roter, weißer oder schwarzer Farbe. Das ist recht und gut und reicht für uns zum Leben. […] Die weißen Menschen aber handeln ganz anders. Ihre Gesetze sind unpassend für uns rote Menschen und undurchführbar. Diese unbarmherzigen Gesetze bedrücken den Menschen von allen Seiten; sie kennen kein Gefühl oder Rücksicht darauf, ob ein Mensch reich oder arm ist. Ich

bin sehr ungehalten über Euch und alle Kapitaine von Groß-Namaqualand, die Ihr deutschen Schutz angenommen habt und dadurch den weißen Menschen Rechte und Einfluss in unserem Land gebt. Die Sache mit den Deutschen sehe ich mit ganz anderen Augen an. Sie geben vor, Euch vor anderen großen Nationen schützen zu wollen. Mir scheint aber, sie selbst sind die große Nation, die mit Gewalt in unser Land kommen will. Ich sehe sie mit Gewalt regieren und in unserem Land Verbote aufstellen. [...] Mit der Ankunft der Deutschen kann ich den Frieden nicht kommen sehen; denn sie rühmen sich ihrer Macht und ihrer Werke zu sehr.

(Zit. nach: Hendrik Witbooi, Afrika den Afrikanern!, Benin 1982, S. 132–134)

Der Krieg gegen die Herero

M 4 Der sog. Schießbefehl des Generals von Trotha vom 2.10.1904

Abschrift
Kommando der Schutztruppe. I. Nr. 3737. Osombo-Windhuk, 2.10.04

Ich der große General der Deutschen Soldaten sende diesen Brief an das Volk der Herero.
Die Herero sind nicht mehr deutsche Untertanen. Sie haben gemordet und gestohlen, haben verwundeten Soldaten Ohren und Nasen und andere Körperteile abgeschnitten und wollen jetzt aus Feigheit nicht mehr kämpfen.
Ich sage dem Volk: Jeder, der einen der Kapitäne (= Häuptlinge) an eine meiner Stationen als Gefangenen abliefert, erhält tausend Mark, wer Samuel Maherero (Anführer der Herero) bringt, erhält fünftausend Mark. Das Volk der Herero muss jedoch das Land verlassen. Wenn das Volk dies nicht tut, so werde ich es mit dem Groot Rohr dazu zwingen.
Innerhalb der Deutschen Grenze wird jeder Herero mit oder ohne Gewehr, mit oder ohne Vieh erschossen, ich nehme keine Weiber und keine Kinder mehr auf, treibe sie zu ihrem Volke zurück oder lasse auch auf sie schießen.
Dies sind meine Worte an das Volk der Herero.
Der große General des mächtigen Deutschen Kaisers.

Dieser Erlass ist bei den Appells den Truppen mitzuteilen mit dem Hinzufügen, dass auch der Truppe, die einen der Kapitäne fängt, die entsprechende Belohnung zuteil wird, und dass das Schießen auf Weiber und Kinder so zu verstehen ist, dass über sie hinweggeschossen wird, um sie zum Laufen zu zwingen. Ich nehme mit Bestimmtheit an, dass dieser Erlass dazu führen wird, keine männlichen Gefangene mehr zu machen, aber nicht zu Grausamkeiten gegen Weiber und Kinder ausartet. Diese werden schon fortlaufen, wenn zweimal über sie hinweggeschossen wird. Die Truppe wird sich des guten Rufes der deutschen Soldaten bewusst bleiben.
Der Kommandeur, Gez. v. Trotha, Generalleutnant.

(Zit. nach: Gunter Spraul, Der „Völkermord" an den Herero – Untersuchungen zu einer neuen Kontinuitätsthese, GWU 1988/12, S. 738 f.)

M 5 Von Trotha, Oberbefehlshaber der deutschen Truppen bei der Niederschlagung des Herero-Aufstandes, an General von Schlieffen (4.10.1904)

Es fragte sich nun für mich nur, wie ist der Krieg mit den Herero zu beendigen. Die Ansichten darüber bei dem Gouverneur und einigen alten Afrikanern einerseits und mir andererseits gehen gänzlich auseinander. Erstere wollten schon lange verhandeln und bezeichnen die Nation der Herero als notwendiges Arbeitsmaterial für die zukünftige Verwendung des Landes. Ich bin gänzlich anderer Ansicht. Ich glaube, dass die Nation als solche vernichtet werden muss oder, wenn dies durch taktische Schläge nicht möglich war, operativ und durch die weitere Detail-Behandlung aus dem Lande gewiesen wird. Es wird möglich sein, durch die erfolgte Besetzung der Wasserstellen von Grootfontein bis Gobabis und durch eine rege Beweglichkeit der Kolonnen die kleinen nach Westen zurückströmenden Teile des Volkes zu finden und sie allmählich aufzureiben. In das Sandfeld (Omaheke) hinein die Hauptabteilungen der Nation mit den Kapitänen zu verfolgen, zu fassen und zu vernichten, ist im Augenblick nicht möglich. Die Verpflegungsfrage ist schon über die Grenze der von mir zu verantwortenden Möglichkeiten hinübergegangen.
Inwieweit es der in Osombo-Ovondimbe zurückgebliebenen Abteilung Estorff möglich sein wird, sie [die Herero] immer wieder von evtl. dort gefundenen Wasserstellen zu verjagen und in das Betschuanaland zu drängen, muss die Zeit lehren. Wenn dies nicht möglich ist, wird es davon abhängen, ob die Herero vor Beginn der Regenperiode imstande sind, sich im Sandfeld (Omaheke) zu behaupten, oder ob sie versuchen, über die englische Grenze zu gehen oder ihre alten Weideplätze mit Gewalt oder völliger Unterwerfung wieder in Besitz zu nehmen. Da ich mit den Leuten weder paktieren kann noch ohne ausdrückliche Weisung Seiner Majestät des

Kaisers und Königs will, so ist eine gewisse rigorose Behandlung aller Teile der Nation unbedingt notwendig, eine Behandlung, die ich zunächst auf meine eigene Verantwortung übernommen und durchgeführt habe, von der ich auch, solange ich das Kommando habe, ohne direkte Weisung nicht abgehe. Meine genaue Kenntnis so vieler zentralafrikanischer Stämme, Bantu und anderer, hat mir überall die überzeugende Notwendigkeit vorgeführt, dass sich der Neger keinem Vertrag, sondern nur der rohen Gewalt so beugt. Ich habe gestern, vor meinem Abmarsch, die in den letzten Tagen ergriffenen Orlog-Leute, kriegsgerichtlich verurteilt, aufhängen lassen, und habe alle zugelaufenen Weiber und Kinder wieder in das Sandfeld unter Mitgabe der in Othiherero abgefassten Proklamation an das Volk zurückgejagt. [...] Andererseits ist die Aufnahme der Weiber und Kinder, die zum großen Teil krank sind, eine eminente Gefahr für die Truppe, sie jedoch zu verpflegen eine Unmöglichkeit. Deshalb halte ich es für richtiger, dass die Nation in sich untergeht und nicht noch unsere Soldaten infiziert und an Wasser und Nahrungsmitteln beeinträchtigt. Außerdem würde irgendeine Milde von meiner Seite vonseiten der Herero nur als Schwäche aufgefasst werden. Sie müssen jetzt im Sandfeld untergehen oder über die Betschuanagrenze überzugehen trachten. Dieser Aufstand ist und bleibt der Anfang eines Rassenkampfes, den ich schon 1897 in meinen Berichten an den Reichskanzler für Ostafrika vorausgesagt habe.

(Zit. nach: Michael Behnen (Hg.), Quellen zur deutschen Außenpolitik im Zeitalter des Imperialismus 1890–1911, Darmstadt 1977, S. 292f.)

M 6 Theodor Leutwein, Gouverneur in Deutsch-Südwestafrika 1894–1905

Wir haben von den drei wirtschaftlichen Werten der Kolonie, dem Bergbau, der Viehzucht und den eingeborenen Arbeitskräften, den 2. gänzlich, den 3. zu zwei Dritteln zerstört. [...] Die Frage über das künftige Schicksal der Eingeborenen Südwestafrikas lässt sich gleichfalls nur an der Hand unseres eigenen Interesses beantworten. Das „gute Geschäft", das wir in den Kolonien für uns erstreben, verlangt einerseits, dass wir die Eingeborenen, soweit sie noch vorhanden sind, erhalten, andererseits, dass wir sie zufriedenstellen.

Ob wir sie künftig in Reservaten oder in Lokationen eindämmen oder in beiden Systemen gemischt, ist hierbei eine Frage ohne Bedeutung, denn stets müssen wir ihnen so viel Land geben, als sie bedürfen, aber auch nicht über diesen Bedarf hinaus [... Landverkauf sei ihnen zu untersagen]. Dass wir ferner keiner Eingeborenenregierung mehr bedürfen, erscheint gleichfalls unrichtig. [...] Was [...] der Hauptzweck einer eingeborenen Obrigkeit bleibt, ist die Bürgschaft für das Wohlverhalten ihrer Untertanen der weißen Regierung gegenüber. Wenn es in der Vergangenheit so lange Jahre gelungen ist, im Schutzgebiet für Leben und Eigentum mindestens die gleiche Sicherheit aufrechtzuerhalten, wie wir sie in der Heimat finden, so war dies lediglich der Mitwirkung der Stammesregierungen zu verdanken. [...] Zu allen diesen Gründen [...] tritt noch der diplomatisch moralische Beweggrund, dass der Eingeborene sich lieber von einem Stammesgenossen beherrschen, wenn man will, auch tyrannisieren lässt, als von einem weißen Mann. [...] Was aber durchgeführt werden muss, ist die Gleichstellung der beiden Rassen vor Gericht, ob auch in Bezug auf Glaubwürdigkeit, mag in jedem einzelnen Falle der Richter entscheiden. [...] Dass dagegen Eingeborene niemals über Weiße aburteilen dürfen, ist selbstverständlich. [...] Die Entrechtung der Stämme darf noch lange nicht zur Entrechtung des einzelnen Individuums führen. Eine solche würde unserem Interesse durchaus widersprechen, aber auch unserer Stellung als einer gesitteten Kolonialmacht, die sich jetzt erst recht den Schutz des Schwachen zur Pflicht machen muss. [...] Zwang sei auszuschließen, mit Ausnahme desjenigen zur Arbeit überhaupt. Letzterer kann mittels Auferlegung von Abgaben zugunsten der Staatsverwaltung herbeigeführt werden. Wo und wie sich jedoch der Eingeborene die Mittel zu seinen Steuern erwirbt, ist seine Sache. [...]

(Theodor Leutwein, Elf Jahre Gouverneur in Deutsch-Südwestafrika, Berlin 1906; nach: Geschichte betrifft uns, Nr. 14/August 1984)

M 7

Herero, die vor deutschen Truppen geflüchtet sind, 1904

M 8

Gefangene Herero, 1904

M 9

Herero, die den Krieg und den anschließenden Frieden überleben, sind keine viehzüchtenden Nomaden mehr, sondern Taglöhner, die zum Schuldabtragen für die Weißen arbeiten müssen.

M 10

„Ich, der große General der deutschen Soldaten“: Generalleutnant v. Trotha (Bildmitte am Tisch) mit seinem Stab im Feld

Methode

Fotos interpretieren

A. Fotos als historische Quelle

Vorstellungen von der Vergangenheit sind immer (Re-)Konstruktionen aus dem Blickwinkel der Gegenwart. Diese Konstruktionen stützen sich auf Medien, Vergangenheit ist in jedem Fall medial vermittelt. Eine spezifische Wirkung geht von visuellen Medien aus, die in besonderer Weise unsere Vorstellung von der Vergangenheit prägen. Fotos im Besondern suggerieren dokumentarische Authentizität, der Fotograf ist aber immer Subjekt; er stellt ein mediales Produkt her, das keine objektive Abbildung von Wirklichkeit ist. In einem Foto gehen Räumlichkeit und Bewegung verloren, ein Foto vermittelt immer einen räumlich-zeitlichen Ausschnitt, ist zweidimensional. Es stellt kein Ereignis in seinem Verlauf dar. Die Anordnung der Bildelemente, der Blickwinkel, also die Perspektive, die genutzte Technik (Blende, Belichtungszeit, Objektiv, Format usw.) sind Entscheidungen des Fotografen. Auch die Art der Veröffentlichung, die Auswahl der Fotos oder gar nachträgliche Bearbeitungen sind eine subjektive Entscheidung. Fotos sind somit vielen Einflüssen ausgesetzt, sie sind deshalb wie andere Quellen sorgfältig zu untersuchen.

Ein Foto kann in dreifacher Hinsicht eine Quelle sein. Das Foto ist zunächst ein **Abbild eines vergangenen Sachverhalts**. Es zeigt also Realität vor dem Objektiv der Kamera. Dieses Abbild ist gleichzeitig ein **gestaltetes Bild**. Es sagt etwas aus über vergangenes **Sehen und Gestalten**, der Fotograf reproduziert Wirklichkeit mit einer bestimmten Absicht und damit Form. Da ein Foto zuweilen öffentliches Bewusstsein prägt, kann es als **Schlüsselbild** für eine bestimmte kollektive Deutung eines historischen Ereignisses oder Vorgangs stehen, damit sagt es etwas aus über Geschichtskultur.

B. Schritte der Interpretation von historischen Fotos

1. Schritt – Leitfrage(n) festlegen:

Das Erkenntnisinteresse bestimmen und die Untersuchungsfrage formulieren (z. B. Behandlung der eingeborenen Bevölkerung durch die Kolonialherren).

2. Schritt – Analyse:

– Beschreibung und Klärung formaler Merkmale

- Fotograf vorstellen.
- Thema bzw. Gegenstand des Fotos sowie Entstehungssituation benennen.
- Anlass, Auftraggeber und Zielgruppe bestimmen.

– Fotobeschreibung und -erläuterung

- Systematisch und genau beschreiben, was auf dem Foto zu sehen ist und den historischen Sachverhalt sowie die Entstehungssituation erläutern (Beschreibung des Fotos als Abbild).
- Den Aufbau des Fotos und die Gestaltungsmittel darstellen:
  – einzelne Objekte: Personen, Gegenstände
  – Kompositionsschema: Vorder-, Mittel-, Hintergrund; Größenverhältnisse
  – technische Mittel: Ausschnitt, Perspektive (Normal-, Unter-, Obersicht), Einstellung (Nähe zum Objekt), Brennweite (Dehnung, Stauchung)
  – evtl. nachträgliche Bearbeitung: Retusche, Montage (Beschreibung des Fotos als gestaltetes Bild).
- Den historischen Sachverhalt darlegen.

3. Schritt – Interpretation:

– Ebene 1: Interpretation im engeren Sinne

- Die Aussage des Fotos im historischen Kontext sowie in seiner Gestaltungsabsicht unter Berücksichtigung des Zusammenspiels von Inhalt und Form deuten.

Mögliche Fragestellungen:

– Welche Informationen vermittelt das Foto über die historische Situation?
– Welche Wirkung soll das Foto hinterlassen?
– Welche Botschaft soll vermittelt werden?
– Kann das Bild als Schlüsselbild gelten? Welche Geschichtsdeutung kann es befördern?

– Ebene 2: Zusammenfassendes Resümee mit Blick auf die Leitfrage

- Auf der Grundlage der Ergebnisse der Interpretation werden Antworten auf die Leitfrage formuliert.

M 11 Der Historiker Gunter Spraul

Das Problem der Kontinuität in der deutschen Geschichte gehört zu den Standardfragestellungen von Geschichtswissenschaft und Publizistik. Ausgehend von der Zäsur in der Nationalgeschichte Deutschlands im Jahre 1945 galt das Interesse von vornherein nicht nur Fragen wie den Kontinuitätslinien in der außenpolitischen Zielsetzung oder den sozialen Eliten. Gleichermaßen im Vordergrund standen und stehen Fragen nach den geistig-moralischen Wurzeln, aus denen erklärt werden sollte, weshalb der deutschen Geschichte der bis dahin nicht bekannte „Makel von Gräueln und Verirrungen anhafte". Bei der Suche nach „gewalttätigen Traditionen", „die sich nicht auf den ‚Dämon' Hitler reduzieren lassen", steht seit geraumer Zeit die deutsche Kolonialpolitik und dabei besonders die Niederwerfung des Herero-Aufstandes in Deutsch-Südwestafrika im Blickpunkt des Interesses. In der Phase des kolonialen Frühfaschismus habe „der erste Völkermord" der Deutschen stattgefunden, ist in einer neueren Darstellung zu lesen. Hier seien die ersten KZ errichtet und dreißig Jahre vor Hitler „deutsches Herrenmenschentum" praktiziert worden. Damit habe die deutsche Kolonialpolitik in Zielsetzung und Methoden das Dritte Reich vorweggenommen. […]

Unter dem Eindruck der ersten überraschenden Meldungen über den Beginn eines großen Aufstandes in Deutsch-Südwestafrika erfolgte eine nur vage Bestimmung des Auftrages für die beschleunigt zu mobilisierenden Truppen. Der Kaiser forderte einfach die „Niederwerfung des Aufstandes"; die Kolonialabteilung des Auswärtigen Amtes, die im Reichstag die zusätzlichen Ausgaben zu vertreten hatte, drückte sich zurückhaltender aus und sprach von der eventuellen Notwendigkeit der Entwaffnung der Eingeborenen; dazu müsste die Schutztruppe „vorübergehend bis zur Pazifizierung des Landes" verstärkt werden. […]

Bei der Verabschiedung des ersten Truppentransportes stellte der Kaiser „Ruhe und Ordnung" als Ziel des Einsatzes in den Mittelpunkt seiner Ansprache. Die Soldaten hätten nicht nur „zu kämpfen, sondern, wenn die Ruhe wiederhergestellt ist, zu trösten und wiederaufzurichten."

Ausgelöst durch die massiven Vorwürfe der SPD, die deutschen Soldaten wollten die Herero „vernichten", beschäftigte sich bald der Reichstag eingehender mit dem Auftrag der Truppe. Ein Abgeordneter meinte beispielsweise: „Die Entwaffnung der Herero möge energisch, aber human durchgeführt werden." Reichskanzler und Kolonialdirektor bestritten auf entsprechende Vorwürfe hin entschieden, dass ein Befehl erteilt worden sei, keine Gefangenen zu machen oder auf Frauen und Kinder zu schießen: „Wenn Ausschreitungen vorgekommen sind, so bilden sie doch nur ganz verschwindend geringe Ausnahmen." Der Krieg werde in den „Grenzen einer zivilisierten Kriegsführung" bleiben, auch der künftige Befehlshaber v. Trotha werde diesen „ohne Grausamkeit" führen. „In diesem Sinne" sei auch ein Telegramm an den Gouverneur v. Leutwein gesandt worden.

Mit zunehmender Dauer des Aufstandes verlor der Kaiser, wie in seiner Umgebung verständnislos registriert wurde, das Interesse an den Vorgängen in Südwestafrika. […]

Der Anfang Mai 1904 zum neuen Kommandeur der Schutztruppe ernannte General v. Trotha bekam deshalb vom Kaiser auch keine „Instruktionen oder Direktiven" mit.

Allerdings drückte dieser dem General gegenüber auch seine Erwartung aus, dass er „mit allen […] Mitteln" den Aufstand niederschlagen werde. Von dieser ihm vermeintlich eingeräumten Freiheit in der Wahl der Mittel machte Trotha umgehend gegenüber dem noch amtierenden Gouverneur v. Leutwein Gebrauch, der durch Gewährung von Gnade das „Volk der Hereros erhalten" wollte. Ein solches Vorgehen lehnte der General aber rigoros ab. […]

Wollte General von Trotha wirklich die Herero ausrotten, sollte wirklich auf Frauen und Kinder unterschiedslos das Feuer eröffnet werden, wie heute behauptet wird?

Zwei Dinge standen für Trotha zum Zeitpunkt der Bekanntgabe der „Proklamation" offenbar im Vordergrund: einmal Vergeltung für die Kampfesweise der Herero, zum andern Vertreibung der Überlebenden aus dem deutschen Schutzgebiet. […] Dass der General die Herero damit – allerdings wenn sie nicht Wasserstellen auf englischem Gebiet erreichten – vor die Alternative Verdursten oder Tod durch die Kugel stellte, bleibt als Dimension des Furchtbaren in dieser Anordnung bestehen. […] Der Schusswaffengebrauch gegen Frauen und Kinder, so ließ Trotha nunmehr bei jedem Appell seinen Soldaten einschärfen, sei nur so zu verstehen, dass über diese hinweggeschossen werden solle, um sie zum Weglaufen zu zwingen. Freilich muss hier die Frage gestellt werden, wohin diese denn laufen sollten!

Dass die öffentliche Meinung in Deutschland […] mit einem solchen Vorgehen nicht einverstanden war, zeigte die empörte Reaktion auf das Bekanntwerden dieser Befehle, eine Reaktion, die sich dies-

mal nicht auf ein bestimmtes politisches Lager beschränkte und die sicher mit zum Eingreifen des Reichskanzlers geführt hat. […]
Alle Versuche zur zahlenmäßigen Bestimmung des Schicksals der Herero leiden unter der Tatsache, dass für die Zeit vor dem Aufstand die Zahlenangaben „äußerst ungesichert", aber auch für die Zeit danach nur in Teilbereichen zuverlässig sind. Diese Unsicherheit findet ihren Niederschlag auch in der Literatur. Horst Drechsler geht von einer Zahl von 70000 Herero zu Beginn des Aufstandes aus und kommt zu 16130 Überlebenden. […] Ein sowjetischer Statistiker kommt zu dem Urteil, dass „an die 30000 Herero ausgerottet" worden seien. […] Wie hoch die genauen Verluste der Herero waren, und auf welche Ursachen diese Verluste zurückgehen, wird aufgrund der Quellenlage wohl ungeklärt bleiben müssen. […]
„Völkermord" gehört seit dem Zweiten Weltkrieg zu den Begriffen der deutschen historisch-politischen Sprache, die besondere Emotionen und Assoziationen auslösen. Der Vorstellungsgehalt ist so sehr von den Praktiken des Nationalsozialismus bestimmt, dass jeder Vergleich damit in Konkurrenz oder in Kollision geraten muss. Generaloberst v. Schlieffen „von Deutschland aus den Völkermord leiten" oder General von Trotha einen „Genozidbefehl" erteilen zu lassen, führt zwangsläufig zur Annahme, es mit Schreibtischmördern oder Mördern „an der Grube oder der Rampe" zu tun gehabt zu haben. Das Verweisen auf Beutegut wie „in faschistischen Konzentrationslagern" lässt für keine andere Interpretation Raum als die, dass die „Täter" tatsächlich Auschwitz vorweggenommen haben müssen.
Gingen die deutschen Truppen so vor, nahmen politische oder militärische Führung in der Weise auf das dortige Geschehen Einfluss, dass diese Analogie vertretbar erscheint? Gelte diese Analogie dann nur für die deutsche Seite? […]
Dass europäische Rechtsgrundsätze von den deutschen Truppen unter dem Befehl des Generals von Trotha in ihrem Kampf gegen die aufständischen Herero nicht beachtet wurden, ist unstrittig. Dass auf Befehl und auch ohne einen solchen es zu Massentötungen bzw. zum Tode von Massen als Folge von Hunger oder Durst kam, ist erwiesen.
Dass dies von der deutschen Führung befohlen wurde, ist nicht nachweisbar, aber auch wenig wahrscheinlich. Die widersprüchliche, die Verantwortlichkeiten verwischende Befehlsstruktur und – damit verbunden – das Nichtwahrnehmen der Führungsverantwortung durch die Berliner Stellen räumten dem örtlichen Führer einen übergroßen Freiraum ein, den dieser zu einem Vorgehen nutzte, das allein mit militärischen Sachzwängen nicht zu rechtfertigen war. Dass nach Bekanntwerden dieser Handlungsweise nicht sofort dagegen eingeschritten wurde, kann nicht bestritten werden. Reichen aber Gleichgültigkeit oder Gewährenlassen, wobei die Frage der Motive sicher nicht ausgeklammert werden darf, aus, um die Einführung des in so fataler Weise kriminalisierenden Begriffs „Völkermord" zu rechtfertigen? Erfährt der Begriff damit nicht eine Inflationierung, die das Unterscheidungsvermögen angesichts der Ungeheuerlichkeiten einer späteren Zeit zu beeinträchtigen vermag? War Schlieffen wirklich der Vorgänger von Eichmann?

(Spraul, a.a.O., S. 713ff.)

Wiedergutmachung

M 12 Interview mit Kuaima Riruako, Häuptling des Herero-Stammes in Namibia (1990)

Häuptling Riruako, was war der Hintergrund des Herero-Aufstandes von 1904 und welche Verbrechen haben die Deutschen damals begangen?

Die kaiserliche deutsche Regierung hatte 1892 durch ihre Gouverneure Theodor Leutwein und seinen Vorgänger Kurt von François die willkürliche Beschlagnahmung von Land und Vieh der Hereros verfügt. Sie erreichte ihren ersten Höhepunkt mit der Besetzung Windhuks und seiner Umgebung. Damit verloren die Hereros 13000 Quadratkilometer ihres fruchtbarsten Bodens. Das Gebiet wurde zum Niemandsland erklärt und an eine britische Landgesellschaft weitergegeben. Als Theodor Leutwein den Gouverneursposten von Kurt von François übernahm, kam es ihm vor allem darauf an, Land und Vieh der Hereros in Besitz deutscher Siedler zu bringen. Leutwein schaffte das auf betrügerische Weise, indem er die Hereros durch sogenannte Schutzverträge mit Häuptlingen Schritt für Schritt enteignete. 1894 schloss er einen „Vertrag" mit Häuptling Samuel Maharerero, der die nördliche Grenze des Hererolandes festlegte, und auf diese Weise erreichte er es, das ursprüngliche Herero-Gebiet zu halbieren. […] Daraufhin kam es zu kleinen lokalen Rebellionen. Leutwein zögerte nicht, dies zu seinem Vorteil zu nutzen und weiteres Land und Vieh der Hereros zu beschlagnahmen.
Bis Anfang 1903 hatte sich die deutsche Regierung über 30000 Quadratkilometer und 70000 Stück

Vieh der Hereros angeeignet. Allein der Wert des Viehs der deutschen Farmer wurde 1904 auf 14 Millionen DM [7 Mio. Euro] geschätzt. Dies und andere Faktoren, wie zum Beispiel der Bau der Eisenbahnlinie Windhuk-Otavi quer durch das Hereroland, bei der die Atavie-Gesellschaft einen 20 Kilometer breiten Streifen auf beiden Seiten der Bahn mit allen Wasserstellen beanspruchte, steigerten den Zorn der Hereros und führten zum Ausbruch des Aufstands im Januar 1904. Im Verlauf des Aufstands töteten und vertrieben die Deutschen 80 Prozent der Hereros. Selbst Frauen und Kinder, die Zuflucht in Flüchtlingslagern von Missionsstationen suchten, wurden ermordet, und Überlebende wurden in die wasserlose Kalahari-Wüste getrieben.

Wie viele Hereros sind damals insgesamt getötet worden?

Durch den Vernichtungsfeldzug der deutschen Regierung sind 86000 Hereros seit 1886 getötet worden oder verschollen. Dies wird durch empirisches Material aus verschiedenen Quellen einschließlich Dokumenten aus deutschen Archiven in Berlin bestätigt.

Sie haben vor Kurzem öffentlich Wiedergutmachung von den Deutschen gefordert und darauf verwiesen, dass ja auch den Juden Wiedergutmachung gezahlt worden ist. An welche Summe denken sie?

Meine Vorstellung ist ein auszuhandelnder Betrag um drei Milliarden Rand, den ich im Namen meines Volkes gefordert habe [etwa 0,9 Milliarden Euro]. Diese Summe ist gedacht als Wiedergutmachung für die Tausenden von Toten, für das verlorene Land und das von der deutschen Regierung beschlagnahmte Vieh. Das Geld soll verwendet werden, um Farmen zu kaufen, wo Tausende von Familien siedeln können, und ebenfalls, um etwas für die Entwicklung der stark überweideten Gebiete zu tun, in denen die Kolonialmacht (Südafrika, d. Red.) seit Anfang der Zwanzigerjahre die Landlosen ansiedelte. Wir haben bereits eine Nichtregierungsorganisation, das namibische „Institut für Gemeindeentwicklung“, mit dieser Aufgabe betraut.

Wann haben Sie als Herero-Führer zum ersten Mal von der deutschen Bundesregierung Wiedergutmachung gefordert, und wie haben führende Politiker reagiert?

Wir beschäftigen uns schon sehr lange mit unserem Recht auf Schadensersatz für die unsagbaren Leiden des Herero-Volkes während der deutschen Kolonialherrschaft. In der Zeit vor der Unabhängigkeit haben wir das Thema bei verschiedenen Gelegenheiten angesprochen. Aber seit wir unsere Freiheit und Unabhängigkeit zurückgewonnen haben, kommen unsere Reparationsforderungen besser zur Geltung. Mein erster Brief an Bundeskanzler Helmut Kohl wurde am 24. November 1989 verschickt. Bisher haben wir jedoch noch keine Antwort bekommen.

[...]

Das Auswärtige Amt in Bonn hat kürzlich erklärt, seit der Unabhängigkeit Namibias könnten Forderungen wie die von Ihnen nur von der namibischen Regierung vorgebracht werden. Wie steht Ihre Regierung zu den Ansprüchen der Herero?

Den Bedenken des Auswärtigen Amts in Bonn wurde Rechnung getragen. Wir haben die Angelegenheit der namibischen Regierung vorgetragen und sind von Präsident Sam Nujoma informiert worden, dass er unsere Forderungen als berechtigt betrachtet. Präsident Nujoma ging sogar über eine bloße Zustimmung hinaus und riet mir, in meine Forderungen auch einen Anspruch des Nama-Volkes für den gleichermaßen an ihnen während des deutschen Vernichtungskrieges begangenen Völkermord aufzunehmen. Wenn die deutsche Regierung eine positive Antwort gibt, bin ich zuversichtlich, dass die namibische Regierung sich größte Mühe geben wird, die Verhandlungen bis zu einer Beilegung des Konflikts zu führen.

(Interview: Rolf-Henning Hintze, in: die tageszeitung, 10.10.1990, S. 13)

M 13 Ulrich Delius von der Gesellschaft für bedrohte Völker über Wiedergutmachung an den Herero und Nama

Hundert Jahre nach dem Völkermord an den Herero und Nama ist die Bundesrepublik Deutschland nicht bereit, sich offiziell bei den Nachkommen der Opfer zu entschuldigen. In Namibia wird so eine Chance vertan, zur Versöhnung zwischen den verschiedenen Bevölkerungsgruppen beizutragen. Denn gerade die jüngste deutsche Geschichte zeigt, dass Gewaltherrschaft und schwerste Menschenrechtsverletzungen nicht tabuisiert werden sollten. Nur wenn eine breitere Öffentlichkeit von allen dunklen Kapiteln deutscher und europäischer Geschichte erfährt, kann daraus für die Zukunft gelernt werden und können Wunden verheilen. In ihren Reden zum Holocaust an der jüdischen Bevölkerung betonen dies auch seit Jahren deutsche Politiker.

Für einen in Afrika begangenen Völkermord in deutschem Namen sollte nichts anderes gelten. Zumal in der ehemaligen deutschen Kolonie eine deutsche Minderheit lebt, deren Integration in das moderne Namibia erleichtert würde, wenn sie sich engagierter mit dem Genozid auseinandersetzen und sich noch mehr bemühen würde, die bis heute spürbaren Spätfolgen des Völkermords zu bewältigen. Bis heute warten Herero und Nama sowie andere besonders benachteiligte Bevölkerungsgruppen auf die Rückgabe eines angemessenen Teiles ihres geraubten Landes. [...] Während andere europäische Kolonialmächte begonnen haben, sich kritisch mit ihrer Verantwortung für Menschenrechtsverletzungen in Afrika auseinanderzusetzen, besteht in Deutschland noch einiger Nachholbedarf. Wenn in Schulbüchern die Vernichtung der Herero und Nama entweder überhaupt nicht erwähnt wird oder von den Hottentotten-Kriegen die Rede ist, dann zeigt dies, wie wenig die breite Öffentlichkeit sich mit der deutschen Kolonialgeschichte beschäftigt hat. [...]

[...] Bundespräsident Roman Herzog sorgte sich beim ersten Besuch eines deutschen Staatsoberhauptes im unabhängigen Namibia im März 1998 mehr um das Schicksal der deutschen Minderheit als um den Völkermord. Zuvor hatte er bei seiner Ankunft Wiedergutmachungsforderungen der Herero abgelehnt. Der Konflikt zwischen der Deutschen Kolonialverwaltung und den Herero sei ein besonders düsteres Kapitel in den bilateralen Beziehungen, erklärte Herzog. „Wir sind uns natürlich bewusst, dass die Auseinandersetzung zwischen der deutschen Kolonialverwaltung und den Hereros nicht in Ordnung war," erklärte der Bundespräsident. Ungeachtet der moralischen Verantwortung jedes Deutschen für die Geschichte seines Landes, bestünden jedoch keine juristischen Ansprüche gegen die Bundesrepublik Deutschland, da Völkerrechtsbestimmungen zum Schutz der Zivilbevölkerung und der Aufständischen erst nach dem Zweiten Weltkrieg entwickelt worden seien.

[...] Der Bundespräsident lehnte es [...] ab, sich förmlich für das Unrecht zu entschuldigen, da es von einer anderen Generation begangen worden sei. Doch mit der Gnade der „späten Geburt" sollte bei Völkermord nicht argumentiert werden.

Fragwürdig ist auch die juristische Argumentation Herzogs, die im Übrigen der Darstellung des Auswärtigen Amtes entspricht. [...] „Ein völkerrechtlicher Anspruch der Hereros und Namas gegen die Bundesrepublik Deutschland auf finanzielle Wiedergutmachung könne [...] nicht anerkannt werden. Völkerrechtliche Normen zum Schutz von Aufständischen und der Zivilbevölkerung in bewaffneten Konflikten seien erst in der Zeit nach dem Zweiten Weltkrieg entwickelt worden. Ebenso sei der Begriff des Völkermordes erst später geprägt und in der Konvention über die Verhütung und Bestrafung des Völkermordes vom 9. Dezember 1948 völkerrechtlich definiert worden."

[...] Es ist nur überraschend, mit welcher Leichtigkeit das Auswärtige Amt gleichzeitig die Wiedergutmachungs-Forderungen aus Afrika unter Hinweis auf das Völkerrecht vom Tisch wischt. Liegt es daran, dass Herero und Nama in Deutschland kaum eine Lobby haben? Wenn in deutschem Namen Unrecht verübt wurde, so sollte nicht mit zweierlei Maß gemessen werden. [...]

Vor der Weltrassismus-Konferenz in Durban im September 2001 wiederholte die GfbV nochmals ihren Appell an den Deutschen Bundestag und an Außenminister Joschka Fischer, Deutschland solle sich offiziell für den Genozid entschuldigen. Außenminister Fischer ging in seiner Rede auf der Konferenz am 1. September 2001 nur sehr allgemein auf die Verantwortung Deutschlands für in der Kolonialzeit begangene Verbrechen ein, als er im Zusammenhang mit der „Ausbeutung Afrikas durch den Kolonialismus" erklärte: „Vergangenes Unrecht lässt sich nicht ungeschehen machen. Aber Schuld anzuerkennen, Verantwortung zu übernehmen und sich seiner historischen Verpflichtung zu stellen, kann den Opfern und ihren Nachkommen zumindest die ihnen geraubte Würde zurückgeben. Ich möchte dies deshalb hier und heute für die Bundesrepublik Deutschland tun." Mit dieser Erklärung des Bedauerns habe sich der Außenminister jedoch nicht offiziell entschuldigen wollen, betont das Auswärtige Amt. [...] Der Außenminister hat dies bis heute nicht getan. [...]

Die Afrika-Beauftragte der Bundesregierung und Parlamentarische Staatssekretärin im Bundesministerium für wirtschaftliche Zusammenarbeit und Entwicklung (BMZ), Uschi Eid, lehnte bei einem Besuch im April 2003 sowohl die Zahlung von Reparationen an die Herero ab als auch Finanzhilfen für diese Bevölkerungsgruppe beim Aufkauf von Farmland. „Die Herero waren nicht die einzige Volksgruppe in Namibia, die unter der deutschen Fremdherrschaft gelitten haben," erklärte Eid. Aus diesem Grunde wäre es nicht korrekt, wenn die deutsche Regierung die Herero für eine Wiedergutmachung „aussondern" würde. Alle Volksgruppen Namibias sollten gleichermaßen von der Entwicklungshilfe Deutschlands profitieren, betonte die Staatssekretärin. [...]

(http://www.gfbv.de/report.php?id=12&stayInsideTree=1; 6.7.06)

Der europäische Imperialismus – Gewinn für die Metropolen, Zerstörung in der Peripherie?

Deutschland und andere europäische Mächte bauten Eisenbahnen, richteten Schulen und Krankenhäuser ein, führten Verwaltungen ein. Europäische Zivilisation erreichte Afrika. Andererseits: Im Jahr 1905 führte Deutschland einen Krieg gegen das Volk der Herero in Deutsch-Südwestafrika, in dem von 80 000 Stammesangehörigen nur 16 000 überlebten.

Als Deutschland seine Kolonien erwarb, war es ein aufstrebender moderner Staat. Es war die am schnellsten wachsende Kontinentalmacht, zwischen 1871 und 1900 nahm die deutsche Bevölkerung um 15 Millionen auf 56 Millionen zu. Es war wirtschaftlich und wissenschaftlich führend. Das Humboldtsche Schul- und Universitätssystem galt als vorbildlich. Außenpolitisch war es zunächst auf die Sicherung seines Platzes in Europa bedacht und beschränkte sich auf wenige koloniale Erwerbungen. Die konkurrierenden Nachbarstaaten dagegen bauten ein großes Kolonialreich auf. War das Streben nach Kolonialbesitz aus der Perspektive des ausgehenden 19. Jahrhunderts nicht berechtigt und verständlich? Und Kriege gegen die eingeborene Bevölkerung gab es schließlich auch in anderen Kolonialreichen.

Diese wenigen Stichworte zeigen, wie schwierig es ist, ein ausgewogenes Urteil zu fällen. Dieses hat zu unterscheiden zwischen der Sachurteils- und der Werturteilsebene. Das Sachurteil erfolgt im Kontext der Zeit, fragt nach deren Erkenntnissen und Anschauungen, nach Zielen und Ergebnissen, berücksichtigt aber auch, dass z. B. die Kategorie der Menschenrechte bekannt war.

Das Sachurteil blickt auf die Ergebnisse der Politik im Vergleich zu den gesetzten Zielen. Aus der Sicht des Deutschen Reiches bezogen sich diese vor allem auf die Förderung der Ein- und Ausfuhr und Investitionen, auf die Auswanderung sowie den angemahnten systemstabilisierenden Effekt. Imperialistische Ausdehnung wurde wesentlich mit kulturzivilisatorischen Motiven gerechtfertigt. Das Urteil über den Imperialismus muss folglich die Perspektive der Peripherie einnehmen und die behaupteten ökonomischen, zivilisatorischen und kulturellen Errungenschaften hinterfragen.

Das Sachurteil bildet die Grundlage des Werturteils. Dieses bezieht persönliche Wertungen ein, urteilt aus der heutigen Perspektive.

Nationale Imperialismen wiesen erhebliche Unterschiede auf, vor allem bezogen auf die Dimension der Ausdehnung. Deshalb waren auch die nationalen Wirkungen partiell unterschiedlich. Die Kolonialbilanz des Deutschen Reiches ist somit nicht ohne Weiteres verallgemeinerungsfähig. Prinzipiell vergleichbar sind dagegen die Wirkungen auf die Peripherie im Sinne der Aneignung durch überlegene Metropolstaaten.

Bau einer Eisenbahn in Deutsch-Ostafrika (um 1910)

Die deutsche Perspektive wird ergänzt durch den Gesamtblick auf die Folgen des europäischen Imperialismus.
Die vorliegenden Auszüge aus der Sekundärliteratur geben differenzierte Antworten auf zwei Leitfragen:

- **Welche Wirkungen zeigte der Imperialismus allgemein, der deutsche im Besonderen, im Zentrum und in der Peripherie?**
- **Wie lassen sich diese Wirkungen aus der Perspektive der Zeit, unter überzeitlichen Wertmaßstäben und auf der Basis persönlicher Wertungen beurteilen – als Fortschritt oder als Zerstörung?**

Analysieren Sie die Expertenurteile und setzen Sie sich kritisch mit den Einschätzungen der Historiker und Journalisten auseinander.

Es empfiehlt sich, die Materialien zunächst einzeln, jedes für sich, in den Blick zu nehmen.

1. Analysieren Sie zunächst die Materialien,
   a) indem Sie diese textbeschreibend charakterisieren;
   b) für jeden Auszug die Darstellung der Folgen des Imperialismus und deren Würdigung aufzeigen.
2. Erläutern Sie die Einschätzung der Experten. Präsentieren Sie die Ergebnisse Ihrer Erarbeitung vor der Kursgruppe, z.B. mittels Folie oder PowerPoint.
3. Vergleichen Sie die Urteile der Experten und zeigen Sie Gemeinsamkeiten bzw. Unterschiede auf. Diese können Sie abschließend in einer Mindmap zusammenfassen.
4. Diskutieren Sie, welche der vorgestellten Urteile Ihnen vor allem mit Blick auf die zweite Leitfrage am einleuchtendsten erscheinen.

Schulklasse in Dar es Salaam/Deutsch-Ostafrika, 1902

MATERIALIEN

M 1 Der Historiker Prof. Dr. Klaus Bade zur Bilanz der deutschen Kolonialgeschichte

Für Deutschland blieben die Vorstellungen von sozialökonomischer, national- und sozialideologischer Krisentherapie durch die zweite Reichsgründung in Übersee fast sämtlich unerfüllt. Die Problemlagen und Krisenerscheinungen, zu deren Bewältigung die koloniale Expansion hatte beitragen sollen, regelten sich auf andere Weise:

1. Die Bevölkerungsexplosion, die in der Kolonialpropaganda zur Expansionskraft umgemünzt worden war, begann mit dem für den Übergang zur industriellen Bevölkerungsweise charakteristischen Steilabfall der Geburtenziffern noch vor dem Weltkrieg deutlich abzunehmen. Die Vorstellung, den Bevölkerungszuwachs in die Kolonien leiten zu können, erwies sich schon Mitte der 1880er-Jahre als Illusion. […]

2. Die industriewirtschaftlichen Wachstumsstörungen, denen durch die Erschließung von nationalen Kolonialmärkten abgeholfen werden sollte, wurden Mitte der 1890er-Jahre abgelöst von der über kurze Kriseneinbrüche hinweg bis zum Vorabend des Ersten Weltkriegs anhaltenden Hochkonjunkturphase. Das hatte mit der Kolonialwirtschaft ebenso wenig zu tun wie die Ablösung der seit Mitte der 1870er-Jahre anhaltenden strukturellen Agrarkrise durch die lange Agrarkonjunktur vom Ende der 1890er-Jahre bis zum Ersten Weltkrieg. Beides, industrielle Wachstumsstörungen und strukturelle Agrarkrise, die wirtschaftlich das Gesicht der sozialökonomischen Krisenzeit bestimmt hatten, endeten mithin schon in den 1890er-Jahren, in denen die Kolonialwirtschaft noch nicht über erste, ebenso zögernde wie verlustreiche Anfänge hinausgekommen war. Die sozialökonomischen Argumente der Kolonialpropaganda waren schon ein Jahrzehnt nach Beginn der deutschen Kolonialexpansion gegenstandslos geworden. Aber auch die Bilanz der deutschen Kolonialwirtschaft selbst fällt, im Spiegel der Außenhandelsdaten, höchst mager aus: Am Gesamtvolumen des deutschen Außenhandels der Jahre 1910/13 waren der gesamte Kolonialexport nur mit 0,6 %, der gesamte Kolonialimport nur mit 0,5 % beteiligt. Wirtschaftlich und finanziell steht die deutsche Kolonialbilanz dabei im Zeichen einer Privatisierung beträchtlicher Gewinne zugunsten weniger großer Kolonialunternehmer und Kolonialfinanciers bei einer Sozialisierung der Kosten für die politischen Sicherheitsgarantien, vor allem in der „heroischen“ Phase der deutsch-afrikanischen Kolonialgeschichte.

3. Auch die national- und sozialideologischen Integrationsfunktionen, die der Kolonialexpansion zugedacht waren, blieben weithin unerfüllt: 1888/89 bereits traten Desillusionierung, Enttäuschung und Desinteresse an die Stelle des Kolonialenthusiasmus. Die absackenden Mitgliederzahlen der Deutschen Kolonialgesellschaft und ihre hohe Mitgliederfluktuation berichten davon. Aber auch jene zweite Phase der deutschen Kolonialgeschichte, die vielfach gekennzeichnet war durch „Erschließung“ und „Befriedung“ im Kolonialkrieg, bot mehr innenpolitischen Konfliktstoff als nationales Integrationspotential. Nationalideologische Integrationsfunktionen leisteten Alldeutsche Bewegung und Flottenbewegung weit mehr als die Kolonialbewegung, die nie zur Massenbewegung wurde.

Die Hoffnung auf eine sozialideologische Integrationsfunktion der kolonialen Expansion schließlich blieb gleichfalls Illusion: Die beargwöhnte Anhängerschaft der Sozialdemokratie wurde nicht über den Kolonialismus integriert, sondern fügte sich über den Revisionismus der bürgerlichen Gesellschaft ein. Die Bewältigung der als sozialrevolutionäres Potenzial gefürchteten sozialen Frage wurde nicht durch Kolonialpolitik als überseeische „Sozialpolitik“ sondern durch den Industrialisierungsprozess selbst, durch das sprunghaft ansteigende Arbeitsplatzangebot und durch die damit einhergehende Einschichtung des Industrieproletariats in ein Sozialgefüge angebahnt, das durch das Anwachsen der unteren Mittelschichten zusehends den Charakter der Klassengesellschaft verlor.

Die Vorstellung endlich, die soziale Frage direkt exportieren, proletarisches Protestpotenzial im Zuge einer kolonialexpansionistischen Revolutionsprophylaxe durch organisierte Auswanderung in deutsche Überseegebiete lenken zu können, blieb vollends Chimäre: Die deutschen Kolonialgebiete waren allesamt für eine Massenansiedlung schon aus klimatischen Gründen ungeeignet. Außerdem blieb der Versuch, sich als Siedler, Farmer oder Kleingewerbetreibender in den Kolonien niederzulassen, an ein nicht unerhebliches Startkapital gebunden. Für den gefürchteten proletarischen „revolutionären Zündstoff“ gab es deswegen in den Kolonien durchweg keine Chance.

Die Geschichte des Sozialimperialismus war nach alledem – nicht was die Alldeutsche und die Flottenbewegung im wilhelminischen Deutschland, aber was die deutsche Kolonialgeschichte im engeren Sinne angeht – weithin die Geschichte der Desillusionierung kolonialideologischer Projektionen durch die Erfahrung der kolonialen Realität.

(Klaus J. Bade, Das Kaiserreich als Kolonialmacht – Ideologische Projektionen und historische Erfahrungen; in: Josef Becker/Andreas Hillgruber, Die deutsche Frage im 19. und 20. Jahrhundert, (Verlag Ernst Vögel) München 1983, S. 104ff.)

M 2 Der Historiker Horst Gründer

Es wäre allerdings verfehlt, das deutsche koloniale Abenteuer wirtschaftlich als reines Verlustgeschäft abzubuchen. Denn der öffentlichen Kosten-Nutzen-Rechnung steht im Hinblick auf eine kolonialwirtschaftliche Bilanz die private Seite des kolonialen Geschäftes gegenüber. Wenn es selbst in diesem Bereich nicht an Verlusten gefehlt hat, abgesehen von den hohen Anfangsinvestitionskosten, so dürfte doch eine vergleichsweise kleine Zahl von Kolonialunternehmern und Kolonialfinanciers ganz beträchtliche Gewinne aus den Kolonien gezogen haben. Für einzelne Interessenten wie Großreeder, Großhandelsfirmen, Plantagenunternehmer und Kolonialspekulanten ist der Kolonialismus unzweifelhaft ein einträgliches Geschäft gewesen. „So betrachtet erschiene", wie es Klaus J. Bade unter Verwendung einer Formel von Friedrich Stampfer formuliert hat, „die wirtschaftliche Bilanz der deutschen Kolonialherrschaft [...] im Lichte einer Privatisierung der Gewinne bei einer Sozialisierung der Verluste, die diese Gewinne ermöglichten."

[...] Was nun die „inhaltliche" Seite der deutschen Kolonialzeit anbetrifft, so wird es noch schwieriger, generalisierende Aussagen über den spezifisch deutschen kolonialen Zugriff, die Funktionsweise der deutschen Kolonialherrschaft und vor allem deren Nachwirkungen auf die kolonisierten Völker zu machen, Letzteres nicht nur wegen der kurzlebigen deutschen Kolonialepoche. [...] Namentlich in der ersten Phase der deutschen Kolonialherrschaft, die etwa mit dem Sturz Bismarcks endete, war das deutsche Vordringen eher durch mehr oder weniger planloses Konquistadoren- und Abenteurertum und eine unruhig experimentierende, auf das eingeborene „Kapital" wenig Rücksicht nehmende Wirtschaft gekennzeichnet. Erst nach dieser „Experimentierphase", die mit der Brechung des primären Widerstandes oft zusammenfiel, setzte eine sowohl systematischere verwaltungsmäßige Erschließung als auch wirtschaftliche „mise en valeur" der Kolonien, Letztere verstärkt um die Jahre 1896/97, ein. [...] Reformen in der kolonialen Verwaltung in Richtung einer autonomeren und selbstbewussteren Administration, staatliche Entwicklungsprogramme für die Kolonialwirtschaft und Anreize für den überseeischen Kapitalexport sollten zum Gedeihen der Kolonien beitragen. Zu den „Erhaltungsmitteln" künftiger Kolonisation – gegenüber den bis dahin angewandten „Zerstörungsmitteln" – gehörten [...] „ebenso der Missionar wie der Arzt, die Eisenbahn wie die Maschine, also die fortgeschrittene theoretische und angewandte Wissenschaft auf allen Gebieten". Aber auch dem Schutz der einheimischen Bevölkerung als des „wichtigsten Aktivums" der deutschen Kolonialwirtschaft kam [im] Reformprogramm eine zentrale Bedeutung zu. Daher trat [die Reform] zugleich, freilich unter dem Primat wirtschaftlicher Prosperität der Kolonien und damit politisch-ökonomischer Überlegungen der Metropole, für eine „negererhaltende" Politik ein.

[...] Die Entwicklung in ausgesprochenen Siedlungskolonien wie Deutsch-Südwestafrika ist [...] kaum oder nur bedingt mit derjenigen in Handelskolonien wie Togo oder gar Samoa zu vergleichen [...]. Selbst innerhalb derselben Kolonie konnten die Erfahrungen der Einheimischen mit dem deutschen Kolonialismus höchst unterschiedlich sein. Ohnedies reichten die Wirtschaftsstrukturen im deutschen Kolonialimperium von Handels- über Plantagen- zu Siedlungskolonien, die Herrschaftsstrukturen von der formell-direkten Territorialherrschaft hin bis zur indirekten Herrschaft nach dem Residenturprinzip wie in Ruanda und Urundi – das zugleich die indigenen Strukturen am wenigsten tangierte, aber ebensowenig einen sozialen Wandel involvierte –, während das Reich in weiten Teilen Deutsch-Neuguineas zu keiner Zeit über die von ihm beanspruchten Gebiete eine administrativ und politisch wirksame Kontrolle auszuüben vermochte.

Die Folge war, dass auch die Kolonialisierten deutsche koloniale Herrschaft jeweils unterschiedlich erfahren haben (und bis heute eine unterschiedliche Erinnerung an diese Zeit überliefern). Das gilt erst recht für jene indigenen Herrschaftseliten oder Stämme, die mit der Kolonialmacht „kollaborierten", sei es, um ihre eigene Herrschaft gegenüber bedrohenden Mächten von außen oder konkurrierenden Kräften im Innern zu sichern, zu stabilisieren oder auszubauen, sei es, um sich in der „kolonialen Situation" neue wirtschaftliche Einkünfte oder politische Herrschaftsbereiche zu sichern. Als Beispiele können die Tolai in Deutsch-Neuguinea ebenso wie die islamischen Fulbe in Kamerun gelten, die ein System etablierten, das man als kolonialen „Subimperialismus" bezeichnen kann. Auch die Tyrannei dominierender Ethnien oder die Suprematie bestimmter Kasten, die bis zur Versklavung der beherrschten Völker reichen konnten, schufen Voraussetzungen und den

Nährboden für eine Kollaboration. Die „neuen Herren" wurden daher nicht nur als Unterdrücker empfangen oder betrachtet. Nach der politischen Entmachtung der traditionellen Herrschaftsgruppen kam ihre koloniale Landfriedenspolitik zudem breiteren Schichten zugute, sodass sich das festgefügte präkoloniale Sozialsystem einer „offeneren" Gesellschaft nähern konnte: Nicht an der traditionellen Machtteilhabe partizipierende Gruppen erhielten Chancen des sozialen Aufstiegs und der politischen Emanzipation.
Gleichzeitig wussten die Kolonisierten den zwangsläufigen politischen, sozialen und ökonomischen Wandel teilweise zu ihrem Vorteil zu nutzen, sodass sich – nach Überwindung des sogenannten Kulturschocks – europäische Kultur mit traditionellen Wert- und Glaubensvorstellungen vermischte, wodurch sich neue kulturelle Identitäten bildeten.
Daher erscheint es nicht angemessen, von einer totalen Zerstörung der soziokulturellen Identität der kolonisierten Völker zu reden und den Kolonialismus einseitig als „Faschismus an der Peripherie" [...] zu charakterisieren. Unzweifelhaft enthielt er, wo er in einer rassenideologischen Axiomatik fußte oder auf einer „völkischen" Siedlungsagitation („Volk ohne Raum") beruhte oder in eine anonyme Kolonialbürokratie degenerierte, „Elemente totaler Herrschaft" (H. Arendt). Hier liegen sicherlich sowohl Parallelen als auch Verbindungslinien zum Nationalsozialismus vor. Andererseits entwickelte auch die deutsche Kolonialherrschaft nach der machtpolitischen „Klärung" der Herrschaftsbeziehungen, nach der es für die kolonialisierten Völker kein Zurück mehr gab, bereits Ansätze einer von außen aufgezwungenen „Entwicklungspolitik". Diese koloniale „Entwicklungsdiktatur" ging naturgemäß von den Interessen der Metropole aus und orientierte sich zweifelsohne einseitig am westlichen „Modernisierungsmodell". Die besondere „Dialektik der kolonialen Situation" [...] lag freilich darin begründet, dass das koloniale Entwicklungs- und Schulungsprogramm zwar den präkolonialen Entwicklungsprozess radikal unterbrach, zugleich aber die Voraussetzungen und Instrumente für den späteren Emanzipationskampf sowie für die kulturelle und politische Reintegration in eine größere Gemeinschaft schuf und somit das formell-direkte koloniale System selbst wieder aufhob. An diesem dialektischen Prozess war die deutsche Kolonialherrschaft ebenso beteiligt wie an den bis heute nachwirkenden Folgen.

(Horst Gründer, Geschichte der deutschen Kolonien, (UTB/Schöningh) Paderborn 2004, S. 240 ff.)

M 3 Der Historiker Wolfgang Reinhard über die Widersprüchlichkeit des Kolonialismus

Wenn wir weder die Zweckrationalität planmäßig verwirklichter menschlicher Absichten noch die Systemrationalität anonym wirkender Strukturen im historischen Ablauf entdecken können, sondern die Abwesenheit einer durchgehaltenen Rationalität des Prozesses feststellen müssen, dann ist Regelmäßigkeit dennoch nicht ausgeschlossen. Denn die Kette menschlicher Handlungen und ihrer Folgen besteht nicht nur aus Absichten und planmäßigen Konsequenzen, wenn sie verwirklicht werden, sondern zu einem nicht geringen Teil aus nicht beabsichtigten Neben- und Rückwirkungen. [...] Diese nicht intendierten Wirkungen menschlichen Handelns [leiten] sich häufig aus Gegensätzen her [...], in unserem Fall vor allem aus dem Grundgegensatz zwischen der Welt der Kolonialherren und jener der Kolonisierten. [...] In der europäischen Expansion lassen sich nun regelmäßig zwei Hauptgruppen derartiger dialektischer Effekte beobachten. Die einen kommen durch Nichtbeachtung der Nebenwirkungen zustande, die anderen durch Fehleinschätzungen menschlichen Verhaltens.
Nichtbeachtung der Nebenwirkungen kann auf schlichter Unwissenheit beruhen [...]. Wer hätte sich darum gekümmert, dass neue wirtschaftliche Möglichkeiten wie die Produktion für den Weltmarkt und wohlmeinende Maßnahmen der Gesundheitsfürsorge letztendlich eine bedrohliche Bevölkerungsexplosion hervorbringen können? Diese Einstellung beruht aber nicht selten darauf, dass den Interessen der Kolonialmacht der Vorrang eingeräumt wird und diejenigen der Kolonisierten entweder „vergessen" oder nur subsidiär berücksichtigt werden, manchmal weil man von der Fiktion ausgeht, was gut für die Kolonialmacht ist, müsse automatisch auch für die Eingeborenen von Vorteil sein. [...]
[Schließlich] [...] spielte jene Fehleinschätzung menschlichen Verhaltens eine Rolle, die auf Unkenntnis und Missachtung der Gegenseite beruht. [...] Viele Afrikaner [waren] des Glaubens [...], dass die Weißen Ahnen seien, die aus dem Lande der Toten zurückkämen. Weil die Eingeborenen in vielen Fällen von Primärwiderstand die Macht und Entschlossenheit ihrer Gegner nicht durchschauten, wirken ihre Aufstände kontraproduktiv und lösten die eigentliche Besetzung ihrer Länder erst aus. [...] In ähnlicher Weise hat der Rassismus der Europäer dazu geführt, dass sie zu ihrem eigenen

Schaden die Fähigkeiten und Möglichkeiten der Afrikaner unterschätzten, wie sich in der [Unabhängigkeitsbewegung] zeigen sollte. [...]

Ein anderer Typ der Fehleinschätzung menschlichen Verhaltens beruht auf jener üblichen Einstellung, die man das „Prinzip der menschlichen Schäbigkeit" nennen könnte. Das soll heißen, die Mehrheit der Menschen neigt dazu, die edleren Regungen einer Minderheit zu überlassen und deren Verhalten auszunützen, selbst aber nach den eigenen kurzfristigen Interessen zu handeln, auch wenn das eigene wohlverstandene Interesse darunter leidet. Der verbreiteste Fall in unserem Bereich sind die Siedlerinteressen, an denen von Anfang an mehr oder weniger wohlmeinende kolonialpolitische Programme zuschanden wurden. [...]

[Auch in anderen Bereichen] muss man für die Expansion [...] mit Nebenwirkungen aus Unkenntnis rechnen. Man konnte gar nicht wissen, was alles geschehen würde, als man den Mais nach Afrika, das Pferd nach Amerika und das Kaninchen nach Australien brachte, von den die längste Zeit ohnehin unbekannten Krankheitserregern ganz abgesehen. Ähnliches gilt für die landwirtschaftlichen Technologien und Innovationen wie die Einführung des Pfluges, die Verwandlung von Savannen in Ackerland und die Rodung von Regenwald. [...]

Der „ökologische Imperialismus" geht aber über die unzusammenhängenden Einzelmaßnahmen hinaus, denn die totale Umwandlung der Kolonien in gemäßigten Zonen, in völlig neue Kulturlandschaften beruht durchaus auf einer Art Gesamtkonzept. Der Europäer wollte eine neue Umwelt schaffen, oder besser, die alte in vollkommenerer Form reproduzieren, den gewohnten Ackerbau und die gewohnten Haustiere zur Erzeugung der gewohnten Nahrungsmittel, die gewohnten Siedlungs- und Organisationsformen. [...]

Aus human-ökologischer Sicht waren die europäischen Siedler ja „klassische" Kolonisatoren, die aus ihrer Perspektive leere Räume auffüllten und neu gestalteten.

[...] Im Bereich der Wirtschaft liefen die Absichten des Westens makro-ökonomisch auf die Befriedigung seiner Nachfrage, dann auf Abnahme seines Angebotes hinaus, mikro-ökonomisch auf Profitmaximierung. Dabei hat die expandierende Nachfrage nach Gewürzen, Edelmetallen, hochwertigen tropischen Agrarerzeugnissen und Industriepflanzen sowie den zu ihrer Erzeugung notwendigen Arbeitskräften ihre Ziele erreicht. [...] Doch der Erfolg war mit beträchtlichen ökologischen Kosten verbunden und führte zu einer schwer korrigierbaren Einseitigkeit und Abhängigkeit der Volkswirtschaft heute unabhängiger Länder, was nicht abzusehen war.

Auf der Angebotsseite tat sich Europa schwerer, verfügte es doch von Haus aus kaum über Güter, die vom Rest der Welt nachgefragt wurden. Es hat daher der Neuen Welt seine dort nicht benötigten „Dienstleistungen" Entdeckung und Eroberung, Herrschaft und Transport aufgezwungen. Seit dem Zeitalter des Merkantilismus ging Europa dazu über, sich selber die Märkte für sein wachsendes Angebot an Fertigwaren zu schaffen. [...]

Intendierte wie nicht intendierte Nebenwirkungen der europäischen Wirtschaftsexpansion sind vor allem auch im Bereich der Gesellschaft zu finden. Die Eingliederung in die Weltwirtschaft musste und sollte neue soziale Beziehungen und neue soziale Gebilde hervorbringen. Durch neue Wirtschafts- und Herrschaftsformen im neuen Milieu der modernen Großstadt entstanden neue Eliten und die Lohnarbeiterschaft. Erhöhte Mobilität bot den einzelnen Männern und zum Teil auch den Frauen ganz neue Chancen. Infolgedessen veränderten sich Familien- und Gruppenstrukturen. [...]

Im Bereich der Politik stoßen wir nicht nur auf den evidenten Grundwiderspruch zwischen Kolonialherren und Kolonisierten, sondern auf erhebliche „Binnenwidersprüche" unter den Ersteren. [...] Vor allem hat es stets höchst folgenreiche Interessengegensätze zwischen verschiedenen Gruppen gegeben, denn die Zielvorstellungen von Politikern, Administratoren, Militärs, Geschäftsleuten, Siedlern und Missionaren pflegten sich erheblich zu unterscheiden. [...]

Die politischen Ziele der Eingeborenen müssen sich notgedrungen zunächst auf Reaktionen auf die westliche Expansion beschränken. Anpassung oder Widerstand, lautet die Parole. Bei informeller westlicher Hegemonie wie bei formeller Kolonialherrschaft hat es stets Einzelne oder Gruppen gegeben, die ihren Vorteil in der Zusammenarbeit mit dem Westen fanden und auf diese Weise Kontrolle erst ermöglicht haben, obwohl dies kaum ihre ursprüngliche Absicht war. Ohne solche „Kollaborateure" war schon aus Kostengründen weder Kolonialwirtschaft noch Kolonialherrschaft möglich. [...]

War Kolonialherrschaft aber einmal etabliert, dann pflegte sie durchaus Akzeptanz bei den Massen zu finden, nicht zuletzt dank der einheimischen Mitarbeiter, die das neue Herrschaftssystem mittrugen. [...]

[Schließlich] war es stets die Absicht des Westens gewesen, sich den Rest der Welt kulturell anzugleichen, und sei es nur soweit, dass die anderen als Kunden in Frage kamen oder den Anforderungen gerecht werden konnten, die an sie als Untertanen gestellt wurden. [...] In der Frühzeit war das Christentum schlechthin der Inbegriff der westlichen Kultur, die es zu verbreiten galt. Die Missionare, in deren Händen aus Kostengründen auch später ein beträchtlicher Teil des kolonialen Bildungswesens geblieben ist, wollten durch dosierte Verbreitung westlicher Bildung Christen formen. Geschäftsleute und Administratoren hingegen brauchten qualifizierte Mitarbeiter für untergeordnete Aufgaben ihrer Arbeitsbereiche: Schreiber, Techniker, Heilgehilfen, Grundschullehrer, Polizisten, Unteroffiziere usf.

(Wolfgang Reinhard, Geschichte der europäischen Expansion, Bd. 4/Dritte Welt – Afrika, (Kohlhammer) Stuttgart 1990, S. 204 ff.)

M 4 Bartholomäus Grill über die langfristigen Folgen des Imperialismus

B. Grill ist Afrika-Korrespondent der Wochenzeitung „Die Zeit".

[...] Landraub, Unterjochung, Ausbeutung. Es war Unrecht. Aber so genau will man heutzutage gar nicht mehr wissen, welche Folgen der Kolonialismus zeitigte. Man hat sich angewöhnt, die willkürlichen Grenzziehungen als deren schlimmste zu benennen. Das Festlegen von Längen- und Breitengraden, das Bestimmen der Bergeshöhen und Meerestiefen, die Messung der Entfernungen und Temperaturen, all das Registrieren, Tabellarisieren, Kartografieren gehört in der Tat zu den Urakten der Besitzergreifung. „Nichts wird unmittelbarer und brutaler üble Geschichte machen, als mitten durch ein Volk eine Linie zu ziehen, besonders eine gerade Linie, die Figur der Verachtung selber, zu ziehen", lesen wir bei Thomas Pynchon. Der Kolonialherr hat seine Demarkationslinien oft mit dem Holzlineal gezogen, mitten durch Völker, Siedlungsgebiete, Kulturräume, Sprachfamilien. Über der Frage aber, was er da auseinandergeschnitten, wird gerne vergessen, was er zusammengefügt hat. Einen Staat wie Nigeria zum Beispiel, ein künstliches Gebilde, drei Großvölker – Yoruba, Ibo, Haussa-Fulani – und rund 430 kleinere Ethnien. Die britischen Geburtshelfer legten Nigeria gleichsam einen Fluch in die Wiege; seit seiner Unabhängigkeit anno 1960 strebt mit ethnischer Zentrifugalkraft auseinander, was nicht zusammengehört. Die tribalistisch motivierte Gewalt und das Blutvergießen zwischen Moslems und Christen forderte in den letzten Jahren Tausende von Menschenleben.
Auch ich hielt lange Zeit die Grenzziehungen, diese „äußere" Figur der Eroberung, für die fatalste Langzeitfolge des Kolonialismus – und unterschätzte die inneren Verwüstungen, die er angerichtet hatte. Die Verwüstungen sehen auf den ersten Blick recht ordentlich aus. Nehmen wir die Geometrie an der Straße von Buea am Fuße des Mount Kamerun hinunter zur Atlantikküste: Baum an Baum, strenge Reihen, in idealer Flucht bis zum Horizont. Man denkt an das Nationalsymbol, das Elias Canetti uns Deutschen zugeordnet hat: den Wald, den marschierenden Wald. Auch diese Baumheere – Kautschuk- und Kakaoplantagen – standen unter deutschem Kommando. [...] Die „Neger" arbeiteten auf den Plantagen, bauten Straßen, Brücken, Eisenbahntrassen und Buschfaktoreien, leisteten Transportdienste. Im Jahre 1904 waren allein im Bezirk Douala 28 000 Träger im Einsatz, darunter zahlreiche Frauen und Kinder. „Die ganze arbeitsfähige Bevölkerung war in Bewegung geraten. Die Dörfer waren leer", berichtet Theodor Seitz, der damalige Gouverneur, in einem Anflug von Selbstzweifel.
Die Plantagen trugen klangvolle oder skurrile Namen – Victoria, Moliwe, Kriegsschiffhafen, Bibundi – und ihre Manager führten präzise Statistiken, die uns Rückschlüsse auf die inhumanen Arbeitsbedingungen erlauben. Die Lohnsklaven starben wie die Fliegen. „Es ist nicht zu viel gesagt, wenn behauptet wird, dass jährlich bis zu zwanzig Prozent der Arbeiter als Kulturdünger dienten", resümiert der Kolonialhistoriker Wilfried Westphal. Wer die Fron durchhielt, wurde regelmäßig mit Schnaps versorgt. Alkoholika, die wichtigsten deutschen Ausfuhrgüter nach Togo und Kamerun, gehörten gleichsam zum Kulturprogramm der Kolonisatoren. [...]
[Das] Afrikahaus zu Hamburg [... zeigt] die Ikonologie eines kolonialen Handelsimperiums, Anschauungsmaterial zur These der sogenannten Dependenzlehre, das Zentrum – also die Kolonisierer – habe sich auf Kosten der Peripherie – der Kolonisierten – entwickelt. Das Haus Woermann verdankt seinen Aufstieg einer überseeischen Raubwirtschaft, deren Erschließungs- und Unterhaltungskosten die Steuerzahler des Deutschen Reiches getragen haben. Die Vertreter der Dependenztheorie wurden häufig angegriffen, weil die Gewinne aus dem Kolonialwesen unter dem Strich zu gering waren, um der Industrialisierung des Nordens entscheidende Schübe zu geben. Aber im Hinblick auf einzelne Zweige und Akteure der Wirtschaft sind ihre Argumente stichhaltig. Und was die Verluste für den Süden betrifft: Sie werden unterdessen nicht einmal mehr von den Verharmlosern der kolonialen Expansion geleugnet.
Sisal, Kautschuk, Tropenhölzer, Zucker, Bananen, Erdnüsse, Kakao, Tee, Kaffee, Tabak, Öl- und Kokos-

palmen, Baumwolle, die fruchtbaren Regionen des Kontinents wurden mit Plantagen überzogen. Das gleiche Muster in sämtlichen Kolonien. Der Anbau von cash crops für die Märkte der „Mutterländer" schuf nicht nur jene landwirtschaftlichen Monokulturen, von denen viele Staaten Afrikas nach wie vor abhängig sind, sondern auch ein strukturelles Nahrungsmitteldefizit. Der Export begründete eine neue Dimension des Mangels: die flächendeckende Hungersnot. Denn die kleinen Subsistenzbauern wurden auf unfruchtbare Flächen abgedrängt, waren nicht mehr in der Lage, ihre Großfamilien zu ernähren, und daher gezwungen, ihre Arbeitskraft auf den Plantagen zu verkaufen; nur so konnten sie das Geld für die Kopf- oder Hüttensteuer verdienen, die die Kolonialisten nicht nur zwecks Eigenfinanzierung ihrer Regime eingeführt hatten. Das Steuerwesen war das Kernstück ihrer zivilisatorischen Mission, den „faulen Neger" zu einem fleißigen Kuli zu erziehen. Der Tag, an dem der weiße Beamte oder der schwarze Hilfspolizist durch das Dorf schritt und aus jedem Hüttendach einen Strohhalm zupfte, um die Zahl der Tributpflichtigen zu ermitteln, markierte für seine Bewohner den letzten Akt der Unterwerfung. „Du weißt, wenn du Steuern zahlst, heißt das, du bist besiegt worden", sagte ein Chief im alten Simbabwe. Die Afrikaner waren fortan genötigt, in die Knechtsdienste der weißen Herren zu treten, deren Geld zu benutzen, deren Waren zu kaufen, ihre Militär- und Verwaltungswesen zu finanzieren. Die Subsistenzgemeinschaft wurde in eine Arbeitsgesellschaft verwandelt, an die Stelle des Tauschhandels trat die Geldwirtschaft. Die erzwungene Modernisierung zog gewaltige Umwälzungen nach sich: Landflucht, Wanderarbeit, Entwurzelung, häusliche Gewalt, Trunksucht. Mancherorts befiel die Menschen ein regelrechter Stupor, eine soziale Lähmung. Das Verhältnis zwischen dem Einzelnen und der Gemeinschaft, Mann und Frau, Jungen und Alten, Stadt und Land veränderte sich. Der Einfluss der traditionellen Autoritäten erodierte, denn sie hatten die Bevölkerung ebenso wenig zu schützen vermocht wie die Götter und Ahnen; oftmals wurden sie überhaupt nicht mehr akzeptiert, man nahm sie als Kollaborateure oder Kaziken der Fremdherrscher wahr.

„Negerkinder", denen das Privileg zuteil wurde, eine Missionsschule zu besuchen, bekamen dort die entsprechenden Zivilisationswerte eingetrichtert: Individualismus, Arbeitsdisziplin, Rationalität und Rechenhaftigkeit, Körperhygiene, lineares Zeitmaß, Schriftkultur. Sie lernten, dass die Religion ihrer Eltern nur dummer Götzenglaube ist. Dass die überlieferten Normen und Werte primitiv sind. Dass die afrikanische Kultur den Fortschritt verhindert. So schwand der Rest des Selbstwertgefühls, das nach dem Trauma der Sklaverei noch übrig geblieben war. Die Sinne, das Denken, das Wünschen der Afrikaner wurden kolonisiert.

Die Deutschen haben in Ostafrika Galgenbäume und Monokulturen hinterlassen, aber auch eine veritable Infrastruktur, Straßen, Eisenbahnlinien, Häfen, Staudämme, Telegrafennetze, Krankenhäuser, moderne, funktionale, dem Klima angepasste Zweckbauten von zeitloser Eleganz. Sie haben ein Verwaltungssystem aufgebaut und ein öffentliches Schulwesen, in dem die Schreibweise des Kisuaheli latinisiert wurde. Schule heißt in dieser Sprache seither shule. Natürlich wurden all diese Bemühungen von der Obsession beflügelt, Strenge und Geradlinigkeit, Ordnung und Kontrolle in eine Umwelt zu bringen, die als wild und wirr empfunden wurde. Manche Innovation brachte gleichsam Kollateralprodukte hervor, unbeabsichtigte Nebenwirkungen, die sich schließlich gegen die Fremdherrschaft kehrten. Das gilt insbesondere für das Wirken der viel gescholtenen Mission: Eine ganze Generation von Befreiungskämpfern wurde in kirchlichen Lehranstalten erzogen, Nkrumah (Ghana), Houphouet-Boigny (Elfenbeinküste), Kenatta (Kenia), Nyerere (Tansania), Banda (Malawi), Mugabe (Simbabwe), Mandela (Südafrika), um nur die berühmtesten zu nennen. Ihnen wurden eben nicht nur Fleiß und Gehorsam beigebracht, sondern auch das Gebot der Nächstenliebe, die Prinzipien der Gerechtigkeit und der Gleichheit aller Erdenbewohner vor Gott, die humanistischen Grundwerte des Abendlandes. Der Kolonialismus sei zugleich „politische Fesselung und mentale Befreiung" gewesen, befindet der kenianische Kulturphilosoph All Alaniin Mazrui. Die Auseinandersetzung mit der Wirtschaftsweise, der Wissenschaft, dem Bildungswesen, der Religion und dem Wertekanon der weißen Herren hat die geistigen Fundamente gelegt, um das koloniale Joch abzuschütteln.

(Bartholomäus Grill, Ach, Afrika – Berichte aus dem Inneren eines Kontinents, (Goldmann) München [2]2005, S. 100ff.)

Zusammenfassen, Üben und Darstellen

Das Zeitalter des Imperialismus – Die Weltherrschaft Europas?

Kernbegriffe:

- ★ Imperialismus
- ★ Formeller und informeller Imperialismus
- ★ Imperialismustheorie
- ★ Kolonialismus
- ★ Politik der „Offenen Tür"
- ★ Rassismus
- ★ Sozialdarwinismus
- ★ Sozialimperialismus

Info, S. 510ff.

1. Definieren Sie den Begriff „Imperialismus".

Info, S. 512ff.

2. Stellen Sie die zentralen Motive und Bedingungsfaktoren des Imperialismus dar.

Info, S. 512ff. Thema, S. 525ff.

3. Erläutern Sie die nationalen Rechtfertigungen des Imperialismus.

Info, S. 512ff. Forum, S. 549ff.

4. Setzen Sie sich kritisch mit den Rechtfertigungen des Imperialismus auseinander.

Info, S. 514

5. Erläutern Sie unterschiedliche Imperialismustheorien.

Info, S. 514–523 Thema, S. 538ff.

6. Skizzieren Sie den Ablauf des britischen, französischen, deutschen und amerikanischen Imperialismus. Charakterisieren Sie die jeweilige Vorgehensweise.

Info, S. 514–523 Thema, S. 538ff.

7. Stellen Sie Gemeinsamkeiten und Unterschiede der nationalen Imperialismen dar. Erörtern Sie vor diesem Hintergrund die Botschaft der beiden Karikaturen (s. u.).

Info, S. 523f. Forum, S. 549ff.

8. Erörtern Sie die Folgen des Imperialismus für die jeweiligen Metropolstaaten und die von ihnen beherrschten Gebiete der Peripherie. Wägen Sie unterschiedliche Sichtweisen ab. Beziehen Sie dabei wissenschaftliche Darstellungen ein.

Forum, S. 549ff.

9. Der Imperialismus: Fortschritt oder Zerstörung? Fällen Sie ein persönliches Werturteil.

„So kolonisiert der Deutsche" (Karikatur von Th. Th. Heine in der satirischen Zeitschrift „Simplicissimus", Mai 1904).

„So kolonisiert der Engländer" (ebenda).

Klausurtraining

Analyse von Sekundärliteratur und kritische Auseinandersetzung mit ihr

Aufgabenstellung

Analysieren Sie die Ausführungen des Journalisten und setzten Sie sich kritisch mit seiner Auffassung zur Verantwortung für die Probleme Afrikas auseinander.

Materialgrundlage

M 1 Bartholomäus Grill, Afrikakorrespondent der Wochenzeitung „Die ZEIT"

[...] „Wir sind die Ärmsten der Armen in Namibia", schimpft Asser Mbai, der Bezirksrat (von Okakarara, einem kleinen Ort am Waterberg). Warum das so ist? „Wie sollte es anders sein?", entgegnet er und zählt die Ursachen auf: erst die deutsche Kolonialzeit, dann die Jahre der Apartheid unter den südafrikanischen Besatzern, schließlich die korrupte Regierung nach der Unabhängigkeit. „Sie vernachlässigt die Region, weil die Leute nicht Swapo wählen." – „Das ist nicht wahr", sagt der Tjatjitrani Kandukira, der frisch gewählte Bürgermeister, 44 Jahre alt, Rastafari, Mitglied der Regierungspartei Swapo. „Wir neigen dazu, immer nur andere zu beschuldigen, das hat Tradition in Afrika. Dabei gab es hier jede Menge Missmanagement – von Herero." 9000 Einwohner hat Okakarara, rund 70 Prozent sind arbeitslos, schätzt Kandukira. „Die Jungen trinken, weil sie keine Perspektive haben." Vor ein paar Minuten wurden der Stadt wieder einmal Strom und Wasser abgedreht, Kandukira ist das peinlich. Seine Kommune ist bankrott, die meisten Einwohner zahlen keine Steuern, weil sie nichts verdienen. Eine Stadt im Teufelskreis der Unterentwicklung, die jede Eigeninitiative lähmt. Die Folgen sind in der Turnhalle der Secondary School zu besichtigen – sie ist 1989 ausgebrannt. Aber man hat es in 15 Jahren nicht geschafft, sie zu renovieren. Vielleicht kommt ja irgendwann ein großherziger Spender. Oder Reparationen aus Deutschland.

Natürlich hätte die Bundesrepublik den Herero eine Art Wiedergutmachung zahlen können, ein paar Millionen für ein Schulprogramm, den Bau von Brunnen oder für Agrarprojekte. Aber Berlin hält es wie alle ehemaligen Kolonialmächte: abblocken, um keinen Präzedenzfall zu schaffen. Man fürchtet, dadurch eine gewaltige Schleuse zu öffnen. Denn eine geradezu stratosphärische Forderung steht im Raum: 777 Milliarden Dollar, eine Zahl mit neun Nullen. Sie findet sich in einer Sammelklage der Afrikaner, die von Europa und Amerika Entschädigung für den Sklavenhandel fordern. Die Tatsache, dass afrikanische Menschenjäger kräftig mitverdient haben, wird indes geleugnet. „So etwas hat es nicht gegeben", wehrt eine Klägerin empört ab. Wer moralisch im Recht ist, nimmt es mit den historischen Fakten nicht allzu genau. Aber nach welchen Kriterien könnten die Reparationen überhaupt verteilt werden? Wer hat heute ein Anrecht darauf? Einzelpersonen? Volksgruppen? Staaten? Müsste neben Firmen wie Woermann nicht auch der Großkonzern Ashanti Goldfields aus Ghana in den Entschädigungstopf einzahlen? Und wie würde man im Falle Liberias verfahren? Dorthin waren freigelassene Sklaven aus Amerika zurückgekehrt, um 1847 eine Republik auszurufen, die Republik der Freien. Sie errichteten ein Terrorsystem, eine Art schwarze Apartheid, und versklavten ihre Brüder, die „primitiven Waldmenschen". Die Geschichte des Firestone-Konzerns, dem die Amerika-Liberianer gewaltige Plantagen überließen und Lohnsklaven zutrieben, ist eines der lehrreichsten Exempel für die Ausbeutung Afrikas im 20. Jahrhundert, einem *Joint venture* schwarzer Aristokraten und weißer Kapitalisten.

Abgesehen davon, dass ohnehin niemand die geforderte Summe aufbringen kann und will, die Reparationen würden, wie ein Gutteil der Entwicklungshilfe, nicht den Bedürftigen, sondern wiederum nur den Mächtigen zukommen, also jenen afrikanischen Eliten, die ihre Staaten so erfolgreich plündern wie ehedem die weißen Herren. Die Verbrechen, die der afrikanische Kontinent gegen seine eigene Art begeht", seien „von einem Ausmaß und, unglückseligerweise, auch von einer Art, die ständig die Erinnerung wachzurufen scheint an jene historischen Verbrechen, die dem Kontinent von anderen zugefügt wurden", gibt der nigerianische Literatur-Nobelpreisträger Wole Soyinka zu bedenken. Alle Ursachen der gegenwärtigen Misere werden auf die finsteren Jochen der Ausbeutung zurückverlegt. Die Opfer sind schwarz, die Täter weiß, eine eindimensionale Sichtweise, die vom postkolonialen Scheitern der Eliten ablenkt. Das macht es den Europäern leicht, die Anklage der Afrikaner zurückzuweisen und im selben Gedankengang jede historische Mitverantwortung für den maroden Zustand des Kontinents zu leugnen. Demnach bleibt der Sammelklage nur das symbolische Verdienst, eines der schändlichsten Kapitel der Menschheitsgeschichte ins Gedächtnis der Welt gerufen zu haben. In ihr scheint noch mal die kollektive Demütigung Afrikas auf, eine Demütigung, die nicht verjährt und schon gar nicht durch Ablasszahlungen kompensiert werden kann. Der Sklavenhandel und der Kolonialismus haben die Afrikaner herabgewürdigt zu Arbeitstieren, zu entmenschlichten Knechten, und das Tragische ist, dass sie dieses Knechtsmal in ihrem Selbstbild replizieren. Afrika verinnerlichte die Unterlegenheit, die der Vulgärdarwinismus der Kolonialherren postulierte. Sie hat selbst die Vordenker der Befreiung gelähmt. „Ich wollte ein Mensch sein, nichts als ein Mensch", schreibt Frantz Fanon in einer autobiographischen Anmerkung. Des Öfteren habe ich gebildete Afrikaner abfällig über ihre faulen, geistlosen, nichtsnutzigen Landsleute schimpfen hören, immer wieder ist mir die Geringschätzung der eigenen Kultur bei gleichzeitiger Bewunderung alles Westlichen aufgefallen, und ich entdeckte mich dabei, wie ich Afrika gegen sich selber verteidigte. Aber das ist vielleicht auch eine spezielle deutsche Art, Schuldgefühle „abzuarbeiten". Dieses historische Unbehagen, das manchmal aus der Nostalgie herauskriecht.

(Bartholomäus Grill, Ach, Afrika – Berichte aus dem Inneren eines Kontinents, (Goldmann) München [2]2005, S. 113ff.)

Vergleichende Interpretation nichtsprachlicher historischer Quellen

Aufgabenstellung

Interpretieren Sie die „Hochzeitsfotos", indem Sie
a) sie analysieren und
b) unter dem Aspekt der Kulturbegegnung im historischen Kontext vergleichend deuten.

Materialgrundlage

M 2 Afrikanische Paare um 1900

Methodenkompetenz für Geschichte

Geschichte...

„Was die Geschichte objektiv, als universales reales Geschehen wirklich ist, wissen wir nicht. Geschichte ist ein fortwährender Prozess zwischen dem Historiker und seinen Fakten."

(E. H. Carr)

Wir alle beschäftigen uns zum Teil unbewusst oder aber auch gezielt mit unserer eigenen Vergangenheit. Dies gilt für uns als Einzelwesen wie auch für gesellschaftliche Gruppen, für Staaten und Nationen in gleicher Weise. Daran wird deutlich, dass wir uns nicht nur als gegenwärtige, sondern auch als geschichtliche Wesen begreifen. Das heißt, allen Menschen und Kulturgemeinschaften ist gemeinsam, dass sie eine „Geschichte" haben.

- **Was ist das, was wir Geschichte nennen?**
- **Warum und wozu beschäftigen wir uns mit Geschichte?**
- **Wie gewinnen wir Zugang zur Geschichte?**

Was ist Geschichte?

Der Geschichtswissenschaftler Klaus Bergmann bringt die vielfältigen wissenschaftstheoretischen Überlegungen zum Thema, „was wir gemeinhin ‚Geschichte' nennen", sehr prägnant auf den Punkt, indem er anschaulich gegeneinander abgrenzt, was Geschichte ist bzw. nicht ist.

Geschichte als Dialog mit Vergangenheit

Bergmann formuliert es so: „Geschichte ist eine Erinnerung an Vergangenes, das im Wesentlichen vor unserer Lebensgeschichte geschehen ist. [...]
Geschichte ist nicht die Registrierkasse der Vergangenheit, in der abgebucht wird, was sich jemals zugetragen hat – ein Sammelsurium von Daten und Fakten, Persönlichkeiten und Epochen. Sie ist auch nicht das Abbild einer vergangenen Wirklichkeit. Die Daten und Fakten aller Art, die von den Historikern festgestellt werden, sind nichts mehr als das Material, aus dem ‚Geschichte' erst ‚gemacht' wird. Geschichte und Vergangenheit sind nicht dasselbe: Geschichte besteht aus einer nicht abreißenden Kette von immer neuen, unserer Zeit gemäßen Deutungen von Vergangenheit. Man könnte auch sagen: Geschichte besteht aus einer Vielzahl von Antworten, die sich aus gegenwärtigen Fragen an die Vergangenheit ergeben – immer neue Fragen ergeben immer neue Antworten. [...] Und eben dadurch hat Geschichte jeder Zeit etwas zu sagen."

(Zit. nach: K. Bergmann/Rita Rohrbach, Chance Geschichtsunterricht, Schwalbach 2005, S. 12)

Was bedeutet das für uns, die wir uns mit Geschichte befassen wollen?

Geschichte – eine (Re-)Konstruktion

Wer sich mit Geschichte beschäftigen will, muss sich der spezifischen Besonderheiten seines Betrachtungsgegenstands „Geschichte" bewusst sein.

> Geschichte spiegelt nicht objektiv die Vergangenheit.
> Geschichte ist immer ein Nachdenken der Menschen über vergangenes Denken, Handeln und Leiden von Menschen, das in ihrer Gegenwart stattfindet und darüber hinaus auch von gewissen Zukunftserwartungen geprägt ist.
> Geschichte ist ein vielschichtiger, interessengeleiteter Rekonstruktionsprozess der Vergangenheit.
> Das Rekonstruieren vergangener ereignisgeschichtlicher Abläufe, Strukturen und Verhältnisse ist geleitet von Fragen und Perspektiven, die aus der lebensweltlichen Gegenwartssituation des jeweiligen Betrachters stammen und Zukunftsvorstellungen mit einbeziehen.
> „**Die Geschichte**", verstanden als allein verbindliche, endgültige „historische Wahrheit", kann es somit nicht geben. Geschichte ist immer ein Vorgang zeitgebundener Deutung, d. h. Interpretation.
So ist es durchaus denkbar, dass wir uns in dem Bild, das sich nach uns lebende Generationen von unserer heutigen Gegenwart machen, in Teilen nicht mehr wiedererkennen würden.

Diese grundlegenden erkenntnistheoretischen Charakteristika und Besonderheiten des Gegenstands „Geschichte", wie wir sie heute verstehen, bestimmen sach- und fachgerechtes historisches Denken und Arbeiten im Umgehen mit Geschichte.

Warum und wozu sollen wir uns mit Geschichte beschäftigen?

„Wir sind, was wir geworden sind." In diesem kurzen Satz formuliert der Historiker Hagen Schulze implizit eine komplexe Antwort auf die Frage nach Sinn, Funktion, Motiven und Gründen, warum wir uns mit Geschichte beschäftigen.

> Gegenwart, d. h. die gegenwärtige Welt, in der wir leben, ist historisch Gewordenes.
> Der Zusammenhang von Vergangenheits-, Gegenwarts- und Zukunftsbezogenheit ist ein grundlegendes Kriterium der Geschichtlichkeit des Menschen.

Identitätsfindung

> Jeder Einzelne von uns bedarf der Geschichte, weil er als Individuum selbst eine Geschichte hat.
> Als Gruppe finden wir auf dem Weg des Nachdenkens über Vergangenheit unsere gemeinsame Identität. Die gemeinsame Geschichte fördert und stärkt Zugehörigkeits- und Zusammengehörigkeitsgefühle.

Geschichte als Orientierungsbedürfnis

> Anlass und Auslöser für unsere Beschäftigung mit Vergangenem ist somit nicht so sehr und allein die Neugier zu erfahren, wie es früher war, sondern das Nachdenken über vergangene Zeiten wird im Kern vielfach ausgelöst durch Orientierungsbedürfnisse, die wir in unserer eigenen Gegenwart haben.
> Ziel ist, Vergangenheit zu kennen, um Gegenwart zu verstehen und Zukunft zu gestalten. Anders formuliert: Beschäftigung mit Geschichte hilft, sich in unserem jeweiligen lebensweltlichen Alltag zurechtzufinden, Gegenwart besser zu verstehen und zukunftsbezogen sinnvolle Perspektiven zu entwickeln.

Wie gewinnen wir Zugang zur Geschichte?

„Spuren" der Vergangenheit

Es klingt banal, ist aber wichtig zu erinnern. Vergangenheit ist vorbei, ist ein für alle Mal vergangen. Sie ist zudem unserem unmittelbaren Zugriff entzogen. Gegenwärtig sind uns ihre Ereignisse nur durch „Spuren", die uns die vergangene Zeit hinterlassen hat und die wir ein Stück weit zurückverfolgen können. Das bedeutet, dass wir verlässliche Aussagen über die Vergangenheit nur auf der Basis von Überresten verschiedener Art machen können. Es sind verbliebene historische Zeugnisse, zum Beispiel Dokumente als Quellen ihrer Zeit, mit deren Hilfe wir uns ein Bild von Vergangenheit machen können.

Dazu bedarf es fachmethodisch geregelten Denkens und Arbeitens im Umgang mit den Zeugnissen der Vergangenheit. Benötigt wird die Fähigkeit historischen Denkens und Interpretationskompetenz.

Die historische Frage

„Das Dokument ist so lange kein Dokument, wie der Historiker nicht daran gedacht hat, ihm eine Frage zu stellen" (Paul Ricoeur, 1974). Am Anfang steht also die Frage, nicht die Quelle. Es ist die historische Frage, die historische Erkenntnisprozesse und Untersuchungsgänge zielgerichtet in Gang setzt und auch Ausgangspunkt für die Interpretation der Quellen der Vergangenheit ist.

Schlüsselkompetenz Auswerten und Deuten

Interpretation ist eine Operation, die aus diesem historischen Quellenmaterial Sinn entnimmt und auf der Grundlage der Arbeitsergebnisse Geschichte re-konstruiert. Dabei sind wir als Fragende abhängig von der jeweiligen Quellenlage, die unser historisches Wissen begrenzt.

Die verschiedenen Quellensorten und Textformen historischer Sekundärliteratur, in der Geschichtswissenschaftlerinnen und Geschichtswissenschaftler ihre historischen Forschungsergebnisse und Deutungen der Vergangenheit vorstellen, erfordern unterschiedliche fachspezifische Weisen der Bearbeitung, um sie fragebezogen sachgerecht zu erschließen.

Recherche

Wer auswerten und deuten will, benötigt gleichermaßen grundlegende Fähigkeiten der Materialbeschaffung. Er muss recherchieren können, um für die gewählte Fragestellung relevante historische Materialien zu finden und zusammenzustellen. Zu einer grundlegenden Methodenkompetenz derer, die sich mit Geschichte beschäftigen wollen, gehört somit auch die Kompetenz zielgerichteter Recherche.

Basismethode Sprachliche historische Quellen interpretieren

A. Historische Interpretation

Geschichte ist das Bild, das sich Menschen der Gegenwart von der Vergangenheit machen. Erfahrungen, Fragen, Erkenntnisinteressen der Gegenwart bestimmen somit die Beschäftigung mit der Vergangenheit.
Erkenntnisse über die Vergangenheit gewinnen wir, indem wir aus zeitgenössischer Gegenwartsperspektive Fragen an historische Quellen richten. Quellen sind Zeugnisse der Vergangenheit über menschliches Handeln und Leiden; sie sind die Materialien, die in der Vergangenheit entstanden sind und nun der Gegenwart vorliegen. Diese Quellen können verbal, bildlich oder gegenständlich sein.
Quellen sind nicht die Vergangenheit selbst, mit ihrer Hilfe erschließen wir die Vergangenheit. Sie sind Einzelstücke, gelöst aus ihrem ursprünglichen Zusammenhang, Mosaiksteine, aus denen die originale Wirklichkeit durch ein verlässliches Erkenntnisverfahren rekonstruiert werden muss. Dieses Verfahren wird historische Interpretation genannt. Die Interpretation erschließt aus Quellenmaterial Sinn, um die Fragen zu beantworten, die der Mensch der Gegenwart an die Vergangenheit richtet.
Gegenstand der historischen Interpretation sind für die Historiker alle Formen von Nachrichten, die Menschen unabsichtlich oder aber absichtlich über ihre Zeit hinterlassen haben. Ein so verstandener Quellenbegriff umfasst sowohl **Dokumente** als auch **Monumente**.

Dokumente

Überreste, die im Prozess der Geschichte hinterlassen wurden, ohne der Nachwelt gezielt Botschaften übermitteln zu wollen.

Dazu zählen:

- Urkunden
- Akten
- Allgemeine Inschriften
- Verfassungstexte
- Briefe
- Tagebücher, die nicht zur Veröffentlichung bestimmt waren
- Reden
- Flugblätter
- Streit- und Denkschriften
- Berichte und Kommentare in zeitspezifischen Massenmedien
- Literarische Zeugnisse aus einer Epoche

Monumente

Nachrichten, die mit Absicht für Betrachter geschaffen wurden. Sie sind bewusste Botschaften für eine spätere Zeit. Diese Quellen, die die Nachwelt bewusst beeinflussen wollen, werden in der Geschichtswissenschaft als **Tradition** bezeichnet.

Zu solchen sprachlichen Monumenten zählen zum Beispiel:

- Chroniken
- Viten
- Spezielle ereignis- oder personenbezogene Gedenkinschriften
- Memoiren
- Autobiografien
- Tagebuchaufzeichnungen, die bewusst zur Veröffentlichung bestimmt waren
- Gedenk- und Rechtfertigungsreden, die in klar erkennbarer Absicht an eine Nachwelt gerichtet sind

B. Schritte der Interpretation sprachlicher historischer Quellen

Eine historische Quelleninterpretation wird systematisch angelegt. Am Anfang steht die Frage, nicht die Quelle. Da Textquellen in der Regel Aussagen, Schlussfolgerungen und Rückschlüsse zu unterschiedlichen historischen Sachverhalten und Problemstellungen zulassen, gilt es zu Beginn, in einem ersten Schritt das eigene **erkenntnisleitende Interesse** – die Leitfrage(n), unter der/denen der Quellentext interpretiert werden soll – festzulegen. Daran schließen sich zwei weitere grundsätzliche Arbeitsschritte an. Zunächst die **Analyse des Quellentextes**. Sie dient dazu, die Textform zu bestimmen und die Inhaltserfassung sicherzustellen. In einem weiteren Schritt wird auf der Grundlage der Ergebnisse der Quellenanalyse die **Interpretation der Quelle** vorgenommen, die zwei Ebenen umfasst. Der Quellentext wird erläutert, gedeutet, kritisch gewürdigt (Interpretation im engeren Sinn) und es wird sein „Sinn" (die Erkenntnis) bezogen auf die formulierte(n) übergeordnete(n) Leitfrage(n) der Interpretation erschlossen.

1. Schritt – Leitfrage(n) festlegen:

Das eigene Erkenntnisinteresse bestimmen und eingrenzen und als Untersuchungsfrage formulieren, die dann für die Interpretation leitend ist.

2. Schritt – Analyse:

– Beschreibung und Klärung der formalen äußeren Merkmale

- Den Autor vorstellen (z. B. Angaben zur Biografie, zum sozialen Status, zur politischen Position u. Ä.).
- Die Textsorte benennen und in ihren spezifischen Merkmalen kurz charakterisieren. Es ist wichtig, Textsorten zu unterscheiden, da unterschiedliche Textsorten unterschiedliche Wirklichkeit erfassen und deshalb einen unterschiedlichen Aussagewert und bestimmte Aussagegrenzen haben, z. B.:
  – Normative schriftliche Quellen: Sie sind Ausdruck dessen, was sein soll, etwa eine Verfassung oder ein Vertrag.
  – Deskriptive Quellen: Sie beschreiben Wirklichkeit, wie sie der Quellenautor sieht, weshalb die Beschreibung in unterschiedlichem Grad subjektiv und parteiisch ausfallen kann.
  – Selbstzeugnis oder Fremdzeugnis.
  – Ein öffentliches, d. h. ein für die Öffentlichkeit bestimmtes Dokument.
  – Ein internes Dokument, d. h. ein eher für einen begrenzten Kreis von Privatpersonen verfasstes Schriftstück.
- Das Thema der Quelle präzise und knapp zusammengefasst formulieren.
- Den engeren situativen historischen Kontext der Quelle darstellen (den konkreten Ereigniszusammenhang, in dem die Quelle steht, den Zeitpunkt der Entstehung und des Anlasses sowie den Entstehungsort der Quelle knapp skizzieren).
- Den oder die Adressaten der Quelle benennen.
- Die Intention – erkennbare Ziele und Absichten, die der Autor mit Blick auf seine(n) Adressaten verfolgt – in knapper Form aufzeigen.

– Strukturierte Textwiedergabe

Drei alternative Möglichkeiten bieten sich an:

- Den Textinhalt auf der Grundlage einer Gliederung nach Sinnabschnitten im textdurchschreitenden Verfahren auf die Hauptaussagen beschränkt wiedergeben.
- Den Inhalt nach zentralen Aspekten reorganisiert zusammengefasst wiedergeben.
- Den Textinhalt entlang der erkennbaren Argumentationsstruktur auf die wesentlichen Aussagen beschränkt wiedergeben (z. B. Standpunkt, These(n), Argumente).

3. Schritt – Interpretation: Zusammendenken und Problematisieren der in der Quellenanalyse gewonnenen Informationen auf der Ebene des Erläuterns, Deutens, Urteilens und Wertens im historischen Kontext auf textinterner und textexterner Grundlage

Methodisch wichtig und unverzichtbar ist es, die Interpretation durch konkreten Textbezug zu fundieren. Der Quellentext ist die Grundlage der Erkenntnisgewinnung. Für jeden der nachfolgend genannten Arbeitsschritte gilt, dass die Ausführungen immer zum Quellentext zurückführen und an ihm belegt werden müssen.
Grundlegend für die sachgerechte historische Interpretation ist auch, dass die formalen äußeren Merkmale bedacht und einbezogen werden.

– Ebene 1 Interpretation im engeren Sinne

- Die Intention des Autors unter Berücksichtigung von erkennbaren Motiven, Interessen und Perspektiven im historischen Gesamtkontext erklären und kritisch hinterfragen. (Z. B.: zwischen offenen und verdeckten Absichten unterscheiden; seine Intentionen vor dem Hintergrund von eigener Biografie, Status und persönlicher Interessenlage erläutern; auffallende Rechtfertigungsmuster aufzeigen; darlegen, auf welche Weise der Quellenautor den oder die Adressaten zu beeinflussen versucht, sowie die Wirksamkeit und gewählte Strategie beurteilen.)
- Besonderheiten und Auffälligkeiten der zentralen Quellenaussagen benennen und erklären bzw. erläutern.
- Die gedankliche Schlüssigkeit der Ausführungen bzw. der Argumentation beurteilen.
- Auffallende sprachliche Besonderheiten erläutern, wenn dies für die Intention des Autors und/oder den Aussagegehalt und Erkenntniswert der Quelle von ganz entscheidender Bedeutsamkeit ist.
- Die Textaussagen unter Einbringung von eigenem historischen Umfeldwissen im größeren historischen Gesamtkontext und Problemzusammenhang, in dem die Quelle steht, beurteilen.
- Eine eigene persönliche Stellungnahme im Sinne eines Werturteils, das sich auf eigene Wertvorstellungen und Normen gründet, entwickeln, wenn dies quellenbezogen sinnvoll, ertragreich und zielführend für die Leitfrage(n) der Interpretation ist.

– Ebene 2 Zusammenfassendes Resümee der Erkenntnisse mit Blick auf die Leitfrage(n)

- Ein abwägendes differenziertes Gesamturteil mit Bezug auf die Leitfrage(n) formulieren.

Basismethode Historische Sekundärliteratur analysieren und sich kritisch mit ihr auseinandersetzen

A. Historische Sekundärliteratur

Wenn wir von historischer Sekundärliteratur sprechen, denken wir in erster Linie an Darstellungen, in denen Geschichtsforscherinnen und Geschichtsforscher unter Beachtung genauer wissenschaftlicher Standards ihre Forschungsergebnisse, Schlussfolgerungen und Urteile darlegen. Das grundlegende Merkmal der Textart „historische Sekundärliteratur" ist, dass die jeweiligen Autorinnen und Autoren unter Verarbeitung von Quellen und anderer vorhandener Fachliteratur aus ihrer Sicht historische Wirklichkeit konstruieren. Das heißt, sie stellen unter Verarbeitung und wertender Einbeziehung dessen, was andere Historikerinnen und Historiker schon erforscht haben, und auf der Grundlage ihrer eigenen Quellenforschung und -interpretationen ihre Ergebnisse und Deutungen der Vergangenheit vor, indem sie Deutungen und Interpretationen von Fachkollegen ergänzen, sie weiterführen oder zu ihnen Stellung nehmen.

Der Karikaturist setzt die Spezifik des Texttyps „historische Sekundärliteratur" treffend ins Bild. Vorhandenen Deutungen von geschichtlichen Ereignissen und Zusammenhängen wird eine weitere perspektivisch gebundene Sichtweise und Bewertung von Sachverhalten hinzugefügt, der ein bestimmtes persönliches Erkenntnisinteresse zugrunde liegt.

Luis Murschetz (geb. 1939):
„Der Eindringling" (Karikatur von 1996)

Wissenschaftliche Sekundärliteratur im engeren Sinne

Adressat ist ein fachwissenschaftlich gebildetes bzw. zumindest interessiertes Publikum, bei dem zumindestens Grundkenntnisse des Faches, der Methoden und der Begrifflichkeit vorausgesetzt werden.
Kennzeichen wissenschaftlicher Sekundärliteratur sind detaillierte Belege und damit intersubjektive Nachvollziehbarkeit.

Textarten:

- Wissenschaftliche Abhandlungen zu historischen Themen und Fragestellungen
- Spezialuntersuchungen zu einzelnen Themen
- Wissenschaftliche Vorträge
- Wissenschaftliche Aufsätze
- Essays in historischen Fachzeitschriften und seriösen Wochenzeitungen

„Nichtwissenschaftliche" Sekundärliteratur

Adressat ist ein breiteres Publikum interessierter Laien. Im Vordergrund steht nicht so sehr die Darstellung von detailliert belegten Erkenntnissen über historische Befunde und Interpretationen, sondern es geht primär darum, komplexe geschichtliche Zusammenhänge vereinfacht und anschaulich darzustellen.

Wichtige Textarten, die diesem Typ zuzurechnen sind:

- Populärwissenschaftliche Literatur
- Historische Essays in Magazinen
- Schulbuchtexte
- Publizistische Texte zu historischen Themen

B. Arbeitsschritte zur Auswertung historischer Sekundärliteratur

Da es sich bei dieser Textsorte um perspektivisch gebundene Deutung von geschichtlichen Sachverhalten und Problemstellungen handelt, besteht die Aufgabe darin, die Intentionen und Ansprüche des jeweiligen Textes sowie die dargestellten Sachverhalte und Problembereiche zu erkennen und die Deutung mit ihren autorenbedingten Grundannahmen und Wertmaßstäben zu erschließen. Eine sachgerechte, abwägende Auseinandersetzung erfordert eine Tätigkeit auf zwei Ebenen: auf der Ebene der **Analyse** und auf der Ebene der darauf aufbauenden **Urteilsbildung**.

1. Schritt – Leitfrage(n) festlegen:

Das eigene, persönliche Erkenntnisinteresse festlegen und als Untersuchungsfrage(n) formulieren, die dann für die Analyse und kritische Auseinandersetzung mit dem Text leitend ist/sind.

2. Schritt – Analyse:

– Vorstellung des Textauszugs

Die äußeren formalen Textmerkmale und -daten beschreiben und charakterisieren:
- Den Autor des Textes vorstellen.
- Die spezifische Textsorte von Sekundärliteratur, der der Text zuzurechnen ist, benennen und die besonderen Merkmale dieser Textsorte kurz charakterisieren.
- Den genauen Fundort und das zeitliche Erscheinungsdatum des vorliegenden Textes benennen.
- Beschreiben, an welche(n) Adressaten die Publikation vornehmlich gerichtet ist.

– Strukturierte Textwiedergabe

Den Inhalt und den Gedankengang (Argumentationsstruktur) des Textes in seinen Hauptaussagen zusammengefasst wiedergeben.
Das verlangt:
- Präzise benennen, mit welchem Thema bzw. mit welcher Fragestellung der Autor/die Autorin sich beschäftigt.
- Schlussfolgerungen und Hauptthese(n), die vertreten werden, aufzeigen.
- Die zentralen Argumente, die von der Autorin/dem Autor als Beleg für ihre/seine Aussagen angeführt werden, herausarbeiten.

3. Schritt – Kritische Auseinandersetzung:

Die Textaussagen und Argumente auf textinterner und textexterner Grundlage erläutern, erörtern und auf diese Weise zu einem kritisch abwägenden eigenen Gesamturteil gelangen.
Dies kann unter folgenden Leitperspektiven geschehen:
- Für das Verständnis der Position und der Argumentation des Autors/der Autorin zentrale historische Sachverhalte und Problemzusammenhänge bzw. Erklärungsansätze erläutern.
- Aufzeigen, mit welchem Erkenntnisinteresse und aus welcher – möglicherweise sogar klar erkennbar einseitig ideologisch geprägten – Perspektive der/die Verfasser(in) schreibt.
- Die Logik und Schlüssigkeit des Gedankengangs des Autors/der Autorin prüfen.
- Erörtern, ob die Ausführungen durch einseitige Sichtweise und Begründung (monokausal) geprägt sind oder ob auch andere konkurrierende fachliche Auffassungen und Perspektiven Eingang finden und ein mehrschichtiges Gesamtbild (multikausaler Erklärungsansatz) entwickelt wird.
- Sich auf dem Hintergrund eigener historischer Kenntnisse und im Vergleich zu anderen bekannten Historikerpositionen mit den inhaltlichen Hauptaussagen und der Argumentation des Autors/der Autorin zustimmend, die Thesen relativierend oder ablehnend auseinandersetzen und
- in differenzierter Abgrenzung oder Zustimmung zum Text unter Rückbezug auf die gestellte(n) Leitfrage(n) eine eigene begründete Sichtweise formulieren.

Basismethode Bildquellen interpretieren

A. Bildquellen

Auf dem Bild rechts oben ist nicht Karl der Große zu sehen, sondern – und das ist für den sachgerechten Umgang mit Bildern von entscheidender Bedeutung – ein Bild von Karl dem Großen. Denn dieses Bild zeigt uns, wie der Maler Albrecht Dürer den Kaiser gesehen hat und wie er ihn seine Mitmenschen und die Nachwelt hat sehen lassen wollen.
Bilder sind keine Abbilder der Wirklichkeit, sondern Deutungen von Wirklichkeit. Sie sind keine objektive Momentaufnahme historischer Wirklichkeit, sondern zeigen eine perspektivische Sicht auf die jeweilige Wirklichkeit.

Ganz gleich, ob es sich um eine griechische Vasenmalerei, ein Personenbild wie das Karls des Großen, ein historisches Gemälde zur Kaiserproklamation von 1871, um Karikaturen, Fotos, politische Plakate, Postkartenbilder, Mosaike, mittelalterliche Buchmalereien oder Kunstwerke der bildenden Kunst handelt: Sie alle können als Bildquellen – d. h. Bilder, die in der Vergangenheit entstanden sind und uns in heutiger Zeit zugänglich sind – für historische Erkenntnisgewinnung genutzt werden. Da sie jedoch kein objektives Abbild historischer Realität bieten, sondern als perspektivische Darstellungen und Wahrnehmungen immer Interpretation von Wirklichkeit darstellen, müssen Bildquellen wie schriftliche Quellen als Überlieferungen von Vergangenheit nach quellenkundlichen Kriterien entschlüsselt werden. Dabei folgt das Interpretationsverfahren, dessen Ziel es ist, aus „bildlichen Zeichen Sinn zu entnehmen", dem dreistufigen Arbeitsschema Beschreibung – Analyse – Interpretation, das in dieser Grundstruktur auch bei der Interpretation schriftlicher Quellen angewendet wird.

B. Schritte der Interpretation von Bildern als historische Quelle

Der Grundsatz, dass eine **Frage** der Ausgangspunkt einer jeden historischen Interpretation ist, gilt auch für die Gattung Bild. Wie im Falle schriftlicher historischer Quellen schließt sich auch bei der systematischen Interpretation von Bildern als historische Quellen der Arbeitsschritt **Analyse** an, die die Voraussetzung für den dritten Arbeitsschritt, die **Bildinterpretation**, darstellt.

1. Schritt – Leitfrage(n) festlegen:

Aus der Vielfalt an möglichen Fragen, die an die Bildquelle gestellt werden können, das eigene Erkenntnisinteresse festlegen und als Untersuchungsfrage(n) formulieren, die dann als Leitfrage(n) zielführend den Interpretationsprozess steuert/steuern.

2. Schritt – Analyse:

– Beschreibung und Klärung formaler äußerer Merkmale der Bildquelle

- Die Bildart einschließlich ihrer gattungsspezifischen Merkmale kurz charakterisieren.
- Den Bildautor unter Einschluss bekannter biografischer Informationen vorstellen.
- Das Bildthema bzw. den Bildgegenstand und, soweit bekannt, die Situation, in der das Bild entstanden ist (d. h. Zeitpunkt der Entstehung, das Veröffentlichungsdatum, Entstehungsort), benennen.
- Den Anlass, den Auftraggeber und die Zielgruppe der Adressaten benennen.

– Bildbeschreibung und -erläuterung

- Die Einzelelemente der Darstellung beschreiben und die sachlichen historischen Zusammenhänge, auf die sich die Bildquelle bezieht, erläutern. Das bedeutet:
  – In einer zweckmäßigen Reihenfolge und Anordnung (z. B. vom Zentralen zu den Einzelheiten, vom Bildmittelpunkt zum Vorder-, Hintergrund, Bildrand) genau in allen Einzelheiten beschreiben, was auf dem Bild zu **sehen** ist und
  – im Zusammenhang der Beschreibung die historischen Sachverhalte, die ins Bild gesetzt werden, erläutern.
- Wesentliche Einzelelemente des Bildes, die Bildkomposition und verwendete bildliche Gestaltungsmittel (z. B. Perspektive, Darstellungstechnik, Bildgröße, Präsentationsform, Farbgestaltung, Verwendung von zeittypischen Symbolen und symbolhaften Darstellungsformen) darstellen und bildbezogen erläutern.

3. Schritt – Interpretation: Deuten und Urteilen im historischen Kontext

- Die zentrale(n) Bildaussage(n) in ihrem historischen Entstehungskontext und in ihrer Darstellungsabsicht unter Berücksichtigung des Zusammenspiels von Inhalt und gewählter Darstellungsform deuten.

– Ebene 1 Interpretation im engeren Sinne

Zentrale Fragestellungen, die für eine zusammenfassende Interpretation auf dieser Ebene hilfreich sein können:
– Welche Absicht(en) verfolgen der Bildautor und mögliche Auftraggeber des Bildes?
– Welche „Botschaft" und Deutung zur gewählten Bildthematik wird vermittelt?
– Wie ist das Verhältnis von bildlicher Interpretation des historischen Sachverhalts durch den Bildautor und „historischer Wirklichkeit und Wahrheit" zu beurteilen?
– Sind klare zeittypische Deutungsmuster erkennbar?
– Wie überzeugend und wirkungsvoll sind die gewählten bildlichen Darstellungsmittel, um die gewollte Aussageabsicht und Wirkung beim Betrachter zu erreichen?

– Ebene 2 Zusammenfassendes Resümee mit Blick auf die Leitfrage(n)

- Auf der Grundlage der Arbeitsergebnisse im Bereich Analyse und der Ergebnisse der Interpretation im engeren Sinne belegbare Schlussfolgerungen mit Blick auf die gestellte(n) Leitfrage(n) für die Interpretation (1. Schritt s. o.) ziehen und tragfähige Antworten formulieren.

Arbeitsaufträge zielgerichtet und erfolgreich bearbeiten

„Wenn man nicht genau weiß, wohin man will, landet man leicht da, wo man gar nicht hin wollte." Dieser zugleich warnende und gutgemeinte Hinweis des amerikanischen Lernpsychologen R. Mager erscheint besonders hilfreich und einleuchtend für den richtigen Umgang mit Arbeitsaufträgen. Sie beinhalten durch die jeweils gewählten Formulierungen klare Aufträge, welche inhaltlich-thematischen Perspektiven zu behandeln sind und welche methodische Vorgehensweise gefordert ist. Solche Arbeitsanweisungen bestehen in der Regel aus einer eingeforderten Tätigkeit (Operation), z. B. etwas zusammenzufassen oder zu erklären, und aus inhaltlichen Vorgaben, auf die die Operation gerichtet ist. Die tabellarische Übersicht will Hilfestellung geben, zu verabreden und zu erkennen, was genau, in welcher Form und welchem Umfang durch den jeweiligen Arbeitsauftrag gefordert ist.

nennen **benennen** **aufzeigen**	Zielgerichtet Informationen zu historischen Sachverhalten oder Problemaspekten zusammentragen, ohne sie aus persönlicher Sicht zu kommentieren.
skizzieren	Historische Sachverhalte in ihren zentralen Grundlinien herausarbeiten und in knapper Form sinnvoll geordnet vorstellen.
beschreiben **zusammenfassen** **wiedergeben**	Historische Sachverhalte, Zusammenhänge, Positionen, Aussagen auf Wesentliches reduzieren, ohne Sinn und Inhalte zu verändern.
begründen **nachweisen**	Komplexe Aussagen (z. B. Einschätzungen, eine vertretene Position, ein Urteil, eine Wertung, eine These) durch Argumente historisch bzw. sachlich schlüssig stützen und belegen.
erklären	Zusammenhänge, Sachverhalte, Entwicklungen auf der Grundlage von Wissen und bekannten erworbenen Einsichten in größere historische Gesamtzusammenhänge einordnen, um sie in ihren Merkmalen und Besonderheiten zu begründen und verständlich werden zu lassen.
erläutern	Sachverhalte beschreiben und durch Hinzufügung von zusätzlichen Informationen und Beispielen verdeutlichen.
ordnen	Aussagen nach ihrer Wichtigkeit aufführen oder in einer logischen Reihenfolge vorstellen.
einordnen	Einen bzw. mehrere historische Sachverhalte in den jeweiligen größeren historischen Kontext stellen.
gegenüberstellen	Historische Sachverhalte, Probleme und Aussagen in knapper Form sinnvoll geordnet vorstellen und vergleichend gewichten.
charakterisieren	Historische Sachverhalte unter bestimmten Gesichtspunkten in den sie prägenden Eigenheiten (charakteristische Merkmale) beschreiben und zusammenfassen.
herausarbeiten	Aspektgeleitet aus historischen Materialien Sachaussagen, Sachverhalte oder auch Problemstellungen herausfinden und gegebenenfalls Zusammenhänge herstellen.

darstellen	Historische Zustände, Entwicklungen bzw. Entwicklungszusammenhänge, Sachverhalte und deren Beziehung untereinander in logischer Abfolge unter angemessener Verwendung der Fachsprache im Zusammenhang wiedergeben.
untersuchen	Historische Sachverhalte kriterienorientiert bzw. aspektgeleitet (z. B. unter vorgegebenen Kriterien und inhaltlichen Aspekten) erschließen.
widerlegen	Argumente dafür anführen, dass eine aufgestellte These/Behauptung zu Unrecht aufgestellt wird.
beurteilen	Historische Sachverhalte, Aussagen, Thesen oder Einschätzungen in historische Zusammenhänge stellen, um zu einem begründeten historischen Sachurteil zu gelangen. Das heißt, ohne einen persönlichen Wertebezug (s. Operator bewerten) den Stellenwert, die Bedeutsamkeit historischer Sachverhalte bestimmen oder Thesen und Aussagen im historischen Kontext auf ihre Stimmigkeit, Richtigkeit bzw. Tragfähigkeit überprüfen. Dabei sind die Maßstäbe der jeweiligen Epoche – nicht die von heute – anzulegen.
bewerten	Unter Zugrundelegung eigener gegenwärtiger Normen und Wertevorstellungen, die als Beurteilungsmaßstäbe offenzulegen sind, zu begründeten Aussagen und Urteilen über Sachverhalte, Thesen und Behauptungen gelangen.
Stellung nehmen	Zu Sachverhalten, Behauptungen, Einschätzungen oder Thesen eine eigene, begründete und bewertende Meinung äußern.
erörtern	Ein historisches Phänomen, eine These oder Problemstellung abwägend – d. h. durch eine sinnvoll vernetzte Kette von Für- und Wider-Argumenten, durch Berücksichtigung und Aufnehmen verschiedener möglicher Standpunkte – auf Stichhaltigkeit und Aussagewert hin prüfen und auf dieser Grundlage eine eigene Stellungnahme dazu entwickeln.
entwickeln	Unter Heranziehung und Nutzung von Analyseergebnissen und unterrichtlich bereitgestelltem gesicherten Fachwissen zu eigenen Erklärungen bzw. Einschätzungen oder Deutungen gelangen.
diskutieren **sich auseinandersetzen**	Zu historischen Problemstellungen oder Thesen eine Argumentation entwickeln, die in Abgrenzung oder Zustimmung zu eigenen Antworten und zu einer begründeten Bewertung führt.
(über)prüfen	Urteile, Hypothesen, Positionen an historischen Sachverhalten auf ihre Plausibilität und sachliche Angemessenheit hin untersuchen.
vergleichen	Auf der Grundlage von Kriterien historische Sachverhalte und Fragestellungen problembezogen gegenüberstellen, um prinzipielle Unterschiede, Gegensätze oder auch Übereinstimmungen und Ähnlichkeiten aufzuzeigen und zu beurteilen.

Basismethode

Recherchieren im Internet

Wenn es um wissenschaftliche Forschung geht, waren die Bibliotheksrecherche und das Bibliographieren bislang die „klassischen" Wege der Informationsbeschaffung. Beides hat bis heute nichts an Bedeutung eingebüßt, doch seit einigen Jahren bietet sich ein weiteres Recherchemedium an: das Internet.
Diese neue Informationsquelle ist jedoch kein exklusives Medium für Forschende. Hier findet man Werbung, Verkaufsangebote, private Homepages, Unterhaltung und vieles mehr. Allerdings gibt es auch Abertausende von Seiten mit historischem Inhalt und täglich werden es mehr. Für den Historiker stellt sich die Aufgabe, für ihn interessante Websites aufzuspüren, Wichtiges von Unwichtigem zu trennen und auch zwischen Seriösem und Unseriösem zu unterscheiden.

Suchstrategien

Suchmaschinen, Meta-Suchmaschinen und Kataloge

Hilfreich ist es, wenn man auf Internetseiten hingewiesen wird, die für die eigene Recherche aussagekräftig sind. Das ist aber nicht immer gegeben. In diesem Fall können Suchmaschinen, Meta-Suchmaschinen oder Kataloge eine große Hilfe sein.

Suchmaschinen

Suchmaschinen sind Programme, die das Internet beständig absuchen und Stichwörter sowie Zuordnungen in einer Datenbank ablegen. Dabei entgehen einer Suchmaschine jedoch in der Regel viele relevante Internetseiten. Es empfiehlt sich deshalb, mit mehreren Suchmaschinen zu arbeiten. Aber auch dann bleiben etwa 60 % des Internets unerfasst.

Meta-Suchmaschinen

Eine Alternative stellen Meta-Suchmaschinen dar, die unterschiedliche Suchmaschinen parallel zum gleichen Begriff abfragen. Auch hier bleibt ein Teil der eventuell relevanten Websites unerfasst.

Kataloge

Kataloge wiederum sind strukturierte Linksammlungen, die zu einem bestimmten Thema von Menschenhand angelegt wurden. Aber nicht zu jedem Thema gibt es umfassende und seriös recherchierte Kataloge.

Hilfreiche Rechercheangebote in deutscher Sprache (Auswahl):

Suchmaschinen

www.altavista.de
www.excite.de
www.fireball.de
www.google.de
www.lycos.de

Meta-Suchmaschinen

www.apollo7.de
www.metabot.de
www.metager.de
www.metasuche.de
www.suchen.com

Kataloge

www.dino-online.de
www.sharelook.de
www.web.de
www.yahoo.de

Suchworte und Boolesche Operatoren

Obwohl Suchmaschinen nur einen Teil der relevanten Seiten erfassen, bieten sie oft ein nicht zu bearbeitendes Übermaß an Verweisen. So liefert die Suchmaschine „Google" allein zum Stichwort „Hitler" über eine Million Fundstellen. Suchmaschinen liefern nur dann überschaubare Ergebnisse, wenn man eine kluge Suchstrategie entwickelt. Es ist also zunächst sinnvoll, verschiedenartige Such- und Schlagworte zu bestimmen, die das Ziel der eigenen Suche möglichst genau beschreiben. Gute Suchmaschinen bieten die Möglich-

Suchworte

Boolesche Operatoren

keit, mehrere Suchbegriffe einzugeben und sogar logisch miteinander zu verknüpfen. Die sogenannten Booleschen Operatoren erlauben es, Suchbegriffe mit „und", „oder" bzw. „nicht" zu verbinden. Erst ein geschickter Umgang mit Suchbegriffen und logischen Verknüpfungen gewährleistet eine effektive Nutzung von Suchmaschinen und ein brauchbares Ergebnis.

Suche nach Internetseiten mithilfe Boolescher Operatoren (Auswahl):

and/und/+	Alle verknüpften Begriffe müssen enthalten sein.
or/oder	Mindestens einer der Suchbegriffe ist enthalten.
not/nicht/–	Ein bestimmter Suchbegriff wird ausgeschlossen.

Kritischer Umgang mit Internetseiten

Problem der Seriosität

Die Fülle der zur Verfügung stehenden Internetseiten sagt noch nichts über ihre Qualität oder gar Seriosität aus. So führen viele der zum Stichwort „Hitler" angezeigten Verweise der Suchmaschinen direkt auf Seiten, die rechtsextreme bzw. revisionistische Absichten verfolgen und auf Wissenschaftlichkeit keinen besonderen Wert legen.

Notwendigkeit von Quellen- bzw. Ideologiekritik

Neben der klugen Strukturierung der Recherche ergibt sich also die zwingende Notwendigkeit, die Qualität einer jeden Seite kritisch zu prüfen. Eine besondere Art des quellen- bzw. ideologiekritischen Umgangs mit Internetseiten ist zwingend erforderlich, wenn man sie für seriöse historische Arbeit nutzen will.

Fragen zum kritischen Umgang mit Internetseiten historischen Inhalts

Der folgende Fragebogen ist sicherlich nicht für jeden denkmöglichen Recherchefall vollständig hinreichend, er kann aber als methodische Basis für einen kritischen Umgang mit Internetseiten gelten:

- Wer ist Autor bzw. Herausgeber der Internetseite (Einzelperson, Institution etc.)?
- Wer ist Empfänger bzw. Zielgruppe der Seite?
- Wie seriös ist dieser Autor bzw. die Institution, die diese Internetseite herausgibt?
- Welche wissenschaftliche Qualifikation hat der Autor?
- Welche Intention verfolgt der Autor bzw. die jeweilige Institution mit dieser Seite?
- Welche Haltung nimmt der Autor/Herausgeber zum Sachverhalt ein?
- Wie fundiert ist der Inhalt der Seite?
- Entsprechen die Materialien auf dieser Seite wissenschaftlichen Ansprüchen?
- Welche Informationsquellen bzw. Belege werden genannt?
- Wann hat der Autor/Herausgeber die Seite verfasst?
- Lässt sich die Seite zitieren? Ist ein Copyright vorhanden?
- Was erfahren wir zur Ausgangsfrage unserer Recherche?
- Sind die Informationen wirklich ausreichend oder muss weiter recherchiert werden?

Basismethode Sich Informationen aus Büchern beschaffen und bearbeiten

Das Ziel wissenschaftlichen Arbeitens besteht darin, zu einem anspruchsvollen Thema in selbstständigen Methodenschritten Erkenntnisse zu gewinnen, die z. B. in eine schriftliche Arbeit, einen Vortrag oder eine Ausstellung Eingang finden. Auch wenn Arbeiten im Rahmen der schulischen Projekt- oder Facharbeit keine wissenschaftlichen Arbeiten im engen Sinne sind, so orientieren sie sich doch an den Prinzipien wissenschaftlichen Arbeitens, etwa zur Beschaffung, Verarbeitung und schließlich der Präsentation von Informationen.
Der traditionelle Fundort für wissenschaftliche Informationen und Erkenntnisse sind Bücher. Angesichts der Informationsflut besteht die Aufgabe darin, zielgerichtet Bücher zu sichten und auszuwerten, um themenbezogenes Material zu erschließen.
Die dabei angewandten Verfahrensschritte sind prinzipiell auch bei der Erschließung und Nutzung von Informationen aus dem Internet zu befolgen.

Das Erfassen des Themas

Wer Literatur zu einem Thema sucht, muss sich zunächst Klarheit über die genaue Problemstellung verschaffen. Dazu kann es hilfreich sein, Fragen an das Thema zu stellen, um eine Eingrenzung vorzunehmen.

Erster Überblick zum Thema

Übersichtsliteratur

Nach der Erfassung des Themas kommt es darauf an, möglichst gezielt und ohne Umwege die benötigten Informationen zu erhalten. Es erscheint nützlich, sich nicht sofort in Spezialliteratur zu vertiefen. Zunächst sollte man sich einen **Überblick** verschaffen. Als **Übersichtsliteratur** bieten sich Nachschlagewerke oder enzyklopädische Lexika (z. B. Brockhaus, Encarta) an. Häufig finden sich in der Übersichtsliteratur ausgewählte Literaturhinweise, die den Weg zur gezielten Informationsbeschaffung öffnen können.

Fachlexika

Auf der Grundlage dieser ersten Informationen lassen sich **Fachlexika** oder **Lehrbücher** heranziehen, um den Problemzusammenhang zu erschließen. Der Nutzer trifft dabei auf weitere Stichworte, Eigennamen oder Begriffe, die mit dem Thema verbunden sind.

Die Suche in der Bibliothek

Am Anfang steht wieder die Zielbestimmung. Zunächst muss Klarheit über die Art der gesuchten Literatur bestehen. Werden eher populärwissenschaftliche oder spezialisierte Darstellungen gesucht? Geht es um Erklärungen und Einschätzungen oder um Daten? Müssen die Darstellungen auch aktuelle Probleme aufgreifen?

Stichwortkatalog

Suchbegriff

Die Suche beginnt mit dem **Stichwortkatalog** der jeweiligen Bibliothek. Dabei macht es keinen Unterschied, ob der gedruckte Katalog oder die computerisierte Form gewählt wird: Am Anfang steht der **Suchbegriff**. Dabei sollten unterschiedliche Begriffe benutzt werden, die im Zuge der ersten Themenerschließung ermittelt wurden, denn in der Regel wird das eigene Thema nicht durch eine Gesamtdarstellung behandelt. Die auf diese Weise gefundene Literatur ist, soweit sie nicht vorübergehend ausgeliehen wurde, in der Bibliothek sofort verfügbar. Allerdings ist die Auswahl begrenzt, abhängig vom jeweiligen Bibliotheksbestand, da auswärtige Bibliotheken nicht erfasst werden. Außerdem werden über Stichwortkataloge nur Bücher und Zeitschriftentitel gefunden, nicht aber einzelne Zeitschriftenartikel.

Bibliographien

Wenn die Suche auf diesem Wege noch nicht zum Ergebnis führt, werden sog. **Bibliographien oder Datenbanken** benutzt. Solche Bücherkunden oder -verzeichnisse bieten den Vorteil, dass sie die Literatur zum jeweiligen Sachgebiet ziemlich vollständig erschließen.

Oft enthalten sie auch zu den einzelnen Literaturangaben Zusammenfassungen, die die Beurteilung der Brauchbarkeit erleichtern.

Bibliographieren

Korrektes **Bibliographieren**, d.h. die Angabe von Autor, Titel und Erscheinungsart eines Werkes, ist ein wichtiger Bestandteil wissenschaftlichen Arbeitens. Es schafft Transparenz. Informationen können schnell aufgefunden, ausgewertet und überprüft werden.

Es dient der Arbeitsökonomie, die bibliographischen Angaben des gefundenen Materials sofort zu notieren. Diese Angaben folgen festen Regeln: Sie enthalten Nachnamen und Vornamen des Autors bzw. des Herausgebers, den genauen Titel, die Auflagennummer, die Angabe des Bandes, Verlagsort und Erscheinungsjahr. Bei einem Aufsatz aus einer Zeitschrift werden Autor und Titel des Aufsatzes, dann der Titel der Zeitschrift, Nummer der Ausgabe, Erscheinungsdatum und Jahrgang festgehalten.

Auswertung der Bücher

Auch für die Durchsicht der aufgefundenen Literatur besteht wiederum folgendes oberste Prinzip: Das gestellte Thema ist das anzulegende Suchraster.

Zunächst gilt es, sich einen **Überblick** zu verschaffen. Den Einstieg bieten das Inhaltsverzeichnis, das Vorwort, die Einleitung oder das Glossar. Es kann auch ratsam sein, einzelne Kapitel kurz anzulesen.

Markierungen

Wenn geeignete Passagen oder Kapitel gefunden wurden, müssen diese intensiv gelesen und mit **Markierungen** versehen werden (soweit es sich um Kopien handelt). Es kann hilfreich sein, Textmarkierungen nach Farbe und Form unterschiedlich zu gestalten, um unterschiedliche Aspekte zu kennzeichnen.

Exzerpieren

Die zentralen Informationen sollten darüber hinaus schriftlich festgehalten werden, d.h. wichtige Auszüge werden aus dem Gesamttext herausgezogen, sie werden **exzerpiert**. Dazu können die Textauszüge zusammengefasst, wörtlich zitiert oder in eigenen Worten sinngemäß wiedergegeben **(paraphrasiert)** werden.

Vorläufige Gliederung

Die bisherigen Vorarbeiten dienten der Informationsbeschaffung. Diese Informationen gilt es zu bearbeiten. Geleitet durch die Problemstellung des Themas wird eine **vorläufige Gliederung** entworfen. Den einzelnen Gliederungspunkten werden die unterschiedlichen Exzerpte zugeordnet. Dazu kann man eine Materialkartei anlegen, bei der auf einzelnen Karteikarten unter einem Stichwort die Exzerpte eingeordnet werden.

Das Verfassen der Arbeit

Auf der Basis des Materials erfolgt die strukturierte Auseinandersetzung mit dem gestellten Thema.

Glossar

Absolutismus
(von lat. (*legibus*) *solutus* = von den Gesetzen gelöst) bezeichnet eine Form der Monarchie, in der der Fürst die weder vom Adel noch von Institutionen eingeschränkte Souveränität besitzt, d. h. die uneingeschränkte exekutive, legislative und richterliche Gewalt. Der ideologische Anspruch, von den Gesetzen losgelöst zu regieren und allein Gott verantwortlich zu sein (Gottesgnadentum) ließ sich mit den Mitteln des damaligen Staates nur begrenzt realisieren. Die absolute Herrschaft stützte sich auf eine zentralisierte Verwaltung und ein stehendes Heer und bezog auch die Wirtschaft (→ Merkantilismus), die Kirche und die Wissenschaft mit ein. Der Absolutismus entstand in Frankreich und Spanien im 16./17. Jh.; es gelang den Königen, die Macht der Stände einzuschränken oder zu beseitigen. Seine höchste Blüte erlebte er in Frankreich unter Ludwig XIV.
Eine Weiterentwicklung stellt der aufgeklärte Absolutismus dar (→ Aufklärung), in dem die Gewalt des Herrschers (→ Souveränität) nicht mehr von Gott, sondern vom Volk abgeleitet wurde, dessen erster Diener der aufgeklärte Fürst war.

Adel
(s. auch Aristokratie). Eine zahlenmäßig kleine Bevölkerungsgruppe, deren Mitglieder aufgrund ihrer Herkunft, häufig ergänzt um großen Besitz/Reichtum oder einen hohen Bildungsstand, besondere Vorrechte besaßen. Dieser gehobenen Stellung entsprach in der Antike oft auch eine besondere Lebensweise. In ihrem Selbstverständnis fühlten sich die Adeligen als Elite. Die Zugehörigkeit zum Adel war in Griechenland und im antiken Rom erblich, konnte in Rom seit Ende der Ständekämpfe aber auch durch die Bekleidung wichtiger Ämter erlangt werden. In der Kaiserzeit bestimmten oft die Kaiser über die Zugehörigkeit zum Adel. Wird die politische Herrschaft in einem Staate vom Adel ausgeübt, spricht man von → Aristokratie (= Herrschaft der Besten).
Im Mittelalter legitimierte sich der Adel als bevorrechtigter Stand durch kriegerische Tüchtigkeit, Heiligkeit seines Geblüts und Besitz. Vom 10. bis zum 12. Jahrhundert vollzog sich in Deutschland ein Strukturwandel, indem sich neben dem Uradel (Hochadel) der Dienstadel (niederer Adel) ausbildete. Insbesondere Landesherren zogen – auch unfreie – Dienstleute zur Verwaltung ihrer Herrschaftsgebiete heran. Seine Herrschaftsgrundlage bezog der Dienstadel aus dem ihm verliehenen Lehen. So führte das Lehnswesen zur Festigung und zum inneren Ausbau der Adelsherrschaft. Adelige besetzten die Bischofsstühle und Abtssitze und dominierten die Domkapitel. Die Reichskirche des Mittelalters war somit eine Adelskirche. Der Hochadel baute seine Territorien zu Landesherrschaften aus und bildete den Reichsfürstenstand. Aus seiner Mitte kamen seit dem 13. Jahrhundert die Königswähler, die sich schließlich im Kurfürstenkolleg abschlossen.

Agrarrevolution
Der Übergang von der traditionellen zur industrialisierten Agrargesellschaft wird wegen seiner umfassenden Auswirkungen Agrarrevolution genannt. Damit einher geht die Abnahme des Landwirtschaftssektors am Bruttosozialprodukt, die Aufhebung persönlicher und dinglicher Einschränkungen der Bevölkerungsmobilität, des Eigentums und der Produktionsweise sowie der Verzicht auf unökonomische Abgaben an Grundbesitzer. Stattdessen entsteht ein Markt für Agrargüter (besonders in Städten und Industriezentren), der Massenproduktion verlangt (Aufgabe der Subsistenzwirtschaft, d. h. der überwiegenden Selbstversorgung). Die Verwendung von Saat- und Viehzucht, von Maschinen zur Feldarbeit, von Kunstdünger und Flächenbereinigungen ermöglicht gewinnorientiertes Arbeiten auf dem Lande.

Aktiengesellschaft
Zur Akkumulation von Kapital, das große Produktionsbetriebe zur Investition benötigen, wurden im Wert fest vereinbarte Kapitalgutschriften (Aktien) ausgegeben, die einzelne Kapitalbesitzer erwerben konnten. Den Gegenwert der Aktien stellten sie dem Betrieb zur Verfügung. Dafür wurden die Aktienbesitzer am Gewinn und Verlust des Unternehmens beteiligt. Durch den Handel mit Aktien an der Börse konnten sich der Realwert und der Schätzwert eines Betriebes erheblich unterscheiden. Eine gewaltige Überzeichnung der Aktien führte 1873 zu einer schweren Krise auf dem Kapitalmarkt, die wiederum allmählich zu einer Verbesserung des Finanzgeschäfts führte.

Ancien Régime
(franz.: = alte Herrschaftsordnung). Bezeichnung für die (feudale) Gesellschaftsordnung und das (absolutistische) politische System in Frankreich vor der Revolution von 1789.

Angestellte
Angestellte arbeiten an der Entwicklung, Einrichtung, Steuerung, Verwaltung, Kontrolle von Arbeitsabläufen und Produkten in Unternehmen oder im Bereich von Beratung, im Vertrieb und in der Verwaltung im Dienstleistungsgewerbe. Zu ihren wesentlichen Funktionen zählen: leiten, planen, vorbereiten, kontrollieren, verwalten, Informationen bearbeiten, registrieren und verteilen. Sie verfügen über eine höhere Ausbildung als Arbeiter; sie sind weniger manuell tätig, aber stärker in die unternehmerische Verantwortung einbezogen. Sie erhalten Gehalt statt Lohn und waren bis ins 20. Jahrhundert besonders in Deutschland darum bemüht, sich organisatorisch, im Lebensstil und Verhalten von den Arbeitern abzugrenzen. Daher wurden sie als neuer Mittelstand bezeichnet. Ein eigenes Klassenbewusstsein bildeten Angestellte nicht aus, da ihre Arbeit sehr unterschiedlich war, sie sich vor-

wiegend gegen die Arbeiter abgrenzen wollten und eher an den höheren Schichten orientierten. Die weiblichen Angestellten (Verkäuferinnen, Sekretärinnen) blieben insgesamt deutlich minder qualifiziert und angesehen als ihre männlichen Kollegen.

Antisemitismus
Allgemeiner Begriff für antijüdische Bestrebungen. Die ablehnend-distanzierte Haltung gegenüber den Juden ist bereits in der Antike aufgetreten und durchzieht die Geschichte des christlich geprägten Abendlandes. Mehrfach entlud sich der Judenhass (z. B. im Zusammenhang mit der Kreuzzugbewegung oder der Pestepidemie um 1347) in aggressiven Handlungen gegen die als „Mörder Christi" diffamierten Juden. In der Regel meint der Begriff den modernen Antisemitismus, der gegen Ende des 19. Jahrhunderts entstanden ist. Der moderne Antisemitismus betrachtet in Anlehnung an die Überlegungen Darwins (Sozialdarwinismus) die Juden als eine minderwertige „Rasse" und ersetzt damit zusehends die kulturell-religiöse Argumentation. In allen Ländern, in die die Juden eingewandert seien, würden sie ihre „Wirtsvölker" ausbeuten, ohne selbst zu positiven Leistungen fähig zu sein. Dabei wurden die Juden häufig mit den modernen Entwicklungen – Industrialisierung Kapitalismus, Kommunismus – identifiziert. Um die Jahrhundertwende hatte sich der moderne Antisemitismus zu einem gesamteuropäischen Phänomen entwickelt. Der moderne Antisemitismus wurde wichtiger Bestandteil der nationalsozialistischen Ideologie und führte zum grausamen Völkermord an den Juden.

Arbeiter
Arbeiter sind überwiegend manuell tätig. Die Handarbeit kann ungelernt, angelernt oder gelernt sein. Männer, Frauen und Kinder wurden beschäftigt, ohne dass der Grundsatz „gleicher Lohn für gleiche Arbeit" verwirklicht worden wäre. Arbeiter waren zu Hause (Heimarbeiter), im Handwerksbetrieb (Gesellen), in der Fabrik (Fabrikarbeiter) oder in Produktionssystemen (Bergarbeiter, Straßenarbeiter, Steinbrucharbeiter usw.) eingesetzt. Die Arbeitsbedingungen unterschieden sich erheblich nach Branchen und technischem Entwicklungsstand. Auch nach ihrer sozialen Herkunft war die Gruppe sehr unterschiedlich zusammengesetzt. Je mehr sich die Fabrikarbeit durchsetzte, desto weniger bedeutsam wurden die Unterschiede zugunsten des gemeinsamen Merkmals, dass Arbeiter Lohnarbeit verrichten, ohne selbst im Besitz von Produktionsmitteln außer ihrer Arbeitskraft zu sein. In dieser Lage entstand das Bewusstsein für Gemeinsamkeiten (Klasse für sich), da auch gesamtgesellschaftlich die Ähnlichkeiten innerhalb der Großgruppe überwogen (Klasse an sich). Mit zunehmender Arbeitsteilung und Expansion veränderte sich das Profil der Arbeiterschaft wieder. Das zentrale Steuerungselement für die Lage des Arbeiters wurde der Markt; ohne genug Macht und Qualifikation war die soziale Stellung des Arbeiters ständig gefährdet. Trotz aller Rückschläge nahm die Integration der Arbeiterschaft in die Gesellschaft bis 1914 tendenziell zu: bessere Ausbildung, höhere Löhne, Versicherungen und kulturelle Einrichtungen hatten daran Anteil.

Arbeiterbewegung
Die Lage der Arbeiter im Kapitalismus führte zur Notwendigkeit, organisiert für die Verbesserung der eigenen sozialen, wirtschaftlichen und politischen Lage einzutreten. Die Arbeiterbewegung entwickelte regional unterschiedlich zwei Stoßrichtungen: die wirtschaftlich ausgerichteten → Gewerkschaften und die politisch ausgerichteten Arbeiterparteien.

Aristokratie
(s. auch Adel). Staatsform, in der wenige Menschen, die sich selbst als Elite verstehen (griechisch: *aristoi* = die Besten, Edlen), die Herrschaft ausüben. Deutlich negativ besetzt ist die Sonderform der Oligarchie (wörtlich: Herrschaft der Wenigen), in der eine kleine Gruppe einen Staat beherrscht, dabei aber nicht das Gemeinwohl, sondern den eigenen Vorteil im Auge hat. Gesellschaftliche und politische Konflikte bzw. Missstände gelten als unvermeidliche Folge dieser „Entartung" der Aristokratie. Eine andere Sonderform ist die Timokratie (= Herrschaft der Besitzenden), in der die politische Macht nach dem Grad des Vermögens gestaffelt ist. Verwirklicht wurde die Timokratie erstmals unter Solon (um 600 v. Chr.). Das in Preußen bis 1918 geltende Dreiklassenwahlrecht gilt als eine moderne Ausprägung der Timokratie.

Aufklärung
Seit Ende des 17. Jahrhunderts von England und Frankreich ausgehende Denkrichtung, derzufolge die vernünftige Natur des Menschen einen obersten Wert darstellt. Im Licht der menschlichen Vernunft sollten alle traditionellen Wahrheiten und Autoritäten in Wissenschaft und Religion, in Staat und Gesellschaft überprüft werden. Aufgrund seiner vernünftigen Natur sollte jeder Mensch geachtet und respektiert werden. Jedem Menschen sollten gleiche Freiheitsrechte (→ Menschenrechte) eingeräumt werden. Die Aufklärung richtete sich an das Individuum, sich seines Verstandes zu bedienen und sich von Bevormundung zu befreien. Die Herrschenden in Staat und Gesellschaft waren aufgerufen, das absolutistische Herrschaftssystem und die Ständeordnung aufgrund des Widerspruchs zur natürlichen Freiheit und Gleichheit aller Menschen zu verändern. Träger der Aufklärung war vor allem das wirtschaftlich selbstständige und gebildete Bürgertum.

Beginen
Zu Beginn des 13. Jahrhunderts bildete sich die religiöse Lebensform der Beginen aus, die als Alternative zum Leben hinter Klostermauern erschien. Frauen aller Stände wollten allein oder in Gemeinschaft mit anderen gleichgesinnten Frauen ein gottgefälliges Leben in Armut und Keuschheit führen, ohne hinter Klostermauern in Klausur leben zu müssen. Die Einordnung des Beginentums fiel bereits den Zeitgenossen schwer, da sie keinem der her-

kömmlichen Orden zuzuordnen waren. Daher setzten sie sich Verdächtigungen bis zur Häresie aus. Dennoch erfreute sich das Beginentum großer Beliebtheit. Es verbreitete sich vor allem in Flandern und in den rheinischen Textil- und Fernhandelszentren. Man rechnet mit einem Anteil von ca. drei Prozent der weiblichen Gesamtbevölkerung; in Straßburg sollen bis zu zehn Prozent der Frauen zu den Beginen gezählt haben. Kirchliche Verbote führten seit dem 14. Jahrhundert zu Verfolgungen und Vertreibungen, im 15. Jahrhundert lösten sich die Beginengemeinschaften unter dem Druck der Amtskirche endgültig auf.

Bettelorden
Im Gegensatz zu den alten Orden betonten die im 13. Jahrhundert entstandenen Bettelorden die sittliche Strenge sowie das Ideal der Armut. Damit kamen sie Forderungen der Zeit entgegen, die auch in zahlreichen ketzerischen Bewegungen zum Ausdruck kamen. Den von der Amtskirche zugelassenen und privilegierten Bettelorden gelang es, die Vorwürfe der Ketzer gegen die Kirche zu entkräften. Sie waren nicht wie die alten Orden an Ortsbeständigkeit gebunden und ließen sich überwiegend in den Städten nieder, wo sie schon bald zu den beliebtesten Orden zählten. Auf feste Einkommen verzichtend bestritten sie ihren Lebensunterhalt durch Handarbeit und Bettel, im Gegenzug dienten sie dem Volk als Prediger und Beichtväter. Aus den Reihen der Bettelorden gingen zahlreiche Universitätslehrer und bedeutende Theologen wie Thomas von Aquin hervor. Zu den bedeutendsten Bettelorden zählen die Franziskaner und die Dominikaner.

Bevölkerung
Die Bevölkerung ist ein zentraler Faktor der gesellschaftlichen Entwicklung. Er prägt sich in den Merkmalen Menge, Wachstum und Differenzierung aus und ist abhängig von ökonomischen, sozialen und kulturellen Bedingungen. In Agrargesellschaften (begrenzte Anbaufläche, wenig Technik) führte ein Bevölkerungswachstum über die Ertragslage hinaus zu Krisen, sinkenden Reallöhnen und Hungersnot mit hoher Sterblichkeit oder Auswanderung. Die Geburtenkontrolle konnte diese Entwicklung wegen des hohen Risikos der Kindersterblichkeit und der geringen Lebenserwartung insgesamt nicht ausgleichen. Erst die Industrialisierung ermöglichte langfristig wachsende Bevölkerung und steigendes Pro-Kopf-Einkommen zugleich und konnte damit die strukturelle Armut (→ Pauperisierung) bekämpfen. Der Preis für diesen Fortschritt lag in hohen sozialen Anpassungskosten (Urbanisierung, Kinderarbeit, Funktionsverlust der → Familie). Mit dem demographischen Übergang (die Zahl der Todesfälle je 1000 Einwohner sinkt langsamer als die der Geburten) begann diese Entwicklung, seit Ende des 20. Jahrhunderts. kippt diese Relation in den Industrienationen wieder um (Belastung des sog. Generationenvertrages).

Bourgeoisie
Der Begriff stammt aus der Zeit der Französischen Revolution und bezeichnete dort das besitzende Bürgertum. Durch Karl Marx ist der Begriff auf alle Besitzer von Produktionsmitteln (Boden, Kapital, Werkzeuge, Maschinen, Arbeit, Wissen, Beziehungen) ausgeweitet worden. Der Begriff soll zum Ausdruck bringen, dass ihnen eine gemeinsame Interessenlage und Stellung im Produktionsprozess eigen ist.

Bruttoinlandsprodukt
Das Bruttoinlandsprodukt (BIP) bezeichnet die Summe des Wertes aller in einer Volkswirtschaft in einem bestimmten Zeitraum (meist ein Jahr) produzierten Güter und Dienstleistungen. Das BIP gilt als wichtiger Indikator in einer Volkswirtschaft.

Budgerecht
Das Recht des Parlamentes, über den Staatshaushalt zu bestimmen. Es war eines der ersten Rechte, die den Parlamenten in ihrer Entwicklung von den Monarchen zugestanden wurden, da der Haushalt in die Einkommensverhältnisse der Untertanen (Steuern und Abgaben) eingriff. Es war auch zugleich ein sehr wichtiges Kontrollmittel des Parlamentes gegenüber der Regierung, da die konkrete Regierungspolitik in hohem Maße von der Regelung der Einnahmen und Ausgaben des Staates abhing.

Bürger
Seit dem 18. Jahrhundert zählen dazu Angehörige einer Bevölkerungsschicht, die sich von den privilegierten Ständen (Adel und Klerus) einerseits, von den Bauern und städtischen Unterschichten andererseits unterscheiden. Kennzeichen sind Besitz und Bildung sowie vom Leistungsprinzip geprägte Einstellungen. In Frankreich erstarkt vor allem die Schicht der Besitz- oder Wirtschaftsbürger (→ Bourgeoisie: Großkaufleute, Unternehmer, Bankiers), die sich in ihrer Lebensform gern an adlige Muster (Rentenbürger) angleichen. Nach der Französischen Revolution entsteht in Frankreich eine neue soziale Führungsschicht aus Großbürgern und Adel, die Notabeln. In Deutschland entwickelt sich im 18. Jahrhundert eine mit besonderen Vorrechten ausgestattete Oberschicht von Bildungsbürgern. Sie ist durch eine höhere Schul- und Universitätsbildung gekennzeichnet und verdankt ihren Aufstieg staatlichen Diensten. Von Wirtschaftsbürgern und Kleinbürgern (Handwerksmeister, Händler, Wirte) grenzte sich diese bevorrechtigte Oberschicht ab. Der Begriff Staatsbürger (frz. *citoyen*) bezeichnet alle Bürger, die ungeachtet ihrer sozialen Stellung aktiv am politischen Leben teilnehmen und gleiche Rechte und Pflichten haben. Nichtbesitzende Schichten und (bis ins 20. Jahrhundert) Frauen waren nicht als Staatsbürger anerkannt.

Bürgerkrieg, amerikanischer
1861 traten 7 der 15 sklavenhaltenden Südstaaten aus der Union der amerikanischen Staaten aus. Sie gründeten die „Konföderierten Staaten von Amerika“. Ihr „Austritt“ (lat. *secessio*) löste den amerikanischen Bürgerkrieg (Sezessionskrieg) aus. Den Hintergrund bildete der Gegensatz zwischen dem industrialisierten, auf freier Lohnarbeiterschaft basierenden bzw. in freier Farmwirtschaft betrie-

benen Norden und der Pflanzeraristokratie des Südens, deren Plantagenwirtschaft auf Sklavenarbeit beruhte.

Christentum
Christen vereint der Glaube an Jesus Christus als den Sohn Gottes, der in die Welt gekommen ist, um die Menschheit zu erlösen. Die Verkündigungen Jesu sind im Neuen Testament überliefert. Jesus setzte sich für Nächstenliebe und tatkräftige Unterstützung der Armen und Leidenden ein. Auch die Feinde sollen in dieses Liebesgebot miteinbezogen werden. Jesus verkündete die ‚Frohe Botschaft' (Evangelium) vom ‚Reich Gottes' als dem Endpunkt der Weltentwicklung. Nach dem Tode Jesu verbreiteten die Apostel seine Lehre im Römischen Reich. Die Christen kamen häufig in Konflikt mit dem Staat, weil sie sich weigerten, dem Kaiser zu opfern. Im Jahr 313 n. Chr. wurde das Christentum von Kaiser Konstantin als gleichberechtigte Religion anerkannt, unter Kaiser Theodosius I. 381 n. Chr. zur Staatsreligion erklärt.

Demokratie
Der Begriff stammt aus dem Griechischen und bedeutet Volksherrschaft. Als Urheber der athenischen Demokratie gilt Kleistenes (508 v.Chr.). Sie bezeichnet eine Herrschaftsform, in der die Macht bei allen Vollbürgern lag, die sich in ihren Poleis unmittelbar, d. h. in einer Volksversammlung, an den politischen Grundsatzentscheidungen beteiligten.
Seit dem 18. Jahrhundert wurde die Demokratie als repräsentative Demokratie in den Staaten Nordamerikas, West- und Mitteleuropas bis 1918 schrittweise durchgesetzt. Auf der Grundlage einer selbst gegebenen Verfassung wählt das Volk auf Zeit seine Vertreter (Repräsentanten), die die Gesetzgebung und die Kontrolle der Regierung wahrnehmen sollen. Diesem liberalen Verständnis zufolge zeichnet sich eine Demokratie durch Rechtsstaatlichkeit, die Existenz von Grundrechten, Minderheitenschutz und Gewaltenteilung aus.

Diktatur
Die Konzentration aller öffentlichen Macht in der Hand einer einzelnen Person für einen befristeten oder unbegrenzten Zeitraum. In der römischen Republik konnte in besonderen Notsituationen einer der Konsuln auf Vorschlag des Senats zum Diktator ernannt werden, um Krisen durch schnelles, entschlossenes Handeln zu meistern. Diese ‚Diktatur' war auf höchstens sechs Monate beschränkt.

Dschihad (= Heiliger Krieg)
Das Wort Dschihad bedeutet bemühen, kämpfen, streben. Der Dschihad gehört zwar nicht zu den fünf Säulen des Islam; nach dem Koran sind aber alle Muslime aufgefordert, sich nachhaltig für die Belange des Islams einzusetzen. Eine klassische Theorie des islamischen Gesellschaftssystems aus dem 12. Jahrhundert teilt die Welt in zwei Gebiete auf: das „Gebiet des Islam" (= *dar al-Islam*), in dem die unter muslimischer Herrschaft stehenden Regionen zusammengefasst sind, und das „Gebiet des Krieges" (= *dar al-harb*), d.h. alle nichtislamischen Bereiche. Dabei gibt es zwei Formen des Dschihad: den inneren Dschihad, den jeder Muslim führt, indem er sich bemüht, Gott gehorsam zu sein, seine Gebote zu befolgen und Barmherzigkeit zu üben sowie den äußeren Kampf gegen die Ungläubigen. Dieser wird einerseits offensiv geführt; Ziel des offensiven Dschihad ist die Umwandlung des *dar al-harb* zum *dar al-Islam*, zur Ausbreitung des Wortes Gottes. Einige Muslime nehmen direkt an den Kämpfen gegen nicht muslimische Völker teil; alle sind jedoch verpflichtet, die Kämpfer finanziell und mit ihrer Billigung zu unterstützen. Andererseits gibt es den defensiven Dschihad, um Aggressoren zu vertreiben, die muslimische Gebiete besetzt haben. Die Frage, ob der Dschihad in seiner offensiven oder defensiven Ausprägung Pflicht aller Muslime sei, ist bis heute umstritten.

Eigentum
Verfügbarkeit über Sachen und Liegenschaften.

Emanzipation
Der lateinische Begriff *„emancipatio"* bezeichnet ursprünglich den Rechtsakt, durch den ein erwachsener Sohn aus der väterlichen Verfügungsgewalt in die Selbstständigkeit entlassen wurde. Allgemein meint er die rechtliche und faktische Befreiung von Zwang und Unterdrückung. Mit politischer Emanzipation kann man generell den Prozess der Demokratisierung beschreiben. Mit dem Begriff der ‚Judenemanzipation' wird die rechtliche Gleichstellung der Juden bezeichnet; sie erlangten beispielsweise in Frankreich während der Französischen Revolution, in Deutschland im Laufe des 19. Jahrhunderts zumindest die rechtliche Gleichstellung mit den anderen Staatsbürgern. Auch der Kampf der Schwarzen in den USA oder das Eintreten der Frauenbewegung für Gleichberechtigung werden als Emanzipationsbewegungen bezeichnet.

Entdeckungen
Im Zuge der Entdeckung der Weite in der → Renaissance begann eine Erforschung unbekannter Teile der Erde, bei der Seefahrer, Eroberer, Schatzsucher, Kaufleute und Kleriker weite bisher unbekannte Teile Afrikas, Amerikas, Asiens und Australiens entdeckten. Die Portugiesen machten den Anfang mit der schrittweisen Erkundung der afrikanischen Küste. Kolumbus entdeckte auf dem Weg nach Indien Amerika (1492), Magellan umsegelte als Erster die Welt. In der Folge wurden Kolonien und Kolonialreiche gegründet (→ Kolonialismus).

Expansion
Die Ausdehnung des Einfluss- bzw. Herrschaftsgebietes eines Staates mithilfe militärischer, wirtschaftlicher oder politischer Mittel. So erweiterten die Griechen durch Gründung von Kolonien ihren wirtschaftlichen und politischen Einflussbereich. Den Römern gelang es, durch eine Vielzahl von Kriegen über mehrere Jahrhunderte hinweg das eigene Einflussgebiet auszudehnen und ein Weltreich entstehen zu lassen.

Fabrik
Ein räumlich zentral organisierter Großbetrieb zur Herstellung von Industriewaren wird als Fabrik bezeichnet. Darin wird der Produktionsprozess in kleine, immer gleiche Schritte zerlegt (Arbeitsteilung) und vorwiegend durch Maschinen ausgeführt, die gleichbleibende Qualität bei hoher Stückzahl garantieren. Die Waren werden auf Vorrat für einen überörtlichen, unpersönlichen Verbrauchermarkt hergestellt. Als soziales System ist die Fabrik ein hierarchisch gegliederter Bereich zum Zweck der gewinnorientierten Massenproduktion. Im Zuge der ökonomischen Differenzierung können sich Teile der Produktion in Zulieferbetriebe, Fabriken zur Erzeugung von Halbfertigwaren oder Veredlungsbetriebe spezialisieren. Fabriken sind anfänglich private oder staatliche Großbetriebe mit klarer Eigentumsbindung; sie differenzieren sich bei zunehmender Arbeitsteilung in Gesellschaften, meist auf Aktienbasis kapitalisiert, mit angestellten Fabrikdirektoren, Geschäftsführern und selbstständigen Abteilungen. Im 20. Jahrhundert setzt sich im Zuge der Rationalisierung und Automatisierung die Fließbandarbeit durch.

Familie
Die Familie entwickelte sich im 18./19. Jh. von einer wirtschaftlichen Erwerbsgemeinschaft mit produktiven und reproduktiven Funktionen zu einer sozialen, emotional gebundenen Kernfamilie. Damit verschoben sich die Rollen innerhalb der Familie, was Auswirkungen auf die primäre Sozialisation der Kinder hatte. Die Rollenverteilung von Mann (Ernährer der Familie) und Frau (Geburt und Erziehung der Kinder, Haushalt) wurde durch die außerhäusliche Erwerbsarbeit, besonders die Fabrikarbeit, infrage gestellt. Die bürgerliche Familie fand Entlastung der Funktionen durch das Hauspersonal. Die Arbeiterfamilie ermöglichte weiterreichende Emanzipation ihrer Mitglieder durch Erwerbstätigkeit seit dem Kindesalter und fand allmähliche Entlastung durch die Sozialgesetzgebung des Staates. Immer war die Familie eine vielfältige, flexible Form von sozialen Beziehungen. Die ganzheitliche Einbindung der Mitglieder in der Familie stand im Widerspruch zu der aufgeteilten Marktbeziehung von Angebot und Nachfrage sowie dem Leistungsprinzip in der Industriegesellschaft. Dadurch konnte die Familie gerade manche Härte der Arbeitswelt abmildern und manche Beziehung erst ermöglichen, die zu wirtschaftlichem Erfolg führte.

Fehde
Die Fehde galt im Mittelalter als ein legitimes und ehrenhaftes Mittel, seine Rechtsansprüche auch auf eigene Faust mit Gewalt durchzusetzen. Sie wurde vor allem vom → Adel eingesetzt. Die Fehdeführung unterlag strengen Regeln. Die rechte Fehde bedurfte eines allgemein anerkannten Anlasses. Dieser konnte z. B. in einer abgewiesenen gerichtlichen Klage bestehen. Eine Fehde musste formal korrekt angesagt werden. Dazu erfolgte die Übersendung eines Fehdebriefes an den Fehdegegner. Auch die Fehdehelfer erklärten in ähnlichen, meist kürzer gefassten Briefen die Fehde oder ihre Parteinahme. Ziel der Fehde war nicht die Tötung des Gegners, sondern dessen materielle Schädigung, um ihn dadurch zum Einlenken zu bewegen. Ob rechtmäßige oder unrechtmäßige Fehde: Den Schaden hatte in jedem Fall die bäuerliche Bevölkerung, denn durch die Schäden, die Fehdende den Bauern zufügten, wollten sie letztlich deren Herren treffen: Dörfer wurden überfallen, das Vieh weggetrieben, Hausrat und Vorräte geraubt, einzelne Bauern als Gefangene weggeführt oder getötet, das Dorf oft schließlich niedergebrannt. Erst gegen Ende des Mittelalters gelang es allmählich, das Ausmaß der Fehden durch Gesetze einzudämmen.

Frühkapitalismus
S. Handelskapitalismus.

Ganzes Haus
Bezeichnung für den typischen Wohn-, Lebens- und Arbeitsverband in vorindustrieller Zeit. Das ‚Ganze Haus' umfasst als Familienverband die Kernfamilie (Vater, Mutter, Kinder), weitere Verwandte und alle in der Produktionseinheit des ‚Ganzen Hauses' arbeitenden Menschen (Knechte, Mägde, Gesellen, Gehilfen etc.).

Gegenreformation
Bezeichnung für die nach der protestantischen → Reformation begonnene Erneuerung der katholischen Kirche. Die durch das Konzil von Trient, die Reformpäpste und den neu gegründeten Jesuitenorden geförderte Bewegung sollte möglichst viele Protestanten zurückgewinnen und den Katholizismus festigen. Gegenüber Luthers Glaubensgrundlage der Bibel als alleinigem Fundament wurde die kirchliche Autorität und Überlieferung als gleichwertige Grundlage des Katholizismus betont. Die Jesuiten versuchten besonders an den Fürstenhöfen und auf die Bildung Einfluss zu gewinnen, weil das Bekenntnis der Untertanen wesentlich von dem der Landesherren und der Erziehung abhing.

Gewerkschaft
Zur Verbesserung der sozialen und wirtschaftlichen Verhältnisse der Arbeiterschaft haben → Arbeiter diese Interessenverbände geschaffen. Hatten sich anfangs nur Handwerkergesellen gegen ungerechte Behandlung durch die Meister, gegen Lohndrückerei und den Zunftregeln widersprechende Arbeitsmethoden zusammengeschlossen, so traten bald auch die Lohnarbeiter mit höherer fachlicher Qualifikation und schließlich die un- bzw. angelernten Arbeiter hinzu. Ihr wichtigstes Kampfmittel war der Streik. Die Ausprägung und Bedeutung von Gewerkschaften ist von Land zu Land verschieden gewesen: In England und Deutschland erlangten sie große wirtschaftliche und politische Bedeutung, in den USA war ihr Einfluss geringer.

Handelskapitalismus (auch Frühkapitalismus)
Handelskapitalismus als eine neue, das mittelalterliche Wirtschaften ablösende Wirtschaftsweise begann in den

oberitalienischen und flandrischen Städten (ab 13. Jahrhundert). Dort wurde der Geld- und Warenverkehr durch neue Tauschformen (Kreditbrief, Wechsel, Börse) und Produktionsweisen (→ Verlag) weiterentwickelt, um die Vermehrung von Kapital zu erzielen. Höhepunkt seiner Entfaltung war die Ablösung von mittelalterlichen Handelsgesellschaften durch Familienunternehmen wie z. B. die Medici in Florenz und die Fugger in Augsburg.
Im 17. Jahrhundert entwickelte sich der Handelskapitalismus durch den Einfluss des Staates weiter zum → Merkantilismus.

Hellas (Hellenen)
Homer bezeichnete mit diesem Begriff nur eine Landschaft in Mittelgriechenland. Bei Hesiod (653) ist es erstmals der Name für alle Poleis, in denen Griechisch gesprochen wurde. Nach dem Aufstieg der Makedonen im 4. Jahrhundert wurde der Begriff gebräuchlicher und gab der Epoche des Hellenismus seinen Namen (334–30 v. Chr.). In dieser Zeitspanne breitete sich die griechische Siedlungs-, Denk- und Lebensweise im gesamten östlichen Mittelmeerraum aus. Der heutige Begriff Griechenland (bzw. Griechen) entwickelte sich aus der römischen Bezeichnung *Graeci*.

Imperialismus
In der Geschichtswissenschaft wird die Bezeichnung vor allem als Epochenbegriff für die weltweite Ausbreitung, Konkurrenz und direkte bzw. indirekte Herrschaft über fremde Länder durch die europäischen Großmächte, Japan und die USA zwischen 1880 und dem Ersten Weltkrieg verwandt. Dieser Hochimperialismus war darauf gerichtet, insbesondere in Afrika und Asien neue Kolonien zu gründen und Interessensphären zu schaffen, um neue Rohstoffquellen und Absatzmärkte zu erschließen, aber auch um nationales Prestige als Großmacht zu festigen und zum Teil von eigenen innenpolitischen Spannungen abzulenken. Historiker unterscheiden dabei zwischen „formeller" und „informeller" Herrschaft. Formelle Herrschaft bedeutet die Eroberung eines Gebietes und die Übernahme der Macht durch die Kolonialherren. Bei der informellen Herrschaft werden die politischen Machtstrukturen des Landes belassen, die Herrschaft wird durch militärische Stützpunkte sowie ökonomische und politische Druckmittel ausgeübt, die die eigenen Interessen sichern.

Imperialismustheorien
Imperialismustheorien stellen den wissenschaftlichen Versuch dar, das Phänomen → Imperialismus unabhängig von den Besonderheiten des Einzelfalles durch zentrale Ursachen oder Ursachenbündel hinreichend zu erklären. Dabei werden neben wirtschaftlichen und politischen Antriebskräften auch sozialgeschichtliche, kulturelle und ideologische Motive in den Blick genommen. Die Herausforderung besteht darin, trotz der weitgehenden Verallgemeinerungen die Einzelerscheinungen in den Metropolen und den Peripherieregionen angemessen zu berücksichtigen (→ Sozialimperialismus).

Imperium
Ursprünglich ‚Oberbefehl' oder ‚Herrschaft'. Im republikanischen Rom konnte das Imperium den höchsten Beamten als Amtsgewalt übertragen werden, die sich auf das Heereskommando bezog. Seit dem 1. Jahrhundert v. Chr. bezeichnete ‚Imperium' auch das Gebiet, in dem Rom seine Herrschaft ausübte (Imperium Romanum = Römisches Weltreich).

Industrialisierung/Industrielle Revolution
Wegen der umfassenden Veränderungen der gesamten Gesellschaft auch als „Industrielle Revolution" bezeichnet, ist die Industrialisierung eigentlich ein langfristiger, voraussetzungsreicher und komplexer Prozess. Industrialisierung meint den Übergang von einer agrarisch-handwerklich bestimmten Wirtschaftsordnung zu fabrikmäßiger Massenproduktion, bei der die Waren in arbeitsteiligem, durchrationalisiertem Verfahren und mit weitgehendem Einsatz von Maschinen für einen unpersönlichen Markt hergestellt werden. Dieser Vorgang hat Einfluss auf die gesellschaftliche Zusammensetzung der Bevölkerung, verändert Produktionsvolumen und die Verteilung des Wohlstands, beeinträchtigt die Umwelt, besonders in der Frühphase durch Raubbau an Rohstoffen und mangelhafte Entsorgung. In der Frühphase wurde die Industrialisierung von bestimmten Schrittmacherindustrien begünstigt. Je nach Industrieland spielten ferner die → Agrarrevolution, die Bevölkerungsentwicklung und politische Bedingungen eine förderliche Rolle. Im weiteren Verlauf der Industrialisierung wurden neue Industriezweige als Leitsektoren wirksam.

Isonomie
Grundsatz der → Demokratie in Athen. Gemeint ist zunächst die Gleichheit aller Bürger vor dem Gesetz, was eine deutliche Abgrenzung sowohl von aristokratischen als auch monarchischen Vorstellungen beinhaltet und als Grundvoraussetzung für jede Ausprägung einer demokratischen Staatsform gilt. In einem weiteren Sinne meint Isonomie die Gleichheit in der Demokratie während der klassischen Zeit, d. h. die Chance, das gleiche Recht aller (männlichen Bürger) auf politische Tätigkeit und Einflussnahme auch tatsächlich wahrnehmen zu können. Das Recht aller Bürger Athens auf freie Meinungsäußerung in der Volksversammlung war im antiken Athen ein besonders wichtiges Merkmal der Isonomie. Man bezeichnete es als Isegorie.

Kapitalismus
Wenn alle Abläufe der Wirtschaft vom Besitz/Nichtbesitz von Kapital sowie von der Art des Einsatzes abhängen, gilt ein Wirtschaftssystem als kapitalistisch. Kapital umfasst dabei sowohl das frei verfügbare Vermögen als auch das in Grundstücken, Gebäuden, Maschinen, Werkzeugen und anderen Betriebsmitteln investierte Kapital.

Kapitalmarkt
Der Produktionsfaktor Kapital umfasst alle produzierten Produktionsmittel (Anlagen, Maschinen, Geräte), Roh-

stoffe, Fertigwaren und Zahlungsmittel. Die Kapitalgüter können untereinander getauscht werden oder zusammen neue hervorbringen. Angebot und Nachfrage regeln letztlich den Kapitalverkehr. Nicht direkt für den Konsum gebrauchtes Kapital kann in neue Unternehmen investiert werden. Den Kapitalverkehr regelt die Börse.

Kiddusch ha-schem
Kiddusch ha-schem (= Heiligung des göttlichen Namens) ist die hebräische Bezeichnung für den höchsten Grad jüdisch-religiöser Moral, die sich vor allem in Martyrium, Gebet und Lebensführung ausdrückt. Danach war jeder Jude ursprünglich verpflichtet, eher sein Leben zu opfern, als unter Androhung des Todes den Namen Gottes durch die öffentliche Übertretung eines göttlichen Gebotes zu entweihen. Auf der rabbinischen Zusammenkunft in Lydda im 2. Jahrhundert nach Chr. wurde festgelegt, dass *Kiddusch ha-schem* als Opferung des eigenen Lebens bei Zwang zu Götzendienst, verbotenem Beischlaf und Mord vollzogen werden sollte. Ein Jude, der bewusst sein Leben für seinen Glauben hingab, wurde als *Kadosch* (Heiliger) und Märtyrer verehrt. Zudem soll vorbildliches Verhalten in Form von Rechtschaffenheit und Nächstenliebe gegenüber Nichtjuden Beleg für die Macht des jüdischen Glaubens an Gott sein.

Klasse
Eine gesellschaftliche Klasse ist eine Gruppe, die wesentliche Merkmale gemeinsam hat. Diese Merkmale betreffen den Zugang zu den Produktionsmitteln, den Grad der beruflichen Selbstständigkeit, die Ausbildung, die Höhe des Einkommens, den Lebensstil und Wertvorstellungen. Bei hoher Übereinstimmung in der Ausprägung der Merkmale spricht man von einer Klasse für sich. Wenn den Zugehörigen dieses auch bewusst ist und sich in ihren Einstellungen widerspiegelt, ist von einer Klasse an sich die Rede. Berufstätige lassen sich auch nach ihren Erwerbsverhältnissen (Erwerbsklasse) oder ihrem Besitz und Vermögen (Besitzklasse) unterteilen. Schließlich kommt es darauf an, dass sich die Mitglieder einer solchen Klasse ihrer sozialen Nähe bewusst sind und sich entsprechend verhalten (Klassenbewusstsein). Als Klassenkampf bezeichnet man das feindliche Aufeinandertreffen gegensätzlicher Klassen, die sich den Herrschaftsanspruch in der Gesellschaft streitig machen.

Königtum
Die Herrschaft eines Königs als Alleinherrscher (→ Monarchie) ist in der Antike die vorherrschende Verfassungsform gewesen. Während beispielsweise in Ägypten das Königtum nie abgeschafft wurde, löste in vielen griechischen Stadtstaaten der → Adel die Könige ab, und in Rom entstand nach der Vertreibung der Könige die → Republik. In hellenistischer Zeit setzte sich durch Alexander und seine Nachfolgern (Diadochen) jedoch wieder die Königsherrschaft durch, und auch das Römische Reich wurde nach dem Untergang der Republik wieder jahrhundertelang monarchisch (Kaisertum) regiert.

Kolonialismus
Ausgehend von dem Begriff Kolonie als jedem von einer fremden Macht abhängigem Gebiet oder Land, seit dem Zeitalter der Entdeckungen besonders im Sinne der von europäischen Staaten in Übersee erworbenen Besitzungen, bezeichnet Kolonialismus die wirtschaftliche Expansion, die mittels politischer Beherrschung einer unterlegenen Zivilisation abgesichert wird. Der neuzeitliche Kolonialismus begann im Zeitalter der → Entdeckungen im 15. Jahrhundert. Rohstoffausbeutung und vermeintliche Missionierung bestimmten das Verhältnis europäischer Staaten zu den überseeischen Gebieten. Der Führungsanspruch wurde auch materiell und politisch abgestützt. Zu den Kolonialmächten zählten vor allem Spanien (Süd- und Mittelamerika), im 17. Jahrhundert England und die Niederlande, im 18. Jahrhundert Großbritannien und Frankreich (Wettlauf in Asien und Nordamerika). Mit der Unabhängigkeit der USA begann eine gegenläufige Bewegung: Die weißen Kolonialgebiete lösten sich vom Mutterland, andererseits begannen die europäischen Industriestaaten im 19. Jahrhundert den Wettlauf um unerschlossene Gebiete. Daran beteiligten sich schließlich auch die USA als ehemalige Kolonie.

Konfession/Konfessionalisierung
Nach den → Reformationen Luthers, Calvins und anderer Reformatoren entstanden neue Kirchen, die sich von der alten Kirche abspalteten und ihre Prinzipien in Bekenntnisschriften niederlegten. Daraus entstand die Bezeichnung Konfession für die katholische, lutherische und reformierte (calvinistische) Form des Christentums.
Nach dem Augsburger Religionsfrieden von 1555, wonach sich die Konfession der Untertanen nach ihrem Herrscher richtete („*cuius regio eius religio*") versuchten die Landesherren durch einen Prozess der Konfessionalisierung, d. h. durch Förderung und Kontrolle ihrer Konfession, ihre Macht zu festigen und einen einheitlichen Untertanenverband herzustellen.

Konjunktur
Die Dynamik der wirtschaftlichen Entwicklung in kapitalistischen Systemen wird als Konjunktur bezeichnet. Eine gewisse Regelmäßigkeit von Aufschwung und Abschwung über lange Zeiträume hinweg wurde zuerst von Kondratieff um 1920 erkannt (lange Wellen, Kondratieff-Zyklus). Das Wechselverhältnis der ökonomischen, technischen und sozialen Umstände einerseits und der emotionalen Antriebs- und Widerstandskräfte andererseits beschäftigt seither die Konjunkturforschung, die neben den langen auch kürzere Wellen erkannt hat. Seit der → Industrialisierung sind die konjunkturellen Schwankungen berechenbarer geworden, aber nicht erst entstanden. Entscheidend ist die Frage, welche Faktoren (Preise, Löhne, Dienstleistungen) in die Bewertung eingehen, um den Konjunkturverlauf zu bestimmen, zu erklären oder sogar vorherzusagen. Aus der Perspektive der Konjunkturlage lassen sich einzelne politische und ökonomische Ereignisse plausibel erklären.

Konstitutionelle Monarchie
Staatsform, in der der regierende Monarch (oder die regierende Monarchin) an eine Verfassung gebunden ist. Das Parlament hat in der Regel eingeschränkte Gestaltungsmöglichkeiten. Es hat keinen verfassungsmäßigen Einfluss auf die Zusammensetzung und die Handlungen der Regierung, bestimmt aber über den Staatshaushalt und die Gesetzgebung (→ Budgetrecht und Parlamentarisierung).

Kulturkampf
Konflikt zwischen katholischer Kirche und dem preußisch-protestantisch dominierten Deutschen Reich sowie seiner Einzelstaaten zwischen 1871 und 1880. Der Ausdruck stammt von dem linksliberalen Politiker Rudolf Virchow, der in der Auseinandersetzung des preußischen Staates mit der katholischen Kirche einen Kampf für die Kultur, einen Kampf gegen den antiliberalen Vatikan sah. Die Zwangsmaßnahmen der Einzelstaaten und des Deutschen Reiches gegen die katholische Kirche wurden in den 1880er-Jahren weitgehend zurückgenommen. Aus dem Konflikt ging die katholische Zentrumspartei gestärkt hervor.

Liberalismus
Der Liberalismus (lat. *liber* bedeutet frei) entstand als politische Bewegung des Bürgertums Ende des 18. Jahrhunderts. Grundlage bildeten die Ideen der → Aufklärung wie die der Freiheit und Selbstbestimmung des Menschen in geistiger, politischer und wirtschaftlicher Hinsicht. Die Liberalen kämpften in der Zeit der → Restauration für mehr Freiheitsrechte und in diesem Zusammenhang für einen Nationalstaat, der den Menschen diese Rechte garantieren sollte.

Manager
Ein leitender → Angestellter, der vor allem verwaltende und geschäftsführende Leitungsfunktionen im Unternehmen wahrnimmt, selbst aber nicht Eigentümer des Betriebes ist, wird nach amerikanischem Sprachgebrauch Manager genannt. Er arbeitet professionell, sachorientiert, nach wirtschaftlichen Grundsätzen oder übertragenen Vorgaben, ohne besondere Familienrücksichten (→ Unternehmer). Er ist beteiligt an der Planung und Vorbereitung von Entscheidungen. Manager arbeiten mit Menschen zusammen, verarbeiten Informationen, verteilen und verwalten. Ihre besondere Qualifikation und Autorität wirkt sich im Einkommen aus. Durch Manager wird der autoritäre, zentralistische Führungsstil in ein kollektives Diskussions- und Entscheidungsteam verändert. Die Unternehmensführung wird mit Managern bürokratischer.

Manufaktur
(von lat. *manu factum* = mit der Hand gemacht) bezeichnet eine vom Staat besonders seit dem 17. Jahrhundert geförderte Betriebsform, die es erlaubt, große Mengen von Waren an einer Produktionsstätte arbeitsteilig herzustellen. Der Besitzer der Manufaktur musste das erforderliche Kapital, die staatliche Genehmigung, die Gebäude und die Werkzeuge bereitstellen; er beschaffte die Rohstoffe und sorgte für den Absatz der Waren. Die Rechte der in der Manufaktur Arbeitenden waren weniger gesichert als in den → Zünften.

Markt
Die Durchstrukturierung des öffentlichen Lebens nach dem Mechanismus von Angebot und Nachfrage ist typisch für das Industriezeitalter. Marktgeschehen war zuvor überwiegend nur in der Wirtschaft bekannt gewesen; seither müssen sich auch politische, soziale und kulturelle Leistungen dem Markt stellen. Ihm liegt eine Wettbewerbsordnung zugrunde, die mehr oder weniger reglementiert ist. Die Härte des Wettbewerbs hat allmählich zu sozialen Abstützungen geführt, um mehr Menschen den Zugang zu den Märkten zu erleichtern. Dennoch besteht die Erwartung, dass sich über den Markt die beste Leistung durchsetzen soll (Leistungsprinzip).

Marxismus
Die Lehre von Karl Marx und Friedrich Engels ist im 19. Jahrhundert als eine Theorie der Weltgeschichte auf der Basis dialektisch-materialistischen Denkens entwickelt worden, und zwar als Gegenbewegung zu dem besonders von Friedrich Hegel begründeten deutschen Idealismus. Sowohl der „Historische Materialismus", der letztlich die Entstehung einer sozialistischen Gesellschaftsordnung als notwendige Konsequenz aus der Geschichte der Klassenkämpfe entwickelte, als auch die „Politische Ökonomie", die eine Kritik des → Kapitalismus darstellte, wurden von vielen Nachfolgern verwendet und weitergedacht, die das System von Marx und Engels ihren Bedürfnissen und den konkreten gesellschaftlichen Situationen anpassten. Vor allem Lenin hat aus dem so verstandenen Marxismus die Revolution in Russland 1917 begründet. Aber auch revolutionäre Bewegungen und linke Kritiker von Gesellschaft und Politik nutzen die systematischen Überlegungen von Marx und Engels für ihre Zwecke. Mit dem Zerfall des Sowjetsystems hat der Marxismus an Attraktivität verloren.

Maschinen
Maschinen übernehmen Arbeit in gleichbleibender Qualität bei außerdem höherer Produktivität als der der menschlichen oder tierischen Arbeitskraft. Durch die Verbindung von Kraft- und Arbeitsmaschine wurde die industrielle Fertigung von Waren möglich (Mechanisierung). Maschinen verdrängen insofern Menschen von ihrem Arbeitsplatz, sie erleichtern aber auch die Arbeit und schaffen neue Arbeitsplätze in anderen Bereichen.

Massenproduktion
Handwerkliche Arbeit geschieht meist auf Bestellung für einen bekannten Kundenkreis, dessen individuelle Wünsche berücksichtigt werden können. Massenproduktion dagegen gilt für einen anonymen Kundenkreis und erfolgt auf Vorrat. Die Befriedigung einer großen Nachfra-

ge, weitgehende Standardisierung der Waren und damit Kostensenkung ist nur bei Massenproduktion möglich. Allerdings erhöht sich dabei das Geschäftsrisiko.

Menschenrechte
Im materiellen Sinn werden darunter vor- und überstaatliche Rechte verstanden, die dem Menschen nach naturrechtlicher Auffassung nicht vom Staat verliehen werden, sondern ihm kraft seines Menschseins zustehen. Als Menschenrechte werden vor allem die politischen Freiheitsrechte oder Grundfreiheiten (Recht auf Gleichheit, Unversehrtheit, Eigentum, Meinungs- und Glaubensfreiheit) gefasst. Seit dem 19. Jahrhundert werden diese Rechte auch auf den sozialen Bereich (Recht auf Arbeit, Bildung, soziale Sicherheit) ausgedehnt. Die Aufgabe des Staates besteht darin, diese Rechte zu respektieren und durch die Gewährleistung von politischen Mitwirkungsrechten, d. h. Bürgerrechten, zu garantieren.
Wegweisend für die Neuzeit wurden die Menschenrechte in der Unabhängigkeitserklärung der Vereinigten Staaten (1776) und in der Erklärung der Menschen- und Bürgerrechte durch die Französische Nationalversammlung (1789). In beiden Erklärungen hatten sie den Charakter unantastbarer Wahrheiten. Menschenrechte, die als verbindliche Rechte in die Verfassung eingebaut sind, bezeichnet man als Grundrechte (z. B. Grundrechte der Paulskirche 1848, der Weimarer Verfassung 1919).

Gruppen von Menschenrechten
Zunächst muss zwischen „Menschenrechten" und „Grundrechten" unterschieden werden. „Menschenrechte" sind unveräußerliche, unmittelbar aus der Natur des Menschen entspringende, vor- und überstaatliche Rechte. Unter „Grundrechten" versteht man die in Verfassungen oder Gesetzen niedergelegten und aufgezeigten Menschenrechte. Menschen- und Grundrechte sind nicht deckungsgleich, weil ein Staat Menschenrechte dadurch verleugnen kann, dass er sie nicht oder nicht vollständig als Grundrechte formuliert.
Die verschiedenen Menschen- und Grundrechte lassen sich in mehrere Gruppen oder Kategorien einteilen: Die Freiheitsrechte des Individuums oder auch Abwehrrechte richten sich gegen unzulässige Einschränkungen oder Verletzungen des Individuums durch andere Individuen oder (vor allem) durch einen allmächtigen Staat. Die politischen Teilhaberechte beschreiben, welche Rechte das Individuum zur Gestaltung der Gesellschaft, der Politik und des Staates haben soll. Die sozialen Teilhaberechte beschreiben, welche Leistungen die Gemeinschaft oder der Staat für ein Individuum zu erbringen hat, damit eine gerechte Verteilung materieller Güter oder wenigstens Chancengleichheit gewährleistet ist. Damit im Zusammenleben in der Gemeinschaft Freiheits- und Teilhaberechte gewährleistet sein können, sind mit ihnen auch Bürgerpflichten verbunden, die eine Anerkennung der Freiheits- und Teilhaberechte der anderen Bürger verlangen und die oft mit einer Einschränkung der eigenen Freiheitsrechte verknüpft sind.

Merkantilismus
(von lat. *mercator* = Kaufmann). Der Merkantilismus ist die vorherrschende Wirtschaftspolitik des Staates im Zeitalter des → Absolutismus, die den Handel als entscheidend für die Stärkung der staatlichen Macht betrachtet. Die Überschüsse aus dem Handel mit anderen Staaten sollten dazu dienen, den Goldbesitz und damit den Reichtum eines Staates zu vergrößern. Im Merkantilismus war der Staat bestrebt, die Ausfuhr zu erhöhen und die Einfuhr zu beschränken sowie eine zahlreiche gewerblich geschulte Bevölkerung, die für die Ausfuhr produzieren konnte, aufzubauen. Man versuchte deswegen, auch aus anderen Ländern besonders qualifizierte Arbeitskräfte anzusiedeln und zur Steigerung der gewerblichen Produktion → Manufakturen zu fördern.

Militarismus
Bezeichnung für die Überbewertung des Militärischen gegenüber dem zivilen Leben. Die Sicherung und der Ausbau der militärische Stärke des Staates steht im Zentrum des politischen Interesses. Vertreter des Militärs werden sozial und wirtschaftlich bevorzugt. Militärische Führer besetzen oft politische Führungspositionen. Auch das zivile Leben wird durch militärische Formen und Ideale wie Uniformierung oder Gehorsam geprägt. Der Militarismus steht damit im Gegensatz zu den Idealen des → Liberalismus und der → Demokratie.

Moderne
Bezeichnung für die grundlegenden (politischen, gesellschaftlichen und kulturellen) Strukturen der Welt seit Beginn des 18. Jahrhunderts. Dazu gehören vor allem: Rationalität, Fortschrittsgläubigkeit, Wissenschaftlichkeit, Industrialisierung, Demokratisierung.

Monarchie
Staatsform, in der ein Alleinherrscher Träger der Souveränität ist. Nach der griechischen Staatsformenlehre einer der drei Idealtypen (neben der → Demokratie und der → Aristokratie). Eine Sonderform der Monarchie ist die Tyrannis, in der die Herrschaft nicht als legitim anerkannt wird, sondern als usurpiert gilt. Man unterscheidet ferner die → absolute Monarchie (in der ein Fürst uneingeschränkt herrscht), die → konstitutionelle Monarchie (in der die Fürstenherrschaft durch eine Verfassung eingeschränkt wird) und die parlamentarische Monarchie (in der nicht mehr der Monarch, sondern die Volksvertretung Souverän ist und der Monarch weitgehend auf die Wahrnehmung repräsentativer Funktionen beschränkt bleibt; → Parlamentarisierung).

Nationalismus
Politische Ideologie, die auf die Bildung, Stärkung und Ausweitung eines Nationalstaates zielt. Staat und Nation gelten dem Nationalismus als höchste Werte. Gegner dieses Zusammenhaltes und fremde Nationen werden als Feinde gesehen und aggressiv abgelehnt. Der Nationalismus war in der ersten Hälfte des 19. Jahrhunderts eine überwiegend mit freiheitlichen Idealen verbundene Be-

wegung. An der Wende vom 18. zum 19. Jahrhundert entstand z. B. in Deutschland eine Bewegung, die die deutschen Staaten (Preußen, Bayern, Sachsen usw.) zusammenschließen und alle Menschen im deutschen Sprach- und Kulturraum in einem Nationalstaat vereinen wollte. Nach dem Scheitern der Revolution von 1848 wurde der deutsche Nationalismus zunehmend von Irrationalismus, → Antisemitismus und einer Überschätzung der eigenen Nation gegenüber anderen geprägt. Nach der Gründung des Deutschen Kaiserreiches 1871 unter preußischer Führung entwickelte der deutsche Nationalismus aggressive und intolerante Züge nach innen und außen (→ Imperialismus). Er wurde zum konservativen Integrationsmittel der deutschen Gesellschaft und richtete sich gegen die inneren „Reichsfeinde" wie z. B. die Sozialdemokraten und zunehmend, vermengt mit dem → Militarismus, auch gegen die anderen europäischen Nationen. Gemeinhin wird übersteigertes Nationalgefühl als Nationalismus bezeichnet.

New Deal
Nach einer Phase des *Big Business* im 19. und beginnenden 20. Jahrhundert erlebten die USA 1929 einen Einbruch der Aktienkurse, gefolgt von einer nationalen und schließlich weltweiten Wirtschaftskrise. Als Antwort auf die Phase der *Great Depression* entwickelte Präsident Franklin D. Roosevelt die Politik des *New Deal*. Produktionsbeschränkungen für die Landwirtschaft, Kontrollen des Bank- und Kreditwesens, Ausweitung öffentlicher Aufträge, Förderung freier Gewerkschaften und die Einführung bundesstaatlicher Sozialversicherungen sollten den Weg aus der Krise bahnen. Roosevelts Konzept war teilweise erfolgreich, bewirkte jedoch hinsichtlich der Arbeitslosenzahlen wenig.

Obrigkeitsstaat
Gesellschaftliche und politische Ordnung, in der die politischen Entscheidungen weitgehend von einem Herrscher oder einer kleinen Führungselite getroffen werden. Die traditionelle, autoritär ausgerichtete Obrigkeit (monarchische Regierung, Verwaltung, Militär) stehen dabei im Gegensatz zu den demokratisch ausgerichteten Kräfte wie z. B. Parlament oder politische Parteien (→ auch Militarismus).

Oikos
Der Begriff lässt sich nur unzureichend mit „Haus", „Haushalt" oder gar „Familie" übersetzen. Im engeren Sinne meint der Begriff eine Einheit von Menschen, die zusammen leben (wollen), um die Bedürfnisse des alltäglichen Lebens gemeinsam zu befriedigen. *Oikos* umfasst nicht nur die engeren Familienmitglieder, z. B. Kinder, Eltern, Großeltern, sondern auch andere zum Haushalt gehörende Personen, etwa die Sklaven. Hinzu treten aber auch die Sachwerte der Gemeinschaft (Grundbesitz, Werkzeuge, Haushaltsgeräte usw.). Innerhalb des *Oikos* konnte der Hausherr nach Gutdünken entscheiden – wie auch die griechische Bezeichnung für den Leiter eines *Oikos* verrät: *despotes* (Despot). Einem *Oikos* vorzustehen, war im antiken Griechenland Vorbedingung für die persönliche Freiheit des Bürgers und sein selbstbewusstes Auftreten im öffentlichen Raum der Polis.

Oligarchie
S. Aristokratie.

Parlamentarisierung
Begriff für die Erweiterung der Rechte des Parlamentes. Die Parlamentarisierung zielt letzten Endes darauf, dem Parlament Einfluss auf die Regierungsbildung zu verschaffen. Im Gegensatz zum konstitutionellen System ist in einer parlamentarischen Monarchie das Parlament und nicht der König der eigentliche Souverän. Die Parlamentarisierung des Deutschen Reiches wurde nach der Jahrhundertwende von der politischen Linken immer energischer gefordert. Erst unter dem Druck des verlorenen Krieges erfolgte kurz vor der Novemberrevolution 1918 die Parlamentarisierung des Kaiserreiches.

Pauperisierung
Wenn herkömmliche Arbeitsverhältnisse durch veränderte Technologien verloren gehen oder wenn sich soziale Bindungen an Arbeitgeber auflösen, ohne dass es Beschäftigungsalternativen gibt, oder wenn eine Wirtschaftsordnung zu wenig Menschen erfasst, kommt es zu Verarmung (Pauperisierung, von lat. *pauper* = arm) ganzer Bevölkerungsgruppen. So litten z. B. die Heimarbeiter um 1830 unter der beginnenden → Industrialisierung. Man spricht dabei von einer strukturellen Armut, da sie nicht durch persönliches Schicksal verursacht wird. Abhilfe schafft nur eine Weiterentwicklung des Wirtschaftssystems, weil sich durch Hilfe für den Einzelnen oder durch Selbsthilfe die Bedingungen der Armut nicht verändern.

Plebejer
In Rom all jene freien Bürger, die nicht dem → Adel angehörten. Die Plebejer sind lange Zeit rechtlos gewesen und erlangten erst durch die Ständekämpfe die Möglichkeit, öffentliche Ämter zu übernehmen und am politischen Leben gleichberechtigt mitzuwirken.

Polis
Die Übersetzungen „Stadt" oder „Staat" geben den Sinn nur annähernd wieder. Zwar besitzt der Begriff auch eine räumliche Dimension, indem er ein Siedlungsgebiet mit städtischem Kern (Burg, Markt, Amtsgebäude, Brunnen, Mauer, Gymnasium ...) und ländlichem Umfeld bezeichnet. Er beinhaltet aber auch eine politische Dimension, da er ein Bindungsverhältnis unter den männlichen Polisangehörigen zum Ausdruck bringt, die sich ihrer Polis verpflichtet fühlen und dieser Verpflichtung durch aktive Teilhabe an politischen Entscheidungen nachkommen (z. B. in den Heeres- oder den Volksversammlungen usw.). In der Polis konnte sich die Sphäre des Politischen entwickeln, die sich in der Errichtung eines Ämterwesens und kontinuierlich tagenden Gremien niederschlug.

Prinzipat
Die Bezeichnung der von Augustus geschaffenen Herrschaftsform. Augustus nannte sich ‚Prinzeps' (Erster), um seine Herrschaft vom → Königtum und von der → Diktatur zu unterscheiden. Er ließ Elemente der republikanischen Verfassung bestehen, hatte aber selbst fast uneingeschränkte Macht. Der Prinzipat kann demnach als eine Form der → Monarchie angesehen werden. Nach dem Tod des Augustus blieb diese Herrschaftsform bis in das 3. Jahrhundert erhalten.

Privilegien
Entsprechend der ständischen Gesellschaftsordnung verfügten die herrschenden Stände über mehr Rechte als die Untertanen, was man als Vorrechte (Privilegien) bezeichnete. Seit dem Mittelalter waren auch andere Großgruppen (Städte, Universitäten, Zünfte, Kaufleute) mit Privilegien ausgestattet. Die Abschaffung aller Privilegien ist erklärtes Ziel der → Aufklärung.

Proletariat
So bezeichnete Karl Marx alle → Arbeiter, die als Gegenpart der → Bourgeoisie auf dem → Markt nur ihre Arbeitskraft verkaufen konnten. Die Fabrikarbeiterschaft wurde z. T. als Industrieproletariat hervorgehoben, die pauperisierten Armen galten als Lumpenproletariat. Zutreffend betont der Begriff Proletariat den Nichtbesitz von Produktionsmitteln, differenziert aber nicht genug zwischen den einzelnen Gruppierungen der Arbeiterschaft.

Protoindustrialisierung
Bezeichnung für eine die spätere → Industrialisierung vorbereitende historische Phase, insbesondere durch die Freisetzung von Arbeitskräften, die Herausbildung unternehmerischer Qualifikationen und die Ansammlung von Kapital (auch → Kapitalismus, → Verlag).

Provinzialisierung
Ein Begriff, der jene Veränderungen bezeichnen soll, die sich für Rom und die Römer aus dem Kontakt mit den Provinzen ergaben. In der Kaiserzeit konnten zunehmend mehr Provinzbewohner (Provinziale) das römische Bürgerrecht erwerben oder Beamte und Senatoren werden. Die Bevölkerung Roms war in dieser Zeit, zumindest was die unteren Schichten betraf, eine bunte Völkermischung. Ebenso wie römische Lebensweise in die Provinzen getragen wurde (→ Romanisierung), gelangten provinziale Einflüsse in die Hauptstadt. Die altrömische Kultur wandelte sich, neue Religionen und Kulte fanden in Rom ihre Anhänger. Rom wurde ‚provinzialisiert'.

Rassismus
Die Gesamtheit der Theorien und politischen Lehrern, die die menschliche Erdbevölkerung in Menschenrassen klassifiziert und dabei Zusammenhänge zwischen Körperentwicklung und Kulturentwicklung behauptet. Die Theorien versuchen, kulturelle Fähigkeiten und Entwicklungen der Geschichte nicht auf politische und soziale, sondern auf biologische Ursachen zurückzuführen. Dabei wird eine Über- oder Unterlegenheit einer menschlichen „Rasse" gegenüber einer anderen behauptet, um die Herrschaft über Menschen, Volksgruppen und Völkern anderer Herkunft mit Verweis auf angeblich naturgegebene sittliche oder intellektuelle Unterlegenheit zu rechtfertigen. Der Rassismus liefert also die Begründung für Diskriminierung, Unterprivilegierung und Unterdrückung.

Reform
(lat.: *reformare* = erneuern). Mit dem Begriff Reform bezeichnet man systematisch vorgenommene Veränderungen zur Verbesserung gesellschaftlicher, wirtschaftlicher, organisatorischer oder politischer Zustände. Von → Revolutionen unterscheiden sich Reformen durch ihren eher gewaltfreien, sachlich begrenzten und weniger tiefgreifenden Charakter. Im Unterschied zu Revolutionen werden Reformen in der Regel von Führungsschichten oder -personen (Regierungen, Unternehmensleitungen etc.) initiiert und umgesetzt.

Reform/Reformation
(von lat. *reformatio* = Erneuerung, Wiederherstellung eines ursprünglichen Zustandes). Im Mittelalter und der Frühen Neuzeit wurde darunter die Beseitigung von Missständen in Staat und Kirche verstanden. In den Auseinandersetzungen über die Verfassung des Reiches und der Kirche bedeutete Reform auch Erneuerung, wobei der Zustand der Vergangenheit als Vorbild diente. Auch die kirchliche Reformation des 16. Jahrhunderts, die ihre Vorläufer in Reformbestrebungen seit dem 15. Jahrhunderts hatte, verfolgte den Zweck, die ursprüngliche Reinheit des Glaubens wiederherzustellen und Missstände in der alten Kirche abzustellen. Im engeren Sinn wird der Begriff Reformation auf die von Luther ausgehende Bewegung angewandt.

Reliquien
Reliquien sind körperliche Überreste von Heiligen. Sie wurden verehrt, da man der Ansicht war, dass die Seele mit dem Leib des Heiligen in Verbindung bliebe. Reliquien garantierten die Gegenwart der verstorbenen Heiligen auf Erden. Nicht anders als die Heiligen selbst, konnten auch ihre Reliquien wundertätig wirken. Neben den Körperreliquien, den „Primärreliquien", gab es „Sekundärreliquien". Diese umfassten alles, was der Heilige besessen oder berührt hatte, desgleichen alles von seinem Grab, etwa den Staub von der Abdeckplatte oder das Öl der dort brennenden Lampen. Bereits seit frühchristlicher Zeit fertigte man für die Aufbewahrung der Reliquien sogenannte Reliquiare an, meist aus edlen Metallen wie Gold und Silber. Da im Jahr 1215 beschlossen wurde, Reliquien nicht mehr ohne ihr Reliquiar zu zeigen, passten sich die Formen der Reliquiare dem Gebrauch der Reliquien an. Die Bemühung, den wundertätigen Inhalt des Reliquiars für den Betrachter zugänglich zu machen, führte zum Schaureliquiar: Glas oder Kristall machte das Reliquiar „durchsichtig", so war der Blick des Gläubigen auf die Reliquie frei. Den Zusammenhang zwischen Reliquie

und Reliquiar machten insbesondere redende Reliquiare deutlich, die durch ihre Form anzeigten, welches Körperteil des Heiligen in ihnen enthalten war, z. B. ein Armknochen in einem Arm.

Renaissance
Die Renaissance (frz. „Wiedergeburt") ist eine kulturell folgenreiche Epoche zwischen 1350 und dem Anfang des 16. Jahrhunderts in Süd-, West- und Mitteleuropa, die in der Wiederentdeckung der Antike eine Loslösung von der mittelalterlichen Ordnung und eine Neuentdeckung des Diesseits und des Menschen sah. Ursprungsland ist Italien. Der Begriff („*rinacità*") wurde 1550 von Vasari geprägt, der damit zunächst nur den Akt der Überwindung der mittelalterlichen Kunst meinte; um 1820 wurde er in Frankreich als Stilbegriff übernommen. Man unterscheidet in Italien zwischen Früh- (ab ca. 1420), Hoch- (bis ca. 1520/30) und Spätrenaissance (auch Manierismus, bis ca. 1600). Schöpfer der Renaissancekultur waren vor allem bildende Künstler, Wissenschaftler, Philosophen, Literaten, angeregt durch den Humanismus, der mit Berufung auf das antike Vorbild ein neues Menschen- und Weltbild forderte und die antiken Wissensbestände zugänglich machte und verbreitete. Der ausgeprägte Anthropozentrismus entwickelte u. a. das Leitbild des „*uomo universale*", des geistig und körperlich allseitig begabten und gebildeten Menschen. Das Erstarken des handelskapitalistisch geprägten Bürgertums und die macht- und kulturpolitisch bestimmenden einzelnen Herrscherfamilien (z. B. Medici, Gonzaga, Sforza) prägten die italienischen Stadtstaaten, die sich in der Tradition der griechischen Polis verstanden.
Kennzeichnend für die Baukunst ist die Übernahme der antiken Säulenordnungen und das Verdrängen des gotischen Spitzbogens durch den Rundbogen. Die Bildhauerkunst nahm antike Formen wieder auf, so z. B. die Porträtbüste und das Reiterstandbild. In der Malerei wurde mithilfe der mathematischen Konstruktion der Zentralperspektive räumliche Tiefe erzielt. Neben der neuen Vorstellung vom Porträt eines bestimmten unverwechselbaren Menschen entwickelte sich, ausgelöst durch ein neues Naturgefühl, die Landschaftsmalerei.

Republik
Eine Staatsform, in der das Volk oder ein Teil des Volkes die politische Macht besitzt (lat.: *res publica* = die öffentliche Angelegenheit). Die obersten Staatsämter werden nur für eine bestimmte Zeit durch Wahl besetzt. Die römische Republik war keine Demokratie wie Athen. In Rom wurden politische Ämter zunächst nur von den Adligen bekleidet. Durch die Ständekämpfe erlangten auch die → Plebejer Mitbestimmungsrechte. Dennoch blieb die römische Republik weitgehend eine → Aristokratie.

Restauration
Mit dem Begriff Restauration wird die Zeit zwischen dem Wiener Kongress (1815) und der Märzrevolution (1848) bezeichnet. Die deutschen Fürsten versuchten eine „Wiederherstellung vorrevolutionärer Zustände" (Restauration heißt Wiederherstellung). Sie verfolgten damit auch ein politisches Programm, welches sie auch mittels Polizeigewalt und Restriktionen gegen die national und liberal gesinnte Opposition durchzusetzen beabsichtigten.

Revolution
Eine Revolution markiert den tiefgreifenden Umbau der gesamten politischen und sozialen Strukturen eines Staates, unter Umständen auch des kulturellen Normensystems einer Gesellschaft. Typisch ist das Vorhandensein eines bewussten Willens zur Veränderung und einer Aktionsgruppe mit Unterstützung im Volk. Charakteristisch sind häufig ferner Rechtsverletzung und Gewaltanwendung. Auffallend ist die schnelle Abfolge der Ereignisse. Zu unterscheiden ist eine Revolution vom reinen Bruch mit der bestehenden Verfassung und dem Austausch des Führungspersonals.

Ritter
In Athen die 2. Klasse der solonischen Staatsordnung. In der römischen Republik all jene Bürger, die über genügend Einkommen verfügten, um sich im Kriegsfall aus eigenen Mitteln als Reiter auszurüsten. Ab dem 2. Jahrhundert v. Chr. wurden offenbar all jene, die ein gewisses Mindestvermögen nachweisen konnten, zu den Rittern gezählt. Seit dem Ende der Republik setzten die Kaiser Ritter in wichtige Verwaltungspositionen ein und bestimmten selbst, wer in den Ritterstand aufgenommen wurde.

Romanisierung
Die Verbreitung der römischen Kultur im römischen Weltreich. Durch die Ausbreitung römischer Bürger im gesamten Reichsgebiet gelangten römische Baukunst, Verwaltung, Bildung und Sprache in die eroberten Provinzen. In vielen Lebensbereichen übernahmen die Provinzbewohner das römische Vorbild. Die lateinische Sprache wurde vor allem im Westen zum gemeinsamen Verständigungsmittel.

Sattelzeit
Von dem Historiker R. Kossellek geprägte Bezeichnung für die Jahrzehnte um 1800, in der sich die Weltwahrnehmung der Menschen in Europa grundlegend hin zur → „Moderne" änderte.

Senat
Die Bezeichnung für das Beratungsgremium des römischen Staates (lat.: *senatus* = Rat der Ältesten). Der Senat unterbreitete den Konsuln Vorschläge für ihre Arbeit; er hatte großen politischen Einfluss. In der Zeit der → Republik war der Senat aus Mitgliedern der Patrizier zusammengesetzt. Hohe Beamte (Magistrate) wurden nach Ablauf ihrer Amtstätigkeit ebenfalls zu Senatoren auf Lebenszeit. Im Zusammenhang der Ständekämpfe erhielten ab 367 v.Chr. auch die → Plebejer Zugang zu diesem Ratsgremium. In der Kaiserzeit verlor der Senat zunehmend an politischer Bedeutung.

Souveränität
Der Begriff wurde von dem Franzosen J. Bodin im 16. Jahrhunderts als oberste und von den Gesetzen losgelöste Gewalt definiert. Der Souverän (Inhaber der Souveränität) ist in einer → Monarchie der Fürst, in einer → Aristokratie der → Adel, in einer → Demokratie das Volk. Der Souverän ist nur durch den Willen Gottes und durch die von allen Menschen anerkannten Rechtssätze beschränkt.

Sozialdarwinismus
Übertragung des sog. Darwinismus auf das Verhalten menschlicher Gesellschaften. Der englische Biologe Charles Darwin (1809–1882) behauptete, dass in der Natur der „Kampf um das Dasein" zu einer Auslese führe, um Arten zu entwickeln und durchzusetzen. In der zweiten Hälfte des 19. Jahrhunderts wurde diese Theorie verwandt, um die Unterwerfung der farbigen Völker durch die weiße Rasse auf der Basis der angeblichen rassischen Ungleichheit zu rechtfertigen. Die Annexion außereuropäischer Gebiete mit der einhergehenden Unterdrückung der einheimischen Bevölkerung erschien danach als ein natürlicher Prozess.

Soziale Frage
Eine der großen Herausforderungen des 19. Jahrhunderts war die Bewältigung der gesamtgesellschaftlichen Probleme, die sich aus der → Industrialisierung ergaben. Sie werden unter dem Begriff „Soziale Frage" zusammengefasst. Im engeren Sinn umfasst die Begrifflichkeit die konkreten Überlegungen und Lösungsansätze im Blick darauf, wie die Nachteile dieser Entwicklung für die arbeitende Bevölkerung in Stadt und Land aufgefangen werden sollten. In Europa und den USA hat es verschiedene Lösungswege gegeben, je nach den sozialökonomischen Traditionen und gesellschaftlichen Machtverhältnissen.

Sozialgesetzgebung
Erst langsam erkannte der Staat im 19. Jahrhundert die Notwendigkeit einer Sozialpolitik, nachdem er durch die Förderung der → Industrialisierung einen Teil der sozialen Ungleichheiten selbst hervorgerufen hatte. Das Versicherungswesen, problembezogene Beihilfen und Entlastungen, Vorsorgemaßnahmen, Aufklärung und soziale Einrichtungen sind die wichtigsten Felder der Sozialpolitik geworden.

Sozialimperalismus
Der Begriff Sozialimperialismus bezeichnet eine → Imperialismustheorie, die versucht, die Expansion der imperialistischen Staaten in der zweite Hälfte des 19. Jahrhunderts im Wesentlichen aus inneren Ursachen dieser Staaten zu erklären. Danach stellt der → Imperialismus den Versuch dar, durch neue Aufgaben und Erfolge in den Kolonien durchaus auch manipulativ die im Zuge der → Industrialisierung entstehenden emanzipatorischen Bestrebungen der neuen Arbeiterklasse und des Mittelstands zu kanalisieren und auf diese Weise das bestehende ökonomische, soziale und politische System, z. B. des Deutschen Kaiserreiches, zu stabilisieren.

Sozialismus
Der Begriff steht sowohl für eine Weltanschauung als auch für eine politische Bewegung mit sozialistischen Zielen (z. B. → Marxismus). Als Gegenbewegung zum → Kapitalismus und → Liberalismus verfolgte der Sozialismus das Ziel einer umfassenden Veränderung von Staat, Gesellschaft und Wirtschaft. Es gibt im 19. Jahrhundert verschiedene Ausprägungen des Sozialismus. Im Kern geht es jedoch allen Richtungen darum, eine sozial ungleiche und als ungerecht empfundene Verteilung von Besitz in der Gesellschaft zu beseitigen oder zumindest Eigentum umzuverteilen und politisch eine demokratische Gleichberechtigung unterprivilegierter Schichten zu erkämpfen.

Sozialistengesetz
Reichsgesetz „wider die gemeingefährlichen Bestrebungen der Sozialdemokratie". Versuch Bismarcks, die sozialdemokratische Bewegung durch staatliche Unterdrückung zu zerschlagen. Als Vorwand dienten zwei Attentate von Anarchisten auf Wilhelm I. Nachdem der Reichstag den Gesetzesvorschlag zunächst abgelehnt hatte, wurde er 1878 mit den Stimmen der Nationalliberalen angenommen. Vereine, Versammlungen und Druckschriften sozialdemokratischen, sozialistischen oder kommunistischen Inhalts wurden verboten. Die Reichstagsfraktion der Sozialdemokraten blieb jedoch bestehen. Ebenso konnten Sozialdemokraten bei Wahlen gewählt werden. 1890 verlängerte der Reichstag das Gesetz nicht mehr. Bei den Reichstagswahlen 1890 erhielten die Sozialdemokraten die meisten Stimmen.

Stand/Stände
Der Begriff Stand bezeichnet abgeschlossene gesellschaftliche Verbände, die sich innerhalb einer hierarchisch gegliederten Gesellschaft durch unterschiedliche Merkmale wie Abstammung, Beruf oder Grad der politischen Teilhabe voneinander abgrenzen. Auch Bildung, Lebensverhältnisse oder -alter konnten zur Differenzierung nach Ständen ausschlaggebend sein. Die Zahl der Stände entspricht der Vielzahl der Kriterien, mit deren Hilfe sich die mittelalterliche Gesellschaft unterteilen ließ. Gemeinsam ist all diesen Ständebildungen, dass sie die soziale Wirklichkeit nicht detailgetreu wiedergeben. Es handelt sich vielmehr um teilweise miteinander konkurrierende, sich zum Teil überschneidende und insgesamt vereinfachende Deutungsschemata und Ordnungsmodelle.

Stehendes Heer
Ist ein Heer, das auch in Friedenszeiten unterhalten wird, um jederzeit kriegsbereit zu sein. Stehende Heere gab es als Konsequenz der negativen Erfahrung mit Söldnerheeren im Dreißigjährigen Krieg seit dem 17. Jahrhundert. Die stehenden Heere dienten auch dem Ziel der Fürsten, sich von Steuerbewilligungen der Stände für militärische Zwecke unabhängig zu machen und Kriege ohne deren Zustimmung führen zu können. Auch konnten sie eingesetzt werden, um Aufstände niederzuschlagen. Deshalb

waren sie ein wichtiges Mittel für den Aufbau absoluter Herrschaft (→ Absolutismus).

Timokratie
S. Aristokratie.

Tyrannis
S. Monarchie.

Unabhängigkeitserklärung
In einer Unabhängigkeitserklärung verlautbart eine zuvor von einer Führungsmacht abhängige Körperschaft ihre politische Selbstständigkeit. In der folgenreichsten Unabhängigkeitserklärung der Weltgeschichte, der der 13 englischen Kolonien in Nordamerika, erklärten diese am 4. Juli 1776 ihre Unabhängigkeit vom englischen Mutterland. In der feierlichen Erklärung legten die Kolonien die Prinzipien ihres Zusammenlebens dar und begründeten mit Bezug zum Selbstbestimmungsrecht ausführlich ihre Trennung von England. Die Unabhängigkeitserklärung wurde von Thomas Jefferson im Auftrag der Repräsentanten der Kolonien, die sich im Zweiten Kontinentalkongress zusammengeschlossen hatten, ausgearbeitet. Im anschließenden Unabhängigkeitskrieg besiegten die amerikanischen Truppen unter dem Oberbefehl von George Washington die englischen Truppen. Im Frieden von Paris (1783) anerkannte England die Unabhängigkeit der Vereinigten Staaten von Amerika.

Unternehmer
Unternehmer entscheiden in einem Betrieb über die Ziele des Unternehmens, sie planen und bestimmen den Einsatz von Personal und Material, sie wählen das geeignete Personal besonders in leitenden Positionen aus, sie kennen die Marktlage und passen ihr Unternehmen entsprechend an, sie beobachten und beeinflussen das wirtschaftspolitische Umfeld und sind am Gewinn des Unternehmens interessiert. Die Vielzahl dieser Entscheidungen erfordert Durchsetzungsvermögen, fachliche Kompetenz und ein Gespür für Markttendenzen. In der Frühzeit der → Industrialisierung waren Unternehmer oft Handwerker gewesen, später auch Kaufleute, Techniker, → Angestellte und schließlich Söhne von Unternehmern. Selbst bei Betriebsgesellschaften spielte die Unternehmerpersönlichkeit eine zentrale Rolle.

Urbanisierung
Die Siedlungsverdichtung in einen überwiegend städtischen Raum wird Urbanisierung (von lat. *urbs* = Stadt) genannt. Die Urbanisierung ist ein wichtiges Element der Modernisierungsprozesse seit dem 19. Jahrhundert. Sie vollzog sich häufig zusammen mit der → Industrialisierung, verlief aber nicht deckungsgleich. Urbanisierung ist am Wandel der Beschäftigungsstruktur (wenig Landwirtschaft, große Arbeitsteilung), an der Dichte und segregierten Verteilung der Bevölkerung, an der größeren Vielfalt von Erwerbs- und Dienstleistungsangeboten sowie der professionellen Infrastruktur (Ver- und Entsorgung, Energie, Verkehr, soziale Dienste, Gesundheit, Bildung) ablesbar. Zugleich nimmt die Bildung und Entwicklung unterschiedlicher Stadtviertel (Segregation) zu, was hauptsächlich über die Bodenpreise, die Ausstattungsmerkmale und die Lage zur City vermittelt wird. Urbanisierung bedeutet deshalb nicht für alle Bewohner, wohl aber insgesamt eine Verbesserung der Lebensqualität und des Wohlstands. Sie lässt sich nicht vollständig planen, verläuft aber auch nicht ungeplant (vgl. Bauordnungen, Bebauungspläne, Ortsstatute, Kontrollen). Im 20. Jahrhundert unterstützen Gesellschaften (Wohn-, Bau-, Konsumgenossenschaften, Gartenbauvereine, Wohlfahrtsverbände) die kommunale Stadtentwicklung.

Verfassung
Die vertragsmäßige Regelung der grundlegenden Ordnung eines Staates, der Aufgaben, Rechte und Pflichten seiner Organe und Bürger. Eine Verfassung kann sich über einen längeren Zeitraum hin aufgrund einzelner Rechtsakte entwickeln oder in einem einmaligen Gesetzgebungsakt (z. B. Verfassung der USA, 1789) geschaffen werden.

Verlag
In der Zeit der Frühindustrialisierung verbreitete Unternehmensform (besonders in der Textilproduktion), die eine Zwischenposition zwischen Handwerksbetrieb und → Fabrik bedeutete. Der „Verleger" stellte das Rohmaterial zur Verfügung und organisierte den Absatz der fertigen Produkte zentral, die „verlegten Handwerker" produzierten auf noch traditionelle Weise dezentral (oft in Heimarbeit) für den „Verleger" (→ Protoindustrialisierung).

Volkssouveränität
(franz. Souveraineté = höchste Gewalt, Staatsgewalt) bezeichnet die Legitimation staatlicher Herrschaft durch das Volk. Der Grundsatz der Volkssouveränität wird in der → Demokratie vor allem durch das Wahlrecht umgesetzt. Von Jean-Jacques Rousseau erstmals in seinem „Du contrat social" (1762) formuliert, ging die „Volkssouveränität" zunächst in die amerikanische Unabhängigkeitserklärung ein und bestimmte das politische Handeln in der Französischen Revolution.

Volksversammlung
Die Versammlung aller stimmberechtigten Bürger eines Staates. Im demokratischen Athen übte die Volksversammlung selbst die höchste Staatsgewalt aus und entschied über alle wichtigen politischen Fragen. Im republikanischen Rom gab es verschiedene Formen der Volksversammlung. Dort wurden zwar Gesetze beschlossen, Beamte gewählt und über Krieg und Frieden entschieden, diese Volksversammlungen hatten jedoch bei weitem nicht das politische Gewicht wie im demokratischen Athen. In der Kaiserzeit wurde die Volksversammlung zunehmend bedeutungslos.

Vormärz
Epochenbezeichnung für die Jahre vor der Märzrevolution (1848) in den deutschen Staaten. Der Vormärz war

einerseits durch die restaurative und repressive Politik der deutschen Fürsten und des Deutschen Bundes (unter Leitung des Fürsten Metternich) und andererseits durch gegen diese Politik gerichtete liberale und nationale Aktivitäten gekennzeichnet.

Weltpolitik
Begriff für die Vorgänge der internationalen Politik, aber auch für den Versuch, diese internationale Politik zu beeinflussen. Auf das wilhelminische Deutschland angewandt meint dieser Begriff den Versuch Deutschlands, seinen Einfluss über den engeren nationalen und europäischen Rahmen hinaus auszudehnen und sich gegen die anderen imperialistischen Mächte einen „Platz an der Sonne" zu erobern. Die Phase der deutschen „Weltpolitik" war von Hochrüstung und diplomatischen Spannungen geprägt. Sie steht im Gegensatz zur Politik der außenpolitischen Selbstbeschneidung unter Bismarck.

Wirtschaftsliberalismus
Die Vorstellung, dass der Wirtschaftsprozess nicht vom Staat, sondern von den privaten Wirtschaftsteilnehmern auf der Grundlage des freien Wettbewerbs und des Privateigentums bestimmt wird, ist Grundgedanke des Wirtschaftsliberalismus, der seine klassische Grundlegung durch Adam Smith erhalten hat. Smith geht von der Annahme aus, dass der Egoismus eine angeborene Eigenschaft des Menschen sei, die durch freien Wettbewerb jedoch zum volkswirtschaftlichen Nutzen ausschlage. Angebot und Nachfrage in einer freien Marktwirtschaft sorgen für niedrige Preisbildung, die wiederum dem Gemeinwohl zugute kommt. Bedingt durch globale Verflechtungen hat Marktwirtschaft heute zunehmend weniger nationalen Charakter.

Zunft
Unter Zünften (in Norddeutschland: Gilden, in Köln: Gaffeln) versteht man einen genossenschaftlichen Zusammenschluss von Handwerkern zur Regelung und Wahrnehmung ihrer Interessen. Fast in allen Städten gab es Zünfte. Die Mitgliedschaft in einer Zunft unterlag bestimmten Bedingungen. Wichtigste berufliche Voraussetzung war die handwerkliche Qualifikation, als deren Ausweis das Meisterstück diente. Bei der Aufnahme in die Zunft waren zudem ein bestimmtes Vermögen nachzuweisen und Gebühren zu entrichten. Das Geld floss in die Zunftkasse, aus der Ausgaben, u. a. die Begräbnisse von Zunftangehörigen, bestritten wurden. In Not geratenen Handwerkern konnte mit Krediten aus der Zunftkasse geholfen werden. Vielfach übten Zünfte auch eine eigene Gerichtsbarkeit aus, die für Vergehen zuständig war, bei denen Zunftangehörige gegen die Handwerksvorschriften verstoßen hatten. Durch den Zunftzwang sollte sichergestellt werden, dass ausschließlich Zunftmitglieder zur Ausübung ihres Handwerks zugelassen wurden.

Register

Absolutismus 186, 188, 202 ff., 220 ff., 304, 308, 311
Achill 50
Adel (s. auch Aristokratie) 10, 16 ff., 50, 74 ff., 102, 203, 206, 225, 299, 305, 404, 472
Ädil 53
Agora 10, 15, 36
Afrika 193 ff., 478, 508 f., 511, 515 ff., 520 ff., 538 ff., 549 f., 552, 555 f., 558 f.
Agrarrevolution 393
Akropolis 10, 15, 22, 28
Aktiengesellschaft 403, 417 ff.
Alberti 192
Ancien Régime 188, 220 ff., 263, 292, 311 f.
Angestellte 405, 422, 445
Annuität 53
Antisemitismus 471, 494 ff.
Arbeiter, -frauen 404 ff., 430 ff.
Arbeiterbewegung / Arbeiterschaft 398, 405 ff., 435
Architektur 12, 192
Archonten 20 ff., 25
Areopag 10, 20 ff., 25
Aristokratie (s. auch Adel) 10, 16 ff., 289, 301
Aristoteles 28, 34 f.
Arkwright, Richard 395
Athen 10 ff.
Attika 13
Attischer Seebund 13, 27, 29
Aufklärung 186, 188, 206 f., 220, 224 ff., 311
Augsburger Religionsfrieden 199
Augustus 61 ff.
Azteken 195 f.

Bankwesen 189, 403
Barock 202
Bauern 16 ff., 95, 100, 102, 198 f., 225, 392
Bauernkrieg 198 f.
Bebel, August 406, 466 f., 473, 505
Befreiungskriege 329 f., 341
Beginen 134
bellum iustum 49, 78, 154
Bengtson, Hermann 41
Bergpartei 304, 316
Bernstein, Eduard 428
Bevölkerungswachstum 99, 103, 394
Biedermeier 342
Binnenwanderung s. Migration
Bismarck, Otto von 460 ff., 477 ff., 483 ff., 508, 520 f., 535
Bismarcksche Reichsverfassung 464, 480 ff.
Bleicken, Jochen 29, 42 f., 44
Bodin, Jean 202, 220 ff.
Börse 189, 422
Börsenkrach 401, 403
Bossuet 223 f.
Botticelli 188, 212
Brandenburg-Preußen 205
Brunelleschi 192
Bundesgenossen 56
Bundesgenossenkriege 60
Bundesstaat 259
Burckhardt, Jacob 45, 227, 229
Bürger / Bürgertum 38 f., 104, 121 ff., 203, 206, 312, 404 f., 461
Bürgereid 104, 123
Bürgerkrieg 60 f., 297
– amerikanischer 260 ff.
Bürgerliches Gesetzbuch 472
Bürgerrecht (s. auch Menschen- und Bürgerrechte) 56, 64

Caere 56
Caesar 61, 300, 302
Callies, Horst 40 f.
Calvin, Johannes 197
Cannae 58
Caracalla 64
Chartismus 398
Christentum 68, 98
Cicero 78 ff.
Code Napoléon 310, 329
Colbert, Jean-Baptiste 203
Cortez, Hernando 195 f.
Crassus 61
cursus honorum 53

Demagoge 24, 41
Delphi, Orakel von 14
Demokraten / Demokratie 10 ff., 22 ff., 74 ff., 286, 289, 301, 312, 348, 460
Deutscher Bund 331ff., 357, 460
Deutsch-Ostafrika 478, 520 ff., 549 f., 555 f.
Deutsch-Südwestafrika 478, 508, 520 ff., 538 ff., 549
Diaspora 155 f.
Diäten 22
Diktatur 310
Diokletian 68
Disraeli, Benjamin 511, 515, 526 f.
Dominat 46, 67 f.
Drakon 13
Dreifelderwirtschaft 100
Dreiklassenwahlrecht, preußisches 464
Dreißigjähriger Krieg 200 f.
Dritter Stand 100, 299, 304 f.
Dschihad 150, 166
Dürer, Albrecht 193, 227

Edikt von Worms 174, 197
Ehe 56, 70 ff., 130, 476
Eisenbahn 396, 400, 414
Elsass-Lothringen 464
emancipatio 46

Emanzipation, Frauen- 472 ff., 476
Engels, Friedrich 399, 424
England 196 ff., 392 ff., 412 ff., 474, 478, 511, 513, 514 ff., 523, 526 ff.
Entdeckungen 194 f., 229, 510 f.
Enzyklopädie 207
Ephialtes 13, 22, 41
Erasmus 193
Erster Weltkrieg 474, 506, 512, 523
Etrusker 51
Expansion
– europäische 186, 193 ff., 510 ff.
– islamische 150 f.
– römische 46, 50, 56 ff.

Fabri, Friedrich 521, 532 ff.
Fabrikproduktion 395 ff., 402, 431
familia 46, 50, 55 f., 70 ff.
Familie 107, 404, 476
Feudalismus 96, 311 f.
Finley, Moses 42
Florenz 190 ff., 229
Fortschritt 423 ff., 449 ff.
Frankreich 196 ff., 220 ff., 398, 400 f., 412 f., 462 ff., 478, 511, 513, 516 f., 528 f.
Französische Revolution s. Revolution, französische
Frauen 18, 29, 41, 48, 50, 55 f., 70 ff., 129 ff., 206, 230, 284, 292, 298, 404, 472 ff., 476
Friedrich II. 188, 205, 224 ff.
Friedrich Wilhelm I. 205
Friedrich Wilhelm IV. 354, 376
Fronhof 95
Frühe Neuzeit 186, 188f., 213, 220, 227 ff.
Frühkapitalismus s. Handelskapitalismus
Fugger 190

Gagern, Freiherr von 351, 376
Garibaldi, Guseppe 338
Gegenreformation 200 f.
Generalstände 265 f., 304
gentes 54
Germanen 68 f.
Gesellschaft 46, 50 f., 54 ff., 64 f., 102, 107, 403ff.
Gesellschaftsvertrag 290
Gewalt, revolutionäre 274 ff.
Gewerkschaften 398, 405 ff., 436
Girondisten 269
Glorreiche Revolution s. Revolution, englische
Goten 68 f.
Gracchus, Tiberius und Gaius 60
Großbritannien s. England
Gründerkrise 403
Grundherrschaft 94 f., 112
Grundrechte (s. auch Menschen- und Bürgerrechte) 280, 352, 464
Guillotine 299, 302 f., 305, 310, 316

Hambacher Fest 342
Handelskapitalismus 186, 189, 191, 193, 228 ff., 417
Handwerk(er) 108, 399, 404 ff., 438
Hannibal 58
Hanse 106 f.
Hardenberg, Freiherr von 360
Hauptmann von Köpenick 470
Heilige Allianz 331
Hellas / Hellenen 14, 25
Hellenismus 13
Herero 508, 522, 538 ff.
Herodot 28
Herrschaft 46 f., 50, 97
Herrschaftsorganisation 56 f., 59, 226
Herrschaftssicherung 63, 65 ff., 98
Hessen-Kassel 204
Heuss, Alfred 24
Hexenhammer 215 f.
Hexenverfolgung 186, 188, 206, 213 ff., 230
Holbein d. J. 188, 212, 233
Homer 13 ff.
Hostienfrevel 158
Hugenotten 199, 203
Humanisten 186, 191, 193, 206, 208, 227, 229
Hunnen 68 f.

Imperialismus 28, 478 f., 506-559
– DR 508, 511 ff., 520 ff., 532 ff., 538 ff., 549 ff.
– F 511 ff., 516 f., 523 f., 528 f.
– GB 511 ff., 514 ff., 523, 526 ff.
– R 511 ff., 517
– USA 511 ff., 518 ff., 529 ff.
Imperialismustheorien 514
Imperium 46, 50, 510
Imperium Romanum 46 ff., 82 ff., 510
Industrialisierung 388-455, 471 f., 474, 512
Industrielle Revolution 392, 401 (vgl. auch Industrialisierung)
Inkareich 196
Interventionsstaat 403
Investiturstreit 113 ff.
Isonomie 22, 24
Italien 336 ff.
Italiker 56

Jahn, Friedrich 340
Jakobiner 269, 296, 298, 304, 309, 311, 316
Jesuiten 200
Joseph II. 205
Juden s. Antisemitismus
Judeneid 158
Judenhut 158
Judenschutz 157
Junges Deutschland 337
Justinian 69

Kaiser 97, 108 ff., 113 ff., 154, 157
Kaiserliche Verwaltung (Rom) 63 f.
Kaisertum 46, 50, 97
Kammerknechtschaft 157
Kant, Immanuel 207

Kapital / Kapitalismus (s. auch Handelskapitalismus) 311, 397 f., 403, 415, 426
Karikaturen interpretieren 371
Karl V. 198 f.
Karlsbader Beschlüsse 342
Karolingische Renaissance 98
Katholische Liga 200
Kelten 56
Ketzer 112, 292
Kiddusch ha-schem 159
Klientel 55
Kloster 98 f.
Koalitionskriege 269 f., 328 f.
Kollegialität 53
Kolonialismus 193, 195 f., 478, 510 ff., 553 ff.
Kolonialreiche 193, 195 f., 513 ff. (vgl. auch Kolonialismus)
Kolonien 56 f., 195, 395, 510 ff. (vgl. auch Kolonialismus)
Kolping, Adolf 438
Kolumbus 194, 231
Konfessionalisierung 200
Königtum 50 f., 97
Konjunktur 402 f.
Konstantin 68
Konstitutionelle Monarchie s. Monarchie, konstitutionelle
Konsul 53
Konventsherrschaft 271 ff., 299, 301
Konzil von Trient 200
Kopernikus 193
Kouros 36 ff.
Kreta 13
Kreuzzug 153 ff., 161 ff.
Kreuzzugsgedanke 154, 161 ff.
Krupp 408
Kulturkampf 465 f., 483 ff.

Landesfürst 108 ff.
Las Casas 196
Latiner 51, 56
Lehnswesen 95 f.
Leonardo da Vinci 191
Liberale / Liberalismus 30, 312, 324, 348, 460 f.
Liebknecht, Wilhelm 506, 536
Limes 65 f.
List, Friedrich 400
Locke, John 207, 286, 289
Loyola, Ignatius v. 200
Ludwig XIV. 202 f., 220, 222 f.
Luther, Martin 196 ff., 231
Lykurgos 18

Machiavelli 192, 221
Magellan 194 f.
Magistrat 53
Magna Charta 244
Makedonien 13, 30, 58
Manufaktur 203 f., 394, 399
Marathon 26 f.
Maria Theresia 205
Marius 60
Markt 395, 403, 424, 430
Marx, Karl 395, 398 f., 424, 426
Marxismus 399
Märzforderungen 347
Märzrevolution 344 ff.
Masaccio 193
Maschinen 395, 399, 401
Massenkonsum 452
Massenproduktion 399, 402
Mazarin 202
Mazzini, Guiseppe 337
Medici 190, 229
Meier, Christian 19, 22
Menschen- und Bürgerrechte 280 ff., 293, 300, 310, 352
Merkantilismus 203 f., 394
Metöken 16, 41 f.
Michelangelo 191
Migration 474 f.
Milieus, soziale 467, 469
Militarismus 469 ff., 488 ff.
Moderne / Modernisierung 186, 188, 227 ff., 238, 308, 313, 477
Monarchie (s. auch Absolutismus) 10, 50, 74 ff., 220 ff., 300 f.
Monarchie, konstitutionelle 312, 464, 482, 501 ff.
Monroe-Doktrin 518 f.
Montesquieu 207, 286, 289
Montezuma II. 195
Munizipien 56

Napoleon I. 278 ff., 310, 312, 327 ff.
Napoleon III. 462 f.
Nation 283, 285, 301, 305, 308 f., 318, 323 ff., 377
Nationalbewegung
– deutsche 340 ff.
– italienische 336 ff.
– polnische 333 ff.
Nationalismus 312, 323 ff., 340, 377, 469 ff., 488 ff.
– integraler 326, 357
– liberaler 324, 326, 357
Nationalkonvent (franz.) 271 ff., 298, 316 f.
Nationalsozialismus 310
Nationalstaat 312, 324
Nationalversammlung
– Frankfurter 350 ff., 362
– französische 265 ff., 282, 284, 294
Naturrecht 288
Neunzehntes Jahrhundert, langes 326 f.
Newton, Isaac 207
Niederlande 186, 196 ff., 214, 226
Nobilität 54
Norddeutscher Bund 462 f.

Odoaker 68
Oikos 17 f., 38

Ökologie 449, 452
Oligarchie (s. auch Aristokratie) 12, 17, 34, 42
Olympia / Olympische Spiele 13 ff.
Optimaten 60
Österreich 205 f., 350, 460 ff.
Ostindienkompanie 204
Ostrakismos s. Scherbengericht
Ostsiedlung 101
Otto-Peters, Louise 366 ff., 473
Owen, Robert 398

Pabst, Angela 44
Paine, Thomas 256
Palatin 51
Papst 96 f., 113 ff., 154, 157, 195 ff., 200, 465 f.
Parlamentarismus, englischer 243 ff.
Parteien, deutsche 459, 464 ff.
Parthenon 17
pater familias 55, 70 ff.
patria potestas 55
Patriarchat 292
Patrizier 51 f., 108, 424
patronus 55
Pauperismus 346, 397
pax augusta 63
Peisistratos 20
Peloponnesischer Krieg 13, 30, 33, 42
Peregrinen 64
Perikles 13, 22, 24 f., 31, 33 f., 41
Perser / Perserkriege 13, 26 f.
Pest 111
Peter I., Zar 204
Peters, Carl 521, 535 f.
Philip II. 200
Phyle 17, 21, 45
Pizarro, Francisco 196
Platon 22 f., 28, 35
Plebejer 51 f., 54, 424
plebs (rustica, urbana) 55
Plinius d. Ältere 71 f.
Plinius d. Jüngere 71, 73
Pnyx 10, 22, 43,
Polen 333 ff.
Polis 13 ff.
Polybios 74 ff.
Pompeius 61
Popularen 60
Portugal 193 ff., 214, 513, 524
Poseidon 14
Prätor 53
Preußen 205 f., 349, 460 ff.
princeps / Prinzeps 62
Prinzipat 50, 62 ff.
Proletarier 59, 424 f.
Properz 72 f.
Protestantische Union 200
Protoindustrialisierung 394
Provinzen 59
Provinzialisierung 68 ff.
Provinzialverwaltung 64
Pseudo-Xenophon 34
Punische Kriege 57 ff.
Puritanismus 395

Quästor 53
Quirinal 51

Raffael 188, 192, 210 f.
Rat der 500 21 f.
Rationalisierung 402
Ratsherrschaft 105
Rea Silvia 50
Reconquista 148, 153
Rede, politische 32 f.
Reformation 196 ff.
Reformen, preußische 358 ff.
Regalien 109
Reichsdeputationshauptschluss 329
Reichseinigungskriege 461 ff.
Reichsgründung 461 ff., 480 f.
Reichsverfassungskampagne 355
Religionsdisputation 160
Religionskriege 198 ff., 202
Remus 50
Renaissance 186, 188, 191 ff., 227 ff.
Republik 46, 48, 52 f., 74 ff., 290, 298, 301, 304, 307, 310
res publica 46, 48, 52 f., 74 ff.
Reskribte 64
Restauration 330 f., 337, 341 f.
Revolution 241, 280
– amerikanische 252 ff., 280, 308 f., 312
– englische 243 ff., 280
– französische 262 ff., 292 f., 304, 308 ff.
– bürgerliche 240
– Modernisierungs- 240, 308
Rheinbund 310, 329
Rhodes, Cecil 508, 515, 525 f.
Richelieu 202
Risorgimento 336 ff.
Ritter 54 f., 59, 63 ff., 102 f.
Ritterorden 155
Ritualmord 158
Robespierre, Maximilien de 272, 301 ff., 305, 316
Rom 46 ff., 301
Romanisierung 65 f.
Römische Republik 50 ff., 74 ff.
Romulus 50
Rousseau, Jean-Jacques 30, 207, 286, 290

Saint-Simon, Claude Henri de 398
Salamis 27
Samniten 56
Sansculotten 269, 294, 299, 316 f.
Sattelzeit 238
Scherbengericht 24, 45
Schrittmacherindustrien 395
Schuller, Wolfgang 28

Schwarzer Tod 111
Schweden 201
Scipio 58
Senat 52 f., 289
Senatoren 52 ff., 59, 63
Siebenjähriger Krieg 205 f.
Sklaven 16, 19, 29, 41 f., 55, 65
Skulptur 31, 36 ff.
Smith, Adam 395, 424
Sokrates 28, 35
Solon 18 ff.
Souveränität 202, 220 ff., 283, 311, 313 f., 316
Sozialdemokratie 427 f., 466 ff.
Soziale Frage 391, 404 ff., 430 ff.
Sozialismus 398, 427 ff.
Sozialgesetzgebung 408 f., 434, 466 f., 483 ff.
Sozialistengesetz 408, 434 f., 466 f., 483 ff.
Sozialpolitik 407 ff.
Spanien 193 ff., 199 ff., 226
Sparta 13, 18
SPD s. Sozialdemokratie
Spee, Friedrich v. 216 f.
Staatstheorie 188, 192, 220 ff.
Städtebündnis 106
Stadtherr 104
Stahlindustrie 401, 421
Stahl, Michael 36 f.
Stände 121
Ständegesellschaft (franz.) 203, 263, 311
Ständekämpfe 52
Statistik 411
Stehendes Heer 202 f.
Stein, Freiherr vom 361
Steuerstreit, amerikanischer 254
Stratege 21, 24
Streik 405
Sulla 60 f.

Tarent 56
Tarquinius Superbus 50
Teilungen, polnische 333 ff.
Tempel (griech.) 12, 18
Territorialisierung 110
Terror 296, 299, 308 f., 312
Textilindustrie 395 f., 399
Thales von Milet 28
Theodosius 68
Thera 13
Theten 27
Thukydides 28, 30, 33 f.
Timokratie (s. auch Aristokratie) 19 f.
Trade Unions 398
Trasimenischer See 58
Triere 27
Triumvirat 61 f.
Trotha, von 541 ff.
Turnvereine 341
Tyrannis (s. auch Monarchie) 13, 20, 24, 39, 45

Unabhängigkeitserklärung, amerikanische 256, 313
Universität, mittelalterliche 99
Unternehmer 391, 404 ff., 440 ff.
Urbanisierung 103 f., 474 ff.

Vasco da Gama 194 f., 229
Veji 56
Verbände 402
Verfassung
– amerikanische 258
– dt. Kaiserreich 464, 480 ff.
– französische 268
– Griechenland 20 f., 25
– Paulskirche (1849) 353, 365
Verfassungskonflikt, preußischer 461
Verfassungsstaat 313 f., 464
Verlag 189 f., 394
Verlagswesen 394
Versailles 203, 294, 463 f.
Versicherungen 408 f., 437 f.
Vespucci, Amerigo 194
Villikation 95
Völkerwanderung 68 f.
Volksarmee 327
Volksherrschaft s. Demokratie
Volkskultur 206
Volkssouveränität 313
Volkstribunen 53 ff.
Volksversammlung 18, 22 ff., 51, 54
Voltaire 207
Vormärz 342

Wahlrechtsreformen, englische 249 ff.
Wandervogel 476
Wartburgfest 342
Weltbild, mittelalterliches 146 f.
Weltreich 46, 48
Westfälischer Friede 201
Wiener Kongress 318, 330 f.
Wilhelm I. 461, 464, 468 f.
Wilhelm II. 457 f., 468, 478 f., 523
Wirtschaftsliberalismus 395, 424
Wittboi, Hendrik 540 f.

Xerxes 26

Zama 58
Zensor 53
Zensusverfassung 19
Zentralperspektive 192 f.
Zetkin, Clara 473
Zeus 14
Zollverein 400
Zunft 108, 125 f.
Zunftwesen 108, 393, 399

Bildquellenverzeichnis

Agora Museum, Athen - The Art Archive/Dagli Orti: S. 23 r.o.; akg-images, Berlin: S. 10/11 (Peter Connolly), S. 17 (Peter Connolly), S. 19, S. 34, S. 36, S. 48, S. 61 u., S. 67, S. 87, S. 104, S. 112, S. 158, S. 191 r., S. 202 u.r., S. 207 o., S. 207 u., S. 225, S. 233, S. 255, S. 267, S. 270 r.m., S. 272, S. 276, S. 283, S. 286/4, S. 298, S. 303, S. 306 o., S. 314, S. 328, S. 343, S. 344, S. 351, S. 361, S. 370 M1, S. 372 o., S. 373 u., S. 388/389, S. 397, S. 398, S. 399 o., S. 420 u.l., S. 420 m.r., S. 421 o.l., S. 424, S. 428/2, S. 429, S. 441 r., S. 480 und S. 568 u.l., S. 470 o., S. 476, S. 550; Akropolismuseum, Athen: S. 27 l.; Alinari, Florenz: Umschlag 2.v.o. und S. 92, S. 61 u.; Altonaer Museum, Hamburg: S. 376 o.l.; American School of Classical Studies, Athen/Foto: Marie und Craig Mauzy: S. 23 l., S. 31; Anderson, Rom: S. 60 m.; Angermuseum, Erfurt: S. 484; Anthony: S. 456/457; BASF, Ludwigshafen: S. 390; Basler Mission/Foto: Johannes Leimenstoll: S. 559 r.; Bayrische Staatsbibliothek, München: S. 115; Raffaello Bencini, Florenz: S. 191 l.; Bibliothèque Nationale, Paris: S. 29, S. 147, S. 293; Bildarchiv Preußischer Kulturbesitz, Berlin: Umschlag 1.v.u. und 318/319, S. 33, S. 124, S. 192 r., S. 194 u., S. 196, S. 205 r., S. 212/2, S. 248, S. 257, S. 288, S. 295/2, S. 306 u., S. 346, S. 349 r., S. 359, S. 360, S. 376 o.r., S. 393 (Kunstbibliothek, SMB/Knud Petersen), S. 409, S. 421 o.r., S. 449, S. 456 l., S. 457 o.l., S. 457 m.r., S. 458, S. 459, S. 473, S. 503, S. 560; Firma Bleyle/Presseabteilung, Stuttgart: S. 470 u.; The Bridgeman Art Library LTD, London: S. 395; British Library, London: S. 155, S. 163, S. 243; British Museum, London: S. 300, S. 568 Vase; Photo Bulloz, Paris: S. 299; Bundesarchiv, Rastatt: S. 374 u.; CCC, www.c5.net/Luis Murschetz: S. 566; Corpus Christi College, Cambridge: S. 142/143, S. 147; Deutsches Bergbaumuseum, Bochum: S. 442; Deutsches Historisches Museum, Berlin: S. 391, S. 406, S. 490/3, S. 491 o.l., S. 496, S. 557/2; Deutsches Museum, München: S. 399 u.; Édimedia, Paris: S. 307 u.; Germanisches Nationalmuseum, Nürnberg: S. 320, S. 331, S. 568 o.r.; Archiv Gerstenberg: S. 349 l.; Giraudon, Paris: S. 222, S. 270 u., S. 277, S. 279, S. 305 o.; Glyptothek, München: S. 35; Herzog Anton Ulrich-Museum, Braunschweig, Kunstmuseum des Landes Niedersachsen: Umschlag 2.v.u., S. 90/91 (Museumsfoto: Bernd-Peter Keiser);Historisches Museum, Frankfurt/M.: S. 362, S. 387, S. 420 o.r. (Foto: Horst Ziegenfusz); Kloster Hohenburg, Elsass: S. 162; Bildarchiv IMZBw: S. 81 u.l.; Kharbine-Tapabor/Archives Photographiques, Paris: S. 525; Klett-Perthes Verlag GmbH, Gotha: S. 260; Königliche Bibliothek, Brüssel: S. 107; Landesbibliothek Stuttgart: S. 156 o.; Louvre, Paris: S. 70; Mannesmann Demag AG, Duisburg: S. 442 l.; Märkische Kulturstiftung Burg Altena: S. 432; J.S. Morrison/J.F. Coates, Die athenische Triere, Mainz (Philipp von Zabern) 1990: S. 27 r.; Musée Royaux des Beaux-Arts de Belgique, Brüssel: S. 297; Musées de la Ville de Paris: S. 302, S. 307 o.; Museo Nazionale, Neapel: S. 39, S. 58 m.l., S. 58 m.r., S. 61 o.; National Museums of Scotland, Edinburgh: S. 26 r.; Nationalmuseum, Athen: S. 38; Niedersächsisches Landesmuseum, Hannover: S. 111; Bildarchiv Fabrikmuseum Nordwolle, Delmenhorst: S. 444/2, S. 445; Opera della Metropolitana - Archivio di Opere d'Arte/Foto: Lensini: S. 211; Dagli Orti, Paris: S. 143 u., S. 172; F. Otanon, Madrid: S. 156 u.; Sammlung Gunter Péus, Hamburg: S. 509; Photothèque des Presses de la Cité/Jérome de Cunha: S. 234/235; picture-alliance: S. 81 u.r. (dpa), S. 144 (dpa/epa afp Menahem Kahana), S. 259 (dpa/ANP), S. 309/2 (dpa); Reiss-Museum, Mannheim: S. 373 o.; Rijksmuseum, Amsterdam: S. 186/187; Roger-Viollet, Paris: S. 337; Sächsische Landesbibliothek, Dresden: S. 305 u.; The Warren J. Samuels Portrait Collection at Duke University: S. 425; Scala, Florenz: S. 62 m., S. 192 l.; Siemens Forum, München: S. 443; Norbert Simianer, Ostfildern: S. 236; DER SPIEGEL: S. 322; Staatliche Münzsammlung, München: S. 68; Staatliche Schlösser und Gärten/Schloss Charlottenburg, Berlin: S. 205 l.; Stadtarchiv Augsburg: S. 214; Stadtarchiv Butzbach: S. 372 u., S. 373 m., S. 374 o.; Stadtarchiv Ratingen: S. 441 l.; Städtische Galerie im Lenbachhaus, München: S. 460; Karl Stehle, München: S. 497; Stiftung Archiv der Akademie der Künste, Berlin/Foto: Roman März: S. 404; W. Stöckle, Filderstadt: S. 467, S. 491 M1e, M1f, M1g, S. 505/2, S. 506/507; Süddeutscher Verlag-Bilderdienst/ DIZ München: S. 40, S. 249; Thames and Hudson Ltd., London: S. 23 r.u.; Tony Stone/Jean Pragen: S. 46/47; Uffizien, Florenz: S. 79; ullstein bild, Berlin: S. 457 u.r., S. 543 o.l., S. 543 o. r., S. 549; Universitätsbibliothek Heidelberg: S. 568 r.m.; Stiftung Weimarer Klassik/Herzogin Amalia-Bibliothek, Weimar: S. 174; Westermann Schulbuchverlag, Braunschweig: S. 16, S. 26 l., S. 253, S. 513 u., S. 516, S. 520/2; Wissenschaftliche Buchgesellschaft, Darmstadt: S. 146, S. 152; Württembergische Landesbibliothek, Stuttgart: S. 375 u.; Zentralbibliothek Zürich: S. 219; Joachim Zwick: S. 335; weitere: Verlagsarchiv Schöningh, Paderborn.

Sollte trotz aller Bemühungen um korrekte Urheberangaben ein Irrtum unterlaufen sein, bitten wir darum, sich mit dem Verlag in Verbindung zu setzen, damit wir eventuell notwendige Korrekturen vornehmen können.